INTRODUCTION TO ECONOMETRICS

제4판

계량경제학

INTRODUCTION TO ECONOMETRICS

제4판

계량경제학

James H. Stock · Mark W. Watson 지음
이서정 · 김보민 · 김현학 · 장성연 · 최진영 옮김
황윤재 감수

Pearson

Pearson Education South Asia Pte Ltd
3 Temasek Avenue #21-23, Centennial Tower
Singapore 039190

Pearson Education offices in Asia: *Bangkok, Beijing, Ho Chi Minh City, Hong Kong, Jakarta, Kuala Lumpur, Manila, Seoul, Singapore, Taipei, Tokyo*

3 2 1
27 26 25

Cover Art: GarryKillian/Shutterstock

발행일: 2025년 2월 20일
공급처: 이나무러닝(031-948-8090/service@enamuh.com)
ISBN: 978-981-3351-69-1(93320)
가격: 39,000원

http://pearson.com/asia

역자 서문

계량경제학 논문으로 박사 학위를 받은 이후로 계량경제학에 대한 사람들의 관심이 이렇게 높았던 적이 있나 싶다. 이러한 관심은 비단 경제학에만 국한된 것이 아니며, 정치학·사회학과 같은 사회과학 분야는 물론이고 컴퓨터공학·의학 등의 분야에서도 계량경제학 방법론이 활용되는 경우를 심심찮게 발견할 수 있다.

지난 수십 년간 경제학에서 데이터의 중요성이 점점 커져왔으며, 이제는 데이터 없이 경제학 연구를 하기 어렵다. 미처 깨닫지 못했던 경제적 직관을 데이터를 통해 얻고, 이를 바탕으로 효과적인 정책을 수립하고 평가하는 일이 가능해졌다. 경제학 모형이 현실에서 빛을 발하기 위해 데이터를 활용하는 것은 필수적이며, 계량경제학 지식은 다양한 분야의 경제학 연구에서 데이터 분석과 해석의 핵심 도구가 되었다.

계량경제학의 주요 목적은 경제변수 간의 관계를 통계적으로 분석하여 한 변수가 다른 변수에 미치는 영향(예: 교육이 임금에 미치는 영향), 즉 인과효과를 찾거나 변수의 값(예: 내년 GDP 성장률)을 예측하는 것이다. 오늘날 다양한 분야의 연구자들이 데이터 분석을 통해 얻고자 하는 바가 비슷하기 때문에 계량경제학에 대한 관심이 높아진 것으로 보인다. 이러한 시점에 James H. Stock과 Mark Watson의 《Introduction to Econometrics》를 우리말로 펴내게 된 것은 매우 의미 있는 일이라고 생각한다. 두 저자는 세계적으로 저명한 계량경제학자이며, 《Introduction to Econometrics》는 전 세계 학부 과정에서 가장 널리 사용되는 계량경제학 입문서 중 하나이다.

이 책은 계량경제학을 처음 접하는 학생들에게 개념을 명확하고 간결하게 설명하며, 다양한 실제 데이터를 활용한 예제와 응용을 통해 이론과 실증분석을 동시에 익힐 수 있도록 돕는다. 이러한 장점으로 이 책은 경제학 및 사회과학을 공부하는 많은 학생과 연구자들에게 필수적인 참고서로 자리매김했다. 이처럼 널리 읽히고 있다는 사실은 역자들이 번역서 출간에 참여하기로 결정한 주요 이유이기도 하다. 선뜻 다가가기 어려워 보이는 계량경제학이라는 분야에 이 번역서가 등장함으로써 우리나라에서도 더 많은 학생과 연구자가 관심을 가지길 바란다. 우리나라 독자가 최신 연구의 흐름을 잘 이해하고, 나아가 선도적인 연구를 위한 토대를 마련하는 데 기여할 수 있기를 기대한다. 이 책은 다양한 학문 분야의 연구자와 학생들이 계량경제학을 보다 쉽게 이해하고 실증분석을 수행하는 데 유용한 지침서가 되어줄 것이다.

역자들은 번역 작업을 하면서 기술적인 용어에 특히 신경을 많이 썼다. 통계학이나 경제학에서 널리 사용되고 있는 용어의 경우 독자의 이해를 돕기 위해 기존 용어를 따랐고, 새로운 용어는 원문의 뜻을 최대한 정확히 전달하면서도 우리말로 자연스럽게 옮기기 위해 노력했다. 또한 학계와 실무에서 영어를 그대로 사용하는 용어의 경우에는 영어 발음대로 표기하기도 했다.

끝으로, 번역에 참여하신 경북대학교의 김보민 교수님, 국민대학교의 김현학 교수님, 숭실대학교의 장성연 교수님, 한국외국어대학교의 최진영 교수님, 그리고 전체적인 감수로 완성도를 높여주신 서울대학교의 황윤재 교수님께 깊이 감사드린다. 연구와 강의로 바쁘신데도 불구하고 기꺼이 시간과 노력을 쏟아주신 덕분에 성공적으로 마무리될 수 있었다. 또한 편집 및 교정에 애써준 피어슨에듀케이션 편집 팀에도 감사의 말을 전한다.

2025년 1월

역자 대표 이서정

저자 서문

계량경제학은 교사와 학생 모두에게 재미있는 과목일 것이다. 경제, 경영, 정부의 실세계는 해답을 요구하는 의견과 질문으로 가득하다. 의료비 지출이 실제로 건강을 개선하는가? 주식 시장에서 수익 대비 가격이 낮을 때 주식을 사서 돈을 벌어야 하는가? 아니면 주가의 랜덤 워크 이론(random walk theory)에 따라 가만히 있어야 하는가? 커피를 많이 마시면 질병이나 사망 위험이 감소하는가? 계량경제학은 합리적인 아이디어와 터무니없는 아이디어를 구분하고, 중요한 정량적 질문에 대한 구체적인 답을 찾는 데 도움을 준다. 그리고 복잡한 세상의 창을 열어 사람들, 기업, 정부가 의사결정을 내리는 데 기반이 되는 관계를 이해할 수 있게 해준다.

이 책은 학부 수준의 계량경제학 강의용으로 저술되었다. 계량경제학 입문 과정에서는 흥미로운 응용 사례가 이론에 동기를 부여해야 하고, 이론이 응용 사례와 부합해야 한다. 이 단순한 원리는 이론 모형과 가정이 응용 사례와 일치하지 않았던 이전 세대의 계량경제학 교재와의 큰 차이점이다. 응용 사례가 가정과 일치하지 않을 때 발생하는 '문제'에 대한 '해결책'을 배워야 할 정도로, 비현실적인 가정을 학습하는 데 상당한 시간을 쏟은 일부 학생은 계량경제학의 타당성에 의문을 제기하기도 한다. 우리는 구체적인 응용 사례를 통해 도구의 필요성을 제시한 후, 해당 응용 사례에 부합하는 몇 가지 간단한 가정을 제공하는 것이 훨씬 더 효과적이라고 믿는다. 그럼으로써 응용 사례와 즉각적으로 연결되어 계량경제학에 생동감을 불어넣을 수 있다.

제4판의 새로운 내용

- 빅데이터와 기계학습(머신러닝)에 관한 새로운 장
- 대규모 데이터 세트를 활용한 시계열 데이터 예측
- 동적요인모형
- 회귀분석을 이용한 예측과 인과추론의 병행적 접근
- 실현 변동성 및 자기회귀 조건부 이분산성
- 약도구변수에 관한 최신 내용

경제학 및 관련 분야에서 빅데이터를 점점 더 많이 사용하고 있다. 응용 분야는 소비자 선택 예측, 병원이나 학교의 품질 측정, 텍스트 데이터와 같은 비표준 데이터 분석, 많은 변수를 사용한 거시경제 예측 등이다. 제4판의 주요 추가사항에는 현재 성장하고 있는 흥미로운 응용 분야의 근본적인 내용이 포함된다.

첫째, 빅데이터와 기계학습에 초점을 맞춘 새로운 장(14장)을 추가했다. 경제학 내에서 현재까지의 관련 응용 사례는 예측변수의 수가 표본크기에 비해 많거나 심지어 표본크기를 초과하는 소위 다중 예측변수 문제에 중점을 두었다. 많은 예측변수를 사용하면 최소제곱법(OLS)은 조악한 예측을 제공하나, LASSO와 같은 다른 방법이 훨씬 더 작은 표본 외 예측오차를 가질 수 있다. 이 장에서는 표본 외 예측의 개념, OLS의 성능이 떨어지는 이유, 축소를 통해 OLS를 어떻게 개선할 수 있는지를 설명한다. 축소법과 주성분 분석을 사용한 예측을 소개하고, 교차 검증을 통해 조율 모수를 선택하는 방법을 제시한다. 이러한 방법을 사용해 텍스트 데이터와 같은 비표준 데이터를 분석하는 방법을 설명한다. 이 장에서도 실증적 예제를 사용하는데, 이는 캘리포니아 초등학교에 대해 학교 단위의 특성을 고려하여 학교 단위의 시험 점수를 예측하는 것이다.

둘째, 14장에서 주로 다루었던 다중 예측변수 초점 관련 내용을 17장에서는 시계열 자료로 확장한다. 즉 동적요인모형이 어떻게 매우 많은 수의 시계열을 처리할 수 있는지 보여주고, 주성분 분석을 사용해 동적요인모형을 구현하는 방법을 설명한다. 131개 변수로 구성된 미국 분기별 거시경제 시계열의 데이터 세트를 사용해 동적요인모형과 주성분 분석을 어떻게 예측에 사용하는지를 설명한다.

셋째, 4장에서 회귀분석을 처음 소개할 때 회귀분석의 용도가 인과추론과 예측에 있다고 제시한다. 회귀분석은 인과추론을 하거나 예측하는 데 사용할 수 있는 통계학 도구이다. 인과추론과 예측은 자료 수집 방법에 대해 각기 다른 요구사항을 제시한다. 자료가 무작위 통제 실험에서 나온 경우 OLS는 인과효과를 추정한다. 계량경제학자가 관측 자료로부터 인과효과를 추정하는 것에 관심이 있다면 통제변수나 도구변수를 사용하여 관심 변수의 유사 무작위성을 생성해야 한다. 반면에 예측의 경우에는 인과효과에 관심이 없으므로 유사 무작위적 변동성이 필요하지 않다. 그러나 추정(훈련)에 사용되는 데이터 세트는 예측하려는 관측치와 동일한 모집단에서 추출해야 한다.

또한 제4판에서는 몇 가지를 변경했다. 예를 들어 변동성 군집과 함께 시계열 자료를 분석할 때 GARCH 모형을 보완하기 위해 실현된 변동성을 도입한다. 또한 12장에서 도구변수회귀분석의 역사적 기원에 대한 논의를 확장한다. 1926년 봄, Philip Wright가 아들에게 보낸 편지에 있는 IV 추정량이 최초로 도출되는 과정을 처음으로 재현하고 아마씨의 공급탄력성을 추정하는 최초의 IV 회귀분석을 논의한다.

교수 및 학습 과제 해결

다른 교재와 이 책의 주요 차이점은 다음과 같다. 첫째, 우리는 현실 세계 문제와 자료를 이론 발전 과정과 통합하고, 그 결과로 나온 실증 분석의 실질적인 발견을 진지하게 받아들인다. 둘째, 우리가 선택한 주제는 현대 이론과 실무가 반영된 것이다. 셋째, 실제 응용에 맞는 이론과 가정을 제공한다. 우리의 목표는 학생들이 계량경제학의 정교하고 세련된 소비자가 될 수 있도록 입문 과정에 적합한 수학 수준에서 가르치는 것이다.

실제 문제와 자료

각 방법론 주제는 구체적이고 수치적인 해답을 구해야 하는 중요한 현실 세계 문제를 중심으로 짜임새 있게 구성했다. 예를 들어 학교 투입요소가 학교 산출물에 미치는 영향을 추정하는 맥락에서 단순회귀분석, 다중회귀분석 및 이와 관련된 함수 형태 분석을 가르친다(초등학교 학급 규모가 작을수록 시험 점수가 더 높은가?). 음주운전법이 교통사고 사망에 미치는 영향을 분석하는 맥락에서 패널 데이터 방법을 가르친다. 이진 종속변수(로짓 및 프로빗) 회귀분석을 가르치기 위한 실증적 사례로 주택담보대출 시장에서 발생할 수 있는 인종 차별을 예로 든다. 담배의 수요탄력성을 추정하는 맥락에서 도구변수 추정법을 가르친다. 이러한 예에는 경제학 바탕의 추론이 포함되지만, 경제학 입문 과정을 한 번만 들어도 모든 것을 이해할 수 있으며, 경제학 과목을 수강한 적이 없는 학생도 대개는 이해할 수 있다. 따라서 강사는 미시경제학이나 거시경제학이 아닌 계량경제학을 가르치는 데 집중할 수 있다.

우리는 자료를 통해 배울 수 있는 법을 보여주는 동시에 실증 분석의 한계를 인식하고 자기비판적인 태도를 가질 수 있는 방식으로 모든 실증적 응용 사례를 진지하게 다룬다. 각 응용 사례를 통해 대체 모형 설정을 탐색하고 실질적인 결과가 견고한지 평가하도록 가르친다.

우리는 본문 전반에 걸쳐 학생들이 핵심 아이디어를 이해하고, 기억하고, 적용하도록 돕는 데 중점을 두었다. 각 장의 도입부는 실제적인 배경지식과 동기, 간략한 로드맵을 제공한다. 핵심 용어는 굵은 글씨체로 표시하고 핵심 아이디어를 핵심 개념 상자에 요약했다. 또한 붉은색 글상자에서는 흥미로운 관련 주제를 다루고, 본문에 설명된 방법이나 개념을 사용한 실제 세계 연구를 강조했다. 그리고 주요 내용을 정리한 요약으로 각 장을 마무리했다.

현대적인 주제 선택

이 책에서는 현대 응용 계량경제학의 최신 상태가 반영된 주제를 다룬다. 입문 과정에서는 많은 것을 할 수 없으므로 실제로 사용되는 절차와 방법론, 검정에 중점을 두는데, 다음은 일부 예이다.

- **도구변수회귀분석**: 오차항과 회귀변수의 상관관계를 처리하기 위한 일반적인 방법으로 도구변수회귀를 제시한다. 오차항과 회귀변수의 상관관계는 누락변수와 동시 인과성 등 여러 가지 이유로 발생할 수 있다. 유효한 도구변수의 두 가지 가정, 즉 외생성과 관련성을 똑같이 다룰 것이다. 먼저 도구변수 출처에 대한 논의를 확장하고, 과대식별 제약에 대한 검정과 약도구변수(weak instruments)에 관한 진단을 논의한다. 그리고 이러한 진단이 어떤 문제가 존재함을 시사한다면 우리가 무엇을 해야 하는지에 대해 설명한다.
- **프로그램 평가**: 현대의 많은 계량경제학 연구에서 무작위 통제 실험 또는 자연 실험이라고도 알려진 준실험을 분석한다. 흔히 프로그램 평가라고 통칭하는 이러한 주제를 13장에서 다룬다. 누락변수, 동시 인과성, 선택 문제에 대한 대안적 접근 방식으로 이 연구 전략을 제시한다. 또한 실험 또는 준실험 자료를 사용하는 연구 전략의 강점과 약점을 평가한다.
- **빅데이터 예측**: 14장에서는 대규모 횡단면 데이터 세트가 제기하는 기회와 도전 과제를

다룬다. 계량경제학에서 점점 더 일반적으로 응용되는 분야는 예측변수 개수가 매우 많을 때 예측을 수행하는 것이다. 14장에서는 정확하고 정밀한 표본 외 예측을 생성하는 방식으로 많은 예측변수를 사용하도록 설계된 방법에 중점을 둔다. 그리고 기계학습의 일부 구성요소를 다루는데, 이 방법은 예측변수 개수가 많을 때 OLS 성능을 크게 향상할 수 있다. 또한 이러한 방법은 텍스트 데이터와 같은 비표준 데이터로 확장될 수 있다.

- **예측**: 15장에서는 대규모 연립방정식 구조적 모형이 아닌 시계열 회귀를 사용한 단변량(자기회귀) 및 다변량 예측을 고려한다. 실무에서 잘 작동하는 간단하고 신뢰할 수 있는 도구, 예를 들면 자기회귀와 정보 기준을 통한 모형 선정에 중점을 둔다. 또한 안정적이고 신뢰할 수 있는 시계열 예측 모형을 개발하는 맥락에서 구조적 단절(단절 시점을 알 수 있는 경우와 알 수 없는 경우 모두)과 유사 표본 외 예측에 대한 실무 중심의 처리법을 소개한다.
- **시계열 회귀분석**: 16장에서는 일반화 최소제곱법을 포함한 다양한 추정법이 언제 유효한 인과추론으로 이어질지 또는 언제 그렇지 않을지에 대해 세심하게 주의를 기울인다. 이분산성 일치 및 자기상관 일치 표준오차와 함께 OLS를 사용하여 동적회귀를 추정하는 것이 언제 바람직한지도 살펴본다.

응용과 일치하는 이론

실증적인 응용을 통해 계량경제학 도구 학습에 동기를 부여하는 것이 가장 좋지만, 학생들은 계량경제학 도구의 강점과 한계를 이해하는 데 충분한 계량경제학 이론을 배워야 한다. 따라서 고등학교 대수학 수준 또는 한국의 고등학교 수학 등 수준의 수학을 유지하면서 이론과 응용을 최대한 밀접하게 결합하는 최신 방법을 제공한다.

현대의 실제적 응용은 몇 가지 공통된 특성을 공유한다. 즉 데이터 세트에는 일반적으로 수많은 관측치가 있다. 회귀변수는 반복추출 표본에 고정된 것이 아니라 회귀변수 역시 임의표집(또는 회귀변수를 무작위로 만드는 어떤 기제)을 통해 수집된다. 자료가 정규분포를 따르지는 않는다. 오차가 이분산적이라고 생각할 이유가 있음에도 불구하고, 굳이 오차가 등분산적이라고 생각할 선험적 이유가 없다.

이러한 관찰점은 다른 교재의 이론적 전개와 차별화된 중요한 특징이다.

- **대표본 접근법**: 자료가 크기 때문에 가설검정 및 신뢰구간을 구하기 위해 처음부터 표본분포에 대해 대표본 정규근사법을 사용한다. 경험적으로 스튜던트 t 분포, 정확한 F 분포, 자유도 보정 등을 가르치는 것보다 대표본 근사의 기초를 가르치는 것이 시간을 절약할 수 있다. 또한 이러한 대표본 접근법은 학생들이 비정규분포 오차로 인해 방금 배운 정확분포 이론이 무의미하다는 사실을 깨닫는 데 따른 좌절감을 줄여준다. 표본평균의 맥락에서 학습한 가설검정 및 신뢰구간에 대한 대표본 접근법은 다중회귀분석, 로짓 및 프로빗, 도구변수 추정, 시계열 방법으로 직접적으로 이어진다.
- **임의표집**: 계량경제학을 실제로 응용할 때는 회귀변수가 거의 고정되지 않는다. 따라서 처음부터 모든 변수(종속변수, 독립변수)에 대한 자료를 임의표집의 결과로 취급한다. 이

러한 가정은 횡단면 자료를 이용한 초기적인 응용 사례와 잘 맞는다. 또한 이는 시계열 자료 및 패널 데이터로 쉽게 확장될 수 있다. 이는 대표본 접근법이므로 개념적 또는 수학적 어려움을 추가적으로 초래하지 않는다.

- **이분산성**: 응용 계량경제학자는 이분산성 존재 여부를 걱정하지 않기 위해 이분산성 강건 표준오차를 일상적으로 사용한다. 이 책에서는 이분산성을 예외 또는 '해결해야 할 문제'로 취급하지 않는다. 대신에 처음부터 이분산성을 허용하고 그냥 단순하게 이분산성 강건 표준오차를 사용한다. 또한 OLS에 대한 이론적 동기를 제공하는 특별한 사례로 등분산성을 제시한다.

숙련된 생산자, 세련된 소비자

우리의 목표는 학생들이 계량경제학의 정교하고 세련된 소비자가 될 수 있도록 입문 과정에 적합한 수학 수준에서 가르치는 것이다. 이 책으로 공부하는 학생들이 경험적 분석의 정교하고 세련된 소비자가 되기를 바란다. 그러기 위해서는 회귀분석 도구를 사용하는 방법뿐만 아니라 제시된 경험적 분석의 타당성을 평가하는 방법도 배워야 한다.

경험적 연구를 평가하는 방법을 가르치는 우리의 접근 방식은 세 가지다. 첫째, 회귀분석의 주요 도구를 소개한 직후 9장에서는 경험적 연구의 내적 타당성 및 외적 타당성에 대한 위협을 설명한다. 9장에서는 자료의 문제 그리고 결과를 다른 설정으로 일반화하는 문제에 대해 논의한다. 또한 누락변수, 함수 형태 설정 오류, 변수 내 오차, 선택, 동시성 등 회귀분석에 대한 주요 위협요인과 이러한 위협을 실무에서 인식하는 방법을 살펴본다.

둘째, 경험적 연구를 평가하기 위해 이러한 방법을 책에서 소개하고 진행하는 응용 사례의 실증적 분석에 적용한다. 대체 설정을 고려하고 책에 제시된 분석의 타당성에 대한 다양한 위협을 체계적으로 해결함으로써 이를 수행한다.

셋째, 정교하고 세련된 소비자가 되려면 생산자로서의 직접적인 경험이 필요하다. 능동적 학습은 수동적 학습보다 더 좋은 성과를 이룬다. 계량경제학은 능동적 학습에 이상적인 과목이다. 이러한 이유로 교재 웹사이트에는 데이터 세트, 소프트웨어 및 다양한 범위의 실증적 실습에 대한 제안이 포함되어 있다.

수학에 대한 접근도와 엄밀성 수준

우리의 목표는 학생들의 수학 이해도가 높든 낮든 상관없이 현대 회귀분석 도구를 정교하게 이해할 수 있는 교재를 개발하는 것이다. 본문에서 실질적인 내용을 다루는 1~4부는 미분적분학 기초수학만 배운 학생을 위해 집필되었다. 1~4부는 다른 계량경제학 입문서에 비해 수식이 적고 응용 사례가 더 많다. 학부 과정 수학을 기반으로 하는 교재보다 수식이 훨씬 적다. 그러나 수식이 많다고 해서 더 정교하게 내용을 다루는 것은 아니다. 우리의 경험에 따르면, 수학적 접근이 더 많더라도 학생들이 더 깊이 이해할 수 있는 것은 아니다.

달리 말해 학생마다 학습 방식이 각기 다르다. 그리고 수학적으로 잘 준비된 학생은 보다 명확한 수학적 접근법을 통해 더 많이 배울 수 있다. 따라서 1~4부에서는 본문에 포함하기에 너무 복잡한 핵심 수식을 부록에 담았다. 또한 5부에서는 수학적 배경이 탄탄한 학생들에게 적합한 계량경제학 이론을 소개한다. 고급 수학을 요구하는 5부와 함께 1~4부(부록 포함)의 자료를 사용한다면 고급 학부 또는 석사 수준의 계량경제학 과정에도 적합하다.

경력 기술 개발

급변하는 취업 시장에서 성공하려면 직업 선택 기회와 다양한 기술을 개발하는 방법을 알고 있어야 한다. 데이터 분석은 점점 더 시장성이 높아지고 있는 기술이다. 이 책은 인과추론과 예측을 포함하여 다양한 데이터 분석 사례 응용에 대비할 수 있도록 준비시킨다. 또한 빅데이터를 사용하는 예측의 핵심 개념을 소개한다.

책의 구성

이 책은 총 5부로 구성되어 있다. 독자가 확률과 통계 과정을 이수했다고 가정하지만 해당 내용은 1부에서 검토한다. 회귀분석의 핵심 내용은 2부에서 다룬다. 3~5부에서는 2부의 핵심 내용을 바탕으로 추가 주제를 제시한다.

- **1부**: 1장에서 계량경제학을 소개하고 정량적 질문에 대한 정량적 답변을 제공하는 것의 중요성을 강조한다. 통계학 연구에서 비롯된 인과성의 개념을 논의하고, 계량경제학에서 접하는 다양한 유형의 자료를 살펴본다. 확률론과 통계학은 각각 2장, 3장에서 복습한다. 이 2개 장을 가르칠 것인지 아니면 참고 자료로만 제공할 것인지는 학생들의 선수 과목 학습 정도에 달려 있다.
- **2부**: 4장에서 단순회귀분석과 OLS 추정법을 소개하고, 5장에서 단순회귀분석 모형에서의 가설검정과 신뢰구간에 대해 설명한다. 6장에서는 다중회귀분석을 사용하여 다른 독립변수를 일정하게 유지하면서 하나의 독립변수 효과를 추정하는 방법, 누락변수 편향 해결법을 다룬다. 7장에서는 다중회귀분석의 F-검정을 포함한 가설검정과 다중회귀분석의 신뢰구간 구성 방법을 살펴보고, 8장에서는 선형회귀모형을 모집단 비선형회귀함수를 사용하는 모형으로 확장한다. 다만 OLS로 모수를 추정할 수 있도록 모수에 선형적인 회귀함수에 중점을 둔다. 9장에서는 한 걸음 물러서서 회귀분석에 기반한 연구의 강점과 한계를 파악하는 방법을 다루며, 그 과정에서 내적 타당성 및 외적 타당성 개념을 적용하는 방법을 살펴본다.
- **3부**: 회귀분석의 확장을 논의한다. 10장에서는 시간이 지나도 변하지 않는 관찰 불가능한 변수를 통제하기 위해 패널 데이터를 사용하는 방법을 알아보고, 11장에서는 이진종속변수가 있는 회귀분석을 다룬다. 12장은 도구변수회귀분석을 사용하여 오차항과 회귀변수의 상관관계를 생성하는 다양한 문제를 해결하는 방법을 보여준다. 또한 유효한 도구변수를 찾고 이를 평가하는 방법을 검토한다. 13장에서는 실험과 준실험(또는 자연실험)에서의 분석을 소개하는데, 이는 종종 '프로그램 평가'라고 하는 주제이다. 14장에서는

대규모 데이터(또는 빅데이터)에서 발생하는 계량경제학 문제를 먼저 살펴보며, 예측변수가 매우 많을 때의 예측에 중점을 둔다.

- **4부**: 시계열 자료를 사용한 회귀분석을 다룬다. 15장에서는 예측에 중점을 두며, 안정성 검정과 같이 시계열 회귀분석을 위한 다양한 최신 도구를 소개한다. 16장에서는 인과관계를 추정하기 위해 시계열 자료를 사용하는 방법을 논의하고, 17장에서는 변동성 군집 모형과 동적요인모형 등의 고급 시계열 분석 도구를 소개한다.
- **5부**: 계량경제학 이론을 소개한다. 본문에 생략된 수학적 세부 사항을 넘어 선형회귀모형의 추정 및 추론에 관한 계량경제학 이론을 독립적으로 다룬다. 18장에서는 단일회귀분석에 대한 회귀분석 이론을 전개한다. 비록 여기서는 행렬대수를 사용하지 않지만, 교재 앞부분보다 더 높은 수준의 수학적 정교함을 요구한다. 19장에서는 다중회귀모형, 도구변수회귀, 선형모형의 일반적률 추정법, 주성분 분석을 모두 행렬 형태로 제시한다.

선수 과정

강사마다 강조하고 싶은 내용이 다르기 때문에 다양한 교육 선호도를 염두에 두고 이 책을 집필했다. 3부, 4부, 5부를 가르치기 위해 앞의 장들을 먼저 가르칠 필요가 없다는 의미에서 '독립형'이다. 각 장에서 요구되는 구체적인 선수 과정은 뒤페이지 표에 정리했다. 본문의 순서대로 가르쳐도 좋고, 강사의 뜻에 따라 순서를 바꿔 강의를 진행해도 된다.

수업의 예

뒤페이지 표는 해당 장의 내용을 다루는 데 필요한 최소 선수 과정을 보여준다. 예를 들어 시계열 자료를 사용하여 동적인과효과를 추정하려면(16장) 먼저 1부와 2부가 필요하고 15.1~15.4절도 필요하다. 1부는 수강생의 준비 정도에 따라 필요하며(다만 각주 a와 같은 경우는 불필요), 2부에서 8장은 제외할 수 있다(각주 b 참조).

표준적인 계량경제학 입문

이 수업에서는 계량경제학을 소개하고(1장) 필요에 따라 확률과 통계를 복습한(2장, 3장) 다음 회귀분석으로 이동한다. 이때 단일회귀분석, 다중회귀분석, 함수 형태 분석의 기초, 회귀분석 기반 연구의 평가법을 가르치는데, 이는 2부의 모든 내용이다. 시간이 허락한다면 패널데이터 회귀분석(10장), 제한적 종속변수 회귀분석(11장), 도구변수회귀분석(12장)을 다룬다. 그런 다음 13장의 실험 및 준실험을 다룬다. 이 주제는 학기 초에 제기된 인과관계 추정 문제로 돌아가는 기회를 제공하며, 또한 핵심 회귀분석 방법을 되풀이하여 요약할 수 있는 기회도 제공한다. 시간이 있다면 빅데이터와 기계학습을 소개할 수도 있다(14장). 선수과목: 대수학 II(한국 고등학교 수학 1, 2), 통계학 입문.

시계열 및 예측 응용을 포함한 계량경제학 입문

표준적인 입문 수업과 마찬가지로 이 수업에서는 1부 모두(필요에 따라)와 2부 모두를 다룬

	필수 부분 또는 필수 장								
	1부	2부		3부		4부			5부
장	1~3	4~7, 9	8	10.1, 10.2	12.1, 12.2	15.1~15.4	15.5~15.8	16	18
10	X[a]	X[a]	X						
11	X[a]	X[a]	X						
12.1, 12.2	X[a]	X[a]	X						
12.3~12.6	X[a]	X[a]	X	X	X				
13	X[a]	X[a]	X	X	X				
14	X[a]	X[a]	X						
15	X[a]	X[a]	b						
16	X[a]	X[a]	b			X			
17	X[a]	X[a]	b			X	X	X	
18	X	X	X						
19	X	X	X		X				X

a. 10~17장은 표집분포에 대표본 근사법만 사용하기 때문에 3.6절(평균 검정을 위한 스튜던트 t 분포), 5.6절(회귀계수 검정을 위한 스튜던트 t 분포)은 건너뛰어도 된다.

b. 강사가 백분율 변화 근사를 위한 로그변환 방법을 설명하는 것을 잠시 멈추는 경우, 8장(비선형회귀함수)을 먼저 가르치지 않고도 15~17장(시계열 부분)을 가르칠 수 있다.

다. 선택적으로 다음 과정에서는 패널데이터(10.1절, 10.2절)를 간략하게 소개하고 도구변수 회귀분석(12장 또는 12.1절, 12.2절)을 가르친다. 그 후 14장(대규모 횡단면 데이터 세트에서의 예측)으로 넘어가고, 이어서 4부의 예측(15장)과 동적인과효과 추정(16장)을 다룬다. 시간이 허락한다면 변동성 군집(17.5절), 다수의 예측변수를 활용한 예측(17.6절)과 같은 고급 시계열 분석의 일부 주제를 포함할 수 있다. 선수과목: 대수학 II(한국 고등학교 수학 1, 2), 통계학 입문.

응용 시계열 분석 및 예측

이 책은 회귀분석 수업이 선수 과목인 응용 시계열 및 예측 단기 수업에도 사용할 수 있다. 수강생의 준비 상태에 따라 2부의 기본적인 회귀분석 도구를 복습하는 데 약간의 시간이 소요된다. 이후 시계열 예측(15장), 동적인과효과 추정(16장), 벡터 자기회귀를 포함한 시계열 분석의 고급 주제(17장)를 다룬다. 시간이 허락한다면 빅데이터 세트(14장, 17.6절)를 사용한 예측을 다룰 수 있다. 이 수업의 중요한 구성요소는 실습 예측 연습이며, 15장과 17장의 실증 연습문제로 제공된다. 선수과목: 대수학 II(한국 고등학교 수학 1, 2), 기본 계량경제학 입문(또는 이와 동등한 수준의 과목).

계량경제학 이론 입문

이 책은 고급 학부과정이나 계량경제학 석사과정에도 적합하다. 이 수업에서는 필요에 따라 확률론 및 통계학 이론을 간단히 복습한다(1부). 또한 2부의 회귀분석을 소개하는데, 이때 응용 중심으로 회귀분석을 비수리적으로 다룬다. 그런 다음 18장과 19장(19.5절까지)을 가르치고 나서 제한적 종속변수 회귀분석(11장)과 최우추정법(maximum likelihood estimation, 최대우도추정법 또는 최대가능도 추정법)(부록 11.2절)을 사용한 회귀분석을 시작한다. 그리고 도구변수회귀분석 및 일반적률법(12장, 19.7절), 시계열 방법론(15장), 시계열과 일반화 최소제곱법을 사용하는 인과효과 추정(16장, 19.6절), 기계학습 방법론(14장, 부록 19.7절) 등의 주제 중에서 일부를 선택하여 수업을 진행한다. 선수과목: 미분적분학, 통계학 입문, 행렬대수학(18장).

요약 차례

차례

PART 1 개요와 복습

PART 2 회귀분석의 기초

4 단일 설명변수를 사용한 선형회귀

5 단일 설명변수를 사용한 회귀분석: 가설검정과 신뢰구간

6 여러 설명변수를 사용한 선형회귀

7 다중회귀에서의 가설검정과 신뢰구간

8 비선형회귀함수

9 다중회귀분석에 기반한 연구 평가

PART 3 회귀분석의 응용

10 패널데이터를 이용한 회귀분석

11 이진종속변수를 사용한 회귀분석

12 도구변수회귀

13 실험과 준실험

14 다수의 설명변수를 이용한 예측과 빅데이터

PART 4 경제 시계열 데이터의 회귀분석

15 시계열 회귀분석과 예측

16 동적 인과효과의 추정

17 시계열 회귀의 추가 주제

PART 5 회귀분석의 계량경제 이론

18 단순선형회귀모형의 이론

19 다중회귀 이론

PART

1

개요와 복습

CHAPTER

1 경제학 문제와 자료

여섯 명의 계량경제학자에게 계량경제학이 무엇인지 물어보면 여섯 개의 다른 답변을 얻을 수 있다. 첫 번째로 계량경제학은 경제학 이론을 검증하는 과학이라고 할 수 있다. 두 번째로 계량경제학은 기업의 매출, 경제의 전반적인 성장, 주가와 같은 경제변수의 미래 가치를 전망할 때 사용하는 도구라고 할 수 있다. 세 번째로 계량경제학은 수리적 경제 모형을 실제 자료에 맞추는 과정이라고 말할 수 있다. 네 번째로 계량경제학은 정부 및 기업경영 부문에서 과거 자료를 사용해 수치적 혹은 정량적 정책 조언을 제공하는 과학이자 기술이라고 할 수 있다.

사실 위의 모든 답변이 옳다. 넓은 의미에서 계량경제학은 경제학 이론과 통계학 방법을 사용해 경제 자료를 분석하는 과학이자 기술이다. 계량경제학은 재무학, 노동경제학, 거시경제학, 미시경제학, 마케팅, 경제정책학 등 경제학의 여러 분야에서 사용한다. 또한 계량경제학 방법론은 정치학, 사회학 등 다른 사회과학에서도 흔히 사용한다.

이 책은 계량경제학자가 사용하는 핵심 방법론을 소개한다. 민간 영역의 경영 및 정부 정책의 세계에서 제기하는 다양하고 구체적이며 정량적인 문제 혹은 질문에 답하기 위해 이러한 방법론을 사용할 것이다. 이 장에서는 이러한 질문 중 네 개의 예를 제시하고 이에 답하기 위한 계량경제학 방식을 일반적인 용어로 논의한다. 그런 뒤 계량경제학자가 이러한 질문과 기타 정량적 경제 문제에 답하기 위해 사용할 수 있는 주요 자료에 대한 조사로 이 장을 마무리할 것이다.

1.1 경제학적 문제

경제, 경영 및 정부 부문에서 행하는 많은 결정은 우리 주변 세계의 변수 간 관계를 이해하는 데 달려 있다. 이러한 결정은 정량적 질문에 대한 정량적 답변을 요구한다.

이 책은 현재의 경제 문제에서 나올 수 있는 몇 가지 정량적 질문을 검토한다. 이 중 교육 정책, 주택담보대출에서의 인종적 편견, 담배 소비, 거시경제 전망의 네 가지 질문으로 추린다.

질문 1: 학급 규모를 줄이면 초등 교육이 향상되는가?

미국 공교육 체계 개혁 제안은 열띤 논쟁을 불러일으킨다. 대다수 제안은 가장 어린 학생, 즉 초등학교에 관한 것이다. 초등 교육에는 사회적 기술 개발과 같은 다양한 목표가 있지만, 많은 부모와 교육자에게 가장 중요한 목표는 읽기, 쓰기, 기초 수학 등 기초 학력 향상에 있다. 기초 학력을 개선하기 위한 한 가지 주요 제안은 초등학교의 학급 규모를 줄이는 것이다. 교실에서 수업을 받는 학생 수가 적어지면 각 학생이 교사의 관심을 더 많이 받고 수업 방해가 줄어들며, 이에 학습이 향상되어 성적이 올라간다는 주장이다.

그런데 학급 규모 축소가 초등 교육에 미치는 영향은 정확히 무엇일까? 학급 규모를 줄이려면 비용이 발생한다. 교사를 더 많이 고용해야 하고, 학교에 이미 정원이 찼을 경우 교실을 더 많이 만들어야 한다. 더 많은 교사를 고용하려는 의사결정자는 이러한 비용과 이점을 비교·평가해야 한다. 그러나 비용과 이점을 비교하려면 의사결정자는 예상되는 이점을 정확하게 정량적으로 이해해야 한다. 학급 규모 감소가 기초 학력을 향상하는 효과가 클까, 아니면 작을까? 더 작은 학급 규모가 실제로 기초 학력에 영향을 미치지 않을 가능성이 있을까?

상식과 일상 경험으로부터 학급당 학생 수가 적을수록 학생 개인이 더 많이 배울 수 있다고 추측할 수 있지만, 학급 규모를 줄이는 것이 기본적인 배움에 정확히 어떤 영향을 끼치는지에 관한 질문에 상식만으로는 정량적 답변을 제공할 수 없다. 정량적 결과를 제시하기 위해서는 초등학교 학급 규모가 개별 학생의 기초 학력에 미치는 영향에 관한 실증적 증거, 즉 자료에 기반한 증거를 탐구해야 한다.

이 책에서는 1999년에 캘리포니아 420개 교육구 혹은 학군에서 학급 규모와 기초 학력 간의 관계를 수집한 자료를 사용해 조사한다. 학급 규모가 작은 학군의 학생이 학급 규모가 큰 학군의 학생보다 표준화된 시험에서 더 나은 성적을 거두는 경향이 있다. 이 사실은 학급 규모가 작을수록 시험 점수가 더 높다는 생각과 일치한다. 그러나 학급 규모가 작은 학군의 학생이 학급 규모가 큰 학군의 학생에 비해 갖는 다른 많은 이점으로 인해 학업 성적이 높았다는 것을 단순히 반영할 수도 있는 것이다. 예를 들어 소규모 학급이 있는 학군이 대규모 학급이 있는 학군보다 더 부유한 경향이 있다. 그러므로 소규모 학급의 학생은 교실 밖에서 학습할 기회가 더 많을 수 있을 것이다. 즉 더 작은 학급 규모가 아니라 이러한 기회 때문에 소규모 학급의 학생이 더 높은 시험 점수를 얻을 수 있다. 2부에서 다중회귀분석을 사용해 학급 규모 변화가 학업에 끼치는 효과를 학생의 경제적 배경과 같은 다른 요인의 변화가 끼치는 효과로부터 분리한다.

질문 2: 주택담보대출 시장에 인종 차별이 있는가?

미국인 중 다수는 주택담보대출(mortgage)을 통해 주택을 구매한다. 주택담보대출은 액수가 매우 크다. 미국 법률에 따라 미국 대출 기관은 주택담보대출 요청의 승인 또는 거부를 결정할 때 인종을 고려해서는 안 된다. 인종을 제외한 모든 면에서 동일한 신청자는 주택담보대출이 승인될 가능성이 같아야 한다. 이에 따라 이론적으로 주택담보대출 과정에서 인종적 편견이 있을 수 없다.

하지만 이론적 결론과 대조적으로 보스턴 연방준비은행(Federal Reserve Bank of Boston)의 연구원들은 1990년대 초반 자료를 이용해 흑인 신청자의 28%가 주택담보대출이 거부되었으나 백인 신청자 중에서는 단지 9%만 대출이 거부되었다는 사실을 발견했다. 이러한 연구 결과는 실제로 주택담보대출 과정에서 인종적 편견이 있음을 보여주는가? 만약 그렇다면 그 크기는 얼마나 되는가?

보스턴 연방준비은행 자료에서 백인 지원자보다 흑인 지원자가 더 많이 대출이 거부된다는 사실 자체만은 주택담보대출 기관이 인종 차별을 했다는 증거로 볼 수 없다. 흑인 지원자와 백인 지원자가 인종 외에 여러 측면에서 다르기 때문이다. 주택담보대출 시장에서 편견이 있다는 결론을 내리기 전에 자료를 더 면밀히 조사해야 한다. 즉 **인종을 제외한 특성이 모두 동일한** 흑인 지원자가 자신의 인종 때문에 주택담보대출이 거부될 수 있는지를 확인해야 한다. 만약 인종 편견이 존재한다면, 백인의 주택담보대출 승인 가능성이 흑인보다 얼마나 큰지 봐야 한다. 이를 위해 11장에서는 **신청자의 다른 특성을 일정하게 유지할 때**, 특히 대출 상환 능력이 같을 때 인종적 차이로 인해 발생하는 주택담보대출 승인 가능성의 차이를 정량화할 수 있는 계량경제학 방법을 안내한다.

질문 3: 의료비 지출이 우리를 건강하게 하는가?

영원히 사는 사람은 없다. 이는 자명한 사실이다. 그렇지만 의료를 통해 피할 수 있는 죽음을 멀리하고 생존 기간을 연장할 수 있다. 의료는 개인의 건강 관련 삶의 질 향상과 같은 다른 유익한 효과가 있다. 이러한 목적과 그 이상을 위해 전 세계적으로 의료 서비스 제공에 막대한 양의 자원을 투입하고 있다. 그런데 국가별 의료비는 절대적 기준과 1인당 기준 모두에서 상당히 다르다. 출생 시 기대 수명으로 측정한 국가별 건강 결과에도 큰 차이가 있다.

의원성(iatrogenesis, 의료가 오히려 건강에 좋지 않다는 믿음)에 대한 우려를 제쳐두고, 기본적 경제학에서는 더 많은 의료비 지출이 일반적으로 피할 수 있는 사망률을 낮출 것이라 주장한다. 그런데 얼마나 많이 낮추는가? 의료비가 1% 증가하면 피할 수 있는 사망률은 몇 % 감소하는가? 의료비가 1% 증가할 때 발생하는 피할 수 있는 사망률의 백분위 변화율은 **사망률의 지출탄력성**이다. 이는 **수요의 가격탄력성**과 유사하다. **수요의 가격탄력성**은 상품 가격이 1% 증가할 때 상품 수요량의 변화율을 의미한다. 예를 들어 의료비를 늘려 피할 수 있는 사망률을 20% 줄이려 한다면, 사망률 감소 달성에 필요한 의료비 증가분을 계산하기 위해 사망률에 대한 지출탄력성을 알아야 한다.

많은 보건 정책이 피할 수 있는 사망률을 기준으로 설정한 목표에 바탕을 둔다. 예를 들어 유엔개발계획(UNDP)의 지속 가능한 개발 목표 중 하나는 모든 국가가 '5세 미만 사망률을 최소한 1,000명당 25명'으로 줄이는 것이다.[1] 그렇다면 이러한 목표를 어떻게 달성할 것인가? 의료 서비스 확대로 달성할 것인가? 아니면 다른 서비스 확대로 달성할 것인가? 또한 의료비 지출 확대가 다양한 정책의 조합 중 일부라면, 의료비를 얼마나 늘려야 할 것인가? 이에

1 United Nations Development Programme (UNDP), *The Sustainable Development Goals (SDGs): Goal 3: Good health and well-being*, 2017.

대한 답은 사망률에 대한 지출탄력성을 추정해 얻을 수 있다.

건강 관련 생산함수와 같은 경제학 이론은 건강을 산출물로 간주한다. 이러한 경제학 이론은 산출물인 건강을 증진하기 위한 투입요소 조합을 분석할 때 도움이 된다. 그러나 이론 자체는 사망률의 의료비 지출탄력성과 같은 모수의 실제값을 알려주지는 않는다. 모수의 실제 가치를 추정하려면 의료비 지출 수익률에 관한 경험적 증거를 찾아야 한다. 시간에 따른 국가 내 의료비 변화를 분석하거나 동시대 여러 국가의 의료비 변동을 분석해 경험적 증거를 찾을 수 있다. 두 가지 경우를 모두 분석할 수도 있다. 즉 의료비와 산출물로서 건강이 어떻게 관련되어 있는지 자료를 분석할 필요가 있다.

경제학자들은 여러 해에 걸쳐 국가별 의료비 및 사망률 자료를 고려해 이 문제를 해결하려고 시도했다. 그러나 이러한 실증적 연구는 도전적인 과제에 봉착한다. 가장 큰 두 과제는 국가 간에 존재하는 광범위한 이질성(heterogeneity)과 관련이 있다. 첫 번째 문제는 관측 가능한 이질성이다. 이는 각 국가의 1인당 소득처럼 사망률에 직접적으로 영향을 미치고 사망률에 영향을 끼치는 또 다른 요인인 의료비와도 관련되는 요소라고 할 수 있다. 이러한 요소는 분석가가 관측할 수 있으므로 2부에 설명한 대로 다중회귀분석을 사용해 통제할 수 있다. 두 번째 문제는 관측 불가능한 이질성(unobservable heterogeneity)의 존재로, 이는 더 골치 아프다. 한 국가의 의료비 지출 규모를 결정하고 동시에 한 국가의 건강 수준을 형성하는 하나의 잠재 과정이 있고, 이 과정에서 관측 불가능한 요인이 중요할 수 있다. 이는 양방향으로 인과관계가 발생하는 결과를 낳는다. 높은 의료비는 사망률을 감소시키는 요인이지만, 반대로 높은 의료비는 관측되지 않으나 사망률을 증가시키는 요인에 대한 반응일 수 있다. 이러한 요인의 예로 소규모 자연재해를 들 수 있다. 이와 같은 '동시 인과성(simultaneous causality)'을 처리하는 방법은 담배 수요의 가격탄력성을 추정할 때 적용하면서 12장에서 설명한다. 사망률의 의료비 지출탄력성 추정 문제와 담배 수요의 가격탄력성 추정 문제는 서로 다르지만 개념적으로 유사한 맥락에 있다.

질문 4: 내년에 미국 GDP는 얼마나 성장할 것인가?

사람들은 항상 미래를 미리 보고 싶어 하는 것 같다. 신장비 투자를 고려하고 있는 회사의 내년 매출은 어떻게 될 것인가? 다음 달에 주식시장이 상승할 것인가? 만약 상승한다면 얼마나 상승할 것인가? 내년에 지방세 징수액이 지방자치단체 업무 예산을 충당할 수 있을 것인가? 다음 주 미시경제학 시험은 외부효과와 독점 중 어느 부분에 초점을 맞출 것인가? 토요일은 해변에 가기 좋은 날인가?

거시경제학자가 특히 관심을 두고 있는 미래 측면 중 하나는 내년의 실제 경제 활동 성장이다. 이는 실질 국내총생산(GDP)으로 측정된다. 경영 컨설팅 회사는 제조업 고객에게 경제 성장에 대한 낙관적인 전망을 바탕으로 생산 능력을 확장하도록 조언할 수 있다. 워싱턴 D.C.에 있는 연방준비제도이사회(Federal Reserve Board)의 경제학자들은 고용을 극대화하기 위해 실질 GDP를 잠재 GDP에 가깝게 유지하는 정책을 수립할 의무가 있다. 만약 내년에 GDP 성장률이 부진할 것으로 예상된다면 경제 활동을 활성화하기 위해 금리를 인하하거나 다른 조치를 통해 경제의 유동성을 확대할 수 있다.

수치적 전망을 전문적으로 하는 경제학자는 계량경제학 모형으로 예상한다. 경제 예상가의 임무는 과거를 이용해 미래를 예측하는 것이며, 계량경제학자는 경제학 이론과 통계학 방법론을 사용해 과거 자료의 관계를 정량화함으로써 이를 수행한다.

미국에서 GDP 성장률을 예상하기 위해 사용하는 자료에는 과거 GDP와 소위 **텀 스프레드**(term spread)가 포함된다. 텀 스프레드는 장기 금리와 단기 금리의 차이다. 이는 무엇보다도 투자자가 단기 금리가 미래에 상승할 것으로 예상하는지 또는 하락할 것으로 예상하는지를 측정한다. 텀 스프레드는 일반적으로 양수지만 경기 침체가 시작되기 전에 급격히 떨어지는 경향이 있다. 15장에서 개발하고 계산한 GDP 성장률 전망치 중 하나는 텀 스프레드를 바탕으로 한다.

정량적 질문, 정량적 답변

앞의 네 가지 질문 각각에는 숫자로 된 답이 필요하다. 경제학 이론은 해답에 대한 단서를 제공한다. 예를 들어 담배 가격이 오르면 담배 소비량은 감소해야 한다. 그러나 감소량의 실제 값은 실증적으로, 즉 자료를 분석해 알아내야 한다. 정량적 질문에 답하기 위해 자료를 사용한다. 이에 따라 질문에 대한 답에는 언제나 어느 정도 불확실성이 존재한다. 다른 자료 모음을 사용하면 다른 수치적 대답이 나온다. 따라서 양적 분석을 위한 개념적 틀은 질문에 대한 수치적 답변과 답변이 얼마나 정확한지에 대한 척도를 모두 제공해야 한다.

이 책에서 사용하는 개념적 틀은 계량경제학의 주류인 다중회귀모형(multiple regression model)이다. 2부에서 소개하는 이 모형은 한 변수의 변화가 다른 변수에 어떻게 영향을 미치는지 정량화하는 수학적 방법을 제공한다. 이 모형은 앞의 두 변수 이외의 변수는 일정하게 유지한다. 예를 들어 한 학군에서 학급 규모의 변화는 시험점수에 어떤 영향을 미치는가? 이때 학군 관리자가 통제할 수 없는 학생 특성(예: 가족 소득)을 **일정하게 유지** 또는 이 특성을 **통제**한다. 인종은 주택담보대출 승인 가능성에 어떤 영향을 미치는가? 이때 대출 상환 능력과 같은 기타 요소를 일정하게 유지한다. 담배 가격의 1% 인상은 담배 소비에 어떤 영향을 미치는가? 이때 흡연자와 잠재적 흡연자의 소득을 **일정하게 유지**한다. 다중회귀모형 및 이의 확장 모형은 자료를 사용해 앞의 유형과 같은 질문에 답변하고 해당 답변의 불확실성을 정량화하기 위한 틀을 제공한다.

1.2 인과효과와 이상화된 실험

계량경제학에서 접하게 되는 다른 많은 질문과 마찬가지로 1.1절의 처음 세 질문은 변수 간 인과관계(causal relationship)에 관한 것이다. 인과라는 단어의 통상적 용법은 다음과 같다. 하나의 행위가 직접적으로 하나의 결과(result)를 만들거나 그 행위의 효과로서 그 결과(consequence)가 나오는 경우, 하나의 행위(action)가 하나의 결과(outcome)를 인과한다

(cause)고 할 수 있다. 뜨거운 난로에 닿으면 화상을 입을 수 있고, 물을 마시면 갈증이 해소되고, 타이어에 공기를 넣으면 타이어가 부풀어 오르고, 토마토에 비료를 주면 토마토 생산량이 증가한다. 인과성(causality)은 특정한 행위(예: 비료 살포)가 구체적이고 측정 가능한 결과(예: 토마토 생산량의 증가)로 이어진다는 것을 의미한다.

인과효과 추정

일정량의 비료, 예로 제곱미터당 100g의 비료를 살포할 때 토마토 수확량(kg으로 측정)에 대한 인과효과를 어떻게 잘 측정할 수 있을까?

이러한 인과효과를 측정하는 한 가지 방법은 실험을 수행하는 것이다. 이 실험에서 원예사 연구자는 토마토를 여러 밭에 심는다. 한 가지만 제외하고 각 밭은 똑같이 관리된다. 일부 밭에 제곱미터당 100g의 비료를 살포하고 나머지 밭에는 비료를 전혀 살포하지 않는다. 비료 살포 여부는 컴퓨터에 의해 무작위로 결정된다. 따라서 밭 사이의 기타 차이점은 비료 제공 여부와 관련 없음을 보장한다. 성장기가 끝나면 원예사는 각 밭의 수확량을 측정한다. 비료가 살포된 밭과 비료가 살포되지 않은 밭 사이의 제곱미터당 평균 수확량 차이가 토마토 생산량에 대한 비료 살포 효과이다.

이는 **무작위 통제 실험**(randomized controlled experiment)의 예다. 처치를 받지 않은(비료가 살포되지 않은) **통제집단**(control group)과 처치를 받은(100g/㎡의 비료가 살포된) **처치집단**(treatment group)이 모두 있다는 의미에서 실험이 통제된 것이다. 처치가 무작위로 배정된다는 의미에서 실험이 무작위적이라고 할 수 있다. 이러한 무작위 배정은, 예를 들어 밭에 햇볕이 얼마나 쬐는지와 밭에 비료 살포 여부 간에 체계적인 관계 가능성을 제거한다. 이에 따라 처치집단과 통제집단 간 유일한 체계적 차이점은 처치뿐이다. 이 실험이 충분히 큰 규모로 적절하게 실행되면 처치(100g/㎡의 비료 살포)의 관심 결과(토마토 생산량)에 대한 인과효과를 추정할 수 있다.

이 책에서 **인과효과**(causal effect)는, 이상적인 무작위 통제 실험에서 측정되는, 특정 행위 또는 처치가 결과에 미치는 효과로 정의된다. 이러한 실험에서 처치집단과 통제집단 간 결과 차이는 처치 그 자체에 체계적으로 기인한다.

1.1절의 처음 세 가지 질문에 답하기 위해 이상적인 무작위 통제 실험을 상상하는 것이 가능하다. 예를 들어 학급 규모 연구를 위해 서로 다른 학급 규모의 '처치(treatment)'를 다양한 학생 집단에 무작위로 배정하는 것을 상상할 수 있다. 학생 집단 간의 유일한 체계적 차이가 학급 규모가 되도록 실험을 설계하고 실행하면, 이론적으로 이 실험은 모든 다른 사항을 동일하게 유지한 채 오로지 학급 규모 축소가 시험점수에 미치는 영향을 추정할 것이다.

실험은 계량경제학에서 점점 더 널리 사용되고 있다. 그러나 많은 경우 실험은 실제로 적용할 수 있는 선택 사항이 아니다. 비윤리적이거나, 만족스러운 수행이 불가능하거나, 시간이 너무 오래 걸리거나, 비용이 너무 많이 들기 때문이다. 비실험 자료를 사용하더라도 이상적인 무작위 통제 실험의 개념은 인과효과에 대한 정의를 제공하기 때문에 중요하다.

예측, 전망, 인과성

1.1절의 처음 세 질문은 인과효과에 관한 것이지만, 네 번째 질문인 GDP 성장률 전망은 그렇지 않다.

전망 또는 예상은 통계학자와 계량경제학자가 예측이라 부르는 것의 특별한 경우이다. **예측**(prediction)은 일부 변수에 대한 정보를 사용해 또 다른 변수의 값에 대해 진술하는 것이다. **전망 또는 예상**(forecast)은 내년 GDP 성장과 같은 미래 변수의 값에 대한 예측이다.

좋은 예측을 하기 위해 인과관계를 알 필요는 없다. 강우 여부를 '예측하는(predict)' 좋은 방법은 보행자가 우산을 쓰고 있는지 관측하는 것이지만, 우산을 사용하기 때문에 비가 내리지는 않는다.

예측변수(predictor)의 수가 적고 자료가 시간이 지나도 변화하지 않는 경우 2부의 다중회귀모형이 신뢰할 수 있는 예측을 제공할 수 있다. 그러나 가능한 예측변수의 수가 많은 경우 예측이 종종 개선될 여지가 있다. 많은 예측변수를 사용하는 방법은 14장에서 다룬다.

전망, 즉 미래에 대한 예측은 시간 흐름에 따라 변화하는 변수에 대한 자료를 사용한다. 이는 새로운 과제와 기회를 가져온다. 15장에서 살펴보겠지만, 다중회귀분석은 우리가 과거 관계를 정량화하고, 이러한 관계의 시간적 안정성 여부를 확인하고, 미래에 대해 정량적으로 전망하고, 이러한 전망의 정확성을 평가할 수 있게 한다.

1.3 자료: 출처 및 유형

계량경제학에서 자료는 두 가지 소스, 즉 실험 또는 세계에 대한 비실험적 관찰 중 하나에서 나온다. 이 절은 실험적 자료 세트와 비실험적 자료 세트를 모두 검토한다.

실험 자료와 관측 자료

실험 자료(experimental data)는 처치/정책 평가 또는 인과효과 조사를 위해 고안된 실험에서 나온다. 예를 들어 테네시주는 1980년대 학급 규모를 조사하는 대규모 무작위 통제 실험에 예산을 지원했다. 이 실험에서 수천 명의 학생을 무작위로 다양한 규모의 학급에 몇 년 동안 배정하고 매년 표준화된 시험을 치렀다. 이 실험의 내용은 13장에서 살펴본다.

테네시주 학급 규모 실험에는 수백만 달러의 비용이 들었고 수년에 걸쳐 많은 행정직원, 학부모, 교사의 지속적인 협력이 필요했다. 인간을 대상으로 한 실제 실험은 관리 및 통제가 어려워 이상적인 무작위 통제 실험에 비해 결함이 존재한다. 더욱이 어떤 상황에서는 실험이 비용이 많이 들고 관리하기 어려울 뿐만 아니라 비윤리적이기도 하다. (무작위로 선택된 청소년에게 저렴한 담배를 제공해 그들이 얼마나 많이 구매하는지 확인하는 것이 윤리적일까?) 이러한 재정적, 실제적, 윤리적 문제로 인해 경제학에서의 실험은 상대적으로 드물다. 대신, 대부분의 경제 자료는 실제 행동을 관찰해 얻는다.

실험 환경 밖에서 실제 행동을 관찰해 얻은 자료를 **관측 자료**(obsevational data)라고 한다. 관측 자료는 소비자 전화 서베이 등과 같은 설문조사와 대출 기관이 관리하는 주택담보대출 신청 과거 기록 등의 행정 기록을 통해 수집된다.

관측 자료는 인과효과를 추정하려는 계량경제학의 시도에 큰 도전과제를 안겨 주고, 계량경제학 도구는 이러한 도전과제를 해결하도록 설계되었다. 현실 세계에서는 '처치(treatment)' 수준(토마토 예제의 비료량, 학급 규모 예제의 학생-교사 비율 등)이 무작위로 배정되지 않는다. 이에 '처치' 효과를 다른 관련 요인 효과로부터 솎아내기가 어렵다. 계량경제학의 대부분 및 이 책의 대부분은 실제 자료를 사용해 인과효과를 추정할 때 직면하는 문제를 해결하는 데 전념한다.

실험 자료이든 관측 자료이든 상관없이 자료는 횡단면, 시계열, 패널이라는 세 가지 주요 유형으로 제공된다. 이 책에서는 세 가지 유형을 모두 접하게 된다.

횡단면 자료

단일 기간(single time) 다중 개체(different entity)에 대한 자료를 **횡단면 자료**(cross-sectional data)라고 한다. 노동자, 소비자, 기업, 정부 기관 등이 개체가 될 수 있다. 예를 들어 캘리포니아 학군의 시험점수 자료는 횡단면이다. 해당 자료는 단일 기간(1999년) 420개 개체(학군)에 대한 것이다. 일반적으로 관측한 개체수는 n으로 표기한다. 예를 들어 캘리포니아 데이터 세트에서는 $n = 420$이다.

캘리포니아 시험점수 데이터 세트(data set)는 각 학군에 대한 여러 변수의 측정값을 포함하고 있다. 일부는 표 1.1에 정리했다. 각 행은 하나의 학군 자료를 나열한다. 예를 들어 첫 번째 학군('1학군')의 평균 시험점수는 690.8이다. 이는 해당 학군에 있는 5학년 학생의 1999년 표준화 시험(스탠퍼드 성취도 시험) 중 수학 및 과학 시험 평균 점수이다. 해당 학군의 평균 학생-교사 비율은 17.89이다. 즉 1학군의 학생 수를 1학군의 담임 교사 수로 나눈 값이 17.89

표 1.1 1999년 캘리포니아 학군의 시험점수 및 기타 변수(선별 관측값)

관측(학군) 번호	학군 평균 시험점수 (5학년)	학생-교사 비율	학생 1인당 지출비 (달러)	영어 학습 학생 비율
1	690.8	17.89	6,385	0.0%
2	661.2	21.52	5,099	4.6
3	643.6	18.70	5,502	30.0
4	647.7	17.36	7,102	0.0
5	640.8	18.67	5,236	13.9
⋮	⋮	⋮	⋮	⋮
418	645.0	21.89	4,403	24.3
419	672.2	20.20	4,776	3.0
420	655.8	19.04	5,993	5.0

주: 캘리포니아 시험점수 데이터 세트는 부록 4.1에 설명되어 있다.

이다. 1학군의 학생 1인당 지출비는 6,385달러이다. 해당 학군에서 여전히 영어를 배우고 있는 학생, 즉 영어가 제2외국어이고 아직 영어에 능숙하지 않은 학생의 비율은 0%이다.

나머지 행은 다른 학군 자료를 나타낸다. 행의 순서는 임의적이며 **관측 번호**(observation number)라고 하는 학군의 번호는 데이터를 정리하기 위해 임의로 할당한 번호이다. 표에서 볼 수 있듯이 나열된 모든 변수는 상당히 다양하다.

횡단면 자료를 사용하면 단일 기간에 사람, 회사 또는 기타 경제 개체의 차이를 연구해 변수 간 관계를 배울 수 있다.

시계열 자료

시계열 자료(time series data)는 여러 기간에 걸쳐 수집된 단일 개체(개인, 회사, 국가)에 대한 자료이다. 미국의 GDP 성장률과 텀 스프레드에 대한 데이터 세트는 시계열 자료의 한 예다. 이는 232개 기간 동안 단일 개체(미국)에 대한 두 가지 변수(GDP 성장률 및 텀 스프레드)에 대한 관측값을 포함하고 있다. 이 데이터 세트의 각 기간은 분기이다(1분기는 1월, 2월, 3월, 2분기는 4월, 5월, 6월, 3분기는 7월, 8월, 9월, 4분기는 10월, 11월, 12월). 예시 데이터 세트의 관측값은 1960년 1분기(1960:Q1)에 시작해 2017년 4분기(2017:Q4)에 끝난다. 시계열 자료의 관측값(즉 기간) 개수는 T로 표기된다. 1960:Q1부터 2017:Q4까지 232개의 분기가 있으므로 예시 데이터 세트는 $T = 232$개의 관측값을 포함한다.

위 데이터 세트의 일부가 표 1.2에 있다. 각 행의 자료는 각 기간(연도와 분기)에 대응된다. 예를 들어 1960년 1분기에 GDP는 연 8.8% 성장했다. 즉 GDP가 1960년 1분기와 같은 속도로 4분기 연속 성장했다면 GDP 수준은 8.8% 증가했을 것이다. 1960년 1분기에 장기 금리가 4.5%이고 단기 금리가 3.9%이다. 따라서 텀 스프레드는 0.6퍼센트포인트이다.

시간에 따라 단일 개체를 추적·조사해 시계열 자료를 시간에 따른 변수의 진화를 연구하고

표 1.2 미국 GDP 성장률과 텀 스프레드: 분기 자료, 1960:Q1-2017:Q4(선별 관측값)

관측 번호	날짜 (연도:분기)	GDP 성장률 (연간 성장률 %)	텀 스프레드 (퍼센트포인트)
1	1960:Q1	8.8%	0.6
2	1960:Q2	−1.5	1.3
3	1960:Q3	1.0	1.5
4	1960:Q4	−4.9	1.6
5	1961:Q1	2.7	1.4
⋮	⋮	⋮	⋮
230	2017:Q2	3.0	1.4
231	2017:Q3	3.1	1.2
232	2017:Q4	2.5	1.2

주: 미국 GDP 및 텀 스프레드 데이터 세트는 부록 15.1에 설명되어 있다.

해당 변수의 미래값을 예상하는 데 사용할 수 있다.

패널 데이터

종단 자료(longitudinal data)라고도 하는 **패널 데이터**(panel data)는 각 개체가 2개 이상의 기간에서 관찰되는 다중 개체에 대한 자료이다. 담배 소비 및 가격 데이터 세트가 패널 데이터의 예다. 해당 데이터 세트에서 선택된 변수와 관측값이 표 1.3에 있다. 패널 데이터의 개체수는 n으로 표기되고 기간 수는 T로 표기된다. 담배 데이터 세트에 $n = 48$개의 미국 대륙 주(개체)에 대한 관측값이 1985년부터 1995년까지 $T = 11$년 동안 있다. 따라서 총 $n \times T = 48 \times 11 = 528$개의 관측값이 있다.

담배 소비 데이터 세트의 일부가 표 1.3에 있다. 첫 번째 블록의 48개 관측값은 1985년 각 주에 대한 자료가 있으며 앨라배마주에서 와이오밍주까지 알파벳순으로 구성되어 있다. 다음 블록의 48개 관측값은 1986년 각 주에 대한 자료가 있고, 계속해서 매해 각 주의 자료가 나열되어 있다. 예를 들어 1985년 아칸소주의 담배 판매량은 1인당 128.5갑이다(1985년 아칸소주에서 판매된 총담뱃갑 수를 1985년 아칸소주 총인구로 나눈 것이 128.5이다). 1985년 아칸소주에서 세금을 포함한 담배 한 갑의 평균 가격은 1.015달러였으며, 37센트가 연방세, 주세, 지방세로 납부되었다.

데이터 세트에 있는 다양한 개체의 경험과 각 개체에 관한 변수의 시간 경과에 따른 변화로부터 경제적 관계를 알아내기 위해 패널 데이터를 사용할 수 있다.

횡단면 자료, 시계열 자료, 패널 데이터의 정의는 핵심 개념 1.1에 요약했다.

표 1.3 미국 주별 및 연도별 담배 판매량, 가격, 세금: 1985~1995년(선별 관측값)

관측 번호	주	연도	담배 판매량 (1인당 갑)	갑당 평균 가격 (세금 포함)	총 세금 (담배세 + 판매세)
1	앨라배마	1985	116.5	1.022달러	0.333달러
2	아칸소	1985	128.5	1.015	0.370
3	애리조나	1985	104.5	1.086	0.362
⋮	⋮	⋮	⋮	⋮	⋮
47	웨스트버지니아	1985	112.8	1.089	0.382
48	와이오밍	1985	129.4	0.935	0.240
49	앨라배마	1986	117.2	1.080	0.334
⋮	⋮	⋮	⋮	⋮	⋮
96	와이오밍	1986	127.8	1.007	0.240
97	앨라배마	1987	115.8	1.135	0.335
⋮	⋮	⋮	⋮	⋮	⋮
528	와이오밍	1995	112.2	1.585	0.360

주: 담배 소비 데이터 세트는 부록 12.1에 설명되어 있다.

핵심 개념 1.1

횡단면, 시계열 및 패널 데이터

- 횡단면 자료는 단일 기간에 관찰된 여러 개체로 구성된다.
- 시계열 자료는 여러 기간에 관찰된 단일 개체로 구성된다.
- 패널 데이터(또는 종단 자료)는 여러 개체로 구성되며 각 개체는 2개 이상의 기간에 관측된다.

요약

1. 기업경영 및 경제 분야의 많은 결정에는 한 변수의 변화가 다른 변수에 어떻게 영향을 미치는지에 대한 정량적인 추정이 필요하다.
2. 개념적으로 인과효과를 추정하는 방법은 이상적인 무작위 통제 실험이지만, 경제적 응용에서 실험을 수행하는 것은 비윤리적이거나 비실용적이거나 비용이 너무 많이 들 수 있다.
3. 계량경제학은 관측(비실험) 자료나 실제로는 불완전한 실험 자료를 사용해 인과효과를 추정하는 도구를 제공한다.
4. 계량경제학은 관심변수의 값을 다른 관련 변수의 정보를 사용해 예측하는 도구도 제공한다.
5. 횡단면 자료는 단일 시점에서 여러 개체를 관찰해 수집한다. 시계열 자료는 여러 시점에서 단일 개체를 관측해 수집한다. 패널 데이터는 여러 개체를 관찰해 수집하며, 각 개체는 여러 시점에서 관측된다.

핵심 용어

관측 번호 observation number
관측 자료 observational data
무작위 통제 실험 randomized controlled experiment
시계열 자료 time series data
실험 자료 experimental data
예측 prediction
인과효과 causal effect
전망(예상) forecast
종단 자료 longitudinal data
처치집단 treatment group
통제집단 control group
패널 데이터 panel data
횡단면 자료 cross-sectional data

복습문제

1.1 6시간의 독서가 고등학생의 어휘력 향상에 끼치는 효과를 연구하기 위한 가상의 이상적 무작위 통제 실험을 설명하라. 이 실험을 실제로 구현할 때 생기는 몇 가지 장애물을 제안하라.

1.2 알코올 섭취가 장기 기억 상실에 미치는 영향을 연구하기 위한 가상의 이상적 무작위 통제 실험을 설명하라. 이 실험을 실제로 구현할 때 생기는 몇 가지 장애물을 제안하라.

1.3 당신은 제조 공장에서 직원 교육 시간(직원당 주당 시간)이 직원 생산성(직원당 시간당 생산

량)에 미치는 인과효과를 연구하라는 요청을 받았다. 다음을 설명하라.

a. 인과효과를 측정하기 위한 이상적인 무작위 통제 실험

b. 이 효과를 연구하기 위한 관측 횡단면 자료

c. 이 효과를 연구하기 위한 관측 시계열 자료

d. 이 효과를 연구하기 위한 관측 패널 데이터

CHAPTER

2 확률의 복습

이 장에서는 회귀분석과 계량경제학을 이해하는 데 필요한 확률론의 핵심 아이디어를 복습한다. 우리는 독자가 확률과 통계 입문 수업을 수강했다고 가정한다. 확률에 관한 지식이 녹슬었다면 이 장을 읽으면서 예전 지식을 살리기 바란다. 본 내용에 자신감이 있더라도 이 장과 끝에 있는 용어 및 개념을 훑어보고 아이디어와 표기법에 익숙해지도록 해야 한다.

세상의 대부분 측면에는 무작위성/임의성(randomness)의 요소가 존재한다. 확률론은 이러한 무작위성을 정량화하고 설명하기 위한 수학적 도구를 제공한다. 2.1절에서는 단일 확률변수의 확률 분포를 검토하고 2.2절은 단일 확률변수의 수학적 기댓값, 평균 및 분산을 다룬다. 경제학에서 흥미로운 문제 중 대부분은 하나 이상의 변수와 관련되어 있으며 2.3절에서는 2개의 확률변수에 대한 확률 이론의 기본 요소를 소개한다. 2.4절에서는 통계학 및 계량경제학에서 중심 역할을 하는 세 가지 특수 확률 분포인 정규분포, 카이제곱분포, F 분포를 설명한다.

이 장의 마지막 두 절에서는 계량경제학에서 핵심적으로 중요한 임의성의 특정 원인, 즉 더 큰 모집단에서 표본을 무작위로 추출함으로써 발생하는 임의성에 초점을 맞춘다. 예를 들어 최근 대학 졸업생 10명을 무작위로 선택해 설문조사를 하고 그들의 수입을 기록(또는 '관찰')하고 이 10개의 데이터 포인트(또는 '관찰')를 사용해 평균 수입을 계산한다고 가정하자. 표본을 무작위로 선택했기 때문에 또 다른 10명의 졸업생을 순전히 무작위로 선택할 수 있었다. 그렇게 했다면 10개의 서로 다른 수입을 관찰했을 것이고 다른 표본평균을 계산했을 것이다. 평균 소득은 무작위로 선택된 표본마다 다르기에 표본평균 자체가 확률변수이다. 따라서 표본평균은 확률 분포를 가진다. 이 분포는 다른 표본을 추출했을 경우 발생했을 표본평균의 다양한 값을 설명하기 때문에 표집분포라고 한다.

2.5절에서는 무작위 표본 추출과 표본평균의 표집분포를 논의한다. 이 표본 분포는 일반적으로 복잡하다. 그러나 표본크기가 충분히 크면 표본평균의 표집분포는 거의 정규분포를 가지며, 이는 2.6절에서 논의하는 중심극한정리로 알려진 결과이다.

2.1 확률변수와 확률 분포

확률, 표본공간, 확률변수

확률과 결과 다음에 새로 만나는 사람의 성별, 시험 성적, 기말 보고서를 작성하는 동안 무선 네트워크 연결이 끊기는 횟수는 모두 우연적 요소 또는 무작위성을 갖는다. 각 예에서 아직 알려지지 않았으나 결국 밝혀지는 것이 있다.

하나의 실험 또는 임의 과정에서 나올 수 있는 상호배반적인 잠재적 결실(result)을 **결과**(outcome)라고 한다. 예를 들어 기말 보고서를 작성하는 동안 무선 네트워크 연결이 절대 끊기지 않을 수도 있고, 한 번 끊길 수도 있고, 두 번 끊길 수도 있다. 이러한 결과 중 하나만 실제로 발생하며(결과는 상호배반적임) 결과의 발생 가능성이 동등할 필요는 없다.

결과의 **확률**(probability)은 장기적으로 그 결과가 발생하는 시간의 비율이다. 기말 보고서를 작성하는 동안 무선 네트워크 연결이 끊기지 않을 확률이 80%라면, 기말 보고서를 여러 번 작성하는 과정에서 무선 네트워크 연결이 끊어지지 않고 80%를 완료하게 된다. 즉 보고서 100개를 쓰는 동안 80개의 보고서 작성 중에는 무선 네트워크 연결이 안 끊긴다.

표본공간과 사건 모든 가능한 결과의 집합을 **표본공간**(sample space)이라 한다. **사건**(event)은 표본공간의 부분집합이다. 즉 사건은 하나 이상의 결과로 구성되는 집합이다. 사건 '내 무선 네트워크 연결은 한 번 이상 끊어지지 않음'은 '연결 끊김이 없음'과 '한 번의 연결 끊김'이라는 두 가지 결과로 구성된 집합이다.

확률변수 **확률변수**(random variable)는 확률적 결과를 수치로 요약한 것이다. 기말 보고서를 작성하는 동안 무선 네트워크 연결이 실패하는 횟수는 확률적이며 숫자 값을 가지므로 확률변수이다.

일부 확률변수는 이산형이고 일부는 연속형이다. 명칭에서 알 수 있듯이 **이산확률변수**(discrete random variable)는 0, 1, 2, ...와 같이 한정적이거나 셀 수 있는 집합 위에서 실현된다. **연속확률변수**(continuous random variable)는 가능한 값의 연속체를 취한다.

이산확률변수의 확률 분포

확률 분포 이산확률변수의 **확률 분포**(probability distribution)는 변수의 실현 가능한 모든 값과 각 값이 발생할 확률의 목록이다. 이러한 확률은 1로 합산된다.

예를 들어 기말 보고서를 작성하는 동안 무선 네트워크 연결이 끊기는 횟수를 M이라 하자. 확률변수 M의 확률 분포는 나올 수 있는 모든 결과의 확률 목록이다. $\Pr(M=0)$으로 표기되는 $M=0$인 확률은 무선 네트워크 연결이 끊기지 않을 확률이다. $\Pr(M=1)$은 한 번 연결이 끊기는 확률이다. 이런 식으로 확률변수의 실현 가능한 값의 확률을 적을 수 있다. M에 대한 확률 분포의 예가 표 2.1의 첫 번째 행에 있다. 이 분포에 따르면 연결이 끊어지지 않을 확률이 80%이다. 한 번 끊기는 확률은 10%이다. 두 번, 세 번, 네 번 끊기는 확률은 각각 6%, 3%, 1%이다. 이 확률의 합은 100%이다. 이 확률 분포는 그림 2.1에 표시했다.

표 2.1 무선 네트워크 연결이 M번 끊기는 확률

	결과(끊김 횟수)				
	0	1	2	3	4
확률 분포	0.80	0.10	0.06	0.03	0.01
누적확률 분포	0.80	0.90	0.96	0.99	1.00

그림 2.1 무선 네트워크 연결 장애 횟수의 확률 분포

각 막대의 높이는 표시된 횟수만큼 무선 네트워크 연결이 끊기는 확률이다. 첫 번째 막대의 높이는 0.8이므로 연결 실패가 없을 확률은 80%이다. 두 번째 막대의 높이는 0.1이므로 한 번 끊기는 확률은 10%이다.

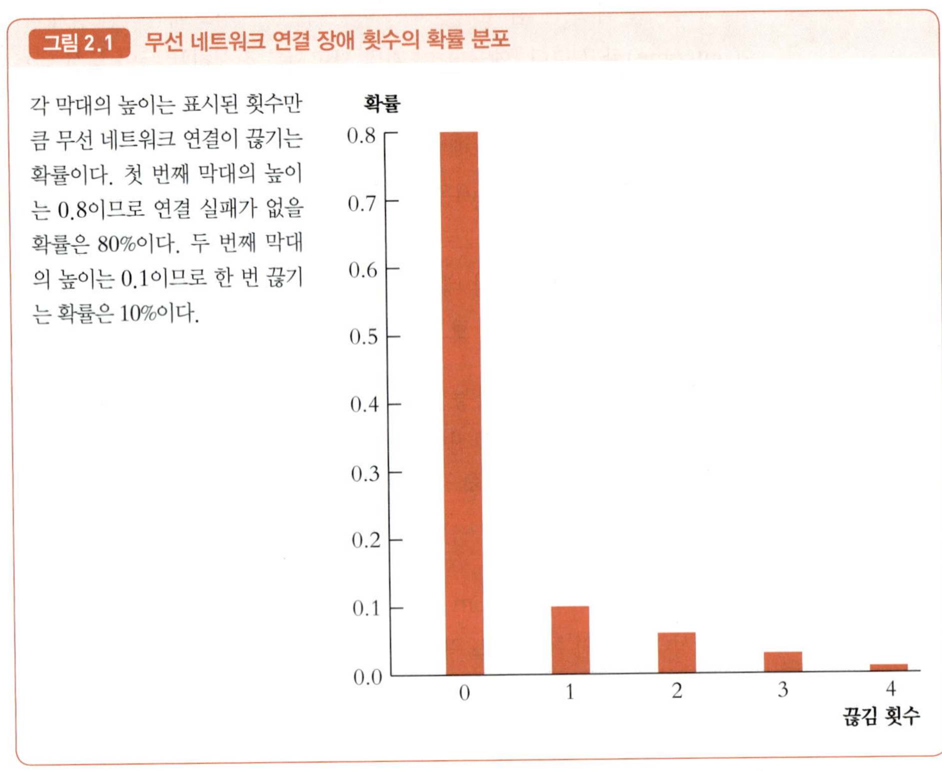

사건의 확률 사건의 확률은 확률 분포로부터 계산할 수 있다. 예를 들어 연결이 한 번 또는 두 번 끊기는 확률은 구성되는 결과의 확률 합이다. 즉 $\Pr(M=1 \text{ 또는 } M=2) = \Pr(M=1) + \Pr(M=2) = 0.10 + 0.06 = 0.16$, 즉 16%이다.

누적확률 분포 **누적확률 분포**(cumulative probability distribution)는 확률변수가 특정 값보다 작거나 같을 확률이다. 표 2.1의 마지막 행은 확률변수 M의 누적확률 분포를 나타낸다. 예를 들어 연결이 최대 한 번 끊길 확률 $\Pr(M \leq 1)$은 90%이다. 이는 끊기지 않을 확률(80%)과 한 번 끊길 확률(10%)의 합이다.

누적확률 분포를 **누적분포함수**(cumulative distribution function, c.d.f.) 또는 **누적분포**(cumulative distribution)라고도 한다.

베르누이 분포 이산확률변수의 중요한 특수 사례는 확률변수가 이진적(binary)인 경우이다. 즉 결과가 0 또는 1이다. 이진 확률변수는 (17세기 스위스 수학자이자 과학자인 Jacob

Bernoulli를 기리기 위해) **베르누이 확률변수**(Bernoulli random variable)라고 하며, 확률 분포는 **베르누이 분포**(Bernoulli distribution)라고 한다.

예를 들어 다음에 새로 만나는 사람의 성별을 G라 하자. 여기서 $G = 0$은 그 사람이 남성임을 나타내고 $G = 1$은 그 사람이 여성임을 나타낸다. 따라서 G의 결과와 확률은 다음과 같다.

$$G = \begin{cases} 1 \text{ with probability } p \\ 0 \text{ with probability } 1 - p \end{cases} \tag{2.1}$$

여기서 p는 다음에 새로 만나는 사람이 여성일 확률이다. 식 (2.1)의 확률 분포가 베르누이 분포이다.

연속확률변수의 확률 분포

누적확률 분포 연속확률변수의 누적확률 분포는 이산확률변수의 경우와 마찬가지로 정의된다. 즉 연속확률변수의 누적확률 분포는 확률변수가 특정 값보다 같거나 작을 확률이다.

예를 들어 집에서 학교까지 운전해서 가는 학생을 생각하자. 이 학생의 통학시간은 연속적인 값을 가질 수 있으며 날씨, 교통상황 등 임의 요인에 따라 달라질 수 있기에 연속확률변수라고 하는 것이 당연하다. 그림 2.2a는 통학시간의 가상 누적분포를 도시한다. 예를 들어 통학시간이 15분 미만일 확률은 20%이고 20분 미만일 확률은 78%이다.

확률밀도함수 연속확률변수는 가능한 값의 연속체를 취할 수 있으므로 확률변수의 가능한 각 값의 확률을 나열하는 이산확률변수에 사용되는 확률 분포는 연속변수에 적합하지 않다. 대신 확률은 **확률밀도함수**(probability density function)로 요약된다. 임의의 두 점 사이의 확률밀도함수 아래 영역이 확률변수가 해당 두 점 사이에 포함될 확률이다. 확률밀도함수는 **p.d.f.**, **밀도함수**(density function) 또는 간단히 **밀도**(density)라고도 한다.

그림 2.2b는 그림 2.2a의 누적분포에 해당하는 통학시간의 확률밀도함수를 보인다. 통학시간이 15분에서 20분일 확률은 p.d.f 아래의 15분에서 20분 사이 면적이며, 이는 0.58, 즉 58%이다. 마찬가지로 이 확률은 그림 2.2a의 누적분포에서 통학시간이 20분 미만일 확률(78%)과 15분 미만일 확률(20%)의 차이로 볼 수 있다. 따라서 확률밀도함수와 누적확률 분포는 동일한 정보를 다른 형식으로 제공한다.

2.2 기댓값, 평균, 분산

확률변수의 기댓값

기댓값 $E(Y)$로 표기되는 확률변수 Y의 **기댓값**(expected value)은 수많은 반복 시행 또는 발생에 따른 확률변수의 장기적 평균값이다. 이산확률변수의 기댓값은 해당 확률변수의 가능한 결과에 해당 결과의 확률을 가중해 더해서 계산한 것이다. 이는 확률변수의 가능한 결과를 확률-가중한(probability-weighted) 평균이라 하겠다. Y의 기댓값은 Y의 **기대**

그림 2.2 통학시간의 누적확률 분포와 확률밀도함수

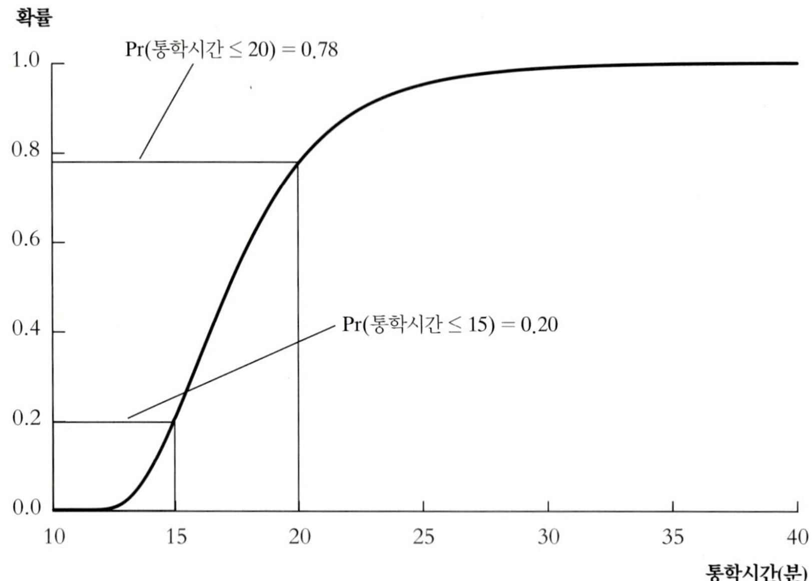

(a) 통학시간의 누적확률 분포함수

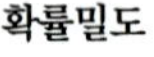

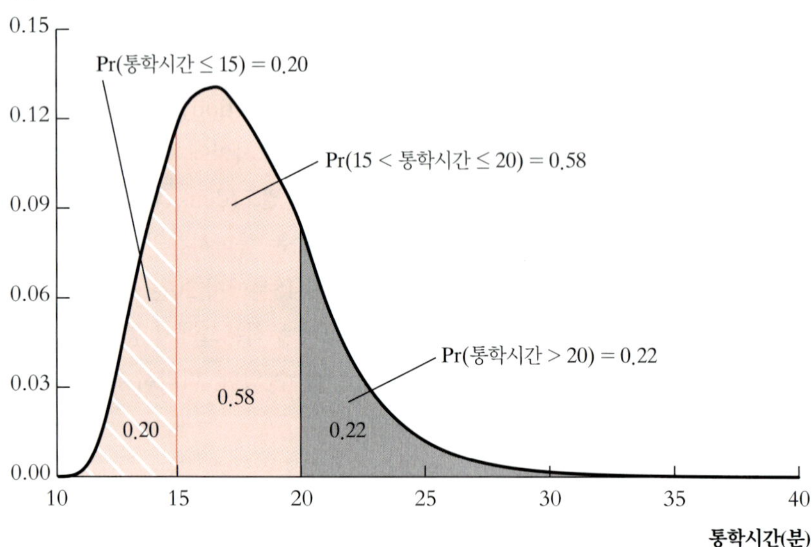

(b) 통학시간의 확률밀도함수

그림 2.2a는 통학시간의 누적분포함수(c.d.f.)를 보여준다. 통학시간이 15분 미만일 확률은 0.2이고, 20분 미만일 확률은 0.78이다. 그림 2.2b는 통학시간의 확률밀도함수(p.d.f.)를 보여준다. 확률은 p.d.f. 아래 영역으로 주어진다. 통학시간이 15~20분일 확률은 0.58이며 15분과 20분 사이의 곡선 아래 영역이다.

핵심 개념

2.1

기댓값과 평균

확률변수 Y가 k개의 가능한 값 $y_1, \ldots, y_k$를 갖는다. y_1은 첫 번째 값을 나타내고, y_2는 두 번째 값을 나타낸다. 이와 같이 k번째까지 나타낼 수 있다. Y가 y_1로 실현되는 확률은 p_1이고, y_2로 실현되는 확률은 p_2 등이다. $E(Y)$로 표시되는 Y의 기댓값은 다음과 같다.

$$E(Y) = y_1p_1 + y_2p_2 + \cdots + y_kp_k = \sum_{i=1}^{k} y_ip_i \quad (2.2)$$

여기서 표기법 $\sum_{i=1}^{k} y_ip_i$는 'i는 1부터 k까지의 y_ip_i의 합'을 의미한다. Y의 기댓값은 Y의 평균 또는 Y의 기대라고도 하며 μ_Y로 표기한다.

(expectation) 또는 Y의 **평균**(mean)이라고도 하며 μ_Y로 표기한다.

예를 들어 친구에게 10% 이자로 100달러를 빌려준다고 가정하자. 대출금을 상환하면 당신은 110달러(원금 100달러 더하기 이자 10달러)를 받게 되지만, 친구가 채무를 불이행해 당신이 아무것도 받지 못할 위험이 1% 있다. 따라서 당신이 상환받는 금액은 확률변수이다. 이는 110달러(확률 0.99)와 0달러(확률 0.01)가 실현될 수 있는 확률변수이다. 이렇게 수차례에 걸쳐 대출할 때 99%의 경우 110달러를 상환받지만 1%의 경우에는 아무것도 얻지 못하므로 평균적으로 110달러 × 0.99 + 0달러 × 0.01 = 108.90달러를 상환받는다. 따라서 상환의 기댓값은 108.90달러이다.

두 번째 예로 표 2.1에 주어진 확률 분포를 사용해 무선 네트워크 연결이 끊기는 횟수 M을 생각하자. M의 기댓값, 즉 M의 평균은 수많은 기말 보고서를 작성하는 동안 하나의 보고서를 쓸 때 무선 네트워크 연결이 끊기는 평균적인 횟수인데, 이는 나올 수 있는 끊김 횟수에 주어진 횟수가 발생하는 빈도를 가중해 더한 결과이다. 따라서 다음과 같이 쓸 수 있다.

$$E(M) = 0 \times 0.80 + 1 \times 0.10 + 2 \times 0.06 + 3 \times 0.03 + 4 \times 0.01 = 0.35 \quad (2.3)$$

즉 기말 보고서를 작성하는 동안 예상되는 연결 끊김 횟수는 0.35이다. 물론 실제 횟수는 항상 정수여야 한다. 특정 기말 보고서를 작성하는 동안 무선 네트워크 연결이 0.35번 끊겼다고 말하는 것은 의미가 없다. 식 (2.3)의 결과를 해석하자면 수많은 기말 보고서를 작성하는데 보고서 하나를 작성하면서 겪는 끊김 횟수가 평균적으로 0.35임을 의미한다. 부연하면 100개의 보고서를 작성하면 평균적으로 35번 정도 무선 네트워크 연결이 끊긴다고 볼 수 있다.

k개의 서로 다른 값을 가질 수 있는 이산확률변수 Y의 기댓값 계산 공식은 핵심 개념 2.1에 있다. (핵심 개념 2.1은 연습문제 2.25의 합산 표기법을 사용한다.)

베르누이 확률변수의 기댓값 핵심 개념 2.1의 중요한 특수 사례는 베르누이 확률변수의 평균이다. G는 식 (2.1)의 확률 분포를 갖는 베르누이 확률변수이다. G의 기댓값은 다음과 같다.

$$E(G) = 0 \times (1 - p) + 1 \times p = p \quad (2.4)$$

따라서 베르누이 확률변수의 기댓값은 p, 즉 값이 1일 확률이다.

연속확률변수의 기댓값 연속확률변수의 기댓값 역시 확률변수의 가능한 결과를 확률 가중한(probability-weighted) 평균이다. 연속확률변수는 가능한 값의 연속체를 취하기 때문에 기댓값에 대한 공식적인 수학적 정의는 미분적분학 방법을 포함한다. 그 정의는 부록 18.1에 있다.

표준편차와 분산

분산 및 표준편차는 확률 분포의 '산포도(dispersion, spread)'를 측정한다. var(Y)로 표기되는 확률변수 Y의 **분산**(variance)은 평균에서 Y의 편차 제곱의 기댓값이다: var(Y) = $E[(Y - \mu_Y)^2]$.

분산에는 Y의 제곱이 포함되므로 분산의 단위는 Y의 제곱 단위이다. 이에 분산을 해석하기가 어렵다. 따라서 분산의 제곱근이고 σ_Y로 표기되는 **표준편차**(standard deviation)로 산포도를 측정하는 것이 일반적이다. 표준편차는 Y와 동일한 단위를 갖는다. 이러한 정의는 핵심 개념 2.2에 요약했다.

예를 들어 연결 장애 횟수 M의 분산은 M과 평균 0.35 사이 차이의 제곱을 확률 가중한 평균이다.

$$\begin{aligned}\text{var}(M) = {} & (0 - 0.35)^2 \times 0.80 + (1 - 0.35)^2 \times 0.10 + (2 - 0.35)^2 \times 0.06 \\ & + (3 - 0.35)^2 \times 0.03 + (4 - 0.35)^2 \times 0.01 = 0.6475\end{aligned} \tag{2.5}$$

M의 표준편차는 분산의 제곱근이므로 $\sigma_M = \sqrt{0.64750} \cong 0.8$이다.

베르누이 확률변수의 분산 식 (2.1)의 확률 분포를 갖는 베르누이 확률변수 G의 평균은 $\mu_G = p$이고[식 (2.4)] 분산은 다음과 같다.

$$\text{var}(G) = \sigma_G^2 = (0 - p)^2 \times (1 - p) + (1 - p)^2 \times p = p(1 - p) \tag{2.6}$$

따라서 베르누이 확률변수의 표준편차는 $\sigma_G = \sqrt{p(1 - p)}$이다.

확률변수의 선형함수 평균과 분산

이 절에서는 선형함수로 연결된 확률변수들(X, Y)을 설명한다. 예를 들어 20%의 세율로 소득세를 부과하고 2,000달러의 (비과세) 보조금을 제공하는 소득세 제도를 고려하자. 이 제도에서는 세후소득 Y가 다음과 같이 세전소득 X와 관련이 있다.

핵심 개념 2.2

분산과 표준편차

σ_Y^2로 표기된 이산확률변수 Y의 분산은 다음과 같다.

$$\sigma_Y^2 = \text{var}(Y) = E[(Y - \mu_Y)^2] = \sum_{i=1}^{k} (y_i - \mu_Y)^2 p_i \tag{2.7}$$

Y의 표준편차는 분산의 제곱근인 σ_Y이다. 표준편차의 단위는 Y의 단위와 같다.

$$Y = 2000 + 0.8X \tag{2.8}$$

즉 세후소득 Y는 세전소득 X의 80%에 2,000달러를 더한 금액이다.

개인의 내년 세전소득이 평균 μ_X와 분산 σ_X^2을 갖는 확률변수라고 가정하자. 세전소득은 확률적이기에 세후소득도 확률적이다. 이 제도에서 세후소득의 평균과 표준편차는 무엇인가? 세후소득은 원래 세전소득의 80%에 2,000달러를 더한 금액이다. 따라서 세후소득의 기댓값은 다음과 같다.

$$E(Y) = \mu_Y = 2000 + 0.8\mu_X \tag{2.9}$$

세후소득의 분산은 $(Y - \mu_Y)^2$의 기댓값이다. $Y = 2000 + 0.8X$이기 때문에 $Y - \mu_Y = 2000 + 0.8X - (2000 + 0.8\mu_X) = 0.8(X - \mu_X)$이다. 따라서 $E[(Y - \mu_Y)^2] = E\{[0.8(X - \mu_X)]^2\} = 0.64E[(X - \mu_X)^2]$이다. 따라서 $\text{var}(Y) = 0.64\text{var}(X)$이다. 분산에 제곱근을 취하면 Y의 표준편차는 다음과 같다.

$$\sigma_Y = 0.8\sigma_X \tag{2.10}$$

즉 세후소득 분포의 표준편차는 세전소득 분포의 표준편차의 80%이다.

이 분석은 일반화가 가능하다. 절편 a와 기울기 b를 사용해 Y를 X의 (선형)함수로 만든다.

$$Y = a + bX \tag{2.11}$$

그러면 Y의 평균과 분산은 다음과 같다.

$$\mu_Y = a + b\mu_X \tag{2.12}$$

$$\sigma_Y^2 = b^2\sigma_X^2 \tag{2.13}$$

Y의 표준편차는 $\sigma_Y = b\sigma_X$이다. 식 (2.9) 및 (2.10)은 식 (2.12) 및 (2.13)에서 $a = 2000$ 및 $b = 0.8$로 적용한 것이다.

분포 형태에 대한 기타 척도

평균과 표준편차는 분포의 두 가지 중요한 특징, 즉 중심(평균)과 분포(표준편차)를 측정한다. 이 절에서는 분포의 두 가지 다른 척도를 논의하는데, 하나는 분포의 비대칭성 정도를 측정하는 왜도이고 다른 하나는 분포의 꼬리가 얼마나 두꺼운지 또는 '무거운지'를 측정하는 첨도이다. 평균, 분산, 왜도, 첨도는 모두 **분포의 적률**(moments of a distribution)이라 하는 것에 기반한다.

왜도 그림 2.3은 4개의 분포를 표시한다. 그중 2개는 대칭적이고(그림 2.3a와 2.3b) 다른 2개는 그렇지 않다(그림 2.3c와 2.3d). 시각적으로 그림 2.3d의 분포는 그림 2.3c의 분포보다 대칭에서 더 많이 벗어난 것으로 보인다. 분포의 왜도는 분포가 대칭에서 벗어난 정도를 설명하는 방법을 수학적으로 제공한다.

확률변수 Y 분포의 **왜도**(skewness)는 다음과 같다.

그림 2.3 서로 다른 왜도와 첨도를 갖는 네 가지 분포

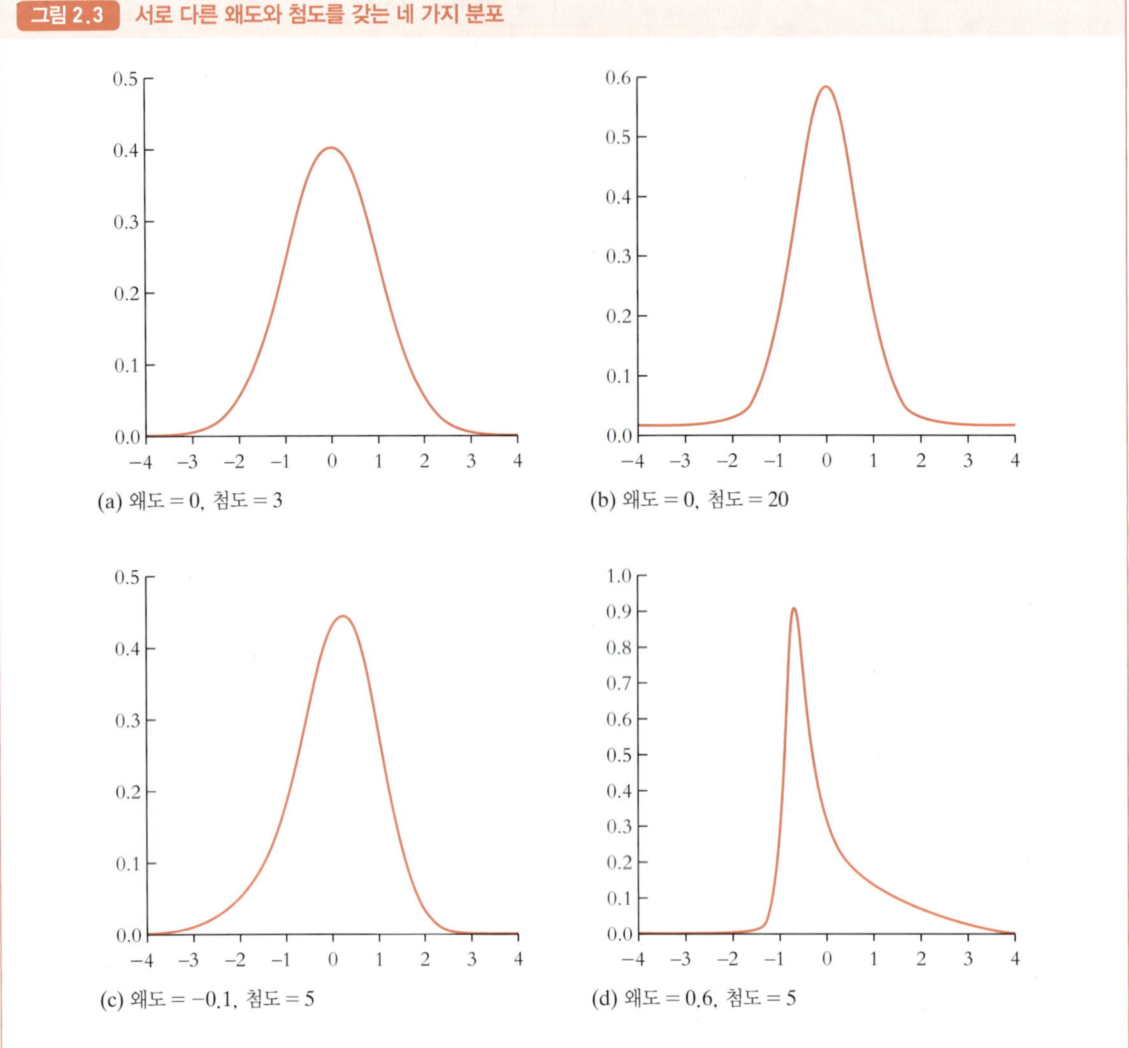

위의 모든 분포는 평균이 0, 분산이 1이다. 왜도가 0인 분포(a와 b)는 대칭적이다. 왜도가 0이 아닌 분포(c와 d)는 비대칭적이다. 첨도가 3을 초과하는 분포(b, c, d)는 두꺼운 꼬리를 가진다.

$$\text{왜도} = \frac{E[(Y - \mu_Y)^3]}{\sigma_Y^3} \tag{2.14}$$

여기서 σ_Y는 Y의 표준편차이다. 대칭 분포의 경우, 평균보다 특정한 수치만큼 큰 값에서 Y의 확률밀도는 평균보다 같은 특정 수치만큼 작은 값에서 Y의 확률밀도와 같다. 그렇다면 평균적으로 또는 기댓값 측면에서 $(Y - \mu_Y)^3$의 양의 부분은 동일한 크기의 음의 부분으로 상쇄된다. 따라서 대칭 분포의 경우 $E(Y - \mu_Y)^3 = 0$이며, 대칭 분포의 왜도는 0이다. 비대칭 분포의 경우 평균적으로 또는 기댓값 측면에서 $(Y - \mu_Y)^3$의 양의 부분이 일반적으로 동일한 음수 값으로 상쇄되지 않는다. 이에 비대칭 분포의 경우 왜도는 0이 아니다. 식 (2.14)에서 Y^3이 있는 분자를 분모 σ_Y^3으로 나누기 때문에 분자 Y^3의 단위는 지워진다. 이에 왜도는 단위와 무관한 척도이다. 즉 Y의 단위를 변경해도 왜도는 바뀌지 않는다.

그림 2.3의 네 가지 분포 아래에는 각각 계산된 왜도가 있다. 분포의 오른쪽 꼬리가 긴 경우 $(Y-\mu_Y)^3$의 양수 부분은 음수 부분으로 완전히 상쇄되지 않기에 왜도는 양수이다. 분포의 왼쪽 꼬리가 길면 왜도는 음수가 된다.

첨도 분포의 **첨도**(kurtosis)는 분포의 꼬리가 얼마나 무거운지 재는 척도이고, 이에 따라 Y의 분산이 극단값에서 얼마만큼 기인하는지 측정하는 척도이다. Y의 극단값을 **이상치**(outlier)라 한다. 분포의 첨도가 클수록 이상치가 있을 가능성이 높아진다.

Y 분포의 첨도는 다음과 같다.

$$\text{첨도} = \frac{E[(Y-\mu_Y)^4]}{\sigma_Y^4} \tag{2.15}$$

분포의 꼬리 부분 질량이 큰 경우 Y가 평균에서 극단적으로 벗어날 가능성이 높으며, $(Y-\mu_Y)^4$은 평균적으로 기댓값 측면에서 커질 것이다. 따라서 꼬리에서 질량이 큰 분포의 경우 첨도가 커진다. $(Y-\mu_Y)^4$은 음수일 수 없으므로 첨도도 음수일 수 없다.

정규분포 확률변수의 첨도는 3이므로 첨도가 3을 초과하는 확률변수는 일반 확률변수보다 꼬리에 더 많은 질량을 갖는다. 첨도가 3을 초과하는 분포를 **급첨**(leptokurtic) 또는 더 간단하게는 무거운 꼬리(heavy-tailed) 분포라고 한다. 왜도와 마찬가지로 첨도는 단위와 무관하므로 Y단위를 변경해도 첨도는 바뀌지 않는다.

그림 2.3의 네 가지 분포 아래에는 각각 계산된 첨도가 있다. 그림 2.3b~d의 분포는 무거운 꼬리 분포이다.

적률 Y의 평균 $E(Y)$를 Y의 1차 적률이라고도 한다. Y 제곱의 기댓값 $E(Y^2)$을 Y의 2차 적률이라 한다. 일반적으로 Y^r의 기댓값은 확률변수 Y의 **r차 적률**(r^{th} moment)이라 한다. 즉 Y의 r차 적률은 $E(Y^r)$이다. 왜도는 Y의 1차, 2차, 3차 적률의 함수이고, 첨도는 Y의 1차부터 4차 적률의 함수이다.

표준화 확률변수

확률변수는 평균을 뺀 다음 표준편차로 나누어 평균이 0이고 분산이 1인 확률변수로 변환될 수 있다. 이 과정을 표준화라고 한다. 구체적으로 Y의 평균은 μ_Y이고 분산은 σ_Y^2라 가정하자. 이 Y에서 계산된 **표준화 확률변수**(standardized random variable)는 $(Y-\mu_Y)/\sigma_Y$이다. 표준화 확률변수의 평균은 $E(Y-\mu_Y)/\sigma_Y = E(\text{Y}) - \mu_Y/\sigma_Y = 0$이고, 분산은 $\text{var}[(Y-\mu_Y)/\sigma_Y] = \text{var}(Y)/\sigma_Y^2 = 1$이다. 표준화 확률변수에는 달러나 미터와 같은 단위가 없다. 왜냐하면 Y의 단위는 Y의 단위가 포함하는 σ_Y로 나누어 지워지기 때문이다.

2.3 2개의 확률변수

흥미로운 경제학 문제 대부분은 2개 이상의 변수를 포함한다. 대졸자가 비졸업자보다 취업할 확률이 더 높은가? 여성의 소득 분포는 남성의 소득 분포와 어떻게 비교하는가? 이러한 질문은 함께 고려되는 두 확률변수의 분포에 관한 것이다(첫 번째 예에서는 교육 및 고용이고, 두 번째 예에서는 소득 및 성별이다). 이러한 질문에 대답하려면 결합분포, 주변분포, 조건부 확률 분포의 개념을 이해해야 한다.

결합분포와 주변분포

결합분포 2개의 이산확률변수(예: X와 Y)의 **결합확률 분포**(joint probability distribution)는 확률변수가 특정 값(예: x와 y)을 동시에 취할 확률이다. 가능한 모든 (x, y) 조합의 확률을 모두 합하면 1이다. 결합확률 분포는 함수 $\Pr(X=x, Y=y)$로 표현할 수 있다.

예를 들어 2.1절에서처럼 우천 여부와 같은 기상조건은 통학시간에 영향을 끼친다. Y를 통학시간이 짧은 경우(20분 미만) 1이고 그렇지 않으면 0인 이진(binary) 확률변수라 하자. X는 비가 오면 0이고, 그렇지 않으면 1인 확률변수이다. 두 확률변수 사이에는 네 가지 가능한 결과가 있다: 비가 내리고 통학시간이 길다($X=0$, $Y=0$), 비가 내리고 통학시간이 짧다($X=0$, $Y=1$), 비가 안 내리고 통학시간이 길다($X=1$, $Y=0$), 비가 안 내리고 통학시간이 짧다($X=1$, $Y=1$). 결합확률 분포는 통학을 여러 번 반복하는 동안 이러한 네 가지 결과가 발생하는 빈도이다.

두 변수의 결합분포 예가 표 2.2에 있다. 이 분포에 따르면 통학을 여러 회 반복하면 이 중 15%는 비가 내리고 통학시간이 길었다($X=0$, $Y=0$). 즉 우천 시 통학시간이 길 확률은 15%이다[$\Pr(X=0, Y=0)=0.15$]. 또한 $\Pr(X=0, Y=1)=0.15$, $\Pr(X=1, Y=0)=0.07$, $\Pr(X=1, Y=1)=0.63$이다. 이 가능한 네 가지 결과는 상호배타적이며 표본공간을 구성하므로 4개의 확률 합은 1이다.

주변확률 분포 확률변수 Y의 **주변확률 분포**(marginal probability distribution)는 사실상 확률 분포의 또 다른 이름일 뿐이다. 이 용어는 Y의 단독분포(주변분포)와 Y 및 다른 확률변수의 결합분포를 구별하는 데 사용한다.

Y가 특정한 값(y)을 가질 때의 가능한 모든 결과의 확률을 합산해, Y의 주변분포를 X와 Y의 결합분포로부터 계산할 수 있다. 즉 X가 l개의 서로 다른 값 $x_1, \ldots, x_l$을 갖는다면 Y가 y

표 2.2 기상조건과 통학시간의 결합분포

	비가 내림 ($X=0$)	비가 안 내림 ($X=1$)	합계
장시간 통학 ($Y=0$)	0.15	0.07	0.22
단시간 통학 ($Y=1$)	0.15	0.63	0.78
합계	0.30	0.70	1.00

를 취할 주변확률은 다음과 같다.

$$\Pr(Y = y) = \sum_{i=1}^{l} \Pr(X = x_i, Y = y) \tag{2.16}$$

예를 들어 표 2.2에서 비가 내릴 때 통학시간이 길 확률은 15%, 비가 내리지 않을 때 통학시간이 길 확률은 7%이므로 (비가 내리든 안 내리든) 장시간 통학 확률은 22%이다. 통학시간 Y의 주변분포는 표 2.2의 마지막 열에 있다. 마찬가지로 비가 올 주변확률은 표 2.2의 마지막 행에 표시된 대로 30%이다.

조건부 분포

조건부 분포 특정 값을 갖는 다른 확률변수 X를 조건으로 하는(conditional on X) 확률변수 Y의 분포를 X가 주어질 때 Y의 **조건부 분포**(conditional distribution)라고 한다. X가 값 x를 가질 때 Y가 값 y를 가질 조건부 확률은 $\Pr(Y = y \mid X = x)$로 표현한다.

예를 들어 비가 온다는 것을 안다면($X = 0$) 장시간 통학($Y = 0$)을 할 확률은 얼마나 되는가? 표 2.2에서 우천 시 단시간 통학의 결합확률은 15%이고, 우천 시 장시간 통학의 결합확률은 15%이므로 비가 올 때 통학시간이 길 가능성과 짧을 가능성은 동일하다. 따라서 우천($X = 0$)이라는 조건 아래 통학시간이 길어질($Y = 0$) 확률은 50%이다. 즉 $\Pr(Y = 0 \mid X = 0) = 0.50$이다. 이에 상응해 우천($X = 0$)의 주변확률은 30%이다. 즉 학교 가는 많은 날 중에서 30%는 등교할 때 비가 내린다. 30%의 비가 오는 등교일 중에서 50%는 통학시간이 길다($0.5 = 0.15/0.30$).

일반적으로 $X = x$가 주어지면 Y의 조건부 분포는 다음과 같다.

$$\Pr(Y = y \mid X = x) = \frac{\Pr(X = x, Y = y)}{\Pr(X = x)} \tag{2.17}$$

예를 들어 비가 내린다면 통학시간이 길어질 조건부 확률은 $\Pr(Y = 0 \mid X = 0) = \Pr(X = 0, Y = 0)/\Pr(X = 0) = 0.15/0.30 = 0.50$이다.

두 번째 예로, 무선 네트워크 연결 장애 예시를 조금 바꿔보자. 보고서 작성 시 절반은 최신 무선 네트워크가 설치된 학교 도서관에서 보고서를 작성하고, 다른 절반은 구식 무선 네트워크가 있는 자기 집 방에서 작성한다. 보고서를 쓰는 장소를 임의로 정하면 사용하고 있는 네트워크의 연식(age)은 이진 확률변수 A(네트워크가 최신이면 $A = 1$, 구식이면 $A = 0$)로 할 수 있다. 확률변수 M과 A의 결합분포가 표 2.3의 파트 A에 있다. 파트 B에는 네트워크 연식에 따른 연결 장애 횟수의 조건부 분포가 있다. 예를 들어 $M = 0$, $A = 0$의 결합확률은 0.35이다. 절반은 구식 네트워크를 사용하기 때문에 구식 네트워크 사용이라는 조건하에 연결이 끊기지 않을 조건부 확률은 $\Pr(M = 0 \mid A = 0) = \Pr(M = 0, A = 0)/\Pr(A = 0) = 0.35/0.50 = 0.70$, 즉 70%이다. 이와 대조적으로, 최신 네트워크를 사용하는 경우 연결 장애가 없을 조건부 확률은 90%이다. 표 2.3 파트 B의 조건부 분포에 따르면 최신 네트워크는 구식 네트워크보다 연결이 덜 끊길 것이다. 예를 들어 연결 장애가 세 번 발생할 확률은 구

표 2.3 무선 네트워크 연결 장애 횟수(M)와 네트워크 연식(A)의 결합 및 조건부 분포

A. 결합분포

	$M = 0$	$M = 1$	$M = 2$	$M = 3$	$M = 4$	합계
구식 네트워크($A = 0$)	0.35	0.065	0.05	0.025	0.01	0.50
최신 네트워크($A = 1$)	0.45	0.035	0.01	0.005	0.00	0.50
합계	0.80	0.10	0.06	0.03	0.01	1.00

B. A가 주어질 때 M의 조건부 분포

	$M = 0$	$M = 1$	$M = 2$	$M = 3$	$M = 4$	합계
$\Pr(M \mid A = 0)$	0.70	0.13	0.10	0.05	0.02	1.00
$\Pr(M \mid A = 1)$	0.90	0.07	0.02	0.01	0.00	1.00

식 네트워크를 사용하면 5%지만 최신 네트워크를 사용하면 1%이다.

조건부 기대 X가 주어질 때 Y의 **조건부 기대**(conditional expectation)는 X가 주어질 때 Y의 조건부 분포 평균이다. 이는 X가 주어질 때 Y의 **조건부 평균**(conditional mean)이라고도 한다. 즉 조건부 기대는 X가 주어질 때 Y의 조건부 분포를 사용해 계산된 Y의 기댓값이다. Y가 k개의 값, $y_1, \dots, y_k$를 가진다면, $X = x$일 때 Y의 조건부 평균은 다음과 같다.

$$E(Y|X = x) = \sum_{i=1}^{k} y_i \Pr(Y = y_i|X = x) \tag{2.18}$$

예를 들어 표 2.3의 조건부 분포에서 네트워크가 구식인 점을 고려하면 예상되는 연결 끊김 횟수는 $E(M|A = 0) = 0 \times 0.70 + 1 \times 0.13 + 2 \times 0.10 + 3 \times 0.05 + 4 \times 0.02 = 0.56$이다. 네트워크가 최신인 경우 예상되는 연결 끊김 횟수는 $E(M|A = 1) = 0.14$로 네트워크가 구식인 경우보다 적다.

$X = x$로 주어질 때 Y의 조건부 기대는 $X = x$일 때 Y의 평균값일 뿐이다. 표 2.3의 예에서 구식 네트워크의 평균 연결 끊김 횟수는 0.56이다. 그러므로 네트워크가 오래된 경우 Y의 조건부 기대는 0.56이다. 마찬가지로 최신 네트워크의 경우 평균 연결 끊김 횟수는 0.14이다. 즉 네트워크가 최신인 경우 Y의 조건부 기댓값은 0.14이다.

반복기대 법칙 Y의 평균은 X가 주어질 때 Y의 조건부 기대에 X의 확률 분포를 가중치로 주고 계산한 가중평균이다. 예를 들어 성인의 평균 키는 남성의 평균 키와 여성의 평균 키의 가중평균이다. 이때 가중치는 남성과 여성의 각 비율이다. 수학적으로 서술하면 X가 l개의 값 $x_1, \dots, x_l$을 가지면 다음과 같다.

$$E(Y) = \sum_{i=1}^{l} E(Y|X = x_i)\Pr(X = x_i) \tag{2.19}$$

식 (2.18)과 식 (2.17)로부터 식 (2.19)가 도출된다(연습문제 2.19 참조).

달리 말해 Y의 기대는, X가 주어질 때 Y의 조건부 기대에 대한 기대이다.

$$E(Y) = E[E(Y|X)] \tag{2.20}$$

여기서 식 (2.20)의 우변에 있는 안쪽 기대는 X가 주어질 때 Y의 조건부 분포를 사용해 계산하고 바깥쪽 기대는 X의 주변분포를 사용해 계산한다. 식 (2.20)은 **반복기대 법칙**(law of iterated expectations)으로 알려져 있다.

예를 들어 연결이 끊기는 횟수 M의 평균은, 네트워크가 구식인 경우의 M의 조건부 기대와 최신인 경우의 M의 조건부 기대의 가중평균이다. 즉 $E(M) = E(M \mid A = 0) \times \Pr(A = 0) + E(M \mid A = 1) \times \Pr(A = 1) = 0.56 \times 0.50 + 0.14 \times 0.50 = 0.35$이다. 이는 식 (2.2)에서 계산된 M의 평균과 같다.

반복기대 법칙은 X가 주어질 때 Y의 조건부 평균이 0이면 Y의 평균이 0임을 의미한다. 이는 식 (2.20)으로부터 바로 나오는 결과이다. $E(Y \mid X) = 0$이면 $E(Y) = E[E(Y \mid X)] = E[0] = 0$이다. 다르게 말하면, 주어진 X에 대한 Y의 평균이 0이면 반드시 이러한 조건부 평균의 확률 가중된 평균은 0이어야 한다. 즉 Y의 평균은 0이어야만 한다.

반복기대 법칙은 여러 개의 확률변수를 조건으로 하는 기대에도 적용할 수 있다. 예를 들어 X, Y, Z를 결합분포된 확률변수라 두자. 그러면 반복기대 법칙은 $E(Y) = E[E(Y \mid X, Z)]$이다. 여기서 $E(Y \mid X, Z)$는 X와 Z가 모두 주어질 때 Y의 조건부 기대이다. 예를 들어 표 2.3에서 P를 네트워크 사용자 수로 표기하자. $E(M \mid A, P)$는 연식 A 네트워크에 P명의 사용자가 접속할 때 연결 장애 횟수의 기댓값이다. 전체 예상 장애 횟수인 $E(M)$은 연식 A 네트워크의 사용자 수가 P일 때 연결 끊김 횟수의 기댓값을 가중평균한 결과이며, A와 P의 발생 비율에 따라 가중치가 부여된다.

연습문제 2.20은 여러 개의 변수가 있는 조건부 기대의 몇 가지 추가 속성을 제공한다.

조건부 분산 X 조건부(conditional on X) Y의 **조건부 분산**(conditional variance)은 X가 주어질 때 Y의 조건부 분포 분산이다. 수학적으로 서술하면, X가 주어질 때 Y의 조건부 분산은 다음과 같다.

$$\operatorname{var}(Y|X = x) = \sum_{i=1}^{k} [y_i - E(Y|X = x)]^2 \Pr(Y = y_i|X = x) \tag{2.21}$$

예를 들어 구식 네트워크의 경우 연결이 끊기는 횟수의 조건부 분산은 $\operatorname{var}(M \mid A = 0) = (0 - 0.56)^2 \times 0.70 + (1 - 0.56)^2 \times 0.13 + (2 - 0.56)^2 \times 0.10 + (3 - 0.56)^2 \times 0.05 + (4 - 0.56)^2 \times 0.02 \cong 0.99$이다. 따라서 $A = 0$일 때 M의 조건부 분포 표준편차는 $\sqrt{0.99} = 0.99$이다. $A = 1$일 때 M의 조건부 분산은 표 2.3의 파트 B 두 번째 행 조건부 분포의 분산(0.22)이고 최신 네트워크에 대한 M의 표준편차는 $\sqrt{0.22} = 0.47$이다. 최신 네트워크 사용 시 연결이 예상되는 장애 횟수(0.14)는 구식 네트워크 사용 시 예상 장애 횟수(0.56)보다 작다. 연결 장애 횟수의 흩어짐 정도는 조건부 표준편차로 측정한다. 이 값은 구식 네트워크(0.99)보다 최신 네트워크(0.47)에서 더 작다.

베이즈 법칙 **베이즈 법칙**(Bayes' rule)에 따르면 X가 주어질 때 Y의 조건부 확률은 Y가 주어질 때 X의 조건부 확률에 Y와 X의 상대적 주변확률(relative marginal probabilities of

Y and X)을 곱한 값이다. 즉 Y가 주어질 때 X의 조건부 확률에 Y 주변확률 대 X 주변확률 비를 곱하면, X가 주어질 때 Y의 조건부 확률을 구할 수 있음을 의미한다.

$$\Pr(Y=y|X=x) = \frac{\Pr(X=x|Y=y)\Pr(Y=y)}{\Pr(X=x)} \text{ (베이즈 법칙)} \quad (2.22)$$

식 (2.22)는 식 (2.17)의 조건부 분포 정의로부터 얻는다. 이는 $\Pr(X=x, Y=y) = \Pr(Y=y|X=x)\Pr(X=x)$임을 의미하고, 또한 $\Pr(X=x, Y=y) = \Pr(X=x|Y=y)\Pr(Y=y)$를 의미한다. 앞의 두 수식의 우변을 같게 하고 이를 재배열하면 베이즈 법칙이 유도된다.

베이즈 법칙은 다음과 같이 사용할 수 있다. 역조건부 확률(reverse conditional probability)로부터 관심 조건부 확률을 주변확률의 도움을 받아 추론한다. 예를 들어 당신이 어젯밤에 기말 보고서를 작성하는 동안 네트워크 연결이 세 번이나 끊겼다고 친구에게 말했고, 친구는 당신이 절반은 도서관에서 작업하고 다른 절반은 방에서 작업하는 것을 알고 있다. 그러면 친구는 표 2.3으로부터 다음과 같이 추론할 수 있다. 네트워크 장애가 세 번 발생했다면 당신이 어젯밤 방에서 작업했을 확률이 83%이다(연습문제 2.28).

조건부 평균은 최소 평균제곱 오차 예측이다 조건부 평균은 예측에서 중심적인 역할을 한다. 사실 정확한 의미에서 조건부 평균은 $X=x$가 주어진 경우 Y에 대한 최적 예측이다.

통계적 예측 문제의 일반적인 공식화는 예측 오차(prediction error)를 만드는 비용이 해당 오차의 제곱에 따라 증가한다고 상정하는 것이다. 이러한 제곱 오차 예측손실(prediction loss)의 동기는 작은 예측 오차가 그다지 중요하지 않을 수 있지만 실제 응용에서는 큰 오차로 인해 비용이 매우 많이 들 수 있다는 것이다. 수학적으로 표현된 예측 문제는 다음과 같다. 평균제곱 예측 오차 $E\{[Y-g(X)]^2\}$을 최소화하는 함수 $g(X)$는 무엇인가? 정답은 조건부 평균 $E(Y|X)$이다. 정보 X를 사용하는 가능한 모든 방법 중에서 조건부 평균이 평균제곱 예측오차를 최소화한다. 이 결과는 부록 2.2에서 증명한다.

독립

변수 중 하나의 값을 알더라도 그 변수가 다른 변수에 대한 정보를 제공하지 않는다면, 두 확률변수 X와 Y는 **독립적으로 분포**(independently distributed)하거나 또는 **독립이다**(independent). 구체적으로, X가 주어질 때 Y의 조건부 분포가 Y의 주변분포와 같으면 X와 Y는 독립이다. 즉 x와 y의 모든 값에 대해 다음과 같다면 X와 Y는 독립적으로 분포한다.

$$\Pr(Y=y|X=x) = \Pr(Y=y) \text{ } (X, Y\text{의 독립}) \quad (2.23)$$

식 (2.23)을 식 (2.17)에 대입하면 결합분포 측면에서 독립 확률변수를 다르게 표현할 수 있다. X와 Y가 독립이면 다음과 같다.

$$\Pr(X=x, Y=y) = \Pr(X=x)\Pr(Y=y) \quad (2.24)$$

즉 독립적인 두 확률변수의 결합분포는 두 변수의 주변분포 곱이다.

공분산과 상관관계

공분산 두 확률변수가 함께 움직이는 정도를 측정하는 한 가지 척도는 두 변수의 공분산이다. X와 Y 사이의 **공분산**(covariance)은 기댓값 $E[(X-\mu_X)(Y-\mu_Y)]$이다. 여기서 μ_X는 X의 평균이고 μ_Y는 Y의 평균이다. 공분산은 $\text{cov}(X, Y)$ 또는 σ_{XY}로 표기된다. X가 l개의 값을 취하고 Y가 k개의 값을 가질 수 있는 경우 공분산은 다음 공식과 같다.

$$\begin{aligned}\text{cov}(X, Y) &= \sigma_{XY} = E[(X-\mu_X)(Y-\mu_Y)] \\ &= \sum_{i=1}^{k}\sum_{j=1}^{l}(x_j-\mu_X)(y_i-\mu_Y)\Pr(X=x_j, Y=y_i) \end{aligned} \quad (2.25)$$

이 공식을 해석하기 위해 우선 다음과 같이 가정해보자. X가 평균보다 클 때($X-\mu_X>0$) Y가 평균보다 큰 경향이 있고($Y-\mu_Y>0$), X가 평균보다 작을 때($X-\mu_X<0$) Y는 평균보다 작은 경향이 있다($Y-\mu_Y<0$). 두 경우 $(X-\mu_X)\times(Y-\mu_Y)$는 양수가 되는 경향이 있으므로 공분산은 양수이다. 대조적으로, X와 Y가 반대 방향으로 이동하는 경향이 있는 경우(즉 Y가 작을 때 X가 크고, Y가 클 때 X가 작음) 공분산은 음수이다. 마지막으로 X와 Y가 독립이면 공분산은 0이다(연습문제 2.19 참조).

상관관계 공분산은 X의 평균 편차와 Y의 평균 편차의 곱이기 때문에 그 단위는 어색하게도 X의 단위에 Y의 단위를 곱한 것이다. 이 '단위(unit)' 문제로 인해 공분산의 수치를 해석하기 어려울 수 있다.

상관관계는 공분산의 '단위' 문제를 해결하는 X와 Y 사이의 의존성을 측정하는 대체 척도이다. 구체적으로 X와 Y 사이의 **상관관계**(correlation)는 X와 Y 사이의 공분산을 두 표준편차로 나눈 값이다.

$$\text{corr}(X, Y) = \frac{\text{cov}(X, Y)}{\sqrt{\text{var}(X)\ \text{var}(Y)}} = \frac{\sigma_{XY}}{\sigma_X \sigma_Y} \quad (2.26)$$

식 (2.26)에서 분자 단위가 분모 단위와 동일하기 때문에 단위가 상쇄되고 상관관계는 단위가 없다. $\text{corr}(X, Y)=0$인 경우 확률변수 X와 Y는 **무상관**(uncorrelated)이라 말한다.

상관관계는 항상 −1과 1 사이에 있다. 다음은 부록 2.1에서 증명한다.

$$-1 \le \text{corr}(X, Y) \le 1 \quad (\text{상관부등식}) \quad (2.27)$$

상관관계 및 조건부 평균 Y의 조건부 평균이 X에 의존하지 않으면 Y와 X는 상관관계가 없다.

$$E(Y|X)=\mu_Y \text{이면 } \text{cov}(Y, X)=0 \text{이고 } \text{corr}(Y, X)=0 \quad (2.28)$$

이제 이 결과를 증명하겠다. 먼저 Y와 X의 평균이 0이라 가정하자. 따라서 $\text{cov}(Y, X) = E[(Y-\mu_Y)(X-\mu_X)] = E(YX)$이다. 반복기대 법칙[식 (2.20)]에 따르면 $E(YX) = E[E(YX|X)] = E[E(Y|X)X] = 0$이다. 왜냐하면 $E(Y|X)=0$이기 때문이다. 따라서 $\text{cov}(Y, X)=0$이다. 식 (2.26)의 상관관계 정의에 $\text{cov}(Y, X)=0$을 대입하면 식 (2.28)이

영국의 아동기 사회경제적 상황에 따른 성인기 소득 분포

정치인들은 때때로 개인의 능력과 노력의 차이로 인해 소득 불평등이 발생한다고 이야기한다. 이들의 말이 맞는가? 아니면 대조적으로 어린 시절의 상황이 성인이 된 개인의 소득에 영향을 미치는가? 예를 들어 혜택을 거의 받지 못하고 자란 아이들이 계속해서 평균 소득이 낮은 가구에 속하게 되는가?

이러한 질문에 대답하는 한 가지 방법은 성인이 된 개인의 가구소득이 아버지의 직업 유형에 따라 어떻게 달라지는지 보는 것이다. 동일하지는 않으나 유사한 직업을 몇 개의 유의미한 유형으로 군집화하는 경우가 연구에서 종종 있다. 이를 수행하는 한 가지 방법은 영국 국가통계 사회경제적 분류(National Statistics Socio-economic Classification, NS-SEC)에서 볼 수 있듯이 직업을 상위, 중간, 단순으로 위계가 있는 세 분류로 분류하는 것이다.*

그림 2.4는 2009년과 2010년의 영국 개인 가구소득의 조건부 분포를 어린 시절 아버지 직업의 NS-SEC에 따라 분류해서 보여준다.** 부계의 직업분류가 낮을수록 성인기 가구소득이 하위 분포에 더 몰려 있음을 알 수 있다.

NS-SEC 분류에 따른 월별 개인 가구소득 통계량은 표 2.4에 요약되어 있다. 예를 들어 아버지의 직업이 단순직으로 분류되는 개인의 평균 소득, 즉 E(소득 | 아버지 사회계층 = 단순)는 2,440.94파운드이다. 이는 아버지 직업이 상위로 분류되는 개인보다 700파운드 이상 적은 것이다. 아버지 직업이 상위로 분류되는 개인의 평균 소득은 E(소득 | 아버지 사회계층 = 상위) = 3,149.27파운드이다. 더욱이 이러한 차이는 상위 분포에서 훨씬 더 크다. 이들 그룹 간 소득 차이는 75번째 백분위수에서는 900파운드 이상이고, 90번째 백분위수에서는 거의 1,300파운드이다. 가구소득의 표준편차도 직업 분류의 순위에 따라 증가하는데, 이는 가구소득의 산포도가 더 크다는 것을 의미한다.

이제까지의 정보는 앞서 논의한 여러 주장을 검토할 때 매우 중요하다. 유년기 환경은 나중에 개인의 사회경제적 환

* 자세한 내용은 다음을 참조하라. "The National Statistics Socio-economic classification (NS-SEC)," The Office for National Statistics, https://www.ons.gov.uk/, 2010.

**조건부 분포는 (2009년과 2010년 사이에 수집된) 영국 사회 이해(United Kingdom's Understating Society) 데이터 세트의 첫째 연도에서 얻은 데이터로부터 추정되었다. 자세한 내용은 https://www.understandingsociety.ac.uk/에 있다. 결측 관측치가 있는 개인은 제외되었다.

그림 2.4 영국의 아버지 직업 유형에 따른 개인 가구소득의 조건부 분포: 2009~2010년

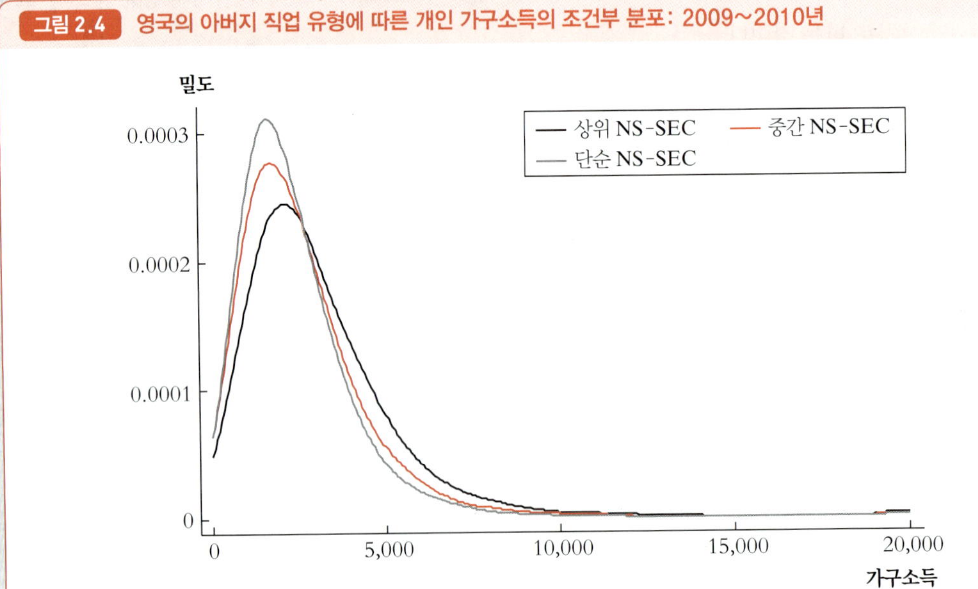

개인 가구소득 분포는 3개가 있으며, 이는 아버지 직업을 국가통계 사회경제적 분류(NS-SEC)를 기준으로 나눈 것이다(상위, 중간, 단순 직업).

표 2.4 영국의 아버지 직업 NS-SEC에 따른 월별 개인 가구소득의 조건부 분포 요약

아버지 직업의 NS-SEC	평균	표준편차	백분위수 25%	50%(중앙값)	75%	90%
(a) 상위	£3,149.27	£2,434.33	£1,663.33	£2,626.92	£3,973.74	£5,629.00
(b) 중간	2,692.01	2,187.53	1,362.44	2,237.56	3,382.00	4,881.99
(c) 단순	2,440.94	1,878.58	1,291.00	2,049.74	3,067.76	4,339.84

경을 결정하는 데 어느 정도 역할을 할 수 있는 것으로 보인다. 그런데 우리는 이렇다고 확실히 말할 수 있는가? 더 고려할 사항이 있는가? 이러한 상황과 소득의 '성별 격차'와 같은 기타 사항은 소득 분배의 중요한 측면이다. 우리는 이후 장에서 이 주제를 다시 살펴보겠다.

도출된다. 만약 Y와 X의 평균이 0이 아닌 경우 각각의 평균을 각 확률변수에서 빼면 앞의 증명이 적용될 것이다.

그러나 X와 Y의 상관관계가 없더라도 X가 주어질 때 Y의 조건부 평균이 X에 의존하지 않는다는 것은 사실이 아닐 수도 있다. 다르게 말하면 Y의 조건부 평균이 X의 함수일 수 있지만 Y와 X는 상관관계가 없을 수 있다. 연습문제 2.23이 이에 대한 예제이다.

확률변수 합의 평균과 분산

두 확률변수 X와 Y 합의 평균은, 해당 평균의 합이다.

$$E(X + Y) = E(X) + E(Y) = \mu_X + \mu_Y \tag{2.29}$$

X와 Y 합의 분산은 분산의 합에 공분산의 2배를 더한 것이다.

$$\text{var}(X + Y) = \text{var}(X) + \text{var}(Y) + 2\text{cov}(X,Y) = \sigma_X^2 + \sigma_Y^2 + 2\sigma_{XY} \tag{2.30}$$

X와 Y가 독립이면 공분산은 0이고 합의 분산은 분산의 합이다.

$$\text{var}(X + Y) = \text{var}(X) + \text{var}(Y) = \sigma_X^2 + \sigma_Y^2 \quad (X,\ Y\text{가 독립}) \tag{2.31}$$

확률변수의 가중합을 포함한 평균, 분산, 공분산에 대한 유용한 공식을 핵심 개념 2.3에 정리했다. 각 결과의 도출 과정은 부록 2.1에 있다.

2.4 정규분포, 카이제곱분포, 스튜던트 t 분포, F 분포

계량경제학에서 가장 자주 접하는 확률 분포는 정규분포, 카이제곱분포, 스튜던트 t 분포, F 분포이다.

핵심 개념 2.3

확률변수 합의 평균, 분산, 공분산

X, Y, V는 확률변수이다. μ_X 및 σ_X^2는 X의 평균 및 분산이고, σ_{XY}는 X와 Y의 공분산(다른 변수의 경우에도 마찬가지)이다. a, b, c는 상수이다. 식 (2.32)부터 식 (2.38)은 평균, 분산, 공분산의 정의로부터 나온다.

$$E(a + bX + cY) = a + b\mu_X + c\mu_Y \tag{2.32}$$

$$\text{var}(a + bY) = b^2\sigma_Y^2 \tag{2.33}$$

$$\text{var}(aX + bY) = a^2\sigma_X^2 + 2ab\sigma_{XY} + b^2\sigma_Y^2 \tag{2.34}$$

$$E(Y^2) = \sigma_Y^2 + \mu_Y^2 \tag{2.35}$$

$$\text{cov}(a + bX + cV, Y) = b\sigma_{XY} + c\sigma_{VY} \tag{2.36}$$

$$E(XY) = \sigma_{XY} + \mu_X\mu_Y \tag{2.37}$$

$$|\text{corr}(X, Y)| \le 1, |\sigma_{XY}| \le \sqrt{\sigma_X^2\sigma_Y^2}\ (\text{상관부등식}) \tag{2.38}$$

정규분포

정규분포(normal distribution)를 갖는 연속확률변수인 정규확률변수는 그림 2.5와 같이 익숙한 종 모양의 확률밀도함수를 갖는다. 정규분포의 확률밀도함수는 부록 18.1에 있다. 그림 2.5에서 볼 수 있듯이 평균 μ와 분산 σ^2인 정규분포의 확률밀도함수는 평균 μ를 중심으로 대칭이며 $\mu - 1.96\sigma$와 $\mu + 1.96\sigma$ 사이에 95% 확률을 갖는다.

정규분포를 위해 몇 가지 특별한 표기법과 용어가 개발되었다. 평균이 μ이고 분산이 σ^2인 정규분포는 $N(\mu, \sigma^2)$으로 간결하게 표기된다. **표준정규분포**(standard normal distribution)는 평균 $\mu = 0$이고 분산 $\sigma^2 = 1$인 정규분포이며 $N(0, 1)$로 표기된다. 분포 $N(0, 1)$을 갖는 표준정규확률변수는 종종 Z로 표기되며 이의 누적분포함수는 그리스 문자 Φ로 표기된다. 따라서 $\Pr(Z \le c) = \Phi(c)$이다. 여기서 c는 상수이다. 표준정규분포의 누적분포함수 Φ의

그림 2.5 정규분포의 확률밀도함수

평균 μ와 분산 σ^2을 갖는 정규분포의 확률밀도함수는 μ를 중심으로 하는 종 모양의 곡선이다. $\mu - 1.96\sigma$와 $\mu + 1.96\sigma$ 사이 정규분포의 p.d.f 아래 면적은 0.95이다. 정규분포는 $N(\mu, \sigma^2)$으로 표기된다.

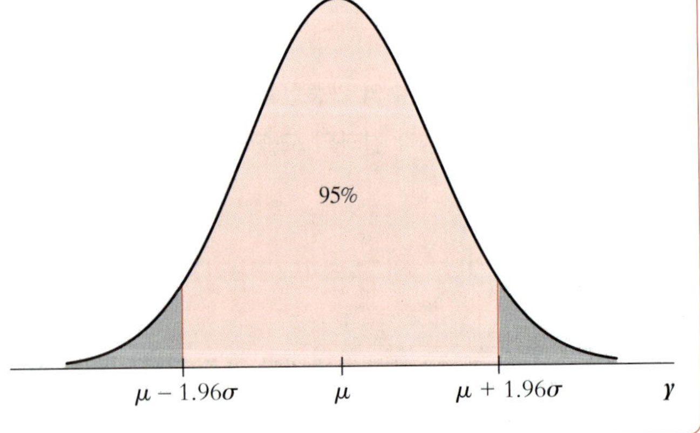

그림 2.6 Y가 정규분포 $N(1, 4)$인 경우 $Y \leq 2$의 확률 계산법

$\Pr(Y \leq 2)$를 계산하려면 Y를 표준화한 다음 표준정규분포 표를 사용한다. Y에 평균($\mu = 1$)을 빼고 표준편차($\sigma = 2$)로 나누어 표준화한다. $Y \leq 2$일 확률은 그림 2.6a에 표시되어 있고 Y를 표준화한 후 대응되는 확률은 그림 2.6b에 표시되어 있다. 표준화 확률변수인 $(Y - 1)/2$는 표준정규 확률변수(Z)이므로 $\Pr(Y \leq 2) = \Pr((Y - 1)/2 \leq (2 - 1)/2) = \Pr(Z \leq 0.5)$이다. 부록 표 1에서 $\Pr(Z \leq 0.5) = \Phi(0.5) = 0.691$이다.

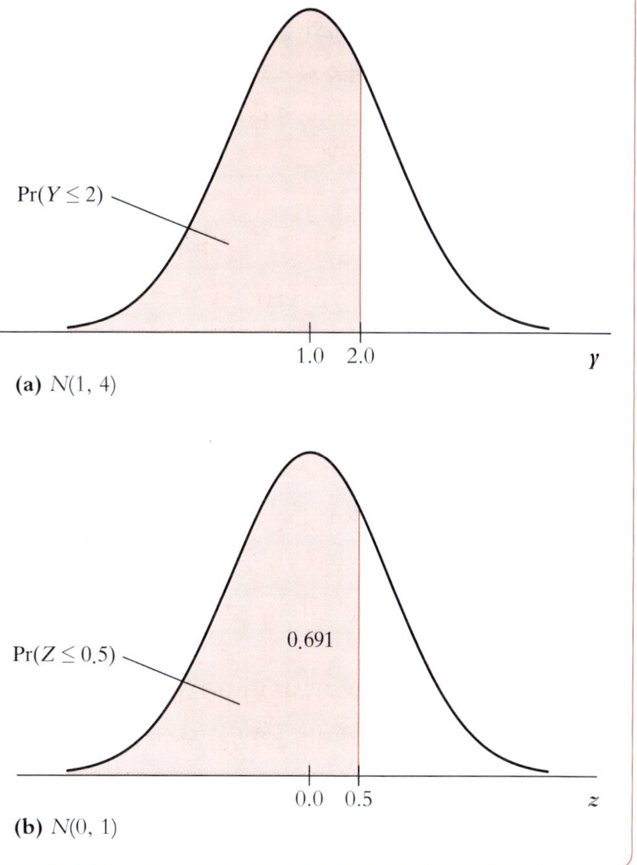

값은 부록 표 1에 정리했다.

일반적인 평균과 분산이 있는 정규변수에 대한 확률을 찾으려면 먼저 변수를 표준화해야 한다. 예를 들어 Y가 $N(1, 4)$로 분포되어 있다고 가정하자. 즉 Y가 평균이 1이고 분산이 4인 정규분포를 따른다고 가정하자. $Y \leq 2$의 확률은 얼마인가? 즉 그림 2.6a에서 음영 영역의 면적은 얼마인가? Y에서 평균을 빼고 표준편차로 나누면 Y를 표준화할 수 있다. 즉 $(Y - 1)/\sqrt{4} = \frac{1}{2}(Y - 1)$이다. 따라서 확률변수 $\frac{1}{2}(Y - 1)$은 평균 0과 분산 1인 정규분포를 따른다(연습문제 2.8 참조). 이는 그림 2.6b에 표시된 표준정규분포를 가지고 있다. 이제 $Y \leq 2$는 $\frac{1}{2}(Y - 1) \leq \frac{1}{2}(2 - 1)$, 즉 $\frac{1}{2}(Y - 1) \leq \frac{1}{2}$와 동일한 의미를 갖는다.

$$\Pr(Y \leq 2) = \Pr[\tfrac{1}{2}(Y - 1) \leq \tfrac{1}{2}] = \Pr(Z \leq \tfrac{1}{2}) = \Phi(0.5) = 0.691 \quad (2.39)$$

여기서 값 0.691은 부록 표 1에서 가져온 것이다.

동일한 접근 방식을 사용해 정규확률변수가 특정 값을 초과하거나(또는 미만이거나) 특정 범위에 속할 확률을 계산할 수 있다. 이러한 단계는 핵심 개념 2.4에 설명했다. 글상자 '스위스 프랑의 고정환율제 해제'는 정규분포의 특이한 사례를 보여준다.

정규분포는 대칭이므로 왜도는 0이다. 정규분포의 첨도는 3이다.

핵심 개념 **2.4**

정규확률변수와 확률 계산법

Y가 평균 μ와 분산 σ^2인 정규분포를 따른다고 하자. 즉 Y가 $N(\mu, \sigma^2)$으로 분포되어 있다. Y에서 평균을 빼고 표준편차로 나누어서 표준화하자. 즉 표준화 확률변수는 $Z = (Y - \mu)/\sigma$이다.

c_1과 c_2가 $c_1 < c_2$일 때, $d_1 = (c_1 - \mu)/\sigma$와 $d_2 = (c_2 - \mu)/\sigma$라 하자. 그러면 다음과 같은 결과가 나온다.

$$\Pr(Y \le c_2) = \Pr(Z \le d_2) = \Phi(d_2) \tag{2.40}$$

$$\Pr(Y \ge c_1) = \Pr(Z \ge d_1) = 1 - \Phi(d_1) \tag{2.41}$$

$$\Pr(c_1 \le Y \le c_2) = \Pr(d_1 \le Z \le d_2) = \Phi(d_2) - \Phi(d_1) \tag{2.42}$$

누적 표준정규분포함수 Φ는 부록 표 1에 정리되어 있다.

다변량 정규분포 정규분포는 확률변수 집합의 결합분포를 설명하기 위해 일반화할 수 있다. 이 경우 분포를 **다변량 정규분포**(multivariate normal distribution)라 하며, 2개의 변수만 고려하는 경우 **이변량 정규분포**(bivariate normal distribution)라 한다. 이변량 정규 p.d.f.에 대한 공식은 부록 18.1에 있고, 일반 다변량 정규 p.d.f.에 대한 공식은 부록 19.2에 있다.

다변량 정규분포에는 네 가지 중요한 속성이 있다. X와 Y가 공분산이 σ_{XY}인 이변량 정규분포를 가지며 a와 b가 상수인 경우 $aX + bY$는 정규분포를 갖는다.

$$aX + bY\text{는 } N(a\mu_X + b\mu_Y,\ a^2\sigma_X^2 + b^2\sigma_Y^2 + 2ab\sigma_{XY})\text{를 따른다.} \quad (X, Y\text{는 이변량 정규분포}) \tag{2.43}$$

스위스 프랑의 고정환율 해제

2015년 1월 15일 목요일, 유로의 가치는 스위스 프랑(Swiss franc)에 대해 1.201에서 0.991로 17.472% 하락했다. 이는 그림 2.7에서 볼 수 있듯이 엄청난 급락이었다. 전년도에는 하루 동안 0.544% 이상의 움직임이 없었다는 점을 감안하면 엄청난 변화였다. 당신이 한 금융기관의 통계전문가인데 만약 그날 아침에 깨어났다면, 이런 일이 일어날 확률을 정말로 예측할 수 있었을까?

정규분포를 따른다고 가정했다면 유로/스위스 프랑 환율의 일일 백분율 변동에 대한 표준편차의 추정치가 필요했을 것이다. 2015년 1월 14일까지의 데이터 스트림(data stream) 데이터*를 사용하면 이 값을 0.112%로 추정할 수 있다.

17.472%의 하락 확률은 얼마였을까? 먼저 이 규모의 변화를 설명하는 표준편차 수치를 17.472/0.112 = 156으로 계산할 수 있다. 일일 백분율 변동이 정규분포를 따르는 경우 156표준편차만큼 급락의 확률값은 상상할 수 없을 정도로 작은 숫자인 8.175×10^{-5288}이다. 이는 식 (2.39)에서 계산된다.

그렇다면 적어도 이 정도로 큰 가치 급락의 확률은 정말로 그렇게 작은 것인가? 아니다. 여기서 오류는 데이터 특성을 더는 조사하지 않고 통화 가치를 결정하는 실제 과정을 이해하지 못하는 것에 있다. 스위스 프랑은 사실 스위스 중앙은행이 통화에 대해 소위 '페그(peg)'를 설정한 조치로 인해 매우 작은 범위 내에 유지되었다. 지난 12개월 동안에는 유로당 스위스 프랑의 가치는 1.2008에서 1.236 사이에 있었다. 사실 이 페그 또는 고정환율제가 3년 전에 도입되면서 스위스 프랑에 대한 유로화의 가치평가는 20표준편차(이는 이전의 일일 변동에서 파생된 정규분포에서 나온 것임)

그림 2.7 유로/스위스 프랑 환율의 일일 변동률

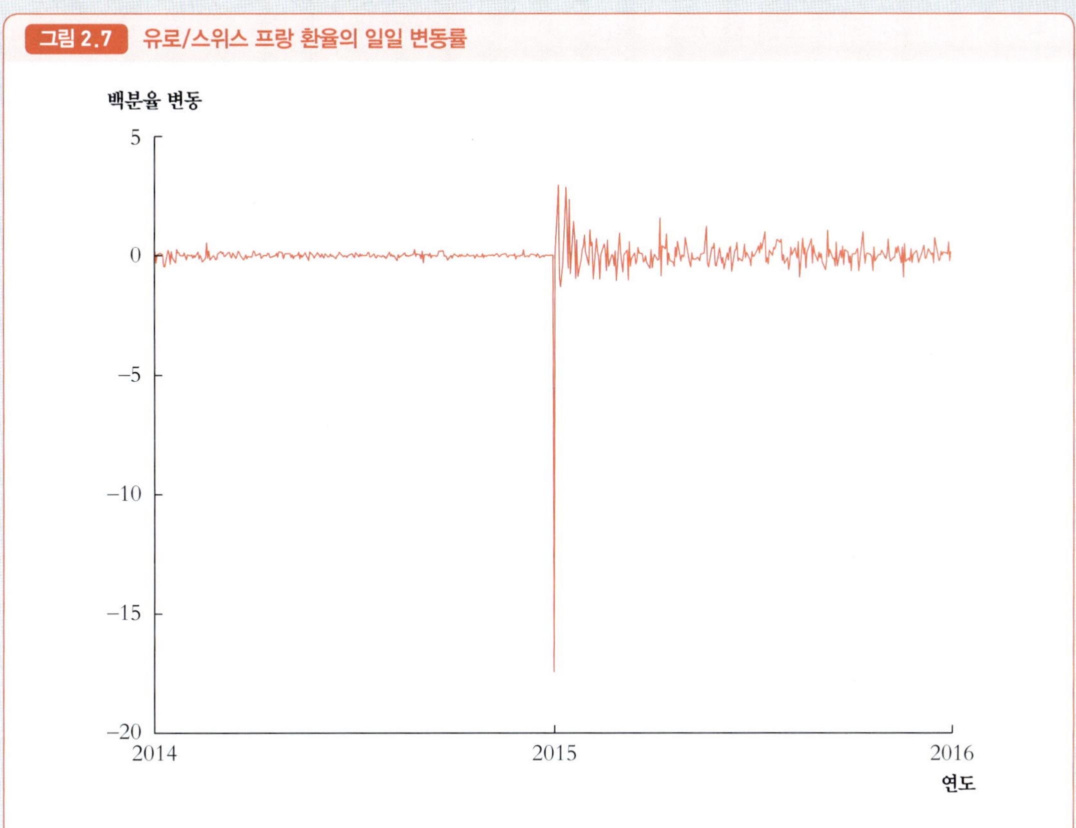

2015년 1월 15일 스위스 프랑의 고정환율제 폐지 이전 1년과 이후 1년 동안 스위스 프랑의 유로화 가치의 일일 대비 백분율 변동.

이상으로 절상되었다.**

고정환율제의 도입으로 인해 통화 가치의 변동성이 거의 없거나 표준편차가 낮아졌다. 고정환율제가 사라졌다면, 그 특정 목요일에 일어났던 것처럼, 통화 가치는 시장 요인에 따라 변동하고 변할 수 있었다. 투자자들은 고정환율제 철폐에 대응해 유로화로 측정한 스위스 프랑의 가치를 크게 낮췄다.

이런 식으로 고정환율제를 제거하는 것만이 극단적인 변동을 일으킬 수 있는 것은 아니다. 2016년 영국의 '브렉시트(Brexit)' 국민투표 결과(가능성은 낮지만 적어도 부분적으로는 예측 가능했던 사건)로 인해 2016년 6월 24일 영국 파운드 대비 유로화의 가치는 6.17% 절상되었다. 이는 9.80표준편차(전년도 데이터 기준) 또는 확률이 명백하게 5.629×10^{-23}인 사건에 해당한다. 가능성이 높은 사건처럼 보일 수 있지만, 그러한 사건이 실제로 일어날 확률은 1,000,000,000,000,000,000(총 18개의 0)년에 한 번 미만이다!*** 다시 말하지만, 이 수치가 해당 사건이 일어날 확률에 대한 정확한 특성화일 가능성은 거의 없어 보인다.

분명히, 데이터가 정규분포를 따른다거나, 최근의 관측치가 미래에 유용한 예측을 제공할 것이라고 가정하는 것은 위험하다. 실제로 영국의 금융 상품 광고에 "과거의 성과가 미래의 성과에 대한 지침이 아니다"라는 면책 조항이 포함되고 있는 것도 이로부터 부분적으로 기인한다.

* 톰슨 로이터(Thomson Reuters)에서 유지·관리하는 데이터스트림은 금융/경제 데이터의 저장소 역할을 하는 글로벌 금융/경제 데이터 플랫폼이다.

**다음 기사를 참조하라. Reuters, "Charts of the Dat, Swiss Franc Edition," by Felix Salmon, September 6, 2011.

***연간 거래일을 260일로 가정한 것에 따른 결과이다.

보다 일반적으로, n개의 확률변수가 다변량 정규분포를 갖는 경우 이러한 변수의 선형 조합(예: 합계)은 정규분포를 따른다.

둘째, 여러 확률변수가 다변량 정규분포를 갖는다면 각 변수의 주변분포는 정규분포이다[이는 식 (2.43)에서 $a = 1$ 및 $b = 0$으로 설정됨].

셋째, 다변량 정규분포를 갖는 변수 중 2개 변수의 공분산이 0인 경우 그 두 변수는 서로 독립이다. 따라서 X와 Y가 이변량 정규분포를 가지며 $\sigma_{XY} = 0$이면 X와 Y는 독립이다(부록 18.1 참조). 2.3절에서 X와 Y가 독립적이면 결합분포에 관계없이 $\sigma_{XY} = 0$임을 보여주었다. X와 Y가 공동으로 정규분포를 따르는 경우 그 반대의 경우도 마찬가지이다. 이 결과(공분산 0은 독립성을 의미함)는 다변량 정규분포의 특별한 속성이다.

넷째, X와 Y가 이변량 정규분포를 갖는 경우 X가 주어진 Y의 조건부 기댓값은 X에서 선형이다. 즉 $E(Y|X = x) = a + bx$이다. 여기서 a와 b는 상수이다(연습문제 18.11). 두 변수의 결합정규성(joint normality)은 조건부 기댓값의 선형성을 의미하지만, 조건부 기댓값의 선형성이 두 변수의 결합정규성을 의미하지 않는다.

카이제곱분포

카이제곱분포는 통계학 및 계량경제학에서 특정 유형의 가설을 검정할 때 사용한다.

카이제곱분포(chi-squared distribution)는 m개의 독립 표준정규 확률변수 제곱합의 분포이다. 이 분포는 카이제곱분포의 자유도라고 하는 m에 따라 달라진다. 예를 들어 Z_1, Z_2, Z_3을 독립적인 표준정규 확률변수로 하자. $Z_1^2 + Z_2^2 + Z_3^2$은 자유도가 3인 카이제곱분포를 갖는다. 이 분포의 명칭은 이를 표기하는 데 사용하는 그리스 문자 χ에서 나온다. 자유도가 m인 카이제곱분포는 χ_m^2으로 표기된다.

χ_m^2 분포의 선택된 백분위수는 부록 표 3에 있다. 예를 들어 부록 표 3은 χ_3^2 분포의 95번째 백분위수가 7.81이라고 알려주기에 $\Pr(Z_1^2 + Z_2^2 + Z_3^2 \leq 7.81) = 0.95$이다.

스튜던트 t 분포

자유도가 m인 **스튜던트 t 분포**(Student t distribution)는, '표준정규 확률변수' 대 '이에 독립적이고 자유도가 m인 카이제곱 확률변수를 m으로 나눈 것의 제곱근' 비로 정의된다. Z를 표준정규 확률변수로, W를 자유도가 m인 카이제곱분포를 갖는 확률변수로 하고, Z와 W를 독립적으로 분포한다고 하자. 그런 다음 확률변수 $Z/\sqrt{W/m}$은 자유도가 m인 스튜던트 t 분포[**t 분포**(t distribution)라고도 함]를 갖는다. 이 분포는 t_m으로 표기된다. 스튜던트 t 분포에서 선택된 백분위수는 부록 표 2에 적혀 있다.

스튜던트 t 분포는 자유도 m에 따라 달라진다. 따라서 t_m 분포의 95번째 백분위수는 자유도 m에 따라 달라진다. 스튜던트 t 분포는 정규분포와 유사한 종 모양을 갖지만 꼬리에 더 많은 질량이 있다. 즉 정규분포보다 양 끝이 '두툼한(fatter)' 종 모양을 갖는다. m이 30 이상인 경우 스튜던트 t 분포는 표준정규분포에 의해 잘 근사되고 t_∞ 분포는 표준정규분포와 같다.

F 분포

$F_{m,n}$으로 표기되는 분자 자유도가 m이고 분모 자유도가 n인 **F 분포**(F distribution)는 '자유도가 m인 카이제곱 확률변수를 m으로 나눈 변수' 대 '이에 독립적이며 자유도가 n인 카이제곱 확률변수를 n으로 나눈 변수'의 비의 분포로 정의된다. 이를 수학적으로 표현하기 위해 W를 자유도가 m인 카이제곱 확률변수로 하고 V를 자유도가 n인 카이제곱 확률변수로 하며, 여기서 W와 V는 독립적으로 분포된다고 하자. $\frac{W/m}{V/n}$은 $F_{m,n}$ 분포를 갖는다. 즉 이 확률변수는 분자 자유도가 m이고 분모 자유도가 n인 F 분포이다.

통계학 및 계량경제학에서 F 분포의 중요한 특수 사례는 $F_{m,n}$ 분포를 $F_{m,\infty}$ 분포로 근사할 수 있을 만큼 분모 자유도가 충분히 클 때 발생한다. 이러한 극한에서 분모 확률변수 V/n은 무한히 많은 표준정규 확률변수들의 제곱 평균이며, 표준정규 확률변수 제곱 평균이 1이기 때문에(연습문제 2.24 참조) 분모 확률변수의 평균은 1이다. 따라서 $F_{m,\infty}$ 분포는 자유도가 m인 카이제곱 확률변수를 m으로 나눈 확률변수의 분포이다. 즉 앞의 분자 W/m은 $F_{m,\infty}$와 동일한 분포이다. 예를 들어 부록 표 4에서 $F_{3,\infty}$ 분포의 95번째 백분위수는 2.60이며, 이는 χ_3^2 분포의 95번째 백분위수인 7.81(부록 표 2에서)을 자유도 3으로 나눈 값인 2.6과 같다 $(7.81/3 = 2.60)$.

$F_{m,n}$ 분포의 90번째, 95번째, 99번째 백분위수는 m과 n 값에 대해 부록 표 5에 있다. 예를 들어 $F_{3,30}$ 분포의 95번째 백분위수는 2.92이고 $F_{3,90}$ 분포의 95번째 백분위수는 2.71이다. 분모 자유도 n이 증가함에 따라 $F_{3,n}$ 분포의 95번째 백분위수는 $F_{3,\infty}$ 분포의 95번째 백분위수 2.60으로 수렴할 것이다.

2.5 무작위 표본 추출과 표본평균 분포

이 책에 사용된 거의 모든 통계학 및 계량경제학 방법과 절차는 데이터 표본의 평균 또는 가중평균을 포함하고 있다. 따라서 표본평균의 분포에 관한 특징을 자세히 살펴보는 것은 계량경제학 방법의 성능을 이해하기 위한 필수적 단계이다.

이 절에서는 무작위/임의(random) 표본 추출/표집(sampling)에 대한 몇 가지 기본 개념과 책 전체에서 사용되는 평균의 분포를 소개한다. 우리는 무작위 표본 추출을 논의하며 시작한다. 임의표집 행위, 즉 더 큰 모집단에서 표본을 무작위로 추출하는 행위는 표본평균 자체를 확률변수로 만드는 효과가 있다. 표본평균은 확률변수이기에 표집분포라고 하는 확률 분포를 갖고 있다. 이 절은 표본평균 표집분포의 몇 가지 속성으로 마무리 짓는다.

임의표집

단순 임의표집 또는 단순 무작위 표본 추출 2.1절 예시의 학생이 통계학자/계량경제학자가 되기를 열망하고 통학시간을 일일이 기록할 것을 결정했다. 한 학년 동안 일부 날을 무작위로 선택해 각 날의 통학시간을 모아 보니 하루하루의 통학시간은 그림 2.2a와 같은 누적분포함수를 가지고 있다. 무작위로 선택한 날이기 때문에 특정 날짜의 통학시간 값을 알더라도 이로부터 다른 날짜의 통학시간에 대한 정보를 알 수 없다. 즉 무작위로 선택되었기에 각 날의 통학시간은 독립적으로 분포된 확률변수라 하겠다.

앞에서 설명한 상황은 **단순 임의표집**(simple random sampling) 또는 **단순 무작위 표본 추출**이라 하며 통계학에서 사용하는 가장 간단한 표집 체계의 한 예다. **모집단**(population)(통학일수의 모집단)에서 n개의 개체가 무작위로 선택되고 모집단의 각 구성원(각 날)이 표본에 포함될 가능성이 동일하다.

표본의 n개 관측치는 $Y_1, \ldots, Y_n$으로 표시되며, 여기서 Y_1은 첫 번째 관측, Y_2는 두 번째 관측 등으로 말할 수 있다. 예제에서 Y_1은 임의로 선택된 n일 중 첫째 날의 통학시간이고, Y_i는 임의로 선택된 날 중 i번째로 뽑은 날의 통학시간이다.

표본에 포함된 모집단의 구성원은 무작위로 선택되었기 때문에 관측치 $Y_1, \ldots, Y_n$ 그 자체로 확률적이라 할 수 있다. 표본을 만들 때 모집단의 다른 구성원을 선택하면 Y의 값이 달라진다. 따라서 임의표집 행위는 $Y_1, \ldots, Y_n$을 확률변수로 간주할 수 있다고 의미한다. 표집 전에 사실상 $Y_1, \ldots, Y_n$은 많은 가능한 값을 가질 수 있다. 표집 이후 각 관측에 대해 특정 값이 기록된다.

i.i.d 추출 $Y_1, \ldots, Y_n$은 같은 모집단에서 무작위로 추출되기(drawn) 때문에 Y_i의 주변분포는 각 $i = 1, \ldots, n$에 대해 동일하다. 이 주변분포는 표집되는 모집단 Y의 분포이다. $i = 1, \ldots, n$에 대해 Y_i가 동일한 주변분포를 갖는 경우, $Y_1, \ldots, Y_n$은 **동일하게 분포**(identically distributed)하고 있다고 말한다.

단순 임의표집에서 Y_1의 값을 알아도 Y_2에 대한 정보가 제공되지 않으므로 Y_1이 주어진 Y_2의 조건부 분포는 Y_2의 주변분포와 동일하다. 즉 단순 임의표집에서 Y_1은 $Y_2, \ldots, Y_n$과 독립적으로 분포된다.

$Y_1, \ldots, Y_n$이 동일한 분포에서 추출되어 독립적으로 분포하는 경우 **독립적이고 동일하게 분포**(independently and identically distributed, i.i.d.)한다고 일컫는다.

단순 임의표집 및 i.i.d. 추출은 핵심 개념 2.5에 요약했다.

표본평균의 표집분포

n개의 관측치 $Y_1, \ldots, Y_n$의 **표본평균**(sample average, sample mean) $\overline{Y}$는 다음과 같다.

핵심 개념 2.5

단순 임의표집 및 i.i.d. 확률변수

단순 임의표본에서는 n개의 개체가 모집단에서 무작위로 뽑히며, 각 개체가 뽑힐 가능성은 동일하다. 무작위로 i번째 뽑힌 개체에 대한 확률변수 Y는 Y_i로 표기된다. 각 객체가 뽑힐 가능성이 동등하고, Y_i의 분포는 모든 i에 대해 동일하기에, 확률변수 $Y_1, \ldots, Y_n$은 독립적이고 동일하게 분포(i.i.d.)한다. 즉 모든 $i = 1, \ldots, n$에 대해 Y_i의 분포는 모두 동일하고, Y_1은 $Y_2, \ldots, Y_n$과 독립적으로 분포한다.

$$\overline{Y} = \frac{1}{n}(Y_1 + Y_2 + \cdots + Y_n) = \frac{1}{n}\sum_{i=1}^{n} Y_i \tag{2.44}$$

임의표집 행위가 표본평균을 확률변수로 만드는 효과가 있다는 것이 필수적 개념이다. 표본이 무작위로 추출되었기 때문에 각 Y_i의 값은 확률적이다. $Y_1, \ldots, Y_n$이 확률적이기 때문에 평균 역시 확률적이다. 다른 표본을 추출했더라면 관측치와 표본평균이 달라졌을 것이다. 즉 $\overline{Y}$의 값은 무작위로 추출된 각 표본에 따라 다를 것이다.

예를 들어 학생이 통학시간을 기록하기 위해 무작위로 5일을 선택한 다음 해당 5일의 통학 평균 시간을 계산했다고 하자. 만약 학생이 5개의 다른 날을 선택했다면 5개의 다른 시간을 기록했을 것이고, 따라서 표본평균의 다른 값을 계산했을 것이다.

$\overline{Y}$는 확률변수이기 때문에 확률 분포를 갖는다. $\overline{Y}$의 분포는 **표집분포**(sampling distribution)라고 한다. $\overline{Y}$는 다른 가능한 표본 $Y_1, \ldots, Y_n$으로부터 나오는 확률 분포와 관련되어 있기 때문이다.

평균과 가중평균의 표집분포는 통계학과 계량경제학에서 중추 역할을 한다. 우리는 모집단 Y의 분포에 관한 일반적인 조건에서 $\overline{Y}$의 평균과 분산을 계산함으로써 $\overline{Y}$의 표집분포에 대한 논의를 시작한다.

$\overline{Y}$의 평균과 분산 관측된 $Y_1, \ldots, Y_n$이 i.i.d.이고 μ_Y와 σ_Y^2가 Y_i의 평균과 분산을 나타낸다고 가정하자. (관측치가 i.i.d.이기 때문에, 모든 $i = 1, \ldots, n$에 대해 평균과 분산은 동일하다.) $n = 2$일 때 $Y_1 + Y_2$의 합의 평균은 식 (2.29)를 적용해 구한다: $E(Y_1 + Y_2) = \mu_Y + \mu_Y = 2\mu_Y$. 따라서 표본평균의 평균은 $E[\frac{1}{2}(Y_1 + Y_2)] = \frac{1}{2} \times 2\mu_Y = \mu_Y$이다. 일반적으로는 다음과 같다.

$$E(\overline{Y}) = \frac{1}{n}\sum_{i=1}^{n} E(Y_i) = \mu_Y \tag{2.45}$$

$\overline{Y}$의 분산은 식 (2.31)을 적용해 구할 수 있다. 예를 들어 $n = 2$인 경우, 즉 $a = b = \frac{1}{2}$ 및 $\text{cov}(Y_1, Y_2) = 0$일 때 식 (2.34)를 적용해 $\text{var}(Y_1 + Y_2) = 2\sigma_Y^2$이다. 이에 따라 $\text{var}(\overline{Y}) = \frac{1}{2}\sigma_Y^2$이다. 일반적인 n의 경우 $Y_1, \ldots, Y_n$은 i.i.d.이기에 $i \neq j$인 Y_i와 Y_j는 독립적으로 분포되어 있고 이에 따라 $\text{cov}(Y_i, Y_j) = 0$이다. 따라서 다음과 같이 $\text{var}(\overline{Y}) = \sigma_Y^2/n$이다.

$$\begin{aligned}
\text{var}(\overline{Y}) &= \text{var}\left(\frac{1}{n}\sum_{i=1}^{n} Y_i\right) \\
&= \frac{1}{n^2}\sum_{i=1}^{n}\text{var}(Y_i) + \frac{1}{n^2}\sum_{i=1}^{n}\sum_{j=1, j\neq i}^{n}\text{cov}(Y_i, Y_j) \\
&= \frac{\sigma_Y^2}{n}
\end{aligned} \tag{2.46}$$

$\overline{Y}$의 표준편차는 분산의 제곱근 $\sigma_Y/\sqrt{n}$이다.

요약하면, $Y_1, \ldots, Y_n$이 i.i.d.이면 $\overline{Y}$의 평균, 분산, 표준편차는 다음과 같다.

$$E(\overline{Y}) = \mu_Y \tag{2.47}$$

금융 다각화 및 포트폴리오

다각화의 원칙은 모든 돈을 하나의 자산에 투자하는 것보다 여러 자산에 소액으로 투자해 위험을 줄이는 것을 의미한다. 즉 모든 계란을 한 바구니에 담아서는 안 된다.

다각화의 수학 이론은 식 (2.46)이다. n개 자산에 1달러를 균등하게 나눈다고 하자. Y_i는 i번째 자산에 투자한 1달러의 1년간 이익 금액으로 표기하자. 각 자산에 1/n을 투자했기 때문에 1년 후 포트폴리오의 실제 수익은 $(Y_1 + Y_2 + \ldots + Y_n)/n = \overline{Y}$이다. 간단하게 각 자산은 동일한 예상 이익금 μ_Y와 동일한 분산 σ^2이 있다고 가정하자. 또한 자산 간에 동일한 상관관계 ρ가 있다고 하자. 따라서 $\text{cov}(Y_i, Y_j) = \rho\sigma^2$이다. 포트폴리오의 예상 이익금은 $E(\overline{Y}) = \mu_Y$이다. n이 큰 경우 포트폴리오 이익금의 분산은 $\text{var}(\overline{Y}) = \rho\sigma^2$이다(연습문제 2.26). 모든 돈을 하나의 자산에 넣거나 모든 n개 자산에 균등하게 분배하면 예상 배당금은 동일하다. 그러나 다각화하면 분산은 σ^2에서 $\rho\sigma^2$으로 분산이 줄어든다.

다각화의 수학 이론은 주식 뮤추얼 펀드와 같은 금융상품으로 이어졌는데, 펀드는 많은 주식을 보유하고 개인은 펀드의 지분을 소유함으로써 적은 양의 많은 주식을 소유한다. 그러나 분산투자에는 한계가 있다. 많은 자산에서 배당액은 양의 상관관계가 있다. n이 크더라도 $\text{var}(\overline{Y})$는 양수로 유지된다. 주식의 경우 포트폴리오를 보유함으로써 위험을 줄일 수 있지만 그 포트폴리오는 전체 주식시장의 예측할 수 없는 변동에 계속 영향을 받는다.

$$\text{var}(\overline{Y}) = \sigma_{\overline{Y}}^2 = \frac{\sigma_Y^2}{n} \tag{2.48}$$

$$\text{std.dev}(\overline{Y}) = \sigma_{\overline{Y}} = \frac{\sigma_Y}{\sqrt{n}} \tag{2.49}$$

이 결과는 Y의 분포와 관계없이 성립한다. 즉 식 (2.47)~(2.49)가 성립하기 위해 Y의 분포는 정규분포와 같은 특정 형식을 취할 필요가 없다.

$\sigma_{\overline{Y}}^2$는 표본평균 $\overline{Y}$의 표집분포 분산을 표기한다. 대조적으로, σ_Y^2는 각 개별 Y_i의 분산, 즉 이를 추출한 모집단 분포의 분산이다. 유사하게, $\sigma_{\overline{Y}}^2$는 $\overline{Y}$의 표본 추출 분포의 표준편차를 표기한다.

Y가 정규분포를 따를 때 $\overline{Y}$의 표집분포 $Y_1, \ldots, Y_n$이 $N(\mu_Y, \sigma_Y^2)$ 분포에서 추출된다고 가정하자. 식 (2.43)에서 언급했듯이 n개 정규확률변수의 합은 그 자체로 정규분포를 따른다. $\overline{Y}$의 평균이 μ_Y이고 $\overline{Y}$의 분산이 σ_Y^2/n이기 때문에 $Y_1, \ldots, Y_n$이 $N(\mu_Y, \sigma_Y^2)$ 분포에서 i.i.d.로 뽑히면 $\overline{Y}$는 $N(\mu_Y, \sigma_Y^2/n)$을 따라 분포한다.

2.6 표집분포의 대표본근사

통계학 및 계량경제학 방법의 발전에서 표집분포는 중심적인 역할을 한다. 이에 따라 $\overline{Y}$의 표집분포가 수학적인 측면에서 무엇인지 아는 것이 중요하다. 표집분포의 특징을 밝히는 데는 두 가지 접근법, 즉 '정확(exact)' 접근법과 '근사(approximate)' 접근법이 있다.

정확 접근법은 모든 n에 대해 정확히 유지되는 표집분포에 대한 공식을 도출하는 것을 수반한다. 임의의 n에 대한 $\overline{Y}$의 분포를 정확하게 묘사하는 표집분포를 $\overline{Y}$의 **정확분포**(exact distribution) 또는 **유한표집분포**(finite-sample distribution)라고 한다. 예를 들어 Y가 정규분포를 따르고 $Y_1, \ldots, Y_n$인 경우 i.i.d.이면, (2.5절에서 설명한 대로) $\overline{Y}$의 정확분포는 평균 μ_Y와 분산 σ_Y^2/n을 갖는 정규분포이다. 불행하게도 Y의 분포가 정규분포가 아닌 경우 일반적으로 $\overline{Y}$의 정확표집분포는 매우 복잡하며 Y의 분포에 따라 달라진다.

근사 접근법은 표본 수가 크다는 전제하에 표집분포 근사법을 사용한다. 표집분포의 대표본근사(large-sample approximation)는 종종 **점근분포**(asymptotic distribution)라 한다. $n \rightarrow \infty$인 극한에서 분포의 근사가 정확해지기에 '점근적(asymptotic)'이다. 이 절에서 볼 수 있듯이 표본크기가 $n = 30$인 관측치인 경우에도 이러한 근사는 매우 정확할 수 있다. 계량경제학에서 실제로 사용되는 표본크기가 일반적으로 수백 또는 수천 개가 되기 때문에 이러한 점근분포는 정확표집분포에 대한 매우 좋은 근사치를 제공할 수 있다.

이 절에서는 표본크기가 클 때 표집분포를 근사화하는 데 사용하는 두 가지 주요 도구인 대수의 법칙과 중심극한정리를 제시한다. 대수의 법칙에 따르면 표본크기가 클 때 $\overline{Y}$는 매우 높은 확률로 μ_Y에 가까워진다. 중심극한정리는 표본크기가 커지면 표준화 표집분포($(\overline{Y} - \mu_Y)/\sigma_{\overline{Y}}$)가 근사적으로 정규분포를 따른다고 말한다.

정확표집분포는 복잡하고 Y의 분포에 따라 달라지지만 점근분포는 간단하다. 게다가 놀랍게도 $(\overline{Y} - \mu_Y)/\sigma_{\overline{Y}}$의 점근적 정규분포는 Y의 분포에 의존하지 않는다. 이러한 정규 근사적 분포는 엄청난 단순화를 제공하며 이 책 전체에서 사용되는 회귀 이론의 기초가 된다.

대수의 법칙과 일치성

대수의 법칙(law of large number)은 일반적인 조건 아래 n이 커질수록 $\overline{Y}$는 매우 높은 확률로 μ_Y에 근접한다는 것이다. 이를 '평균의 법칙(law of averages)'이라고도 한다. 동일한 평균을 가진 수많은 확률변수를 평균하면, 큰 값이 작은 값과 균형을 이루는 경향이 있어 표본평균은 공통적인 평균에 가깝다.

예를 들어 통학시간이 짧았는지(20분 미만) 길었는지 간단히 기록하는 실험을 다시 생각하자. 무작위로 선택한 i번째 날의 통학시간이 짧으면 $Y_i = 1$, 길면 $Y_i = 0$으로 한다. 단순 임의표집을 했기 때문에 $Y_1, \ldots, Y_n$은 i.i.d.이다. 그러므로 $Y_1, \ldots, Y_n$은 $Y_i = 1$일 확률이 0.78인 베르누이 확률변수에서 i.i.d.로 추출된 것이다(표 2.2). 베르누이 확률변수의 기댓값은 성공확률이므로 $E(Y_i) = \mu_Y = 0.78$이다. 표본평균 $\overline{Y}$는 표본에서 통학시간이 짧은 일수의 비율이다.

그림 2.8은 다양한 표본크기 n에 대한 $\overline{Y}$의 표집분포를 보여준다. $n = 2$(그림 2.8a)일 때 $\overline{Y}$는 0, 1/2, 1(한 번도 통학시간이 짧았던 적이 없거나, 한 번만 짧았거나, 이틀 모두 통학시간이 짧았음)의 세 가지 값만 취할 수 있다. 이 중에서 실제 모집단 비율 0.78과 특별히 가까운 것은 없다. 그러나 n이 증가함에 따라(그림 2.8b~d) $\overline{Y}$는 더 많은 값을 가지며 표집분포는 μ_Y에 밀접하게 집중된다.

n이 증가함에 따라 $\overline{Y}$가 μ_Y에 가까워지는 확률이 1로 증가하는 속성을 **확률 수렴**(convergence in probability)이라 하며, 더 간결하게는 이 속성을 **일치성**(consistency)이라 한다(핵심 개념 2.6 참조). 대수의 법칙은 특정 조건에서 $\overline{Y}$가 μ_Y에 확률 수렴함을 뜻한다. 동

그림 2.8 n개 베르누이 확률변수 표본평균의 표집분포

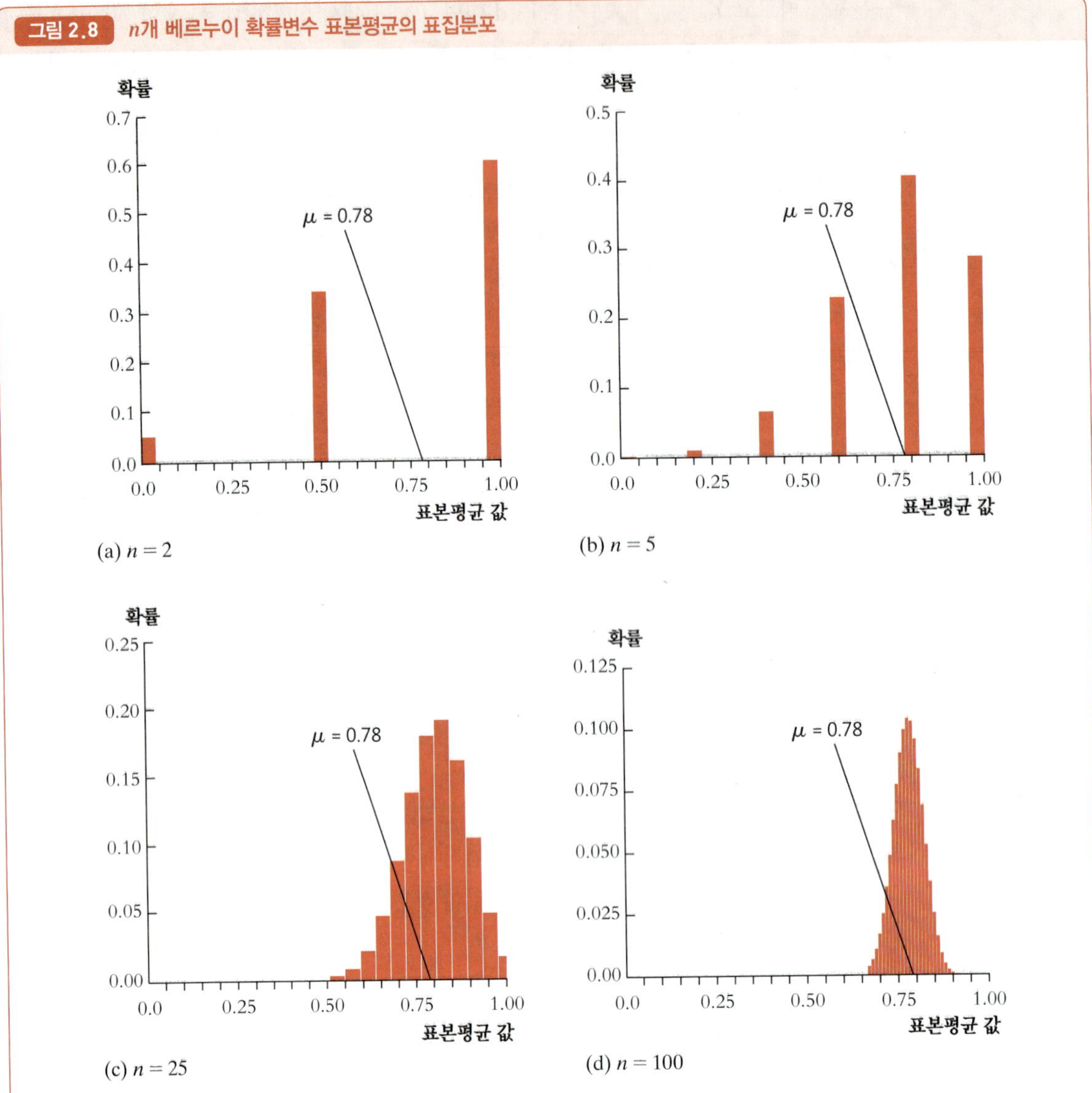

$p = \Pr(Y_i = 1) = 0.78$(통학시간이 짧을 확률은 78%)인 n개의 독립적인 베르누이 확률변수의 표본평균 $\overline{Y}$의 표집분포이다. $\overline{Y}$의 표집분포 분산은 n이 커짐에 따라 감소하므로 표본크기 n이 증가함에 따라 표집분포는 평균 $\mu = 0.78$ 주위에 더 촘촘하게 집중된다.

핵심 개념 **2.6**

확률 수렴, 일치성, 대수의 법칙

모든 상수 $c > 0$에 대해 표본평균 $\overline{Y}$가 $(\mu_Y - c)$와 $(\mu_Y + c)$ 사이에 있을 확률이 n이 증가함에 따라 임의적으로 1에 가까워지면 $\overline{Y}$가 μ_Y에 확률 수렴한다(동일한 표현으로 $\overline{Y}$가 μ_Y에 일치한다). Y의 μ_Y로의 확률 수렴은 $\overline{Y} \xrightarrow{p} \mu_Y$로 표기한다.

대수의 법칙에 따르면 $E(Y_i) = \mu_Y$인 $Y_1, \ldots, Y_n$이 i.i.d.이고 큰 이상값이 발생할 가능성이 없는 경우($\text{var}(Y_i) = \sigma_Y^2 < \infty$), $\overline{Y} \xrightarrow{p} \mu_Y$이다.

일한 표현으로, 대수의 법칙은 $\overline{Y}$가 μ_Y로 일치함을 나타낸다.

이 책에서 사용할 대수의 법칙 조건은 $Y_1, \ldots, Y_n$이 i.i.d.이고 Y_i의 분산 σ_Y^2가 유한하다는 것이다. 이 조건의 수학적 역할은 대수의 법칙이 증명된 18.2절에서 분명히 볼 수 있다. 단순임의표집은 i.i.d. 가정을 유지한다. 분산이 유한하다는 가정은 Y_i의 매우 큰 값, 즉 이상치가 발생할 가능성이 낮아 드물게 관찰된다는 것을 의미한다. 그렇지 않으면 이상치가 $\overline{Y}$를 압도할 것이고 표본평균의 신뢰성은 손상될 것이다. 이 가정은 이 책의 응용 사례에서 타당하다. 예를 들어 통학시간에는 상한이 있기 때문에(교통체증이 심할 경우 주차하고 걸어갈 수 있음), 통학시간 분포의 분산은 유한하다.

중심극한정리

중심극한정리(central limit theorem)는 일반적인 조건에서 n이 커지면 $\overline{Y}$의 분포가 정규분포로 잘 근사된다고 말한다. Y의 평균은 μ_Y이고 분산은 $\sigma_{\overline{Y}}^2 = \sigma_Y^2/n$임을 기억하라. 중심극한정리에 따르면 n이 클 때 $\overline{Y}$의 분포는 대략적으로 $N(\mu_Y, \sigma_{\overline{Y}}^2)$이다. 2.5절의 마지막 부분에서 논의한 바와 같이, 정규분포 $N(\mu_Y, \sigma_Y^2)$를 갖는 모집단에서 표본을 추출한 $\overline{Y}$의 정확분포는 $N(\mu_Y, \sigma_{\overline{Y}}^2)$이다. 비록 $Y_1, \ldots, Y_n$ 자체가 정규분포에서 나오지 않더라도 n이 커지면 이와 동일한 결과가 **대략적으로** 참이라고 중심극한정리가 말한다.

$\overline{Y}$의 분포가 종 모양(bell-shaped)의 정규분포로 근사적으로 수렴하는 것을 그림 2.8에서 (살짝) 볼 수 있다. 그러나 n이 큰 경우 분포가 매우 빡빡해지기 때문에 약간의 곁눈질이 필요하다. 돋보기를 사용하거나 그림의 가로축을 확대하는 다른 방법이 있으면 Y 분포의 모양을 더 쉽게 볼 수 있다.

이를 수행하는 한 가지 방법은 평균이 0이고 분산이 1이 되도록 $\overline{Y}$를 표준화하는 것이다. 이 과정은 $\overline{Y}$의 표준화 확률변수인 $(\overline{Y} - \mu_Y)/\sigma_{\overline{Y}}$를 꼼꼼하게 살펴보는 것으로 이어진다. 중심극한정리에 따르면 이 분포는 n이 커지면 표준정규분포 $N(0,1)$로 잘 근사되어야 한다.

표준화된 평균 $(\overline{Y} - \mu_Y)/\sigma_{\overline{Y}}$의 분포는 그림 2.8의 분포와 관련된 그림 2.9에 도시되어 있다. 그림 2.9의 분포는 표준화 변수의 평균이 0이고 분산이 1이 되도록 가로축의 눈금이 변경된 것을 제외하면 그림 2.8과 완전히 동일하다. 눈금을 변경한 후에는 n이 충분히 크다면 $(\overline{Y} - \mu_Y)/\sigma_{\overline{Y}}$의 분포가 정규분포로 잘 근사된다는 것을 쉽게 알 수 있다.

누군가는 '충분히 크다'는 것이 얼마나 큰 것인지를 물을 수 있다. 즉 $(\overline{Y} - \mu_Y)/\sigma_{\overline{Y}}$의 분포가 정규분포가 잘 근사되려면 n이 얼마나 커야 하는가? 대답은 '상황에 따라 다르다'이다. 정규근사의 품질은 평균을 구성하는 기본 Y_i의 분포에 따라 달라진다. 극단적인 경우, Y_i 자체가 정규분포를 따른다면 모든 n에 대해 $\overline{Y}$는 정확하게 정규분포를 따른다. 대조적으로, Y_i 자체가 정규분포와는 완전히 다른 분포를 갖는 경우 이를 근사하기 위해서는 $n = 30$ 이상이 필요할 수 있다.

이 점은 모집단 분포가 그림 2.10a에 표시된 그림 2.10에 설명되어 있으며 이는 베르누이 분포와 상당히 다르다. 이 분포는 오른쪽 꼬리가 길어 오른쪽으로 치우쳐 있다고 할 수 있다. $n = 5$, 25, 100에 대해 중앙을 조정하고 단위를 변환하는 표준화 이후 $\overline{Y}$의 표집분포가 그림

그림 2.9 $p = 0.78$인 n개 베르누이 확률변수의 표준화 표본평균 분포

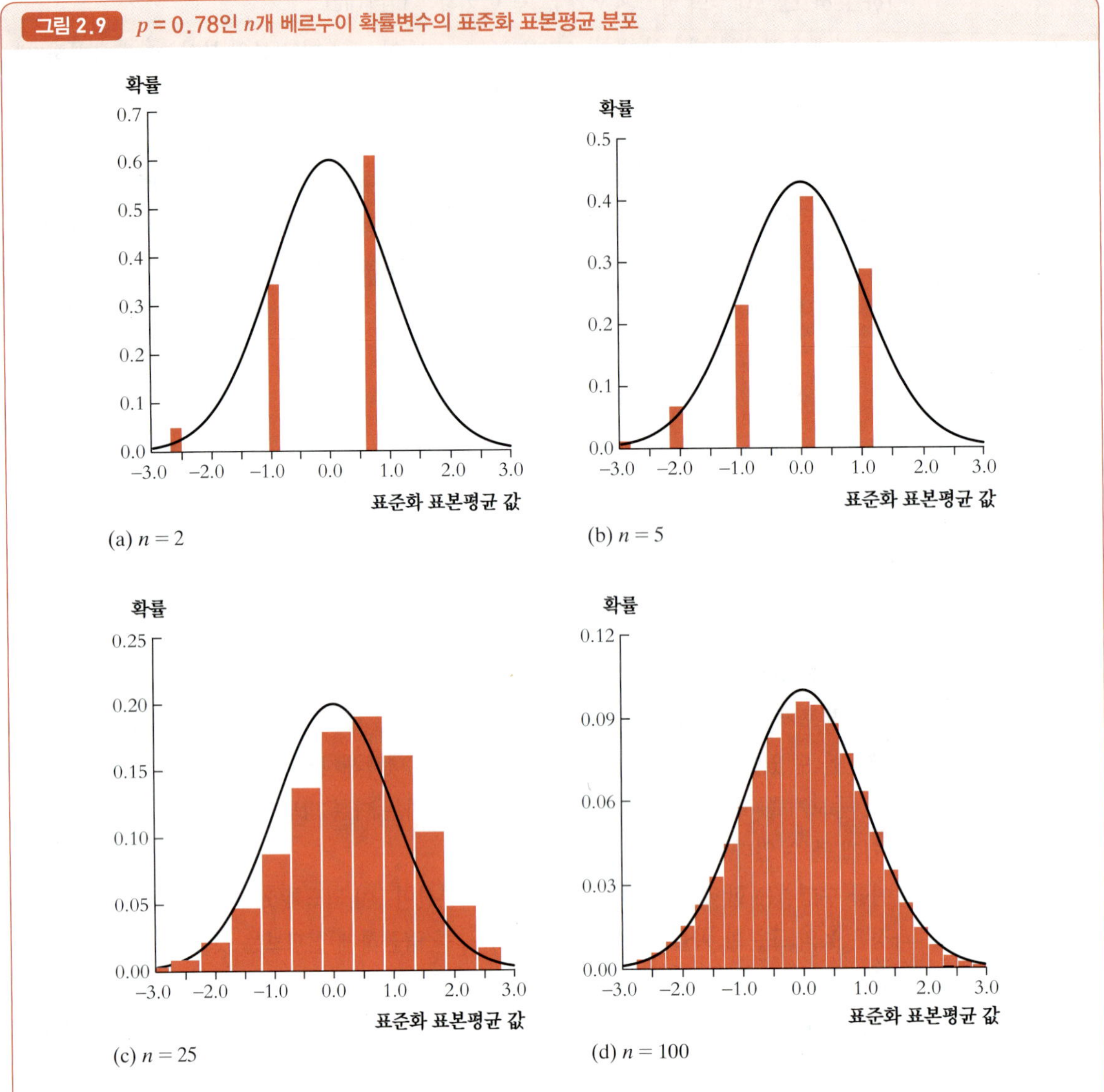

그림 2.8의 $\overline{Y}$ 표집분포는 $\overline{Y}$를 표준화한 후에 여기에 도시된다. 표준화는 그림 2.8의 분포를 중심으로 하고 가로축의 눈금을 $\sqrt{n}$ 비율로 확대한다. 표본크기가 클수록 표집분포는 점점 더 정규분포(실선)로 잘 근사된다. 이는 중심극한정리가 예측한 바이다. 정규분포는 분포의 높이가 모든 그림에서 거의 동일하도록 크기가 조정된다.

2.10b~d에 각각 있다. 표집분포가 $n = 25$에 대해 종 모양에 접근하고 있지만 정규근사로 보기에는 여전히 눈에 띄는 결함이 있다. 그러나 $n = 100$이면 정규근사가 상당히 양호하다. 실제로 $n \geq 100$인 경우, 일반적으로 다양한 모집단 분포로부터 나온 $\overline{Y}$ 분포의 대부분은 정규근사가 매우 잘 된다.

중심극한정리는 놀라운 결과이다. 그림 2.9와 2.10의 b와 c에 있는 $\overline{Y}$의 '작은 n'의 분포는 복잡하고 서로 상당히 다르지만, 그림 2.9와 2.10의 d에 있는 '큰 n'의 분포는 단순하고 놀랍게도 비슷한 모양을 가지고 있다. $\overline{Y}$의 분포는 n이 커짐에 따라 정규분포에 접근하기 때문에

그림 2.10 한쪽으로 치우친 모집단 분포로부터 추출된 n개 표본의 표준화 표본평균 분포

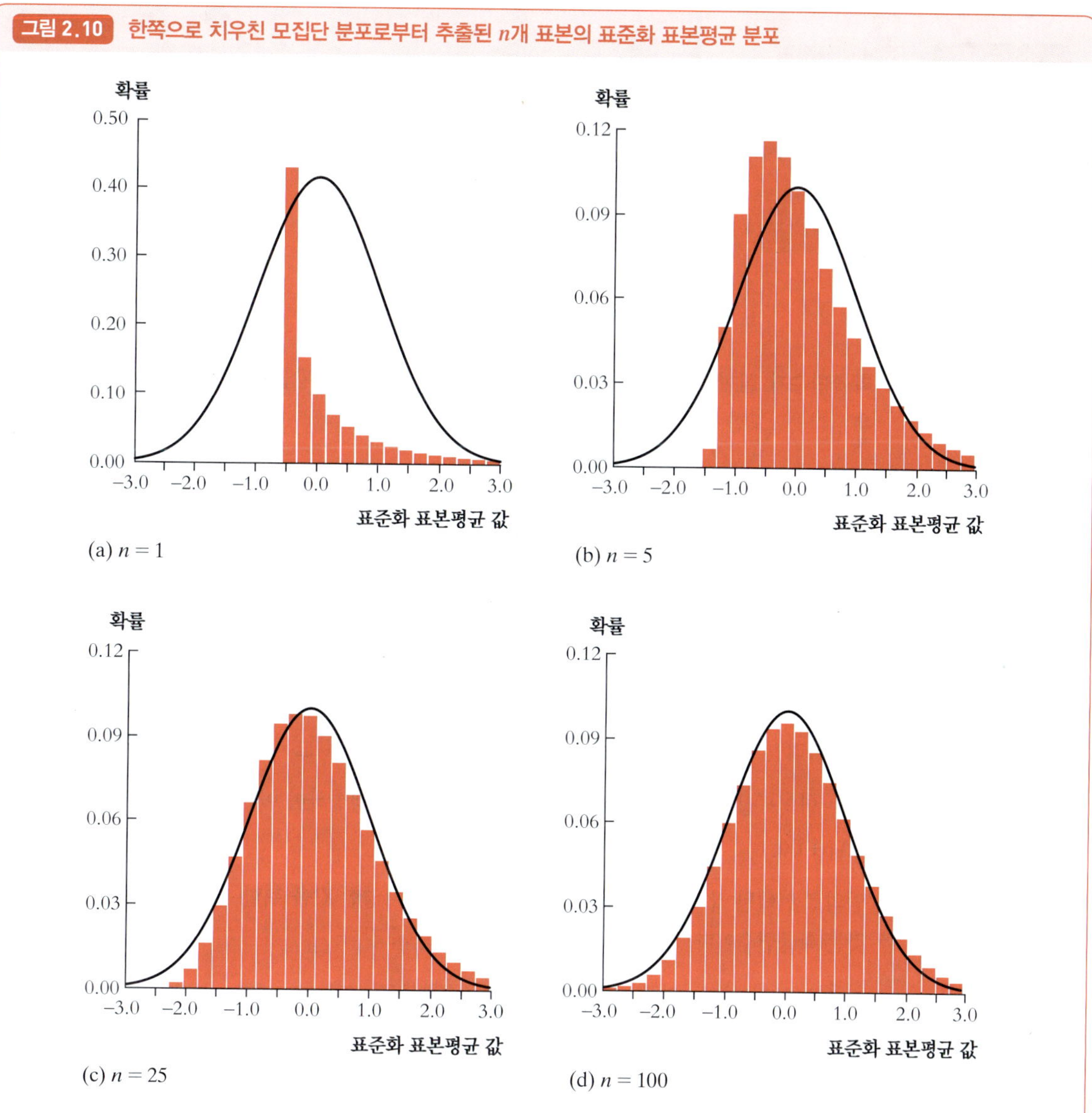

그림 2.10a에 표시된 왜곡된(비대칭) 모집단 분포에서 추출된 n의 표본평균 표준화 표집분포를 나머지 그림에서 보여준다. n이 작으면($n = 5$) 모집단 분포와 마찬가지로 표집분포가 한쪽으로 치우쳐 있다. 그러나 n이 큰 경우($n = 100$) 표집분포는 중심극한정리가 예측한 대로 표준정규분포(실선)로 잘 근사되고 있다. 정규분포는 분포의 높이가 모든 그림에서 거의 동일하도록 크기가 조정된다.

$\overline{Y}$는 **점근적 정규분포**(asymptotic normal distribution)를 갖는다고 한다.

정규근사의 편리함은 중심극한정리의 폭넓은 적용 가능성과 결합해 응용 계량경제학의 핵심 토대가 된다. 중심극한정리는 핵심 개념 2.7에 요약했다.

핵심 개념 2.7

중심극한정리

$E(Y_i) = \mu_Y$ 및 $\text{var}(Y_i) = \sigma_Y^2$인 $Y_1, \ldots, Y_n$이 i.i.d.라고 가정하자. 단, $0 < \sigma_Y^2 < \infty$이다. $n \to \infty$에 따라, $(\overline{Y} - \mu_Y)/\sigma_{\overline{Y}}$(여기서 $\sigma_{\overline{Y}}^2 = \sigma_Y^2/n$)의 분포는 임의적으로 표준정규분포에 의해 잘 근사된다.

요약

1. 확률변수가 실현 가능한 값을 취할 확률은 누적분포함수, 확률 분포함수(이산확률변수의 경우), 확률밀도함수(연속확률변수의 경우)로 요약된다.
2. 확률변수 Y의 기댓값 또는 평균은 $E(Y)$ 또는 μ_Y로 표기하며, 이는 실현 가능한 값의 확률을 가중치로 한 실현 가능한 값의 가중평균이다. Y의 분산은 $\sigma_Y^2 = E[(Y - \mu_Y)]^2$이고 Y의 표준편차는 분산의 제곱근이다.
3. 두 확률변수 X와 Y의 결합확률은 결합확률 분포로 요약된다. $X = x$가 주어진 경우 Y의 조건부 확률 분포는, $X = x$로 실현된 조건 아래 Y의 확률 분포이다.
4. 정규확률변수는 그림 2.5와 같이 종 모양의 확률밀도를 갖는다. 정규확률변수와 관련된 확률을 계산하려면 먼저 변수를 표준화한 다음 부록 표 1에 나와 있는 표준정규누적분포를 사용하라.
5. 단순 임의표집은 n개의 무작위 관측인 $Y_1, \ldots, Y_n$을 생성하며 이는 독립적이고 동일하게 분포한다(i.i.d.).
6. 임의로 선택된 각각의 표본에 대해 표본평균 $\overline{Y}$는 다양한 값을 취할 수 있기 때문에 표집분포를 갖는 확률변수이다. $Y_1, \ldots, Y_n$이 i.i.d.이면 다음과 같다.
   - **a.** $\overline{Y}$의 표집분포는 평균 μ_Y와 분산 $\sigma_{\overline{Y}}^2 = \sigma_Y^2/n$를 갖는다.
   - **b.** 대수의 법칙에 따르면 $\overline{Y}$는 μ_Y로 확률 수렴한다.
   - **c.** 중심극한정리에 따르면 $\overline{Y}$의 표준화 변수 $(\overline{Y} - \mu_Y)/\sigma_{\overline{Y}}$는 n이 클 때 표준정규분포[$N(0, 1)$]를 갖는다.

핵심 용어

결과outcome
결합확률 분포joint probability distribution
공분산covariance
급첨leptokurtic
기대expectation
기댓값expected value
누적분포cumulative distribution
누적분포함수cumulative distribution function, c.d.f.
누적확률 분포cumulative probability distribution
다변량 정규분포multivariate normal distribution
독립independent
독립적으로 분포independently distributed
무상관uncorrelated
밀도density
밀도함수density function

반복기대 법칙law of iterated expectations
베르누이 분포Bernoulli distribution
베르누이 확률변수Bernoulli random variable
베이즈 법칙Bayes' rule
분산variance
분포의 적률moments of a distribution
사건event
상관관계correlation
연속확률변수continuous random variable
왜도skewness
이변량 정규분포bivariate normal distribution
이산확률변수discrete random variable
이상치outlier
정규분포normal distribution
조건부 기대conditional expectation
조건부 분산conditional variance
조건부 분포conditional distribution
조건부 평균conditional mean
주변확률 분포marginal probability distribution
첨도kurtosis
평균mean
표본공간sample space
표준정규분포standard normal distribution
표준편차standard deviation
표준화 확률변수standardized random variable
확률probability
확률밀도함수probability density function, p.d.f.
확률 분포probability distribution
r차 적률rth moment

복습문제

2.1 이 장에서 사용한 확률변수의 예로는 (a) 다음에 만나는 사람의 성별, (b) 무선 네트워크에 장애가 발생한 횟수, (c) 통학에 걸리는 시간, (d) 우천 여부 등이 있다. 각 경우를 확률적인 경우로 여길 수 있는 이유를 설명하라.

2.2 확률변수 X와 Y가 독립적이고 그 분포를 알고 있다고 가정하자. X값을 안다고 해도 Y값에 대해 아무것도 알 수 없는 이유를 설명하라.

2.3 당신이 고향에서 임의로 선택한 달의 전체 강우량을 X라 하고 Y는 같은 달에 로스앤젤레스에서 태어난 아이 수라 하자. X와 Y는 독립적인가? 설명하라.

2.4 한 수학 교실에 100명의 학생이 있는데, 학생들의 평균 체중은 65kg이다. 교실에서 5명의 학생을 무작위로 추출해 평균 체중을 계산했다. 표본에 포함된 학생들의 평균 체중은 65kg인가, 아닌가? 답의 근거를 설명하라. 이 예를 사용해 표본평균 $\overline{Y}$가 확률변수인 이유를 설명하라.

2.5 $Y_1, \ldots, Y_n$이 $N(2, 6)$ 분포를 갖는 i.i.d. 확률변수라고 하자. $n = 2$일 때 $\overline{Y}$의 확률밀도를 그려보라. $n = 15$와 $n = 200$에 대해 이를 반복하라. 각각의 밀도가 어떻게 다른지 설명하라. 당신의 답과 대수의 법칙 사이에는 어떤 관계가 있는가?

2.6 $Y_1, \ldots, Y_n$이 i.i.d.이고 그림 2.10a에 주어진 확률 분포를 갖는 확률변수로부터 나온 것이라 가정하자. $\Pr(\overline{Y} \le 0.2)$을 계산하려고 한다. $n = 8$인 경우 정규근사를 사용하는 것이 합리적인가? $n = 30$일 때와 $n = 150$일 때는 어떻게 될 것인가? 이를 설명하라.

2.7 Y는 다음과 같은 척도를 갖는 확률변수이다: $\mu_Y = 0$, $\sigma_Y = 1$, 왜도 = 0, 첨도 = 90. Y의 가상적인 확률 분포를 대략 그려라. 이 분포에서 추출된 n개의 확률변수에 큰 이상치가 있을 수 있는 이유를 설명하라.

연습문제

2.1 Y는 2개의 동전을 던졌을 때 나오는 '앞면'의 수를 나타낸다. 각 동전 중 하나에서 앞면이 나올 확률이 0.4라고 가정하자.

a. Y의 확률 분포를 유도하라.
b. Y의 평균과 분산을 구하라.

2.2 표 2.2에 주어진 확률 분포를 사용해 (a) $E(Y)$ 및 $E(X)$, (b) σ_X^2 및 σ_Y^2, (c) σ_{XY} 및 $\text{corr}(X, Y)$를 계산하라.

2.3 표 2.2의 확률변수 X와 Y를 사용해 2개의 새로운 확률변수 $W = 4 + 8X$ 및 $V = 11 - 2Y$를 만든다. (a) $E(W)$ 및 $E(V)$, (b) σ_W^2 및 σ_{2V}, (c) σ_{WV} 및 $\text{corr}(W, V)$를 계산하라.

2.4 X는 $\Pr(X = 1) = p$인 베르누이 확률변수이다.

a. $E(X^4) = p$임을 밝혀라.
b. $k > 0$에 대해 $E(X^k) = p$임을 밝혀라.
c. $p = 0.53$이라고 가정하자. X의 평균, 분산, 왜도, 첨도를 계산하라. (힌트: 연습문제 2.21에 있는 공식을 사용하는 것이 도움이 될 수 있다.)

2.5 스위스 루가노의 7월 일최고 기온은 평균 65°F이고 표준편차는 5°F이다. 섭씨 단위로 기온의 평균, 표준편차 및 분산은 얼마인가?

2.6 다음 표는 남아프리카 공화국의 생산가능인구 중에서 취업자 또는 구직자(실업자)의 고용 상태와 대학 졸업 사이의 결합확률 분포를 제공한다.

	실업자($Y = 0$)	취업자($Y = 1$)	합계
비대졸자($X = 0$)	0.078	0.673	0.751
대졸자($X = 1$)	0.042	0.207	0.249
합계	0.12	0.88	1.000

a. $E(Y)$를 계산하라.
b. 실업률은 실업 상태에 있는 생산가능인구의 비율이다. 실업률은 $1 - E(Y)$로 주어진 것임을 보여라.
c. $E(Y \mid X = 1)$ 및 $E(Y \mid X = 0)$을 계산하라.
d. (i) 대졸자와 (ii) 비대졸자의 실업률을 계산하라.
e. 이 모집단에서 무작위로 선택된 한 사람이 실직 상태라고 보고되었다. 이 노동자가 대졸자일 확률은 얼마인가? 비대졸자일 확률은 얼마인가?
f. 학력과 고용 상태는 독립적인가? 설명하라.

2.7 맞벌이 남녀 부부의 모집단에서 남성의 소득은 연평균 50,000달러이고 표준편차는 15,000달러이며, 여성의 소득은 연평균 48,000달러이고 표준편차는 13,000달러이다. 부부의 남성과 여성 소득 간 상관관계는 0.90이다. C는 무작위로 선택된 부부의 합산소득을 나타낸다.

a. C의 평균은 무엇인가?

b. 남성 소득과 여성 소득의 공분산은 얼마인가?

c. C의 표준편차는 얼마인가?

d. (a)부터 (c)까지의 답을 미국 달러($)에서 유로(€)로 변환해 나타내라.

2.8 확률변수 Y의 평균은 4이고 분산은 1/9이다. $Z = 3(Y - 4)$이다. Z의 평균과 분산을 구하라.

2.9 X와 Y는 다음과 같은 결합분포를 갖는 이산확률변수이다.

		Y값				
		2	4	6	8	10
X값	3	0.04	0.09	0.03	0.12	0.01
	6	0.10	0.06	0.15	0.03	0.02
	9	0.13	0.11	0.04	0.06	0.01

즉 $\Pr(X = 3, Y = 2) = 0.04$ 등이다.

a. Y의 확률 분포, 평균, 분산을 구하라.

b. $X = 6$인 경우 Y의 확률 분포, 평균, 분산을 구하라.

c. X와 Y 사이의 공분산 및 상관관계를 계산하라.

2.10 다음 확률을 계산하라.

a. Y의 분포가 $N(4, 9)$인 경우 $\Pr(Y \le 5)$를 찾아라.

b. Y의 분포가 $N(5, 16)$인 경우 $\Pr(Y > 2)$를 찾아라.

c. Y의 분포가 $N(1, 4)$인 경우 $\Pr(2 \le Y \le 5)$를 찾아라.

d. Y의 분포가 $N(2, 1)$인 경우 $\Pr(1 \le Y \le 4)$를 찾아라.

2.11 다음 확률을 계산하라.

a. Y의 분포가 χ_3^2인 경우 $\Pr(Y \le 6.25)$를 찾아라.

b. Y의 분포가 χ_8^2인 경우 $\Pr(Y \le 15.51)$을 찾아라.

c. Y의 분포가 $F_{8,\infty}$인 경우 $\Pr(Y \le 1.94)$를 찾아라.

d. (b)와 (c)의 답이 같은 이유는 무엇인가?

e. Y의 분포가 χ_1^2인 경우 $\Pr(Y \le 0.5)$를 찾아라. (힌트: χ_1^2 분포의 정의를 사용하라.)

2.12 다음 확률을 계산하라.

a. Y의 분포가 t_{12}인 경우 $\Pr(Y \le 1.36)$을 찾아라.

b. Y의 분포가 t_{30}인 경우 $\Pr(-1.70 \le Y \le 1.70)$을 찾아라.

c. Y의 분포가 $N(0, 1)$인 경우 $\Pr(-1.70 \le Y \le 1.70)$을 찾아라.

d. 정규분포와 t 분포의 임곗값이 언제 일치하는가?

e. Y의 분포가 $F_{4,11}$인 경우 $\Pr(Y > 3.36)$을 찾아라.

f. Y의 분포가 $F_{3,21}$인 경우 $\Pr(Y > 4.87)$을 찾아라.

2.13 X는 $\Pr(X = 1) = 0.90$인 베르누이 확률변수이다. Y의 분포는 $N(0, 4)$이고 W의 분포

는 $N(0, 16)$이다. X, Y, W는 독립이다. $S = XY + (1 - X)W$라 하자. (즉 $X = 1$일 때 $S = Y$, $X = 0$일 때 $S = W$)

a. $E(Y^2) = 4$이고 $E(W^2) = 16$임을 밝혀라.

b. $E(Y^3) = 0$이고 $E(W^3) = 0$임을 밝혀라. (힌트: 대칭 분포의 왜도는 얼마인가?)

c. $E(Y^4) = 3 \times 4^2$이고 $E(W^4) = 3 \times 16^2$임을 밝혀라. (힌트: 정규분포의 경우 첨도가 3이라는 사실을 이용하라.)

d. $E(S)$, $E(S^2)$, $E(S^3)$, $E(S^4)$을 구하라. (힌트: $X = 0$ 및 $X = 1$을 조건으로 하는 반복기대 법칙을 사용하라.)

e. S의 왜도와 첨도를 도출하라.

2.14 모집단에서 $\mu_Y = 50$이고 $\sigma_Y^2 = 21$이다. 중심극한정리를 사용해 다음 질문에 답하라.

a. 크기가 $n = 50$인 임의표본에서 $\Pr(\overline{Y} \leq 51)$을 찾아라.

b. 크기가 $n = 150$인 임의표본에서 $\Pr(\overline{Y} > 49)$를 찾아라.

c. 크기가 $n = 45$인 임의표본에서 $\Pr(50.5 \leq \overline{Y} \leq 51)$을 찾아라.

2.15 Y_i, $i = 1, 2, \ldots, n$이 각각 $N(20, 4)$의 분포를 갖는 i.i.d. 확률변수라고 가정하자.

a. (i) $n = 25$, (ii) $n = 100$, (iii) $n = 800$에 대해 $\Pr(19.6 \leq \overline{Y} \leq 20.4)$를 계산하라.

b. c가 양수라고 하자. n이 커질수록 $\Pr(20 - c \leq Y \leq 20 + c)$가 1에 가까워짐을 밝혀라.

c. b의 답을 이용해 Y가 20으로 확률 수렴한다고 주장하라.

2.16 Y의 분포는 $N(10, 100)$이며 $\Pr(Y \leq 5.8)$을 계산하려고 한다. 안타깝게도 이 책이 없어서 부록 표 1과 같은 정규분포표에 접근할 수가 없다. 다행히 컴퓨터와 $N(10, 100)$ 분포에서 i.i.d. 추출할 수 있는 컴퓨터 프로그램을 가지고 있다. 컴퓨터를 사용해 $\Pr(Y \leq 5.8)$에 대한 정확한 근사치를 계산하는 방법을 설명하라.

2.17 Y_i, $i = 1, \ldots, n$은 i.i.d.이며 각각은 $p = 0.6$인 베르누이 확률변수이다. $\overline{Y}$가 표본평균을 나타낸다고 하자.

a. 중심극한정리를 사용해 다음에 대한 근삿값을 계산하라.

i. $n = 50$일 때 $\Pr(\overline{Y} \geq 0.64)$.

ii. $n = 200$일 때 $\Pr(\overline{Y} \leq 0.56)$.

b. $\Pr(0.65 > Y > 0.55) = 0.95$가 되려면 n이 얼마나 커야 하는가? (중심극한정리를 사용해 대략적인 답을 계산하라.)

2.18 어느 해든 날씨로 인해 주택에 폭풍 피해가 발생할 수 있다. 해마다 피해는 무작위로 발생한다. Y는 특정 연도의 피해액(달러 가치)을 나타낸다. 95%의 확률로 $Y = 0$달러지만 5% 확률로 $Y = 30{,}000$달러이다.

a. 한 해에 발생하는 피해액의 평균과 표준편차는 얼마인가?

b. 주택이 충분히 흩어져 있어서 각 주택의 피해액을 독립적으로 분포한 확률변수로 볼 수 있다. 이때 120명의 집주인으로 구성된 '보험 풀(pool)'이 있다고 생각해보자. $\overline{Y}$는 이 120채의 주택이 1년 동안 입을 수 있는 평균 피해액을 나타낸다. (i) 평균 피해액 $\overline{Y}$의 기댓값은 얼마인가? (ii) $\overline{Y}$가 3,000달러를 초과할 확률은 얼마인가?

2.19 2개의 확률변수 X와 Y를 고려하자. Y가 k개의 값 $y_1, \ldots, y_k$를 취할 수 있고, X가 l개의 값 $x_1, \ldots, x_l$을 취할 수 있다고 가정하자.

a. $\Pr(Y = y_j) = \sum_{i=1}^{l} \Pr(Y = y_j | X = x_i) \Pr(X = x_i)$임을 밝혀라.
[힌트: $\Pr(Y = yj | X = x_i)$의 정의를 사용하라.]

b. a에 대한 답을 사용해 식 (2.19)를 확인하라.

c. X와 Y가 독립적이라고 가정하자. $\sigma_{XY} = 0$이고 $\text{corr}(X, Y) = 0$임 밝혀라.

2.20 3개의 확률변수인 X, Y, Z가 있다. Y가 k개의 값 $y_1, \ldots, y_k$를 취할 수 있다. X는 l개의 값 $x_1, \ldots, x_l$을 취할 수 있고, Z는 m개의 값 $z_1, \ldots, z_m$을 취할 수 있다. X, Y, Z의 결합확률 분포는 $\Pr(X = x, Y = y, Z = z)$이고, 주어진 X와 Z에 대해 Y의 조건부 확률 분포는 $\Pr(Y = y | X = x, Z = z) = \frac{\Pr(Y = y, X = x, Z = z)}{\Pr(X = x, Z = z)}$이다.

a. 결합확률 분포에서 $Y = y$인 주변확률을 계산하는 방법을 설명하라. [힌트: 이는 식 (2.16)의 일반화이다.]

b. $E(Y) = E[E(Y| X, Z)]$임을 밝혀라. [힌트 : 이것은 식 (2.19)와 (2.20)의 일반화이다.]

2.21 X는 적률 $E(X)$, $E(X^2)$, $E(X^3)$을 갖는 확률변수이다.

a. $E(X - \mu)^3 = E(X^3) - 3[E(X^2)][E(X)] + 2[E(X)]^3$을 밝혀라.

b. $E(X - \mu)^4 = E(X^4) - 4[E(X)][E(X^3)] + 6[E(X)]^2[E(X^2)] - 3[E(X)]^4$을 밝혀라.

2.22 간단하게 1달러를 투자할 돈이 있고, 그중 일부인 w는 주식 펀드에, 나머지 $1 - w$는 뮤추얼 펀드에 투자할 계획이라고 가정해보자. 주식 펀드에 투자한 1달러의 1년 후 수익률이 R_s이고 뮤추얼 펀드에 투자한 1달러의 1년 후 수익률이 R_b라고 하자. R_s는 평균 0.06, 표준편차 0.09의 확률변수이고, R_b는 평균 0.04, 표준편차 0.05의 확률변수이다. R_s와 R_b의 상관관계는 0.3이다. 자산 1달러의 일부인 w를 주식 펀드에, 나머지인 $1 - w$를 뮤추얼 펀드에 투자하면 투자 수익률은 $R = wR_s + (1 - w)R_b$이다.

a. $w = 0.2$라고 가정하자. R의 평균과 표준편차를 계산하라.

b. $w = 0.8$이라 가정하자. R의 평균과 표준편차를 계산하라.

c. R의 평균을 가능한 한 크게 만드는 w의 값은 무엇인가? 이때 R의 표준편차는 얼마인가?

d. (어려운 문제) R의 표준편차를 최소화하는 w의 값은 얼마인가? (그래프, 대수학 또는 미분적분학을 사용해 밝혀라.)

2.23 이 연습문제는 X가 주어질 때 Y의 조건부 평균이 X에 의존하지만 $\text{corr}(X, Y) = 0$인 한 쌍의 확률변수 X, Y의 예를 제공한다. X와 Z를 독립적으로 분포한 2개의 표준정규 확률변수라고 하고 $Y = X^2 + Z$라고 하자.

a. $E(Y | X) = X^2$임을 밝혀라.

b. $\mu_Y = 1$임을 밝혀라.

c. $E(XY) = 0$임을 밝혀라. (힌트: 표준정규 확률변수의 홀수번째 적률이 모두 0이라는 사실을 이용하라.)

d. $\text{cov}(X, Y) = 0$과 $\text{corr}(X, Y) = 0$임을 밝혀라.

2.24 Y_i, $i = 1, 2, \ldots, n$이 $N(0, \sigma^2)$의 분포를 갖는 i.i.d. 확률변수라고 가정하자.

a. $E(Y_i^2/\sigma^2) = 1$임을 밝혀라.

b. $W = (1/\sigma^2)\Sigma_{i=1}^{n} Y_i^2$가 χ_n^2 분포를 따르는 것을 밝혀라.

c. $E(W) = n$임을 밝혀라. [힌트: a에 대한 답을 이용하라.]

d. $V = Y_1 \Big/ \sqrt{\dfrac{\Sigma_{i=2}^{n} Y_i^2}{n-1}}$이 t_{n-1} 분포를 따르는 것을 밝혀라.

2.25 (합산 표기법 복습) $x_1, \ldots, x_n$은 일련의 수이며, $y_1, \ldots, y_n$은 다른 일련의 수이고, a, b, c는 상수이다. 다음을 밝혀라.

a. $\displaystyle\sum_{i=1}^{n} ax_i = a\sum_{i=1}^{n} x_i$

b. $\displaystyle\sum_{i=1}^{n} (x_i + y_i) = \sum_{i=1}^{n} x_i + \sum_{i=1}^{n} y_i$

c. $\displaystyle\sum_{i=1}^{n} a = n \times a$

d. $\displaystyle\sum_{i=1}^{n} (a + bx_i + cy_i)^2 = na^2 + b^2\sum_{i=1}^{n} x_i^2 + c^2\sum_{i=1}^{n} y_i^2 + 2ab\sum_{i=1}^{n} x_i + 2ac\sum_{i=1}^{n} y_i + 2bc\sum_{i=1}^{n} x_i y_i$

2.26 $Y_1, Y_2, \ldots, Y_n$이 모두 평균이 μ_Y이고 분산이 σ_Y^2인 확률변수이다. 그리고 동일한 상관관계 ρ를 갖고 있다. (따라서 Y_i와 Y_j 사이의 상관관계는 $i \neq j$인 모든 쌍 i와 j에 대해 ρ로 같다).

a. $i \neq j$에 대해 $\mathrm{cov}(Y_i, Y_j) = \rho\sigma_Y^2$임을 밝혀라.

b. $n = 2$인 경우 $E(\overline{Y}) = \mu_Y$이고 $\mathrm{var}(\overline{Y}) = \frac{1}{2}\sigma_Y^2 + \frac{1}{2}\rho\sigma_Y^2$임을 밝혀라.

c. $n \geq 2$인 경우 $E(\overline{Y}) = \mu_Y$이고 $\mathrm{var}(\overline{Y}) = \sigma_Y^2/n + [(n-1)/n]\,\rho\sigma_Y^2$임을 밝혀라.

d. n이 매우 크면 $\mathrm{var}(\overline{Y}) \simeq \rho\sigma_Y^2$임을 밝혀라.

2.27 다른 변수 X를 사용해 Y를 예측하는 문제, 즉 Y의 예측이 X의 어떤 함수, 이를테면 $g(X)$가 되는 문제를 생각하자. 예측의 품질은 모든 예측에 대한 평균제곱 예측 오차인 $E\{[Y - g(X)]^2\}$으로 측정된다고 가정하자. 이 연습문제는 가능한 모든 예측함수 g 중에서 조건부 기댓값 $E(Y|X)$에 의해 가장 좋은 예측이 이루어진다는 것을 미분적분학이 아닌 방법으로 증명한다.

a. $\hat{Y} = E(Y|X)$로 하고, $u = Y - \hat{Y}$은 예측 오차를 나타낸다. $E(u) = 0$임을 밝혀라. (힌트: 반복기대 법칙을 사용하라.)

b. $E(uX) = 0$임을 밝혀라.

c. $\widetilde{Y} = g(X)$는 X를 사용한 Y의 다른 예측을 나타내고 $v = Y - \widetilde{Y}$는 그 오차를 나타낸다. $E[(Y - \widetilde{Y})^2] > E[(Y - \hat{Y})^2]$임을 증명하라. [힌트: $h(X) = g(X) - E(Y|X)$로 해, $v = [Y - E(Y|X)] - h(X)$가 되도록 한다. 이후 $E(v^2)$을 도출하라.]

2.28 표 2.3의 파트 B에서 네트워크 연식 A에 대한 네트워크 장애 횟수 M의 조건부 분포를 참조하라. $\Pr(A = 0) = 0.5$라 하자. 예제의 문맥에서 보면 기말 보고서 중 절반은 자기 집 방에

서 작업한다.

a. 네트워크 장애가 세 번 발생할 확률 $\Pr(M = 3)$을 계산하라.

b. 베이즈 법칙을 사용해 $\Pr(A = 0 \mid M = 3)$을 계산하라.

c. 이제 보고서 작성 중 1/4은 자기 방에서 하고 이에 따라 $\Pr(A = 0) = 0.25$라 하자. 베이즈 법칙을 사용해 $\Pr(A = 0 \mid M = 3)$을 계산하라.

실증문제

E2.1 교재 웹사이트 **http://www.pearsonglobaleditions.com**에서는 2015년 고졸 이상의 학력을 가진 25~34세 정규직 노동자의 연령(*Age*)과 시간당 평균소득(*AHE*)의 결합분포가 포함된 스프레드시트 **Age_HourlyEarnings**를 찾을 수 있다. 이 결합분포를 사용해 다음 연습문제를 수행하라. (참고: 이 연습문제를 하기 위해서는 스프레드시트를 사용해 계산을 수행하고 차트를 구성할 수 있어야 한다.)

a. *Age*의 주변분포를 계산하라.

b. *Age*의 각 값에 대한 *AHE*의 평균을 계산하라. 즉 $E(AHE \mid Age = 25)$ 등을 계산하라.

c. *Age*의 각 값에 대한 *AHE*의 평균을 그려라. 시간당 평균소득과 연령이 관련이 있는가? 설명하라.

d. 반복기대 법칙을 사용해 *AHE*의 평균을 계산하라. 즉 $E(AHE)$를 계산하라.

e. *AHE*의 분산을 계산하라.

f. *AHE*와 *Age* 간의 공분산을 계산하라.

g. *AHE*와 *Age* 간의 상관관계를 계산하라.

h. f와 g의 답을 c에서 나온 그림과 관련지어 설명하라.

부록 2.1 핵심 개념 2.3의 결과 도출

이 부록은 핵심 개념 2.3의 식을 도출한다.

식 (2.32)는 기대의 정의로부터 나온다.

분산의 정의를 사용해 식 (2.33)을 도출한다. $\text{var}(a + bY) = E\{[a + bY - E(a + bY)]^2\} = E\{[b(Y - \mu_Y)]^2\} = b^2E[(Y - \mu_Y)^2] = b^2\sigma_Y^2$.

분산의 정의를 사용해 다음과 같이 식 (2.34)를 도출한다.

$$\begin{aligned}
\text{var}(aX + bY) &= E\{[(aX + bY) - (a\mu_X + b\mu_Y)]^2\} \\
&= E\{[a(X - \mu_X) + b(Y - \mu_Y)]^2\} \\
&= E[a^2(X - \mu_X)^2] + 2E[ab(X - \mu_X)(Y - \mu_Y)] \\
&\quad + E[b^2(Y - \mu_Y)^2] \\
&= a^2\text{var}(X) + 2ab\,\text{cov}(X, Y) + b^2\,\text{var}(Y) \\
&= a^2\sigma_X^2 + 2ab\sigma_{XY} + b^2\sigma_Y^2 \qquad (2.50)
\end{aligned}$$

여기서 두 번째 등식은 항끼리 모은 결과이고, 세 번째 등식은 2차 방정식을 전개한 결과이며, 네 번째 등식은 분산과 공분산의 정의를 따른 것이다.

$E(Y-\mu_Y)=0$이기 때문에 다음과 같이 식 (2.35)를 도출할 수 있다.

$$E(Y^2)=E\{[(Y-\mu_Y)+\mu_Y]^2\}=E[(Y-\mu_Y)^2]+2\mu_Y E(Y-\mu_Y)+\mu_Y^2=\sigma_Y^2+\mu_Y^2$$

공분산의 정의를 사용해 다음과 같이 식 (2.36)을 도출할 수 있다.

$$\begin{aligned}\mathrm{cov}(a+bX+cV,\ Y) &= E\{[a+bX+cV-E(a+bX+cV)][Y-\mu_Y]\}\\ &= E\{[b(X-\mu_X)+c(V-\mu_V)][Y-\mu_Y]\}\\ &= E\{[b(X-\mu_X)][Y-\mu_Y]\}+E\{[c(V-\mu_V)][Y-\mu_Y]\}\\ &= b\sigma_{XY}+c\sigma_{VY} \qquad (2.51)\end{aligned}$$

이것이 바로 식 (2.36)이다.

다음과 같이 식 (2.37)을 도출한다.

$$\begin{aligned}E(XY) &= E\{[(X-\mu_X)+\mu_X][(Y-\mu_Y)+\mu_Y]\}\\ &= E[(X-\mu_X)(Y-\mu_Y)]+\mu_X E(Y-\mu_Y)+\mu_Y E(X-\mu_X)+\mu_X\mu_Y\\ &= \sigma_{XY}+\mu_X\mu_Y\end{aligned}$$

이제 식 (2.38)의 상관관계 부등식 $|\mathrm{corr}(X,\ Y)|\le 1$을 증명한다. 식 (2.34)에서 $a=-\sigma_{XY}/\sigma_X^2$ 및 $b=1$이라고 가정하면 다음과 같다.

$$\begin{aligned}\mathrm{var}(aX+Y) &= a^2\sigma_X^2+\sigma_Y^2+2a\sigma_{XY}\\ &= (-\sigma_{XY}/\sigma_X^2)^2\sigma_X^2+\sigma_Y^2+2(-\sigma_{XY}/\sigma_X^2)\sigma_{XY}\\ &= \sigma_Y^2-\sigma_{XY}^2/\sigma_X^2 \qquad (2.52)\end{aligned}$$

$\mathrm{var}(aX+Y)$는 분산이므로 음수가 될 수 없다. 따라서 식 (2.52)의 마지막 행에서 $\sigma_Y^2-\sigma_{XY}^2/\sigma_X^2\ge 0$이어야 한다. 이 부등식을 재배열하면 다음과 같은 결과가 나온다.

$$\sigma_{XY}^2\le\sigma_X^2\sigma_Y^2 \text{ (공분산 부등식)} \qquad (2.53)$$

식 (2.53)의 공분산 부등식은 $\sigma_{XY}^2/(\sigma_X^2\sigma_Y^2)\le 1$, 즉 $|\sigma_{XY}/(\sigma_X\sigma_Y)|\le 1$이다. (상관관계의 정의를 사용하면) 바로 상관관계 부등식이 증명된다: $|\mathrm{corr}(X,\ Y)|\le 1$.

부록 2.2 최소 평균제곱오차 예측변수로서 조건부 평균

일반적인 수준에서 통계적 예측 문제는 '확률변수 X의 정보를 어떻게 가장 잘 사용해 다른 확률변수 Y의 값을 예측하는가'이다.

이 문제에 대답하려면 먼저 하나의 예측이 다른 예측보다 낫다는 것이 무엇을 의미하는지 수학적으로 정확하게 정의해야 한다. 그렇게 하는 일반적인 방법은 예측 오차(prediction error)를 만드는 비용을 고려하는 것이다. 예측손실(prediction loss)이라고 하는 이 비용은 예측 오차의 크기에 따라 달라진다. 예를 들어 당신의 업무가 생산 책임자가 생산 일정을 세울 수 있도록 판매를 예측하는 것이라면, 약간의 오차가 고객에게 불편을 주거나 생산과정을 방해할 가능성은 없다. 그러나 당신의 예측이 많이 동떨어져서 생산량이 너무 적게 설정되면 회사는 주문한 제품을 받기까지 오랜 시간을 기다려야 하는 고객을 잃을 수 있다. 반대로 생산량이 너무 많으면 회사는 비용이 상당히 드는 초과 재고를 떠안는다. 두 경우 모두 큰 예측 오차가 작은 예측 오차보다 불균형적으로 더 큰 비용을 초래할 수 있음을 보여준다.

이 논리를 정확하게 만드는 한 가지 방법은 예측 오차의 비용이 해당 오차의 제곱에 따라 달라지도록 하는 것이다. 오차가 2배 크면 비용도 4배 더 커진다. 구체적으로, 확률변수 X가 주어졌을 때 Y에 대한 예측을 $g(X)$라고 가정하자. 예측 오차는 $Y - g(X)$이고 예측과 관련된 제곱손실은 다음과 같다.

$$Loss = E\{[Y - g(X)]^2\} \tag{2.54}$$

이제 우리는 가능한 모든 함수 $g(X)$ 중에서 식 (2.54)의 손실이 $g(X) = E(Y|X)$에 의해 최소화된다는 것을 보여줄 것이다. 이산확률변수를 적용해 보여주지만 이는 연속확률변수로 확장된다. 여기서 증명은 미분적분학을 사용한다. 연습문제 2.27은 미분적분학을 이용하지 않고 이 결과를 증명하는 것이다.

먼저 간단한 문제 하나를 생각하자. $E[(Y - m)^2]$를 최소화하는 m을 찾는 문제이다. 기대의 정의에 의해 $E[(Y - m)^2] = \sum_{i=1}^{k}(Y_i - m)^2 p_i$이다. $E[(Y - m)^2$을 최소화하는 값 m을 찾으려면 m에 대해 $\sum_{i=1}^{k}(Y_i - m)^2 p_i$를 미분하고 이를 0으로 만든다.

$$\begin{aligned}\frac{d}{dm}\sum_{i=1}^{k}(Y_i - m)^2 p_i &= -2\sum_{i=1}^{k}(Y_i - m)p_i = -2\left(\sum_{i=1}^{k}Y_i p_i - m\sum_{i=1}^{k}p_i\right) \\ &= -2\left(\sum_{i=1}^{k}Y_i p_i - m\right) = 0\end{aligned} \tag{2.55}$$

여기서 세 번째 등호는 확률의 합이 1이라는 사실을 이용했다. 식 (2.55)의 마지막 등식에서 제곱오차 예측손실은 $m = \sum_{i=1}^{k}Y_i p_i = E(Y)$로 할 때, 즉 m을 Y의 평균과 동일하게 설정할 때 최소화된다.

식 (2.54)에서 손실을 최소화하는 예측변수 $g(X)$를 찾기 위해 반복기대 법칙에 의거해 손실을 다음과 같이 쓴다. $Loss = E\{[Y - g(X)]^2\} = E(E\{[Y - g(X)]^2 | X\})$. 따라서 x의 각 값에 대해 함수 $g(X)$가 $E\{[Y - \text{g}(X)]^2 | X = x\}$를 최소화하면, 이는 식 (2.54)의 손실을 최소화한다. 그러나 고정된 값 $X = x$의 경우 $g(X) = g(x)$는 고정된 숫자이므로 이 문제는 방금 앞 문단에서 푼 문제와 동일하다. $X = x$가 주어지면 $g(x)$를 Y의 평균으로 선택해 손실을 최소화한다. 이는 모든 x값에 적용된다. 따라서 식 (2.54)의 제곱오차 손실은 $g(X) = E(Y|X)$로 선택해 최소화된다.

CHAPTER

3 통계학 복습

통계학은 데이터를 사용해 우리 주변의 세상 이치를 연구하는 학문이다. 통계 도구라는 것은 우리가 관심을 가지고 있는 모집단의 일부분인 분포에 대한 특징을 파악할 수 있도록 하는 것이다. 예를 들면 통계 도구는 다음과 같은 질문에 답을 할 수 있을 것이다. 최근 졸업생들의 월급 분포 평균은 얼마인가? 평균 월급에 남녀 차이가 존재하는가? 만약 그렇다면 이는 얼마인가?

위와 같은 질문은 전체 근로자의 월급 분포와 관련이 있을 것이다. 이러한 질문들에 답을 하는 방법 중 하나는 전체 근로자에게 설문조사를 실시해, 각 근로자의 월급을 측정하고 이를 토대로 전체 근로자의 월급 분포를 알아내는 것이다. 그러나 이와 같은 설문조사는 너무 광대해 비용이 매우 많이 들게 될 것이다. 광범위한 설문조사는 센서스(census)라는 이름으로 정기적으로 실시되고는 있다. 예를 들어 인도, 미국, 영국과 같은 나라에서는 10년마다 한 번씩 실시된다. 이와 같이 긴 주기로 실시되는 이유는 센서스는 설문지를 작성하고 설문조사를 수행하고 이를 다시 정리하고 분석하는 데 상당한 노력이 들기 때문이다. 센서스는 기원전 4000년경 바빌로니아에서도 기록의 흔적이 발견된 정도로 오랜 역사가 있다. 역사학자들에 따르면 센서스의 역사는 고대 로마시대까지 거슬러 올라가는데, 로마 정부는 인구수를 정확히 세기 위해 매해 로마인들을 고향으로 돌려보내기도 했다.[1] 영국과 웨일스의 일부 지방에서 정복자 윌리엄이 시행한 토지대장(Domesday Book)은 상당히 주목할 만한 센서스 중 하나이다. 현재의 영국 센서스는 1801년부터 그 형태를 갖추어 가기 시작했는데, 이는 경제학자 토머스 맬서스(1798)가 정확한 인구 규모를 인지해야 한다고 의회에 권고한 직후이다. 시간이 지날수록 센서스는 단순히 인구수를 측정하는 것을 넘어 2011년 영국에서는 4억 8,200만 파운드의 비용이 들 정도로 어마어마한 설문조사로 발전했다. 인도에는 기원전 300년경 센서스 항목의 기록이 남아있으며, 현재와 같은 형태의 센서스는 1872년에 처음으로 수행되었고, 1881년 이후부터는 매해 10년마다 진행되고 있다. 영국의 2011년 센서스와 비교하자면, 인도의 가장 최근 센서스 역시 2011년 수행되었는데 그 비용이 220억 루피(약 3억 2,000만 달러)에 달한다. (역주: 우리나라의 경우는 대면 방식의 인구주택총조사라는 이름으로 매 0, 5로 끝나는 해에 실시하고 있으며, 행정자료를 바탕으로 하는 인구주택총조사는 매해 실시하고 있다. 가장 최근에 실시한 2020년 조사는 949억 원의 비용이 소요된 것으로 나타났다.) 이와 같은 엄청난 노력에도 불구하고 모집단의 일부분은 설문조사에서 누락되기도 한다. 그렇기에 색다르고 실질적인 방법이 필요하다.

---

1 출처: 영국 국가통계청(Office of National Statistics), https://www.ons.gov.uk, 2018년 8월 23일 접속 기준

통계학에서 가장 중요한 점은 모집단에서 무작위의 표본을 추출해 이를 통해 모집단의 분포를 연구한다는 것이다. 즉 미국 인구 전체를 조사하지 않고 모집단에서 단순 무작위 추출법을 통해 선택된 1,000명 정도만을 추려서 조사한다는 것이다. 통계적 방법론을 이용하면 이와 같은 표본을 통해 전체 모집단에 대한 잠정적인 결론, 즉 통계적인 추론을 이끌어낼 수 있다.

계량경제학에서 주로 쓰이는 통계적 방법으로는 추정(estimation), 가설검정(hypothesis testing), 신뢰구간(confidence interval)이 있다. 추정이란 알려진 바가 없는 모집단 분포의 특성을 나타내는 숫자를 '가장 잘 추측하려는' 계산과정을 포함하는 것이다. 예를 들면 평균을 계산하는 것이 이에 포함된다. 가설검정은 모집단에 대한 특정한 가설을 세우는 것을 포함해 표본으로부터 얻은 정보를 바탕으로 이 가설이 옳은지를 판단하는 것을 말한다. 신뢰구간은 데이터로부터 알려진 바가 없는 모집단에 대해 의미있는 구간을 추정하는 것을 의미한다. 3.1~3.3절에서는 알려진 바가 없는 모집단의 평균에 대한 통계적 추론을 하는 것을 바탕으로 추정, 가설검정, 신뢰구간에 대해 복습할 것이다.

경제학에서 가장 관심있어 하는 질문은 2개 이상의 변수에 대한 관계나 다른 모집단에 대한 비교에 관한 것이다. 예를 들면 최근 대학 졸업생들의 남녀 임금 차이가 존재하는지에 관한 물음 같은 것이다. 3.4절에서는 3.1~3.3절에서 학습한 단수 모집단의 평균에 대한 통계적 추론방법을 복수의 모집단 평균으로 확장할 것이다. 3.5절에서는 2개의 다른 모집단 평균을 비교하는 방법들이 실험적인 상황에서 어떻게 인과관계를 갖는지 추정하는 방법을 논의한다. 3.2~3.5절까지는 표본크기가 충분히 클 때 가설검정을 하거나 신뢰구간을 구축하는 데 있어 정규분포를 가정할 것이다. 특별한 상황에서는 가설검정이나 신뢰구간이 정규분포 대신에 스튜던트 t 분포에 기반하기도 한다. 이와 같은 특별한 상황은 3.6절에서 논의할 것이며, 3.7절에서 표본 상관과 산포도(scatterplot)를 논의하며 이 장을 마무리할 것이다.

3.1 모평균 추정

모집단의 평균값 Y(즉 μ_Y)를 알고 싶다고 하자. 예를 들면 최근 졸업한 여자 대학생의 임금 평균 같은 것이다. 이 평균을 얻는 가장 자연스러운 방법은 n개의 독립적이고 동일한 분포(independently and identically distributed, i.i.d.)를 따르는 관측값 $Y_1, \ldots, Y_n$의 표본으로부터 얻은 표본평균 $\overline{Y}$를 구하는 것이다[$Y_1, \ldots, Y_n$은 단순 임의추출에서 선택된 경우에만 독립적이고 동일한 분포(i.i.d.)를 따른다고 했음을 상기하자]. 이 절에서는 μ_Y의 추정과 μ_Y의 추정치로서 $\overline{Y}$의 속성을 논의할 것이다.

추정량과 그 속성

추정량 표본평균 $\overline{Y}$는 μ_Y를 추정하는 가장 자연스러운 방법이지만, 유일한 방법인 것은 아니다. 예를 들어 μ_Y를 추정하는 다른 방법으로는 간단히 첫 번째 관측값인 Y_1을 이용할 수도 있다. 핵심 개념 3.1에 정의된 용어에 따르면, $\overline{Y}$와 Y_1은 모두 μ_Y를 추정하기 위해 고안된 함수인 것이다. 반복적으로 추출된 표본에서 나온 $\overline{Y}$와 Y_1은 모두 다른 값을 가지게 될 것이다. (즉 표본마다 다른 추정치를 가지게 된다는 것이다.) 이와 같이 추정량 $\overline{Y}$와 Y_1은 모두 다른

핵심 개념 3.1

추정량과 추정치

추정량(estimator)은 모집단으로부터 임의로 추출된 표본 데이터의 함수이다. **추정치**(estimate)는 특정한 표본으로부터 실제 계산된 추정량의 수치이다. 추정량은 표본을 선택할 때의 임의성 때문에 확률변수지만, 추정치는 임의가 아닌 숫자인 것이다.

표본 분포를 가지게 된다. 사실 μ_Y의 추정치는 무수히 많을 수 있으며, $\overline{Y}$와 Y_1은 이 중 그저 두 가지 예에 불과하다.

그렇다면 무수히 많은 추정량 가운데 어떤 추정량이 다른 추정량보다 '나은' 것이라고 할 수 있을까? 추정량은 확률변수이기 때문에 이 질문은 다음과 같이 보다 정확하게 표현할 수 있다: 추정량의 표본 분포가 가져야 할 특성은 무엇인가? 일반적으로 평균의 관점에서 보자면 미지의 실제값에 최대한 가까운 추정량이 선호될 것이다. 다른 말로 하면 미지의 값에 최대한 가깝게 중심이 형성되는 표본 분포가 선호된다는 것이다. 이 말은 추정량은 다음과 같이 불편성(unbiasedness), 일치성(consistency), 효율성(efficiency)의 세 가지 추정치로서 바람직한 특성들을 가지게 되어야 한다는 것을 의미한다.

불편성 반복적으로 여러 번 추출된 표본으로부터 추정량을 얻었다고 하자. 평균적으로 당신은 아마도 옳은 답을 얻었다고 생각하는 것이 합리적일 것이다. 바람직한 추정량의 특성은 이 표본 분포의 평균이 μ_Y와 동일하다는 것일 것이다. 그렇다면, 추정량은 불편의(unbiased)하다고 한다.

이 개념을 수학적으로 나타내보자. $\hat{\mu}_Y$를 $\overline{Y}$나 Y_1처럼 μ_Y의 어떤 추정량이라고 하자. [여기서 탈자 기호(^)는 이 책에서 추정량을 나타내는 것으로 쓰일 것이다. 즉 $\hat{\mu}_Y$는 μ_Y의 추정량이다.] $E(\hat{\mu}_Y) = \mu_Y$라면 추정량 $\hat{\mu}_Y$는 불편의한다고 하고 그렇지 않다면 $\hat{\mu}_Y$는 편의가 있다고 한다. 여기서 $E(\hat{\mu}_Y)$는 $\hat{\mu}_Y$의 표본 분포 평균을 의미한다.

일치성 추정량 μ_Y가 가져야 할 또 다른 바람직한 특성은 표본크기가 충분히 크다면 표본 추출에서 오는 임의성으로부터 발생하는 μ_Y값의 불확실성이 매우 작아야 한다는 것이다. 조금 더 정확하게 말하면, $\hat{\mu}_Y$의 바람직한 특성은 실제값인 μ_Y가 있을 수 있는 작은 구간에 추정량이 들어가야 할 확률이 표본크기가 클수록 1에 접근해야 한다는 것이다. 이것이 바로 μ_Y에 대해서 $\hat{\mu}_Y$가 일치한다고 하는 것이다(핵심 개념 2.6).

분산과 효율성 두 개의 추정량 후보군 $\widetilde{\mu}_Y$와 $\hat{\mu}_Y$가 있다고 하자. 두 추정량 모두 불편추정량이다. 이 둘 중에 어떤 추정량을 선택해야 할까? 한 가지 방법은 좁은 표본 분포를 가지고 있는 추정량을 선택하는 것이다. 이 방법은 $\widetilde{\mu}_Y$와 $\hat{\mu}_Y$ 둘 중에서 더 작은 분산을 가지고 있는 추정량을 택하는 것과 같다. $\hat{\mu}_Y$가 $\widetilde{\mu}_Y$보다 작은 분산을 가지고 있다면, $\hat{\mu}_Y$가 $\widetilde{\mu}_Y$보다 더 효율적이라고 한다. 여기서 '효율적'이라는 것은 $\hat{\mu}_Y$가 $\widetilde{\mu}_Y$보다 작은 분산을 가지고 있다는 것을 의미한다. 이는 $\hat{\mu}_Y$가 $\widetilde{\mu}_Y$보다 정보를 보다 효율적으로 사용하고 있다는 의미이기도 하다.

핵심 개념 3.2

편의, 일치성, 효율성

$\hat{\mu}_Y$를 μ_Y의 추정량이라고 하면

- $\hat{\mu}_Y$의 편의는 $E(\hat{\mu}_Y) - \mu_Y$이다.
- $\hat{\mu}_Y$가 μ_Y의 불편 추정량이면, $E(\hat{\mu}_Y) = \mu_Y$이다.
- $\hat{\mu}_Y$가 μ_Y의 일치 추정량이면, $\hat{\mu}_Y \xrightarrow{p} \mu_Y$이다.
- $\tilde{\mu}_Y$를 μ_Y의 또 다른 추정량이라고 하고, $\tilde{\mu}_Y$와 $\hat{\mu}_Y$ 모두 불편의하다고 하자. $\text{var}(\hat{\mu}_Y) < \text{var}(\tilde{\mu}_Y)$이면 $\hat{\mu}_Y$가 $\tilde{\mu}_Y$보다 효율적이라고 한다.

편의(bias), **일치성**(consistency), **효율성**(efficiency)에 관한 정의는 핵심 개념 3.2에 정리했다.

$\overline{Y}$의 특성

편의, 일치성, 효율성의 관점에서 판단했을 때, $\overline{Y}$는 어떻게 μ_Y의 추정량으로 사용될 수 있는가?

편의 및 일치성 $\overline{Y}$의 표본 분포는 이미 2.5절과 2.6절에 잘 설명되었다. 2.5절에 따르면 $E(\overline{Y}) = \mu_Y$, 즉 $\overline{Y}$가 μ_Y의 불편추정량이다. 이와 같이 대수의 법칙(핵심 개념 2.6)은 $\overline{Y} \xrightarrow{p} \mu_Y$를 의미하므로 $\overline{Y}$는 일치성을 가진다.

효율성 $\overline{Y}$가 어떻게 효율적이라고 할 수 있을까? 효율성은 다른 추정량과의 비교로부터 정의되기 때문에 $\overline{Y}$와 비교할 수 있는 추정량을 특정화하는 것이 필요하다.

먼저 $\overline{Y}$를 Y_1과 비교하는 것부터 시작해보자. $Y_1, \ldots, Y_n$은 i.i.d.이기 때문에 Y_1 표본 분포의 평균 $E(Y_1) = \mu_Y$이다. 즉 Y_1은 μ_Y의 불편추정량이다. Y_1의 분산 $\text{var}(Y_1) = \sigma_Y^2$이다. 2.5절에 따라 $\overline{Y}$의 분산은 σ_Y^2/n이다. 이와 같이 $n \geq 2$인 경우 $\overline{Y}$의 분산은 Y_1의 분산보다 작게 된다. 즉 $\overline{Y}$는 Y_1보다 효율적인 추정량이다. 다시 말하면 효율성의 관점에서 Y_1보다는 $\overline{Y}$를 사용해야 한다. 추정량 Y_1은 정말 깜짝 놀랄 만큼 좋지 않은 추정량이다. 굳이 첫 번째 관측값을 뽑을 거면 n개의 관측값을 갖는 표본을 추출하는 수고를 왜 했겠는가? 효율성의 개념은 Y_1보다 $\overline{Y}$가 더 바람직한 추정량이라는 것을 보여줄 공식적이 방법이 있다.

명백하게 좋지 않은 추정량을 한번 생각해보자. 다음과 같이 1/2이나 3/2의 가중치를 갖는 가중평균을 고려해보자.

$$\tilde{Y} = \frac{1}{n}\left(\frac{1}{2}Y_1 + \frac{3}{2}Y_2 + \frac{1}{2}Y_3 + \frac{3}{2}Y_4 + \cdots + \frac{1}{2}Y_{n-1} + \frac{3}{2}Y_n\right) \tag{3.1}$$

여기서 n개의 관측값은 편의에 의해 설정되었다. $\tilde{Y}$의 평균은 μ_Y이고, 그 분산 $\text{var}(\tilde{Y}) = 1.25\sigma_Y^2/n$(연습문제 3.11)이다. 이와 같이 $\tilde{Y}$는 불편의하고, $n \to \infty$에 따라 $\text{var}(\tilde{Y}) \to 0$이 되어, $\tilde{Y}$는 일치추정량이 된다. 그러나 $\tilde{Y}$는 $\overline{Y}$보다는 큰 분산을 가지고 있으므로 $\overline{Y}$가 $\tilde{Y}$보다 효율적인 추정량이다.

핵심 개념
3.3

$\overline{Y}$의 효율성: $\overline{Y}$는 최소분산선형불편추정량(일명 BLUE)이다

$\hat{\mu}_Y$를 $Y_1, \ldots, Y_n$의 가중평균으로 이루어진 μ_Y의 추정량이라고 하자. 즉 $\hat{\mu}_Y = (1/n)\sum_{i=1}^{n} a_i Y_i$이고, 여기서 $a_1, \ldots, a_n$은 임의가 아닌 상수이다. 만약 $\hat{\mu}_Y$가 불편의하면, $\hat{\mu}_Y = \overline{Y}$가 아닌 한, $\text{var}(\overline{Y}) < \text{var}(\hat{\mu}_Y)$이다. 이와 같이 $\overline{Y}$는 최소분산선형불편추정량(Best Linear Unbiased Estimator)이다. 즉 $\overline{Y}$는 $Y_1, \ldots, Y_n$의 가중평균인 모든 불편추정량 가운데 μ_Y의 가장 효율적인 추정량이다.

추정량 $\overline{Y}$, Y_1, $\widetilde{Y}$는 동일한 수학적 구조를 가지고 있다. 이들은 모두 $Y_1, \ldots, Y_n$의 가중평균이다. 앞선 두 문단에서의 비교는 Y_1, $\widetilde{Y}$의 가중평균이 $\overline{Y}$보다 큰 분산을 가지고 있음을 보여주었다. 사실 이와 같은 결론은 조금 더 일반적인 결과를 도출할 수 있다: $\overline{Y}$는 불편의한 $Y_1, \ldots, Y_n$의 가중평균 추정량 중에서도 가장 효율적이다. 달리 말하면 $\overline{Y}$는 최소분산선형불편추정량(Best Linear Unbiased Estimator, BLUE)이라는 것인데, 이는 $Y_1, \ldots, Y_n$의 선형 함수이고 불편의한 추정량 중에서 가장 효율적이라는 것을 의미한다. 이 결과는 핵심 개념 3.3에 정리했고, 그 증명은 5장에 있다.

μ_Y의 최소제곱추정량으로서 $\overline{Y}$ 표본평균 $\overline{Y}$는 어떠한 추정량과 비교해도 관측값과 그 추정량과의 평균의 제곱이 가장 작게 나타난다는 점에서 데이터를 표현하는 데 가장 적합하다. 다음 식을 최소화하는 추정량 m을 찾아내는 문제가 있다고 해보자.

$$\sum_{i=1}^{n}(Y_i - m)^2 \tag{3.2}$$

이 식은 추정량과 표본값과의 차이의 제곱값을 모두 합한 것을 나타낸다. m은 $E(Y)$의 추정량이기 때문에 Y_i값을 예측하는 데 사용할 수도 있다. 그렇게 되면 $Y_i - m$은 예측 오차라고

예상 못한 결과

인도의 전국 선거라고도 하는 2009년 총선은 2014년 4월 7일 열렸던 2014년 총선 이전까지 세계에서 가장 큰 규모의 민주적 선거였다. 이 일반 선거 바로 전에 여론조사업체에서는 연립정부를 구성하는 당들 — 국민민주연합(United Progressive Alliance, UPA)과 통합진보동맹(National Democratic Alliance, NDA) — 끼리 치열한 승부를 예상했다. 선거학자들은 UPA가 우위에 있지만 NDA 역시 무시할 수 없을 것으로 예상했다. 그들은 UPA가 14대 록사바(Lok Sabha, 인도 양원제 의회의 하원)에서 201~235석 사이의 의석을 차지하고, NDA는 165~186석 사이의 의석을 차지할 것이라고 예측했다. 실제 결과는 놀라웠는데, UPA는 262석을 얻은 반면, NDA는 157석밖에 얻지 못했다.

여론조사가 크게 빗나간 이유는 무엇일까? 인도와 같이 인구적인 동질성이 없는 나라에서는 카스트, 종교, 지리가 선거 결과에 큰 영향을 미친다. 취약한 지역의 인구는 그들의 선호도를 공개하는 것을 두려워할 수도 있다. 정치 여론조사는 그 이후로 훨씬 더 정교해지고 표본 편향을 조정했지만, 여전히 실수 가능성이 있다. 여론조사가 다양한 장소와 사람들에서 무작위로 표본을 선택하지 않는다면 그 결과는 여전히 정확하지 않을 수 있다.

출처: Atul Thakur, "Why Opinion Polls Are Often Wide off the Mark," *The Times of India*, April 13, 2014.

할 수 있다. 식 (3.2) 제곱항의 합은 예측 오차 제곱항의 합이 된다.

추정량 m은 $Y_i - m$의 제곱의 합을 최소화하는 추정량이 되고, 식 (3.2)에서 m은 **최소제곱추정량**(least square estimator)이라고 한다. 당신은 최소제곱문제를 시행착오를 통해 풀이한다고 상상해볼 수 있다. 즉 식 (3.2)의 값을 최소화할 수 있는 여러 가지 추정량 m을 시도해보는 것이다. 대신에, 부록 3.2에 나와 있듯이, 대수학과 미적분학을 사용해 $m = \overline{Y}$가 식 (3.2)의 최소제곱항의 합을 최소화한다는 것을 보여줄 수도 있다. 그렇게 되면 $\overline{Y}$는 μ_Y의 최소제곱추정량이 된다.

임의추출의 중요성

$Y_1, \ldots, Y_n$이 i.i.d.를 따른다고 가정하면, 표본이 단순 무작위 추출로부터 나왔다는 말이 된다. 이와 같은 가정은 비임의추출의 경우 $\overline{Y}$가 편의를 가질 수 있기 때문에 중요하다. 통계청이 월별 실업률을 조사한다고 할 때 매달 두 번째 수요일 10시 시내 공원에 앉아 있는 경제 활동이 가능한 성인에게 인터뷰를 하는 식으로 무작위 추출방법을 설계했다고 하자. 대부분의 일하는 사람들은 그 시간에 직장에 있지 공원에 앉아 있지 않는다. 그렇기 때문에 실업자 수가 표본 내에서 과대 추정될 수 있다. 그리고 이와 같은 방법으로 계산한 실업률 추정치는 편의를 가질 가능성 역시 높다. 위와 같은 방법에서 전체 인구에서의 실업인구를 과대추측하거나, 해당 표본만을 너무 많이 수집해 발생하는 현상이다. 이는 소설 같은 경우지만, 글상자 '예상 못한 결과'는 표본추출이 임의적으로 이루어지지 않을 경우 실제 상황에서도 편의가 발생할 수 있다는 것을 보여주는 예다.

어떤 표본을 선택하고 설계해 편의를 줄이는 것은 매우 중요하다. 부록 3.1은 미국 노동통계청(Bureau of Labor Statistics)이 미국 인구통계조사(U.S. Current Population Survey, CPS)를 실시할 때 표본을 추출하는 방법을 보여준다. 한편 이 통계조사는 월별 미국의 실업률을 추정하는 데 사용된다.

3.2 모평균에 대한 가설검정

우리 주변의 많은 가설은 보통 예/아니요 형태의 질문이 주를 이룬다. 최근 미국 대학 졸업생의 시간당 평균 임금은 20달러가 되는가? 해당 졸업생들의 남자와 여자 사이에 임금 차이가 존재하는가? 이와 같은 질문들은 모집단의 임금 분포에 대한 명확한 가정을 기반으로 한다. 통계적 과제는 표본으로부터 얻은 증거를 바탕으로 이에 대한 질문에 답을 해야 한다는 것이다. 이 절에서는 모평균에 대한 **가설검정**(hypothesis test)(시간당 평균 임금은 20달러인가?)에 대해 설명한다. 두 모집단에 관한 가설검정(남녀 졸업생의 시간당 평균 임금은 동일한가?)은 3.4절에서 설명할 것이다.

귀무가설과 대립가설

통계적 가설검정은 먼저 검정할 가설, 즉 **귀무가설**(null hypothesis)을 특정화하는 것으로 시작한다. 가설검정은 데이터를 사용해 귀무가설을 두 번째 가설, 즉 **대립가설**(alternative hypothesis)과 비교하는 것으로 귀무가설이 검정에서 받아들여지지 않을 때 대립가설을 받아들인다.

귀무가설은 모평균 $E(Y)$가 어떤 특정한 값 $\mu_{Y,0}$을 가진다고 한다. 귀무가설을 H_0이라고 하면 다음과 같이 표현할 수 있다.

$$H_0: E(Y) = \mu_{Y,0} \tag{3.3}$$

예를 들면 모집단에서 평균적으로 대학 졸업생들이 시간당 20달러를 받는다고 하는 추측이 모집단의 시간당 임금 분포에 대한 귀무가설을 구성하게 된다. 수학적으로 보자면, Y가 임의로 선택된 최근 대학 졸업생의 시간당 임금이라고 하면, 귀무가설은 $E(Y) = 20$이라고 한다. 즉 식 (3.3)에서 $\mu_{Y,0} = 20$이라는 것이다.

대립가설은 만약 귀무가설이 참이 아닐 때 어떤 가설이 참일지를 특정화하는 것이다. 일반적으로 대립가설은 $E(Y) \neq \mu_{Y,0}$으로 표현되는데, $E(Y)$가 $\mu_{Y,0}$보다 클 수도 있고 작을 수도 있기 때문에 이를 **양측 대립가설**(two-sided alternative hypothesis)이라고 한다. 양측 대립가설은 다음과 같이 표현한다.

$$H_1: E(Y) \neq \mu_{Y,0} \text{ (양측 대립)} \tag{3.4}$$

단측(one-sided) 대립가설 역시 가능하며, 이는 이 절의 후반부에 다시 논의하기로 한다.

통계학자가 직면하는 문제는 임의로 선택된 데이터로부터 얻은 증거를 바탕으로 귀무가설 H_0을 받아들일지 혹은 대립가설 H_1이 선호되어 귀무가설을 기각할지를 선택해야 하는 것이다. 만약 귀무가설이 '받아들여진다' 해도 이는 통계학자가 귀무가설이 참이라고 선언하는 것은 아니다. 이보다는 추가적인 증거를 통해 기각할 수도 있다는 점을 감안한 채 임시적으로 받아들인다고 보는 것이다. 이 때문에 통계적인 가설검정이란 귀무가설을 기각하거나 기각할 수 없다는 것으로 나타낼 수 있다.

*p*값

주어진 표본에서, 표본평균 $\overline{Y}$가 가설값(hypothesized value) $\mu_{Y,0}$과 완전히 동일한 것은 매우 드문 일일 것이다. $\overline{Y}$와 $\mu_{Y,0}$의 차이는 사실 실제 평균값이 가설값 $\mu_{Y,0}$과 일치하지 않거나 실제 평균이 $\mu_{Y,0}$과 일치하더라도 $\overline{Y}$가 $\mu_{Y,0}$이 임의추출로 인해 다를 수 있기 때문에 발생한다. 이 두 가지 경우를 완벽하게 구별하는 것은 사실상 불가능하다. 비록 표본 데이터가 귀무가설에 대해 완벽한 증거를 가져다줄 순 없지만, 가설검정이 표본의 불완전성을 고려해 이루어진다는 것을 감안해 확률적인 계산은 해볼 수 있다. 이러한 계산은 표본을 이용해 귀무가설에 대해 p값을 구해 보는 것이다.

***p*값**(p-value) 혹은 **유의확률**(significance probability)이란 귀무가설이 참이라는 가정하에 표본에서 실제로 계산한 통계량만큼이나 귀무가설에 불리한 통계량이 나올 확률이다. 앞

서 사용한 예제를 이용하면 p값은 표본평균에 대한 귀무가설에서 $\overline{Y}$가 확률분포의 꼬리에서 나올 확률을 의미한다.

예를 들어 최근 대학 졸업생들의 표본에서 평균 임금이 22.64달러라고 하자. 귀무가설이 참이고 22.64달러라는 값이 순수한 임의 표본에서 추출되었다는 가정하에, p값은 (귀무가설하에서 모평균인) 20달러인 분포에서 $\overline{Y}$가 적어도 어느 정도의 확률로 이 값과 다를 수 있을지를 나타내는 확률이라고 할 수 있다. 만약 p값이 매우 작다면(예를 들어 0.1%), 귀무가설이 참이라는 가정하에 이와 같은 표본이 나올 확률이 매우 낮다고 할 수 있다. 이러면 귀무가설이 참이 아니라고 결론 내리는 게 타당하다. 반대로 p값이 매우 크다면(예를 들어 40%), 관측된 표본평균 22.64달러는 귀무가설이 참이라는 가정하에 그저 임의추출의 변동성으로 인해 나온 값이라고 생각할 수 있다. 이에 따라 귀무가설에 반하는 증거는 확률적인 관점에서 약하기 때문에, 귀무가설을 기각하는 것이 타당하지 않다고 결론 내리는 게 타당하다.

p값의 정의를 수학적으로 보기 위해 먼저 $\overline{Y}^{act}$를 데이터로부터 계산한 표본평균값이라고 하고, $\Pr_{H_0}$을 귀무가설하에서 계산된 확률[즉 $E(Y) = \mu_{Y,0}$]이라고 가정하자. p값은 다음과 같이 정의된다.

$$p\text{값} = \Pr_{H_0}[\,|\overline{Y} - \mu_{Y,0}| > |\overline{Y}^{act} - \mu_{Y,0}|\,] \tag{3.5}$$

즉 p값은 귀무가설하의 $\mu_{Y,0} \pm |\overline{Y}^{act} - \mu_{Y,0}|$을 넘어서는 $\overline{Y}$분포의 꼬리 영역과 같다. p값이 크다면 관찰된 $\overline{Y}^{act}$는 귀무가설에 부합할 것이고, p값이 작다면 그렇지 못할 것이기 때문이다.

p값을 계산하려면 귀무가설하의 $\overline{Y}$의 표본 분포를 알아야 한다. 2.6절에서 설명한 바와 같이, 표본크기가 작다면 분포가 복잡해진다. 그러나 중심극한정리에 따르면, 표본크기가 충분히 크면 $\overline{Y}$의 표본 분포는 정규분포에 근사하게 된다. 귀무가설하에 정규분포의 평균은 $\mu_{Y,0}$이고, 귀무가설하에 $\overline{Y}$의 분포는 $N(\mu_{Y,0}, \sigma_{\overline{Y}}^2)$를 따른다. 여기서 $\sigma_{\overline{Y}}^2 = \sigma_Y^2/n$이다. 이 대(大)표본이 정규분포에 근사한다는 것은 표본의 크기만 충분히 크다면 모평균 Y에 대한 정보 없이 p값을 계산할 수 있게 한다. 정확한 계산은 $\sigma_{\overline{Y}}^2$가 알려져 있느냐에 따라 달라진다.

σ_Y가 알려져 있는 경우 p값의 계산

σ_Y가 알려져 있는 경우 p값의 계산은 그림 3.1에 정리되어 있다. 표본크기가 클 때 귀무가설하에 $\overline{Y}$의 표본 분포는 $N(\mu_{Y,0}, \sigma_{\overline{Y}}^2)$를 따른다. 여기서 $\sigma_{\overline{Y}}^2 = \sigma_Y^2/n$이다. 이와 같이 귀무가설하에 $\overline{Y}$를 표준화한 $(\overline{Y} - \mu_{Y,0})/\sigma_{\overline{Y}}$는 표준정규분포를 따르게 된다. p값은 귀무가설하에 $\overline{Y}^{act}$보다 $\overline{Y}$가 $\mu_{Y,0}$에 더 떨어져 있을 확률이 된다. 다른 말로 하면, 절댓값 기준으로 $(\overline{Y}^{act} - \mu_{Y,0})/\sigma_{\overline{Y}}$보다 큰 $(\overline{Y} - \mu_{Y,0})/\sigma_{\overline{Y}}$ 값을 얻을 확률을 의미한다. 그 확률은 그림 3.1에 음영으로 표시되어 있다. 수학적으로 보자면, 그림 3.1의 꼬리에 있는 음영지역의 확률(즉 p값)은 다음과 같다.

$$p\text{값} = \Pr_{H_0}\left(\left|\frac{\overline{Y} - \mu_{Y,0}}{\sigma_{\overline{Y}}}\right| > \left|\frac{\overline{Y}^{act} - \mu_{Y,0}}{\sigma_{\overline{Y}}}\right|\right) = 2\Phi\left(-\left|\frac{\overline{Y}^{act} - \mu_{Y,0}}{\sigma_{\overline{Y}}}\right|\right) \tag{3.6}$$

여기서 Φ는 표준정규누적분포함수를 의미한다. 즉 p값은 표준정규분포에서 $\pm|(\overline{Y}^{act} -$

그림 3.1 *p*값의 계산

*p*값은 적어도 $\overline{Y}^{act}$만큼이나 $\overline{Y}$가 $\mu_{Y,0}$에 떨어져 있을 확률을 말한다. 표본이 충분한 경우 귀무가설하에서 $\overline{Y}$가 $N(\mu_{Y,0}, \sigma^2_{\overline{Y}})$을 따르고, 이에 따라 $(\overline{Y} - \mu_{Y,0})/\sigma_{\overline{Y}}$는 $N(0, 1)$을 따르게 된다. 그러므로 *p*값은 표준정규분포에서 $\pm|(\overline{Y}^{act} - \mu_{Y,0})/\sigma_{\overline{Y}}|$만큼 벗어난 분포의 꼬리 부분을 의미한다.

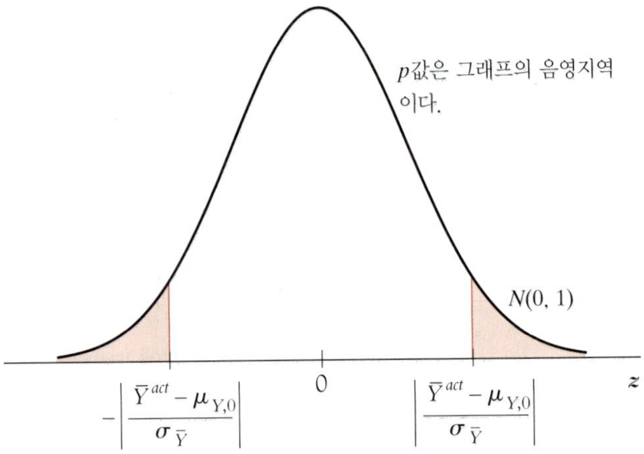

$\mu_{Y,0})|/\sigma_{\overline{Y}}$만큼 벗어난 분포의 꼬리 부분을 의미한다.

식 (3.6)의 *p*값에 대한 공식은 모집단 분포의 분산 σ^2_Y에 달려있다. 보통 이 분산의 값은 알려져 있지 않다. [예외적으로 Y_i가 이항형일 때 모집단 분포가 베르누이 분포를 따르게 되고, 이 경우 귀무가설에 따라 분산이 결정된다. 식 (2.7)과 연습문제 3.2를 참조하라.] 일반적으로 σ^2_Y가 *p*값을 계산하기 전에 추정되기 때문에, σ^2_Y을 추정하는 문제에 대해 생각해보자.

표본 분산, 표본 표준편차, 표준 오차

표본 분산 s^2_Y은 모분산 σ^2_Y의 추정치이고, 표본 표준편차 s_Y는 모표준편차 σ_Y의 추정치, 표본 평균 $\overline{Y}$의 표준 오차는 $\overline{Y}$의 표본 분포의 표준편차이다.

표본 분산과 표준편차 **표본 분산**(sample variance) s^2_Y은 다음과 같다.

$$s^2_Y = \frac{1}{n-1}\sum_{i=1}^{n}(Y_i - \overline{Y})^2 \tag{3.7}$$

표본 표준편차(sample standard deviation) s_Y는 표본 분산의 제곱근이다.

표본 분산의 공식은 모분산의 공식과 매우 닮았다. 모분산 $E(Y - \mu_Y)^2$은 모집단 분포의 $(Y - \mu_Y)^2$의 평균이다. 같은 논리로, 표본 분산은 $(Y_i - \mu_Y)^2$, $i = 1, \ldots, n$의 평균분산이라고 볼 수 있는데, 여기서 두 가지 변형이 필요하다. 첫 번째로는 μ_Y가 $\overline{Y}$로 대체하고, 두 번째로는 평균을 하기 위해서 n으로 나누는 것이 아니라 $n - 1$로 나누는 것이다.

첫 번째 변형, 즉 μ_Y가 $\overline{Y}$로 대체하는 것은 μ_Y가 $\overline{Y}$로 알려져 있지 않고 그렇기 때문에 추정할 필요가 있는데 μ_Y의 가장 자연스러운 추정량은 $\overline{Y}$이다. 두 번째 변형, 즉 n 대신 $n - 1$로 나누는 것은 μ_Y를 $\overline{Y}$로 추정할 때 $(Y_i - \overline{Y})^2$에서 약간의 하향 편의가 발생하기 때문에 필요한 것이다. 연습문제 3.18에 나와 있듯이 구체적으로 보면, $E[(Y_i - \overline{Y})^2] = [(n-1)/n]\sigma^2_Y$이다. 이에 따라 $E\sum_{i=1}^{n}(Y_i - \overline{Y})^2 = nE[(Y_i - \overline{Y})^2] = (n-1)\sigma^2_Y$이다. 식 (3.7)을 약간의 하향 편

핵심 개념 3.4

$\overline{Y}$의 표준 오차

$\overline{Y}$의 표준 오차는 $\overline{Y}$의 표준편차 추정량이다. $\overline{Y}$의 표준 오차는 $SE(\overline{Y})$ 혹은 $\hat{\sigma}_{\overline{Y}}$로 나타낸다. $Y_1, \ldots, Y_n$이 i.i.d.라고 하면 다음과 같다.

$$SE(\overline{Y}) = \hat{\sigma}_{\overline{Y}} = s_Y/\sqrt{n} \tag{3.8}$$

의를 보정하기 위해 n 대신에 $n-1$로 나누면, 그 결과 얻은 s_Y^2은 불편의한 추정량이 된다.

식 (3.7)에서 n 대신에 $n-1$로 나누는 것을 **자유도**(degree of freedom) 보정이라 한다. 평균을 추정하는 것은 어떤 정보를 사용한다는 것인데, 데이터로부터 1개의 '자유도'를 사용했고, 그 결과 $n-1$개의 자유도만 남아있다는 의미이다.

표본분산의 일치성 표본분산은 모분산의 일치성 있는 추정량이다.

$$s_Y^2 \xrightarrow{p} \sigma_Y^2 \tag{3.9}$$

다른 말로 하면, n이 충분히 클 때 표본 분산은 모분산에 매우 높은 확률로 근접하고 있다는 것이다.

식 (3.8)의 결과에 대한 증명은 부록 3.3에 있는데, 이는 $Y_1, \ldots, Y_n$이 i.i.d.이고 Y_i가 유한한 4차 적률을 가진다는 가정[$E(Y_i^4) < \infty$]하에 이루어진 것이다. 직관적으로 보면 s_Y^2 일치성을 보이는 이유는 표본평균이기 때문인데, 그렇기 때문에 s_Y^2는 대수의 법칙을 따라야 한다. 핵심 개념 2.6에 정리되어 있듯이 s_Y^2이 대수의 법칙을 따라야 하기에, $(Y_i - \mu_Y)^2$은 유한한 분산을 가져야 하고 이는 $E(Y_i^4)$ 역시 유한해야 한다는 것이다. 다른 말로 하면 Y_i는 유한한 4차 적률을 가진다는 것이다.

$\overline{Y}$의 표준 오차 $\overline{Y}$의 표본 분포 표준 오차는 $\sigma_{\overline{Y}} = \sigma_Y/\sqrt{n}$이기 때문에, 식 (3.8)은 σ_Y의 추정량으로 $s_Y/\sqrt{n}$을 사용하는 게 정당화된다. $\sigma_{\overline{Y}}$의 추정량인 $s_Y/\sqrt{n}$을 **$\overline{Y}$의 표준 오차**(standard error of $\overline{Y}$)라 하고, $SE(\overline{Y})$ 혹은 $\hat{\sigma}_{\overline{Y}}$로 나타낸다. $\overline{Y}$의 표준 오차에 대한 내용은 핵심 개념 3.4에 정리했다.

$Y_1, \ldots, Y_n$이 성공 확률 p를 가진 베르누이 분포로부터 i.i.d를 따르도록 추출되었을 때, $\overline{Y}$의 분산에 대한 공식은 $p(1-p)/n$이 된다(연습문제 3.2 참조). 표준 오차 공식 역시 단순화되어 표준 오차가 $\overline{Y}$와 n만을 따르게 되어 $SE(\overline{Y}) = \sqrt{\overline{Y}(1-\overline{Y})/n}$이 된다.

σ_Y가 알려지지 않았을 때 p값의 계산

s_Y^2는 σ_Y^2의 일치추정량이기 때문에 식 (3.6)에서 $\sigma_{\overline{Y}}$를 표준 오차 $SE(\overline{Y}) = \hat{\sigma}_{\overline{Y}}$로 대체해 p값을 계산할 수 있다. 즉 σ_Y가 알려져 있지 않고, $Y_1, \ldots, Y_n$이 i.i.d.이면 p값은 다음과 같은 공식으로 계산할 수 있다.

$$p\text{값} = 2\Phi\left(-\left|\frac{\overline{Y}^{act} - \mu_{Y,0}}{SE(\overline{Y})}\right|\right) \tag{3.10}$$

t-통계량

표준 표본평균 $(\overline{Y} - \mu_{Y,0})/SE(\overline{Y})$는 가설검정에서 특별한 역할을 맡고 있어 **t-통계량**(t-statistic) 혹은 **t-비율**(t-ratio)이라고 따로 이름을 가지고 있다.

$$t = \frac{\overline{Y} - \mu_{Y,0}}{SE(\overline{Y})} \tag{3.11}$$

일반적으로 **검정 통계량**(test statistic)은 가설검정에 사용되는 통계량을 말한다. t-통계량은 검정 통계량 중에서도 중요한 예 중 하나이다.

t-통계량의 대표본 분포 n이 충분히 크다면 s_Y^2는 σ_Y^2에 매우 높은 확률로 근사한다. 그렇게 되면 t-통계량의 분포도 역시 $(\overline{Y} - \mu_{Y,0})/\sigma_{\overline{Y}}$의 분포와 유사하게 된다. 중심극한정리(핵심개념 2.7)에 의해 n이 충분히 크다면 이는 다시 표준정규분포와 유사하게 된다. 이와 같은 논리로, 귀무가설하에서

$$n\text{이 충분히 큰 경우에 } t\text{는 } N(0,1)\text{을 따르는 분포를 가지게 된다.} \tag{3.12}$$

식 (3.10)에서 p값에 대한 공식은 t-통계량을 이용해 다시 작성할 수 있다. t^{act}를 실제 구해지는 t-통계량이라고 하자.

$$t^{act} = \frac{\overline{Y}^{act} - \mu_{Y,0}}{SE(\overline{Y})} \tag{3.13}$$

이에 따라 n이 충분히 크면 p값은 다음과 같다.

$$p\text{값} = 2\Phi(-|t^{act}|) \tag{3.14}$$

앞선 예제와 마찬가지로, 최근 졸업생 표본의 크기가 200($n = 200$)이고 평균 임금 $E(Y)$가 20달러인 귀무가설을 검정한다고 하자. 표본평균 $\overline{Y}^{act} = 22.64$달러이고, 표본 표준편차 $s_Y = 18.14$달러이다. $\overline{Y}$의 표준 오차는 $s_Y/\sqrt{n} = 18.14/\sqrt{200} = 1.28$이다. t-통계량은 $t^{act} = (22.64 - 20)/1.28 = 2.06$이다. 부록의 표 1에서 p값은 $2\Phi(-2.06) = 0.039$ 혹은 3.9%라고 한다. 즉 귀무가설이 참이라면, 귀무가설과 적어도 다르게 표본평균이 나올 확률이 3.9%로 계산된 것이다.

가설정된 유의수준으로 가설검정하기

가설검정을 수행하게 될 때 보통 두 가지 실수를 하게 된다. 하나는 귀무가설이 참인데 잘못해서 귀무가설을 기각하는 경우이다. 다른 하나는 귀무가설이 거짓일 때 이 귀무가설을 기각하지 못하는 것이다. 가설검정은 첫 번째 종류의 실수(귀무가설이 참일 때 잘못해서 기각하는 경우)를 범할 확률을 미리 설정해두면 p값을 계산하는 것 없이도 수행할 수 있다. 귀무가설이 참일 때 이를 기각할 확률을 특정화(예를 들어 5%)한다면, 당신은 p값이 0.05보다 낮은 경우에만 귀무가설을 기각하게 된다. 이와 같은 방법은 귀무가설에 대한 선호를 나타내며, 대다수의 실증분석에서도 이와 같은 귀무가설에 대한 선호를 바람직한 것으로 받아들인다.

핵심 개념 3.5

가설검정 용어

가설검정은 두 종류의 오류를 범할 수 있다. **1종 오류**(type I error)는 귀무가설이 참일 때 이를 기각하는 것이고, **2종 오류**(type II error)는 귀무가설이 거짓일 때 이를 기각하지 않는 것을 말한다. 가설검정에서 귀무가설이 참일 때 미리 설정된 기각 확률—즉 기설정된 1종 오류의 확률—을 검정의 **유의수준**(significance level)이라고 한다. 검정통계량의 **임계치**(critical value)는 주어진 유의수준에서 귀무가설을 기각하는 통계량을 의미한다. 가설검정에서 귀무가설을 기각하는 검정통계량 값의 집합을 **기각역**(rejection region)이라고 하며, 귀무가설을 기각하지 않는 통계량의 집합을 **채택역**(acceptance region)이라고 한다. 귀무가설이 참일 때 이를 잘못해 기각할 확률을 **검정의 크기**(size of the test)라고 하며, 대립가설이 참일 때 귀무가설을 올바르게 기각하는 확률을 **검정력**(power of the test)이라고 한다.

***p*값**(*p*-value)은 임의추출된 표본에서 귀무가설이 참이라는 가정하에 귀무가설을 기각할 만한 통계량을 얻을 확률을 의미한다. 다시 말해 *p*값은 귀무가설을 기각할 만한 최소한의 유의수준이라고 할 수 있다.

고정된 유의수준을 이용해 가설검정하기 *p*값이 5% 이하일 때 귀무가설을 기각한다고 했다고 하자. 표준정규분포에서 양쪽 ±1.96보다 바깥쪽인 꼬리영역이 5%이기 때문에 다음과 같은 간단한 규칙을 설정할 수 있다.

$$|t^{act}| > 1.96\text{이면 } H_0\text{을 기각한다.} \tag{3.15}$$

즉 표본으로부터 계산한 t-통계량의 절댓값이 1.96보다 크면 귀무가설을 기각한다. n이 충분히 크다면 귀무가설하에서 t-통계량은 $N(0, 1)$분포를 따르게 된다. 이와 같은 경우 잘못해서 귀무가설을 기각하는 확률(귀무가설이 참일 때 이를 기각할 확률)은 5%가 된다.

이와 같은 가설검정 과정은 특별한 용어를 사용해 이루어지며, 핵심 개념 3.5에 정리했다. 식 (3.15)에서 유의수준(significance level)은 5%이고, 양측 검정의 임계치(critical value)는 ±1.96이다. 5% 유의수준에서 귀무가설이 기각된다면, 모평균 μ_Y는 5% 유의수준에서 $\mu_{Y,0}$과 통계적으로 유의하게 다르다는 말이 된다.

기설정된 유의수준을 이용해 가설검정을 하는 것은 *p*값을 계산할 필요가 없다. 최근 대학졸업생들의 평균 임금이 시간당 20달러라는 가설을 검정하는 예에서, t-통계량은 2.06이었다. 이 값은 1.96보다 크므로 귀무가설은 유의수준 5%에서 기각된다. 비록 5%라는 유의수준으로 검정하는 것은 쉽지만, 기설정된 유의수준에서 귀무가설이 기각되는지만을 보여주는 것은 *p*값을 보고하는 것보다는 훨씬 적은 정보만을 보여주게 된다.

실증분석에서 어떤 유의수준으로 사용해야 하는가? 이 문제는 아직도 논의가 진행중인 사안이다. 역사적으로 통계학자나 계량경제학자는 5% 유의수준을 사용해왔다. 당신이 많은 가설검정을 5% 유의수준에서 행한다면, 아마도 20개 중에 1개 정도 꼴로 귀무가설이 참인데도 이를 기각하는 오류를 범했을 것이다. 이 횟수가 적으냐 많으냐는 이 상황을 어떻게 바라보는지에 있다. 검정된 귀무가설 중에 정말 적은 횟수만이 잘못되었다면, 기각된 검정 중에서 귀무가

핵심 개념 3.6

대립가설 $E(Y) \neq \mu_{Y,0}$에 대해 귀무가설 $E(Y) = \mu_{Y,0}$ 검정

1. $\overline{Y}$의 표준 오차 $SE(\overline{Y})$를 계산한다[식 (3.9)].
2. t-통계량을 계산한다[식 (3.13)].
3. p값을 계산한다[식 (3.14)]. p값이 0.05보다 작다면(즉 $|t^{act}| > 1.96$) 5% 유의수준에서 귀무가설을 기각한다.

설이 진짜 잘못되었을 확률은 작을 것이다(연습문제 3.22). 이 확률(기각된 모든 사례 중에서 잘못 기각된 사례의 비율)을 거짓 긍정비율이라고 한다. 거짓 긍정비율은 실질적으로 매우 중요한 의미를 가진다. 예를 들어 새로운 치료법이 통계적으로 유의미하게 매우 효과적인 것으로 나타난 경우에 거짓 긍정비율은 새로운 치료법이 사실은 효과적이지 않은 비율을 나타내는 것이다. 5% 유의수준에서 거짓 긍정비율이 높을 수 있다는 우려로 인해 통계학자들은 새로운 결과를 보고할 때 0.5% 유의수준을 사용해야 한다고 권고했다(Benjamin et al., 2017). 이와 같은 우려는 재판관이 잘못 유죄를 내리는 비율을 낮추고 싶어 한다는 점에서 재판과정에도 적용할 수 있다. 0.5% 유의수준을 사용하게 되면 양측 검정에서 통계량이 절댓값으로 2.81을 넘어야 귀무가설이 기각된다. 이와 같은 경우에 p값이 0.05~0.005 정도라는 것은 귀무가설을 기각할 수는 있지만 확정적인 것은 아닌 것으로 귀무가설을 기각할 만한 증거를 더 조사해봐야 한다고 할 수 있게 된다.

유의수준 선택에는 연구자의 판단이 필요하며 경우에 따라 다르다고 할 수 있다. 거짓 긍정은 경제학 사례에서는 의료 사례보다는 덜 문제가 된다고 할 수 있다. 의료 사례에서 거짓 긍정의 사례는 환자들이 전혀 효과가 없는 치료를 받을 수 있기 때문이다. 즉 경제학의 경우에는 5% 유의수준은 적절한 것으로 볼 수 있다.

유의수준이 어떠하든 간에, p값은 t-통계량과 마찬가지로 귀무가설이 관심대상일 때 유용한 것임을 잊지 말아야 한다. 이 절에서는 임금 문제를 예로 사용했다. 대다수 인턴사원이 무보수임에도 불구하고, 평균적인 사람들은 근로자들이 전혀 임금을 받지 못할 수도 있다는 것을 생각하지 못한다. 그러므로 임금이 0이라는 귀무가설은 경제학적으로 흥미롭지도 않고 검정할 가치가 없는 것이다. 반대로 남성과 여성의 평균 임금이 동일하다는 귀무가설은 흥미가 있으며 사회적으로도 의미가 있다. 이 가설에 대한 검정은 3.4절에서 해본다.

핵심 개념 3.6은 모평균에 대한 양측 가설검정을 요약한 것이다.

단측 검정

일부 상황에서는 대립가설이 평균이 $\mu_{Y,0}$보다 크다는 식으로 설정할 수도 있다. 예를 들어 누군가가 교육을 받는 것이 노동시장에서 유리하다고 생각하면, 대학졸업자와 미졸업자의 임금이 동일하다는 귀무가설에 대해 대립가설을 두 그룹의 임금차이가 다르다라고 하는 것 대신에, 대학졸업자의 임금이 그렇지 않은 그룹보다 높다고 하는 것이 타당할 것이다. 이와 같은 경우를 **단측 대립가설**(one-sided alternative hypothesis)이라고 하며 다음과 같이 표현할 수 있다.

$$H_1: E(Y) > \mu_{Y,0} \text{ (단측 대립가설)} \tag{3.16}$$

p값을 계산하는 것이나 가설을 검정하는 방법은 양측 검정이나 단측 검정이나 동일하다. 다만 t-통계량이 귀무가설을 기각하는 영역이 절댓값으로 기각하는 영역보다 더 크게 양의 값으로 설정해야 한다는 차이가 있다. 구체적으로 식 (3.16)과 같이 단측 검정을 하기 위해서 식 (3.13)과 같이 t-통계량을 구한다. p값은 표준정규분포에서 구한 t-통계량의 오른쪽만이 된다. 즉 p값은 t-통계량이 근사한 $N(0, 1)$ 분포에서 다음과 같다.

$$p\text{값} = \Pr_{H_0}(Z > t^{act}) = 1 - \Phi(t^{act}) \tag{3.17}$$

5% 유의수준에서 단측 검정의 $N(0, 1)$ 임계치는 1.64이다. 이 검정에서 기각역은 t-통계량이 1.64를 넘어가는 모든 값이 된다.

식 (3.16)의 단측 검정에서 보는 것은 μ_Y가 $\mu_{Y,0}$보다 큰지 여부이다. 대립가설이 $E(Y) < \mu_{Y,0}$이라면, 앞 문단에서 논의한 내용은 그대로 적용되고 다만 부호만 바뀔 뿐이다. 예를 들어 5% 유의수준에서의 기각역은 −1.64보다 작은 모든 값이 된다.

3.3 모평균의 신뢰구간

임의추출에서 발생할 수 있는 오차 때문에 표본에서 얻은 정보만으로 Y의 모평균이 정확히 어떤 값을 갖는지 아는 것은 불가능하다. 그러나 임의추출 표본에서 얻은 정보를 이용해 어느 정도 정해진 확률로 모평균 μ_Y를 포함하는 값을 가진 집합을 구축하는 것은 가능하다. 이와 같은 집합을 **신뢰집합**(confidence set)이라고 하고, 이 집합에 μ_Y를 포함하는 (미리 설정된) 확률을 **신뢰수준**(confidence level)이라고 한다. μ_Y를 위한 신뢰집합이 어떠한 하한값과 상한값 사이에서 모든 평균값을 포함하게 되면 이와 같은 집합을 구간이라고 할 수 있고, 이를 **신뢰구간**(confidence interval)이라고 한다.

모평균에 95% 신뢰구간의 수립은 다음과 같다. 평균값으로 아무 값을 일단 고르고, 이를 $\mu_{Y,0}$이라고 하자. t-통계량을 이용해 귀무가설 $\mu_Y = \mu_{Y,0}$와 대립가설 $\mu_Y \neq \mu_{Y,0}$의 가설검정을 실시한다. t-통계량의 절댓값이 1.96보다 작다면 가설값 $\mu_{Y,0}$은 유의수준 5%에서 기각되지 않는다. 이 기각되지 않은 값 $\mu_{Y,0}$을 따로 기록해둔다. 이제 새로운 값 $\mu_{Y,0}$을 뽑고 이를 같은 방법으로 검정하고, 역시 이 검정을 기각할 수 없다면 이 값을 기록해 둔다. 이와 같은 방법을 지속적으로 하게 되면 당신은 모평균으로 가능한 모든 값을 추출할 수 있을 것이다. 이 방법을 통해 당신은 유의수준 5%에서 양측 가설검정에서 기각되지 않는 가능한 모평균의 값 모두를 얻을 수 있다.

이 리스트는 데이터를 바탕으로 당신이 가설검정에서 기각할 수 있는 혹은 그럴 수 없는 값들의 집합의 요약이라는 점에서 유용하다. 누군가가 그들 머릿속에 있는 아무 숫자를 말한다면, 당신은 만들어진 리스트를 보고 그 숫자가 가설검정에서 기각될지 아닐지를 바로 얘기할 수 있을 것이다. 조금 더 영리하게 생각하면 이 숫자들의 집합은 매우 독특한 특징을 지니고

핵심 개념 **3.7**

모평균에 대한 신뢰구간

μ_Y에 대한 95% 양측 신뢰구간은 그 구간이 모든 가능한 임의 표본 중에서 모평균 μ_Y의 참값을 95% 확률로 포함하도록 하는 것을 말한다. 표본크기 n이 충분히 크다면, μ_Y에 대한 90%, 95%, 99% 신뢰구간은 다음과 같다.

$$\mu_Y\text{에 대한 90\% 신뢰구간} = \{\overline{Y} \pm 1.64SE(\overline{Y})\}$$
$$\mu_Y\text{에 대한 95\% 신뢰구간} = \{\overline{Y} \pm 1.96SE(\overline{Y})\}$$
$$\mu_Y\text{에 대한 99\% 신뢰구간} = \{\overline{Y} \pm 2.58SE(\overline{Y})\}$$

있다. 이 집합이 모평균의 진짜 값을 포함할 확률이 95%라는 것이다.

논리적으로 보면 다음과 같다. μ_Y의 참값이 21.5라고 가정해보자(물론 당신은 이 값을 실제로 알지는 못한다). $\overline{Y}$는 평균이 21.5인 정규분포를 따르고, $\mu_Y = 21.5$를 검정하는 t-통계량은 $N(0, 1)$을 따른다. n이 충분히 크다면 5% 유의수준에서 귀무가설 $\mu_Y = 21.5$를 기각할 확률은 5%이다. 그러나 당신은 이 집합을 구성하는 데 가능한 모든 모평균을 다 검정해볼 것이기 때문에, 참값 21.5 역시 검정을 하게 될 것이다. 표본의 95%에서는 이 21.5라는 값을 올바르게 받아들일 것이다. 이는 표본 중 95%의 경우에서 당신의 리스트에서는 모평균의 참값 μ_Y를 포함하게 될 것임을 의미한다. 이와 같이 당신의 리스트에 있는 값들은 μ_Y에 대한 95% 신뢰구간을 구성하게 된다.

신뢰구간을 이런 방식으로 구축하는 것은 실용적이지 못하다. 왜냐하면 가능한 모든 μ_Y 값을 귀무가설로 세우고 검정을 해야 하기 때문이다. 다행히 더 쉬운 방법이 있다. 식 (3.13)에서 t-통계량을 구하는 공식에 따라, 가설값 $\mu_{Y,0}$이 $\overline{Y}$로부터 1.96표준편차보다 멀리 떨어져 있으면 5% 신뢰수준에서 그 값은 기각이 된다. 이와 같이 5% 유의수준에서 기각되지 않는 μ_Y의 집합은 $\overline{Y}$에서 $\pm 1.96SE(\overline{Y})$ 내에 있을 것이다. 즉 μ_Y에 대한 95% 신뢰구간은 $\overline{Y} - 1.96SE(\overline{Y}) \le \mu_Y \le \overline{Y} + 1.96SE(\overline{Y})$로 정의된다. 핵심 개념 3.7에 해당 내용을 정리했다.

예를 들어 최근 대학 졸업생들의 시간당 평균 임금에 대한 95% 신뢰구간 문제를 살펴보자. 200명의 대학 졸업생이 표본이며, 이들의 표본평균 $\overline{Y} = 22.64$달러, $SE(\overline{Y}) = 1.28$이다. 평균 임금에 대한 95% 신뢰구간은 $22.64 \pm 1.96 \times 1.28 = 22.64 \pm 2.51 = (20.13$달러, 25.15달러$)$이다.

지금까지의 논의는 양측 신뢰구간에 대한 것이었다. 단측 검정으로 기각되지 않는 μ_Y의 집합을 이용해 단측 신뢰구간 역시 구축할 수 있다. 비록 단축 신뢰구간이 통계학 영역에서 쓰이는 곳이 있기는 하지만, 계량경제학 영역에서는 흔하지 않다.

포함확률 모평균에 대한 신뢰구간의 **포함확률**(coverage probability)이란 모든 임의 표본에서 참인 모평균 값을 포함할 확률을 뜻한다.

3.4 다른 모집단으로부터 모평균 비교하기

최근 대학 졸업생 가운데 남녀의 임금은 평균적으로 동일할까? 이 문제에 답을 하려면 2개의 다른 모분포로부터의 평균을 비교하는 것이 필요하다. 이 절은 2개의 다른 모집단으로부터의 평균 비교와 이에 대한 신뢰구간 구축과 가설검정에 대한 것이다.

두 모평균의 차이를 가설검정하기

두 모평균의 차이에 대한 가설검정(test for the difference between two means)을 설명하기 위해 μ_w를 최근 여자 대학 졸업생들의 시간당 평균 임금이라 하고, μ_m을 최근 남자 대학 졸업생들의 시간당 평균 임금이라 하자. 귀무가설은 두 모집단으로부터 임금 차이가 일정 수준 d_0이 된다고 하자. 그렇다면 귀무가설과 양측 대립가설은 다음과 같다.

$$H_0\colon \mu_m - \mu_w = d_0 \text{ vs. } H_1\colon \mu_m - \mu_w \neq d_0 \tag{3.18}$$

이 귀무가설에서 남녀에 임금 차이가 존재하지 않는다고 하면 식 (3.18)에서 H_0은 $d_0 = 0$이 된다.

모평균은 알려져 있지 않기 때문에 남성과 여성의 경우 모두에서 평균을 추정해야 한다. 임의추출로 얻은 남성의 표본 수를 n_m, 여성의 표본 수를 n_w라고 하자. 표본으로부터 얻은 남성과 여성의 시간당 평균 임금은 $\overline{Y}_m$과 $\overline{Y}_w$라고 하자. 이와 같은 경우 $\mu_m - \mu_w$의 추정치는 $\overline{Y}_m - \overline{Y}_w$이다.

$\mu_m - \mu_w = d_0$이라는 귀무가설을 $\overline{Y}_m - \overline{Y}_w$를 이용해 검정하려면 먼저 $\overline{Y}_m - \overline{Y}_w$의 표본 분포를 알아야 한다. $\overline{Y}_m$은 중심극한정리에 의해 $N(\mu_m, \sigma_m^2/n_m)$에 근사하고, 여기서 σ_m^2은 남성 그룹의 모분산이다. 같은 방법으로 $\overline{Y}_w$는 중심극한정리에 의해 $N(\mu_w, \sigma_w^2/n_w)$에 근사하고, 여기서 σ_w^2는 여성 그룹의 모분산이다. 또한 2.4절에서 학습한 내용을 상기하면, 정규분포를 따르는 두 다른 확률변수의 가중평균 역시 정규분포를 따르게 된다. $\overline{Y}_m$과 $\overline{Y}_w$ 모두 다른 임의추출표본으로부터 얻었기 때문에 서로 독립적인 확률변수이다. 이와 같이 $\overline{Y}_m - \overline{Y}_w$는 $N[\mu_m - \mu_w, (\sigma_m^2/n_m) + (\sigma_w^2/n_w)]$를 따르게 된다.

만약 σ_m^2과 σ_w^2이 알려져 있다면, 이 근사 정규분포를 이용해 귀무가설 $\mu_m - \mu_w = d_0$에 대한 검정의 p값을 계산할 수 있다. 그러나 실제로는 이 모분산은 보통 알려져 있지 않기 때문에 추정을 해야 할 필요가 있다. 전과 같이 표본 분산 s_m^2과 s_w^2을 이용해 추정할 수 있다. s_m^2은 식 (3.7)에 정의되어 있는 것과 같다. 다만 남자만의 표본에서 이를 계산하는 게 다를 뿐이다. s_w^2은 마찬가지로 여성 표본에서만 계산한 값이다. $\overline{Y}_m - \overline{Y}_w$의 표준 오차는 다음과 같다.

$$SE(\overline{Y}_m - \overline{Y}_w) = \sqrt{\frac{s_m^2}{n_m} + \frac{s_w^2}{n_w}} \tag{3.19}$$

Y가 베르누이 확률변수일 때 식 (3.19)를 간단히 정의할 수 있다. 이에 대한 내용은 연습문제 3.15를 참조하라.

귀무가설을 검정하는 t-통계량은 하나의 모집단을 대상으로 하는 가설검정의 그것과 유사하다. 즉 $\overline{Y}_m - \overline{Y}_w$에서 $\mu_m - \mu_w$에 대한 귀무가설 값을 차감한 후 $\overline{Y}_m - \overline{Y}_w$의 표준 오차로 나누어주는 것이다.

$$t = \frac{(\overline{Y}_m - \overline{Y}_w) - d_0}{SE(\overline{Y}_m - \overline{Y}_w)} \text{ (두 평균 비교를 위한 } t\text{-통계량)} \tag{3.20}$$

n_m과 n_w가 충분히 크다면, t-통계량은 귀무가설이 참일 때 표준정규분포를 따르게 된다.

식 (3.20)의 t-통계량은 n_m과 n_w가 충분히 크고 귀무가설이 참일 때 표준정규분포를 따르기 때문에, 양측 검정의 p값은 단일 모집단의 경우와 동일하다. 즉 p값은 식 (3.14)를 이용해 계산할 수 있다.

특정 유의수준으로 검정을 진행하기 위해서는 먼저 식 (3.20)의 t-통계량을 계산하고 이를 적절한 임계치와 비교해야 한다. 예를 들어 t-통계량의 절댓값이 1.96보다 크면 5% 유의수준에서 귀무가설을 기각할 수 있다.

대립가설이 양측이 아니라 단측이라면(즉 대립가설이 $\mu_m - \mu_w > d_0$과 같은 경우), 3.2절에 나와 있는 검정은 조금 수정이 필요하다. p값은 식 (3.17)을 이용해 계산하고 $t > 1.64$인 경우에 5% 유의수준에서 가설을 기각한다.

두 모평균의 차이에 대한 신뢰구간

3.3절에 나와 있는 신뢰구간을 구축하는 방법은 두 모평균의 차이(즉 $d = \mu_m - \mu_w$)에 대한 신뢰구간 구축으로 확장할 수 있다. 만약 $|t| > 1.96$이라면 5% 유의수준에서 귀무가설 값 d_0은 기각되기 때문에, d_0은 $|t| \le 1.96$이면 신뢰집합에 포함되어 있다. 그러나 $|t| \le 1.96$은 추정된 차이 $\overline{Y}_m - \overline{Y}_w$가 d_0으로부터 1.96표준편차만큼 떨어져 있지 않다는 것을 의미한다. 이와 같이 d에 대한 95% 양측 신뢰구간은 d에서 $\overline{Y}_m - \overline{Y}_w$의 ±1.96 표준 오차 내에 있는 값들로 이루어져 있다.

$d = \mu_m - \mu_w$에 대한 95% 신뢰구간은 다음과 같다.

$$(\overline{Y}_m - \overline{Y}_w) \pm 1.96SE(\overline{Y}_m - \overline{Y}_w) \tag{3.21}$$

이 식을 이용해 글상자 '사회적 신분 혹은 교육? 어린이의 환경과 성인 임금에 대한 재검토'의 내용에서 영국의 서로 다른 가구들의 임금 차이에 대해 조사한 내용을 알아볼 수 있다.

3.5 실험 데이터를 이용한 인과효과의 평균 차이 추정

1.2절에서 임의로 관리된 실험에서는 관심대상인 모집단으로부터 임의대로 실험 대상을 선택한다는 것을 학습했다. 그러므로 무작위 통제 실험을 통해 이들 대상은 실험적인 처치가 들어가는 처치집단(treatment group)이 되거나 아무런 처치를 받지 못하는 통제집단(control group)이 된다. 이 처치집단과 통제집단의 표본평균은 처치의 인과효과에 대한 추정치를 만들어낼 수 있다.

조건부 기대의 차이로서 인과효과

처치에 대한 인과효과는 이상적인 무작위 통제 실험에서 관측된 관심대상의 처치 결과에 대한 기대이다. 이 효과는 두 조건부 기대에 대한 차이로 표현할 수도 있다. 구체적으로 Y에 대한 처치 수준 x에 대한 **인과효과**(causal effect)는 $E(Y|X=x) - E(Y|X=0)$인 조건부 기대효과의 차이로 표현할 수 있다. 여기서 $E(Y|X=x)$는 이상적인 무작위 통제 실험에서 처치군($X=x$라는 처치를 받은 집단)에서의 Y에 대한 기댓값을 나타내며, $E(Y|X=0)$은 통제군($X=0$이라는 처치를 받은 집단)의 Y에 대한 기댓값을 나타낸다. 실험계획법의 용어상으로 이 인과효과는 **처치효과**(treatment effect)라고도 한다. 처치 수준이 2개라면(즉 처치변수가 이산형), $X=0$을 대조 집단으로 두고 $X=1$을 처치 집단으로 한다. 즉 처치 수단이 이산형이면 인과효과(혹은 처치효과)는 이상적인 무작위 대조 실험에서 $E(Y|X=1) - E(Y|\mathrm{X}=0)$으로 정의된다.

평균 차이를 이용한 인과효과 추정

무작위 통제 실험에서 처치효과가 이산형이라면, 인과효과는 처치집단과 통제집단의 표본평균 결과 차이를 이용해 추정할 수 있다. 처치효과가 없다는 가설은 두 집단의 평균이 동일하다는 것과 같다. 이는 식 (3.20)에서와 같이 두 평균의 차이를 t-통계량을 통해 검정할 수 있다. 두 집단의 평균 차이에 대한 95% 신뢰구간은 인과효과에 대한 95% 신뢰구간이 되고 이 신뢰구간은 식 (3.21)을 통해 작성할 수 있다.

잘 만들어지고 수행된 실험은 인과효과에 대한 강력한 추정치를 제공할 수 있다. 이와 같은 이유로 무작위 통제 실험은 의학과 같은 분야에서 자주 사용되었다. 그러나 경제학에서는 실험이 비용이 많이 들고, 관리가 어려우며, 어떤 경우에는 윤리적으로도 문제가 되어 무작위 통제 실험을 자주 이용하지 않는다. 이로 인해 계량경제학자는 '자연 실험법'이라는 것을 주로 연구하게 되었다. 이는 다른 말로 준실험법이라고도 하는데, 이는 마치 무작위 실험대조법을 시행하는 것처럼 처치와는 상관없는 사건이라든지 대상들에게 처치가 마치 이루어진 것처럼 가정해 진행하는 방법이다. 글상자 '투표율을 늘리는 방법'에서 이 준실험법에 대해 설명하고 있으며, 이를 통해 꽤나 놀라운 결론을 낼 수 있게 될 것이다.

3.6 표본이 적을 때 t-통계량의 사용

3.2절에서 3.5절까지 t-통계량은 신뢰구간 작성과 가설검정에서 표준정규분포부터 얻은 임계치를 이용해왔다. 표본크기가 충분히 클 때 사용할 수 있는 중심극한정리는 표준정규분포를 사용하는 것을 정당화해 준다. 그런데 표본크기가 작다면 표준정규분포는 t-통계량 분포와 근사하지 않는다. 그러나 만약 모분포가 이미 정규분포라면, 단일 모평균을 검정하는 t-통계량의 정확한 분포(즉 유한표집분포, 2.6절 참조)가 자유도가 $n-1$인 스튜던트 t 분포가 된다. 그리고 임계치는 이 스튜던트 t 분포로부터 얻을 수 있다.

사회적 신분 혹은 교육? 어린이의 환경과 성인 임금에 대한 재검토

2장의 글상자 '영국 어린이의 사회경제학적 배경에 따른 이들의 성장 후 임금 분포'에서는 아버지가 '일반적인' 직업을 가지고 있다면, 그 자녀는 성인이 되어 더 낮은 평균 임금을 갖는 가정을 꾸리게 된다는 것을 보았다.

이에 영향을 미치는 다른 요소는 없을까? 여기에는 교육과 같이 중간 역할을 하는 요인도 있을 수 있다. 보통 교육을 많이 받으면 더 높은 임금을 받을 거라고 가정하며 실제로도 그러하다. 이렇게 되면 당연히 개인들은 가계의 소득에 더 많은 기여를 하게 될 것이다.

표 3.1은 조사대상 아버지들의 NS-SEC에 따른 직업분류와 일부 교육수준에 따른 가계 평균 소득 차이를 구분해 놓은 것이다. 여기서 교육수준은 자격 없음, GCSE(16세에 일반적으로 치르는 시험)까지 교육을 받은 경우, A레벨(18세에 일반적으로 치르는 시험)까지 받은 경우, 그리고 대학 혹은 그 이상까지 교육을 받은 경우로 분류해 놓았다. 편의를 위해 아버지의 직업은 NS-SEC상 상위 혹은 하위(일반적인 수준)로 구분했다.

이 데이터는 예상대로 두 NS-SEC상 아버지의 직업분류에서 교육수준이 높아질수록 가계가 높은 소득을 얻고 있었다. NS-SEC상 아버지의 직업분류가 상위인 경우 대학 졸업 이상의 학위자와 교육수준이 가장 낮은 그룹 간 차이가 1,467.38파운드에 달하고, 직업분류가 일상적인 수준의 경우에는 그 차이가 1,527.98파운드이다.

각 교육수준에서 아버지의 직업분류에 따른 평균 소득의 차이($Y_h - Y_r$)를 보는 것이 중요하다. 예를 들면 교육수준이 없고 아버지의 NS-SEC 직업분류가 상위인 가계의 평균 임금은 2,223.13파운드인 반면 직업분류가 일반 수준인 경우 1,842.98파운드에 불과하다. 즉 이 차이 380.15파운드와 표준 오차 $\sqrt{2115.12^2/1129 + 1487.29^2/6383} = 65.64$파운드는 95% 신뢰구간을 (251.38파운드, 508.93파운드)로 만든다. 교육수준의 분류를 모두 합친 상태에서 NS-SEC상 직업분류가 '상위'와 '일상'인 경우 소득 수준의 차이는 810.25파운드가 된다. 아버지의 NS-SEC상 직업분류에 따라 각 그룹의 교육성취에도 차이가 있다는 것을 보여줄 수 있다. 그러나 조금 더 심도 있게 조사해 모든 교육수준의 차이를 비교해보면 이는 810.25보다 낮아진다. 추정된 모든 차이는 0과 유의미하게 다르다.

실증분석에서는 교육수준이 아버지의 사회경제학적 지위에 따라 가계의 소득 수준 차이가 발생하는 데 중요한 역할을 하고 있다고 얘기할 수 있다. 그러나 이 분석이 모든 가능성을 얘기하는가? 교육수준이 높은 개인은 1명 이상이 소득활동을 하는 가계에 속하지 않을까? 가계소득의 차이가 개개인의 가계소득에 기여하는 바가 달라서 그런 것인가? 아니면 부부거나 동거하는 경우 부인(남편) 혹은 파트너가 가계소득에 기여하는 바에 따른 것인가? 이와 같은 관계가 교육 성취도가 변화하는 패턴이 나이와 연관이 있어서 그러는 것은 아닌가? 이와 같은 모든 질문을 다음 장에서 소개할 다변량 회귀분석에서 소개하면서 다시 한번 살펴볼 것이다.

표 3.1 유년기 사회경제학적 상황에 따른 가계소득의 차이(최고 학력 수준 기준)

	아버지의 NS-SEC 직업수준 = 높음			아버지의 NS-SEC 직업수준 = 일반 수준			높은 수준과 일반적인 수준의 차이			
학력수준	Y_h	s_h	n_h	Y_r	s_r	n_r	$Y_h - Y_r$	$SE(Y_h - Y_r)$	d에 대한 신뢰구간	
없음	£2,223.13	£2,115.12	1129	£1,842.98	£1,487.29	6383	£380.15	£65.64	£251.38	£508.93
GCSE/O-수준	£2,837.18	£1,819.73	1962	£2,596.93	£1,738.47	4042	£240.25	£49.35	£143.49	£337.00
A-수준	£3,045.99	£2,451.81	1216	£2,745.70	£1,912.50	1169	£300.30	£89.85	£124.11	£476.49
학사 이상	£3,690.51	£2,743.55	4359	£3,370.96	£2,443.58	2505	£319.55	£64.11	£193.86	£445.23
모든 학력 수준	£3,215.71	£2,497.73	8666	£2405.45	£1,886.86	14099	£810.25	£31.18	£749.13	£871.38

출처: Understanding Society.

투표율을 늘리는 방법

정치 참여에 대한 시민들의 무관심, 특히 투표에 대한 것은 영국 및 다른 민주국가에서도 벌어지고 있는 일이다. 이와 같은 행동은 이동성이 좋고, 집중된 업무 문화를 유지하고, 민간기업에서 일하는 사람들 사이에서 자주 찾아볼 수 있다. 이와 별개로 시민들이 투표에 참여하고자 하는 의지를 꺾는 요소들이 있을 수 있다. 예를 들면 약속을 지키지 않는 정치인들이나 잘못된 공공 재정 집행 사례들이 그 요소라고 볼 수 있다.

2005년 일반 선거 전 선거운동 기간에 영국 맨체스터 선거구에서 한 연구가 진행되었다. 해당 선거구의 투표율은 2001년 일반 선거에서 48.6%를 기록했는데, 당시 전국 평균 투표율은 59.4%였다. 이와 같이 이 선거구의 투표율은 전국 평균보다 매우 낮았다. 연구를 위해 유선전화번호를 바탕으로 등록된 유권자들을 무작위로 세 그룹(2개의 처치 그룹과 1개의 대조 그룹)에 할당했다. 한 처치 그룹은 전화를 통해 강력한 유세활동에 노출시켰고, 다른 처치 그룹은 직접 방문을 통한 유세활동에 노출을 시켰다. 대조 그룹에는 어떠한 접촉도 이루어지지 않았다. 전화 유세원과 직접방문 유세원은 투표를 하는 것이 중요한지, 투표를 할 의향이 있는지, 우편 투표를 할 것인지를 질문했다. 유세원과 유권자의 대화는 격식에 얽매이지 않도록 했으며, 이 실험의 주목적은 투표의 중요성을 강조해 시민들이 투표를 하도록 설득하는 데 있었다. 유세원들은 투표 절차에 대한 유권자들의 문의에 답변을 하도록 미리 학습을 했다.

연구자들은 투표 결과를 매우 흥미로워했다. 유세원의 유세에 노출된 그룹의 투표율은 55.1%가 되었다. 특히 전화 유세에 노출된 유권자의 투표율은 55%였다. 이와 같은 수치는 선거유세에 노출되지 않았던 대조 그룹의 값과 매우 다르게 나타났다. 적절한 방법을 통해 얻은 직접 유세와 전화 유세의 효과는 6.7%와 7.3%로 나타났다. 전체적인 실험은 비정당 요소를 사용하여 두 처치집단에 개입을 한 결과가 통계적으로 유의미하다는 점에서 성공적이었다.

이와 같은 결과는 시민들이 개인적인 접촉을 통해서 선거에 대한 인식을 더 하게 해 투표를 하도록 유도하는 것으로 나타났다. 인도와 같은 다른 민주주의 국가에서는 2014년 기록적인 투표율을 기록하게 되었다. 인도 선거관리위원회의 고위 관계자에 따르면 선관위가 유권자들의 투표에 대한 인식과 선거 등록률을 높이려는 노력이 이와 같은 결실을 맺은 것으로 설명하고 있다.

출처: 1. Alice Moseley, Corinne Wales, Gerry Stoker, Graham Smith, Liz Richardson, Peter John, and Sarah Cotterill, "Nudge, Nudge, Think, Think Experimenting with Ways to Change Civic Behaviour," *Bloomsbury Academic*, March 2013. 2. "Lok Sabha Polls 2014: Country Records Highest Voter Turnout since Independence," *The Economic Times*, May 13, 2014.

t-통계량과 스튜던트 t 분포

평균을 검정하는 t-통계량 $Y_1, \ldots, Y_n$ 표본을 통해 Y의 평균이 $\mu_{Y,0}$이라는 가설을 검정하는 데 t-통계량이 사용된다고 가정하자. 이 통계량에 대한 공식은 식 (3.10)에 나와 있다. 여기서 $\overline{Y}$의 표준 오차는 식 (3.9)에 나와 있다. 이 표준 오차 공식을 t-통계량 공식에 대입하면 다음과 같다.

$$t = \frac{\overline{Y} - \mu_{Y,0}}{\sqrt{s_Y^2/n}} \tag{3.22}$$

여기서 s_Y^2에 대한 공식은 식 (3.7)에 주어져 있다.

3.2절에서 논의한 바대로, 일반적인 상황에서 t-통계량은 표본크기가 충분히 크고 귀무가설이 참이라면 표준정규분포를 따르게 된다[식 (3.12) 참조]. n이 충분히 크다면 Y가 어떤 범위에 있더라도 t-통계량이 표준정규분포를 따르게 된다는 것이 확실하지만, n이 작다면 그렇지 않을 수 있다. t-통계량의 정확한 분포는 Y의 분포에 따른다. 그리고 이는 매우 복잡한 문제이다. 그러나 t-통계량의 정확한 분포가 비교적 쉬운 특별한 경우도 있다. $Y_1, \ldots, Y_n$이 정

규분포로부터 i.i.d. 추출되었으면, 식 (3.22)에서 t-통계량은 $n-1$의 자유도를 가진 스튜던트 t 분포를 따른다. (이 결과에 대한 수학적 증명은 18.4절과 19.4절에 소개되어 있다.)

만약 모분포가 정규분포라면, 스튜던트 t 분포에서 얻은 임계치는 가설검정과 신뢰구간 작성에 사용할 수 있다. 예를 들어 $t^{act} = 2.15$이고 $n = 8$, 즉 자유도는 $n-1 = 7$인 경우의 가설검정 문제를 고려해보자. 부록의 표 2로부터 5% 유의수준에서 t_7 분포의 양측 검정 임계치는 2.36이다. t-통계량이 절댓값으로 임계치보다 작기 때문에($2.15 < 2.36$), 귀무가설은 5% 유의수준에서 기각되지 않는다. μ_Y의 95% 신뢰구간을 t_7 분포를 이용해 구하면 $\overline{Y} \pm 2.36SE(\overline{Y})$이다. 이 신뢰구간은 표준정규분포로부터 얻은 1.96의 임계치를 이용해 구한 신뢰구간보다 넓게 된다.

평균 차이를 검정할 때의 t-통계량 식 (3.20)에서처럼 두 평균의 차이를 비교하는 검정에서의 t-통계량은 Y의 모분포가 정규분포를 따르더라도 스튜던트 t 분포를 따르지 않는다. [식 (3.19)에서 표준 오차를 구하기 위해 사용된 분산의 추정치는 카이제곱 분포를 따르는 t-통계량의 분모가 유도되지 않기 때문에, 여기서 스튜던트 t 분포를 적용할 수 없다.]

평균이 차이를 검정하는 경우에 맞춘 t-통계량은 다른 표준 오차 공식['합동' 표준 오차(pooled standard error) 공식]에 따라 계산하면 Y가 정규분포를 따르게 되는 경우에는 정확히 스튜던트 t 분포를 따르게 된다. 그러나 합동 표준 오차 공식은 두 그룹이 동일한 분산을 가지거나 두 그룹의 동일한 표본 수를 가지고 있는 특별한 경우에만 적용된다(연습문제 3.21). 식 (3.19)의 표현을 사용해 두 그룹을 m과 w로 나타내기로 하면 합동 분산 공식은 다음과 같다.

$$s^2_{pooled} = \frac{1}{n_m + n_w - 2}\left[\sum_{\substack{i=1 \\ \text{그룹 } m}}^{n_m} (Y_i - \overline{Y}_m)^2 + \sum_{\substack{i=1 \\ \text{그룹 } w}}^{n_w} (Y_i - \overline{Y}_m)^2\right] \quad (3.23)$$

여기서 대괄호의 첫 번째 항은 그룹 m의 관측값에 대한 것이고 두 번째 항은 그룹 w에 관한 것이다. 평균의 차이에 대한 합동 표준 오차는 $SE_{pooled}(\overline{Y}_m - \overline{Y}_w) = s_{pooled} \times \sqrt{1/n_m + 1/n_w}$이 된다. 합동 t-통계량은 식 (3.20)을 이용해 계산할 수 있고, 여기서 표준 오차는 합동 표준 오차 $SE_{pooled}(\overline{Y}_m - \overline{Y}_w)$이다.

만약 그룹 m에서 Y의 모분포가 $N(\mu_m, \sigma^2_m)$이고, 그룹 w에서 Y의 모분포가 $N(\mu_w, \sigma^2_w)$을 따르며, 두 그룹의 분산이 동일하다면(즉 $\sigma^2_m = \sigma^2_w$), 귀무가설하에서 합동 표준 오차를 이용해 얻은 t-통계량은 $n_m + n_w - 2$의 자유도를 가진 스튜던트 t 분포를 따르게 된다.

합동 분산 추정치인 s^2_{pooled}를 사용할 때의 단점은 이는 오직 두 집단의 모분산이 동일한 경우에만 적용된다는 점이다($n_m \neq n_w$를 가정). 만약 모분산이 다르다면 합동 분산 추정치는 편의가 있고 일치성이 없게 된다. 만약 모분산이 다르지만 합동 분산 공식이 사용되면, 귀무가설하의 합동 t-통계량은 데이터 자체가 정규분포를 따른다고 하더라도 스튜던트 t 분포를 따르지 않게 된다. 사실 대표본에서도 이는 표준정규분포를 따르지 않는다. 그렇기 때문에 합동 표준 오차와 합동 t-통계량은 두 분산이 동일하다는 이유가 충분하지 않다면 사용하지 않아야 한다.

스튜던트 t 분포의 실제 사용

Y의 평균을 검정하는 문제에서 스튜던트 t 분포는 Y의 모분포가 정규분포인 경우에만 사용 가능하다. 그러나 경제변수에서 정규분포라는 것은 예외적인 경우다. (예를 들어 2장의 글상자 '영국의 아동기 사회경제적 상황에 따른 성인기 소득 분포'와 '스위스 프랑의 고정환율제 해제'를 참조하라.) 데이터가 정규분포를 가지지 않더라도, 표본크기가 충분히 크다면 t-통계량의 분포가 정규분포에 근사한다. 그렇기 때문에 분포의 평균에 대한 가설검정이나 신뢰구간과 같은 통계적 추론은 대표본의 표준정규분포 근사성에 기반한다.

두 평균을 비교할 때, 두 그룹의 평균이 다른 평균을 가진다는 경제학적인 생각은 두 그룹이 또한 다른 분산을 가지고 있다는 것을 의미한다. 이에 따라 합동 표준 오차 공식은 적절하지 못하기에 두 그룹이 다른 분산을 가지고 있음을 허용하는 것보다 정확한 표준 오차 공식이 식 (3.19)에 나타나 있다. 모표본이 정규분포를 갖더라도, 식 (3.19)의 표준 오차 공식을 사용해 구한 t-통계량은 스튜던트 t 분포를 따르지 않는다. 실제로는 그렇기 때문에 평균의 차이에 대한 추론은 대표본 표준정규분포 근사성과 함께 식 (3.19)에 기반해 이루어져야 한다.

스튜던트 t 분포가 경제학에서는 거의 활용되지 않지만, 일부 소프트웨어는 스튜던트 t 분포를 사용해 p값과 신뢰구간을 계산한다. 실제로 이는 큰 문제가 되지는 않는데, 스튜던트 t 분포와 표준정규분포의 차이가 표본 숫자가 많다면 거의 무시할 수준이다. $n > 15$인 경우라면 스튜던트 t 분포를 이용해 얻은 p값과 표준정규분포를 통해 얻은 값의 차이가 0.01을 넘지 않는다. $n > 80$인 경우라면, 이 차이가 0.002를 넘지 않는다. 대부분의 최근의 응용사례, 그리고 이 책의 응용사례에서 표본의 크기는 수백 수천 단위이다. 이는 스튜던트 t 분포와 표준정규분포의 차이를 무시할 수 있다고 볼 수 있을 만큼 충분히 큰 표본크기이다.

3.7 산포도, 표본 공분산, 표본 상관관계

나이와 임금의 관계는 어떠한가? 다른 것들과 마찬가지로 이 질문에 대한 대답은 한 변수 X(나이)와 다른 변수 Y(임금)에 관한 것이다. 이 절에서는 변수 간의 관계를 설명한 세 가지 방법(산포도, 표본 공분산, 표본 상관관계)을 소개한다.

산포도

산포도(scatterplot)는 n개의 관측값을 점 (X_i, Y_i)로 X_i와 Y_i축에 나타내는 도표이다. 예를 들어 그림 3.2는 2016년 3월 CPS[2]로부터 얻은 정보산업에 근무하는 200명의 관리자 표본의 나이(X)와 시간당 임금(Y)을 나타낸 도표이다. 그림 3.2의 각 점은 관측값들의 (X, Y) 조합에 해당한다. 예를 들어 이 표본에서 한 근로자는 45세이고 시간당 임금이 49.15달러이고 이 근로자에 해당하는 점은 그림 3.2에 강조되어 나타나 있다. 산포도는 이 표본에서 나이와 임

2 역주: Current Population Survey. 미국 인구통계국(U.S. Census Bureau)과 노동통계국(Bureau of Labor Statistics)이 매달 공동으로 실시하는 미국의 노동력과 인구에 대한 기초조사통계.

그림 3.2 시간당 평균 임금 대 나이의 산포도

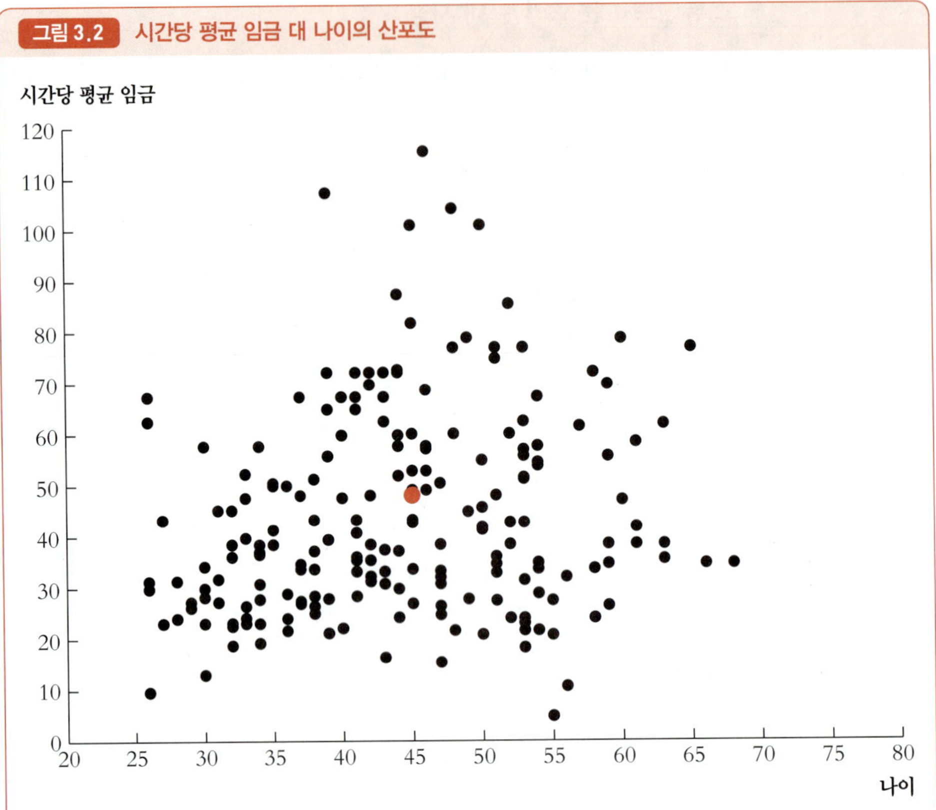

도표의 각 점은 표본 근로자 200명의 시간당 평균 임금과 나이를 나타낸다. 강조되어 있는 점은 45세이고 시간당 평균 임금이 49.15달러인 근로자를 나타낸다. 이 데이터는 2016년 3월 CPS에서 컴퓨터와 정보시스템 산업의 관리자급에 대한 정보를 바탕으로 작성되었다.

금이 양의 관계를 보여준다. 즉 나이 든 근로자일수록 젊은 근로자보다 더 많은 임금을 받는 것으로 나타난다. 하지만 이 관계는 정확한 것은 아닐뿐더러 임금 수준을 어느 근로자의 나이만으로 완전히 예상하는 것은 어렵다.

표본 공분산과 상관관계

공분산과 상관관계는 2.3절에 두 확률변수 X와 Y 결합확률 분포의 두 가지 특성으로 소개되었다. 모분포가 알려져 있지 않기 때문에 실제로 모집단의 공분산과 상관관계는 알 수가 없다. 그러나 모집단의 공분산과 상관관계는 모집단으로부터 n개의 무작위 표본을 선택해 데이터 (X_i, Y_i), $i = 1, \dots, n$을 구축해 이를 통해 추정할 수 있다.

표본 공분산과 상관관계는 모집단의 공분산과 상관관계의 추정치이다. 이 장에서 이미 논의한 추정량과 같이 이들은 모평균(혹은 기댓값)을 표본평균으로 대체하는 것으로 계산할 수 있다. s_{XY}로 나타낼 수 있는 **표본 공분산**(sample covariance)은 다음과 같다.

$$s_{XY} = \frac{1}{n-1}\sum_{i=1}^{n}(X_i - \overline{X})(Y_i - \overline{Y}) \tag{3.24}$$

표본 분산과 같이 식 (3.24)의 평균은 n 대신에 $n-1$이 분모가 된다. 이 차이는 모평균을 추정하기 위해 $\overline{X}$와 $\overline{Y}$를 사용하는 데서 발생한다. n이 충분히 크다면, n으로 나누건 $n-1$로 나누건 큰 차이는 없다.

표본 상관계수(sample correlation coefficient) 혹은 **표본 상관관계**(sample correlation)는 r_{XY}로 나타내며 다음과 같이 표본 분산에 대한 표본 표준편차에 대한 비율로 정의된다.

$$r_{XY} = \frac{s_{XY}}{s_X s_Y} \tag{3.25}$$

표본 상관계수는 n개의 표본 관측값에서 X와 Y의 선형관계의 강도를 측정하는 것이다. 모집단의 상관관계와 같이, 표본 상관계수는 단위와 상관없으며, -1과 1 사이의 값을 갖는다[즉 $|r_{XY}| \leq 1$].

모든 i에 대해서 $X_i = Y_i$이면 표본 상관관계는 1이고, $X_i = -Y_i$이면 -1이다. 일반적으로 산포도가 일직선으로 나타난다면 상관관계는 ±1이다. 만약 관계선이 상향한다면 X와 Y 사이에 양의 관계가 있다는 것이고, 상관관계는 1이 된다. 만약 관계선이 하향한다면 두 변수 사이에는 음의 관계가 있고, 상관관계는 -1이 된다. 산포도가 일직선에 가까워질수록 상관관계는 ±1에 가까워진다. 높은 상관계수가 관계선이 가파른 경사를 갖게 되는 것은 아니다. 오히려 산포도의 점들이 일직선에 가깝게 붙어 있다는 것이다.

표본 공분산과 상관관계의 일치성 표본 분산과 마찬가지로 표본 공분산도 일치성이 있다.

$$s_{XY} \xrightarrow{p} \sigma_{XY} \tag{3.26}$$

다른 말로 하면, 대표본에서 표본 공분산은 매우 높은 확률로 모공분산에 근접하다는 것이다.

(X_i, Y_i)는 i.i.d.를 따라 추출되었고, X_i와 Y_i가 유한한 4차 적률을 가진다는 가정하에서 식 (3.26)의 결과에 대한 증명은 표본 공분산이 일치성이 있다는 부록 3.3의 증명과 유사하다. 정확한 증명은 연습문제로 남겨두었다(연습문제 3.20).

표본 분산과 표본 공분산이 일치성이 있기 때문에, 표본 상관계수도 일치성이 있다. 즉 $r_{XY} \xrightarrow{p} \text{corr}(X_i, Y_i)$이다.

예제 그림 3.2에서 있는 나이와 임금 데이터를 고려해보자. 이 200명의 근로자 표본에서 나이의 표본 표준편차는 $s_A = 9.57$년이고, 임금의 표본 표준편차는 $s_E = 19.93$달러/시간이다. 나이와 임금의 표본 공분산 $s_{AE} = 91.51$(단위는 년 × 시간당 달러이긴 한데 해석은 따로 존재하지 않는다)이다. 이와 같이 표본 상관계수는 $r_{AE} = 91.51/(9.57 \times 19.93) = 0.48$이 된다. 상관관계가 0.48이라는 것은 나이와 임금 사이에 양의 관계가 존재한다는 것이다. 그러나 산포도에서도 나타났듯이 이 관계가 완벽한 것은 아니다.

상관관계가 계량 단위에 의존하지 않는다는 것을 확인하기 위해 임금을 센트 단위로 보고한다고 하자. 이와 같은 경우 임금의 표준편차가 시간당 1,993센트가 되고 나이와 임금의 공분산은 9,151(단위는 년 × 시간당 센트)이다. 이 경우에 상관관계는 $9151/(9.57 \times 1993) = 0.48$ 혹은 48%가 된다.

그림 3.3은 산포도와 상관관계에 대한 추가적인 예제이다. 그림 3.3a는 변수들 간에 강한

그림 3.3 네 가지 가상 데이터의 산포도

그림 3.3a와 3.3b의 산포도는 X와 Y 사이의 강한 선형관계를 나타낸다. 그림 3.3c에서 X는 Y와 독립적이고 두 변수 사이의 상관관계는 없다. 그림 3.3d에서 두 변수는 비선형적으로 관계가 있더라도 선형적으로 상관관계가 없다.

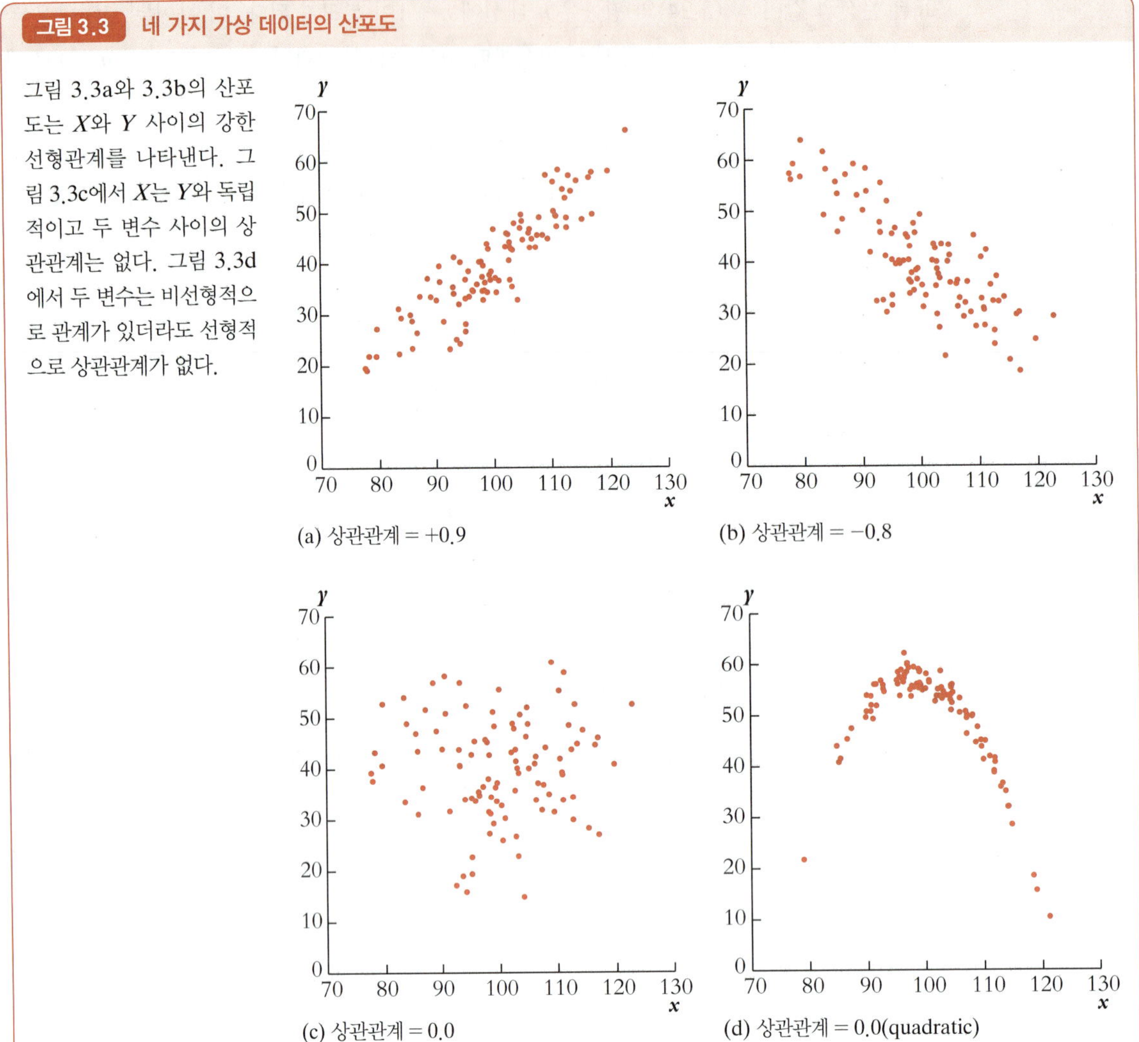

(a) 상관관계 = +0.9

(b) 상관관계 = −0.8

(c) 상관관계 = 0.0

(d) 상관관계 = 0.0(quadratic)

양의 선형 관계가 있음을 보여주는 것이고, 이때 표본 상관관계는 0.9이다.

그림 3.3b는 표본 상관관계가 −0.8인 매우 강한 음의 관계를 나타내고 있다. 그림 3.3c는 관계가 없는 경우의 산포도를 나타내고, 이때의 상관관계는 0이다. 그림 3.3d는 매우 선명한 관계를 보여주는데, X가 늘어날수록 Y는 처음에 상승하다가 나중에는 하락하게 된다. 이처럼 X와 Y에 식별 가능한 관계에도 불구하고 표본 상관관계는 0이다. 왜냐하면 이 데이터에서는 작은 Y의 값들이 작은 X의 값과 그렇지 않은 값들 모두에 대응되기 때문이다.

이 마지막 사례는 매우 중요한 요점을 보여준다. 상관관계는 **선형** 관계에 대한 측량인 것이다. 그림 3.3d에서 어떠한 관계를 발견할 수 있지만, 이는 선형이 아니다.

요약

1. 표본평균 $\overline{Y}$는 모평균 μ_Y의 추정치이다. $Y_1, \ldots, Y_n$가 i.i.d.이면

   a. $\overline{Y}$의 표본 분포는 μ_Y가 평균이고, 분산이 $\sigma_{\overline{Y}}^2 = \sigma_Y^2/n$이다.
   b. $\overline{Y}$는 불편의하다.
   c. 대수의 법칙으로, $\overline{Y}$는 일치성을 지닌다.
   d. 중심극한정리로, 표본크기가 충분히 크면 $\overline{Y}$의 분포는 정규분포에 근사한다.

2. t-통계량은 모평균이 특정한 값을 가진다는 가설을 검정하기 위해서 사용된다. n이 크다면, t-통계량은 귀무가설이 참일 때 표준정규분포를 따르게 된다.

3. t-통계량은 귀무가설하에서 p값을 계산할 때 사용된다. p값은 귀무가설이 참이라고 가정할 때 표본에서 실제로 계산한 통계량만큼이나 귀무가설에 불리한 통계량을 얻을 확률을 의미한다. 작은 p값은 귀무가설이 거짓이라는 증거가 된다.

4. μ_Y에 대한 95% 신뢰구간은 해당 구간이 모든 가능한 표본 가운데 μ_Y의 참값을 95%의 확률로 포함하고 있는 구간을 의미한다.

5. 두 모집단의 평균 차이에 대한 가설검정과 신뢰구간을 작성하는 것은 개념적으로는 하나의 모집단 평균에 대한 검정과 신뢰구간 작성과 유사하다.

6. 표본 상관계수는 모집단의 상관계수에 대한 추정치이며 두 변수 사이의 선형 관계를 측정하는 것이다. 즉 두 변수의 산포도가 일직선에 근접하는지를 보여준다.

핵심 용어

가설검정 hypothesis tests
검정력 power of a test
검정의 크기 size of a test
검정 통계량 test statistic
귀무가설 null hypothesis
기각역 rejection region
단측 대립가설 one-sided alternative hypothesis
대립가설 alternative hypothesis
두 모평균의 차이에 대한 가설검정 test for the difference between two means
산포도 scatterplot
최소제곱추정량 least squares estimator
신뢰구간 confidence interval
신뢰수준 confidence level
신뢰집합 confidence set
양측 대립가설 two-sided alternative hypothesis
유의수준 significance level
인과효과 causal effect
일치성 consistency
임계치 critical value
자유도 degrees of freedom
채택역 acceptance region
처치효과 treatment effect
최소분산선형불편추정량 Best Linear Unbiased Estimator, BLUE
추정량 estimator
추정치 estimate
편의 bias
포함확률 coverage probability
표본 공분산 sample covariance
표본 분산 sample variance
표본 상관계수(표본 상관관계) sample

correlation coefficient (sample correlation)
표본 표준편차sample standard deviation
효율성efficiency
1종 오류type I error
2종 오류type II error
p값(유의 확률)p-value(significance probability)
t-비율t-ratio
t-통계량t-statistic
$\overline{Y}$의 표준 오차standard error of $\overline{Y}$

복습문제

3.1 불편 추정량과 일치 추정량의 차이를 설명하라.

3.2 추정량의 효율성은 무엇을 의미하는가? 어떤 추정량이 최소분산선형불편추정량(BLUE)으로 알려져 있는가?

3.3 모집단 분포의 평균이 15이고 분산이 10일 때, 이 모집단에서 i.i.d. 표본의 Y의 평균과 분산을 (a) $n = 5$, (b) $n = 500$, (c) $n = 5{,}000$인 경우에 따라 구하라. 당신의 답을 대수의 법칙과 연관지어 설명하라.

3.4 표준 오차와 표준편차의 차이는 무엇인가? 표본평균의 표준 오차는 어떻게 계산하는가?

3.5 귀무가설과 대립가설의 차이는 무엇인가? 크기, 유의수준, 검정력 간의 차이는 무엇인가? 단측 대립가설과 양측 대립가설의 차이는 무엇인가?

3.6 왜 신뢰구간이 단일 가설검정 결과보다 더 많은 정보를 포함하는가?

3.7 산포도란 무엇인가? 산포도 다이어그램을 사용해 데이터의 어떤 통계적 특징을 나타낼 수 있는가?

3.8 2개 확률변수의 상관관계가 (a) 1.0, (b) −1.0, (c) 0.9, (d) −0.5, (e) 0.0일 때 크기가 10인 표본의 산포도를 스케치하라.

연습문제

3.1 모집단에서 $\mu_Y = 75$, $\sigma_Y^2 = 45$라고 하자. 중심극한정리를 이용해 다음 질문에 답하라.

a. $n = 50$인 무작위 표본에서 $\Pr(\overline{Y} < 73)$은 얼마인가?
b. $n = 90$인 무작위 표본에서 $\Pr(76 < \overline{Y} < 77)$은 얼마인가?
c. $n = 120$인 무작위 표본에서 $\Pr(\overline{Y} > 69)$은 얼마인가?

3.2 Y는 베르누이 확률변수로서 성공 확률 $\Pr(Y = 1) = p$이고 $Y_1, \ldots, Y_n$은 i.i.d.로 추출되었다. $\hat{p}$을 표본에서의 성공비율이라고 하자.

a. $\hat{p} = \overline{Y}$임을 밝혀라.
b. $\hat{p}$은 p의 불편 추정량임을 밝혀라.
c. $\text{var}(\hat{p}) = p(1 - p)/n$임을 밝혀라.

3.3 500명이 투표를 할 것으로 예상되는 선거에서 270명은 민주당 후보에게, 230명은 공화당 후보에게 투표를 할 것이라고 한다. $\hat{p}$을 선거 당시에 모든 선거권자가 민주당 후보에게 투표

하는 비율이라고 할 때, $\hat{p}$은 여론조사에서 민주당 후보에게 투표하고자 하는 비율이다.

a. 선거 결과를 이용해 p를 추정하라.

b. $\hat{p}$의 분산 추정량 $\hat{p}(1-\hat{p})/n$을 이용해 이 추정량의 표준 오차를 계산하라.

c. H_0: $p = 0.5$ vs. H_1: $p \neq 0.5$ 검정의 p값은 얼마인가?

d. H_0: $p = 0.5$ vs. H_1: $p > 0.5$ 검정의 p값은 얼마인가?

e. 왜 (c)와 (d)의 결과가 다르게 나타나는가?

f. 투표는 투표 시점에 민주당 후보가 공화당 후보보다 앞서 있다는 통계적으로 유의미한 증거를 보여주는가? 자세히 설명하라.

3.4 문제 3.3의 데이터를 이용해 다음 물음에 답하라.

a. p의 95% 신뢰구간을 작성하라.

b. p의 99% 신뢰구간을 작성하라.

c. 왜 (b)의 구간이 (a)의 구간보다 더 넓은가?

d. 추가적인 계산 없이 5% 유의수준에서 H_0: $p = 0.5$ vs. H_1: $p \neq 0.5$를 검정하라.

3.5 1,000명의 등록된 유권자를 대상으로 설문조사를 실시했다. 각 유권자는 후보자 A와 B 중에 누구에게 투표할지를 답변했다. p를 모집단에서 후보자 A를 선호하는 유권자의 비율이라고 하고, $\hat{p}$을 표본에서 후보자 A를 선호하는 유권자의 비율이라고 하자.

a. 당신이 H_0: $p = 0.4$ vs. H_1: $p \neq 0.4$의 검정에 관심이 있다고 하자. 당신은 $|\hat{p} - 0.4| > 0.01$일 때 H_0을 기각한다고 하자.

i. 이 검정의 크기(size)는 얼마인가?

ii. $p = 0.45$일 때 이 검정의 검정력(power)을 계산하라.

b. 설문조사 결과 $\hat{p} = 0.44$로 나타났다.

i. 10% 유의수준에서 H_0: $p = 0.4$ vs. H_1: $p \neq 0.4$를 검정하라.

ii. 10% 유의수준에서 H_0: $p = 0.4$ vs. H_1: $p < 0.4$를 검정하라.

iii. p의 90% 신뢰구간을 작성하라.

iv. p의 99% 신뢰구간을 작성하라.

v. p의 60% 신뢰구간을 작성하라.

c. 설문조사가 30회 실시되었고, 각 설문조사마다 표본은 독립적으로 추출되었다고 하자. 30번의 설문조사마다 각각 p에 대한 90% 신뢰구간이 작성되었다.

i. 30개의 신뢰구간에서 p의 참값이 포함될 확률은 얼마인가?

ii. 30개의 신뢰구간 중에 몇 개나 p의 참값을 포함하고 있을 것으로 기대하는가?

d. 설문조사 용어 중에 '오차범위(margin of error)'라는 것이 있는데, 이는 보통 $1.96 \times SE(\hat{p})$으로 정의된다. 즉 이는 95% 신뢰구간 길이의 절반이다. 설문조사를 오차범위가 0.5% 이내로 되도록 설계했다고 하자. 즉 $\Pr(|\hat{p} - p| > 0.005 \leq 0.005$이다. 무작위 추출을 사용해 설문조사를 수행한다고 할 때 표본크기 n은 얼만큼이어야 하는가?

3.6 $Y_1, \ldots, Y_n$은 평균이 μ인 분포로부터 i.i.d.로 추출된 표본이다. H_0: $\mu = 10$ vs. H_1: $\mu \neq 10$의 가설을 t-통계량을 사용해 검정한 결과 p값은 0.07로 나왔다.

a. 90% 신뢰구간은 $\mu = 10$을 포함하는가? 자세히 설명하라.

b. 95% 신뢰구간이 $\mu = 8$을 포함하는지를 판단할 수 있는가? 자세히 설명하라.

3.7 주어진 모집단에서 투표하고자 하는 유권자의 50%는 여성이라고 한다. 1,000개의 유선전화번호를 바탕으로 한 무작위 표본 추출을 이용한 설문조사에서 여성의 비율은 55%였다. 이 설문조사는 편의성이 있는가? 자세히 설명하라.

3.8 새로운 형태의 SAT가 무작위로 추출된 1,500명의 고등학교 3학년 학생을 대상으로 실시되었다. 표본평균은 1,230이고 표본 표준편차는 145이다. 고등학교 3학년 학생 모집단의 평균 점수에 대한 95% 신뢰구간을 작성하라.

3.9 1,000시간의 평균 수명과 100시간의 표준편차를 가진 집적회로를 제조하는 공장이 있다고 하자. 한 개발자가 새로운 제조공정을 개발해 더 긴 평균 수명과 동일한 표준편차를 가진 집적회로를 생산할 수 있다고 한다. 공장 관리자는 새로운 공정에서 생산된 회로 중 50개를 무작위로 선택했다. 이 관리자는 표본으로 추출된 회로의 평균 수명이 1,100시간을 넘는다면 이 개발자의 새로운 공정이 효과적이라고 말할 수 있다고 했다. 만약 그렇지 않다면 새로운 공정은 기존의 공정과 큰 차이가 없다고 결론을 내릴 것이다. μ를 새로운 공정에서 집적회로의 평균 수명이라고 하자. 그리고 H_0: $\mu = 1000$ vs. H_1: $\mu > 1000$의 귀무가설과 대립가설을 공장 관리자가 고려하고 있다고 하자.

a. 공장 관리자의 가설검정 크기(size)는 얼마인가?

b. 새로운 공정이 사실 더 나으며 평균 수명도 1,150시간이라고 하자. 공장 관리자의 가설검정 검정력은 얼마인가?

c. 공장 관리자가 가설검정의 크기를 1%로 하고 싶다면 가설검정은 어떻게 이루어져야 하는가?

3.10 암스테르담에서 무작위로 선택된 150명의 3학년 학생을 대상으로 새로운 표준화 시험이 치러졌다. 표본의 평균 점수 $\overline{Y}$는 42점이고, 표본 표준편차 s_Y는 6점이다.

a. 암스테르담 지역의 모든 3학년 학생들을 대상으로 시험이 치러졌다. 암스테르담 3학년 학생들의 평균 시험점수에 대한 99% 신뢰구간을 작성하라.

b. 동일한 시험이 로테르담의 3학년 학생 중 무작위로 선택된 300명을 대상으로 실시되었고, 그 결과 표본의 평균 점수는 48점, 평균 표준편차는 10점이었다. 로테르담과 암스테르담 학생들 간의 평균 시험점수 차이에 대한 95% 신뢰구간을 작성하라.

c. 로테르담과 암스테르담 학생들 간의 시험점수가 차이가 난다는 결론에 강한 확신을 가질 수 있는가? (두 평균 차이의 표준 오차는 얼마인가? 평균에 차이가 없다는 것과 그렇지 않다는 검정에서의 p값은 얼마인가?)

3.11 추정량 $\widetilde{Y}$를 식 (3.1)과 같이 정의하자. (a) $E(\widetilde{Y}) = \mu_Y$, (b) $\text{var}(\widetilde{Y}) = 1.25\sigma_Y^2/n$임을 밝혀라.

3.12 한 영국 회사에서의 성차별을 조사하기 위해 유사한 직군의 남성 120명과 여성 150명의 표본을 무작위로 추출했다. 이들의 월급에 대한 요약표는 다음과 같다.

	평균 월급($\overline{Y}$)	표준편차(s_Y)	n
남성	8,200파운드	450파운드	120
여성	7,900파운드	520파운드	150

a. 위 데이터는 사내 남녀의 임금 차이에 대해서 어떤 설명을 할 수 있는가? 남성과 여성의 평균 임금이 다르다고 할 수 있는 통계적으로 유의미한 증거를 제시하는가? (이 질문에 대한 답을 하기 위해 첫째로 귀무가설과 대립가설을 세우고, 둘째로 검정을 위한 t-통계량을 계산하고, 셋째로 t-통계량에 따른 p값을 계산한다. 넷째로 p값을 이용해 위 질문에 답을 한다.)

b. 위 데이터는 이 회사가 임금에 있어 남녀 차별을 했다고 할 수 있는가? 자세히 설명하라.

3.13 브뤼셀 400개 학군의 5학년 시험(읽기와 수학) 평균 성적 $\overline{Y} = 712.1$이고 표준편차 $s_Y = 23.2$이다.

a. 모집단에서의 평균 시험점수에 대한 90% 신뢰구간을 작성하라.

b. 학군을 소규모 학급으로 운영되는 곳(교사당 학생 수가 20명 미만)과 대규모 학급으로 운영되는 곳(교사당 학생 수가 20명 이상)으로 나누었을 때, 그 결과는 다음과 같다.

학급 크기	평균 월급($\overline{Y}$)	표준편차(s_Y)	n
소규모	721.8	24.4	150
대규모	710.9	20.6	250

소규모 학급의 학군이 대규모 학급의 학군보다 평균점수가 높다고 할 만한 통계적으로 유의미한 증거가 있는가? 자세히 설명하라.

3.14 인치로 측정한 키(X)와 파운드로 측정한 몸무게(Y)를 200명의 남자 대학생을 대상으로 조사했다. 결과에 대학 요약 통계로서 $\overline{X} = 71.2$인치, $\overline{Y} = 164$파운드, $s_X = 1.9$인치, $s_Y = 16.4$파운드, $s_{XY} = 22.54$인치 × 파운드, $r_{XY} = 0.8$이다. 이 통계량들을 미터법에 따라 미터와 킬로그램 단위로 전환하라.

3.15 Y_a와 Y_b를 두 개의 다른 모집단 a, b로부터 얻은 베르누이 확률변수라고 하자. $E(Ya) = p_a$이고 $E(Y_b) = p_b$라고 하자. 모집단 a로부터 추출한 무작위 표본의 크기를 n_a라 하고 표본평균은 $\hat{p}_a$라고 한다. 모집단 b로부터 추출한 무작위 표본의 크기를 n_b라 하고 표본평균은 $\hat{p}_b$라고 한다. 모집단 a로부터 추출한 표본은 모집단 $_b$로부터 추출한 표본과 독립적이라고 가정한다.

a. $E(\hat{p}_a) = p_a$와 $\text{var}(\hat{p}_a) = p_a(1 - p_a)/n_a$가 성립함을 밝혀라.
$E(\hat{p}_b) = p_b$와 $\text{var}(\hat{p}_b) = p_b(1 - p_b)/n_b$가 성립함을 밝혀라.

b. $\text{var}(\hat{p}_a - \hat{p}_b) = \dfrac{p_a(1 - p_a)}{n_a} + \dfrac{p_b(1 - p_b)}{n_b}$를 밝혀라. (힌트: 표본이 독립적으로 추출되었음을 감안하라.)

c. n_a와 n_b가 충분히 크다고 하자. $p_a - p_b$의 95% 신뢰구간이 $(\hat{p}_a - \hat{p}_b) \pm 1.96\sqrt{\dfrac{\hat{p}_a(1 - \hat{p}_a)}{n_a} + \dfrac{\hat{p}_b(1 - \hat{p}_b)}{n_b}}$임을 밝혀라. $p_a - p_b$의 90% 신뢰구간은 어떻게 작성할 수 있는가?

3.16 유럽 학생들이 표준화 시험에서 얻은 평균 점수가 500이라고 가정하자. 우크라이나에서 무작위로 선택한 600명의 학생이 이 시험을 보게 되었다. 이 표본에서 평균 점수가 508, 분산

은 75로 나왔다.

a. 우크라이나 학생들의 평균 시험점수에 대한 95% 신뢰구간을 작성하라.

b. 우크라이나 학생들이 다른 유럽 학생들보다 우수한 성적을 거두었다고 할 만한 통계적으로 유의한 증거가 있는가?

c. 우크라이나에서 또 다른 500명의 학생이 무작위로 선택되었다. 이들은 시험 전에 3시간의 시험준비 수업을 듣게 했다. 그 결과 이들의 평균 점수가 514이고 표준편차는 65로 나타났다.

i. 준비 수업을 듣고 나서의 시험점수 차이에 대한 95% 신뢰구간을 작성하라.

ii. 준비 수업이 성적 향상에 도움이 되었다고 할 만한 통계적으로 유의한 증거가 있는가?

d. 기존에 시험을 이미 치렀던 600명의 학생에게 준비 수업을 듣게 하고 동일한 시험을 다시 한번 치르게 했다. 이들의 두 시험점수 차이는 7점이고 표준편차는 40점으로 나타났다.

i. 시험점수의 차이에 대한 95% 신뢰구간을 작성하라.

ii. 준비 수업을 들은 뒤 두 번째 시험을 치르고 나서 이들의 성적이 향상되었다는 통계적으로 유의한 증거가 존재하는가?

iii. 학생들 중에는 준비 수업을 듣고 나서 성적이 향상된 경우도 있을 것이고 첫 번째 치렀던 시험에서의 경험으로 두 번째 시험에서 성적이 향상된 경우도 있을 것이다. 이 두 가지 효과를 나타내기 위해서 실험을 어떻게 설계해야 하는가?

3.17 3.5절에 있는 글상자 '사회적 신분 혹은 교육? 어린이의 환경과 성인 임금에 대한 재검토'를 읽고 다음 물음에 답하라.

a. 아버지가 NS-SEC 분류상 상위직업을 가지고 있을 때 교육수준이 없는 경우와 학사 이상의 학력을 가진 경우의 가계 소득 차이에 대한 95% 신뢰구간을 작성하라.

b. 아버지가 NS-SEC 분류상 일반적인 직업을 가지고 있을 때 교육수준이 없는 경우와 학사 이상의 학력을 가진 경우의 가계 소득 차이에 대한 95% 신뢰구간을 작성하라.

c. a와 b의 답 차이에 대한 95% 신뢰구간을 작성하라.

3.18 이 문제는 $Y_1, \ldots, Y_n$이 i.i.d.로 추출되고 그 평균이 μ_Y, 분산이 σ_Y^2인 경우에 모분산의 불편 추정량임을 밝히는 것이다.

a. 식 (2.34)를 이용해 $E(Y_i - \overline{Y})^2 = \text{var}(Y_i) - 2\text{cov}(Y_i, \overline{Y}) + \text{var}(\overline{Y})$임을 밝혀라.

b. 식 (2.36)을 이용해 $\text{cov}(\overline{Y}, Y_i) = \sigma_Y^2/n$임을 밝혀라.

c. (a)와 (b)의 결과를 이용해 $E(\sigma_Y^2) = \sigma_Y^2$임을 밝혀라.

3.19 **a.** $\overline{Y}$는 μ_Y의 불편 추정량이다. $\overline{Y}^2$은 μ_Y^2의 불편 추정량인가?

b. $\overline{Y}$는 μ_Y의 일치 추정량이다. $\overline{Y}^2$은 μ_Y^2의 일치 추정량인가?

3.20 (X_i, Y_i)는 유한한 4차 적률을 갖는 i.i.d. 표본이다. 표본 공분산은 모공분산의 일치 추정량임을 증명하라. 즉 식 (3.24)에서 정의한 바와 같이 $s_{XY} \xrightarrow{P} \sigma_{XY}$를 밝히면 된다. (힌트: 부록 3.3의 방법을 이용하라.)

3.21 식 (3.23)에서 주어진 합동 표준 오차 $[SE_{pooled}(\overline{Y}_m - \overline{Y}_w]$가 두 그룹의 크기가 동일하다고 할 때$(n_m = n_w)$ 식 (3.19)에서처럼 두 평균의 차이에 대한 표준 오차와 동일함을 밝혀라.

3.22 $i = 1, \ldots, n$에 대해서 $Y_i \sim i.i.d.N(\mu_Y, \sigma_Y^2)$라고 하자. σ_Y^2는 알려져 있고 H_0: $\mu_Y = 0$ vs. H_1: $\mu_Y > 0$을 검정할 t-통계량은 $t = (\overline{Y} - 0)/SE(\overline{Y})$로 주어졌다. 여기서 $SE(\overline{Y}) = \sigma_Y/\sqrt{n}$이다. $\sigma_Y = 100$, $n = 100$이라 하면 $SE(\overline{Y}) = 1$이다. 5% 유의수준에서, 귀무가설은 $t > 1.64$일 때 기각된다.

a. $\mu_Y = 0$이라 하면 귀무가설은 참이다. 귀무가설이 기각될 확률은 얼마인가?

b. $\mu_Y = 2$라 하면 대립가설은 참이다. 귀무가설이 기각될 확률은 얼마인가?

c. 90%의 경우는 귀무가설이 참($\mu_Y = 0$)일 때 모집단으로부터 추출된 것이고 10%의 경우는 대립가설이 참일 때($\mu_Y = 2$)의 모집단에서 추출된 것이라고 하자. 당신의 표본은 이렇게 두 가지 경우에서 추출되었다는 것은 알지만 어디서 추출되었는지는 모른다.

i. t-통계량을 구하라. $t > 1.64$인 확률은 얼마인가? 즉 귀무가설을 기각할 확률은 얼마인가?

ii. 귀무가설을 기각했다고 하자. 즉 $t > 1.64$이다. 표본이 $\mu_Y = 0$ 모집단으로부터 추출되었을 확률은 얼마인가?

d. 새로운 약효가 있는 신약을 발견하는 것은 매우 어려운 일이다. 90%의 신약은 효과가 없고 10%만이 실제로 효과가 있다고 하자. Y를 환자에게 신약을 투여했을 때 하락하는 혈중독소 수준이라고 하자. 신약이 효과가 없다면 $\mu_Y = 0$, $\sigma_Y = 10$이다. 신약이 효과가 있다면 $\mu_Y = 2$, $\sigma_Y = 10$이다.

i. 무작위로 선택된 100명($n = 100$)의 환자에게 새로운 약이 테스트되었고 얻은 데이터를 바탕으로 t-통계량이 1.64보다 큰 것으로 나타났다. 이 신약이 실제로는 효과가 없을 확률은 얼마인가? (즉 $t > 1.64$일 때 거짓 긍정의 비율은 얼마인가?)

ii. 0.5% 유의수준에서 단측 검정을 실시했다고 하자. 신약이 효과가 없을 확률을 얼마인가? (즉 거짓 긍정 비율은 얼마인가?)

실증문제

E3.1 교재 웹사이트(**http://www.pearsonglobaleditions.com**)에서 **CPS96_15**파일을 찾아보라. 해당 파일에는 표 3.1에 해당하는 데이터가 1996년 2015년까지 수록되어 있다. 이 데이터에는 25~34세 상용근로자 중 고졸 이상이거나 학사 이상의 학위가 있는 사람들이 포함되어 있다. 데이터에 대한 자세한 설명은 웹사이트에 있는 **CPS96_15_Description**을 참조하라. 이 데이터를 이용해 다음 물음에 답하라.

a. i. 1996년과 2015년의 시간당 평균 임금(AHE)의 표본평균을 계산하라.

ii. 1996년과 2015년의 시간당 평균 임금(AHE)의 표본 표준편차를 계산하라.

iii. 1996년과 2015년의 시간당 평균 임금(AHE)의 모평균에 대한 95% 신뢰구간을 작성하라.

iv. 1996년과 2015년사이 시간당 평균 임금(AHE)의 모평균 차이에 대한 95% 신뢰구간을 작성하라.

b. 2015년 소비자물가지수(Consumer Price Index, CPI)는 237.0이었다. 1996년 CPI는 156.9였다. 2015년 물가수준을 반영해 (a)문제를 다시 풀어보라. 즉 1996년의 데이터를 1996년과 2015년 사이의 물가상승률을 고려해 적절히 변환해야 한다.

c. 1996년부터 2015년 사이의 기간 동안 근로자들의 구매력을 보고자 한다면 (a)와 (b)의 결과 중 어떤 것을 사용해야 하는가? 자세히 설명하라.

d. 2015년 데이터를 이용해 다음 물음에 답하라.

i. 고졸 근로자의 AHE 평균에 대한 95% 신뢰구간을 작성하라.

ii. 대졸 이상 근로자의 AHE 평균에 대한 95% 신뢰구간을 작성하라.

iii. 두 근로자 집단의 평균 차이에 대한 95% 신뢰구간을 작성하라.

e. 2015년 가격으로 표현한 1996년 데이터를 이용해 (d)문제를 반복하라.

f. 적절한 추정치, 신뢰구간과 검정 통계량을 사용해 다음 물음에 답하라.

i. 고졸 근로자의 실질(물가상승률이 적용된)임금은 1996년에서 2015년 동안 상승했는가?

ii. 대졸 이상 근로자의 실질임금은 상승했는가?

iii. 고졸 근로자와 대졸 이상 근로자의 임금 차이는 증가했는가? 자세히 설명하라.

g. 표 3.1은 대학 졸업자의 성별 차이에 대한 정보를 보여준다. 1996년과 2015년 데이터를 이용해 고졸 근로자에 대한 것과 유사한 표를 작성하라. 고졸 근로자와 대졸 이상 근로자의 결과에 현격한 차이가 있는가?

E3.2 어느 소비자가 1달러에 야구 카드를 살 기회가 주어졌지만 거래를 거부했다. 이 소비자에게 그 야구 카드가 주어지면, 그는 1달러에 그것을 팔려고 할까? 표준 소비자 이론은 그렇다고 하지만, 행동경제학자들은 '소유'가 소비자에게 상품의 가치를 높이는 경향이 있음을 발견했다. 즉 이 소비자가 카드를 팔려고 할 때는 1달러보다 조금 더 많은 금액(예를 들어 1.20달러)을 받으려 할 것이고, 카드를 사려고 할 때는 1달러보다 낮은 금액(예를 들면 0.88달러)을 지불하려 할 것이다. 행동경제학자들은 이와 같은 현상을 '소유 효과(endowment effect)'라고 한다. John List는 스포츠카드 쇼에서 스포츠 기념품 거래자들을 대상으로 무작위 실험을 통해 이를 조사했다. 거래자들은 거의 가치가 비슷한 A와 B 두 스포츠 기념품 중 무작위로 하나씩을 받았다.[3] A를 받은 사람들은 실험자들끼리 B와 거래할 수 있었다. B를 받은 사람들은 A를 받은 사람들과 거래를 할 수 있도록 했다. 실험 데이터와 자세한 설명은 웹사이트 **http://www.pearsonglobaleditions.com**에서 **Sportscards**와 **Sportscards_Description** 파일에서 확인할 수 있다.[4]

a. i. 소유 효과가 없이 모든 피실험자가 A를 B보다 선호한다고 가정하자. 어느 정도의 피실험자들이 자신이 받은 상품을 다른 상품과 거래하고자 하는가?[힌트: 두 처치(treatment)는 무작위로 배정되었기 때문에 약 50%의 사람들은 A를, 나머지 50%는 B를 받았다.]

ii. 소유 효과 없이 50%의 피실험자들은 A를 B보다 선호하고, 다른 50%는 B를 A보다 선호한다고 하자. 어느 정도의 피실험자들이 자신이 받은 상품을 다른 상품과 거래하고자 하는가?

iii. 소유 효과가 없이 X%의 피실험자들은 A를 B보다 선호하고, $(100 - X)$%는 B를 A보다 선호한다고 하자. 50%의 피실험자들이 자신들이 받은 상품을 다른 상품과 거래

3 A는 Cal Ripken Jr.가 연속경기출장기록을 세웠던 경기의 입장권 반쪽이었고 B는 Nolan Ryan이 300승을 기록한 경기에서 나온 기념품이었다.

4 이 데이터는 시카고대학교의 John List 교수가 제공한 것으로 그의 논문 "Does Market Experience Eliminate Market Anomalies," *Quarterly Journal of Economics*, 2003, 118(1):41-71에서 사용되었다.

할 것으로 기대하고 있는지를 밝혀라.

b. 스포츠카드 데이터를 이용해, 얼마큼의 피실험자들이 자신이 받은 상품을 거래했는가? 거래한 피실험자들의 비율이 50%와 유의미하게 다른가? 소유 효과에 대한 증거가 있는가? (힌트: 연습문제 3.2와 3.3을 복습하라.)

c. 소유 효과가 존재하는지에 대해서 논란의 여지가 있다. 그러나 거래자들이 거래에서 이득을 얻는다면 소유 효과는 사라질 가능성이 높다. 피실험자 중 절반은 전문 거래자였고, 나머지 절반은 그렇지 않았다. 전문 거래자는 그렇지 않은 사람보다 거래 경험이 많다. (b)를 전문 거래자와 비전문 거래자로 나누어 반복하라. 이들의 행동에 유의미한 차이가 있는가? 거래자들이 거래로부터 이득을 얻게 되면 소유 효과가 사라질 것이라는 가설은 데이터들로부터 얻은 증거와 일치하는가? (힌트: 연습문제 3.15를 복습하라.)

부록 3.1 미국의 인구통계조사

미국 인구통계국과 노동통계국은 매달 인구통계조사(Current Population Survey, CPS)를 실시하는데, 이는 취업 수준, 실업 및 임금 수준을 포함하는 미국 인구의 노동력 관련 특성을 조사한다. 대략 54,000여 미국 가구가 매달 조사에 참여한다. 10년마다 행해지는 센서스 데이터와 센서스 이후에 새롭게 지어진 주택데이터를 바탕으로 하는 주소 데이터베이스에서 무작위로 선택한 가구들이 표본이 된다. 정확한 무작위 추출은 꽤나 복잡하기에(먼저 최소행정구역을 무작위로 고르고 나서, 해당 지역에서 다시 무작위로 가구를 추출한다.) 자세한 내용은 노동통계핸드북(Handbook of Labor Statistics)과 미국 노동통계국 웹사이트(www.bls.gov)에서 찾아볼 수 있다.

매해 3월에 시행하는 조사는 다른 달에 시행하는 조사보다 더 자세히 진행되는데, 이 달에는 이 전해에 받은 임금을 물어본다. 표 2.4와 3.1의 통계치들은 모두 3월 조사분을 사용한 것이다. CPS의 임금 데이터는 이 전해에 최소 48주간 그리고 주당 35시간 이상 일하는 상용근로자를 대상으로 한 것이다.

데이터에 대한 자세한 내용은 http://www.pearsonglobaleditions.com에서 제공하는 복습 데이터에서 확인할 수 있다.

부록 3.2 μ_Y의 최소제곱추정량은 $\overline{Y}$라는 두 가지 증명

이 부록에서는 $\overline{Y}$가 식 (3.2)에서와 같이 예측 오차 제곱항의 합을 최소화한다[즉 $\overline{Y}$는 $E(Y)$의 최소제곱추정량이다]는 증명을 두 가지 유형으로 보여줄 것인데, 하나는 미적분을 사용할 것이고 다른 하나는 그렇지 않을 것이다.

미적분을 사용한 증명

예측 오차 제곱항의 합을 최소화하기 위해 미분을 실시하고 이를 0으로 둔다.

$$\frac{d}{dm}\sum_{i=1}^{n}(Y_i - m)^2 = -2\sum_{i=1}^{n}(Y_i - m) = -2\sum_{i=1}^{n}Y_i + 2nm = 0 \quad (3.27)$$

마지막 항을 m에 대해서 풀면 $\sum_{i=1}^{n}(Y_i - m)^2$은 $m = \overline{Y}$일 때 최소화된다.

미적분을 사용하지 않은 증명

이 방식은 최소제곱추정량과 $\overline{Y}$의 차이가 0이라는 것을 보여주어 $\overline{Y}$가 최소제곱추정량이라는 것을 보여줄 것이다. 먼저 $d = \overline{Y} - m$이라 하면 $m = \overline{Y} - d$이다. 그러면 $(Y_i - m)^2 = (Y_i - [\overline{Y} - d])^2 = ([Y_i - \overline{Y}] + d)^2 = (Y_i - \overline{Y})^2 + 2d(Y_i - \overline{Y}) + d^2$이다. 예측 오차 제곱항의 합[식 (3.2)]은 다음과 같다.

$$\sum_{i=1}^{n}(Y_i - m)^2 = \sum_{i=1}^{n}(Y_i - \overline{Y})^2 + 2d\sum_{i=1}^{n}(Y_i - \overline{Y}) + nd^2 = \sum_{i=1}^{n}(Y_i - \overline{Y})^2 + nd^2 \quad (3.28)$$

여기서 두 번째 등호는 $\sum_{i=1}^{n}(Y_i - \overline{Y}) = 0$이라는 사실을 이용한 것이다. 식 (3.28)에서 마지막 줄의 두 항은 음수가 아니고 첫 번째 항은 d에 의존하지 않기 때문에, d를 두 번째 항 nd^2을 최소화하도록 고르면 $\sum_{i=1}^{n}(Y_i - m)^2$은 최소화된다. 이는 $d = 0$으로 놓는 것, 즉 $m = \overline{Y}$로 두면 $\overline{Y}$는 $E(Y)$의 최소제곱추정량이 된다.

부록 3.3 표본 분산은 일치 추정량이라는 증명

대수의 법칙을 이용해 $Y_1, \ldots, Y_n$이 i.i.d.이고 $E(Y_i^4) < \infty$일 때 표본 분산 s_Y^2가 식 (3.9)에서 설명한 것과 같이 모분산 σ_Y^2의 일치 추정량임을 보이고자 한다.

먼저 분산의 분모를 $n - 1$ 대신 n을 사용한 형태를 고려해보자.

$$\begin{aligned}\frac{1}{n}\sum_{i=1}^{n}(Y_i - \overline{Y})^2 &= \frac{1}{n}\sum_{i=1}^{n}Y_i^2 - 2\overline{Y}\frac{1}{n}\sum_{i=1}^{n}Y_i + \overline{Y}^2 \\ &= \frac{1}{n}\sum_{i=1}^{n}Y_i^2 - \overline{Y}^2 \\ &\xrightarrow{p} (\sigma_Y^2 + \mu_Y^2) - \mu_Y^2 \\ &= \sigma_Y^2\end{aligned} \quad (3.29)$$

여기서 첫 번째 등호는 $(Y_i - \overline{Y})^2 = Y_i^2 - 2\overline{Y}Y_i + \overline{Y}^2$을 이용한 것이고, 두 번째는 $\frac{1}{n}\sum_{i=1}^{n}Y_i = \overline{Y}$를 이용한 것이다.

세 번째 줄의 수렴식은 (i) 대수의 법칙을 $\frac{1}{n}\sum_{i=1}^{n}Y_i^2 \xrightarrow{p} E(Y^2)$에 적용하고, (ii) $E(Y_i^2) = \sigma_Y^2 + \mu_Y^2$(핵심 개념 2.3)과 (iii) $\overline{Y} \xrightarrow{p} \mu_Y$인 것을 이용해 도출했다. 그 결과 $\overline{Y}^2 \xrightarrow{p} \mu_Y^2$이다. 마지막으로, 식 (3.29)와 $(\frac{n}{n-1}) \rightarrow 1$인 것을 이용해 $s_Y^2 = (\frac{n}{n-1})(\frac{1}{n}\sum_{i=1}^{n}(Y_i - \overline{Y})^2) \xrightarrow{p} \sigma_Y^2$가 된다.

PART

2

회귀분석의 기초

CHAPTER 4

단일 설명변수를 사용한 선형회귀

한 지역의 교육감이 초등학교 교사를 추가로 고용할지 결정해야 하며, 당신의 조언을 구하고 있다. 교사를 추가로 고용하면 학군의 교사당 학생 수(학생-교사 비율)가 2명 줄어들지만 지출이 증가할 것이다. 그래서 교육감이 당신에게 묻는다. "만약 학급의 학생 수를 2명 줄인다면, 표준화 시험의 점수로 측정한 학생 성과에 어떤 영향이 있을까요?"

이제 한 아버지가 당신에게 교육환경이 좋은 도시로 이사하고 싶다고 말한다고 가정해보자. 그는 특정 학군에 관심이 있다: 이 학군의 시험점수는 공개적으로 이용할 수 없지만, 아버지는 학군의 학생-교사 비율을 기반으로 한 학급 규모를 알고 있다. 그래서 아버지는 당신에게 묻는다. "만약 제가 관심있는 학군의 학급 규모를 알려주면 그 학군 표준화 시험의 점수를 예측할 수 있을까요?"

이 두 질문은 모두 학급 규모와 시험점수 간 관계에 관한 것이므로 분명히 관련이 있지만 서로 다른 질문이다. 교육감의 질문에 답하려면 한 변수(학생-교사 비율, X)의 변화가 다른 변수(시험 점수, Y)에 미치는 인과효과에 대한 추정치가 필요하다. 아버지의 질문에 답하려면 학군 전반에 걸쳐 X가 Y와 어떻게 평균적으로 관련되는지 알아야 하며, 이 관계를 사용해 특정 학군에서 X가 주어졌을 때 Y를 예측할 수 있어야 한다.

이 두 가지 질문은 계량경제학에서 발생하는 두 가지 다른 유형 질문의 예시이다. 첫 번째 유형의 질문은 **인과추론**(causal inference)과 관련된다. 한 변수의 값을 변경하는 개입이 관심 있는 결과 변수에 미치는 영향을 데이터를 사용해 추정하는 것이다. 두 번째 유형의 질문은 **예측**(prediction)과 관련된다. 일부 변수의 관찰된 값을 사용해 다른 변수의 값을 예측하는 것이다.

이 장에서는 한 변수 X와 다른 변수 Y를 연관짓는 선형회귀모형을 소개한다. 이 모형은 X와 Y 사이의 선형 관계를 가정한다. Y의 모집단 평균이 우리가 알지 못하는 Y의 모집단의 여러 특성 중 하나인 것처럼, X와 Y를 연관짓는 선의 절편과 기울기는 우리가 알지 못하는 X와 Y의 모집단 결합 분포의 한 특성이다. 계량경제학적 문제는 이 두 변수에 대한 데이터 표본을 사용해 절편과 기울기를 추정하는 것이다.

평균의 차이와 마찬가지로, 선형회귀는 인과추론과 예측에 사용할 수 있는 통계적 절차다. 그러나 각각의 목적을 달성하기 위해 필요한 데이터의 조건은 서로 다르다. 3.5절에서는 실험에서 처치가 무작위로 할당될 때 처치집단과 통제집단 간의 평균 결과 차이가 어떻게 처치의 인과효과를 추정하는지 설명했다. 처치변수 X가 연속적일 때는 X가 취할 수 있는 값이 처치와 대조 단 두 개만 있는 것이 아니라 매우 많기 때문에 각각의 집단에 대해 평균 차이를 계산하는 방법을 적용할 수 없다. 하지만 X와 Y 사이의 관계가 선형이라는 추가적인 가정을 한다면, X가 무작위로 할당된 경우 선형회귀를 사용해 X를 변경하는 개입이 Y에 미치는 인과효과를 추정할 수 있다. X가 무작위로 할당되지 않았더라도, 선형회귀는 X가 주어졌을 때 Y의 조건부 평균을 X의 선형 함수로 모형화함으로써 X가 주어졌을 때 Y의 값을 예측하는 방법을 제공한다. 즉 Y를 예측하기 위한 X값과 선형회귀를 추정하는 데 사용된 X값이 동일한 모집단에서 추출된 한, 회귀선은 X가 주어졌을 때 Y를 예측하기 위해 사용될 수 있다.

4.1~4.3절에서는 선형회귀모형과 그 기울기와 절편의 최소제곱추정량을 설명한다. 4.4절에서는 인과효과 추정을 위해 데이터가 가져야 하는 조건들을 다룬다. 본질적으로, 핵심적인 조건은 X가 실험에서처럼 무작위로 설정되거나 마치 무작위로 설정된 것과 같은 성질을 갖는 것이다.

13장까지 인과추론에 초점을 맞추고, 14장에서 예측 문제로 돌아갈 것이다.

4.1 선형회귀모형

아버지의 질문으로 돌아가보자: 만약 그가 학군의 학급 규모를 알려주면, 그 학군의 표준화 시험 점수를 예측할 수 있을까? 2장에서 우리는 X가 x 값을 가질 때 Y의 평균, 즉 $X = x$일 때 Y의 조건부 기댓값을 나타내기 위해 $E(Y|X = x)$라는 표기법을 사용했다. X가 여러 값을 가질 수 있을 때 고려할 수 있는 가장 쉬운 X의 함수는 선형 함수이다. 시험 점수와 학급 규모의 경우, 이 선형 함수는 다음과 같이 쓸 수 있다.

$$E(TestScore|ClassSize) = \beta_0 + \beta_{ClassSize} \times ClassSize \tag{4.1}$$

여기서 β는 그리스 문자 베타이고, β_0은 절편이며, $\beta_{ClassSize}$는 기울기이다.

만약 운 좋게 β_0과 $\beta_{ClassSize}$값을 알 수 있다면, 식 (4.1)을 사용해 아버지의 질문에 답할 수 있다. 예를 들어 그가 학급 규모가 20인 학군을 보고 있고 $\beta_0 = 720$, $\beta_{ClassSize} = -0.6$이라고 가정해보자. 그러면 그의 질문에 다음과 같이 답할 수 있다: 학급 규모가 20으로 주어졌을 때, 시험 점수를 다음과 같이 예측할 수 있다.

$$720 - 0.6 \times 20 = 708$$

식 (4.1)은 해당 값의 학급 규모를 가진 학군들의 평균적인 시험 점수를 알려주지만 특정 학군의 정확한 시험 점수를 알려주지는 않는다. 같은 학급 규모를 가진 학군들도 여러 면에서 다를 수 있으며 일반적으로 서로 다른 시험 점수 값을 가질 것이다. 결과적으로 식 (4.1)을 사용해 특정 학군에 대한 예측을 한다면 그 예측이 정확하지 않을 것임을 알 수 있다. 즉 예측에는 오차가 있을 것이다. 이러한 학급 규모와 시험 점수 사이의 불완전한 관계를 수학적으로 표현하면 다음과 같이 쓸 수 있다.

$$TestScore = \beta_0 + \beta_{ClassSize} \times ClassSize + error \tag{4.2}$$

식 (4.2)는 학군의 시험 점수를 두 가지 요소로 표현한다. 하나는 $\beta_0 + \beta_{ClassSize} \times ClassSize$

로, 학군 모집단에서의 학급 규모와 점수 간의 평균적인 관계를 나타낸다. 다른 하나는 error로 식 (4.1)을 사용한 예측에서 발생하는 오차를 나타낸다.

지금까지의 논의는 시험 점수와 학급 규모에 초점을 맞췄지만, 식 (4.2)에 표현된 아이디어는 다른 경우에도 적용될 수 있으므로 더 일반적인 표기법을 사용하는 것이 도움이 된다. n개의 학군 샘플이 있다고 가정하자. Y_i를 i번째 학군의 평균 시험 점수라 하고, X_i를 i번째 학군의 평균 학급 규모라 하자. 그러면 방정식 (4.1)은 $E(Y_i|X_i) = \beta_0 + \beta_1 X_i$가 된다. u_i를 i번째 학군의 실제 Y_i값과, 주어진 X_i값으로 예측한 조건부 평균값의 차이, 즉 예측 오차라고 하자. 그러면 식 (4.2)는 각 학군에 대해(즉 $i = 1, \ldots, n$에 대해) 다음과 같이 쓸 수 있다.

$$Y_i = \beta_0 + \beta_1 X_i + u_i \tag{4.3}$$

여기서 β_0은 이 직선의 절편이고 β_1은 기울기다. 식 (4.3)에서는 학급 규모 대신 일반적인 변수 X로 표현되었기 때문에 기울기를 β_1로 표시한다.

식 (4.3)을 **단순 선형회귀모형**(linear regression model with a single regressor)이라 하며 **종속변수**(dependent variable) Y와 이를 설명하는 단일 **설명변수**[regressor, **독립변수**(independent variable), 회귀변수라고도 함] X를 가진 선형회귀모형이다.

식 (4.3)의 첫 부분 $\beta_0 + \beta_1 X_i$는 **모집단 회귀선**(population regression line) 또는 **모집단 회귀함수**(population regression function)다. 이는 모집단에서 Y와 X 사이에 평균적으로 성립하는 관계다. 따라서 X의 값이 주어졌을 때 종속변수 Y의 예측값은 모집단 회귀선에 따른 조건부 평균이 된다. 그 조건부 평균은 식 (4.3)의 더 일반적인 표기법으로 $E(Y|X) = \beta_0 + \beta_1 X$로 주어진다.

절편(intercept) β_0과 **기울기**(slope) β_1은 모집단 회귀선의 **계수**(coefficient) 또는 **모수**(parameter)라고도 한다. 기울기 β_1은 X가 한 단위 변화할 때 Y의 변화를 나타낸다. 절편은 $X = 0$일 때 모집단 회귀선의 값으로 이는 모집단 회귀선이 Y축과 교차하는 점이다. 계량경제학의 응용연구 중에서 절편이 의미 있는 경제적 의미를 갖는 경우도 있지만 그렇지 않은 경우도 많다. 예를 들어 X가 학급 규모일 때, 엄밀히 말해 절편은 학급에 학생이 한 명도 없을 때의 예상 시험 점수다! 이와 같이 절편의 현실적 의미가 말이 안 될 때는 단순히 회귀선의 수준을 결정하는 계수로 생각하는 것이 좋다.

식 (4.3)의 u_i항은 **오차항**(error term)이다. 예측 문제에서 u_i는 Y_i와 모집단 회귀선을 사용한 예측값의 차이다.

선형회귀모형과 그 용어를 핵심 개념 4.1에 요약했다.

그림 4.1은 시험 점수(Y)와 학급 규모(X)에 대한 7개의 가상 관측치에 대한 단순 선형회귀모형을 보여주고 있다. 모집단 회귀선은 직선 $\beta_0 + \beta_1 X$이다. 모집단 회귀선의 기울기는 음수인데($\beta_1 < 0$), 이는 학생-교사 비율이 낮은(즉 학급 규모가 작은) 학군들이 더 높은 시험 점수를 받는 경향이 있음을 의미한다. 절편 β_0은 모집단 회귀선이 Y축과 교차하는 값이라는 수학적 의미를 갖지만, 앞서 언급했듯이 이 예에서는 실질적 의미를 갖지 않는다.

그림 4.1의 가상 관측치들은 모집단 회귀선 상에 정확히 위치하지 않는다. 예를 들어 학군 1의 Y값인 Y_1은 모집단 회귀선보다 더 위에 있다. 이는 학군 1의 시험 점수가(모집단 회귀선이

핵심 개념 4.1

단순 선형회귀모형의 용어

선형회귀모형은 다음과 같이 쓸 수 있다.

$$Y_i = \beta_0 + \beta_1 X_i + u_i$$

여기서

i는 관찰값을 나타내는 첨자로, $i = 1, \ldots, n$이다.

Y_i는 종속변수, 피설명변수, 또는 간단히 좌변 변수라고 한다.

X_i는 독립변수, 설명변수, 또는 간단히 우변 변수라고 한다.

$\beta_0 + \beta_1 X$는 모집단 회귀선 또는 모집단 회귀함수이다.

β_0은 모집단 회귀선의 절편이다.

β_1은 모집단 회귀선의 기울기이다.

u_i는 오차항이다.

그림 4.1 시험 점수 대 학생-교사 비율의 산점도(가상 데이터)

이 산점도는 7개 학군에 대한 가상의 관측치를 보여준다. 모집단 회귀선은 $\beta_0 + \beta_1 X$이다. i번째 관측치에서 모집단 회귀선까지의 수직 거리는 $Y_i - (\beta_0 + \beta_1 X_i)$이며, 이는 i번째 관측치의 모집단 오차항 u_i이다.

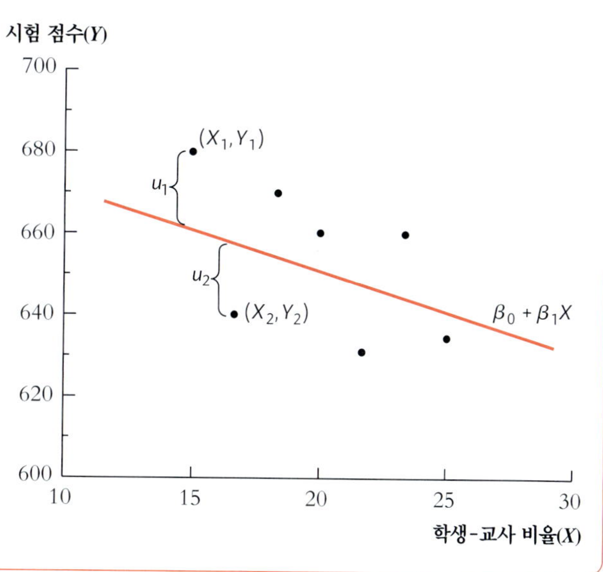

예측한 것보다 더 좋다는 것을 의미한다. 따라서 이 학군의 오차항 u_1은 양수다. 반대로, Y_2는 모집단 회귀선보다 더 아래에 있다. 이는 이 학군의 시험 점수가 예측된 것보다 나빴다는 것을 의미하며, $u_2 < 0$이다.

4.2 선형회귀모형의 계수 추정

학급 규모와 시험 점수의 관계와 같은 실제 예시에서, 모집단 회귀선의 절편 β_0과 기울기 β_1

은 우리가 알지 못하는 값이다. 따라서 이러한 계수들을 추정하려면 데이터를 사용해야 한다.

이러한 추정 문제는 3장에서 다룬 문제들과 유사하다. 예를 들어 최근 대학을 졸업한 남성과 여성의 평균 소득을 비교하고 싶다고 가정해보자. 모집단의 평균 소득은 알려져 있지 않지만, 남성과 여성 대졸자의 무작위 표본을 사용해 모집단 평균을 추정할 수 있다. 그러면 대졸 여성들의 모집단 평균 소득(우리가 알지 못하는 값)의 자연스러운 추정량은 표본의 대졸 여성들의 평균 소득이 된다.

같은 아이디어를 선형회귀모형으로 확장할 수 있다. X(학급 규모)와 Y(시험 점수)의 관계를 나타내는 모집단 회귀선의 기울기인 $\beta_{ClassSize}$의 모집단 값은 우리가 알지 못한다. 그러나 위에서처럼 대졸 여성들의 모집단에서 추출된 표본 관측치들을 사용해 모집단 평균에 대해 알 수 있었던 것처럼, 선형회귀모형에서도 표본 관측치들을 사용해 모집단 기울기 $\beta_{ClassSize}$에 대해 알 수 있다.

이제 우리가 분석할 데이터는 1999년에 수집된 것으로 유치원부터 8학년까지를 관장하는 420개 캘리포니아 학군의 시험 점수와 학급 규모로 구성되어 있다. 시험 점수는 5학년 학생들의 읽기와 수학 점수의 학군 전체 평균이다. 학급 규모는 다양한 방식으로 측정할 수 있는데 여기서 사용한 측정 방식은 가장 광범위한 것 중 하나로, 학군의 학생 수를 교사 수로 나눈 것, 즉 학군 전체의 학생-교사 비율이다. 이 데이터에 대한 더 자세한 설명은 부록 4.1에 있다.

표 4.1에 이 표본의 시험 점수와 학급 규모 분포를 요약했다. 평균 학생-교사 비율은 교사 1명당 학생 19.6명이고, 표준편차는 교사 1명당 학생 1.9명이다. 학생-교사 비율 분포의 10번째 백분위수는 17.3이고(즉 학군의 10%만이 17.3 미만의 학생-교사 비율을 가짐), 90번째 백분위수에 있는 학군의 학생-교사 비율은 21.9이다.

이 420개 관측치의 시험 점수와 학생-교사 비율에 대한 산점도가 그림 4.2에 나와 있다. 표본 상관계수는 −0.23으로 두 변수 간 약한 음의 관계를 나타낸다. 이 표본에서 더 큰 학급은 시험 점수가 더 낮은 경향이 있지만, 관측치들이 완벽하게 직선을 따라 배열되지 않게 만드는 다른 시험 점수 결정 요인들이 있다.

이러한 낮은 상관관계에도 불구하고, 만약 어떻게든 이 관측치들을 통과하는 직선을 그린다면, 이 선의 기울기는 이 데이터에 기반한 $\beta_{ClassSize}$의 추정치가 될 것이다. 선을 그리는 한 가지 방법은 연필과 자를 꺼내 '눈대중으로' 최선의 선을 그리는 것이다. 이 방법은 쉽지만 비과학적이며, 사람마다 다른 추정선을 만들어낼 것이다.

그렇다면 이러한 수많은 선 중에서 어떤 선을 선택해야 할까? 가장 일반적인 방법은 관측치들과 선 사이의 거리를 제곱으로 측정해서 그 제곱의 합이 최소가 되게끔 하는 '최소제곱' 선을 선택하는 것이다—즉 일반최소제곱(OLS) 추정량을 사용하는 것이다.

일반최소제곱 추정량

일반최소제곱(OLS) 추정량은 추정된 회귀선이 관측된 데이터에 가능한 한 가깝도록 회귀 계수를 선택한다. 여기서 '가깝다'라는 것은 주어진 X값으로 Y를 예측할 때 예측 오차의 제곱합으로 측정된다.

표 4.1 1999년 캘리포니아 420개 K-8 학군의 학생-교사 비율과 5학년 시험 점수 분포 요약

			백분위수						
	평균	표준편차	10%	25%	40%	50% (중앙값)	60%	75%	90%
학생-교사 비율	19.6	1.9	17.3	18.6	19.3	19.7	20.1	20.9	21.9
시험 점수	654.2	19.1	630.4	640.0	649.1	654.5	659.4	666.7	679.1

그림 4.2 시험 점수와 학생-교사 비율의 산점도(캘리포니아 학군 데이터)

캘리포니아의 420개 학군에서 수집한 데이터이다. 학생-교사 비율과 시험 점수 사이에는 약한 음의 관계가 있으며, 표본 상관계수는 −0.23이다.

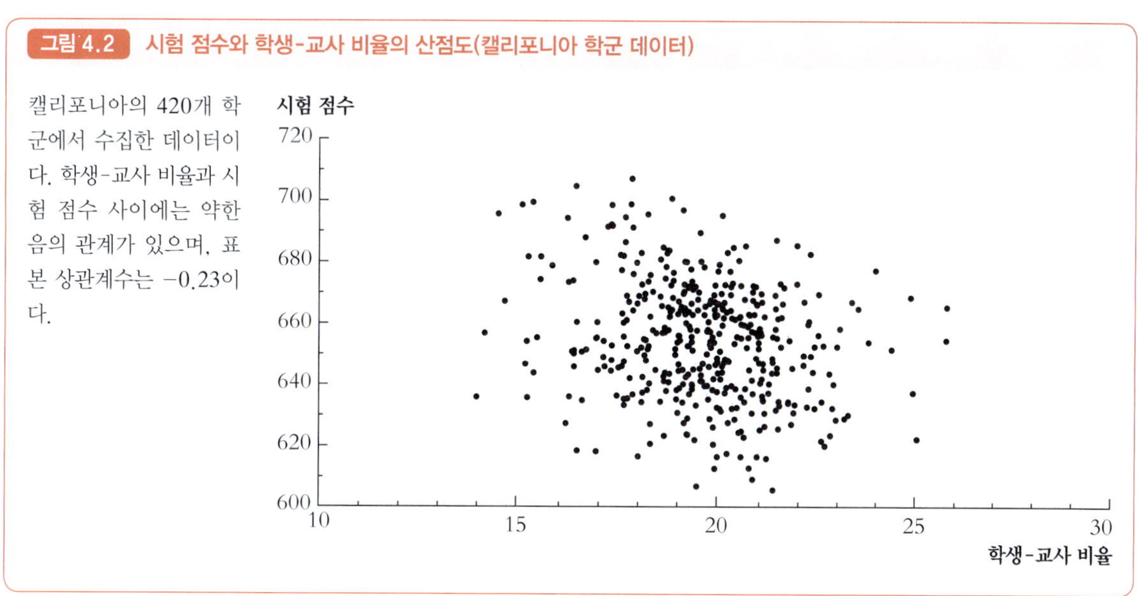

3.1절에서 논의한 바와 같이, 표본평균 $\overline{Y}$는 모집단 평균 $E(Y)$의 최소제곱추정량이라 할 수 있다. 즉 $\overline{Y}$는 모든 가능한 추정량 m 중에서 추정 오차의 제곱합 $\sum_{i=1}^{n}(Y_i - m)^2$을 최소화하는 값이다[식 (3.2) 참조].

OLS 추정량은 이 아이디어를 선형회귀모형으로 확장한다. b_0과 b_1을 β_0과 β_1의 추정량이라고 하자. 이 추정량들에 기반한 회귀선은 $b_0 + b_1X$이므로, 이 선을 사용해 예측된 Y_i의 값은 $b_0 + b_1X_i$이다. 따라서 i번째 관측치를 예측하는 데 발생한 오차는 $Y_i - (b_0 + b_1X_i) = Y_i - b_0 - b_1X_i$이다. n개의 모든 관측치에 대한 예측 오차의 제곱합은 다음 식으로 주어진다.

$$\sum_{i=1}^{n}(Y_i - b_0 - b_1X_i)^2 \tag{4.4}$$

식 (4.4)의 선형회귀모형에 대한 오차의 제곱합은 식 (3.2)에서 평균을 추정할 때 추정 오차의 제곱합을 구하는 것을 확장한 것이다. 만약 설명변수가 없다면 b_1은 식 (4.4)에 들어가지 않으며, 이 경우 두 문제는 표기법만 다를 뿐 동일하다[식 (3.2)에서는 m, 식 (4.4)에서는 b_0]. 식 (3.2)를 최소화하는 유일한 추정량 $\overline{Y}$가 있는 것처럼, 식 (4.4)를 최소화하는 β_0과 β_1의 유일한 추정량 b_0과 b_1이 있다.

핵심 개념 4.2

OLS 추정량, 예측값, 잔차

기울기 β_1과 절편 β_0의 OLS 추정량은 다음과 같다.

$$\hat{\beta}_1 = \frac{\sum_{i=1}^{n}(X_i - \overline{X})(Y_i - \overline{Y})}{\sum_{i=1}^{n}(X_i - \overline{X})^2} = \frac{s_{XY}}{s_X^2} \tag{4.5}$$

$$\hat{\beta}_0 = \overline{Y} - \hat{\beta}_1\overline{X} \tag{4.6}$$

OLS 예측값 $\hat{Y}_i$와 잔차 $\hat{u}_i$는 다음과 같다.

$$\hat{Y}_i = \hat{\beta}_0 + \hat{\beta}_1 X_i, \quad i = 1, \ldots, n \tag{4.7}$$

$$\hat{u}_i = Y_i - \hat{Y}_i, \quad i = 1, \ldots, n \tag{4.8}$$

추정된 절편($\hat{\beta}_0$), 기울기($\hat{\beta}_1$), 잔차($\hat{u}_i$)는 X_i와 Y_i의 n개 관측값 표본에서 계산된다($i = 1, \ldots, n$). 이들은 우리가 그 값을 알지 못하는 모집단 절편(β_0), 기울기(β_1), 오차항(u_i)의 추정치다.

식 (4.4)의 오차 제곱합을 최소화하는 절편과 기울기의 추정량을 β_0과 β_1의 **일반최소제곱(OLS) 추정량**[ordinary least squares(OLS) estimators]이라고 한다.

OLS는 고유한 표기법과 용어가 있다. β_0의 OLS 추정량은 $\hat{\beta}_0$으로 표기하고, β_1의 OLS 추정량은 $\hat{\beta}_1$로 표기한다. **OLS 회귀선**(OLS regression line)은 **표본 회귀선**(sample regression line) 또는 **표본 회귀함수**(sample regression function)라고도 하며, OLS 추정량을 사용해 만든 직선이다: $\hat{\beta}_0 + \hat{\beta}_1 X$. 관측치 X_i가 주어졌을 때 Y_i의 **예측값**(predicted value)은 OLS 회귀선 상에 있는 값인 $\hat{Y}_i = \hat{\beta}_0 + \hat{\beta}_1 X_i$이다. i번째 관측치의 **잔차**(residual)는 Y_i와 그 예측값의 차이이며 다음과 같이 정의된다: $\hat{u}_i = Y_i - \hat{Y}_i$.

OLS 추정량인 $\hat{\beta}_0$과 $\hat{\beta}_1$은 모집단 계수인 β_0과 β_1에 대응하는 표본 계수이다. 마찬가지로 OLS 회귀선 $\hat{\beta}_0 + \hat{\beta}_1 X$는 모집단 회귀선 $\beta_0 + \beta_1 X$에 대응하는 표본 회귀선이고, OLS 잔차 $\hat{u}_i$는 모집단 오차 u_i에 대응하는 값이다.

식 (4.4)에서 여러 $\hat{\beta}_0$과 $\hat{\beta}_1$값에 대해 총 제곱 오차를 반복적으로 계산해 이를 최소화하는 OLS 추정량 $\hat{\beta}_0$과 $\hat{\beta}_1$을 계산할 수 있다. 이 값들이 최소제곱 추정치다. 하지만 실제로 이런 방법을 사용하면 매우 번거로울 텐데, 다행히 미분을 사용해 식 (4.4)를 최소화하도록 도출된 공식들을 사용할 수 있으므로 이를 통해 OLS 추정량을 쉽게 계산할 수 있다.

OLS 공식과 용어는 핵심 개념 4.2에 정리했다. 부록 4.2에서 유도된 이 공식들은 사실상 모든 통계 및 스프레드시트 소프트웨어에 구현되어 있다.

시험 점수와 학생-교사 비율 간 관계에 대한 OLS 추정치

OLS를 사용해 그림 4.2의 420개 관측값으로 학생-교사 비율과 시험 점수 간 관계를 나타내는 선을 추정할 때, 추정된 기울기는 −2.28이고 추정된 절편은 698.9다. 따라서 이 420개 관

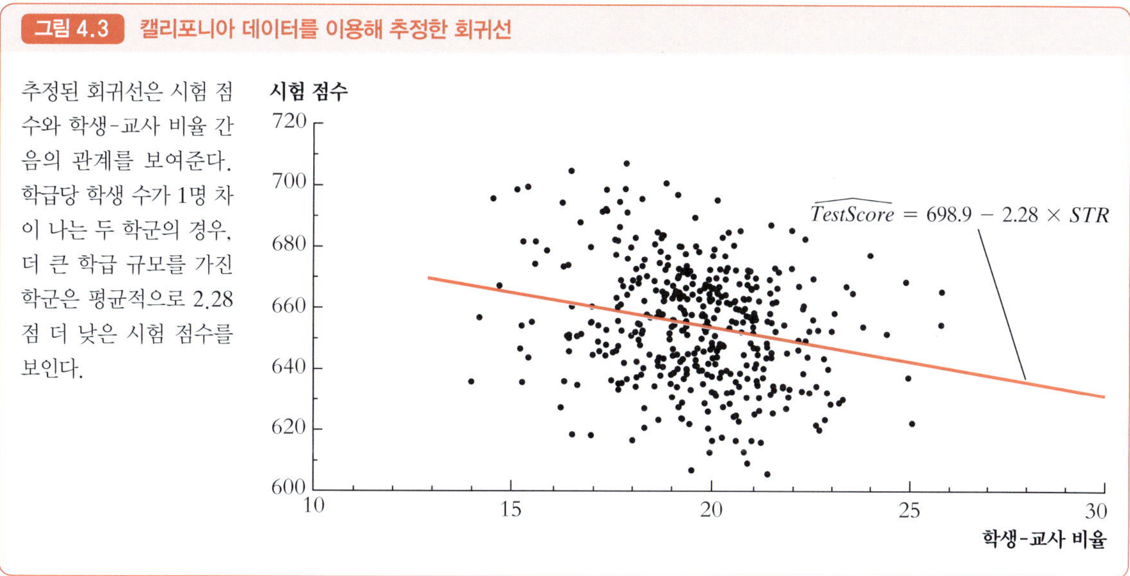

그림 4.3 캘리포니아 데이터를 이용해 추정한 회귀선

추정된 회귀선은 시험 점수와 학생-교사 비율 간 음의 관계를 보여준다. 학급당 학생 수가 1명 차이 나는 두 학군의 경우, 더 큰 학급 규모를 가진 학군은 평균적으로 2.28점 더 낮은 시험 점수를 보인다.

측값에 대한 OLS 회귀선은 다음과 같다.

$$\widehat{TestScore} = 698.9 - 2.28 \times STR \tag{4.9}$$

여기서 *TestScore*는 해당 학군의 평균 시험 점수이고 STR은 학생-교사 비율이다. 식 (4.9)에서 *TestScore* 위의 '^'은 OLS 회귀선을 기반으로 한 예측값임을 나타낸다. 그림 4.3은 이전에 그림 4.2에서 보여준 데이터의 산점도 위에 이 OLS 회귀선을 겹쳐 그린 것이다.

−2.28의 기울기는 학급당 학생 수가 1명 차이 나는(즉 *STR*이 1만큼 다른) 두 학군을 비교할 때, 학급 규모가 더 큰 학군의 시험 점수가 평균적으로 2.28점 더 낮다는 것을 의미한다. 학생-교사 비율이 학급당 2명 차이 나는 것은 평균적으로 4.56점의 시험 점수 차이와 연관된다[$= -2 \times (-2.28)$]. 음의 기울기는 교사 1명당 학생 수가 더 많은 (더 큰 학급) 학군이 시험에서 더 낮은 점수를 받는 경향이 있음을 나타낸다.

이제 학군 전체에 걸쳐 학생-교사 비율 값이 주어졌을 때 해당 학군의 시험 점수를 예측할 수 있다. 예를 들어 교사 1명당 학생이 20명인 지역의 예상 시험 점수는 $698.9 - 2.28 \times 20 = 653.3$이다. 물론 이 예측값은 학군의 시험 점수를 결정하는 다른 요인들 때문에 정확히 맞지는 않을 것이다. 하지만 회귀선은 그러한 다른 요인들을 고려하지 않았을 때 학생-교사 비율을 기반으로 해당 학군의 시험 점수가 어떨지에 대한 예측(OLS 예측)을 제공한다.

추정된 기울기가 큰 값일까, 작은 값일까? 식 (4.9)에 따르면, 학생-교사 비율이 2만큼 차이 나는 두 지역의 예측 시험 점수는 4.56점 차이가 난다. 캘리포니아 데이터에서 이 학급당 2명의 차이는 크다: 이는 대략 표 4.1의 중앙값과 10번째 백분위수 사이의 차이와 비슷하다. 하지만 4.56점이라는 시험 점수 예측값의 차이는 실제 데이터의 시험 점수 분포에 비해 작다: 4.56은 시험 점수의 중앙값과 60번째 백분위수 사이의 차이보다 약간 작다. 다시 말해 학군 내에서 비교적 큰 학급 규모의 차이를 보이는 학교들의 시험 점수 예측값은 상대적으로 작았다.

OLS 추정량을 사용하는 이유

$\hat{\beta}_0$과 $\hat{\beta}_1$이라는 OLS 추정량을 사용하는 데는 실용적이고 이론적인 이유가 있다. OLS는 실제로 가장 많이 사용되는 방법이기 때문에 경제학, 금융(글상자 '주식의 베타' 참조), 그리고 더 넓게는 사회과학 전반에 걸쳐 회귀분석의 공통 언어가 되었다. OLS(또는 이 책의 뒷부분에서 논의할 그 변형들)를 사용해 결과를 제시한다는 것은 다른 경제학자 및 통계학자와 '같은 언어를 사용한다'는 것을 의미한다. OLS 공식은 사실상 모든 스프레드시트와 통계 소프트웨어 패키지에 내장되어 있으므로 쉽게 사용할 수 있다.

OLS 추정량은 바람직한 이론적 특성도 있다. 이는 3.1절에서 공부한, 모집단 평균의 추정량으로서 $\overline{Y}$가 가진 바람직한 특성과 유사하다. 4.4절에 소개한 가정하에서 OLS 추정량은 불편성과 일치성을 가진다. OLS 추정량은 또한 어떤 종류의 불편 추정량들 중에서 효율적이다. 하지만 이 효율성 결과는 몇 가지 추가적인 특수 조건하에서 성립하며, 이에 대한 추가 논의는 5.5절로 미룬다.

주식의 '베타'

현대 금융의 기본 개념은 투자자가 위험을 감수하려면 재정적 인센티브가 필요하다는 것이다. 다르게 말하면, 위험한 투자의 기대 수익률* R은 안전하거나 위험이 없는 투자 수익률 R_f를 초과해야 한다. 따라서 기업 주식 소유와 같은 위험한 투자의 기대 초과 수익률 $R - R_f$는 양수여야 한다.

처음에는 주식의 위험이 그 분산으로 측정되어야 할 것 같지만, 이 위험의 대부분은 '포트폴리오'에 다른 주식을 보유함으로써 — 즉 금융 자산을 다각화함으로써 — 줄일 수 있다. 이는 주식의 위험을 측정하는 올바른 방법이 그 *분산*이 아니라 시장과의 *공분산*이라는 것을 의미한다.

자본자산가격결정모델(CAPM)은 이 아이디어를 공식화한다. CAPM에 따르면 자산의 기대 초과 수익률은 모든 가용 자산의 포트폴리오(시장 포트폴리오)의 기대 초과 수익률에 비례한다. 즉 CAPM은 다음과 같다.

$$R - R_f = \beta(R_m - R_f) \qquad (4.10)$$

여기서 R_m은 시장 포트폴리오의 기대 수익률이고 β는 $R - R_f$를 $R_m - R_f$에 대해 회귀한 모집단 회귀의 계수다. 실제로 무위험 수익률은 종종 단기 미국 정부 부채의 이자율로 간주된다. CAPM에 따르면, $\beta < 1$인 주식은 시장 포트폴리오보다 위험이 적어 시장 포트폴리오보다 낮은 기대 초과 수익률을 가진다. 반대로 $\beta > 1$인 주식은 시장 포트폴리오보다 위험해서 더 높은 기대 초과 수익률을 요구한다.

주식의 '베타'는 투자 업계의 중요한 도구가 되었고, 투자 회사 웹사이트에서 수백 개의 주식에 대한 추정 베타를 얻을 수 있다. 이 베타들은 일반적으로 실제 주식의 초과 수익률을 광범위한 시장 지수의 실제 초과 수익률에 대해 OLS 회귀해 추정된다.

아래 표는 7개의 미국 주식에 대한 추정 베타를 보여준다. 월마트와 코카콜라 같은 저위험 소비재 판매자와 생산자의 주식은 낮은 베타를 갖고, 위험한 주식은 높은 베타를 갖는다.

회사	추정 β
월마트(할인 소매업)	0.1
코카콜라(청량음료)	0.6
버라이즌(통신)	0.7
구글(정보기술)	1.0
제너럴일렉트릭(산업)	1.1
보잉(항공기)	1.3
뱅크오브아메리카(은행)	1.7

출처: finance.yahoo.com.

* 투자 수익률은 초기 가격 대비 가격 변화와 투자로부터의 지급금(배당금)의 백분율이다. 예를 들어 1월 1일에 100달러에 구입해 연중 2.50달러의 배당금을 지급받고 12월 31일에 105달러에 판매된 주식의 수익률은 R = [(105달러 − 100달러) + 2.50달러]/100달러 = 7.5%가 된다.

4.3 적합도와 예측 정확도의 측정

선형회귀를 추정한 후, 그 회귀선이 데이터를 얼마나 잘 설명하는지 궁금할 것이다. 설명변수가 종속변수의 변화를 많이 설명하는가, 아니면 적게 설명하는가? 관측값들이 회귀선 주위에 밀집해 있는가, 아니면 널리 퍼져 있는가?

R^2과 회귀 표준 오차는 OLS 회귀선이 데이터에 얼마나 잘 맞는지를 측정한다. R^2은 0과 1 사이의 값을 가지며, X_i에 의해 설명되는 Y_i 분산의 비율을 측정한다. 회귀 표준 오차는 Y_i가 일반적으로 그 예측값으로부터 얼마나 멀리 떨어져 있는지를 측정한다.

R^2

회귀 R^2(regression R^2)은 X에 의해 설명되는(또는 예측되는) Y의 표본 분산 비율이다. 예측값과 잔차의 정의(핵심 개념 4.2 참조)를 통해 종속변수 Y를 예측값 $\hat{Y}_i$와 잔차 $\hat{u}_i$의 합으로 쓸 수 있다.

$$Y_i = \hat{Y}_i + \hat{u}_i \tag{4.11}$$

이 표기법에서 R^2은 $\hat{Y}$의 표본 분산과 Y의 표본 분산 비율이다.

수학적으로 R^2은 설명된 제곱합이 총 제곱합 중에서 차지하는 비율로 쓸 수 있다. **설명된 제곱합**(explained sum of squares, ESS)은 예측값 $\hat{Y}_i$ 빼기 그 평균의 제곱합이고, **총 제곱합**(total sum of squares, TSS)은 Y_i 빼기 그 평균의 제곱합이다.

$$ESS = \sum_{i=1}^{n}(\hat{Y}_i - \overline{Y})^2 \tag{4.12}$$

$$TSS = \sum_{i=1}^{n}(Y_i - \overline{Y})^2 \tag{4.13}$$

식 (4.12)는 OLS 예측값의 표본평균이 $\overline{Y}$와 같다는 사실을 이용한다(부록 4.3에서 증명).

R^2은 설명된 제곱합과 총제곱합의 비율이다.

$$R^2 = \frac{ESS}{TSS} \tag{4.14}$$

또는, R^2은 X_i에 의해 설명되지 않는 Y_i 분산의 비율을 사용해 나타낼 수 있다. **잔차제곱합**(sum of squared residuals, SSR)은 OLS 잔차의 제곱합이다.

$$SSR = \sum_{i=1}^{n}\hat{u}_i^2 \tag{4.15}$$

부록 4.3에서 $TSS = ESS + SSR$임을 증명한다. 따라서 R^2은 1에서 잔차제곱합과 총제곱합의 비율을 뺀 것으로 쓸 수 있다.

$$R^2 = 1 - \frac{SSR}{TSS} \tag{4.16}$$

마지막으로, Y를 단일 설명변수 X에 대해 회귀한 R^2은 Y와 X 사이 상관계수의 제곱이다(연습문제 4.12).

R^2은 0과 1 사이의 값을 가진다. 만약 $\hat{\beta}_1 = 0$이면, X_i는 Y_i의 변동을 전혀 설명하지 못하고, Y_i의 예측값은 [식 (4.6)에서] $\hat{Y}_i = \hat{\beta}_0 = \overline{Y}$가 된다. 이 경우, 설명된 제곱합은 0이고 잔차 제곱합은 총 제곱합과 같아져 R^2은 0이 된다. 반대로, X_i가 Y_i의 모든 변동을 설명한다면, 모든 i에 대해 $Y_i = \hat{Y}_i$이고, 모든 잔차는 0이 된다(즉 $\hat{u}_i = 0$). 따라서 $ESS = TSS$이고 $R^2 = 1$이 된다. 일반적으로 R^2은 0이나 1의 극단값을 가지지 않고 그 사이의 어떤 값을 가진다. 1에 가까운 R^2은 설명변수가 Y_i를 잘 예측한다는 것을 나타내고, 0에 가까운 R^2은 설명변수가 Y_i를 잘 예측하지 못한다는 것을 나타낸다.

회귀 표준 오차

회귀 표준 오차(standard error of the regression, SER)는 회귀 오차 u_i의 표준편차 추정량이다. u_i와 Y_i의 단위는 동일하므로, SER은 종속변수의 단위로 측정된 회귀선 주변의 관측값 분포를 나타내는 측도이다. 예를 들어 종속변수의 단위가 달러라면 SER은 회귀선으로부터 벗어난 정도—즉 회귀 오차의 크기—를 달러로 측정한다.

회귀 오차 u_1, ..., u_n은 관측되지 않기 때문에, SER은 그들의 표본 대응값인 OLS 잔차 $\hat{u}_1, \ldots, \hat{u}_n$을 사용해 계산된다. SER의 공식은 다음과 같다.

$$SER = s_{\hat{u}} = \sqrt{s_{\hat{u}}^2}, \quad \text{여기서} \quad s_{\hat{u}}^2 = \frac{1}{n-2}\sum_{i=1}^{n}\hat{u}_i^2 = \frac{SSR}{n-2} \tag{4.17}$$

여기서 $s_{\hat{u}}^2$의 공식은 OLS 잔차의 표본평균이 0이라는 사실(부록 4.3에서 증명)을 이용한다.

식 (4.17)의 SER 공식은 3.2절의 식 (3.7)에서 주어진 Y의 표본 표준편차 공식과 유사하다. 다만 식 (3.7)의 $Y_i - \overline{Y}$가 $\hat{u}_i$로 대체되고, 식 (3.7)의 분모가 $n - 1$인 반면 여기서는 $n - 2$이다. 여기서 분모로 (n 대신) $n - 2$를 사용하는 이유는 식 (3.7)에서 $n - 1$을 사용한 이유와 같다: 2개의 회귀 계수가 추정되어 생긴 약간의 하향 편향을 보정하기 위해서이다. 이를 '자유도' 보정이라고 하는데, 2개의 계수(β_0과 β_1)가 추정되었을 때 데이터의 두 '자유도'가 손실되었기 때문에 이 요인의 분모는 $n - 2$가 된다. (이에 대한 수학적 설명은 5.6절에서 다룬다.) n이 클 때는 n으로 나누는 것과 $n - 1$ 또는 $n - 2$로 나누는 것의 차이는 무시할 수 있다.

예측에 OLS 사용하기

i번째 관측치에 대한 예측값 $\hat{Y}_i$는 X가 그 관측치의 값 X_i를 가질 때 OLS 회귀선이 예측하는 Y의 값이다. 이를 **표본 내 예측**(in-sample prediction)이라고 하는데, 예측에 사용되는 관측치가 회귀 계수를 추정하는 데도 사용되었기 때문이다.

실제로 우리가 예측을 할 때는 X는 알고 있지만 Y는 알지 못한다. 이런 관측값들은 계수를 추정하는 데 사용된 데이터에 포함되어 있지 않다. 추정 표본에 포함되지 않은 관측값에 대한 예측을 **표본 외 예측**(out-of-sample prediction)이라고 한다.

예측의 목표는 정확한 표본 외 예측을 제공하는 것이다. 예를 들어 아버지의 예측 문제에서 그는 시험 점수를 보고하지 않은 학군의 학생-교사 비율을 사용해 그 지역의 시험 점수를 예측하는 데 관심이 있었다. 단일 설명변수를 가진 선형회귀모형에서 값 X를 갖는 표본 외 관측치에 대한 예측값은 $\hat{Y} = \hat{\beta}_0 + \hat{\beta}_1 X$이다.

완벽한 예측은 없기 때문에 예측에는 그 정확도에 대한 추정치가 동반되어야 한다. 즉 예측이 얼마나 정확할지 합리적으로 기대할 수 있는지에 대한 추정치가 필요하다. 그 정확도의 자연스러운 측도는 표본 외 예측 오차 $Y - \hat{Y}$의 표준편차지만 Y를 알 수 없기 때문에 이 표본 외 표준편차는 직접 추정할 수 없다. 그러나 예측되는 관측치가 회귀 계수를 추정하는 데 사용된 데이터와 동일한 모집단에서 추출된 것이라면, 표본 외 예측 오차의 표준편차는 표본 내 예측 오차의 표본 표준편차를 사용해 추정할 수 있으며, 이는 회귀의 표준 오차이다. 예측과 그 정확도를 보고하는 일반적인 방법은 예측 $\pm SER$, 즉 $\hat{Y} \pm s_{\hat{u}}$이다. 더 정교한 예측 정확도 측정 방법은 14장에서 소개한다.

시험 점수 데이터에 대한 적용

식 (4.9)는 캘리포니아 시험 점수 데이터를 사용해 추정된 회귀선으로, 표준화 시험 점수(*TestScore*)와 학생-교사 비율(*STR*) 사이의 관계를 나타낸다. 이 회귀의 R^2은 0.051 또는 5.1%이고, *SER*은 18.6이다.

R^2이 0.051이라는 것은 설명변수 *STR*이 종속변수 *TestScore* 분산의 5.1%를 설명한다는 의미이다. 그림 4.3은 *TestScore*와 *STR* 데이터의 산점도 위에 표본 회귀선을 그린 것이다. 산점도가 보여주듯이, 학생-교사 비율은 시험 점수 변동의 일부를 설명하지만, 여전히 많은 변동이 설명되지 않고 있다.

*SER*이 18.6이라는 것은 회귀 잔차의 표준편차가 18.6이라는 의미이며, 단위는 표준화 시험의 점수이다. 표준편차가 분산의 측도이므로, 18.6의 *SER*은 그림 4.3의 산점도에서 회귀선 주변의 퍼짐이 시험 점수 단위로 측정했을 때 크다는 것을 의미한다. 이러한 큰 퍼짐은 해당 학군의 학생-교사 비율만을 사용해 예측한 시험 점수가 종종 큰 오차를 가질 수 있음을 의미한다.

이 낮은 R^2과 큰 *SER*을 어떻게 해석해야 할까? 이 회귀의 R^2이 낮다는 사실(그리고 *SER*이 크다는 사실)은 그 자체로 이 회귀가 '좋다' 혹은 '나쁘다'를 의미하지 않는다. 낮은 R^2이 우리에게 말해주는 것은 다른 중요한 요인이 시험 점수에 영향을 미친다는 것이다. 이러한 요인 중에는 학군 간 학생 구성의 차이, 학생-교사 비율과 무관한 학교 질의 차이, 또는 시험에서의 운 등이 포함될 수 있다. 낮은 R^2과 높은 *SER*은 이러한 요인이 무엇인지 말해주지는 않지만, 학생-교사 비율만으로는 이 데이터에서 시험 점수 변동의 작은 부분만을 설명할 수 있다는 것을 나타낸다.

4.4 인과추론을 위한 최소제곱법의 가정

시험 점수 예시에서, 캘리포니아 학군 데이터를 사용해 추정된 표본 회귀선은 학생-교사 비율은 알지만 시험 점수는 모르는 학군의 시험 점수를 예측하는 문제에 대한 답을 제공한다.

그러나 교육감은 시험 점수를 예측하는 데 관심이 없다: 그녀는 자신의 지역에서 시험 점수를 향상하고자 한다. 이를 위해서는 학생-교사 비율을 줄였을 때 시험 점수가 얼마나 올라갈 것인지에 관한 인과효과를 알아야 한다. 다르게 말하면, 교육감은 β_1을 학생-교사 비율의 변화가 시험 점수에 미치는 인과효과를 나타낸다고 생각한다.

β_1이 인과효과로 정의될 때, OLS가 이를 잘 추정하는지 여부는 데이터의 특성에 달려 있다. 3.5절에서 논의한 바와 같이 이상적인 무작위 실험에서 처치집단과 통제집단 간의 평균 차이는 이진$(0-1)$ 처치의 인과적 효과에 대한 불편추정량이다. 즉 X가 무작위로 할당된다면, 처치의 인과효과는 $E(Y|X=1)-E(Y|X=0)$이다. 이 두 조건부 평균의 차이는 여러 목적으로 사용될 수 있는 중요한 통계적 도구이다. X가 무작위로 할당될 때, 이는 이진 처치의 인과효과에 대한 불편추정치를 제공한다. 이 논리는 선형회귀모델과 최소제곱 추정량으로 확장된다.

이 절에서는 β_1을 X의 한 단위 변화에 대한 인과효과로 정의한다. X가 여러 값을 가질 수 있기 때문에, X의 주어진 변화 Δx에 대한 인과효과는 $\beta_1 \Delta x$이다. 여기서 그리스 문자 Δ(델타)는 '변화량'을 나타낸다. 관심변수(예: STR)에 대한 계수를 이러한 인과효과로 정의하는 것은 13장까지 유지된다.

이 절은 OLS로 인과효과를 추정하기 위해 필요한 세 가지 수학적 가정을 제시한다. 첫 번째 가정은 X가 무작위로 할당되거나 무작위로 할당된 것처럼 보인다는 아이디어를 선형회귀의 언어로 나타낸다. 다른 두 가정은 OLS 추정량의 표본 분포가 큰 표본에서 정규분포로 근사되기 위한 기술적인 가정이다. 후자의 두 가정은 표본평균 $\overline{Y}$에 대한 (약한) 대수의 법칙(핵심 개념 2.6)과 중심극한정리(핵심 개념 2.7)의 기저에 있는 두 가정의 확장이다: 데이터가 독립동일분포(i.i.d.)를 따르고 이상치가 발생할 가능성이 낮다는 것이다.

가정 1: X_i가 주어졌을 때 u_i의 조건부 분포의 평균은 0

인과효과 추정을 위한 최소제곱법의 첫 번째 가정은 X가 무작위로 할당되거나 마치 무작위로 할당된 것과 같은 성질을 가져야 한다는 요구사항을 회귀분석의 언어로 바꾼다. 이 변환을 하기 위해 먼저 오차항 u_i가 무엇인지 더 구체적으로 알아야 한다.

시험 점수 예시에서 학급 규모는 초등교육의 많은 측면 중 하나일 뿐이다. 한 학군은 더 좋은 교사를 가지고 있을 수 있고, 더 좋은 교과서를 사용할 수 있다. 비슷한 학급 규모, 교사, 교과서를 가진 두 학군도 매우 다른 학생 구성을 가질 수 있다; 어떤 학군은 더 많은 이민자(따라서 영어 원어민이 더 적음)가 있거나 학군 내 가구들의 소득이 더 높을 수 있다. 마지막으로, 이 모든 면에서 두 지역이 같다 하더라도, 시험 당일에 개별 학생이 시험을 잘 봤는지, 점수를 답안지에 옮겨 쓸 때 오류가 있진 않았는지 등 본질적으로 무작위적인 이유로 서로 다른 시험 점수를 가질 수 있다. 학급 규모 회귀식에서의 오차항은 이러한 모든 다른 생략된 요인이 시험 점수에 기여하는 바를 나타낸다.

최소제곱법의 첫 번째 가정(first least squares assumption)은 X_i가 주어졌을 때 u_i의 조건부 분포 평균이 0이라는 것이다. 이 가정은 u_i에 포함된 다른 요인이 가져야 하는 조건을 수학적으로 나타낸 것이며 이러한 다른 요인이 X_i와 무관하다는 것을 뜻한다. 즉 X_i의 값이 주어졌을 때, 이러한 다른 요인의 분포 평균이 0이라는 의미이다.

무작위 대조 실험에서의 u의 조건부 평균 이진(0 − 1) 처치가 있는 무작위 대조 실험에서, 피실험자들은 처치집단($X = 1$)이나 통제집단($X = 0$)에 무작위로 할당된다. 무작위 할당이 피실험자에 대한 정보를 사용하지 않는 컴퓨터 프로그램을 통해 이루어질 때, X는 Y를 결정하는 요인들을 포함한 피실험자의 개인적 특성과 독립적으로 분포한다. 무작위 할당 때문에, X가 주어졌을 때 u의 조건부 평균은 0이다. 회귀분석은 조건부 평균을 모형화하기 때문에, X가 u에 속한 모든 다른 요인과 독립적으로 분포할 필요는 없다. 다만 u의 평균은 X와 관련이 없어야 한다. 즉 $E(u_i|X_i) = 0$이어야 한다.

관찰 데이터에서는 실험처럼 X가 무작위로 할당되지 않는다. 대신 우리가 최선으로 기대할 수 있는 것은 X가 마치 무작위로 할당된 것과 같다는 것이며, 수식으로 표현하자면 $E(u_i|X_i) = 0$이 된다는 것이다. 관찰 데이터에서 이 가정을 정당화하는 것은 신중한 사고와 판단을 요구하며, 우리는 이 문제로 여러 번 돌아올 것이다.

상관관계와 조건부 평균 2.3절에서 언급했듯이, 어떤 확률변수가 주어졌을 때 다른 확률변수의 조건부 평균이 0이면 두 확률변수는 0의 공분산을 가지며[식 (2.28)] 따라서 상관관계가 없다. 따라서 가정 $E(u_i|X_i) = 0$은 X_i와 u_i가 상관관계가 없음을 의미한다. 즉 $\text{corr}(X_i, u_i) = 0$이다. 상관관계는 선형 관계의 측도이기 때문에, $E(u_i|X_i) = 0$이 $\text{corr}(X_i, u_i) = 0$을 의미한다는 명제의 역은 성립하지 않는다. 즉 X_i와 u_i가 상관관계가 없더라도, X_i가 주어졌을 때 u_i의 조건부 평균은 0이 아닐 수 있다(그림 3.3 참조). 그러나 X_i와 u_i가 상관관계가 있다면, $E(u_i|X_i)$는 반드시 0이 아니어야 한다. 따라서 조건부 평균 가정을 X_i와 u_i 사이의 상관관계 측면에서 논의하는 것이 편리할 때가 있다. X_i와 u_i가 상관관계가 있다면, 조건부 평균 가정은 위반된다.

가정 2: (X_i, Y_i), $i = 1, \ldots, n$은 독립적이고 동일하게 분포

최소제곱법의 두 번째 가정은 (X_i, Y_i), $i = 1, \ldots, n$이 관측값 간에 독립적이고 동일하게 분포한다(i.i.d.)는 것이다. 2.5절(핵심 개념 2.5)에서 논의한 바와 같이, 이 가정은 표본이 어떻게 추출되는지에 대한 설명이다. 관측값들이 단일한 큰 모집단에서 단순 무작위 표본 추출로 뽑힌다면, (X_i, Y_i), $i = 1, \ldots, n$은 i.i.d.가 된다. 예를 들어 X를 근로자의 나이, Y를 근로자의 소득이라고 하고, 근로자 모집단에서 무작위로 한 사람을 뽑는다고 상상해보자. 그 무작위로 뽑힌 사람은 특정 나이와 소득을 가질 것이다. 이 모집단에서 표본을 추출한다면 (X_i, Y_i), $i = 1, \ldots, n$은 당연히 동일한 분포를 갖게 된다. 또한 무작위로 추출한다면, 한 관측값과 그

다음 관측값은 독립적으로 분포할 것이다. 즉 이러한 관측값들은 i.i.d.이다.

i.i.d. 가정은 많은 데이터 수집 방식에서 합리적인 가정이다. 예를 들어 모집단 내에서 무작위로 선택된 한 집단에서 얻은 설문 조사 데이터는 일반적으로 i.i.d.로 취급될 수 있다.

모든 표본 추출 방식이 (X_i, Y_i)에 대해 i.i.d. 관측값을 생성하는 것은 아니다. 한 예로 X의 값들이 모집단에서 무작위로 추출되지 않고 연구자가 실험의 일부로 설정한 경우를 들 수 있다. 예를 들어 한 원예학자가 다양한 유기농 제초 방법(X)이 토마토 생산(Y)에 미치는 영향을 연구하고자 다양한 유기농 제초 기술을 사용해 여러 구획의 토마토를 재배한다고 가정해보자. 만약 연구자가 i번째 구획에 사용할 기술(X의 수준)을 선택하고 모든 실험 반복에서 i번째 구획에 동일한 기술을 적용한다면, X_i의 값은 표본에 따라 변하지 않는다. 다시 말해 X는 반복된 실험, 즉 반복된 표본 추출에서 고정되어 있는 값이다. 따라서 X_i는 비확률적이며(비록 결과인 Y_i는 확률적이지만), 이 표본 추출 방식은 i.i.d.가 아니다. 이 장에서 i.i.d. 설명변수에 대해 개발된 결과들은 설명변수가 비확률적일 때도 참이다. 그러나 비확률적 설명변수의 경우는 매우 특별하다. 예를 들어 현대적 실험 프로토콜에서는 원예학자가 컴퓨터의 난수 생성기를 사용해 다양한 구획에 X의 수준을 할당해, 원예학자의 잠재적 편향(그녀가 가장 햇빛이 잘 드는 구획의 토마토에 자신이 선호하는 제초 방법을 사용할 수 있음)을 피할 것이다. 이러한 현대적 실험 프로토콜이 사용될 때 X의 수준은 무작위적이며 (X_i, Y_i)는 i.i.d.가 된다.

비i.i.d. 표본 추출의 또 다른 예는 동일한 관측 단위를 여러 시점에 걸쳐 측정할 때이다. 예를 들어 우리가 특정 기업의 재고 수준(Y)과 그 기업이 차입할 수 있는 이자율(X)에 대한 데이터를 가지고 있다고 하자. 이 데이터는 시간에 걸쳐 특정 기업에서 수집된 것일 수 있다. 이를테면 30년 동안 1년에 (분기별로) 4번 기록되었을 수 있다. 이는 시계열 데이터의 예시이며, 시계열 데이터의 주요 특징은 시간상 서로 가까이 있는 관측값들이 독립적이지 않고 서로 상관관계가 있는 경향이 있다는 것이다. 만약 현재 이자율이 낮다면 다음 분기에도 낮을 가능성이 높다. 이러한 상관관계 패턴은 i.i.d. 가정의 '독립성' 부분을 위반한다. 시계열 데이터는 보다 복잡하므로 회귀분석의 기본 도구를 배운 이후에 더 잘 다룰 수 있다. 따라서 우리는 시계열 데이터에 대한 논의를 15장까지 미룬다.

가정 3: 큰 이상치 발생 가능성이 낮음

최소제곱법의 세 번째 가정은 큰 이상치, 즉 데이터의 일반적인 범위를 벗어난 X_i, Y_i값을 가진 관측치가 발생할 가능성이 낮다는 것이다. 큰 이상치는 OLS 회귀 결과에 오류를 발생시킬 수 있다. 그림 4.4에서 OLS가 극단적인 관측치에 잠재적으로 민감할 수 있다는 점을 가상의 데이터를 사용해 설명한다.

이 책에서는 큰 이상치 발생 가능성이 낮다는 가정을 수학적으로 정확하게 표현하기 위해 X와 Y가 0이 아닌 유한한 4차 적률을 가진다고 가정한다: $0 < E(X_i^4) < \infty$, $0 < E(Y_i^4) < \infty$. 이 가정을 달리 표현하면 X와 Y가 유한한 첨도를 가진다는 것이다.

유한한 첨도 가정은 OLS 검정 통계량 분포를 큰 표본 근사를 사용해 수학적으로 정당화하기 위해 사용된다. 예를 들어 이 가정은 3장에서 표본 분산의 일치성을 논의할 때 사

그림 4.4 이상치에 대한 OLS의 민감성

이 가상의 관측치 중에는 하나의 이상치가 있다. 이상치를 포함해 추정된 OLS 회귀선은 X와 Y 사이에 강한 양의 관계를 보여주지만, 이상치를 제외하고 추정된 OLS 회귀선은 아무런 관계를 보여주지 않는다.

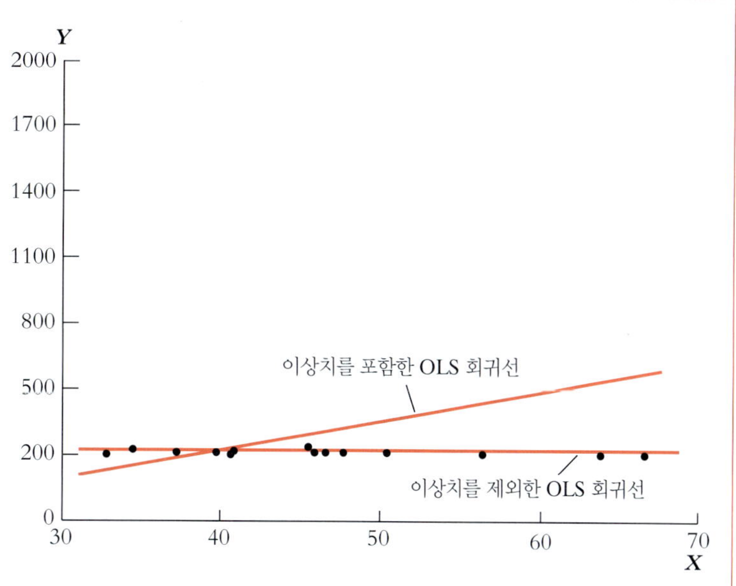

용되었다. 구체적으로 식 (3.8)은 표본 분산이 모집단 분산의 일치추정량임을 보인다 $[\sigma_Y^2\,(s_Y^2 \xrightarrow{p} \sigma_Y^2)]$. 만약 $Y_1, \ldots, Y_n$이 i.i.d.이고 Y_i의 4차 적률이 유한하다면, 핵심 개념 2.6에 나와 있는 대수의 법칙을 평균값 $\frac{1}{n}\sum_{i=1}^{n} Y_i^2$에 적용할 수 있다. 이는 부록 3.3에 나와 있는 s_Y^2의 일치성 증명의 핵심 단계이다.

큰 이상치의 한 원인은 데이터 입력 오류로, 예를 들어 타자 오류나 관측치에 서로 다른 단위를 잘못 사용하는 경우이다. 학생들의 키를 미터 단위로 수집하다가 실수로 한 학생의 키를 센티미터로 기록했다고 상상해보자. 이는 표본에서 큰 이상치를 만들 것이다. 이상치를 찾는 한 방법은 데이터를 도표로 그리는 것이다. 이상치가 데이터 입력 오류 때문이라고 판단되면, 오류를 수정하거나 불가능한 경우 해당 관측치를 데이터 세트에서 제거할 수 있다.

데이터 입력 오류를 제외하면, 유한한 첨도 가정은 많은 경제 데이터 분석에서 타당하다. 예를 들어 학급 규모는 교실의 물리적 용량에 의해 제한되고, 표준화 시험에서 최고 점수는 모든 문제를 맞히는 것이고 최저 점수는 모든 문제를 틀리는 것이다. 학급 규모와 시험 점수는 유한한 범위를 가지므로 반드시 유한한 첨도를 가진다. 더 일반적으로, 정규분포와 같은 흔히 사용되는 분포들은 유한한 4차 적률을 가진다. 그러나 수학적으로 일부 분포는 무한한 4차 적률을 가지며, 이 가정은 그러한 분포들을 배제한다. 유한한 4차 적률 가정이 성립한다면, OLS를 사용한 통계적 추론이 소수의 관측치에 의해 결정될 가능성은 낮다.

최소제곱법 가정의 사용

선형회귀모형에 대한 세 가지 최소제곱법 가정은 핵심 개념 4.3에 요약했다. 최소제곱법 가정은 두 가지 역할을 하며, 우리는 이 책 전반에 걸쳐 이들을 반복적으로 다룰 것이다.

핵심 개념
4.3

인과추론을 위한 최소제곱법의 가정

$$Y_i = \beta_0 + \beta_1 X_i + u_i, i = 1, \ldots, n$$

여기서 β_1은 X가 Y에 미치는 인과효과이며,

1. 오차항 u_i는 X_i가 주어졌을 때 조건부 평균이 0이다: $E(u_i|X_i) = 0$
2. (X_i, Y_i), $i = 1$, ..., n은 그들의 결합 분포에서 독립적이고 동일하게 분포된(i.i.d.) 추출이다.
3. 큰 이상치 발생 가능성이 낮다: 즉 X_i와 Y_i는 0이 아닌 유한한 4차 적률을 가진다.

첫 번째 역할은 수학적이다: 이 가정들이 성립하면, 다음 절에서 볼 수 있듯이, 큰 표본에서 OLS 추정량은 일치성을 가지며 정규분포를 따르는 표본 분포를 갖는다. 이 큰 표본 정규분포는 OLS 추정량을 사용한 가설 검정과 신뢰 구간 구성 방법의 기초가 된다.

두 번째 역할은 OLS로 인과효과 β_1을 추정할 때 문제가 되는 상황들을 체계화하는 것이다. 앞으로 보게 될 것처럼, 실제 사례에서는 첫 번째 최소제곱법 가정이 성립하는지 여부를 따지는 것이 가장 중요하다. 첫 번째 최소제곱법 가정이 실제로 성립하지 않을 수 있는 이유 중 하나는 6장에서 논의하며, 다른 이유들은 9.2절에서 논의한다.

실제 사례에서 두 번째 가정이 성립하는지 고려하는 것도 중요하다. 많은 횡단면자료에서 이 가정이 타당할 수 있지만, 독립성 가정은 패널자료와 시계열자료에는 적절하지 않다. 이러한 상황에서, 두 번째 가정하에서 개발된 일부 회귀분석 방법은 수정이 필요하다. 이러한 수정된 방법들은 10장과 15~17장에서 다루어진다.

세 번째 가정은 표본평균과 마찬가지로 OLS가 큰 이상치에 민감할 수 있다는 것을 다시 한 번 일깨워 준다. 데이터에 이상치가 포함되어 있다면 그 관측치들이 정확하게 기록되었는지, 그리고 데이터에 포함되어야 하는지 주의 깊게 검토해야 한다.

핵심 개념 4.3의 가정들은 인과효과를 추정하는 것이 목적일 때, 즉 β_1이 인과효과일 때 적용된다. 부록 4.4는 예측을 위한 최소제곱법의 가정들을 제시하고, 이들과 핵심 개념 4.3의 가정들 간 관계에 대해 논의한다.

4.5 OLS 추정량의 표본 분포

OLS 추정량 $\hat{\beta}_0$과 $\hat{\beta}_1$은 무작위로 뽑은 표본에서 계산되므로, 이 추정량들 자체가 확률 분포를 가진 확률변수다. 이 분포를 표본 분포라고 하며, 여러 무작위 표본에서 추정량들이 가질 수 있는 값을 보여준다. 작은 표본에서는 이 표본 분포가 복잡하지만, 큰 표본에서는 중심극한정리로 인해 대략적으로 정규분포를 따른다.

$\overline{Y}$의 표본 분포 복습 2.5절과 2.6절에서 논의한 표본평균 $\overline{Y}$의 표본 분포를 떠올려보자. $\overline{Y}$는

Y의 알려지지 않은 모집단 평균 μ_Y의 추정량이다. $\overline{Y}$는 무작위로 뽑은 표본을 사용해 계산되므로 표본마다 다른 값을 가지는 확률변수다. 이런 여러 값의 확률은 표본 분포에 요약되어 있다. 표본크기가 작을 때 $\overline{Y}$의 표본 분포는 복잡할 수 있지만, 모든 n에 대해 성립하는 명제들을 보일 수 있다. 특히 표본 분포의 평균은 μ_Y다. 즉 $E(\overline{Y}) = \mu_Y$이므로 $\overline{Y}$는 μ_Y의 불편 추정량이다. n이 크다면 표본 분포에 대해 더 많은 것을 말할 수 있다. 특히 중심극한정리(2.6절)는 이 분포가 대략적으로 정규분포임을 보인다.

$\hat{\beta}_0$과 $\hat{\beta}_1$의 표본 분포 이러한 개념들은 모집단 회귀선의 알려지지 않은 절편 β_0과 기울기 β_1의 OLS 추정량 $\hat{\beta}_0$과 $\hat{\beta}_1$에도 적용된다. OLS 추정량들은 무작위 표본을 사용해 계산되므로, $\hat{\beta}_0$과 $\hat{\beta}_1$은 표본마다 다른 값을 가지는 확률변수다. 이런 여러 값의 확률은 그들의 표본 분포에 요약되어 있다.

표본 크기가 작을 때 $\hat{\beta}_0$과 $\hat{\beta}_1$의 표본 분포는 복잡할 수 있지만, 모든 n에 대해 성립하는 명제들을 보일 수 있다. 특히 $\hat{\beta}_0$과 $\hat{\beta}_1$의 표본 분포 평균은 β_0과 β_1이다. 다시 말해 핵심 개념 4.3의 최소제곱법 가정하에서,

$$E(\hat{\beta}_0) = \beta_0, \quad E(\hat{\beta}_1) = \beta_1 \tag{4.18}$$

즉 $\hat{\beta}_0$과 $\hat{\beta}_1$은 β_0과 β_1의 불편 추정량이다. $\hat{\beta}_1$이 불편임을 증명하는 것은 부록 4.3에 나와 있으며, $\hat{\beta}_0$이 불편임을 증명하는 것은 연습문제 4.7로 남겨둔다.

표본이 충분히 크다면 중심극한정리에 의해 $\hat{\beta}_0$과 $\hat{\beta}_1$의 결합 표본 분포는 이변량 정규분포(2.4절)로 잘 근사된다. 이는 $\hat{\beta}_0$과 $\hat{\beta}_1$의 주변 분포가 큰 표본에서 정규분포임을 뜻한다.

이 논의는 중심극한정리를 사용한다. 기술적으로, 중심극한정리는 ($\overline{Y}$와 같은) 평균의 분포에 관한 것이다. $\hat{\beta}_1$에 대한 식 (4.5)의 분자를 보면 이것도 일종의 평균임을 알 수 있다—$\overline{Y}$와 같은 단순 평균은 아니지만, $(Y_i - \overline{Y})(X_i - \overline{X})$ 곱의 평균이다. 부록 4.3에서 더 자세히 논의되듯이, 중심극한정리는 이 평균에도 적용되므로 더 단순한 평균인 $\overline{Y}$처럼 큰 표본에서 정규분포를 따른다.

큰 표본에서 OLS 추정량 분포에 대한 정규 근사는 핵심 개념 4.4에 요약했다. (부록 4.3은 이 공식들의 유도를 요약한다.) 여기서 적절한 질문은 이런 근사가 믿을 만하려면 n이 얼마나 커야 하는지다. 2.6절에서 우리는 $n = 100$ 정도면 $\overline{Y}$의 표본 분포가 정규분포로 잘 근사되며, 때로는 더 작은 n으로도 충분하다고 주장했다. 이 기준은 회귀분석에 나오는 더 복잡한 평균들에도 적용된다. 거의 모든 현대 계량경제학 응용분석에서 $n > 100$이므로, 특별한 이유가 없다면 OLS 추정량 분포에 대한 정규 근사를 믿을 만한 것으로 여길 것이다.

핵심 개념 4.4의 결과는 OLS 추정량이 일치성을 가짐을 뜻한다. 즉 표본의 크기가 크고 최소제곱법 가정이 성립할 때, $\hat{\beta}_0$과 $\hat{\beta}_1$은 높은 확률로 진짜 모집단 계수 β_0과 β_1에 가까울 것이다. 이는 추정량의 분산 $\sigma^2_{\hat{\beta}_0}$과 $\sigma^2_{\hat{\beta}_1}$이 n이 커짐에 따라 0으로 작아지기 때문이다(분산 공식의 분모에 n이 나온다). 따라서 n이 클 때 OLS 추정량의 분포는 그들의 평균인 β_0과 β_1 주변에 촘촘하게 모일 것이다.

핵심 개념 4.4에 나오는 분포에서 알 수 있는 또 다른 결과는 보통 X_i의 분산이 클수록 $\hat{\beta}_1$의

핵심 개념 4.4

$\hat{\beta}_0$과 $\hat{\beta}_1$의 큰 표본 분포

핵심 개념 4.3의 최소제곱법 가정이 성립한다면, 큰 표본에서 $\hat{\beta}_0$과 $\hat{\beta}_1$은 결합 정규 표본 분포를 갖는다. $\hat{\beta}_1$의 큰 표본 정규분포는 $N(\beta_1, \sigma^2_{\hat{\beta}_1})$이며, 이 분포의 분산 $\sigma^2_{\hat{\beta}_1}$은 다음과 같다.

$$\sigma^2_{\hat{\beta}_1} = \frac{1}{n}\frac{\operatorname{var}[(X_i - \mu_X)u_i]}{[\operatorname{var}(X_i)]^2} \tag{4.19}$$

$\hat{\beta}_0$의 큰 표본 정규분포는 $N(\beta_0, \sigma^2_{\hat{\beta}_0})$이며, 여기서

$$\sigma^2_{\hat{\beta}_0} = \frac{1}{n}\frac{\operatorname{var}(H_i u_i)}{[E(H_i^2)]^2} \tag{4.20}$$

이고, 이때 $H_i = 1 - \left[\frac{\mu_X}{E(X_i^2)}\right]X_i$이다.

분산 $\sigma^2_{\hat{\beta}_1}$이 작아진다는 것이다. 수학적으로 이는 식 (4.19)에서 $\hat{\beta}_1$의 분산이 X_i 분산의 제곱에 반비례하기 때문이다: var(X_i)가 클수록 식 (4.19)의 분모가 커져서 $\sigma^2_{\hat{\beta}_1}$이 작아진다. 이유를 쉽게 이해하려면 그림 4.5를 보자. 이 그림은 X와 Y에 대한 150개의 가상 관측치 산점도를 보여준다. 색칠된 점들은 $\overline{X}$에 가장 가까운 75개의 관측치다. 색칠된 점들을 지나가는 선, 그리고 검은 점들을 지나가는 선을 가능한 한 정확하게 그리라고 한다면 어느 쪽을 고르겠는가? 색칠된 점들보다 더 큰 분산을 가진 검은 점들을 지나는 선을 그리는 것이 더 쉬울 것이

그림 4.5 $\hat{\beta}_1$의 분산과 X의 분산

색칠된 점들은 분산이 작은 X_i들의 집합을 나타낸다. 검은 점들은 분산이 큰 X_i들의 집합을 나타낸다. 검은 점들로 회귀선을 추정하면 색칠된 점들을 사용하는 것보다 더 정확하게 추정할 수 있다.

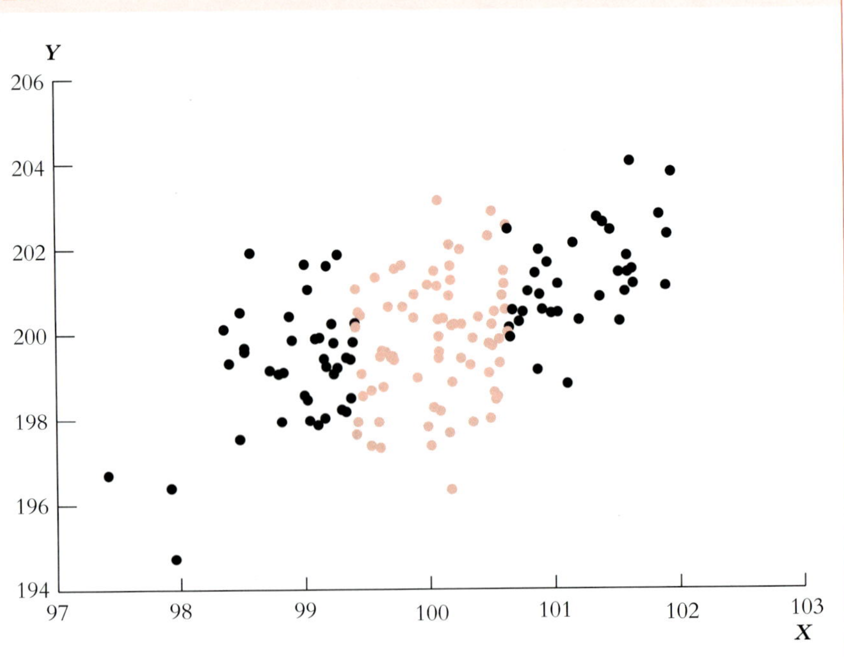

다. 마찬가지로, X의 분산이 클수록 $\hat{\beta}_1$은 더 정확하다.

핵심 개념 4.4에 나오는 분포는 또한 오차 u_i의 분산이 작을수록 $\hat{\beta}_1$의 분산이 작아짐을 보여준다. 이는 식 (4.19)에서 수학적으로 살펴볼 수 있다. u_i는 $\sigma^2_{\hat{\beta}_1}$의 분자에는 들어가지만 분모에는 들어가지 않는다: 만약 모든 u_i가 절반으로 작아지고 X는 변하지 않는다면, $\sigma_{\hat{\beta}_1}$은 절반으로 작아지고 $\sigma^2_{\hat{\beta}_1}$은 1/4로 작아질 것이다(연습문제 4.13). 좀 덜 수학적으로 말하자면, (고정된 X에 대해서) 오차가 작을수록 데이터는 모집단 회귀선 주변에 더 촘촘하게 모이므로 그 기울기를 더 정확하게 추정할 수 있다.

$\hat{\beta}_0$과 $\hat{\beta}_1$의 표본 분포에 대한 정규 근사는 강력한 도구다. 이러한 근사 방법을 통해 우리는 표본 데이터만을 사용해 회귀 계수의 모집단 참값에 대한 추론 방법을 개발할 수 있다.

4.6 결론

이 장은 종속변수 Y와 단일 설명변수 X에 대한 n개의 관측치 표본을 사용해 모집단 회귀선의 절편과 기울기를 추정하는 데 일반최소제곱법(OLS)을 사용하는 것에 초점을 맞추었다. OLS로 추정된 표본 회귀선은 X값이 주어졌을 때 Y를 예측하는 데 사용할 수 있다. β_1이 X의 한 단위 변화가 Y에 미치는 인과효과로 정의되고 인과추론을 위한 최소제곱법 가정(핵심 개념 4.3)이 성립할 때, 기울기와 절편의 OLS 추정량은 불편이며, 일치성을 가지고, 표본 크기 n에 반비례하는 분산을 가진 표본 분포를 갖는다. 또한 n이 크다면, OLS 추정량의 표본 분포는 정규분포를 따른다.

인과추론을 위한 첫 번째 최소제곱법 가정은 선형회귀모형의 설명변수 X가 주어졌을 때 오차항의 조건부 평균이 0이라는 것이다. 이 가정은 X가 실험에서 무작위로 할당되거나 관찰 데이터에서 마치 무작위로 할당된 것처럼 주어질 때 성립한다. 이 가정하에서 OLS 추정량은 인과효과 β_1의 불편 추정량이다.

두 번째 최소제곱법 가정은 (X_i, Y_i)가 독립적이고 동일하게 분포되어 있다는 것이다. 이는 데이터가 단순 무작위 표본 추출로 수집된 경우에 해당한다. 이 가정은 핵심 개념 4.4에 제시된 OLS 추정량의 표본 분포 분산에 대한 공식을 도출한다.

세 번째 최소제곱법 가정은 큰 이상치가 발생할 가능성이 낮다는 것이다. 더 엄밀하게 말하면, X와 Y는 유한한 4차 적률(유한한 첨도)을 가진다. 이 가정이 필요한 이유는 큰 이상치가 있을 때 OLS 추정량을 신뢰할 수 없기 때문이다. 이 세 가지 최소제곱법 가정하에서 OLS 추정량은 핵심 개념 4.4에 설명된 대로 큰 표본에서 정규분포를 따른다.

이 장의 결과는 OLS 추정량의 표본 분포를 설명한다. 하지만 이 결과들만으로는 β_1값에 대한 가설을 검정하거나 β_1에 대한 신뢰구간을 만들기에 충분하지 않다. 이를 위해서는 표본 분포의 표준편차에 대한 추정량, 즉 OLS 추정량의 표준 오차를 계산하는 것이 필요하다. $\hat{\beta}_1$의 표본 분포에서 표준 오차 계산, 가설검정, 신뢰구간으로 나아가는 것은 다음 장에서 다룬다.

요약

1. 모집단 회귀선 $\beta_0 + \beta_1 X$는 X값의 함수로서 Y의 평균이다. 기울기 β_1은 X값이 한 단위 차이 나는 두 관측치의 Y 예측값 차이다. 절편 β_0은 회귀선의 수준(또는 높이)을 결정한다. 핵심 개념 4.1은 모집단 선형회귀모형의 용어를 요약해서 보여준다.

2. 모집단 회귀선은 표본 관측치 (Y_i, X_i), $i = 1, \ldots, n$을 사용해 일반최소제곱법(OLS)으로 추정할 수 있다. 회귀식의 절편과 기울기의 OLS 추정량은 $\hat{\beta}_0$과 $\hat{\beta}_1$로 표시한다. X가 주어졌을 때 Y의 예측값은 $\hat{\beta}_0 + \hat{\beta}_1 X$이다.

3. R^2과 회귀 표준 오차(SER)는 Y_i값들이 추정된 회귀선에 얼마나 가까운지를 측정한다. R^2은 0과 1 사이이며, 더 큰 값은 Y_i들이 회귀선에 더 가깝다는 것을 나타낸다. 회귀 표준 오차는 회귀 오차의 표준편차를 추정한다.

4. 선형회귀모형을 사용한 인과효과 추정에는 세 가지 핵심 가정이 있다: (1) 회귀 오차 u_i는 설명변수 X_i가 주어졌을 때 조건부 평균이 0이다. (2) 표본 관측치는 모집단에서 독립적이고 동일하게 분포된(i.i.d.) 무작위 추출이다. (3) 큰 이상치가 발생할 가능성이 낮다. 이 가정들이 성립하면, OLS 추정량 $\hat{\beta}_1$은 (1) 인과효과 β_1의 불편 추정량이고, (2) 일치성을 가지며, (3) 표본이 클 때 정규분포를 따른다.

핵심 용어

계수coefficient
기울기slope
단순 선형회귀모형linear regression model with a single regressor
독립변수independent variable
모수parameter
모집단 회귀선population regression line
모집단 회귀함수population regression function
설명된 제곱합(ESS) explained sum of squares, ESS
설명변수regressor
예측prediction
예측값predicted value
오차항error term
인과추론causal inference
일반최소제곱(OLS) 추정량ordinary least squares(OLS) estimators
잔차residual
잔차제곱합(SSR) sum of squared residuals, SSR
절편intercept
종속변수dependent variable
총 제곱합(TSS) total sum of squares, TSS
최소제곱법의 첫 번째 가정least squares assumption
표본 내 예측in-sample prediction
표본 외 예측out-of-sample prediction
표본 회귀선sample regression line
표본 회귀 함수sample regression function
회귀 R^2 regression R^2
회귀 표준 오차(SER) standard error of the regression, SER
OLS 회귀선OLS regression line

복습문제

4.1 선형회귀모형이란 무엇인가? 선형회귀모형의 계수들 — 절편 β_0과 기울기 β_1 — 은 무엇을 측정하는가? 일반최소제곱 추정량이란 무엇인가?

4.2 오차항이 의미하는 바를 설명하라. OLS 회귀를 추정할 때 오차항에 대해 어떠한 가정을 하는가?

4.3 Y_i와 X_i의 쌍으로 이루어져 있는 표본 관측치들이 독립적이고 동일하게 분포되어 있다는 가정(i.i.d.)이 의미하는 바는 무엇인가? 이 가정이 OLS 추정에 있어 왜 중요한가? 이 가정이 위배될 가능성이 있는 경우는 언제인가?

4.4 R^2과 SER을 구분해 설명해보라. 이 두 측정치는 각각 어떻게 회귀의 적합도를 설명하는가?

연습문제

4.1 한 연구자가 50개 3학년 학급의 학급 규모(class size, CS)와 평균 시험 점수 데이터로 OLS 회귀모형을 추정했다고 하자.

$$\widehat{TestScore} = 640.3 - 4.93 \times CS, R^2 = 0.11, SER = 8.7$$

a. 학생 25명인 교실의 평균 시험 점수 회귀 예측값은 얼마인가?

b. 작년에 학생 21명이던 교실이 올해 24명이 됐다. 교실 평균 시험 점수 변화에 대한 회귀 예측값은 얼마인가?

c. 50개 교실 전체의 평균 학급 규모는 22.8이다. 50개 교실 전체의 시험 점수 표본평균은 얼마인가? (힌트: OLS 추정량 공식을 복습하라.)

d. 50개 교실 전체의 시험 점수 표본 표준편차는 얼마인가? (힌트: R^2과 SER 공식을 복습하라.)

4.2 20세 남성 100명을 모집단에서 무작위 추출해 키와 체중을 기록했다. 키에 대한 체중의 회귀분석 결과는 다음과 같다.

$$\widehat{Weight} = -79.24 + 4.16 \times Height, R^2 = 0.72, SER = 12.6$$

여기서 Weight는 파운드, Height는 인치 단위다.

a. 키 64인치, 68인치, 72인치인 사람의 체중 회귀 예측값은 얼마인가?

b. 한 남성이 뒤늦게 성장하면서 1년 동안 키가 2인치 자랐다. 이 남성의 체중 증가 회귀 예측값은 얼마인가?

c. 체중과 키를 파운드와 인치 대신 센티미터와 킬로그램으로 측정했다고 하자. 이 새 센티미터-킬로그램 회귀의 추정 결과는 얼마인가? (추정 계수 R^2과 SER을 포함한 모든 결과를 제시하라.)

4.3 월평균지출(AME, 달러 단위)을 월평균수입(AMI, 달러 단위)에 대해 회귀분석한 결과다. 표본은 100유로에서 150만 유로를 버는 대졸 전일제 근로자 중 무작위로 추출했다.

$$\widehat{AME} = 710.7 + 8.8 \times AMI, R^2 = 0.030, SER = 540.30$$

a. 계수값 710.7과 8.8의 의미를 설명하라.

b. 회귀 표준 오차(SER)는 540.30이다. SER의 측정 단위는 무엇인가? (유로인가? 아니면 단위가 없는가?)

c. 회귀의 R^2은 0.030이다. R^2의 측정 단위는 무엇인가? (유로인가? 아니면 R^2에는 단위가 없는가?)

d. 수입이 100유로인 사람의 지출을 회귀식을 통해 예측하면 예측값이 얼마인가? 수입이 200유로인 경우는 얼마인가?

e. 수입이 200만 유로인 사람에 대해 회귀모형이 신뢰할 만한 예측을 할 것이라 생각하는가? 그렇게 생각하는 이유는 무엇인가?

f. 소득 분포에 대해 아는 바를 고려할 때, 이 회귀의 오차 분포가 정규분포라고 생각하는가? (힌트: 분포가 대칭적이라고 생각하는가, 아니면 비대칭적인가? 소득의 최솟값은 얼마이며, 이는 정규분포와 일치하는가?)

4.4 수업에서 다음과 같은 일반적인 회귀분석방법을 사용해 국가별 평균 기온이 주간 평균소득(AWE, 달러 단위)에 미치는 영향을 조사하라는 과제가 주어졌다.

$$\widehat{AWE} = \hat{\beta}_0 + \hat{\beta}_1 \times \text{기온}$$

반 친구 레이첼은 미국인이라 화씨로 측정한 기온의 효과를 분석하기로 했고, 다른 대부분의 학생들은 섭씨로 측정한 기온의 효과를 분석한다.

$$X_F = 32 + \frac{9}{5} \times X_C$$

레이첼의 분석에서 다른 모든 것이 다른 학생들의 분석과 같다면, 다음 수치들은 어떻게 다를 것인가?

a. $\hat{\beta}_0$ (힌트: 핵심 개념 2.3을 복습하라.)

b. $\hat{\beta}_1$

c. R^2 (힌트: R^2은 상관 계수의 제곱과 같으며, 상관계수는 식 2.26을 사용해 구할 수 있다.)

4.5 한 연구자가 짧은 낮잠이 기억력에 미치는 영향을 측정하는 실험을 실시한다. 200명의 참가자가 있으며, 이들은 60분 또는 75분의 짧은 낮잠을 잘 수 있다. 깨어난 후 각 참가자는 단기 기억력 테스트를 받는다. 각 참가자는 동전 던지기를 통해 무작위로 시험 시간을 배정받는다. Y_i를 i번째 참가자가 테스트에서 받은 점수($0 \le Y_i \le 100$), X_i를 참가자가 테스트 전에 잔 시간($X_i = 60$ 또는 75)이라고 하고, 회귀모형 $Y_i = \beta_0 + \beta_i X_i + u_i$를 고려하자.

a. u_i항이 나타내는 것을 설명하라. 왜 서로 다른 참가자들이 서로 다른 u_i값을 갖게 되는가?

b. $E(u_i | X_i)$는 무엇인가? 추정된 계수들은 불편 추정량인가?

c. 연구자가 참가자들이 실험규칙을 지킨다는 것을 확신하는 데 어떠한 우려를 할 수 있는가?

d. 추정된 회귀식은 $Y_i = 55 + 0.17X_i$이다.

i. 테스트 전 60분 동안 잔 참가자들의 평균 점수에 대한 추정 회귀의 예측값을 계산하

라. 75분과 90분에 대해서도 반복하라.

ii. 낮잠 시간이 5분 더 주어진 참가자의 예상 증가 점수를 계산하라.

4.6 첫 번째 최소제곱법 가정인 $E(u_i \mid X_i) = 0$이 $E(Y_i \mid X_i) = \beta_0 + \beta_1 X_i$를 의미함을 밝혀라.

4.7 $\hat{\beta}_0$이 β_0의 불편 추정량임을 밝혀라. (힌트: 부록 4.3에서 증명된 $\hat{\beta}_1$이 불편 추정량이라는 사실을 이용하라.)

4.8 핵심 개념 4.3의 모든 회귀 가정이 만족되지만, 첫 번째 가정이 $E(u_i \mid X_i) = 2$로 대체된다고 가정하자. 핵심 개념 4.4의 어떤 부분이 계속 유지되고, 어떤 부분이 바뀌는가? 그 이유는 무엇인가? ($\hat{\beta}_1$이 큰 표본에서 핵심 개념 4.4에 주어진 평균과 분산을 가진 정규분포를 따르는가? $\hat{\beta}_0$은 어떤가?)

4.9 **a.** 선형회귀에서 $\hat{\beta}_1 = 0$이 나왔다. 그러면 $R^2 = 0$임을 밝혀라.

b. 선형회귀에서 $R^2 = 0$이 나왔다. 이것이 $\hat{\beta}_1 = 0$을 의미하는가?

4.10 $Y_i = \beta_0 + \beta_1 X_i + u_i$라고 가정하자. 여기서 (X_i, u_i)는 i.i.d.이고 X_i는 $\Pr(X = 1) = 0.30$인 베르누이 확률변수다. $X = 1$일 때 u_i는 $N(0, 3)$이고, $X = 0$일 때 u_i는 $N(0, 2)$이다.

a. 핵심 개념 4.3의 회귀 가정들을 만족함을 밝혀라.

b. $\hat{\beta}_1$의 큰 표본 분산 공식을 유도하라. [힌트: 식 (4.19)의 항들을 평가하라.]

4.11 회귀모형 $Y_i = \beta_0 + \beta_1 X_i + u_i$를 고려하자.

a. $\beta_0 = 0$임을 안다고 가정하자. β_1의 최소제곱 추정량에 대한 공식을 유도하라.

b. $\beta_0 = 4$임을 안다고 가정하자. β_1의 최소제곱 추정량에 대한 공식을 유도하라.

4.12 **a.** Y를 X에 대해 회귀한 회귀의 R^2이 X와 Y 사이 표본 상관계수의 제곱값임을 밝혀라. 즉 $R^2 = r_{XY}^2$임을 밝혀라.

b. Y를 X에 대해 회귀한 R^2이 X를 Y에 대해 회귀한 R^2과 같음을 밝혀라.

c. $\hat{\beta}_1 = r_{XY}(s_Y/s_X)$임을 밝혀라. 여기서 r_{XY}는 X와 Y 사이의 표본 상관계수이고 s_X와 s_Y는 X와 Y의 표본 표준편차다.

4.13 $Y_i = \beta_0 + \beta_1 X_i + \kappa u_i$라고 가정하자. 여기서 κ는 0이 아닌 상수이고 (Y_i, X_i)는 세 가지 최소제곱법 가정을 만족한다. $\hat{\beta}_1$의 큰 표본 분산이 $\sigma^2_{\hat{\beta}_1} = \kappa^2 \frac{1}{n} \frac{\text{var}[(X_i - \mu_X)u_i]}{[\text{var}(X_i)^2]}$로 주어짐을 밝혀라. [힌트: 이 식은 식 (4.19)에 주어진 분산에 κ^2을 곱한 것이다.]

4.14 표본 회귀선이 점 $(\overline{X}, \overline{Y})$를 지나감을 밝혀라.

4.15 (부록 4.4 필요) 모집단에서 $E(Y \mid X) = \beta_0 + \beta_1 X$인 표본 (X_i, Y_i), $i = 1, \ldots, n$이 수집되어 최소제곱 추정량 $\hat{\beta}_0$과 $\hat{\beta}_1$을 계산하는 데 사용된다. $X^{oos} = x^{oos}$인 무작위로 선택된 표본 외 관측치에서 Y^{oos}의 값을 예측하는 데 관심이 있다.

a. 표본 외 관측치가 표본 내 관측치 (X_i, Y_i)와 같은 모집단에서 나왔고 표본 내 관측치와 독립적으로 선택되었다고 가정하자.

i. $E(Y^{oos} \mid X^{oos} = x^{oos}) = \beta_0 + \beta_1 x^{oos}$인 이유를 설명하라.

ii. $\hat{Y}^{oos} = \hat{\beta}_0 + \hat{\beta}_1 x^{oos}$라고 하자. $E(\hat{Y}^{oos} \mid X^{oos} = x^{oos}) = \beta_0 + \beta_1 x^{oos}$임을 밝혀라.

iii. $u^{oos} = Y^{oos} - (\beta_0 + \beta_1 X^{oos})$이고 $\hat{u}^{oos} = Y^{oos} - (\hat{\beta}_0 + \hat{\beta}_1 X^{oos})$라고 하자. $\text{var}(\hat{u}^{oos})$

$= \text{var}(u^{oos}) + \text{var}(\hat{\beta}_0 + \hat{\beta}_1 X^{oos})$임을 밝혀라.

b. 표본 외 관측치가 표본이 추출된 모집단과 다른 모집단에서 추출되었고 두 모집단에서 X와 Y의 결합 분포가 다르다고 가정하자. 계속해서 β_0과 β_1을 표본이 추출된 모집단의 모수라고 하자.

i. $E(Y^{oos}|X^{oos} = x^{oos}) = \beta_0 + \beta_1 x^{oos}$가 성립하는가?

ii. $E(\hat{Y}^{oos}|X^{oos} = x^{oos}) = \beta_0 + \beta_1 x^{oos}$가 성립하는가?

실증문제

E4.1 이 책의 웹사이트 **http://www.pearsonglobaleditions.com**에서 **Growth**라는 데이터 파일을 찾을 수 있다. 이 파일에는 65개국의 1960년부터 1995년까지의 평균 성장률 데이터와 성장과 잠재적으로 관련된 변수들이 포함되어 있다.[1] 자세한 설명은 웹사이트에서 제공하는 **Growth_Description**에도 나와 있다. 이 연습에서는 성장과 무역의 관계를 조사할 것이다.

a. 연간 성장률(*Growth*)과 평균 무역 점유율(*TradeShare*)의 산점도를 작성하라. 변수들 사이에 관계가 있어 보이는가?

b. 몰타는 다른 국가들보다 훨씬 큰 무역 점유율을 가지고 있다. 산점도에서 몰타를 찾아라. 몰타가 이상치로 보이는가?

c. 모든 관측치를 사용해 *Growth*를 *TradeShare*에 대해 회귀분석하라. 추정된 기울기는 무엇인가? 추정된 절편은 무엇인가? 회귀를 사용해 무역 점유율이 0.5인 국가와 1.0인 국가의 성장률을 예측하라.

d. 몰타의 데이터를 제외하고 동일한 회귀를 추정하라. (c)와 같은 질문에 답하라.

e. (c)와 (d)에서 추정된 회귀함수를 그래프로 그려라. (a)의 산점도를 사용해 몰타를 포함한 회귀함수가 몰타를 제외한 회귀함수보다 더 가파른 이유를 설명하라.

f. 몰타는 어디에 있는가? 왜 몰타의 무역 점유율이 그렇게 큰가? 분석에 몰타를 포함해야 하는가, 아니면 제외해야 하는가?

E4.2 **http://www.pearsonglobaleditions.com**에서 **Earnings_and_Height**라는 데이터 파일을 찾을 수 있다. 이 파일에는 미국 근로자들의 무작위 표본에 대한 소득, 키, 기타 특성에 대한 데이터가 포함되어 있다.[2] 자세한 설명은 웹사이트에서 제공하는 **Earnings_and_Height_Description**에도 나와 있다. 이 연습에서는 소득과 키의 관계를 조사할 것이다.

a. 표본에서 키의 중앙값은 얼마인가?

b. i. 키가 67인치 이하인 근로자들의 평균 소득을 추정하라.

ii. 키가 67인치를 초과하는 근로자들의 평균 소득을 추정하라.

iii. 평균적으로, 키가 큰 근로자들이 키가 작은 근로자들보다 더 많이 버는가? 얼마나 더

1 이 데이터는 캘리포니아대학교 버클리의 Ross Levine 교수가 제공한 것으로, Thorsten Beck, Norman Loayza와 함께 쓴 논문 "Finance and the Sources of Growth"(*Journal of Financial Economics*, 2000, 58: 261-300)에서 사용되었다.

2 이 데이터는 Anne Case 교수(프린스턴대학교)와 Christina Paxson 교수(브라운대학교)가 제공한 것으로, 그들의 논문 "Stature and Status: Height, Ability, and Labor Market Outcomes"(*Journal of Political Economy*, 2008, 116(3): 499-532)에서 사용되었다.

많이 버는가? 평균 소득 차이에 대한 95% 신뢰구간은 무엇인가?

c. 연간 소득(*Earnings*)을 키(*Height*)에 대해 산점도로 그려라. 그래프의 점들이 수평선을 따라 분포되어 있음을 주목하라. (*Earnings*의 고유한 값이 23개뿐이다.) 왜 그런가? (힌트: 자세한 데이터 설명을 주의 깊게 읽어보라.)

d. *Earnings*를 *Height*에 대해 회귀분석하라.

i. 추정된 기울기는 얼마인가?

ii. 추정된 회귀를 사용해 키가 67인치, 70인치, 65인치인 근로자의 소득을 예측하라.

e. 키가 인치 대신 센티미터로 측정되었다고 가정하자. *Earnings*를 *Height*(cm)에 대해 회귀분석한 결과에 대해 다음 질문에 답하라.

i. 회귀의 추정된 기울기는 얼마인가?

ii. 추정된 절편은 얼마인가?

iii. R^2은 얼마인가?

iv. 회귀 표준 오차는 얼마인가?

f. 여성 근로자만의 데이터를 사용해 *Earnings*를 *Height*에 대해 회귀분석하라.

i. 추정된 기울기는 얼마인가?

ii. 무작위로 선택된 한 여성이 표본의 평균 여성보다 1인치 더 크다고 하자. 이 여성의 소득이 표본의 평균 여성 소득보다 높을 것으로 예측하는가, 낮을 것으로 예측하는가? 얼마나 차이가 날 것으로 예측하는가?

g. 남성 근로자에 대해 (f)를 반복하라.

h. 키가 소득에 영향을 미치는 다른 요인들과 상관관계가 없다고 생각하는가? 즉 회귀 오차항 u_i가 *Height*(X_i)가 주어졌을 때 조건부 평균이 0이라고 생각하는가? (이에 대해 후속 장의 *Earnings*와 *Height* 연습문제에서 더 자세히 조사할 것이다.)

부록 4.1 캘리포니아 시험 점수 데이터 자료

캘리포니아 표준화 시험 및 보고 데이터 자료는 시험 성적, 학교 특성, 학생의 인구통계학적 배경에 대한 데이터를 포함하고 있다. 여기서 사용된 데이터는 1999년에 이용 가능한 데이터를 가진 캘리포니아의 모든 420개 K-6 및 K-8학군에서 가져온 것이다. 시험 점수는 5학년 학생에게 실시된 표준화 시험인 스탠퍼드 9 성취도 평가의 읽기와 수학 점수의 평균이다. 학교 특성(학군 전체 평균)에는 등록 학생 수, 교사 수('정규직 환산' 기준으로 측정), 교실당 컴퓨터 수, 학생 1인당 지출이 포함된다. 여기서 사용된 학생-교사 비율은 학군의 학생 수를 정규직 환산 교사 수로 나눈 것이다. 학생들의 인구통계학적 변수도 학군 전체에 대해 평균을 낸 것이다. 인구통계학적 변수에는 공공 지원 프로그램인 CalWorks(이전의 AFDC)에 속한 학생들의 비율, 할인된 가격의 급식을 받을 자격이 있는 학생들의 비율, 영어 학습자(즉 영어가 제2언어인 학생들)의 비율이 포함된다. 이 모든 데이터는 캘리포니아 교육부(**www.cde.ca.gov**)에서 얻은 것이다.

부록 4.2 OLS 추정량의 도출

이 부록에서는 미적분을 사용해 핵심 개념 4.2에 제시한 OLS 추정량 공식을 도출한다. 예측오차의 제곱합 $\sum_{i=1}^{n}(Y_i - b_0 - b_1X_i)^2$[식 (4.4)]을 최소화하기 위해 먼저 b_0과 b_1에 대해 편미분을 한다.

$$\frac{\partial}{\partial b_0}\sum_{i=1}^{n}(Y_i - b_0 - b_1X_i)^2 = -2\sum_{i=1}^{n}(Y_i - b_0 - b_1X_i) \tag{4.21}$$

$$\frac{\partial}{\partial b_1}\sum_{i=1}^{n}(Y_i - b_0 - b_1X_i)^2 = -2\sum_{i=1}^{n}(Y_i - b_0 - b_1X_i)X_i \tag{4.22}$$

OLS 추정량 $\hat{\beta}_0$과 $\hat{\beta}_1$은 $\sum_{i=1}^{n}(Y_i - b_0 - b_1X_i)^2$을 최소화하는 b_0과 b_1의 값이다. 즉 식 (4.21)과 (4.22)의 도함수가 0이 되는 b_0과 b_1의 값이다. 따라서 이 도함수들을 0으로 놓고, 항들을 모으고, n으로 나누면 OLS 추정량 $\hat{\beta}_0$과 $\hat{\beta}_1$이 다음 두 식을 만족해야 함을 알 수 있다.

$$\overline{Y} - \hat{\beta}_0 - \hat{\beta}_1\overline{X} = 0 \tag{4.23}$$

$$\frac{1}{n}\sum_{i=1}^{n}X_iY_i - \hat{\beta}_0\overline{X} - \hat{\beta}_1\frac{1}{n}\sum_{i=1}^{n}X_i^2 = 0 \tag{4.24}$$

이 연립방정식을 $\hat{\beta}_0$과 $\hat{\beta}_1$에 대해 풀면 다음을 얻는다.

$$\hat{\beta}_1 = \frac{\frac{1}{n}\sum_{i=1}^{n}X_iY_i - \overline{X}\,\overline{Y}}{\frac{1}{n}\sum_{i=1}^{n}X_i^2 - (\overline{X})^2} = \frac{\sum_{i=1}^{n}(X_i - \overline{X})(Y_i - \overline{Y})}{\sum_{i=1}^{n}(X_i - \overline{X})^2} \tag{4.25}$$

$$\hat{\beta}_0 = \overline{Y} - \hat{\beta}_1\overline{X} \tag{4.26}$$

식 (4.25)와 (4.26)은 핵심 개념 4.2에 주어진 $\hat{\beta}_0$과 $\hat{\beta}_1$의 공식이다. $\hat{\beta}_1 = s_{XY}/s_X^2$ 공식은 식 (4.25)의 분자와 분모를 각각 $n-1$로 나누어 얻을 수 있다.

부록 4.3 OLS 추정량의 표본 분포

이 부록에서는 OLS 추정량 $\hat{\beta}_1$이 불편 추정량이며, 큰 표본에서 핵심 개념 4.4에 주어진 정규 표본 분포를 따른다는 것을 보여준다.

설명변수와 오차항으로 $\hat{\beta}_1$ 표현하기

먼저 $\hat{\beta}_1$을 설명변수와 오차항으로 표현한 식을 제시한다. $Y_i = \beta_0 + \beta_1X_i + u_i$이므로, $Y_i - \overline{Y} = \beta_1(X_i - \overline{X}) + u_i - \overline{u}$이다. 따라서 식 (4.25)에서 $\hat{\beta}_1$ 공식의 분자는 다음과 같다.

$$\sum_{i=1}^{n}(X_i - \overline{X})(Y_i - \overline{Y}) = \sum_{i=1}^{n}(X_i - \overline{X})[\beta_1(X_i - \overline{X}) + (u_i - \overline{u})]$$
$$= \beta_1\sum_{i=1}^{n}(X_i - \overline{X})^2 + \sum_{i=1}^{n}(X_i - \overline{X})(u_i - \overline{u}) \qquad (4.27)$$

이제 $\Sigma_{i=1}^{n}(X_i - \overline{X})(u_i - \overline{u}) = \Sigma_{i=1}^{n}(X_i - \overline{X})u_i - \Sigma_{i=1}^{n}(X_i - \overline{X})\overline{u} = \Sigma_{i=1}^{n}(X_i - \overline{X})u_i$이다. 여기서 마지막 등식은 $\overline{X}$의 정의에 따라 $\Sigma_{i=1}^{n}(X_i - \overline{X})\overline{u} = (\Sigma_{i=1}^{n}X_i - n\overline{X})\overline{u} = 0$이기 때문이다. $\Sigma_{i=1}^{n}(X_i - \overline{X})(u_i - \overline{u}) = \Sigma_{i=1}^{n}(X_i - \overline{X})u_i$를 식 (4.27)의 마지막 표현에 대입하면 $\Sigma_{i=1}^{n}(X_i - \overline{X})(Y_i - \overline{Y}) = \beta_1\Sigma_{i=1}^{n}(X_i - \overline{X})^2 + \Sigma_{i=1}^{n}(X_i - \overline{X})u_i$를 얻는다. 이를 다시 식 (4.25)의 $\hat{\beta}_1$ 공식에 대입하면 다음을 얻는다.

$$\hat{\beta}_1 = \beta_1 + \frac{\frac{1}{n}\sum_{i=1}^{n}(X_i - \overline{X})u_i}{\frac{1}{n}\sum_{i=1}^{n}(X_i - \overline{X})^2} \qquad (4.28)$$

$\hat{\beta}_1$이 불편 추정량임을 증명

$\hat{\beta}_1$이 최소제곱법의 첫 번째 가정하에서 불편 추정량임을 보이기 위해 기댓값의 반복법칙[식 (2.20)]을 사용한다. 먼저 식 (4.28)의 양변에 조건부 기댓값을 취해 $E(\hat{\beta}_1 | X_1, \ldots, X_n)$을 구한다.

$$E(\hat{\beta}_1 | X_1, \ldots, X_n) = \beta_1 + E\left[\left.\frac{\frac{1}{n}\sum_{i=1}^{n}(X_i - \overline{X})u_i}{\frac{1}{n}\sum_{i=1}^{n}(X_i - \overline{X})^2}\right| X_1, \ldots, X_n\right]$$
$$= \beta_1 + \frac{\frac{1}{n}\sum_{i=1}^{n}(X_i - \overline{X})E(u_i | X_i, \ldots, X_n)}{\frac{1}{n}\sum_{i=1}^{n}(X_i - \overline{X})^2} \qquad (4.29)$$

두 번째 최소제곱법 가정에 따라 u_i는 i번째를 제외한 모든 관측치의 X와 독립적으로 분포하므로, $E(u_i | X_1, \ldots, X_n) = E(u_i | X_i)$이다. 그러나 첫 번째 최소제곱법 가정에 따라 $E(u_i | X_i) = 0$이다. 따라서 식 (4.29)의 마지막 줄 두 번째 항은 0이 되어, $E(\hat{\beta}_1 | X_1, \ldots, X_n) = \beta_1$임을 알 수 있다.

$\hat{\beta}_1$이 $X_1, \ldots, X_n$이 주어졌을 때 불편 추정량이므로, 모든 표본 $X_1, \ldots, X_n$에 대해 평균을 내도 불편 추정량이다. 따라서 $\hat{\beta}_1$의 불편성은 식 (4.29)와 기댓값의 반복법칙에 따라 $E(\hat{\beta}_1) = E[E(\hat{\beta}_1 | X_1, \ldots, X_n)] = \beta_1$로 도출된다.

OLS 추정량의 큰 표본 정규분포

$\hat{\beta}_1$의 극한분포에 대한 큰 표본 정규근사(핵심 개념 4.4)는 식 (4.28)의 마지막 항을 통해 얻을 수 있다.

먼저 이 항의 분자를 살펴보자. $\overline{X}$가 일치 추정량이므로 표본크기가 크면 $\overline{X}$는 μ_X와 거의 같다. 따라서 근사적으로 식 (4.28)의 분자에 있는 항은 $v_i = (X_i - \mu_X)u_i$의 표본평균 $\overline{v}$이다. 첫 번째 최소제곱법 가정에 의해 v_i의 평균은 0이다. 두 번째 최소제곱법 가정에 의해 v_i는 i.i.d.이다. v_i의 분산은 $\sigma_v^2 = \text{var}[(X_i - \mu_X)u_i]$이며, 세 번째 최소제곱법 가정에 의해 0이 아니고 유한하다. 따라서 v_i는 중심극한정리(핵심 개념 2.7)의 모든 요건을 만족한다. 따라서 $\overline{v}/\sigma_{\overline{v}}$는 큰 표본에서 $N(0, 1)$을 따르며, 이때 $\sigma_{\overline{v}}^2 = \sigma_v^2/n$이다. 따라서 $\overline{v}$의 분포는 $N(0, \sigma_v^2/n)$ 분포로 잘 근사된다.

이제 식 (4.28)의 분모를 살펴보자. 이는 X의 표본 분산이다($n - 1$이 아닌 n으로 나누지만, 이는 n이 크면 무시할 만하다). 3.2절[식 (3.9)]에서 논의한 바와 같이, 표본 분산은 모집단 분산의 일치 추정량이므로 큰 표본에서는 X의 모집단 분산에 매우 가깝다.

이 두 결과를 결합하면, 큰 표본에서 $\hat{\beta}_1 - \beta_1 \cong \overline{v}/\text{var}(X_i)$가 된다. 따라서 $\hat{\beta}_1$의 표본 분포는 큰 표본에서 $N(\beta_1, \sigma_{\hat{\beta}_1}^2)$이 되며, 여기서 $\sigma_{\hat{\beta}_1}^2 = \text{var}(\overline{v})/[\text{var}(X_i)]^2 = \text{var}[(X_i - \mu_X)u_i]/\{n[\text{var}(X_i)]^2\}$은 식 (4.19)와 같다.

일반최소제곱법(OLS)에 대한 몇 가지 추가 대수적 사실

OLS 잔차와 예측값은 다음을 만족한다.

$$\frac{1}{n}\sum_{i=1}^{n}\hat{u}_i = 0 \tag{4.30}$$

$$\frac{1}{n}\sum_{i=1}^{n}\hat{Y}_i = \overline{Y} \tag{4.31}$$

$$\sum_{i=1}^{n}\hat{u}_i X_i = 0, \quad s_{\hat{u}X} = 0 \tag{4.32}$$

$$TSS = SSR + ESS \tag{4.33}$$

식 (4.30)부터 (4.33)은 다음을 의미한다: OLS 잔차의 표본평균은 0이다, OLS 예측값의 표본평균은 $\overline{Y}$와 같다, OLS 잔차와 설명변수 간의 표본 공분산 $s_{\hat{u}X}$는 0이다. 총 제곱합은 잔차 제곱합과 설명된 제곱합의 합과 같다. [ESS, TSS, SSR은 식 (4.12), (4.13), (4.15)에 정의되어 있다.]

식 (4.30)을 검증하기 위해, $\hat{\beta}_0$의 정의를 사용해 OLS 잔차를 $\hat{u}_i = Y_i - \hat{\beta}_0 - \hat{\beta}_1 X_i = (Y_i - \overline{Y}) - \hat{\beta}_1(X_i - \overline{X})$로 쓸 수 있음에 주목하자. 따라서 다음과 같다.

$$\sum_{i=1}^{n}\hat{u}_i = \sum_{i=1}^{n}(Y_i - \overline{Y}) - \hat{\beta}_1\sum_{i=1}^{n}(X_i - \overline{X})$$

그러나 $\overline{Y}$와 $\overline{X}$의 정의에 따라 $\Sigma_{i=1}^{n}(Y_i - \overline{Y}) = 0$ 및 $\Sigma_{i=1}^{n}(X_i - \overline{X}) = 0$이므로, $\Sigma_{i=1}^{n}\hat{u}_i = 0$이다.

식 (4.31)을 검증하기 위해 $Y_i = \hat{Y}_i + \hat{u}_i$임에 주목하자. 따라서 $\Sigma_{i=1}^{n}Y_i = \Sigma_{i=1}^{n}\hat{Y}_i + \Sigma_{i=1}^{n}\hat{u}_1 = \Sigma_{i=1}^{n}\hat{Y}_i$이고, 두 번째 등호는 식 (4.30)에 의해 성립한다.

식 (4.32)를 검증하기 위해, $\Sigma_{i=1}^{n}\hat{u}_i = 0$은 $\Sigma_{i=1}^{n}\hat{u}_i X_i = \Sigma_{i=1}^{n}\hat{u}_i(X_i - \overline{X})$를 의미하므로

$$\sum_{i=1}^{n}\hat{u}_i X_i = \sum_{i=1}^{n}[(Y_i - \overline{Y}) - \hat{\beta}_1(X_i - \overline{X})](X_i - \overline{X})$$
$$= \sum_{i=1}^{n}(Y_i - \overline{Y})(X_i - \overline{X}) - \hat{\beta}_1\sum_{i=1}^{n}(X_i - \overline{X})^2 = 0 \quad (4.34)$$

여기서 식 (4.34)의 마지막 등호는 식 (4.25)의 $\hat{\beta}_1$ 공식을 사용해 얻는다. 이 결과와 앞선 결과들을 결합하면 $s_{\hat{u}X} = 0$임을 의미한다.

식 (4.33)은 이전 결과들과 약간의 대수를 통해 도출된다.

$$TSS = \sum_{i=1}^{n}(Y_i - \overline{Y})^2 = \sum_{i=1}^{n}(Y_i - \hat{Y}_i + \hat{Y}_i - \overline{Y})^2$$
$$= \sum_{i=1}^{n}(Y_i - \hat{Y}_i)^2 + \sum_{i=1}^{n}(\hat{Y}_i - \overline{Y})^2 + 2\sum_{i=1}^{n}(Y_i - \hat{Y}_i)(\hat{Y}_i - \overline{Y})$$
$$= SSR + ESS + 2\sum_{i=1}^{n}\hat{u}_i\hat{Y}_i = SSR + ESS \quad (4.35)$$

여기서 마지막 등호는 $\sum_{i=1}^{n}\hat{u}_i\hat{Y}_i = \sum_{i=1}^{n}\hat{u}_i(\hat{\beta}_0 + \hat{\beta}_1 X_i) = \hat{\beta}_0\sum_{i=1}^{n}\hat{u}_i + \hat{\beta}_1\sum_{i=1}^{n}\hat{u}_i X_i = 0$이라는 앞선 결과로부터 도출된다.

부록 4.4 예측을 위한 최소제곱법 가정

4.4절에서는 인과효과 추정을 위한 최소제곱법 가정을 제공한다. 예측을 위한 최소제곱법 가정도 이와 유사하다. 두 가정의 차이는 두 문제의 차이에서 비롯된다. 인과효과 추정을 위해서는 X가 무작위로 할당되거나 무작위 할당과 유사해야 하며, 이는 핵심 개념 4.3의 최소제곱법 가정 1로 이어진다. 반면에 4.3절에서 논의한 바와 같이, 예측의 목표는 정확한 표본 외 예측을 제공하는 것이다. 이를 위해서는 추정된 회귀선이 예측되는 관측치와 관련이 있어야 한다. 이는 추정에 사용된 데이터와 예측되는 관측치가 동일한 모집단 분포에서 추출된 경우에 해당한다.

예를 들어 교육감과 아버지의 문제로 돌아가보자. 교육감은 *STR* 변화가 *TestScore*에 미치는 인과효과에 관심이 있다. 이상적으로는 학생들이 무작위로 다른 크기의 학급에 배정된 실험 데이터가 있어야 한다. 그러한 실험이 없다면, 캘리포니아 데이터를 사용한 *TestScore*와 *STR*의 회귀분석이 만족스러울 수도 있고 아닐 수도 있다—이는 β_1이 인과효과로 정의될 때 최소제곱법 가정 1을 만족하는지 여부에 달려 있다.

반면에 아버지는 시험 점수를 보고하지 않은 캘리포니아 학군의 시험 점수를 예측하는 데 관심이 있으므로, 캘리포니아의 *TestScore*와 *STR*을 연관짓는 모집단 회귀선에 관심이 있다. 이 회귀선의 기울기는 인과효과일 수도 있고 아닐 수도 있다.

이를 보다 정확히 표현하기 위해 추가적인 표기법을 도입한다. (X^{oos}, Y^{oos})를 예측할 표본 외(out-of-sample, 'oos') 관측치라 하고, (X_i, Y_i), $i = 1, \ldots, n$을 회귀계수 추정에 사용된 데이터라고 계속 표기하자. 예측을 위한 최소제곱법 가정은 다음과 같다.

$E(Y|X) = \beta_0 + \beta_1 X$ 및 $u = Y - E(Y|X)$로 정의하자.

1. (X^{oos}, Y^{oos})는 (X_i, Y_i), $i = 1, \ldots, n$과 동일한 모십단 분포에서 무작위로 추출된다.
2. (X_i, Y_i), $i = 1, \ldots, n$은 그들의 결합 분포에서 독립적이고 동일하게 분포된(i.i.d.) 추출이다.
3. 큰 이상치가 발생할 가능성이 낮다: X_i와 Y_i는 0이 아닌 유한한 4차 적률을 가진다.

이 가정들은 핵심 개념 4.3의 가정들과 두 가지 주요한 차이점이 있다. 첫째, β_1의 정의다. 최선의 예측치는 $E(Y|X)$로 주어진다(최선의 예측치는 평균제곱 예측 오차의 관점에서 정의된다. 부록 2.2를 참조하라). 선형성을 가정하면, 예측을 위한 β_1은 이 조건부 기댓값의 기울기로 정의되며, 이는 인과효과일 수도 있고 아닐 수도 있다. 둘째, 회귀선은 표본 내 관측치를 사용해 추정되지만 표본 외 관측치를 예측하는 데 사용되므로 첫 번째 가정은 이들이 동일한 모집단에서 추출된다는 것이다.

두 번째와 세 번째 가정은 4.4절의 인과효과 추정을 위한 가정과 동일하다. 이들은 OLS 추정량이 모집단 예측선의 계수에 대해 일치 추정량이 되도록 하고 n이 클 때 정규분포를 따르도록 보장한다.

예측을 위한 최소제곱법 가정하에서 Y^{oos}의 OLS 예측값은 불편 추정량이다.

$$\begin{aligned} E(\hat{Y}^{oos}|X^{oos} = x^{oos}) &= E(\hat{\beta}_0 + \hat{\beta}_0 X^{oos}|X^{oos} = x^{oos}) \\ &= E(\hat{\beta}_0) + E(\hat{\beta}_1)x^{oos} \end{aligned} \tag{4.36}$$

여기서 두 번째 등식은 (X^{oos}, Y^{oos})가 OLS 추정량을 계산하는 데 사용된 관측치들과 독립적이기 때문에 성립한다. 예측 문제에서 u는 $u = Y - E[Y|X]$로 정의되므로, 정의에 의해 $E[u_i|X_i] = 0$이고 부록 4.3의 대수가 직접 적용된다. 따라서 $E(\hat{\beta}_0) + E(\hat{\beta}_1)x^{oos} = \beta_0 + \beta_1 x^{oos} = E(Y^{oos}|X^{oos} = x^{oos})$이다. 이 표현을 식 (4.36)의 첫 번째 표현과 결합하면 $E(Y^{oos} - \hat{Y}^{oos}|X^{oos} = x^{oos}) = 0$이 된다. 즉 OLS 예측은 불편 추정량이다.

예측을 위한 최소제곱법 가정은 또한 회귀 SER이 표본 외 예측 오차 $\hat{u}^{oos} = Y^{oos} - \hat{Y}^{oos}$의 분산을 추정함을 보장한다. 이를 보이기 위해 표본 외 예측 오차를 두 항의 합으로 쓰는 것이 유용하다: 즉 회귀계수를 알고 있을 때 발생할 오차와 이를 추정해야 하기에 발생하는 오차이다. 이제 $\hat{u}^{oos} = Y^{oos} - (\hat{\beta}_0 + \hat{\beta}_1 X^{oos}) = \beta_0 + \beta_1 X^{oos} + u^{oos} - (\hat{\beta}_0 + \hat{\beta}_1 X^{oos}) = u^{oos} - [(\hat{\beta}_0 - \beta_0) + (\hat{\beta}_1 - \beta_1)X^{oos}]$라 쓰자. 그러면 $\text{var}(\hat{u}^{oos}) = \text{var}(u^{oos}) + \text{var}(\hat{\beta}_0 + \hat{\beta}_1 X^{oos})$가 된다(연습문제 4.15). 이 최종 식의 두 번째 항은 표본 외 예측 오차에 대한 추정 오차의 기여도이다. 표본크기가 클 때, 이 표현의 첫 번째 항이 두 번째 항보다 훨씬 크다. 더욱이 표본 내 관측치와 표본 외 관측치가 같은 모집단에서 나온다면 $\text{var}(u^{oos}) = \text{var}(u_i) = \sigma_u^2$이므로, $\hat{u}^{oos}$의 표준편차는 SER에 의해 추정된다.

CHAPTER 5

단일 설명변수를 사용한 회귀분석: 가설검정과 신뢰구간

이 장은 단일 설명변수를 사용한 선형회귀분석에 대한 논의를 계속한다. 4장에서는 기울기 계수 β_1의 OLS 추정량 $\hat{\beta}_1$이 표본마다 어떻게 다른지, 즉 $\hat{\beta}_1$이 어떤 표본 분포를 가지는지 설명했다. 이 장은 이 표본 분포에 대한 지식을 어떻게 활용해 β_1에 대해 표본의 불확실성을 정확히 반영한 이야기를 할 수 있는지 보여준다. 출발점은 $\hat{\beta}_1$의 표본 분포의 퍼짐을 측정하는 OLS 추정량의 표준 오차이다. 5.1절에서는 이 표준 오차(그리고 절편의 OLS 추정량의 표준 오차)에 대한 공식을 제공하고, $\hat{\beta}_1$과 그 표준 오차를 사용해 가설을 검정하는 방법을 보여준다. 5.2절에서는 β_1에 대한 신뢰구간을 구성하는 방법을 설명한다. 5.3절에서는 이진 설명변수의 특별한 경우를 다룬다.

5.1절부터 5.3절까지는 핵심 개념 4.3의 세 가지 최소제곱법 가정이 성립한다고 가정한다. 추가로 더 강한 기술적 조건들이 성립한다면 OLS 추정량의 분포에 대해 더 강력한 결과를 도출할 수 있다. 이러한 더 강한 조건 중 하나는 오차가 등분산성을 가진다는 것인데, 이는 5.4절에서 소개하는 개념이다. 5.5절에서는 가우스-마르코프 정리를 제시하는데, 이는 특정 조건하에서 OLS가 특정 조건을 만족하는 추정량 중에서 효율적(가장 작은 분산을 가진다는 뜻)임을 보여준다. 5.6절에서는 회귀 오차의 모집단 분포가 정규분포일 때 OLS 추정량의 분포에 대해 논의한다.

5.1 회귀 계수 중 하나에 대한 가설검정

당신의 의뢰인인 교육감이 문제가 있다며 전화를 걸어왔다. 그녀의 사무실에 화가 난 납세자가 와서 학급 규모를 줄이는 것이 시험 점수 향상에 도움이 되지 않을 것이므로 더 많은 교사를 고용하는 것은 돈 낭비라고 주장하고 있다. 납세자는 학급 규모가 시험 점수에 아무런 영향을 미치지 않는다고 주장한다.

납세자의 주장은 회귀분석의 언어로 다시 표현할 수 있다: 납세자는 학급 규모 변화가 시험 점수에 미치는 진짜 인과효과가 0이라고 주장한다. 즉 $\beta_{ClassSize} = 0$이라는 것이다.

당신은 이미 교육감에게 핵심 개념 4.3의 최소제곱법 가정이 성립한다는 전제하에 캘리포

핵심 개념 5.1

일반적인 t-통계량의 형태

t-통계량은 일반적으로 다음과 같은 형태이다.

$$t = \frac{(\text{추정량} - \text{가설값})}{\text{추정량의 표준 오차}} \tag{5.1}$$

니아 학군에 대한 420개의 관측치 표본을 사용해 $\beta_{ClassSize}$의 추정치를 제공했다. 교육감은 이 기울기가 0이 아니라는 증거가 당신의 데이터에 있는지 묻고 있다. $\beta_{ClassSize} = 0$이라는 납세자의 가설을 기각할 수 있는가, 아니면 적어도 추가적인 새로운 증거가 나올 때까지 잠정적으로 이를 받아들여야 하는가?

이 절에서는 모집단 계수 β_0과 β_1에 대한 가설검정을 다룬다. 먼저 β_1에 대한 양측 검정을 자세히 논의한 다음, 단측 검정과 절편 β_0에 관한 가설검정으로 넘어간다.

β_1에 대한 양측 가설

계수 β_1에 대한 가설검정의 일반적 접근 방식은 모집단 평균에 대한 가설검정과 같으므로, 먼저 간단한 복습을 해보자.

모집단 평균에 대한 가설검정 3.2절의 내용을 떠올려보자. Y의 평균이 특정 값 $\mu_{Y,0}$이라는 귀무가설은 H_0: $E(Y) = \mu_{Y,0}$으로 쓸 수 있고, 양측 대립가설은 H_1: $E(Y) \neq \mu_{Y,0}$이다.

귀무가설 H_0에 대한 양측 대립가설검정은 핵심 개념 3.6에 요약된 세 단계로 진행된다. 첫 번째는 $\overline{Y}$의 표준 오차 $SE(\overline{Y})$를 계산하는 것인데, 이는 $\overline{Y}$의 표본 분포의 표준편차 추정량이다. 두 번째 단계는 t-통계량을 계산하는 것으로, 이는 핵심 개념 5.1에 주어진 일반적 형태를 가진다. 여기에 적용하면, t-통계량은 $t = (\overline{Y} - \mu_{Y,0})/SE(\overline{Y})$이다.

세 번째 단계는 p값을 계산하는 것이다. p값은 실제 관측된 검정 통계량을 기반으로 귀무가설을 기각할 수 있는 가장 작은 유의수준이다. 다시 말해 p값은 귀무가설이 맞다고 가정할 때, 무작위 표본 추출로 인해 실제 관측된 통계량 또는 그 이상의 값을 갖는 통계량을 얻을 확률이다(핵심 개념 3.5). 양측 가설에 대해서는 귀무가설 값의 양쪽에서 극단적인 값을 얻을 가능성을 고려해야 하므로, 양측 가설검정의 p값은 $2\Phi(-|t^{act}|)$이다. 여기서 t^{act}는 실제 계산된 t-통계량 값이고 Φ는 부록 표 1에 제시된 표준정규분포의 누적분포함수이다. 이러한 세 번째 단계는 단순히 t-통계량을 원하는 유의수준에 해당하는 검정의 임곗값과 비교하는 것으로 대체될 수 있다. 예를 들어 5% 유의수준의 양측 검정은 $|t^{act}| > 1.96$이면 귀무가설을 기각할 것이다. 이 경우, 모집단 평균이 5% 유의수준에서 가설값과 통계적으로 유의하게 다르다고 말한다.

기울기 β_1에 대한 가설검정 이론적으로, 모집단 평균에 대한 앞서의 검정 절차를 정당화하는 중요한 근거는 큰 표본에서 Y의 표본 분포가 대략적으로 정규분포를 따른다는 것이다. $\hat{\beta}_1$ 또한 큰 표본에서 정규 표본 분포를 따르므로, 기울기 β_1의 참값에 대한 가설은 동일한 일반적 방법을 사용해 검정할 수 있다.

가설을 검정하기 전에 귀무가설과 대립가설을 정확히 명시해야 한다. 화가 난 납세자의 가설은 $\beta_{ClassSize}=0$이다. 일반적으로 귀무가설하에서 모집단 계수의 참값 β_1은 어떤 특정 값 $\beta_{1,0}$을 취한다. 양측 대립가설하에서는 β_1이 $\beta_{1,0}$과 같지 않다. 즉 **귀무가설**(null hypothesis)과 **양측 대립가설**(two-sided alternative hypothesis)은 다음과 같다.

$$H_0\colon \beta_1 = \beta_{1,0} \text{ vs. } H_1\colon \beta_1 \neq \beta_{1,0} \text{ (양측 대립가설)} \tag{5.2}$$

귀무가설 H_0을 검정하기 위해 우리는 모집단 평균에 대한 것과 같은 세 단계를 따른다.

첫 번째 단계는 **$\hat{\beta}_1$의 표준 오차**(standard error) $SE(\hat{\beta}_1)$을 계산하는 것이다. $\hat{\beta}_1$의 표준 오차는 $\hat{\beta}_1$의 표본 분포의 표준편차 $\sigma_{\hat{\beta}_1}$의 추정량이며, 구체적으로 다음과 같다.

$$SE(\hat{\beta}_1) = \sqrt{\hat{\sigma}^2_{\hat{\beta}_1}} \tag{5.3}$$

여기서

$$\hat{\sigma}^2_{\hat{\beta}_1} = \frac{1}{n} \times \frac{\dfrac{1}{n-2}\sum_{i=1}^{n}(X_i-\overline{X})^2\hat{u}_i^2}{\left[\dfrac{1}{n}\sum_{i=1}^{n}(X_i-\overline{X})^2\right]^2} \tag{5.4}$$

로 주어진다. 식 (5.4)의 분산 추정량은 부록 5.1에서 논의한다. $\hat{\sigma}^2_{\hat{\beta}_1}$의 공식은 복잡하지만, 실증 분석 시에는 표준 오차가 회귀 소프트웨어에 의해 계산되므로 실제로 사용하기는 쉽다.

두 번째 단계는 ***t*-통계량**(t-statistic)을 계산하는 것이다.

$$t = \frac{\hat{\beta}_1 - \beta_{1,0}}{SE(\hat{\beta}_1)} \tag{5.5}$$

세 번째 단계는 ***p*값**(p-value)을 계산하는 것이다. p값은 귀무가설이 옳다고 가정할 때 실제 계산된 추정치($\hat{\beta}_1^{act}$)만큼 또는 그 이상으로 β_1이 $\beta_{1,0}$과 다른 $\hat{\beta}_1$값을 관찰할 확률이다. 수학적으로 표현하면 p값은 다음과 같다.

$$\begin{aligned} p\text{값} &= \Pr_{H_0}\left[\left|\hat{\beta}_1 - \beta_1\right| > \left|\hat{\beta}_1^{act} - \beta_{1,0}\right|\right] \\ &= \Pr_{H_0}\left[\left|\frac{\hat{\beta}_1 - \beta_{1,0}}{SE(\hat{\beta}_1)}\right| > \left|\frac{\hat{\beta}_1^{act} - \beta_{1,0}}{SE(\hat{\beta}_1)}\right|\right] = \Pr_{H_0}(|t| > |t^{act}|) \end{aligned} \tag{5.6}$$

여기서 $\Pr_{H_0}$은 귀무가설하에서 계산된 확률을 나타내고, 두 번째 등식은 $SE(\hat{\beta}_1)$로 나눔으로써 얻으며, t^{act}는 실제 계산된 t-통계량의 값이다. 큰 표본에서 $\hat{\beta}_1$은 대략적으로 정규분포를 따르므로, 귀무가설하에서 t-통계량은 대략적으로 표준정규 확률변수의 분포를 가진다. 따라서 큰 표본에서 p값은 다음과 같다.

$$p\text{값} = \Pr(|Z| > |t^{act}|) = 2\Phi(-|t^{act}|) \tag{5.7}$$

5% 미만의 p값은 귀무가설하에서 실제 관찰된 것만큼 또는 그 이상으로 가설값과 떨어진 $\hat{\beta}_1$

핵심 개념 5.2

$\beta_1 = \beta_{1,0}$ 가설을 $\beta_1 \neq \beta_{1,0}$ 대립가설에 대해 검정하기

1. $\hat{\beta}_1$의 표준 오차 $SE(\hat{\beta}_1)$을 계산한다[식 (5.3)].
2. t-통계량을 계산한다[식 (5.5)].
3. p값을 계산한다[식 (5.7)]. p값이 0.05보다 작거나, 혹은 $|t^{act}| > 1.96$이면 5% 유의수준에서 가설을 기각한다.

표준 오차와 $\beta_1 = 0$을 검정하는 t-통계량 및 p값은 (일반적으로) 회귀 소프트웨어에 의해 자동으로 계산된다.

값을 얻을 확률이 5% 미만이라는 의미이므로, 귀무가설에 반하는 증거로 사용될 수 있다. 이 경우 귀무가설은 5% 유의수준에서 기각된다.

혹은 5% 유의수준에서 단순히 t-통계량의 절댓값을 양측 검정의 임곗값인 1.96과 비교해 가설을 검정할 수 있으며, $|t^{act}| > 1.96$이면 5% 수준에서 귀무가설을 기각한다.

이러한 단계를 핵심 개념 5.2에 요약했다.

추정된 회귀식을 나타내는 방법과 시험 점수에 대한 적용 식 (4.9)에서 보고된 학생-교사 비율에 대한 시험 점수의 OLS 회귀를 통해 $\hat{\beta}_0 = 698.9$와 $\hat{\beta}_1 = -2.28$을 얻었다. 이 추정치들의 표준 오차는 $SE(\hat{\beta}_0) = 10.4$와 $SE(\hat{\beta}_1) = 0.52$이다.

표준 오차의 중요성 때문에, 추정된 OLS 계수를 보고할 때 관례적으로 이들을 포함한다. 표준 오차를 보고하는 간단한 방법은 이를 OLS 회귀식의 추정된 계수 아래의 괄호 안에 표시하는 것이다.

$$\widehat{TestScore} = \underset{(10.4)}{698.9} - \underset{(0.52)}{2.28} \times STR,\ R^2 = 0.051,\ SER = 18.6 \tag{5.8}$$

식 (5.8)은 또한 추정된 회귀선 다음에 회귀 R^2과 회귀 표준 오차(SER)를 보고한다. 따라서 식 (5.8)은 추정된 회귀선, 기울기와 절편의 표본 불확실성 추정치(표준 오차), 그리고 이 회귀선의 적합도에 대한 두 가지 측정치(R^2과 SER)를 제공한다. 이는 하나의 추정된 회귀식을 보고하는 일반적인 형식이며, 이 책의 나머지 부분에서 사용될 것이다.

식 (5.8)의 모집단 회귀식에서 기울기 β_1이 0이라는 귀무가설을 5% 유의수준에서 검정하려 한다고 생각해보자. 이를 위해 t-통계량을 구성하고, 그 절댓값을 표준정규분포에서 가져온 5%(양측) 임곗값인 1.96과 비교한다. t-통계량은 귀무가설하의 β_1 가설값(0), 추정된 값($\hat{\beta}_1 = -2.28$), 그리고 그 표준 오차[$SE(\hat{\beta}_1) = 0.52$]를 식 (5.5)에 대입해 구성된다. 이러한 방법으로 얻은 결과는 $t^{act} = (-2.28)/0.52 = -4.38$이다. 이 t-통계량의 절댓값은 5% 양측 임곗값인 1.96을 초과하므로, 5% 유의수준에서 양측 대립가설을 지지해 귀무가설을 기각한다.

위처럼 하는 대신에 $t^{act} = -4.38$에 해당하는 p값을 계산할 수 있다. 이 확률은 그림 5.1에 나타난 것처럼 표준정규분포의 꼬리 부분 면적이다. 이 확률은 매우 작아서, 약 0.00001 또는 0.001%이다. 즉 귀무가설 $\beta_{ClassSize} = 0$이 참이라면, 우리가 실제로 얻은 값만큼 귀무가설

그림 5.1 $t^{act} = -4.38$일 때 양측 검정의 p값 계산

양측 검정의 p값은 $Z \geq |t^{act}|$일 확률이다. 여기서 Z는 표준정규 확률변수이고 t^{act}는 표본에서 계산된 t-통계량의 값이다. $t^{act} = -4.38$일 때 p값은 0.00001이다.

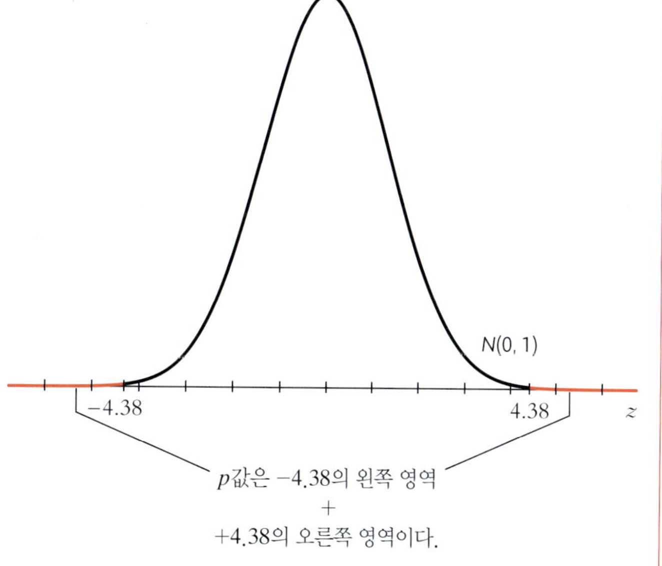

에서 멀리 떨어진 $\hat{\beta}_1$값을 얻을 확률은 매우 작아서 0.001% 미만이다. 이러한 일이 일어날 가능성이 매우 낮으므로, 귀무가설이 틀렸다고 결론을 내리는 것이 합리적이다.

β_1에 대한 단측 가설

지금까지의 논의는 $\beta_1 = \beta_{1,0}$ 가설을 $\beta_1 \neq \beta_{1,0}$ 가설에 대해 검정하는 것에 초점을 맞췄다. 이는 대립가설하에서 β_1이 $\beta_{1,0}$보다 크거나 작을 수 있기 때문에 양측 가설검정이다. 그러나 때로는 단측 가설검정을 사용하는 것이 적절할 수 있다. 예를 들어 학생-교사 비율/시험 점수 문제에서 많은 사람들은 작은 학급이 더 나은 학습 환경을 제공한다고 생각한다. 이 가설하에서 작은 학급은 높은 점수로 이어지므로 β_1은 음수이다. 따라서 $\beta_1 = 0$(영향 없음)이라는 귀무가설을 $\beta_1 < 0$이라는 단측 대립가설에 대해 검정하는 것이 합리적일 수 있다.

단측 검정의 경우, 귀무가설과 단측 대립가설은 다음과 같다.

$$H_0: \beta_1 = \beta_{1,0} \text{ vs. } H_1: \beta_1 < \beta_{1,0} \text{ (단측 대립가설)} \quad (5.9)$$

여기서 $\beta_{1,0}$은 귀무가설하의 β_1값(학생-교사 비율 예에서는 0)이고 대립가설은 β_1이 $\beta_{1,0}$보다 작다는 것이다. 만약 대립가설이 β_1이 $\beta_{1,0}$보다 크다는 것이라면, 식 (5.9)의 부등호는 반대가 된다.

귀무가설이 단측과 양측 가설검정에서 동일하기 때문에 t-통계량의 구성도 동일하다. 단측과 양측 가설검정의 유일한 차이는 t-통계량을 어떻게 해석하느냐이다. 식 (5.9)의 단측 대립가설의 경우, t-통계량의 큰 음수 값에 대해서는 귀무가설이 기각되지만 큰 양수 값에 대해서는 귀무가설이 기각되지 않는다: $|t^{act}| > 1.96$ 대신에 $t^{act} < -1.64$이면 5% 유의수준에서 가

설이 기각된다.

단측 검정의 p값은 표준정규분포의 누적분포함수에서 다음과 같이 얻는다.

$$p\text{값} = \Pr(Z < t^{act}) = \Phi(t^{act}) \quad (p\text{값, 단측 왼쪽 검정}) \tag{5.10}$$

만약 대립가설이 β_1이 $\beta_{1,0}$보다 크다는 것이라면, 식 (5.9)와 (5.10)의 부등호는 반대가 되어 p값은 오른쪽 꼬리 확률 $\Pr(Z > t^{act})$가 된다.

단측 검정은 언제 사용해야 하는가? 실제로 단측 대립가설은 그렇게 할 명확한 이유가 있을 때만 사용해야 한다. 이러한 이유는 경제 이론, 이전의 실증적 증거, 또는 둘 다에서 나올 수 있다. 처음에는 단측 대립가설을 사용하는 것이 적절해 보일지라도 깊이 생각해보면 반드시 그렇지 않을 수 있다. 임상 시험 중인 신약이 이전에 인식하지 못한 부작용 때문에 실제로는 해로울 수 있다. 학급 규모 예시에서는 단측 대립가설이 성립하지 않을 수 있는 상황으로 대학 졸업식 축사에서 대학의 성공 비결은 교수진이 재능 있는 학생들의 성장을 방해하지 않으며 최대한 피해를 주지 않도록 하는 것이라는 농담을 떠올려볼 수 있다. 실제로 이런 모호함 때문에 계량경제학자들은 흔히 양측 검정을 사용한다.

시험 점수에 대한 적용 식 (5.9)에서 $\beta_{1,0} = 0$이므로 학급 규모가 시험 점수에 영향을 미치지 않는다는 가설을 검정하는 t-통계량은 $t^{act} = -4.38$이다. 이 값은 −2.33(유의수준 1%에서 단측 검정의 임곗값)보다 작으므로, 귀무가설은 1% 수준에서 단측 대립가설에 대해 기각된다. 실제로 p값은 0.0006%보다 작다. 이 데이터를 바탕으로, 음의 기울기 추정치가 순전히 무작위 표본 추출 때문에 발생했다는 화난 납세자의 주장을 1% 유의수준에서 기각할 수 있다.

절편 β_0에 대한 가설검정

지금까지의 논의는 기울기 β_1에 대한 가설검정에 초점을 맞췄다. 그러나 가끔 절편 β_0과 관련된 가설을 검정해야 할 때도 있다. 절편에 대한 귀무가설과 양측 대립가설은 다음과 같다.

$$H_0: \beta_0 = \beta_{0,0} \text{ vs. } H_1: \beta_0 \neq \beta_{0,0} \ (\text{양측 대립가설}) \tag{5.11}$$

이 귀무가설을 검정하는 일반적인 접근법은 핵심 개념 5.2의 세 단계를 β_0에 적용하는 것이다($\hat{\beta}_0$의 표준 오차 공식은 부록 5.1에 나와 있다). 대립가설이 단측인 경우, 이 접근법은 앞 절에서 기울기에 대한 가설을 논의했던 것처럼 수정하면 된다.

가설검정은 (우리의 화난 납세자가 했던 것처럼) 특정 귀무가설을 염두에 두고 있을 때 유용하다. 통계적 증거를 바탕으로 이 귀무가설을 채택하거나 기각할 수 있다는 점은 불확실성이 내재된 표본을 사용해 모집단에 대해 배우는 강력한 도구를 제공한다. 다만 많은 경우 회귀계수에 대한 하나의 확실한 가설이 있지 않고 데이터로 설명되는 계수값의 범위를 알고 싶은 경우가 있다. 이 경우 신뢰구간을 만들 수 있다.

5.2 회귀 계수에 대한 신뢰구간

기울기 β_1의 통계적 추정치에는 필연적으로 표본 추출의 불확실성이 있기 때문에 표본 데이터로부터 β_1의 참값을 정확히 판단할 수는 없다. 그러나 OLS 추정량과 그 표준 오차를 사용해 기울기 β_1이나 절편 β_0에 대한 신뢰구간을 구성할 수 있다.

β_1에 대한 신뢰구간 3.3절의 신뢰구간에 대한 내용을 떠올려보자. β_1에 대한 95% **신뢰구간**(confidence interval)은 두 가지 동등한 정의가 있다. 첫째, 이는 5% 유의수준의 양측 가설검정으로 기각될 수 없는 값들의 집합이다. 둘째, 이는 95% 확률로 β_1의 참값을 포함하는 구간이다. 즉 무수히 많은 표본이 추출된다고 했을 때 그중 95%의 표본에서 신뢰구간이 β_1의 참값을 포함할 것이다. 이 구간이 모든 표본의 95%에서 참값을 포함하므로, 95%의 **신뢰수준**(confidence level)을 가진다고 한다.

이 두 정의가 동등한 이유는 다음과 같다. 5% 유의수준의 가설검정은 정의상 가능한 모든 표본의 5%에서만 β_1의 참값을 기각할 것이다. 즉 가능한 모든 표본의 95%에서 β_1의 참값은 기각되지 않을 것이다. (첫 번째 정의에 따르면) 95% 신뢰구간이 5% 유의수준에서 기각되지 않는 모든 β_1값의 집합이므로, β_1의 참값은 가능한 모든 표본의 95%에서 신뢰구간에 포함될 것이다.

모집단 평균에 대한 신뢰구간(3.3절)의 경우와 마찬가지로, 원칙적으로 95% 신뢰구간은 모든 가능한 β_1값(즉 모든 $\beta_{1,0}$ 값에 대해 귀무가설 $\beta_1 = \beta_{1,0}$을 검정)을 5% 유의수준에서 t-통계량을 사용해 검정함으로써 계산할 수 있다. 95% 신뢰구간은 기각되지 않은 모든 β_1값의 집합이다. 하지만 모든 β_1값에 대해 t-통계량을 구성하는 것은 시간이 너무 오래 걸릴 것이다.

신뢰구간을 구성하는 더 쉬운 방법은 t-통계량이 $\beta_{1,0}$이 범위 $\hat{\beta}_1 \pm 1.96SE(\hat{\beta}_1)$ 밖에 있을 때마다 가설값 $\beta_{1,0}$을 기각한다는 점에 주목하는 것이다. 이는 β_1에 대한 95% 신뢰구간이 구간 $[\hat{\beta}_1 - 1.96SE(\hat{\beta}_1), \hat{\beta}_1 + 1.96SE(\hat{\beta}_1)]$임을 의미한다. 이는 모집단 평균에 대한 신뢰구간을 만드는 방법과 동일하다.

β_1에 대한 신뢰구간에 대한 설명은 핵심 개념 5.3에 요약했다.

β_0에 대한 신뢰구간 β_0에 대한 95% 신뢰구간은 핵심 개념 5.3에서 $\hat{\beta}_1$과 $SE(\hat{\beta}_1)$을 $\hat{\beta}_0$과 $SE(\hat{\beta}_0)$으로 대체함으로써 만들 수 있다.

핵심 개념 5.3

β_1에 대한 신뢰구간

β_1에 대한 95% 양측 신뢰구간은 β_1의 참값을 95% 확률로 포함하는 구간이다. 즉 가능한 모든 무작위 추출 표본의 95%에서 β_1의 참값을 포함한다. 이와 동등하게, 이는 5% 양측 가설검정으로 기각될 수 없는 β_1값들의 집합이다. 표본 크기가 클 때 이는 다음과 같이 구성된다.

$$\beta_1\text{에 대한 95\% 신뢰구간} = [\hat{\beta}_1 - 1.96SE(\hat{\beta}_1), \hat{\beta}_1 + 1.96SE(\hat{\beta}_1)] \quad (5.12)$$

시험 점수에 대한 적용 식 (5.8)에 보고된 학생-교사 비율에 대한 시험 점수의 OLS 회귀를 통해 $\hat{\beta}_1 = -2.28$과 $SE(\hat{\beta}_1) = 0.52$를 얻었다. β_1에 대한 95% 양측 신뢰구간은 $[-2.28 \pm 1.96 \times 0.52]$, 즉 $-3.30 \le \beta_1 \le -1.26$이다. $\beta_1 = 0$ 값은 이 신뢰구간에 포함되지 않으므로 (5.1절에서 이미 알고 있듯이) $\beta_1 = 0$ 가설은 5% 유의수준에서 기각될 수 있다.

X 변화에 따른 예측효과에 대한 신뢰구간 β_1에 대한 95% 신뢰구간은 X의 변화에 따른 예측효과에 대한 95% 신뢰구간을 구성하는 데 사용할 수 있다.

X를 주어진 양 Δx만큼 변화시키는 것을 고려해보자. 이 X의 변화와 관련된 Y의 예상 변화는 $\beta_1 \Delta x$이다. 모집단 기울기 β_1은 알지 못하지만, β_1에 대한 신뢰구간을 만들 수 있으므로 예상 효과 $\beta_1 \Delta x$에 대한 신뢰구간을 만들 수 있다. β_1에 대한 95% 신뢰구간의 한쪽 끝이 $\hat{\beta}_1 - 1.96SE(\hat{\beta}_1)$이므로, 이 β_1 추정치를 사용한 Δx 변화의 예측 효과는 $[\hat{\beta}_1 - 1.96SE(\hat{\beta}_1)] \times \Delta x$이다. 신뢰구간의 다른 쪽 끝은 $\hat{\beta}_1 + 1.96SE(\hat{\beta}_1)$이고, 그 추정치를 사용한 변화의 예측 효과는 $[\hat{\beta}_1 + 1.96SE(\hat{\beta}_1)] \times \Delta x$이다. 따라서 X를 Δx만큼 변화시키는 효과에 대한 95% 신뢰구간은 다음과 같이 표현할 수 있다.

$$\beta_1 \Delta x\text{에 대한 95\% 신뢰구간}$$
$$= [(\hat{\beta}_1 - 1.96SE(\hat{\beta}_1))\Delta x,\ (\hat{\beta}_1 + 1.96SE(\hat{\beta}_1))\Delta x] \tag{5.13}$$

예를 들어 앞에서의 가상의 교육감이 학생-교사 비율을 2만큼 줄이는 것을 고려하고 있다고 하자. β_1에 대한 95% 신뢰구간이 $[-3.30, -1.26]$이므로, 학생-교사 비율을 2만큼 줄이는 효과는 $-3.30 \times (-2) = 6.60$만큼 크거나 $-1.26 \times (-2) = 2.52$만큼 작을 수 있다. 따라서 학생-교사 비율을 2만큼 줄이면 시험 점수가 2.52~6.60점 사이로 증가할 것으로 추정되며, 이는 95% 신뢰수준을 가진다.

5.3 X가 이진변수일 때의 회귀분석

지금까지의 논의는 설명변수가 연속변수인 경우에 초점을 맞췄다. 회귀분석은 설명변수가 이진변수, 즉 0과 1 두 값만 취하는 경우에도 사용할 수 있다. 예를 들어 X는 근로자의 성별(1 = 여성, 0 = 남성), 학군이 도시인지 농촌인지(1 = 도시, 0 = 농촌), 또는 해당 지역의 학급 규모가 작은지 큰지(1 = 작음, 0 = 큼)일 수 있다. 이진변수는 **지시변수**(indicator variable) 또는 때때로 **더미변수**(dummy variable)라고도 한다.

회귀 계수의 해석

이진 설명변수를 사용한 회귀분석의 절차는 연속변수를 사용할 때와 같다. 그러나 β_1의 해석은 다르며, 사실 이진변수를 사용한 회귀분석은 3.4절에서 설명한 평균 차이 분석과 동등하다는 것을 보일 수 있다.

이를 확인하기 위해, 학생-교사 비율이 20 미만인지에 따라 0 또는 1의 값을 갖는 변수 D_i

가 있다고 가정하자.

$$D_i = \begin{cases} i\text{번째 지역의 학생-교사 비율} < 20\text{이면 } 1 \\ i\text{번째 지역의 학생-교사 비율} \geq 20\text{이면 } 0 \end{cases} \tag{5.14}$$

D_i를 설명변수로 하는 모집단 회귀모형은 다음과 같다.

$$Y_i = \beta_0 + \beta_1 D_i + u_i, i = 1, \ldots, n \tag{5.15}$$

이는 연속 설명변수 X_i를 사용한 회귀모형과 같지만, 이제 설명변수는 이진변수 D_i이다. D_i가 연속적이지 않기 때문에 β_1을 기울기로 생각하는 것은 유용하지 않다. 실제로 D_i는 두 값만 취할 수 있으므로 '선'이 없기 때문에 기울기를 말하는 것이 의미가 없다. 따라서 우리는 식 (5.15)에서 β_1을 기울기라고 부르지 않을 것이다. 대신 우리는 β_1을 이 회귀에서 **D_i에 곱한 계수**(coefficient multiplying D_i) 또는 더 간단히 **D_i의 계수**(coefficient on D_i)라고 부를 것이다.

식 (5.15)에서 β_1이 기울기가 아니라면, β_1은 무엇인가? 이진 설명변수를 사용한 회귀에서 β_0과 β_1을 해석하는 가장 좋은 방법은 $D_i = 0$과 $D_i = 1$인 두 가지 가능한 경우를 하나씩 고려하는 것이다. 학생-교사 비율이 높다면 $D_i = 0$이고, 식 (5.15)는 다음과 같다.

$$Y_i = \beta_0 + u_i \quad (D_i = 0) \tag{5.16}$$

$E(u_i | D_i) = 0$이므로, $D_i = 0$일 때 Y_i의 조건부 기댓값은 $E(Y_i | D_i = 0) = \beta_0$, 즉 β_0은 학생-교사 비율이 높을 때 시험 점수의 모집단 평균값이다. 마찬가지로, $D_i = 1$일 때

$$Y_i = \beta_0 + \beta_1 + u_i \quad (D_i = 1) \tag{5.17}$$

따라서 $D_i = 1$일 때, $E(Y_i | D_i = 1) = \beta_0 + \beta_1$, 즉 $\beta_0 + \beta_1$은 학생-교사 비율이 낮을 때 시험 점수의 모집단 평균값이다.

$\beta_0 + \beta_1$이 $D_i = 1$일 때 Y_i의 모집단 평균이고 β_0이 $D_i = 0$일 때 Y_i의 모집단 평균이므로, 그 차이 $(\beta_0 + \beta_1) - \beta_0 = \beta_1$은 이 두 평균의 차이이다. 다시 말해 β_1은 $D_i = 1$일 때와 $D_i = 0$일 때의 Y_i의 조건부 기댓값의 차이, 즉 $\beta_1 = E(Y_i | D_i = 1) - E(Y_i | D_i = 0)$이다. 시험 점수 예시에서, β_1은 학생-교사 비율이 낮은 지역의 평균 시험 점수와 높은 지역의 평균 시험 점수의 차이이다.

β_1이 모집단 평균의 차이이므로, OLS 추정량 β_1이 두 그룹의 표본 평균의 차이라고 생각하는 것이 합리적인데, 실제로도 그렇다.

가설검정과 신뢰구간 두 모집단 평균이 같다면, 식 (5.15)의 β_1은 0이다. 따라서 $\beta_1 = 0$이라는 귀무가설을 $\beta_1 \neq 0$이라는 대립가설에 대해 검정함으로써, 두 모집단 평균이 같다는 귀무가설을 두 모집단 평균이 다르다는 대립가설에 대해 검정할 수 있다. 이 가설은 5.1절에서 설명한 절차를 사용해 검정할 수 있다. 구체적으로, OLS t-통계량 $t = \hat{\beta}_1 / SE(\hat{\beta}_1)$의 절댓값이 1.96을 초과할 때 양측 대립가설에 대해 5% 수준에서 귀무가설을 기각할 수 있다. 마찬가지로, 5.2절에서 설명한 대로 $\hat{\beta}_1 \pm 1.96SE(\hat{\beta}_1)$로 구성된 β_1에 대한 95% 신뢰구간은 두 모집단 평균 차이에 대한 95% 신뢰구간을 제공한다.

시험 점수에 대한 적용 예를 들어 식 (5.14)에서 정의된 학생-교사 비율 이진변수 D에 대한 시험 점수의 회귀분석을 그림 4.2의 420개 관측치를 사용해 OLS로 추정한 결과는 다음과 같다.

$$\widehat{TestScore} = \underset{(1.3)}{650.0} + \underset{(1.8)}{7.4}D,\ R^2 = 0.037,\ SER = 18.7 \tag{5.18}$$

여기서 괄호 안의 숫자는 계수 β_0과 β_1의 OLS 추정치 표준 오차이다. 따라서 학생-교사 비율이 20 이상인 하위 표본(즉 $D = 0$인 경우)의 평균 시험 점수는 650.0이고, 학생-교사 비율이 20 미만인 하위 표본(즉 $D = 1$인 경우)의 평균 시험 점수는 $650.0 + 7.4 = 657.4$이다. 두 그룹의 표본 평균 시험 점수의 차이는 7.4이다. 이는 학생-교사 비율 이진변수 D의 계수인 β_1의 OLS 추정치이다.

두 그룹의 모집단 평균 시험 점수의 차이가 5% 수준에서 통계적으로 0과 유의하게 다른가? 이를 확인하기 위해 β_1에 대한 t-통계량을 계산해보면 $t = 7.4/1.8 = 4.04$를 얻는다. 이 값은 절댓값이 1.96보다 크므로, 학생-교사 비율이 높은 지역과 낮은 지역의 모집단 평균 시험 점수가 같다는 가설을 5% 유의수준에서 기각할 수 있다.

OLS 추정량과 그 표준 오차를 사용해 평균 차이의 참값에 대한 95% 신뢰구간을 만들 수 있는데 이는 $7.4 \pm 1.96 \times 1.8 = (3.9, 10.9)$이다. 이 신뢰구간은 $\beta_1 = 0$을 포함하지 않으므로 (이전 단락에서 알 수 있듯이) $\beta_1 = 0$ 가설을 5% 유의수준에서 기각할 수 있다.

5.4 이분산성과 등분산성

X_i가 주어졌을 때 u_i의 분포에 대해 가정한 유일한 것은 u_i의 조건부 평균이 0이라는 것이다(첫 번째 최소제곱법 가정). 더 나아가 이 조건부 분포의 분산이 X_i에 의존하지 않는다면, 오차항은 등분산성을 가진다고 말한다. 이 절에서는 등분산성과 그것의 이론적 의미, 오차항이 등분산성을 가질 때 발생하는 OLS 추정량의 표준 오차에 대한 간소화된 공식, 그리고 실제로 이러한 간소화된 공식을 사용할 때 발생할 수 있는 위험을 논의한다.

이분산성과 등분산성

이분산성과 등분산성의 정의 오차항 u_i가 **등분산성**(homoskedastic)을 가진다는 것은 X_i가 주어졌을 때 u_i의 조건부 분포 분산이 $i = 1, \ldots, n$에 대해 일정하고 특히 X_i에 의존하지 않는다는 것이다. 그렇지 않으면 오차항은 **이분산성**(heteroskedastic)을 가진다고 한다.

그림 5.2는 등분산성과 이분산성을 보여준다. 오차 u_i의 분포가 x의 다양한 값에 대해 나타나 있다. 이 분포는 특정 x값에 대해 적용되므로, 이는 $X_i = x$가 주어졌을 때 u_i의 조건부 분포이다. 첫 번째 최소제곱법 가정에 의해 이 분포는 모든 x에 대해 평균이 0이다. 그림 5.2(a)에서는 이 모든 조건부 분포가 같은 퍼짐을 가진다. 더 정확히 말하면 이 분포들의 분산이 다양한 x값에 대해 동일하다. 즉 그림 5.2(a)에서 $X_i = x$가 주어졌을 때 u_i의 조건부 분산은 x에

그림 5.2 등분산성과 이분산성

이 그림은 세 가지 다른 학급 규모(x)에 대한 시험 점수의 조건부 분포를 보여준다. 그림 (a)에서는 이 분포들의 퍼짐이 x에 의존하지 않는다. 즉 $\text{var}(u \mid X = x)$가 x에 의존하지 않으므로 오차는 등분산성을 가진다. 그림 (b)에서는 학급 규모가 커질수록 이 분포들이 더 퍼진다(더 큰 분산을 가진다). 따라서 $\text{var}(u \mid X = x)$가 x에 의존하고 u는 이분산성을 가진다.

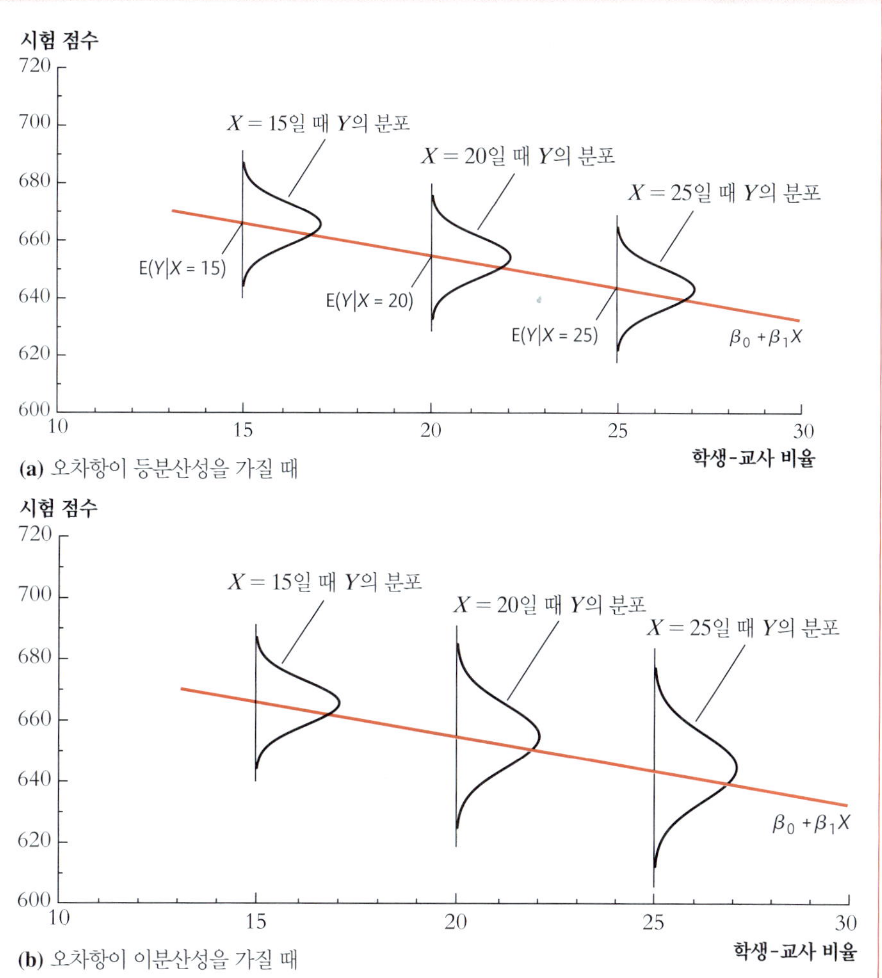

의존하지 않으므로, 그림 5.2(a)에 나타난 오차는 등분산성을 가진다.

반면에 그림 5.2(b)는 x가 증가함에 따라 u_i의 조건부 분포가 더 퍼지는 경우를 보여준다. x의 작은 값에 대해서는 이 분포가 좁지만, x의 더 큰 값에 대해서는 더 큰 퍼짐을 가진다. 따라서 그림 5.2에서 $X_i = x$가 주어졌을 때 u_i의 분산은 x가 증가함에 따라 증가하므로, 그림 5.2의 오차는 이분산성을 가진다.

이분산성과 등분산성의 정의를 핵심 개념 5.4에 요약했다.

예시 앞에서 나온 용어들은 발음하기도 어렵고, 정의가 추상적으로 보일 수 있다. 이를 예시로 명확히 하기 위해, 학생-교사 비율/시험 점수 문제에서 벗어나 3장의 '사회적 신분 혹은 교육? 어린이의 환경과 성인 임금에 대한 재검토' 글상자에서 고려했던 사회경제적 계층과 교육 수준에 따른 가구 소득의 예시로 돌아가보자. $HIGHER_i$를 아버지의 NS-SEC 분류가 높은 사람들은 1, 그렇지 않은 사람들은 0인 이진변수라고 하자. 대학 졸업자의 소득을 성별과 연

핵심 개념 5.4

이분산성과 등분산성

오차항 u_i는 X_i가 주어졌을 때 u_i의 조건부 분포 분산인 $\mathrm{var}(u_i \mid X_i = x)$가 $i = 1, \ldots, n$에 대해 일정하고 특히 x에 의존하지 않을 때 등분산성을 가진다. 그렇지 않으면 오차항은 이분산성을 가진다.

관 짓는 이진변수 회귀모형은 $i = 1, \ldots, n$에 대해 다음과 같다.

$$Earnings_i = \beta_0 + \beta HIGHER_i + u_i \tag{5.19}$$

설명변수가 이진이므로, β_1은 두 집단의 모집단 평균 차이다. 이 경우, 아버지가 높은 사회경제적 계층에 속한 사람들과 낮은 계층에 속한 사람들 간의 가구 평균 소득 차이이다.

등분산성의 정의는 u_i의 분산이 설명변수에 의존하지 않는다는 것이다. 여기서 설명변수는 $HIGHER_i$이므로, 오차항의 분산이 $HIGHER_i$에 의존하는지가 문제다. 다시 말해 아버지의 사회경제적 분류가 높은 사람들과 낮은 사람들에 대해 오차항의 분산이 같은가? 그렇다면 오차는 등분산성을 가지고, 그렇지 않다면 이분산성을 가진다.

u_i의 분산이 $HIGHER_i$에 의존하는지 판단하려면 오차항이 실제로 무엇인지 깊이 생각해 볼 필요가 있다. 이를 위해 식 (5.19)를 각 성별에 대해 2개의 별도 방정식으로 써보자.

$$Earnings_i = \beta_0 + u_i \text{ (낮은 NS-SEC) 그리고} \tag{5.20}$$

$$Earnings_i = \beta_0 + \beta_1 + u_i \text{ (높은 NS-SEC)} \tag{5.21}$$

따라서 아버지의 사회경제적 분류가 낮은 사람들의 경우, u_i는 i번째 사람의 가구 소득이 그들의 모집단 평균 소득(β_0)에서 벗어난 정도이고, 아버지의 사회경제적 분류가 높은 사람들의 경우, u_i는 i번째 사람의 가구 소득이 그들의 모집단 평균 소득($\beta_0 + \beta_1$)에서 벗어난 정도이다. 결과적으로 'u_i의 분산이 $HIGHER_i$에 의존하지 않는다'는 말은 '소득의 분산이 사회경제적 분류에 걸쳐 같다'는 말과 동등하다. 다시 말해 이 예시에서 오차항은 소득의 모집단 분포의 분산이 NS-SEC 분류에 걸쳐 같다면 등분산성을 가진다. 이 분산들이 다르다면 오차항은 이분산성을 가진다.

등분산성의 수학적 의미

OLS 추정량은 불편성을 가지며 점근적으로 정규분포를 따른다 핵심 개념 4.3의 최소제곱법 가정이 조건부 분산에 대해 어떠한 제한도 두지 않기 때문에, 이 가정들은 일반적인 이분산성의 경우와 제한적인 등분산성의 경우 모두에 적용된다. 따라서 오차가 등분산성을 가지더라도 OLS 추정량은 여전히 편향되지 않고 일치성을 가진다. 또한 오차가 등분산성을 가지더라도 OLS 추정량은 큰 표본에서 정규 표본 분포를 가진다. 오차가 등분산성을 가지든 이분산성을 가지든, OLS 추정량은 불편성, 일치성을 가지며, 점근적으로 정규분포를 따른다.

오차가 등분산성을 가질 때 OLS 추정량의 효율성 핵심 개념 4.3의 최소제곱법 가정이 성립하고 오차가 등분산성을 가진다면, OLS 추정량 $\hat{\beta}_0$과 $\hat{\beta}_1$은 $X_1, \ldots, X_n$이 주어졌을 때 $Y_1, \ldots, Y_n$에 대해 선형이며 불편추정량 중에서 가장 효율적이다. 가우스-마르코프 정리라고 하는 이 결과는 5.5절에서 논의한다.

등분산성 전용 분산 공식 오차항이 등분산성을 가진다면, 핵심 개념 4.4의 $\hat{\beta}_0$과 $\hat{\beta}_1$의 분산 공식은 간소화된다. 따라서 오차가 등분산성을 가진다면, $\hat{\beta}_0$과 $\hat{\beta}_1$의 표준 오차에 대해 특수한 공식을 사용할 수 있다. $\hat{\beta}_1$의 **등분산성 전용 표준 오차**(homoskedasticity-only standard error)는 부록 5.1에서 유도된 $SE(\hat{\beta}_1) = \sqrt{\tilde{\sigma}^2_{\hat{\beta}_1}}$이다. 여기서 $\tilde{\sigma}^2_{\hat{\beta}_1}$은 $\hat{\beta}_1$의 분산에 대한 등분산성 전용 추정량으로 다음과 같이 주어진다.

$$\tilde{\sigma}^2_{\hat{\beta}_1} = \frac{s^2_{\hat{u}}}{\sum_{i=1}^{n}(X_i - \overline{X})^2} \quad \text{(등분산성 전용)} \tag{5.22}$$

$s^2_{\hat{u}}$은 식 (4.17)에 주어졌다. $\hat{\beta}_0$의 등분산성 전용 표준 오차 공식은 부록 5.1에 나와 있다. X가 이진변수인 경우, 등분산성하에서 $\hat{\beta}_1$의 분산 추정량(즉 등분산성하에서 $\hat{\beta}_1$의 표준 오차 제곱)은 식 (3.23)에 주어진 평균 차이에 대한 소위 통합분산 공식이다.

이러한 공식들은 오차가 등분산성을 가지는 특수한 경우에 대해 유도되었으며 오차가 이분산성을 가질 경우에는 적용되지 않으므로, 이들을 OLS 추정량의 분산과 표준 오차에 대한 '등분산성 전용' 공식이라고 할 것이다. 이름이 시사하듯이, 오차가 이분산성을 가진다면 등분산성 전용 표준 오차는 부적절하다. 구체적으로, 오차가 이분산성을 가진다면 등분산성 전용 표준 오차를 사용해 계산된 t-통계량은 큰 표본에서도 표준정규분포를 따르지 않는다. 실제로 이 등분산성 전용 t-통계량에 사용할 정확한 임곗값은 이분산성의 정확한 특성에 따라 달라지므로, 그 임곗값들을 표로 만들 수 없다. 마찬가지로, 오차가 이분산성을 가지지만 신뢰구간이 ±1.96 등분산성 전용 표준 오차로 구성된다면, 일반적으로 이 구간이 계수의 참값을 포함할 확률은 큰 표본에서도 95%가 아니다.

반면에, 등분산성이 이분산성의 특수한 경우이기 때문에, 식 (5.4)와 (5.26)에 주어진 $\hat{\beta}_1$과 $\hat{\beta}_0$의 분산 추정량 $\hat{\sigma}^2_{\hat{\beta}_1}$과 $\hat{\sigma}^2_{\hat{\beta}_0}$은 오차가 이분산성을 가지든 등분산성을 가지든 유효한 통계적 추론을 제공한다. 따라서 이러한 표준 오차에 기반한 가설검정과 신뢰구간은 오차가 이분산성을 가지는지 여부와 관계없이 유효하다. 지금까지 우리가 사용한 표준 오차[즉 식 (5.4)와 (5.26)에 기반한 공식들]는 오차가 이분산성을 가지는지 여부와 관계없이 유효한 통계적 추론을 이끌어내므로 이들을 **이분산성 강건 표준 오차**(heteroskedasticity-robust standard errors)라고 한다. 또한 이 공식들이 Eicker(1967), Huber(1967), White(1980)에 의해 제안되었기 때문에 Eicker-Huber-White 표준 오차라고도 한다.

이것이 실제로 무엇을 의미하는가?

이분산성과 등분산성 중 어느 것이 더 현실적인가? 이 질문에 대한 답변은 적용 분야에 따라 다르다. 하지만 대학 졸업자들 간의 사회계층 격차와 수입에 관한 예시로 돌아가면 문제를 보다 명확히 할 수 있다. 우리 주변에서 사람들이 어떻게 급여를 받는지 살펴보면 어떤 가정이 더 합리적인지에 대한 단서를 얻을 수 있다. 상대적으로 가난한 환경에서 태어난 사람들은 나중에도 가난한 환경에 머물 가능성이 높고, 최고 소득 구간에 속하지 않는 가구에서 살게 된다. 이는 상대적 박탈감 속에서 자란 사람들의 소득 분포가 더 유복한 환경에서 자란 사람들보다 좁을 수 있음을 시사한다 (3장의 '사회적 신분 혹은 교육? 어린이의 환경과 성인 임금에 대한 재검토' 글상자 참조). 다시 말해 식 (5.20)에서 아버지의 사회경제적 분류가 낮은 사람들의 오차항 분산이 식 (5.21)에서 아버지의 사회경제적 분류가 높은 사람들의 오차항 분산보다 작을 것이라고 생각하는 것이 타당하다. 따라서 아버지의 사회경제적 분류가 낮은 사람들이 고소득 가구에 여전히 적게 존재한다는 사실은 식 (5.19)의 이진변수 회귀모형에서 오차항이 이분산성을 가짐을 시사한다. 이와 반대되는 설득력 있는 이유가 없다면 — 그러한 이유는 없어 보인다 — 이 예시에서 오차항이 이분산성을 가진다고 보는 것이 합리적이다.

수입의 예시가 보여주듯이, 이분산성은 많은 계량경제학 응용 분야에서 합리적이다. 일반적으로 경제 이론은 오차가 등분산성을 가진다고 믿을 만한 이유를 거의 제시하지 않는다. 따라서 달리 믿을 만한 설득력 있는 이유가 없다면 오차가 이분산성을 가질 수 있다고 가정하는 것이 신중한 접근이 될 것이다.

실질적 의미 이 논의에서 실질적으로 관련 있는 주요 문제는 이분산성 강건 표준 오차를 사용해야 하는지, 아니면 등분산성 전용 표준 오차를 사용해야 하는지다. 이와 관련해 두 가지를 모두 계산한 다음 선택하는 것을 고려해보자. 등분산성 전용 표준 오차와 이분산성 강건 표준 오차가 같다면 이분산성 강건 표준 오차를 사용해도 아무것도 잃지 않는다. 하지만 둘이 다르다면 이분산성을 허용하는 더 신뢰할 수 있는 것을 사용해야 한다. 그러므로 가장 간단한 방법은 항상 이분산성 강건 표준 오차를 사용하는 것이다.

관례적으로 많은 소프트웨어 프로그램이 기본 설정으로 등분산성 전용 표준 오차를 보고한다. 따라서 이분산성 강건 표준 오차 옵션을 지정하는 것은 사용자의 몫이다. 이분산성 강건 표준 오차를 얻는 구체적인 방법은 사용하는 소프트웨어 패키지에 따라 다르다.

이 책의 모든 실증분석 예시는 달리 명시하지 않는 한 이분산성 강건 표준 오차를 사용한다.[1]

*5.5 일반최소제곱법의 이론적 기초

4.5절에서 논의한 바와 같이, OLS 추정량은 불편성을 가지며, 일치성이 있고, 분산이 n에 반비례하며, 표본 크기가 클 때 정규 표본 분포를 따른다. 또한 특정 조건하에서 OLS 추정량은 다른 후보 추정량들보다 더 효율적이다. 구체적으로, 최소제곱법 가정이 성립하고 오차가 등

1 이 책을 다른 교재와 함께 사용하는 경우, 일부 교재에서는 등분산성을 최소제곱법 가정 목록에 추가하는 경우가 있다는 점을 참고하자. 하지만 방금 논의한 바와 같이, 이분산성 강건 표준 오차를 사용하는 한 OLS 회귀분석의 유효성을 위해 이 추가적인 가정이 필요하지 않다.

* 이 절의 내용은 선택사항이며 이후 장에서는 사용되지 않는다.

교육 1년의 경제적 가치: 등분산성인가 이분산성인가?

평균적으로 교육을 더 많이 받은 근로자가 교육을 덜 받은 근로자보다 수입이 높다. 하지만 가장 보수가 좋은 일자리들이 주로 대학 졸업자에게 가는 경우, 교육을 더 많이 받은 근로자들의 소득 분포가 더 퍼져 있을 수 있다. 교육이 증가함에 따라 소득 분포가 넓어지는가?

이는 실증적인 문제이므로 이에 답하려면 데이터를 분석해야 한다. 그림 5.3은 2015년 미국의 전일제 근로자 2,731명(29~30세, 교육 연수 8~18년 사이)의 시간당 소득과 교육 연수를 나타낸 산점도이다. 이 데이터는 부록 3.1에서 설명한 2016년 3월 인구통계조사에서 나온 것이다.

그림 5.3에는 두 가지 두드러진 특징이 있다. 첫째는 소득 분포의 평균이 교육 연수에 따라 증가한다는 것이다. 이 증가는 OLS 회귀선으로 요약된다.

$$\widehat{\text{소득}} = \underset{(1.36)}{-12.12} + \underset{(0.10)}{2.37}\,\text{교육 연수} \tag{5.23}$$
$$R^2 = 0.185,\ SER = 11.24$$

이 선은 그림 5.3에 있다. OLS 회귀선의 2.37이라는 계수는 평균적으로 교육 연수가 1년 증가할 때마다 시간당 소득이 2.37달러 증가함을 의미한다. 이 계수에 대한 95% 신뢰구간은 $2.37 \pm 1.96 \times 0.10$, 즉 2.17달러에서 2.57달러이다.

그림 5.3의 두 번째 두드러진 특징은 소득 분포의 퍼짐이 교육 연수에 따라 증가한다는 것이다. 교육을 많이 받은 근로자 중 일부는 저임금 직업을 가지고 있지만, 교육 수준이 낮은 근로자 중 고임금 직업을 가진 사람은 거의 없다. 이는 OLS 회귀선 주변으로 잔차의 퍼짐을 살펴봄으로써 수량화할 수 있다. 교육을 10년 받은 근로자들의 경우 잔차의 표준편차는 6.31달러이다. 고등학교 졸업자의 경우 이 표준편차는 8.54달러이고, 대학 졸업자의 경우 이 표준편차는 13.55달러로 증가한다. 이러한 표준편차가 교육수준에 따라 다르기 때문에, 식 (5.23)의 회귀에서 잔차의 분산은 설명변수(교육 연수)의 값에 따라 달라진다. 다시 말해 회귀 오차는 이분산성을 가진다. 현실적으로 말하면, 모든 대학 졸업자가 29세가 될 때까지 시간당 75달러를 벌지는 않겠지만, 일부는 그럴 것이고, 교육을 10년만 받은 근로자들은 그런 일자리를 얻을 기회가 전혀 없다.

그림 5.3 2015년 미국 29~30세의 시간당 소득과 교육 연수 산점도

전일제 근로자 2,731명(29~30세)의 시간당 소득을 교육 연수에 대해 그렸다. 회귀선 주변의 관측치 퍼짐이 교육 연수에 따라 증가하는데, 이는 회귀 오차가 이분산성을 가짐을 뜻한다.

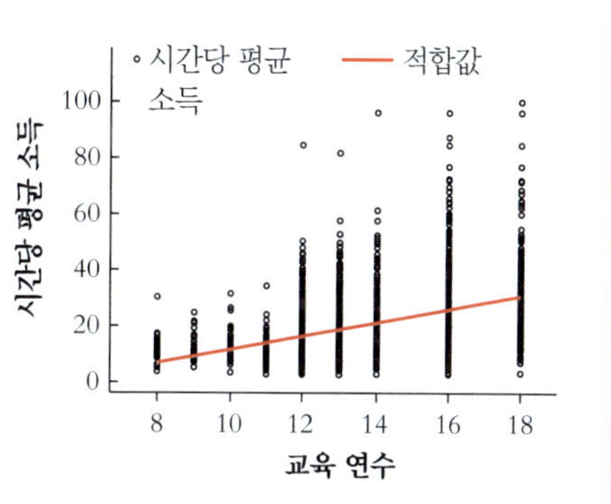

분산성을 가질 경우, OLS 추정량은 $Y_1, \ldots, Y_n$의 선형 함수인 모든 조건부 불편추정량 중에서 가장 작은 분산을 갖는다. 이 절에서는 가우스-마르코프 정리의 결과인 이러한 성질을 설명하고 논의한다. 마지막으로 가우스-마르코프 정리의 조건이 성립하지 않을 때 OLS보다 더 효율적인 추정량들을 논의한다.

선형 조건부 불편추정량과 가우스-마르코프 정리

핵심 개념 4.3의 세 가지 최소제곱법 가정이 성립하고 오차가 등분산성을 가질 경우, OLS 추정량은 모든 선형 조건부 불편추정량 중에서 $X_1, \ldots, X_n$에 대해 조건부로 가장 작은 분산을 갖는다. 다시 말해 OLS 추정량은 최선의 선형 조건부 불편추정량(**B**est **L**inear conditionally **U**nbiased **E**stimator), 즉 BLUE이다. 이는 핵심 개념 3.3에 요약되어 있는 내용인 표본 평균 $\overline{Y}$가 $Y_1, \ldots, Y_n$의 선형 함수(가중평균)이며 불편성을 갖는 모든 추정량 중에서 모집단 평균의 가장 효율적인 추정량이라는 결과를 확장한 것이다.

선형 조건부 불편추정량 선형 조건부 불편추정량은 $Y_1, \ldots, Y_n$의 선형 함수이며 $X_1, \ldots, X_n$에 대해 조건부로 불편성을 갖는 β_1의 모든 추정량으로 구성된다. 즉 $\widetilde{\beta}_1$이 선형 추정량이라면 다음과 같이 표현할 수 있다.

$$\widetilde{\beta}_1 = \sum_{i=1}^{n} a_i Y_i \quad (\widetilde{\beta}_1\text{은 선형}) \tag{5.24}$$

여기서 가중치 $a_1, \ldots, a_n$은 $X_1, \ldots, X_n$에 의존할 수 있지만 $Y_1, \ldots, Y_n$에는 의존하지 않는다. 추정량 $\widetilde{\beta}_1$은 $X_1, \ldots, X_n$이 주어졌을 때의 조건부 표본 분포의 평균이 β_1일 경우 조건부 불편성을 갖는다. 즉 추정량 $\widetilde{\beta}_1$이 조건부 불편성을 갖는다는 것은 다음을 의미한다.

$$E(\widetilde{\beta}_1 | X_1, \ldots, X_n) = \beta_1 \quad (\widetilde{\beta}_1\text{은 조건부 불편}) \tag{5.25}$$

추정량 $\widetilde{\beta}_1$은 식 (5.24)의 형태로 표현될 수 있고(선형성) 식 (5.25)가 성립하므로(조건부 불편성) 선형 조건부 불편추정량이다. 부록 5.2에서는 OLS 추정량이 선형이며 조건부 불편성을 갖는다는 것을 밝힌다.

가우스-마르코프 정리 **가우스-마르코프 정리**(Gauss-Markov theorem)는 가우스-마르코프 조건으로 알려진 일련의 조건하에서, OLS 추정량 $\hat{\beta}_1$이 β_1의 모든 선형 조건부 불편추정량 중에서 $X_1, \ldots, X_n$이 주어졌을 때 가장 작은 조건부 분산을 가진다고 말한다. 즉 OLS 추정량이 BLUE라는 것이다. 세 가지 최소제곱법 가정과 오차의 등분산성 가정이 성립하면 부록 5.2에 명시된 가우스-마르코프 조건이 성립한다. 따라서 세 가지 최소제곱법 가정이 성립하고 오차가 등분산성을 가진다면, OLS는 BLUE이다. 가우스-마르코프 정리는 핵심 개념 5.5에 명시되어 있으며 부록 5.2에서 증명한다.

가우스-마르코프 정리의 한계 가우스-마르코프 정리는 OLS 사용에 대한 이론적 정당성을

핵심 개념 5.5

$\hat{\beta}_1$에 대한 가우스-마르코프 정리

핵심 개념 4.3의 세 가지 최소제곱법 가정이 성립하고 오차가 등분산성을 가질 경우, OLS 추정량 $\hat{\beta}_1$은 최선의(가장 효율적인) 선형 조건부 불편추정량(**B**est **L**inear conditionally **U**nbiased **E**stimator, **BLUE**)이다.

제공하지만 두 가지 중요한 한계가 있다. 첫째, 정리의 조건이 실제로는 성립하지 않을 수 있다. 특히 (경제학 응용문제에서 흔히 발생하듯이) 오차항이 이분산성을 가질 경우 OLS 추정량은 더 이상 BLUE가 아니다. 5.4절에서 논의한 바와 같이, 이분산성의 존재는 이분산성 강건 표준 오차에 기반한 추론에는 위협이 되지 않지만, OLS가 더 이상 효율적인 선형 조건부 불편추정량이 아니라는 것을 의미한다. 만약 이분산성의 형태가 알려져 있다면 OLS의 대안으로 가중최소제곱 추정량을 사용하는 방법을 아래에서 논의한다.

둘째, 정리의 조건이 성립하더라도 선형이 아니고 조건부 불편성을 가지지 않는 다른 추정량들이 존재한다. 특정 조건하에서 이러한 다른 추정량이 OLS보다 더 효율적일 수 있다.

최소제곱법 외의 회귀 추정량

특정 조건하에서 일부 회귀 추정량은 OLS보다 더 효율적이다.

가중최소제곱 추정량 오차가 이분산성을 가지면 OLS는 더 이상 BLUE가 아니다. 만약 이분산성의 성질이 알려져 있다면—구체적으로, X_i가 주어졌을 때 u_i의 조건부 분산이 곱해지는 상수를 제외하고 알려져 있다면—OLS 추정량보다 작은 분산을 가진 추정량을 구성할 수 있다. **가중최소제곱법**(weighted least squares, WLS)이라 하는 이 방법은 i번째 관측치에 X_i가 주어졌을 때 u_i의 조건부 분산 제곱근의 역수로 가중치를 부여한다. 이러한 가중치 부여로 인해 가중 회귀의 오차는 등분산성을 갖게 되어, 가중 데이터에 적용된 OLS는 BLUE가 된다. 이론적으로는 깔끔하지만, 실제로 가중최소제곱법을 사용하려면 u_i의 조건부 분산이 X_i에 어떻게 의존하는지 알아야 하는데, 이는 계량경제학 응용문제에서는 거의 알려져 있는 경우가 없다. 따라서 가중최소제곱법은 OLS보다 훨씬 덜 자주 사용되며, WLS에 대한 추가 논의는 18장으로 미루겠다.

최소절대편차 추정량 4.3절에서 논의한 바와 같이 OLS 추정량은 이상치에 민감할 수 있다. 극단적인 이상치가 드물지 않다면, 다른 추정량들이 OLS보다 더 효율적이고 더 신뢰할 수 있는 추론을 제공할 수 있다. 그러한 추정량 중 하나가 최소절대편차(least absolute deviations, LAD) 추정량이다. LAD 추정량에서는 회귀 계수 β_0과 β_1을 식 (4.4)와 유사한 최소화 문제를 풀어 얻는데, 다만 예측 '오차'의 제곱 대신 절댓값을 사용한다. 즉 β_0과 β_1의 LAD 추정량은 $\sum_{i=1}^{n}|Y_i - b_0 - b_1X_i|$를 최소화하는 b_0과 b_1의 값이다. LAD 추정량은 OLS에 비해 u의 큰 이상치에 덜 민감하다.

많은 경제 데이터 세트에서 u의 심각한 이상치는 드물기 때문에, LAD 추정량이나 이상치에 대한 민감도가 낮은 다른 추정량들의 사용은 흔하지 않다. 따라서 이 책의 나머지 부분에서 선형회귀에 대한 논의는 전적으로 최소제곱법에 초점을 맞춘다.

*5.6 표본크기가 작을 때 회귀분석에서 t-통계량 사용하기

표본크기가 작을 때, t-통계량의 정확한 분포는 복잡하며 데이터의 알려지지 않은 모집단 분포에 의존한다. 그러나 세 가지 최소제곱법 가정이 성립하고, 회귀오차가 등분산성을 가지며, 회귀오차가 정규분포를 따른다면 OLS 추정량은 정규분포를 따르고 등분산성 전용 t-통계량은 스튜던트 t 분포를 따른다. 이 다섯 가지 가정, 즉 세 가지 최소제곱법 가정, 오차의 등분산성, 오차의 정규성을 총칭해 **등분산성 정규 회귀 가정**(homoskedastic normal regression assumption)이라고 한다.

t-통계량과 스튜던트 t 분포

2.4절에서 언급했듯이 자유도 m을 갖는 스튜던트 t 분포는 $Z/(\sqrt{W/m})$의 분포로 정의되는데, 여기서 Z는 표준정규분포를 따르는 확률변수이고, W는 자유도 m을 갖는 카이제곱 분포를 따르는 확률변수이며, Z와 W는 서로 독립이다. 귀무가설하에서 등분산성 전용 표준 오차를 사용해 계산된 t-통계량은 이러한 형태로 표현될 수 있다.

계산의 자세한 내용은 18.4절과 19.4절에서 다룬다. 주요 개념은 다음과 같다. $\beta_1 = \beta_{1,0}$을 검정하는 등분산성 전용 t-통계량은 다음과 같다: $\tilde{t} = (\hat{\beta}_1 - \beta_{1,0})/\tilde{\sigma}_{\hat{\beta}_1}$. 여기서 $\tilde{\sigma}^2_{\hat{\beta}_1}$은 식 (5.22)에 정의되어 있다. 등분산성 정규 회귀 가정하에서, Y_i는 $X_1, \ldots, X_n$이 주어졌을 때 정규분포를 따른다. 5.5절에서 논의했듯이, OLS 추정량은 $Y_1, \ldots, Y_n$의 가중평균이며, 가중치는 $X_1, \ldots, X_n$에 의존한다[부록 5.2의 식 (5.32) 참조]. 독립적인 정규 확률변수들의 가중평균은 정규분포를 따르므로, $\hat{\beta}_1$은 $X_1, \ldots, X_n$이 주어졌을 때 정규분포를 따른다. 따라서 $\hat{\beta}_1 - \beta_{1,0}$은 $X_1, \ldots, X_n$이 주어졌을 때 귀무가설하에서 평균이 0인 정규분포를 따른다. 또한, 18.4절과 19.4절에서는 (정규화된) 등분산성 전용 분산 추정량이 $n-2$로 나눈 자유도 $n-2$의 카이제곱 분포를 따르며, $\tilde{\sigma}^2_{\hat{\beta}_1}$과 $\hat{\beta}_1$이 독립적으로 분포한다는 것을 보여준다. 따라서 등분산성 전용 t-통계량은 자유도 $n-2$의 스튜던트 t 분포를 따른다.

이 결과는 3.5절에서 두 표본의 평균 동일성을 검정하는 맥락에서 논의한 결과와 밀접한 관련이 있다. 해당 문제에서, 두 모집단 분포가 동일한 분산을 가진 정규분포이고 t-통계량이 통합 표준 오차 공식[식 (3.23)]을 사용해 만들어진다면, (통합) t-통계량은 스튜던트 t 분포를 따른다. X가 이진변수일 때, $\hat{\beta}_1$에 대한 등분산성 전용 표준 오차는 평균 차이에 대한 통합 표준 오차 공식으로 단순화된다. 따라서 3.5절의 결과는 등분산성 정규 회귀 가정이 성립할 때 등분산성 전용 회귀 t-통계량이 스튜던트 t 분포를 따른다는 결과의 특수한 경우라고 할 수 있다(연습문제 5.10 참조).

스튜던트 t 분포의 실제 사용

회귀오차가 등분산성을 가지고 정규분포를 따르며, 등분산성 전용 t-통계량이 사용될 경우,

* 이 절의 내용은 선택사항이며 이후 장에서는 사용되지 않는다.

임곗값은 표준정규분포 대신 스튜던트 t 분포(부록 표 2)에서 가져와야 한다. 표본크기 n이 적당한 크기거나 클 경우 스튜던트 t 분포와 정규분포 간의 차이가 무시할 만하므로, 이 구분은 표본크기가 작을 때만 의미가 있다.

계량경제학 응용에서는 오차가 등분산성을 가지고 정규분포를 따른다고 믿을 만한 이유가 거의 없다. 그러나 표본크기가 일반적으로 크기 때문에 5.1절과 5.2절에서 설명한 대로 추론을 진행할 수 있다. 즉 먼저 이분산성 강건 표준 오차를 계산한 다음, 표준정규분포를 사용해 p값, 가설검정, 신뢰구간을 계산하면 된다.

5.7 결론

잠시 학생-교사 비율을 줄이기 위해 추가 교사 채용을 고려하는 교육감의 문제로 돌아가보자. 우리가 배운 것 중 그녀가 쓸 만하다고 여길 것은 무엇일까?

캘리포니아 시험 점수 데이터 세트의 420개 관측치를 바탕으로 한 우리의 회귀분석은 학생-교사 비율과 시험 점수 사이에 음의 관계가 있음을 보여주었다: 학급 규모가 작은 학군이 시험 점수가 더 높다. 이 계수는 실제로 꽤 큰 값이다: 교사당 학생 수가 2명 적은 학군은 시험 점수가 평균적으로 4.6점 더 높다. 이는 시험 점수 분포에서 50번째 백분위에 있는 학군을 약 60번째 백분위로 이동시키는 것에 해당한다.

학생-교사 비율에 대한 계수는 5% 유의수준에서 통계적으로 0과 유의하게 다르다. 모집단 계수가 0일 수 있고, 우리가 단순히 무작위 표본 추출로 인해 음의 계수를 추정했을 수도 있다. 그러나 순수하게 잠재적 무작위 표본들에 걸친 변동으로 인해 이런 일이 발생할 확률(그리고 우리가 얻은 것만큼 큰 β_1에 대한 t-통계량을 얻을 확률)은 매우 작아, 약 0.001%이다. β_1에 대한 95% 신뢰구간은 $-3.30 \le \beta_1 \le -1.26$이다.

이러한 결과는 교육감의 질문에 답하는 데 사용할 수 있지만, 여전히 걱정스러운 점이 남아 있다. 학생-교사 비율과 시험 점수 사이에 음의 관계가 있지만, 이 관계가 교육감이 결정을 내리는 데 필요한 인과관계인가? 학생-교사 비율이 낮은 학군이 평균적으로 시험 점수가 더 높다. 하지만 이것이 학생-교사 비율을 줄이면 실제로 점수가 오를 것임을 의미하는가?

OLS를 캘리포니아 데이터에 적용하면 학급 규모가 시험 점수에 미치는 인과효과를 추정하는지를 묻는 질문은 핵심 개념 4.3의 최소제곱법 가정으로 돌아가면 더 명확해질 수 있다. 첫 번째 최소제곱법 가정은 β_1이 인과효과로 정의될 때 오차의 분포가 조건부 평균 0을 가져야 한다고 요구한다. 이 요구사항은 사실상 X(학급 규모)가 무작위로 할당되거나 마치 무작위로 할당된 것처럼 되어야 한다는 의미이다. 캘리포니아 데이터가 관찰 데이터이기 때문에 학급 규모는 무작위로 할당되지 않았다. 그렇다면 다음과 같은 질문을 던질 수 있다: 캘리포니아 데이터에서 $E(u|X) = 0$이라는 의미에서 학급 규모가 마치 무작위로 할당된 것처럼 보이는가?

실제로는 그렇지 않을 가능성이 높다. 더 많은 교사를 고용하는 것은 돈이 들기 때문에, 부유한 학군이 더 작은 학급을 감당할 수 있다. 그러나 부유한 학교의 학생들은 또한 더 좋은 시설, 더 새로운 책, 더 높은 급여를 받는 교사 등 가난한 이웃들보다 여러 이점을 가지고 있다. 게다가 부유한 학교의 학생들은 스스로도 더 부유한 가정 출신인 경향이 있어 학교와 직접적으로 관련되지 않은 다른 이점을 가지고 있다. 예를 들어 캘리포니아에는 대규모 이민자 커뮤니티가 있다. 이 이민자들은 전체 인구보다 가난한 경향이 있고, 많은 경우 그들의 자녀들은 영어가 모국어가 아니다. 따라서 우리가 추정한 시험 점수와 학생-교사 비율 사이의 음의 관계가 큰 학급 규모와 함께 낮은 시험 점수의 진짜 이유인 다른 많은 요인 때문일 수 있다.

이러한 다른 요인, 즉 '누락된 변수'는 지금까지 수행한 OLS 분석이 교육감에게 거의 가치가 없음을 뜻할 수 있다. 실제로 학생-교사 비율만 변경한다고 해서 학교에서의 아이의 성과를 결정하는 이러한 다른 요인들이 바뀌지는 않을 것이므로 OLS 분석 결과는 오해를 불러일으킬 수 있다. 이 문제를 해결하려면 이러한 다른 요인들을 일정하게 유지하면서 학생-교사 비율 변화가 시험 점수에 미치는 영향을 분리할 수 있는 방법이 필요하다. 그 방법이 바로 6장과 7장의 주제인 다중회귀분석이다.

요약

1. 회귀 계수에 대한 가설검정은 모집단 평균에 대한 가설검정과 유사하다: t-통계량을 사용해 p 값을 계산하고 귀무가설을 채택하거나 기각한다. 모집단 평균에 대한 신뢰구간과 마찬가지로, 회귀 계수에 대한 95% 신뢰구간은 추정량 ±1.96 표준 오차로 계산된다.

2. X가 이진변수일 때, 회귀모형은 '$X = 0$' 그룹과 '$X = 1$' 그룹의 모집단 평균 차이에 대한 추정과 가설검정에 사용될 수 있다.

3. 일반적으로 오차 u_i는 이분산성을 가진다. 즉 X의 주어진 값에서 u_i의 분산 $\text{var}(u_i | X_i = x)$는 x에 따라 달라진다. 특별한 경우로 오차가 등분산성을 가질 때, 즉 $\text{var}(u_i | X_i = x)$가 상수일 때가 있다. 오차가 이분산성을 가질 때 등분산성 전용 표준 오차는 유효한 통계적 추론을 제공하지 않지만, 이분산성 강건 표준 오차는 유효하다.

4. 세 가지 최소제곱법 가정이 성립하고 회귀 오차가 등분산성을 가진다면, 가우스-마르코프 정리의 결과로 OLS 추정량은 BLUE이다.

5. 세 가지 최소제곱법 가정이 성립하고, 회귀 오차가 등분산성을 가지며, 회귀 오차가 정규분포를 따른다면, 등분산성만을 가정한 표준 오차를 사용해 계산된 OLS t-통계량은 귀무가설이 참일 때 스튜던트 t 분포를 따른다. 표본 크기가 중간 이상이거나 클 경우 스튜던트 t 분포와 정규분포 간의 차이는 무시할 만하다.

핵심 용어

가우스-마르코프 정리 Gauss-Markov theorem

가우스-마르코프 조건 Gauss-Markov conditions

가중최소제곱법(WLS) weighted least squares, WLS

귀무가설 null hypothesis

더미변수 dummy variable

등분산성과 이분산성homoskedasticity and heteroskedasticity

등분산성 전용 표준 오차homoskedasticity-only standard error

등분산성 정규 회귀 가정homoskedastic normal regression assumptions

신뢰구간confidence interval

신뢰수준confidence level

양측 대립가설two-sided alternative hypothesis

이분산성 강건 표준 오차heteroskedasticity-robust standard error

지시변수indicator variable

최선의 선형 불편추정량(BLUE) best linear unbiased estimator, BLUE

D_i에 곱한 계수coefficient multiplying D_i

D_i의 계수coefficient on D_i

p값p-value

t-통계량t-statistic

$\hat{\beta}_1$의 표준 오차standard error of $\hat{\beta}_1$

복습문제

5.1 i.i.d.를 따르는 관측치 Y_i, $i = 1, \ldots, n$을 사용해 H_0: $\mu_Y = 0$에 대한 양측 검정의 p값을 계산하는 절차를 설명하라. i.i.d.를 따르는 관측치 (Y_i, X_i), $i = 1, \ldots, n$을 사용하는 회귀모형에서 H_0: $\beta_1 = 0$에 대한 양측 검정의 p값을 계산하는 절차를 설명하라.

5.2 추정된 회귀 계수에 대해 양측 가설검정 대신 단측 가설검정을 사용하는 경우는 언제인가? 가설검정 대신 신뢰구간을 만드는 경우는 언제인가?

5.3 선형회귀에서 오차항의 조건부 분포 분산의 중요한 특성은 무엇인가? 이것이 OLS 추정에 미치는 영향은 무엇인가?

5.4 더미변수 또는 지시변수란 무엇인가? 독립변수가 연속변수일 때와 이진변수일 때 선형회귀 계수 해석의 차이점을 설명하라. 각 경우의 예를 들어보라. 독립변수가 이진변수일 때 신뢰구간 계산과 가설검정이 연속변수일 때와 어떻게 다른지 설명하라.

연습문제

5.1 연구자가 50개의 3학년 학급에서 얻은 학급 규모(CS)와 평균 시험 점수 데이터를 사용해 다음과 같은 OLS 회귀를 추정했다고 가정하자.

$$\widehat{TestScore} = \underset{(23.5)}{640.3} - \underset{(2.02)}{4.93} \times CS, \; R^2 = 0.11, \; SER = 8.7$$

a. 회귀 기울기 계수 β_1에 대한 95% 신뢰구간을 구하라.

b. 귀무가설 H_0: $\beta_1 = 0$에 대한 양측 검정의 p값을 계산하라. 5% 수준에서 귀무가설을 기각하는가? 1% 수준에서는 어떠한가?

c. 귀무가설 H_0: $\beta_1 = -5.0$에 대한 양측 검정의 p값을 계산하라. 추가 계산 없이 -5.0이 β_1에 대한 95% 신뢰구간에 포함되는지 판단하라.

d. β_0에 대한 90% 신뢰구간을 구하라.

5.2 한 연구자가 200명의 무작위로 선택된 남성 근로자와 240명의 여성 근로자의 임금 데이터를

사용해 다음과 같은 OLS 회귀분석을 수행했다고 가정해보자.

$$\widehat{Wage} = \underset{(0.16)}{10.73} + \underset{(0.29)}{1.78} \times Male,\ R^2 = 0.09,\ SER = 3.8$$

여기서 *Wage*는 시간당 달러로 측정되고, *Male*은 남성이면 1, 여성이면 0인 이진변수다. 임금 성별 격차를 남성과 여성의 평균 소득 차이로 정의하자.

a. 추정된 성별 격차는 얼마인가?

b. 추정된 성별 격차가 통계적으로 0과 유의하게 다른가? (성별 격차가 없다는 귀무가설을 검정하기 위한 *p*값을 계산하라.)

c. 성별 격차에 대한 95% 신뢰구간을 구하라.

d. 표본에서 여성의 평균 임금은 얼마인가? 남성의 평균 임금은?

e. 다른 연구자가 동일한 데이터를 사용하지만 *Wage*를 *Female*에 대해 회귀분석한다. *Female*은 여성이면 1, 남성이면 0인 변수다. 이 회귀분석에서 계산된 회귀 추정치의 값을 구하라.

$$\widehat{Wage} = \_\_\_ + \_\_\_ \times Female,\ R^2 = \_\_\_,\ SER = \_\_\_.$$

5.3 한 모집단에서 무작위로 선택된 25세 남성 100명의 키와 체중이 기록되었다. 키에 대한 체중의 회귀분석 결과는 다음과 같다.

$$\widehat{Weight} = \underset{(3.42)}{-79.24} + \underset{(.42)}{4.16} \times Height,\ R^2 = 0.72,\ SER = 12.6$$

여기서 *Weight*는 파운드로, *Height*는 인치로 측정된다. 한 남성이 키가 늦게 크면서 1년 동안 2인치 자랐다. 이 사람의 체중 증가에 대한 95% 신뢰구간을 구하라.

5.4 5.4절의 '교육 1년의 경제적 가치: 등분산성인가 이분산성인가?'를 읽고 식 (5.23)에 보고된 회귀분석을 사용해 다음에 답하라.

a. 무작위로 선택된 30세 근로자의 교육수준이 16년이라면 이 근로자의 평균 시간당 소득 예상치는 얼마인가?

b. 고등학교 졸업생(12년 교육)이 2년제 전문대학 학위를 위해 진학을 고려하고 있다. 이 근로자의 평균 시간당 소득은 얼마나 증가할 것으로 예상되는가?

c. 고등학교 상담 교사가 학생에게 평균적으로 대학 졸업자가 고등학교 졸업자보다 시간당 10달러를 더 번다고 말한다. 이 말이 회귀분석에서 얻은 증거와 일치하는가? 회귀분석의 증거와 일치하는 값의 범위는 무엇인가?

5.5 1980년대에 테네시주는 유치원생들을 무작위로 '일반' 학급과 '소규모' 학급으로 배정하고 연말에 표준화된 시험을 실시하는 실험을 수행했다. (일반 학급은 약 24명, 소규모 학급은 약 15명의 학생으로 구성되었다.) 모집단에서 표준화된 시험의 평균 점수가 925점이고 표준편차가 75점이라고 가정하자. *SmallClass*를 학생이 소규모 학급에 배정되면 1, 그렇지 않으면 0인 이진변수라고 하자. *TestScore*를 *SmallClass*에 대해 회귀분석한 결과는 다음과 같다.

$$\widehat{TestScore} = \underset{(1.6)}{918.0} + \underset{(2.5)}{13.9} \times SmallClass, R^2 = 0.01, SER = 74.6$$

a. 소규모 학급이 시험 점수를 향상하는가? 그렇다면 얼마나 향상하는가? 그 효과가 크다고 말할 수 있는가? 설명하라.

b. 학급 규모가 시험 점수에 미치는 효과의 추정치가 통계적으로 유의한가? 5% 수준에서 검정을 수행하라.

c. *SmallClass*가 *TestScore*에 미치는 영향에 대한 99% 신뢰구간을 구하라.

d. 이 회귀분석에 대해 최소제곱법의 첫 번째 가정이 성립한다고 볼 수 있는가? 설명하라.

5.6 연습문제 5.5에서 설명된 회귀분석을 참조하라.

a. 회귀오차가 등분산성을 가진다고 생각하는가? 설명하라.

b. $SE(\hat{\beta}_1)$은 식 (5.3)을 사용해 계산되었다. 회귀오차가 등분산성을 가진다고 가정하자. 이것이 연습문제 5.5(c)에서 구한 신뢰구간의 유효성에 영향을 주는가? 설명하라.

5.7 (Y_i, X_i)가 핵심 개념 4.3의 최소제곱법 가정을 만족한다고 가정하자. 크기 $n = 250$인 무작위 표본이 추출되어 다음과 같은 결과를 얻었다.

$$\hat{Y} = \underset{(3.1)}{5.4} + \underset{(1.5)}{3.2}X, R^2 = 0.26, SER = 6.2$$

a. 5% 수준에서 H_0: $\beta_1 = 0$ 대 H_1: $\beta_1 \neq 0$을 검정하라.

b. β_1에 대한 95% 신뢰구간을 구하라.

c. Y_i와 X_i가 독립이라는 것을 알게 되었다고 가정하자. 이는 놀랄 만한 일인가? 설명하라.

d. Y_i와 X_i가 독립이고 크기 $n = 250$인 표본이 수많이 추출되어 각 표본에 대해 회귀분석이 수행되고 (a)와 (b)가 답변된다고 가정하자. 표본의 어느 정도 비율에서 (a)의 H_0이 기각될 것인가? 표본의 어느 정도 비율에서 $\beta_1 = 0$ 값이 (b)의 신뢰구간에 포함될 것인가?

5.8 (Y_i, X_i)가 핵심 개념 4.3의 최소제곱법 가정을 만족하고, 추가로 u_i가 $N(0, \sigma_u^2)$이며 X_i와 독립이라고 가정하자. 크기 $n = 30$인 표본을 통해 다음과 같은 결과를 얻었다.

$$\hat{Y} = \underset{(10.2)}{43.2} + \underset{(7.4)}{61.5}X, R^2 = 0.54, SER = 1.52$$

여기서 괄호 안의 숫자는 회귀 계수에 대한 등분산성 전용 표준 오차이다.

a. β_0에 대한 95% 신뢰구간을 구하라.

b. 5% 수준에서 H_0: $\beta_1 = 55$ 대 H_1: $\beta_1 \neq 55$를 검정하라.

c. 5% 수준에서 H_0: $\beta_1 = 55$ 대 H_1: $\beta_1 > 55$를 검정하라.

5.9 다음 회귀모형을 고려하자.

$$Y_i = \beta X_i + u_i$$

여기서 u_i와 X_i는 핵심 개념 4.3의 최소제곱법 가정을 만족한다. β의 추정량 $\overline{\beta}$를 $\overline{\beta} = \overline{Y}/\overline{X}$라고 하자. 여기서 $\overline{Y}$와 $\overline{X}$는 각각 Y_i와 X_i의 표본평균이다.

a. $\overline{\beta}$가 $Y_1, Y_2, \ldots, Y_n$의 선형 함수임을 밝혀라.

b. $\overline{\beta}$가 조건부 불편추정량임을 밝혀라.

5.10 X_i를 이진변수라 하고, 회귀식 $Y_i = \beta_0 + \beta_1 X_i + u_i$를 고려하자. $X = 0$인 관측치의 표본평균을 $\overline{Y}_0$이라 하고, $X = 1$인 관측치의 표본평균을 $\overline{Y}_1$이라 하자. $\hat{\beta}_0 = \overline{Y}_0$, $\hat{\beta}_0 + \hat{\beta}_1 = \overline{Y}_1$과 $\hat{\beta}_1 = \overline{Y}_1 - \overline{Y}_0$임을 밝혀라.

5.11 무작위 근로자 표본에 남성 $n_m = 100$명과 여성 $n_w = 150$명이 포함되어 있다. 남성의 주당 소득 표본평균[$\overline{Y}_m = (1/n_m)\sum_{i=1}^{n_m} Y_{m,i}$]은 565.89유로이고, 표준편차[$s_m = \sqrt{\frac{1}{n_m - 1}\sum_{i=1}^{n_m}(Y_{m,i} - \overline{Y}_m)^2}$]는 75.62유로이다. 여성의 경우 해당 값은 $\overline{Y}_w = 502.37$유로와 $s_w = 53.40$유로이다. *Women*을 여성이면 1, 남성이면 0인 지시변수라 하고, 250개의 모든 관측치가 회귀식 $Y_i = \beta_0 + \beta_1 Women + u_i$에 사용된다고 하자. β_0과 β_1의 OLS 추정치와 각 추정치의 표준 오차를 구하라.

5.12 식 (4.20)에서 시작해서, 부록 5.1의 식 (5.28)에 주어진 등분산성하에서의 $\hat{\beta}_0$ 분산을 유도하라.

5.13 (Y_i, X_i)가 핵심 개념 4.3의 최소제곱법 가정을 만족하고, 추가로 u_i가 $N(0, \sigma_u^2)$ 분포를 따르며 X_i와 독립이라고 가정하자.

a. $\hat{\beta}_1$이 조건부 불편추정량인가?

b. $\hat{\beta}_1$이 β_1의 최선 선형 조건부 불편추정량인가?

c. (Y_i, X_i)가 핵심 개념 4.3의 최소제곱법 가정만 만족하고 $\text{var}(u_i | X_i = x)$가 상수라고 가정한다면 (a)와 (b)에 대한 답변이 어떻게 바뀔 것인가?

d. (Y_i, X_i)가 핵심 개념 4.3의 최소제곱법 가정만 만족한다고 가정한다면 (a)와 (b)에 대한 답변이 어떻게 바뀔 것인가?

5.14 $Y_i = \beta X_i + u_i$를 가정하자. 여기서 (u_i, X_i)는 식 (5.31)에 주어진 가우스-마르코프 조건을 만족한다.

a. β의 최소제곱 추정량을 유도하고, 그것이 $Y_1, \ldots, Y_n$의 선형 함수임을 밝혀라.

b. 이 추정량이 조건부 불편추정량임을 밝혀라.

c. 이 추정량의 조건부 분산을 유도하라.

d. 이 추정량이 BLUE임을 증명하라.

5.15 연구자가 (Y_i, X_i)에 대한 2개의 독립적인 표본을 가지고 있다. 구체적으로 Y_i가 소득, X_i가 교육 연수를 나타낸다고 가정하고, 두 독립 표본은 남성과 여성에 대한 것이라 하자. 남성에 대한 회귀식을 $Y_{m,i} = \beta_{m,0} + \beta_{m,1} X_{m,i} + u_{m,i}$로, 여성에 대한 회귀식을 $Y_{w,i} = \beta_{w,0} + \beta_{w,1} X_{w,i} + u_{w,i}$로 쓰자. $\hat{\beta}_{m,1}$을 남성 표본을 사용해 구성된 OLS 추정량, $\hat{\beta}_{w,1}$을 여성 표본을 사용해 구성된 OLS 추정량이라 하고, $SE(\hat{\beta}_{m,1})$과 $SE(\hat{\beta}_{w,1})$을 각 추정량에 해당하는 표준 오차라고 하자. $\hat{\beta}_{m,1} - \hat{\beta}_{w,1}$의 표준 오차가 다음과 같이 주어짐을 밝혀라: $SE(\hat{\beta}_{m,1} - \hat{\beta}_{w,1}) = \sqrt{[SE(\hat{\beta}_{m,1})]^2 + [SE(\hat{\beta}_{w,1})]^2}$

실증문제

(이 장에 대해서는 본문에 3개의 실증분석 연습만 주어져 있지만, 교재 웹사이트 http://www.

pearsonglobaleditions.com에서 더 많은 것을 찾을 수 있다.)

E5.1 **Earnings_and_Height** 데이터 세트를 사용해 다음 분석을 수행하라.

a. *Earnings*를 *Height*에 대해 회귀분석하라.

i. 추정된 기울기가 통계적으로 유의한가?

ii. 기울기 계수에 대한 95% 신뢰구간을 구하라.

b. (a)를 여성에 대해 반복하라.

c. (a)를 남성에 대해 반복하라.

d. 키가 소득에 미치는 영향이 남성과 여성에 대해 동일하다는 귀무가설을 검정하라. (힌트: 연습문제 5.15를 참조하라.)

e. 키가 소득에 미치는 영향에 대한 한 가지 설명은 일부 직업은 힘을 필요로 하는데, 힘은 키와 상관관계가 있다는 것이다. 힘이 중요하지 않을 것 같은 직업으로 표본을 제한했을 때 키가 소득에 미치는 영향이 사라지는가?

E5.2 실증문제 4.1에서 설명한 **Growth** 데이터 세트를 사용하되, 몰타의 데이터를 제외하고 *Growth*를 *TradeShare*에 대해 회귀분석하라.

a. 추정된 회귀식의 기울기가 통계적으로 유의한가? 즉 귀무가설 H_0: $\beta_1 = 0$을 양측 대립가설에 대해 10%, 5%, 1% 유의수준에서 기각할 수 있는가?

b. 계수의 t-통계량과 관련된 p값은 무엇인가?

c. β_1에 대한 90% 신뢰구간을 구하라.

E5.3 교재 웹사이트 **http://www.pearsonglobaleditions.com**에서 **Birthweight_Smoking** 데이터 파일을 찾을 수 있다. 이 파일은 1989년 펜실베이니아주에서 태어난 아기들의 무작위 표본 데이터를 포함하고 있다. 데이터에는 아기의 출생 체중과 함께 임신 중 흡연 여부를 포함한 산모의 다양한 특성이 포함되어 있다.[2] 자세한 설명은 웹사이트에서도 볼 수 있는 **Birthweight_Smoking_Description**에 나와 있다. 이 문제에서는 출생 체중과 임신 중 흡연의 관계를 조사할 것이다.

a. 표본에서:

i. 모든 산모에 대한 *Birthweight*의 평균값은 얼마인가?

ii. 흡연하는 산모들에 대해서는?

iii. 흡연하지 않는 산모들에 대해서는?

b. **i.** 표본의 데이터를 사용해 흡연 산모와 비흡연 산모 간 평균 출생 체중 차이를 추정하라.

ii. (i)에서 추정된 차이에 대한 표준 오차는 얼마인가?

iii. 흡연 산모와 비흡연 산모 간의 평균 출생 체중 차이에 대한 95% 신뢰구간을 구하라.

c. *Birthweight*를 이진변수 *Smoker*에 대해 회귀분석하라.

i. 추정된 기울기와 절편이 (a), (b)의 답변과 어떻게 관련되는지 설명하라.

ii. $SE(\hat{\beta}_1)$이 b(ii)의 답변과 어떻게 관련되는지 설명하라.

---

2 이 데이터는 Douglas Almond(컬럼비아대학교), Ken Chay(브라운대학교), David Lee(프린스턴대학교) 교수가 제공한 것으로, 그들의 논문 "The Costs of Low Birth Weight," *Quarterly Journal of Economics*, August 2005, 120(3): 1031-1083에서 사용되었다.

iii. 흡연이 출생 체중에 미치는 영향에 대한 95% 신뢰구간을 구하라.

d. 흡연이 저체중 출생을 유발하는 다른 요인들과 상관관계가 없다고 생각하는가? 즉 회귀 오차항(예를 들면 u_i)이 *Smoking*(X_i)가 주어졌을 때 조건부 평균이 0이라고 생각하는가? (이에 대해서는 후속 장들의 *Birthweight*와 *Smoking*을 다룬 문제들에서 더 자세히 살펴보게 될 것이다.)

부록 5.1 OLS 표준 오차 공식

이 부록에서는 OLS 표준 오차에 대한 공식을 다룬다. 먼저 핵심 개념 4.3의 최소제곱법 가정 하에서 이분산성을 허용하는 '이분산성 강건' 표준 오차를 소개한다. 그런 다음 등분산성의 특수한 경우에 대한 OLS 추정량의 분산과 관련된 표준 오차 공식을 제시한다.

이분산성 강건 표준 오차

식 (5.4)에서 정의한 추정량 $\hat{\sigma}^2_{\hat{\beta}_1}$은 모집단 분산을 표본 분산으로 대체해 얻는다. 분자에 있는 분산은 $\frac{1}{n-2}\sum_{i=1}^{n}(X_i-\overline{X})^2\hat{u}_i^2$로 추정되며, 여기서 $n-2$는 자유도 조정으로, 이는 표준 오차의 정의에서 사용되는 자유도 조정과 유사하게 하향 편향을 보정한다. 분모에 있는 분산은 $(1/n)\sum_{i=1}^{n}(X_i-\overline{X})^2$으로 추정된다. 이러한 두 추정량을 식 (4.19)에 대입하면 식 (5.4)의 $\hat{\sigma}^2_{\hat{\beta}_1}$이 된다. 이분산성 강건 표준 오차의 일치성은 18.3절에서 논의한다.

$\hat{\beta}_0$의 분산 추정량은 다음과 같이 주어진다.

$$\hat{\sigma}^2_{\hat{\beta}_0} = \frac{1}{n} \times \frac{\frac{1}{n-2}\sum_{i=1}^{n}\hat{H}_i^2\hat{u}_i^2}{\left(\frac{1}{n}\sum_{i=1}^{n}\hat{H}_i^2\right)^2} \tag{5.26}$$

여기서 $\hat{H}_i = 1-(\overline{X}/\frac{1}{n}\sum_{i=1}^{n}X_i^2)X_i$이다. $\hat{\beta}_0$의 표준 오차는 $SE(\hat{\beta}_0)=\sqrt{\hat{\sigma}^2_{\hat{\beta}_0}}$이다. 추정량 $\hat{\sigma}^2_{\hat{\beta}_0}$은 $\hat{\sigma}^2_{\hat{\beta}_1}$과 마찬가지로 모집단의 기댓값을 표본평균으로 대체하는 방식으로 계산된다.

등분산성 전용 분산

등분산성하에서, X_i가 주어졌을 때 u_i의 조건부 분산은 상수이다: $\text{var}(u_i|X_i)=\sigma_u^2$. 오차가 등분산성을 갖는다면 핵심 개념 4.4의 공식은 다음과 같이 간단하게 쓸 수 있다.

$$\sigma^2_{\hat{\beta}_1} = \frac{\sigma_u^2}{n\sigma_X^2} \tag{5.27}$$

$$\sigma^2_{\hat{\beta}_0} = \frac{E(X_i^2)}{n\sigma_X^2}\sigma_u^2 \tag{5.28}$$

식 (5.27)을 유도하기 위해 식 (4.19)의 분자를 다음과 같이 쓴다: $\text{var}[(X_i-\mu_X)u_i] = E\{(X_i-\mu_X)u_i - E[(X_i-\mu_X)u_i]\}^2 = E\{[(X_i-\mu_X)u_i]^2\} = E[(X_i-\mu_X)^2u_i^2] = E[(X_i$

$-\mu_X)^2 \text{var}(u_i \mid X_i)]$. 여기서 두 번째 등식은 $E[(X_i - \mu_X)u_i] = 0$(첫 번째 최소제곱법 가정에 의해)이기 때문이며, 마지막 등식은 반복기대 법칙(2.3절)에 따른다. u_i가 등분산성을 가진다면, $\text{var}(u_i \mid X_i) = \sigma_u^2$이므로 $E[(X_i - \mu_X)^2 \text{var}(u_i \mid X_i)] = \sigma_u^2 E[(X_i - \mu_X)^2] = \sigma_u^2 \sigma_X^2$로 쓸 수 있다. 식 (5.27)의 결과는 이 표현을 식 (4.19)의 분자에 대입하고 간소화함으로써 얻는다. 비슷한 계산으로 식 (5.28)을 얻을 수 있다.

등분산성 전용 표준 오차

등분산성 전용 표준 오차는 식 (5.27)과 (5.28)의 모집단 평균과 분산 대신 표본 평균과 분산을 대입하고, u_i의 분산을 SER의 제곱으로 추정해 얻는다. 이러한 분산의 등분산성 전용 추정량은 다음과 같다.

$$\tilde{\sigma}^2_{\hat{\beta}_1} = \frac{s^2_{\hat{u}}}{\sum_{i=1}^{n}(X_i - \overline{X})^2} \quad \text{(등분산성 전용)} \tag{5.29}$$

$$\tilde{\sigma}^2_{\hat{\beta}_0} = \frac{\left(\frac{1}{n}\sum_{i=1}^{n}X_i^2\right)s^2_{\hat{u}}}{\sum_{i=1}^{n}(X_i - \overline{X})^2} \quad \text{(등분산성 전용)} \tag{5.30}$$

여기서 $s^2_{\hat{u}}$은 식 (4.17)에 주어져 있다. 등분산성 전용 표준 오차는 $\tilde{\sigma}^2_{\hat{\beta}_0}$과 $\tilde{\sigma}^2_{\hat{\beta}_1}$의 제곱근이다.

부록 5.2 가우스-마르코프 조건과 가우스-마르코프 정리의 증명

5.5절에서 논의한 바와 같이, 가우스-마르코프 정리는 가우스-마르코프 조건이 성립하면 OLS 추정량이 최선의(가장 효율적인) 조건부 선형 불편추정량(BLUE)이라고 말한다. 이 부록에서는 먼저 가우스-마르코프 조건을 제시하고 세 가지 최소제곱법 가정과 등분산성으로 이를 이끌어낼 수 있음을 밝힌다. 다음으로 OLS 추정량이 선형 조건부 불편추정량임을 밝힌다. 마지막으로 가우스-마르코프 정리의 증명을 다룬다.

가우스-마르코프 조건

세 가지 가우스-마르코프 조건은 다음과 같다.

$$\begin{aligned} &\text{(i)} \quad E(u_i \mid X_1, \ldots, X_n) = 0 \\ &\text{(ii)} \quad \text{var}(u_i \mid X_1, \ldots, X_n) = \sigma_u^2, \quad 0 < \sigma_u^2 < \infty \\ &\text{(iii)} \quad E(u_i u_j \mid X_1, \ldots, X_n) = 0, i \neq j \end{aligned} \tag{5.31}$$

여기서 이 조건들은 $i, j = 1, \ldots, n$에 대해 성립한다. 이 세 조건은 각각 u_i의 조건부 평균이 0이고, u_i가 상수 분산을 가지며, 서로 다른 관측치에 대한 오차가 상관관계가 없음을 나타내고, 이 모든 진술은 모든 관측된 $X(X_1, \ldots, X_n)$에 대해 조건부로 성립한다.

가우스-마르코프 조건(Gauss-Markov conditions)은 세 가지 최소제곱법 가정(핵심 개념 4.3)과 오차의 등분산성이라는 추가 가정하에 성립한다. 관측치들이 i.i.d.이므로(가정 2), $E(u_i | X_1, \ldots, X_n) = E(u_i | X_i)$이고, 가정 1에 의해 $E(u_i | X_i) = 0$이므로 조건 (i)이 성립한다. 마찬가지로, 가정 2에 의해 $\text{var}(u_i | X_1, \ldots, X_n) = \text{var}(u_i | X_i)$이고, 오차가 등분산성을 가진다고 가정하므로 $\text{var}(u_i | X_i) = \sigma_u^2$로 상수이다. 가정 3(0이 아닌 유한한 4차 적률)은 $0 < \sigma_u^2 < \infty$를 보장하므로 조건 (ii)가 성립한다. 조건 (iii)이 최소제곱법 가정에 의해 성립함을 밝히기 위해, $E(u_i u_j | X_1, \ldots, X_n) = E(u_i u_j | X_i, X_j)$임을 주목하라. 이는 (X_i, Y_i)가 가정 2에 의해 i.i.d.이기 때문이다. 가정 2는 또한 $i \neq j$에 대해 $E(u_i u_j | X_i, X_j) = E(u_i | X_i) E(u_j | X_j)$임을 의미한다. 모든 i에 대해 $E(u_i | X_i) = 0$이므로, 모든 $i \neq j$에 대해 $E(u_i u_j | X_1, \ldots, X_n) = 0$이므로 조건 (iii)이 성립한다. 따라서 핵심 개념 4.3의 최소제곱법 가정과 오차의 등분산성이 성립하면 식 (5.31)의 가우스-마르코프 조건 역시 성립한다.

OLS 추정량 $\hat{\beta}_1$은 선형 조건부 불편추정량이다

$\hat{\beta}_1$이 선형임을 보이기 위해, 먼저 $\sum_{i=1}^n (X_i - \overline{X}) = 0$($\overline{X}$의 정의에 의해)이므로 $\sum_{i=1}^n (X_i - \overline{X})(Y_i - \overline{Y}) = \sum_{i=1}^n (X_i - \overline{X})Y_i - \overline{Y} \sum_{i=1}^n (X_i - \overline{X}) = \sum_{i=1}^n (X_i - \overline{X})Y_i$임을 주목하자. 이 결과를 식 (4.5)의 $\hat{\beta}_1$ 공식에 대입하면 다음과 같다.

$$\hat{\beta}_1 = \frac{\sum_{i=1}^n (X_i - \overline{X})Y_i}{\sum_{j=1}^n (X_j - \overline{X})^2} = \sum_{i=1}^n \hat{a}_i Y_i, \quad \text{여기서} \quad \hat{a}_i = \frac{(X_i - \overline{X})}{\sum_{j=1}^n (X_j - \overline{X})^2} \tag{5.32}$$

식 (5.32)의 가중치 $\hat{a}_i (i = 1, \ldots, n)$가 $X_1, \ldots, X_n$에 의존하지만 $Y_1, \ldots, Y_n$에는 의존하지 않으므로, OLS 추정량 $\hat{\beta}_1$은 선형 추정량이다.

가우스-마르코프 조건하에서 $\hat{\beta}_1$은 조건부 불편성을 가지며, $X_1, \ldots, X_n$이 주어졌을 때 $\hat{\beta}_1$의 조건부 분포의 분산은 다음과 같다.

$$\text{var}(\hat{\beta}_1 | X_1, \ldots, X_n) = \frac{\sigma_u^2}{\sum_{i=1}^n (X_i - \overline{X})^2} \tag{5.33}$$

$\hat{\beta}_1$이 조건부 불편임은 이전에 부록 4.3에서 밝혔다.

가우스-마르코프 정리의 증명

우선 모든 선형 조건부 불편추정량에 대해 성립하는 사실들로부터 시작해보자 — 즉 식 (5.24)와 (5.25)를 만족하는 모든 추정량 $\tilde{\beta}_1$을 살펴보겠다. $Y_i = \beta_0 + \beta_1 X_i + u_i$를 $\tilde{\beta}_1 = \sum_{i=1}^n a_i Y_i$에 대입하고 항을 정리하면 다음을 얻는다.

$$\widetilde{\beta}_1 = \beta_0\left(\sum_{i=1}^{n} a_i\right) + \beta_1\left(\sum_{i=1}^{n} a_i X_i\right) + \sum_{i=1}^{n} a_i u_i \tag{5.34}$$

첫 번째 가우스-마르코프 조건에 의해 $E(\sum_{i=1}^{n} a_i u_i | X_1, \ldots, X_n) = \sum_{i=1}^{n} a_i E(u_i | X_1, \ldots, X_n) = 0$이다. 따라서 식 (5.34)의 양변에 조건부 기댓값을 취하면 $E(\widetilde{\beta}_1 | X_1, \ldots, X_n) = \beta_0(\sum_{i=1}^{n} a_i) + \beta_1(\sum_{i=1}^{n} a_i X_i) = \beta_1$을 얻는다. 하지만 이 등식이 모든 β_0과 β_1값에 대해 성립하려면 다음이 성립해야 $\widetilde{\beta}_1$이 조건부 불편성을 갖는다.

$$\sum_{i=1}^{n} a_i = 0, \quad \sum_{i=1}^{n} a_i X_i = 1 \tag{5.35}$$

가우스-마르코프 조건하에서 $X_1, \ldots, X_n$에 조건부인 $\widetilde{\beta}_1$의 분산은 간단한 형태를 가진다. 식 (5.35)를 식 (5.34)에 대입하면 $\widetilde{\beta}_1 - \beta_1 = \sum_{i=1}^{n} a_i u_i$를 얻는다. 따라서 $\text{var}(\widetilde{\beta}_1 | X_1, \ldots, X_n) = \text{var}(\sum_{i=1}^{n} a_i u_i | X_1, \ldots, X_n) = \sum_{i=1}^{n}\sum_{j=1}^{n} a_i a_j \,\text{cov}(u_i, u_j | X_1, \ldots, X_n)$이다. 두 번째와 세 번째 가우스-마르코프 조건을 적용하면 이중 합의 교차항들이 사라지고 조건부 분산 표현은 다음과 같이 간단해진다.

$$\text{var}(\widetilde{\beta}_1 | X_1, \ldots, X_n) = \sigma_u^2 \sum_{i=1}^{n} a_i^2 \tag{5.36}$$

식 (5.35)와 (5.36)은 식 (5.32)에 주어진 가중치 $a_i = \hat{a}_i$를 가진 $\hat{\beta}_1$에도 적용된다.

이제 식 (5.35)의 두 제약 조건과 식 (5.36)의 조건부 분산 식이 $\widetilde{\beta}_1 = \hat{\beta}_1$인 경우를 제외하면, $\widetilde{\beta}_1$의 조건부 분산이 $\hat{\beta}_1$의 조건부 분산보다 더 크다는 것을 의미한다는 것을 밝히겠다. $a_i = \hat{a}_i + d_i$라 하자. 그러면 $\sum_{i=1}^{n} a_i^2 = \sum_{i=1}^{n} (\hat{a}_i + d_i)^2 = \sum_{i=1}^{n} \hat{a}_i^2 + 2\sum_{i=1}^{n} \hat{a}_i d_i + \sum_{i=1}^{n} d_i^2$이다. 식 (5.32)의 $\hat{a}_i$ 정의를 사용하면 다음을 얻는다.

$$\sum_{i=1}^{n} \hat{a}_i d_i = \frac{\sum_{i=1}^{n}(X_i - \overline{X})d_i}{\sum_{j=1}^{n}(X_j - \overline{X})^2} = \frac{\sum_{i=1}^{n} d_i X_i - \overline{X}\sum_{i=1}^{n} d_i}{\sum_{j=1}^{n}(X_j - \overline{X})^2}$$

$$= \frac{\left(\sum_{i=1}^{n} a_i X_i - \sum_{i=1}^{n} \hat{a}_i X_i\right) - \overline{X}\left(\sum_{i=1}^{n} a_i - \sum_{i=1}^{n} \hat{a}_i\right)}{\sum_{j=1}^{n}(X_j - \overline{X})^2} = 0$$

여기서 마지막에서 두 번째 등식은 $d_i = a_i - \hat{a}_i$에 의해, 그리고 마지막 등식은 (a_i와 $\hat{a}_i$ 모두에 대해 성립하는) 식 (5.35)에 의해 성립한다. 따라서 $\sigma_u^2 \sum_{i=1}^{n} a_i^2 = \sigma_u^2 \sum_{i=1}^{n} \hat{a}_i^2 + \sigma_u^2 \sum_{i=1}^{n} d_i^2 = \text{var}(\hat{\beta}_1 | X_1, \ldots, X_n) + \sigma_u^2 \sum_{i=1}^{n} d_i^2$이고, 이 결과를 식 (5.36)에 대입하면 다음을 얻는다.

$$\text{var}(\widetilde{\beta}_1 | X_1, \ldots, X_n) - \text{var}(\hat{\beta}_1 | X_1, \ldots, X_n) = \sigma_u^2 \sum_{i=1}^{n} d_i^2 \tag{5.37}$$

따라서 어떤 $i = 1, \ldots, n$에 대해서도 d_i가 0이 아니면, $\widetilde{\beta}_1$은 $\hat{\beta}_1$보다 더 큰 조건부 분산을 갖는다. 그러나 모든 i에 대해 $d_i = 0$이면, $a_i = \hat{a}_i$이고 $\widetilde{\beta}_1 = \hat{\beta}_1$이 되어 OLS가 BLUE임을 증명하

게 된다.

X가 비확률적일 때의 가우스-마르코프 정리

해석을 약간 수정하면, 가우스-마르코프 정리는 비확률적 설명변수, 즉 반복 표본에서 값이 변하지 않는 설명변수에도 적용된다. 즉 두 번째 최소제곱법 가정을 $X_1, \ldots, X_n$이 비확률적(반복 표본에서 고정)이고 $u_1, \ldots, u_n$이 i.i.d.라는 가정으로 대체하면, 앞서 살펴본 가우스-마르코프 정리의 서술과 증명이 직접 적용된다. 다만 $X_1, \ldots, X_n$이 한 표본에서 다음 표본으로 동일한 값을 취하므로 '$X_1, \ldots, X_n$에 조건부'라는 문구는 불필요하다.

표본평균은 $E(Y)$의 효율적 선형 추정량이다

가우스-마르코프 정리의 한 가지 함의는 $Y_1, \ldots, Y_n$이 i.i.d.일 때 표본평균 Y가 $E(Y)$의 가장 효율적인 선형 추정량이라는 것이다. 이를 확인하기 위해 'X' 없이 회귀분석을 하는 경우를 고려해보자. 이때 유일한 설명변수는 상수항 $X_{0i} = 1$이다. 그러면 OLS 추정량 $\hat{\beta}_0 = \overline{Y}$가 된다. 따라서 가우스-마르코프 가정하에서 $\overline{Y}$는 BLUE이다. 여기서 주목할 점은 이 경우에는 설명변수가 없기 때문에 가우스-마르코프 정리에서 요구하는 오차의 등분산성을 자동으로 만족한다는 것이다. 이제 $Y_1, \ldots, Y_n$이 i.i.d.이므로 $\overline{Y}$가 BLUE라는 결론이 도출된다. 이 결과는 앞서 핵심 개념 3.3에서 언급한 바 있다.

CHAPTER 6

여러 설명변수를 사용한 선형회귀

5장은 우려와 함께 끝을 맺었다. 캘리포니아 데이터 세트에서 학생-교사 비율이 낮은 학군이 더 높은 시험점수를 보이는 경향이 있으나, 소규모 학급의 학생들은 표준화 시험에서 좋은 성적을 내는 데 도움이 되는 다른 이점들을 가지고 있을 수 있다. 이로 인해 학급 규모가 시험점수에 미치는 인과효과에 대해 오해의 소지가 있는 추정치가 나왔을 수 있는데, 만약 그렇다면 이를 어떻게 해결할 수 있을까?

개별적 특성과 같은 누락된 요인은 일반최소제곱법(OLS) 추정량이 실제 학급 규모가 시험점수에 미치는 영향을 잘못 해석할 수 있게 하거나, 보다 정확하게 말하자면 편향되게 할 수 있다. 이 장에서는 이러한 '누락변수편향'을 설명하고 이를 제거할 수 있는 방법인 다중회귀분석을 소개한다. 다중회귀분석의 핵심 아이디어는 누락된 변수들에 대한 데이터가 있다면, 이들을 추가 설명변수로 포함해(학생의 개별적 특성과 같은) 다른 변수들의 값이 변하지 않을 때 우리가 알고 싶은 한 설명변수(학생-교사 비율)의 인과효과를 추정할 수 있다는 것이다.

한편, 인과추론이 아닌 예측에 관심이 있다면, 다중회귀모형을 통해 여러 변수를 설명변수로 사용해 단일 설명변수를 사용한 예측을 개선할 수 있다.

이 장에서는 다중 선형회귀모형의 계수를 추정하는 방법을 설명한다. 다중회귀의 많은 측면이 4장과 5장에서 다룬 단일 설명변수를 사용한 회귀모형과 유사하다. 다중회귀모형의 계수는 OLS를 사용해 데이터로부터 추정할 수 있다. 다중회귀에서 OLS 추정량은 무작위 표본의 데이터에 의존하기 때문에 확률변수이다. 그리고 큰 표본에서 OLS 추정량의 표본 분포는 근사적으로 정규분포를 따른다.

6.1 누락변수편향

4장과 5장의 실증 분석은 학생-교사 비율에만 집중했고, 시험점수에 영향을 줄 수 있는 다른 중요한 요인들의 영향은 회귀 오차항에 포함시켰다. 이런 누락된 요인에는 교사의 질, 컴퓨터 사용 등 학교 특성과 가족 배경 등 학생 특성이 있다. 여기서는 특히 캘리포니아의 많은 이민자 인구를 고려할 때 관련이 큰 학생 특성인 영어 학습자 비율에 대해 살펴보자.

학군의 영어 학습자 비율을 무시하면, 학생-교사 비율이 시험점수에 미치는 영향에 대한 OLS 추정치가 편향될 수 있다. 즉 OLS 추정치의 표본 분포 평균이 실제 인과효과 값과 일치하지 않을 수 있다. 그 이유는 다음과 같다. 영어 학습자 학생들은 표준화 시험에서 원어민 학생들보다 성적이 낮을 수 있다. 만약 학급 규모가 큰 학군에 영어 학습자 학생들이 많다면, 실제로 학급 규모를 줄일 때 시험점수에 미치는 진정한 인과효과가 작거나 0일지라도 학생-교사 비율과 시험점수 간 OLS 회귀분석에서 잘못된 상관관계와 큰 추정 계수가 나올 수 있다. 따라서 4장과 5장 분석에 따르면, 교육감이 학생-교사 비율을 낮추려 노력했지만, 실제 계수 값이 작거나 0이라면 기대했던 시험점수 향상이 실현되지 않을 것이다.

캘리포니아 데이터를 보면 이런 우려가 뒷받침된다. 학생-교사 비율과 학군의 영어 학습자(영어가 모국어가 아니거나 영어를 잘하지 못하는 학생) 비율 간 상관계수는 0.19이다. 비록 그 크기는 작지만 양의 상관관계는 영어 학습자가 많은 학군에서 학생-교사 비율이 더 높다는 것을 시사한다. 만약 두 변수가 무관하다면 영어 능력을 회귀모형에 포함할 필요가 없겠지만, 상관관계가 있기 때문에 학생-교사 비율이 시험점수에 미치는 OLS 계수에 영어 능력의 영향이 반영되었을 가능성이 있다.

누락변수편향의 정의

설명변수(학생-교사 비율)가 분석에서 누락된 변수(영어 학습자 비율)와 상관관계가 있고, 이 누락변수가 종속변수(시험점수)를 부분적으로 결정한다면, OLS 추정량은 **누락변수편향**(omitted variable bias)을 갖게 된다.

누락변수편향은 두 가지 조건이 모두 성립할 때 발생한다: (1) 누락된 변수가 모형에 포함된 설명변수와 상관관계가 있고, (2) 누락된 변수가 종속변수에 영향을 준다. 이를 설명하기 위해 학생-교사 비율과 시험점수의 회귀분석에서 누락된 변수의 예를 세 가지 들어보겠다.

예 1: 영어 학습자 비율 영어 학습자 비율은 학생-교사 비율과 상관관계가 있어 누락변수편향의 첫 번째 조건이 성립한다. 또한 영어 학습자 학생들이 표준화 시험에서 원어민 학생들보다 성적이 낮다면, 영어 학습자 비율은 시험점수의 결정 요인이 되어 두 번째 조건도 성립한다. 따라서 학생-교사 비율과 시험점수의 OLS 추정량은 누락된 영어 학습자 비율의 영향을 잘못 반영할 수 있다. 즉 영어 학습자 비율을 누락하면 누락변수편향이 발생할 수 있다.

예 2: 시험 실시 시간 또 다른 누락변수는 시험 실시 시간이다. 이 경우 첫 번째 조건은 성립하지 않지만 두 번째 조건은 성립할 수 있다. 만약 시험 실시 시간이 학급 규모와 무관하게 학군마다 다르다면, 시험 실시 시간과 학급 규모는 상관관계가 없어 첫 번째 조건은 성립하지 않는다. 역으로, 시험 실시 시간은 (학생들은 시간별로 집중력이 달라지므로) 시험점수에 영향을 줄 수 있으므로 두 번째 조건은 성립한다. 그러나 이 경우 시험 실시 시간은 학생-교사 비율과 상관관계가 없어, 학생-교사 비율의 영향이 '실시 시간' 효과를 추가적으로 반영하지는

핵심 개념 6.1

단일 설명변수를 사용한 회귀분석에서의 누락변수편향

누락변수편향은 설명변수 X가 누락된 변수와 상관관계가 있을 때 X가 Y에 미치는 인과효과의 OLS 추정량에 나타나는 편향이다. 누락변수편향이 발생하려면 다음 두 조건이 성립해야 한다.

1. X가 누락된 변수와 상관관계가 있다.
2. 누락된 변수가 종속변수 Y에 영향을 준다.

않는다. 따라서 실시 시간을 누락해도 누락변수편향은 발생하지 않는다.

예 3: 학생 1인당 주차공간 마지막 누락변수는 학생당 주차공간(교사 주차장 면적/학생 수)이다. 이 변수는 첫 번째 조건은 성립하지만 두 번째 조건은 성립하지 않는다. 구체적으로, 교사 수가 많은 학교일수록 교사 주차공간도 많을 것이므로 첫 번째 조건은 만족한다. 그러나 학습은 교실에서 이루어지지 주차장에서 이루어지지 않는다고 가정하면, 주차공간은 학습에 직접적인 영향을 미치지 않으므로 두 번째 조건은 성립하지 않는다. 학생 1인당 주차공간이 시험 점수에 영향을 주지 않으므로 이 변수를 누락해도 누락변수편향은 발생하지 않는다.

누락변수편향은 핵심 개념 6.1에 요약했다.

누락변수편향과 최소제곱법의 첫 번째 가정 누락변수편향은 인과추론을 위한 최소제곱법의 첫 번째 가정, 즉 핵심 개념 4.3에 주어진 $E(u_i|X_i) = 0$이 성립하지 않는다는 뜻이다. 왜 그런지 살펴보자. 단일 설명변수 모형에서 오차항 u_i는 Y_i의 결정 요인 중 X_i가 아닌 나머지 모든 요인을 나타낸다. 만약 이런 다른 요인 중 하나가 X_i와 상관관계가 있다면 이 요인이 포함된 오차항 u_i도 X_i와 상관관계를 가진다. 즉 누락된 변수가 Y_i의 결정 요인이라면 오차항에 들어 있고, 이 변수가 X_i와 상관관계가 있다면 오차항도 X_i와 상관관계를 가진다. 오차항 u_i와 X_i가 상관관계가 있다는 것은 X_i가 주어졌을 때 u_i의 평균이 0이 아니라는 뜻이며, 이는 첫 번째 최소제곱법 가정을 위반하는 것이다. 그 결과는 심각하다. OLS 추정량이 편향되며 이 편향은 표본의 크기가 아무리 커져도 사라지지 않는다. 또한 OLS 추정량은 일치성을 가지지 않는다.

누락변수편향의 공식

앞 절에서 논의한 누락변수편향을 수학 공식으로 나타낼 수 있다. X_i와 u_i 사이의 상관관계를 $\text{corr}(X_i, u_i) = \rho_{Xu}$로 표기하자. 두 번째와 세 번째 최소제곱법 가정은 성립하지만, ρ_{Xu}가 0이 아니어서 첫 번째 가정이 성립하지 않는다고 가정하자. 그러면 OLS 추정량의 극한은 다음과 같다(부록 6.1에서 도출).

$$\hat{\beta}_1 \xrightarrow{p} \beta_1 + \rho_{Xu}\frac{\sigma_u}{\sigma_X} \tag{6.1}$$

즉 표본크기가 증가할수록 $\hat{\beta}_1$은 $\beta_1 + \rho_{Xu}(\sigma_u/\sigma_X)$에 가까울 확률이 점점 커진다.

커피는 건강에 좋을까?

내과학회지(Annals of Internal Medicine)에 발표된 연구(Gunter, Murphy, Cross, et al. 2017)는 커피 섭취가 질병이나 사망 위험 감소와 연관이 있다고 주장했다.* 이 연구는 10개 유럽 국가에서 평균 16년 동안 521,330명의 참가자를 조사한 결과에 기반한다. 이 표본 그룹에서 해당 기간 동안 41,693명의 사망이 기록되었다. *미국의학협회지*(The Journal of the American Medical Association)에 최근 발표된 또 다른 연구(Loftfield, Cornelis, Caporaso, et al. 2018)는 과도한 커피 섭취와 사망 위험의 연관성을 조사했다. 이 연구는 하루 6~7잔의 커피 섭취가 16% 낮은 사망 위험과 관련이 있다고 주장했다.** 이 연구는 영국 언론의 상당한 주목을 받았으며, '하루 6잔의 커피가 당신의 생명을 구할 수 있다'와 '커피 한 잔 더! 국립암연구소 연구 결과 하루 6잔으로 조기 사망 위험을 최대 16%까지 줄일 수 있다'와 같은 제목의 기사들이 나왔다.***

이런 헤드라인들은 정확할까? 아마도 그렇지 않을 것이다. 이들은 커피와 기대 수명 사이의 인과관계를 암시하지만, 이러한 관계에 누락변수편향이 영향을 미칠 가능성이 있다. 영국국민보건서비스(NHS)와 영국의학저널(BMJ) 등이 연구에 대한 여러 리뷰는 이미 질병이 있다는 것을 아는 일부 사람들이 커피를 마시지 않기로 선택할 수 있다고 지적한다.**** 마찬가지로, 커피는 건강에 영향을 미치는 요인들 — 소득, 교육, 박탈 — 의 대리 지표로 간주될 수 있으며, 이는 관찰된 커피의 유익함 여부에 혼동을 주고 오류를 초래할 수 있다.

BMJ에 발표된 논문(Poole, Kennedy, Roderick 외, 2017)에 따르면, 무작위 대조 시험(RCTs) 또는 무작위 대조 실험은 이러한 오류의 많은 부분을 제거할 수 있다. 이 경우, 사람들이 커피를 마실지 여부와 얼마나 마실지에 대한 선택권을 제거하면 커피를 마시는 사람들과 그렇지 않은 사람들 사이의 소득 차이나 건강에 대한 기대 차이에서 발생하는 누락변수편향을 제거할 수 있다.

그러나 때로는 RCT를 통해 알아낼 만한 관계도 없고, 그러한 관계에 영향을 줄 수 있는 누락변수조차 없을 수 있다. '가짜 상관관계'***** 웹사이트는 이러한 예를 많이 보여준다. 예를 들어 시간에 따른 1인당 모차렐라 치즈 소비량은 토목공학 박사 학위 수여와 강한, 그리고 우연한 관계를 보여준다. 회귀분석 결과를 해석할 때는 주의해야 한다!

* 다음을 참조하라. Gunter, Murphy, Cross et al., "Coffee Drinking and Mortality in 10 European Countreis: A Multinational Cohort Study," Annals of Internal Medicine, http://annals.org, July 11, 2017.

** 다음 논문을 참조하라. Loftfield, Cornelis, Caporaso et al., "Association of Coffee Drinking With Mortality by Genetic Variation in Caffeine Metabolism, Findings From the UK Biobank," JAMA Internal Medicine, July 2, 2018.

*** Laura Donnelly, "Six Coffees a Day Could save Your Life," *The Telegraph*, July 2, 2018, https://www.telegraph.co.uk; and Mary Kekatos, "Have Another Cup of Coffee! Six Cups a Day Could Decrease Your Risk of Early Death by up to 16%, National Cancer Institute Study Finds," *The Daily Mail*, July 2, 2018.

**** 더 많은 자료를 보고 싶다면 영국국민보건서비스(NHS) 웹사이트의 "Another Study Finds Coffee Might Reduce Risk of Premature Death,"와 2017년 10월 16일 영국의학저널(BMJ) 웹사이트에 실린 Robin Poole, Oliver J Kennedy, Paul Roderick, Jonathan A. Fallowfield, Peter C Hayes, Julie Parkes의 "Coffee Consumption and Health: Umbrella Review of Meta-analyses of Multiple Health Outcomes," http://dx.doi.org/10.1136/bmj.j5024.를 참조하라.

***** Spurious Correlation의 웹사이트인 http://www.tylervigen.com/spurious-correlations에서 더 많은 정보를 얻을 수 있다.

식 (6.1)의 공식은 앞서 논의한 누락변수편향에 대한 여러 논의를 요약해서 보여준다.

1. 누락변수편향은 표본크기가 크든 작든 문제가 된다. $\hat{\beta}_1$이 참값 β_1로 확률 수렴하지 않기 때문에, $\hat{\beta}_1$은 편향되고 일치성을 갖지 않는다. 즉 누락변수편향이 있을 때 $\hat{\beta}_1$은 β_1의 일치 추정량이 아니다. 식 (6.1)의 $\rho_{Xu}(\sigma_u/\sigma_X)$항은 큰 표본에서도 여전히 나타나는 $\hat{\beta}_1$의 편향이다.
2. 실제로 이 편향이 크거나 작은지는 설명변수와 오차항 사이의 상관관계 ρ_{Xu}에 따라 다르

다. $|\rho_{Xu}|$가 클수록 편향도 커진다.

3. $\hat{\beta}_1$의 편향성 방향은 X와 u가 양의 상관관계인지 음의 상관관계인지에 따라 달라진다. 예를 들어 앞에서 영어 학습자 비율이 학군의 시험점수에 **부정적** 영향을 미친다고 추측했다(영어를 배우는 학생들의 점수가 더 낮음). 따라서 영어 학습자 비율은 오차항에 음의 부호로 들어간다. 우리 데이터에서 영어 학습자 비율은 학생-교사 비율과 양의 상관관계가 있다(영어 학습자가 많은 학군이 더 큰 학급을 가짐). 그러므로 학생-교사 비율(X)은 오차항(u)과 음의 상관관계를 가지게 되어 $\rho_{Xu} < 0$이 되고, 학생-교사 비율에 대한 계수 $\hat{\beta}_1$은 음수 쪽으로 편향된다. 다시 말해 영어 학습자 비율이 낮은 것은 높은 시험점수 및 낮은 학생-교사 비율과 연관되어 있다. 따라서 OLS 추정 결과가 작은 학급이 시험점수를 향상시킨다고 나타내는 것은 작은 학급을 가진 학군들이 영어 학습자가 더 적기 때문일 수 있다.

데이터를 그룹으로 나누어 누락변수편향 해결하기

누락변수편향을 해결하기 위해 무엇을 할 수 있는가? 시험점수 예시에서 학급 규모는 영어 학습자 비율과 상관관계가 있다. 이 문제를 해결하는 한 방법은 영어 학습자 비율은 같지만 학급 규모가 다른 학군들을 따로 살펴보는 것이다. 이 학군들에서는 영어 학습자 비율이 일정하게 유지되므로 학급 규모가 영어 학습자 효과를 반영할 수 없다. 더 일반적으로, 이러한 방법을 통해 영어 학습자 비율을 **일정하게 유지하면서** 학생-교사 비율이 시험점수에 미치는 영향을 추정하는 것을 고려할 수 있다.

표 6.1은 비슷한 영어 학습자 비율을 가진 학군 내에서 학급 규모와 시험점수 간의 관계에 대한 증거를 보여준다. 학군은 8개 그룹으로 나뉜다. 첫째, 학군은 영어 학습자 비율 분포의 4분위수에 해당하는 4개 범주로 나뉜다. 둘째, 이 4개 범주 각각 내에서 학군은 학생-교사 비율이 작은지($STR < 20$) 큰지($STR \geq 20$)에 따라 다시 2개 그룹으로 나뉜다.

표 6.1의 첫 번째 행은 학생-교사 비율이 낮은 학군과 높은 학군 간의 전체적인 평균 시험

표 6.1 영어 학습자 비율에 따른 캘리포니아 학군의 학생-교사 비율별 시험점수 차이

	**학생-교사 비율 < 20		**학생-교사 비율 ≤ 20		**학생-교사 비율 낮음 vs 높음 시험점수 차이	
	**평균 시험점수	n**	**평균 시험점수	n**	차이	t-통계량
모든 학군	657.4	238	650.0	182	7.4	4.04
영어 학습자 비율						
< 1.9%	664.5	76	665.4	27	−0.9	−0.30
1.9~8.8%	665.2	64	661.8	44	3.3	1.13
8.8~23.0%	654.9	54	649.7	50	5.2	1.72
> 23.0%	636.7	44	634.8	61	1.9	0.68

점수 차이를 보여준다. 즉 이 두 그룹을 영어 학습자 비율의 4분위로 더 나누지 않고 비교한 시험점수 차이다. [이 차이는 이전에 식 (5.18)에서 회귀식 형태로 보고되었는데, 여기서 회귀식은 *TestScore*를 D_i에 대해 회귀분석한 OLS 계수 추정치였으며, D_i는 $STR_i < 20$이면 1, 그렇지 않으면 0인 이진 설명변수였다.] 420개 학군의 전체 표본에서, 학생-교사 비율이 낮은 학군의 평균 시험점수가 높은 학군보다 7.4점 더 높다. t-통계량은 4.04로, 두 그룹의 평균 시험점수가 같다는 귀무가설은 1% 유의수준에서 기각된다.

표 6.1의 마지막 4개 행은 영어 학습자 비율의 4분위별로 학생-교사 비율이 낮은 학군과 높은 학군 간의 시험점수 차이를 보고한다. 이 증거는 다른 그림을 보여준다. 영어 학습자가 가장 적은 학군들(< 1.9%) 중 학생-교사 비율이 낮은 76개 학군의 평균 시험점수는 664.5점이고, 학생-교사 비율이 높은 27개 학군의 평균은 665.4점이다. 따라서 영어 학습자가 가장 적은 학군들에서는 학생-교사 비율이 낮은 학군들의 시험점수가 평균적으로 0.9점 더 낮았다! 2분위에서는 학생-교사 비율이 낮은 학군들의 시험점수가 높은 학군들보다 평균 3.3점 더 높았다. 이 격차는 3분위에서 5.2점, 영어 학습자가 가장 많은 4분위에서는 1.9점에 불과했다. 영어 학습자 비율을 일정하게 유지하면, 학생-교사 비율이 높은 학군과 낮은 학군 간의 성적 차이는 전체 추정치인 7.4점의 절반(또는 그 이하)에 불과할 수 있다.

이 발견을 처음 보면 이해가 잘 안 될 수 있다. 어떻게 전체적인 시험점수 효과가 각 4분위 내 효과의 2배가 될 수 있을까? 답은 영어 학습자가 가장 많은 학군들이 학생-교사 비율도 가장 높고 시험점수도 가장 낮은 경향이 있다는 것이다. 영어 학습자 비율이 가장 낮은 4분위와 가장 높은 4분위 학군들 간의 평균 시험점수 차이는 약 30점으로 크다. 영어 학습자가 적은 학군들은 학생-교사 비율이 낮은 경향이 있다: 영어 학습자 1분위 학군의 74%(103개 중 76개)가 작은 학급($STR < 20$)을 가진 반면, 영어 학습자가 가장 많은 4분위 학군에서는 42%(105개 중 44개)만이 작은 학급을 가진다. 따라서 영어 학습자가 가장 많은 학군들은 다른 학군들에 비해 시험점수도 낮고 학생-교사 비율도 높다.

이 분석은 학생-교사 비율에 대한 시험점수 회귀분석에 누락변수편향이 있다는 교육감의 우려가 틀리지 않았음을 뜻한다. 영어 학습자 비율의 4분위 내에서 분석함으로써 표 6.1의 두 번째 부분에 있는 시험점수 차이는 표 6.1의 첫 번째 줄에 있는 단순 평균 차이 분석보다 더 나은 분석을 제공한다. 그러나 이 분석은 아직 교육감에게 영어 학습자 비율을 일정하게 유지하면서 학급 규모 변경이 시험점수에 미치는 영향에 대한 유용한 추정치를 제공하지 못한다. 이러한 추정치는 다중회귀분석 방법을 사용해 계산할 수 있다.

6.2 다중회귀모형

다중회귀모형(multiple regression model)은 4장과 5장의 단순 회귀모형을 확장해 추가적인 변수들을 설명변수로 포함한다. 인과추론에 사용될 때, 이 모형은 다른 설명변수(X_{2i}, X_{3i} 등)의 값을 고정하고 한 변수(X_{1i})의 변화가 Y_i에 미치는 영향을 추정할 수 있게 한다. 학급 규모 문제에서 다중회귀모형은 학군 내 영어 학습자 비율(X_{2i})을 고정함으로써 학생-교사 비율

(X_{1i})이 시험점수(Y_i)에 미치는 영향을 분리하는 방법을 제공한다. 예측에 사용될 때는 여러 변수를 예측변수로 활용해 예측을 개선할 수 있다.

4장에서와 마찬가지로, 우리는 예측의 관점에서 다중회귀의 용어와 통계를 소개한다. 6.5절에서는 인과추론으로 돌아가 인과효과 추정에서 누락변수편향을 제거하기 위한 다중회귀의 요건을 공식화한다.

모집단 회귀선

우선 독립변수가 X_{1i}와 X_{2i} 둘만 있다고 가정하자. 선형 다중회귀모형에서 이 두 독립변수와 종속변수 Y 사이의 평균적 관계는 다음 선형 함수로 주어진다.

$$E(Y_i \mid X_{1i} = x_1, X_{2i} = x_2) = \beta_0 + \beta_1 x_1 + \beta_2 x_2 \tag{6.2}$$

여기서 $E(Y_i \mid X_{1i} = x_1, X_{2i} = x_2)$는 $X_{1i} = x_1$, $X_{2i} = x_2$일 때 Y_i의 조건부 기댓값이다. 즉 i번째 학군의 학생-교사 비율(X_{1i})이 어떤 값 x_1이고 영어 학습자 비율(X_{2i})이 x_2일 때, 학생-교사 비율과 영어 학습자 비율이 주어진 Y_i의 기댓값은 식 (6.2)로 주어진다.

식 (6.2)는 다중회귀모형의 **모집단 회귀선**(population regression line) 또는 **모집단 회귀함수**(population regression function)이다. 계수 β_0은 **절편**(intercept)이고, β_1은 **X_{1i}의 기울기 계수**(slope coefficient of X_{1i}) 또는 간단히 **X_{1i}의 계수**(coefficient on X_{1i})라고 하며, β_2는 **X_{2i}의 기울기 계수**(slope coefficient of X_{2i}) 또는 간단히 **X_{2i}의 계수**(coefficient on X_{2i})라고 한다.

식 (6.2)에서 계수 β_1의 해석은 X_{1i}가 유일한 설명변수였을 때와 다르다: 식 (6.2)에서 β_1은 **X_2를 일정하게 유지**(holding X_2 constant)하거나 **X_2를 통제**(controlling for X_2)할 때 X_1 값의 한 단위 차이에 대한 Y 예측치의 차이이다.

β_1의 이러한 해석은 X_2값은 같지만 X_1값이 ΔX_1만큼 차이 나는 두 관측치에 대한 예측(조건부 기댓값)을 비교함으로써 도출된다. 첫 번째 관측치의 X값은 (X_1, X_2)이고 두 번째 관측치의 X값은 $(X_1 + \Delta X_1, X_2)$이다. 첫 번째 관측치에 대한 Y의 예측값은 식 (6.2)로 주어지며, 이를 $Y = \beta_0 + \beta_1 X_1 + \beta_2 X_2$로 쓸 수 있다. 두 번째 관측치에 대한 Y의 예측값은 $Y + \Delta Y$이며, 여기서

$$Y + \Delta Y = \beta_0 + \beta_1(X_1 + \Delta X_1) + \beta_2 X_2 \tag{6.3}$$

로 주어진다. ΔY를 ΔX_1의 함수로 나타내는 방정식은 $Y = \beta_0 + \beta_1 X_1 + \beta_2 X_2$를 식 (6.3)에서 빼서 얻을 수 있으며, 이는 $\Delta Y = \beta_1 \Delta X_1$이 된다. 이 식을 정리하면

$$\beta_1 = \frac{\Delta Y}{\Delta X_1}, \ X_2\text{를 일정하게 유지} \tag{6.4}$$

로 나타낼 수 있다. 따라서 계수 β_1은 X_2를 고정한 채 X_1에서 한 단위 차이나는 두 관측치 간 Y의 예측값(또는 Y의 조건부 기댓값) 차이이다. β_1을 설명하는 또 다른 용어는 X_2를 고정했을 때 X_1이 Y에 미치는 **부분 효과**(partial effect)이다.

다중회귀모형에서 절편 β_0의 해석은 단일 설명변수 모형에서의 해석과 유사하다: 이는 X_{1i}

와 X_{2i}가 0일 때 Y_i의 기댓값이다. 간단히 말해, 절편 β_0은 모집단 회귀선이 Y축에서 얼마나 높이 시작하는지를 결정한다.

모집단 다중회귀모형

식 (6.2)의 모집단 회귀선은 모집단에서 평균적으로 성립하는 Y와 X_1, X_2 사이의 관계다. 그러나 설명변수가 하나만 있는 단순 회귀분석의 경우와 마찬가지로, 이 관계는 종속변수에 영향을 미치는 다른 많은 요인 때문에 정확히 성립하지 않는다. 예를 들어 학생-교사 비율과 영어 학습자 비율 외에도 시험점수는 학교 특성, 다른 학생 특성, 운 등에 의해 영향을 받는다. 따라서 식 (6.2)의 모집단 회귀함수는 이러한 추가 요인들을 포함하도록 확장되어야 한다.

단순 회귀분석의 경우와 마찬가지로, X_{1i}와 X_{2i} 외에 Y_i를 결정하는 요인들은 '오차항' u_i로 식 (6.2)에 포함된다. 따라서 다음과 같은 식을 얻는다.

$$Y_i = \beta_0 + \beta_1 X_{1i} + \beta_2 X_{2i} + u_i, i = 1, \ldots, n \tag{6.5}$$

여기서 첨자 i는 표본의 n개 관측치(학군) 중 i번째를 나타낸다.

식 (6.5)는 설명변수가 X_{1i}와 X_{2i} 두 개일 때의 **모집단 다중회귀모형**(population multiple regression model)이다.

β_0을 항상 1인 설명변수에 대한 계수로 취급하는 것이 유용하다. β_0을 X_{0i}의 계수로 생각하되, 여기서 $X_{0i} = 1(i = 1, \ldots, n)$이다. 따라서 식 (6.5)의 모집단 다중회귀모형은 다음과 같이 쓸 수 있다.

$$Y_i = \beta_0 X_{0i} + \beta_1 X_{1i} + \beta_2 X_{2i} + u_i \quad \text{여기서} \quad X_{0i} = 1, i = 1, \ldots, n \tag{6.6}$$

변수 X_{0i}는 모든 관측치에 대해 같은 값(즉 1)을 갖기 때문에 때때로 **상수 설명변수**(constant regressor)라고 한다. 마찬가지로, 절편 β_0은 때때로 회귀식의 **상수항**(constant term)이라고 한다.

모집단 회귀 모형을 나타내는 두 가지 방식인 식 (6.5)와 (6.6)은 동등하다.

지금까지의 논의는 추가 변수가 X_2 하나인 경우에 초점을 맞췄다. 실제 응용에서는 둘 이상의 설명변수를 갖는 것이 일반적이다. 따라서 k개의 설명변수를 포함하는 모형을 고려할 필요가 있다. X_{1i}, X_{2i}, …, X_{ki}의 k개 설명변수를 가진 다중회귀모형을 핵심 개념 6.2에 요약했다.

다중회귀모형에서 등분산성과 이분산성의 정의는 단일 설명변수 모형에서의 정의를 확장한 것이다. 다중회귀모형에서 오차항 u_i는 X_{1i}, …, X_{ki}가 주어졌을 때 u_i의 조건부 분포의 분산, 즉 $\text{var}(u_i | X_{1i}, \ldots, X_{ki})$가 $i = 1, \ldots, n$에 대해 일정하고 따라서 X_{1i}, …, X_{ki}의 값에 의존하지 않을 때 **등분산성**(homoskedastic)을 갖는다. 그렇지 않으면 오차항은 **이분산성**(heteroskedastic)을 갖는다고 말한다.

핵심 개념 6.2

다중회귀모형

다중회귀모형은 다음과 같다.

$$Y_i = \beta_0 + \beta_1 X_{1i} + \beta_2 X_{2i} + \ldots + \beta_k X_{ki} + u_i, i = 1, \ldots, n \tag{6.7}$$

여기서

- Y_i는 종속변수의 i번째 관측치이다. X_{1i}, X_{2i}, ..., X_{ki}는 k개 설명변수 각각의 i번째 관측치이며, u_i는 오차항이다.
- 모집단 회귀선은 모집단에서 평균적으로 Y와 X들 사이에 성립하는 관계이다.

$$E(Y \mid X_{1i} = x_1, X_{2i} = x_2, \ldots, X_{ki} = x_k) = \beta_0 + \beta_1 x_1 + \beta_2 x_2 + \ldots + \beta_k x_k$$

- β_1은 X_1의 기울기 계수, β_2는 X_2의 기울기 계수로 해석하며 나머지도 마찬가지다. 계수 β_1은 다른 설명변수들 X_2, ..., X_k를 일정하게 유지할 때, X_1의 한 단위 차이에 따른 Y_i 예측치의 차이다. 다른 X들에 대한 계수도 유사하게 해석된다.
- 절편 β_0은 모든 X가 0일 때 Y의 기댓값이다. 절편은 모든 i에 대해 1인 설명변수 X_0의 계수로 생각할 수 있다.

6.3 다중회귀에서의 OLS 추정량

실제 회귀분석을 위해서는 표본 데이터를 사용해 알려지지 않은 모집단 계수 β_0, ..., β_k를 추정해야 한다. 단순 회귀분석과 마찬가지로, 이 계수들은 일반최소제곱법(OLS)을 사용해 추정할 수 있다.

OLS 추정량

4.2절에서는 Y와 X의 관측치 표본에 OLS를 적용해 단순 회귀모형의 절편과 기울기 계수를 추정하는 방법을 보여준다. 핵심 아이디어는 이 계수들이 예측 오차의 제곱합을 최소화함으로써 추정될 수 있다는 것이다. 즉 $\sum_{i=1}^{n}(Y_i - b_0 - b_1 X_i)^2$을 최소화하는 b_0과 b_1을 선택하는 것이다. 이를 만족하는 추정량이 OLS 추정량 $\hat{\beta}_0$과 $\hat{\beta}_1$이다.

OLS 방법은 다중회귀모형에서도 계수 β_0, β_1, ..., β_k를 추정하는 데 사용될 수 있다. β_0, β_1, ..., β_k의 추정치를 b_0, b_1, ..., b_k라고 하자. 이 추정치들을 사용해 계산된 Y_i의 예측값은 $b_0 + b_1 X_{1i} + \ldots + b_k X_{ki}$이고, Y_i의 예측 오차는 $Y_i - (b_0 + b_1 X_{1i} + \ldots + b_k X_{ki})$이다. 따라서 모든 n개 관측치에 대한 이 예측 오차의 제곱합은 다음과 같다.

$$\sum_{i=1}^{n}(Y_i - b_0 - b_1 X_{1i} - \cdots - b_k X_{ki})^2 \tag{6.8}$$

식 (6.8)의 선형회귀모형에 대한 오차 제곱합은 식 (4.4)에 주어진 단순 선형회귀모형에 대한 오차 제곱합의 확장이다. 식 (6.8)의 오차 제곱합을 최소화하는 계수 β_0, β_1, ..., β_k의 추정량

핵심 개념 6.3

다중회귀모형에서의 OLS 추정량, 예측값, 잔차

OLS 추정량 $\hat{\beta}_0, \hat{\beta}_1, \ldots, \hat{\beta}_k$는 예측 오차의 제곱합 $\sum_{i=1}^{n}(Y_i - b_0 - b_1X_{1i} - \ldots - b_kX_{ki})^2$을 최소화하는 $b_0, b_1, \ldots, b_k$의 값이다. OLS 예측값 $\hat{Y}_i$와 잔차 $\hat{u}_i$는 다음과 같다.

$$\hat{Y}_i = \hat{\beta}_0 + \hat{\beta}_1X_{1i} + \cdots + \hat{\beta}_kX_{ki},\ i = 1, \ldots, n \tag{6.9}$$

$$\hat{u}_i = Y_i - \hat{Y}_i,\ i = 1, \ldots, n \tag{6.10}$$

OLS 추정량 $\hat{\beta}_0, \hat{\beta}_1, \ldots, \hat{\beta}_k$와 잔차 $\hat{u}_i$는 $(X_{1i}, \ldots, X_{ki}, Y_i)$의 n개 관측치 표본으로부터 계산된다. 이들은 모집단 계수 $\beta_0, \beta_1, \ldots, \beta_k$와 오차항 u_i의 추정량이다.

을 **$\beta_0, \beta_1, \ldots, \beta_k$의 일반최소제곱(OLS) 추정량**[ordinary least squares(OLS) estimators of $\beta_0, \beta_1, \ldots, \beta_k$]이라고 한다. OLS 추정량은 $\hat{\beta}_0, \hat{\beta}_1, \ldots, \hat{\beta}_k$로 표기한다.

선형 다중회귀모형에서 OLS의 용어는 단일 설명변수를 사용한 선형회귀모형에서와 같다. **OLS 회귀선**(OLS regression line)은 OLS 추정량을 사용해 만들어진 직선이다: $\hat{\beta}_0 + \hat{\beta}_1 X_{1i} + \ldots + \hat{\beta}_kX_{ki}$. $X_{1i}, \ldots, X_{ki}$가 주어졌을 때 OLS 회귀선에 기반한 Y_i의 **예측값**(predicted value)은 다음과 같다: $\hat{Y}_i = \hat{\beta}_0 + \hat{\beta}_1X_{1i} + \ldots + \hat{\beta}_kX_{ki}$. i번째 관측치에 대한 **OLS 잔차**(OLS residual)는 Y_i와 그 OLS 예측값의 차이다. 즉 OLS 잔차는 $\hat{u}_i = Y_i - \hat{Y}_i$이다.

OLS 추정량은 시행착오를 통해 계산해볼 수도 있다. 식 (6.8)의 총 제곱합을 최소화했다고 생각될 때까지 $b_0, \ldots, b_k$의 다른 값들을 반복적으로 시도해보는 것이다. 그러나 이런 방법보다는 미적분을 사용해 도출된 OLS 추정량의 공식을 사용하는 것이 훨씬 쉽다. 다중회귀모형의 OLS 추정량 공식은 단순 회귀모형에 대한 핵심 개념 4.2의 공식과 유사하다. 이 공식들은 대부분의 통계 소프트웨어에 포함되어 있다. 다중회귀모형에서 이 공식들은 행렬 표기법을 사용해 가장 잘 표현되고 논의되므로, 정확한 공식은 19.1절에서 보인다.

다중회귀에서 OLS의 정의와 용어는 핵심 개념 6.3에 요약했다.

시험점수와 학생-교사 비율에 대한 적용

4.2절에서 캘리포니아 학군 420개의 데이터를 사용해 시험점수(*TestScore*)와 학생-교사 비율(*STR*) 간의 회귀식에서 절편과 기울기 계수를 OLS로 추정했다. 식 (4.9)에 보고된 추정된 OLS 회귀식은 다음과 같다.

$$\widehat{TestScore} = 698.9 - 2.28 \times STR \tag{6.11}$$

시험점수를 예측하는 방법을 찾는 아버지의 관점에서 볼 때 이 관계식은 그다지 만족스럽지 않다. R^2값이 0.051에 불과해, 학생-교사 비율이 시험점수 변동의 5.1%만을 설명하기 때문이다. 추가 설명변수를 포함하면 이 예측을 더 정확하게 할 수 있을까?

이를 알아보기 위해 시험점수를 종속변수(Y_i), 학생-교사 비율(X_{1i})과 학군 내 영어 학습자 비율(X_{2i})을 설명변수로 하는 다중회귀식을 추정한다. 420개 학군($i = 1, \ldots, 420$) 데이터로 추정한 OLS 회귀식은 다음과 같다.

$$\widehat{TestScore} = 686.0 - 1.10 \times STR - 0.65 \times PctEL \tag{6.12}$$

여기서 $PctEL$은 학군 내 영어 학습자 비율(퍼센티지)이다. 절편의 OLS 추정치($\hat{\beta}_0$)는 686.0, 학생 대 교사 비율 계수의 OLS 추정치($\hat{\beta}_1$)는 −1.10, 영어 학습자 비율 계수의 OLS 추정치($\hat{\beta}_2$)는 −0.65이다.

다중회귀식에서 학생-교사 비율 계수는 학생-교사 비율이 유일한 설명변수일 때의 −2.28에 비해 −1.10으로 절반 정도 작아졌다. 이런 차이가 나타난 이유는 다중회귀식에서 STR의 계수는 $PctEL$이 일정할 때 STR이 $TestScore$에 미치는 효과만을 포착하기 때문이다. 반면 단순 회귀분석에서는 $PctEL$이 고정되지 않았다.

$PctEL$을 통제한 후 학생-교사 비율 계수의 크기가 감소한 것은 표 6.1의 결과와 유사하다. 표 6.1에서는 영어 학습자 비율이 같은 분위 내 학교들을 비교했을 때, 학생-교사 비율이 높은 학교와 낮은 학교 간 시험점수 차이가 영어 학습자 비율을 통제하지 않았을 때보다 작았다. 표 6.1과 마찬가지로, 이는 인과추론 관점에서 볼 때 식 (6.11)에서 학생-교사 비율이 시험점수에 미치는 영향에 대한 원래 추정치에 누락변수편향이 존재함을 강하게 시사한다.

식 (6.12)는 이제 2개의 예측변수를 사용해 학군의 시험점수를 예측하려는 아버지가 예측에 활용할 수 있는 다중회귀 추정치를 제공한다. 그러나 아직 예측의 질이 개선되었는지에 대한 질문에 답하지는 않았다. 이를 위해서는 단일 설명변수 모형의 적합도 척도를 다중회귀분석으로 확장할 필요가 있다.

6.4 다중회귀분석의 적합도 척도

다중회귀분석에서 흔히 사용하는 세 가지 요약통계량은 회귀식의 표준오차, R^2, 조정된 R^2 ($\overline{R}^2$으로도 쓴다)이다. 이 세 가지 통계량은 모두 OLS를 통해 추정한 다중회귀식이 데이터를 얼마나 잘 설명하는지, 즉 데이터에 얼마나 '적합'한지 측정한다.

회귀식의 표준오차(SER)

회귀식의 표준오차(SER)는 오차항 u_i의 표준편차를 추정한다. 따라서 SER은 회귀식을 중심으로 Y의 분포가 얼마나 퍼져 있는지를 측정하는 척도이다. 다중회귀분석에서 SER은 다음과 같다.

$$SER = s_{\hat{u}} = \sqrt{s_{\hat{u}}^2}, \quad \text{여기서} \quad s_{\hat{u}}^2 = \frac{1}{n-k-1}\sum_{i=1}^{n}\hat{u}_i^2 = \frac{SSR}{n-k-1} \tag{6.13}$$

여기서 SSR은 잔차제곱합으로, $SSR = \sum_{i=1}^{n}\hat{u}_i^2$이다.

식 (6.13)에서 SER의 정의와 4.3절의 단일 설명변수모형에서 SER의 정의의 유일한 차이점은 분모가 $n-2$가 아니라 $n-k-1$이라는 것이다. 4.3절에서는 2개의 계수(회귀식의 기울기와 절편)를 추정함으로써 발생하는 하향 편의를 조정하기 위해 분모를 $n-2$로 사용했다. 여기서는 $k+1$개의 계수(k개의 기울기 계수와 절편)를 추정함으로써 발생하는 하향 편의를 조정하기 위해 분모를 $n-k-1$로 사용한다. 4.3절과 마찬가지로 n 대신 $n-k-1$을 사용하는 것을 자유도 조정이라고 한다. 설명변수가 하나뿐이라면 $k=1$이므로 4.3절의 공식은 식 (6.13)과 동일하다. n이 클 때 자유도 조정의 효과는 무시해도 될 정도로 작다.

R^2

회귀 $\boldsymbol{R^2}$은 Y_i의 표본 분산 중 설명변수들로 설명되는(또는 예측되는) 부분의 비율이다. 달리 말해 R^2은 설명변수들이 설명하지 **못하는** Y_i 분산의 비율을 1에서 뺀 값이다.

R^2의 수학적 정의는 단일 설명변수 회귀분석과 동일하다.

$$R^2 = \frac{ESS}{TSS} = 1 - \frac{SSR}{TSS} \tag{6.14}$$

여기서 설명제곱합은 $ESS = \sum_{i=1}^{n}(\hat{Y}_i - \overline{Y})^2$이고, 총제곱합은 $TSS = \sum_{i=1}^{n}(Y_i - \overline{Y})^2$이다.

다중회귀분석에서 추가되는 설명변수의 추정 계수값이 정확히 0이 아닌 한, 설명변수가 추가될 때마다 R^2은 증가한다. 이를 이해하기 위해 하나의 설명변수로 시작해서 두 번째 변수를 추가하는 상황을 생각해 보자. 두 설명변수 모두를 사용해 OLS로 모형을 추정할 때, OLS는 잔차제곱합을 최소화하는 계수값을 찾는다. OLS가 우연히 새로운 설명변수의 계수를 정확히 0으로 선택한다면, 두 번째 변수가 회귀식에 포함되든 말든 SSR은 동일할 것이다. 하지만 OLS가 0이 아닌 다른 값을 선택한다면, 그 값은 해당 설명변수를 제외한 회귀분석에 비해 SSR이 반드시 더 작을 것이다. 실제로 추정계수가 정확히 0이 되는 경우는 매우 드물기 때문에, 일반적으로 새로운 설명변수가 추가되면 SSR은 감소한다. 이는 새로운 설명변수가 추가될 때 R^2은 일반적으로 증가하고(감소하지는 않는다는) 것을 의미한다.

조정된 R^2

R^2은 새로운 변수가 추가되면 증가하기 때문에, R^2의 증가가 반드시 변수 추가로 인해 모형의 적합도가 개선되었음을 의미하지는 않는다. 이런 의미에서 R^2은 회귀모형이 데이터를 얼마나 잘 설명하는지를 과대 추정한다. 이를 보정하는 한 가지 방법은 R^2을 어느 정도 줄이는 것인데, 이것이 바로 조정된 R^2, 즉 $\overline{R}^2$가 하는 일이다.

조정된 $\boldsymbol{R^2}$(adjusted R^2) 또는 $\boldsymbol{\overline{R}^2}$는 새로운 설명변수가 추가될 때 R^2이 반드시 증가하지는 않도록 조정한 것이다. $\boldsymbol{\overline{R}^2}$는 다음과 같다.

$$\overline{R}^2 = 1 - \frac{n-1}{n-k-1}\frac{SSR}{TSS} = 1 - \frac{s_{\hat{u}}^2}{s_Y^2} \tag{6.15}$$

이 공식과 식 (6.14)의 R^2에 대한 두 번째 정의의 차이점은 잔차제곱합과 총제곱합의 비율에 $(n-1)/(n-k-1)$을 곱한다는 것이다. 식 (6.15)의 두 번째 등호 다음의 식에서 볼 수 있듯이, 이는 조정된 R^2이 [식 (6.13)의 자유도 수정을 포함한] OLS 잔차의 표본 분산과 Y의 표본 분산의 비율을 1에서 뺀 값임을 의미한다.

$\bar{R}^2$에 대해 알아 두면 좋은 세 가지가 있다. 첫째, $(n-1)/(n-k-1)$은 항상 1보다 크므로 $\bar{R}^2$는 항상 R^2보다 작다.

둘째, 설명변수를 추가하는 것은 $\bar{R}^2$에 두 가지 상반된 영향을 미친다. 한편으로는 SSR이 감소해 $\bar{R}^2$가 증가한다. 다른 한편으로는 $(n-1)/(n-k-1)$이 증가한다. $\bar{R}^2$가 증가하는지 감소하는지는 이 두 가지 효과 중 어느 것이 더 강한지에 따라 달라진다.

셋째, $\bar{R}^2$는 음수가 될 수 있다. 이는 설명변수들이 잔차제곱합을 매우 작은 양만큼 감소시켜서 $(n-1)/(n-k-1)$을 상쇄하지 못할 때 발생한다.

시험점수에 대한 적용

식 (6.12)는 시험점수($TestScore$)와 학생-교사 비율(STR), 영어 학습자 비율($PctEL$)의 관계를 나타내는 다중회귀식의 추정 결과를 보여준다. 이 회귀식의 R^2은 $R^2 = 0.426$, 조정된 R^2은 $\bar{R}^2 = 0.424$, 회귀표준오차는 $SER = 14.5$이다.

$PctEL$을 제외한 회귀식[식 (5.8)]의 적합도 척도와 비교해보면, $PctEL$을 회귀식에 포함시키면 R^2이 0.051에서 0.426으로 증가한다. STR이 유일한 설명변수일 때는 $TestScore$의 변동 중 작은 부분만이 설명되지만, $PctEL$이 회귀식에 추가되면 시험점수 변동의 2/5 이상(42.6%)이 설명된다. 이런 의미에서 영어 학습자 비율을 포함시키는 것은 회귀식의 적합도를 상당히 개선한다고 말할 수 있다. n이 크고 식 (6.12)에는 2개의 설명변수만 포함되어 있기 때문에 R^2과 조정된 R^2의 차이는 매우 작다($R^2 = 0.426$ vs $\bar{R}^2 = 0.424$).

$PctEL$을 제외한 회귀식의 SER은 18.6이고, $PctEL$을 두 번째 설명변수로 포함시키면 이 값은 14.5로 감소한다. SER의 단위는 표준화된 시험의 점수이다. SER의 감소는 STR과 $PctEL$ 두 가지를 모두 사용한 회귀식으로 표준화된 시험점수를 예측할 때가 STR만을 설명변수로 사용할 때보다 상당히 더 정확해짐을 보여준다.

R^2과 조정된 R^2의 사용 $\bar{R}^2$는 설명변수들이 종속변수의 변화를 얼마나 설명하는지 정량화해서 보여주므로 유용하다. 그럼에도 불구하고 $\bar{R}^2$(또는 R^2)에 지나치게 의존하는 것은 문제가 될 수 있다.

보다 정확한 표본 외 예측을 하는 것이 목표라면 많은 설명변수를 포함시키면 표본 내 적합도는 좋아질 수 있지만 표본 외 예측 성능은 저하될 수 있다. 비록 $\bar{R}^2$가 이런 목적에 있어 R^2보다는 개선되었지만, 단순히 $\bar{R}^2$를 최대화하는 것 역시 여전히 표본 외 예측을 나쁘게 만들 수 있다. 14장에서 다시 이 문제를 살펴보겠다.

인과추론이 목표라면 다중회귀분석에 변수를 포함시킬지 여부에 대한 결정은 그 변수를 포함시키는 것이 관심 있는 인과효과를 더 잘 추정할 수 있게 해주는지에 달렸다. 다중회귀분석에서 인과추론을 위한 최소제곱가정은 회귀식에 변수를 추가해서 누락변수편향을 제거하기 위한 요건을 명확히 제시한다. 이제 그 가정들을 살펴보자.

6.5 다중회귀분석에서 인과추론을 위한 최소제곱 가정

이 절에서는 다중회귀모형에서 OLS가 인과효과에 대해 타당한 추론을 제공하기 위한 요건을 명확히 하고자 한다. 우리는 k개 설명변수 모두의 인과효과를 알고 싶은 경우, 즉 각각의 계수 β_1, …, β_k가 인과효과를 나타내는 경우를 고려한다. 6.8절에서는 일부 계수만이 인과효과이고 나머지는 누락된 요인을 통제하기 위해 포함된 변수들의 계수로서 인과적 해석을 갖지 않을 수 있는 경우에 적용되는 최소제곱 가정을 제시한다. 부록 6.4에서는 다중회귀분석을 이용한 예측을 위한 최소제곱 가정을 제공한다.

다중회귀모형에서 인과추론을 위한 최소제곱 가정은 네 가지다. 첫 번째부터 세 번째까지는 4.3절의 단일 설명변수모형(핵심 개념 4.3)의 가정을 여러 설명변수가 있는 경우로 확장한 것이며, 여기서는 간단히만 다룬다. 네 번째 가정은 새로운 것으로 좀 더 자세히 논의한다.

가정 1: X_{1i}, X_{2i}, …, X_{ki}가 주어졌을 때 u_i의 조건부 분포의 평균은 0

첫 번째 가정은 X_{1i}, …, X_{ki}가 주어졌을 때 u_i의 조건부 분포의 평균이 0이라는 것이다. 이 가정은 단일 설명변수의 첫 번째 최소제곱 가정을 여러 설명변수로 확장한 것이다. 만약 X_{1i}, …, X_{ki}가 무작위로 주어지거나 마치 무작위로 주어진 것처럼 간주할 수 있다면 이 가정은 성립한다. 그렇다면 설명변수의 어떤 값에 대해서도 u_i의 기댓값은 0이 된다. 단일 설명변수 회귀의 경우와 마찬가지로, 이는 OLS 추정량의 불편성을 보장하는 핵심 가정이다.

가정 2: $(X_{1i}, X_{2i}, \ldots, X_{ki}, Y_i)$, $i = 1, \ldots, n$은 i.i.d.

두 번째 가정은 $(X_{1i}, \ldots, X_{ki}, Y_i)$, $i = 1, \ldots, n$이 독립적이고 동일한 분포(i.i.d.)를 따르는 확률변수라는 것이다. 이 가정은 단순 무작위 추출로 데이터를 수집하면 자동으로 성립한다. 4.3절에서 단일 설명변수에 대해 언급한 이 가정에 대한 설명은 여러 설명변수를 사용하는 경우에도 동일하게 적용된다.

가정 3: 큰 이상치 발생 가능성이 낮음

세 번째 최소제곱 가정은 데이터의 일반적인 범위에서 크게 벗어난 값을 갖는 관측치, 즉 큰 이상치가 발생하기 어렵다는 것이다. 이 가정은 단일 설명변수의 경우와 마찬가지로, 다중회귀모형에서 계수의 OLS 추정량이 큰 이상치에 민감할 수 있음을 상기시켜준다.

큰 이상치가 발생하기 어렵다는 가정은 수학적으로 X_{1i}, …, X_{ki}, 그리고 Y_i가 0이 아닌 유한한 4차 적률을 가진다는 것이며 다음과 같이 표현된다: $0 < E(X_{1i}^4) < \infty$, …, $0 < E(X_{ki}^4) < \infty$이고 $0 < E(Y_i^4) < \infty$. 이 가정을 다른 방식으로 표현하면, 종속변수와 설명변수의 첨도(kurtosis)가 유한하다는 것이다. 이 가정은 큰 표본에서 OLS 회귀 통계량의 특성을 도출하는 데 사용된다.

가정 4: 완전 다중공선성이 없음

네 번째 가정은 다중회귀모형에 적용하는 새로운 가정이다. 이는 완전 다중공선성이라 하는 상황을 배제하는데, 만약 이런 상황이 발생할 경우 OLS 추정량을 계산하는 것이 불가능해진다. 설명변수 중 하나가 다른 설명변수들의 완전한 선형 함수라면, 설명변수들은 **완전 다중공선성**(perfect multicollinearity)을 갖는다고 말한다. 네 번째 최소제곱 가정은 설명변수가 완전 다중공선성을 갖지 않는다는 것이다.

완전 다중공선성이 왜 OLS 추정량을 계산할 수 없게 만들까? $TestScore_i$를 STR_i와 $PctEL_i$에 대해 회귀해 STR의 계수를 추정하려 하지만, 실수로 $PctEL_i$ 대신 STR_i를 두 번 입력했다고 하자. 즉 $TestScore_i$를 STR_i와 STR_i에 대해 회귀한 것이다. 이는 완전 다중공선성의 사례인데, 설명변수 중 하나(첫 번째 STR)가 다른 설명변수(두 번째 STR)의 완전한 선형 함수이기 때문이다. 사용하는 통계 소프트웨어가 완전 다중공선성을 어떻게 처리하느냐에 따라, 이 회귀식을 추정하려 하면 소프트웨어는 두 가지 중 하나를 할 것이다. STR 중 하나를 제거하거나, OLS 추정치를 계산하지 않고 오류 메시지를 표시할 것이다. 완전 다중공선성이 발생하면 OLS 공식에서 0으로 나누기 때문에 이런 문제가 생긴다.

직관적으로, 완전 다중공선성이 문제가 되는 이유는 회귀분석에 비논리적인 질문을 하고 있기 때문이다. 다중회귀분석에서 한 설명변수의 계수는 다른 설명변수를 일정하게 유지할 때 해당 설명변수의 변화가 미치는 영향이다. $TestScore$를 STR과 STR에 대해 회귀하는 가상의 예에서 STR의 첫 번째 계수는 STR을 일정하게 유지할 때 STR의 변화가 시험점수에 미치는 영향이다. 이는 말이 되지 않으며, OLS는 이런 터무니없는 부분 효과를 추정할 수 없다.

이 가상의 회귀에서 완전 다중공선성에 대한 해결책은 2개의 STR 중 하나를 원래 포함하려던 변수로 바꿔서 앞서 저질렀던 오류를 수정하는 것이다. 이 예시는 상당히 일반적인 경우이다. 완전 다중공선성이 발생하면 이는 설명변수 선택의 논리적 실수나 미처 인식하지 못한 데이터 세트의 특징 때문인 경우가 많다. 일반적으로 완전 다중공선성에 대한 해결책은 문제를 제거하도록 설명변수를 수정하는 것이다.

완전 다중공선성의 추가 예시는 6.7절에서 제시되며, 불완전 다중공선성도 정의하고 논의한다.

다중회귀모형에 대한 최소제곱 가정은 핵심 개념 6.4에 요약했다.

6.6 다중회귀에서 OLS 추정량의 분포

데이터는 표본마다 다르므로 서로 다른 표본을 통해 서로 다른 OLS 추정량 값을 얻는다. 여러 표본에 걸친 이러한 변동은 모집단 회귀 계수 β_0, β_1, ..., β_k에 대한 OLS 추정량과 관련한 불확실성을 발생시킨다. 단일 설명변수 회귀의 경우와 마찬가지로, 이러한 변동은 OLS 추정량의 표본 분포로 요약된다.

핵심 개념 6.4

다중회귀모형에서 인과추론을 위한 최소제곱 가정

$$Y_i = \beta_0 + \beta_1 X_{1i} + \beta_2 X_{2i} + \cdots + \beta_k X_{ki} + u_i,\ i = 1, \ldots, n$$

여기서 β_1, ..., β_k는 인과효과이고

1. u_i는 X_{1i}, X_{2i}, ..., X_{ki}가 주어졌을 때 조건부 평균이 0이다. 즉

$$E(u_i \mid X_{1i}, X_{2i}, \ldots, X_{ki}) = 0$$

2. $(X_{1i}, X_{2i}, \ldots, X_{ki}, Y_i)$, $i = 1, \ldots, n$은 결합분포로부터 독립적이고 동일한 분포(i.i.d.)를 따르도록 추출되었다.
3. 큰 이상치는 발생하기 어렵다: X_{1i}, ..., X_{ki}와 Y_i는 0이 아닌 유한한 4차 적률을 갖는다.
4. 완전 다중공선성이 없다.

4.4절에서 최소제곱 가정하에서 단일 설명변수 선형회귀모형의 미지의 계수(β_0, β_1)에 대한 OLS 추정량($\hat{\beta}_0$, $\hat{\beta}_1$)이 불편추정량이고 일치추정량임을 상기하자. 또한 큰 표본에서 $\hat{\beta}_0$과 $\hat{\beta}_1$의 표본 분포는 이변량 정규분포로 잘 근사된다.

이러한 결과는 다중회귀분석으로 이어진다. 즉 핵심 개념 6.4의 최소제곱 가정하에서 선형다중회귀모형의 β_0, β_1, ..., β_k에 대한 OLS 추정량 $\hat{\beta}_0$, $\hat{\beta}_1$, ..., $\hat{\beta}_k$는 불편추정량이고 일치추정량이다. 큰 표본에서 $\hat{\beta}_0$, $\hat{\beta}_1$, ..., $\hat{\beta}_k$의 결합 표본 분포는 2개 이상의 결합 정규 확률변수의 일반적인 경우로 이변량 정규분포를 확장한 다변량 정규분포로 잘 근사된다(2.4절).

설명변수가 여러 개일 때 풀이가 더 복잡하지만, 중심극한정리는 $\overline{Y}$와 단일 설명변수 회귀모형의 OLS 추정량에 적용되는 것과 같은 이유로 다중회귀모형의 OLS 추정량에 적용된다. OLS 추정량 $\hat{\beta}_0$, $\hat{\beta}_1$, ..., $\hat{\beta}_k$는 무작위 추출된 데이터의 평균값들로 만들어졌고, 표본크기가 충분히 크다면 이 평균들의 표본 분포는 정규분포가 된다. 다변량 정규분포는 행렬대수를 사용해 수학적으로 가장 잘 다루어지므로, OLS 추정량의 결합분포에 대한 표현은 19장으로 미룬다.

핵심 개념 6.5는 큰 표본에서 다중회귀의 OLS 추정량 분포가 근사적으로 결합 정규분포라는 결과를 요약해서 보여준다. 일반적으로 OLS 추정량들은 서로 상관관계를 갖는데, 이 상관관계는 설명변수 간의 상관관계에서 비롯된다. OLS 추정량의 결합 표본 분포는 설명변수가 2개이고 오차항이 등분산성을 가질 때 부록 6.2에서 더 자세히 논의하며, 일반적인 경우는 19.2절에서 논의한다.

핵심 개념 6.5

큰 표본에서 OLS 추정량 $\hat{\beta}_0, \hat{\beta}_1, \ldots, \hat{\beta}_k$의 분포

최소제곱 가정(핵심 개념 6.4)이 성립하면, 큰 표본에서 OLS 추정량 $\hat{\beta}_0$, $\hat{\beta}_1$, ..., $\hat{\beta}_k$는 함께 정규분포를 따르고, 각 $\hat{\beta}_j$는 $N(\beta_j, \sigma^2_{\hat{\beta}_j})$, $j = 0$, ..., k를 따른다.

6.7 다중공선성

6.5절에서 논의한 바와 같이, 완전 다중공선성은 한 설명변수가 다른 설명변수들의 완전한 선형 결합일 때 발생한다. 이 절에서는 완전 다중공선성의 몇 가지 예를 제시하고, 여러 개의 이진 설명변수가 있는 회귀분석에서 완전 다중공선성이 어떻게 발생할 수 있고 또 어떻게 이를 피할 수 있는지 살펴본다. 불완전 다중공선성은 한 설명변수가 다른 설명변수들과 매우 높은 상관관계를 갖지만 완전한 상관관계는 아닐 때 발생한다. 완전 다중공선성과 달리 불완전 다중공선성은 회귀분석의 추정을 불가능하게 하지 않으며, 설명변수 선택에 논리적 문제가 있음을 의미하지도 않는다. 하지만 하나 이상의 회귀 계수가 부정확하게 추정될 수 있다.

완전 다중공선성의 예

식 (6.12)의 $TestScore_i$를 STR_i와 $PctEL_i$에 회귀한 식에 세 번째 설명변수를 추가한 가상의 회귀분석 세 가지를 살펴봄으로써 6.5절의 완전 다중공선성 논의를 이어가보자.

예 1: 영어 학습자 비율 $FracEL_i$를 i번째 학군의 영어 학습자 비율(0과 1 사이의 값)이라 하자. 만약 $FracEL_i$를 STR_i와 $PctEL_i$에 더해 세 번째 설명변수로 포함시킨다면, 설명변수들은 완전 다중공선성을 가질 것이다. 그 이유는 $PctEL$이 영어 학습자의 백분율이고, $PctEL_i = 100 \times FracEL_i$이기 때문이다. 즉 한 설명변수($PctEL_i$)가 다른 설명변수($FracEL_i$)의 완전한 선형 함수가 된다.

이러한 완전 다중공선성 때문에 $TestScore_i$를 STR_i, $PctEL_i$, $FracEL_i$에 회귀한 OLS 추정량을 계산하는 것은 불가능하다. 직관적으로 OLS가 실패하는 이유는, 영어 학습자의 비율을 일정하게 유지한 채 영어 학습자의 백분율을 한 단위 변화시켰을 때의 효과가 무엇인지 묻고 있기 때문이다. 영어 학습자의 백분율과 영어 학습자의 비율이 완전한 선형관계를 가지고 함께 움직이기 때문에, 이런 질문은 말이 되지 않고 OLS는 이 질문에 답할 수 없다.

예 2: '매우 작지 않은' 학급 NVS_i를 i번째 학군의 학생-교사 비율이 '매우 작지 않으면' 1의 값을 갖는 이진변수라고 하자. 구체적으로, $STR_i \geq 12$이면 NVS_i는 1이고, 그렇지 않으면 0이다. 이 회귀분석도 완전 다중공선성을 나타내지만, 이전 예시의 회귀분석보다 더 미묘한 이유 때문이다. 실제로 우리 데이터 세트에는 $STR_i < 12$인 학군이 없다. 그림 4.2의 산점도에서 볼 수 있듯이, STR의 최솟값은 14이다. 따라서 모든 관측치에 대해 $NVS_i = 1$이다. 이제 식 (6.6)에서 보듯이, 절편이 있는 선형회귀모형은 모든 i에 대해 1의 값을 갖는 설명변수 X_{0i}를 포함하는 것으로 동일하게 생각할 수 있다. 따라서 우리 데이터 세트의 모든 관측치에 대해 $NVS_i = 1 \times X_{0i}$라고 쓸 수 있다. 즉 NVS_i는 회귀식에 포함된 설명변수들의 완전한 선형 결합으로 쓸 수 있고, 구체적으로 X_{0i}와 같다.

이는 완전 다중공선성에 대한 두 가지 중요한 점을 보여준다. 첫째, 회귀분석에 절편이 포함되면 완전 다중공선성에 연루될 수 있는 설명변수 중 하나는 상수 설명변수 X_{0i}이다. 둘째, 완전 다중공선성은 현재 가지고 있는 데이터 세트에 대한 진술이다. 교사 1명당 학생 수가 12

명 미만인 학군을 상상할 수는 있지만, 우리 데이터 세트에는 그런 학군이 없으므로 회귀분석에서 분석할 수 없다.

예 3: 영어 구사자 비율 $PctES_i$를 i번째 학군의 영어 구사자 비율이라 하고, 영어 학습자가 아닌 학생의 비율로 정의하자. 다시 한번 설명변수들은 완전 다중공선성을 가질 것이다. 이전 예시와 마찬가지로, 설명변수들 간의 완전한 선형관계는 상수 설명변수 X_{0i}와 관련이 있다. 모든 학군에 대해 $PctES_i = 100 - PctEL_i = 100 \times X_{0i} - PctEL_i$인데, 이는 모든 i에 대해 $X_{0i} = 1$이기 때문이다.

이 예는 완전 다중공선성은 설명변수 전체 집합의 특징이라는 점을 보여준다. 만약 절편(즉 설명변수 X_{0i}) 또는 $PctEL_i$ 중 하나라도 이 회귀분석에서 제외된다면, 설명변수들은 완전 다중공선성을 가지지 않을 것이다.

더미변수 함정 완전 다중공선성이 발생할 수 있는 또 다른 가능한 원인은 여러 개의 이진변수 또는 더미변수를 설명변수로 사용할 때 생긴다. 예를 들어 학군을 시골, 교외, 도시의 세 범주로 나누었다고 하자. 각 학군은 한 범주(그리고 오직 한 범주)에 속한다. 이 이진변수들을 $Rural_i$(시골 학군이면 1, 그렇지 않으면 0), $Suburban_i$, $Urban_i$라 하자. 만약 상수와 함께 이 세 이진변수를 모두 회귀분석에 포함한다면 설명변수들은 완전 다중공선성을 가질 것이다. 각 학군이 한 범주에만 속하기 때문에 $Rural_i + Suburban_i + Urban_i = 1 = X_{0i}$인데, 여기서 X_{0i}는 식 (6.6)에서 도입된 상수 설명변수를 나타낸다. 따라서 회귀분석을 추정하려면 이 네 변수 중 하나, 즉 이진변수 중 하나 또는 상수항을 제외해야 한다. 관례상 상수항은 일반적으로 유지되므로 이진변수 중 하나가 제외된다. 예를 들어 $Rural_i$가 제외된다면 $Suburban_i$의 계수는 회귀분석의 다른 변수들을 일정하게 유지할 때, 교외 학군과 시골 학군 간 시험점수의 평균 차이가 될 것이다.

일반적으로 G개의 이진변수가 있고, 각 관측치가 하나의 범주에만 속하며, 회귀분석에 절편이 있고, G개의 이진변수가 모두 설명변수로 포함된다면, 완전 다중공선성으로 인해 회귀분석이 실패할 것이다. 이러한 상황을 **더미변수 함정**(dummy variable trap)이라고 한다. 더미변수 함정을 피하는 일반적인 방법은 다중회귀분석에서 이진변수 중 하나를 제외해 G개의 이진변수 중 $G - 1$개만 설명변수로 포함하는 것이다. 이 경우 포함된 이진변수의 계수는 다른 설명변수들을 일정하게 유지할 때, 생략된 범주에 비해 해당 범주에 속함으로써 나타나는 증분 효과를 나타낸다. 회귀분석에서 절편을 생략하면 G개의 이항 설명변수를 모두 포함할 수도 있다.

완전 다중공선성에 대한 해결책 완전 다중공선성은 일반적으로 회귀분석모형에 포함될 변수를 잘못 골랐을 때 발생한다. 때로는 (첫 번째 예처럼) 그 실수를 쉽게 발견할 수 있지만, 때로는 (두 번째 예처럼) 그렇지 않을 수도 있다. 어떤 식으로든 당신이 그런 실수를 했다면 소프트웨어가 알려줄 것인데, 완전 다중공선성이 있으면 OLS 추정량을 계산할 수 없기 때문이다.

소프트웨어가 완전 다중공선성이 있다고 알려주면 이를 제거하기 위해 회귀분석을 수정하는 것이 중요하다. 이를 위해 다중공선성의 원인을 이해해야 한다. 일부 소프트웨어는 완전 다중공선성이 있을 때 신뢰할 수 없고, 완전 다중공선성을 해결하기 위한 설명변수 선택에 대한 통제권을 컴퓨터에 넘겨주게 될 것이다.

불완전 다중공선성

비슷한 이름에도 불구하고, 불완전 다중공선성은 완전 다중공선성과 개념적으로 상당히 다르다. **불완전 다중공선성**(imperfect multicollinearity)은 둘 이상의 설명변수가 높은 상관관계를 가진다는 뜻인데, 설명변수들의 선형 결합이 다른 설명변수와 높은 상관관계를 가진다는 의미이다. 불완전 다중공선성은 OLS 추정량의 이론에 아무런 문제를 야기하지 않는다. 오히려 OLS의 한 가지 용도는 서로 상관관계를 가진 설명변수들 중에서 각 설명변수의 독립적인 영향을 구분해내는 것이다.

설명변수들이 불완전 다중공선성을 가진다면, 적어도 하나의 개별 설명변수의 계수는 부정확하게 추정될 것이다. 예를 들어 *TestScore*를 *STR*과 *PctEL*에 회귀한 것을 생각해보자. 여기에 세 번째 설명변수로 학군 주민 중 1세대 이민자의 비율을 추가한다고 하자. 1세대 이민자는 종종 제2언어로 영어를 구사하므로, *PctEL* 변수와 이민자 비율은 높은 상관관계를 가질 것이다. 최근 이민자가 많은 학군은 여전히 영어를 배우는 학생이 많은 경향이 있기 때문이다. 이 두 변수가 높은 상관관계를 가지므로, 이민자 비율을 일정하게 유지할 때 *PctEL*의 계수를 추정하는 데 이 데이터를 사용하기는 어려울 것이다. 즉 현재의 데이터 세트는 영어 학습자 비율이 낮지만 이민자 비율이 높을 때, 또는 그 반대의 경우에 시험점수에 어떤 일이 일어나는지에 대한 정보를 거의 제공하지 않는다. 그 결과 이 회귀분석에서 *PctEL*의 계수에 대한 OLS 추정량은 설명변수 *PctEL*과 이민자 비율이 상관관계가 없을 때보다 더 큰 분산을 가질 것이다.

불완전 다중공선성이 OLS 추정량의 분산에 미치는 영향은 부록 6.2의 식 (6.20)에서 오차항이 등분산성을 갖는 경우 2개의 설명변수 X_1과 X_2가 있는 다중회귀분석에서 $\hat{\beta}_1$의 분산을 통해 살펴볼 수 있다. 이 경우 $\hat{\beta}_1$의 분산은 $1 - \rho^2_{X_1,X_2}$에 반비례하는데, 여기서 ρ_{X_1,X_2}는 X_1과 X_2 사이의 상관계수이다. 두 설명변수 간 상관관계가 클수록 이 값은 0에 가까워지고, $\hat{\beta}_1$의 분산은 더 커진다. 일반적으로, 여러 설명변수가 불완전 다중공선성을 가질 때는 이 설명변수들 중 하나 이상의 계수가 부정확하게 추정될 것이다. 즉 이들은 큰 표본 분산을 가질 것이다.

완전 다중공선성은 종종 논리적 오류의 존재를 알리는 문제이다. 반면에 불완전 다중공선성은 반드시 오류가 아니라 OLS, 데이터, 그리고 당신이 답하려는 질문의 특징일 뿐이다. 회귀분석에 포함된 변수들이 당신이 포함하려고 의도했던 변수들, 즉 누락변수편향의 가능성을 해결하기 위해 선택한 변수들이라면, 불완전 다중공선성은 주어진 데이터를 사용해 하나 이상의 부분 효과를 정확하게 추정하기 어려울 것임을 의미한다.

6.8 통제변수와 조건부 평균 독립성

시험점수 예에서 학급 규모의 효과 추정치에 발생할 수 있는 누락변수편향을 해결하기 위해 회귀분석에 영어 학습자 비율을 포함했다. 회귀분석에 영어 학습자 비율을 포함함으로써 영어 학습자 비율을 통제한 상태에서 학급 규모의 효과를 추정할 수 있었다.

이 절에서는 인과효과를 추정하고자 하는 설명변수, 즉 연구의 주요 관심변수와 그렇지 않은 통제변수 사이의 구분을 명확히 한다. **통제변수**(contol variable) 자체는 연구에서 관심의 대상이 아니며, 관심변수의 인과효과 추정치가 누락변수편향을 겪을 수 있는 요인들을 일정하게 유지하기 위해 포함된 설명변수이다. 이렇게 구분하면 핵심 개념 6.4의 첫 번째 최소제곱 가정을 일부 변수가 통제변수인 경우에 대해 수정할 수 있다. 이 대안적 가정이 성립하면 관심변수의 효과에 대한 OLS 추정량은 불편이지만, 통제변수의 OLS 계수는 일반적으로 편의를 가지며 인과적 해석을 갖지 않는다.

예를 들어 시험점수 회귀분석에서 학교 외 학습 기회를 누락함으로써 발생하는 잠재적 누락변수편향을 생각해보자. '학교 외 학습 기회'는 측정하기 어려운 광범위한 개념이지만, 그런 기회는 학생의 경제적 배경과 상관이 있고, 이는 측정 가능하다. 따라서 학교 외 학습 기회와 같은 누락된 소득 관련 시험점수 결정 요인을 통제하기 위해 시험점수 회귀분석에 경제적 배경의 측정치를 포함할 수 있다. 이를 위해 *STR*과 *PctEL*에 대한 시험점수 회귀분석에 무료 또는 보조 급식을 받는 학생 비율(*LchPct*)을 추가한다. 학생들은 가구 소득이 특정 기준(빈곤선의 약 150%) 미만이면 이 프로그램 대상이 되므로, *LchPct*는 학군의 경제적 취약 아동 비율을 측정한다. 추정된 회귀식은 다음과 같다.

$$\widehat{TestScore} = 700.2 - 1.00 \times STR - 0.122 \times PctEL - 0.547 \times LchPct \qquad (6.16)$$

이 회귀분석에서 학생-교사 비율의 계수는 영어 학습자 비율과 무료 급식 대상 비율을 통제한 상태에서 학생-교사 비율이 시험점수에 미치는 영향이다. 통제변수 *LchPct*를 포함하더라도 학급 규모 효과에 대한 기존 결론이 크게 바뀌지 않는다. *STR*의 계수는 식 (6.12)의 −1.10에서 식 (6.16)의 −1.00으로 약간 변할 뿐이다.

식 (6.16)에서 *LchPct*의 계수는 어떻게 해석할까? 그 계수는 매우 크다. $LchPct = 0\%$인 학군과 $LchPct = 50\%$인 학군 간 시험점수 차이는 27.4점[$= 0.547 \times (50 - 0)$]으로 추정되는데, 이는 표 4.1의 시험점수 75백분위수와 25백분위수 간 차이와 거의 같다. 이 계수에 인과적 해석이 가능한가? 식 (6.16)을 보고 교육감이 무료 급식 프로그램을 없애서 해당 학군의 *LchPct*를 즉시 0으로 떨어뜨리자고 제안했다고 하자. 무료 급식 프로그램을 없애면 그 학군의 시험점수가 오를까? 상식적으로 대답은 '아니요'이다. 사실 무료 급식 프로그램을 없애 일부 학생을 굶게 하면 오히려 반대 효과가 있을 수 있다. 하지만 관심변수 *STR*의 계수는 인과적으로 해석하면서 통제변수 *LchPct*의 계수는 그렇지 않다고 해석하는 것이 타당한가?

통제변수와 조건부 평균 독립성

관심변수와 통제변수를 구분하기 위해 선형회귀모형의 표기법을 수정해 X로 표시된 k개의 관심변수와 W로 표시된 r개의 통제변수를 포함한다. 이에 따라 **통제변수가 있는 다중회귀모형**(multiple regression model with control variables)은 다음과 같다.

$$Y_i = \beta_0 + \beta_1 X_{1i} + \cdots + \beta_k X_{ki} + \beta_{k+1} W_{1i} + \cdots + \beta_{k+r} W_{ri} + u_i, i = 1, \ldots, n \tag{6.17}$$

X에 대한 계수 β_1, ..., β_k는 연구의 관심대상인 인과효과이다.

다중회귀분석에 통제변수를 포함하는 이유는 통제변수를 일정하게 유지할 때 관심변수가 더 이상 오차항과 상관되지 않게 하기 위해서이다. 이 아이디어는 핵심 개념 6.4의 가정 1을 **조건부 평균 독립성**(conditional mean independence)이라 하는 가정으로 대체함으로써 정확해진다. 조건부 평균 독립성은 관심변수와 통제변수가 주어졌을 때 u_i의 조건부 기댓값이 관심변수에 의존하지 않음(독립)을 요구하지만, 통제변수에는 의존할 수 있다.

통제변수가 있는 인과추론을 위한 최소제곱 가정은 핵심 개념 6.6에 요약했다. 이 가정들 중 첫 번째는 조건부 평균 독립성 요건을 수학적으로 표현한 것이다. 나머지 세 가정은 핵심 개념 6.4의 가정에 대응하는 가정으로 확장한 것이다.

조건부 평균 독립성의 아이디어는 W를 통제하면 X를 무작위로 할당된 것처럼 취급할 수 있다는 것인데, 오차항의 조건부 평균이 더 이상 X에 의존하지 않는다는 의미에서 그렇다. W를 통제하면 X가 오차항과 상관관계를 갖지 않게 되어, OLS로 각 X의 변화가 Y에 미치는 인과효과를 추정할 수 있다. 그러나 통제변수는 여전히 오차항과 상관관계가 있으므로, 통제변수의 계수는 누락변수편향을 겪고 인과적으로 해석될 수 없다. 이 해석의 수학적 풀이는 부록 6.5에 있는데, 조건부 평균 독립성이 성립하면 X의 계수에 대한 OLS 추정량은 X의 인과효과에 대한 불편추정량이지만, W의 계수에 대한 OLS 추정량은 일반적으로 편향을 갖는다는 것을 보인다. 우리는 W의 계수가 아니라 X의 계수에 관심이 있기 때문에 이 편향은 문제가 되지 않는다.

학급 규모 예에서 *LchPct*는 학교 외 학습 기회와 같이 오차항에 포함되는 요인들과 상관관계를 가질 수 있다. 실제로 이런 상관관계 때문에 *LchPct*가 유용한 통제변수가 되는 것이다. *LchPct*와 오차항 사이의 이 상관관계는 *LchPct*의 추정 계수가 인과적 해석을 갖지 않음을 의미한다. 조건부 평균 독립성 가정이 요구하는 것은 회귀분석의 통제변수(*PctEL*과 *LchPct*)가 주어졌을 때 오차항의 평균이 학생-교사 비율에 의존하지 않는다는 것이다. 달리 말해 조건부 평균 독립성은 *PctEL*과 *LchPct* 값이 같은 학교들 사이에서는 학급 규모가 '무작위로' 할당된 것과 같다는 것이다. *PctEL*과 *LchPct*를 회귀분석에 포함하면 누락된 요인들을 통제해 *STR*이 오차항과 상관관계를 갖지 않게 된다. 그렇다면 *LchPct*의 계수는 인과효과로 해석될 수 없지만 학생-교사 비율의 계수는 인과효과로 해석할 수 있다.

통제변수가 있는 다중회귀분석을 위한 첫 번째 최소제곱 가정은 이 장의 시작 부분에서 다룬 누락변수편향을 제거하는 데 필요한 조건을 명확히 한다. 통제변수의 값이 주어지거나 일정하게 유지될 때, 관심변수는 통제변수가 주어졌을 때 오차항의 평균이 더 이상 X에 의존하

핵심 개념
6.6

통제변수가 있는 다중회귀모형에서 인과추론을 위한 최소제곱 가정

$$Y_i = \beta_0 + \beta_1 X_{1i} + \cdots + \beta_k X_{ki} + \beta_{k+1} W_{1i} + \ldots + \beta_{k+r} W_{ri} + u_i, i = 1, \ldots, n$$

여기서 β_1, ..., β_k는 인과효과이고, W는 통제변수이며

1. u_i는 W가 주어졌을 때 X에 의존하지 않는 조건부 평균을 갖는다. 즉

$$E(u_i | X_{1i}, \ldots, X_{ki}, W_{1i}, \ldots, W_{ri}) = E(u_i | W_{1i}, \ldots, W_{ri}) \quad \text{(조건부 평균 독립성)} \tag{6.18}$$

2. $(X_{1i}, \ldots, X_{ki}, W_{1i}, \ldots, W_{ri}, Y_i)$, $i = 1, \ldots, n$은 독립적이고 동일하게 분포한다(i.i.d.).
3. 큰 이상치는 발생하기 어렵다: $X_{1i}, \ldots, X_{ki}, W_{1i}, \ldots, W_{ri}, Y_i$는 0이 아닌 유한한 4차 적률을 갖는다.
4. 완전 다중공선성이 없다.

지 않는다는 의미에서 마치 무작위로 할당된 것과 같다. 이 조건은 통제변수를 선택하고 그 적절성을 판단하는 데 유용한 지침이 된다.

6.9 결론

단일 설명변수를 사용한 회귀분석은 누락변수편향에 취약하다. 누락된 변수가 종속변수의 결정 요인이면서 설명변수와 상관관계가 있다면, 해당 설명변수가 가지는 인과효과의 OLS 추정량은 편향되며 설명변수의 효과와 누락된 변수의 효과를 모두 반영하게 된다. 다중회귀분석은 누락된 변수를 회귀분석에 포함시킴으로써 누락변수로 인한 편향을 완화하거나 제거할 수 있게 해준다. 다중회귀분석에서 설명변수 X_1의 계수는 다른 포함된 설명변수들을 일정하게 유지할 때 X_1의 변화에 따른 부분 효과이다. 시험점수 예에서 영어 학습자 비율을 설명변수로 포함하면 영어 학습자 비율을 일정하게 유지할 때 학생-교사 비율의 변화가 시험점수에 미치는 영향을 추정할 수 있었다. 그렇게 하면 학생-교사 비율의 변화가 시험점수에 미치는 효과의 추정치가 절반으로 줄어들었다.

다중회귀분석의 통계 이론은 단일 설명변수를 사용한 회귀분석의 통계 이론을 기반으로 한다. 다중회귀분석을 위한 최소제곱 가정은 단일 설명변수를 사용한 회귀분석의 세 가지 최소제곱 가정에 완전 다중공선성을 배제하는 네 번째 가정을 추가해 확장한 것이다. 여기에 회귀계수는 주어진 하나의 표본을 사용해 추정되므로 OLS 추정량은 결합 표본 분포를 가지며 따라서 표본 추출의 불확실성을 갖는다. 이 표본 추출의 불확실성은 실증연구에서 반드시 수행되어야 하는 정량화 분석이며, 다중회귀모형에서 이를 수행하는 방법은 다음 장의 주제이다.

요약

1. 누락변수편향은 누락된 변수가 (a) 포함된 설명변수와 상관되어 있고 (b) Y의 결정 요인일 때 발생한다.

2. 다중회귀모형은 여러 설명변수 X_1, X_2, …, X_k를 포함하는 선형회귀모형이다. 각 설명변수에 대응하는 회귀 계수 β_1, β_2, …, β_k가 있다. 계수 β_1은 다른 설명변수들을 일정하게 유지하면서 X_1이 한 단위 변화할 때 Y변화의 기댓값이다. 다른 회귀 계수들도 유사한 해석을 갖는다.

3. 다중회귀분석의 계수는 OLS로 추정할 수 있다. 핵심 개념 6.4의 네 가지 최소제곱 가정을 만족할 때, 인과효과의 OLS 추정량은 불편추정량이며 일치추정량이고, 큰 표본에서 정규분포를 따른다.

4. 통제변수의 역할은 누락된 요인들을 일정하게 유지해 관심의 대상이 되는 설명변수가 더 이상 오차항과 상관관계를 갖지 않게 하는 것이다. 적절히 선택된 통제변수는 관심 있는 인과효과의 OLS 추정치에서 누락변수편향을 제거할 수 있다.

5. 한 설명변수가 다른 설명변수들의 정확한 선형 함수일 때 발생하는 완전 다중공선성은 보통 다중회귀분석에 어떤 설명변수를 포함시킬지 선택할 때 발생한 실수 때문에 일어난다. 완전 다중공선성을 해결하려면 설명변수 집합을 변경해야 한다.

6. 회귀식의 표준 오차인 R^2과 조정된 R^2은 다중회귀모형의 적합도 척도이다.

핵심 용어

누락변수편향 omitted variable bias
다중회귀모형 multiple regression model
더미변수 함정 dummy variable trap
등분산성 homoskedastic
모집단 다중회귀모형 population multiple regression model
모집단 회귀선 population regression line
모집단 회귀함수 population regression function
부분 효과 partial effect
불완전 다중공선성 imperfect multicollinearity
상수 설명변수 constant regressor
상수항 constant term
예측값 predicted value
완전 다중공선성 perfect multicollinearity
이분산성 heteroskedastic
절편 intercept
조건부 평균 독립성 conditional mean independence
조정된 $\overline{R}^2$ adjusted $\overline{R}^2$
통제변수 control variable
통제변수가 있는 다중회귀모형 multiple regression model with control variables
OLS 잔차 OLS residual
OLS 회귀선 OLS regression line
R^2 R^2
X_{1i}의 계수 coefficient on X_{1i}
X_{1i}의 기울기 계수 slope coefficient of X_{1i}
X_{2i}의 계수 coefficient on X_{2i}
X_{2i}의 기울기 계수 slope coefficient of X_{2i}
X_2를 일정하게 유지 holding X_2 constant
X_2를 통제 controlling for X_2
β_0, β_1, …, β_k의 OLS 추정량 ordinary least squares (OLS) estimators of β_0, β_1, …, β_k

복습문제

6.1 한 연구자가 사립학교 학생들의 공부 시간이 시험점수에 미치는 영향을 추정하고 있다. 그러나 연구자는 회귀분석에 포함할 학급 규모에 대한 정보가 없어 걱정이다. 학급 규모 변수를 누락시키면 사립학교 지표변수의 추정 계수에 어떤 영향을 미치는가? 더 큰 학생 표본을 사용하면 이런 누락의 효과가 사라지는가?

6.2 2개의 설명변수가 있는 다중회귀분석을 고려해보자: $Y_i = \beta_0 + \beta_1 X_{1i} + \beta_2 X_{2i} + u_i$. X_1이 8 증가하고 X_2가 변하지 않으면 Y변화의 기댓값은 얼마인가? X_2가 3 감소하고 X_1이 변하지 않으면 Y변화의 기댓값은 얼마인가? X_1이 4 증가하고 X_2가 7 감소하면 Y변화의 기댓값은 얼마인가?

6.3 다중회귀분석에 흔히 사용되는 적합도 척도는 무엇인가? 수정된 R^2이 어떻게 음수값을 가질 수 있는가?

6.4 더미변수 함정이란 무엇인가? 설명변수의 다중공선성과 어떤 관련이 있는지 설명하라. 이런 형태의 다중공선성에 대한 해결책은 무엇인가?

6.5 불완전 다중공선성은 완전 다중공선성과 어떻게 다른가? 다중회귀 추정 시 발생할 수 있는 이 두 가지 우려사항에 대한 해결책을 비교하라.

연습문제

첫 네 문제는 추정된 회귀분석 결과를 나타내는 179쪽의 표를 참조하라. 이 표는 2015년 인구총조사 데이터를 사용해 계산되었다. 데이터 세트는 7,178명의 전일제 근로자에 대한 정보로 구성되어 있다. 각 근로자의 최종 학력은 고등학교 졸업 또는 학사 학위 중 하나였다. 근로자의 연령 범위는 25~34세였다. 데이터 세트에는 또한 거주 지역, 결혼 상태, 자녀 수에 대한 정보도 포함되어 있다. 이 연습문제에서 다음과 같이 정의한다.

AHE = 시간당 평균 소득
College = 이진변수(대졸이면 1, 고졸이면 0)
Female = 이진변수(여성이면 1, 남성이면 0)
Age = 연령(세)
Northeast = 이진변수(거주 지역이 Northeast이면 1, 그렇지 않으면 0)
Midwest = 이진변수(거주 지역이 Midwest이면 1, 그렇지 않으면 0)
South = 이진변수 (거주 지역이 South이면 1, 그렇지 않으면 0)
West = 이진변수 (거주 지역이 West이면 1, 그렇지 않으면 0)

6.1 각 회귀분석의 조정된 $\overline{R}^2$을 계산하라.

6.2 (1)열의 회귀분석 결과를 사용해 다음 질문에 답하라.

a. 대졸 근로자가 고졸 근로자보다 평균적으로 더 많이 버는가? 얼마나 더 버는가?
b. 남성이 여성보다 평균적으로 더 많이 버는가? 얼마나 더 버는가?

6.3 (2)열의 회귀분석 결과를 사용해 다음 질문에 답하라.

a. 연령이 소득의 중요한 결정 요인인가? 설명하라.

b. 샐리는 29세 여성 대졸자이다. 베시는 34세 여성 대졸자이다. 샐리와 베시의 소득을 예측하라.

6.4 (3)열의 회귀분석 결과를 사용해 다음 질문에 답하라.

a. 지역 간 중요한 차이가 있어 보이는가?

b. 왜 West 설명변수가 회귀분석에서 제외되었는가? 포함된다면 어떤 일이 일어나는가?

c. 후아니타는 28세 여성 대졸자로 South 출신이다. 제니퍼는 28세 여성 대졸자로 Midwest 출신이다. 후아니타와 제니퍼의 예상 소득 차이를 계산하라.

2015년 인구총조사 데이터를 사용한 성별, 교육수준 이진변수 및 기타 특성에 따른 시간당 평균 소득 회귀분석 결과

종속변수: 시간당 평균 소득(AHE)

설명변수	(1)	(2)	(3)
College(X_1)	10.47	10.44	10.42
Female(X_2)	−4.69	−4.56	−4.57
Age(X_3)		0.61	0.61
Northeast(X_4)			0.74
Midwest(X_5)			−1.54
South(X_6)			−0.44
Intercept	18.15	0.11	0.33
요약 통계량			
SER	12.15	12.03	12.01
R^2	0.165	0.182	0.185
$\overline{R}^2$			
n	7178	7178	7178

6.5 2013년 한 지역사회에서 200건의 주택 판매에 대한 무작위 표본으로부터 데이터를 수집했다. *Price*는 판매 가격(단위: 천 달러), *BDR*은 침실 수, *Bath*는 욕실 수, *Hsize*는 주택 크기(제곱피트), *Lsize*는 대지 크기(제곱피트), *Age*는 주택 연식(연), *Poor*는 주택 상태가 '노후'로 보고되면 1의 값을 갖는 이진변수라고 하자. 추정된 회귀식은 다음과 같다.

$$\widehat{Price} = 109.7 + 0.567BDR + 26.9Bath + 0.239Hsize + 0.005Lsize$$
$$+ 0.1Age - 56.9Poor, \overline{R}^2 = 0.85, SER = 45.8$$

a. 어떤 주택 소유자가 기존 거실 일부를 새 욕실로 개조했다고 가정하자. 주택 가치의 예상 증가액은 얼마인가?

b. 어떤 주택 소유자가 주택 크기를 80제곱피트 늘리면서 새 욕실을 추가했다고 가정하자. 주택 가치의 예상 증가액은 얼마인가?

c. 어떤 주택 소유자가 자신의 집을 방치해 상태가 '노후'되었다면 가치 손실은 얼마인가?

d. 회귀분석의 조정된 R^2을 계산하라.

6.6 한 연구자가 아시아 국가들의 무작위 표본 데이터를 사용해 엄격한 사법 체계가 국가의 스캔들 수에 미치는 인과효과를 연구하려고 한다. 연구자는 스캔들 수를 국가의 사법 체계 강도(전문가 의견에 기반한 1 또는 0 값을 갖는 지표변수)에 대해 회귀분석하려고 계획하고 있다.

a. 이 회귀분석이 누락변수편향을 겪고 있다고 생각하는가? 그 이유를 설명하라. 회귀분석에 어떤 변수들을 추가할 것인가?

b. 식 (6.1)에 주어진 누락변수편향 표현식을 사용해, 이 회귀분석이 강력한 사법 체계가 국가의 스캔들 수에 미치는 영향을 과대평가할지 또는 과소평가할지 평가하라. 즉 $\hat{\beta}_1 > \beta_1$ 또는 $\hat{\beta}_1 < \beta_1$인지 판단하라.

6.7 아래에 제안된 연구 계획을 평가해보라. 평가에서는 제안된 연구의 문제점을 설명하고 연구 계획을 어떻게 개선할 수 있는지 서술해야 한다. 또한 추가로 수집해야 할 데이터와 그 데이터를 분석하는 데 적절한 통계 기법에 대한 논의도 포함하라.

a. 이 연구자는 세계적인 유명 대학의 입학 전형에 인종에 대한 편견이 있는지 판단하려고 한다. 잠재적 편견을 확인하기 위해, 연구자는 특정 연도의 모든 지원자의 인종 데이터를 수집한다. 연구원은 흑인 지원자들의 합격 비율이 다른 지원자들의 합격 비율과 체계적으로 다른지 판단하기 위해 평균 차이 검정을 수행할 계획이다.

b. 이 연구자는 어머니의 교육이 자녀의 교육 성취에 미치는 영향을 파악하는 데 관심이 있다. 그녀는 학교 교육을 마친 25~40세 사이 개인들에 대한 무작위 표본 데이터를 수집한다. 이 데이터세트에는 각 개인의 교육수준, 다닌 학교의 유형, 성별, 인종 뿐만 아니라 그들 부모의 교육과 그들이 자란 가정의 인구통계학적 특성에 대한 정보도 포함되어 있다. 연구자는 개인이 달성한 교육 연수를 그들 어머니의 교육 연수에 대해 회귀분석할 계획이며, 이 회귀분석에는 교육의 다른 잠재적 결정 요인(형제자매 수, 부모의 동거 또는 별거 여부)을 통제변수로 포함하고자 한다.

6.8 정부의 한 연구에서 초콜릿을 자주 먹는 사람들이 그렇지 않은 사람들보다 체중이 덜 나간다는 사실을 발견했다. 연구자들은 카이로에서 20~85세 사이의 1,000명의 개인들에게 그들의 식습관에 대해 질문하고, 그들의 체중과 신장을 측정했다. 평균적으로 참가자들은 일주일에 두 번 초콜릿을 먹었고 체질량 지수(BMI)는 28이었다. 일주일에 다섯 번 초콜릿을 먹는 사람과 전혀 초콜릿을 먹지 않는 사람 사이에는 5~ 7파운드의 체중 차이가 관찰되었는데, 초콜릿을 먹는 사람들의 체중이 평균적으로 더 적게 나갔다. 자주 초콜릿을 먹는 사람들은 또한 평균적으로 초콜릿을 덜 먹는 사람들보다 더 많은 칼로리를 섭취했다. 이 요약을 바탕으로, 현재 초콜릿을 먹지 않는 이집트인들에게 체중을 줄이고 싶다면 일주일에 최대 다섯 번까지 초콜릿을 먹는 것을 고려해보라고 추천하겠는가? 그렇다면 혹은 그렇지 않다면 그 이유는 무엇인가? 설명하라.

6.9 (Y_i, X_{1i}, X_{2i})가 핵심 개념 6.4의 가정을 만족한다고 하자. 당신은 X_1이 Y에 미치는 인과효과인 β_1에 관심이 있다. X_1과 X_2가 상관관계가 없다고 가정하자. Y를 X_1에 대해 회귀분석해 β_1을 추정하면(따라서 X_2는 회귀분석에 포함되지 않는다) 이 추정량이 누락변수편향을 겪는가? 설명하라.

6.10 (Y_i, X_{1i}, X_{2i})가 핵심 개념 6.4의 가정을 만족한다고 하자. 또한 $\text{var}(u_i | X_{1i}, X_{2i}) = 4$이고 $\text{var}(X_{1i}) = 6$이다. 크기 $n = 400$인 무작위 표본이 모집단에서 추출된다.

a. X_1과 X_2가 상관관계가 없다고 가정하자. $\hat{\beta}_1$의 분산을 계산하라. [힌트: 부록 6.2의 식 (6.20)을 참조하라.]

b. $\text{corr}(X_1, X_2) = 0.5$라고 가정하자. $\hat{\beta}_1$의 분산을 계산하라.

c. 다음 진술을 논평하라: "X_1과 X_2가 상관관계가 있을 때, $\hat{\beta}_1$의 분산은 X_1과 X_2가 상관관계가 없을 때보다 더 크다. 따라서 β_1에 관심이 있다면, X_2가 X_1과 상관관계가 있을 경우 회귀분석에서 X_2를 제외하는 것이 가장 좋다."

6.11 (미적분 필요) 다음 회귀모형을 고려하자.

$$Y_i = \beta_1 X_{1i} + \beta_2 X_{2i} + u_i$$

여기서 $i = 1, \ldots, n$이다. (회귀식에 상수항이 없음에 주목하라.) 부록 4.2에서 사용된 분석과 유사하게

a. OLS에 의해 최소화되는 최소제곱함수를 명시하라.

b. b_1과 b_2에 대한 목적함수의 편미분을 계산하라.

c. $\sum_{i=1}^{n} X_{1i}X_{2i} = 0$이라고 가정하자. $\hat{\beta}_1 = \sum_{i=1}^{n} X_{1i}Y_i / \sum_{i=1}^{n} X_{1i}^2$임을 밝혀라.

d. $\sum_{i=1}^{n} X_{1i}X_{2i} \neq 0$이라고 가정하자. 데이터 (Y_i, X_{1i}, X_{2i}), $i = 1, \ldots, n$의 함수로 $\hat{\beta}_1$에 대한 표현식을 유도하라.

e. 모형에 절편이 포함된다고 가정하자: $Y_i = \beta_0 + \beta_1 X_{1i} + \beta_2 X_{2i} + u_i$. 최소제곱 추정량이 $\hat{\beta}_0 = \overline{Y} - \hat{\beta}_1 \overline{X}_1 - \hat{\beta}_2 \overline{X}_2$를 만족함을 밝혀라.

f. (e)에서와 같이 모형에 절편이 포함된다고 가정하자. 또한 $\sum_{i=1}^{n}(X_{1i} - \overline{X}_1)(X_{2i} - \overline{X}_2) = 0$이라고 가정하자. 이제 $\hat{\beta}_1 = \sum_{i=1}^{n}(X_{1i} - \overline{X}_1)(Y_i - \overline{Y}) / \sum_{i=1}^{n}(X_{1i} - \overline{X}_1)^2$임을 밝혀라. X_2를 제외한 회귀분석에서의 β_1의 OLS 추정량과 비교한다면 어떻게 다른가?

6.12 한 학군에서 2학년 학급의 규모가 시험점수에 미치는 영향을 추정하기 위한 실험을 수행한다. 학군은 전년도 1학년생의 50%를 소규모 2학년 학급(교실당 18명)에, 50%를 정규 규모 학급(교실당 21명)에 배정한다. 새로 전입 온 학생들은 다르게 처리되는데, 20%는 무작위로 소규모 학급에, 80%는 정규 규모 학급에 배정된다. 2학년 학년 말에 각 학생은 표준화된 시험을 치른다. Y_i를 i번째 학생의 시험점수라 하고, X_i를 학생이 소규모 학급에 배정되면 1, 아니면 0인 이진변수라 하며, W_i를 학생이 새로 전입왔으면 1, 아니면 0인 이진변수라 하자. β_1을 학급 규모를 정규에서 소규모로 줄이는 것이 시험점수에 미치는 인과효과라고 하자.

a. $Y_i = \beta_0 + \beta_1 X_i + u_i$ 회귀식을 고려하자. $E(u_i | X_i) = 0$이라고 생각하는가? β_1의 OLS 추정량이 불편성(unbiased)과 일치성(consistent)을 가지는가? 설명하라.

b. $Y_i = \beta_0 + \beta_1 X_i + \beta_2 W_i + u_i$ 회귀식을 고려해보자. $E(u_i | X_i, W_i)$가 X_i에 의존한다고 생각하는가? β_1의 OLS 추정량이 불편성과 일치성을 갖는가? 설명하라. $E(u_i | X_i, W_i)$가 W_i에 의존한다고 생각하는가? β_2의 OLS 추정량이 새 학교로 전학오는 것(즉 새로 전입한 학생이 되는 것)의 인과효과에 대한 불편 및 일치 추정치를 제공할 것인가? 설명하라.

실증문제

(이 장에는 2개의 실증문제만 제시되어 있지만, 교재 웹사이트인 **http://www.pearsonglobaleditions.com**에서 더 많은 문제를 찾을 수 있다.)

E6.1 실증문제 E5.3에서 소개된 **Birthweight_Smoking** 데이터 세트를 사용해 다음 질문에 답하라.

a. *Birthweight*를 *Smoker*에 대해 회귀분석하라. 흡연이 출생 체중에 미치는 효과의 추정된 값은 얼마인가?

b. *Birthweight*를 *Smoker*, *Alcohol*, *Nprevist*에 대해 회귀분석하라.

i. 핵심 개념 6.1의 두 가지 조건을 사용해, *Alcohol*과 *Nprevist*를 제외하고 추정된 (a)의 회귀분석에 누락변수편향이 존재할 수 있는 이유를 설명하라.

ii. 흡연이 출생 체중에 미치는 효과의 추정값이 *Alcohol*과 *Nprevist*를 제외한 회귀분석과 실질적으로 다른가? (a)의 회귀분석이 누락변수편향을 겪는 것으로 보이는가?

iii. 제인은 임신 기간 동안 담배를 피웠고, 술을 마시지 않았으며, 산전 관리를 8번 받았다. 회귀분석을 사용해 제인의 아이의 출생 체중을 예측하라.

iv. R^2과 $\overline{R}^2$을 계산하라. 왜 이 둘이 매우 비슷한가?

v. *Nprevist*의 계수를 어떻게 해석해야 하는가? 이 계수가 산전 방문이 출생 체중에 미치는 인과효과를 나타내는가? 그렇지 않다면, 무엇을 나타내는가?

c. 부록 6.3의 3단계 과정(Frisch-Waugh 정리)을 사용해 (b)의 다중회귀모형에서 *Smoking*의 계수를 추정하라. 3단계 과정이 (b)에서 얻은 *Smoking*의 추정 계수와 동일한 결과를 주는지 확인하라.

d. 산전 방문을 통제하는 다른 방법은 이진변수 *Tripre0*부터 *Tripre3*을 사용하는 것이다. *Birthweight*를 *Smoker*, *Alcohol*, *Tripre0*, *Tripre2*, *Tripre3*에 대해 회귀분석하라.

i. *Tripre1*이 회귀분석에서 제외된 이유는 무엇인가? 만약 이를 회귀분석에 포함시킨다면 어떤 일이 일어나는가?

ii. *Tripre0*의 추정된 계수가 크고 음수이다. 이 계수는 무엇을 측정하는가? 그 값을 해석하라.

iii. *Tripre2*와 *Tripre3*의 추정 계수값을 해석하라.

iv. (d)의 회귀분석이 (b)의 회귀분석보다 출생 체중의 분산을 더 큰 비율로 설명하는가?

E6.2 실증문제 E4.1에서 설명한 **Growth** 데이터 세트를 사용하되, 몰타의 데이터는 제외하고 다음 연습을 수행하라.

a. *Growth*, *TradeShare*, *YearsSchool*, *Oil*, *Rev_Coups*, *Assassinations*, *RGDP60* 시리즈의 표본 평균, 표준편차, 최솟값 및 최댓값을 보여주는 표를 작성하라. 모든 항목에 대해 적절한 단위를 포함하라.

b. *Growth*를 *TradeShare*, *YearsSchool*, *Rev_Coups*, *Assassinations*, *RGDP60*에 대해 회귀분석하라. *Rev_Coups*의 계수값은 얼마인가? 이 계수의 값을 해석하라. 현실에 비추어봤을 때 이 값이 크거나 작은가?

c. 모든 설명변수에 대해 평균값을 가진 국가의 연평균 성장률을 회귀분석을 사용해 예측하라.

d. (c)를 반복하되, 이번에는 해당 국가의 *TradeShare* 값이 평균보다 1표준편차 위에 있다고 가정하라.

e. *Oil*이 회귀분석에서 제외된 이유는 무엇인가? 만약 이를 포함시킨다면 어떤 일이 일어날 것인가?

부록 6.1 식 (6.1)의 유도

이 부록에서는 식 (6.1)의 누락변수편향 공식의 유도과정을 제시한다. 부록 4.3의 식 (4.28)은 다음과 같이 표현된다.

$$\hat{\beta}_1 = \beta_1 + \frac{\frac{1}{n}\sum_{i=1}^{n}(X_i - \overline{X})u_i}{\frac{1}{n}\sum_{i=1}^{n}(X_i - \overline{X})^2} \tag{6.19}$$

핵심 개념 4.3의 마지막 두 가지 가정하에서, $(1/n)\Sigma_{i=1}^{n}(X_i - \overline{X})^2 \xrightarrow{p} \sigma_X^2$이고 $(1/n)\Sigma_{i=1}^{n}(X_i - \overline{X})u_i \xrightarrow{p} \text{cov}(u_i, X_i) = \rho_{Xu}\sigma_u\sigma_X$이다. 이 극한값들을 (6.19)에 대입하면 식 (6.1)을 얻는다.

부록 6.2 2개의 설명변수와 오차항의 등분산성하에서 OLS 추정량의 분포

다중회귀에서 OLS 추정량의 분산에 대한 일반 공식은 복잡하지만, 2개의 설명변수($k = 2$)가 있고 오차가 등분산성을 가질 경우 분산 공식이 단순해져서 OLS 추정량의 분포에 대한 통찰을 얻을 수 있다.

오차가 등분산성을 가지므로, u_i의 조건부 분산은 $\text{var}(u_i|X_{1i}, X_{2i}) = \sigma_u^2$로 표현될 수 있다. 2개의 설명변수 X_{1i}와 X_{2i}가 있고 오차항이 등분산성을 가질 때, 큰 표본에서 $\hat{\beta}_1$의 표본 분포는 $N(\beta_1, \sigma_{\hat{\beta}_1}^2)$이며, 이 분포의 분산 $\sigma_{\hat{\beta}_1}^2$은 다음과 같다.

$$\sigma_{\hat{\beta}_1}^2 = \frac{1}{n}\left(\frac{1}{1 - \rho_{X_1,X_2}^2}\right)\frac{\sigma_u^2}{\sigma_{X_1}^2} \tag{6.20}$$

여기서 ρ_{X1,X_2}는 두 설명변수 X_1과 X_2 사이의 모집단 상관계수이고, $\sigma_{X_1}^2$은 X_1의 모집단 분산이다.

$\hat{\beta}_1$의 표본 분포의 분산 $\sigma_{\hat{\beta}_1}^2$은 설명변수들 간 상관 계수의 제곱에 따라 그 값이 바뀐다. X_1과 X_2가 양 또는 음의 방향으로 높은 상관관계를 가지면, ρ_{X_1,X_2}^2가 1에 가까워지므로 식 (6.20)의 분모에 있는 $1 - \rho_{X_1,X_2}^2$ 항이 작아지고, 그 결과 $\hat{\beta}_1$의 분산은 $\rho(X_1, X_2)$가 0에 가까울 때보다 더 커진다.

OLS 추정량의 결합 정규 큰 표본 분포의 또 다른 특징은 $\hat{\beta}_1$과 $\hat{\beta}_2$가 일반적으로 상관관계가 있다는 것이다. 오차가 등분산성을 가질 때, OLS 추정량 $\hat{\beta}_1$과 $\hat{\beta}_2$ 사이의 상관관계는 두 설명변수 간 상관관계의 음수이다(연습문제 19.18 참조).

$$\text{corr}(\hat{\beta}_1, \hat{\beta}_2) = -\rho_{X_1, X_2} \tag{6.21}$$

부록 6.3 Frisch-Waugh 정리

다중회귀에서 OLS 추정량은 일련의 짧은 회귀분석을 통해 계산할 수 있다. 식 (6.7)의 다중회귀모형을 고려해보자. β_1의 OLS 추정량은 다음 세 단계로 계산할 수 있다.

1. X_1을 $X_2, X_3, \ldots, X_k$에 대해 회귀분석하고, 이 회귀의 잔차를 $\widetilde{X}_1$이라고 하자.
2. Y를 $X_2, X_3, \ldots, X_k$에 대해 회귀분석하고, 이 회귀의 잔차를 $\widetilde{Y}$라고 하자.
3. $\widetilde{Y}$를 $\widetilde{X}_1$에 대해 회귀분석한다.

이때 각 회귀식에는 상수항(절편)이 포함된다. Frisch-Waugh 정리는 3단계에서의 OLS 계수가 다중회귀모형[식 (6.7)]에서 X_1의 OLS 계수와 동일하다는 것을 보인다.

이 결과는 다중회귀 계수 $\hat{\beta}_1$이 다른 X들을 통제하면서 X_1이 Y에 미치는 영향을 어떻게 추정하는지에 대한 수학적 설명을 제공한다: 첫 두 회귀(1단계와 2단계)가 Y와 X_1에서 다른 X들과 관련된 변동을 제거하기 때문에, 세 번째 회귀는 다른 X들의 영향을 제거한(통제한) 후 남은 것을 사용해 X_1이 Y에 미치는 영향을 추정한다. Frisch-Waugh 정리는 연습문제 19.17에서 증명된다.

이 정리는 식 (6.20)이 식 (5.27)에서 어떻게 유도될 수 있는지를 보여준다. $\hat{\beta}_1$은 $\widetilde{Y}$를 $\widetilde{X}_1$에 회귀분석한 OLS 회귀 계수이므로, 식 (5.27)은 $\hat{\beta}_1$의 등분산성 전용 분산이 $\sigma^2_{\hat{\beta}_1} = \frac{\sigma_u^2}{n\sigma^2_{\widetilde{X}_1}}$임을 시사한다. 여기서 $\sigma^2_{\widetilde{X}_1}$은 $\widetilde{X}_1$의 분산이다. $\widetilde{X}_1$은 X_1을 X_2에 회귀분석한 잔차이기 때문에[식 (6.20)이 $k = 2$ 설명변수모형에 관한 것임을 상기하자], 식 (6.15)는 $s^2_{\widetilde{X}_1} = (1 - \overline{R}^2_{X_1, X_2})s^2_{X_1}$임을 의미한다. 여기서 $\overline{R}^2_{X_1, X_2}$는 X_1을 X_2에 회귀분석한 조정된 R^2이다. 식 (6.20)은 $s^2_{\widetilde{X}_1} \xrightarrow{p} \sigma^2_{\widetilde{X}_1}$, $\overline{R}^2_{X_1, X_2} \xrightarrow{p} \rho^2_{X_1, X_2}$, $s^2_{X_1} \xrightarrow{p} \sigma^2_{X_1}$ 그리고 $s^2_{\widetilde{X}_1} \xrightarrow{p} \sigma^2_{\widetilde{X}_1}$로부터 도출된다.

부록 6.4 다중회귀에서 예측을 위한 최소제곱 가정

이 부록은 부록 4.4의 단일설명변수를 사용한 예측을 위한 최소제곱 가정을 다중설명변수로 확장한다. 그리고 모집단 회귀선의 OLS 추정량의 불편성과 예측의 불편성을 논의한다.

부록 4.4의 단일설명변수를 사용한 예측을 위한 최소제곱 가정의 표기법을 채택해, 표본 외("oos") 관측치를 $(X_1^{oos}, \ldots, X_k^{oos}, Y^{oos})$라고 하자. 목표는 $X_1^{oos}, \ldots, X_k^{oos}$가 주어졌을 때 Y^{oos}를 예측하는 것이다. $(X_{1i}, \ldots, X_{ki}, Y_i)$, $i = 1, \ldots, n$을 회귀 계수를 추정하는 데 사용된 데이터라고 하자. 다중회귀에서 예측을 위한 최소제곱 가정은 다음과 같다.

$$E(Y|X_1, \ldots, X_k) = \beta_0 + \beta_1 X_1 + \ldots + \beta_k X_k \text{이고 } u = Y - E(Y|X_1, \ldots, X_k)\text{이다.}$$

여기서

1. $(X_1^{oos}, \ldots, X_k^{oos}, Y^{oos})$는 $(X_{1i}, \ldots, X_{ki}, Y_i)$, $i = 1, \ldots, n$과 동일한 모집단 분포에서 무작위로 추출된다.
2. $(X_{1i}, \ldots, X_{ki}, Y_i)$, $i = 1, \ldots, n$은 그들의 결합 분포에서 i.i.d. 추출이다.
3. 큰 이상치가 발생할 가능성이 낮다: $X_{1i}, \ldots, X_{ki}$와 Y_i는 0이 아닌 유한한 4차 적률을 가진다.
4. 완전 다중공선성이 없다.

부록 4.4의 단일 X 경우와 마찬가지로, 예측을 위해 β들은 모집단 조건부 기댓값의 계수로 정의된다. 이 β들은 인과적으로 해석될 수도 있고 그렇지 않을 수도 있다. 가정 1은 표본 내 데이터를 사용해 추정된 이 조건부 기댓값이 표본 외 예측 관측치에 적용되는 조건부 기댓값과 동일함을 보장한다. 나머지 가정들은 인과추론에서와 같은 역할을 하는 기술적인 가정들이다.

β들이 선형 조건부 기댓값의 계수라는 정의하에서, 오차 u의 조건부 평균은 반드시 0이 되므로 $E(u_i|X_{1i}, \ldots, X_{ki}) = 0$이다. 따라서 19장의 계산은 OLS 추정량 $\hat{\beta}_0, \hat{\beta}_1, \ldots, \hat{\beta}_k$가 각각의 모집단 기울기 계수에 대해 불편성을 가짐을 보여준다. 가정 2~4의 추가적인 기술적 조건하에서, OLS 추정량은 이러한 조건부 기댓값 기울기 계수에 대해 일치성을 가지며 큰 표본에서 정규분포를 따른다.

표본 외 예측의 불편성은 OLS 추정량의 불편성과 첫 번째 예측 가정에서 나온다. 이 가정은 표본 외 관측치와 표본 내 관측치가 동일한 분포에서 독립적으로 추출되었음을 보장한다. 구체적으로

$$\begin{aligned}
&E(\hat{Y}^{oos}|X_1^{oos} = x_1^{oos}, \ldots, X_k^{oos} = x_k^{oos})\\
&= E(\hat{\beta}_0 + \hat{\beta}_1 X_1^{oos} + \cdots + \hat{\beta}_k X_k^{oos}|X_1^{oos} = x_1^{oos}, \ldots, X_k^{oos} = x_k^{oos})\\
&= E(\hat{\beta}_0|X_1^{oos} = x_1^{oos}, \ldots, X_k^{oos} = x_k^{oos}) + E(\hat{\beta}_1 X_1^{oos}|X_1^{oos} = x_1^{oos}, \ldots, X_k^{oos} = x_k^{oos})\\
&\quad + \cdots + E(\hat{\beta}_k X_l^{oos}|X_1^{oos} = x_1^{oos}, \ldots, X_k^{oos} = x_k^{oos})\\
&= \beta_0 + \beta_1 x_1^{oos} + \cdots + \beta_k x_k^{oos}\\
&= E(Y^{oos}|X_1^{oos} = x_1^{oos}, \ldots, X_k^{oos} = x_k^{oos})
\end{aligned} \tag{6.22}$$

여기서 세 번째 등식은 표본 외 관측치와 표본 내 관측치의 독립성과 표본 내 조건부 기댓값의 모집단 기울기 계수에 대한 OLS 추정량의 불편성으로부터 도출된다. 마지막 등식은 표본 내 관측치와 표본 외 관측치가 동일한 분포에서 추출되었다는 사실에서 나온다.

부록 6.5 통제변수가 있는 다중회귀에서 OLS 추정량의 분포

이 부록은 통제변수가 있는 다중회귀에서 첫 번째 최소제곱 가정[식 (6.17)]하에서, OLS 계수 추정량이 관심변수의 인과효과에 대해 불편추정량임을 보여준다. 핵심 개념 6.6의 기술적 가정 2~4를 추가하면, OLS 추정량은 인과효과의 일치추정량이며 큰 표본에서 정규분포를

따른다. 통제변수의 계수에 대한 OLS 추정량은 조건부 기댓값의 기울기 계수를 추정하고 큰 표본에서 그 기울기 계수 주위로 정규분포를 따른다. 그러나 그 기울기 계수는 일반적으로 인과적 해석을 갖지 않는다.

지금까지 해왔듯이, 조건부 기댓값이 선형이라고 가정하므로, 조건부 평균 독립성 가정은

$$E(u_i|X_{1i},\ldots,X_{ki},W_{1i},\ldots,W_{ri}) = E(u_i|W_{1i},\ldots,W_{ri}) = \gamma_0 + \gamma_1 W_{1i} + \cdots + \gamma_k W_{ki} \tag{6.23}$$

이며, 여기서 γ는 계수들이다. 그러면 Y_i의 조건부 기댓값은 다음과 같다.

$$\begin{aligned} &E(Y_i|X_{1i},\ldots,X_{ki},W_{1i},\ldots,W_{ri}) \\ &= E(\beta_0 + \beta_1 X_{1i} + \cdots + \beta_k X_{ki} + \beta_{k+1} W_{1i} + \cdots + \beta_{k+r} W_{ri} + u_i|X_{1i},\ldots,X_{ki},W_{1i},\ldots,W_{ri}) \\ &= \beta_0 + \beta_1 X_{1i} + \cdots + \beta_k X_{ki} + \beta_{k+1} W_{1i} + \cdots + \beta_{k+r} W_{ri} + E(u_i|X_{1i},\ldots,X_{ki},W_{1i},\ldots,W_{ri}) \\ &= (\beta_0 + \gamma_0) + \beta_1 X_{1i} + \cdots + \beta_k X_{ki} + (\beta_{k+1} + \gamma_1) W_{1i} + \cdots + (\beta_{k+r} + \gamma_r) W_{ri} \\ &= \delta_0 + \beta_1 X_{1i} + \cdots + \beta_k X_{ki} + \delta_1 W_{1i} + \cdots + \delta_r W_{ri}, \end{aligned} \tag{6.24}$$

여기서 첫 번째 등식은 식 (6.18)을 사용하고, 두 번째 등식은 조건부 기댓값의 성질을 사용하며, 세 번째 등식은 식 (6.23)을 사용하고, 네 번째 등식에서는 $\delta_0 = \beta_0 + \gamma_0$과 $\delta_j = \beta_{k+j} + \gamma_j$, $j = 1, \ldots, r$로 정의한다.

식 (6.24)로부터 통제변수가 있는 다중회귀모형을 다음과 같이 다시 쓸 수 있다.

$$Y = \delta_0 + \beta_1 X_{1i} + \cdots + \beta_k X_{ki} + \delta_1 W_{1i} + \cdots + \delta_r W_{ri} + v_i \tag{6.25}$$

여기서 오차항 v_i의 조건부 평균은 0이다: $E(v_i|X_{1i}, \ldots, X_{ki}, W_{1i}, \ldots, W_{ri}) = 0$. 따라서 이렇게 다시 쓴 회귀식에 대해 핵심 개념 6.4의 최소제곱 가정이 적용되며, 계수들은 식 (6.24)의 계수들로 재해석된다.

통제변수가 있는 다중회귀모형 식 (6.25)로부터 세 가지 결론이 도출된다. 첫째, OLS는 식 (6.25)의 β와 δ에 대한 불편추정량을 제공하며, 핵심 개념 6.6의 추가 가정 2~4하에서 OLS 추정량은 일치성을 가지고 큰 표본에서 정규분포를 따른다. 둘째, 조건부 평균 독립성 가정하에서, X에 대한 계수의 OLS 추정량은 인과적 해석을 갖는다. 즉 이 추정량들은 인과효과 $\beta_1, \ldots, \beta_k$에 대해 불편이다. 셋째, 통제변수에 대한 계수는 일반적으로 인과적 해석을 갖지 않는다. 그 이유는 이 계수들이 통제변수의 직접적 인과효과와 더불어 u_i와 통제변수 사이의 상관관계로 인해 발생하는 항(γ들)을 추정하기 때문이다. 따라서 조건부 평균 독립성하에서, 통제변수 계수의 OLS 추정량은 일반적으로 누락변수편향을 겪지만, 관심변수 계수는 그렇지 않다.

CHAPTER 7

다중회귀에서의 가설검정과 신뢰구간

6장에서 논의한 바와 같이, 다중회귀분석은 추가 설명변수를 포함시켜 이들의 효과를 통제함으로써 누락변수편향 문제를 완화한다. 다중회귀모형의 계수는 OLS로 추정할 수 있다. 모든 추정량과 마찬가지로, OLS 추정량은 표본마다 그 값이 다르기 때문에 표본 불확실성을 가진다.

이 장에서는 표준 오차, 통계적 가설검정, 신뢰구간을 사용해 OLS 추정량의 표본 불확실성을 정량화하는 방법을 제시한다. 다중회귀에서 새롭게 나타나는 가능성 중 하나는 2개 이상의 회귀 계수를 동시에 포함하는 가설이다. 이러한 '결합' 가설을 검정하는 일반적인 접근 방식은 새로운 검정 통계량인 F-통계량을 사용한다.

7.1절은 단일설명변수를 가진 회귀에서의 통계적 추론 방법을 다중회귀로 확장한다. 7.2절과 7.3절은 2개 이상의 회귀 계수를 포함하는 가설을 검정하는 방법을 보여준다. 7.4절은 단일 계수에 대한 신뢰구간의 개념을 여러 계수에 대한 신뢰 집합으로 확장한다. 회귀에 어떤 변수를 포함할지 결정하는 것은 실제 분석에서 중요한 문제이므로, 7.5절에서는 이 문제에 접근하는 방법을 논의한다. 7.6절에서는 캘리포니아 시험점수 데이터 세트를 사용해 학생-교사 비율 감소가 시험점수에 미치는 인과효과에 대한 더 나은 추정치를 얻기 위해 다중회귀분석을 적용한다.

7.1 단일 계수에 대한 가설검정과 신뢰구간

이 절에서는 다중회귀 방정식의 한 계수에 대한 표준 오차 계산 방법, 가설검정 방법, 신뢰구간 구성 방법을 설명한다.

OLS 추정량의 표준 오차

단일설명변수의 경우, 기댓값 대신 표본평균을 대입해 OLS 추정량의 분산을 추정할 수 있었고, 이는 식 (5.4)에 주어진 추정량 $\hat{\sigma}^2_{\hat{\beta}_1}$로 이어졌다. 최소제곱 가정하에서, 대수의 법칙은 이러한 표본평균들이 그들의 모집단 대응값으로 수렴함을 의미한다. 예를 들면 $\hat{\sigma}^2_{\hat{\beta}_1} / \sigma^2_{\hat{\beta}_1} \xrightarrow{p}$

1이다. $\hat{\sigma}^2_{\hat{\beta}_1}$의 제곱근은 $\hat{\beta}_1$의 표준 오차 $SE(\hat{\beta}_1)$로, 이는 $\hat{\beta}_1$ 표본 분포의 표준편차 추정량이다.

이 모든 것이 다중회귀로 직접 확장된다. j번째 회귀 계수의 OLS 추정량 $\hat{\beta}_j$는 표준편차를 가지며, 이 표준편차는 표준 오차 $SE(\hat{\beta}_j)$로 추정된다. 표준 오차의 공식은 행렬을 사용해 가장 잘 표현된다(19.2절 참조). 중요한 점은 표준 오차와 관련해 단일 혹은 다중설명변수 사이에 개념적으로 다른 것이 없다는 것이다. 주요 아이디어—추정량의 큰 표본 정규성과 그 표본 분포의 표준편차를 일치성 있게 추정할 수 있는 능력—는 설명변수가 1개든, 2개든, 10개든 동일하다.

단일 계수에 대한 가설검정

영어 학습자 비율을 일정하게 유지한 상태에서 학생-교사 비율의 변화가 시험점수에 영향을 미치지 않는다는 가설을 검정하고 싶다고 가정해보자. 이는 시험점수를 STR과 $PctEL$에 대해 회귀분석한 모집단 회귀에서 학생-교사 비율에 대한 실제 계수 β_1이 0이라는 가설을 세우는 것에 해당한다. 더 일반적으로, j번째 설명변수에 대한 실제 계수 β_j가 어떤 특정 값 $\beta_{j,0}$을 취한다는 가설을 검정하고자 하는 경우가 있다. 귀무 값 $\beta_{j,0}$은 경제 이론에서 오거나, 학생-교사 비율 예처럼 정책적 의사결정을 해야 하는 상황에서 결정된다. 대립가설이 양측인 경우, 두 가설은 수학적으로 다음과 같이 쓸 수 있다.

$$H_0: \beta_j = \beta_{j,0} \text{ vs. } H_1: \beta_j \neq \beta_{j,0} \text{ (양측 대립가설)} \tag{7.1}$$

예를 들어 첫 번째 설명변수가 STR이라면, 학생-교사 비율 변경이 시험점수에 영향을 미치지 않는다는 귀무가설은 $\beta_1 = 0$(따라서 $\beta_{1,0} = 0$)이라는 귀무가설에 해당한다. 우리의 과제는 표본 관측치를 사용해 귀무가설 H_0을 대립가설 H_1에 대해 검정하는 것이다.

핵심 개념 5.2는 단일설명변수가 있을 때 이 귀무가설을 검정하는 절차를 제시한다. 첫 번째 단계는 계수의 표준 오차를 계산하는 것이다. 두 번째 단계는 핵심 개념 5.1의 일반 공식을 사용해 t-통계량을 계산하는 것이다. 세 번째 단계는 부록 표 1의 누적 정규분포를 사용해 검정의 p값을 계산하거나, 또는 t-통계량을 연구자가 설정한 유의수준에 해당하는 임곗값과 비교하는 것이다. 이 절차의 이론적 근거는 OLS 추정량의 평균값이 귀무가설하에서 귀무 값이고 이 분포의 분산을 일치성 있게 추정할 수 있는 큰 표본 정규분포를 가진다는 것이다.

이러한 근거는 다중회귀에서도 존재한다. 핵심 개념 6.5에 명시된 대로, $\hat{\beta}_j$의 표본 분포는 근사적으로 정규분포를 따른다. 귀무가설하에서 이 분포의 평균은 $\beta_{j,0}$이다. 이 분포의 분산은 일치성 있게 추정될 수 있다. 따라서 단일설명변수의 경우와 동일한 절차를 따르기만 하면 식 (7.1)의 귀무가설을 검정할 수 있다.

다중회귀에서 단일 계수에 대한 가설을 검정하는 절차는 핵심 개념 7.1에 요약했다. 실제로 계산된 t-통계량은 이 상자에서 t^{act}로 표시한다. 그러나 이를 단순히 t로 표기하는 것이 관례이며, 책의 나머지 부분에서 이 단순화된 표기법을 사용한다.

핵심 개념 **7.1**

귀무가설 $\beta_j = \beta_{j,0}$을 대립가설 $\beta_j \neq \beta_{j,0}$에 대해 검정하기

1. $\hat{\beta}_j$의 표준 오차 $SE(\hat{\beta}_j)$를 계산한다.
2. t-통계량을 계산한다.

$$t^{act} = \frac{\hat{\beta}_j - \beta_{j,0}}{SE(\hat{\beta}_j)} \tag{7.2}$$

3. p값을 계산한다.

$$p\text{-value} = 2\Phi(-|t^{act}|) \tag{7.3}$$

여기서 t^{act}는 실제로 계산된 t-통계량의 값이다. p값이 0.05보다 작거나, 혹은 동일하게 $|t^{act}| > 1.96$이면 5% 유의수준에서 가설을 기각한다.

표준 오차와 t-통계량 및 $\beta_j = 0$을 검정하는 p값은 (일반적으로) 회귀분석 소프트웨어에 의해 자동으로 계산된다.

단일 계수에 대한 신뢰구간

다중회귀모형에서 신뢰구간을 만드는 방법도 단일설명변수모형에서와 동일하다. 이 방법은 핵심 개념 7.2에 요약했다.

핵심 개념 7.1의 가설검정 방법과 핵심 개념 7.2의 신뢰구간 구성 방법은 OLS 추정량 $\hat{\beta}_j$분포의 큰 표본 정규 근사에 따른다. 따라서 이러한 표본 불확실성을 정량화하는 방법들은 큰 표본에서만 작동이 보장된다는 점을 명심해야 한다.

시험점수와 학생-교사 비율에 대한 적용

학군의 영어 학습자 비율을 통제한 후에도 학생-교사 비율의 변화가 시험점수에 영향을 미치지 않는다는 귀무가설을 기각할 수 있는가? 영어 학습자 비율을 통제한 상태에서 학생-교사 비율의 변화가 시험점수에 미치는 영향에 대한 95% 신뢰구간은 무엇인가? 이제 이에 대해 답할 수 있다. OLS로 추정된 *STR*과 *PctEL*에 대한 시험점수의 회귀분석 결과는 식 (6.12)에

핵심 개념 **7.2**

다중회귀에서 단일 계수에 대한 신뢰구간

계수 β_j에 대한 양측 신뢰구간 β_j의 참값이 95%의 확률로 포함되는 구간을 의미한다. 즉 무작위로 추출된 모든 가능한 표본 중 95%에서 이러한 구간이 β_j의 참값을 포함한다. 동일하게, 이는 5% 유의수준의 양측 가설검정을 통해 기각되지 않은 β_j값들의 집합이라고도 할 수 있다. 표본 크기가 클 때, 95% 신뢰구간은 다음과 같다.

$$\beta_j\text{에 대한 95\% 신뢰구간} = [\hat{\beta}_j - 1.96\,SE(\hat{\beta}_j),\ \hat{\beta}_j + 1.96\,SE(\hat{\beta}_j)] \tag{7.4}$$

90% 신뢰구간은 식 (7.4)의 1.96을 1.64로 바꾸면 얻을 수 있다.

주어졌으며, 여기에 계수 아래 괄호 안에 표준 오차와 함께 다시 한번 제시하겠다.

$$\widehat{TestScore} = \underset{(8.7)}{686.0} - \underset{(0.43)}{1.10} \times STR - \underset{(0.031)}{0.650} \times PctEL \tag{7.5}$$

*STR*에 대한 실제 계수가 0이라는 가설을 검정하기 위해, 먼저 식 (7.2)의 t-통계량을 계산해야 한다. 귀무가설이 이 계수의 실제 값이 0이라고 하기 때문에, t-통계량은 $t = (-1.10 - 0)/0.43 = -2.54$이다. p값은 $2\Phi(-2.54) = 1.1\%$이다. 즉 우리가 귀무가설을 기각할 수 있는 가장 작은 유의수준은 1.1%이다. p값이 5%보다 작기 때문에, 귀무가설은 5% 유의수준에서 기각될 수 있다(그러나 1% 유의수준에서는 아슬아슬하게 기각되지 않는다).

*STR*에 대한 모집단 계수의 95% 신뢰구간은 $-1.10 \pm 1.96 \times 0.43 = (-1.95, -0.26)$이다. 즉 우리는 실제 계수값이 -1.95와 -0.26 사이에 있다고 95% 확신할 수 있다. 교육감이 학생-교사 비율을 2만큼 감소시키는 데 관심이 있다면, 시험점수에 미치는 영향에 대한 95% 신뢰구간은 $(-0.26 \times -2, -1.95 \times -2) = (0.52, 3.90)$이다.

학생당 지출을 방정식에 추가하기 식 (7.5)의 다중회귀분석 결과를 바탕으로 학급 규모 축소가 지역 시험점수를 올릴 것이라고 교육감을 설득했다. 그러나 이제 교육감은 더 미묘한 질문으로 넘어간다. 더 많은 교사를 고용하려면 예산의 다른 부분을 삭감하거나(새 컴퓨터 구입 중지, 유지보수 감소 등) 납세자들이 선호하지 않는 예산 증액을 요청해야 한다. 교육감은 학생당 지출(그리고 영어 학습자 비율)을 일정하게 유지하면서 학생-교사 비율을 줄이는 것이 시험점수에 미치는 영향이 무엇인지 묻는다.

이 질문은 시험점수를 학생-교사 비율, 학생당 총지출, 영어 학습자 비율에 대해 회귀분석해 대답할 수 있다. OLS 회귀선은 다음과 같다.

$$\widehat{TestScore} = \underset{(15.5)}{649.6} - \underset{(0.48)}{0.29} \times STR + \underset{(1.59)}{3.87} \times Expn - \underset{(0.032)}{0.656} \times PctEL \tag{7.6}$$

여기서 *Expn*은 지역의 학생당 연간 총지출을 천 달러 단위로 나타낸 것이다.

결과는 놀랍다. 학생당 지출과 영어 학습자 비율을 일정하게 유지할 때, 학생-교사 비율 변경은 시험점수에 매우 작은 영향을 미치는 것으로 추정된다: *STR*의 추정 계수는 식 (7.5)에서 -1.10이지만, 식 (7.6)에서 *Expn*을 설명변수로 추가한 후에는 -0.29에 불과하다. 더욱이, 이 계수의 실제 값이 0이라는 가설을 검정하는 t-통계량은 이제 $t = (-0.29 - 0)/0.48 = -0.60$이므로, 이 계수의 모집단 값이 실제로 0이라는 가설은 10% 유의수준에서도 기각될 수 없다($|-0.60| < 1.64$). 따라서 식 (7.6)은 학생당 총지출을 일정하게 유지하면서 더 많은 교사를 고용하는 것이 시험점수를 향상시킨다는 증거를 보여주지 않는다.

식 (7.6)의 회귀에 대한 한 가지 해석은 이 캘리포니아 데이터에서 학교 관리자들이 예산을 효율적으로 배분한다는 것이다. 반사실적으로, 식 (7.6)에서 *STR*의 계수가 음수이고 크다고 가정해보자. 그렇다면 학군들은 다른 목적(교과서, 기술, 스포츠 등)에 대한 자금을 줄이고 그 자금을 사용해 더 많은 교사를 고용함으로써 지출을 일정하게 유지하면서 학급 규모를 줄여 시험점수를 쉽게 높일 수 있을 것이다. 그러나 식 (7.6)에서 *STR*의 작고 통계적으로 유의하지 않은 계수는 이러한 이전이 시험점수에 거의 영향을 미치지 않을 것임을 나타낸다. 다르게 말하면, 각 학군은 이미 자금을 효율적으로 배분하고 있다.

*Expn*이 추가되었을 때 *STR*의 표준 오차가 식 (7.5)의 0.43에서 식 (7.6)의 0.48로 증가했음에 주목하자. 이는 불완전 다중공선성의 맥락에서 6.7절에서 소개한 일반적인 상황을 보여준다. 즉 설명변수 간의 상관관계(*STR*과 *Expn*의 상관관계는 −0.62)가 OLS 추정량을 덜 정확하게 만들 수 있다는 것이다.

화난 납세자는 어떤가? 그는 학생-교사 비율(β_1)과 학생당 지출(β_2)에 대한 계수의 모집단 값이 **모두** 0이라고 주장한다. 즉 그는 $\beta_1 = 0$이고 $\beta_2 = 0$이라고 가정한다. 식 (7.6)에서 $\beta_2 = 0$을 검정하는 t-통계량이 $t = 3.87/1.59 = 2.43$이므로 이 가설을 기각할 수 있을 것 같지만, 이 추론은 잘못되었다. 납세자의 가설은 결합가설이며, 이를 검정하려면 새로운 도구인 F-통계량이 필요하다.

7.2 결합가설검정

이 절에서는 다중회귀 계수에 대한 결합가설을 설정하는 방법과 F-통계량을 사용해 이를 검정하는 방법을 설명한다.

둘 이상의 계수에 대한 가설검정

결합 귀무가설 식 (7.6)의 학생-교사 비율, 학생당 지출, 영어 학습자 비율에 대한 시험점수 회귀를 고려해보자. 화난 납세자는 영어 학습자 비율을 통제하면 학생-교사 비율과 학생당 지출 모두 시험점수에 영향을 미치지 않는다고 생각한다. *STR*이 식 (7.6)의 첫 번째 설명변수이고 *Expn*이 두 번째이므로, 이 가설을 수학적으로 다음과 같이 쓸 수 있다.

$$H_0 : \beta_1 = 0 \quad \text{그리고} \quad \beta_2 = 0 \text{ vs. } H_1 : \beta_1 \neq 0 \quad \text{그리고/또는} \quad \beta_2 \neq 0 \qquad (7.7)$$

학생-교사 비율 계수(β_1)와 학생당 지출 계수(β_2) **모두** 0이라는 가설은 다중회귀모형의 계수에 대한 결합가설의 예다. 이 경우 귀무가설은 두 계수의 값을 제한하므로, 용어상 식 (7.7)의 귀무가설이 다중회귀모형에 두 가지 **제약**(restriction), 즉 $\beta_1 = 0$ 그리고 $\beta_2 = 0$을 주고 있다고 말할 수 있다.

일반적으로, **결합가설**(joint hypothesis)은 회귀 계수에 둘 이상의 제약을 가하는 가설이다. 다음 형태의 결합 귀무가설과 대립가설을 고려하자.

$$H_0 : \beta_j = \beta_{j,0},\ \beta_m = \beta_{m,0},\ \ldots,\ \text{총 } q\text{개의 제약 vs.}$$
$$H_1 : H_0\text{하의 } q\text{개 제약 중 하나 이상이 성립하지 않음} \qquad (7.8)$$

여기서 β_j, β_m, ...은 서로 다른 회귀 계수를 나타내고 $\beta_{j,0}$, $\beta_{m,0}$, ...은 귀무가설하에서 이 계수들의 값을 나타낸다. 식 (7.7)의 귀무가설은 식 (7.8)의 예다. 또 다른 예로, $k = 6$인 회귀식에서 두 번째, 네 번째, 다섯 번째 설명변수의 계수가 0이라는 귀무가설을 생각해보자. 즉 $\beta_2 = 0$, $\beta_4 = 0$, $\beta_5 = 0$이므로, $q = 3$개의 제약이 있다. 일반적으로 귀무가설 H_0하에서 q개의 이러한 제약이 있다.

식 (7.8)의 귀무가설 H_0을 구성하는 등식 중 적어도 하나가 거짓이면, 결합 귀무가설 자체가 거짓이다. 따라서 대립가설은 귀무가설 H_0의 등식 중 적어도 하나가 성립하지 않는다는 것이다.

왜 개별 계수를 한 번에 하나씩 검정할 수 없을까? 일반적인 t-통계량을 사용해 제약을 한 번에 하나씩 검정함으로써 결합가설을 검정할 수 있어야 할 것 같지만, 다음 계산은 이 접근법이 신뢰할 수 없음을 보여준다. 구체적으로, 식 (7.6)에서 $\beta_1 = 0$ 그리고 $\beta_2 = 0$이라는 결합 귀무가설을 검정한다고 하자. t_1을 $\beta_1 = 0$이라는 귀무가설을 검정하는 t-통계량이라 하고, t_2를 $\beta_2 = 0$이라는 귀무가설을 검정하는 t-통계량이라 하자. '한 번에 하나씩' 검정을 실시하면 어떤 일이 일어날까: t_1 또는 t_2의 절댓값 중 하나라도 1.96을 초과하면 결합 귀무가설을 기각하게 되는가?

이 질문은 2개의 확률변수 t_1과 t_2를 포함하므로, 이에 답하려면 t_1과 t_2의 결합 표본 분포를 구해야 한다. 6.6절에서 언급했듯이, 큰 표본에서 $\hat{\beta}_1$과 $\hat{\beta}_2$는 결합 정규분포를 가지므로 결합 귀무가설하에서 t-통계량 t_1과 t_2는 이변량 정규분포를 가지며, 각 t-통계량은 평균이 0이고 분산이 1이다.

먼저, t-통계량들이 상관관계가 없고 따라서 큰 표본에서 독립적인 특수한 경우를 고려해보자. '한 번에 하나씩' 검정의 크기(size)는 얼마인가? 즉 귀무가설이 참일 때 이를 기각할 확률은 얼마인가? 5% 이상이다! 이러한 특수한 경우에, 이 '한 번에 하나씩' 검정 방법의 기각 확률을 정확히 계산할 수 있다. $|t_1| \leq 1.96$이고 $|t_2| \leq 1.96$일 때만 귀무가설이 기각되지 않는다. t-통계량들이 독립적이므로, $Pr(|t_1| \leq 1.96$ 그리고 $|t_2| \leq 1.96) = Pr(|t_1| \leq 1.96) \times Pr(|t_2| \leq 1.96) = 0.95^2 = 0.9025 = 90.25\%$이다. 따라서 귀무가설이 참일 때 이를 기각할 확률은 $1 - 0.95^2 = 9.75\%$이다. 이 '한 번에 하나씩' 방법은 검정 절차가 귀무가설을 기각할 수 있는 너무 많은 기회를 주게 된다: 첫 번째 t-통계량을 사용해 기각하지 못하면, 두 번째를 사용해 다시 시도할 수 있다.

설명변수들이 상관관계가 있다면 상황은 더 복잡해진다. '한 번에 하나씩' 절차의 크기는 설명변수 간의 상관관계 값에 따라 달라진다. '한 번에 하나씩' 검정의 크기가 잘못되었기 때문에 — 즉 귀무가설하에서의 기각률이 원하는 유의수준과 같지 않기 때문에 — 새로운 접근법이 필요하다.

한 가지 해결책은 '한 번에 하나씩' 방법을 수정해 검정의 크기가 유의수준과 같아지도록 하는 다른 임곗값을 사용하는 것이다. 이 방법을 본페로니(Bonferroni) 방법이라고 하며, 부록 7.1에서 설명한다. 본페로니 방법의 장점은 일반적으로 널리 적용할 수 있다는 것이다. 단점은 검정력이 낮을 수 있다는 것이다: 실제로 대립가설이 참일 때 귀무가설을 기각하지 못하는 경우가 자주 있다.

다행히도, 특히 설명변수들이 높은 상관관계를 가질 때 더 강력한 결합가설검정 방법이 있다. 이는 F-통계량을 사용하는 것이다.

F-통계량

F-통계량(F-statistic)은 회귀 계수에 대한 결합 가설을 검정하는 데 사용된다. F-통계량의 공식은 일반적으로 사용하는 회귀분석 소프트웨어에 포함되어 있다. 먼저 제약이 둘 있을 경우를 논의한 다음 q개의 제약에 대한 일반적인 사례로 넘어가겠다.

$q = 2$ 제약이 있는 F-통계량 결합 귀무가설이 $\beta_1 = 0$과 $\beta_2 = 0$이라는 두 가지 제약을 가질 때, F-통계량은 다음 공식을 사용해 두 t-통계량 t_1과 t_2를 결합한다.

$$F = \frac{1}{2}\left(\frac{t_1^2 + t_2^2 - 2\hat{\rho}_{t_1,t_2}t_1t_2}{1 - \hat{\rho}_{t_1,t_2}^2}\right) \tag{7.9}$$

여기서 $\hat{\rho}_{t_1,t_2}$는 두 t-통계량 간의 상관관계 추정량이다.

식 (7.9)의 F-통계량을 이해하기 위해 먼저 t-통계량들이 상관관계가 없다고 가정해 $\hat{\rho}_{t_1,t_2}$를 포함하는 항들을 제거할 수 있다고 하자. 그렇다면 식 (7.9)는 간단하게 $F = \frac{1}{2}(t_1^2 + t_2^2)$가 된다. 즉 F-통계량은 t-통계량 각각의 제곱의 평균이다. 귀무가설하에서 t_1과 t_2는 독립적인 표준 정규 확률변수이므로(t-통계량들이 가정에 의해 상관관계가 없기 때문에), 귀무가설하에서 F는 $F_{2,\infty}$ 분포를 따른다(2.4절). β_1이 0이 아니거나 β_2가 0이 아니라는(또는 둘 다) 대립가설하에서는, t_1^2이나 t_2^2(또는 둘 다)가 크게 되어 검정이 귀무가설을 기각하게 된다.

일반적으로 t-통계량들은 상관관계가 있으며, 식 (7.9)의 F-통계량 공식은 이 상관관계를 조정한다. 이 조정은 귀무가설하에서 F-통계량이 t-통계량들의 상관관계 여부와 관계없이 큰 표본에서 $F_{2,\infty}$ 분포를 따르도록 하기 위해 사용된다.

q개 제약이 있는 F-통계량 식 (7.8)의 결합 귀무가설의 q개 제약을 검정하는 이분산성 강건 F-통계량 공식은 19.3절에 제시했다. 이 공식은 회귀분석 소프트웨어에 포함되어 있어 실제로 F-통계량을 쉽게 계산할 수 있다.

귀무가설하에서 F-통계량은 큰 표본에서 $F_{q,\infty}$ 분포로 주어지는 표본 분포를 가진다. 즉 큰 표본에서 귀무가설하에

$$F\text{-통계량은 } F_{q,\infty} \text{ 분포를 따른다.} \tag{7.10}$$

따라서 F-통계량의 임곗값은 적절한 q값과 원하는 유의수준에 대해 부록 표 4의 $F_{q,\infty}$ 분포표에서 얻을 수 있다.

통계 소프트웨어에서 이분산성 강건 F-통계량 계산 F-통계량이 일반적인 이분산성 강건 공식을 사용해 계산되면, 귀무가설하에서의 큰 표본 분포는 오차가 등분산인지 이분산인지와 관계없이 $F_{q,\infty}$이다. 5.4절에서 논의한 바와 같이, 전통적인 이유로 대부분의 통계 소프트웨어는 기본적으로 등분산성 전용 표준 오차를 계산한다. 따라서 일부 소프트웨어에서는 F-통계량이 이분산성 강건 표준 오차(그리고 더 일반적으로 '공분산 행렬'의 이분산성 강건 추정치)

를 사용해 계산되도록 'robust' 옵션을 선택해야 한다. 등분산성 전용 F-통계량은 이 절의 끝에서 논의한다.

F-통계량을 사용한 p값 계산 F-통계량의 p값은 그 분포에 대한 큰 표본 $F_{q,\infty}$ 근사를 사용해 계산할 수 있다. F^{act}를 실제로 계산된 F-통계량 값이라고 하자. F-통계량은 귀무가설하에서 큰 표본 $F_{q,\infty}$ 분포를 가지므로, p값은 다음과 같다.

$$p\text{값} = \Pr[F_{q,\infty} > F^{act}] \tag{7.11}$$

식 (7.11)의 p값은 $F_{q,\infty}$ 분포표를 사용해 계산할 수 있다(또는 χ_q^2 분포표를 사용할 수 있다. 왜냐하면 χ_q^2 분포를 따르는 확률변수는 $F_{q,\infty}$ 분포를 따르는 확률변수의 q배이기 때문이다). 또는 대부분의 현대 통계 소프트웨어에 카이제곱 및 F 분포의 누적분포함수가 포함되어 있으므로 컴퓨터를 사용해 p값을 계산할 수 있다.

전체 회귀 F-통계량 전체 회귀 F-통계량은 모든 기울기 계수가 0이라는 결합가설을 검정한다. 즉 귀무가설과 대립가설은 다음과 같다.

$$H_0 : \beta_1 = 0,\ \beta_2 = 0,\ \ldots,\ \beta_k = 0 \text{ vs. } H_1 : \beta_j \neq 0, \text{ 적어도 하나의 } j\text{에 대해, } j = 1, \ldots, k \tag{7.12}$$

이 귀무가설하에서, 설명변수 중 어느 것도 Y_i의 변동을 설명하지 못하지만, 절편(귀무가설하에서 Y_i의 평균)은 0이 아닐 수 있다. 식 (7.12)의 귀무가설은 식 (7.8)의 일반적인 귀무가설의 특수한 경우이며, 전체 회귀 F-통계량은 식 (7.12)의 귀무가설에 대해 계산된 F-통계량이다. 큰 표본에서 귀무가설이 참일 때 전체 회귀 F-통계량은 $F_{k,\infty}$ 분포를 따른다.

$q = 1$일 때의 F-통계량 $q = 1$일 때, F-통계량은 하나의 제약을 검정한다. 이 경우 결합 귀무가설은 단일회귀 계수에 대한 귀무가설이며, F-통계량은 t-통계량의 제곱이 된다.

시험점수와 학생-교사 비율에 대한 적용

이제 우리는 학군의 영어 학습자 비율을 통제하면서 학생-교사 비율과 학생당 지출의 계수가 모두 0이라는 귀무가설을 적어도 하나의 계수가 0이 아니라는 대립가설에 대해 검정할 수 있다.

이 가설을 검정하기 위해, 식 (7.6)에 보고된 *TestScore*를 *STR*, *Expn*, *PctEL*에 대해 회귀분석한 결과를 사용해 $\beta_1 = 0$ 그리고 $\beta_2 = 0$이라는 귀무가설을 검정하는 이분산성 강건 F-통계량을 계산해야 한다. 이 F-통계량은 5.43이다. 귀무가설하에 큰 표본에서 이 통계량은 $F_{2,\infty}$ 분포를 따른다. $F_{2,\infty}$ 분포의 5% 임곗값은 3.00이고(부록 표 4), 1% 임곗값은 4.61이다. 데이터에서 계산된 F-통계량 값 5.43은 4.61보다 더 크기 때문에 귀무가설은 1% 수준에서 기각된다. 귀무가설이 실제로 참이라면 5.43만큼 큰 F-통계량을 산출하는 표본을 뽑을 가능성은 매우 낮다(p값은 0.005이다). 이 F-통계량에 요약된 식 (7.6)의 증거에 기반해, (영어 학습자 비율을 일정하게 유지한 상태에서) 학생-교사 비율이나 학생당 지출이 시험점수에 영향을 미치지 않는다는 납세자의 가설을 기각할 수 있다.

등분산성 전용 F-통계량

F-통계량이 다루는 질문을 다시 정리해보면 귀무가설을 구성하는 q개의 제약을 완화하는 것이 회귀의 적합도를 충분히 개선하는지, 즉 귀무가설이 참일 때 이 개선이 단순히 무작위 표본추출로 인한 변동 때문일 가능성이 낮은지를 묻는 것이다. 이 질문은 F-통계량과 회귀 R^2 사이에 연관이 있음을 뜻한다: 큰 F-통계량은 R^2의 실질적인 증가와 관련이 있어 보인다. 실제로, 오차 u_i가 등분산성을 가진다면 이러한 직관적 예측은 수학적으로 정확하게 나타낼 수 있다. 보다 구체적으로, 오차항이 등분산성을 가진다면 F-통계량은 잔차제곱합의 감소 또는 회귀 R^2의 증가로 측정되는 회귀의 적합도 개선으로 나타낼 수 있다. 결과로 나온 F-통계량은 오차항이 등분산성을 가질 때만 유효하기 때문에 등분산성 전용 F-통계량이라고 한다. 반면에, 19.3절의 공식을 사용해 계산된(그리고 위에서 보고된) 이분산성 강건 F-통계량은 오차항이 등분산성인지 이분산성인지와 관계없이 유효하다. 등분산성 전용 F-통계량의 이런 중요한 한계에도 불구하고, 공식이 간단하므로 F-통계량이 무엇을 나타내는지 쉽게 알 수 있다. 또한 이 간단한 공식은 (F-통계량이 보고되지 않더라도) 일반적인 회귀분석에서 보고하는 회귀 R^2 등을 이용해 쉽게 계산할 수 있다.

등분산성 전용 F-통계량은 두 회귀의 잔차제곱합에 기반한 간단한 공식을 사용해 계산된다. 첫 번째 회귀는 **제한된 회귀**(restricted regression)라고 하며, 귀무가설이 참이 되는 모형이다. 귀무가설이 식 (7.8)과 같은 유형일 때, 즉 모든 가설화된 값이 0일 때 제한된 회귀는 그 계수들이 0으로 설정된 회귀이다. 따라서 관련 설명변수들이 회귀식에서 제외된다. 두 번째 회귀는 **제한되지 않은 회귀**(unrestricted regression)라고 하며, 대립가설이 참일 수도 있다. 제한되지 않은 회귀의 잔차제곱합이 제한된 회귀보다 충분히 작다면, 검정은 귀무가설을 기각한다.

등분산성 전용 F-통계량(homoskedasticity-only F-statistic)은 다음 공식으로 주어진다.

$$F = \frac{(SSR_{restricted} - SSR_{unrestricted})/q}{SSR_{unrestricted}/(n - k_{unrestricted} - 1)} \tag{7.13}$$

여기서 $SSR_{restricted}$는 제한된 회귀의 잔차제곱합, $SSR_{unrestricted}$는 제한되지 않은 회귀의 잔차제곱합, q는 귀무가설하의 제약 수, $k_{unrestricted}$는 제한되지 않은 회귀의 설명변수 수이다. 등분산성 전용 F-통계량을 나타내는 또 다른 (동등한) 공식은 두 회귀의 R^2에 기반한다.

$$F = \frac{(R^2_{unrestricted} - R^2_{restricted})/q}{(1 - R^2_{unrestricted})/(n - k_{unrestricted} - 1)} \tag{7.14}$$

오차가 등분산성을 가진다면, 식 (7.13) 또는 (7.14)를 사용해 계산된 등분산성 전용 F-통계량과 이분산성 강건 F-통계량의 차이는 표본크기 n이 증가함에 따라 사라진다. 따라서 오차가 등분산성을 가진다면, 귀무가설하에서 등분산성 전용 F-통계량의 표본 분포는 큰 표본에서 $F_{q,\infty}$이다.

이 공식들은 계산하기 쉽고 제한되지 않은 회귀와 제한된 회귀가 데이터를 얼마나 잘 설명하는지에 대해 직관적인 해석을 제공한다. 불행히도, 이 공식들은 오차가 등분산성을 가질 때만 적용된다. 등분산성은 경제 데이터를 사용하는 응용주제에서, 또는 더 일반적으로 사회과학에서 일반적으로 사용하는 데이터 세트에서는 성립하기 힘든 특별한 경우이기 때문에, 실제로 등분산성 전용 F-통계량은 이분산성 강건 F-통계량의 만족스러운 대안이 아니다.

n이 작을 때 등분산성 전용 F-통계량 사용하기 오차가 i.i.d., 등분산성, 정규분포를 따른다면, 식 (7.13)과 (7.14)에 정의된 등분산성 전용 F-통계량은 귀무가설하에서 $F_{q,n-k_{unrestricted}-1}$ 분포를 따른다(19.4절 참조). 이 분포의 임곗값은 q와 $n - k_{unrestricted} - 1$에 따라 결정되며, 부록 표 5에 제시되어 있다. 2.4절에서 논의한 바와 같이, $F_{q,n-k_{unrestricted}-1}$ 분포는 n이 증가함에 따라 $F_{q,\infty}$ 분포로 수렴한다. 표본크기가 클 때 두 분포 간의 차이는 무시할 만하다. 그러나 표본의 크기가 작은 경우, 임곗값들은 서로 다르다.

시험점수와 학생-교사 비율에 대한 적용 $PctEL$을 통제하면서 STR과 $Expn$에 대한 모집단 계수가 0이라는 귀무가설을 검정하기 위해, 제한된 회귀와 제한되지 않은 회귀의 R^2(또는 SSR)을 계산해야 한다. 제한되지 않은 회귀는 STR, $Expn$, $PctEL$을 설명변수로 가지며 식 (7.6)에 제시되어 있다. 그 R^2은 0.4366이다. 즉 $R^2_{unrestricted} = 0.4366$이다. 제한된 회귀는 STR과 $Expn$의 실제 계수값이 0이라는 결합 귀무가설을 부과한다. 즉 귀무가설하에서 STR과 $Expn$은 모집단 회귀에 들어가지 않지만, $PctEL$은 들어간다(귀무가설은 $PctEL$의 계수를 제한하지 않는다). OLS로 추정된 제한된 회귀는 다음과 같다.

$$\widehat{TestScore} = \underset{(1.0)}{664.7} - \underset{(0.032)}{0.671} \times PctEL,\ R^2 = 0.4149 \tag{7.15}$$

따라서 $R^2_{restricted} = 0.4149$이다. 제약의 수는 $q = 2$, 관측치의 수는 $n = 420$, 제한되지 않은 회귀의 설명변수 수는 $k = 3$이다. 식 (7.14)를 사용해 계산된 등분산성 전용 F-통계량은 다음과 같다.

$$F = \frac{(0.4366 - 0.4149)/2}{(1 - 0.4366)/(420 - 3 - 1)} = 8.01$$

8.01이 1% 임곗값 4.61을 초과하기 때문에, 등분산성 전용 검정을 사용해 1% 수준에서 귀무가설을 기각한다.

이 예는 등분산성 전용 F-통계량의 장단점을 보여준다. 장점은 계산기를 사용해 계산할 수 있을 만큼 간단하다는 것이다. 단점은 등분산성 전용과 이분산성 강건 F-통계량의 값이 매우 다를 수 있다는 것이다: 이 결합가설을 검정하는 이분산성 강건 F-통계량은 5.43으로, 신뢰가 덜 가는 등분산성 전용 값 8.01과 상당히 다르다.

7.3 여러 계수를 포함한 단일 제약 검정

경제 이론에서 때때로 2개 이상의 회귀 계수를 포함하는 단일 제약을 얻을 수 있다. 예를 들어 이론에 의해 $\beta_1 = \beta_2$ 형태의 귀무가설을 얻을 수 있다. 즉 첫 번째와 두 번째 설명변수의 효과가 동일하다는 것이다. 이 경우, 이 귀무가설을 두 계수가 다르다는 대립가설에 대해 검정하고자 한다.

$$H_0: \beta_1 = \beta_2 \text{ vs. } H_1: \beta_1 \neq \beta_2 \quad (7.16)$$

이 귀무가설은 단일 제약을 가지므로 $q = 1$이지만, 그 제약은 여러 계수(β_1과 β_2)를 포함한다. 이 가설을 검정하려면 지금까지 배운 방법을 바꿀 필요가 있다. 두 가지 접근 방법이 있으며, 어느 것이 더 쉬운지는 당신이 사용하는 소프트웨어에 따라 다르다.

접근 방법 1: 제약을 직접 검정 일부 통계 패키지는 식 (7.16)과 같은 제약을 검정하도록 설계된 특수 명령어가 있으며, 이러한 명령어를 통해 ($q = 1$이므로) 귀무가설하에서 $F_{1,\infty}$ 분포를 따르는 F-통계량을 얻는다. (2.4절에서 표준정규 확률변수의 제곱이 $F_{1,\infty}$ 분포를 따르므로, $F_{1,\infty}$ 분포의 95% 백분위수는 $1.96^2 = 3.84$임을 떠올려보자.)

접근 방법 2: 회귀식을 변환 통계 패키지가 제약을 직접 검정할 수 없는 경우에는, 원래 회귀식인 식 (7.16)에 주어진 제약을 단일회귀 계수에 대한 제약으로 바꾸는 기법을 사용해 검정할 수 있다. 구체적으로, 회귀 시에 X_{1i}와 X_{2i}라는 2개의 설명변수만 있다고 가정하면, 모집단 회귀는 다음 형태를 가진다.

$$Y_i = \beta_0 + \beta_1 X_{1i} + \beta_2 X_{2i} + u_i \quad (7.17)$$

다음이 여기서 사용할 기법이다: $\beta_2 X_{1i}$를 빼고 더함으로써, $\beta_1 X_{1i} + \beta_2 X_{2i} = \beta_1 X_{1i} - \beta_2 X_{1i} + \beta_2 X_{1i} + \beta_2 X_{2i} = (\beta_1 - \beta_2) X_{1i} + \beta_2 (X_{1i} + X_{2i}) = \gamma_1 X_{1i} + \beta_2 V_i$가 된다. 여기서 $\gamma_1 = \beta_1 - \beta_2$이고 $V_i = X_{1i} + X_{2i}$이다. 따라서 식 (7.17)의 모집단 회귀는 다음과 같이 다시 쓸 수 있다.

$$Y_i = \beta_0 + \gamma_1 X_{1i} + \beta_2 V_i + u_i \quad (7.18)$$

이 방정식에서 계수 γ_1은 $\gamma_1 = \beta_1 - \beta_2$이므로, 식 (7.16)의 귀무가설하에서 $\gamma_1 = 0$이고, 대립가설하에서 $\gamma_1 \neq 0$이다. 따라서 식 (7.17)을 식 (7.18)로 바꿈으로써, 두 회귀 계수에 대한 제약을 단일회귀 계수에 대한 제약으로 바꾸었다.

제약이 이제 단일 계수 γ_1을 포함하므로, 식 (7.16)의 귀무가설은 7.1절의 t-통계량 방법을 사용해 검정할 수 있다. 실제 데이터 분석 시에는 먼저 기존 두 설명변수의 합으로 새로운 설명변수 V_i를 구성한 다음, Y_i를 X_{1i}와 V_i에 대해 회귀분석한다. $\beta_1 - \beta_2$의 차이에 대한 95% 신뢰구간은 $\hat{\gamma}_1 \pm 1.96\, SE(\hat{\gamma}_1)$로 계산할 수 있다.

이 방법은 같은 기법을 사용해 회귀식에 대한 다른 제약을 검정하는 데도 사용할 수 있다(연습문제 7.9 참조).

두 방법(접근 방법 1과 2)은 첫 번째 방법의 F-통계량이 두 번째 방법의 t-통계량의 제곱과 같다는 점에서 동등하다.

$q > 1$로의 확장 일반적으로 귀무가설하에서 q개의 제약을 가질 수 있으며, 이 제약들 중 일부 또는 전부가 다수의 계수를 포함할 수 있다. 7.2절의 F-통계량은 이러한 유형의 결합가설

에도 사용될 수 있다. F-통계량은 방금 논의한 $q = 1$인 경우 사용할 수 있는 두 가지 방법 중 하나를 사용해 계산한다. 실제로 어떻게 이러한 검정을 가장 잘 수행할지는 사용 중인 회귀분석 소프트웨어에 따라 다르다.

7.4 여러 계수에 대한 신뢰 집합

이 절은 2개 이상의 회귀 계수에 대한 신뢰 집합을 만드는 방법을 설명한다. 이는 개념적으로 7.1절의 t-통계량을 사용해 단일 계수에 대한 신뢰구간을 만드는 방법과 유사하지만, 여러 계수에 대한 신뢰 집합은 F-통계량을 사용한다.

2개 이상의 계수에 대한 **95% 신뢰 집합**(95% confidence set)은 무작위로 추출된 (무수히 많은) 표본의 95%에서 이 계수들의 실제 모집단 값을 포함하는 집합이다. 따라서 신뢰 집합은 단일 계수에 대한 신뢰구간을 2개 이상의 계수로 일반화한 것이다.

95% 신뢰구간은 5% 유의수준에서 t-통계량을 사용해 기각되지 않는 계수값들의 집합을 찾아 계산된다는 것을 떠올려보자. 이 접근 방식은 계수가 여러 개인 경우로 확장된다. 구체적으로, β_1과 β_2 두 계수에 대한 신뢰 집합을 만든다고 하자. 7.2절에서는 $\beta_1 = \beta_{1,0}$이고 $\beta_2 = \beta_{2,0}$이라는 결합 귀무가설을 검정하기 위해 F-통계량을 사용하는 방법을 배웠다. 모든 가능한 $\beta_{1,0}$과 $\beta_{2,0}$ 값을 5% 수준에서 검정한다고 가정하면, 각 후보 쌍 $(\beta_{1,0}, \beta_{2,0})$에 대해 F-통계량을 계산하고 5% 임곗값 3.00을 초과하면 기각한다. 검정의 유의수준이 5%이므로, β_1과 β_2의 실제 모집단 값은 모든 표본의 95%에서 기각되지 않을 것이다. 따라서 5% 수준에서 기각되지 않는 F-통계량을 갖는 계수값들의 집합이 β_1과 β_2에 대한 95% 신뢰 집합이 된다.

이론적으로는 $\beta_{1,0}$과 $\beta_{2,0}$의 모든 가능한 값을 시도하는 방법을 생각해볼 수 있지만, 실제로는 신뢰 집합 공식을 사용하는 것이 훨씬 간단하다. 임의의 수의 계수에 대한 이 신뢰 집합 공식은 19.3절에 제시한 F-통계량 공식을 사용해 얻는다. 2개의 계수가 있을 때 신뢰 집합은 타원이다.

예시로 그림 7.1은 식 (7.6)의 추정된 회귀식을 바탕으로 영어 학습자 비율을 일정하게 유지하면서 학생-교사 비율과 학생당 지출에 대한 계수의 95% 신뢰 집합(신뢰 타원)을 보여준다. 이 타원은 (0, 0) 점을 포함하지 않는다. 이는 이 두 계수가 모두 0이라는 귀무가설이 5% 유의수준에서 F-통계량을 사용해 기각된다는 것을 의미하며, 이는 7.2절에서 이미 알고 있던 사실이다. 신뢰 타원은 긴 부분이 왼쪽 아래/오른쪽 위 방향으로 향하는 두꺼운 소시지 모양이다. 이러한 방향의 이유는 $\hat{\beta}_1$과 $\hat{\beta}_2$ 사이의 추정된 상관관계가 양의 값을 갖기 때문인데, 이는 설명변수 STR과 $Expn$이 음의 상관관계를 갖기 때문에 발생한다(학생당 더 많은 지출을 하는 학교는 교사당 학생 수가 더 적은 경향이 있다).

그림 7.1 식 (7.6)에서 *STR*과 *Expn* 계수에 대한 95% 신뢰 집합

$STR(\beta_1)$과 $Expn(\beta_2)$에 대한 계수의 95% 신뢰 집합은 타원이다. 이 타원은 5% 유의수준에서 F-통계량을 사용해 기각될 수 없는 β_1과 β_2 값의 쌍을 포함한다. $(\beta_1, \beta_2) = (0, 0)$ 점은 신뢰 집합에 포함되지 않으므로, 귀무가설 $H_0 : \beta_1 = 0$ 그리고 $\beta_2 = 0$은 5% 유의수준에서 기각된다.

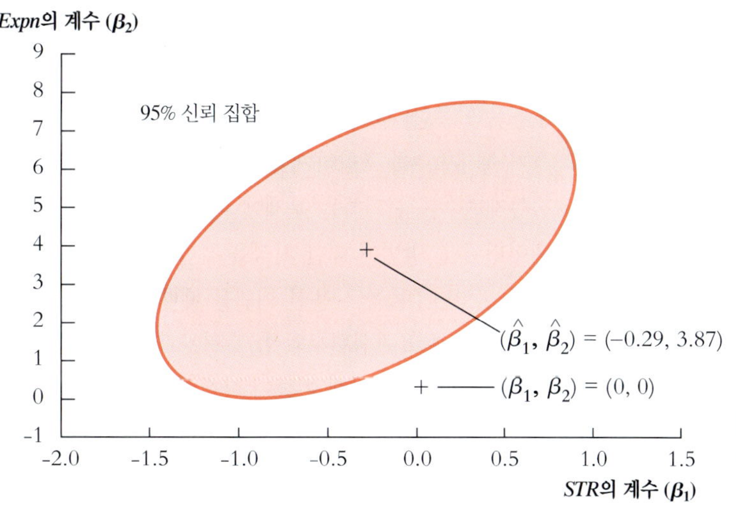

7.5 다중회귀를 위한 모형 설정

인과효과를 추정할 때, 다중회귀에 포함할 변수를 결정하는 작업 — 즉 회귀식을 설정하는 문제 — 은 어려울 수 있으며, 모든 상황에 다 적용되는 규칙도 없다. 그러나 절망하지는 말자. 유용한 지침이 있기 때문이다. 회귀식을 설정하는 출발점은 누락변수편향의 가능한 원인을 생각해보는 것이다. 실증 문제에 대한 전문 지식을 활용하고 관심 있는 인과 효과의 불편 추정치를 얻는 데 집중하는 것이 중요하다. R^2이나 $\overline{R}^2$과 같은 통계적 적합도 측정에 의존하는 것은 좋지 않다.

모형 설정과 통제변수 선택

다중회귀를 사용하면 관심 있는 효과를 추정할 때 누락변수 편향을 초래할 수 있는 요인을 통제할 수 있다. 그러나 어떻게 '올바른' 통제변수 집합을 정할 수 있을까?

일반적으로, 이 질문에 대한 답으로 핵심 개념 6.5의 조건부 평균 독립성 조건을 사용할 수 있다. X_i는 관심변수를 나타내고 W_i는 하나 이상의 통제변수를 나타낸다고 하자. 누락변수편향을 제거하기 위해, 통제변수 집합은 $E(u_i | X_i, W_i) = E(u_i | W_i)$를 만족해야 한다. 이 조건은 동일한 통제변수 값을 가진 관측치 중에서, 관심변수가 무작위로 할당되거나 마치 무작위로 할당된 것처럼 u의 평균이 더 이상 X에 의존하지 않는다는 의미이다. 이 조건이 성립하지 않으면, W를 일정하게 유지한 후에도 X와 상관관계가 있는 Y의 누락된 결정 요인이 남아 있게 되고, 결과적으로 누락변수편향이 발생한다.

실제로 어떤 통제변수를 포함할지 결정하는 것은 실제 사례에 따라 판단해야 한다. 예를 들어 경제 조건은 동일한 비율의 영어 학습자를 가진 학군 간에도 상당히 다를 수 있다. 학군의

예산은 부분적으로 해당 학군의 부유함에 따라 달라지기 때문에, 더 부유한 학군은 동일한 비율의 영어 학습자를 가진 학군들 중에서도 더 작은 학급 규모를 가질 것으로 예상된다. 또한 더 부유한 가정은 학교 밖 학습에 더 큰 접근성을 가지는 경향이 있다. 그렇다면, 영어 학습자 비율을 통제한 후에도 학군의 부유한 정도는 핵심 개념 6.1의 누락변수편향에 대한 두 가지 조건을 만족한다. 이 논리를 따라 시험점수 회귀에 학군의 경제 조건을 측정하는 하나 이상의 추가 통제변수를 포함하게 된다.

통제변수를 선택하는 문제에 대한 접근 방식은 두 가지다. 첫째, 전문가 판단, 경제 이론, 데이터 수집 방법에 대한 지식을 결합해 핵심변수 혹은 기본 설명변수들을 선택해야 한다. 이 기본 설명변수들을 사용한 회귀를 때때로 **기본 설정**(base specification)이라고 한다. 이 기본 설정은 주요 관심변수와 함께 전문가 판단 및 경제 이론에 따른 통제변수를 포함한다. 그러나 전문가 판단과 경제 이론이 확실하게 설정을 결정해주는 경우는 거의 없으며, 경제 이론에 따르면 포함되어야 하는 변수가 당신이 가진 데이터에 포함되어 있지 않은 경우가 많다. 따라서 다음 단계는 **대안 설정**(alternative specifications) 후보 목록—즉 기본 설정에 대안이 되는 설명변수들—을 고려하는 것이다. 관심 계수의 추정치가 대안 설정 간에 수치적으로 유사하다면, 이는 기본 설정의 추정치가 신뢰할 만하다는 증거가 된다. 반면에 관심 계수의 추정치가 설정들 간에 상당히 변한다면, 이는 종종 원래 설정에 누락변수편향이 있었다는 증거가 되며 대안 설정에도 편향이 있을 수 있다는 우려를 낳는다. 회귀식을 설정하기 위한 추가적인 방법에 대해 알아본 후 9.2절에서 모형 설정 방식을 더 자세히 설명하겠다.

실증분석에서 R^2과 조정된 R^2의 해석

R^2 또는 $\overline{R}^2$이 1에 가까우면 설명변수들이 표본에서 종속변수의 값을 잘 예측한다는 것이고, 0에 가까우면 그렇지 않다는 것이다. 이는 이 통계량들이 회귀의 예측력을 요약해서 알려주는 유용한 값이라는 것이지만, 자칫 이 통계량들을 과대 해석하기 쉽다.

R^2 또는 $\overline{R}^2$를 해석할 때 유의해야 할 네 가지 주요 사항은 다음과 같다.

1. **R^2 또는 $\overline{R}^2$값이 커진다고 해서 반드시 추가된 변수가 통계적으로 유의하다는 것을 의미하지 않는다.** R^2은 추가된 설명변수가 통계적으로 유의하든 그렇지 않든 항상 커진다. $\overline{R}^2$은 항상 커지지는 않지만, 그 값이 커진다고 해서 반드시 그 추가된 설명변수의 계수가 통계적으로 유의하다는 의미는 아니다. 추가된 변수가 통계적으로 유의한지 확인하려면 t-통계량을 사용한 가설검정을 수행해야 한다.
2. **높은 R^2 또는 $\overline{R}^2$이 설명변수들이 종속변수의 진정한 원인이라는 것을 의미하지 않는다.** 시험점수를 학생당 주차장 면적에 대해 회귀분석한다고 상상해보라. 주차장 면적은 학생-교사 비율, 학교가 교외에 있는지 도시에 있는지, 그리고 아마도 지역 소득과 상관관계가 있을 것이다—이 모든 것이 시험점수와 상관관계가 있다. 따라서 학생당 주차장 면적에 대한 시험점수의 회귀는 높은 R^2과 $\overline{R}^2$을 나타낼 수 있지만, 이 관계는 인과적이지 않다(시험점수를 올리는 방법은 주차 공간을 늘리는 것이라고 교육감에게 말해보기 바란다!).

핵심 개념 7.3

R^2과 $\overline{R}^2$이 알려주는 것과 알려주지 않는 것

R^2과 $\overline{R}^2$이 알려주는 것은 현재 가지고 있는 데이터 표본에서 설명변수들이 종속변수의 값을 얼마나 잘 예측하거나 '설명'하는지다. R^2(또는 $\overline{R}^2$)이 거의 1에 가깝다면, OLS 잔차의 분산이 종속변수의 분산에 비해 작다는 것으로 설명변수들이 그 표본에서 종속변수를 잘 예측한다. R^2(또는 $\overline{R}^2$)이 거의 0에 가깝다면, 그 반대가 성립한다.

R^2과 $\overline{R}^2$이 알려주지 않는 것은 다음과 같다.

1. 포함된 변수가 통계적으로 유의한지
2. 설명변수들이 종속변수의 진짜 원인인지
3. 누락변수편향이 있는지
4. 가장 적절한 설명변수들을 선택했는지 여부이다.

3. **높은 R^2 또는 $\overline{R}^2$이 누락변수편향이 없다는 것을 의미하지 않는다.** 6.1절의 논의를 떠올려보자. 이는 학생-교사 비율에 대한 시험점수 회귀에서의 누락변수편향에 관한 것이었다. 이때 회귀의 R^2은 언급되지 않았는데, 이는 누락변수편향과 논리적으로 상관이 없었기 때문이다. 누락변수 편향은 R^2이 낮은 회귀, 중간인 회귀, 높은 회귀에서 모두 발생할 수 있다. 역으로, 낮은 R^2이 반드시 누락변수편향이 있다는 것을 의미하지도 않는다.
4. **높은 R^2 또는 $\overline{R}^2$이 가장 적절한 설명변수들이 사용되었다는 것을 의미하지 않으며, 낮은 R^2 또는 $\overline{R}^2$이 반드시 부적절한 설명변수들이 사용되었다는 것을 의미하지도 않는다.** 다중회귀에서 어떤 설명변수가 포함되는 것이 올바른지 묻는 것은 어려운 질문인데, 앞으로 이 책 전체에 걸쳐 이 질문을 계속 다룰 것이다. 어떤 설명변수를 포함할 것인지 판단할 때는 누락변수편향, 데이터 가용성, 데이터 품질, 그리고 가장 중요한 경제 이론과 연구에서 답하고자 하는 질문의 본질을 고려해야 한다. 이러한 질문들 중 어느 것도 단순히 높은(또는 낮은) 회귀 R^2 또는 $\overline{R}^2$이 답을 주지 않는다.

위 논의의 요점은 핵심 개념 7.3에 요약했다.

7.6 시험점수 데이터 세트 분석

이 절에서는 캘리포니아 데이터 세트를 사용해 학생-교사 비율이 시험점수에 미치는 영향을 분석한다. 이는 다중회귀분석이 어떻게 누락변수편향을 완화하는 데 사용될 수 있는지 보여준다. 또한 회귀분석의 결과를 요약하기 위해 표를 어떻게 사용하는지도 살펴보겠다.

기본 및 대안 설정에 대한 논의 누락변수편향을 초래할 수 있는 요인들을 통제하면서 학생-교사 비율의 변화가 시험점수에 미치는 영향을 추정하는 데 초점을 맞춰보자. 학군의 평균 시험점수에 영향을 미칠 수 있는 요인은 많다. 이 중 일부는 학생-교사 비율과 상관관계가 있어,

회귀에서 이들을 누락하면 누락변수편향이 발생한다. 학교 밖 학습 기회와 같은 이러한 요인들은 직접 측정되지 않기 때문에, 이와 같은 누락된 요인들과 상관관계가 있는 통제변수들을 회귀식에 포함시킨다. 조건부 평균 독립성 가정이 성립한다는 의미에서 통제변수들이 적절하다면, 학생-교사 비율의 계수는 이러한 다른 요인들을 일정하게 유지하면서 학생-교사 비율 변화의 효과를 나타낸다. 달리 말하면, 우리의 목표는 그 값이 일정하게 유지되면 학생-교사 비율이 마치 무작위로 할당된 것처럼 하는 통제변수들을 포함하는 것이다.

여기서는 시험점수에 영향을 미칠 수 있는 학생들의 배경 특성을 통제하는 세 가지 변수를 고려한다: 여전히 영어를 배우고 있는 학생들의 비율, 학교에서 보조금을 받거나 무료급식을 받을 자격이 있는 학생들의 비율, 새로운 변수인 가족이 캘리포니아 소득 지원 프로그램 자격을 갖춘 학생들의 비율이다. 이 소득 지원 프로그램의 자격은 부분적으로 가족 소득에 따라 결정되며, 무료급식 프로그램보다 더 높은(더 엄격한) 기준을 가진다. 따라서 마지막 두 변수는 학군 내에 경제적으로 어려운 아동의 비율을 측정하는 서로 다른 방법이다(이들의 상관계수는 0.74이다). 이론과 전문가의 판단만으로는 경제적 배경과 관련된 시험점수의 결정 요인을 통제하기 위해 이 두 변수 중 어느 것을 사용해야 하는지 알 수 없다. 우리의 기본 설정에서는 무료급식 자격이 있는 비율을 사용하지만, 소득 지원 프로그램 자격이 있는 비율을 사용하는 대안 설정도 고려한다.

시험점수와 이 변수들의 산점도는 그림 7.2에 제시되어 있다. 이 변수들 각각은 시험점수와 음의 상관관계를 보인다. 시험점수와 영어 학습자 비율 간의 상관관계는 −0.64, 시험점수와 무료급식 자격 비율 간의 상관관계는 −0.87, 시험점수와 소득 지원 자격 비율 간의 상관관계는 −0.63이다.

설명변수의 척도는 어떻게 결정해야 하는가? 실제 회귀분석 시 발생하는 질문은 설명변수에 어떤 척도를 사용해야 하는가이다. 그림 7.2에서 변수들의 단위는 백분율이므로 데이터의 최대 가능 범위는 0에서 100이다. 또는 이 변수들을 백분율 대신 (분모가 10의 거듭제곱인) 십진 분수(decimal fraction)로 정의할 수도 있다. 예를 들어 *PctEL*을 영어 학습자의 비율 *FracEL*(= *PctEL*/100)로 대체할 수 있으며, 이는 0에서 100 사이가 아닌 0에서 1 사이의 범위를 가질 것이다. 일반적으로, 회귀분석에서는 종속변수와 독립변수의 척도를 결정할 필요가 있다. 그렇다면 변수의 척도 또는 단위를 어떻게 선택해야 할까?

변수의 척도를 선택하는 문제에 대한 일반적인 답변은 회귀 결과를 쉽게 읽고 해석할 수 있도록 하는 척도를 선택하는 것이다. 시험점수 예에서 종속변수의 자연스러운 단위는 시험 자체의 점수이다. 식 (7.5)에 보고된 *STR*과 *PctEL*에 대한 *TestScore*의 회귀에서 *PctEL*의 계수는 −0.650이다. 대신 설명변수가 *FracEL*이었다면, 회귀는 동일한 R^2과 *SER*을 가졌을 것이다. 그러나 *FracEL*의 계수는 −65.0이었을 것이다. *PctEL*을 사용한 설정에서 계수는 *STR*을 일정하게 유지하면서 영어 학습자가 1퍼센트포인트 증가할 때 예측되는 시험점수의 변화이다. *FracEL*을 사용한 설정에서 계수는 *STR*을 일정하게 유지하면서 영어 학습자의 비율이 1만큼 증가할 때 — 즉 100퍼센트포인트 증가할 때 — 예측되는 시험점수의 변화이다. 이 두 설정이 수학적으로 동등하지만, 해석 목적으로는 *PctEL*을 사용한 것이 더 자연스럽게 보

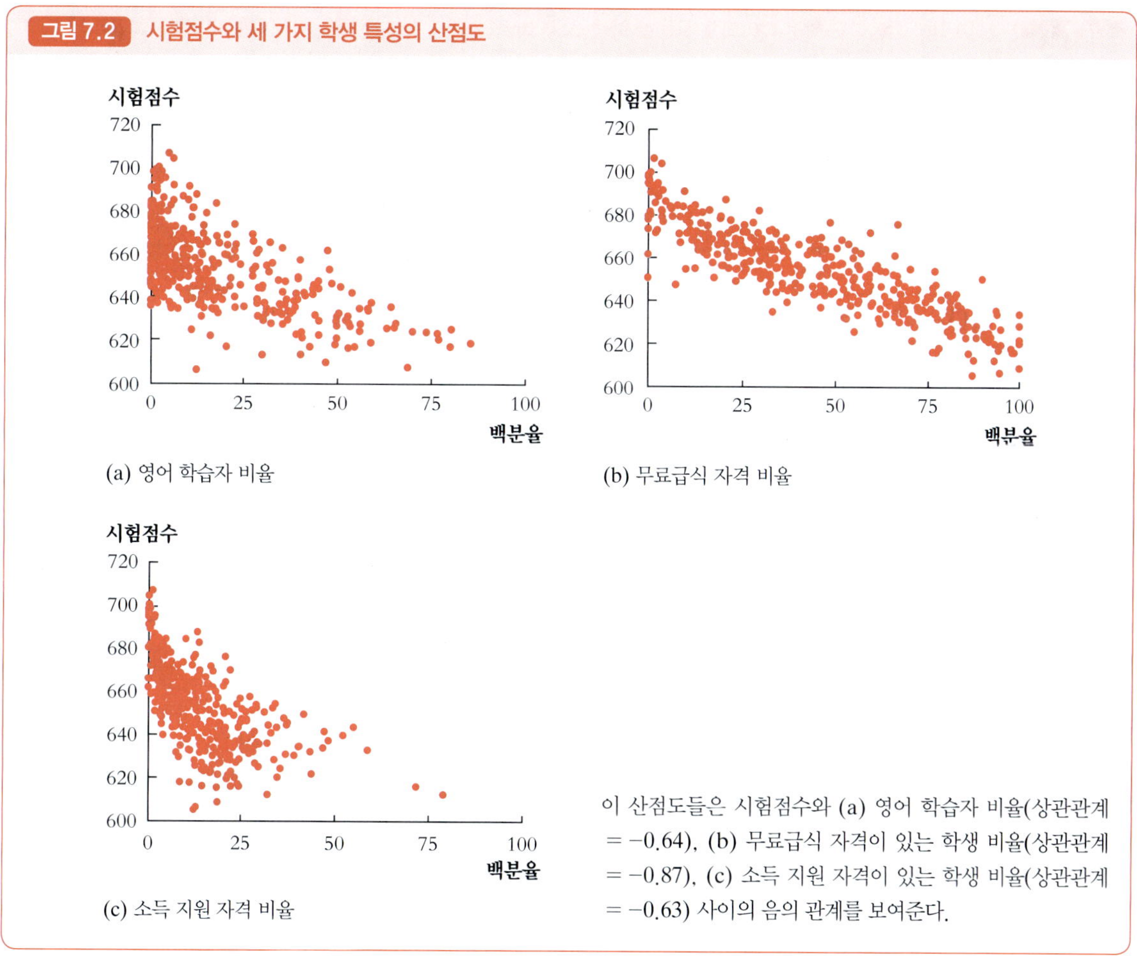

이 산점도들은 시험점수와 (a) 영어 학습자 비율(상관관계 = −0.64), (b) 무료급식 자격이 있는 학생 비율(상관관계 = −0.87), (c) 소득 지원 자격이 있는 학생 비율(상관관계 = −0.63) 사이의 음의 관계를 보여준다.

인다.

척도를 결정할 때의 또 다른 고려사항은 결과로 나오는 회귀 계수를 쉽게 읽을 수 있도록 설명변수의 단위를 선택하는 것이다. 예를 들어 설명변수가 달러 단위로 측정되고 계수가 0.00000356이라면, 설명변수를 백만 달러 단위로 변환하고 계수 3.56을 보고하는 것이 더 읽기 쉽다.

표를 사용한 결과 보고 이제 의사소통 문제가 발생했다. 여러 설명변수의 서로 다른 부분집합이 사용된 여러 다중회귀 결과를 보여주는 최선의 방법은 무엇일까? 지금까지 우리는 식 (7.6)과 (7.19)와 같이 추정된 회귀 방정식을 작성해 회귀 결과를 제시했다. 이는 설명변수와 식이 몇 개뿐일 때는 괜찮지만, 더 많은 설명변수와 식이 있을 때는 이러한 보고 방식이 혼란스러울 수 있다. 여러 회귀식의 결과를 전달하는 더 나은 방법은 표를 사용하는 것이다.

표 7.1은 다양한 설명변수 집합에 대한 시험점수의 회귀 결과를 요약하고 있다. 각 열은 서로 다른 회귀를 나타낸다. 각 회귀는 동일한 종속변수인 시험점수를 가진다. 첫 번째 행은 관심 있는 인과효과, 즉 학생-교사 비율이 시험점수에 미치는 영향에 대한 정보를 담은 통계를 보고한다. 첫 번째 항목은 OLS 추정치이며, 그 아래 괄호 안에 표준 오차가 있다. 표준 오차

표 7.1 캘리포니아 초등학교 학군 데이터를 사용한 학생-교사 비율과 학생 특성 통제변수에 대한 시험점수 회귀 결과

종속변수: 학군의 평균 시험점수

설명변수	(1)	(2)	(3)	(4)	(5)
학생-교사 비율(X_1)	−2.28 (0.52) [−3.30, −1.26]	−1.10 (0.43) [−1.95, −0.25]	−1.00 (0.27) [−1.53, −0.47]	−1.31 (0.34) [−1.97, −0.64]	−1.01 (0.27) [−1.54, −0.49]
통제변수					
영어 학습자 비율(X_2)		−0.650 (0.031)	−0.122 (0.033)	−0.488 (0.030)	−0.130 (0.036)
무료급식 자격 비율(X_3)			−0.547 (0.024)		−0.529 (0.038)
소득 지원 자격 비율(X_4)				−0.790 (0.068)	0.048 (0.059)
절편	698.9 (10.4)	686.0 (8.7)	700.2 (5.6)	698.0 (6.9)	700.4 (5.5)
요약 통계					
SER	18.58	14.46	9.08	11.65	9.08
$\bar{R}^2$	0.049	0.424	0.773	0.626	0.773
n	420	420	420	420	420

이 회귀는 부록 4.1에서 설명한 캘리포니아의 K-8 학군 데이터를 사용해 추정되었다. 이분산성 강건 표준 오차가 계수 아래 괄호 안에 보고되어 있다. 관심변수인 학생-교사 비율에 대해서는 95% 신뢰구간이 표준 오차 아래 대괄호 안에 보고되어 있다.

아래 대괄호 안에는 모집단 계수에 대한 95% 신뢰구간이 있다. 독자가 계산기를 꺼내 추정치와 표준 오차로부터 신뢰구간을 계산할 수 있지만, 그렇게 하는 것은 불편하므로 독자는 표에서 이에 대한 정보를 얻을 수 있도록 한다. 계수가 특정 값, 예를 들어 0이라는 귀무가설을 5% 유의수준에서 검정하는 데 관심이 있는 독자는 그 값이 95% 신뢰구간에 포함되어 있는지 확인하면 된다.

나머지 변수들은 통제변수와 상수항(절편)이다. 이들에 대해서는 OLS 추정치와 그 표준 오차만 보고된다. 통제변수의 계수는 일반적으로 인과적 해석을 갖지 않기 때문에, 이러한 계수 추정치에 대해서는 종종 제한적인 관심만 있으므로 신뢰구간은 보고하지 않는다. 하지만 이러한 계수 중 하나에 대한 신뢰구간을 원하는 독자는 제공된 정보를 사용해 계산할 수 있다. 이 책 뒷부분의 회귀에서와 같이 많은 통제변수가 있는 경우, 표에서 그 변수들의 계수나 표준 오차에 대한 전혀 정보를 보고하지 않고 단순히 포함된 통제변수를 나열할 수 있다. 마찬가지로, 절편의 값에 대한 관심은 종종 제한적이므로 이 역시 보고되지 않을 수 있다.

마지막 세 행에는 회귀에 대한 요약 통계(회귀의 표준 오차, *SER*, $\bar{R}^2$)와 표본크기(모든 회귀에 대해 동일한 420개의 관측치)가 포함되어 있다.

우리가 지금까지 식으로 제시한 모든 정보가 이 표에 나타난다. 예를 들어 통제변수 없이 학생-교사 비율에 대한 시험점수의 회귀를 고려해보자. 식으로 표현된 이 회귀는 다음과 같다.

$$\widehat{TestScore} = \underset{(10.4)}{698.9} - \underset{(0.52)}{2.28} \times STR,\ \overline{R}^2 = 0.049,\ SER = 18.58,\ n = 420 \quad (7.19)$$

이 모든 정보는 표 7.1의 (1)열에 나타난다. 학생-교사 비율의 추정 계수(−2.28)는 수치 항목의 첫 번째 행에 나타나고, 그 표준 오차(0.52)는 추정 계수 바로 아래 괄호 안에 나타난다. 표는 95% 신뢰구간을 보고해 식 (7.21)의 정보를 보강한다. 절편(698.9)과 그 표준 오차(10.4)는 'Intercept'라고 표시된 행에 주어진다. (때때로 이 행이 'Constant'라고 표시되는 것을 볼 수 있는데, 6.2절에서 논의한 바와 같이 절편은 항상 1과 같은 설명변수의 계수로 볼 수 있기 때문이다.) 마찬가지로, $\overline{R}^2$(0.049), SER(18.58), 표본크기 n(420)이 마지막 행에 나타난다. 다른 설명변수 행의 빈 항목은 해당 설명변수가 이 회귀에 포함되지 않았음을 나타낸다.

표는 t-통계량을 보고하지 않지만, 제공된 정보로부터 계산할 수 있다. 예를 들어 (1)열의 학생-교사 비율 계수가 0이라는 가설을 검정하는 t-통계량은 $-2.28/0.52 = -4.38$이다. 이 가설은 1% 수준에서 기각된다.

학생 특성을 측정하는 통제변수를 포함하는 회귀는 (2)열부터 (5)열까지 보고된다. 시험점수를 학생-교사 비율과 영어 학습자 비율에 대해 회귀한 결과를 보고하는 (2)열은 이전에 식 (7.5)로 주어졌다.

(3)열은 기본 설정을 제시하며, 여기서 설명변수는 학생-교사 비율과 2개의 통제변수, 즉 영어 학습자 비율과 무료급식 자격이 있는 학생 비율이다.

(4)열과 (5)열은 학생들의 경제적 배경을 측정하는 방식 변화의 효과를 검토하는 대안 설정을 제시한다. (4)열에서는 소득 지원 자격이 있는 학생 비율이 설명변수로 포함되고, (5)열에서는 두 경제적 배경 변수가 모두 포함된다.

실증 결과에 대한 논의 위의 결과를 통해 세 가지 결론을 얻는다.

1. 학생 특성을 통제하면 시험점수에 대한 학생-교사 비율의 추정된 효과가 대략 절반으로 줄어든다. 이 추정된 효과는 회귀에 포함된 특정 통제변수에 크게 민감하지 않다. 모든 경우에서, 학생-교사 비율의 계수가 0이라는 가설은 5% 수준에서 기각될 수 있다. 통제변수가 있는 네 가지 설정, 즉 회귀 (2)부터 (5)까지에서, 학생 특성을 일정하게 유지하면서 학생-교사 비율을 교사 1인당 학생 1명 줄이면 평균 시험점수가 약 1점 증가하는 것으로 추정된다.
2. 학생 특성변수들은 시험점수의 강력한 예측변수이다. 학생-교사 비율만으로는 시험점수 변동의 작은 부분만 설명할 수 있다: (1)열의 $\overline{R}^2$는 0.049이다. 그러나 학생 특성변수들이 추가되면 $\overline{R}^2$가 크게 증가한다. 예를 들어 기본 설정인 회귀 (3)의 $\overline{R}^2$은 0.773이다. 학생 인구통계변수들의 계수 부호는 그림 7.2에서 본 패턴과 일치한다: 영어 학습자가 많은 학군과 가난한 아이들이 많은 학군은 시험점수가 더 낮다.
3. 다른 두 통제변수와는 대조적으로, 소득 지원 자격 비율의 효과는 회귀의 다른 변수에 의해 이미 대부분 반영된 것으로 보인다. 회귀 (5)에서 보고된 바와 같이, 이를 회귀 (3)에 추가해도 학생-교사 비율의 추정 계수나 그 표준 오차에 미치는 영향은 미미하다.

7.7 결론

6장은 우려로 시작했다: 학생-교사 비율을 설명변수로 한 시험점수에 대한 회귀분석에서, 시험점수에 영향을 미치는 누락된 학생 특성이 학군의 학생-교사 비율과 상관관계가 있을 수 있고, 그렇다면 학군의 학생-교사 비율은 이러한 누락된 학생 특성이 시험점수에 미치는 영향을 반영하게 된다. 따라서 OLS 추정량은 누락변수편향을 가지게 될 것이다. 이 잠재적인 누락변수편향을 완화하기 위해, 다양한 학생 특성을 통제하는 변수들(영어 학습자 비율과 학생의 경제적 배경의 두 가지 측정치)을 포함해 회귀식을 보강했다. 이렇게 하면 학생-교사 비율의 한 단위 변할 때 추정된 효과가 절반으로 줄어들지만, 이러한 통제변수를 일정하게 유지하면서 시험점수에 대한 모집단 효과가 0이라는 귀무가설을 5% 유의수준에서 기각할 수 있다. 학생 특성에서 발생하는 누락변수편향을 제거할 수 있기 때문에, 이러한 다중회귀 추정치, 가설검정, 신뢰구간은 4장과 5장의 단일설명변수 추정치보다 교육감에게 더 유용한 조언을 줄 수 있다.

이 장과 이전 장의 분석은 모집단 회귀함수가 설명변수에 대해 선형이라고 가정했다—즉 설명변수가 주어졌을 때 Y_i의 조건부 기댓값이 직선이라고 가정했다. 그러나 그렇다고 생각할 특별한 이유는 없다. 실제로, 학생-교사 비율을 줄이는 효과는 이미 작은 학급을 가진 학군과 큰 학급을 가진 학군에서 상당히 다를 수 있다. 그렇다면, 모집단 회귀선은 X에 대해 선형이 아니라 비선형 함수일 것이다. X에 대해 비선형인 회귀함수로 분석을 확장하기 위해서는 다음 장에서 다룰 도구가 필요하다.

요약

1. 하나의 회귀 계수에 대한 가설검정과 신뢰구간은 5장의 단일변수 선형회귀모형에서 사용된 것과 본질적으로 동일한 절차를 사용해 수행된다. 예를 들어 β_1에 대한 95% 신뢰구간은 $\hat{\beta}_1 \pm 1.96\, SE(\hat{\beta}_1)$로 주어진다.
2. 계수에 대한 하나 이상의 제약을 포함하는 가설을 결합가설이라고 한다. 결합가설은 F-통계량을 사용해 검정할 수 있다.
3. 회귀 설정에서 첫 번째로 할 일은 먼저 누락변수편향에 대한 우려를 해결하기 위해 선택된 기본 설정을 결정하는 것이다. 또한 다른 잠재적인 누락변수편향 원인을 통제하는 추가 설명변수를 포함해 기본 설정 외의 설정으로 추가할 수 있다. 단순히 가장 높은 R^2을 가진 설정을 선택하는 것은 관심 있는 인과효과를 추정하지 못하는 회귀모형으로 이어질 수 있다.

핵심 용어

결합가설 joint hypothesis
기본 설정 base specification
대안 설정 alternative specifications
등분산성 전용 F-통계량 homoskedasticity-only F-statistic
본페로니 검정 Bonferroni test

제약restrictions
제한되지 않은 회귀unrestricted regression
제한된 회귀restricted regression
95% 신뢰 집합95% confidence set
F-통계량F-statistic

복습문제

7.1 결합가설이란 무엇인가? 결합가설을 검정하기 위해 F-통계량이 어떻게 구성되는지 설명하라. 다중회귀모형 $Y_i = \beta_0 + \beta_1 X_{1i} + \beta_2 X_{2i} + u_i$에서 전체 회귀 F-통계량을 구성해 검정하는 가설은 무엇인가? 제한된 회귀와 제한되지 않은 회귀의 개념을 사용해 설명하라. 이러한 검정을 수행할 때 연구자가 오차항의 분포에 대한 정보를 가지는 것이 왜 중요한가?

7.2 모형 설정을 결정하는 데 권장되는 접근 방식을 설명하라. R^2이 적절한 모형을 결정하는 데 어떻게 도움이 되는가? R^2이 가장 높은 모형이 이상적인 모형인가? 모형의 R^2을 증가시키는 설명변수를 모형에 포함해야 하는가?

7.3 통제변수란 무엇이며, 관심변수와 어떻게 다른가? 표 7.1에서 통제변수들은 어떤 요인들을 통제하고 있는가? 통제변수의 계수는 인과효과를 측정하는가? 설명하라.

연습문제

처음 6개의 연습문제는 206쪽에 있는 개발도상국의 직원 데이터를 사용해 계산된 회귀 추정 결과를 나타내는 표를 사용한다. 데이터 세트는 10,000명 이상의 전일제, 연중 근로자에 대한 정보로 구성되어 있다. 각 근로자의 최고 교육수준은 고등학교 졸업 또는 학사 학위이다. 근로자의 연령 범위는 25~40세이다. 데이터 세트는 또한 개인이 사는 국가의 지역, 성별, 연령에 대한 정보를 포함한다. 이 연습문제들의 목적상, 다음과 같이 정의한다.

AWE = 평균 주간 소득의 로그값(2007년 단위)
$High\ School$ = 이진변수(고등학교 졸업이면 1, 그 미만이면 0)
$Male$ = 이진변수(남성이면 1, 여성이면 0)
Age = (연령)
$North$ = 이진변수(지역이 북부면 1, 그 외는 0)
$East$ = 이진변수(지역이 동부면 1, 그 외는 0)
$South$ = 이진변수(지역이 남부면 1, 그 외는 0)
$West$ = 이진변수(지역이 서부면 1, 그 외는 0)

2007년 개발도상국 조사 데이터를 사용해 평균 주간 소득을 성별 및 교육 이진변수와 기타 특성에 대해 회귀분석한 결과

종속변수: 로그 평균 주간 소득(*AWE*)

설명변수	(1)	(2)	(3)
고등학교 졸업(X_1)	0.352 (0.021)	0.373 (0.021)	0.371 (0.021)
남성(X_2)	0.458 (0.021)	0.457 (0.020)	0.451 (0.020)
연령(X_3)		0.011 (0.001)	0.011 (0.001)
북부(X_4)			0.175 (0.037)
남부(X_5)			0.103 (0.033)
동부(X_7)			−0.102 (0.043)
절편	12.84 (0.018)	12.471 (0.049)	12.390 (0.057)
요약 통계 및 결합 검정			
지역 효과에 대한 F-통계량 = 0			21.87
SER	1.026	1.023	1.020
R^2	0.0710	0.0761	0.0814
n	10973	10973	10973

7.1 각 회귀에 대해, 계수의 통계적 유의성을 나타내기 위해 표에 *(5% 수준)와 **(1% 수준)를 추가하라.

7.2 (1)열의 회귀 결과를 사용해 다음에 답하라.

a. 이 회귀에서 추정된 고등학교 졸업자의 소득 차이는 5% 수준에서 통계적으로 유의한가? 그 차이에 대한 95% 신뢰구간을 구성하라.

b. 이 회귀에서 추정된 남성-여성 소득 차이는 5% 수준에서 통계적으로 유의한가? 그 차이에 대한 95% 신뢰구간을 구성하라.

7.3 (2)열의 회귀 결과를 사용해 다음에 답하라.

a. 연령은 소득의 중요한 결정 요인인가? 적절한 통계 검정 및/또는 신뢰구간을 사용해 그러한 답을 한 이유에 대해 설명하라.

b. 알보는 30세 남성 대학 졸업자이고, 칼은 40세 남성 대학 졸업자라고 하자. 두 사람의 예상 소득 차이에 대한 95% 신뢰구간을 구성하라.

7.4 (3)열의 회귀 결과를 사용해 다음에 답하라.

a. 중요한 지역 차이가 있는가? 적절한 가설검정을 사용해 그러한 답을 한 이유를 설명하라.

b. 후안은 북부 출신의 32세 남성 고등학교 졸업자이다. 멜은 서부 출신의 32세 남성 대학

졸업자이다. 아리는 동부 출신의 32세 남성 대학 졸업자이다.

i. 후안과 멜 사이의 예상 소득 차이에 대한 95% 신뢰구간을 구성하라.

ii. 후안과 아리 사이의 예상 소득 차이에 대한 95% 신뢰구간을 어떻게 구성할 것인지 설명하라. (힌트: 회귀에서 *West*를 포함하고 *East*를 제외하면 어떻게 될까?)

7.5 (2)열에 표시된 회귀는 1993년 데이터를 사용해 다시 추정되었다(무작위로 선택된 5,000개의 관측치를 소비자물가지수를 사용해 2007년 단위로 변환). 결과는 다음과 같다.

$$\widehat{logAWE} = \underset{(0.20)}{9.32} + \underset{(0.019)}{0.301}\, High\ school + \underset{(0.047)}{0.562}\, Male + \underset{(0.002)}{0.011} Age,$$

$$SER = 1.25,\ \overline{R}^2 = 0.08$$

이 회귀를 (2)열에 표시된 2012년 회귀와 비교할 때, *High school* 계수에 통계적으로 유의한 변화가 있었는가?

7.6 이전 연습문제의 모든 회귀에서 *High school*의 계수는 양수이고 크며 통계적으로 유의하다. 이것이 노동 시장에서 교육의 높은 수익률에 대한 강력한 통계적 증거를 제공한다고 생각하는가?

7.7 문제 6.5는 다음과 같은 회귀 결과를 보고했다(표준 오차가 추가됨).

$$\widehat{Price} = \underset{(22.1)}{109.7} + \underset{(1.23)}{0.567} BDR + \underset{(9.76)}{26.9} Bath + \underset{(0.021)}{0.239} Hsize + \underset{(0.00072)}{0.005} Lsize$$

$$+ \underset{(0.23)}{0.1} Age - \underset{(12.23)}{56.9} Poor,\ \overline{R}^2 = 0.85,\ SER = 45.8$$

a. *BDR*의 계수가 통계적으로 0과 유의하게 다른가?

b. 일반적으로 4개의 침실이 있는 집이 3개의 침실이 있는 집보다 더 비싸게 팔린다. 이것이 (a)의 답변 및 전반적인 회귀 결과와 일치하는가?

c. 주택 소유자가 인접한 부지 2,500 제곱피트를 구매했다. 그녀의 집 가치 변화에 대한 95% 신뢰구간을 구성하라.

d. 부지 크기는 제곱피트로 측정된다. 다른 척도가 더 적절할 수 있다고 생각하는가? 왜 그런가 또는 왜 그렇지 않은가?

e. *BDR*과 *Age*를 회귀에서 제외한 *F*-통계량은 $F = 2.38$이다. *BDR*과 *Age*의 계수가 10% 수준에서 통계적으로 0과 다른가?

7.8 연습문제 7.1~7.6을 풀 때 사용했던 204쪽의 표를 사용하라.

a. 각 회귀의 R^2을 구성하라.

b. (3)열에 표시된 회귀에서 $\beta_4 = \beta_5 = \beta_6 = 0$을 검정하기 위한 등분산성 전용 *F*-통계량을 어떻게 구성하는지 보여라. 이 통계량은 1% 수준에서 유의한가?

c. 부록 7.1에서 논의한 본페로니 검정을 사용해 (3)열에 표시된 회귀에서 $\beta_4 = \beta_5 = \beta_6 = 0$을 검정하라.

d. (3)열의 회귀에 대한 β_1의 99% 신뢰구간을 구성하라.

7.9 회귀모형 $Y_i = \beta_0 + \beta_1 X_{1i} + \beta_2 X_{2i} + u_i$를 고려하자. 7.3절의 접근 방식 2를 사용해 회귀를

변환해 t-통계량을 사용해 다음을 검정할 수 있도록 하라.

a. $\beta_1 = \beta_2$

b. $\beta_1 + 2\beta_2 = 0$

c. $\beta_1 + \beta_2 = 1$(힌트: 회귀에서 종속변수를 재정의해야 한다.)

7.10 식 (7.13)과 (7.14)는 등분산성 전용 F-통계량의 두 가지 공식을 보여준다. 두 공식이 동등함을 보여라.

실증문제

E7.1 실증문제 E5.3에서 소개한 **Birthweight_Smoking** 데이터 세트를 사용해 다음 질문에 답하라. 우선 세 가지 회귀를 실행하라.

(1) *Birthweight*를 *Smoker*에 대해 회귀

(2) *Birthweight*를 *Smoker*, *Alcohol*, *Nprevist*에 대해 회귀

(3) *Birthweight*를 *Smoker*, *Alcohol*, *Nprevist*, *Unmarried*에 대해 회귀

a. 각 회귀에서 흡연이 출생 체중에 미치는 추정 효과의 값은 얼마인가?

b. 각 회귀를 사용해 흡연이 출생 체중에 미치는 효과에 대한 95% 신뢰구간을 구성하라.

c. 회귀 (1)의 *Smoker* 계수가 누락변수편향을 겪는가? 설명하라.

d. 회귀 (2)의 *Smoker* 계수가 누락변수편향을 겪는가? 설명하라.

e. 회귀 (3)의 *Unmarried* 계수를 고려하라.

i. 이 계수에 대한 95% 신뢰구간을 구성하라.

ii. 이 계수가 통계적으로 유의한가? 설명하라.

iii. 이 계수의 크기가 큰가? 설명하라.

iv. 어떤 가족 장려 단체는 이 큰 계수가 결혼을 장려하는 공공 정책이 평균적으로 더 건강한 아기가 태어나게 함을 시사한다고 주장한다. 동의하는가? (힌트: 6.8절의 통제변수 논의를 검토하라. *Unmarried*가 통제할 수 있는 다양한 요인과 이것이 그 계수의 해석에 어떤 영향을 미치는지 논의하라.)

f. 데이터 세트의 다양한 다른 통제변수들을 고려하라. 어떤 변수들을 회귀에 포함해야 한다고 생각하는가? 표 7.1과 같은 표를 사용해 (b)에서 구성한 신뢰구간의 강건성을 검토하라. 흡연이 출생 시 체중에 미치는 효과에 대한 합리적인 95% 신뢰구간은 무엇인가?

E7.2 4장과 5장의 소득과 키에 관한 실증문제에서, 근로자의 키가 소득에 미치는 비교적 큰, 통계적으로 유의한 효과를 추정했다. 이 결과에 대한 한 가지 설명은 누락변수편향이다: 키는 소득에 영향을 미치는 누락된 요인과 상관관계가 있다. 예를 들어 Case와 Paxson(2008)은 인지 능력(또는 지능)이 누락된 요인이라고 제안한다. 그들이 설명하는 메커니즘은 간단하다: 태아기와 초기 아동기의 영양 부족과 기타 해로운 환경 요인은 평균적으로 인지 발달과 신체 발달 모두에 해로운 영향을 미친다. 인지 능력은 이후의 삶에서 소득에 영향을 미치므로 회귀에서 누락된 변수이다.

a. 위에서 설명한 메커니즘이 정확하다고 가정하자. 이것이 어떻게 *Earnings*를 *Height*에 대해 OLS 회귀하는 데 누락변수편향을 초래하는지 설명하라. 이 편향이 추정된 기울기

를 너무 크게 만드는가, 아니면 너무 작게 만드는가? [힌트: 식 (6.1)을 검토하라.]

위에서 설명한 메커니즘이 정확하다면, 인지 능력을 측정하는 변수를 회귀에 포함할 때 키가 소득에 미치는 추정 효과는 사라져야 한다. 안타깝게도 데이터 세트에는 인지 능력을 직접 측정하는 변수가 없지만, 대신 각 개인의 교육 연수가 포함되어 있다. 인지 능력이 높은 학생들이 더 오래 학교에 다니는 경향이 있기 때문에, 교육 연수가 인지 능력에 대한 통제변수 역할을 할 수 있다. 이 경우 회귀에 교육을 포함하면 누락변수편향 문제가 제거되거나 적어도 완화될 것이다.

교육 연수 변수(*educ*)를 사용해 근로자가 고등학교 졸업장 미만(*educ*이 12 미만이면 *LT_HS*는 1, 그렇지 않으면 0), 고등학교 졸업장(*educ*이 12이면 *HS*는 1, 그렇지 않으면 0), 일부 대학 교육(*educ*이 12 초과, 16 미만이면 *Some_Col*은 1, 그렇지 않으면 0), 또는 학사 학위 이상(*educ*이 16 이상이면 *College*는 1, 그렇지 않으면 0)인지를 나타내는 4개의 지표변수를 구성하라.

b. 먼저 여성만을 대상으로, (1) *Earnings*를 *Height*에 대해, (2) *Earnings*를 *Height*에 대해 회귀하되 *LT_HS*, *HS*, *Some_Col*을 통제변수로 포함해 회귀를 실행하라.

i. 회귀 (1)과 (2)에서 *Height*의 추정 계수를 비교하라. 계수에 큰 변화가 있는가? 인지 능력 설명과 일치하는 방식으로 변했는가? 설명하라.

ii. 회귀에서 *College* 통제변수를 생략했다. 이유는 무엇인가?

iii. 교육변수들의 계수가 0과 같다는 결합 귀무가설을 검정하라.

iv. *LT_HS*, *HS*, *Some_Col*의 추정 계수값들을 논의하라. (각 추정 계수는 음수이며, *LT_HS*의 계수가 *HS*의 계수보다 더 음수이고, *HS*의 계수는 다시 *Some_Col*의 계수보다 더 음수이다. 왜 그런가? 이 계수들은 무엇을 측정하는가?)

c. 남성 관측치만을 사용해 (b)를 반복하라.

부록 7.1 결합가설에 대한 본페로니 검정

7.2절의 방법은 다중회귀에서 결합가설을 검정하는 더 나은 방법이다. 그러나 연구 저자가 회귀 결과를 제시했지만 관심 있는 결합 제약을 검정하지 않았고, 원본 데이터가 없다면 7.2절과 같이 F-통계량을 계산할 수 없을 것이다. 이 부록은 회귀 결과 표만 있을 때 사용할 수 있는 결합가설검정 방법을 설명한다. 이 방법은 본페로니 부등식에 기반한 매우 일반적인 검정법의 응용이다.

본페로니 검정은 개별 가설에 대한 t-통계량에 기반한 결합가설검정이다. 즉 본페로니 검정은 7.2절에 나온 한 번에 하나씩 t-통계량을 검정하는 것을 올바르게 한 것이다. 임곗값 $c > 0$에 기반한 결합 귀무가설 $\beta_1 = \beta_{1,0}$ 및 $\beta_2 = \beta_{2,0}$에 대한 **본페로니 검정**(Bonferroni test)은 다음 규칙을 사용한다.

$$|t_1| \le c\text{이고 } |t_2| \le c\text{이면 수용, 그렇지 않으면 기각} \tag{7.20}$$

(본페로니 한 번에 하나씩 t-통계량 검정)

여기서 t_1과 t_2는 각각 β_1과 β_2에 대한 제약을 검정하는 t-통계량이다.

여기서 사용하는 기법은 귀무가설이 참일 때 한 번에 하나씩 검정이 기각할 확률이 원하는 유의수준(예: 5%)을 넘지 않도록 임곗값 c를 선택하는 것이다. 이는 본페로니 부등식을 사용해 2개의 제약이 검정되고 있다는 사실과 t_1과 t_2 사이의 가능한 상관관계를 모두 고려해 임곗값 c를 선택함으로써 이루어진다.

본페로니 부등식

본페로니 부등식은 확률론의 기본 결과이다. A와 B를 사건이라 하자. $A \cap B$를 'A와 B 모두'(A와 B의 교집합)라는 사건이라 하고, $A \cup B$를 'A 또는 B 또는 둘 다'(A와 B의 합집합)라는 사건이라 하자. 그러면 $\Pr(A \cup B) = \Pr(A) + \Pr(B) - \Pr(A \cap B)$이다. $\Pr(A \cap B) \geq 0$이므로, $\Pr(A \cup B) \leq \Pr(A) + \Pr(B)$가 성립한다.[1] 이제 A를 $|t_1| > c$인 사건이라 하고 B를 $|t_2| > c$인 사건이라 하자. 그러면 부등식 $\Pr(A \cup B) \leq \Pr(A) + \Pr(B)$를 통해 다음을 얻는다.

$$\Pr(|t_1| > c \text{ 또는 } |t_2| > c \text{ 또는 둘 다}) \leq \Pr(|t_1| > c) + \Pr(|t_2| > c) \tag{7.21}$$

본페로니 검정

'$|t_1| > c$ 또는 $|t_2| > c$ 또는 둘 다'라는 사건이 한 번에 하나씩 검정의 기각 영역이므로, 식 (7.21)은 한 번에 하나씩 검정에 대한 유효한 임곗값을 준다. 큰 표본에서 귀무가설하에, $\Pr(|t_1| > c) = \Pr(|t_2| > c) = \Pr(|Z| > c)$이다. 따라서 식 (7.21)은 큰 표본에서 귀무가설하에 한 번에 하나씩 검정이 기각할 확률이 다음과 같음을 의미한다.

$$\Pr_{H_0}(\text{한 번에 하나씩 검정이 기각}) \leq 2\Pr(|Z| > c) \tag{7.22}$$

식 (7.22)의 부등식은 귀무가설하에서 기각 확률이 원하는 유의수준과 같도록 임곗값 c를 선택하는 방법을 제공한다. 본페로니 방법은 2개 이상의 계수로 확장될 수 있다. 귀무가설하에 q개의 제약이 있다면, 식 (7.22) 우변의 2 계수는 q로 대체된다.

표 7.2는 다양한 유의수준과 $q = 2, 3, 4$에 대한 한 번에 하나씩 본페로니 검정의 임곗값 c를 나타낸다. 예를 들어 원하는 유의수준이 5%이고 $q = 2$라고 하자. 표 7.2에 따르면, 임곗값 c는 2.241이다. 이 임곗값은 표준정규분포의 1.25 백분위수이므로, $\Pr(|Z| > 2.241) = 2.5\%$이다. 따라서 식 (7.22)는 큰 표본에서 식 (7.20)의 한 번에 하나씩 검정이 귀무가설하에서 최대 5%의 확률로 기각할 것임을 보여준다.

표 7.2의 임곗값들은 단일 제약을 검정할 때의 임곗값보다 더 크다. 예를 들어 $q = 2$일 때, 한 번에 하나씩 검정은 적어도 하나의 t-통계량이 절댓값으로 2.241을 초과하면 기각한다. 이 임곗값은 1.96보다 큰데, 7.2절에서 논의한 대로, 2개의 t-통계량을 보면서 결합 귀무가설을 기각할 두 번째 기회를 얻게 되는 사실을 적절히 수정하기 때문이다.

---

1 이 부등식을 사용해 다른 흥미로운 부등식들을 유도할 수 있다. 예를 들어 $1 - \Pr(A \cup B) \geq 1 - [\Pr(A) + \Pr(B)]$를 보일 수 있다. A^c와 B^c를 A와 B의 여집합이라 하자—즉 'A가 아님'과 'B가 아님'이라는 사건이다. $A \cup B$의 여집합이 $A^c \cap B^c$이므로, $1 - \Pr(A \cup B) = \Pr(A^c \cap B^c)$이며, 따라서 본페로니 부등식이 성립한다: $\Pr(A^c \cap B^c) \geq 1 - [\Pr(A) + \Pr(B)]$.

표 7.2 결합가설에 대한 한 번에 하나씩 t-통계량 검정의 본페로니 임곗값 c

	제약 수(q)		
유의수준(q)	10%	5%	1%
2	1.960	2.241	2.807
3	2.128	2.394	2.935
4	2.241	2.498	3.023

개별 t-통계량들이 이분산성 강건 표준 오차를 사용해 계산되었다면, 본페로니 검정은 이분산성의 유무와 관계없이 유효하다. 그러나 t-통계량들이 등분산성 전용 표준 오차를 사용해 계산되었다면, 본페로니 검정은 등분산성하에서만 유효하다.

시험점수 예에 대한 적용

식 (7.6)에서 시험점수와 학생당 지출에 대한 실제 계수가 0이라는 결합 귀무가설을 검정하는 t-통계량은 각각 $t_1 = -0.60$과 $t_2 = 2.43$이다. $|t_1| < 2.241$이지만, $|t_2| > 2.241$이므로 본페로니 검정을 사용해 5% 유의수준에서 결합 귀무가설을 기각할 수 있다. 그러나 t_1과 t_2 모두 절댓값으로 2.807보다 작으므로, 본페로니 검정을 사용해 1% 유의수준에서는 결합 귀무가설을 기각할 수 없다. 이와 대조적으로, 7.2절의 F-통계량을 사용하면 1% 유의수준에서 이 가설을 기각할 수 있었다.

CHAPTER

8 비선형회귀함수

4장부터 7장까지는 모집단 회귀함수가 선형이라 가정했다. 즉 일정한 기울기를 갖는다. 인과추론의 맥락에서 이 일정한 기울기는 X의 단위 변화가 Y에 미치는 영향이 설명변수의 모든 값에 대해 동일하다는 의미이다. 하지만 X의 변화가 Y에 미치는 영향이 실제로 하나 이상의 설명변수 값에 따라 달라진다면 어떻게 되는가? 이 경우 모집단 회귀함수는 비선형이다.

이 장에서는 모집단 회귀함수의 비선형성을 감지하고 이를 모형화하는 두 가지 방법을 개발한다. 첫 번째 방법은 Y와 독립변수인 X_1 사이의 관계가 X_1의 값 자체에 의존할 때 유용하다. 예를 들어 학급 규모가 너무 커서 교사가 학급 통제 외에 할 수 있는 일이 거의 없는 경우보다 관리 가능한 수준으로 학급 규모가 작은 경우에 교사 1인당 학생 수를 1명씩 줄이는 것이 더 큰 효과를 가져올 수 있다. 그렇다면 시험점수(Y)는 학생-교사 비율(X_1)의 비선형함수이며, 이 함수는 X_1이 작을 때 기울기가 더 가파르게 나타난다. 이러한 특징을 가진 비선형회귀함수의 예가 그림 8.1에 나와 있다. 그림 8.1(a)의 선형 모집단 회귀함수는 기울기가 일정하지만, 그림 8.1(b)의 비선형 모집단 회귀함수는 X_1이 클 때보다 작을 때 기울기가 더 가파르다. 이 첫 번째 방법은 8.2절에 나와 있다.

두 번째 방법은 X_1의 변화가 Y에 미치는 영향이 다른 독립변수(예: X_2)의 값에 따라 달라질 때 유용하다. 예를 들어 아직 영어를 배우는 학생은 일대일 수업에서 더 많은 혜택을 얻을 수 있다. 그렇다면 영어 학습자가 적은 학군보다 아직 영어를 배우는 학생이 많은 학군에서 학생-교사 비율 감소가 시험점수에 미치는 영향이 더 클 것이다. 이 예에서 학생-교사 비율(X_1)의 감소가 시험점수(Y)에 미치는 영향은 학군 내 영어 학습자 비율(X_2)에 따라 달라진다. 그림 8.1(c)에서 볼 수 있듯이, 이러한 유형의 모집단 회귀함수의 기울기는 X_2의 값에 따라 달라진다. 이 두 번째 방법은 8.3절에 나와 있다.

8.2절과 8.3절의 모형에서 모집단 회귀함수는 독립변수의 비선형함수이다. 이러한 모형은 X에 대해 비선형이지만 모집단 회귀모형의 계수(또는 모수)의 선형함수이므로 6장 및 7장의 다중회귀모형의 변형이다. 따라서 이러한 비선형회귀함수의 미지의 모수는 OLS와 6장 및 7장의 방법을 사용해 추정하고 검정할 수 있다. 일부 응용에서는 회귀함수가 X와 모수에 대해 비선형함수이다. 이러한 경우 모수는 OLS로 추정할 수 없지만 비선형최소제곱법을 사용해 추정할 수 있다. 부록 8.1에서 이러한 함수의 예를 제공하고 비선형최소제곱 추정량을 설명한다.

8.1절과 8.2절에서는 단일 독립변수를 갖는 회귀분석의 관점으로 비선형회귀함수를 소개하고, 8.3

그림 8.1 서로 다른 기울기를 갖는 모집단 회귀함수

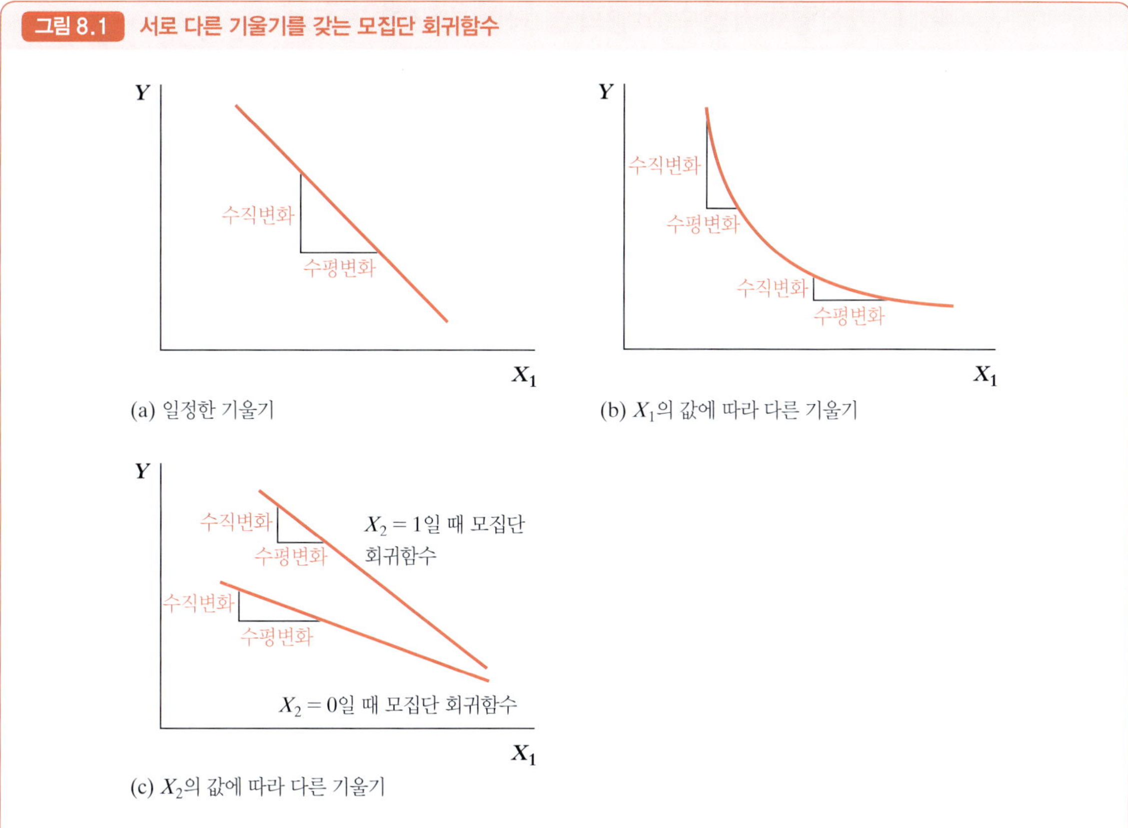

그림 8.1(a)에서 모집단 회귀함수는 일정한 기울기를 가진다. 그림 8.1(b)에서 모집단 회귀함수의 기울기는 X_1의 값에 따라 달라진다. 그림 8.1(c)에서 모집단 회귀함수의 기울기는 X_2의 값에 따라 달라진다.

절에서는 이를 2개의 독립변수로 확장한다. 8.1절부터 8.3절까지의 실증 예시에서는 단순화를 위해 이외의 설명변수를 넣지 않는다. 그러나 실제로 비선형모형을 사용해 인과효과를 추정하는 것이 목적이라면 통제변수도 포함해 누락된 요인을 통제하는 것이 여전히 중요하다. 8.4절에서는 비선형회귀함수에 추가 통제변수를 결합해, 학생 특성을 고정한 채 시험점수와 교사-학생 비율 사이의 관계에서 발생 가능한 비선형성을 자세히 고찰한다.

이 장의 목적은 비선형회귀함수를 모형화하는 주요 방법을 설명하는 것이다. 8.1~8.3절에서는 다중회귀에서의 인과추론에 대한 최소제곱 가정(핵심 개념 6.4)이 비선형회귀함수에 맞게 수정되어 유지된다고 가정한다. 이러한 가정하에 비선형회귀함수의 기울기는 인과효과로 해석할 수 있다. 일부 설명변수가 통제변수인 경우(핵심 개념 6.6의 가정), 이 장의 방법은 비선형 모집단 회귀함수를 모형화하는 데 사용할 수 있다. 그리고 이러한 함수가 예측에 사용되는 경우에도(부록 6.4의 가정) 이 장의 방법은 사용 가능하다.

8.1 비선형회귀함수 모형화를 위한 일반적인 전략

이 절에서는 비선형 모집단 회귀함수를 모형화하기 위한 일반적인 전략을 제시한다. 이 전략에서 비선형모형은 다중회귀모형의 확장이므로 6장 및 7장의 도구를 사용해 추정하고 검정할 수 있다. 일단 먼저 캘리포니아 시험점수 데이터로 돌아가서 시험점수와 학군 소득 간의 관계를 고려하자.

시험점수 및 학군 소득

7장에서는 학생의 경제적 배경이 표준화 시험 성적을 설명하는 데 중요한 요인이라는 사실을 발견했다. 이 분석에서는 두 가지 경제적 배경 변수(무료급식 자격이 있는 학생의 비율과 소득 지원 자격이 있는 가족 소속 학생의 비율)를 사용해 학군 내 빈곤 가정 학생의 비율을 측정했다. 경제적 배경에 대한 또 다른 광범위한 측정은 학군의 1인당 연평균 소득('학군 소득')이다. 캘리포니아 데이터 세트에는 1998년 기준 1,000달러로 측정된 학군 소득이 포함되어 있다. 이 표본에는 광범위한 소득 수준이 포함되어 있다: 표본에 포함된 420개 학군의 학군 소득 중앙값은 13.7(1인당 13,700달러)이며, 그 범위는 5.3(1인당 5,300달러)에서 55.3(1인당 55,300달러)까지 다양하다.

그림 8.2는 캘리포니아 데이터 세트의 5학년 시험점수와 학군 소득에 대한 산점도와 이 두 변수를 연결하는 OLS 회귀선을 보여준다. 시험점수와 학군 소득은 상관계수가 0.71로 강한 양의 상관관계가 있다. 부유한 학군의 학생이 가난한 학군의 학생보다 시험에서 더 좋은 성적을 보인다. 하지만 이 산점도에는 특이한 부분이 있다: 소득이 매우 낮거나(10,000달러 미만) 매우 높은(40,000달러 이상) 경우에는 대다수 점이 OLS 선 아래에 있으나, 소득이 15,000~30,000달러인 경우에는 선 위에 있다. 시험점수와 학군 소득 간 관계에는 선형회귀

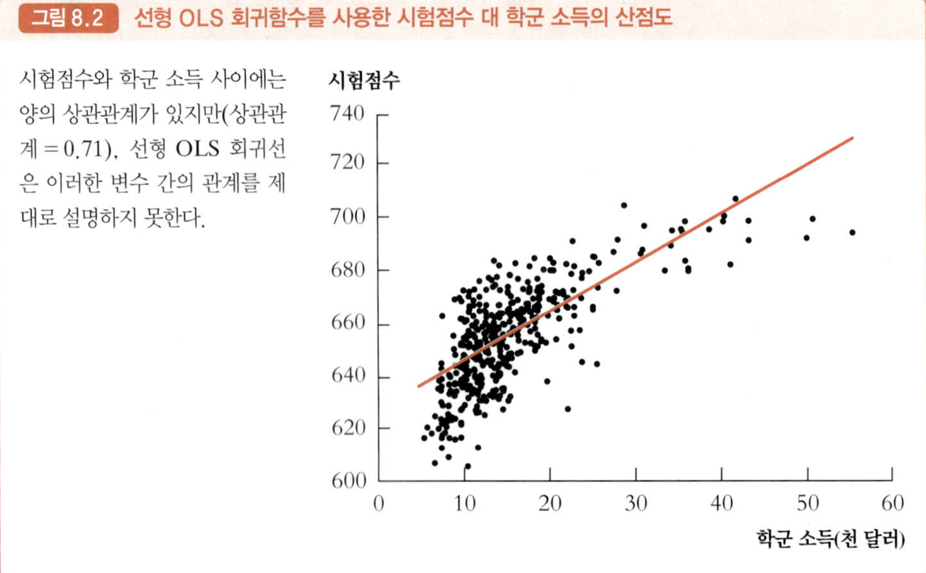

그림 8.2 선형 OLS 회귀함수를 사용한 시험점수 대 학군 소득의 산점도

시험점수와 학군 소득 사이에는 양의 상관관계가 있지만(상관관계 = 0.71), 선형 OLS 회귀선은 이러한 변수 간의 관계를 제대로 설명하지 못한다.

분석으로 포착되지 않는 곡률(curvature)이 있는 것 같다.

요컨대 학교 소득과 시험점수 사이의 관계는 직선이 아닌 것으로 보인다. 오히려 이는 비선형이다. 비선형함수는 기울기가 일정하지 않은 함수이다. $f(X)$의 기울기가 X의 모든 값에 대해 동일하면 선형함수지만 기울기가 X의 값에 따라 달라지면 $f(X)$는 비선형함수이다.

직선이 학교 소득과 시험점수 사이의 관계를 적절하게 설명하지 못한다면 무엇이 적절할까? 그림 8.2의 점들에 맞는 곡선을 그린다고 상상해보자. 이 곡선은 학교 소득이 낮을 때는 가파른 곡선을 그리다가 학교 소득이 높아질수록 평평해질 것이다. 이러한 곡선을 수학적으로 근사화하는 한 가지 방법은 관계를 이차함수로 모형화하는 것이다. 즉 시험점수를 소득과 소득의 제곱 함수로 모형화할 수 있다.

시험점수와 소득을 연관 짓는 모집단 이차회귀모형은 수학적으로 다음과 같이 쓸 수 있다.

$$TestScore_i = \beta_0 + \beta_1 Income_i + \beta_2 Income_i^2 + u_i \tag{8.1}$$

여기서 β_0, β_1, β_2는 계수이고, $Income_i$는 i번째 학군의 소득, $Income_i^2$는 i번째 학군 소득의 제곱, u_i는 평소와 같이 시험점수를 결정하는 다른 모든 요소를 나타내는 오차항이다. 모집단 회귀함수인 $E(TestScore_i \mid Income_i) = \beta_0 + \beta_1 Income_i + \beta_2 Income_i^2$가 독립변수인 소득의 이차함수이기 때문에 식 (8.1)을 **이차회귀모형**(quadratic regression model)이라고 한다.

식 (8.1)의 모집단 계수 β_0, β_1, β_2를 알고 있다면 평균 소득을 기준으로 학군의 시험점수를 예측할 수 있다. 그러나 이러한 모집단 계수는 알 수 없으므로 자료 표본을 사용해 추정해야 한다.

처음에는 그림 8.2의 데이터에 가장 적합한 이차함수의 계수를 찾는 것이 어려워 보일 수 있다. 그러나 식 (8.1)을 핵심 개념 6.2의 다중회귀모형과 비교하면 식 (8.1)이 실제로는 2개의 설명변수가 있는 다중회귀모형이라는 것을 알 수 있다: 첫 번째 설명변수는 $Income$이고 두 번째 설명변수는 $Income^2$이다. 기계적으로, 소득의 제곱과 같은 새 변수를 생성해 이 두 번째 설명변수를 만들 수 있다. 예를 들어 스프레드시트의 추가 열로 만든다. 따라서 설명변수를 $Income$ 및 $Income^2$으로 정의한 뒤에 식 (8.1)의 비선형모형은 단순히 2개의 설명변수가 있는 다중회귀모형이다!

이차회귀모형은 다중회귀모형의 변형이므로 6장 및 7장에서 설명한 OLS 방법을 사용해 미지의 모집단 계수를 추정하고 검정할 수 있다. 그림 8.2의 420개 관측값에 대해 OLS를 사용해 식 (8.1)의 계수를 추정하면 다음과 같은 결과를 얻을 수 있다.

$$\underset{}{\widehat{TestScore}} = \underset{(2.9)}{607.3} + \underset{(0.27)}{3.85}\, Income - \underset{(0.0048)}{0.0423}\, Income^2,\ \bar{R}^2 = 0.554 \tag{8.2}$$

여기서 평소와 같이 추정 계수의 표준 오차는 괄호 안에 표시된다. 식 (8.2)의 추정 회귀함수는 그림 8.3에 데이터의 산점도 위에 겹쳐 있다. 이차함수는 산점도의 곡률을 포착한다. 학군 소득이 낮은 값일 때는 가파르지만 학군 소득이 높을 때는 평평해진다. 간단히 말해 이차회귀함수가 선형회귀함수보다 자료에 더 잘 맞는 듯하다.

이러한 시각적 비교에서 한 단계 더 나아가 학군 소득과 시험점수 간의 관계가 선형이라

그림 8.3 선형 및 이차회귀함수를 사용한 시험점수 대 학군 소득의 산점도

이차 OLS 회귀함수가 선형 OLS 회귀함수보다 자료에 더 잘 맞는다.

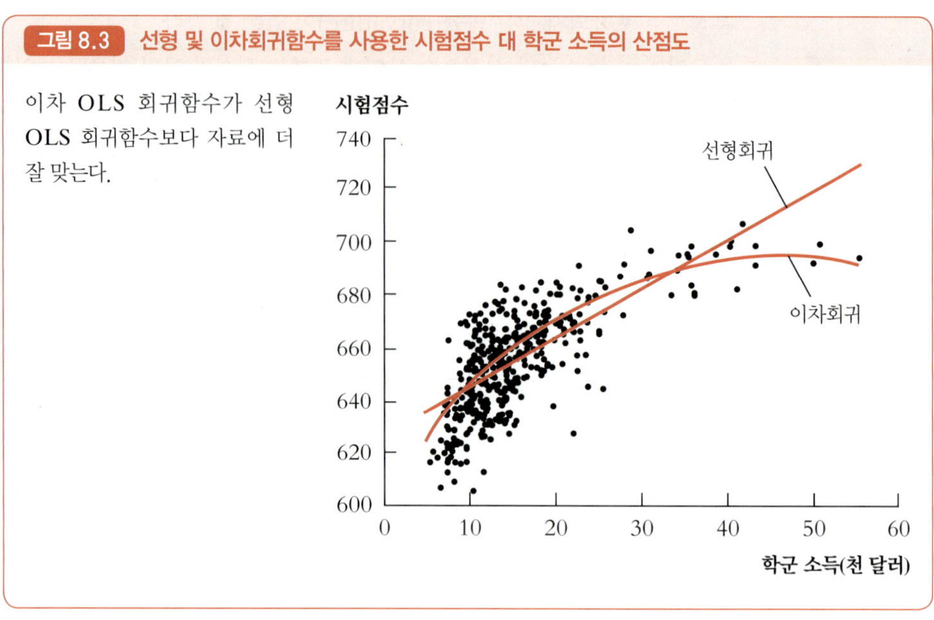

는 가설과 비선형이라는 대안을 공식적으로 검정할 수 있다. 관계가 선형이면 회귀함수는 설명변수 $Income^2$가 없다는 점을 제외하고는 식 (8.1)로 올바르게 설정된다. 즉 관계가 선형인 경우 식 (8.1)이 $\beta_2 = 0$으로 성립된다. 따라서 $\beta_2 = 0$이라는 귀무가설을 $\beta_2 \neq 0$이라는 대립가설에 대해 검정해, 모집단 회귀함수가 선형이라는 귀무가설을 이차라는 대립가설에 대해 검정할 수 있다.

식 (8.1)은 다중회귀모형의 변형일 뿐이므로 귀무가설 $\beta_2 = 0$은 이에 대한 t-통계량을 작성해 검정할 수 있다. 이 t-통계량은 $t = (\hat{\beta}_2 - 0)/SE(\hat{\beta}_2)$이며, 식 (8.2)에 따르면 $t = -0.0423/0.0048 = -8.81$이다. 이의 절댓값은 이 검정의 5% 임곗값(1.96)을 초과한다. 실제로 t-통계량의 p값은 0.01% 미만이므로 모든 기존 유의수준에서 $\beta_2 = 0$이라는 가설을 기각할 수 있다. 따라서 이 공식적인 가설검정은 그림 8.2와 8.3의 비공식적인 검토를 뒷받침한다: 이차모형이 선형모형보다 자료에 더 잘 맞는다.

비선형 설정에서 X의 변화가 Y에 미치는 영향

시험점수의 예는 잠시 접어두고 일반적인 문제를 생각해보자. 다른 독립변수 $X_2, \ldots, X_k$를 일정하게 유지한 상태에서 독립변수 X_1이 ΔX_1만큼 변할 때 종속변수 Y 변화의 기댓값을 알고 싶다. 모집단 회귀함수가 선형이면 이 효과는 쉽게 계산할 수 있다: 식 (6.4)에서 볼 수 있듯이 Y 변화의 기댓값은 $\Delta Y = \beta_1 \Delta X$이며, 여기서 β_1은 X_1에 모집단 회귀 계수를 곱한 값이다. 그러나 회귀함수가 비선형이면 Y 변화의 기댓값은 독립변수의 값에 따라 달라질 수 있으므로 계산하기가 더 복잡하다.

비선형 모집단 회귀함수의 일반적인 공식[1] 이 장에서 고려하는 비선형 모집단 회귀모형은 다

1 비선형회귀라는 용어는 개념적으로 다른 두 가지 모형군에 적용된다. 첫 번째 군에서 모집단 회귀함수는 X의 비선형함

음과 같은 형식이다.

$$Y_i = f(X_{1i}, X_{2i}, \ldots, X_{ki}) + u_i, i = 1, \ldots, n \tag{8.3}$$

여기서 $f(X_{1i}, X_{2i}, \ldots, X_{ki})$는 모집단 **비선형회귀함수**(nonlinear regression function)이다. 이는 독립변수 $X_{1i}, X_{2i}, \ldots, X_{ki}$의 비선형함수이고 u_i는 오차항이다. 예를 들어 식 (8.1)의 이차회귀모형에서는 독립변수가 하나만 존재하므로 X_1은 소득이고 모집단 회귀함수는 $f(Income_i) = \beta_0 + \beta_1 Income_i + \beta_2 Income_i^2$이다.

모집단 회귀함수는 $X_{1i}, X_{2i}, \ldots, X_{ki}$가 주어진 Y_i의 조건부 기대이므로 식 (8.3)에서 이 조건부 기대가 X_1의 비선형함수일 가능성을 허용한다. 즉 $E(Y_i | X_{1i}, X_{2i}, \ldots, X_{ki}) = f(X_{1i}, X_{2i}, \ldots, X_{ki})$이고, 여기서 f는 비선형함수일 수 있다. 모집단 회귀함수가 선형인 경우 $f(X_{1i}, X_{2i}, \ldots, X_{ki}) = \beta_0 + \beta_1 X_{1i} + \cdots + \beta_k X_{ki}$가 되고, 식 (8.3)은 핵심 개념 6.2의 선형회귀모형이 된다. 그렇지만 식 (8.3)은 비선형회귀함수도 허용한다.

X_1의 변화가 Y에 미치는 영향 $X_2, \ldots, X_k$값이 동일한 개인을 대상으로 실험을 수행한다고 가정하자. 참가자는 무작위로 처치 수준 $X_1 = x_1$ 또는 $X_1 + \Delta X_1 = x_1 + \Delta x_1$을 할당받는다. $X_2, \ldots, X_k$는 일정하게 유지될 때, 두 결과 기댓값의 차이가 바로 처치의 인과효과이다. 식 (8.3)의 비선형회귀모형에서 Y에 대한 효과는 $\Delta Y = f(X_1 + \Delta X_1, X_2, \ldots, X_k) - f(X_1, X_2, \ldots, X_k)$이다. 예측의 맥락에서 보자. $\Delta Y = f(X_1 + \Delta X_1, X_2, \ldots, X_k) - f(X_1, X_2, \ldots, X_k)$는 Y의 두 관측값의 예측된 차이인데, 두 관측값은 $X_2, \ldots, X_k$는 동일하지만 X_1의 값이 특별히 $X_1 + \Delta X_1$과 X_1로 서로 다르다.

회귀함수 f를 알 수 없기에 이 모집단 인과효과도 알 수 없다. 이 효과를 추정하려면 먼저 회귀함수 f를 추정한다. 일반적인 수준에서 이 추정 함수를 $\hat{f}$으로 나타내며, 이러한 추정 함수의 예로는 식 (8.2)의 추정 이차회귀함수가 있다. X_1의 변화가 Y에 미치는 추정 효과($\Delta\hat{Y}$으로 표시)는 독립변수가 $X_1 + \Delta X_1, X_2, \ldots, X_k$값을 취할 때 Y의 예측값과 $X_1, X_2, \ldots, X_k$값을 취할 때 Y의 예측값 사이의 차이이다.

X_1의 변화와 관련된 Y의 예측되는 변화를 계산하는 방법은 핵심 개념 8.1에 요약했다. 핵심 개념 8.1의 계산 방법은 ΔX_1이 크든 작든, 설명변수가 연속형이든 불연속형이든 상관없이 항상 유효하다. 부록 8.2에서 ΔX_1이 작을 때 하나의 연속설명변수가 있는 특수한 경우에 미분적분학을 사용해 기울기를 계산하는 방법을 제시한다.

응용 사례: 학군 소득과 시험점수 학군 소득이 1,000달러 증가할 때 예상되는 시험점수 변화는 식 (8.2)의 추정된 이차회귀함수에 따르면 얼마인가? 회귀함수는 이차함수이므로 이 효과는 초기 학군 소득에 따라 달라진다. 따라서 다음과 같이 두 가지 경우를 고려한다: 학군 소득이 10에서 11로 증가한 경우(즉 1인당 10,000달러에서 11,000달러로)와 학군 소득이 40달러에서 41달러로 증가한 경우(즉 1인당 40,000달러에서 41,000달러로)를 고려한다.

수지만 미지의 모수(β)의 선형함수이다. 두 번째 군에서 모집단 회귀함수는 미지의 비선형함수인데 X의 비선형함수가 될 수도 있고 아닐 수도 있다. 이 장의 본문에 있는 모형은 모두 첫 번째 군에 속한다. 부록 8.1은 두 번째 군의 모형에 관한 것이다.

핵심 개념 8.1

비선형회귀모형에서 X_1 변화에 따른 Y 변화 기댓값[식 (8.3)]

$X_2, \ldots, X_k$를 일정하게 유지할 때 X_1의 변화인 ΔX_1에 연관된 Y 변화의 기댓값 ΔY는 $X_2, \ldots, X_k$를 일정하게 유지할 때 X_1 변화 전후의 모집단 회귀함수 값의 차이이다. 즉 Y 변화의 기대는 바로 이 차이다.

$$\Delta Y = f(X_1 + \Delta X_1, X_2, \ldots, X_k) - f(X_1, X_2, \ldots, X_k) \quad (8.4)$$

이 미지의 모집단 차이에 관한 추정량이 이 두 경우의 예측값 차이이다. 모집단 회귀함수의 추정량 $\hat{f}(X_1, X_2, \ldots, X_k)$를 Y의 예측값이라 하자. 그러면 Y의 예측된 변화는 다음과 같다.

$$\Delta \hat{Y} = \hat{f}(X_1 + \Delta X_1, X_2, \ldots, X_k) - \hat{f}(X_1, X_2, \ldots, X_k) \quad (8.5)$$

소득이 10에서 11로 변화된 경우 $\Delta\hat{Y}$을 계산하려면 식 (8.5)의 일반 공식을 이차회귀모형에 적용하면 된다. 이렇게 하면 다음과 같은 결과가 생성된다.

$$\Delta \hat{Y} = (\hat{\beta}_0 + \hat{\beta}_1 \times 11 + \hat{\beta}_2 \times 11^2) - (\hat{\beta}_0 + \hat{\beta}_1 \times 10 + \hat{\beta}_2 \times 10^2) \quad (8.6)$$

여기서 $\hat{\beta}_0$, $\hat{\beta}_1$, $\hat{\beta}_2$는 OLS 추정량이다.

식 (8.6)의 첫 번째 괄호 안에 있는 항은 $Income = 11$일 때 Y의 예측값이고, 두 번째 괄호 안의 항은 $Income = 10$일 때 Y의 예측값이다. 이러한 예측값은 식 (8.2)의 계수에 대한 OLS 추정치를 사용해 계산된다. 따라서 $Income = 10$인 경우 시험점수의 예측값은 $607.3 + 3.85 \times 10 - 0.0423 \times 10^2 = 641.57$이다. $Income = 11$인 경우 예측값은 $607.3 + 3.85 \times 11 - 0.0423 \times 11^2 = 644.53$이다. 이 두 예측값의 차이는 $\Delta\hat{Y} = 644.53 - 641.57 = 2.96$점이다. 즉 평균 소득이 11,000달러인 학군과 평균 소득이 10,000달러인 학군 간의 예상 시험점수 차이는 2.96점이다.

두 번째 경우, 소득이 40,000달러에서 41,000달러로 증가하면 식 (8.6)의 예측값 차이는 $\Delta\hat{Y} = (607.3 + 3.85 \times 41 - 0.0423 \times 41^2) - (607.3 + 3.85 \times 40 - 0.0423 \times 40^2) = 694.04 - 693.62 = 0.42$점이다. 따라서 초기 소득이 40,000달러인 경우보다 초기 소득이 10,000달러인 경우에 1,000달러의 소득 변화가 더 큰 시험점수의 변화를 가져온다(예상되는 변화량은 2.96점 대 0.42점). 달리 말하면, 그림 8.3에서 추정된 이차회귀함수의 기울기는 소득이 낮은 값(예: 10,000달러)에서 소득이 높은 값(예: 40,000달러)보다 더 가파르게 나타난다.

추정 효과의 표준 오차 X의 변화가 Y에 끼치는 영향의 추정치는 모집단 회귀함수인 $\hat{f}$의 추정치에 따라 달라진다. 회귀함수 추정치는 서로 다른 표본마다 다르다. 따라서 추정 효과에는 표집오차가 포함된다. 추정 효과와 관련된 표집의 불확실성을 정량화하는 한 가지 방법은 실제 모집단 효과에 대한 신뢰구간을 계산하는 것이다. 이를 위해서는 식 (8.5)에서 $\Delta\hat{Y}$의 표준 오차 계산이 필요하다.

회귀함수가 선형인 경우 $\Delta\hat{Y}$의 표준 오차를 쉽게 계산할 수 있다. X_1의 변화에 대한 추정효과는 $\hat{\beta}_1 \Delta X_1$이므로 $\Delta\hat{Y}$의 표준 오차는 $SE(\Delta\hat{Y}) = SE(\hat{\beta}_1)\Delta X_1$이고 추정 변화에 대한 95% 신뢰구간은 $\hat{\beta}_1 \Delta X_1 \pm 1.96 SE(\hat{\beta}_1)\Delta X_1$이 된다.

이 장의 비선형회귀모형에서 $\Delta\hat{Y}$의 표준 오차는 여러 계수가 포함된 단일 제약을 검정하기 위해 7.3절에서 소개했던 도구를 사용해 계산할 수 있다. 이 방법을 설명하기 위해 식 (8.6)에서 소득이 10에서 11로 변화하는 것과 관련된 시험점수의 예상 변화를 고려하자. 이는 $\Delta\hat{Y} = \hat{\beta}_1 \times (11 - 10) + \hat{\beta}_2 \times (11^2 - 10^2) = \hat{\beta}_1 + 21\hat{\beta}_2$이다. 따라서 예측된 변화의 표준 오차는 다음과 같다.

$$SE(\Delta\hat{Y}) = SE(\hat{\beta}_1 + 21\hat{\beta}_2) \tag{8.7}$$

따라서 $\hat{\beta}_1 + 21\hat{\beta}_2$의 표준 오차를 계산할 수 있다면, $\Delta\hat{Y}$의 표준 오차를 이미 계산한 것이다.

일부 회귀분석 소프트웨어는 식 (8.7)의 표준 오차를 직접 계산하는 명령어를 가지고 있다. 그렇지 않은 경우이면 두 가지 다른 방법으로 계산할 수 있다. 여러 계수에 대한 단일 제약을 검정하기 위한 7.3절에서 소개했던 두 가지 접근 방법이 이에 해당한다.

첫 번째 방법은 7.3절의 접근 방법 1이다. 이는 $\beta_1 + 21\beta_2 = 0$이라는 가설을 검정하는 F-통계량을 계산하는 것이다. 그러면 $\Delta\hat{Y}$의 표준 오차는 다음과 같이 주어진다.[2]

$$SE(\Delta\hat{Y}) = \frac{|\Delta\hat{Y}|}{\sqrt{F}} \tag{8.8}$$

식 (8.2)의 이차회귀에 적용해 가설 $\beta_1 + 21\beta_2 = 0$을 검정하는 F-통계량은 $F = 299.94$이다. $\Delta\hat{Y} = 2.96$이므로 식 (8.8)을 적용하면 $SE(\Delta\hat{Y}) = 2.96/\sqrt{299.94} = 0.17$이다. 따라서 Y의 기댓값 변화에 대한 95% 신뢰구간은 $2.96 \pm 1.96 \times 0.17$ 또는 (2.63, 3.29)이다.

두 번째 방법은 7.3절의 접근 방법 2를 사용하는 것이다. 변환된 회귀에서 계수 중 하나가 $\beta_1 + 21\beta_2$가 되도록 설명변수를 변환하는 것이다. 이 변환을 수행하는 것은 연습으로 남긴다 (연습문제 8.9).

비선형 설정에서 계수 해석 방법에 대한 의견 6장과 7장의 다중회귀모형에서 회귀 계수는 자연스럽게 해석할 수 있다. 예를 들어 β_1은 다른 설명변수를 일정하게 유지한 상태에서 X_1의 변화에 따라 기대되는 Y의 변화이다. 그러나 앞서 살펴본 바와 같이 비선형모형에서는 일반적으로 그렇지 않다. 즉 식 (8.1)의 β_1을 학군 소득의 제곱을 일정하게 유지하면서 학군 소득 변화의 효과로 생각하는 것은 그다지 도움이 되지 않는다. 비선형모형에서는 일단 그래프로 그리고 난 후 하나 또는 그 이상의 독립변수를 변화시킬 때 Y에 미치는 예측 효과를 계산하는 것이 회귀함에 대한 최선의 해석이라 하겠다.

다중회귀를 이용하는 비선형성 모형화에 대한 일반적인 접근법

이 장에서 다루는 비선형회귀함수를 모형화하는 일반적인 접근 방식에는 다섯 가지 요소가

2 앞의 가설을 검정하는 t-통계량의 제곱이 F-통계량이라는 점에 주목하면 식 (8.8)은 $SE(\Delta\hat{Y})$에 대해 풀고 정리하면 유도된다. 즉 $F = t^2 = [(\hat{\beta}_1 + 21\hat{\beta}_2)/SE(\hat{\beta}_1 + 21\hat{\beta}_1)]^2 = [\Delta\hat{Y}/SE(\Delta\hat{Y})]^2$이다.

있다.

1. **가능한 비선형 관계를 파악하라.** 가장 좋은 방법은 경제학 이론과 그 응용에 대해 알고 있는 지식에 근거해 가능한 비선형 관계를 제안하는 것이다. 자료를 보기 전에 *Y*와 *X*를 나타내는 회귀함수의 기울기가 *X*의 값이나 다른 독립변수에 따라 합리적으로 달라질 수 있는지를 자문하라. 왜 그러한 비선형적 의존성이 존재할 수 있는가? 이는 어떤 비선형적 형태를 시사하는가? 예를 들어 11세 학생들로 구성된 학급의 동학(dynamics) 관계를 생각해보면 학급 인원을 18명에서 17명으로 줄이는 것이 30명에서 29명으로 줄이는 것보다 더 큰 영향을 미칠 수 있음을 알 수 있다.
2. **비선형함수를 설정하고 OLS로 모수를 추정하라.** 8.2절과 8.3절에는 OLS로 추정할 수 있는 다양한 비선형회귀함수가 포함되어 있다. 이 절을 학습한 후에는 각 함수의 특성을 이해할 수 있다.
3. **비선형모형이 선형모형보다 개선되는지 확인하라.** 회귀함수가 비선형이라고 생각한다고 해서 실제로 비선형이라는 의미는 아니다! 비선형모형이 적절한지 경험적으로 판단해야 한다. 대부분의 경우 *t*-통계량과 *F*-통계량을 사용해 모집단 회귀함수가 선형이라는 귀무가설을 비선형이라는 대립가설에 대해 검정할 수 있다.
4. **추정된 비선형회귀함수를 도시하라.** 추정된 회귀함수가 데이터를 잘 설명하는가? 그림 8.2와 8.3을 보면 이차모형이 선형모형보다 데이터에 더 잘 맞는다는 것을 알 수 있다.
5. ***X*의 변화가 *Y*에 미치는 영향을 추정하라.** 마지막 단계에서 추정한 회귀에 근거해 핵심개념 8.1의 방법을 사용해 하나 이상의 설명변수 *X*의 변화가 *Y*에 미치는 영향을 계산한다.

8.2 단일 독립변수의 비선형함수

이 절에서는 비선형회귀함수를 모형화하는 두 가지 방법을 제공한다. 간단하게 설명하기 위해 독립변수 *X*가 하나만 포함된 비선형회귀함수에 대해 먼저 개발한다. 그러나 8.5절에서 보는 것처럼 이러한 모형은 여러 개의 독립변수를 포함하도록 수정할 수 있다.

이 절에서 설명하는 첫 번째 방법은 지난 절에서 시험점수와 학군 소득 간의 관계를 모형화하기 위해 사용한 이차회귀의 확장인 다항식 회귀이다. 두 번째 방법은 *Y* 및/또는 *X*의 로그를 사용하는 것이다. 이러한 방법들은 하나씩 설명하겠지만 같이 사용할 수도 있다.

부록 8.2에서는 이 절의 모형에 대한 미분적분학 기반 논의법을 제공한다.

다항식

비선형회귀함수를 설정하는 한 가지 방법은 *X*에 관한 다항식을 사용하는 것이다. 일반적으로 *r*은 회귀에 포함되는 *X*의 거듭제곱의 최대 차수(또는 지수)를 의미한다. *r*차 **다항식 회귀모형**(polynomial regression model)은 다음과 같다.

$$Y_i = \beta_0 + \beta_1 X_i + \beta_2 X_i^2 + \cdots + \beta_r X_i^r + u_i \quad (8.9)$$

$r = 2$인 경우, 식 (8.9)는 8.1절에서 설명한 이차회귀모형이다. $r = 3$일 때, 즉 포함된 X의 최대 거듭제곱이 X^3일 때 식 (8.9)를 **삼차회귀모형**(cubic regression model)이라 한다.

다항식 회귀모형은 6장의 다중회귀모형(multiple regression model)과 유사하지만 6장에서는 설명변수가 별개의 독립변수인 반면 여기서는 설명변수가 동일한 독립변수인 X의 거듭제곱, 즉 X, X^2, X^3 등의 설명변수라는 점에서 차이가 있다. 따라서 다중회귀를 위해 개발된 추정 및 추론 기법이 여기에도 적용될 수 있다. 특히 식 (8.9)의 계수 β_0, β_1, ..., β_r은 Y_i를 X_i, X_i^2, ..., X_i^r에 대해 OLS 회귀해 추정할 수 있다.

모집단 회귀함수가 선형이라는 귀무가설을 검정 모집단 회귀함수가 선형이면 이차항 및 고차항은 모집단 회귀함수에 들어가지 않는다. 따라서 회귀함수가 선형이라는 귀무가설(H_0)과 회귀함수가 최대 차수가 r인 다항식이라는 대립가설(H_1)은 다음과 같이 쓸 수 있다.

$$H_0: \beta_2 = 0, \beta_3 = 0, \ldots, \beta_r = 0 \text{ vs. } H_1: \text{적어도 하나의 } \beta_j \neq 0, j = 2, \ldots, r \quad (8.10)$$

식 (8.10)의 H_1에 대해 H_0을 검정함으로써, 모집단 회귀함수가 선형이라는 귀무가설은 최대 차수 r인 다항식이라는 대안에 대해 검정할 수 있다. H_0은 모집단 다항식 회귀모형의 계수에 대해 $q = r - 1$개의 제약이 있는 결합 귀무가설이므로 7.2절에 설명한 대로 F-통계량을 사용해 검정할 수 있다.

다항식의 차수는 무엇인가? 즉 다항식 회귀에서 몇 개의 X 거듭제곱을 포함할 것인가? 답은 유연성과 통계적 정밀도 사이의 균형을 맞추는 것이다. 차수 r을 늘리면 회귀함수에 더 많은 유연성이 도입되어 모양을 더 그럴듯하게 일치시킬 것이다. r차 다항식은 그래프에 최대 $r - 1$개의 굴곡(즉 변곡점)을 가질 수 있다. 그러나 r이 증가한다는 것은 더 많은 설명변수를 추가한다는 의미이므로 추정 계수의 정밀도가 떨어질 수 있다.

따라서 포함할 항의 수에 대한 답은 비선형회귀함수를 적절히 모형화할 수 있을 만큼만 포함하되 그 이상은 포함하지 말아야 한다는 것이다. 안타깝게도 이 대답은 실제로는 그다지 유용하지 않다.

다항식의 차수를 결정하는 실용적인 방법은 식 (8.9)에서 최대 차수 r과 관련된 계수가 0인지 확인하는 것이다. 관련 계수가 0이라면 이 항은 회귀에서 제외할 수 있다. 개별 가설을 순차적으로 검정하기 때문에 순차적 가설검정(sequential hypotheses testing)이라 하는 이 절차는 다음 단계로 요약된다.

1. r의 최댓값을 지정하고 해당 r에 대한 다항식 회귀를 추정한다.
2. t-통계량을 사용해 식 (8.9) X^r의 계수, 즉 β_r 계수가 0이라는 가설을 검정한다. 이 가설을 기각하면 X^r은 회귀함수에 포함되므로 r차 다항식을 사용한다.
3. 2단계에서 $\beta_r = 0$을 기각하지 않으면 회귀함수에서 X^r을 제거하고 $r - 1$차 다항식 회귀를 추정한다. X^{r-1}의 계수가 0인지 검정한다. 기각하면 $r - 1$차 다항식을 사용한다.
4. 3단계에서 $\beta_{r-1} = 0$을 기각하지 않으면 다항식에서 최대 차수 항의 계수가 통계적으로

유의해질 때까지 이 절차를 계속한다.

이 비법에는 한 가지 누락된 요소가 있는데, 바로 1단계에서 사용하는 다항식의 차수 r을 정하는 것이다. 경제 자료와 관련된 많은 응용 사례에서 비선형함수는 매끄럽다. 즉 급격한 도약이나 '스파이크'가 없다. 그렇다면 다항식의 최대 차수를 2, 3, 4와 같이 작게 선택하는 것이 적절하다. 즉 1단계에서 $r = 2$ 또는 3 또는 4로 시작하는 것이 적절하다.

응용 사례: 학군 소득과 시험점수 학군 소득과 시험점수를 연관 짓는 추정된 삼차회귀함수는 다음과 같다.

$$\widehat{TestScore} = \underset{(5.1)}{600.1} + \underset{(0.71)}{5.02}\,Income - \underset{(0.029)}{0.096}\,Income^2 + \underset{(0.00035)}{0.00069}\,Income^3$$

$$\bar{R}^2 = 0.555 \tag{8.11}$$

$Income^3$에 대한 t-통계량의 값은 1.97이므로 회귀함수가 이차 다항식이라는 귀무가설은 5% 수준에서 기각되고 삼차 다항식이라는 대립가설이 채택된다. 또한 $Income^2$ 및 $Income^3$의 계수가 모두 0이라는 결합 귀무가설을 검정하는 F-통계량의 값은 37.7이며 이에 대한 p값이 0.01% 미만이므로 회귀함수가 선형이라는 귀무가설은 5% 수준에서 기각되어 회귀함수가 이차식 또는 삼차식이라는 대립가설이 채택된다.

다항식 회귀모형에서 계수 해석 다항식 회귀의 계수는 간단하게 해석할 수가 없다. 다항식 회귀를 해석하는 가장 좋은 방법은 추정된 회귀함수를 도시하고 한 지점 또는 더 많은 지점에서의 X값에 대해 X 변화와 연관된 Y에 대한 추정 효과를 계산하는 것이다.

로그

비선형회귀함수를 설정하는 또 다른 방법은 Y 및/또는 X의 자연로그를 사용하는 것이다. 로그는 변수의 변화를 백분율 변화로 변환하며, 많은 관계가 자연스럽게 백분율로 표현된다. 다음은 몇 가지 예다.

- 3장의 글상자 '사회적 신분 혹은 교육? 어린이의 환경과 성인 임금에 대한 재검토'에서는 사회경제적 분류에 따른 가계소득 격차를 조사했다. 이 논의에서는 임금 격차를 파운드화 기준으로 측정했다. 그러나 임금 격차를 백분율로 표시하면 직업별, 시간별 임금 격차를 비교하기가 더 쉽다.
- 8.1절에서 학군 소득과 시험점수가 비선형적 관계에 있다는 사실을 발견했다. 백분율 변화를 사용하면 이 관계가 선형적일까? 즉 학군 소득이 (1,000달러 변하는 것이 아닌) 1% 변할 때 소득 값에 상관없이 시험점수 변화가 일정할까?
- 소비자 수요에 대한 경제 분석에서는 가격이 1% 상승하면 수요량이 일정 **백분율**(%) 감소한다고 가정하는 경우가 많다. 가격 1% 상승에 따른 수요 감소율을 가격의 **탄력성**(elasticity)이라 한다.

자연로그를 사용하는 회귀 설정은 회귀모형에서 이와 같은 백분율 관계를 추정할 수 있게 한다. 이러한 설정을 소개하기 전에 지수함수 및 자연로그함수를 복습한다.

지수함수와 자연로그 지수함수와 그 역수인 자연로그는 비선형회귀함수를 모형화하는 데 중요한 역할을 한다. x의 **지수함수**(exponential function)는 e^x(즉 e를 x로 거듭제곱한 것)이며, 여기서 e는 상수 2.71828...이다. 지수함수는 $\exp(x)$로도 표기된다. **자연로그**(natural logarithm)는 지수함수의 역함수이다. 즉 자연로그는 $x = \ln(e^x)$, 즉 $x = \ln[\exp(x)]$가 되는 함수이다. 자연로그의 밑은 e이다. 10을 밑으로 하는 로그와 같이 다른 밑을 가진 로그도 있지만 이 교재에서는 e를 밑으로 하는 로그, 즉 자연로그만 고려하므로 **로그**라는 용어를 사용할 때는 항상 **자연로그**를 의미한다.

그림 8.4에는 로그함수 $y = \ln(x)$의 그래프가 표시되어 있다. 로그함수는 양의 값 x에 대해서만 정의된다. 로그함수는 처음에는 가파른 기울기를 갖다가 평평해진다(함수는 계속 증가한다). 로그함수 $\ln(x)$의 기울기는 $1/x$이다.

로그함수에는 다음과 같은 유용한 속성이 있다.

$$\ln(1/x) = -\ln(x) \tag{8.12}$$

$$\ln(ax) = \ln(a) + \ln(x) \tag{8.13}$$

$$\ln(x/a) = \ln(x) - \ln(a) \tag{8.14}$$

$$\ln(x^a) = a\ln(x) \tag{8.15}$$

로그와 백분율 로그와 백분율 간의 연관성은 다음과 같은 핵심적인 사실에 기댄다: Δx가 작을 때, $x + \Delta x$의 로그와 x의 로그 간 차이는 대략 $\Delta x/x$이다. 즉 x의 백분율 변화량을 100으로 나눈 것이다. 즉 다음과 같다.

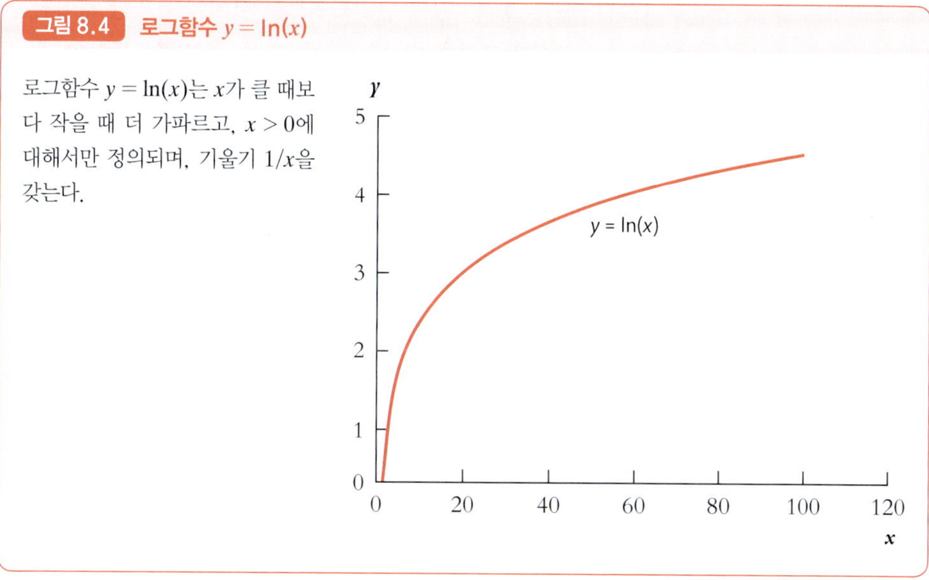

그림 8.4 로그함수 $y = \ln(x)$

로그함수 $y = \ln(x)$는 x가 클 때보다 작을 때 더 가파르고, $x > 0$에 대해서만 정의되며, 기울기 $1/x$을 갖는다.

$$\ln(x + \Delta x) - \ln(x) \cong \frac{\Delta x}{x} \quad \left(\frac{\Delta x}{x}\text{가 작을 때}\right) \tag{8.16}$$

여기서 '≅'는 '대략적으로 같음/근사'를 의미한다. 이 근사의 도출은 미분적분학에 의존하지만, x와 Δx 몇 가지 값에 대해 시도해보면 쉽게 알 수 있다. 예를 들어 $x = 100$이고 $\Delta x = 1$이면 $\Delta x/x = 1/100 = 0.01$(또는 1%)이고, $\ln(x + \Delta x) - \ln(x) = \ln(101) - \ln(100) = 0.00995$(또는 0.995%)이다. 따라서 $\Delta x/x(0.01)$는 $\ln(x + \Delta x) - \ln(x)$ (0.00995)에 매우 가깝다. $\Delta x = 5$인 경우 $\Delta x/x = 5/100 = 0.05$이고, $\ln(x + \Delta x) - \ln(x) = \ln(105) - \ln(100) = 0.04879$이다.

세 가지 로그 회귀모형 로그를 사용할 수 있는 세 가지 경우가 있다: X는 로그 변환을 취하지만 Y는 그렇지 않은 경우, Y는 로그 변환을 취하지만 X는 그렇지 않은 경우, 그리고 Y와 X 모두 로그 변환을 취하는 경우가 있다. 회귀 계수의 해석은 각각 다르다. 이 세 가지 경우를 차례로 살펴보겠다.

예 I : X는 로그 변환을 취하고 Y는 그렇지 않다. 이 경우 회귀모형은 다음과 같다.

$$Y_i = \beta_0 + \beta_1 \ln(X_i) + u_i,\ i = 1, \ldots, n \tag{8.17}$$

Y는 로그 변환을 취하지 않으나 X는 로그 변환을 취하기 때문에 이를 **선형-로그 모형**(linear-log model)이라 한다.

선형-로그 모형에서 X의 1% 변화는 Y의 $0.01\beta_1$ 변화와 연관이 있다. 이를 확인하기 위해 X값에서 ΔX만큼 변화할 때 발생하는 모집단 회귀함수의 차이를 고려한다: $[\beta_0 + \beta_1 \ln(X + \Delta X)] - [\beta_0 + \beta_1 \ln(X)] = \beta_1[\ln(X + \Delta X) - \ln(X)] \cong \beta_1(\Delta X/X)$. 여기서 마지막 단계는 식 (8.16)의 근사를 사용한다. X가 1% 변화하면 $\Delta X/X = 0.01$이다. 따라서 이 모형에서 X의 1% 변화가 Y의 변화 $0.01\beta_1$을 이끈다.

식 (8.17)의 회귀모형과 4장의 단일회귀모형 사이에 유일한 차이점은 오른쪽 변수가 이제 X 자체가 아니라 X의 로그가 된다는 점이다. 식 (8.17)의 계수 β_0과 β_1을 추정하려면 먼저 새 변수인 $\ln(X)$를 계산해야 한다. 이는 스프레드시트나 통계 소프트웨어를 사용해 생성할 수 있다. 그런 다음 Y_i를 $\ln(X_i)$에 대해 OLS 회귀를 해 β_0 및 β_1을 추정할 수 있다. β_1에 대한 가설은 t-통계량을 사용해 검정할 수 있으며, β_1의 95% 신뢰구간은 $\hat{\beta}_1 \pm 1.96\ SE(\hat{\beta}_1)$로 구성할 수 있다.

예를 들어 학군 소득과 시험점수 간의 관계로 돌아가보자. 이차식 설정 대신 식 (8.17)의 선형-로그 설정을 사용할 수 있다. 이 회귀함수를 OLS로 추정하면 다음과 같은 결과가 나온다.

$$\widehat{TestScore} = \underset{(3.8)}{557.8} + \underset{(1.40)}{36.42}\ln(Income),\ \bar{R}^2 = 0.561 \tag{8.18}$$

식 (8.18)에 따르면 소득 1% 증가는 시험점수의 $0.01 \times 36.42 = 0.36$점 상승으로 연결된다.

원래 단위 1,000달러로 측정한 X의 변화(로그 변환을 하지 않음)가 Y에 미치는 영향을 추정하려면 핵심 개념 8.1의 방법을 사용할 수 있다. 예를 들어 평균 소득이 10,000달

그림 8.5 선형-로그 회귀함수

추정된 선형-로그 회귀함수 $\hat{Y} = \hat{\beta}_0 + \hat{\beta}_1 \ln(X)$는 시험점수와 학군 소득 간의 비선형 관계를 대부분 포착한다.

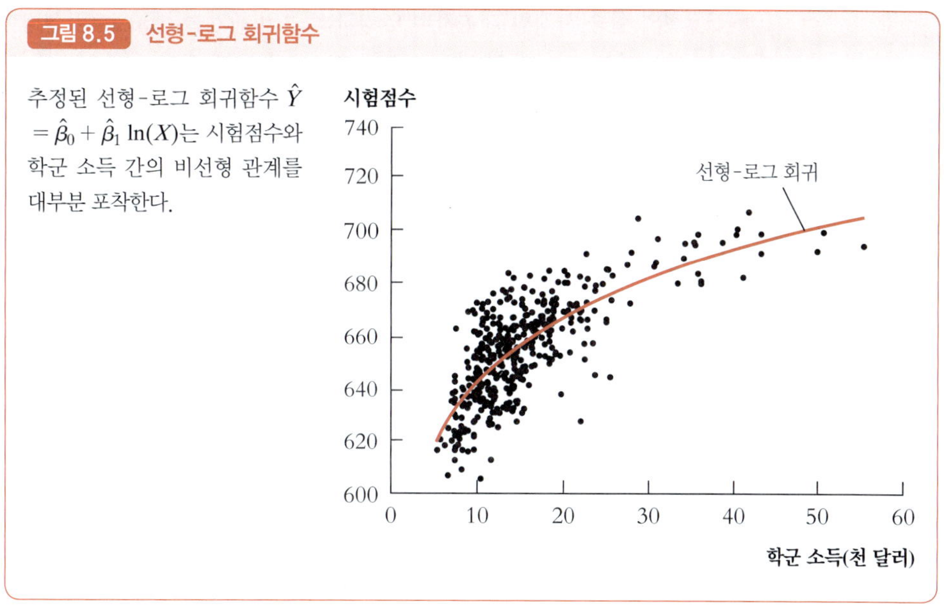

러인 학군과 11,000달러인 학군 사이에 예측되는 시험점수 차이는 얼마인가? ΔY의 추정값은 예측된 값의 차이다: $\Delta\hat{Y} = [557.8 + 36.42\ \ln(11)] - [557.8 + 36.42\ \ln(10)] = 36.42 \times [\ln(11) - \ln(10)] = 3.47$. 마찬가지로 평균 소득이 40,000달러인 학군과 평균 소득이 41,000달러인 학군 간에 예측되는 점수 차이는 $36.42 \times [\ln(41) - \ln(40)] = 0.90$이다. 따라서 이차식 설정과 마찬가지로 이 회귀식에서 소득이 1,000달러 증가하면 부유한 학군보다 가난한 학군에서 시험점수에 더 큰 영향을 미친다고 예측된다.

식 (8.18)의 추정 선형-로그 회귀함수는 그림 8.5에 도시했다. 식 (8.18)의 설명변수는 소득이 아닌 소득의 자연로그이기에 추정된 회귀함수는 직선이 아니다. 그림 8.3의 이차회귀함수와 마찬가지로 처음에는 가파르지만 소득 수준이 높아질수록 평탄해진다.

예 II: Y는 로그 변환을 취하고 X는 그렇지 않다. 이 경우 회귀모형은 다음과 같다.

$$\ln(Y_i) = \beta_0 + \beta_1 X_i + u_i \tag{8.19}$$

Y는 로그 변환을 취하지만 X는 아니기 때문에 이를 **로그-선형 모형**(log-linear model)이라 한다.

로그-선형 모형에서 X의 1단위 변화($\Delta X = 1$)는 Y의 $(100 \times \beta_1)\%$ 변화와 연관된다. 이를 확인하려면 ΔX만큼 달라지는 X에 대한 $\ln(Y)$의 기댓값을 비교하라. X가 주어질 때 $\ln(Y)$의 기댓값은 $\ln(Y) = \beta_0 + \beta_1 X$이다. $X + \Delta X$의 경우, 기댓값은 $\ln(Y + \Delta Y) = \beta_0 + \beta_1(X + \Delta X)$이다. 따라서 이 기댓값의 차이는 $\ln(Y + \Delta Y) - \ln(Y) = [\beta_0 + \beta_1 (X + \Delta X)] - [\beta_0 + \beta_1 X] = \beta_1 \Delta X$이다. 그러나 식 (8.16)의 근사를 참고하면 $\beta_1 \Delta X$가 작으면 $\ln(Y + \Delta Y) - \ln(Y) \cong \Delta Y / Y$이다. 따라서 $\Delta Y / Y \cong \beta_1 \Delta X$이다. X가 1단위 변한다면, 즉 $\Delta X = 1$이면 $\Delta Y / Y$는 β_1만큼 변한다. 백분율로 환산하면, X의 1단위 변화는 Y의 $(100 \times \beta_1)\%$ 변화와 연관된다.

3.7절의 실증 사례인 대졸자의 연령과 소득의 관계를 예로 들어 설명하겠다. 일부 고용 계약서에는 근속 연수가 추가될 때마다 근로자의 임금이 일정 비율로 인상된다고 명시되어 있다. 이 비율 관계는 연령(X)이 늘어날 때마다 소득(Y)이 평균적으로 일정한 비율로 증가하도록 식 (8.19)를 로그-선형으로 설정하고 이를 추정할 것을 제안한다. 먼저 새로운 종속변수인 $\ln(Earnings_i)$를 계산한다. $\ln(Earnings_i)$를 연령에 대해 OLS 회귀해 미지의 계수 β_0과 β_1을 추정할 수 있다. 2016년 3월 현재 인구통계조사에서 대졸자에 대한 13,872개의 관측치를 사용해(데이터는 부록 3.1에 설명되어 있음) 추정된 관계는 다음과 같다.

$$\widehat{\ln(Earnings)} = \underset{(0.019)}{2.876} + \underset{(0.0004)}{0.0095}\,Age,\ \bar{R}^2 = 0.033 \tag{8.20}$$

이 회귀식에 따르면 연령이 1세 증가할 때마다 소득은 0.95%[(100 × 0.0095)%] 증가할 것으로 예측된다.

예 III: X와 Y가 모두 로그 변환을 취한다. 이 경우 회귀모형은 다음과 같다.

$$\ln(Y_i) = \beta_0 + \beta_1 \ln(X_i) + u_i \tag{8.21}$$

Y와 X가 모두 로그로 설정되므로 이를 **로그-로그 모형**(log-log model)이라 한다.

로그-로그 모형에서 X의 1% 변화는 Y의 β_1% 변화와 연관되므로 이 설정에서 β_1은 X에 대한 Y의 탄력성이다. 이를 확인하려면 핵심 개념 8.1을 다시 적용한다. 따라서 $\ln(Y + \Delta Y) - \ln(Y) = [\beta_0 + \beta_1\ln(X + \Delta X)] - [\beta_0 + \beta_1\ln(X)] = \beta_1[\ln(X + \Delta X) - \ln(X)]$이다. 식 (8.16)의 근사를 이 방정식의 양변에 적용하면 다음과 같은 결과가 나온다.

$$\frac{\Delta Y}{Y} \cong \beta_1 \frac{\Delta X}{X}$$

$$\text{즉 } \beta_1 = \frac{\Delta Y/Y}{\Delta X/X} = \frac{100 \times (\Delta Y/Y)}{100 \times (\Delta X/X)} = \frac{Y\text{의 백분율 변화}}{X\text{의 백분율 변화}} \tag{8.22}$$

따라서 로그-로그 설정에서 β_1은 X의 백분율 변화와 연관이 있는 백분율로 측정한 Y의 변화율이다. X의 백분율 변화가 1%인 경우(즉 $\Delta X = 0.01X$인 경우) β_1은 X의 1% 변화와 관련된 Y의 백분율 변화, 즉 β_1은 X에 대한 Y의 탄력성이다.

예를 들어 학군 소득과 시험점수 간의 관계로 돌아가보자. 이 관계를 로그-로그로 설정하면 시험점수의 로그를 학군 소득의 로그로 회귀해 미지의 계수는 추정된다. 결과의 추정식은 다음과 같다.

$$\widehat{\ln(TestScore)} = \underset{(0.006)}{6.336} + \underset{(0.0021)}{0.0554}\ln(Income),\ \bar{R}^2 = 0.557 \tag{8.23}$$

이 추정 회귀함수에 따르면, 소득이 1% 증가하면 시험점수가 0.0554% 증가한다.

식 (8.23)에서 추정된 로그-로그 회귀함수는 그림 8.6에 도시되어 있다. Y는 로그로 변환되었으므로 그림 8.6의 세로축은 시험점수의 로그이다. 산점도는 시험점수의 로그 대 학군

그림 8.6 로그-선형 및 로그-로그 회귀함수

로그-선형 회귀함수에서 ln(*Y*)는 *X*의 선형함수이고, 로그-로그 회귀함수에서 ln(*Y*)는 ln(*X*)의 선형함수이다.

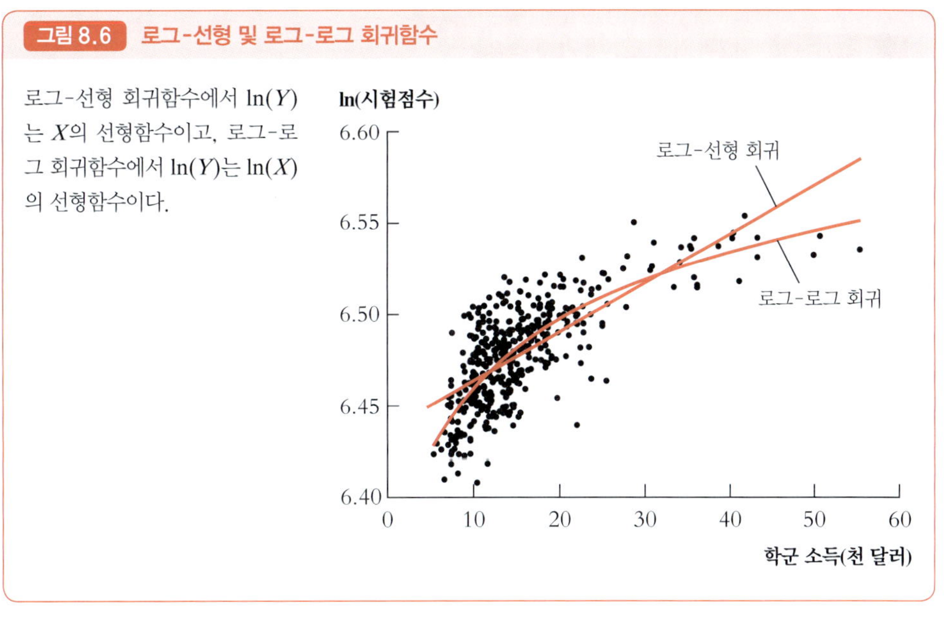

소득에 관한 것이다. 비교를 위해 그림 8.6에는 다음과 같이 추정된 로그-선형 회귀함수도 있다.

$$\widehat{\ln(TestScore)} = \underset{(0.003)}{6.439} + \underset{(0.00018)}{0.00284}\,Income, \ \bar{R}^2 = 0.497 \tag{8.24}$$

세로축이 로그이므로 식 (8.24)의 회귀함수는 그림 8.6의 직선으로 그려져 있다.

그림 8.6에서 볼 수 있듯이 로그-로그 설정이 로그-선형 설정보다 더 잘 맞는다. 이는 로그-선형 회귀(0.497)보다 로그-로그 회귀(0.557)의 $\bar{R}^2$이 더 높은 것과 일치한다. 그럼에도 불구하고 로그-로그 설정은 데이터에 특별히 잘 맞는다고 할 수 없다: 소득이 낮은 범위에서는 대부분의 관측값이 로그-로그 곡선 아래로 떨어지고, 중간 소득 범위에서는 대부분의 관측값이 추정된 회귀함수 위에 있다.

핵심 개념 8.2에 세 가지 로그 회귀모형을 요약했다.

로그 설정 간 비교의 어려움 다음 중 데이터에 가장 잘 맞는 로그 회귀모형은 무엇인가? 식 (8.23)과 (8.24)에 대한 논의에서 보았듯이 $\bar{R}^2$을 사용해 로그-선형 모형과 로그-로그 모형을 비교할 수 있으며, 결과적으로 로그-로그 모형이 $\bar{R}^2$이 더 높았다. 마찬가지로 $\bar{R}^2$을 사용해 식 (8.18)의 선형-로그 회귀와 *Y*의 *X*에 대한 선형회귀를 비교할 수 있다. 시험점수 및 학군 소득 회귀에서 선형-로그 회귀의 $\bar{R}^2$은 0.561이고 선형회귀의 $\bar{R}^2$은 0.508이므로 선형-로그 모형이 데이터에 더 적합하다.

선형-로그 모형과 로그-로그 모형을 어떻게 비교할 수 있는가? 종속변수가 다르므로 안타깝게도 이 두 회귀를 비교하는 데 $\bar{R}^2$을 사용할 수 없다[하나는 *Y*, 다른 하나는 ln(*Y*)]. $\bar{R}^2$는 종속변수의 분산 중 설명변수가 설명하는 비율을 측정한다는 점을 기억하라. 로그-로그 모형과 선형-로그 모형에서 종속변수가 달라서 $\bar{R}^2$을 비교하는 것은 의미가 없다.

핵심 개념
8.2

회귀의 로그: 세 가지 경우

종속변수 Y, 독립변수 X 또는 둘 다 로그 변환을 취할 수 있다(단, 변환되는 변수는 양수여야 함). 다음 표에는 이 세 가지 경우와 각 경우의 회귀 계수 β_1의 해석이 요약되어 있다. 각 경우 종속변수 및/또는 독립변수에 로그를 취한 후에 β_1은 OLS를 적용해 추정할 수 있다.

경우	회귀 설정	β_1의 해석
I	$Y_i = \beta_0 + \beta_1 \ln(X_i) + u_i$	X의 1% 변화는 Y의 $0.01\beta_1$ 변화와 연관된다.
II	$\ln(Y_i) = \beta_0 + \beta_1 X_i + u_i$	X의 1단위 변화($\Delta X = 1$)는 Y의 $100\beta_1$% 변화와 연관된다.
III	$\ln(Y_i) = \beta_0 + \beta_1 \ln(X_i) + u_i$	X의 1% 변화는 Y의 β_1% 변화와 연관되고, β_1은 X에 대한 Y의 탄력성이다.

이 문제 때문에 특정 응용 사례에서 가장 좋은 방법은 경제학 이론과 문제에 대한 본인 또는 다른 전문가의 지식을 바탕으로 Y의 로그 변환이 합당한지를 결정하는 것이다. 예를 들어 노동경제학자는 임금 비교, 계약 임금 인상 등을 백분율로 논의하는 것이 가장 자연스럽기에 일반적으로 로그를 사용해 소득을 모형화한다. 시험점수를 모형화할 때는 시험점수의 백분율 증가보다는 시험점수 자체로 시험 결과를 논의하는 것이 자연스러워 보이므로 종속변수가 로그가 아닌 시험점수 자체인 모형에 중점을 둔다.

종속변수가 Y의 로그일 때 Y 자체의 예측값 계산하기[3] 종속변수 Y가 로그를 취해 변환된 경우, 추정 회귀식을 사용해 $\ln(Y)$의 예측값을 직접 계산할 수 있다. 하지만 Y 자체의 예측값을 계산하는 것은 조금 더 까다롭다.

이를 확인하려면 식 (8.19)의 로그-선형 회귀모형을 고려하고, $\ln(Y)$가 아닌 Y로 설정되도록 다시 식을 정리하자. 이를 위해 식 (8.19)의 양변 모두를 지수함수로 취한다. 그러면 결과는 다음과 같다.

$$Y_i = \exp(\beta_0 + \beta_1 X_i + u_i) = e^{\beta_0 + \beta_1 X_i} e^{u_i} \tag{8.25}$$

X_i가 주어졌을 때 Y_i의 기댓값은 $E(Y_i|X_i) = E(e^{\beta_0+\beta_1 X_i} e^{u_i}|X_i) = e^{\beta_0+\beta_1 X_i} E(e^{u_i}|X_i)$이다. 문제는 $E(u_i|X_i) = 0$이더라도 $E(e^{u_i}|X_i) \neq 1$이라는 것이다. 따라서 Y_i의 적절한 예측값은 단순히 $\hat{\beta}_0 + \hat{\beta}_1 X_i$의 지수함수가 아니다. 즉 $\hat{Y}_i = e^{\hat{\beta}_0 + \hat{\beta}_1 X_i}$가 아니다. 이 예측값은 누락된 요소 $E(e^{u_i}|X_i)$로 인해 편향되어 있다.

이 문제에 대한 한 가지 해결책은 계수 $E(e^{u_i}|X_i)$를 추정하고 Y의 예측값을 계산할 때 이 추정치를 사용하는 것이다. 연습문제 17.12에서 $E(e^{u_i}|X_i)$를 추정하는 여러 방법을 다룬다. 그러나 이는 복잡하다. 특히 u_i가 이분산적이면 더욱 복잡하다. 따라서 이를 더 자세히 다루지는 않겠다.

3 이 내용은 높은 수준이며 건너뛰어도 진도의 연속성을 잃지 않는다.

이 책에서 사용하는 접근 방식이자 또 다른 해결책은 Y의 로그 예측값을 계산하되 원래 단위로 변환하지 않는 것이다. 종속변수가 로그로 설정되면 분석 전체에서 로그 설정(및 관련 백분율 해석)을 사용하는 것이 자연스러운 경우가 많기에 실제로는 이 방법이 수긍할 수 있는 경우가 많다.

시험점수 및 학군 소득의 다항식모형 및 로그모형

실제로는 경제학 이론이나 전문가의 판단에 따라 사용할 함수 형태를 제안할 수 있지만, 종국에는 모집단 회귀함수의 실제 형태를 알 수가 없다. 따라서 실제로 비선형함수를 적합시키려면 어떤 하나의 방법 또는 어떤 방법들의 조합이 가장 적합한지 결정해야 한다. 예를 들어 학군 소득과 시험점수 간 관계에 대한 다항식모형과 로그모형을 비교해보겠다.

다항식 설정 이차식[식 (8.2)]과 삼차식[식 (8.11)]의 두 가지 다항식 설정을 고려했다. 식 (8.11)의 $Income^3$ 계수가 5% 수준에서 유의했기 때문에 삼차식 설정이 이차식 설정보다 개선되었다고 할 수 있고 이에 따라 선호하는 다항식 설정으로 삼차모형을 선택했다.

로그 설정 식 (8.18)의 로그 설정은 이러한 데이터에 잘 맞는 것처럼 보이지만 공식적으로 검정하지는 않았다. 한 가지 방법은 소득의 로그를 더 높은 거듭제곱으로 보강하는 것이다. 만약 추가 항의 계수가 0과 통계적으로 다르지 않으면, 로그의 다항식 함수라는 대립가설에 대해 이 설정을 기각할 수 없다는 의미에서 식 (8.18)의 설정이 적절하다고 결론을 내릴 수 있다. 따라서 추정된 삼차회귀모형(소득의 로그의 2차 및 3차 거듭제곱이 추가됨)는 다음과 같다.

$$\begin{aligned}\widehat{TestScore} = \underset{(79.4)}{486.1} &+ \underset{(87.9)}{113.4}\ln(Income) - \underset{(31.7)}{26.9}[\ln(Income)]^2 \\ &+ \underset{(3.74)}{3.06}[\ln(Income)]^3,\ \bar{R}^2 = 0.560.\end{aligned} \tag{8.26}$$

삼차항의 계수에 대한 t-통계량 값은 0.818이므로 실제 계수가 0이라는 귀무가설은 10% 수준에서 기각되지 않는다. 이차항과 삼차항의 계수가 모두 0이라는 결합 귀무가설을 검정하는 F-통계량은 0.44이고 p값은 0.64이다. 따라서 결합 귀무가설을 10% 수준에서 기각할 수 없다. 따라서 식 (8.26)의 삼차 로그모형이 소득의 로그가 선형인 식 (8.18)의 모형에 비해 통계적으로 유의미한 개선점을 제공하지 않는다.

삼차식 설정과 선형-로그 설정 비교 그림 8.7은 식 (8.11)의 삼차식 설정과 식 (8.18)의 선형-로그 설정으로부터 추정된 회귀함수를 도시한 것이다. 두 추정 회귀함수는 매우 유사하다. 이 설정을 비교하는 한 가지 통계적 도구는 $\bar{R}^2$이다. 로그 회귀의 $\bar{R}^2$는 0.561이고, 삼차회귀의 경우 이는 0.555이다. 로그 설정이 $\bar{R}^2$ 측면에서 약간 우위에 있고, 이 설정에서 자료 적합을 위해 로그의 고차항이 필요하지 않기에 식 (8.18)의 로그 설정을 채택한다.

그림 8.7 선형-로그 및 삼차회귀함수

이 표본에서 추정된 삼차회귀함수[식 (8.11)]와 추정된 선형-로그 회귀함수[식 (8.18)]는 거의 동일하다.

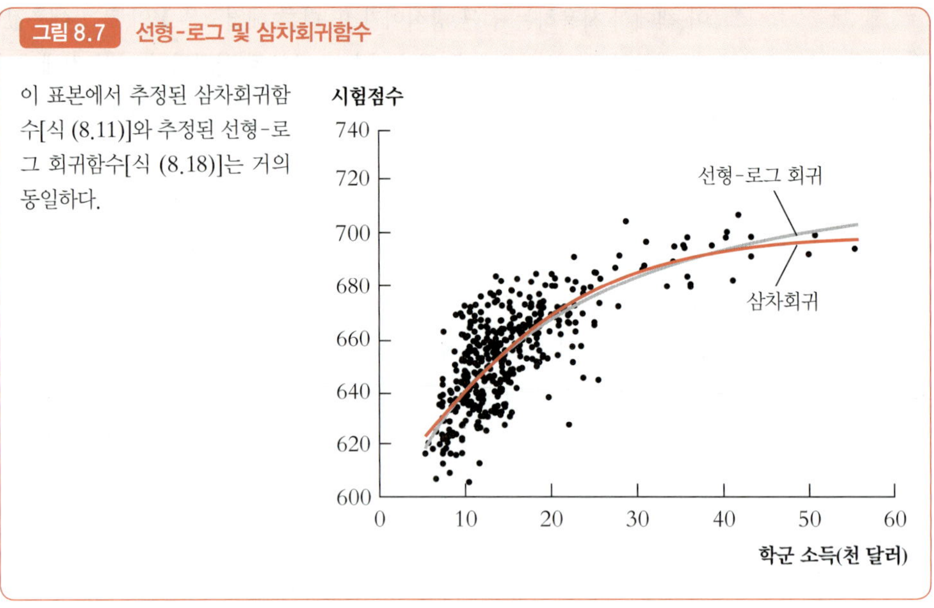

8.3 독립변수 간 상호작용

이 장의 도입부에서 우리는 학생-교사 비율을 줄이는 것이 영어를 배우는 학생이 적은 학군보다 영어를 배우는 학생이 많은 학군에서 시험점수에 더 큰 영향을 미칠 수 있는지 궁금해했다. 예를 들어 아직 영어를 배우는 학생들이 일대일 또는 소그룹 수업에서 더 많은 혜택을 받는다면 이런 현상이 발생할 수 있다. 그렇다면 학군에 영어 학습자가 많으면 학생-교사 비율과 상호작용해 학생-교사 비율의 변화가 시험점수에 미치는 영향이 영어 학습자 비율에 따라 달라질 수 있다.

이 절에서는 두 독립변수 간의 이러한 상호작용을 다중회귀모형에 어떻게 통합하는지 설명한다. 학생-교사 비율과 영어 학습자 비율 사이의 가능한 상호작용은 보다 일반적인 상황의 예다. 이 상황에서는 하나의 독립변수 변화가 Y에 미치는 영향이 다른 독립변수의 값에 따라 달라진다. 우리는 세 가지 경우, 즉 두 독립변수가 모두 이진적인 경우, 하나는 이진적이고 다른 하나는 연속형인 경우, 둘 다 연속형인 경우를 고려할 것이다.

두 이진변수 간 상호작용

로그 소득[Y_i, 여기서 $Y_i = \ln(Earnings_i)$]의 노동자의 대졸 여부(D_{1i}, i번째 사람이 대학을 졸업한 경우에는 $D_{1i} = 1$)와 노동자의 성별(D_{2i}, i번째 사람이 여성인 경우에는 $D_{2i} = 1$)이라는 두 이진변수에 관한 모집단 회귀함수를 생각해보자. 이 두 이진변수에 대한 Y_i의 모집단 선형회귀함수는 다음과 같다.

$$Y_i = \beta_0 + \beta_1 D_{1i} + \beta_2 D_{2i} + u_i \tag{8.27}$$

이 회귀모형에서 β_1은 성별 차이를 무시한 상태에서 대학 학위 보유가 로그 소득에 미치는 영향이고, β_2는 학력을 일정하게 유지한 상태에서 여성과 남성의 평균 소득 차이다.

식 (8.27)의 설정에는 중요한 제약이 있다: 이 설정에서 성별을 일정하게 유지한 상태에서 대학 학위를 취득하는 효과는 남성과 여성에게 동일하다. 그러나 반드시 그래야 할 이유는 없다. 수학적으로 표현하면, D_{2i}를 일정하게 유지했을 때 D_{1i}가 Y_i에 미치는 영향은 D_{2i}의 값에 따라 달라질 수 있다. 즉 대졸 여부와 성별 간에 상호작용이 있을 수 있으므로 남성과 여성의 취업 시장에서 학위의 가치가 달라질 수 있다.

식 (8.27)의 설정은 대졸 여부와 성별 간의 이러한 상호작용을 허용하지 않는다. 그렇지만 또 다른 설명변수인 두 이진변수의 곱, $D_{1i} \times D_{2i}$를 도입·허용해 쉽게 설정을 수정할 수 있다. 이로부터 나오는 회귀식은 다음과 같다.

$$Y_i = \beta_0 + \beta_1 D_{1i} + \beta_2 D_{2i} + \beta_3 (D_{1i} \times D_{2i}) + u_i \tag{8.28}$$

새로운 설명변수인 $D_{1i} \times D_{2i}$를 **상호작용항**(interaction term) 또는 **상호작용 설명변수**(interacted regressor)라고 한다. 식 (8.28)의 모집단 회귀모형을 이진변수 **상호작용 회귀모형**(interaction regression model)이라 한다.

식 (8.28)의 상호작용항은 대졸 여부($D_{1i} = 0$에서 $D_{1i} = 1$로 변화)가 로그 소득(Y_i)에 미치는 모집단 효과가 성별(D_{2i})에 따라 달라질 수 있도록 한다. 이를 수학적으로 보여주기 위해 핵심 개념 8.1에서 설명한 일반적인 방법을 사용해 D_{1i}의 변화에 따른 모집단 효과를 계산한다. 첫 번째 단계에서 D_{2i}의 값이 주어질 때 $D_{1i} = 0$에 대한 Y_i의 조건부 기댓값을 계산한다: $E(Y_i \mid D_{1i} = 0,\ D_{2i} = d_2) = \beta_0 + \beta_1 \times 0 + \beta_2 \times d_2 + \beta_3 \times (0 \times d_2) = \beta_0 + \beta_2 d_2$. 여기서 조건부 평균 0 가정인 $E(u_i \mid D_{1i}\ D_{2i}) = 0$이 사용된다. 다음 단계는 D_{2i}가 동일할 때 D_{1i}를 변경한 경우, 즉 $D_{1i} = 1$인 경우 Y_i의 조건부 기댓값을 계산하는 것이다: $E(Y_i \mid D_{1i} = 1,\ D_{2i} = d_2) = \beta_0 + \beta_1 \times 1 + \beta_2 \times d_2 + \beta_3 \times (1 \times d_2) = \beta_0 + \beta_1 + \beta_2 d_2 + \beta_3 d_2$. 이러한 변화의 효과는 기댓값의 차이[즉 식 (8.4)의 차이]이며, 이는 다음과 같다.

$$E(Y_i \mid D_{1i} = 1,\ D_{2i} = d_2) - E(Y_i \mid D_{1i} = 0,\ D_{2i} = d_2) = \beta_1 + \beta_3 d_2 \tag{8.29}$$

따라서 식 (8.28)의 이진변수 상호작용 설정에서 대학졸업 효과(D_{1i}의 단위 변화)는 개인의 성별[식 (8.29)에서 D_{2i}의 값, 즉 d_2]에 따라 달라진다. 남자인 경우($d_2 = 0$) 대학졸업 효과는 β_1이지만, 여자인 경우($d_2 = 1$) 이는 $\beta_1 + \beta_3$이다. 상호작용항의 계수 β_3은 여성의 대학졸업 효과와 남성의 대학졸업 효과의 차이다.

이 예는 소득, 대졸 여부, 성별을 사용해 표현되었으나 요점은 하나다. 이진변수 상호작용 회귀를 사용하면 이진 독립변수 중 하나를 변경하는 효과가 다른 이진변수의 값에 따라 달라질 수 있다.

여기서 계수를 해석하기 위해 사용한 방법은 이진변수의 가능한 각 조합을 통해 작업하는 것이었다. 이 방법은 이진변수가 있는 모든 회귀에 적용되며, 핵심 개념 8.3에 요약했다.

응용 사례: 학생-교사 비율과 영어 학습자 비율 $HiSTR_i$는 학생-교사 비율이 20% 이상이면 1이 되고 그렇지 않으면 0이 되는 이진변수이고, $HiEL_i$은 영어 학습자 비율이 10% 이상이면

핵심 개념 **8.3**

이진변수를 사용한 회귀분석에서 계수를 해석하는 방법

먼저, 이진변수들의 집합으로 설명되는 각 가능한 경우에 대해 Y의 각 기댓값을 계산한다. 그런 다음에 이 기댓값을 비교한다. 각 계수는 하나의 기댓값으로 표현되거나 2개 이상의 기댓값 간 차이로 표현될 수 있다.

1이 되고 그렇지 않으면 0이 되는 이진변수이다. 시험점수의 $HiSTR_i$ 및 $HiEL_i$에 대한 상호작용 회귀분석의 결과는 다음과 같다.

$$\begin{aligned}\widehat{TestScore} &= \underset{(1.4)}{664.1} - \underset{(1.9)}{1.9}\,HiSTR - \underset{(2.3)}{18.2}\,HiEL - \underset{(3.1)}{3.5}(HiSTR \times HiEL)\\ \bar{R}^2 &= 0.290\end{aligned} \tag{8.30}$$

영어 학습자 비율이 높거나 낮은지 여부를 일정하게 유지할 때 학생-교사 비율이 낮은 학군에서 학생-교사 비율이 높은 학군으로 이동하는 경우 예측되는 효과는 식 (8.29)에 주어졌고, 이의 모집단 계수를 추정 계수로 대체한 것이 위의 식이다. 식 (8.30)의 추정값에 따르면 이 효과는 $-1.9 - 3.5HiEL$이다. 즉 영어 학습자 비율이 낮은 경우($HiEL = 0$), $HiSTR = 0$에서 $HiSTR = 1$로 이동하면, 그 결과 시험점수가 1.9점 하락할 것이다. 영어 학습자 비율이 높으면 시험점수는 $1.9 + 3.5 = 5.4$점 하락할 것으로 추정된다.

식 (8.30)의 추정 회귀식을 사용해 이진변수의 네 가지 가능한 조합 각각에 대한 평균 시험점수를 추정할 수도 있다. 이는 핵심 개념 8.3의 절차를 사용해 실행된다. 따라서 $HiSTR_i = 0$(학생-교사 비율이 낮음)이고 $HiEL_i = 0$(영어 학습자 비율이 낮음)인 학군의 시험점수 표본평균은 664.1점이다. $HiSTR_i = 1$(학생-교사 비율이 높음)이고 $HiEL_i = 0$(영어 학습자 비율이 낮음)인 학군의 표본평균은 662.2($= 664.1 - 1.9$)이다. $HiSTR_i = 0$이고 $HiEL_i = 1$이면 표본평균은 645.9($= 664.1 - 18.2$)이고, $HiSTR_i = 1$이고 $HiEL_i = 1$이면 표본평균은 640.5($= 664.1 - 1.9 - 18.2 - 3.5$)이다.

연속변수와 이진변수 간 상호작용

다음으로 연속변수인 개인의 경력연수(X_i)와 이진변수인 노동자의 대졸 여부(D_i, 여기서 i번째 사람이 대졸자인 경우 $D_i = 1$)에 대해 로그 소득[$Y_i = \ln(Earnings_i)$]을 회귀하는 모집단 모형을 생각해보자. 그림 8.8에서 볼 수 있듯이 Y와 연속변수 X를 연결하는 모집단 회귀선은 이진변수 D에 따라 세 가지 방식으로 달라질 수 있다.

그림 8.8(a)에서 두 회귀선은 절편만 다르다. 해당 모집단 회귀모형은 다음과 같다.

$$Y_i = \beta_0 + \beta_1 X_i + \beta_2 D_i + u_i \tag{8.31}$$

이는 익숙한 다중회귀모형으로, X_i와 D_i가 선형인 모집단 회귀함수를 사용한다. $D_i = 0$일 때 모집단 회귀함수는 $\beta_0 + \beta_1 X_i$이므로 절편은 β_0이고 기울기는 β_1이다. $D_i = 1$일 때 모집단 회귀함수는 $\beta_0 + \beta_1 X_i + \beta_2$이므로 기울기는 β_1로 같으나 절편은 $\beta_0 + \beta_2$가 된다. 따라서 β_2는

그림 8.8(a)에 표시된 것처럼 두 회귀선의 절편 간 차이다. 소득의 예를 들어 설명하자면, β_1은 대졸 상태를 일정하게 유지한 상태에서 추가 경력 1년이 로그 소득에 미치는 영향이고, β_2는 경력연수를 일정하게 유지한 상태에서 대학 학위가 로그 소득에 미치는 영향이다. 이 설정에서 추가 경력 1년의 효과는 대졸자와 비대졸자 모두 동일하다. 즉 그림 8.8(a)의 두 선은 동일한 기울기를 갖는다.

그림 8.8(b)에서 두 선의 기울기와 절편은 서로 다르다. 기울기가 다르면 대학 졸업자와 비졸업자의 추가 경력연수 효과가 달라질 수 있다. 서로 다른 기울기를 허용하려면 식 (8.31)에 상호작용항을 추가한다.

$$Y_i = \beta_0 + \beta_1 X_i + \beta_2 D_i + \beta_3 (X_i \times D_i) + u_i \tag{8.32}$$

여기서 $X_i \times D_i$는 X_i와 D_i의 곱인 새로운 변수이다. 이의 회귀 계수를 해석하기 위해 핵심 개념 8.3 절차를 적용한다. $D_i = 0$이면 모집단 회귀함수는 $\beta_0 + \beta_1 X_i$이고, $D_i = 1$이면 모집단 회귀함수는 $(\beta_0 + \beta_2) + (\beta_1 + \beta_3) X_i$가 된다. 따라서 이 설정은 그림 8.8(b)에 표시된 것처럼 D_i의 값에 따라 Y_i와 X_i를 연결하는 두 가지 모집단 회귀함수를 허용한다. 두 절편 사이의

그림 8.8 이진변수 및 연속변수를 사용한 회귀함수

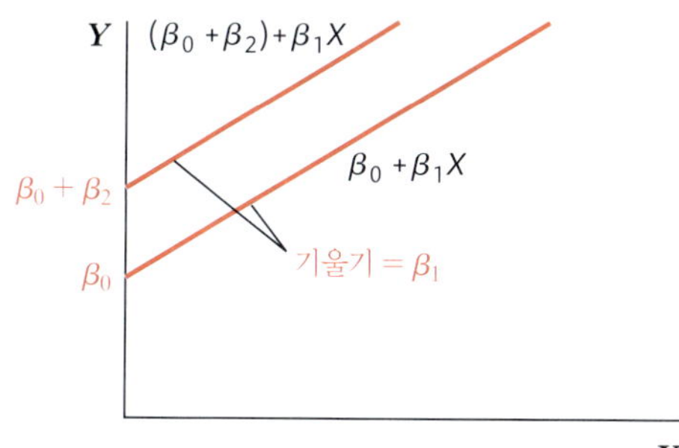

(a) 서로 다른 절편, 동일한 기울기

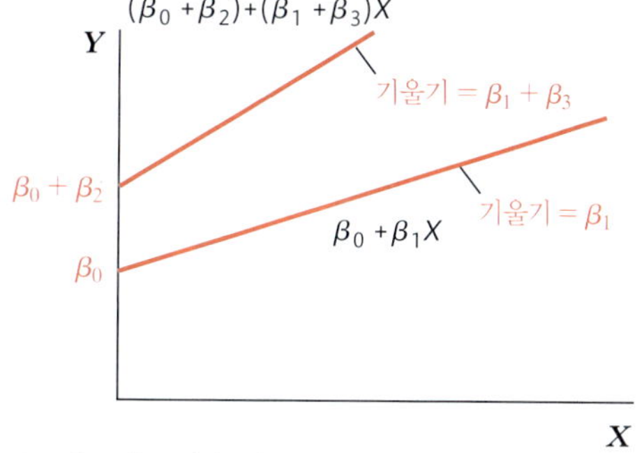

(b) 서로 다른 절편, 서로 다른 경사면

Y
$\beta_0 + (\beta_1 + \beta_2) X$
기울기 $= \beta_1 + \beta_2$
기울기 $= \beta_1$
$\beta_0 + \beta_1 X$
β_0
X

(c) 동일한 절편, 다른 경사면

이진변수와 연속변수의 상호작용은 세 가지 다른 모집단 회귀함수를 생성할 수 있다: (a) $\beta_0 + \beta_1 X + \beta_2 D$는 절편의 다름이 허용되지만 기울기는 같다. (b) $\beta_0 + \beta_1 X + \beta_2 D + \beta_3 (X \times D)$는 절편과 기울기가 모두 다른 것을 허용한다. (c) $\beta_0 + \beta_1 X + \beta_2 (X \times D)$는 같은 절편을 갖지만 기울기의 다름을 허용한다.

핵심 개념 8.4

이진변수와 연속형 변수 간의 상호작용

상호작용항 $X_i \times D_i$를 사용하면 Y_i와 연속형 변수 X_i를 연결하는 모집단 회귀선은 이진변수 D_i에 따라 다른 기울기를 가질 수 있다. 세 가지 가능성이 있다.

1. 다른 절편, 같은 기울기(그림 8.8a)

$$Y_i = \beta_0 + \beta_1 X_i + \beta_2 D_i + u_i$$

2. 다른 절편, 다른 기울기(그림 8.8b)

$$Y_i = \beta_0 + \beta_1 X_i + \beta_2 D_i + \beta_3 (X_i \times D_i) + u_i$$

3. 같은 절편, 다른 기울기(그림 8.8c)

$$Y_i = \beta_0 + \beta_1 X_i + \beta_2 (X_i \times D_i) + u_i$$

차이는 β_2이고 두 기울기 사이의 차이는 β_3이다. 소득 예제에서 β_1은 비졸업자($D_i = 0$) 추가 경력 1년의 효과이고 $\beta_1 + \beta_3$은 졸업자 추가 경력 1년의 효과이다. 따라서 β_3은 대졸자 추가 경력 1년의 효과와 비졸업자 추가 경력 1년의 효과 간 차이이다.

그림 8.8(c)에 표시된 세 번째 가능성은 두 선의 기울기는 다르나 절편이 같은 경우이다. 이 경우의 상호작용 회귀모형은 다음과 같다.

$$Y_i = \beta_0 + \beta_1 X_i + \beta_2 (X_i \times D_i) + u_i \tag{8.33}$$

이 설정에서의 계수도 핵심 개념 8.3을 사용해서 해석할 수 있다. 소득 예제에서 이 설정은 대졸자와 비대졸자 간에 경력연수가 로그 소득에 미치는 효과가 다르게 허용하지만, 경력이 없는 경우 기대되는 로그 소득이 두 집단 사이에 동일해야 한다. 달리 말하면, 이 설정은 모집단 평균 초봉이 대졸자와 비대졸자 사이에 동일한 경우에 해당한다. 소득 예제에서 이는 말이 안 되며, 실제로 이 설정은 절편과 기울기 모두 다를 수 있는 식 (8.32)만큼 자주 사용되지는 않는다.

식 (8.31), (8.32), (8.33)은 모두 6장의 다중회귀모형에 속하며, 새로운 변수 $X_i \times D_i$가 생성되면 세 변수 모두의 계수를 OLS로 추정할 수 있다.

이진 및 연속 독립변수를 사용하는 세 가지 회귀모형은 핵심 개념 8.4에 요약했다.

응용 사례: 학생-교사 비율과 영어 학습자 비율 영어를 여전히 배우는 학생의 비율이 높은지 낮은지에 따라 학생-교사 비율 감소가 시험점수에 미치는 영향이 다른가? 이 질문에 답하는 한 가지 방법은 영어 학습자 비율이 높은지 낮은지에 따라 두 가지 회귀선을 허용하는 설정을 이용하는 것이다. 다른 절편/다른 기울기 설정을 사용해 이를 달성할 수 있다.

$$\begin{aligned}\widehat{TestScore} &= \underset{(11.9)}{682.2} - \underset{(0.59)}{0.97}\,STR + \underset{(19.5)}{5.6}\,HiEL - \underset{(0.97)}{1.28}\,(STR \times HiEL)\\ \bar{R}^2 &= 0.305\end{aligned} \tag{8.34}$$

여기서 이진변수 $HiEL_i$는 학군에서 여전히 영어를 배우는 학생의 비율이 10% 이상이면 1이고, 그렇지 않으면 0이다.

영어 학습자 비율이 낮은 학군($HiEL_i = 0$)의 경우, 추정 회귀선은 $682.2 - 0.97STR_i$이다. 영어 학습자 비율이 높은 학군($HiEL_i = 1$)의 경우, 추정 회귀선은 $682.2 + 5.6 - 0.97STR_i - 1.28STR_i = 687.8 - 2.25STR_i$이다. 이 추정치에 따르면 학생-교사 비율을 1로 줄이면 영어 학습자 비율이 낮은 학군에서는 시험점수가 0.97점 상승하지만, 영어 학습자 비율이 높은 학군에서는 2.25점 상승할 것으로 예측된다. 이 두 효과의 차이인 1.28점은 식 (8.34)의 상호작용항에 대한 계수이다.

식 (8.34)의 상호작용 회귀모형을 사용하면 이제까지 고려한 학군 전체의 학급 규모 감소보다 더욱 미묘한 정책 개입의 효과를 추정할 수 있다. 예를 들어 주에서 영어 학습자 비율이 높은 학군($HiEL_i = 1$)에서는 학생-교사 비율을 2로 줄이고 다른 학군에서는 학급 규모를 그대로 두는 정책을 고려한다고 가정하자. 핵심 개념 8.1의 방법을 식 (8.32) 및 (8.34)에 적용하면 $HiEL = 1$인 학군에서는 추정된 감소 효과가 $-2(\hat{\beta}_1 + \hat{\beta}_3) = 4.50$이다. 추정 효과의 표준오차는 $SE(-2\hat{\beta}_1 - 2\hat{\beta}_3) = 1.53$이다. 이는 식 (8.8)과 7.3절의 방법을 사용해 계산할 수 있다.

식 (8.34)의 OLS 회귀는 모집단 회귀선에 대한 몇 가지 가설을 검정하는 데 사용할 수 있다. 첫째, 두 선이 실제로 동일하다는 가설은 다음과 같이 검정할 수 있다. $HiEL_i$의 계수와 상호작용항 $STR_i \times HiEL_i$의 계수가 모두 0이라는 결합가설을 검정하는 F-통계량을 계산한다. 이 F-통계량의 값은 89.9이고, 이는 1% 수준에서 유의하다.

둘째, 두 선의 기울기가 같다는 가설은 다음과 같이 검정할 수 있다. 상호작용항의 계수가 0인지 검정한다. t-통계량의 값 $-1.28/0.97 = -1.32$의 절댓값이 1.64보다 작다. 10% 유의수준에서 양측 검정을 사용하면 두 선의 기울기가 같다는 귀무가설을 기각할 수 없다.

셋째, 두 선의 절편이 동일하다는 가설은 $HiEL_i$의 모집단 계수가 0이라는 제약에 해당한다. 이 제약을 검정하는 t-통계량의 값인 $t = 5.6/19.5 = 0.29$이므로 5% 수준에서 두 선이 동일한 절편을 갖는다는 가설을 기각할 수 없다.

이 세 가지 검정은 겉보기에는 모순되는 결과를 낳는다: F-통계량을 사용한 결합검정에서는 기울기와 절편이 같다는 공동 가설이 기각되지만 t-통계량을 사용한 개별 가설의 검정에서는 기각되지 않는다. 그 이유는 설명변수인 $HiEL$과 $STR \times HiEL$의 상관관계가 높기 때문이다. 이로 인해 개별 계수에 대한 표준 오차가 커진다. 비록 두 계수 중 어느 계수가 0이 아닌지 알 수는 없지만 두 계수가 **모두** 0이라는 가설에 반하는 강력한 증거가 있다.

넷째, 학생-교사 비율이 회귀식 설정에 들어가지 않는다는 가설은 STR 및 상호작용항의 계수가 모두 0이라는 공동 가설에 관한 F-통계량을 계산해 검정할 수 있다. 이 F-통계량의 값은 5.64이며, 이의 p값은 0.004이다. 따라서 학생-교사 비율에 대한 계수 모두 1% 유의수준에서 통계적으로 유의하다.

두 연속변수 간 상호작용

이제 두 독립변수(X_{1i} 및 X_{2i})가 모두 연속형이라고 가정하자. 예를 들어 Y_i는 i번째 노동자의

고령화가 의료비 지출에 미치는 영향: 붉은 청어인가?*

서유럽에서 제2차 세계대전 이후 '베이비붐(baby boom)' 세대가 은퇴 연령에 도달하는 비율이 높아지면서 전체 인구 중 고령자 수가 평균적으로 증가하고 있다.

최근 10년 동안 연구자들은 고령화가 의료비 지출(healthcare expenditure, 이하 HCE)에 미치는 영향에 점점 더 많은 관심을 두게 되었다. HCE는 건강 개선과 건강 관련 문제에 지출하는 금액을 의미한다. 경제협력개발기구(OECD)에서 발표한 초기 추정에 따르면 고령층이 평균적으로 HCE가 더 높아서 고령화로 인해 공공 재정에 상승 압력을 가할 것이라고 매우 비관적인 전망을 했다.

직관적으로 이것은 말이 되는 것처럼 보인다. 하지만 다른 연구자들은 이 논리에 문제가 있음을 발견했다. 사람들이 더 건강하게 나이를 먹는다면, 이는 HCE에 어떤 의미가 있을까? 학계는 HCE를 결정하는 것은 노화 자체가 아니라 개인의 죽음에 대한 근접성['사망 경과 시간(time-to-death)', 이하 TTD)이라고 합의했다. 이러한 지출 측면에서 보면 85세에 사망하는 80세 노인(사망 경과 시간 5년)은 100세에 사망하는 80세 노인(사망 경과 시간 20년)보다 75세에 사망하는 70세 노인(사망 경과 시간 5년)과 더 유사하다. 이 논리에 따르면, 노화 자체는 HCE를 설명하는 데 있어 '붉은 청어(red herring)'로 간주한다. 즉 노화는 실제 결정 요인이 아니라 단지 이를 대리하는(proxy) 역할을 한 것이다. 기존 회귀분석에서는 사망 경과 시간이 HCE를 설명하는 데 있어 누락변수인 것이다.

의료비 지출의 회귀분석을 수행할 때 사용되는 종속변수는 일반적으로 HCE의 로그 또는 HCE의 '로그 변환'이다. 영국에서 2005~06년에 입원하고 2011~12년에 사망한 약 4만 명의 표본과 2005~06년 이후 병원을 이용했지만 2011~12년에 사망한 약 4만 명의 표본을 사용해 연구한 2015년 회귀분석 연구의 예는 매우 인상적이다. 이 자료에 근거한 연구 결과는 표 8.1에 있다. 이 결과는 2005~06년 및 2011~12년 영국 남성의 HCE를 종속변수로 설정해 회귀분석한 결과이다.**

이 결과를 어떻게 해석해야 할까? 종속변수는 HCE 자체가 아니라 이의 로그 변환이고, age와 age^2을 모수로 여기고 있음을 기억하는 것이 중요하다. 따라서 (1)의 계수를 사용하면, 80세에서 81세로 나이를 먹을 때 의료비 지출의 평균 증가율은 $1 \times (-0.1459) + (81^2 - 80^2) \times 0.00010 = 0.00151$, 즉 0.151%로 계산된다.

이제 TTD의 로그를 포함하면 어떻게 될까? (2)에서 age 및 age^2 추정 계수의 절댓값이 작아지고, 이의 통계적 유의성이 감소한다. 대신에 log(TTD)가 log(HCE)를 설명하는 데 매우 유의하다는 것을 확인할 수 있다. 이는 TTD가 실제로 이 회귀에서 누락변수임을 시사한다. 이 두 변수는 모두 로그 꼴이므로, 연구 결과에 따르면 사망 시점에서 1% 더 멀어지면(TTD가 1% 증가하면) HCE가 평균 약 0.42% 감소하는 것으로 나타났다.

* 역주: 결과의 원인을 제대로 잡지 못하는 경우를 붉은 청어의 오류라고 한다. 또한 논점 일탈의 오류를 칭하기도 한다. 즉 붉은 청어는 잘못된 원인을 의미하는 논리학 용어이다.

**자세한 내용을 알고 싶으면 다음 논문을 참조하라. Howdon, Daniel., and Nigel Rice. 2018. "Health Care Expenditures, Age, Proximity to Death and Morbidity: Implications for an Ageing Population." Journal of Health Economics 57: 60-74.

표 8.1 연령, TTD, 이환과 HCE의 관계

종속변수: *HCE*의 로그

설명변수	(1)	(2)	(3)
Age	-0.01459^{**} (0.00654)	-0.01274^{*} (0.00652)	−0.00518 (0.00526)
Age^2	0.00010^{**} (0.00004)	0.00009^{**} (0.00004)	0.00003 (0.00003)
Log(TTD)		-0.42375^{***} (0.01467)	-0.14454^{***} (0.01206)
이환			포함***

주: *** 1% 수준에서 유의함, ** 5% 수준에서 유의함, * 10% 수준에서 유의함. 표준 오차는 괄호 안에 있음.

하지만 이것이 이야기의 끝일까? 후속 연구는 TTD 자체는 개인의 이환(morbidity, 특정 기간 동안 중병으로 진행됨)을 대리한 것에 불과한 '붉은 청어(red herring)'라고 지적했다. 이 논리에 따르면 이환에 관한 척도는 기존 회귀분석에서 누락변수라 하겠다. 사람들이 더 건강하게 나이를 먹을 뿐만 아니라 더 건강하게 죽음에 임한다면, 이환은 미래의 HCE를 예측할 때 중요할 것이다! 표 8.1의 (3)에서 보듯이 이환 관련 변수를 통제하면 TTD 및 age 관련 계수의 절대 크기와 통계적 유의성이 모두 감소한다. 이러한 현상은 TTD가 실제로는 이환을 대리함을 시사한다. 다음과 같은 중요한 사실을 기억하자. 회귀분석에 포함할 관련 변수를 결정하는 것은 답하고자 하는 질문의 정확한 성격에 따라 달라질 수 있다.

로그 소득이고, X_{1i}는 해당 노동자의 경력연수이며, X_{2i}는 해당 노동자의 재학연수이다. 모집단 회귀함수가 선형인 경우, 추가 경력 1년이 임금에 미치는 영향은 교육연수에 의존하지 않으며, 반대로 추가 교육 1년의 효과는 경력연수에 의존하지 않는다. 그러나 실제로는 이 두 변수 간에 상호작용이 존재해 추가 경력 1년이 임금에 미치는 영향이 교육연수에 따라 달라질 수 있다. 이러한 상호작용은 선형회귀모형에 상호작용항인 X_{1i}와 X_{2i}의 곱을 추가해 모형화가 가능하다.

$$Y_i = \beta_0 + \beta_1 X_{1i} + \beta_2 X_{2i} + \beta_3 (X_{1i} \times X_{2i}) + u_i \tag{8.35}$$

상호작용항은 X_1이 한 단위 변화할 때의 효과가 X_2에 따라 달라질 수 있도록 만든다. 이를 보기 위해 핵심 개념 8.1에서의 비선형회귀모형의 효과를 계산하는 일반적 방법을 적용한다. 식 (8.35)의 상호작용 회귀함수에 대해 식 (8.4)의 차이는 다음과 같이 계산된다[연습문제 8.10(a)]: $\Delta Y = (\beta_1 + \beta_3 X_2)\Delta X_1$. 따라서 X_2를 일정하게 유지할 때 X_1의 변화가 Y에 미치는 영향은 다음과 같다.

$$\frac{\Delta Y}{\Delta X_1} = \beta_1 + \beta_3 X_2 \tag{8.36}$$

이는 X_2에 의존한다. 예를 들어 소득 예제에서 β_3이 양수이면 노동자의 추가 경력 1년이 로그 수입에 끼치는 영향은 교육연수가 1년 더 증가할 때 β_3만큼 더 커진다.

비슷한 계산을 통해 X_1을 일정하게 유지한 상태에서 X_2가 ΔX_2만큼 변화하면 이것이 Y에 미치는 영향은 $\Delta Y/\Delta X_2 = (\beta_2 + \beta_3 X_1)$이다.

이 두 효과를 합치면 상호작용항의 계수 β_3은 X_1과 X_2의 단위 증가 효과인데, X_1의 단위 증가 단독 효과와 X_2의 단위 증가 단독 효과의 합을 넘어서는 그 이상의 효과이다. 즉 X_1이 ΔX_1만큼 변하고 X_2가 ΔX_2만큼 변할 때 기대되는 Y의 변화는 다음과 같다[연습문제 8.10(c)]: $\Delta Y = (\beta_1 + \beta_3 X_2)\Delta X_1 + (\beta_2 + \beta_3 X_1)\Delta X_2 + \beta_3 \Delta X_1 \Delta X_2$. 첫 번째 항은 X_2를 일정하게 유지한 채로 X_1을 변경한 효과이고, 두 번째 항은 X_1을 일정하게 유지한 채로 X_2를 변경한 효과이며, 세 번째 항 $\beta_3 \Delta X_1 \Delta X_2$는 X_1과 X_2를 모두 변경한 추가 효과이다.

두 변수 간의 상호작용은 핵심 개념 8.5에 요약했다.

상호작용을 로그 변환과 결합하면, 가격 탄력성이 재화의 특성에 의존할 때의 가격 탄력성 추정이 가능하다(글상자 '경제학 학술지 수요' 참조).

핵심 개념 8.5

다중회귀의 상호작용

두 독립변수 X_1과 X_2 사이의 상호작용항은 이들의 곱 $X_1 \times X_2$이다. 이 상호작용항을 포함하면 X_1의 변화가 Y에 미치는 영향이 X_2에 따라 달라질 수 있고, 반대로 X_2의 변화가 X_1에 따라 달라질 수 있다.

$X_1 \times X_2$의 계수는 X_1과 X_2의 단위 증가에 따른 효과로, X_1 단독 증가와 X_2 단독 증가의 개별 효과를 합한 것 이상을 넘어선다. 이는 X_1 및/또는 X_2가 연속적이든 이진적이든 마찬가지다.

응용 사례: 학생-교사 비율과 영어 학습자 비율 이전 예에서는 학생-교사 비율과 영어 학습자의 비율이 큰지 작은지를 나타내는 이진변수 간의 상호작용을 고려했다. 이 상호작용을 연구하는 다른 방법은 학생-교사 비율과 영어 학습자 비율($PctEL$) 연속변수 간의 상호작용을 조사하는 것이다. 예상되는 상호작용 회귀식은 다음과 같다.

$$\begin{aligned}\widehat{TestScore} &= \underset{(11.8)}{686.3} - \underset{(0.59)}{1.12}STR - \underset{(0.37)}{0.67}PctEL + \underset{(0.019)}{0.0012}(STR \times PctEL) \\ \bar{R}^2 &= 0.422 \end{aligned} \quad (8.37)$$

영어 학습자 비율이 중앙값($PctEL = 8.85$)인 경우 시험점수와 학생-교사 비율의 관계를 나타내는 직선의 기울기는 $-1.11(= -1.12 + 0.0012 \times 8.85)$로 추정된다. 영어 학습자 비율이 75번째 백분위수($PctEL = 23.0$)인 경우 이 선의 기울기는 -1.09 $(= -1.12 + 0.0012 \times 23.0)$로 약간 더 평탄한 것으로 추정된다. 즉 영어 학습자가 8.85%인 학군의 경우 학생-교사 비율을 한 단위 줄이면 시험점수가 1.11점 상승한 것으로 추정되지만, 영어 학습자가 23.0%인 학군의 경우 학생-교사 비율을 한 단위 줄이면 시험점수가 1.09점만 상승하는 것으로 예측된다. 그러나 이러한 추정 효과의 차이는 통계적으로 유의하지 않다: 상호작용항의 계수가 0인지 여부를 검정하는 t-통계량의 $t = 0.0012/0.019 = 0.06$으로 10% 수준에서도 유의하지 않다.

비선형모형에 초점을 맞추기 위해 8.1절부터 8.3절까지 모형 설정에서 학생의 경제적 배경과 같은 추가 통제변수가 제외되었다. 따라서 이러한 결과는 누락변수 편의의 영향을 받을 것이다. 학생-교사 비율 감소가 시험점수에 미치는 영향에 대한 실질적인 결론을 도출하려면 이러한 비선형 설정에 통제변수를 추가해야 한다. 이제 바로 이 연습을 하겠다.

8.4 학생-교사 비율의 시험점수에 대한 비선형적 영향

이 절에서는 시험점수와 학생-교사 비율에 관한 세 가지 구체적인 질문을 다룬다. 첫째, 학군별 경제적 특성의 차이를 통제한 후 학생-교사 비율 감소가 시험점수에 미치는 영향은 영어 학습자 비율에 따라 달라지는가? 둘째, 이 효과는 학생-교사 비율의 값에 따라 달라지는가?

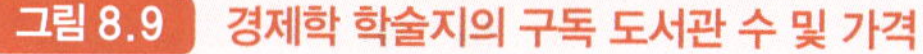

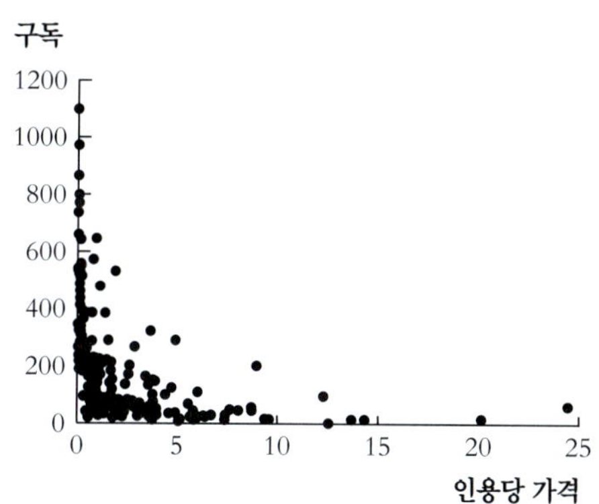

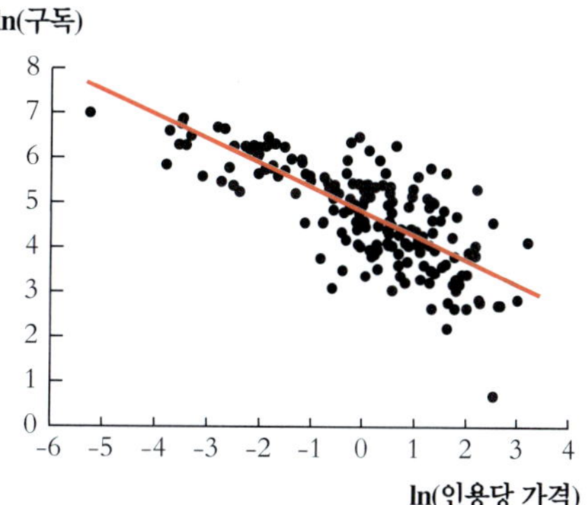

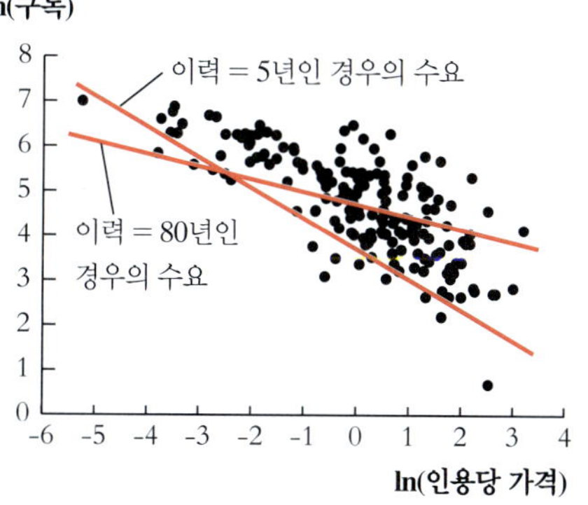

경제학 학술지 수요

전문 경제학자들은 자신의 전문 분야의 가장 최근 연구를 쫓는다. 대부분의 경제학 연구는 경제학 학술지에 처음 게재되므로 경제학자나 관련 도서관은 경제학 저널을 구독한다.

경제학 학술지에 대한 도서관의 수요는 얼마나 탄력적일까? 이를 알아보기 위해 2000년 180개의 경제학 학술지에 대한 자료를 사용해 각 경제학 학술지를 구독하는 미국 도서관의 수(Y_i)와 경제학 학술지의 구독 가격 간 관계를 분석했다. 학술지의 생산물은 학술지에 담긴 아이디어이기에 학술지의 가격은 논리적으로 학술지의 연간 구독료나 학술지 페이지당 가격으로 측정되지 않는다. 대신에 아이디어당 가격으로 측정된다. '아이디어'의 가치를 직접 측정할 수는 없지만, 학술지에 실린 논문이 다른 연구자들에 의해 인용되는 횟수가 좋은 간접적인 가치 측정이 될 수 있다. 따라서 학술지의 '인용당 가격'으로 가치를 측정한다. 인용당 0.5센트(*American Economic Review*)에서 20센트 이상에 이르기까지 가격 범위는 광범위하다. 어떤 학술지는 인용 횟수가 적어서 인용당 가격이 비쌀 수 있고, 어떤 학술지는 구독료 자체가 매우 비싸서 인용당 가격이 비쌀 수도 있다. 2017년에 *Journal of Econometrics*의 도서관 인쇄본 구독료는 5,363달러인 반면, 미국경제학회에서 발행하는 *American Economic Review* 등 8개 학술지를 모두 묶음으로 구독해도 전체 가격은 940달러에 불과했다.

탄력성을 추정하는 데 관심이 있으므로 로그-로그 설정을 사용한다(핵심 개념 8.2). 그림 8.9a와 8.9b의 산점도는 이러한 변환의 근거를 실증적으로 뒷받침한다. 가장 오래되고 가장 권위 있는 학술지 중 일부가 인용당 가격이 가장 저렴하기에 로그 수량을 로그 가격에 회귀하면 누락변수편향

그림 8.9 경제학 학술지의 구독 도서관 수 및 가격

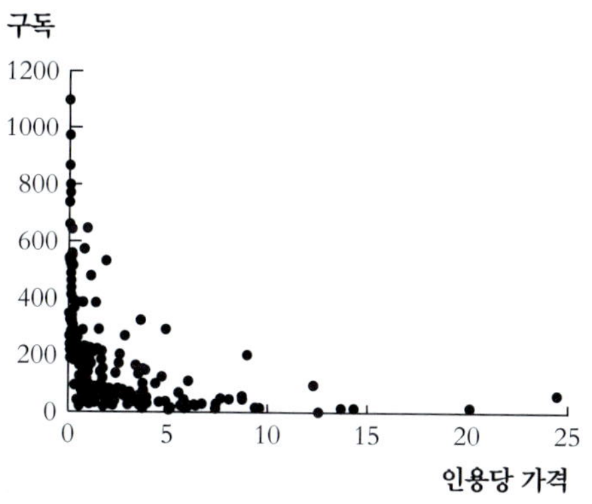

(a) 구독 및 인용당 가격

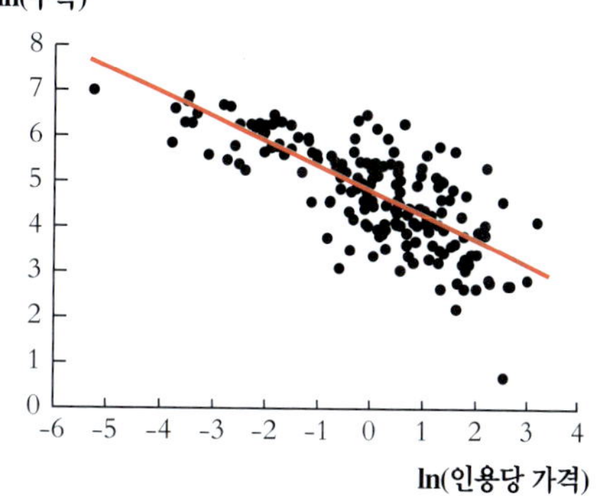

(b) ln(구독) 및 ln(인용당 가격)

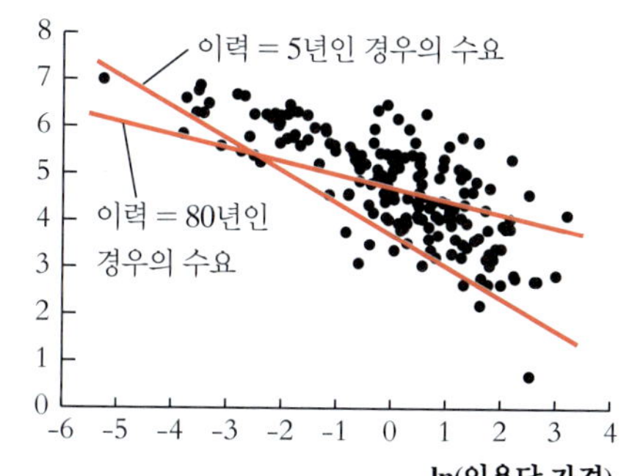

(c) ln(구독) 및 ln(인용당 가격)

2000년 현재 180개의 경제학 학술지에 관한 그림 8.9a에서 볼 수 있듯이 경제학 학술지를 구독하는 미국 도서관의 수와 인용당 가격 사이에는 비선형적인 관계가 있다. 즉 수요와 가격은 비선형적이다. 그러나 그림 8.9b에서 볼 수 있듯이 로그 수량과 로그 가격의 관계는 거의 선형적이다. 그림 8.9c는 오래된 학술지(Age = 80)보다 최신 학술지(Age = 5)의 수요가 더 탄력적임을 보여준다.

표 8.2 경제학 학술지 수요 추정치

종속변수: 2000년 현재 구독 도서관 수의 로그, 180개의 관측치

설명변수	(1)	(2)	(3)	(4)
ln(인용당 가격)	−0.533 (0.034)	−0.408 (0.044)	−0.961 (0.160)	−0.899 (0.145)
$[\ln(\text{인용당 가격})]^2$			0.017 (0.025)	
$[\ln(\text{인용당 가격})]^3$			0.0037 (0.0055)	
ln(이력)		0.424 (0.119)	0.373 (0.118)	0.374 (0.118)
ln(이력) × ln(인용당 가격)			0.156 (0.052)	0.141 (0.040)
ln(문자 수/1,000,000)		0.206 (0.098)	0.235 (0.098)	0.229 (0.096)
***F*-통계량 및 요약통계**				
제곱항 및 삼차항 계수 검정 *F*-통계량(*p*값)			0.25 (0.779)	
SER	0.750	0.705	0.691	0.688
$\bar{R}^2$	0.555	0.607	0.622	0.626

F-통계량은 $[\ln(\text{인용당 가격})]^2$와 $[\ln(\text{인용당 가격})]^3$의 계수가 모두 0이라는 가설을 검정한다. 모든 회귀분석 결과에는 (표에 보고되지 않은) 절편이 포함된다. 표준 오차가 추정 계수 아래 괄호 안에 보고된다. *F*-통계량 아래 괄호 안에는 *p*값이 제공된다.

이 존재할 수 있겠다. 따라서 회귀분석에는 두 가지 통제변수가 포함된다. 로그 이력(age)과 로그 저널의 글자 수(연도별)이다.

회귀분석 결과는 표 8.2에 요약했다. 이로부터 다음과 같은 결론이 도출된다(표에서 이러한 결론의 근거를 찾을 수 있는지 확인하라!).

1. 최신 학술지보다 오래된 학술지에 대한 수요 탄력성이 떨어진다.
2. 분석 결과는 로그 수요가 로그 가격의 삼차함수가 아닌 선형함수임을 뒷받침한다.
3. 가격과 이력이 일정하면 많은 문자가 있는 학술지의 수요가 더 크다.

그렇다면 경제학 학술지의 수요 탄력성은 어느 정도일까? 이는 학술지의 이력에 의존한다. 80년 역사의 학술지와 역사가 5년도 채 안 되는 최신 학술지의 수요곡선이 그림 8.9c에서 산점도 위에 도시되어 있다. 역사가 오래된 학술지의 수요 탄력성은 −0.28($SE = 0.06$)이고, 최신 학술지의 수요 탄력성은 −0.67($SE = 0.08$)이다.

이로부터 학술지의 수요는 매우 비탄력적이라 하겠다. 특히 오래된 학술지의 경우 수요는 가격에 매우 둔감하다. 도서관에서 최신 연구를 보유하는 것은 사치재가 아니라 필수재라 하겠다. 참고로 담배의 수요 탄력성은 −0.3에서 −0.5 사이로 추정된다. 경제학 학술지는 담배만큼 중독성이 강하지만 건강에는 훨씬 더 좋은 것 같다!*

* 이 자료는 캘리포니아대학교 샌타바버라 캠퍼스 경제학과의 시어도어 베르그스트롬(Theodore Bergstrom) 교수가 흔쾌히 제공한 것이다. 경제학 학술지에 관한 경제학에 대해 자세히 알고 싶다면 Bergstrom(2001)을 참조하라.

셋째, 가장 중요하게, 경제적 요인과 비선형성을 고려한 후 4장에서 교육감이 제안한 대로 교사당 학생 수를 2명 줄이면 시험점수에 미치는 영향은 어떻게 되는가?

8.2절과 8.3절에서 논의한 유형의 비선형회귀함수 설정을 확장해 이러한 질문에 답을 한다. 학생의 경제적 배경에 대한 두 가지 측정값, 즉 무료급식 학생 비율과 학군별 평균 소득의 로그를 포함한다. 학군 소득의 로그를 사용한 이유는 8.2절의 실증분석 결과 이 설정이 시험점수와 학군 소득 간의 비선형 관계를 포착하는 것으로 나타났기 때문이다. 7.6절에서와 마찬가지로 학생당 교육비 지출을 설명변수로 포함하지 않는다. 이를 통해 학생당 교육비 지출을 증가시키면서 학생-교사 비율을 감소시키는 효과를 고려하고 있다(즉 학생당 교육비 지출을 일정하게 유지하지 않는다).

회귀분석 결과 논의

OLS 회귀 결과는 표 8.3에 요약했다. (1)~(7)로 번호가 매겨진 열은 각 회귀분석 결과를 보고한다. 표의 항목은 각 행의 설명에 표시된 대로 추정 계수, 표준 오차, F-통계량 및 해당 p 값, 요약통계량이다. 또한 중간에 교육감의 질문인 학급 규모를 2명으로 줄였을 때의 추정 효과에 대한 95% 신뢰구간이 표시된다. 일부 설정은 비선형적이기 때문에 대규모 학급(22명에서 20명) 또는 중간 규모 학급(20명에서 18명)의 규모를 줄이는 경우와 영어 학습자 비율이 높거나 낮은 경우 등 다양한 경우에 대해 신뢰구간이 산출된다. 각 구체적인 경우는 설정에 의존한다.

표에서 (1)은 편의상 표 7.1의 (3) 회귀식을 반복해 제시한 것이다. 학군 소득을 통제하지 않았기에 로그 소득을 경제 상황에 관한 통제변수로 포함했을 때 결과가 크게 달라지는가를 먼저 확인한다. 이 결과는 표 8.3의 (2)에 있다. 소득의 로그는 1% 수준에서 통계적으로 유의하며, 학생-교사 비율은 1% 수준에서 통계적으로 유의하나 추정 계수의 절대적 크기는 -1.00에서 -0.73으로 하락해 0에 다소 가까워진다. STR 계수의 변화가 (1)과 (2) 사이에서 충분히 커서 누락변수편향을 억제하기 위해 소득의 로그를 추가로 통제할 필요성을 보증한다.

표 8.3의 (3)은 식 (8.34)에서 영어 학습자 비율이 높거나 낮은지 여부에 대한 이진변수를 사용하나 경제적 통제변수가 없는 상호작용 회귀모형의 추정 결과이다. 경제적 통제변수(무료급식 대상 학생 비율 및 로그 소득)를 추가하면[표의 회귀식 (4)] 영어 학습자 비율이 높은 집단과 낮은 집단 모두 학급 규모 효과가 감소한다. 그러나 두 회귀식에서, 두 경우 모두 신뢰구간은 넓다. 회귀식 (4)의 증거에 따르면, 영어 학습자 비율이 낮은 학군과 높은 학군에서 STR의 효과가 동일하다는 가설은 5% 수준에서 기각할 수 없다(t-통계량 $t = -0.58/0.50 = -1.16$).

회귀식 (5)는 학생-교사 비율 변화의 효과가 학생-교사 비율의 값에 따라 달라지는지를 알아보기 위해 STR 삼차식으로 설정하고 회귀식 (4)의 경제적 변수를 같이 통제한다[상호작용항인 $HiEL \times STR$은 10% 수준에서 회귀식 (4)에서 유의하지 않았기 때문에 회귀식 (5)에는 포함되지 않는다]. 회귀식 (5)의 추정치는 학생-교사 비율이 비선형 효과를 갖는다는 가설과

표 8.3 시험점수의 비선형회귀모형

종속변수: 학군의 평균 시험점수, 관측치 420개

설명변수	(1)	(2)	(3)	(4)	(5)	(6)	(7)
학생-교사 비율(*STR*)	−1.00 (0.27)	−0.73 (0.26)	−0.97 (0.59)	−0.53 (0.34)	64.33 (24.86)	83.70 (28.50)	65.29 (25.26)
STR^2					−3.42 (1.25)	−4.38 (1.44)	−3.47 (1.27)
STR^3					0.059 (0.021)	0.075 (0.024)	0.060 (0.021)
영어 학습자 비율	−0.122 (0.033)	−0.176 (0.034)					−0.166 (0.034)
영어 학습자 비율 ≥ 10%? (이진변수, *HiEL*)			5.64 (19.51)	5.50 (9.80)	−5.47 (1.03)	816.1 (327.7)	
$HiEL \times STR$			−1.28 (0.97)	−0.58 (0.50)		−123.3 (50.2)	
$HiEL \times STR^2$						6.12 (2.54)	
$HiEL \times STR^3$						−0.101 (0.043)	
포함된 경제적 통제변수							
무료급식 대상 학생 비율	Y	Y	N	Y	Y	Y	Y
학군 평균 소득(로그)	N	Y	N	Y	Y	Y	Y
***STR*의 2%p 감소 효과의 95% 신뢰구간**							
HiEL 상호작용 없음	[0.93,3.06]	[0.46,2.48]					
22에서 20					[0.61, 3.25]		[0.54, 3.26]
20에서 18					[1.64, 4.36]		[1.55, 4.30]
$HiEL = 0$			[−0.38, 4.25]	[−0.28, 2.41]			
22에서 20						[0.40, 3.98]	
18에서 20						[1.22, 4.99]	
$HiEL = 1$			[1.48, 7.50]	[0.80, 3.63]			
22에서 20						[−0.98, 2.91]	
20에서 18						[−0.72, 4.01]	
결합 가설에 대한 *F*-통계량 및 *p*값							
모든 *STR* 변수 및 상호작용항 계수 = 0			5.64 (0.004)	5.92 (0.003)	6.31 (< 0.001)	4.96 (< 0.001)	5.91 (0.001)
STR^2, $STR^3 = 0$					6.17 (< 0.001)	5.81 (0.003)	5.96 (0.003)
$HiEL \times STR$, $HiEL \times STR^2$, $HiEL \times STR^3 = 0$						2.69 (0.046)	
SER	9.08	8.64	15.88	8.63	8.56	8.55	8.57
$\bar{R}^2$	0.773	0.794	0.305	0.795	0.798	0.799	0.798

부록 4.1에 설명한 캘리포니아의 K-8 학군 자료를 사용해 회귀분석을 했다. 회귀분석에서 경제적 통제변수는 'Y'로 표기되면 포함되고 'N'으로 표기되면 제외되었다(표에는 경제적 통제변수의 추정 계수가 직접적으로 제시되지 않았다). 추정 계수 아래 괄호 안에는 표준 오차가 있고, *F*-통계량 값 아래 괄호 안에는 *p* 값이 표시되어 있다.

일치한다. 관계가 선형이라는 귀무가설은 다항식의 차수가 최대 3이라는 대립가설에 대해 1% 유의수준에서 기각된다(STR^2과 STR^3의 실제 계수가 0이라는 가설을 검정하는 F-통계량은 6.17이고 이의 p값은 0.0001보다 작다). 학급 규모를 20명에서 18명으로 줄였을 때의 효과가 22명에서 20명으로 줄였을 때보다 더 큰 것으로 추정된다.

회귀식 (6)은 학생-교사 비율의 효과가 학생-교사 비율의 값뿐만 아니라 영어 학습자의 비율에 따라 달라지는지를 추가로 조사한다. $HiEL$과 STR, STR^2, STR^3 사이의 상호작용을 포함함으로써 영어 학습자 비율이 낮은 경우와 높은 경우에 시험점수와 STR과 관련된 (아마도 삼차식) 모집단 회귀함수가 다른지 확인할 수 있다. 이를 위해 세 가지 상호작용항의 계수가 0이라는 제약 조건을 검정한다. 그 결과 F-통계량은 2.69이며, p값은 0.046이므로 5% 유의수준에서 유의하지만 1% 유의수준에서는 유의하지 않다. 이는 영어 학습자 비율이 높은 학군과 낮은 학군의 회귀함수가 다르다는 잠정적인 증거를 제공한다. 하지만, 회귀식 (6)을 (4)와 비교하면 이러한 차이가 이차항 및 삼차항과 관련이 있다는 것을 알 수 있다. 또한 회귀식 (6)의 경우 모든 경우에서 신뢰구간이 상당히 넓다.

회귀식 (7)은 회귀식 (5)를 수정한 것으로, 학군 내 영어 학습자 비율을 통제하기 위해 이진변수 $HiEL$ 대신 연속변수 P$ctEL$을 사용한다. 이렇게 수정하면 다른 설명변수의 계수는 크게 변하지 않는다. 회귀식 (5)의 결과가 회귀함수에 실제로 사용되는 영어 학습자 비율 척도에 민감하지 않다고 할 수 있다.

모든 설정에서, 학생-교사 비율이 회귀에 포함되지 않는다는 가설은 1% 수준에서 기각되었다.

표 8.3의 비선형 설정은 그래프로 상당히 쉽게 해석할 수 있다. 시험점수와 학생-교사 비율 간 관계를 나타내는 추정 회귀함수는 선형으로 (2)처럼 설정되거나 삼차식으로 (5)와 (7)로 각각 설정됐고 그림 8.10은 이러한 추정 회귀함수들을 산점도와 함께 그래프로 표시한다.[4] 이러한 추정 회귀함수는 시험점수의 예측값이 학생-교사 비율의 함수임을 보인다. 실제 회귀함수에서 다른 독립변수는 고정된 상태이다. 이러한 추정 회귀함수들은 모두 비슷하다. 다만 학생-교사 비율의 값이 클수록 삼차회귀함수는 평평해진다.

회귀식 (6)은 시험점수와 STR을 연관시키는 삼차회귀함수가 학군 내 영어 학습자의 비율이 큰지 작은지에 따라 달라질 수 있음을 시사한다. 그림 8.11은 영어 학습자 비율이 큰지 작은지에 따라 다른 두 가지 추정 회귀함수를 그래프로 표시해, 이러한 차이가 통계적으로 유의할 뿐만 아니라 실질적으로 중요한지 그 여부를 확인할 수 있다. 그림 8.11에서 볼 수 있듯이, 학생-교사 비율 17~23 사이의 범위(관측치의 88%가 포함됨)에서 두 함수는 약 10점 정도 차이가 나지만 그 외에는 매우 유사하다. 즉 학생-교사 비율이 17~23 사이의 STR에서는 영어 학습자 비율이 낮은 학군이 더 나은 성과를 보이지만 학생-교사 비율 변화의 효과는 두 함수에서 본질적으로 동일하게 보인다. 학생-교사 비율이 16.5 미만인 경우 두 회귀함수가 다르지만, 이를 지나치게 확대해석하지 않도록 주의해야 한다. $STR < 16.5$인 학군은 전체 관측의

4 각 곡선에 대해 STR을 제외한 각 독립변수를 표본평균값으로 설정하고 이러한 독립변수의 고정된 값에 표 8.3의 각 추정 계수를 곱해 예측값을 계산했다. 이 작업은 다양한 STR값에 대해 수행되었으며, 그 결과 조정된 예측값의 그래프는 다른 변수를 표본평균으로 일정하게 유지하면서 시험점수와 STR을 연관시키는 추정 회귀함수이다.

그림 8.10 시험점수와 학생-교사 비율을 연관 짓는 세 가지 회귀함수

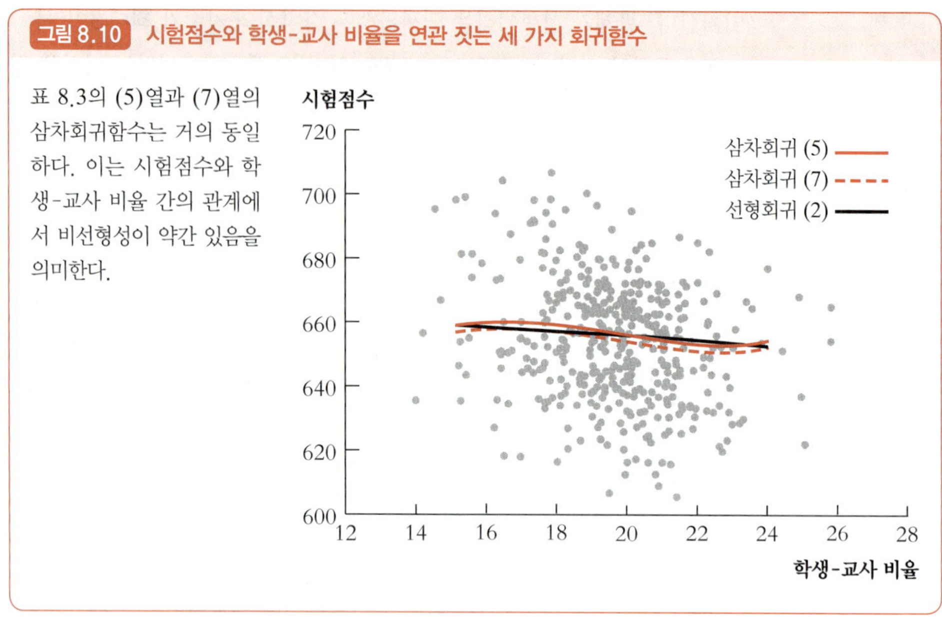

표 8.3의 (5)열과 (7)열의 삼차회귀함수는 거의 동일하다. 이는 시험점수와 학생-교사 비율 간의 관계에서 비선형성이 약간 있음을 의미한다.

그림 8.11 영어 학습자 비율이 높거나 낮은 학군에 대한 회귀함수

영어 학습자 비율이 낮은 학군($HiEL = 0$)은 회색 점으로 표시되고, $HiEL = 1$인 학군은 유색 점으로 표시된다. 표 8.3의 회귀식 (6)에서 $HiEL = 1$인 삼차회귀함수는 $17 \leq STR \leq 23$에서 $HiEL = 0$인 삼차회귀함수보다 약 10점 낮지만 같은 STR 범위에서 두 함수는 비슷한 모양과 기울기를 갖는다. 관측값이 거의 없는 매우 큰 값과 작은 값의 STR에서 회귀함수의 기울기는 크게 다르다.

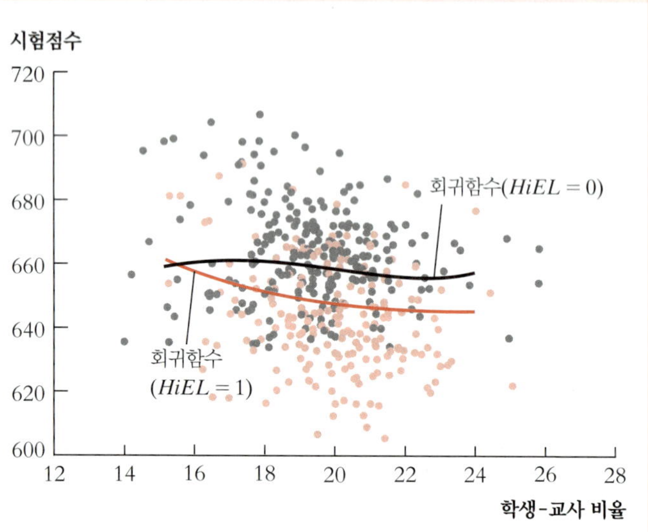

6%에 불과하므로 비선형회귀함수의 차이는 학생-교사 비율이 매우 낮은 극소수 학군의 차이를 반영하는 것이다. 따라서 그림 8.11에 근거해 가장 많은 데이터가 있는 학생-교사 비율 범위에서는 학생-교사 비율의 변화가 시험점수에 미치는 영향은 영어 학습자 비율에 의존하지 않는다는 결론을 내릴 수 있다.

분석 결과 요약

이러한 결과를 통해 이 절 서론에서 제기한 세 가지 질문의 답을 얻을 수 있다.

첫째, 경제적 배경을 통제한 후 학급 규모 축소의 효과는 학군에 영어 학습자가 많은지 적은지에 따라 달라진다는 약한 증거가 있다. 학급 규모 축소는 영어 학습자 비율이 높은 학군에서 더 효과적인 것으로 추정되지만, 영어 학습자 비율이 높은 학군과 낮은 학군 간의 효과 차이는 부정확하게 추정된다. 또한 그림 8.11에서 볼 수 있듯이 대부분의 관측이 포함되는 학생-교사 비율 범위에서는 추정된 회귀함수의 기울기가 비슷하다.

둘째, 경제적 배경을 통제한 후 학생-교사 비율의 시험점수에 대한 비선형적 효과의 증거가 있다. 비선형 추정치에 따르면 학생-교사 비율 감소의 효과는 중간 규모의 학급에서 가장 크고 매우 작거나 매우 큰 학급에서는 그 효과가 크지 않다. 선형성에 대한 귀무가설은 1% 수준에서 기각될 수 있다.

셋째, 우리는 4장 서론에서 교육감이 제기한 문제로 돌아갈 수 있다. 교육감은 교사당 학생 수를 2명 줄일 때 시험점수에 미치는 영향을 알고 싶어 한다. 선형 설정인 (2)에서 이 효과는 학생-교사 비율 자체에 의존하지 않으며, 예상 감소 효과는 1.46(= −0.73 × −2)점으로 시험점수를 상승시키는 것이다. 비선형 설정에서 이 효과는 학생-교사 비율의 값에 따라 달라진다. 현재 학군의 학생-교사 비율이 20이고 이를 18로 줄이는 경우 회귀식 (5)에 따르면 예상 효과는 시험점수가 3.00점 향상되는 것이고 이의 95% 신뢰구간은 (1.64, 4.36)이다. 현재 학군의 학생-교사 비율이 22이고 이를 20으로 줄이려는 경우 회귀식 (5)에 따르면 예상 효과는 시험점수를 1.93점 올리는 것으로 추정된다. 이의 95% 신뢰구간은 (0.61, 3.25)이다. 회귀식 (7)에서도 비슷한 결과가 나온다. 따라서 비선형 설정의 이러한 추정치를 사용하면 제기된 질문에 대해 해당 학군의 특성에 바탕을 두고 보다 미묘한 답을 얻을 수 있다.

8.5 결론

이 장에서는 비선형회귀함수를 모형화하는 몇 가지 방법을 제시했다. 이 모형은 다중회귀모형의 변형이므로 미지의 계수는 OLS로 추정할 수 있으며, 그 값에 대한 가설은 7장에서 설명한 대로 t-통계량 및 F-통계량을 사용해 검정할 수 있다. 이러한 모형에서 다른 독립변수 X_2, ..., X_k를 일정하게 유지한 상태에서 독립변수 중 하나인 X_1의 변화가 Y에 미치는 기대 효과는 일반적으로 X_1, X_2, ..., X_k의 값에 의존한다.

이 장에는 다양한 모형이 있다. 따라서 주어진 응용 사례에서 어떤 모형을 사용해야 할지 다소 당황스러울 수 있다. 나올 수 있는 비선형성을 실제로 어떻게 분석해야 하는가? 8.1절에서 이러한 분석에 대한 일반적인 접근법을 설명했다. 하지만 이러한 접근법은 당신이 결정을 내리고 판단력을 발휘하도록 요구한다. 모든 응용 사례에 항상 적용할 수 있는 하나의 조리법이 있다면 편리하겠지만, 실제로 자료 분석은 그렇게 간단한 경우가 드물다.

비선형회귀함수를 설정할 때 가장 중요한 단계는 '머리를 쓰는 것'이다. 자료를 보기 전에, 경제학 이론이나 전문가의 판단에 근거해 모집단 회귀함수의 기울기가 해당 독립변수 또는 다른 독립변수의 값에 의존하는 이유를 생각해볼 수 있는가? 그렇다면 어떤 종류의 의존성을 예상할 수 있는가? 그리고 가장 중요한 질문인데, 어떤 비선형성(만약 있다면)이 당신의 연구에서 다루는 실질적인 문제에서 큰 함의가 있는가? 이러한 질문에 주의 깊게 답하면 분석에 집중할 수 있다. 예를 들어 시험점수 사례에서 이러한 추론을 통해 영어를 배우는 학생의 비율이 높은 학군에서 더 많은 교사를 고용하면 더 큰 효과를 가져올 수 있는지를 조사할 수 있었다. 해당 학생들이 개인적인 관심을 더 많이 받아 각각 다른 혜택을 받을 수 있었기 때문이다. 질문을 정밀하게 만들었기에 정밀한 답을 찾을 수 있었다. 그 답은 다음과 같다: 학생들의 경제적 배경을 통제한 후 추정된 학급 규모 감소 효과는 학급에 영어 학습자가 많은지 적은지에 따라 실질적으로 달라지지 않는다.

요약

1. 비선형회귀에서 모집단 회귀함수의 기울기는 하나 또는 그 이상의 독립변수 값에 의존해 달라진다.
2. 독립변수의 변화가 Y에 미치는 영향은 독립변수의 두 값에서 회귀함수를 평가해 계산할 수 있다. 이 절차는 핵심 개념 8.1에 요약되어 있다.
3. 다항식 회귀함수는 X의 거듭제곱들을 설명변수로 포함한다. 이차회귀는 X와 X^2을 포함하며, 삼차회귀는 X, X^2, X^3을 포함한다.
4. 로그의 작은 변화는 변수의 비율 또는 백분율 변화로 해석할 수 있다. 로그를 포함하는 회귀는 비율 변화와 탄력성을 추정하는 데 사용된다.
5. 두 변수의 곱을 상호작용항이라고 한다. 상호작용항을 설명변수로 포함하면 한 변수의 회귀 기울기가 다른 변수의 값에 따라 달라질 수 있다.

핵심 용어

다항식 회귀모형 polynomial regression model
로그-로그 모형 log-log model
로그-선형 모형 log-linear model
비선형최소제곱법 nonlinear least squares
비선형최소제곱 추정량 nonlinear least squares estimators
비선형회귀함수 nonlinear regression function
삼차회귀모형 cubic regression model
상호작용 설명변수 interacted regressor
상호작용항 interaction term
상호작용 회귀모형 interaction regression model
선형-로그 모형 linear-log model
이차회귀모형 quadratic regression model
자연로그 natural logarithm
지수함수 exponential function
탄력성 elasticity

복습문제

8.1 한 연구자가 임금과 학교 교육연수 사이의 관계에 비선형성이 있다고 말한다. 이는 무엇을 의미하는가? 임금과 교육연수 사이의 관계에 비선형성이 있는지 어떻게 검정할 것인가? 학교 교육연수와 관련해 임금 변화율을 어떻게 추정할 것인가?

8.2 콥-더글러스(Cobb-Douglas) 생산함수는 생산(Q)을 생산요소인 자본(K), 노동(L), 원자재(M)와 오차항 u와 연관시킨다. 여기서 식 $Q = \lambda K^{\beta_1} L^{\beta_2} M^{\beta_3} e^u$를 이용한다. 여기서 λ, β_1, β_2, β_3은 생산 모수이다. 동일한 콥-더글러스 생산함수를 가진 기업의 생산량과 생산요소에 대한 자료가 무작위 표본으로 있다고 하자. 회귀분석을 사용해 생산 모수를 추정하려면 어떻게 해야 하는가?

8.3 독립변수는 로그 변환이지만 종속변수는 로그 변환이 아닌 로그-선형 모형에서 기울기 계수는 어떻게 해석하는가? 선형-로그 모형에서는? 로그-로그 모형에서는?

8.4 식 (8.30)의 회귀모형에서 $HiSTR$ 및 $HiEL$ 대신 $LoSTR$ 및 $LoEL$을 사용해 추정한다고 가정하자. 여기서 $LoSTR = 1 - HiSTR$은 학급 규모가 작은 학군에 대한 지표이고 $LoEL = 1 - HiEL$은 영어 학습자 비율이 낮은 학군에 대한 지표이다. 추정 회귀 계수 값은 무엇인가?

8.5 앞의 문제 8.2에서 β_2의 값이 일정하지 않고 K가 증가할 때 오히려 증가한다고 생각했다고 가정하자. 이 효과를 포착하기 위해 상호작용항을 어떻게 사용할 수 있는가?

8.6 회귀분석에서 어떤 유형의 독립변수가 서로 작용하는가? 이진 또는 연속형 독립변수인가? 2개의 연속형 설명변수 간 상호작용에 관한 계수와 2개의 이진 설명변수 간 상호작용에 관한 계수를 어떻게 해석할 것인지 설명하라.

연습문제

8.1 2018년 회사 매출은 2억 4,300만 달러였으며 2019년에는 2억 5,000만 달러로 증가했다.

a. 일반적인 공식을 사용해 매출 증가율을 계산하라.

$$100 \times \frac{(Sales_{2019} - Sales_{2018})}{Sales_{2018}}$$

이 값을 근사치 $100 \times [\ln(Sales_{2019}) - \ln(Sales_{2018})]$과 비교하라.

b. $Sales_{2019} = 255$, $Sales_{2019} = 260$, $Sales_{2019} = 265$라고 가정하면서 문제 (a)를 반복해 풀라.

c. 변화율이 작을수록 근사치가 얼마나 좋아지는가? 변화율이 커지면서 근사치의 품질이 떨어지는가?

8.2 연구자가 지난 1년간 특정 지역에서 매매 주택에 대한 자료를 수집하고 다음 표와 같이 회귀분석 결과를 얻었다.

a. (1)의 결과를 사용해, 1,500제곱피트 규모로 증축할 경우 예상되는 가격 변화는 얼마인가? 가격 변화율에 대한 99%의 신뢰구간을 구성하라.

b. (2)에서 $\ln(Size)$의 계수는 어떻게 해석할 수 있는가? 집의 크기가 2배가 되면 가격에 미치는 영향은 무엇인가?

c. (2)를 사용해 전망이 가격에 미치는 효과의 추정값은 무엇인가? 이 효과에 대한 99% 신뢰구간을 구성하라. 이 효과가 통계적으로 유의한가?

d. (3)의 회귀분석 결과를 사용해 한 집에 침실 2개를 추가하는 효과를 계산하라. 그 효과가

회귀분석 결과: 연습문제 8.2

종속변수: ln(*Price*)

설명변수	(1)	(2)	(3)	(4)	(5)
Size	0.00042 (0.000038)				
ln(*Size*)		0.69 (0.054)	0.68 (0.087)	0.57 (2.03)	0.69 (0.055)
$[\ln(Size)]^2$				0.0078 (0.14)	
Bedrooms			0.0036 (0.037)		
Pool	0.082 (0.032)	0.071 (0.034)	0.071 (0.034)	0.071 (0.036)	0.071 (0.035)
View	0.037 (0.029)	0.027 (0.028)	0.026 (0.026)	0.027 (0.029)	0.027 (0.030)
Pool × *View*					0.0022 (0.10)
Condition	0.13 (0.045)	0.12 (0.035)	0.12 (0.035)	0.12 (0.036)	0.12 (0.035)
Intercept	10.97 (0.069)	6.60 (0.39)	6.63 (0.53)	7.02 (7.50)	6.60 (0.40)
요약통계					
SER	0.1026	1.023			1.020
$\overline{R}^2$	0.0710	0.0761			0.0814

변수 정의: *Price* = 판매 가격(달러), *Size* = 주택 크기(제곱피트), *Bedroom* = 침실 수, *Pool* = 이진변수(집에 수영장이 있으면 1, 그렇지 않으면 0), *View* = 이진변수(전망이 좋으면 1, 그렇지 않으면 0), *Condition* = 이진변수(공인중개사가 주택 상태가 탁월하다고 보고하면 1, 그렇지 않으면 0).

통계적으로 유의한가? 크기와 침실 수 중 어떤 변수가 주택가격을 결정하는 데 상대적으로 더 중요하다고 생각하는가?

e. (4)에서 *Condition*에 대한 계수가 유의한가?

f. (5)에서 *Pool*과 *View* 사이 상호작용항이 통계적으로 유의한가? 수영장이 있는 집과 수영장이 없는 집에서 전망이 가격에 끼치는 효과를 각각 구하라.

8.3 이 장의 시험점수와 학급 규모에 대한 분석을 읽은 한 교사는 다음과 같이 말한다. "제 경험상 학생의 성적은 학급 규모에 따라 달라지지만 회귀분석 결과에서 말하는 방식은 아닙니다. 오히려 학급 인원이 20명 미만일 때는 학생들의 성적이 좋지만, 25명 이상일 때는 성적이 매우 저조합니다. 학급 인원을 20명 미만으로 줄이면 이득이 없습니다. 20명과 25명 사이의 영역에서는 그 관계는 일정합니다. 이미 25명 이상일 때 학급 인원을 늘려도 손해가 없습니다." 즉 그는 임곗값 효과를 설명하려 한다. 학급 규모가 20명 미만인 경우 성과가 일정하고, 20~25명인 경우 성과가 증가하지만 그 기울기는 일정하다. 25명 이상이면 성과가 급격히 떨어진다. 이러한 임곗값 효과를 모형화하려면 다음과 같이 이진변수 *STRsmall*, *STRmoderate*, *STRlarge*를 정의한다.

$STR < 20$이면 $STRsmall = 1$이고, 그렇지 않으면 $STRsmall = 0$이다.
$20 \le STR \le 25$이면 $STRmoderate = 1$이고, 그렇지 않으면 $STRmoderate = 0$이다.
$STR > 25$이면 $STRlarge = 1$이고, 그렇지 않으면 $STRlarge = 0$이다.

a. 다음 회귀함수를 생각하자: $TestScore_i = \beta_0 + \beta_1 STRsmall_i + \beta_2 STRlarge_i + u_i$. 교사의 진술과 일치하는 회귀 계수의 가상적 값을 가지고 *TestScore*와 *STR*을 연계하는 회귀함수를 그려보라.

b. 한 연구자가 다음과 같은 회귀함수를 추정하려 한다: $TestScore_i = \beta_0 + \beta_1 STRsmall_i + \beta_2 STRmoderate_i + \beta_3 STRlarge_i + u_i$. 그런데 통계 소프트웨어가 오류 메시지를 표시하는 것을 보았다. 이유가 무엇인가?

8.4 8.3절의 글상자 '고령화가 의료비 지출에 미치는 영향: 붉은 청어인가?'를 읽어보자.

a. 60세 남성이 있다. 표 8.1 (1)열의 결과와 핵심 개념 8.1의 방법을 사용해 나이를 한 살 더 먹을수록 로그 *HCE*의 예상 변화를 추정하라.

b. 70세 남성을 가정해 (a)를 반복하라.

c. (a)와 (b)의 답이 다른 이유를 설명하라.

d. (a)와 (b)의 답 사이 차이가 5% 수준에서 통계적으로 유의한가? 설명하라.

e. 연령이 *HCE*에 미치는 영향이 남성과 여성의 차이가 있다고 의심되는 경우 회귀식을 어떻게 바꿀 것인가?

8.5 8.3절의 글상자 '경제학 학술지 수요'를 읽어보자.

a. 이 글상자는 세 가지 결론을 도출했다. 표의 결과를 보면서 각 결론의 근거는 무엇인지 설명하라.

b. (4)의 결과를 사용하면 80년 역사의 오래된 학술지에 대한 수요 탄력성이 −0.28임을 알 수 있다.

i. 이 값은 추정 회귀식에서 어떻게 결정되었는가?

ii. 글상자는 추정 탄력성의 표준 오차가 0.06이라고 보고했다. 이 표준 오차는 어떻게 계산할 수 있는가? (힌트: 218쪽 '추정 효과의 표준 오차' 논의를 참조하라.)

c. 변수 *Characters*를 1,000,000이 아닌 1,000으로 나누면 (4)열의 결과는 어떻게 달라지는가?

8.6 표 8.3을 참조하자.

a. 한 연구자는 무료급식 대상 학생 비율이 비선형적으로 시험점수에 영향을 끼친다고 의심한다. 특히 이 변수가 10%에서 20%로 증가하면 시험점수에 거의 영향을 미치지 않지만 50%에서 60%로 변경하면 훨씬 더 큰 영향을 미친다고 추측한다.

i. 이러한 형태의 비선형성을 모형화하는 비선형 설정을 묘사하라.

ii. 연구자의 추측이 표 8.3 (7)열의 선형적 사양보다 더 나은지 어떻게 검정할 수 있는가?

b. 한 연구자는 소득이 시험점수에 미치는 영향이 소규모 학급 학군과 대규모 학급 학군 사이에 다르다고 추측한다.

i. 이러한 형태의 비선형성을 모형화하는 비선형 설정을 묘사하라.

ii. 연구자의 추측이 표 8.3 (7)열의 선형 설정보다 더 나은지 어떻게 검정할 수 있는가?

8.7 이 문제는 기업 고위직의 성별 소득격차 연구에서 영감을 얻었다(Bertrand and Hallock, 2001). 이 연구는 1990년대 미국 상장 기업의 대규모 자료를 이용해 최고 경영진의 총보수를 비교한 것이다. (매년 상장 기업은 상위 5명의 임원에 대한 총보수를 보고해야 한다.)

a. *Female*을 여성은 1, 남성은 0인 지표변수라고 하자. 로그 소득을 *Female*에 대해 회귀분석한 결과는 다음과 같다.

$$\widehat{\ln(Earnings)} = \underset{(0.01)}{6.48} - \underset{(0.05)}{0.44}\ Female,\ SER = 2.65$$

i. *Female*의 추정 계수는 −0.44이다. 이 값이 무엇을 의미하는지 설명하라.

ii. *SER*은 2.65이다. 이 값이 무엇을 의미하는지 설명하라.

iii. 이 회귀분석은 여성 최고경영자가 남성 최고경영자보다 소득이 적다는 것을 함의하는가? 설명하라.

iv. 이 회귀분석 결과는 성차별이 있음을 시사하는가? 설명하라.

b. 회귀모형을 다음과 같이 변형했다. 2개의 새로운 변수, 즉 회사의 시장 가치(회사 규모 측정, 백만 달러)와 주식 수익률(회사 성과 측정, 퍼센트포인트 단위)이 추가된다.

$$\widehat{\ln(Earnings)} = \underset{(0.03)}{3.86} - \underset{(0.04)}{0.28}\ Female + \underset{(0.004)}{0.37}\ln(MarketValue) + \underset{(0.003)}{0.004}\ Return$$

$$n = 46{,}670,\ \bar{R}^2 = 0.345$$

i. ln(*MarketValue*)의 추정 계수는 0.37이다. 이 값이 무엇을 의미하는지 설명하라.

ii. *Female*의 추정 계수는 −0.28이다. 회귀분석 결과 (a)에서 변경된 이유를 설명하라.

c. 대기업이 중소기업보다 여성 최고 임원을 보유할 가능성이 더 높은가? 설명하라.

8.8 X는 5에서 100 사이의 값을 갖는 연속변수이다. Z는 이진변수이다. 다음 회귀함수를 대략 묘사하라. 가로축에서 X의 값은 5와 100 사이이고, 세로축의 값은 $\hat{Y}$이다.

a. $\hat{Y} = 2 + 3 \times \ln(X)$.

b. $\hat{Y} = 2 - 3 \times \ln(X)$.

c. **i.** $\hat{Y} = 2 + 3 \times \ln(X) + 4Z$, 단 $Z = 1$.

ii. 위의 (i)와 동일하지만 $Z = 0$.

d. **i.** $\hat{Y} = 2 + 3 \times \ln(X) + 4Z - 1 \times Z \times \ln(X)$, 단 $Z = 1$.

ii. 위의 (i)와 동일하지만 $Z = 0$.

e. $\hat{Y} = 1 + 125X - 0.01X^2$.

8.9 7.3절의 접근 방법 2를 사용해 식 (8.8) 아래에서 신뢰구간을 계산하는 방법을 설명하라. [힌트: 이를 위해서는 설명변수와 종속변수의 다른 정의를 사용해 새로운 회귀함수를 추정해야 한다. 연습문제 7.9를 참조하라.]

8.10 다음과 같은 회귀모형을 고려하자: $Y_i = \beta_0 + \beta_1 X_{1i} + \beta_2 X_{2i} + \beta_3(X_{1i} \times X_{2i}) + u_i$. 핵심개념 8.1을 사용해 다음을 밝혀라.

a. $\Delta Y/\Delta X_1 = \beta_1 + \beta_3 X_2$($X_2$를 일정하게 유지한 상태에서 X_1의 변화 효과)

b. $\Delta Y/\Delta X_2 = \beta_2 + \beta_3 X_1$($X_1$을 일정하게 유지한 상태에서 X_2의 변화 효과)

c. $\Delta Y = (\beta_1 + \beta_3 X_2)\Delta X_1 + (\beta_2 + \beta_3 X_1)\Delta X_2 + \beta_3 \Delta X_1 \Delta X_2$. 단, X_1이 ΔX_1만큼 변하고 X_2가 ΔX_2만큼 변한다.

8.11 선형모형 및 로그-로그 모형에 대해 부록 8.2에 제시된 탄력성 공식을 유도하라. (힌트: 로그-로그 모형의 경우 u와 X가 독립적이라고 가정한다. 부록 8.2에 로그-선형 모형에 대해 도출한 것과 같은 방식이다.)

8.12 식 (8.28)에 대한 후속 논의에서 조건부 평균 0 가정을 사용해 이진변수 상호작용항 계수를 해석했다. 이 연습문제에서 이러한 해석이 조건부 평균 독립성에서도 적용된다는 것을 보여준다. 연습문제 7.11의 가상 실험을 생각해보자.

a. 재학생 자료만 사용해 $Y_i = \gamma_0 + \gamma_1 X_{1i} + u_i$ 회귀를 추정한다고 하자. γ_1은 재학생의 학급 규모 효과임을 밝혀라. 즉 $\gamma_1 = E(Y_i | X_{1i} = 1, X_{2i} = 0) - E(Y_i | X_{1i} = 0, X_{2i} = 0)$임을 밝혀라. $\hat{\gamma}_1$이 왜 γ_1의 불편 추정량인지 설명하라.

b. 신입생 자료만 사용해 $Y_i = \delta_0 + \delta_1 X_{1i} + u_i$를 추정한다고 하자. δ_1은 신입생의 학급 규모 효과임을 밝혀라. 즉 $\delta_1 = E(Y_i | X_{1i} = 1, X_{2i} = 1) - E(Y_i | X_{1i} = 0, X_{2i} = 1)$임을 밝혀라. 왜 $\hat{\delta}_1$이 δ_1의 불편 추정량인지 설명하라.

c. 재학생과 신입생 모두에 대한 회귀식 $Y_i = \beta_0 + \beta_1 X_{1i} + \beta_2 X_{2i} + \beta_3 (X_{1i} \times X_{2i}) + u_i$를 고려하자. 조건부 평균 독립성 가정 $E(u_i | X_{1i}, X_{2i}) = E(u_i | X_{2i})$를 사용해 $\beta_1 = \gamma_1$, $\beta_1 + \beta_3 = \delta_1$, $\beta_3 = \delta_1 - \gamma_1$(학급 규모 효과의 차이)임을 밝혀라.

d. 결합자료와 $E(u_i | X_{1i}, X_{2i}) = E(u_i | X_{2i})$를 사용해 (c)의 상호작용 회귀식을 추정한다고 하자. $\hat{\beta}_1$과 $\hat{\beta}_3$은 불편 추정량임을 밝혀라. 다만 $\hat{\beta}_2$는 일반적으로 편향되어 있음을 밝혀라.

실증문제

E8.1 납은 특히 어린이에게 독성이 있기에 정부 규제를 통해 우리 환경 내 납의 양을 엄격하게 제한한다. 하지만 항상 그런 것은 아니었다. 20세기 초 많은 미국 도시의 지하수 관에는 납이 포함되어 있었고, 이 관에서 나온 납이 식수로 침출되었다. 이 실증문제에서는 이러한 납 수도관이 유아 사망률에 미치는 영향을 조사한다. 교재 사이트 **http://www.pearsonglobaleditions.com**에 있는 자료 파일 **Lead_Mortality**에서 관련 사항을 찾을 수 있다. 미국 172개 도시의 유아 사망률, 수도관 유형(납 또는 무납), 물의 산성도(pH) 및 여러 인구통계변수가 포함되어 있으며, 1900년 현재 기준이다.[5] 자세한 설명은 교재 사이트에서 찾을 수 있는 **Lead_Mortality_Description**에 있다.

a. 납 수도관이 있는 도시와 납 수도관이 없는 도시의 평균 영아 사망률(Inf)을 계산하라. 평균에서 통계적으로 유의한 차이가 있는가?

b. 납 수도관에서 침출되는 납의 양은 파이프를 통과하는 물의 화학적 성질에 따라 달라진다. 물이 산성일수록(즉 pH가 낮을수록) 더 많은 납이 침출된다. 영아 사망률(Inf)에 대해 납($Lead$), pH, 상호작용항 $Lead \times pH$를 회귀하라.

---

5 이 자료는 카네기멜론대학교의 Karen Clay 교수가 제공했으며, 다음 논문에서도 사용되었다: Werner Troesken and Michael Haines, "Lead and Mortality," *Review of Economics and Statistics*, 2014, 96(3).

i. 회귀분석에는 4개의 계수(절편과 설명변수에 대한 3개의 계수)가 포함된다. 각 계수가 무엇을 측정하는지 설명하라.

ii. *Lead* = 0과 *Lead* = 1에 대해 *Inf*와 *pH*를 연관시키는 회귀함수의 추정치를 그려라. 두 회귀함수의 차이점을 설명하고 이러한 차이를 (i)에서 논의한 계수와 연관 지어 설명하라.

iii. 납이 유아 사망률에 통계적으로 유의한 영향을 끼치는가? 설명하라.

iv. 납이 유아 사망률에 미치는 영향은 *pH*에 따라 달라지는가? 이러한 의존성이 통계적으로 유의한가?

v. 표본의 *pH* 평균값은 얼마인가? 이 *pH* 수준에서 납이 유아 사망률에 미치는 영향은 얼마인가? *pH*의 표준편차는 얼마인가? *pH* 수준이 표본평균보다 1표준편차 낮다고 가정하면 유아 사망률에 미치는 납의 추정효과는 얼마인가? *pH*가 평균값보다 1표준편차 높으면 어떻게 되는가?

vi. *pH* = 6.5일 때 유아 사망률에 미치는 납의 영향에 대한 95% 신뢰구간을 구성하라.

c. (b)의 분석은 유아 사망률에 영향을 미치고 잠재적으로 납 및 *pH*와 상관관계가 있을 수 있는 요인을 무시하기 때문에 누락변수편향이 있을 수 있다. 데이터 세트의 다른 변수를 사용해 이 문제를 조사하라.

E8.2 교재 사이트 **http://www.pearsonglobaleditions.com**에서 고등학교 졸업장 또는 학사/전문학사 학위가 최고 학위인 25~34세의 전일제 정규직 노동자에 대한 자료가 포함된 자료 파일 **CPS2015**를 찾을 수 있다. 자세한 설명은 **CPS2015_Description**에 있으며, 교재 사이트에서도 확인할 수 있다. (이 자료는 실증문제 3.1에서 사용된 **CPS96_15**와 같은 자료지만 2015년으로 제한된다.) 이 실증문제에서는 노동자의 나이와 소득 사이의 관계를 조사한다. (일반적으로 고령 노동자는 경험이 많을수록 생산성이 높으며 이에 소득이 높다.)

a. 시간당 평균 소득(*AHE*)을 나이(*Age*), 성별(*Female*), 교육(*Bachelor*)에 대해 회귀하라. *Age*가 25에서 26으로 증가하면 소득은 어떻게 변할 것으로 기대하는가? *Age*가 33에서 34로 증가하면 소득은 어떻게 변할 것으로 기대하는가?

b. 시간당 평균 소득의 로그 ln(*AHE*)를 나이(*Age*), 성별(*Female*), 교육(*Bachelor*)에 대해 회귀하라. *Age*가 25에서 26으로 증가하면 소득은 어떻게 변할 것으로 기대하는가? *Age*가 33에서 34로 증가하면 소득은 어떻게 변할 것으로 기대하는가?

c. 시간당 평균 소득의 로그 ln(*AHE*)를 ln(*Age*), 성별(*Female*), 교육(*Bachelor*)에 대해 회귀하라. *Age*가 25에서 26으로 증가하면 소득은 어떻게 변할 것으로 기대하는가? *Age*가 33에서 34로 증가하면 소득은 어떻게 변할 것으로 기대하는가?

d. ln(*AHE*)를 *Age*, Age^2, *Female*, *Bachelor*에 대해 회귀하라. *Age*가 25에서 26으로 증가하면 소득은 어떻게 변할 것으로 기대하는가? *Age*가 33에서 34로 증가하면 소득은 어떻게 변할 것으로 기대하는가?

e. (b) 회귀분석보다 (c) 회귀분석을 더 선호하는가? 설명하라.

f. (b) 회귀분석보다 (d) 회귀분석을 더 선호하는가? 설명하라.

g. (c) 회귀분석보다 (d) 회귀분석을 더 선호하는가? 설명하라.

h. 고졸 남성의 경우 (b), (c), (d)에서 *Age*와 ln(*AHE*) 사이의 회귀분석 관계를 그려라. 추정된 회귀함수 간 유사점과 차이점을 설명하라. 대졸 여성에 대한 회귀함수를 그리면

앞의 답이 달라지는가?

i. $\ln(AHE)$를 Age, Age^2, $Female$, $Bachelor$ 및 상호작용항 $Female \times Bachelor$에 대해 회귀하라. 상호작용항의 계수는 무엇을 측정하는가? 알렉시스는 대졸 30세 여성이다. 회귀분석 결과가 예측하는 그녀의 $\ln(AHE)$값은 무엇인가? 제인은 고졸 30세 여성이다. 회귀분석 결과가 예측하는 그녀의 $\ln(AHE)$값은 무엇인가? 알렉시스와 제인 간 소득 차이의 예측값은 무엇인가? 밥은 대졸 30세 남성이다. 회귀분석 결과가 예측하는 그의 $\ln(AHE)$값은 무엇인가? 짐은 고졸 30세 남성이다. 회귀분석 결과가 예측하는 그의 $\ln(AHE)$값은 무엇인가? 밥과 짐 사이 소득 차이의 예측값은 무엇인가?

j. Age가 소득에 미치는 영향이 남성과 여성에게 다른가? 이에 대한 답변을 위한 회귀함수를 설정하고 추정하라.

k. Age가 소득에 미치는 영향이 고졸과 대졸 사이에 다른가? 이에 대한 답변을 위한 회귀함수를 설정하고 추정하라.

l. 이러한 모든 회귀분석을 실행한 뒤 청년 노동자에 대해 나이가 소득에 미치는 영향을 요약하라.

부록 8.1 모수가 비선형인 회귀함수

8.2절과 8.3절에서 고려한 비선형회귀함수는 X의 비선형함수이지만 미지의 모수에 대해서는 선형함수이다. 미지의 모수가 선형이기 때문에 원래 X의 비선형 변환인 새로운 설명변수를 정의한 후 OLS로 해당 모수를 추정할 수 있다. 이러한 비선형회귀함수 집단 부류는 사용하기 편리하다. 그러나 일부 응용사례에서 경제학적 추론으로 인해 모수가 선형적이지 않은 회귀함수가 유도되기도 한다. 이러한 회귀함수는 OLS로 추정할 수 없지만, 비선형최소제곱법이라는 OLS의 확장을 사용해 추정할 수 있다.

모수가 비선형인 함수

모수가 비선형인 함수의 두 가지 예부터 살펴보겠다. 이후 일반적인 공식을 제공한다.

로지스틱 곡선(logistic curve) 예를 들어 다양한 산업에서 머신러닝 소프트웨어의 채택과 같이 기술의 시장 침투를 연구하고 있다고 가정하자. 종속변수는 해당 산업에서 소프트웨어를 채택한 기업의 비율이고, 단일 독립변수 X는 산업 특성을 설명한다. n개의 산업에 대한 자료가 있다. 종속변수는 0(채택 없음)과 1(100% 채택) 사이이다. 선형회귀모형은 0보다 작거나 1보다 큰 예측값을 생성할 수 있으므로 대신 0과 1 사이의 예측값을 생성하는 함수를 사용하는 것이 합리적이다.

로지스틱 함수는 최소 0에서 최대 1까지 부드럽게 증가한다. 하나의 X를 사용하는 로지스틱 회귀모형은 다음과 같다.

$$Y_i = \frac{1}{1 + e^{-(\beta_0 + \beta_1 X_i)}} + u_i \tag{8.38}$$

그림 8.12a에 단일 X와 양수값을 갖는 β_0과 β_1의 로지스틱 함수가 그래프로 표시되어 있다. 그래프에서 볼 수 있듯이 로지스틱 함수는 길쭉한 'S'자 모양을 갖는다. X가 작은 경우 함수의 값은 0에 가까워지고 기울기는 평평하다. X가 중간 정도의 값을 가지면 곡선이 가파르고, X가 큰 경우 함수는 1에 가까워지고 기울기는 다시 평평해진다.

음지수성장 8.2절에서 시험점수와 소득 간 관계를 모형화하는 데 사용한 함수에는 몇 가지 결함이 있다. 예를 들어 다항식모형은 일부 소득 값에 대해 음의 기울기를 생성할 수 있는데, 이는 믿을 수 없는 일이다. 로그 설정은 모든 소득 값에 대해 양의 기울기를 갖지만, 소득이 매우 커지면 예측값이 제한 없이 증가하므로 일부 소득의 경우에는 학군의 예측값이 시험에서 나올 수 있는 최대 점수를 초과하게 된다.

음지수성장(negative exponential growth) 모형은 모든 소득 값에 대해 양의 기울기를 가지며, 낮은 소득 값에서 기울기가 가장 크고 소득이 증가함에 따라 감소하며, 상한(즉 소득이 무한대로 증가함에 따라 점근되는 값)을 갖는 비선형 설정을 제공한다. 음지수성장 회귀모형은 다음과 같다.

$$Y_i = \beta_0[1 - e^{-\beta_1(X_i - \beta_2)}] + u_i \tag{8.39}$$

그림 8.12b에 양수값을 갖는 β_0과 β_1을 갖는 음지수성장 함수가 그래프로 표시되어 있다. X가 작을 때는 기울기가 가파르지만 X가 증가함에 따라 점근선 β_0에 도달한다.

모수에 비선형인 일반적인 함수 로지스틱 및 음지수성장 회귀모형은 일반 비선형회귀모형의 특수한 경우이다. 일반 비선형회귀모형은 다음과 같다.

$$Y_i = f(X_{1i}, \ldots, X_{ki}; \beta_0, \ldots, \beta_m) + u_i \tag{8.40}$$

여기서 k개의 독립변수와 $m + 1$개의 모수 β_0, ..., β_m이 있다. 8.2절과 8.3절의 모형에서 이러한 함수는 X에 비선형적이었으나 모수에 선형적이었다. 이 부록의 예제에서는 함수가 모수에 대해서 또한 비선형적이다. 모수를 알고 있는 경우 8.1절에서 설명한 방법을 사용해 예측

그림 8.12 모수가 비선형인 두 함수

그림 8.12a는 예측값이 0과 1 사이에 있는 식 (8.38) 로지스틱 함수를 그린 것이다. 그림 8.12b는 식 (8.39) 음지수성장 함수를 그린 것이다. 이는 항상 양의 기울기를 가지며 X가 증가함에 따라 그 기울기가 감소하고 X가 무한대를 향할 때 β_0에 점근된다.

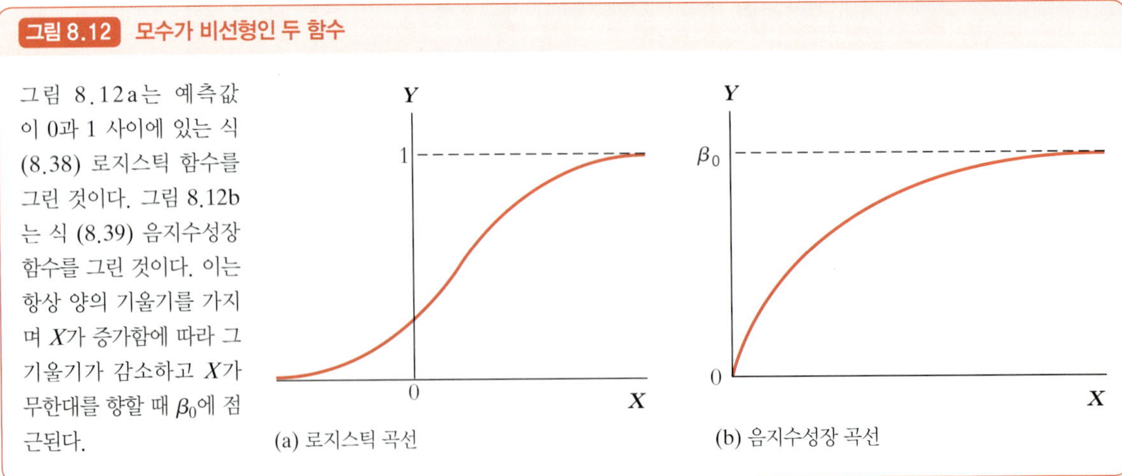

(a) 로지스틱 곡선

(b) 음지수성장 곡선

효과를 계산할 수 있다. 그러나 응용사례에서는 모수를 알 수 없고 자료로부터 이를 추정해야 한다. 비선형적으로 놓여 있는 모수는 OLS로 추정할 수 없지만 비선형최소제곱법으로 추정할 수 있다.

비선형최소제곱 추정

비선형최소제곱법은 모집단 회귀함수에 미지의 모수가 비선형적으로 놓여 있을 때 회귀함수의 모수를 추정하는 일반적인 방법이다.

다중선형회귀모형의 OLS 계수 추정량에 대한 5.3절의 논의를 상기하자. OLS 추정량은 식 (5.8)의 예측오차제곱합 $\sum_{i=1}^{n}[Y_i - (b_0 + b_1X_{1i} + \cdots + b_kX_{ki})]^2$을 최소화한다. 원칙적으로 OLS 추정량은 b_0, ..., b_k의 여러 시행 값을 확인하고 오차제곱합을 최소화하는 값으로 결정해 계산할 수 있다.

식 (8.40)의 일반 비선형회귀모형의 모수를 추정하는 데도 같은 접근 방식을 사용할 수 있다. 회귀함수의 계수가 비선형이기 때문에 이러한 방법을 **비선형최소제곱법**(nonlinear least squares)이라 한다. 모수 값 b_0, b_1, ..., b_m의 여러 시도에 대해 다음과 같이 예측오차제곱합을 구성한다.

$$\sum_{i=1}^{n}[Y_i - f(X_{1i}, \ldots, X_{ki}, b_1, \ldots, b_m)]^2 \tag{8.41}$$

β_0, β_1, ..., β_m의 **비선형최소제곱 추정량**(nonlinear least squares estimators)은 식 (8.41)에서 예측오차제곱합 합을 최소화하는 b_0, b_1, ..., b_m의 값이다.

선형회귀에서는 비교적 간단한 공식으로 OLS 추정량을 자료의 함수로 표현한다. 안타깝게도 비선형최소제곱 추정량에 대한 일반적인 공식은 존재하지 않으므로 비선형최소제곱 추정량은 컴퓨터를 사용해 수치적으로 찾아야 한다. 회귀분석 소프트웨어는 비선형최소제곱 최소화 문제를 해결하기 위한 알고리즘을 통합하고 있어 비선형최소제곱 추정량을 실제로 계산하는 작업을 간소하게 한다.

함수 f와 X에 대한 일반적인 조건에서 비선형최소제곱 추정량은 선형회귀모형의 OLS 추정량과 두 가지 주요 특성을 공유한다: 추정량은 일치적이며 대표본에서 정규분포를 갖는다. 비선형최소제곱 추정법을 지원하는 회귀분석 소프트웨어는 결과에서 추정된 모수에 대한 표준 오차를 전형적으로 보고한다. 따라서 모수와 관련된 추론은 평소와 같이 진행할 수 있으며, 특히 핵심 개념 5.1의 일반적인 접근 방식을 사용해 t-통계를 구성하고, 추정 계수에 1.96 표준 오차를 더하거나 뺀 값으로 95% 신뢰구간을 구성할 수 있다. 선형회귀와 마찬가지로 비선형회귀모형의 오차항은 이분산적일 수 있으므로 이분산성 강건(heteroskedasticity-robust) 표준 오차를 사용해야 한다.

응용사례: 시험점수-학군 소득 관계

학군 소득(X) 및 시험점수(Y)에 맞는 음지수성장 모형은 항상 양의 기울기를 가지고[식 (8.39)의 β_1이 양수인 경우], 소득이 무한대로 증가함에 따라 β_0에 점근하는 바람직한 특성

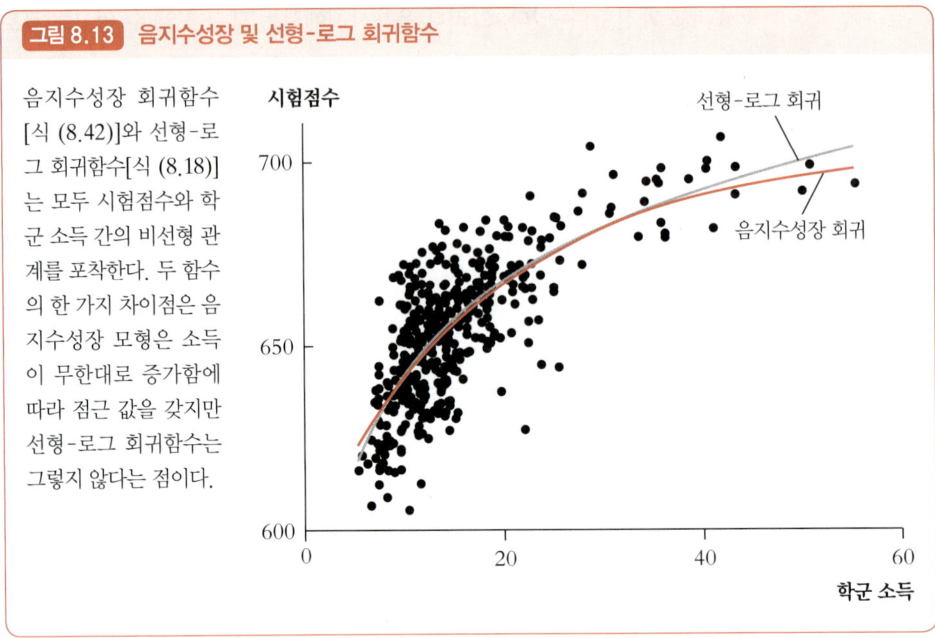

그림 8.13 음지수성장 및 선형-로그 회귀함수

음지수성장 회귀함수[식 (8.42)]와 선형-로그 회귀함수[식 (8.18)]는 모두 시험점수와 학군 소득 간의 비선형 관계를 포착한다. 두 함수의 한 가지 차이점은 음지수성장 모형은 소득이 무한대로 증가함에 따라 점근 값을 갖지만 선형-로그 회귀함수는 그렇지 않다는 점이다.

을 갖는다. 캘리포니아 시험점수 데이터를 사용해 식 (8.39)에서 β_0, β_1, β_2를 추정하면 다음과 같다: $\hat{\beta}_0 = 703.2$(이분산성 강건 표준 오차 = 4.44), $\hat{\beta}_1 = 0.0552(SE = 0.0068)$, $\hat{\beta}_2 = -34.0(SE = 4.48)$. 따라서 추정된 비선형회귀함수(표준 오차는 모수 추정값 아래에 보고됨)는 다음과 같다.

$$\widehat{TestScore} = \underset{(4.44)}{703.2}[1 - e^{-\underset{(0.0068)}{0.0552}(Income + \underset{(4.48)}{34.0})}] \tag{8.42}$$

이 추정 회귀함수는 그림 8.13에 로그 회귀함수 및 산점도와 함께 표시되어 있다. 두 설정은 매우 유사하다. 한 가지 차이점은 음지수성장 곡선이 최고 소득 수준에서 평평해지는데, 이는 음지수성장 곡선이 점근 값을 갖는 것과 일치한다고 볼 수 있다.

부록 8.2 비선형회귀함수의 기울기 및 탄력성

이 부록에서는 미적분을 사용해 연속형 설명변수가 있는 비선형회귀함수의 기울기와 탄력성을 계산한다. 우리는 8.2절 단일 X의 경우에 중점을 둔다. 이 접근법은 편도함수를 사용해 여러 개의 X가 있는 경우로 확장된다.

비선형회귀모형을 다음과 같이 고려하자: $Y_i = f(X_i) + u_i$, $E(u_i | X_i) = 0$. $X = x$에서 계산되는 모집단 회귀함수 $f(X)$의 기울기는 f의 도함수이다. 즉 $df(X)/dX|_{X=x}$이다. 식 (8.9)에서 $f(X) = \beta_0 + \beta_1 X + \beta_2 X^2 + \cdots + \beta_r X^r$이고, 상수 a에 대해 $dX^a/dX = aX^{a-1}$이다. 이에 따라 $df(X)/dX | X = x = \beta_1 + 2\beta_2 X + \cdots + r\beta_r X^{r-1}$이다. x에서의 추정 기울기는 $d\hat{f}(X)/dX|_{X=x} = \hat{\beta}_1 + 2\hat{\beta}_2 x + \cdots + r\hat{\beta}_r x^{r-1}$이다. 추정 기울기의 표준 오차는 $SE(\hat{\beta}_1$

$+ 2\hat{\beta}_2 x + \cdots + r\hat{\beta}_r x^{r-1}$)이다. 이는 주어진 x값에 대해 회귀 계수 가중합의 표준 오차로, 7.3절의 방법과 식 (8.8)을 사용해 계산할 수 있다.

X에 대한 Y의 탄력성은 주어진 X의 백분율 변화에 대한 Y의 백분율 변화이다. 공식적으로 이 정의는 X의 백분율 변화가 0이 되는 극한에 적용된다. 이에 따라 식 (8.22)의 정의에 나타나는 기울기를 도함수로 대체하면 탄력성은 다음과 같다.

$$X\text{에 대한 } Y\text{의 탄력성} = \frac{dY}{dX} \times \frac{X}{Y} = \frac{d\ln Y}{d\ln X}$$

회귀모형에서 Y는 X와 오차항 u에 모두 의존한다. 일반적으로 탄력성은 Y의 백분율 변화가 아니라 Y의 예측 구성요소, 즉 $E(Y|X)$의 백분율 변화로 계산하는 것이 일반적이다. 따라서 X에 대한 $E(Y|X)$의 탄력성은 다음과 같다.

$$\frac{dE(Y|X)}{dX} \times \frac{X}{E(Y|X)} = \frac{d\ln E(Y|X)}{d\ln X}$$

핵심 개념 8.2에 요약된 선형모형과 세 가지 로그모형에 대한 탄력성은 아래 표에 있다.

사례	모집단 회귀모형	X에 대한 $E(Y \mid X)$의 탄력성
선형	$Y = \beta_0 + \beta_1 X + u$	$\dfrac{\beta_1 X}{\beta_0 + \beta_1 X}$
선형-로그	$Y = \beta_0 + \beta_1 \ln(X) + u$	$\dfrac{\beta_1}{\beta_0 + \beta_1 \ln(X)}$
로그-선형	$\ln(Y) = \beta_0 + \beta_1 X + u$	$\beta_1 X$
로그-로그	$\ln(Y) = \beta_0 + \beta_1 \ln(X) + u$	β_1

로그-로그 설정은 일정한 탄력성을 갖지만 다른 세 가지 설정에서는 탄력성이 X에 의존한다.

이제 선형-로그 및 로그-선형 모형에 대한 공식을 도출한다. 선형-로그 모형은 $E(Y|X) = \beta_0 + \beta_1 \ln(X)$이다. $d\ln(X)/dX = 1/X$이므로 연쇄법칙을 적용하면 $dE(Y|X)/dX = \beta_1/X$이다. 따라서 탄력성은 표에 있는 것처럼 $dE(Y|X)/dX \times X/E(Y|X) = (\beta_1/X) \times X/[\beta_0 + \beta_1 \ln(X)] = \beta_1/[\beta_0 + \beta_1 \ln(X)]$이다. 로그-선형 모형의 경우 u와 X가 독립적으로 분포한다는 추가적인 가정을 하는 것이 일반적이다. 이에 따라 식 (8.25)의 $E(Y|X)$는 $E(Y|X) = ce^{\beta_0 + \beta_1 X}$가 된다. 여기서 $c = E(e^u)$는 u와 X가 독립적이라는 추가적인 가정으로 인해 X에 의존하지 않는 상수이다. 따라서 $dE(Y|X)/dX = ce^{\beta_0 + \beta_1 X}\beta_1$이고, 탄력성은 $dE(Y|X)/dX \times X/E(Y|X) = ce^{\beta_0 + \beta_1 X}\beta_1 \times X/(ce^{\beta_0 + \beta_1 X}) = \beta_1 X$이다. 선형 및 로그-로그 모형의 탄력성 도출은 연습문제 8.11로 남겨둔다.

CHAPTER 9

다중회귀분석에 기반한 연구 평가

앞의 다섯 장에서 다중회귀분석을 사용해 데이터 세트의 변수 간 관계를 분석하는 방법을 설명했다. 이 장에서는 한 걸음 물러나 다음과 같이 묻는다. 어떤 요인이 다중회귀분석을 사용하는 연구를 신뢰할 수 있거나 신뢰할 수 없게 하는가? 학급 규모와 같은 독립변수의 변화가 시험점수와 같은 종속변수에 미치는 인과효과를 추정하는 것을 목표로 하는 통계 연구에 초점을 둔다. 이러한 연구에서 언제 다중회귀분석이 인과효과에 대한 유용한 추정치를 제공하는가? 그리고 앞에서만큼 중요하게, 언제 다중회귀분석이 인과효과를 추정하지 못하는가?

이러한 질문에 답하기 위해 이 장에서는 회귀분석 사용 여부와 관계없이 일반적으로 통계 연구를 평가하기 위한 틀을 제시한다. 이 틀은 내적 타당성과 외적 타당성 개념에 의존한다. 인과효과에 대한 통계적 추론이 연구 대상의 모집단과 설정에 대해 유효하다면 그 연구는 내적 타당성이 있는 것이다. 추론을 다른 집단과 환경으로 일반화할 수 있다면 그 추론은 외적 타당성이 있는 것이다. 9.1절과 9.2절에서는 내적 타당성 및 외적 타당성을 논의하고, 내적 타당성 및 외적 타당성에 대한 다양한 위협을 나열하며, 실제로 이러한 위협을 식별하는 방법을 논의한다. 9.1절과 9.2절의 논의는 관찰 자료에서 인과효과를 추정하는 데 중점을 둔다. 9.3절에서는 예측 문제로 돌아가 회귀모형을 사용한 예측의 타당성에 대한 위협을 논의한다.

9.4절에서는 내적 타당성과 외적 타당성의 틀을 설명하기 위해 4~8장에서 제시한 학생-교사 비율 감소의 시험점수 효과에 대한 연구의 내적 및 외적 타당성을 평가한다.

9.1 내적 타당성 및 외적 타당성

핵심 개념 9.1에 정의된 내적 타당성과 외적 타당성의 개념은 통계 연구 또는 계량경제학적 연구가 특정 관심 질문에 관해 답하는 것이 유용한지를 평가하기 위한 틀을 제공한다.

내적 타당성과 외적 타당성은 연구 대상 모집단 및 설정과 연구 결과가 일반화되는 모집단 및 설정을 구분한다. **연구 대상 모집단**(population studied)은 표본이 추출되는 개체(사람, 회사, 학군 등)의 모집단이다. 연구 결과가 일반화되는 모집단 또는 **관심 모집단**(population

핵심 개념
9.1

내적 타당성 및 외적 타당성

통계분석에서 인과관계에 대한 통계적 추론이 연구 대상 모집단에 대해 유효하다면 그 분석은 **내적 타당성**(internal validity)을 갖는다고 한다. 분석의 추론과 결론이 연구 대상 모집단과 설정에서 다른 모집단과 설정으로 일반화될 수 있다면 그 분석은 **외적 타당성**(external validity)을 갖는다고 한다.

of interest)은 연구에서 도출된 인과추론이 적용될 개체의 모집단이다. 예를 들어 한 고등학교(9~12학년)의 교장은 캘리포니아 초등학교 학군(연구 대상 모집단)의 학급 규모와 시험점수 간 연구 결과를 고등학교 모집단(관심 모집단)에 일반화하고자 할 수 있다.

여기서 설정(settting)이란 제도적, 법적, 사회적, 물리적, 경제적 환경을 의미한다. 예를 들어 유기농 토마토 재배 방법을 평가하는 실험실 실험의 결과를 밭에서도 일반화할 수 있는지, 즉 실험실 설정에서 효과가 있는 유기농 방법이 실제 설정에서도 작동하는지를 아는 것이 중요하다. 이 절의 뒷부분에서 모집단과 설정 간 차이에 대한 다른 예를 제공한다.

내적 타당성에 대한 위협

내적 타당성에는 두 가지 요소가 있다. 첫째, 인과효과의 추정량은 비편향(unbiased)이고 일치해야(consistent) 한다. 예를 들어 특정 회귀분석에서 학생-교사 비율의 변화가 시험점수에 끼치는 영향의 OLS 추정량이 $\hat{\beta}_{STR}$이라면, 이는 학생-교사 비율 변화의 모집단 인과효과 β_{STR}의 비편향 일치 추정량이어야 한다.

둘째, 가설검정은 원하는 유의수준(영가설하에서 검정의 실제 기각률은 원하는 유의수준과 같아야 함)을 가져야 하며, 신뢰구간은 원하는 신뢰수준을 가져야 한다. 예를 들어 신뢰구간이 $\hat{\beta}_{STR} \pm 1.96\ SE(\hat{\beta}_{STR})$로 구성된 경우, 이 신뢰구간은 연구 대상 모집단에서 반복적으로 추출한 표본에 대해 95% 확률로 참 모집단 인과효과인 β_{STR}을 포함해야 한다.

회귀분석에서는 추정된 회귀함수를 사용해 인과효과를 추정하고, 추정된 회귀계수와 표준오차를 사용해 가설검정을 수행한다. 따라서 OLS 회귀를 기반으로 하는 연구에서 내적 타당성에 대한 요구사항은 OLS 추정량이 비편향적이고 일치성이 있어야 하며, 신뢰구간이 원하는 신뢰수준을 갖도록 표준 오차를 계산해야 한다는 것이다. 다양한 이유로 이러한 요구사항이 충족되지 않을 수 있으며, 이러한 이유가 내적 타당성에 대한 위협을 구성한다. 이러한 위협은 핵심 개념 6.4의 최소제곱 가정 중에서 하나 이상의 가정을 실패하게 만든다. 예를 들어 우리가 앞서 자세히 설명한 위협 중 하나는 누락변수편향이다. 하나 이상의 설명변수와 오차항 사이의 상관관계를 초래해 첫 번째 최소제곱 가정이 위반된다. 누락변수 또는 적절한 통제변수에 대한 자료가 있는 경우 해당 변수를 추가 설명변수로 포함해 이러한 위협을 피할 수 있다.

9.2절에서 다중회귀분석에서 내적 타당성에 대한 다양한 위협을 자세히 논의하고 이를 완화하는 방법을 제시한다.

외적 타당성에 대한 위협

외적 타당성에 대한 잠재적 위협은 연구 대상 모집단 및 설정과 관심 모집단 및 설정 간의 차이에서 발생한다.

모집단 차이 연구 대상 모집단과 관심 모집단 간의 차이는 외적 타당성에 위협이 될 수 있다. 예를 들어 화학물질의 독성 효과 관련 실험실 연구에서는 일반적으로 쥐와 같은 동물 모집단(연구 대상 모집단)을 사용한다. 그러나 그 결과는 인간 모집단(관심 모집단)에 대한 건강 및 안전 규정을 작성하는 데 사용한다. 그러한 연구의 외적 타당성을 위협할 만큼 쥐와 인간이 충분히 다른지 여부는 논쟁의 여지가 있다.

보다 일반적으로, 참된 인과관계가 연구 대상 모집단과 관심 모집단에서 동일하지 않을 수 있다. 이는, 모집단이 관심 모집단과 다른 방식으로 선택되었거나, 모집단의 특성이 다르거나, 지리적 차이가 있거나, 연구가 오래되었기 때문이다.

설정 차이 연구 대상 모집단과 관심 모집단이 동일하더라도 설정이 다르면 연구 결과를 일반화할 수 없다. 예를 들어 음주 방지 광고 캠페인이 대학생 폭음에 미치는 영향을 한 대학의 학생들을 대상으로 연구할 수 있다. 만약 다른 대학의 음주에 대한 법적 처벌이 다르면 이 연구 결과를 다른 대학의 학생 집단으로 일반화할 수 없다. 이 경우 연구가 수행된 법적 환경과 연구 결과가 적용되는 법적 환경이 다르기 때문이다.

보다 일반적으로, 설정의 차이에는 제도적 환경의 차이(공립대학 대 종교대학), 법률의 차이(법적 처벌의 차이), 물리적 환경의 차이(캘리포니아 남부와 알래스카 페어뱅크스) 등이 있다.

응용 사례: 시험점수와 학생-교사 비율 7장과 8장에서는 학생-교사 비율이 감소할 때 시험점수가 오르는 것이 통계적으로 유의하나 그 향상 정도가 실질적으로는 미미하다고 보고했다. 이 분석은 캘리포니아 학군의 시험 결과를 기반으로 했다. 당장은 이 결과가 내적으로 타당하다고 가정하겠다. 이 결과를 어떤 다른 모집단과 설정에 일반화할 수 있겠는가?

연구 대상 모집단과 설정이 관심 모집단과 설정에 가까울수록 외적 타당성이 더 강해진다. 예를 들어 대학생과 대학 교육은 초등학생과 초등학교 교육과는 매우 다르므로 캘리포니아 초등학교 학군 자료를 사용해 추정한 학급 규모 감소 효과를 대학교 대상으로 일반화할 가능성은 낮은 편이다. 반면에 초등학교의 학생, 수업 과정 및 조직은 미국 전역에서 대체로 유사하므로 캘리포니아의 결과를 다른 미국 초등학교 학군의 표준화된 시험 성적에 일반화할 가능성은 있다.

연구의 외적 타당성 평가법 외적 타당성은 연구 대상 모집단 및 설정과 관심 모집단 및 설정에 대한 구체적인 지식을 바탕으로 판단해야 한다. 둘 사이에 중요한 차이점이 있다면 연구의 외적 타당성에 의문을 제기할 수 있다.

때로는 서로 다르지만 관련성이 있는 모집단에 대한 연구가 2개 이상 있는 경우도 있다. 이 경우 두 연구의 결과를 비교해 두 연구의 외적 타당성을 확인할 수 있다. 예를 들어 9.4절에서 매사추세츠의 초등학교 학군에 대한 시험점수 및 학급 규모 자료를 분석하고, 매사추세츠와 캘리포니아의 결과를 비교한다. 일반적으로 2개 이상의 연구에서 유사한 결과가 나오면 외적 타당성에 대한 주장이 강화되는 반면, 연구 결과의 차이점을 쉽게 설명할 수 없다면 외적 타당성에 의구심이 생긴다.[1]

외적 타당성이 있는 연구설계법 외적 타당성에 대한 위협은 모집단과 환경의 비교 가능성 부족에서 비롯되므로 자료 수집 전 연구 초기 단계에서 이러한 위협을 최소화하는 것이 가장 좋다. 연구설계는 이 책의 범위를 벗어나므로 관심 있는 독자는 Shadish, Cook, Campbell(2002)을 참조하라.

9.2 다중회귀분석의 내적 타당성에 대한 위협

회귀분석에 기반한 연구는 추정된 회귀 계수가 관심 있는 인과효과에 대해 비편향적이고 일치성이 있으며 표준 오차가 원하는 신뢰수준을 가진 신뢰구간을 생성하는 경우 내부적으로 타당하다. 이 절에서는 대표본에서도 다중회귀계수의 OLS 추정량이 편향될 수 있는 다섯 가지 이유, 즉 변수 누락, 회귀함수 함수 형태의 설정 오류(misspecification), 독립변수의 부정확한 측정['변수 오차/측정 오차(errors in variables)'), 표본선택, 동시 인과성을 조사한다. 다섯 가지 편향의 원인은 모두 설명변수가 모집단 회귀의 오차항과 상관관계가 있기에 발생하며, 핵심 개념 6.4의 첫 번째 최소제곱 가정을 위반한다. 각각에 대해 이러한 편향을 줄이기 위해 무엇을 할 수 있는지 논의하겠다. 이 절은 불일치 표준 오차를 유발하는 상황과 이에 대해 무엇을 할 것인지에 대한 논의로 마무리한다.

누락변수편향

*Y*를 결정하는 변수가 하나 이상의 다른 설명변수와 상관관계가 있음에도 불구하고 회귀분석에서 빠질 때 발생한다는 점을 기억하라. 이러한 편향은 대표본에서도 지속되므로 OLS 추정량은 불일치하다. 누락변수편향을 최소화하는 최선의 방법은 잠재적인 누락변수를 적절히 통제할 수 있는 변수를 사용할 수 있는지 여부에 따라 달라진다.

변수가 관찰되거나 적절한 통제변수가 있는 경우 누락변수편향 해결책 누락변수에 대한 자료가 있는 경우 해당 변수를 다중회귀에 포함해 문제를 해결할 수 있다. 또는 하나 이상의 통제변수에 대한 자료가 있다면, 그리고 이러한 통제변수가 조건부 평균 독립성[식 (6.17)]을 유도한다는 점에서 적절하다면, 해당 통제변수를 포함해 관심 변수의 계수에 대한 잠재적 편향을 제거

1 동일한 주제에 대한 여러 관련 연구를 비교하는 것을 메타분석(meta-analysis)이라고 한다. 예를 들어 6장의 글상자 '커피는 건강에 좋을까?'에서 논의한 내용은 메타분석을 기반으로 한다. 많은 연구에 대한 메타분석을 수행하는 데는 나름의 어려움이 있다. 좋은 연구와 나쁜 연구를 어떻게 분류할 수 있을까? 종속변수가 다를 때 연구를 어떻게 비교할까? 더 큰 표본을 가진 연구에 더 많은 가중치를 두어야 할까? 메타분석과 그 과제에 대한 논의는 이 책의 범위를 벗어난다. 관심 있는 독자는 Hedges와 Olkin(1985), Cooper와 Hedges(1994)를 참조하고, 출간된 연구의 p값을 해석하는 최근 연구에 대해서는 Simonsohn, Nelson, Simmons(2014)를 참조하라.

할 수 있다.

회귀분석에 변수를 추가하는 데는 비용과 이점이 모두 있다. 한편으로 변수를 빠뜨리면 누락변수편향이 발생할 수 있다. 반면에 어떤 변수가 속하지 않을 때(즉 변수의 모집단 회귀 계수가 0인 경우) 그 변수를 포함하면 다른 회귀 계수 추정량의 정밀도가 떨어진다. 다시 말해 변수 포함 여부를 결정할 때는 관심 계수의 편향과 분산 사이의 상충관계를 고려해야 한다. 실제로 회귀에 변수나 변수 집합 포함 여부를 결정하는 데 도움이 되는 네 가지 단계가 있다.

첫 번째 단계는 회귀에서 핵심 계수 또는 관심 계수를 식별하는 것이다. 시험점수 회귀에서 이는 학생-교사 비율에 대한 계수이다. 원래 제기된 질문이 학생-교사 비율을 줄이는 것이 시험점수에 미치는 영향에 관한 것이기 때문이다.

두 번째 단계는 스스로에게 질문하는 것이다: 이 회귀에서 중요 누락변수편향의 가장 가능성 있는 원인은 무엇인가? 이 질문에 답하려면 경제학 이론과 전문 지식을 적용해야 하며, 실제로 회귀분석을 실행하기 전에 이 단계를 수행해야 한다. 이 단계는 자료를 분석하기 전에 수행하므로 **선험적**(a priori, '사실 이전') 추론이라 한다. 시험점수의 예에서, 무시된다면 학급 규모 효과 추정량에 편향을 줄 수도 있는 시험점수의 결정 요인을 식별하는 작업을 이 단계에서 수반한다. 이 단계의 결과는 기본 회귀함수 설정, 실증 회귀분석의 시작점, 누락변수편향을 완화하는 데 도움이 될 수 있는 추가 가능한 '의심스러운' 통제변수 목록이다.

세 번째 단계는 두 번째 단계에서 식별된, 추가 가능하나 의심스러운 통제변수로 기본 회귀함수 설정을 보강하는 것이다. 추가된 통제변수의 계수가 통계적으로 유의미하거나 추가 변수를 포함했을 때 추정된 관심 계수가 눈에 띄게 변경된다면, 해당 변수는 설정에 그대로 유지해야 하며 기본 설정을 수정해야 한다. 그렇지 않으면 이 변수는 회귀에서 제외할 수 있다.

네 번째 단계는 표 형식으로 결과를 정확하게 요약하는 것이다. 이렇게 하면 잠재적인 회의론자에게 '완전 공시(full disclosure)'를 제공해 회의론자가 스스로 결론을 도출할 수 있게 한다. 표 7.1과 표 8.3이 이러한 전략의 예다. 예를 들어 표 8.3에서는 (7)열의 회귀분석 결과만 제시할 수 있었다. 이 결과는 해당 표의 다른 회귀분석의 관련된 효과와 비선형성을 요약하기 때문이다. 그러나 다른 회귀분석 결과도 함께 제시하면서 회의적인 독자가 스스로 결론을 도출할 수 있다.

이러한 단계는 핵심 개념 9.2에 요약했다.

적절한 통제변수를 사용할 수 없는 경우 누락변수편향 해결책 누락변수에 대한 자료가 없고 적절한 통제변수가 없다면 회귀에 누락변수를 추가하는 것이 선택권이 될 수 없다. 그래도 누락변수편향을 해결할 수 있는 세 가지 다른 방법이 있다. 이 세 가지 해결책은 각각 다른 유형의 자료를 사용해 누락변수편향을 우회한다.

첫 번째 해결책은 동일한 관측 단위가 다른 시점에서 관측된 자료를 사용하는 것이다. 예를 들어 1995년과 2000년에 같은 학군에 대해 시험점수 및 관련 변수 자료를 수집할 수 있다. 이러한 형식의 자료를 패널 데이터라고 한다. 10장에서 설명하겠지만, 패널 데이터를 사용하면 시간이 지나도 변하지 않는 한 관찰되지 않은 누락변수를 통제할 수 있다.

두 번째 해결책은 도구변수 회귀분석을 사용하는 것이다. 이 방법은 도구변수

핵심 개념 9.2

누락변수편향: 회귀에 더 많은 변수를 포함해야 하는가?

다중회귀분석에 다른 변수를 포함하면 해당 변수를 제외해 누락변수편향의 가능성을 제거할 수 있지만 관심 계수 추정량의 분산이 증가할 수 있다. 다음은 추가변수 포함 여부를 결정하는 데 도움이 되는 몇 가지 지침이다.

1. 관심 있는 계수를 구체적으로 설명하라.
2. 선험적 추론을 사용해 누락변수편향의 가장 중요한 잠재적 원인을 식별하라. 이로부터 기본 회귀모형 설정과 일부 '의심스러운' 변수를 도출한다.
3. 추가 가능한 '의심스러운' 통제변수의 계수가 0이 아닌지 검정하라. 의심스러운 통제변수를 포함하면 관심 계수에 유의미한 변화가 생기는지 평가한다.
4. 결과의 '완전 공시'를 대표하는 표를 제공하라. 의심스러운 변수를 포함했을 때 관심 계수에 미치는 영향을 타 연구자가 확인할 수 있도록 한다.

(instrumental variables)라고 하는 새로운 변수에 의존한다. 도구변수회귀분석은 12장에서 설명한다.

세 번째 해결책은 무작위 통제 실험을 사용해 관심 효과(예: 학급 규모 축소가 학생 성취도에 미치는 영향)를 고찰하는 연구설계를 이용하는 것이다. 무작위 통제 실험은 13장에서 논의한다.

회귀함수의 함수 형태 설정 오류

실제 모집단 회귀함수는 비선형이지만 추정된 회귀가 선형이면 **함수 형태 설정 오류**(functional form misspecification)로 인해 OLS 추정량이 편향된다. 이 편향은 누락변수편향의 한 유형으로, 누락변수는 회귀함수의 누락된 비선형 측면을 반영하는 항이라 하겠다. 예를 들어 모집단 회귀함수가 이차식인 경우 독립변수의 제곱을 빠뜨린 회귀분석은 누락변수편향으로 인해 어려움을 겪을 수 있다. 함수 형태 설정 오류로 인해 발생하는 편향은 핵심 개념 9.3에 요약했다.

함수 형태 설정 오류 해결책 종속변수가 시험점수처럼 연속적인 경우, 이러한 잠재적 비선형성 문제는 8장의 방법을 사용해 해결할 수 있다. 그러나 종속변수가 불연속적이거나 이진인

핵심 개념 9.3

함수 형태 설정 오류

함수 형태 설정 오류는 추정회귀함수의 함수 형태가 모집단 회귀함수의 함수 형태와 다를 때 발생한다. 함수 형태가 잘못 설정되면 일반적으로 한 변수의 변화에 관한 부분효과의 추정량이 편향될 수 있다. 함수 형태 설정 오류는 자료와 추정된 회귀함수를 도시해 감지할 수 있으며, 다른 함수 형태를 사용해 바로잡을 수 있다.

경우(예: i번째 사람이 대학을 다녔다면 Y_i는 1이고 그렇지 않으면 0인 경우)에는 상황이 더 복잡하다. 이진종속변수를 사용한 회귀는 11장에서 설명한다.

측정오차와 변수 내 오차 편향

시험점수를 학생-교사 비율에 대한 회귀분석에서 실수로 자료를 혼동해 5학년 학생의 시험점수를 해당 학군의 10학년 학생-교사 비율에 대해 회귀하게 되었다고 가정해보자. 학생-교사 비율이 5학년과 10학년 사이에 상관관계가 있을 수 있지만 서로 같지 않으므로, 이러한 혼동으로 인해 추정계수편향이 발생한다. 이는 독립변수의 측정에 오류가 있기 때문에 **변수 내 오차 편향**(errors-in-variables bias) 또는 측정오차편향의 예다. 이러한 편향은 매우 큰 표본에서도 지속되므로 측정오차가 있는 경우 OLS 추정량은 불일치하다.

측정오차의 원인은 여러 가지가 있다. 설문조사를 통해 자료를 수집하는 경우 응답자가 잘못된 답변을 제공할 수 있다. 예를 들어 미국 인구통계조사(Current Population Surveys, CPS)의 한 질문은 작년 수입과 관련이 있다. 응답자가 자신의 정확한 수입을 모르거나 다른 이유로 금액을 잘못 기재할 수 있다. 대신에 만약 전산화된 행정 기록에서 자료를 가져온 경우, 자료를 처음 입력할 때 오류가 있었을 수 있다.

변수 내 오차가 설명변수와 오차항 사이의 상관관계를 가져올 수 있는지를 확인하려면, 단일설명변수 X_i(예: 실제 수입)가 있고 이는 $\widetilde{X}_i$(응답자가 진술한 수입)로 부정확하게 측정된다고 가정하자. X_i가 아닌 $\widetilde{X}_i$가 관측되므로 실제로 추정되는 회귀식은 $\widetilde{X}_i$를 기반으로 한다. 모집단 회귀식 $Y_i = \beta_0 + \beta_1 X_i + u_i$를 부정확하게 측정된 변수 $\widetilde{X}_i$를 기준으로 작성하면 다음과 같다.

$$\begin{aligned} Y_i &= \beta_0 + \beta_1 \widetilde{X}_i + [\beta_1 (X_i - \widetilde{X}_i) + u_i] \\ &= \beta_0 + \beta_1 \widetilde{X}_i + v_i \end{aligned} \tag{9.1}$$

여기서 $v_i = \beta_1(X_i - \widetilde{X}_i) + u_i$이다. 따라서 $\widetilde{X}_i$로 작성된 모집단 회귀식에는 측정오차, 즉 $\widetilde{X}_i$와 X_i 사이의 차이를 포함하는 오차항이 있다. 이 차이가 측정값 $\widetilde{X}_i$와 상관관계가 있다면, 설명변수 $\widetilde{X}_i$는 오차항과 상관관계가 있고 $\hat{\beta}_1$은 편향되고 일치성이 사라지게 된다.

$\hat{\beta}_1$에서 편향의 정확한 크기와 방향은 $\widetilde{X}_i$와 측정오차 $\widetilde{X}_i - X_i$ 사이의 상관관계에 의존한다. 또한 이 상관관계는 측정오차의 특성에 의존한다.

예를 들어 측정값 $\widetilde{X}_i$가 실제 측정되지 않은 값 X_i와 평균 0이고 분산 σ_w^2를 갖는 순수 임의적 요소 w_i의 합이라고 가정하자. 오차가 순수하게 임의적이므로 w_i는 X_i와 상관관계가 없고 회귀식의 오차항 u_i와도 상관관계가 없다고 할 수 있겠다. 이 가정은 **고전적 측정오차모형**(classical measurement error model)을 구성하며, 이 모형에서 $\widetilde{X}_i = X_i + w_i$이다. 여기서 $\text{corr}(w_i, X_i) = 0$, $\text{corr}(w_i, u_i) = 0$이다. 고전적 측정오차 모형에서 대수학을 약간 사용하면[2]

2 이 측정오차 가정하에, $v_i = \beta_1(X_i - \widetilde{X}_i) + u_i = -\beta_1 w_i + u_i$, $\text{cov}(X_i, u_i) = 0$, 그리고 $\text{cov}(\widetilde{X}_i, w_i) = \text{cov}(X_i + w_i, w_i) = \sigma_w^2$이고, 이에 $\text{cov}(\widetilde{X}_i, v_i) = -\beta_1 \text{cov}(\widetilde{X}_i, w_i) + \text{cov}(\widetilde{X}_i, u_i) = -\beta_1 \sigma_w^2$이다. 따라서 식 (6.1)에 따르면 $\hat{\beta}_1 \xrightarrow{p} \beta_1 - \beta_1 \sigma_w^2 / \sigma_{\widetilde{X}}^2$이다. 이제 $\sigma_{\widetilde{X}}^2 = \sigma_X^2 + \sigma_w^2$이고, 따라서 $\hat{\beta}_1 \xrightarrow{p} \beta_1 - \beta_1 \sigma_w^2 / (\sigma_X^2 + \sigma_w^2) = [\sigma_X^2 / (\sigma_X^2 + \sigma_w^2)]\beta_1$이다.

$\hat{\beta}_1$이 다음과 같이 확률 극한을 갖는 것을 알 수 있다.

$$\hat{\beta}_1 \xrightarrow{p} \frac{\sigma_X^2}{\sigma_X^2 + \sigma_w^2}\beta_1 \tag{9.2}$$

즉 측정오차가 단순히 독립변수의 실제 값에 무작위 요소를 추가하는 효과를 가진다면 $\hat{\beta}_1$은 불일치하다. 비율 $\frac{\sigma_X^2}{\sigma_X^2 + \sigma_w^2}$가 1보다 작기 때문에 $\hat{\beta}_1$은 대표본에서도 0으로 편향된다. 측정오차가 너무 커서 X_i에 대한 정보가 본질적으로 남아 있지 않은 극단적인 경우, 식 (9.2)의 최종 표현식에서 분산비는 0이 되고 결국 $\hat{\beta}_1$은 0에 확률 수렴한다. 다른 극단적인 경우, 측정오차가 없으면 $\sigma_w^2 = 0$이므로 $\hat{\beta}_1 \xrightarrow{p} \beta_1$이다.

측정오차의 다른 모형은 응답자가 실제 값에 대해 최선의 추정을 한다고 가정한다. 이 '최선의 추측(best guess)' 모형에서 응답자가 이용할 수 있는 정보가 주어졌을 때 X_i의 조건부 평균으로 응답값 $\widetilde{X}_i$가 모형화된다. $\widetilde{X}_i$가 최선의 추측이므로 측정오차 $\widetilde{X}_i - X_i$는 응답값 $\widetilde{X}_i$와 상관관계가 없다(측정오차가 $\widetilde{X}_i$와 상관관계가 있다면 이는 X_i 예측에 유용한 정보가 되겠지만 이 경우 $\widetilde{X}_i$는 X_i의 최선의 추측이 되지 못했을 것이다). 즉 $E[(\widetilde{X}_i - X_i)\widetilde{X}_i] = 0$이며, 응답자의 정보가 u_i와 상관관계가 없다면, $\widetilde{X}_i$는 오차항 v_i와 상관관계가 없다. 따라서 '최선의 추측' 측정오차모형에서 $\hat{\beta}_1$은 일치성이 있지만, $\text{var}(v_i)$가 $\text{var}(u_i)$보다 크다. 따라서 $\hat{\beta}_1$의 분산은 측정오차가 없을 때보다 더 크다. '최선의 추측' 측정오차모형은 연습문제 9.12에서 더 자세히 살펴본다.

의도적인 허위 보고가 있는 경우 측정오차로 인해 발생하는 문제는 훨씬 더 복잡해질 수 있다. 예를 들어 설문 응답자가 소득세 신고 시 소득을 보고할 때 현금 지불액을 포함하지 않음으로써 실제 과세대상 소득을 의도적으로 축소 보고했다고 가정하자. 예를 들어 모든 응답자가 소득 보고 시 실제 소득의 90%만 신고한 경우 $\widetilde{X}_i = 0.90X_i$가 되고 $\hat{\beta}_1$은 10%만큼 과대 편향된다.

식 (9.2)의 결과는 고전적 측정오차에 국한된 것이지만, 독립변수가 부정확하게 측정되면 대표본에서도 OLS 추정량이 편향될 수 있다는 보다 일반적인 명제를 보여준다. 변수 내 오차/측정오차편향은 핵심 개념 9.4에 요약했다.

Y의 측정오차 Y에 대한 측정오차의 효과는 X에 대한 측정오차의 효과와 다르다. Y에 고전적 측정오차가 있는 경우, 이 측정오차는 회귀와 $\hat{\beta}_1$의 분산을 증가시키지만 $\hat{\beta}_1$의 편향은 유발하지 않는다. 이를 확인하기 위해 측정된 Y_i가 실제 Y_i에 임의 측정오차 w_i를 더한 값인 $\widetilde{Y}_i$라

핵심 개념 9.4

변수 내 오차/측정오차편향

독립변수가 부정확하게 측정될 때 OLS 추정량의 변수 내 오차/측정오차편향이 발생한다. 이러한 편향은 측정오차의 특성에 따라 달라지며 대표본의 경우에도 지속된다. 만약 측정된 변수가 실제 값과 독립적으로 분포되고 평균 0인 임의 측정오차의 합이면, 우변의 변수가 하나인 회귀분석에서 OLS 추정량은 0으로 편향되고, 이의 확률 극한은 식 (9.2)에 나와 있다.

고 가정하자. 그러면 추정하려는 회귀모형은 $\widetilde{Y}_i = \beta_0 + \beta_1 X_i + v_i$이다. 여기서 $v_i = w_i + u_i$이다. w_i가 정말로 임의적이라면, w_i와 X_i는 독립적으로 분포하기에 $E(w_i | X_i) = 0$이고, 이 경우 $E(v_i | X_i) = 0$이므로 $\hat{\beta}_1$은 편향되지 않는다. 그러나 $\text{var}(v_i) > \text{var}(u_i)$이므로 $\hat{\beta}_1$의 분산은 측정오차가 없을 때보다 더 크다. 시험점수/학급 규모 예시에서 설명변수와는 독립적이며 순수하게 임의적인 채점 오류가 시험점수에 있다고 가정하면 이 단락의 고전적 측정오차모형이 $\widetilde{Y}_i$에 적용되고 $\hat{\beta}_1$은 비편향이다. 보다 일반적으로 설명변수가 주어질 때 조건부 평균이 0인 Y의 측정오차는 OLS 계수에 편향을 유발하지 않는다.

변수 내 오차/측정오차 편향 해결책 변수 내 오차 문제를 해결하는 가장 좋은 방법은 X를 정확하게 측정하는 것이다. 그러나 이것이 불가능하다면 계량경제학 방법을 사용해 변수 내 오차 편향을 완화할 수 있다.

이러한 방법 중 하나가 도구변수(instrumental variable)회귀이다. 이 방법은 실제값 X_i와 상관관계가 있지만 측정오차와는 상관관계가 없는 다른 변수(도구변수)를 가지고 있는 데 의존한다. 이 방법은 12장에서 탐구한다.

두 번째 방법은 가능하다면 측정오차에 대한 수학적 모형을 개발하고 이로부터 나오는 공식을 사용해 추정치를 조정하는 것이다. 예를 들어 연구자가 고전적 측정오차모형이 적용된다고 믿는다면, 그리고 σ_w^2 / σ_X^2를 알고 있거나 이를 추정할 수 있다면 식 (9.2)를 사용해 β_1의 추정량을 계산할 수 있다. 이러한 추정량은 측정오차로부터 나오는 하향 편향을 보정한다. 이러한 접근법은 측정오차의 특성에 대한 전문 지식이 필요하므로, 일반적으로 세부사항은 주어진 데이터 세트와 측정 문제에 따라 다르다. 이 책에서는 이 접근 방식을 더는 다루지 않겠다.

결측자료 및 표본선택

결측자료(missing data)는 경제 데이터 세트의 일반적인 특징이다. 결측자료의 내적 타당성 위협 여부는 자료가 결측된 이유에 따라 달라진다. 우리는 다음과 같이 세 가지 경우를 고려할 수 있다. 첫 번째, 자료가 완전히 무작위로 결측되는 경우이다. 두 번째, X를 기준으로 자료가 결측된 경우이다. 세 번째, X에 의존하지 않고 Y와 관련된 선택 과정으로 인해 자료가 결측된 경우이다.

자료가 완전히 무작위로 결측된 경우, 즉 X 또는 Y의 값과 무관한 임의의 이유로 자료가 완전히 결측된 경우 표본크기를 줄이는 효과는 있지만 편향은 발생하지 않는다. 예를 들어 급우 100명의 단순 임의표본을 추출하고 이후에 기록의 절반이 무작위로 사라졌다고 가정하자. 이 경우 기록이 사라진 학생들에게는 설문조사를 한 적이 없는 것과 마찬가지다. 그러면 50명의 급우에 대한 단순 임의표본이 남게 되므로 기록을 무작위로 잃어버려도 편향이 발생하지 않는다.

설명변수의 값에 따라 자료가 결측된 경우, 표본크기를 줄이는 효과는 있지만 편향이 발생하지는 않는다. 예를 들어 학급 규모/학생-교사 비율 예제에서 학생-교사 비율이 20을 초과하는 학군만 사용했다고 가정하자. STR이 20 이하인 학군에서 무엇이 일어나는지 결과를 도출할 수는 없지만, 그렇다고 해서 STR이 20을 초과하는 학군을 대상으로 하는 학급 규모 효

핵심 개념 9.5

표본선택 편향

(자료) 선택 과정이 자료의 가용성에 영향을 미치고 그 과정이 설명변수에 의존하는 것 이상으로 종속변수와 관련될 때 표본선택 편향이 발생한다. 이러한 표본선택은 하나 이상의 설명변수와 오차항 사이의 상관관계를 유도해 OLS 추정량의 편향과 불일치성을 초래한다.

과 분석에서 편향이 나오지는 않는다.

앞의 두 경우와 달리, 설명변수(X)에 의존하지 않고 종속변수(Y)의 값과 관련된 선택 과정으로 인해 자료가 결측된 경우, 선택 과정에서 오차항과 설명변수 사이에 상관관계가 발생할 수 있다. 이때 OLS 추정량에서 발생하는 편향을 **표본선택 편향**(sample selection bias)이라 한다. 여론조사에서 표본선택 편향의 예는 3.1절의 글상자 '예상 못한 결과'에서 제시했다. 이 예에서 표본선택 방법(전화기가 있는 유권자를 무작위로 추출)은 종속변수(2009년 인도 총선에서 지지 정당)와 관련이 있는데, 2009년 인도 총선에서 유선전화나 무선전화를 소유한 사람, 즉 전화기를 소유한 유권자가 국민민주연합(NDA)의 지지자일 가능성이 높았다. 통합진보동맹(UPA)은 무산 계급의 지지를 받고 있지만 NDA는 경제적 지위가 높은 계층의 지지를 받기 때문이다. 표본선택 문제는 비무작위(nonrandom) 표집의 결과 또는 결측자료 문제로 나타날 수 있다. 2008년 인도 총선 여론조사의 예에서 표본은 유권자의 무작위 표본이 아니라 전화기 소유자의 무작위 표본이었다. 다르게 본다면, 인도 총선 여론조사의 표본은 유권자의 무작위 표본으로 간주되었지만, 사실 전화기가 없는 유권자 데이터가 사라진 경우로, 이는 결측자료 문제로 표현할 수 있다. 자료가 결측되는 기제는 종속변수와 관련이 있으며, 이는 표본선택 편향으로 이어진다.

표본선택 편향은 핵심 개념 9.5에 요약했다.[3]

선택 편향 해결책 표본선택 편향의 가장 좋은 해결책은 연구설계를 통해 이를 방지하는 것이다. 통계학 수업에서 학부생의 평균 키를 추정하려면 농구 코트에 들어오는 학생들을 표집해 추정하는 것이 아니라 모든 학부생의 임의표본을 사용해 추정해야 한다. 글상자 '주식 뮤추얼 펀드가 시장보다 성과가 높은가?'에서는 보다 미묘한 형태의 표본선택 편향을 피하기 위해 펀드의 표본을 선택하는 방식을 묘사한다. 자료에 표본선택 편향이 있다면, 지금까지 설명한 방법으로는 이를 제거할 수 없다. 표본선택이 있는 모형을 추정하는 방법은 이 책의 범위를 벗어난다. 이러한 방법 중 일부는 11장에서 소개한 기법에 기반한다. 11장에서 자세한 참고문헌을 제공한다.

동시 인과성

지금까지는 인과성이 설명변수에서 종속변수로 이어진다고(X가 Y를 유발함) 가정했다. 하지만 인과성이 종속변수에서 하나 이상의 설명변수로도 이어진다면(Y가 X를 유발함) 어떨까?

3 여기서 논의한 3개 결측자료의 경우에 대한 수리적 해결법을 연습문제 19.16에서 제공한다.

주식 뮤추얼 펀드가 시장보다 성과가 높은가?

주식 뮤추얼 펀드는 주식 포트폴리오를 보유하는 투자 기관이다. 소액 투자자는 뮤추얼 펀드의 주식을 매입함으로써 개별 기업의 주식을 매매하는 번거로움과 비용(거래 비용) 없이 다양하게 분산된 포트폴리오를 보유할 수 있다. 일부 뮤추얼 펀드는 단순히 시장을 추종하는 반면(예: S&P 500에 편입된 주식 보유), 다른 뮤추얼 펀드는 전체 시장과 경쟁사 펀드보다 더 높은 수익을 내는 것을 목표로 하는 풀타임 전문가가 적극적으로 관리한다. 하지만 이러한 적극적 운용 펀드가 이러한 목표를 달성하는가? 일부 뮤추얼 펀드가 다른 펀드와 시장을 지속적으로 이기는가?

이러한 질문에 답하는 한 가지 방법은 작년에 수익률이 높았던 뮤추얼 펀드의 미래 수익률을 다른 펀드와 시장 전체의 미래 수익률과 비교하는 것이다. 이러한 비교를 할 때 금융경제학자는 뮤추얼 펀드의 신중한 표본선택이 중요하다는 것을 알고 있다. 그러나 이 작업은 보기보다 간단하지 않다. 일부 데이터베이스에는 현재 매수가 가능한 펀드의 과거 데이터가 포함되어 있지만, 이러한 비교법은 데이터 세트에서 흔히 '개'라고 멸칭되는 가장 실적이 부진한 펀드를 제외하도록 의도하게 된다. 가장 실적이 부진한 펀드는 폐업하거나 다른 펀드에 합병되었기 때문이다. 이러한 이유로 현재 판매 중인 펀드의 과거 수익률 자료를 사용하는 연구는 표본선택 편향의 영향을 받는다: 수익률이 가장 낮은 펀드는 제외되기 때문에 종속변수인 수익률의 값에 따라 표본이 선택되는 것이다. 10년 동안의 모든 펀드(소멸된 펀드 포함)의 평균 수익률은 10년이 지난 현재 시점에서 여전히 존재하는 펀드의 평균 수익률보다 낮을 것이다. 따라서 후자의 펀드만을 대상으로 한 연구는 성과를 과대평가할 수 있다. 금융경제학자들은 이러한 선택 편향을 *생존자 편향*(survivorship bias)이라고 하는데, 더 나은 펀드만 데이터 세트에 남아 있기 때문이다.

금융계량경제학자들이 폐쇄된 펀드에 대한 데이터를 통합해 생존자 편향을 교정할 때, 결과는 뮤추얼 펀드 매니저를 실제보다 보기 좋게 그리지는 않는다. 생존자 편향을 교정한 계량경제학적 증거에 따르면 적극적으로 운용되는 주식 뮤추얼 펀드가 평균적으로 시장을 능가하지 못하며, 과거의 좋은 성과가 미래의 좋은 성과를 예측하지 못한다. 뮤추얼 펀드와 생존자 편향에 대한 자세한 내용은 Malkiel(2016), 이 책 7장, Carhart(1997)를 참조하라. 생존자 편향의 오류는 헤지펀드 성과 평가에서도 발생하며, 자세한 내용은 Aggarwal and Jorion(2010)을 참조하라.

그렇다면 인과성은 '전방향'뿐만 아니라 '역방향'으로도 흐른다. 즉 **동시 인과성**(simultaneous causality)이 존재한다. 만약 동시 인과성이 있다면 OLS 회귀는 두 효과를 모두 포착하므로, OLS 추정량은 편향되고 불일치하다.

예를 들어 우리의 시험점수 연구는 학생-교사 비율 감소가 시험점수에 미치는 영향에 초점을 맞췄다. 이에 따라 인과성이 학생-교사 비율에서 시험점수로 이어지는 것으로 가정했다. 그러나 정부 정책으로 시험점수가 나은 학군에서 교사를 채용할 때 보조금을 지급했다고 가정하자. 그렇다면 인과성은 양방향으로 흐를 수 있다. 일반적인 교육적 이유로 낮은 학생-교사 비율이 높은 시험점수로 이어질 수 있지만, 정부 정책 때문에 낮은 시험점수가 낮은 학생-교사 비율로 이어질 수 있다.

동시 인과성은 설명변수와 오차항 사이의 상관관계를 유도한다. 시험점수 예제에서 시험점수를 낮게 만드는 요인이 생략되었다고 가정하자. 정부 정책으로 인해 시험점수를 낮추는 요인이 도리어 학생-교사 비율을 감소시킨다. 따라서 시험점수의 학생-교사 비율에 대한 모집단 회귀에서 음의 오차항은 시험점수를 감소시키지만, 정부 정책 때문에 학생-교사 비율도 감소시킨다. 즉 학생-교사 비율은 모집단 회귀의 오차항과 양의 상관관계가 있다. 이는 결과적으로 동시 인과성 편향과 OLS 추정량의 불일치성을 초래한다.

역인과적 연결(reverse causal link)을 설명하는 방정식을 추가로 도입해 오차항과 설명변

핵심 개념 **9.6**

동시 인과성 편향

X에서 Y로의 관심 인과적 연결 외에도 Y에서 X로의 인과적 연결이 있을 때 X에 대한 Y의 회귀에서 동시 인과성 편향이 발생한다. 이는 또한 동시 방정식/연립방정식 편향이라고도 한다. Y에서 X로의 인과적 연결과 같은 역인과성(reverse causality)으로 인해 X와 관심 모집단 회귀의 오차항 사이에 상관관계가 생긴다.

수 간의 상관관계를 수리적으로 정확하게 만들 수 있다. 편의상 X와 Y라는 두 변수만 고려하고 다른 가능한 설명변수는 무시한다. 따라서 X가 Y를 유발하는 방정식과 Y가 X를 유발하는 방정식이 2개 있다.

$$Y_i = \beta_0 + \beta_1 X_i + u_i \tag{9.3}$$

$$X_i = \gamma_0 + \gamma_1 Y_i + v_i \tag{9.4}$$

식 (9.3)은 익숙한 방정식으로, β_1은 X의 변화가 Y에 미치는 영향이며, 여기서 u는 다른 요인을 나타낸다. 식 (9.4)는 Y가 X에 끼치는 역인과효과를 표현한다. 시험점수 문제에서 식 (9.3)은 학급 규모가 시험점수에 미치는 교육 효과를 나타내고, 식 (9.4)는 정부 정책에 의해 유도된 학급 규모에 대한 시험점수의 역인과효과(reverse causal effect)를 나타낸다.

동시 인과성은 식 (9.3)에서 X_i와 오차항 u_i 사이의 상관관계로 이어진다. 이를 확인하기 위해 u_i가 양수이면 Y_i가 증가한다고 상상하자. 그러나 더 높아진 Y_i값이 두 번째 방정식을 통해 X_i값에 영향을 미치며, γ_1이 양수이면 Y_i의 높은 값은 X_i의 높은 값으로 이어진다. 일반적으로 γ_1이 0이 아닌 경우 X_i와 u_i는 상관관계가 있다.[4]

동시 인과성 편향은 2개의 동시 방정식/연립방정식을 사용해 수학적으로 표현할 수 있기에 **동시 방정식/연립방정식 편향**(simultaneous equations bias)이라고도 한다. 동시 인과성 편향은 핵심 개념 9.6에 요약했다.

동시 인과성 편향 해결책 동시 인과성 편향을 완화하는 방법에는 두 가지가 있다. 하나는 12장의 주제인 도구변수회귀를 사용하는 것이다. 다른 하나는 역인과성 통로를 무효화하는 무작위 대조 실험을 설계하고 구현하는 것으로, 이러한 실험은 13장에서 논의한다.

OLS 표준 오차의 불일치성 원인

불일치 표준 오차는 내적 타당성에 또 다른 위협이 된다. 심지어 OLS 추정량이 일치하고 표본이 크더라도, 불일치 표준 오차는 원하는 유의수준과 다른 크기(size)의 가설검정을 생성하고 또한 반복 표본의 95%에서 참값을 포함하지 못하는 '95%' 신뢰구간을 생성한다.

표준 오차의 불일치성이 나오는 두 가지 주요 원인은 적절하게 처리되지 않은 이분산성과

---

4 이를 수학적으로 증명하기 위해 식 (9.4)는 $\text{cov}(X_i, u_i) = \text{cov}(\gamma_0 + \gamma_1 Y_i + v_i, u_i) = \gamma_1 \text{cov}(Y_i, u_i) + \text{cov}(v_i, u_i)$이다. $\text{cov}(v_i, u_i)$가 0이라고 가정하면 식 (9.3)에 의해 이는 다시 $\text{cov}(X_i, u_i) = \gamma_1 \text{cov}(\beta_0 + \beta_1 X_i + u_i, u_i) = \gamma_1\beta_1 \text{cov}(X_i, u_i) + \gamma_1\sigma_u^2$이 된다. $\text{cov}(X_i, u_i)$에 대해 정리하면 $\text{cov}(X_i, u_i) = \gamma_1\sigma_u^2/(1 - \gamma_1\beta_1)$이라는 결과가 나온다.

관측치 간 오차항의 상관관계이다.

이분산성 5.4절에서 논의했듯이, 역사적인 이유로 인해 일부 회귀 소프트웨어는 등분산성 전용 표준 오차만을 보고한다. 그러나 회귀오차가 이분산적인 경우 이러한 표준 오차는 가설 검정 및 신뢰구간에 대한 믿을 수 있는 근거가 아니다. 이 문제에 대한 해결책은 이분산성 강건 표준 오차를 사용하며 이분산성 강건 분산 추정량을 사용해 F-통계량을 구성하는 것이다. 이분산성 강건 표준 오차는 최신 소프트웨어 패키지에서 옵션으로 제공된다.

관측치 간 오차항의 상관관계 일부 설정에서는 모집단 회귀오차가 관측치 간에 상관관계가 있을 수 있다. 만약 모집단에서 임의표집해 자료를 얻었다면 이런 일이 발생하지 않는다. 표본 추출 과정의 임의성이 오차가 한 관측값에서 다음 관측값 사이에 독립적으로 분포하도록 보장하기 때문이다. 그러나 임의표집이 부분적으로만 이루어지는 경우가 있다. 가장 일반적인 상황은 동일한 개체에 대해 반복적으로 관측해 자료를 얻는 경우이다. 예를 든다면 동일한 학군에 대해 여러 해에 걸쳐 관측해 변수를 얻는 경우일 것이다. 회귀오차를 구성하는 생략된 변수가 지속되는 경우(예: 학군에서의 인구통계변수), 시간이 흐르면서 회귀오차에서 '계열(serial)' 상관관계가 유도된다. 오차항의 계열 상관관계는 패널 데이터(예: 여러 해 동안의 여러 학군에 대한 자료)와 시계열 데이터(예: 여러 해 동안의 단일 학군에 대한 자료)에서 발생할 수 있다.

관측치 간 오차항의 상관관계가 있을 수 있는 또 다른 상황은 표집이 지리적 단위에 바탕을 둔 경우이다. 지리적 영향을 반영하는 변수가 빠졌다면, 이 변수로 인해 (지리적으로) 인접한 관측치에 대해 회귀오차의 상관관계가 생길 수 있다.

핵심 개념 9.7

다중회귀분석 기반 연구의 내적 타당성에 대한 위협

다중회귀분석 기반 연구의 내적 타당성에 대해 다섯 가지 주요 위협이 있다.

1. 누락변수
2. 함수 형태 설정 오류
3. 변수 내 오차(설명변수의 측정오차)
4. 표본선택
5. 동시 인과성

이들 각각이 존재하는 경우 핵심 개념 6.4(또는 통제변수가 있는 경우 핵심 개념 6.6)의 첫 번째 최소제곱 가정이 무너지며, 결국 OLS 추정량이 편향되고 불일치하게 된다.

표준 오차를 잘못 계산해도 내적 타당성에 위협이 된다. 이분산성이 존재하는 경우 등분산성 전용 표준 오차는 유효하지 않다. 패널 및 시계열에서 발생할 수 있듯이 변수가 관측치 사이에 독립적이지 않으면 유효한 표준 오차를 얻기 위해 표준 오차 공식을 추가로 조정해야 한다.

이러한 위협 목록을 다중회귀분석 기반 연구에 적용하면 해당 연구의 내적 타당성을 체계적으로 평가할 수 있다.

관측치 사이에 회귀오차의 상관관계가 있다고 해서 OLS 추정량이 편향되거나 불일치한 것은 아니다. 그러나 핵심 개념 6.4의 두 번째 최소제곱 가정을 위반하는 것이다. 결과적으로 OLS 등분산성 전용 표준 오차 및 OLS 이분산성 강건 표준 오차 모두가 원하는 신뢰수준의 신뢰구간을 생성하지 못한다는 의미에서 부정확하다.

많은 경우, 표준 오차에 대한 대체 공식을 사용해 이 문제를 해결할 수 있다. 10장(패널데이터 회귀분석)과 16장(시계열 데이터 회귀분석)에서 이분산성과 계열 상관관계에 모두 강건한 표준 오차를 계산하는 공식을 제공한다.

핵심 개념 9.7은 다중회귀분석 기반 연구의 내적 타당성에 대한 위협을 요약한다.

9.3 회귀분석을 예측에 사용하는 경우의 내적·외적 타당성

회귀모형을 예측에 사용할 때 외적 타당성에 대한 우려는 매우 중요하다. 그러나 인과효과의 비편향 추정법에 대한 우려는 중요하지 않다.

4장은 두 가지 문제를 고려하면서 시작됐다. 한 학교의 교장이 학군에서 학급 규모를 줄이면 시험점수가 얼마나 올라갈지 알고 싶어 했다. 즉 학급 규모 변경이 시험점수에 미치는 인과관계를 알고 싶어 했다. 시험점수가 공개되지 않는 학군으로 이사를 고려 중인 아버지는 자신이 접근 가능한 자료를 바탕으로 해당 학군의 시험점수에 대한 신뢰할 수 있는 예측을 원했다. 학급 규모나 다른 변수가 시험점수에 미치는 인과관계를 알 필요가 없었다. 캘리포니아 학군 수준 자료를 사용해 추정된 예측 방정식이 이사를 고려하고 있는 학군의 시험점수를 정확하고 신뢰할 수 있게 예측한다는 것이 그에게 중요했다.

다중회귀분석을 사용한 신뢰할 수 있는 예측에는 세 가지 요구사항이 있다. 첫 번째 요구사항은 예측모형을 추정하는 데 사용된 자료와 예측의 대상이 되는 관측치가 동일한 분포에서 도출되어야 한다는 것이다. 이 요구사항은 부록 6.4에 있는 예측에 대한 첫 번째 최소제곱 가정으로 공식화된다. 예측변수가 여러 개 있는 경우에도 적용된다. 추정 관측치와 예측 관측치가 동일한 모집단에서 도출되는 경우, X가 주어질 때 Y의 추정 조건부 기댓값은 예측할 표본 외 관측치로 일반화된다. 이 요구사항은 예측 맥락에서 외적 타당성에 대한 수리적 진술이다. 시험점수 사례에서 추정회귀선이 캘리포니아의 다른 학군에서 유용하다면 다른 주의 초등학교 학군에서도 유용할 수 있지만, 대학에서는 유용하지 않을 가능성이 크다.

두 번째 요구사항은 예측변수 목록과 관련이 있다. 인과효과를 추정하는 것이 목표라면, 누락변수편향 위협을 줄이기 위해 통제변수를 선택하는 것이 중요하다. 반면에 예측의 목표는 정확한 표본 외 예측을 하는 것이다. 이를 위해 예측변수는 인과적 해석 여부와 관계없이 Y의 변동을 설명하는 데 실질적으로 기여해야 한다. 시계열 자료가 있는 경우 예측변수 선택 문제는 더욱 복잡해진다. 왜냐하면 시간 경과에 따른 상관관계(직렬 상관관계)를 활용해 예측을 할 수 있는 기회가 있기 때문이다. 즉 변수의 미래 값을 예측할 수 있다. 시계열 예측을 위한 다중회귀분석은 15장과 17장에서 다룬다.

세 번째 요구사항은 추정량 자체에 관련된 것이다. 지금까지는 다중회귀함수를 추정하기 위해 OLS에 집중했다. 그러나 예측의 일부 응용 사례에서는 예측변수가 매우 많다. 실제로 일부 응용 사례에서는 예측변수의 수가 표본크기를 초과할 수 있다. 예측변수가 매우 많으면 놀랍게도 OLS보다 더 정확한 표본 외 예측을 제공할 수 있는 추정량이 존재한다. 14장에서 예측변수가 많은 예측을 다루고 이러한 특수한 추정량을 설명한다.

9.4 예시: 시험점수 및 학급 규모

내적 타당성 및 외적 타당성 틀은 캘리포니아 시험점수 자료 분석을 통해 우리가 무엇을 배웠는지 그리고 무엇을 배우지 못했는지를 비판적으로 살펴보는 데 도움이 된다.

외적 타당성

캘리포니아 분석의 일반화 여부, 즉 외적 타당성 여부는 일반화의 대상이 되는 모집단과 설정에 따라 달라진다. 여기서는 이 결과를 미국 내 다른 공립 초등학교 학군의 다른 표준화 시험의 성과로 일반화할 수 있는지를 고려한다.

9.1절에서 동일한 주제에 대한 2개 이상의 연구가 있으면 결과를 비교해 두 연구의 외적 타당성을 평가할 수 있다고 언급했다. 시험점수 및 학급 규모의 경우 실제로 다른 비교 가능한 데이터 세트를 사용할 수 있다. 이 절에서는 1998년 매사추세츠주 220개 공립학교 학군의 4학년 학생을 대상으로 한 표준화된 시험 결과를 기반으로 한 다른 데이터 세트를 살펴본다. 매사추세츠와 캘리포니아의 시험은 세부사항은 다르지만 지식과 학업능력에 대한 광범위한 측정값이다. 마찬가지로 두 주의 초등학교에서 교실 수업 구조는 대체로 비슷하다(대부분의 미국 초등학교 학군에서 그렇다). 그러나 초등학교 예산 조달과 수업 과정의 측면은 다르다. 따라서 캘리포니아와 매사추세츠 자료에서 학생-교사 비율이 시험 성적에 미치는 영향에 대해 유사한 결과를 발견하면 캘리포니아에서 발견한 결과가 외부적으로 타당하다는 증거가 될 수 있다. 반대로, 두 주에서 서로 다른 결과가 발견되면 연구 중 적어도 한 연구의 내적 타당성 또는 외적 타당성에 대한 의문이 제기될 수 있다.

캘리포니아와 매사추세츠 자료 비교 캘리포니아 자료와 마찬가지로 매사추세츠 자료는 학군 단위이다. 매사추세츠 데이터 세트의 변수 정의는 캘리포니아 데이터 세트의 정의와 동일하거나 거의 비슷하다. 변수 정의를 포함한 매사추세츠 데이터 세트에 대한 자세한 정보는 부록 9.1에 있다.

표 9.1은 캘리포니아와 매사추세츠 표본에 대한 요약통계량을 제시한다. 평균 시험점수는 매사추세츠에서 더 높으나 시험이 다르므로 점수를 직접 비교하는 것은 적절하지 않다. 평균 학생-교사 비율은 캘리포니아가 매사추세츠보다 더 높다(19.6 대 17.3). 평균 학군 소득은 매사추세츠에서 20% 더 높지만 학군 소득의 표준편차는 캘리포니아에서 더 크다. 즉 매사추세츠보다 캘리포니아의 학군 평균 소득의 편차가 더 크다. 여전히 영어를 배우는 학생 평균 비율과 무료급식 대상 학생 평균 비율은 모두 캘리포니아 학군이 매사추세츠 학군보다 훨씬 높다.

표 9.1 캘리포니아 및 매사추세츠 시험점수 데이터 세트에 대한 요약통계량

	캘리포니아		매사추세츠	
	평균	표준편차	평균	표준편차
시험점수	654.1	19.1	709.8	15.1
학생-교사 비율	19.6	1.9	17.3	2.3
영어 학습자 비율	15.8%	18.3%	1.1%	2.9%
무상급식 대상 학생 비율	44.7%	27.1%	15.3%	15.1%
학군 평균 소득(달러)	15,317	7,226	18,747	5,808
관측 횟수	420		220	
연도	1999		1998	

시험점수 및 학군 평균 소득 지면 절약을 위해 매사추세츠의 모든 자료에 대한 산점도는 제시하지 않는다. 그러나 8장에서 중점적으로 다루었기에 매사추세츠의 시험점수와 학군 평균 소득 간의 관계를 살펴보는 것이 흥미롭다. 이 산점도는 그림 9.1에 나와 있다. 이 산점도의 일반적인 패턴은 캘리포니아 데이터의 그림 8.2와 유사하다: 학군 소득과 시험점수 사이의 관계는 소득이 낮을수록 가파르고 소득이 높을수록 평탄하다. 그림에 표시된 선형회귀는 이러한 명백한 비선형성을 놓치고 있는 것이 분명하다. 그림 9.1에는 삼차회귀함수와 로그회귀함수도 그려져 있다. 삼차회귀함수는 로그회귀함수보다 약간 더 높은 $\overline{R}^2$을 갖는다(0.486 대

그림 9.1 매사추세츠 자료의 시험점수 대 학군 소득

추정된 선형회귀함수는 매사추세츠 데이터에서 학군 소득과 시험점수 간의 비선형 관계를 포착하지 못한다. 대부분의 관측값이 포함된 지역인 13,000~30,000달러 사이 학군 소득 구간에서 추정된 선형-로그 회귀함수와 삼차회귀함수는 서로 유사하다.

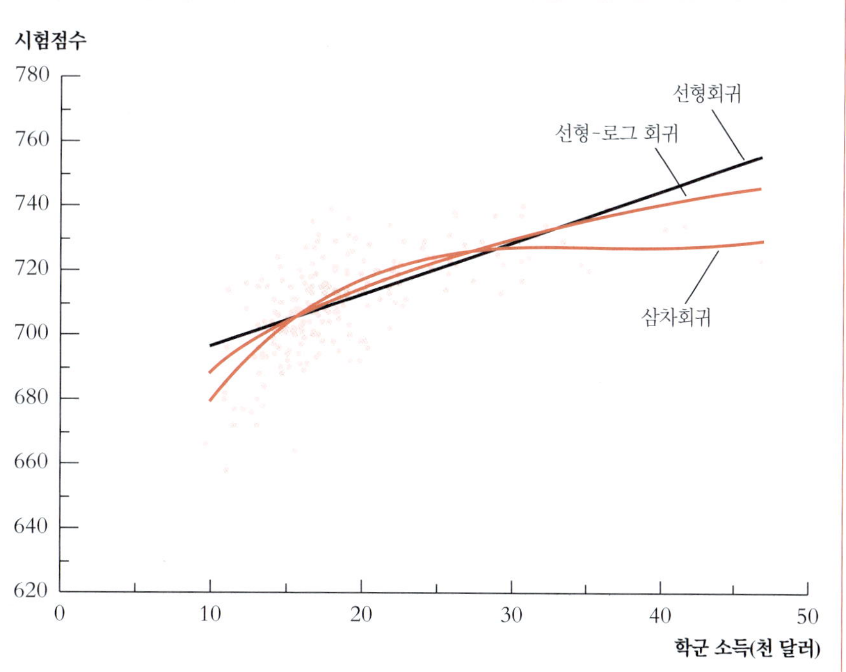

0.455). 그림 8.7과 그림 9.1을 비교하면 캘리포니아 학군 소득 및 시험점수 자료에서 발견되는 일반적인 비선형성 패턴이 매사추세츠 데이터에도 존재한다는 것을 알 수 있다. 그러나 이러한 비선형성을 가장 잘 설명하는 정확한 함수 형태는 서로 다르다. 매사추세츠에서는 삼차식 설정이 가장 잘 맞지만 캘리포니아에서는 선형-로그 설정이 가장 잘 맞는다.

다중회귀분석 결과 매사추세츠 자료에 대한 회귀분석 결과는 표 9.2에 있다. 표의 (1)에 보고된 첫 번째 회귀분석 결과는 학생-교사 비율만 설명변수로 사용한다. 기울기는 음(−1.72)이며 계수가 0이라는 가설은 1% 유의수준에서 기각될 수 있다($t = -1.72/0.50 = -3.44$).

나머지 열은 학생 특성을 통제하는 변수를 추가할 때의 결과 및 추정회귀함수에 비선형성을 도입한 결과를 보고한다. 영어 학습자 비율, 무상급식 대상 학생 비율, 학군 소득을 추가로 통제하면 학생-교사 비율에 대한 추정 계수의 크기가 약 60% 감소한다. 추정 계수가 회귀식 (1)의 −1.72에서 회귀식 (2)의 −0.69와 회귀식 (3)의 −0.64로 바뀐다.

회귀식 (2)와 (3)의 $\overline{R}^2$을 비교하면 학생-교사 비율을 일정하게 유지하더라도 삼차식 설정 (3)이 로그 설정 (2)보다 시험점수와 학군 소득 간의 관계에 대한 더 나은 모형을 제공한다는 것을 알 수 있다. 시험점수와 학생-교사 비율 사이의 비선형 관계가 있다는 통계적으로 유의한 증거는 없다: STR^2 및 STR^3의 모집단 계수가 0인지 여부를 검정하는 회귀식 (4)의 F-통계량 p값은 0.641이다. 회귀식 (5)의 추정치는 영어 학습자가 많을 때 학급 규모 축소가 덜 효과적임을 시사하는데, 이는 캘리포니아와 반대되는 결과이다. 캘리포니아의 경우와 마찬가지로 상호작용 효과는 부정확하게 추정되었고, 10% 수준에서 통계적으로 유의하지 않다[회귀식 (5)에서 $HiEL \times STR$의 t-통계량 값은 $0.80/0.56 = 1.43$이다]. 마지막으로 회귀식 (6)은 영어 학습자 비율[회귀식 (3)에서 유의하지 않음]을 제외하더라도 학생-교사 비율에 대한 추정 계수가 크게 변하지 않음을 보여준다. 간단히 말해 회귀식 (3)의 결과는 표 9.2의 회귀식 (4)부터 (6) 사이에서 고려하는 함수 형태 및 설정의 변화에 민감하지 않다. 따라서 매사추세츠 자료의 경우 학생-교사 비율 변화가 시험점수에 미치는 영향에 대한 기본 추정치로 회귀식 (3)을 채택한다.

매사추세츠와 캘리포니아의 결과 비교 캘리포니아의 경우 다음 사항을 발견했다.

1. 학생 배경 특성을 통제하는 변수를 추가하면 학생-교사 비율의 계수가 −2.28[표 7.1, 회귀식 (1)]에서 −0.73[표 8.3, 회귀식 (2)]으로 68% 감소했다.
2. 학생-교사 비율의 실제 계수가 0이라는 가설은 학생 배경과 학군의 경제적 특성을 통제하는 변수를 추가한 후에도 1% 유의수준에서 기각됐다.
3. 학생-교사 비율의 감소 효과는 학군 내 영어 학습자 비율에 통계적으로 유의하게 의존하지 않았다.
4. 시험점수와 학생-교사 비율의 관계가 비선형적이라는 증거가 있다.

매사추세츠에서도 같은 결과가 발견될까? 결과 (1), (2), (3)에 대한 대답은 '예'이다. 추가 통제변수를 포함하면 학생-교사 비율의 계수가 −1.72[표 9.2, 회귀식 (1)]에서 −0.69[표

표 9.2 학생-교사 비율 및 시험점수의 다중회귀분석 결과: 매사추세츠 데이터

종속변수: 학군 내 4학년 학생의 영어, 수학, 과학 시험점수의 평균합. 220개 관측치.

설명변수	(1)	(2)	(3)	(4)	(5)	(6)
학생-교사 비율(*STR*)	−1.72 (0.50) [−2.70, −0.73]	−0.69 (0.27) [−1.22, −0.16]	−0.64 (0.27) [−1.17, −0.11]	12.4 (14.0)	−1.02 (0.37)	−0.67 (0.27) [−1.21, −0.14]
STR^2				−0.680 (0.737)		
STR^3				0.011 (0.013)		
영어 학습자 비율		−0.411 (0.306)	−0.437 (0.303)	−0.434 (0.300)		
영어 학습자 비율 > 중앙 (이진변수인 *HiEL*)					−12.6 (9.8)	
$HiEL \times STR$					0.80 (0.56)	
무상급식 대상 학생 비율		−0.521 (0.077)	−0.582 (0.097)	−0.587 (0.104)	−0.709 (0.091)	−0.653 (0.72)
학군 소득(로그)		16.53 (3.15)				
학군 소득			−3.07 (2.35)	−3.38 (2.49)	−3.87 (2.49)	−3.22 (2.31)
학군 소득^2			0.164 (0.085)	0.174 (0.089)	0.184 (0.090)	0.165 (0.085)
학군 소득^3			−0.0022 (0.0010)	−0.0023 (0.0010)	−0.0023 (0.0010)	−0.0022 (0.0010)
변수 배제에 관한 F-통계량 및 p값 검정						
모든 *STR* 변수 및 상호작용 = 0				2.86 (0.038)	4.01 (0.020)	
STR^2, $STR^3 = 0$				0.45 (0.641)		
소득^2, 소득^3			7.74 (< 0.001)	7.75 (< 0.001)	5.85 (0.003)	6.55 (0.002)
$HiEL$, $HiEL \times STR$					1.58 (0.208)	
SER	14.64	8.69	8.61	8.63	8.62	8.64
$\bar{R}^2$	0.063	0.670	0.676	0.675	0.675	0.674

이러한 회귀분석은 부록 9.1에서 설명한 매사추세츠 초등학교 학군 데이터를 사용해 추정되었다. 모든 회귀분석에는 절편이 포함되어 있다(보고되지 않음). 표준 오차는 계수 아래 괄호 안에 표기하고, p값은 F-통계량 아래 괄호 안에 표기한다. 학생-교사 비율에 관한 계수의 95% 신뢰구간은 회귀식 (1), (2), (3), (6)의 경우 대괄호 안에 표기하나, *STR*에 비선형성 관련 항이 포함된 회귀식의 경우 표기하지 않는다.

9.2, 회귀식 (2)]로 60% 감소한다. 통제변수를 추가한 후에도 학생-교사 비율에 대한 계수는 여전히 유의하다. 이 계수는 매사추세츠 자료에서는 5% 수준에서만 유의한 반면, 캘리포니아 자료에서는 1% 수준에서도 유의하다. 그러나 캘리포니아 자료의 관측치 수가 거의 2배이므로 캘리포니아의 추정치가 더 정확하다는 것이 놀라운 일은 아니다. 그러나 캘리포니아 자료에서와 마찬가지로 매사추세츠 자료에서 **STR**과 **HiEL** 사이의 상호작용이 통계적으로 유의하다는 증거는 없다.

그러나 매사추세츠 자료에서는 결과 (4)가 성립하지 않는다: 학생-교사 비율과 시험점수 사이의 관계가 선형적이라는 가설을 삼차식 설정의 대립가설에 대해 검정하면 영가설을 5% 유의수준에서 기각할 수 없다.

두 주의 시험이 서로 다르기에 계수 자체를 직접 비교할 수 없다: 매사추세츠 시험에서의 1점이 캘리포니아 시험에서의 1점과 같지 않다. 그러나 시험점수를 동일한 단위로 환산하면 추정된 학급 규모 효과를 비교할 수 있다. 이를 위한 한 가지 방법은 시험점수를 표준화 변환하는 것이다: 각 주의 자료에서 각 학군 시험점수에서 표본평균을 빼고 표준편차로 나누어 평균이 0이 되고 분산이 1이 되도록 한다. 표준화 시험점수를 사용한 회귀식의 기울기 계수는 원래 회귀식의 기울기 계수를 원래 시험점수의 표준편차로 나눈 값과 같다. 따라서 두 데이터 세트에서 학생-교사 비율에 대한 계수를 시험점수의 표준편차로 나눈 뒤의 값을 서로 비교할 수 있다.

이러한 비교는 표 9.3에서 실시한다. 첫 번째 열은 영어 학습자 비율, 무료급식 대상 학생 비율, 학군 평균 소득을 통제변수로 포함한 회귀분석에서 학생-교사 비율의 OLS 추정 계수를 보고한다. 두 번째 열은 학군별 시험점수의 표준편차를 보고한다. 마지막 두 열은 (교육감의 제안대로) 교사 1인당 학생 수를 2명 줄일 때 시험점수에 미치는 효과를 첫 번째는 시험점수 단위로, 두 번째는 표준편차 단위로 보고한다. 선형 설정의 경우 캘리포니아 자료를 사용한 OLS 추정계수는 -0.73이므로 학생-교사 비율을 2만큼 줄이면 학군 시험점수가 $-0.73 \times (-2) = 1.46$점 증가하는 것으로 추정된다. 시험점수의 표준편차가 19.1점이므로, 이러한 증가치를 학군별 시험점수 분포의 표준편차 단위로 환산하면 $1.46/19.1 = 0.076$에 해당한다. (즉 0.076 표준편차만큼 증가한 것이다.) 이 추정치의 표준 오차는 $0.26 \times 2/19.1 = 0.027$이다. 비선형모형에 대한 추정효과와 표준 오차는 8.1절에서 설명한 방법을 사용해 계산했다.

캘리포니아 데이터를 사용한 선형모형에 따르면 교사당 학생 수가 2명 감소하면 시험점수가 0.076 표준편차 단위만큼 증가하는 것으로 추정되며 추정치의 표준 오차는 0.027이다. 캘리포니아 데이터에 대한 비선형모형에서는 그 효과가 다소 더 크며, 구체적인 효과는 초기 학생-교사 비율에 따라 달라진다. 매사추세츠 데이터에 기반하면, 이것의 추정효과는 0.085 표준편차 단위이고 이의 표준 오차는 0.036이다.

이러한 추정치는 본질적으로 같다. 매사추세츠의 95% 신뢰구간은 캘리포니아 선형 설정의 95% 신뢰구간을 포함한다. 학생-교사 비율을 줄이면 시험점수가 상승할 것으로 예측되지만 예측되는 개선 폭은 작다. 예를 들어 캘리포니아 자료에서 중앙값에 있는 학군과

표 9.3 학생-교사 비율 및 시험점수: 캘리포니아와 매사추세츠의 추정치 비교

	OLS 추정치 $\hat{\beta}_{STR}$	학군별 시험점수 표준편차	교사당 학생 수 2명 감소의 추정효과	
			시험점수 단위	표준편차 단위
캘리포니아				
선형: 표 8.3(2)	−0.73 (0.26)	19.1	1.46 (0.52) [0.46, 2.48]	0.076 (0.027) [0.024, 0.130]
삼차식: 표 8.3(7) *STR*을 20에서 18로 감소	–	19.1	2.93 (0.70) [1.56, 4.30]	0.153 (0.037) [0.081, 0.226]
삼차식: 표 8.3(7) *STR*을 22에서 20으로 감소	–	19.1	1.90 (0.69) [0.54, 3.26]	0.099 (0.036) [0.028, 0.171]
매사추세츠				
선형: 표 9.2(3)	−0.64 (0.27)	15.1	1.28 (0.54) [0.22, 2.34]	0.085 (0.036) [0.015, 0.154]

표준 오차는 괄호 안에 표기한다. 학생 2명 감소 효과에 대한 95% 신뢰구간은 대괄호 안에 표기한다.

75번째 백분위수에 있는 학군 사이의 시험점수 차이는 12.2점(표 4.1)이다. 즉 이 차이는 0.64(= 12.2/19.1) 표준편차 단위이다. 선형모형에서 추정된 학생 2명 감소 효과는 이 크기의 10분의 1보다 조금 클 뿐이다. 학군별 시험점수 분포에서 중앙값에 있는 학군을 가지고 쉽게 얘기하겠다. 학생-교사 비율을 2만큼 줄여도 이 학군을 크게 움직이지 못한다. 즉 추정치에 따르면, 중앙값의 학군에서 75번째 백분위수 학군까지 가는 길의 10분의 1만큼 움직인 것에 불과하다. 학생-교사 비율을 2만큼 줄이는 것이 한 학군에서는 큰 변화지만, 표 9.3에 나와 있는 추정편익은 비록 0은 아니지만 작다고 하겠다.

매사추세츠 자료를 분석한 결과, 캘리포니아의 결과는 적어도 미국 내 다른 초등학교 학군으로 일반화할 때 외적 타당성이 있다.

내적 타당성

캘리포니아와 매사추세츠의 결과가 유사하다고 해서 내적 타당성이 보장되는 것은 아니다. 9.2절에서 학급 규모에 따른 시험점수에 대한 추정효과에 편향을 유발할 수 있는 내적 타당성에 대한 다섯 가지 위협 요인을 열거했다. 우리는 이러한 위협을 차례로 고찰한다.

누락변수 이 장과 이전 장에서 보고된 다중회귀분석은 학생 특성(영어 학습자 비율), 가정의 경제적 특성(무료급식 대상 학생 비율), 학군의 풍요로움에 관한 넓은 의미의 척도(학군 평균 소득)를 통제했다.

이러한 통제변수가 적절하다면 회귀분석을 위해 마치 학생-교사 비율을 이러한 통제변수의 값이 동일한 학군 간에 무작위로 할당한 것과 같다. 이 경우 조건부 평균 독립성 가정이 유지된다. 그러나 일부 누락 요인이 여전히 있을 수 있다. 이 요인에 대해 앞의 세 변수가 적절한 통제변수가 아닐 수 있다. 예를 들어 만약 이민자 비율이 같고 사회경제적 특성이 같은 학군 사이에도 학생-교사 비율이 교사의 수준과 상관관계가 있고(아마도 우수한 교사가 학생-교사 비율이 낮은 학교에 몰리기 때문일 것이다) 교사의 수준이 시험점수에 영향을 끼친다면, 교사의 질을 누락하면 학생-교사 비율의 계수가 편향될 수 있다. 마찬가지로, 동일한 사회경제적 특성을 가진 학군 중에서도 학생-교사 비율이 낮은 학군에 가정 안에서 자녀의 학습을 개선하는 데 더 헌신하는 가정이 있을 수 있다. 이러한 누락된 요인으로 인해 누락변수편향이 발생할 수 있다.

적어도 이론적으로 누락변수편향을 제거하는 한 가지 방법은 실험을 수행하는 것이다. 예를 들어 학생들을 다양한 규모의 학급에 무작위로 배정하고 이후 표준화된 시험에서 학생들의 성적을 비교할 수 있다. 실제로 이러한 연구는 테네시주에서 수행되었으며, 13장에서 이를 살펴보겠다.

함수 형태 이 장과 8장의 분석에서 다양한 함수 형태를 살펴보았다. 조사된 비선형성 중 일부는 통계적으로 유의하지 않았고, 유의한 비선형성도 학생-교사 비율 감소의 추정효과를 크게 변화시키지 않는 것으로 나타났다. 비록 추가적인 함수 형태 분석을 수행할 수 있지만, 이는 이 연구의 주요 결과가 다른 비선형회귀 설정을 사용하는 데 민감하지 않을 가능성이 존재함을 시사한다.

변수 내 오차 학군의 평균 학생-교사 비율은 학급 규모를 광범위하게 그리고 잠재적으로 부정확하게 측정할 수 있는 척도이다. 예를 들어 학생들이 학군 안팎으로 이동하기 때문에 학생-교사 비율이 시험을 치르는 학생들이 경험한 실제 학급 규모를 정확하게 나타내지 못할 수 있다. 이로 인해 추정된 학급 규모 효과가 0으로 편향될 수 있다. 측정오차가 발생할 가능성이 있는 또 다른 변수는 학군 평균 소득이다. 이 자료는 1990년 미국 인구통계조사에서 가져온 것이고, 다른 변수에 관한 자료는 1998년(매사추세츠) 또는 1999년(캘리포니아)에 관한 것이다. 1990년대 동안 학군의 경제적 구성이 크게 변화했다면 이는 실제 학군 평균 소득을 부정확하게 측정할 수 있다.

표본선택 캘리포니아 및 매사추세츠 데이터는 최소 규모 제한을 충족하는 주 내의 모든 공립 초등학교 학군을 대상으로 하므로 여기서 표본선택에 문제가 있다고 볼 이유가 없다.

동시 인과성 표준화 시험 성적이 학생-교사 비율에 영향을 미치는 경우 동시 인과성이 발생할 수 있다. 예를 들어 성적이 저조한 학교나 학군에 재정을 늘려 결과적으로 더 많은 교사를 채용하도록 하는 관료적 또는 정치적 기제가 있다면 이런 일이 발생할 수 있다. 매사추세츠에서는 이 시험을 실시한 당시에 학교 재정 평준화를 위한 그러한 제도가 마련되어 있지 않았다. 캘리포니아에서는 일련의 법원 소송을 통해 재정을 어느 정도 균등화했지만, 이러한 재분배가 학생 성취도에 근거한 것은 아니었다. 따라서 매사추세츠나 캘리포니아에서는 동시 인과성이 문제가 되지 않는 것으로 보인다.

관측치 간 오차항의 이분산성 및 상관관계 여기와 앞 장에서 보고된 모든 결과는 이분산성 강건 표준 오차를 사용하므로 이분산성은 내적 타당성을 위협하지 않는다. 그러나 단순 임의표집이 사용되지 않았기 때문에(표본은 주의 모든 초등학교 학군으로 구성됨) 관측치 간 오차항의 상관관계가 표준 오차의 일치성을 위협할 수 있다. 이러한 상황에 적용할 수 있는 대체 표준 오차 공식이 있지만, 세부사항은 복잡하고 전문적이다. 우리는 이 부분은 대학원 수준 교재에 맡긴다.

토론 및 시사점

매사추세츠와 캘리포니아의 결과가 유사하다는 것은 이 연구의 주요 결과를 미국 내 다른 초등학교 학군의 표준화 시험 성적에 일반화할 수 있다는 의미에서 이 연구가 외적 타당성을 갖는 것을 의미한다.

내적 타당성에 대한 가장 중요한 잠재적 위협 중 일부는 학생 배경, 가정의 경제적 배경, 학군의 부유함을 통제하고 회귀함수의 비선형성을 확인해 해결되었다. 하지만 내적 타당성에 대한 잠재적 위협은 여전히 남아 있다. 누락변수편향이 주요 후보이다. 통제변수가 학군의 다른 특성 또는 과외 학습 기회를 포착하지 못해서 이것이 발생할 수 있기 때문이다.

캘리포니아 및 매사추세츠 데이터를 기반으로 우리는 4.1절에서 교육감이 제기한 질문에 답할 수 있다: 가정의 경제적 배경, 학생 특성, 학군의 부유함을 통제하고 회귀함수의 비선형성을 모형화한 후, 교사당 학생 수를 2명 줄이면 0.08 표준편차 단위만큼 시험점수가 증가할 것으로 예측된다. 표준편차 단위는 학군별 시험점수 분포로부터 구한다. 이 효과는 통계적으로 유의하나 그 크기는 매우 작다. 이 작은 추정효과는 학급 규모 축소가 시험점수에 미치는 영향을 조사한 많은 연구 결과에 부합한다.[5]

이제 교육감은 이 추정치를 사용해 학급 규모 축소 여부를 결정할 수 있다. 이 결정을 내릴 때 교육감은 제안된 감소 규모가 요구하는 비용과 이로부터 얻는 편익을 비교해야 한다. 비용에는 교사 급여와 교실 추가에 따른 지출이 포함된다. 편익에는 표준화 시험 성적으로 측정한 학업 성취도 향상이 포함되지만, 중도 탈락률 감소와 미래 수입 증대 등 아직 연구하지 않은 다른 잠재적 편익도 있다. 표준화 시험 성적에 끼치는 제안의 추정효과는 비용과 편익을 계산하는 데 중요한 입력값 중 하나이다.

9.5 결론

내적 타당성 및 외적 타당성의 개념은 인과효과에 대한 계량경제학적 연구에서 얻은 결과를 평가하기 위한 틀을 제공한다.

다중회귀분석에 기반한 연구는 추정 계수가 비편향적이고 일치성이 있으며 표준 오차가 일치성이 있는 경우 내적으로 타당하다. 이러한 연구의 내적 타당성을 위협하는 요인으로는 누

5 학급 규모와 시험점수 간의 관계에 대해 더 알고 싶다면 Ehrenberg 등(2001a, 2001b)의 리뷰를 참조하라.

락변수, 함수 형태 설정 오류(비선형성), 독립변수의 부정확한 측정(변수 내 오차), 표본선택, 동시 인과성 등이 있다. 이러한 각각의 문제는 회귀식과 오차항 사이에 상관관계를 유발해 OLS 추정량을 편향되고 불일치하게 만든다. 시계열 자료에서처럼 오차가 관측치 간에 상관관계가 있거나, 오차가 이분산적이지만 등분산성 전용 공식을 사용해 표준 오차를 계산하는 경우 표준 오차가 일치하지 않아 내적 타당성이 손상될 수 있다. 이러한 후자의 문제는 표준 오차를 올바르게 계산해 해결할 수 있다.

회귀분석을 사용한 연구는 모든 다른 통계 연구와 마찬가지로 연구 결과가 연구 대상 모집단과 설정을 넘어 일반화될 수 있다면 외부 타당성이 있다. 때로는 동일한 주제에 대한 2개 이상의 연구를 비교하는 것이 도움이 될 수 있다. 그러나 그러한 연구가 2개 이상 있는지와 관계없이 외적 타당성을 평가하려면 연구 대상 모집단 및 설정을 연구 결과가 일반화되는 모집단 및 설정과 비교해 둘 사이에 유사성 여부를 판단해야 한다.

이 책의 다음 두 부분에서는 다중회귀분석만으로는 완화할 수 없는 내적 타당성에 대한 위협을 해결하는 방법을 개발한다. Ⅲ부에서 OLS 추정량의 잠재적 편향의 다섯 가지 원인을 모두 완화하도록 설계된 방식으로 다중회귀모형을 확장한다. Ⅲ부에서는 또한 내적 타당성을 얻기 위한 다른 접근 방식인 무작위 통제 실험에 대해 논의하고, 수많은 예측변수가 존재하는 예측 문제로 돌아간다. Ⅳ부에서는 시계열 자료를 분석하는 방법과 시계열 자료를 사용해 시간에 따라 달라지는 인과효과인 소위 동적인과효과(dynamic causal effects)를 추정하는 방법을 개발한다.

요약

1. 통계 연구는 분석이 내부적으로나 외부적으로 타당한지를 묻는 방식으로 평가한다. 인과효과에 대한 통계적 추론이 연구 대상 모집단에 대해 타당하다면 해당 연구는 내적 타당성이 있는 것이다. 연구의 추론과 결론이 연구 대상 모집단과 설정에서 다른 모집단과 설정으로 일반화될 수 있다면 그 연구는 외적 타당성이 있는 것이다.

2. 인과효과의 회귀분석 추정에서 두 가지 유형의 내적 타당성 위협이 있다. 첫째, 설명변수와 오차항이 상관관계가 있는 경우 OLS 추정량은 편향되고 불일치하다. 둘째, 표준 오차가 부정확할 경우 신뢰구간과 가설검정은 유효하지 않다.

3. 누락변수가 있는 경우, 부정확한 함수 형태를 사용한 경우, 하나 이상의 설명변수에 측정오차가 있는 경우, 표본이 모집단에서 비임의적으로 선택된 경우, 설명변수와 종속변수 사이에 동시 인과성이 있는 경우에 설명변수와 오차항은 상관될 수 있다.

4. 오차가 이분산적인데 컴퓨터 소프트웨어가 등분산성 전용 표준 오차를 사용하는 경우, 혹은 오차항이 여러 관측치 간에 상관관계가 있는 경우에는 표준 오차가 정확하지 않다.

5. 회귀모형을 예측에만 사용하는 경우 회귀 계수가 인과관계의 비편향 추정량일 필요는 없다. 그러나 회귀모형이 조만간 적용하려는 예측에 대해서 외적 타당성을 갖는 것은 중요하다.

핵심 용어

고전적 측정오차 모형classical measurement error model

관심 모집단population of interest

내적 타당성internal validity

동시 방정식/연립방정식 편향simultaneous equations bias

동시 인과성simultaneous causality

변수 내 오차/측정오차 편향errors-in-variables bias

연구 대상 모집단population studied

외적 타당성external validity

표본선택 편향sample selection bias

함수 형태 설정 오류functional form misspecification

복습문제

9.1 내적 타당성과 외적 타당성의 차이를 설명하라. 계량경제학적 연구에서 내적 타당성은 있지만 외적 타당성은 없는 것이 가능한가?

9.2 핵심 개념 9.2에서는 변수 선택의 문제를 편향과 분산 사이의 상충관계 측면에서 설명한다. 이러한 상충관계는 무엇인가? 추가 통제변수를 포함하면 왜 편향이 줄어들 수 있는가? 분산이 증가하는가?

9.3 Y에서 측정오차의 영향은 무엇인가? X에서 측정오차의 영향과 어떻게 다른가?

9.4 표본선택 편향이란 무엇인가? 대학 졸업생 자료를 이용한 학교 교육연수의 추가적인 1년이 소득에 미치는 영향에 관한 연구를 읽었다고 가정하자. 어떤 잠재적인 표본선택 편향이 있는가?

9.5 동시 인과성 편향이란 무엇인가? 높은 수준의 관료적 부패가 국민 소득에 미치는 영향 연구에서 동시 인과성의 가능성을 설명하라.

9.6 한 연구자가 두 가지 소프트웨어 패키지를 사용해 회귀를 추정한다. 첫 번째는 표준 오차에 대해 등분산성 전용 공식을 사용한다. 두 번째는 이분산성 강건 공식을 사용한다. 표준 오차는 매우 다를 것이다. 연구자는 어떤 것을 사용해야 하며, 이유는 무엇인가?

연습문제

9.1 어린이들의 건강 개선이 학교 시험점수에 미치는 영향에 대한 주의 깊은 통계 연구를 방금 읽었다고 가정하자. 이 연구는 2000년 서아프리카 지역의 한 프로젝트에서 얻은 자료를 사용해 종합비타민 보충제를 복용한 학생들의 학교 성적이 훨씬 더 좋았다는 결론을 내렸다. 외적 타당성 개념을 사용해 이러한 결과를 2000년 인도, 2000년 영국, 2015년 서아프리카에 적용할 수 있는지 판단하라.

9.2 단순 회귀모형 $Y_i = \beta_0 + \beta_1 X_i + u_i$를 고려하고 핵심 개념 4.3의 최소제곱 가정을 만족한다고 가정하자. Y_i가 오차가 있는 측정값이므로 자료는 $\widetilde{Y}_i = Y_i + w_i$이고, 여기서 w_i는 측정오차로 i.i.d.이며 Y_i 및 X_i와는 독립적이라고 가정한다. 잘못 측정된 종속변수인 $\widetilde{Y}_i$를 사용하는 모집단 회귀 $\widetilde{Y}_i = \beta_0 + \beta_1 X_i + v_i$를 고려하자. 여기서 v_i는 회귀 오차이다.

a. $v_i = u_i + w_i$임을 밝혀라.

b. 회귀모형 $\widetilde{Y}_i = \beta_0 + \beta_1 X_i + v_i$가 핵심 개념 4.3의 최소제곱 가정을 만족하는 것을 밝혀라. (모든 i와 j에 대해 w_i는 Y_j 및 X_j와 독립적이며 4차 적률이 유한하다고 가정한다.)

c. OLS 추정량은 일치성이 있는가?

d. 일반적인 방법으로 신뢰구간을 구성할 수 있는가?

e. 다음 문장을 평가하라: "X의 측정오차는 심각한 문제이다. Y의 측정오차는 심각한 문제는 아니다."

9.3 여성 소득의 결정 요인을 연구하는 노동경제학자들은 경험적 연구에서 매우 의아한 결과를 발견했다. 무작위로 선정된 취업 여성을 대상으로, 소득을 여성의 자녀 수와 일련의 통제변수(연령, 교육, 직업 등)에 대해 회귀분석했다. 연구진은 이러한 다른 요인들을 통제한 결과, 자녀가 많은 여성의 임금이 더 높다는 사실을 발견했다. 표본선택이 이 결과의 원인이 될 수 있는 방법을 설명하라. (힌트: 가정 밖에서 일하지 않는 여성이 표본에서 누락되었다는 점에 유의하라.) [이 실증 결과의 퍼즐은 2000년 노벨경제학상 수상으로 이어진 제임스 헤크먼의 표본선택에 대한 연구에 동기를 부여했다. Heckman(1974)을 참조하라.]

9.4 표 8.3 및 9.3의 (2)와 표 9.2의 (2)에 표시된 회귀분석 결과를 사용해 표 9.3과 같은 표를 작성하고 캘리포니아주와 매사추세츠주의 무료급식 대상 학생 수가 10퍼센트포인트 증가할 때 시험점수에 미치는 예상 효과를 비교하라.

9.5 상품에 대한 수요는 $Q = \beta_0 + \beta_1 P + u$로 주어지며, 여기서 Q는 수량, P는 가격, u는 수요를 결정하는 가격 이외의 요인을 나타낸다. 상품의 공급은 $Q = \gamma_0 + \gamma_1 P + v$로 주어지며, 여기서 v는 공급을 결정하는 가격 이외의 요인을 나타낸다. u와 v의 평균이 모두 0이고 분산이 σ_u^2와 σ_v^2이며 서로 상관관계가 없다고 가정한다.

a. 2개의 동시 방정식을 풀어서 Q와 P가 u와 v에 어떻게 의존하는지 밝혀라.

b. P와 Q의 평균을 도출하라.

c. P의 분산, Q의 분산, Q와 P 사이의 공분산을 구하라.

d. (Q_i, P_i) 관측치의 임의표본을 수집하고, Q_i를 P_i에 대해 회귀한다. [즉 Q_i는 피설명변수(regressand)이고 P_i는 설명변수(regressor)이다.] 표본이 매우 크다고 가정하자.

i. (b)와 (c)의 답을 사용해 회귀계수 값을 도출하라. [힌트: 식 (4.7)과 (4.8)을 이용하라.]

ii. 한 연구자가 이 회귀함수의 기울기를 수요함수의 기울기 β_1을 추정하는 데 사용한다. 추정된 기울기가 너무 크거나 너무 작은가? (힌트: 수요곡선은 아래로 기울고 공급곡선은 위로 기운다.)

9.6 (Y_i, X_i)에 대한 50개 관측치에서 다음과 같은 회귀분석 결과를 얻었다.

$$\underset{(23.5)}{\hat{Y} = 49.2} + \underset{(16.4)}{73.9X}, \quad SER = 13.4, \quad R^2 = 0.78$$

다른 연구자가 동일한 회귀에 관심이 있다. 그런데 회귀 프로그램에 데이터를 입력할 때 오류가 발생했다: 그는 각 관측치를 두 번씩 입력해(관측치 1을 두 번 입력하고, 관측치 2를 두 번 입력하는 등) 관측치가 100개가 되었다.

a. 이 100개의 관측치를 사용해 회귀 프로그램을 실행하면 어떤 결과가 나오겠는가? (힌트:

X와 Y의 표본평균, 분산, 공분산의 '부정확한' 값을 '정확한' 값의 함수로 재정리하고, 이를 이용해 회귀 통계량을 정하라.)

$$\hat{Y} = \underset{(\_\_\_\_)}{\_\_\_\_} + \underset{(\_\_\_\_)}{\_\_\_\_}X, SER = \_\_\_\_, R^2 = \_\_\_\_$$

b. 내적 타당성 조건 중 어떤 것을 위반했는가?

9.7 다음 진술의 참과 거짓을 판별하라. 또한 답에 대한 근거를 설명하라.

a. Y와 오차항이 상관이 있으면, Y를 X에 OLS한 결과는 내적 타당성을 가지지 못한다.
b. 오차항이 이분산적이면 X의 추정량은 항상 편향된다.

9.8 4장의 회귀분석 결과 식 (4.9)가 매사추세츠의 한 학군에서 시험점수를 예측하는 데 유용하겠는가, 아니면 유용하지 않겠는가? 답에 대한 근거를 설명하라.

9.9 그림 8.2에 표시된 소득에 대한 시험점수의 선형회귀와 식 (8.18)의 비선형회귀를 생각하라. 이 2개의 회귀분석 결과 중 어느 것이 시험점수에 끼치는 소득의 인과효과에 대한 신뢰할 만한 추정치를 제공하는가? 또한 어느 것이 시험점수를 예측하는 신뢰할 만한 방법을 제공하는가? 설명하라.

9.10 8.3절의 글상자 '고령화가 의료비 지출에 미치는 영향: 붉은 청어인가?'를 읽어보라. 모형 1과 3을 모두 고려해 나이와 의료비 지출 사이의 인과관계에 대한 내적 및 외적 타당성을 논의하라.

9.11 8.3절의 글상자 '경제학 학술지 수요'를 읽어보라. 인용당 가격이 구독에 미치는 추정효과의 내적 및 외적 타당성을 논의하라.

9.12 핵심 개념 4.3의 최소제곱 가정을 만족하는 일변수 회귀모형 $Y_i = \beta_0 + \beta_1 X_i + u_i$를 고려하자. 이때 설명변수 X_i가 결측된다. 그러나 관련 변수인 Z_i의 자료를 이용할 수 있다. $\widetilde{X}_i = E(X_i | Z_i)$를 사용해 X_i의 값을 추정한다. $w_i = X_i - \widetilde{X}_i$라 하자.

a. $\widetilde{X}_i$는 Z_i를 사용한 X_i의 최소평균제곱오차 추정량임을 밝혀라. 다시 말해 $\hat{X}_i = g(Z_i)$가 Z_i를 기반한 X_i의 다른 추측일 때 $E[(\hat{X}_i - X_i)^2] \geq E[(\widetilde{X}_i - X_i)^2]$임을 증명하라. (힌트: 연습문제 2.27을 복습한다.)
b. $E(w_i | \widetilde{X}_i) = 0$을 증명하라.
c. $E(u_i | Z_i) = 0$이고 $\widetilde{X}_i$를 X_i 대신에 설명변수로 사용한다. $\hat{\beta}_1$이 일치성이 있음을 밝혀라. $\hat{\beta}_0$은 일치성이 있는가?

9.13 회귀모형 $Y_i = \beta_0 + \beta_1 X_i + u_i$가 핵심 개념 4.3의 최소제곱 가정을 만족한다. 당신과 한 친구가 Y와 X의 관측치에 대한 300개의 임의표본을 수집한다.

a. 친구가 실수로 표본의 20%에서 X의 관측값을 뒤섞었다고 보고한다. 이러한 뒤섞인 관측의 경우, i번째 관측치에서 X값이 원래 X_i가 아니라 다른 관측치에 대한 X값이 되었다. 9.2절의 표기법에서 설명변수의 측정값인 $\widetilde{X}_i$는 관측의 80%에 대해서는 원래 X_i와 같지만 나머지 20%의 관측에 대해서는 무작위로 선택된 X_j와 같다. 이제 Y_i를 $\widetilde{X}_i$에 회귀한다. 이때 $E(\hat{\beta}_1) = 0.8\beta_1$을 밝혀라.

b. (a)의 OLS 추정량을 사용해 β_1의 비편향 추정량을 구축하는 방법을 설명하라.

c. 이제 친구가 처음 60개의 관측치에 대해 X가 뒤섞여 있지만 나머지 240개의 관측치는 정확하다고 말한다. 올바르게 측정된 240개의 관측치만 사용해 Y를 X에 회귀해 β_1을 추정한다. 이 β_1의 추정량이 (b)에서 제안한 추정량보다 더 좋은가? 설명하라.

실증문제

E9.1 실증문제 8.2에서 설명한 데이터 세트 **CPS2015**를 사용해 다음 질문에 답하라.

a. 실증문제 8.2(l)에 답하기 위해 사용했던 회귀분석의 내적 타당성을 논의하라. 누락변수 편향, 함수 형태 설정 오류, 변수 내 오차, 표본선택, 동시 인과성, OLS 표준 오차의 불일치성이 발생할 가능성에 대한 논의를 포함하라.

b. 실증문제 3.1에서 설명한 데이터 세트 **CPS96_15**에는 1996년과 2015년 자료가 포함되어 있다. 이 자료를 사용해 실증문제 8.2(l)에서 도출한 결과의 (시간적인) 외적 타당성을 고찰하라. [참고: 실증문제 3.1(b)에서 설명한 대로 인플레이션을 조정해야 한다.]

E9.2 실증문제 5.3에서 소개한 데이터 세트 **Birthweight_Smoking**을 사용해 다음 질문에 답하라.

a. 실증문제 7.1(f)에서 당신은 몇 개의 회귀모형을 추정하고, 다음과 같은 질문을 받았다: "흡연이 출생 시 체중에 미치는 효과의 합리적인 95% 신뢰구간은 무엇인가?"

i. 당신은 8장에서 비선형회귀를 학습했다. 실증문제 7.1(f)에 대한 답을 잠재적으로 개선할 수 있는 비선형회귀모형을 생각할 수 있는가? 이러한 추가 회귀모형을 추정한 후, 흡연이 출생시 체중에 미치는 영향에 대한 합리적인 95% 신뢰구간은 무엇인가?

ii. 신뢰구간을 구성하는 데 사용했던 회귀분석의 내적 타당성을 논의하라. 누락변수편향, 함수 형태 설정 오류, 변수 내 오차, 표본선택, 동시 인과성, OLS 표준 오차의 불일치성이 발생할 가능성에 대한 논의를 포함하라.

b. 데이터 세트 **Birthweight_Smoking**은 1989년 펜실베이니아주에서 태어난 아기 자료를 포함하고 있다. (i) 1989년 캘리포니아주, (ii) 2019년 일리노이주, (iii) 2019년 대한민국에 대해 분석 결과의 외적 타당성을 논의하라.

부록 9.1 매사추세츠 초등학교 시험 데이터

매사추세츠 데이터는 1998년 공립 초등학교 학군의 학군별 평균이다. 1998년 봄에 매사추세츠주 공립학교의 모든 4학년을 대상으로 시행한 매사추세츠 종합평가 체계(Massachusetts Comprehensive Assessment System, MCAS) 시험에서 시험점수를 가져온 것이다. 이 시험은 매사추세츠주 교육부가 후원하며 모든 공립학교에서 의무적으로 실시해야 했다. 여기서 분석된 데이터는 전체 총점이며, 이는 영어, 수학, 과학 점수를 합산한 것이다.

학생-교사 비율, 무료급식 대상 학생 비율, 영어 학습자 비율에 대한 데이터는 1997−1998 학년도 각 초등학교 학군의 평균값이며 매사추세츠주 교육부에서 입수한 것이다. 학군 평균 소득 데이터는 1990년 미국 인구총조사에서 얻은 것이다.

PART

3

회귀분석의 응용

CHAPTER 10

패널데이터를 이용한 회귀분석

다중회귀는 데이터 분석 과정에서 부수적인 변수들의 영향을 통제하는 강력한 도구이다. 그러나 일부 변수가 관측되지 않는 경우 이들을 회귀모형에 포함할 수 없으므로 회귀 계수의 OLS 추정량에 누락변수편향이 발생할 수 있다.

이 장에서는 실제로 관측되지 않는 일부 유형의 누락변수를 통제하는 방법을 설명한다. 이 방법은 패널데이터(panel data)라고 하는 특정 유형의 데이터가 필요하며, 여기서 각 관찰 단위 또는 개체는 여러 기간에 걸쳐 관측된다. 개체와 시간에 따른 종속 변수의 *변화*를 연구함으로써, 개체 간에는 다르지만 시간에 따라 변하지 않는 누락변수의 영향을 제거할 수 있다.

이 장에서 우리가 살펴볼 실증적 예시는 음주운전에 관한 것이다: 주류세나 음주운전 관련 법의 변화가 교통사고 사망자 수에 미치는 영향은 얼마일까? 우리는 1982년부터 1988년까지 7년 동안 미국의 본토 48개 주 교통사고 사망자 수, 주류세, 음주운전 관련 법, 기타 변수에 대한 데이터를 사용해 이 질문에 접근할 것이다. 이 패널데이터를 통해 우리는 음주운전에 대한 전반적인 인식 차이나 문화적 차이와 같이 주에 따라 다르지만 시간에 따라 변하지 않는, 그러면서도 관측되지 않은 변수를 통제할 수 있다. 또한 새 자동차의 안전성 향상과 같이 시간에 따라 변하지만 주들 간에 변하지 않는 변수도 통제할 수 있다.

10.1절에서는 패널데이터의 구조를 설명하고 이를 적용하게 될 음주운전 데이터를 소개한다. 패널데이터의 주요 회귀분석 방법인 고정효과회귀분석(fixed effects regression)은 다중회귀분석의 확장된 형태로, 패널데이터를 활용해 개체 간에는 다르지만 시간에 따라 변하지 않는 변수를 통제한다. 고정효과회귀분석은 10.2절과 10.3절에서 소개하며, 먼저 두 기간 동안 관측된 데이터를, 그다음 여러 시간에 걸쳐 관측된 데이터를 다룬다. 10.4절에서는 이러한 방법을 확장해 개체 간에는 변하지 않지만 시간에 따라 변하는 관측되지 않은 변수, 소위 시간고정효과(time fixed effect)라 하는 변수를 통제하는 방법을 소개한다. 10.5절에서는 패널데이터회귀에 필요한 가정과 패널데이터회귀의 표준 오차를 논의한다. 10.6절에서는 이러한 방법을 사용해 주류세나 음주운전 관련법의 변화가 교통사고 사망자 수에 미치는 영향을 연구한다.

10.1 패널데이터

1.3절에서 언급했듯이 **패널데이터**(panel data, 종단데이터라고도 함)는 T기의 기간 동안 관측된 n개의 서로 다른 개체에 대한 데이터를 의미한다. 이 장에서 연구하게 될 미국 주별 교통사고 사망자 데이터가 패널데이터이다. 이 데이터는 $n = 48$개의 개체(주)에 대한 것으로, 각 개체는 $T = 7$기(1982년부터 1988년까지 각 연도)에 걸쳐 관측되어 총 $7 \times 48 = 336$개의 관측치가 있다.

횡단면데이터를 설명할 때, 개체를 나타내기 위해 아래첨자를 사용하는 것이 유용했다. 예를 들어 Y_i는 i번째 개체에 대한 변수 Y를 나타냈다. 패널데이터를 설명할 때는 개체와 시간 기간을 모두 추적하기 위해 추가적인 표기법이 필요하다. 이를 위해 우리는 2개의 첨자를 사용한다. 첫 번째인 i는 개체를 나타내고, 두 번째인 t는 관측된 시점을 나타낸다. 따라서 Y_{it}는 n개의 개체 중 i번째 개체에 대해 T기 중 t번째 기간에 관찰된 변수 Y를 나타낸다. 이 표기법은 핵심 개념 10.1에 요약했다.

패널데이터와 관련한 여러 가지 새로운 용어가 있는데, 그중 소개할 용어는 패널데이터에서 일부 관측치가 누락되었는지 여부를 나타낼 때 사용하는 용어이다. **균형패널**(balanced panel)이라고 하는 패널데이터는 모든 관측치가 동일한 기간 동안 동일한 횟수만큼 관측된 경우를 말한다. 즉 모든 변수가 n개의 개체에 대해 T기 동안 관측되었다는 의미이다. 적어도 하나의 개체가 적어도 한 번 이상 누락된 경우를 **불균형패널**(unbalanced panel)이라고 한다. 교통사고 사망자 데이터는 미국의 연접한 48개 모든 주에 대해 1982년부터 1988년까지 7년간의 데이터를 가지고 있으므로 균형패널이다. 그러나 일부 데이터가 누락되었다면(예를 들어 1983년 일부 주의 사망자 데이터가 없다면) 이 데이터는 불균형패널이 될 것이다. 이 장에서 제시한 방법들은 기본적으로 균형패널에 사용한다. 이 방법들을 불균형패널에도 사용할 수 있지만, 실제로 어떻게 사용할지는 사용하는 통계소프트웨어에 따라 다르다.

예: 교통사고 사망자와 주류세

미국에서는 고속도로에서 매년 약 40,000건의 교통사고 사망사건이 발생한다. 치명적인 사고의 약 4분의 1은 음주운전과 관련이 있으며, 이 비율은 음주가 절정에 달하는 시간대에 더 높

핵심 개념 10.1

패널데이터 표기법

표 1.3에 예시한 바와 같이 패널데이터는 동일한 n개의 개체에 대해 2회 이상의 기간 T기에 거쳐 관측된 변수로 구성된다. 데이터가 변수 X와 Y에 대한 관측치를 포함하고 있다면 데이터는 다음과 같이 표기된다.

$$(X_{it}, Y_{it}), i = 1, \ldots, n, \quad t = 1, \ldots, T \tag{10.1}$$

여기서 첫 번째 첨자 i는 관측되는 개체를 나타내고, 두 번째 첨자 t는 관측된 시점을 나타낸다.

아진다. 한 연구(Levitt and Porter, 2001)에 따르면 새벽 1시부터 3시 사이에 도로 위 운전자의 25%가 음주 상태이며, 법적으로 취중 운전자는 그렇지 않은 운전자에 비해 치명적인 사고를 일으킬 확률이 적어도 13배 더 높다.

이 장에서는 음주운전을 억제하기 위해 고안된 다양한 정부 정책이 실제로 교통사고 사망자 수를 줄이는 데 얼마나 효과적인지 연구한다. 패널데이터에는 매년 각 주의 교통사고 사망자 수, 음주운전 관련법 유형, 각 주의 맥주에 부과되는 세금 등 교통사고 사망과 음주운전 관련 변수들이 포함되어 있다. 우리가 사용하는 교통사고 사망 지표는 사망률로, 주 인구 10,000명당 연간 교통사고 사망자 수이다. 우리가 사용하는 주류세 지표는 맥주 한 상자에 부과되는 '실질' 세금으로, 인플레이션을 조정해 1988년 달러로 환산한 맥주 세금이다. 데이터에 대한 자세한 설명은 부록 10.1에 있다.

그림 10.1a는 1982년 이 변수들 중 두 가지인 사망률과 맥주 한 상자에 부과되는 실질 세금에 대한 산점도이다. 이 산점도의 한 점은 특정 주의 1982년 사망률과 1982년 실질 맥주 세금을 나타낸다. 사망률을 실질 맥주 세금에 대해 회귀해 얻은 OLS 회귀선도 그림에 표시되어 있다. 추정된 회귀선은 다음과 같다.

$$\widehat{FatalityRate} = \underset{(0.15)}{2.01} + \underset{(0.13)}{0.15}\, BeerTax \quad (\text{1982년 데이터}) \tag{10.2}$$

실질 맥주 세금의 계수는 양수지만 10% 수준에서 통계적으로 유의하지 않다.

우리는 다른 해의 음주 관련 데이터도 가지고 있기에 다른 해에 대해서도 이 관계가 성립하는지 확인할 수 있다. 그림 10.1b는 1988년 데이터를 사용한다는 것을 제외하고 이전과 동일한 방법을 사용해 도출된 산점도이다. 이 데이터를 통과하는 OLS 회귀선은 다음과 같다.

$$\widehat{FatalityRate} = \underset{(0.11)}{1.86} + \underset{(0.13)}{0.44}\, BeerTax \quad (\text{1988년 데이터}) \tag{10.3}$$

1982년 데이터를 사용한 회귀 결과와 달리, 1988년 데이터에서 도출된 실질 맥주 세금의 계수는 1% 수준에서 통계적으로 유의하다(t-통계량은 3.43). 흥미롭게도, 1982년과 1988년 데이터로 추정된 계수는 모두 **양수**이다. 글자 그대로 해석하면, 더 높은 실질 맥주 세금이 더 적은 교통사고 사망이 아닌, **더 많은** 교통사고 사망과 관련이 있다고 할 수 있다.

맥주에 대한 세금 인상이 더 많은 교통사고 사망으로 이어진다고 결론 내려야 할까? 반드시 그렇지는 않다. 이 회귀 결과에는 상당한 누락변수편향이 있을 수 있기 때문이다. 해당 주에서 운행되는 자동차의 품질, 주 고속도로의 정비 상태, 대부분의 운전이 농촌에서 발생하는지, 아니면 도시에서 발생하는지 여부, 도로 위 차량의 밀도, 음주운전이 사회적으로 어느 정도로 용인되는지 등 위 회귀모형에서 고려되지 않은 많은 요인이 교통사고 사망률에 영향을 미칠 수 있다.

이러한 요인 중 어느 것이라도 주류세와 상관관계가 있다면, 이는 누락변수편향으로 이어질 것이다. 이러한 잠재적인 누락변수편향의 원인을 제거하는 한 가지 접근방법은 이 모든 변수에 대한 데이터를 수집해 식 (10.2)와 (10.3)의 연간 횡단면 회귀모형에 추가하는 것이다.

그림 10.1 교통사고 사망률과 맥주 세금

그림 10.1a는 1982년 48개 주의 교통사고 사망률과 맥주 한 상자에 대한 실질 세금(1988년 달러 기준)의 산점도이다. 그림 10.1b는 1988년의 데이터를 보여준다. 두 그래프 모두 사망률과 실질 맥주 세금 사이의 양의 관계를 보여준다.

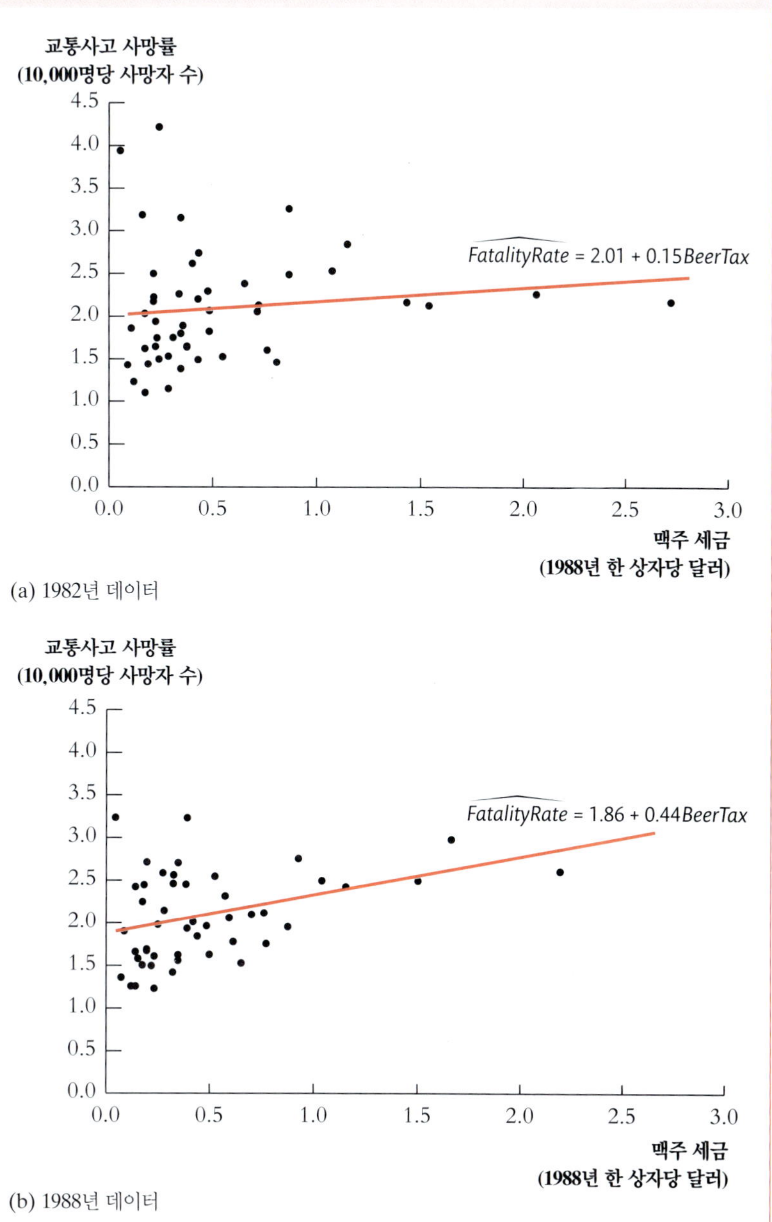

하지만 불행히도, 음주운전에 대한 사회적 수용도와 같은 일부 변수는 측정하기가 매우 어렵거나 심지어 불가능할 수 있다.

그러나 만약 이러한 요인이 특정 주에서 시간에 따라 변하지 않는다면 다른 방법을 사용할 수 있다. 이러한 요인을 관측할 수 없더라도 우리가 가지고 있는 패널데이터를 이용해 사실상 이들을 통제할 수 있다. 이를 위해 우리는 고정효과를 사용한 OLS 회귀를 사용한다.

10.2 두 기간 패널데이터: '전후' 비교분석

각 주의 데이터가 모두 $t = 1$기와 $t = 2$기에 관측될 때, 두 번째 기간의 종속변수 값을 첫 번째 기간의 값과 비교하는 것이 가능하다. 종속변수의 변화에 초점을 맞춤으로써, 이 '전후' 또는 '차이' 비교는 사실상 주마다 다르지만 주 내에서는 시간에 따라 변하지 않는 관측되지 않은 요인들을 동일하게 유지한다.

Z_i를 i번째 주의 교통사고 사망률을 결정하지만 시간에 따라 변하지 않는 변수라고 하자(따라서 아래첨자 t는 생략된다). 예를 들어 Z_i는 음주운전에 대한 지역의 사회적 태도일 수 있으며, 이는 천천히 변화하므로 1982년과 1988년 사이에 변하지 않는 것으로 간주할 수 있다. 따라서 Z_i와 실제 맥주세를 사망률과 연관 짓는 모집단 선형회귀식은 다음과 같이 쓸 수 있다.

$$FatalityRate_{it} = \beta_0 + \beta_1 BeerTax_{it} + \beta_2 Z_i + u_{it} \tag{10.4}$$

여기서 u_{it}는 오차항이고, $i = 1, \dots, n$ 그리고 $t = 1, \dots, T$이다.

식 (10.4)의 회귀식에서 Z_i는 시간에 따라 변하지 않기 때문에 1982년과 1988년 사이 사망률의 변화에 기여하지는 않을 것이다. 따라서 두 기간 사이 사망률 변화를 분석의 대상으로 삼는다면 이때 회귀식에서 Z_i의 영향은 제거할 수 있다. 이를 수학적으로 확인하기 위해 1982년과 1988년 각각에 대한 회귀식 (10.4)를 고려해보자.

$$FatalityRate_{i1982} = \beta_0 + \beta_1 BeerTax_{i1982} + \beta_2 Z_i + u_{i1982} \tag{10.5}$$

$$FatalityRate_{i1988} = \beta_0 + \beta_1 BeerTax_{i1988} + \beta_2 Z_i + u_{i1988} \tag{10.6}$$

식 (10.5)를 식 (10.6)에서 빼면 Z_i의 효과가 제거된다.

$$\begin{aligned} &FatalityRate_{i1988} - FatalityRate_{i1982} \\ &\qquad = \beta_1(BeerTax_{i1988} - BeerTax_{i1982}) + u_{i1988} - u_{i1982} \end{aligned} \tag{10.7}$$

이러한 설정을 통해 우리는 회귀식에 대한 직관적인 해석을 할 수 있다. 음주운전에 대한 각 주의 사회적 태도는 음주운전 비율과 교통사고 사망률에 영향을 미친다. 그러나 사회적 태도가 1982년과 1988년 사이에 변하지 않았다면, 두 기간의 사망자 수 변화에는 기여하지 않았을 것이다. 오히려 시간이 지남에 따라 변하는 교통사고 사망자 수는 다른 요인에 의해 발생했어야 한다. 식 (10.7)을 보면 이러한 다른 요인은 주류세의 변화와 오차항의 변화를 들 수 있다(오차항은 교통사고 사망에 영향을 주지만 회귀식에서 고려되지 않은 다른 요인들의 변화를 포착한다).

식 (10.7)에서 변화량에 대한 회귀식을 특정함으로써 시간에 따라 변하지 않으면서 관측되지 않는 변수 Z_i의 효과를 제거하게 된다. 다시 말해 Y와 X의 변화량을 분석하는 것은 시간에 따라 변하지 않는 변수들을 통제하는 결과를 가져오므로, 이 변수로 인해 발생했던 누락변수편향을 제거할 수 있다.

그림 10.2는 데이터에서 관측된 48개 주에 대해 1982년과 1988년 사이 사망률의 변화와 실제 맥주세 변화의 산점도를 보여준다. 그림 10.2의 한 점은 특정 주의 1982년과 1988년 사이 사망률 변화와 실제 맥주세 변화를 나타낸다. 이 데이터를 사용해 추정된 그림에 나타난 OLS

회귀선은 다음과 같다.

$$\widehat{FatalityRate_{1988} - FatalityRate_{1982}} = \underset{(0.065)}{-0.072} - \underset{(0.36)}{1.04}(BeerTax_{1988} - BeerTax_{1982}) \tag{10.8}$$

식 (10.8)에 등장하는 절편은 실제 맥주세의 변화가 없을 때 사망률의 평균적인 변화가 0이 아닐 가능성을 허용하는 역할을 한다. 예를 들어 절편이 음수(−0.072)로 나온다는 것은 1982년과 1988년 사이 발생한 자동차 안전성의 개선으로 인해 평균 사망률이 감소했다는 것을 반영하는 것으로 볼 수 있다.

횡단면 회귀분석 결과와 대조적으로, 맥주세 변화의 추정된 효과는 경제 이론이 예측한 대로 음수로 나타난다. 모집단 기울기 계수가 0이라는 가설은 5% 유의수준에서 기각된다. 이 추정된 계수에 따르면, 한 상자당 실제 맥주세가 1달러 증가하면 교통사고 사망률은 10,000명당 1.04명 감소하는 것으로 나타난다. 이 추정된 효과는 매우 크다고 볼 수 있다: 이 데이터에서 평균 사망률은 대략적으로 2이다(즉 인구 10,000명당 연간 2명의 사망자 발생). 따라서 이 추정치는 단순히 맥주 한 상자당 실제 세금을 1달러 증가시키는 것만으로도 교통사고 사망자 수를 절반으로 줄일 수 있다고 제안한다.

식 (10.8)의 회귀모형은 시간에 따른 사망률 변화를 검토함으로써 음주운전에 대한 각 주의 사회적 태도와 같은 고정 요인들을 통제하는 방법을 보여준다. 그러나 이 외에도 교통사고 사망자 수에 영향을 미치는 많은 요인이 있으며, 만약 이들이 시간에 따라 변하고 실제 맥주세와 상관관계가 있다면, 이들을 모형에서 누락시키는 것은 누락변수편향을 초래할 수 있다. 10.6

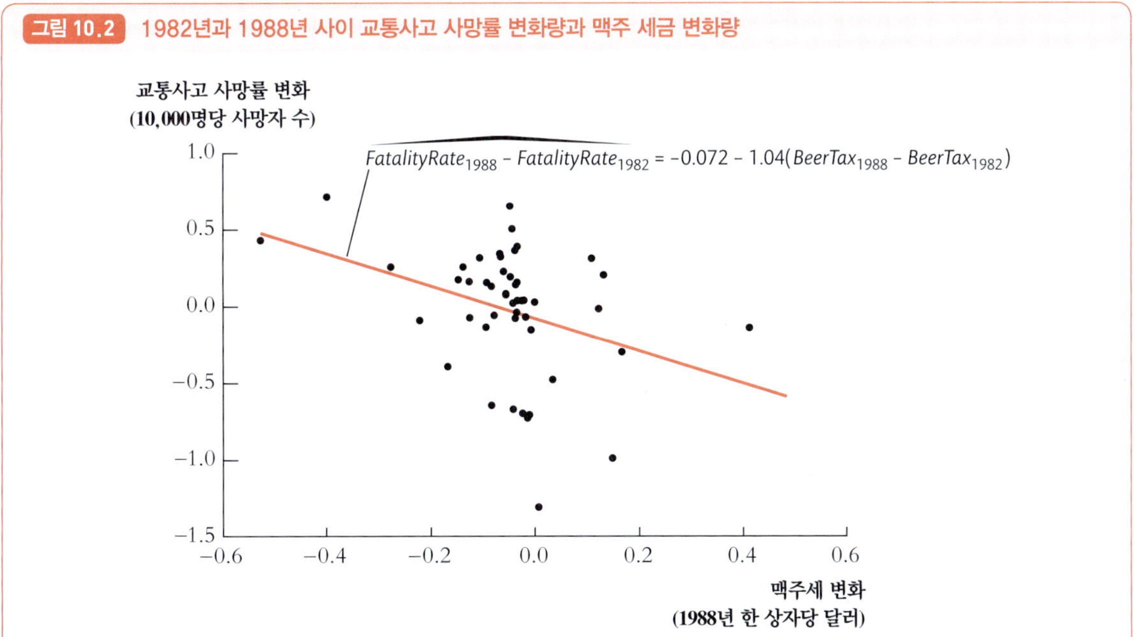

이것은 48개 주의 1982년과 1988년 사이 교통사고 사망률 변화와 실제 맥주세 변화에 대한 산점도이다. 사망률 변화와 주류세 변화 사이에는 음의 관계가 있다.

절에서는 이러한 요인들을 통제하는 더 신중한 분석방법을 알아보게 될 것이다. 따라서 지금은 실제 맥주세가 교통사고 사망자 수에 미치는 영향에 대해 최종적인 결론을 내리는 것을 자제하는 것이 좋겠다.

이 '전후' 또는 '차이' 분석은 다른 두 기간 동안 데이터가 관측될 때 사용할 수 있다. 그러나 우리가 가지고 있는 데이터는 총 7개의 다른 연도에 대한 관측값을 포함하고 있고, 잠재적으로 유용한 이 추가적인 정보를 사용하지 않는 것은 어리석은 일일 것이다. 하지만 '전후' 방법은 $T > 2$일 때는 직접적으로 사용되지 않는다. 패널데이터에 있는 모든 관측값을 적절히 활용하기 위해 위의 방법보다는 주로 고정효과회귀분석 방법을 사용한다.

10.3 고정효과회귀분석

고정효과회귀분석은 개체 간에는 다르지만 시간에 따라 변하지 않는 누락된 변수가 있을 때 패널데이터를 이용해 이를 통제하는 방법이다. 10.2절의 '전후' 비교분석과 달리 고정효과회귀분석은 각 개체에 대해 두 기 이상의 기간에 걸친 관측치가 있을 때 사용할 수 있다.

고정효과회귀모형은 각 개체마다 서로 다른 절편을 허용함으로써 총 n개의 절편을 갖는다. 이러한 절편은 이진(또는 지표)변수의 집합으로 표현될 수 있다. 이 이진변수들은 개체별로는 다르지만 시간에 따라 변하지 않는 모든 누락된 변수의 영향을 흡수하게 된다.

고정효과회귀모형

식 (10.4)의 회귀모형을 고려해보자. 여기서 종속변수(교통사고 사망률)와 관측된 독립변수(맥주세)는 각각 Y_{it}와 X_{it}로 표기된다.

$$Y_{it} = \beta_0 + \beta_1 X_{it} + \beta_2 Z_i + u_{it} \tag{10.9}$$

여기서 Z_i는 주에 따라서는 변하지만 시간에 따라 변하지 않는 관측되지 않는 변수이다(예를 들어 Z_i는 음주운전에 대한 사회적 태도를 나타낸다). 우리는 관측되지 않은 주의 특성 Z를 통제하면서 X가 Y에 미치는 영향인 β_1을 추정하고자 한다.

Z_i가 주에 따라 변하지만 시간에 따라 변하지 않기 때문에, 식 (10.9)의 모집단 회귀모형은 각 주마다 서로 다른 n개의 절편을 가진 것으로 해석될 수 있다. 구체적으로, 절편을 $\alpha_i = \beta_0 + \beta_2 Z_i$라고 하자. 그러면 식 (10.9)는 다음과 같이 쓸 수 있다.

$$Y_{it} = \beta_1 X_{it} + \alpha_i + u_{it} \tag{10.10}$$

식 (10.10)은 **고정효과회귀모형**(fixed effects regression model)으로, 여기서 $\alpha_1, \ldots, \alpha_n$은 추정의 대상이 되는 각 주에 대한 알려지지 않은 절편으로 취급될 수 있다. 식 (10.10)을 바탕으로 i번째 주에 대한 개별 모집단 회귀선을 고려해보자. 이때 모집단 회귀선은 $\alpha_i + \beta_1 X_{it}$가 될 것이고, 여기서 α_i는 주별 특정 절편으로 해석할 수 있다. 모집단 회귀선의 기울기 계수 β_1은 모든 주에 대해 동일하지만, 모집단 회귀선의 절편은 주마다 다르다.

식 (10.10)에서 절편 α_i는 개체 i라서 발생하는 '효과'로 생각할 수 있으므로(현재 예에서 개체는 주다), α_1, ..., α_n항들은 **개체고정효과**(entity fixed effects)라고 한다. 개체고정효과의 변화는 식 (10.9)의 Z_i처럼 개체에 따라서는 변하지만 시간에 따라 변하지 않는 누락된 변수들로부터 온다.

고정효과회귀모형에서 등장하는 주별 특정 절편은 개별 주를 나타내는 이진변수를 사용해 표현할 수도 있다. 8.3절에서는 관측치가 두 집단 중 하나에 속하고, 모집단 회귀선이 두 집단에 대해 동일한 기울기를 갖지만 절편이 다른 경우를 고려했다(그림 8.8a 참조). 그 모집단 회귀선은 집단 중 하나를 나타내는 단일 이진변수를 사용해 수학적으로 표현되었다(핵심 개념 8.4의 경우 1). 우리 데이터에 2개의 주만 있다면, 그 이진변수 회귀모형을 여기에 적용할 수 있다. 그러나 우리는 2개 이상의 주를 가지고 있기 때문에 식 (10.10)의 모든 주별 특정 절편을 포착하려면 추가적인 이진변수들이 필요하다.

이진변수를 사용해 고정효과회귀모형을 특정하기 위해 $D1_i$를 $i = 1$일 때 1이고 그 외에는 0인 이진변수라고 하고, $D2_i$를 $i = 2$일 때 1이고 그 외에는 0인 변수라고 정의하는 방식으로 모든 i에 대해 이진지표변수 D를 정의하자. 이렇게 만들어진 n개의 이진변수는 독립변수 간 완벽한 다중공선성 문제로 인해 공통 절편과 함께 모두 모형에 포함할 수는 없다(이는 6.7절의 더미변수 함정이다). 따라서 우리는 임의로 첫 번째 개체에 대한 이진변수 $D1_i$를 생략한다. 그렇게 되면 식 (10.10)의 고정효과회귀모형은 다음과 같이 동일하게 쓸 수 있다.

$$Y_{it} = \beta_0 + \beta_1 X_{it} + \gamma_2 D2_i + \gamma_3 D3_i + \cdots + \gamma_n Dn_i + u_{it} \tag{10.11}$$

여기서 β_0, β_1, γ_2, ..., γ_n은 우리가 추정해야 할 알려지지 않은 계수이다. 식 (10.11)의 계수들과 식 (10.10)의 절편들 사이의 관계를 도출하기 위해 두 방정식에서 개별 주에 대한 모집단 회귀선을 비교해보자. 식 (10.11)에서, 첫 번째 주에 대한 모집단 회귀식은 $\beta_0 + \beta_1 X_{it}$이므로 $\alpha_1 = \beta_0$이다. 두 번째부터 나머지 주들에 대해 모집단 회귀식은 $\beta_0 + \beta_1 X_{it} + \gamma_i$이므로 $i \geq 2$에 대해 $\alpha_i = \beta_0 + \gamma_i$가 성립한다.

여기서 고정효과회귀모형을 표현하는 동일한 두 가지 방법이 있다고 볼 수 있다. 바로 식 (10.10)과 (10.11)이다. 식 (10.10)에서는 고정효과가 n개의 주별 특정 절편으로 표현되어 있고 식 (10.11)에서 공통 절편 β_0과 $n-1$개의 이진독립변수로 표현된다. 두 식 모두에서 X에 대한 기울기 계수는 모든 주에 대해 동일하다. 식 (10.10)의 주별 특정 절편과 식 (10.11)의 이진독립변수들은 동일한 출처에서 나왔다. 바로 주들 간에는 변하지만 시간에 따라 변하지 않는 관측되지 않는 변수 Z_i이다.

여러 개 X로의 확장 Y에 대해 관측 가능한 다른 결정 요인들이 있고 이러한 요인이 X와 상관관계가 있으며 또한 시간에 따라 변한다면, 누락변수편향을 피하기 위해 이 요인들도 회귀모형에 포함되어야 한다. 이렇게 하면 핵심 개념 10.2에 요약된 다중설명변수를 가진 고정효과회귀모형이 된다.

핵심 개념 10.2

고정효과회귀모형

고정효과회귀모형은 다음과 같다.

$$Y_{it} = \beta_1 X_{1,it} + \cdots + \beta_k X_{k,it} + \alpha_i + u_{it} \qquad (10.12)$$

여기서 $i = 1, \ldots, n$, $t = 1, \ldots, T$이다. $X_{1,it}$는 t기에 관측된 개체 i에 대한 첫 번째 독립변수의 값이고, $X_{2,it}$는 두 번째 독립변수의 값이며, 이러한 방식으로 독립변수 X가 정의된다. 그리고 $\alpha_1, \ldots, \alpha_n$은 개체별 특정 절편이다.

동일한 고정효과회귀모형에 대해 공통 절편, X들, 그리고 한 개체를 제외한 다른 모든 개체를 나타내는 $n - 1$개의 이진변수를 사용해 다음과 같이 쓸 수도 있다.

$$Y_{it} = \beta_0 + \beta_1 X_{1,it} + \cdots + \beta_k X_{k,it} + \gamma_2 D2_i + \gamma_3 D3_i + \cdots + \gamma_n Dn_i + u_{it} \qquad (10.13)$$

여기서 $D2_i$는 $i = 2$일 때 1이고, 그렇지 않으면 0이다. 나머지 개체에 대한 D 변수도 이러한 방식으로 정의된다.

추정과 추론

원칙적으로, 고정효과회귀모형[식 (10.13)]과 같이 이진변수를 사용해 특정한 회귀식은 OLS로 추정할 수 있다. 그러나 이 회귀식에는 $k + n$개의 설명변수(k개의 X, $n - 1$개의 이진변수, 절편)가 등장하므로, 실제로 개체 수가 많으면 이 OLS 회귀식은 너무 길거나 일부 소프트웨어 패키지에서는 구현이 불가능할 수 있다. 따라서 계량경제 소프트웨어에서는 고정효과회귀모형의 OLS 추정을 위해 특별한 과정을 거친다. 이러한 특별한 과정은 전체 이진변수를 포함한 회귀식 추정에 OLS를 사용하는 것과 같은 결과를 가져오지만, 고정효과회귀분석 과정에서 발생하는 일부 계산 문제를 수학적으로 단순화하기 때문에 계산 과정을 단축해준다.

'개체-평균 차감' OLS 알고리즘 회귀분석 소프트웨어는 일반적으로 두 단계로 OLS 고정효과 추정량을 계산한다. 첫 번째 단계에서는 각 변수에서 개체별 평균을 빼고, 두 번째 단계에서는 '개체-평균 차감' 변수를 사용해 회귀식을 추정한다. 구체적으로 식 (10.10)의 고정효과회귀모형에서 하나의 설명변수만 있는 경우를 상정하고, 이 식의 좌·우변 양쪽에서 평균을 취한다. 그러면 $\overline{Y}_i = \beta_1 \overline{X}_i + \alpha_i + \overline{u}_i$가 된다. 여기서 $\overline{Y}_i = (1/T)\sum_{t=1}^{T} Y_{it}$이고, $\overline{X}_i$와 $\overline{u}_i$도 유사하게 정의된다. 따라서 식 (10.10)은 $Y_{it} - \overline{Y}_i = \beta_1(X_{it} - \overline{X}_i) + (u_{it} - \overline{u}_i)$를 의미한다. $\widetilde{Y}_{it} = Y_{it} - \overline{Y}_i$, $\widetilde{X}_{it} = X_{it} - \overline{X}_i$, $\widetilde{u}_{it} = u_{it} - \overline{u}_i$라고 하자. 그러면 다음 식이 도출된다.

$$\widetilde{Y}_{it} = \beta_1 \widetilde{X}_{it} + \widetilde{u}_{it} \qquad (10.14)$$

따라서 β_1은 '개체-평균 차감' 변수 $\widetilde{Y}_{it}$를 $\widetilde{X}_{it}$에 대해 OLS 회귀해 추정할 수 있다. 사실 이 추정량은 $n - 1$개의 이진변수를 사용해 식 (10.11)의 고정효과모형을 추정해 얻은 β_1의 OLS 추정량과 동일하다(연습문제 19.6).

'전후' (차이) 회귀모형과 이진변수를 이용한 고정효과회귀모형 식 (10.11)의 이진변수를 이용한 회귀모형과 식 (10.7)의 '전후' 회귀모형이 매우 다르게 보이지만, $T=2$인 경우, '전후' 모형에서 절편을 제외했을 때 이 '전후' 모형의 β_1 OLS 추정량과 이진변수를 사용한 모형의 추정량은 동일하다. 따라서 $T=2$일 때 OLS로 β_1을 추정하는 방법은 세 가지, 즉 식 (10.7)의 '전후' 모형(절편 없이), 식 (10.11)의 이진변수 모형, 식 (10.14)의 개체-평균 차감 모형이 있다. 이 세 방법은 모두 동일하며 따라서 β_1에 대한 동일한 OLS 추정치를 제공한다(연습문제 10.11).

표본 분포, 표준 오차, 통계적 추론 횡단면데이터를 사용한 다중회귀분석에서, 핵심 개념 6.4의 네 가지 최소제곱법 가정이 성립한다면, 대표본인 경우 OLS 추정량의 표본 분포는 정규분포를 따른다. 이 표본 분포의 분산은 데이터로부터 추정할 수 있으며, 이 분산 추정량의 제곱근, 즉 표준 오차는 t-통계량을 사용해 가설을 검정하고 신뢰구간을 구하는 데 사용할 수 있다.

마찬가지로, 패널데이터를 사용한 다중회귀분석에서 고정효과회귀분석에 필요한 일련의 가정이 성립한다면, 고정효과 OLS 추정량의 표본 분포는 대표본인 경우 정규분포를 따르고, 그 분포의 분산은 데이터로부터 추정할 수 있으며, 그 추정량의 제곱근이 표준 오차이고, 표준 오차는 t-통계량과 신뢰구간을 구하는 데 사용될 수 있다. 표준 오차가 주어지면, 가설검정(F-통계량을 사용한 결합가설 포함)과 신뢰구간을 구하는 일련의 통계적 추론 과정은 횡단면데이터를 사용한 다중회귀분석에서와 정확히 같은 방식으로 진행된다.

고정효과회귀분석에 필요한 가정과 고정효과회귀의 표준 오차는 10.5절에서 더 자세히 논의한다.

교통사고 사망률에 대한 적용

7년 전체 데이터(336개 관측치)를 기반으로 실질 맥주세와 사망률의 관계를 살펴보는 고정효과회귀선의 OLS 추정치는 다음과 같다.

$$\widehat{FatalityRate} = \underset{(0.29)}{-0.66}\, BeerTax + \text{state fixed effects} \tag{10.15}$$

여기서 추정된 주별 고정 절편은 우리의 주요 관심사가 아니기 때문에, 관례에 따라 한정된 지면을 고려해 나열하지 않았다.

식 (10.8)의 '전후' 회귀모형과 마찬가지로, 식 (10.15)의 고정효과회귀모형에서 추정된 계수는 음수이다. 따라서 경제 이론이 예측한 대로 더 높은 실질 맥주세는 더 적은 교통사고 사망률과 관련이 있다고 할 수 있다. 이는 식 (10.2)와 (10.3)의 초기 횡단면 회귀분석에서 발견한 결과와 반대이다. 두 회귀모형은 동일하지 않은데, 이는 식 (10.8)의 '전후' 회귀모형은 1982년과 1988년 데이터만 사용한 반면(구체적으로 이 두 해의 차이), 식 (10.15)의 고정효과회귀모형은 7년 전체 데이터를 사용했기 때문이다. 추가로 사용된 관측치로 인해 식 (10.15)의 표준 오차는 식 (10.8)보다 작다.

사망률 회귀식에 주별 고정효과를 포함하면 개별 주들 간에는 다르지만 각 주 내에서는 시간에 따라 변하지 않는, 예를 들어 음주운전에 대한 사회적 태도와 같은 누락된 요인들로 인한 누락변수편향을 피할 수 있다. 그러나 여전히 의심 많은 사람은 다른 요인이 누락변수편향을 야기할 수 있다고 의심할 수 있다. 예를 들어 이 기간에 자동차의 안전성은 향상되고 있었고, 탑승자의 안전벨트 착용률은 증가하고 있었다. 만약 1980년대 중반 동안 평균적으로 맥주에 대한 실질 세금이 꾸준히 올랐다면, 여기서 추정된 맥주세의 효과가 전반적인 자동차 안전성 향상 효과를 포함하고 있을 수 있다. 그러나 안전성이 시간에 따라 향상되긴 했지만 이 효과가 모든 주에 대해 동일하다면, 우리는 시간고정효과를 모형에 포함해 그 영향을 제거할 수 있다.

10.4 시간고정효과를 고려한 회귀

시간에 따라 변하지 않지만 개체 간에 다른 변수를 객체들의 고정효과를 이용해 통제할 수 있는 것처럼, 개체 간에는 변하지 않지만 시간에 따라 변화하는 변수들을 시간고정효과를 이용해 통제할 수 있다.

전국적으로 도입된 새 자동차의 안전성 향상은 모든 주에 걸쳐 교통사고 사망률을 낮추는 역할을 한다. 이 안전성 향상은 시간에 따라 변화하지만 모든 주에 동일하게 나타나는 하나의 누락변수로 생각될 수 있다. 이 자동차 안전성 향상 효과를 명시적으로 나타내기 위해 식 (10.9)의 모집단 회귀식을 다음과 같이 수정할 수 있으며, 우리는 이 효과를 S_t로 표기한다.

$$Y_{it} = \beta_0 + \beta_1 X_{it} + \beta_2 Z_i + \beta_3 S_t + u_{it} \tag{10.16}$$

여기서 S_t는 관측되지 않는 변수로, 단일 첨자 t는 자동차의 안전성이 시간에 따라 변하지만 주들 간에는 변하지 않음을 강조한다. $\beta_3 S_t$는 Y_{it}를 결정하는 변수 중 하나이므로, S_t가 X_{it}와 상관관계가 있는 경우, S_t를 회귀식에서 누락하면 이는 누락변수편향으로 이어진다.

시간효과만 있는 경우

잠시 Z_i 변수들이 존재하지 않는다고 가정하자. 그렇게 되면 $\beta_2 Z_i$항은 식 (10.16)에서 제외될 수 있지만, $\beta_3 S_t$항은 여전히 남아 있다. 이제 우리의 목표는 S_t를 통제하면서 β_1을 추정하는 것이다.

시간에 따라 변하지만 주 간에는 변하지 않기 때문에, 비록 관측되지 않더라도 그 영향을 회귀식에서 제거할 수 있다. 이는 주 간에는 변하지만 시간에 따라 변하지 않는 Z_i의 효과를 제거할 수 있었던 것과 마찬가지다. 개체고정효과모형에서 Z_i의 존재는 식 (10.10)과 같이 각 개체가 서로 다른 개별 절편(또는 고정효과)을 갖는 고정효과회귀모형으로 이어진다. 마찬가지로 S_t는 시간에 따라 변하지만 주 간에는 변하지 않기 때문에 S_t의 존재는 각 관측 시점마다 자체 절편을 갖는 회귀모형로 이어진다.

단일설명변수 X를 포함하는 **시간고정효과회귀모형**(time fixed effects regression model)은 다음과 같다.

$$Y_{it} = \beta_1 X_{it} + \lambda_t + u_{it} \tag{10.17}$$

이 모형은 각 시간마다 서로 다른 절편 λ_t를 갖는다. 식 (10.17)의 절편 λ_t는 특정 t년도(또는 더 일반적으로 t기간)의 Y에 대한 '효과'로 생각할 수 있으므로, λ_1, ..., λ_T항들은 **시간고정효과**(time fixed effects)로 알려져 있다. 시간고정효과의 변동성은 식 (10.16)의 S_t와 같이 시간에 따라 변하지만 개체 간에는 변하지 않는 누락된 변수들로부터 온다.

$n-1$개의 이진지표변수를 사용해 개체고정효과회귀모형을 표현할 수 있었던 것처럼, 시간고정효과회귀모형도 $T-1$개의 이진지표변수를 사용해 표현할 수 있다.

$$Y_{it} = \beta_0 + \beta_1 X_{it} + \delta_2 B2_t + \cdots + \delta_T BT_t + u_{it} \tag{10.18}$$

여기서 δ_2, ..., δ_T는 알려지지 않은 계수이고, $B2_t$는 $t=2$일 때 1이고 그렇지 않으면 0이다. 같은 방식으로 시간에 대한 이진지표변수 B를 모든 시간에 대해 정의할 수 있다. 식 (10.11)의 고정효과회귀모형과 마찬가지로, 이 시간효과모형에서는 절편이 포함되고, 첫 번째 기간을 표시하는 이진변수($B1_t$)는 완벽한 다중공선성을 방지하기 위해 모형에서 생략된다.

모형에서 추가로 통제해야 할 관측되는 설명변수 'X'들이 있을 때, 이 독립변수들도 식 (10.17)과 (10.18)에 등장할 수 있다.

교통사고 사망률 회귀식에서 시간고정효과를 특정하게 되면, 이는 전국적으로 도입된 차량 안정성 향상과 같이 시간에 따라 변하지만 주어진 해에 모든 주에서 동일하게 나타나는, 하지만 관측되지 않아 누락되었던 변수들로 인해 발생하는 편향을 제거할 수 있게 해준다.

개체고정효과와 시간고정효과 모두 있는 경우

만약 누락된 변수 중에 어떤 변수는 시간에 따라 변하지 않지만 주들 간에 변하거나(문화적 규범 등), 어떤 변수는 주들 간에는 변하지 않지만 시간에 따라 변한다면(국가 안전 기준 등), 개체(주)효과와 시간효과를 모두 고려하는 것이 적절하다.

결합된 형태의 **개체 및 시간고정효과회귀모형**(entity and time fixed effects regression model)은 다음과 같다.

$$Y_{it} = \beta_1 X_{it} + \alpha_i + \lambda_t + u_{it} \tag{10.19}$$

여기서 α_i는 개체고정효과, λ_t는 시간고정효과를 나타낸다. 이 모형은 $n-1$개의 개체 이진지표변수와 $T-1$개의 시간 이진지표변수, 절편을 사용해서도 위와 동일하게 표현할 수 있다.

$$\begin{aligned} Y_{it} = \beta_0 &+ \beta_1 X_{it} + \gamma_2 D2_i + \cdots + \gamma_n Dn_i \\ &+ \delta_2 B2_t + \cdots + \delta_T BT_t + u_{it} \end{aligned} \tag{10.20}$$

여기서 β_0, β_1, γ_2, ..., γ_n, 그리고 δ_2, ..., δ_T는 알려지지 않은 계수이다.

만약 추가적으로 관측되는 설명변수 'X'들이 있다면, 이들도 식 (10.19)와 (10.20)에 등장할 수 있다.

결합된 개체 및 시간고정효과회귀모형은 시간에 따라 변하지 않거나 주들 간에 변하지 않는 변수 중 관측되지 않아 이들 변수로 인해 발생하게 되는 누락변수편향을 모두 제거한다.

추정 시간고정효과모형과 개체 및 시간고정효과모형은 모두 다중회귀모형의 변형이다. 따라서 이들의 계수는 시간 및 개체 이진지표변수들을 추가적으로 포함해 OLS로 추정할 수 있다. 또는, 균형패널의 경우, 먼저 Y와 X에 대해 그들의 개체 및 시간에 따른 평균과의 편차를 구한 후 이 Y의 편차를 X의 편차에 대해 다중회귀식을 추정함으로써 X의 계수를 구할 수 있다. 이 알고리즘은 회귀 소프트웨어에서 일반적으로 사용되는 방식으로, 식 (10.20)에 나타나는 전체 이진지표변수의 집합을 구성할 필요가 없다. 또 다른 접근 방식은 Y, X, 그리고 시간 지표변수들에 대해 그들의 개체 평균(기간 평균은 아님)과의 편차를 구하고, 이렇게 구한 Y 편차를 X 편차와 시간지표변수 편차에 대해 다중회귀해 총 $k + T$개의 계수를 추정하는 것이다. 마지막으로 $T = 2$인 경우, 개체 및 시간고정효과회귀모형은 10.2절에서 언급한 '전후' 접근법의 회귀식에 절편을 추가한 후 이 모형을 사용해 추정할 수 있다. 따라서 식 (10.8)에서 보여주었던 '전후' 회귀식, 즉 1982~1988년의 사망률 변화를 1982~1988년의 맥주세 변화에 대해 회귀(절편을 포함해)하는 것은 두 기의 데이터를 가지고 개체 및 시간고정효과를 모형에 포함해 사망률을 맥주세에 대해 OLS 회귀한 것과 동일한 기울기 계수 추정치를 제공한다.

교통사고 사망률에 대한 적용 주별 고정효과회귀모형에 시간효과를 추가하면 다음과 같은 회귀선의 OLS 추정치가 나온다.

$$\widehat{FatalityRate} = \underset{(0.36)}{-0.64}\, BeerTax + State\ Fixed\ Effects + Time\ Fixed\ Effects \tag{10.21}$$

이 회귀식은 맥주세 변수와 47개의 주별 이진지표변수(주 고정효과), 6개의 개별 연도 이진변수(시간고정효과)와 절편을 포함하므로, 실제로 총 $1 + 47 + 6 + 1 = 55$개의 우변 변수를 가진다! 시간과 주별 이진변수와 절편은 주요 관심사가 아니므로 이들의 계수는 표시하지 않았다.

시간효과를 포함하는 것은 실질 맥주세의 계수에 거의 영향을 미치지 않는다[식 (10.15)와 (10.21) 비교]. 시간효과를 포함할 때 이 계수는 덜 정확하게 추정되지만, 여전히 10% 유의수준에서는 유의하고 5% 유의수준에서는 유의하지 않다($t = -0.64/0.36 = -1.78$).

실질 맥주세와 교통사고 사망률 사이의 이 추정된 관계는 시간에 따라 또는 주들 간에 변하지 않는 변수들로 인해 야기되는 누락변수편향에 영향을 받지 않는다. 그러나 교통사고 사망률에 중요한 많은 결정 요인이 이 범주에 속하지 않기 때문에, 이렇게 특정한 회귀모형은 여전히 누락변수편향의 영향을 받을 수 있다. 따라서 10.6절에서는 맥주세나 음주운전을 직접적으로 줄이기 위한 법률들의 효과를 찾아내기 위해 다양한 요인을 통제하면서 더욱 개선된 실증분석방법들을 검토한다. 그 연구로 넘어가기 전에, 먼저 패널데이터 회귀분석을 위한 기본 가정과 고정효과추정량에 대한 표준 오차를 구하는 방법을 논의한다.

10.5 고정효과회귀를 위한 가정과 추정량의 표준편차

패널데이터에서 회귀오차는 동일한 개체 내에서 다른 시간대의 오차들과 상관관계를 가질 수 있다. 이분산성(heteroskedasticity)과 마찬가지로, 이러한 상관관계는 고정효과추정량에 편향을 일으키지는 않지만 고정효과추정량의 분산에 영향을 미치며, 따라서 표준 오차를 계산하는 방식에 영향을 준다. 이 장에서 살펴볼 고정효과회귀에 대한 표준 오차는 이른바 군집 표준 오차(clustered standard errors)로, 이분산성과 개체 내 시간에 걸친 상관관계 모두에 대해 강건하다. 개체 수가 많을 때(n이 클 때), 가설검정과 신뢰구간은 일반적인 대표본 정규분포와 F 분포의 임곗값을 사용해 계산할 수 있다.

이 절에서는 군집 표준 오차를 설명한다. 우리는 최소제곱회귀에서 사용하던 가정을 패널데이터에 대한 인과추론으로 확장한 고정효과회귀 가정으로 시작한다. 이러한 가정하에서, 고정효과추정량은 n이 클 때 일치 추정량이고 점근적으로 정규분포를 따른다. 표기를 최대한 간단하게 유지하기 위해, 이 절에서는 시간효과가 없는 10.3절의 개체고정효과회귀모형에 초점을 맞춘다.

고정효과회귀 가정

고정효과회귀를 위한 네 가지 가정은 핵심 개념 10.3에 요약했다. 이 가정들은 핵심 개념 6.4에서 횡단면데이터 분석에서 언급했던 인과추론을 위한 네 가지 최소제곱회귀 가정을 패널데이터로 확장한 것이다.

첫 번째 가정은 개체의 모든 T개의 X값이 조건으로 주어졌을 때 해당 오차항의 조건부 기댓값이 0이라는 것이다. 이 가정은 핵심 개념 6.4의 횡단면데이터에 대한 첫 번째 최소제곱회귀 가정과 동일한 역할을 하며, 이는 누락변수편향이 없음을 의미한다. u_{it}의 조건부 기댓값이 해당 개체의 X의 어떤 값(과거, 현재, 미래)에도 의존하지 않아야 한다는 조건은 횡단면데이터에 대한 첫 번째 최소제곱회귀 가정을 넘어선 중요한 의미를 갖는다. 그것은 현재의 u_{it}가 X의 현재값뿐만 아니라 과거 또는 미래값과도 상관관계가 있어서는 안 된다는 것이다.

두 번째 가정은 한 개체의 변수들이 다른 개체의 변수들과 동일하게 분포해 있고 독립적이라는 것이다. 즉 $i = 1, \ldots, n$에 대해 변수들이 개체 간에 독립적이고 동일하게 분포(i.i.d.)해 있어야 한다. 핵심 개념 6.4의 두 번째 최소제곱회귀 가정과 마찬가지로, 고정효과회귀에 대

핵심 개념 10.3

고정효과회귀 가정

$$Y_{it} = \beta_1 X_{it} + \alpha_i + u_{it}, i = 1, \ldots, n, t = 1, \ldots, T$$

여기서 β_1은 Y에 대한 X의 인과효과이고

1. u_{it}의 조건부 평균이 0이다: $E(u_{it} | X_{i1}, X_{i2}, \ldots, X_{iT}, \alpha_i) = 0$.
2. $(X_{i1}, X_{i2}, \ldots, X_{iT}, u_{i1}, u_{i2}, \ldots, u_{iT})$, $i = 1, \ldots, n$은 그들의 결합분포에서 i.i.d로 추출되었다.
3. 큰 이상치가 발생할 가능성은 낮다: (X_{it}, u_{it})는 0이 아닌 유한한 4차 적률을 가진다.
4. 완벽한 다중공선성이 없다.

다중설명변수의 경우, X_{it}는 전체 목록 $X_{1,it}, X_{2,it}, \ldots, X_{k,it}$로 대체되어야 한다.

한 두 번째 가정은 개체들이 모집단에서 단순 무작위 표본 추출에 의해 관측된 경우에 성립한다.

고정효과회귀의 세 번째와 네 번째 가정은 핵심 개념 6.4의 횡단면데이터에 대한 세 번째와 네 번째 최소제곱회귀 가정과 유사하다.

핵심 개념 10.3의 패널데이터에 대한 최소제곱회귀 가정하에서, 고정효과추정량은 일치 추정량이며 표본크기 n이 클 때 정규분포를 따른다. 자세한 내용은 부록 10.2에서 논의한다.

핵심 개념 10.3의 패널데이터 가정과 핵심 개념 6.4의 횡단면데이터 가정 사이의 중요한 차이점은 가정 2이다. 횡단면데이터의 가정 2에 해당하는 부분은 각 관측치가 독립적이라는 것으로, 이는 단순 무작위 표본 추출에서 발생한다. 반면에 패널데이터의 가정 2는 변수들이 개체 간에는 독립적이지만 동일한 개체 내에서는 그러한 제한이 없다고 말한다. 예를 들어 가정 2는 X_{it}가 같은 개체 내에서는 시간에 걸쳐 상관관계를 가질 수 있도록 허용한다.

만약 서로 다른 두 시점 s와 t에 대해 X_{is}와 X_{it}가 상관관계가 있다면—즉 주어진 개체에 대해 X_{it}가 시간에 걸쳐 상관관계가 있다면—X_{it}는 **자기상관**(autocorrelated, 서로 다른 시간대의 자신과 상관관계가 있음) 또는 **시계열 상관**(serially correlated)이 있다고 말한다. 자기상관은 시계열데이터의 보편적인 특징이다. 특정 해에 일어난 일은 다음 해에 일어나는 일과 상관관계가 있는 경향이 있다. 교통사고 사망률 예시에서, X_{it}(t년도 i주의 맥주세)는 자기상관이 있다. 대부분의 경우 의회가 맥주세를 자주 변경하지 않기 때문에, i주의 특정 해 세금이 평균값에 비해 높다면 다음 해에도 높은 경향이 있을 것이다. 마찬가지로, u_{it}도 자기상관이 있을 만한 이유를 생각해볼 수 있다. u_{it}는 Y_{it}의 결정 요인이지만 설명변수로 포함되지 않은 시간에 따라 변하는 요인들로 구성되며, 이러한 누락된 요인 중 일부는 자기상관이 있을 수 있다. 예를 들어 지역 경제의 침체는 해고를 유발하고 출퇴근 교통량을 줄여 2년 이상 교통사고 사망률을 감소시킬 수 있다. 마찬가지로, 주요 도로 개선 프로젝트는 완공 연도부터 향후 몇 년간 교통사고를 줄일 수 있다. 이러한 여러 해에 걸쳐 지속되는 누락된 요인은 자기상관이 있는 회귀오차를 발생시킨다. 모든 누락된 요인이 u_{it}의 자기상관을 일으키는 것은 아니다. 예를 들어 혹독한 겨울 운전 조건은 사망률에 영향을 미칠 수 있지만, 만약 특정 주의 겨울 날씨 조건이 해마다 독립적으로 분포해 있다면, 이 오차항 구성요소는 시계열 상관이 없을 것이다. 하지만 일반적으로, 일부 누락된 요인이 자기상관이 있는 한 u_{it}도 자기상관을 갖고 있을 것이다.

고정효과회귀의 표준 오차

만약 회귀오차에 자기상관이 있다면 횡단면회귀에서 사용하던 일반적인 이분산성 강건 표준 오차 공식[식 (5.3)과 (5.4)]은 더 이상 유효하지 않다. 이를 이해하기 위한 한 가지 방법은 이분산성과의 유사성을 살펴보는 것이다. 횡단면데이터를 사용한 회귀에서, 오차가 이분산성을 갖는다면 (5.4절에서 논의한 바와 같이) 등분산성 가정하에서 구한 표준 오차는 더 이상 유효하지 않다. 마찬가지로, 오차항에 자기상관이 있다면, 일반적인 표준 오차는 시계열 상관이 없다는 잘못된 가정하에 도출되었기 때문에 유효하지 않을 것이다.

u_{it}가 잠재적으로 이분산성을 갖고 개체 내에서 시간에 걸쳐 잠재적으로 상관관계가 있는 경우에도 유효한 표준 오차를 **이분산성 및 자기상관 강건 표준 오차**[heteroskedasticity-and autocorrelation-robust(HAR) standard error]라고 한다. 이 장에서 사용한 표준 오차는 HAR 표준 오차의 한 유형인 **군집 표준 오차**(clustered standard error)이다. '군집'이라는 용어는 표준 오차가 군집 또는 그룹 내에서 회귀오차 간 임의의 상관관계를 가질 수 있도록 허용하지만, 서로 다른 군집 간에는 회귀오차의 상관관계가 없다고 가정하는 것에서 비롯한다. 패널데이터의 맥락에서 각 군집은 하나의 개체로 구성된다. 따라서 군집 표준 오차는 개체 내에서 이분산성과 임의의 자기상관을 허용하지만 개체 간에는 오차가 상관관계가 없는 것으로 취급한다. 즉 군집 표준 오차는 핵심 개념 10.3의 두 번째 고정효과회귀 가정과 일치하는 방식으로 이분산성과 자기상관을 허용한다.

횡단면데이터를 사용한 회귀에서의 이분산성 강건 표준 오차와 마찬가지로, 군집 표준 오차는 이분산성, 자기상관, 또는 둘 모두의 존재 여부와 관계없이 유효하다. 개체 수 n이 큰 경우, 군집 표준 오차를 사용해 계산한 t-통계량이나 q개의 제약을 검정하는 F-통계량으로 추론을 진행할 때 일반적인 대표본 정규분포 임곗값이나 $F_{q,\infty}$ 임곗값을 해당 검정에서 각각 사용할 수 있다.

실제로, 군집 표준 오차와 u_{it}의 자기상관을 허용하지 않는 표준 오차 사이에는 큰 차이가 있을 수 있다. 예를 들어 식 (10.21)의 맥주세 계수에 대한 일반적인 (횡단면데이터) 이분산성 강건 표준 오차는 0.25로, 군집 표준 오차인 0.36보다 상당히 작으며, $\beta_1 = 0$을 검정하는 각각의 t-통계량은 -2.51과 -1.78이다. 우리가 군집 표준 오차를 보여주는 이유는 군집 표준 오차는 개체 내 u_{it}의 시계열 상관을 허용하는 반면, 일반적인 이분산성 강건 표준 오차는 그렇지 않기 때문이다. 군집 표준 오차의 공식은 부록 10.2에 있다.

10.6 음주운전 관련 법과 교통사고 사망률

맥주세는 음주운전을 억제하는 여러 방법 중 하나일 뿐이다. 각 주마다 음주운전에 대한 처벌이 다르며, 음주운전을 줄이고자 하는 주는 주류세를 인상하는 것뿐만 아니라 음주운전 관련 법을 강화함으로써 이를 실행할 수 있다. 분석 과정에서 이러한 법률의 변화를 누락하면 주 고정효과와 시간고정효과가 포함된 회귀분석에서도 실질 맥주세가 교통사고 사망률에 미치는 영향에 대한 OLS 추정량에 누락변수편향이 발생할 수 있다. 또한 차량 운전 여부는 부분적으로 운전자의 직업 유무와 관련이 있고 주의 세금 변화는 경제 상황을 반영할 수 있기 때문에 (주 예산 적자로 인해 세금 인상이 발생할 수 있음), 주의 경제 상황을 분석에서 누락하는 것 역시 누락변수편향을 초래할 수 있다. 따라서 이 절에서는 다른 운전 법규와 경제 상황을 포함해 이전의 교통사고 사망률 분석의 확장된 형태를 알아본다.

결과는 표 10.1에 요약했다. 표의 형식은 7장부터 9장까지의 회귀분석 결과 표와 동일하다. 각 열은 서로 다른 회귀모형을 나타내며, 각 행은 계수 추정치와 표준 오차, 관심 정책변수에 대한 95% 신뢰구간, F-통계량과 p값, 또는 회귀모형에 대한 기타 정보를 보여준다.

표 10.1 음주운전 관련 법이 교통사고 사망률에 주는 효과의 회귀분석

종속변수: 음주운전 사망률(10,000명당 사망자 수)

설명변수	(1)	(2)	(3)	(4)	(5)	(6)	(7)
맥주세	0.36 (0.05) [0.26, 0.46]	−0.66 (0.29) [−1.23, −0.09]	−0.64 (0.36) [−1.35, 0.07]	−0.45 (0.30) [−1.04, 0.14]	−0.69 (0.35) [−1.38, 0.00]	−0.46 (0.31) [−1.07, 0.15]	−0.93 (0.34) [−1.60, −0.26]
음주 가능 연령 18세		0.10		0.03 (0.07) [−0.11, 0.17]	−0.01 (0.08) [−0.17, 0.15]		0.04 (0.10) [−0.16, 0.24]
음주 가능 연령 19세				−0.02 (0.05) [−0.12, 0.08]	−0.08 (0.07) [−0.21, 0.06]		−0.07 (0.10) [−0.26, 0.13]
음주 가능 연령 20세				0.03 (0.05) [−0.07, 0.13]	−0.10 (0.06) [−0.21, 0.01]		−0.11 (0.13) [−0.36, 0.14]
음주 가능 연령						0.00 (0.02) [−0.05, 0.04]	
의무적 징역형/사회 봉사 명령				0.04 (0.10) [−0.17, 0.25]	0.09 (0.11) [−0.14, 0.31]	0.04 (0.10) [−0.17, 0.25]	0.09 (0.16) [−0.24, 0.42]
평균주행거리				0.008 (0.007)	0.017 (0.011)	0.009 (0.007)	0.124 (0.049)
실업률				−0.063 (0.013)		−0.063 (0.013)	−0.091 (0.021)
인당 실질소득(로그)				1.82 (0.64)		1.79 (0.64)	1.00 (0.68)
연도	1982-88년	1982-88년	1982-88년	1982-88년	1982-88년	1982-88년	1982년과 1988년만
주 고정효과	no	yes	yes	yes	yes	yes	yes
시간고정효과	no	no	yes	yes	yes	yes	yes
군집 표준 오차	no	yes	yes	yes	yes	yes	yes
변수들의 누락 타당 여부 검정 *F*-통계량과 *p*값							
시간고정효과 = 0			4.22 (0.002)	10.12 (<0.001)	3.48 (0.006)	10.28 (<0.001)	37.49 (<0.001)
음주 가능 연령 계수 = 0				0.35 (0.786)	1.41 (0.253)		0.42 (0.738)
실업률, 인당 실질소득 = 0				29.62 (<0.001)		31.96 (<0.001)	25.20 (<0.001)
$\bar{R}^2$	0.091	0.889	0.891	0.926	0.893	0.926	0.899

이 회귀분석들은 미국 48개 주의 패널데이터를 사용해 추정되었다. 회귀분석 (1)부터 (6)까지는 1982년부터 1988년까지의 모든 연도의 데이터를 사용하고, 회귀분석 (7)은 1982년과 1988년 데이터만을 사용한다. 데이터에 대한 설명은 부록 10.1에 있다. 계수 아래 괄호 안에 표준 오차가 표시되어 있고, 계수 아래 대괄호 안에 95% 신뢰구간이, *F*-통계량 아래 괄호 안에 *p*값이 나타나 있다.

표 10.1의 (1)열은 주 고정효과나 시간고정효과 없이 실질 맥주세에 대한 사망률의 OLS 회귀분석 결과를 보여준다. 1982년과 1988년의 횡단면 회귀모형[식 (10.2)와 (10.3)]에서와 마찬가지로, 실질 맥주세의 계수는 양수(0.36)이다. 이 추정치에 따르면, 맥주세를 인상하면 교통사고 사망률이 증가한다! 그러나 주 고정효과를 포함하는 (2)열의 회귀모형[이전 식 (10.15)로 나타남]은 회귀모형 (1)의 양의 계수가 누락변수편향의 결과임을 시사한다(실질 맥주세의 계수는 −0.66). 고정효과가 포함되면 회귀모형 R^2이 0.091에서 0.889로 증가한다. 주 고정효과가 데이터 변동성의 상당 부분을 설명하는 것으로 보인다.

(3)열에서 볼 수 있듯이[이전에 식 (10.21)로 나타남] 시간효과를 모형에 추가해도 큰 변화는 없지만, 맥주세 계수 추정량의 정확도가 떨어지는 것으로 나타난다. (1)열부터 (3)열까지의 결과는 누락된 고정 요인들—역사적·문화적 요인, 일반적인 도로 상태, 인구 밀도, 음주운전에 대한 사회적 태도 등—이 주별 교통사고 사망률 변동의 중요한 결정 요인임을 보여준다.

표 10.1의 다음 네 가지 회귀모형은 주 및 시간고정효과와 함께 사망률의 추가적인 잠재적 결정 요인을 포함한다. (4)열에 나타는 기본모형은 음주운전법과 관련된 변수들과 교통량 및 전반적인 주 경제 상황을 통제하는 변수들을 포함한다. 첫 번째 법률과 관련된 변수는 법정 음주 가능 최소연령으로, 각 주의 최소연령인 18세 또는 19세 또는 20세를 나타내는 3개의 이진변수로 표현된다(따라서 생략된 집단은 최소연령이 21세 이상인 주다). 다른 법률 관련 변수는 음주운전으로 처음 유죄 판결을 받았을 때의 처벌 수준으로, 의무적 징역형 또는 의무적 사회봉사 명령을 나타낸다(생략된 집단은 이보다 가벼운 처벌을 받는 주다). 교통량 및 경제 상황을 나타내는 세 가지 측정치는 운전자당 평균 주행거리, 실업률, 1인당 실질(1988년 달러 기준) 개인 소득의 로그값이다(소득의 로그를 사용하면 계수를 소득의 백분율 변화로 해석할 수 있다. 8.2절 참조). 표 10.1의 마지막 회귀모형은 10.2절의 '전후' 접근법을 사용해 1982년과 1988년 데이터만 분석한다. 따라서 (7)열은 추가적인 설명변수를 포함한 식 (10.8)의 확장된 모형을 사용한 회귀분석 결과를 보여준다.

(4)열의 회귀모형을 통해 네 가지 흥미로운 결과를 찾을 수 있다.

1. 추가 변수를 포함했을 때 맥주세의 추정 효과가 (3)열의 −0.64에서 (4)열의 −0.45로 감소한다. 이 계수의 크기를 평가하는 한 가지 방법으로 평균적인 실질 맥주세를 부과하는 어떤 주가 현재 세금을 2배로 올린다고 상상해보자. 이 데이터에서 평균 실질 맥주세는 상자당 약 0.50달러(1988년 달러 기준)이므로, 이는 세금을 상자당 0.50달러 인상하는 것을 의미한다. 맥주세 0.50달러 인상의 추정 효과는 예상 사망률을 10,000명당 0.45달러 × 0.50 = 0.23명 감소시키는 것이다. 이 추정 효과는 크다고 볼 수 있다. 평균 사망률이 10,000명당 2명이므로, 0.23의 감소는 교통사고 사망을 거의 1/8 줄이는 것에 해당한다. 다만 이 추정치는 상당히 부정확하다. 이 계수의 표준 오차가 0.30이므로, 이 효과에 대한 95% 신뢰구간은 $-0.45 \times 0.50 \pm 1.96 \times 0.30 \times 0.50 = (-0.52,\ 0.08)$이다. 이 넓은 95% 신뢰구간은 0을 포함하므로, 맥주세가 효과가 없다는 가설을 5% 유의수준에서 기각할 수 없다.

2. 법정 최소 음주연령은 교통사고 사망률에 미미한 영향을 주는 것으로 정확하게 추정된다. (4)열의 회귀모형에 따르면, 법정 최소 음주 가능 연령이 18세인 주와 21세인 주의 사망률 차이에 대한 95% 신뢰구간은 (−0.11, 0.17)이다. 즉 법정 최소 음주 가능 연령 변수의 계수가 0이라는 공동 가설은 10% 유의수준에서 기각될 수 없다. 세 계수가 0이라는 결합가설을 검정하는 F-통계량은 0.35이며, p값은 0.786이다.
3. 최초 음주운전 처벌 변수의 계수도 작은 것으로 추정되며 10% 유의수준에서 0과 유의하게 다르지 않은 것으로 나타난다.
4. 경제변수들은 교통사고 사망률에 대해 상당한 설명력이 있다. 우선, 높은 실업률은 더 적은 사망률과 관련이 있다. 실업률이 1퍼센트포인트 증가하면 교통사고 사망률이 10,000명당 0.063명 감소하는 것으로 추정된다. 마찬가지로, 높은 실질 소득은 높은 사망률과 관련이 있다. 이때 계수는 1.82로, 1인당 실질 소득이 1% 증가하면 교통사고 사망률이 10,000명당 0.0182명 증가하는 것과 관련이 있다고 볼 수 있다(이 계수의 해석은 핵심개념 8.2의 경우 I 참조). 이러한 결과에 따르면 좋은 경제 상황과 높은 교통사고 사망률이 관련이 있다고 할 수 있는데, 이는 아마도 실업률이 낮을 때 교통량의 밀도가 증가하거나 소득이 높을 때 주류 소비가 증가하기 때문일 수 있다. 이 두 가지 경제변수는 0.1% 유의수준에서 공동으로 유의하다(F-통계량은 29.62이다).

표 10.1의 (5)열부터 (7)열은 기본모형의 변화에 따른 위 결론의 민감도를 확인하는 회귀를 보여준다. (5)열의 회귀모형은 경제 상황을 통제하는 변수들을 제외했을 때 결과가 어떻게 달라지는지를 나타낸다. 이때 실질 맥주세의 추정 효과가 증가해 5% 수준에서 유의해지지만, 다른 계수들에는 눈에 띄는 변화가 없다. 경제변수들을 포함시켰을 때 추정된 맥주세 계수의 민감성과, (4)열에서 이러한 변수들의 계수가 통계적으로 유의하다는 점을 고려하면, 경제변수들은 기본모형에 포함되어야 한다고 볼 수 있다. (6)열의 회귀 결과를 보면 3개의 음주 허용 연령에 대한 지표변수를 음주연령 자체로 대체해 함수 형태를 변경해도 (4)열의 결과가 민감하게 변하지 않는다. 10.2절에서와 같이 1982년부터 1988년까지의 변수 변화량을 사용해 계수를 추정할 때[(7)열], 맥주세에 대한 계수가 더 크고 1% 수준에서 유의하다는 점을 제외하고는 (4)열의 결과가 대체로 변하지 않는 것을 확인할 수 있다.

이 분석의 장점은 주 및 시간고정효과를 통제함으로써 시간에 따라 변하지 않는 변수들(음주운전에 대한 사회적 태도 등)이나 주 간에 변하지 않는 변수들(차량 안전성 혁신 등)로 인해 발생할 수 있는 누락변수편향 가능성을 줄이는 것이다. 그러나 항상 그렇듯이 분석에서 제기되는 문제점들이 얼마나 타당한 것인지 검토하는 것도 중요하다. 누락변수편향의 잠재적 원인 중 하나는 여기서 사용된 맥주세 측정치인 실질 맥주세가 다른 주류에 부과되는 세금과 함께 움직일 수 있다는 것인데, 이는 추정된 결과를 맥주에만 국한하지 않고 넓은 의미의 주류세로 해석해야 함을 시사한다. 더 숨겨진 가능성은 실질 맥주세 인상이 공익캠페인과 연관될 수 있다는 것이다. 만약 그렇다면, 실질 맥주세의 변화는 음주운전을 줄이기 위한 더 광범위한 공익캠페인의 효과를 포함할 수 있다.

종합적으로, 이러한 결과들은 음주운전과 교통사고 사망률 통제를 위한 조치들에 대해 구체적인 그림을 제시한다. 이러한 추정치에 따르면 엄격한 처벌이나 법정 최소연령 인상은 사망률에 중요한 영향을 미치지 않는다. 반면에, 실질 맥주세로 측정된 주류세 인상은 교통사고 사망률을 감소시키는 것으로 나타났는데, 이는 아마도 주류 소비를 감소시키기 때문인 것으로 보인다. 그러나 추정된 맥주세의 계수가 부정확할 수 있으므로, 이 분석으로부터 정책적 결론을 도출하는 데 주의해야 하며 추가 연구가 필요하다.[1]

10.7 결론

이 장에서는 개별 개체들이 여러 기간에 걸쳐 관측될 때, 이 데이터를 사용해 개체 간에는 다르지만 시간에 따라 변하지 않는 관측되지 않은 누락변수를 어떻게 통제할 수 있는지 살펴보았다. 핵심 아이디어는 관측되지 않은 변수가 시간에 따라 변하지 않는다면, 종속변수의 시간에 따른 변화는 이러한 고정된 특성이 아닌 다른 요인에 의해 발생해야 한다는 것이다. 만약 음주운전에 대한 사회적 태도가 한 주 내에서 7년 동안 크게 변하지 않는다면, 그 7년 동안의 교통사고 사망률 변화는 이 사회적 태도가 아닌 다른 요인에 의해 설명되어야 한다.

이 아이디어를 사용하기 위해서는 동일한 개체가 2회 이상의 다른 시점에 관측된 데이터가 필요하다. 즉 패널데이터가 필요하다. 패널데이터를 사용하면 2부에서 언급한 다중회귀모형을 확장해 전체 개체를 각각 표시하는 이진변수집합을 회귀모형에 포함할 수 있다. 이것이 고정효과회귀모형이며, OLS로 추정할 수 있다. 고정효과회귀모형의 변형된 형태로 시간고정효과를 포함하는 모형이 있는데, 이는 시간에 따라 변하지만 개체 간에는 변하지 않는 관측되지 않은 변수를 통제한다. 개체고정효과와 시간고정효과를 모두 회귀에 포함해 개체 간에는 다르지만 시간에 따라 변하지 않는 변수와 시간에 따라 변하지만 개체 간에는 변하지 않는 변수를 모두 통제할 수 있다.

이러한 장점에도 불구하고, 개체 및 시간고정효과회귀는 개체와 시간에 **모두** 따라 변하는 누락변수는 통제할 수 없다. 그리고 당연히 패널데이터 방법은 패널데이터를 필요로 하지만 상황에 따라 이용하지 못할 때도 있다. 따라서 관측되지 않는 누락변수의 영향을 패널데이터 방법으로 해결할 수 없을 때 이를 제거할 수 있는 다른 방법이 여전히 필요하다. 이를 위한 강력하고 일반적인 방법이 도구변수회귀이며, 이는 12장의 주제이다.

---

1 이 데이터에 대한 추가 분석은 Ruhm(1996)을 참조하라. Wagenaar, Salois, Komro(2009)가 수행한 주류 가격과 세금이 소비에 미치는 영향에 관한 112개 연구의 메타분석에서는 맥주에 대해 −0.46, 와인에 대해 −0.69, 증류주에 대해 −0.80의 탄력성을 발견했으며, 주류 세금이 다른 프로그램에 비해 소비 감소에 큰 효과가 있다고 결론지었다. Carpenter와 Dobkin(2011)은 여기서의 발견과는 대조적으로 법정 최소 음주 가능 연령을 높이면 영향을 받는 연령대의 운전자들, 특히 야간 운전자들의 사망률을 상당히 줄일 수 있다는 증거를 제시했다. 다만 그들은 표 10.1의 다른 변수들을 통제하지는 않았다. 음주운전과 주류, 그리고 더 일반적으로 주류의 경제학을 더 알아보려면 Cook와 Moore(2000), Chaloupka, Grossman, Saffer(2002), Young와 Bielinska-Kwapisz(2006), Dang(2008)을 참조하라.

요약

1. 패널데이터는 여러 개체(n)—주, 기업, 사람 등—가 여러 기간(T)에 걸쳐 관측된 데이터이다.

2. 개체고정효과회귀분석은 개체 간에는 변하지만 시간에 따라 변하지 않는 관측되지 않은 변수를 통제한다.

3. 두 기만 있는 데이터의 경우, 고정효과회귀분석은 첫 번째 기와 두 번째 기 사이 Y의 차이를 해당 X의 차이에 회귀하는 '전후' 변화 분석방법으로 추정할 수 있다.

4. 개체고정효과회귀분석은 $n - 1$개의 개체에 대한 이진변수와 설명변수(X변수), 그리고 절편까지 회귀식에 포함해 추정할 수 있다.

5. 시간고정효과회귀분석은 개체 간에는 변하지 않지만 시간에 따라 변하는 관측되지 않은 변수를 통제한다.

6. 시간 및 개체고정효과회귀분석은 X변수와 절편뿐만 아니라 $n - 1$개의 개체와 $T - 1$기를 표시하는 이진변수를 포함해 추정한다.

7. 패널데이터에서 변수들은 일반적으로 자기상관—동일한 개체 내 다른 시간과의 상관관계—을 갖는다. 표준 오차는 이러한 자기상관과 잠재적 이분산을 허용해야 하며, 이를 위한 한 가지 방법은 군집 표준 오차를 사용하는 것이다.

핵심 용어

개체고정효과 entity fixed effects
개체 및 시간고정효과회귀모형 entity and time fixed effects regression model
고정효과회귀모형 fixed effects regression model
군집 표준 오차 clustered standard errors
균형패널 balanced panel
불균형패널 unbalanced panel
시간고정효과 time fixed effects
시간고정효과회귀모형 time fixed effects regression model
시계열 상관 serially correlated
이분산성 및 자기상관 강건(HAR) 표준 오차 heteroskedasticity-and autocorrelation-robust (HAR) standard errors
자기상관 autocorrelated
패널데이터 panel data

복습문제

10.1 패널데이터란 무엇인가? 통계적·경제적 추론에 이러한 데이터를 사용하면 좋은 점은 무엇인가?

10.2 한 연구자가 $n = 1{,}000$명의 근로자에 대해 $T = 10$년간(2008년부터 2017년까지) 관측한 패널데이터를 사용하려 한다. 이 데이터에는 근로자의 소득, 성별, 교육수준, 나이가 포함되어 있다. 연구자는 교육이 소득에 미치는 영향에 관심이 있다. 이를 분석하기 위해 고려해야 할 사항으로, 교육과 소득 모두와 상관관계가 있으면서 관측되지 않은 개인 특성 변수의 예를 들라. 교육과 소득 모두와 상관관계가 있으면서 시간 특성 변수의 예를 생각해볼 수 있는

가? 패널데이터 회귀분석에서 이러한 개체 및 시간 특성 효과를 어떻게 통제하겠는가?

10.3 문제 10.2에 대한 답변으로 제안한 회귀분석을 근로자의 성별이 소득에 미치는 영향을 추정하는 데 사용할 수 있는가? 그 회귀분석을 전국 실업률이 개인의 소득에 미치는 영향을 추정하는 데 사용할 수 있는가? 설명하라.

10.4 문제 10.2에서 제안한 회귀분석에서, 개인별 회귀 오차가 왜 시계열적으로 상관관계가 있을 수 있는지 설명하라.

연습문제

10.1 이 연습문제는 표 10.1에 요약된 음주운전 패널데이터 회귀분석을 참조한다.

a. 미국 뉴저지주 인구는 885만 명이다. 뉴저지주에서 맥주 한 상자당 세금이 2달러(1988년 달러 기준) 인상되었다고 가정하자. (5)열의 결과를 사용해 다음 해에 감소하는 사망자 수를 예측하고 이 답변에 대한 99% 신뢰구간을 구하라.

b. 뉴저지주의 음주 가능 연령은 21세이다. 뉴저지주가 음주 가능 연령을 19세로 낮췄다고 가정하자. (5)열의 결과를 사용해 다음 해 교통사고 사망자 수의 변화를 예측하고 이 답변에 대한 95% 신뢰구간을 구하라.

c. 뉴저지주의 1인당 실질 소득이 다음 연도에 3% 증가한다고 가정하자. (6)열의 결과를 사용해 다음 해 교통사고 사망자 수의 변화를 예측하고 이 답변에 대한 95% 신뢰구간을 구하라.

d. (2)열에서 (7)열까지의 회귀분석에서 표준 오차는 어떻게 군집화되어야 하는가?

e. 최소 음주 가능 연령은 회귀분석에 어떻게 포함되어야 하는가? 연속변수로 포함되어야 하는가, 아니면 일련의 지표변수로 포함되어야 하는가? 이 질문에 답하기 위해 사용하는 정보를 구체적으로 설명하라.

10.2 이진변수를 사용하는 식 (10.11)의 고정효과모형에 독립변수 $D1_i$가 추가된 모형을 고려해 보자. 이 모형은 다음과 같다.

$$Y_{it} = \beta_0 + \beta_1 X_{it} + \gamma_1 D1_i + \gamma_2 D2_i + \cdots + \gamma_n Dn_i + u_{it}$$

a. $n = 3$이라고 가정하자. 이진독립변수들과 '상수' 독립변수가 완벽한 다중공선성을 가진다는 것을 밝혀라. 즉 $D1_i$, $D2_i$, $D3_i$, $X_{0,it}$ 변수 중 하나를 다른 변수들의 완벽한 선형함수로 표현하라. 여기서 $X_{0,it} = 1$(모든 i, t에 대해)이다.

b. (a)의 결과를 일반적인 n에 대해 밝혀라.

c. OLS로 이 회귀식의 회귀계수를 추정하려고 하면 어떤 일이 일어나는가?

10.3 9.2절에서 회귀분석의 내적 타당성을 해칠 수 있는 다섯 가지 잠재적 위협 요소를 제시했다. 이 요소들을 10.6절의 실증분석에 적용해 이 분석의 내적 타당성을 논하라.

10.4 식 (10.11)의 회귀분석을 사용해 다음 특정 개체의 특정 시간 회귀식을 고려하고 그 식의 기울기와 절편을 구하라.

a. 첫 번째 개체의 1기?

b. 첫 번째 개체의 3기?

c. 세 번째 개체의 1기?

d. 세 번째 개체의 3기?

10.5 하나의 독립변수만 포함된 회귀모형을 고려해보자. 이 모형은 다음과 같이 쓸 수도 있다.

$$Y_{it} = \beta_0 + \beta_1 X_{1,it} + \delta_2 B2_t + \cdots + \delta_T BT_t + \gamma_2 D2_i + \cdots + \gamma_n Dn_i + u_{it}$$

여기서 $B2_t$는 $t = 2$일 때 1이고 그렇지 않은 경우 0을, $D2_i$는 $i = 2$일 때 1이고 그렇지 않은 경우 0을 갖는 방식으로 정의된다. 이때 계수 (β_0, δ_2, ..., δ_T, γ_2, ..., γ_n)은 계수 (α_1, ..., α_n, λ_1, ..., λ_T)와 어떤 관계가 있는가?

10.6 핵심 개념 10.3의 고정효과회귀 가정들이 식 (10.28)에서 $t \neq s$일 때 $\text{cov}(\widetilde{v}_{it}, \widetilde{v}_{is}) = 0$임을 의미하는가? 설명하라.

10.7 한 연구자가 지진과 같은 자연재해의 발생이 건설산업의 산업활동량 증가로 이어진다고 믿는다고 가정하자. 그는 일본과 같이 지진 발생이 잦은 국가의 건설산업 고용률에 대한 지역 단위 데이터를 수집하고, 이 변수를 지난 5년간 해당 지방의 지진 지표변수, 즉 지진이 발생했으면 1, 그렇지 않으면 0인 변수에 대해 회귀분석하기로 결정했다.

a. 연구자가 노동시장의 지역별 특성을 통제하기 위해 지역 고정효과를 포함해야 하는가?

b. 연구자가 지역효과를 통제하기 위해 무엇을 할 수 있는가?

10.8 다음 선형 패널데이터모형의 관측치 (Y_{it}, X_{it})를 고려해보자.

$$Y_{it} = X_{it}\beta_1 + \alpha_i + \lambda_i t + u_{it}$$

여기서 $t = 1, ..., T$; $i = 1, ..., n$이고, $\alpha_i + \lambda_i t$는 관측되지 않는 개체별 시간 추세를 의미한다. β_1을 어떻게 추정하겠는가?

10.9 **a.** 고정효과회귀모형에서, T가 고정된 상태에서 $n \longrightarrow \infty$일 때 개체고정효과 α_i가 일치되게 추정되는가? (힌트: X가 없는 모형 $Y_{it} = \alpha_i + u_{it}$를 분석하라.)

b. n이 크고(예: $n = 2{,}000$) T가 작은 경우(예: $T = 4$), α_i의 추정값이 근사적으로 정규분포를 따른다고 생각하는가? 왜 그렇게/왜 그렇지 않다고 생각하는가? (힌트: 모형 $Y_{it} = \alpha_i + u_{it}$를 분석하라.)

10.10 한 연구자가 연간 소득의 결정 요인—나이, 성별, 학력, 노조 가입 여부, 직업, 고용 부문—을 추정하고자 한다. 그는 시간에 따라 무작위로 추출된 많은 개인에 대한 패널데이터를 수집하면, 시간에 따라 변하지 않는 개인 특성을 통제하는 고정효과를 사용해 결정 요인 변수들에 대한 연간소득의 회귀분석을 할 수 있다고 알고 있다. 그러나 이 방법을 사용하면 어떤 추정 문제에 직면하게 되는가?

10.11 $\hat{\beta}_1^{DM}$을 식 (10.22)에 등장하는 개체-평균 차감 추정량이라 하고, $\hat{\beta}_1^{BA}$를 절편이 없는 '전후' 추정량이라고 하자. 이때 $\hat{\beta}_1^{BA} = [\Sigma_{i=1}^{n}(X_{i2} - X_{i1})(Y_{i2} - Y_{i1})] / [\Sigma_{i=1}^{n}(X_{i2} - X_{i1})^2]$이다. $T = 2$일 때 $\hat{\beta}_1^{DM} = \hat{\beta}_1^{BA}$임을 밝혀라. [힌트: 식 (10.22) 앞에 $\widetilde{X}_{it}$의 정의를 사용해 $\widetilde{X}_{i1} = -\frac{1}{2}(X_{i2} - X_{i1})$이고 $\widetilde{X}_{i2} = \frac{1}{2}(X_{i2} - X_{i1})$임을 밝혀라.]

실증문제

E10.1 미국 일부 주는 시민들의 은밀한 무기 소지를 허용하는 법률을 제정했다. 이 법률들은 'shall-issue' 법으로 알려져 있는데, 이는 시민권자이고, 정신적으로 건강하며, 중범죄 전과가 없는 경우 모든 신청자에게 지역 당국이 은밀한 무기 소지 허가증을 발급하도록 지시하고 있다. (일부 주에는 추가 제한사항이 있다.) 이 법의 지지자들은 더 많은 사람이 은밀히 무기를 소지하게 되면 범죄자가 다른 사람을 공격하는 것을 꺼리게 되어 범죄가 줄어들 것이라고 주장한다. 그러나 반대자들은 우발적이거나 즉흥적인 무기 사용으로 인해 범죄가 오히려 증가할 것이라 주장한다. 이 예에서 은밀한 무기 소지 허용법이 폭력 범죄에 미치는 영향을 분석할 것이다. 교재 웹사이트 **http://www.pearsonglobaleditions.com**에서 **Guns**라는 데이터파일을 찾을 수 있다. 이 파일에는 1977년부터 1999년까지 미국 50개 주와 컬럼비아특별구의 균형패널데이터가 포함되어 있다.[2] 자세한 설명은 웹사이트에 있는 **Guns_Description**에 나와 있다.

a. (1) *ln*(*vio*)를 *shall*에 대해 회귀분석하고 (2) *ln*(*vio*)를 *shall, incarc_rate, density, avginc, pop, pb1064, pw1064, pm1029*에 대해 회귀분석하라.

i. 회귀분석 (2)에서 *shall*의 계수를 해석하라. 현실 세계 기준으로 볼 때 이 추정치가 큰 편인가, 아니면 작은 편인가?

ii. 회귀분석 (2)에 통제변수를 추가하면 회귀분석 (1)에서 추정된 shall-issue법 효과의 통계적 유의성이 변하는가? 추정된 계수의 현실 세계 유의성 측면에서는 어떤가?

iii. 주들 간에는 변하지만 시간에 따라 거의 또는 전혀 변하지 않으면서, 회귀분석 (2)에서 누락변수편향을 일으킬 수 있는 변수를 제시하라.

b. 주 고정효과를 추가했을 때 결과가 변하는가? 만약 그렇다면, 어떤 회귀분석 결과가 더 신뢰할 만하며 그 이유는 무엇인가?

c. 시간고정효과를 추가했을 때 결과가 변하는가? 만약 그렇다면, 어떤 회귀분석 결과가 더 신뢰할 만하며 그 이유는 무엇인가?

d. ln(*vio*) 대신 ln(*rob*)와 ln(*mur*)를 사용해 동일한 분석을 반복하라.

e. 당신의 관점에서, 이 회귀분석의 내적 타당성을 위협할 수 있는 남아 있는 요인은 무엇인가?

f. 당신의 분석을 바탕으로, 은밀한 무기 소지 허용법이 범죄율에 미치는 영향에 대해 어떤 결론을 내릴 수 있는가?

E10.2 소득이 증가함에 따라 시민들은 더 많은 민주주의와 정치적 자유를 요구하는가? 즉 민주주의는 정상재인가? 교재 웹사이트 **http://www.pearsonglobaleditions.com**에서 **Income_Democracy**라는 데이터파일을 찾을 수 있다. 이 파일에는 1960년, 1965년, ..., 2000년까지 195개국의 패널데이터가 포함되어 있다. 자세한 설명은 웹사이트에 있는 **Income_Democracy_Description**에 나와 있다.[3] 이 데이터에는 각 국가의 연도별 정치적 자유/민주주의 지수와 함께 국가의 소득 및 다양한 인구통계변수가 포함되어 있다. (소득 및 인구

---

2 이 데이터는 스탠퍼드대학교의 John Donohue 교수가 제공한 것으로, Ian Ayres와 함께 작성한 논문 "Shooting Down the 'More Guns Less Crime' Hypothesis"(*Stanford Law Review*, 2003, 55: 1193-1312)에서 사용되었다.

3 이 데이터는 MIT의 Daron Acemoglu가 제공한 것으로, Simon Johnson, James Robinson, Pierre Yared와 함께 작성한 논문 "Income and Democracy"(*American Economic Review*, 2008, 98:3, 808-842)에서 사용되었다.

통계 변화에 따라 민주주의 역시 조정을 받을 수 있다. 민주주의가 이들의 변화로 조정받을 수 있는 충분한 시간을 반영하기 위해 소득 및 인구통계변수는 민주주의 지수변수에 비해 5년 과거값을 사용했다.)

a. 이 데이터는 균형패널인가? 설명하라.

b. 정치적 자유/민주주의 지수는 *Dem_ind*로 표시되어 있다.

i. 데이터에서 *Dem_ind*의 최솟값과 최댓값은 얼마인가? *Dem_ind*의 평균과 표준편차는 얼마인가? 분포의 10번째, 25번째, 50번째, 75번째, 90번째 백분위는 각각 얼마인가?

ii. 2000년 미국의 *Dem_ind*값은 얼마인가? 데이터의 모든 연도에 대한 평균은 얼마인가?

iii. 2000년 리비아의 *Dem_ind*값은 얼마인가? 데이터의 모든 연도에 대한 평균은 얼마인가?

iv. *Dem_ind*의 평균값이 0.95보다 큰 국가 5개, 0.10보다 작은 국가 5개, 0.3~0.7 사이인 국가 5개를 나열하라.

c. 1인당 소득의 로그값은 *Log_GDPPC*로 표시되어 있다. *Dem_ind*를 *Log_GDPPC*에 대해 회귀분석하라. 이때 국가별로 군집 표준 오차를 사용하라.

i. *Log_GDPPC*의 추정 계수는 얼마나 큰가? 이 계수는 통계적으로 유의한가?

ii. 한 국가의 1인당 소득이 20% 증가하면 *Dem_ind*는 얼마나 증가할 것으로 예측되는가? 이 예측에 대한 95% 신뢰구간은 무엇인가? *Dem_ind*의 예측 증가량이 큰 편인가 아니면 작은 편인가? (크거나 작다는 것이 무엇을 의미하는지 설명하라.)

iii. 회귀분석에 군집 표준 오차를 사용하는 것이 왜 중요한가? 군집 표준 오차를 사용하지 않으면 결과가 달라지는가?

d. i. 국가 간에는 변화하지만 시간에 따라 거의 또는 전혀 변화하지 않으며, (c)의 회귀분석에서 누락변수편향을 일으킬 수 있는 변수를 제안하라.

ii. 국가 고정효과를 허용하는 (c)의 회귀분석을 추정하라. (c)(i)과 (c)(ii)에 대한 당신의 답변이 어떻게 변하는가?

iii. 아제르바이잔의 데이터를 제외하고 다시 회귀분석을 실행하라. 결과가 변하는가? 변하거나 변하지 않는다면 왜 그러한지 이유를 설명하라.

iv. 시간에 따라 변화하지만 국가 간에는 거의 또는 전혀 변화하지 않으며, (c)의 회귀분석에서 누락변수편향을 일으킬 수 있는 변수를 제안하라.

v. 시간 및 국가 고정효과를 허용하는 (c)의 회귀분석을 추정하라. (c)(i)과 (c)(ii)에 대한 당신의 답변이 어떻게 변하는가?

vi. 데이터에는 추가적인 인구통계변수가 있다. 이 변수들을 회귀분석에 포함해야 하는가? 만약 그렇다면, 이들을 포함했을 때 결과가 어떻게 변하는가?

e. 당신의 분석을 바탕으로 소득이 민주주의에 미치는 영향에 어떤 결론을 내릴 수 있는가?

부록 10.1 주 교통사고 사망률 데이터

이 데이터는 1982년부터 1988년까지 연간 미국 본토 48개 주(알래스카와 하와이 제외)에 대한 것이다. 교통사고 사망률은 특정 연도, 특정 주에서 발생한 교통사고 사망자 수를 해당 주의 해당 연도 인구 10,000명당 비율로 나타낸 것이다. 교통사고 사망률 데이터는 미국 교통부 치명사고 보고시스템에서 얻었다. 맥주세(맥주 한 상자당 세금)는 Beer Institute의 *Brewers Almanac*에서 얻었다. 표 10.1의 음주 가능 연령 변수들은 법적 최소 음주 가능 연령이 18세, 19세, 20세인지를 나타내는 이진변수이다. 표 10.1의 이진 처벌 변수는 첫 음주운전 유죄 판결에 대한 해당 주의 최소 선고요건을 의미한다. 이 변수는 해당 주가 징역형이나 사회봉사를 요구하면 1, 그렇지 않으면(더 가벼운 처벌) 0이다. 주별 연간 총 주행 거리 데이터는 교통부에서, 개인 소득 데이터는 미국 경제분석국에서, 실업률은 미국 노동통계국에서 얻었다.

이 데이터는 노스캐롤라이나대학교 경제학과의 Christopher J. Ruhm 교수가 제공한 것이다.

부록 10.2 고정효과회귀의 표준 오차

이번 부록은 하나의 독립변수를 포함한 고정효과회귀식의 군집 표준 오차 공식을 설명한다. 이 공식은 연습문제 19.15의 다중설명변수의 경우로 확장할 수 있다.

대표본에서 고정효과 추정량의 점근분포

고정효과 추정량 β_1의 고정효과 추정량은 식 (10.14)의 개체-평균 차감 회귀식을 사용해 얻은 OLS 추정량이다. 즉 $\widetilde{Y}_{it}$를 $\widetilde{X}_{it}$에 대해 회귀해 얻은 추정량이며, 여기서 $\widetilde{Y}_{it} = Y_{it} - \overline{Y}_i$, $\widetilde{X}_{it} = X_{it} - \overline{X}_i$, $\overline{Y}_i = T^{-1}\sum_{t=1}^{T} Y_{it}$, $\overline{X}_i = T^{-1}\sum_{t=1}^{T} X_{it}$이다. OLS 추정량 공식은 식 (4.5)에서 $X_i - \overline{X}$를 $\widetilde{X}_{it}$로, $Y_i - \overline{Y}$를 $\widetilde{Y}_{it}$로 대체하고, 식 (4.5)의 분모/분자에 등장하는 단일합들을 이중합—즉 개체($i = 1, \ldots, n$)들 간의 합과 시간($t = 1, \ldots, T$)들 간의 합—들로 대체한 것이다.[4] 이에 따라 다음 공식을 얻는다.

$$\hat{\beta}_1 = \frac{\sum_{i=1}^{n}\sum_{t=1}^{T} \widetilde{X}_{it}\widetilde{Y}_{it}}{\sum_{i=1}^{n}\sum_{t=1}^{T} \widetilde{X}_{it}^2} \qquad (10.22)$$

4 이중합은 단일합을 이중 첨자의 경우로 확장한 것이다.

$$\begin{aligned}\sum_{i=1}^{n}\sum_{t=1}^{T} X_{it} &= \sum_{i=1}^{n}\left(\sum_{t=1}^{T} X_{it}\right) \\ &= \sum_{i=1}^{n}(X_{i1} + X_{i2} + \cdots + X_{iT}) \\ &= (X_{11} + X_{12} + \cdots + X_{1T}) + (X_{21} + X_{22} + \cdots + X_{2T}) + \cdots + (X_{n1} + X_{n2} + \cdots + X_{nT})\end{aligned}$$

$\hat{\beta}_1$의 표본 분포 도출은 횡단면데이터를 사용한 OLS 추정량의 표본 분포 도출(부록 4.3) 방법과 유사하다. 먼저 식 (10.22)의 분자에 $\widetilde{Y}_{it} = \beta_1 \widetilde{X}_{it} + \widetilde{u}_{it}$[식 (10.14)]를 대입해 패널데이터의 경우 식 (4.28)과 대응되는 공식을 얻는다.

$$\hat{\beta}_1 = \beta_1 + \frac{\frac{1}{nT}\sum_{i=1}^{n}\sum_{t=1}^{T}\widetilde{X}_{it}\widetilde{u}_{it}}{\frac{1}{nT}\sum_{i=1}^{n}\sum_{t=1}^{T}\widetilde{X}_{it}^2} \tag{10.23}$$

그다음, 위 공식을 재정렬하고 양변에 $\sqrt{nT}$를 곱하면 다음의 식을 얻는다.

$$\sqrt{nT}(\hat{\beta}_1 - \beta_1) = \frac{\sqrt{\frac{1}{n}}\sum_{i=1}^{n}\eta_i}{\hat{Q}_{\widetilde{X}}}, \quad \text{여기서} \quad \eta_i = \sqrt{\frac{1}{T}}\sum_{t=1}^{T}\widetilde{X}_{it}\widetilde{u}_{it}, \ \hat{Q}_{\widetilde{X}} = \frac{1}{nT}\sum_{i=1}^{n}\sum_{t=1}^{T}\widetilde{X}_{it}^2 \tag{10.24}$$

식 (10.24)의 크기조정 요인 nT는 총 관측치 수이다.

n이 큰 경우의 분포와 표준 오차 대다수 패널데이터 응용에서 n은 T보다 훨씬 크므로, T를 고정한 채 $n \to \infty$로 보내는 방식으로 표본 분포를 근사한다. 핵심 개념 10.3의 고정효과회귀 가정하에서, $n \to \infty$일 때 $\hat{Q}_{\widetilde{X}} \xrightarrow{p} Q_{\widetilde{X}} = ET^{-1}\sum_{t=1}^{T}\widetilde{X}_{it}^2$이다. 또한 η_i는 $i = 1, \ldots, n$에 대해 i.i.d.이며(가정 2에 의해), 평균이 0이고(가정 1에 의해), 분산이 σ_η^2이다(가정 3에 의해 유한함). 따라서 중심극한정리에 의해 $\sqrt{1/n}\sum_{i=1}^{n}\eta_i \xrightarrow{d} N(0, \sigma_\eta^2)$이다. 식 (10.24)로부터 다음과 같이 도출할 수 있다.

$$\sqrt{nT}(\hat{\beta}_1 - \beta_1) \xrightarrow{d} N\left(0, \frac{\sigma_\eta^2}{Q_{\widetilde{X}}^2}\right) \tag{10.25}$$

식 (10.25)로부터 $\hat{\beta}_1$ 대표본 분포의 분산은 다음과 같다.

$$\text{var}(\hat{\beta}_1) = \frac{1}{nT}\frac{\sigma_\eta^2}{Q_{\widetilde{X}}^2} \tag{10.26}$$

군집 표준 오차 공식은 식 (10.26)의 모집단 적률을 표본 대응값으로 대체한다.

$$SE(\hat{\beta}_1) = \sqrt{\frac{1}{nT}\frac{s_{\hat{\eta}}^2}{\hat{Q}_{\widetilde{X}}^2}},$$

$$\text{여기서} \quad s_{\hat{\eta}}^2 = \frac{1}{n-1}\sum_{i=1}^{n}(\hat{\eta}_i - \bar{\hat{\eta}})^2 = \frac{1}{n-1}\sum_{i=1}^{n}\hat{\eta}_i^2 \tag{10.27}$$

여기서 $\hat{\eta}_i = \sqrt{1/T}\ \sum_{t=1}^{T}\widetilde{X}_{it}\hat{u}_{it}$는 η_i의 표본 대응값이다. $\hat{\eta}_i$는 식 (10.24)의 η_i에서 $\widetilde{u}_{it}$를 고정효과회귀식의 잔차 $\hat{u}_{it}$로 대체한 것이다. 그리고 $\bar{\hat{\eta}} = (1/n)\sum_{i=1}^{n}\hat{\eta}_i$이다. 식 (10.27)의 마지막 등식은 $\bar{\hat{\eta}} = 0$이기 때문에 발생하며, 이는 잔차와 설명변수가 상관관계가 없기 때문이다[식 (4.32)]. $s_{\hat{\eta}}^2$는 단순히 $\hat{\eta}_i$의 표본 분산임을 주목하라[식 (3.7) 참조].

이분산성이나 자기상관이 있더라도 $n \to \infty$일 때 추정량 $s_{\hat{\eta}}^2$는 σ_η^2의 일치 추정량이다(연습문제 18.15). 따라서 식 (10.27)의 군집 표준 오차는 이분산성과 자기상관에 강건하다. 군집 표준 오차가 일치 추정량이기 때문에, $\beta_1 = \beta_{1,0}$을 검정하는 t-통계량은 귀무가설하에서 $n \to \infty$일 때 표준정규분포를 따른다.

위의 모든 결과는 다중설명변수가 있는 경우에도 적용된다. 또한 n이 크다면, q개의 제약을 검정하는 F-통계량(군집분산 공식을 사용해 계산됨)은 일반적인 $F_{q,\infty}$점근분포를 따른다.

5장에서 다룬 일반적인 이분산성 강건 추정량이 패널데이터에 유효하지 않은 이유는 무엇인가? 여기에는 두 가지 이유가 있다. 가장 중요한 이유는 5장의 이분산성 강건 추정량이 동일 개체 내 시계열 상관을 허용하지 않는다는 것이다. 2개의 확률변수 U와 V에 대해 $\text{var}(U + V) = \text{var}(U) + \text{var}(V) + 2\text{cov}(U, V)$임을 상기하자. 따라서 식 (10.24)의 η_i의 분산은 분산들의 합과 공분산으로 표현할 수 있다. $\tilde{v}_{it} = \tilde{X}_{it}\tilde{u}_{it}$라고 할 때 다음과 같은 등식을 얻을 수 있다.

$$
\begin{aligned}
\text{var}(\eta_i) &= \text{var}\left(\sqrt{\frac{1}{T}}\sum_{t=1}^{T}\tilde{v}_{it}\right) = \frac{1}{T}\text{var}(\tilde{v}_{i1} + \tilde{v}_{i2} + \cdots + \tilde{v}_{iT}) \\
&= \frac{1}{T}\text{var}(\tilde{v}_{i1}) + \text{var}(\tilde{v}_{i2}) + \cdots + \text{var}(\tilde{v}_{iT}) \\
&\quad + 2\text{cov}(\tilde{v}_{i1}, \tilde{v}_{i2}) + \cdots + 2\text{cov}(\tilde{v}_{iT-1}, \tilde{v}_{iT})]
\end{aligned} \tag{10.28}
$$

5장의 이분산성 강건 분산 공식은 식 (10.28)의 마지막 부분에 있는 모든 공분산을 누락한다. 따라서 시계열 상관이 있는 경우, 일반적인 이분산성 강건 분산 추정량은 일치 추정량이 아니다.

두 번째 이유는 T가 작을 경우, 고정효과추정이 이분산성 강건 분산 추정량에 편향을 야기한다는 것이다. 이 문제는 횡단면 회귀분석에서는 발생하지 않는다.

패널데이터에서 일반적인 이분산성 강건 표준 오차를 사용할 수 있는 유일한 경우는 고정효과회귀분석에서 $T = 2$일 때이다. 이 경우 고정효과회귀분석은 10.2절의 차분 회귀분석과 동일하며, 이분산성 강건 표준 오차와 군집 표준 오차 역시 동일하다.

경제 패널데이터에서 군집 표준 오차 사용의 중요성을 보여주는 실증 예시는 Bertrand, Duflo, Mullainathan(2004)을 참조하라.

확장: 군집 표준 오차의 기타 예시 일부 경우에는 u_{it}가 개체 간에 상관관계가 있을 수 있다. 예를 들어 소득 연구에서 표본 추출 방식이 단순 무작위 표본 추출로 가족을 선택한 다음 가족 내 모든 형제자매를 관측한다고 가정해보자. 오차항에 포함되는 누락된 요인 중 형제자매간에 공통적인 요소가 있을 수 있으므로, 오차가 형제자매간에 독립이라고 가정하는 것은 합리적이지 않다(가족별로는 독립적이지만).

형제자매 예시에서, 가족은 u_{it}가 집단 내에서는 상관관계가 있지만 다른 집단들 간에는 상관관계가 없는 자연스러운 군집 또는 관측치 집단이다. 많은 군집이 있는 한, 식 (10.27)을 도출하는 과정은 개체 간(예: 가족) 또는 개체와 시간 모두에 걸친 군집을 허용하도록 수정될 수 있다.

군집 표준 오차는 단순 무작위 표본 추출 이외의 수집 방식이 사용되는 일부 횡단면 데이터에도 적용된다. 예를 들어 시험점수와 학생 특성에 대한 횡단면 학생 단위 데이터를 수집할 때 먼저 교실을 무작위로 추출한 다음 교실 내 모든 학생에 대한 데이터를 수집한다고 가정해보자. 교실이 무작위로 표본 추출되었기 때문에, 다른 교실에 속한 학생들의 오차와는 상관관계가 없을 것이다. 그러나 같은 교실 내 학생들의 오차 사이에는 상관관계가 있을 수 있으므로 교실 단위에서 군집을 허용하는 군집 표준 오차가 적절할 것이다.

군집 표준 오차에 대한 추가 논의는 Cameron와 Miller(2015)를 참조하라.

n이 작을 때 분포와 표준 오차

n이 작고 T가 큰 경우에도 군집 표준 오차를 사용할 수 있다. 그러나 t-통계량은 t_{n-1}의 분포표의 임곗값과 비교해야 하며, q 제약을 검정하는 F-통계량은 $(n-1)/(n-q)$를 곱한 $F_{q,n-q}$의 임곗값과 비교해야 한다. 이러한 분포는 핵심 개념 10.3의 가정과 함께, 개체 내에서 시간에 따른 X_{it}와 u_{it}의 결합분포에 대한 일부 추가 가정하에 유효하다. 횡단면 회귀분석에서 t-분포의 유효성은 회귀 오차의 정규성과 등분산성을 요구하지만(5.6절), T가 큰 패널데이터에서 군집 표준 오차와 함께 t-분포를 사용하는 것을 정당화하는 데는 이 두 요구사항 모두 필요하지 않다.

n이 작고 T가 클 때, u_{it}가 정규분포를 따르지 않거나 등분산성을 가지지 않더라도 군집 표준 오차를 사용한 t-통계량이 t_{n-1} 분포를 따르는 이유를 이해하려면, 먼저 T가 클 경우 추가적인 가정하에서 식 (10.24)의 η_i가 중심극한정리를 따르므로 $\eta_i \xrightarrow{d} N(0, \sigma_\eta^2)$임을 주목해야 한다. (이 결과에 필요한 추가 가정은 길고 어렵기 때문에, 이에 대한 추가 논의는 15장의 시계열데이터를 다룰 때 설명하는 것으로 미루겠다.) 따라서 T가 크다면, 식 (10.24)의 $\sqrt{nT}(\hat{\beta}_1 - \beta_1)$은 정규분포를 따르는 n개의 확률변수 η_i의 크기조정된 평균이다. 더욱이, 식 (10.27)의 군집 공식 $s_{\hat{\eta}}^2$는 표본 분산의 일반적인 공식이며, 만약 이것이 η_i를 사용해 계산될 수 있다면 $(n-1)s_\eta^2/\sigma_\eta^2$는 χ_{n-1}^2 분포를 따를 것이므로 t-통계량은 t_{n-1} 분포를 따를 것이다[3.6절 참조]. 잔차를 사용해 $\hat{\eta}_i$와 $s_{\hat{\eta}}^2$을 계산해도 이 결론은 변하지 않는다. 다중설명변수의 경우, 유사한 논리로 군집분산 추정량을 사용해 계산된 q 제약을 검정하는 F-통계량이 $(\frac{n-1}{n-q})F_{q,n-q}$분포를 따른다는 결론에 이른다. [예를 들어 $n = 10$이고 $q = 4$일 때 이 F-통계량의 5% 임곗값은 $(\frac{10-1}{10-4}) \times 4.53 = 6.80$이다. 여기서 4.53은 부록 표 5B에 주어진 $F_{4,6}$ 분포의 5% 임곗값이다.] n이 증가함에 따라 t_{n-1}과 $((n-1)/(n-q))\ F_{q,n-q}$ 분포가 일반적인 표준정규분포와 $F_{q,\infty}$ 분포에 접근한다는 점에 주목하라.[5]

n과 T가 모두 작은 경우, 일반적으로 $\hat{\beta}_1$은 정규분포를 따르지 않을 것이며, 군집 표준 오차는 신뢰할 수 있는 추론을 제공하지 않을 것이다.

5 모든 소프트웨어가 n이 작을 때 적용되는 t_{n-1}과 $((n-1)/(n-q))F_{q,n-q}$ 분포를 사용해 군집화된 표준 오차를 구현하는 것은 아니다. 따라서 사용 중인 소프트웨어가 군집화된 표준 오차를 어떻게 구현하고 처리하는지 확인해야 한다.

CHAPTER 11

이진종속변수를 사용한 회귀분석

인종만 다를 뿐 모든 것이 동일한 두 사람이 은행에 가서 주택 구입 대출, 즉 모기지를 신청한다고 하자. 상당히 큰 금액이기 때문에 어느 집이든 동일한 사양의 집을 살 수 있다. 이때 은행은 두 신청자를 동등하게 대우할까? 두 사람의 모기지 신청이 승인될 가능성은 같을까? 법적으로는 동일한 대우를 받아야 한다. 하지만 실제로 그러한지는 은행 규제 기관들의 큰 관심사이다.

대출은 여러 정당한 사유로 승인되거나 거부된다. 예를 들어 제안된 부채 상환금이 신청자 월 소득의 대부분이나 전부를 차지한다면 대출 담당자는 정당하게 대출을 거부할 수 있다. 또한 대출 담당자도 사람이므로 의도치 않게 실수할 수 있어, 어느 사회적 약자의 대출 신청 거부가 차별을 의미하지는 않는다. 따라서 차별에 관한 많은 연구는 통계적 증거, 즉 백인과 흑인(또는 사회적 약자)이 다르게 대우받는다는 것을 보여주는 대규모의 실증적 증거를 찾는다.

그렇다면 모기지 시장에서 발생하는 차별에 대한 통계적 증거를 어떻게 정확히 확인할 수 있을까? 시작점은 흑인과 백인 신청자 중 모기지가 거부된 비율을 비교하는 것이다. 이 장에서 검토할 1990년 매사추세츠주 보스턴 지역의 모기지 신청 데이터에 따르면 흑인 신청자의 28%가 모기지를 거부당했지만 백인 신청자는 9%만이 거부당했다. 하지만 이 비교는 이 장을 시작하는 질문에 정확한 답을 하지 못한다. 왜냐하면 흑인 신청자와 백인 신청자가 반드시 '인종을 제외하고 동일'하지는 않기 때문이다. 대신, 이 두 집단의 신청자의 *다른 특성을 동일하게 유지하면서* 거부율을 비교하는 방법이 필요하다.

이는 다중회귀분석의 몫으로 보인다 — 대체로 그렇지만, 약간의 변형이 필요하다. 변형은 종속변수 — 대출 신청 거부 여부 — 가 이진적이라는 점이다. 제2부에서 우리는 주기적으로 이진변수를 설명변수로 사용했고, 이는 특별한 문제를 일으키지 않았다. 그러나 종속변수가 이진변수일 때는 상황이 더 복잡하다: 0과 1 두 값만 가질 수 있는 종속변수에 이 변수를 설명하는 선을 맞추는 것은 무엇을 의미할까?

이 질문에 대한 답은 회귀함수를 조건부 확률로 해석하는 것이다. 이 해석은 11.1절에서 논의하며, 이를 통해 제2부에서 다루었던 다중회귀모형을 이진종속변수에 적용할 수 있다. 11.1절에서는 이 '선형 확률모형(linear probability model)'을 다룬다. 하지만 예측된 확률로의 해석은 확률을 좀 더 잘 모형화할 수 있는 대안적인 비선형회귀모형을 제시한다. '프로빗(ptobit)'과 '로짓(logit)' 회귀라고 하는 이 방법들은 11.2절에서 논의한다. 부수적인 11.3절에서는 프로빗과 로짓 회귀의 계수를 추정하는 데 사용하는 방법인 최우추정법(maximum likelihood estimation, MLE)을 논의한다. 11.4절에서는 이러한 방법을 보스턴 모기지 신청 데이터에 적용해 모기지 대출에서 인종차별의 증거가 있는지 살펴본다.

이 장에서 다루는 이진종속변수는 제한된 범위를 가진 종속변수의 한 예다. 다시 말해 이는 **제한된 종속변수**(limited dependent variable)이다. 다른 유형의 제한된 종속변수, 예를 들어 여러 이산 값을 갖는 종속변수에 대한 모형은 부록 11.3에서 개괄적으로 다룬다.

11.1 이진종속변수와 선형 확률모형

모기지 신청이 승인되거나 거절되는 것은 이진변수의 한 예다. 다른 중요한 많은 질문도 이진 결과와 관련이 있다. 학비 보조금이 개인의 대학 진학 결정에 미치는 영향은 무엇인가? 십대들이 흡연을 시작할 때 결정 요인은 무엇인가? 어느 국가가 해외 원조를 받을지 여부를 결정하는 것은 무엇인가? 구직자의 취업 성공 여부를 결정하는 것은 무엇인가? 이 모든 예에서 관심의 대상이 되는 결과는 이진적이다: 학생은 대학에 가거나 가지 않고, 십대는 흡연을 하거나 하지 않고, 한 국가는 해외 원조를 받거나 받지 않고, 구직자는 일자리를 찾거나 찾지 못한다.

이 절에서는 이진종속변수를 사용한 회귀분석과 연속종속변수를 사용한 회귀분석의 차이를 논의한 다음, 이진종속변수에 적용할 수 있는 가장 간단한 모형인 선형 확률모형을 설명한다.

이진종속변수

이 장에서 살펴볼 응용 사례는 모기지 신청 거부에 있어서 인종이 결정 요인이 되는지 살펴보는 것이다. 이진종속변수는 모기지 신청이 거절되는지 여부다. 데이터는 보스턴 연방준비은행의 연구자들이 주택담보대출공개법(HMDA)에 따라 수집한 방대한 데이터의 일부이며, 1990년 매사추세츠주 보스턴 지역에서 접수된 모기지 신청과 관련이 있다. 보스턴 HMDA 데이터는 부록 11.1에 설명되어 있다.

모기지 신청은 복잡하다. 이 데이터가 관측된 기간 동안, 일반적으로 은행 대출 담당자가 대출 신청 승인 여부를 결정했다. 대출 담당자는 신청자가 대출금을 상환할 능력이 되는지 평가해야 한다. 한 가지 중요한 정보는 신청자의 소득 대비 요구되는 부채 상환금의 규모이다. 돈을 빌린 경험이 있는 사람이라면 누구나 알겠지만, 소득의 50%를 상환하는 것보다 10%를 상환하는 것이 훨씬 쉽다! 따라서 우리는 두 변수 사이의 관계를 살펴보는 것으로 분석을 시작한다: 모기지 신청이 거절되면 1, 승인되면 0의 값을 갖는 이진종속변수 *deny*와 신청자의 예상 월 총대출상환금을 월소득으로 나눈 비율인 연속변수 *P/I ratio*이다.

그림 11.1은 데이터의 2,380개 관측치 중 127개에 대한 *deny*와 *P/I ratio*의 산점도를 보여준다. (이 데이터의 하위집단을 사용하면 산점도를 더 쉽게 이해할 수 있다.) *deny* 변수가 이

그림 11.1 모기지 신청 거부와 소득 대비 상환금 비율의 산점도

소득 대비 부채 상환금 비율(*P/I ratio*)이 높은 신청자일수록 신청이 거절될 가능성이 높다(거절되면 *deny* = 1, 승인되면 *deny* = 0). 선형 확률모형은 직선을 사용해 *P/I ratio*에 따른 조건부 거절 확률을 모형화한다.

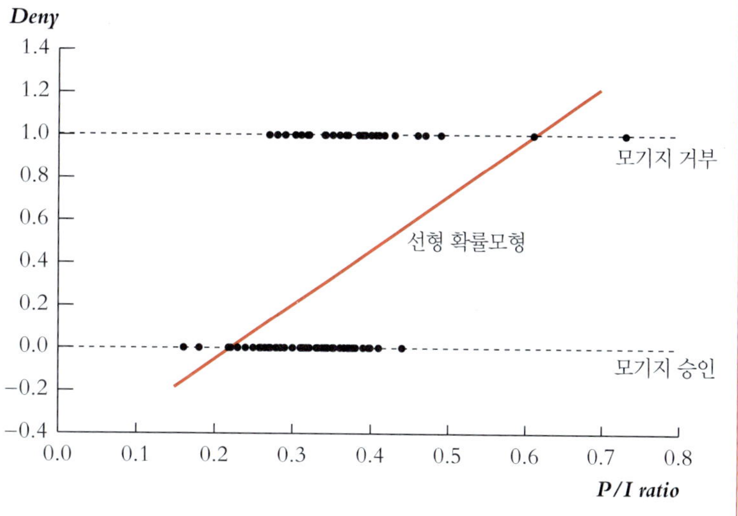

진이기 때문에 이 산점도는 제2부에서 살펴보았던 산점도와 다르게 보인다. 그러나 이 산점도 역시 여전히 *deny*와 *P/I ratio* 사이의 관계를 보여주는 것 같다: 소득 대비 상환금 비율이 0.3 미만인 신청자 중 거절되는 경우는 거의 없지만, 소득 대비 상환금 비율이 0.4를 초과하는 경우 대부분 거절되었다.

*P/I ratio*와 *deny* 사이의 이 양의 관계(*P/I ratio*가 높을수록 거절 비율이 높아짐)는 그림 11.1에 나타나 있듯, 127개 관측치를 사용해 추정된 OLS 회귀선으로 요약되어 있다. 이전과 같이 이 선은 설명변수인 소득 대비 상환금 비율의 함수로서 *deny*의 예측값을 나타낸다. 예를 들어 *P/I ratio* = 0.3일 때, *deny*의 예측값은 0.20이다. 그러나 이진변수 *deny*의 예측값이 0.20이라는 것은 정확히 무엇을 의미하는가?

이 질문에 대한 답의 핵심, 더 일반적으로는 이진종속변수를 사용한 회귀모형을 이해하는 핵심은 회귀모형을 종속변수가 1의 값을 가질 확률을 모형화하는 것으로 해석하는 것이다. 따라서 예측값이 0.20이라는 것은 *P/I ratio*가 0.3일 때 추정된 모기지 거부 확률이 20%라는 의미이다. 달리 말하면, *P/I ratio* = 0.3인 신청자가 많이 있다면 그중 20%가 거절될 것이다.

이 해석은 두 가지 사실에서 비롯된다. 첫째, 제2부에서 살펴보았듯이 모집단 회귀함수는 설명변수가 주어졌을 때 Y의 기댓값 $E(Y|X_1, \ldots, X_k)$이다. 둘째, 2.2절에서 Y가 0 – 1 이진변수인 경우 Y의 기댓값(또는 평균)은 $Y = 1$일 확률이다. 즉 $E(Y) = 0 \times \Pr(Y = 0) + 1 \times \Pr(Y = 1) = \Pr(Y = 1)$이다. 회귀 맥락에서 기댓값은 설명변수의 값에 따라 조건부로 변하므로, 확률 역시 X에 따라 조건부로 나타난다. 따라서 이진변수의 경우 $E(Y|X_1, \ldots, X_k) = \Pr(Y = 1|X_1, \ldots, X_k)$이다. 요약하면, 이진종속변수의 경우 모집단 회귀의 예측값은 X가 주어졌을 때 $Y = 1$일 확률이다.

이진종속변수에 적용되는 다중선형회귀모형을 선형 확률모형이라고 한다: 직선이기 때문에 선형이고 종속변수가 1이 될 확률(우리 예에서는 대출 거부 확률)을 모형화하기 때문에 확률모형이다.

선형 확률모형

선형 확률모형(linear probability model)은 제2부에서 다루었던 다중회귀모형 중 종속변수가 연속이 아닌 이진변수일 때 모형을 지칭하는 이름이다. 종속변수 Y가 이진이기 때문에, 모집단 회귀함수는 X가 주어졌을 때 종속변수가 1이 될 확률에 해당한다. 설명변수 X에 대한 모집단 계수 β_1은 X의 한 단위 변화와 관련된 $Y = 1$일 **확률의 변화**이다. 마찬가지로, 추정된 회귀함수를 사용해 계산된 OLS 예측값 $\hat{Y}_i$는 종속변수가 1이 될 예측 확률이며, OLS 추정량 $\hat{\beta}_1$은 X의 한 단위 변화와 관련된 $Y = 1$일 확률의 변화를 추정한다.

제2부에서 다루었던 거의 모든 도구는 선형 확률모형에 그대로 적용된다. 계수는 OLS로 추정할 수 있다. ±1.96 표준 오차로 95% 신뢰구간을 형성할 수 있고, 7장에서 논의한 F-통계량을 사용해 여러 계수에 대한 가설을 검정할 수 있으며, 8.3절의 방법을 사용해 변수 간의 상호작용을 모형화할 수 있다. 선형 확률모형의 오차는 항상 이분산성을 갖기 때문에(연습문제 11.8), 추론을 위해서는 이분산성 강건 표준 오차를 사용하는 것이 필수적이다.

한 가지 적용되지 않는 도구가 R^2이다. 종속변수가 연속일 때는 R^2이 1이 되는 경우를 상상할 수 있다: 모든 데이터가 회귀선 위에 정확히 놓여 있는 경우이다. 그러나 종속변수가 이진변수일 때 설명변수도 같은 이진변수가 아닌 한 이러한 경우가 나오는 것은 불가능하다. 따라서 여기서 R^2은 특별히 유용한 통계량이 아니다. 다음 절에서 적합도의 측정 방법에 대한 내용으로 돌아오겠다.

선형 확률모형은 핵심 개념 11.1에 요약했다.

보스턴 HMDA 데이터에 대한 적용 데이터의 2,380개 모든 관측치를 사용해 추정된, 이진종속변수 *deny*와 소득 대비 상환금 비율 *P/I ratio*에 대한 OLS 회귀는 다음과 같다.

$$\widehat{deny} = \underset{(0.032)}{-0.080} + \underset{(0.098)}{0.604}\, P/I\ ratio \tag{11.1}$$

*P/I ratio*의 추정 계수는 양수이고, 모집단 계수는 1% 수준에서 통계적으로 0과 유의하게 다르다(t-통계량은 6.13). 따라서 소득 대비 부채 상환금 비율이 높은 신청자일수록 신청이 거절될 가능성이 높다. 이 계수는 설명변수의 변화에 따른 예측된 거부 확률의 변화를 계산하는 데 사용할 수 있다. 예를 들어 식 (11.1)에 따르면 *P/I ratio*가 0.1 증가하면 거부 확률은 $0.604 \times 0.1 \cong 0.060$, 즉 6.0퍼센트포인트 증가한다.

식 (11.1)의 추정된 선형 확률모형은 *P/I ratio*의 함수로 예측된 거부 확률을 계산하는 데 사용할 수 있다. 예를 들어 예상 부채 상환금이 신청자 소득의 30%이면 *P/I ratio*는 0.3이고 식 (11.1)에서 예측값은 $-0.080 + 0.604 \times 0.3 = 0.101$이다. 즉 이 선형 확률모형에 따르면 예상 부채 상환금이 소득의 30%인 신청자는 모기지 신청이 거부될 확률이 10.1%이다. [이는 그림 11.1의 회귀선에 기반한 20% 확률과 다른데, 그림 11.1에서는 식 (11.1)을 추정하는 데 사용한 2,380개 관측치 중 127개만 사용해 추정되었기 때문이다.]

핵심 개념 11.1

선형 확률모형

선형 확률모형은 다음의 다중선형회귀모형과 같다.

$$Y_i = \beta_0 + \beta_1 X_{1i} + \beta_2 X_{2i} + \cdots + \beta_k X_{ki} + u_i \tag{11.2}$$

단, 여기서 종속변수는 이진변수 Y_i이다. Y는 이진변수이므로, $E(Y|X_1, X_2, ..., X_k) = \Pr(Y=1|X_1, X_2, ..., X_k)$이고, 따라서 선형 확률모형은 다음과 같다.

$$\Pr(Y = 1|X_1, X_2, \ldots, X_k) = \beta_0 + \beta_1 X_1 + \beta_2 X_2 + \cdots + \beta_k X_k$$

회귀 계수 β_1은 다른 설명변수들을 일정하게 유지한 채 X_1이 한 단위 변할 때 $Y=1$일 확률의 변화를 나타내며, β_2, ..., β_k에 대해서도 마찬가지다. 이 회귀 계수들은 OLS(최소제곱법)로 추정할 수 있으며, 일반적인 (이분산성 강건) OLS 표준 오차를 사용해 신뢰구간을 구하거나 가설검정을 실행할 수 있다.

*P/I ratio*를 동일하게 유지했을 때 인종이 거부 확률에 미치는 영향은 무엇일까? 간단히 하기 위해 우리는 흑인 신청자와 백인 신청자의 차이에 초점을 맞추겠다. *P/I ratio*를 동일하게 유지하면서 인종의 효과를 추정하기 위해 우리는 신청자가 흑인이면 1, 백인이면 0의 값을 갖는 이진설명변수를 식 (11.1)에 추가한다. 추정된 선형 확률모형은 다음과 같다.

$$\begin{aligned}\widehat{deny} = &-0.091 + 0.559\, P/I\ ratio + 0.177\, black \\ &(0.029)\quad (0.089) \qquad\qquad\quad (0.025)\end{aligned} \tag{11.3}$$

*black*의 계수인 0.177은 소득 대비 상환금 비율이 동일할 때 아프리카계 미국인 신청자가 백인 신청자에 비해 모기지 신청이 거부될 확률이 17.7% 더 높다는 것을 의미한다. 이 계수는 1% 수준에서 유의하다(t-통계량은 7.11).

문자 그대로 해석하면, 이 추정치는 모기지 대출 승인 결정에 인종적 차별이 있을 수 있음을 시사하지만, 아직 결론을 내리기는 이르다. 소득 대비 상환금 비율이 대출 담당자의 결정에 영향을 미치지만, 이 외에 신청자의 소득 잠재력과 신용 기록 같은 다른 많은 요인도 영향을 미친다. *P/I ratio*가 주어진 상태에서 만약 이러한 변수 중 어느 하나라도 설명변수인 *black*과 상관관계가 있다면, 이를 식 (11.3)에서 누락했을 때 누락변수편향이 발생할 것이다. 따라서 우리는 11.3절에서 좀 더 철저한 분석을 마칠 때까지 모기지 승인에서 차별의 존재 유무에 대한 어떠한 결론도 유보해야 한다.

선형 확률모형의 단점 선형 확률모형을 사용하기 쉽게 만드는 선형성은 이 모형의 주요 결함이기도 하다. 확률은 1을 초과할 수 없기 때문에, 주어진 X의 변화에 따른 $Y=1$일 확률의 변화는 비선형적이어야 한다: *P/I ratio*가 0.3에서 0.4로 변하면 대출 거부 확률이 크게 변하겠지만, *P/I ratio*가 이미 너무 커서 대출이 거부될 가능성이 매우 높은 상태에서 추가적인 *P/I ratio*의 증가는 대출 거부 확률을 더 이상 변화시키지 않을 것이다. 반면에 선형 확률모형에서는 주어진 *P/I ratio* 변화의 효과가 늘 일정하며, 이는 그림 11.1에서 매우 낮은 *P/I ratio* 값에 대해 예측된 확률이 0 이하로 떨어지고 높은 값에 대해 1을 초과하는 결과로 이어진다! 하지만 이는 현실적으로 불가능하다. 확률은 0보다 작거나 1보다 클 수 없다. 이러한 비논리적인 현상은 선형회귀모형에서는 불가피한 결과이다. 이 문제를 해결하기 위한 방법으로 우리는 이진종속변수를 위해 특별히 설계된 새로운 비선형 모형인 프로빗과 로짓 회귀모형을 소개한다.

11.2 프로빗과 로짓 회귀

프로빗(probit)과 **로짓**(logit)[1] 회귀는 이진종속변수를 위해 특별히 설계된 비선형회귀모형이다. 이진종속변수 Y를 가진 회귀분석은 $Y = 1$일 확률을 모형화해야 하므로, 예측값을 0과 1 사이로 강제하는 비선형공식을 채택하는 것이 합리적이다. 누적 확률분포함수(cumulative probability distribution function, c.d.f.)는 0과 1 사이의 확률을 생성하기 때문에(2.1절 참조) 이들은 로짓과 프로빗 회귀에서 사용된다. 프로빗 회귀는 표준정규분포의 누적분포함수를, **로지스틱 회귀**(logistic regression)라고도 하는 로짓 회귀는 로지스틱 분포의 누적분포함수를 사용한다.

프로빗 회귀

단일 설명변수를 사용한 프로빗 회귀모형 단일 설명변수 X를 고려하는 프로빗 회귀모형은 다음과 같다.

$$\Pr(Y = 1|X) = \Phi(\beta_0 + \beta_1 X) \tag{11.4}$$

여기서 Φ는 표준정규분포의 누적함수를 나타낸다(부록 표 1에 수록).

예를 들어 Y가 이진변수인 모기지 거부 변수(*deny*)이고, X가 소득 대비 부채 상환금 비율(*P/I ratio*)이며, $\beta_0 = -2$이고 $\beta_1 = 3$이라고 가정해보자. 그렇다면 *P/I ratio* = 0.4일 때 모기지가 거부될 확률은 얼마일까? 식 (11.4)에 따르면 이 확률은 $\Phi(\beta_0 + \beta_1$ *P/I ratio*$)$ = $\Phi(-2 + 3$ *P/I ratio*$)$ = $\Phi(-2 + 3 \times 0.4) = \Phi(-0.8)$이다. 누적 정규분포표(부록 표 1)에 따르면 $\Phi(-0.8) = \Pr(Z \leq -0.8) = 21.2\%$이다. 즉 *P/I ratio*가 0.4일 때 신청이 거부될 예측 확률은 21.2%이며, 이는 계수 $\beta_0 = -2$와 $\beta_1 = 3$을 사용한 프로빗 모형으로 계산된 것이다.

프로빗 모형에서 $\beta_0 + \beta_1 X$항은 부록 표 1의 누적 표준정규분포표에서 'z'의 역할을 한다. 따라서 먼저 'z'값을 계산하고($z = \beta_0 + \beta_1 X = -2 + 3 \times 0.4 = -0.8$), 그다음 정규분포의 왼쪽 꼬리에서 $z = -0.8$보다 작을 확률을 찾아 21.2%를 얻는 방식으로도 앞 단락의 계산과 동일한 결과를 얻을 수 있다.

식 (11.4)의 프로빗 계수 β_1은 X의 한 단위 변화와 관련된 z값의 변화이다. β_1이 양수이면, X값이 클수록 z값을 증가시켜 $Y = 1$일 확률을 증가시킨다. β_1이 음수이면, X값이 클수록

1 영어로 Prōbit과 Lōgit이다.

그림 11.2 소득 대비 상환금 비율에 대한 거부 확률의 프로빗 모형

프로빗 모형은 누적 정규분포함수를 사용해 소득 대비 부채 상환금 비율에 따른 거부 확률을, 더 일반적으로 $\Pr(Y=1|X)$를 모형화한다. 선형 확률모형과 달리 프로빗으로 구한 조건부 확률은 항상 0과 1 사이에 있다.

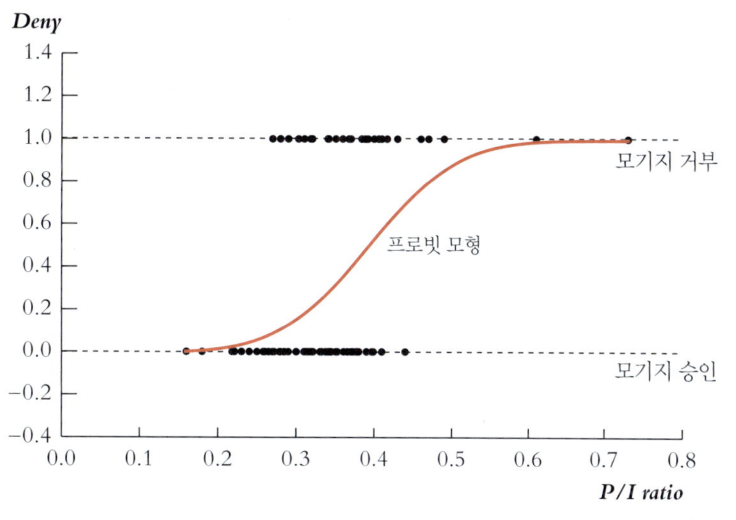

$Y=1$일 확률은 감소한다. X가 z값에 미치는 영향은 선형이지만, 확률에 미치는 영향은 비선형이다. 따라서 실제로 프로빗 모형의 계수를 해석하는 가장 쉬운 방법은 하나 이상의 구체적인 설명변수 값에 대해 예측 확률이나 예측 확률의 변화를 계산하는 것이다. 설명변수가 하나일 때는 예측 확률을 X의 함수로 그래프를 이용해 표현할 수 있다.

그림 11.2는 산점도의 127개 관측치를 사용해 프로빗 회귀로 얻은 *P/I ratio*에 대한 *deny*의 추정 회귀함수를 그래프로 나타낸 것이다. 추정된 프로빗 회귀함수는 늘어난 '*S*' 모양을 가진다: *P/I ratio*가 작은 값에서는 거의 0에 가깝고 평평하며, 중간값에서는 기울기가 급격히 증가하고, 큰 값에서는 다시 평평해지다 거의 1에 가까워진다. 소득 대비 부채 상환금 비율이 작을 때는 거부 확률이 낮다. 예를 들어 *P/I ratio*가 0.2일 때, 그림 11.2의 추정된 프로빗 함수에 기반한 추정된 거부 확률은 $\Pr(deny=1|P/I\ ratio=0.2)=2.1\%$이다. *P/I ratio*가 0.3일 때 추정된 거부 확률은 16.1%이다. *P/I ratio*가 0.4일 때, 거부 확률은 급격히 증가해 51.9%가 되고, *P/I ratio*가 0.6일 때 거부 확률은 98.3%에 다다른다. 이 추정된 프로빗 모형에 따르면, 소득 대비 부채 상환금 비율이 높은 신청자의 경우 거부 확률은 거의 1에 가깝다.

다중설명변수를 사용한 프로빗 회귀모형 지금까지 우리가 공부한 모든 회귀 문제에서, 모형에 포함된 설명변수와 상관관계가 있는 Y의 결정 요인이 모형에서 누락되면 누락변수편향이 발생한다. 프로빗 회귀에서도 예외는 아니다. 선형회귀에서는 누락된 변수를 설명변수로 모형에 포함하는 것으로 문제를 해결할 수 있다. 이는 프로빗 회귀에서도 마찬가지다.

다중설명변수를 사용한 프로빗 모형은 단일설명변수 프로빗 모형을 확장해 z값을 계산할 때 설명변수를 추가한다. 따라서 2개의 설명변수 X_1과 X_2를 가진 프로빗 모집단 회귀모형은 다음과 같다.

$$Pr(Y=1|X_1,X_2)=\Phi(\beta_0+\beta_1X_1+\beta_2X_2) \quad (11.5)$$

핵심 개념 11.2

프로빗 모형, 예측 확률, 추정된 효과

다중설명변수를 사용하는 모집단 프로빗 모형은 다음과 같다.

$$\Pr(Y = 1 | X_1, X_2, \ldots, X_k) = \Phi(\beta_0 + \beta_1 X_1 + \beta_2 X_2 + \cdots + \beta_k X_k) \quad (11.6)$$

여기서 종속변수 Y는 이진변수이고, Φ는 표준정규분포의 누적분포함수이며, X_1, X_2 등은 설명변수이다. 예측 확률을 계산하고 설명변수의 변화가 미치는 영향을 분석할 때 이 모형은 가장 잘 해석될 수 있다.

$Y = 1$일 예측 확률은 X_1, X_2, ..., X_k값이 주어졌을 때 z값, 즉 $z = \beta_0 + \beta_1 X_1 + \beta_2 X_2 + \ldots + \beta_k X_k$를 계산한 후 이 z값을 정규분포표(부록 표 1)에서 찾아 계산한다.

계수 β_1은 X_2, ..., X_k를 고정한 상태에서 X_1이 한 단위 변했을 때 이로 인해 발생하는 z값의 차이이다.

설명변수 변화가 예측 확률에 미치는 영향은 다음과 같이 계산된다: (1) 설명변수의 초깃값에서 예측 확률 계산, (2) 설명변수의 새로운 값 또는 변경된 값에서 예측 확률 계산, (3) 두 값의 차이 계산.

예를 들어 $\beta_0 = -1.6$, $\beta_1 = 2$, $\beta_2 = 0.5$라고 가정하자. $X_1 = 0.4$이고 $X_2 = 1$이면, z값은 $z = -1.6 + 2 \times 0.4 + 0.5 \times 1 = -0.3$이다. 따라서 $X_1 = 0.4$와 $X_2 = 1$일 때 $Y = 1$일 확률은 $\Pr(Y = 1 | X_1 = 0.4, X_2 = 1) = \Phi(-0.3) = 38\%$이다.

X의 변화에 따른 효과 일반적으로 회귀모형은 X의 변화로 인한 Y의 변화를 예측하는 데 사용할 수 있다. Y가 이진일 때, 그 조건부 기댓값은 1과 같을 조건부 확률이므로, X의 변화로 인해 예상되는 Y의 변화는 $Y = 1$일 확률의 변화이다.

8.1절에서 언급했듯이, 모집단 회귀함수가 X의 비선형 함수일 때, 이 예상되는 변화량은 세 단계로 추정된다. 첫째, 추정된 회귀함수를 사용해 X의 초깃값에서 예측값을 계산한다. 둘째, X의 변경된 값 $X + \Delta X$에서 예측값을 계산한다. 셋째, 두 예측값의 차이를 계산한다. 이 절차를 핵심 개념 8.1에 요약했다. 8.1절에서 강조했듯이, 이 방법은 비선형 모형이 아무리 복잡하더라도 X의 변화에 따른 예측 효과를 계산하는 데 항상 유효하다. 이를 프로빗 모형에 적용할 때, 핵심 개념 8.1의 방법을 사용해 X의 변화가 $Y = 1$일 확률에 미치는 효과를 추정한다.

프로빗 회귀모형, 예측 확률, 추정된 효과는 핵심 개념 11.2에 요약했다.

모기지 데이터에 대한 적용 한 가지 예시로, 모기지 신청 거부(*deny*)와 소득 대비 부채 상환금 비율(*P/I ratio*)에 관한 2,380개 관측치로 이루어진 데이터에 프로빗 모형을 적용해보겠다.

$$\widehat{\Pr(deny = 1 | P/I\ ratio)} = \underset{(0.16)}{\Phi(-2.19} + \underset{(0.47)}{2.97} P/I\ ratio) \quad (11.7)$$

-2.19와 2.97이라는 추정 계수는 z값을 통해서만 거부 확률에 영향을 미치기 때문에 이를 바로 해석하기 어렵다. 실제로 식 (11.7)의 추정된 프로빗 회귀에서 쉽게 결론 내릴 수 있는 유일한 사항은 소득 대비 상환액 비율이 거부 확률과 양의 관계에 있다는 것(*P/I ratio*의 계수가 양수)과 이 관계가 통계적으로 유의하다는 것이다($t = 2.97/0.47 = 6.32$).

소득 대비 상환액 비율이 0.3에서 0.4로 증가하면 신청이 거부될 예측 확률은 얼마나 변할까? 이 질문에 답하기 위해 핵심 개념 8.1의 절차를 따른다: *P/I ratio* = 0.3일 때와 *P/I ratio* = 0.4일 때의 거부 확률을 계산한 후 그 차이를 구한다. *P/I ratio* = 0.3일 때 거부 확률은 $\Phi(-2.19 + 2.97 \times 0.3) = \Phi(-1.30) = 0.097$이다. *P/I ratio* = 0.4일 때 거부 확률은 $\Phi(-2.19 + 2.97 \times 0.4) = \Phi(-1.00) = 0.159$이다. 따라서 추정된 거부 확률의 변화는 $0.159 - 0.097 = 0.062$이다. 즉 소득 대비 상환액 비율이 0.3에서 0.4로 증가하면 거부 확률이 9.7%에서 15.9%로 6.2퍼센트포인트 증가한다.

프로빗 회귀함수는 비선형이기 때문에 X의 변화가 미치는 영향은 X의 초깃값에 따라 달라진다. 예를 들어 *P/I ratio* = 0.5일 때, 식 (11.7)에 기반한 추정 거부 확률은 $\Phi(-2.19 + 2.97 \times 0.5) = \Phi(-0.71) = 0.239$이다. 따라서 *P/I ratio*가 0.4에서 0.5로 증가할 때 예측 확률의 변화는 $0.239 - 0.159$, 즉 8.0퍼센트포인트로, *P/I ratio*가 0.3에서 0.4로 증가할 때 예측 확률 변화 6.2퍼센트포인트보다 더 크다.

소득 대비 상환액 비율을 일정하게 유지할 때, 인종이 모기지 거부 확률에 미치는 영향은 무엇일까? 이 효과를 추정하기 위해, *P/I ratio*와 *black*을 설명변수로 사용하는 프로빗 회귀를 추정한다.

$$\widehat{\Pr(deny = 1|P/I\,ratio, black)} = \Phi(\underset{(0.16)}{-2.26} + \underset{(0.44)}{2.74}\, P/I\,ratio + \underset{(0.083)}{0.71}\, black) \quad (11.8)$$

다시 말하지만, 계수의 값을 바로 해석하기 어렵지만, 부호와 통계적 유의성은 그렇지 않다. *black*의 계수가 양수라는 것은 소득 대비 상환액 비율이 동일할 때 아프리카계 미국인 신청자가 백인 신청자보다 모기지 거부 확률이 더 높다는 것을 나타낸다. 이 계수는 1% 수준에서 통계적으로 유의하다(*black*에 곱해지는 계수의 t-통계량은 8.55이다). *P/I ratio* = 0.3인 백인 신청자의 예측 거부 확률은 7.5%인 반면, *P/I ratio* = 0.3인 흑인 신청자의 경우 23.3%이다. 이 가상의 두 신청자 간 거부 확률 차이는 15.8퍼센트포인트이다.

프로빗 계수의 추정 위 식에 나타난 프로빗 계수는 최우법(maximum likelihood method)을 사용해 추정되었다. 이 방법은 이진종속변수를 포함한 다양한 예에서 사용할 수 있으며 효율적인(최소 분산) 추정량을 제공한다. 최우추정량은 일치 추정량이며 표본크기가 클 때 정규분포를 따르므로, 일반적인 방식으로 계수에 대한 t-통계량과 신뢰구간을 구성할 수 있다.

프로빗 모형을 추정하는 회귀 소프트웨어는 일반적으로 최우추정을 사용하므로 실제로 적용하기에 간단하다. 이러한 소프트웨어에서 생성된 표준 오차는 회귀계수의 표준 오차와 동일한 방식으로 사용할 수 있다. 예를 들어 실제 프로빗 계수에 대한 95% 신뢰구간은 추정된 계수 ±1.96 표준 오차로 구할 수 있다. 마찬가지로, 최우추정량을 사용해 계산된 F-통계량은 결합가설을 검정하는 데 사용할 수 있다. 최우추정은 11.3절에서 추가로 논의하며, 부록 11.2에서 더 자세한 내용을 찾을 수 있다.

로짓 회귀

로짓 회귀모형 로짓 회귀모형은 프로빗 회귀모형과 유사하지만 식 (11.6)의 표준정규분포함수 누적분포함수 Φ 대신 누적 표준로지스틱분포 누적분포함수(F로 표기)를 사용하는 점이 다르다. 로짓 회귀는 핵심 개념 11.3에 요약했다. 누적 로지스틱분포함수는 특정 함수 형태를 가지며, 지수 함수로 정의된다. 이는 식 (11.9)의 마지막 표현에 나와 있다.

프로빗과 마찬가지로 로짓 계수는 예측 확률과 예측 확률의 변화를 계산할 때 가장 잘 해석될 수 있다.

로짓 모형의 계수는 최우법으로 추정할 수 있다. 최우추정량은 일치 추정량이고 대표본에서 정규분포를 따르므로, 일반적인 방식으로 계수에 대한 t-통계량과 신뢰구간을 구성할 수 있다.

로짓과 프로빗 회귀함수는 유사하다. 이는 그림 11.3에서 잘 나타냈는데, 이 그림은 종속변수 *deny*와 단일 설명변수 *P/I ratio*에 대한 프로빗과 로짓 회귀함수를 그래프로 나타낸 것이다. 이는 또한 그림 11.1과 11.2에서 사용한 것과 동일한 127개의 관측치를 사용해 최우법으로 추정되었으며 그림을 보면 두 함수 간의 차이가 작은 것을 확인할 수 있다.

역사적으로 로짓 회귀의 주요 동기는 로지스틱분포 누적분포함수가 정규분포 누적분포함수보다 더 빠르게 계산될 수 있다는 점이었다. 그러나 더 강력한 컴퓨터의 출현으로 이러한 차이는 더 이상 중요하지 않게 되었다.

보스턴 HMDA 데이터에 대한 적용 데이터에 포함된 2,380개 관측치를 사용해 *P/I ratio*와 *black*에 대해 *deny*의 로짓 회귀를 수행한 결과 다음과 같은 추정 회귀함수를 얻었다.

$$\widehat{\Pr(deny = 1 \mid P/I\ ratio, black)} = \underset{(0.35)}{F(-4.13} + \underset{(0.96)}{5.37}P/I\ ratio + \underset{(0.15)}{1.27}black) \quad (11.10)$$

*black*의 계수는 양수이며 1% 수준에서 통계적으로 유의하다(t-통계량은 8.47). *P/I ratio* $=0.3$인 백인 신청자의 예측 거부 확률은 $1/[1+e^{-(-4.13+5.37\times0.3+1.27\times0)}]=$

핵심 개념 11.3

로짓 회귀

다중설명변수를 사용하는 이진종속변수 Y에 대한 모집단 로짓 모형은 다음과 같다.

$$\Pr(Y = 1 \mid X_1, X_2, \ldots, X_k) = F(\beta_0 + \beta_1 X_1 + \beta_2 X_2 + \cdots + \beta_k X_k)$$
$$= \frac{1}{1 + e^{-(\beta_0 + \beta_1 X_1 + \beta_2 X_2 + \cdots + \beta_k X_k)}} \quad (11.9)$$

로짓 회귀는 프로빗 회귀와 유사하지만 누적분포함수가 다르다.

그림 11.3 소득 대비 상환금 비율에 대한 거부 확률의 프로빗과 로짓 모형

이 로짓과 프로빗 모형은 소득 대비 상환액 비율이 주어졌을 때 모기지 신청이 거부될 확률에 대해 거의 동일한 추정치를 제공한다.

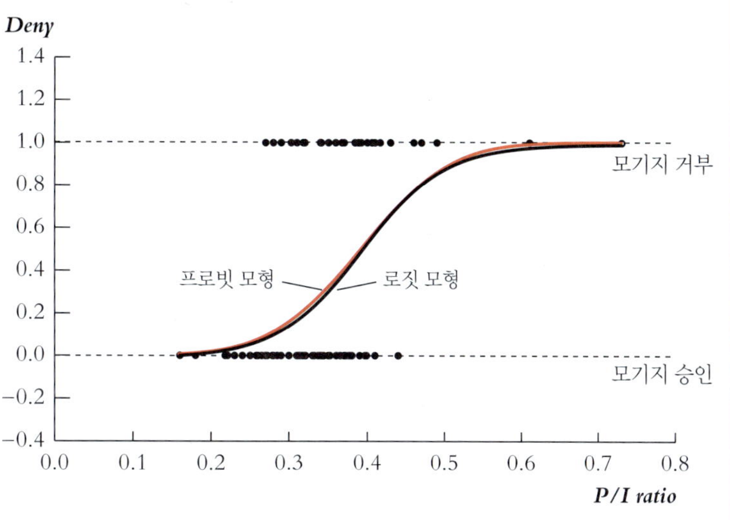

$1/[1+e^{2.52}] = 0.074$, 즉 7.4%이다. *P/I ratio* = 0.3인 아프리카계 미국인 신청자의 예측 거부 확률은 $1/[1+e^{1.25}] = 0.222$, 즉 22.2%로, 이 두 확률의 차이는 14.8퍼센트포인트이다.

선형 확률, 프로빗, 로짓 모형 비교

세 모형 — 선형 확률, 프로빗, 로짓 — 모두 알려지지 않은 모집단 회귀함수 $E(Y|X) = \Pr(Y=1|X)$에 대한 근사치일 뿐이다. 선형 확률모형은 사용과 해석이 가장 쉽지만, 실제 모집단 회귀함수의 비선형적인 특성을 포착할 수 없다. 프로빗과 로짓 회귀는 이러한 확률의 비선형성을 모형화할 수 있지만 회귀계수를 바로 해석하기 어렵다. 그렇다면 실제로 어떤 모형을 사용해야 할까?

여기에는 하나의 정답이 없으며, 연구자마다 다른 모형을 사용한다. 프로빗과 로짓 회귀는 종종 비슷한 결과를 도출한다. 예를 들어 식 (11.8)의 추정된 프로빗 모형에 따르면, *P/I ratio* = 0.3인 흑인 신청자와 백인 신청자 간의 거부 확률 차이는 15.8퍼센트포인트로 나타났다. 반면 식 (11.10)에 기반한 로짓 모형은 이 격차를 14.9퍼센트포인트로 추정했다. 실용적인 목적으로는 두 추정치가 매우 유사하다. 로짓과 프로빗 중 선택하는 한 가지 방법은 단순히 자신이 사용 중인 통계 소프트웨어에서 더 쉽게 사용할 수 있는 방법을 선택하는 것이다.

선형 확률모형은 비선형 모집단 회귀함수에 대해 가장 덜 합리적인 근사치를 제공한다. 그럼에도 불구하고 설명변수의 극단적인 값이 거의 없는 일부 데이터에서는 선형 확률모형도 여전히 적절한 근사치를 제공할 수 있다. 식 (11.3)의 거부 확률 회귀에서, 선형 확률모형으로 추정된 흑인과 백인 간 격차는 17.7퍼센트포인트로, 프로빗과 로짓 추정치보다 크지만 여전히 질적으로 유사하다. 그러나 이를 확인할 수 있는 유일한 방법은 선형과 비선형 모형을 모두 추정하고 예측된 확률을 서로 비교하는 것이다.

11.3 로짓과 프로빗 모형의 추정과 추론[2]

8.2절과 8.3절에서 살펴본 비선형 모형들은 독립변수들의 비선형 함수지만 미지의 계수들(매개변수들)에 대해서는 선형 함수이다. 따라서 이러한 비선형 회귀함수의 미지 계수들은 OLS로 추정될 수 있다. 반면에 프로빗과 로짓 회귀 함수들은 계수들에 대해 비선형 함수이다. 즉 식 (11.6)의 프로빗 계수 β_0, β_1, ..., β_k는 표준정규분포 누적분포함수 Φ 안에 나타나고, 식 (11.9)의 로짓 계수들은 표준로지스틱분포 누적분포함수 F 안에 나타난다. 모집단 회귀함수가 계수 β_0, β_1, ..., β_k에 대해 비선형 함수이기 때문에, 이 계수들은 OLS로 추정될 수 없다.

이 절에서는 프로빗과 로짓 계수 추정을 위한 기본적인 방법인 최우법을 소개한다. 추가적인 수학적 세부 사항은 부록 11.2에서 찾아볼 수 있다. 실제로 프로빗과 로짓 계수의 최우추정은 대부분의 통계 소프트웨어에 내장되어 있어 쉽게 구할 수 있다. 하지만 최우추정 이론은 최소제곱법 이론보다 훨씬 복잡하다. 따라서 우리는 먼저 최우법으로 넘어가기 전에 또 다른 추정 방법인 비선형최소제곱법을 논의한다.

비선형최소제곱법

비선형최소제곱법은 프로빗 계수처럼 그 매개변수들이 모집단 회귀함수에 비선형적으로 들어갈 때 이 미지의 매개변수들을 추정하는 일반적인 방법이다. 부록 8.1에서 소개한 비선형최소제곱추정량은 OLS 추정량을 매개변수들의 비선형 함수인 회귀함수로 확장한다. OLS와 마찬가지로, 비선형최소제곱법은 모형에 의해 생성된 예측 오차 제곱의 합을 최소화하는 매개변수 값들을 찾는다.

구체적으로, 프로빗 모형의 매개변수들에 대한 비선형최소제곱추정량을 고려해보자. X들이 주어졌을 때 Y의 조건부 기댓값은 $E(Y \mid X_1, \ldots, X_k) = \Pr(Y = 1 \mid X_1, \ldots, X_k) = \Phi(\beta_0 + \beta_1 X_1 + \ldots + \beta_k X_k)$이다. 비선형최소제곱법에 의한 추정은 매개변수들의 비선형 함수인 이 조건부 기댓값 함수를 종속변수에 근접하도록 맞춘다. 즉 프로빗 계수들의 비선형최소제곱추정량은 예측 오차 제곱의 합을 최소화하는 β_0, ..., β_k의 값들이다.

$$\sum_{i=1}^{n} [Y_i - \Phi(b_0 + b_1 X_{1i} + \cdots + b_k X_{ki})]^2 \tag{11.11}$$

비선형최소제곱추정량은 선형회귀에서의 OLS 추정량과 두 가지 주요 특성을 공유한다. 이는 일치 추정량이며(표본크기가 커질수록 참값에 가까워질 확률이 1에 접근함), 표본크기가 클 때 정규분포를 따른다. 그러나 비선형최소제곱법추정량보다 분산이 더 작은 추정량들이 있고, 이는 비선형최소제곱추정량이 비효율적이라는 뜻이다. 이러한 이유로 프로빗 계수의 비선형 최소제곱추정량은 실제로 거의 사용되지 않으며, 대신 최우법을 사용해 매개변수를 추정한다.

---

2 이 절은 고급 내용을 포함하고 있으며, 이 내용을 건너뛰어도 이후 내용과 연속성을 이어갈 수 있다.

최우추정법

우도함수(likelihood function)는 미지의 계수들의 함수로 여겨지는 데이터의 결합확률분포이다. 미지의 계수들에 대한 **최우추정량**(maximum likelihood estimator, MLE)은 우도함수를 극대화하는 계수들의 값으로 구성된다. MLE는 우도함수를 극대화하는 미지의 계수들을 선택하고, 이는 결국 결합확률분포이므로, MLE는 실제로 관찰된 데이터를 만들어낼 확률을 극대화하는 매개변수 값들을 선택한다. 이런 의미에서 MLE는 주어진 데이터를 생성했을 '가능성이 가장 높은' 매개변수 값들이다.

최우추정을 설명하기 위해 독립변수가 없는 이진종속변수를 고려해보자. 이에 대해 독립적이고 동일한 분포(i.i.d.)를 따르는 2개의 관측치 Y_1과 Y_2가 있다고 하자. 따라서 Y는 베르누이 확률변수이며, 추정할 유일한 미지의 매개변수는 $Y=1$일 확률 p이며, 이는 또한 Y의 평균이기도 하다.

최우추정량을 얻기 위해서는 우도함수에 대한 표현이 필요한데, 이는 곧 데이터의 결합확률분포에 대한 표현을 의미한다. 두 관측치 Y_1과 Y_2의 결합확률분포는 $\Pr(Y_1=y_1, Y_2=y_2)$이다. Y_1과 Y_2는 독립적으로 분포해 있기 때문에 결합분포는 개별 분포들의 곱으로 쓸 수 있다[식 (2.24)], 즉 $\Pr(Y_1=y_1, Y_2=y_2)=\Pr(Y_1=y_1)\Pr(Y_2=y_2)$이다. 베르누이 분포는 공식 $\Pr(Y=y)=p^y(1-p)^{1-y}$로 요약할 수 있다: $y=1$일 때, $\Pr(Y=1)=p^1(1-p)^0=p$이고, $y=0$일 때, $\Pr(Y=0)=p^0(1-p)^1=1-p$이다. 따라서 Y_1과 Y_2의 결합확률분포는 $\Pr(Y_1=y_1, Y_2=y_2)=[p^{y_1}(1-p)^{1-y_1}]\times[p^{y_2}(1-p)^{1-y_2}]=p^{(y_1+y_2)}(1-p)^{2-(y_1+y_2)}$이다.

우도함수는 미지의 계수들의 함수로 여겨지는 결합확률분포이다. 베르누이 확률변수이면서 $n=2$인 i.i.d. 관측치에 대해, 우도함수는 다음과 같다.

$$f(p; Y_1, Y_2) = p^{(Y_1+Y_2)}(1-p)^{2-(Y_1+Y_2)} \tag{11.12}$$

p의 최우추정량은 식 (11.12)의 우도함수를 극대화하는 p의 값이다. 모든 극대화 또는 최소화 문제와 마찬가지로, 시행착오방법을 통해 p를 구할 수 있다. 여러 p값에 대해 우도값 $f(p; Y_1, Y_2)$를 계산하고 이를 비교해 이 함수를 극대화했다고 여겨질 때까지 이 과정을 반복할 수 있다. 그러나 여기서 미적분을 사용해 우도함수를 극대화하면 MLE에 대한 간단한 공식을 얻을 수 있다: MLE는 $\hat{p}=\frac{1}{2}(Y_1+Y_2)$이다. 다시 말해 p의 MLE는 단순 표본평균이다! 실제로 일반적인 n에 대해 베르누이 확률변수의 확률 p의 MLE $\hat{p}$은 표본평균이다. 즉 $\hat{p}=\overline{Y}$이다(이는 부록 11.2에서 다룰 것이다). 이 예에서 MLE는 p에 대한 일반적인 추정량으로, 표본에서 $Y_i=1$인 비율과 같다.

이 예는 프로빗과 로짓 회귀모형에서 미지의 계수들을 추정하는 문제와 유사하다. 이 모형들에서 성공 확률 p는 상수가 아니라 X에 따라 달라진다. 즉 X에 따른 조건부인 성공 확률로, 프로빗 모형의 경우 식 (11.6)으로, 로짓 모형의 경우 식 (11.9)로 주어진다. 따라서 프로빗과 로짓 우도함수는 식 (11.12)의 우도함수와 유사하게 나타나지만, (X_i에 따라 달라지기 때문에) 성공 확률이 각 관측치에 따라 다르다. 프로빗과 로짓 우도함수에 대한 표현은 부록 11.2

에 있다.

비선형최소제곱추정량과 마찬가지로, MLE는 일치 추정량이며 표본크기가 큰 경우 정규분포를 따른다. 일반적으로 통계 소프트웨어가 프로빗 계수를 MLE를 사용해 계산하기 때문에, 실제로 이 추정량은 사용하기 쉽다. 이 장에서 살펴본 모든 추정된 프로빗과 로짓 계수는 MLE이다.

MLE에 기반한 통계적 추론 MLE는 표본크기가 큰 경우 정규분포를 따르기 때문에, MLE를 사용해 구한 프로빗과 로짓 계수에 대한 통계적 추론은 OLS 추정량에 기반한 선형회귀함수 계수에 대한 추론과 같은 방식으로 진행된다. 즉 가설검정은 t-통계량을 사용해 수행되며, 95% 신뢰구간은 ±1.96 표준 오차로 구한다. 여러 계수에 대한 결합가설검정은 7장에서 선형회귀모형일 때 논의한 것과 유사한 방식으로 F-통계량을 사용할 수 있다. 이 모든 것은 선형회귀모형의 통계적 추론과 완전히 유사하다.

실증분석 면에서 중요한 점은 일부 통계 소프트웨어는 F-통계량을 사용해 결합가설검정을 보고하는 반면, 다른 소프트웨어는 카이제곱 통계량을 사용한다는 것이다. 카이제곱 통계량은 $q \times F$이며, 여기서 q는 검정의 대상이 되는 제약 조건의 수다. 귀무가설하에서 F-통계량은 표본크기가 커짐에 따라 χ_q^2/q 분포로 근접해 가기 때문에, $q \times F$는 큰 표본에서 χ_q^2로 분포한다. 두 방식은 q로 나누는지 여부에서만 다르기 때문에 동일한 추론 결과를 주지만, 올바른 임곗값을 사용하기 위해 소프트웨어에서 어떤 방식이 사용되었는지 알아야 한다.

적합도 측정법

11.1절에서 R^2이 선형 확률모형의 적합도를 측정하는 데 부적절하다고 언급한 바 있다. 이는 프로빗과 로짓 회귀에서도 마찬가지다. 이진종속변수 모형의 적합도를 측정하는 두 가지 방법이 있는데, **정확예측비율**(fraction correctly predicted)과 유사 R^2이다. 정확예측비율은 다음 규칙을 사용한다: $Y_i = 1$이고 예측 확률이 50%를 초과하거나, $Y_i = 0$이고 예측 확률이 50% 미만인 경우, Y_i는 정확히 예측되었다고 말한다. 그렇지 않은 경우는 Y_i가 잘못 예측되었다고 말한다. 정확예측비율은 n개의 관찰값 $Y_1, \ldots, Y_n$ 중 정확히 예측된 비율을 말한다.

이 적합도 측정의 장점은 이해하기 쉽다는 것이다. 단점은 예측의 질을 반영하지 않는다는 것이다: $Y_i = 1$인 경우, 예측 확률이 51%든 90%든 관측치가 정확히 예측된 것으로 취급된다.

유사 R^2(pseudo-R^2)은 우도함수를 사용해 모형의 적합도를 측정한다. MLE는 우도함수를 극대화하기 때문에 프로빗이나 로짓 모형에 다른 설명변수를 추가하면 극대화된 우도의 값이 증가한다. 이는 OLS를 사용할 때 선형회귀식에 설명변수를 추가하면 반드시 잔차 제곱의 합이 감소하는 것과 같다. 이는 모든 설명변수를 포함한 극대화된 우도함수의 값을 설명변수가 없는 경우의 우도 값과 비교함으로써 프로빗 모형의 적합도 질을 측정할 수 있음을 시사한다. 실제로 유사 R^2이 하는 일이 바로 이것이다. 유사 R^2에 대한 공식은 부록 11.2에 있다.

11.4 보스턴 HMDA 데이터에 대한 적용

이전 두 절에서 회귀를 통해 소득 대비 상환금 비율을 고정했을 때 흑인 신청자의 거부 확률이 백인 신청자보다 높다는 것을 확인했다. 그러나 모기지 신청을 결정할 때 대출 담당자들은 많은 요인을 정당하게 고려하며, 만약 다른 요인들이 인종에 따라 체계적으로 다르다면 지금까지 살펴본 추정량들은 누락변수편향을 가지고 있을 수 있다.

이 절에서는 보스턴 HMDA 데이터에서 차별의 통계적 증거가 있는지 더 자세히 살펴본다. 구체적으로, 우리의 목표는 대출 담당자가 모기지 신청을 결정하는 과정에서 합법적으로 고려할 수 있는 신청자 특성을 일정하게 고정했을 때 인종이 거부 확률에 미치는 영향을 추정하는 것이다.

모기지 신청을 통해 대출 담당자들이 이용할 수 있는 보스턴 HMDA 데이터에 포함된 가장 중요한 변수들이 표 11.1에 나열되어 있다. 이들은 대출 결정에 대한 실증 모형을 고려할 때 우리가 초점을 맞추어야 할 변수이다. 처음 두 변수는 신청된 대출이 신청자의 소득 측면에서 부과할 재정적 부담을 직접적으로 측정한다. 첫 번째는 *P/I ratio*이고, 두 번째는 소득 대비 월 주택 관련 비용 비율이다. 다음 변수는 주택 평가 가치 대비 대출 규모의 비율이다. 가치 대비 대출 비율이 1에 가깝다는 것은 신청자가 대출을 불이행하고 은행이 압류할 경우 은행이 대출 전체 금액을 회수하기 어려울 수 있다는 것을 의미한다. 마지막 세 가지 재정변수는 신청자의 신용 이력을 보여준다. 과거에 신청자의 부채 상환을 신뢰할 수 없었던 적이 있다면, 대출 담당자는 정당하게 신청자의 미래 모기지 상환 능력이나 의지에 대해 우려할 수 있다. 세 변수는 대출 담당자가 다른 가중치를 둘 수 있는 여러 유형의 신용 이력을 측정한다. 첫 번째는 신용카드 부채와 같이 소비자 신용에 관한 것이고, 두 번째는 이전 모기지 상환 이력이며, 세 번째는 파산 신청과 같이 공공 법적 기록에 나타날 정도로 심각한 신용 문제를 측정한다.

표 11.1은 또한 대출 담당자의 결정과 관련된 기타 변수를 나열한다. 때때로 신청자는 개인 모기지 보험을 신청해야 한다.[3] 대출 담당자는 그 신청이 거부되었는지 알 수 있으며, 만약 거부되었다면 이는 대출 승인에 부정적으로 작용할 것이다. 다음 네 가지 변수는 신청자의 고용 상태, 결혼 상태, 교육수준, 신청자가 종사하는 산업의 실업률이며, 이는 신청자의 미래 상환 능력과 관련이 있다. 압류를 대비해 구입하고자 하는 부동산의 특성도 대출 승인 결정과 관련이 있는데, 다음 변수는 해당 부동산이 콘도미니엄인지 여부를 나타낸다. 표 11.1의 마지막 두 변수는 신청자가 흑인인지 백인인지, 그리고 대출 신청이 거부되었는지 여부를 나타낸다. 이 데이터에서 14.2%의 신청자가 흑인이고, 12.0%의 신청이 거부되었다.

표 11.2는 이러한 변수들을 기반으로 한 회귀 결과를 보여준다. (1)열부터 (3)열까지 보고된 기본 모형에서는 표 11.1의 재무변수들과 개인 모기지 보험이 거부되었는지, 신청자가 자영업자인지를 나타내는 변수가 포함된다. 1990년대에 대출 담당자는 일반적으로 가치 대비 대출 비율에 대한 임곗값 또는 기준값을 사용했으므로, 해당 변수에 대한 기본 설정은 가치 대

3 모기지 보험은 대출자가 채무를 불이행할 경우 보험회사가 은행에 월 납입금을 대신 지불하는 보험 상품이다. 이 연구 기간 동안, 신청자는 가치 대비 대출 비율(LTV)이 80%를 초과하는 경우 모기지 보험을 구매해야 했다.

표 11.1 모기지 결정 회귀모형에 사용되는 변수

변수	정의	표본평균
재정변수		
소득 대비 부채 상환금 비율	월 총소득 대비 월 총부채 상환금 비율	0.331
소득 대비 주거비용	월 총소득 대비 월 주택 관련 비용	0.255
가치 대비 대출 비율	부동산 평가 가치 대비 대출 규모	0.738
소비자 신용 점수	1 – '지연' 납부나 연체 없음 2 – 한두 번의 지연 납부나 연체 3 – 두 번 이상의 지연 납부 4 – 결정을 위한 충분한 신용 이력 없음 5 – 60일 이상 연체된 지불로 인한 연체 신용 이력 6 – 90일 이상 연체된 지불로 인한 연체 신용 이력	2.1
모기지 신용 점수	1 – 연체된 모기지 납부 없음 2 – 모기지 납부 이력 없음 3 – 한두 번의 모기지 연체 4 – 두 번 이상의 모기지 연체	1.7
공공 신용불량 기록	1 – 신용 문제에 대한 공공 기록 있음 (파산, 채무 탕감, 추심 조치) 0 – 그렇지 않음	0.074
추가 신청자 특성변수		
모기지 보험 거부	1 – 신청자가 모기지 보험을 신청했으나 거부됨 0 – 그렇지 않음	0.020
자영업자	1 – 자영업자, 0 – 그렇지 않음	0.116
미혼	1 – 미혼이라고 보고한 신청자, 0 – 그렇지 않음	0.393
고등학교 졸업	1 – 고등학교 졸업 신청자, 0 – 그렇지 않음	0.984
실업률	1989년 신청자가 종사하는 산업의 매사추세츠주 실업률	3.8
콘도미니엄	1 – 주택이 콘도미니엄인 경우, 0 – 그렇지 않음	0.288
흑인	1 – 신청자가 흑인인 경우, 0 – 백인인 경우	0.142
거부	1 – 모기지 신청이 거부된 경우, 0 – 그렇지 않음	0.120

비 대출 비율이 높음(≥0.95), 중간(0.8~0.95), 또는 낮음(<0.8, 이 변수의 경우는 완벽한 다중공선성을 피하기 위해 제외됨)을 나타내는 이진변수를 대신 사용한다. 처음 세 열의 설명변수는 보스턴 연방준비은행 연구자들이 기존 데이터분석에서 고려한 기본 모형 설정과 유사하다.[4] (1)열부터 (3)열까지의 회귀분석은 거부 확률을 어떻게 모형화하는지 그 방법에서만 차이가 있으며, 각각 선형 확률모형, 로짓 모형, 프로빗 모형을 사용한다.

(2)~(6)열의 로짓 및 프로빗 모형의 계수는 직접적으로 해석할 수 없기 때문에, 표는 표준 오차는 보고하지만 신뢰구간은 보고하지 않는다. 또한 이러한 회귀의 목적이 대출 담당자

4 (1)열에서 (3)열까지의 회귀분석 모형과 Munnell 등(1996)의 표 2(1)에 있는 모형의 차이점은 다음과 같다. Munnell 등은 추가적으로 다음 지표들을 포함했다: 주택의 위치와 대출 기관에 대한 지표(이 데이터는 공개적으로 이용할 수 없음), 다세대 주택에 대한 지표(우리 분석의 하위 집합은 단독 주택에 초점을 맞추고 있으므로 여기서는 무관함), 순자산(우리는 이 변수를 제외했는데, 이는 매우 큰 양수와 음수 값을 갖는 소수의 관측치가 있어 결과가 특정 이상 관측치에 민감해질 위험이 있기 때문임).

표 11.2 보스턴 HMDA 데이터를 사용한 모기지 거부 회귀분석

종속변수: 거부(deny) = 1 – 모기지 신청이 거부된 경우, 0 – 그렇지 않음. 2,380개 관측치.

회귀모형 설명변수	선형 확률모형 (1)	로짓 (2)	프로빗 (3)	프로빗 (4)	프로빗 (5)	프로빗 (6)
흑인	0.084** (0.023)	0.688** (0.182)	0.389** (0.098)	0.371** (0.099)	0.363** (0.100)	0.246 (0.448)
소득 대비 부채 상환금 비율	0.449** (0.114)	4.76** (1.33)	2.44** (0.61)	2.46** (0.60)	2.62** (0.61)	2.57** (0.66)
소득 대비 주거비용	−0.048 (0.110)	−0.11 (1.29)	−0.18 (0.68)	−0.30 (0.68)	−0.50 (0.70)	−0.54 (0.74)
가치 대비 대출 비율 중간 (0.95 ≥ 가치-대출 비율 ≤ 0.8)	0.031* (0.013)	0.46** (0.16)	0.21** (0.08)	0.22** (0.08)	0.22** (0.08)	0.22** (0.08)
가치 대비 대출 비율 높음 (가치-대출 비율 ≥ 0.95)	0.189** (0.050)	1.49** (0.32)	0.79** (0.18)	0.79** (0.18)	0.84** (0.18)	0.79** (0.18)
소비자 신용 점수	0.031** (0.005)	0.29** (0.04)	0.15** (0.02)	0.16** (0.02)	0.34** (0.11)	0.16** (0.02)
모기지 신용 점수	0.021 (0.011)	0.28* (0.14)	0.15* (0.07)	0.11 (0.08)	0.16 (0.10)	0.11 (0.08)
공공 신용불량 기록	0.197** (0.035)	1.23** (0.20)	0.70** (0.12)	0.70** (0.12)	0.72** (0.12)	0.70** (0.12)
모기지 보험 거부	0.702** (0.045)	4.55** (0.57)	2.56** (0.30)	2.59** (0.29)	2.59** (0.30)	2.59** (0.29)
자영업자	0.060** (0.021)	0.67** (0.21)	0.36** (0.11)	0.35** (0.11)	0.34** (0.11)	0.35** (0.11)
미혼				0.23** (0.08)	0.23** (0.08)	0.23** (0.08)
고등학교 졸업				−0.61** (0.23)	−0.60* (0.24)	−0.62** (0.23)
실업률				0.03 (0.02)	0.03 (0.02)	0.03 (0.02)
콘도미니엄					−0.05 (0.09)	
흑인 × 소득-부채 상환금 비율						−0.58 (1.47)
흑인 × 소득-주거비용 비율						1.23 (1.69)
추가 신용 등급 지표변수	포함 안 됨	포함 안 됨	포함 안 됨	포함 안 됨	포함됨	포함 안 됨
절편	−0.183** (0.028)	−5.71** (0.48)	−3.04** (0.23)	−2.57** (0.34)	−2.90** (0.39)	−2.54** (0.35)

(계속)

(계속)

제외된 변수들의 유의성 테스트 *F*-통계량과 *p*값	(1)	(2)	(3)	(4)	(5)	(6)
미혼, 고등학교 졸업, 실업률				5.85 (<0.001)	5.22 (0.001)	5.79 (<0.001)
추가적인 신용 등급 지표					1.22 (0.291)	
인종 교차항과 흑인						4.96 (0.002)
인종 교차항만						0.27 (0.766)
백인과 흑인 간 거부 예측 확률 차이 (퍼센트포인트)	8.4%	6.0%	7.1%	6.6%	6.3%	6.5%

이 회귀들은 부록 11.1에 설명한 보스턴 HMDA 데이터의 $n = 2,380$개 관측치를 사용해 추정되었다. 선형 확률모형은 OLS로 추정되었고, 프로빗 및 로짓 회귀는 최우법으로 추정되었다. 계수 아래 괄호 안에 표준 오차가 표시되어 있으며, *F*-통계량 아래 괄호 안에 *p*값이 나타나 있다. 마지막 행의 예측 확률 변화를 계산할 때, 인종만 다를 뿐 다른 설명변수들의 값은 각 변수의 표본평균 값으로 모두 같은 가상의 신청자를 상정해 계산되었다. 개별 계수들은 *5% 또는 **1% 수준에서 통계적으로 유의하다.

의 결정 규칙을 최대한 비슷하게 찾아내는 것이기 때문에 개별 변수들—특히 신청자의 인종—이 그 결정 규칙에 포함되는지 확인하는 것이 중요하다. 따라서 표는 별표를 사용해 계수가 0인지에 대한 검정이 5% 또는 1% 유의수준에서 기각되는지를 보고한다.

(1)열의 회귀는 선형 확률모형이기 때문에 그 계수들은 독립변수가 한 단위 변했을 때 추정된 예측 확률의 변화를 나타낸다. 따라서 *P/I ratio*가 0.1 증가하면 거부 확률이 4.5퍼센트포인트 증가할 것으로 추정된다[(1)열 *P/I ratio*의 계수는 0.449이고, $0.449 \times 0.1 \cong 0.045$이다]. 마찬가지로, 가치 대비 대출 규모 비율이 높은 경우 거부 확률을 증가시킨다. (1)열의 다른 변수들을 일정하게 유지한 상태에서 가치 대비 대출 비율이 95%를 초과하면 모형에서 제외된 가치 대비 대출 비율이 80% 미만인 경우와 비교했을 때 거부 확률이 18.9퍼센트포인트 증가한다(계수는 0.189). 신용 등급이 낮은 신청자들도 다른 조건이 동일할 때 대출을 받기가 더 어려우나, 흥미롭게도 소비자 신용에 대한 계수는 통계적으로 유의하지만 모기지 신용에 대한 계수는 그렇지 않다. 파산 신청과 같은 공공 신용 문제 기록이 있는 신청자는 대출을 받는 데 훨씬 더 큰 어려움을 겪는다. 다른 조건이 동일할 때, 공공 신용불량 기록은 거부 확률을 0.197, 즉 19.7퍼센트포인트 증가시키는 것으로 추정된다. 개인 모기지 보험이 거부된 것은 매우 결정적인 요인인 것으로 나타난다. 0.702의 추정 계수는 모기지 보험이 거부되면 다른 조건이 동일할 때 대출 신청이 거부될 확률이 70.2퍼센트포인트 증가한다는 것을 의미한다. 회귀에서 (인종 외의) 9개 변수 중 7개 계수가 5% 수준에서 통계적으로 유의한 것으로 나타난다. 이는 대출 담당자가 결정을 내릴 때 여러 요인을 고려한다는 것과 일치한다.

회귀모형 (1)에서 흑인에 대한 계수는 0.084로, 다른 변수들을 일정하게 유지할 때 흑인과 백인 신청자 간의 거부 확률 차이가 8.4퍼센트포인트임을 나타낸다. 이는 1% 유의수준에서 통계적으로 유의미하다($t = 3.65$).

(2)열과 (3)열에 보고된 로짓 및 프로빗 추정치도 유사한 결론을 도출한다. 로짓 및 프로빗 회귀분석에서 인종 외의 9개 계수 중 8개 계수가 5% 수준에서 개별적으로 통계적으로 0과 유의하게 다르며, 흑인에 대한 계수는 1% 수준에서 통계적으로 유의하다. 11.2절에서 논의한 바와 같이, 이 모형들은 비선형이기 때문에 백인 신청자와 흑인 신청자의 예측 확률 차이를 계산하려면 모든 설명변수의 특정 값을 선택해야 한다. 값을 선택하는 일반적인 방법은 인종을 제외한 모든 설명변수에서 각 변수의 표본평균 값을 가진 '평균적인' 신청자를 고려하는 것이다. 표 11.2의 마지막 행은 이 평균적인 신청자를 기준으로 추정된 예측 확률 차이를 보고한다. 추정된 인종 간 차이는 서로 유사하다: 선형 확률모형[(1)열]의 경우 8.4퍼센트포인트, 로짓 모형[(2)열]의 경우 6.0퍼센트포인트, 프로빗 모형[(3)열]의 경우 7.1퍼센트포인트이다. 이렇게 추정된 인종 효과와 흑인에 대한 계수는 이전 절에서 설명변수가 *P/I ratio*와 흑인만 있었던 회귀분석에서보다 작다. 이는 이전의 추정치들이 누락변수편향을 가지고 있었음을 나타낸다.

(4)열부터 (6)열까지의 회귀모형에서는 (3)열의 결과가 모형 설정 변화에 얼마나 민감한지를 조사한다. (4)열 모형은 (3)열 모형에 추가적인 신청자 특성변수를 포함해 모형의 변화를 가져왔다. 이러한 특성들은 대출이 거부될지 여부를 예측하는 데 도움이 된다. 예를 들어 최소한 고등학교 졸업장을 가지고 있으면 거부 확률이 감소한다(추정치는 음수이며, 계수는 1% 수준에서 통계적으로 유의하다). 그러나 이러한 개인적 특성을 통제해도 흑인에 대한 계수 추정치나 거부 확률의 차이 추정치(6.6%)는 유의미하게 변하지 않는다.

(5)열은 6개 소비자 신용 등급 범주와 4개 모기지 신용 등급 범주를 분리해 이 두 변수가 선형으로 들어간다는 귀무가설을 검정한다. 이 회귀모형은 또한 해당 부동산이 콘도미니엄인지를 나타내는 변수를 추가한다. 신용 등급 변수들이 z값 표현식에 선형으로 들어간다는 귀무가설은 기각되지 않으며, 콘도미니엄 지표도 5% 수준에서 유의하지 않다. 가장 중요한 점은, 추정된 인종 간 거부 확률 차이(6.3%)가 (3)열과 (4)열의 결과와 본질적으로 같다는 것이다.

(6)열은 변수 간 상호작용이 있는지 검토한다. 구체적으로 소득-상환금 비율과 소득-주거비 비율을 평가할 때 흑인 신청자와 백인 신청자에게 서로 다른 기준이 적용되는지를 살펴본다. 답은 '아니요'인 것 같다. 교차항들은 동시적으로 5% 수준에서 통계적으로 유의하지 않다. 그러나 인종은 계속해서 유의미한 효과를 갖는다. 왜냐하면 인종 지표와 교차항들을 함께 동시에 검정했을 때 1% 수준에서 통계적으로 유의한 것으로 나타났기 때문이다. 다시 한 번, 추정된 인종 간 거부 확률 차이(6.5%)는 다른 프로빗 회귀분석 결과와 본질적으로 동일하다.

모든 6개 모형에서, 다른 신청자 특성을 일정하게 유지할 때 인종이 거부 확률에 미치는 영향은 1% 수준에서 통계적으로 유의하다. 흑인 신청자와 백인 신청자 간 추정된 거부 확률 차이는 6.0~8.4퍼센트포인트다.

이 차이가 큰지 혹은 작은지 평가하는 한 가지 방법으로 이 장의 시작 부분에서 제기한 질문에서 조금 변형된 질문으로 돌아가보자. 두 사람이 모기지 대출을 신청한다고 가정하자. 한 사람은 백인이고 다른 사람은 흑인이지만, 그 외에는 회귀모형 (3)에서 고려된 다른 모든 독립변수에 대해서는 동일한 값을 가진다. 구체적으로, 인종을 제외하고 회귀모형 (3)의 다른 변수의 값은 HMDA 데이터상 각 변수의 표본평균값이라고 하자. 백인 신청자는 7.4%의 거부 가능성에 직면하지만, 흑인 신청자는 14.5%의 거부 가능성에 직면한다. 추정된 인종 간 거부 확률 차이 7.1퍼센트포인트는 흑인 신청자가 백인 신청자와 비교해 거부될 가능성이 2배 가까이 높다는 것을 의미한다.

표 11.2의 결과(그리고 기존 보스턴 연방준비은행 연구)는 모기지 거부 결정에 있어서 법적으로 존재해서는 안 되는 인종적 패턴에 대한 통계적 증거를 제공한다. 이 증거는 은행 규제 기관들의 정책 변화를 촉진하는 데 중요한 역할을 했다.[5] 그러나 경제학자들은 긍정적인 논쟁을 좋아하기 때문에, 당연히 이 결과들은 이후 활발한 토론을 불러왔다.

대출에 인종 차별이 있다(또는 있었다)는 문제가 제기되었기에, 우리는 이 토론의 일부 요점을 간단히 검토한다. 이를 위해 9장의 프레임워크를 채택하는 것이 유용할 것이다. 즉 보스턴 HMDA 데이터를 사용한 기존 분석을 대표하는 표 11.2의 결과에 대해 내부 및 외부적으로 타당성을 고려하는 것이다. 기존 보스턴 연방준비은행 연구에 대한 여러 비판은 분석의 내적 타당성과 관련이 있다: 가능한 데이터상의 오류, 대안적인 비선형 함수, 추가적인 교차항 등이다. 원본 데이터는 신중한 감사를 받았고, 일부 오류가 발견되었으며, 여기에 보고된 결과(그리고 최종 발표된 보스턴 연방준비은행 연구의 결과)는 이 '정제된' 데이터를 기반으로 한다. 다른 모형을 설정한 추정—다른 함수 형태 및/또는 추가 설명변수—또한 표 11.2의 결과와 비교할 만한 인종 간 차이 추정치를 보여준다. 분석의 내적 타당성 검토에서 잠재적으로 더 어려운 문제는 대면 대출 심사 중에 은행 대출 담당자는 얻을 수 있지만 대출 신청서 자체에는 기록되지 않는, 따라서 데이터상으로는 관측되지 않는 비인종적 재무 정보가 있어, 이 정보가 인종과 상관관계가 있는지 여부이다. 만약 그렇다면, 표 11.2 회귀분석에 여전히 누락변수편향이 있을 수 있다. 마지막으로, 일부는 외적 타당성에 의문을 제기했다. 1990년 보스턴에서 인종 차별이 있었다 하더라도 오늘날 다른 곳의 대출 기관들을 비난하는 것은 잘못되었다는 것이다. 더욱이, 현대의 온라인 신청을 사용하면 대면 인터뷰 없이 모기지 신청이 승인되거나 거부될 수 있기 때문에 인종 차별이 덜 발생할 수 있다. 이러한 외적 타당성 문제를 해결하는 유일한 방법은 다른 지역과 연도의 데이터를 고려하는 것이다.[6]

11.5 결론

종속변수 Y가 이진변수일 때, 모집단 회귀함수는 설명변수 조건부 $Y = 1$의 확률이다. 이 모집단 회귀함수를 추정하려면 확률 해석에 적합한 함수 형태를 찾고, 그 함수의 알려지지 않은

5 이러한 정책 변화들은 연방 은행 규제 기관들에 의한 공정 대출심사 수행 방식의 변경, 미국 법무부가 실시하는 조사의 변화, 그리고 은행들과 기타 주택대출 발행 회사들을 대상으로 강화된 교육 프로그램들을 포함한다.

6 이 주제에 대해 더 자세히 읽고 싶다면, *Journal of Economic Perspectives*의 1998년 봄호에 실린 인종 차별과 경제학에 관한 심포지엄이 좋은 시작점이 될 것이다. 이 심포지엄에서 Helen Ladd(1998)의 논문은 모기지 시장에서의 인종 차별에 대한 증거와 논쟁을 조사한다. Goering과 Wienk(1996)는 더 자세한 내용을 다루고 있다. 보스턴 연방준비은행의 연구 이후 미국 모기지 시장은 크게 변화했는데, 이는 대출 기준 완화, 주택 가격 거품, 2008-2009년 금융 위기, 대출 기준의 재강화를 포함한다. 모기지 시장의 변화에 대한 소개는 Green과 Wachter(2008)를 참조하라.

매개변수들을 추정하며, 결과를 해석하는 과정이 필요하다. 그 결과로 얻은 예측값들은 예측확률이며, 설명변수 X의 변화에 따른 추정 효과는 X의 한 단위 변화로 인한 추정된 $Y = 1$ 확률의 변화이다.

설명변수들이 주어졌을 때 $Y = 1$의 확률을 모형화하는 자연스러운 방법은 누적분포함수를 사용하는 것이다. 이때 누적분포함수의 인수는 설명변수들에 의존한다. 프로빗 회귀는 정규분포 누적분포함수를 회귀함수로 사용하고, 로짓 회귀는 누적 로지스틱분포함수를 사용한다. 이 모형들은 알려지지 않은 매개변수들의 비선형 함수이기 때문에, 이 매개변수들을 추정하는 것은 선형회귀 계수를 추정하는 것보다 더 복잡하다. 표준 추정 방법은 최우법이다. 실제로 최우추정치를 사용한 통계적 추론은 다중선형회귀에서와 같은 방식으로 진행된다. 예를 들어 계수에 대한 95% 신뢰구간은 추정된 계수 ±1.96 표준 오차로 구성된다.

본질적인 비선형성에도 불구하고, 때로는 모집단 회귀함수를 선형 확률모형, 즉 다중선형회귀로 생성된 직선으로 적절히 근사할 수 있다. 선형 확률모형, 프로빗 회귀, 로짓 회귀는 보스턴 HMDA 데이터에 적용했을 때 모두 비슷한 최종 결과를 제공한다: 세 방법 모두 다른 조건이 유사한 흑인 신청자와 백인 신청자 사이에 상당한 모기지 거부율 차이가 있다고 추정한다.

노벨상 수상자 James Heckman과 Daniel McFadden

2000년 노벨 경제학상은 개인과 기업에 대한 데이터분석에 근본적인 기여를 한 시카고대학교의 James J. Heckman과 캘리포니아대학교 버클리캠퍼스의 Daniel L. McFadden이 공동 수상했다. 그들의 연구 중 상당 부분은 제한된 종속변수로 인해 발생하는 어려움을 다루었다.

Heckman은 표본 선택(sample selection) 문제를 다루는 도구를 개발한 공로로 상을 받았다. 9.2절에서 논의한 바와 같이, 표본선택편향은 종속변수의 값과 관련된 일련의 선택 과정이 데이터의 가용성에 직접적으로 영향을 줄 때 발생한다. 예를 들어 소득과 어떤 독립변수 X 사이의 관계를 모집단 전체에서 무작위로 추출한 표본을 사용해 추정하려 한다고 가정해보자. 만약 이미 일하고 있는 근로자, 즉 양의 수입을 보고한 사람들의 하위표본만을 사용해 회귀한다면, OLS 추정치는 선택편향의 영향을 받을 수 있다. Heckman의 해결책은 근로자가 임금노동에 참여하는지 여부(하위표본에 포함되는지 여부)를 나타내는 이진종속변수를 바탕으로 사전식(preliminary equation)을 설정하고, 이 식과 소득식(earnings equation)을 연립시스템방정식으로 다루는 것이었다. 이 일반적인 전략은 노동경제학에서부터 산업조직론, 금융에 이르기까지 다양한 분야에서 발생하는 선택 문제로 확장되어 사용되었다.

McFadden은 이산 선택(discrete choice) 데이터를 분석하는 모형을 개발한 공로로 상을 받았다(예: 고등학교 졸업생이 군대에 입대할지, 대학에 진학할지, 아니면 취업할지). 그는 개인이 각 선택 가능한 옵션의 기대 효용을 극대화하는 문제를 고려하는 것으로 시작했는데, 이는 관찰 가능한 변수(임금, 직업 특성, 가족 배경 등)에 따라 달라질 수 있었다. 그런 다음 그는 미지의 계수를 포함하는 개별 선택확률모형을 도출했고, 이는 최우법으로 추정될 수 있었다. 이러한 모형들과 확장된 모형은 노동경제학, 보건경제학, 교통경제학 등 많은 분야에서 이산 선택 데이터를 분석하는 데 널리 유용하게 사용되었다.

이들과 다른 노벨 경제학상 수상자들에 대한 더 자세한 정보는 노벨재단 웹사이트 http://www.nobel.se/economics에서 확인할 수 있다.

Henrik Montgomery/Pressens Bild/AP Images

James J. Heckman

Paul Sakuma/AP Images

Daniel L. McFadden

이진종속변수는 제한된 범위를 가진 종속변수인 제한종속변수의 가장 일반적인 예다. 20세기의 마지막 4분기에는 여러 제한종속변수를 분석하는 다양한 계량경제학적 방법에서 중요한 발전이 있었다('노벨상 수상자 James Heckman과 Daniel McFadden' 참조). 이러한 방법 중 일부는 부록 11.3에서 검토한다.

요약

1. Y가 이진변수일 때, 모집단 회귀함수는 설명변수 X_1, X_2, …, X_k의 값이 주어졌을 때 $Y = 1$일 확률을 보여준다.
2. Y가 이진변수일 때 다중선형회귀모형을 선형 확률모형이라고 한다. 이는 $Y = 1$일 확률이 설명변수들의 선형 함수이기 때문이다.
3. 프로빗과 로짓 회귀모형은 Y가 이진변수일 때 사용하는 비선형 회귀모형이다. 선형 확률모형과 달리, 프로빗과 로짓 회귀는 모든 X값에 대해 $Y = 1$일 예측 확률이 0과 1 사이의 값을 갖는다.
4. 프로빗 회귀는 표준정규분포 누적분포함수를 사용한다. 로짓 회귀는 로지스틱분포 누적분포함수를 사용한다. 로짓과 프로빗 계수는 최우법으로 추정된다.
5. 프로빗과 로짓 회귀의 계수값은 바로 해석하기 쉽지 않다. 하나 이상의 X 변화와 관련된 $Y = 1$일 확률의 변화는 핵심 개념 8.1에 설명된 비선형 모형에 대한 일반적인 과정을 거쳐 계산할 수 있다.
6. 선형 확률모형, 로짓 모형, 프로빗 모형의 계수에 대한 가설검정은 일반적인 t-통계량과 F-통계량을 사용해 수행된다.

핵심 용어

로지스틱 회귀logistic regression
로짓logit
선형 확률모형linear probability mode
우도함수likelihood function
유사 R^2pseudo-R^2
정확예측비율fraction correctly predicted
제한된 종속변수limited dependent variable
최우추정량maximum likelihood estimator, MLE
프로빗probit

복습문제

11.1 선형 확률모형으로 계산된 Y의 예측값이 1.3이라고 가정해보자. 이것이 왜 타당하지 않은지 설명하라.

11.2 표 11.2에서 *black* 변수에 대한 추정 계수는 (1)열에서 0.084, (2)열에서 0.688, (3)열에서 0.389이다. 이러한 큰 차이에도 불구하고 세 모형 모두 모기지 거부 확률에 대한 인종의 한계효과에 대해 유사한 추정치를 보여준다. 어떻게 이것이 가능한가?

11.3 최우추정이란 무엇인가? 선형 확률모형 대신 프로빗, 로짓과 같은 최우추정량을 사용하는

것의 장점은 무엇인가? 프로빗과 로짓 중 어떤 것을 선택할지 어떻게 결정하겠는가?

11.4 이진종속변수 회귀모형을 평가하는 데 일반적으로 사용하는 적합도 측정방법은 무엇인가?

연습문제

연습문제 11.1부터 11.5까지는 다음 시나리오를 기반으로 한다: 한 지역에서 소득이 있는 700명의 개인을 무작위로 선택해 그들이 정부 공무원인지($Gov_i = 1$) 아닌지($Gov_i = 0$)를 물었다. 또한 그들의 성별($Male_i = 1$ 남성, $= 0$ 여성)과 학력($Schooling_i$, 연수)에 대한 데이터도 수집했다. 참고로 *Schooling*은 25세 이상 사람들이 받은 교육 연수를 의미한다. 다음 표는 여러 추정 모형을 요약한 것이다.

종속변수: Gov

	프로빗 (1)	로짓 (2)	선형 확률 (3)	프로빗 (4)	로짓 (5)	선형 확률 (6)	프로빗 (7)
학력	0.272 (0.029)	0.551 (0.062)	0.035 (0.003)				0.548 (0.091)
남성				−0.242 (0.125)	−0.455 (0.234)	−0.050 (0.025)	4.352 (1.291)
남성 × 학력							−0.344 (0.096)
절편	−4.107 (0.358)	−8.146 (0.800)	−0.172 (0.027)	−1.027 (0.098)	−1.717 (0.179)	0.152 (0.021)	−7.702 (1.238)

11.1 (1)열의 결과를 사용해 다음 질문에 답하라.

a. 정부에서 일할 확률이 학력에 따라 달라지는가? 설명하라.

b. 프리드리히 퓌른로르라는 사람은 16년의 학력을 가지고 있다. 그가 정부에서 일하게 될 확률은 얼마인가?

c. 한스 슈나이더라는 사람은 대학에 가지 않았다(12년의 학력). 한스가 정부 공무원 직업을 갖게 될 확률은 얼마인가?

d. 표본에서 학력의 값은 0~18년 사이이며, 표본 중 오직 5명만이 15년 이상의 학력을 가지고 있다. 권터 마이어라는 사람은 박사 학위를 마치고 24년간 학생이었다. 이 모형은 권터가 정부 공무원으로 일하게 될 확률을 얼마라고 예측하는가? 이 예측이 신뢰할 만하다고 생각하는가? 왜 그렇게 생각하는가?

11.2 **a.** (2)열의 결과를 사용해 연습문제 11.1의 (a)부터 (c)까지 답하라.

b. (1)열과 (2)열의 프로빗과 로짓에서 학력이 0~18 사이일 때의 예측 확률을 그래프로 그려보라. 프로빗과 로짓 모형이 비슷한가?

11.3 **a.** (3)열의 결과를 사용해 연습문제 11.1의 (a)부터 (c)까지 답하라.

b. (1)열과 (3)열의 프로빗과 선형 확률모형에서 학력이 0~18 사이일 때 학력의 함수로서 예측 확률을 그려보라. 여기서 선형 확률이 적절하다고 생각하는가? 이유는 무엇인가?

11.4 (4)열부터 (6)열까지의 결과를 사용해 다음 질문에 답하라.

a. 남성과 여성에 대해 정부 공무원으로 일하게 될 추정 확률을 계산하라.

b. (4)열부터 (6)열까지의 모형들이 서로 다른가? 왜 그런가/그렇지 않은가?

11.5 (7)열의 결과를 사용해 다음 질문에 답하라.

a. 리암 요한슨은 10년의 학력을 가진 남성이다. 그가 정부 공무원으로 일하게 될 확률은 얼마인가?

b. 아넬리 칼슨은 12년의 학력을 가진 여성이다. 그녀가 정부 공무원으로 일하게 될 확률은 얼마인가?

c. 학력이 공무원으로 일하게 될 확률에 미치는 영향이 성별에 따라 달라지는가? 설명하라.

11.6 식 (11.8)의 추정된 프로빗 모형을 사용해 다음 질문에 답하라.

a. 흑인 모기지 신청자의 *P/I ratio*가 0.35이다. 그의 신청이 거부될 확률은 얼마인가?

b. 이 신청자가 이 비율을 0.30으로 낮췄다고 가정해보자. 이것이 그의 모기지 거부 확률에 어떤 영향을 미치는가?

c. 백인 신청자에 대해 (a)와 (b)를 반복하라.

d. *P/I ratio*가 모기지 거부 확률에 미치는 한계효과가 인종에 따라 달라지는가? 설명하라.

11.7 식 (11.10)의 로짓 모형을 사용해 연습문제 11.6을 반복하라. 로짓과 프로빗 결과가 비슷한가? 설명하라.

11.8 $E(u_i | X_i) = 0$이라고 가정하고 선형 확률모형 $Y_i = \beta_0 + \beta_1 X_i + u_i$를 고려해보자.

a. $\Pr(Y_i = 1 | X_i) = \beta_0 + \beta_1 X_i$임을 밝혀라.

b. $\text{var}(u_i | X_i) = (\beta_0 + \beta_1 X_i)[1 - (\beta_0 + \beta_1 X_i)]$임을 밝혀라. [힌트: 식 (2.7)을 참조하라.]

c. u_i가 이분산성을 갖는가? 설명하라.

d. (11.3절 필요) 우도함수를 도출하라.

11.9 표 11.2의 (1)열에 나와 있는 추정된 선형 확률모형을 사용해 다음에 질문에 답하라.

a. 자영업자 1명과 급여노동자 1명이 모기지를 신청한다. 두 사람은 고용 상태를 제외한 모든 설명변수에 대해 동일한 값을 갖는다. 자영업자의 모기지 신청이 거부당할 가능성이 얼마나 더 높은가?

b. (a) 답변의 95% 신뢰구간을 구하라.

c. (a)의 답변에 편향을 줄 수 있는 중요한 누락변수를 생각해보라. 그것은 무엇이며, 결과에 어떤 편향을 줄 수 있는가?

11.10 (11.3절과 미적분학 필요) Y라는 확률변수가 다음과 같은 확률분포를 가진다고 가정하자: $\Pr(Y = 1) = p$, $\Pr(Y = 2) = q$, $\Pr(Y = 3) = 1 - p - q$. 이 분포에서 크기 n의 무작위 표본이 추출되었고, 확률변수들은 $Y_1, Y_2, \ldots, Y_n$으로 표시된다.

a. 매개변수 p와 q에 대한 우도함수를 도출하라.

b. p와 q의 최우추정량(MLE)에 대한 공식을 도출하라.

11.11 (부록 11.3 필요) 다음 각 상황에서 어떤 모형을 사용할지 답하라.

a. 한 사람이 일주일 동안 공장에서 일하는 총 노동시간을 설명하는 연구

b. 한 사람이 자신의 직업에서 얻는 만족도(0에서 5까지)를 설명하는 연구

c. 소비자의 교통수단 선택(버스, 자동차, 자전거)을 연구하는 연구

d. 일주일 동안 비 오는 날수 연구

실증문제

E11.1 2008년 4월 미국의 실업률은 5.0%였다. 2009년 4월까지 실업률은 9.0%로 증가했고, 2009년 10월까지 더 증가해 10.0%가 되었다. 대공황 동안 일부 집단의 근로자가 다른 집단보다 일자리를 잃을 가능성이 더 높았겠는가? 예를 들어 젊은 근로자가 중년 근로자보다 일자리를 잃을 가능성이 더 높았겠는가? 대학 학위가 있는 근로자와 학위가 없는 근로자, 또는 여성과 남성 사이에는 어떤 차이가 있었겠는가? 웹사이트 **http://www.pearsonglobaleditions.com**에서 **Employment_08_09**라는 이름의 데이터 파일을 찾을 수 있다. 이 파일에는 2008년 4월에 전일제로 고용되었다고 보고한 5,440명의 근로자에 대한 무작위 표본이 포함되어 있다. 자세한 설명은 웹사이트에서 제공하는 **Employment_08_09_Description** 파일에 있다. 이 근로자들은 1년 후인 2009년 4월에 다시 고용 상태(취업, 실업, 노동시장 이탈)에 대해 질문받았다. 데이터에는 각 개인에 대한 다양한 인구통계학적 정보도 포함되어 있다. 이 데이터를 사용해 다음 질문에 답하라.

a. 표본에서 2009년 4월에 취업 중이었던 근로자의 비율은 얼마인가? 이 답변을 사용해 2008년 4월에 취업 중이었던 경우 2009년 4월에도 취업 중이었을 확률에 대한 95% 신뢰구간을 계산하라.

b. 선형 확률모형을 사용해 *Employed*를 *Age*와 Age^2에 대해 회귀분석하라.

i. 이 회귀분석에 기반해, 나이가 통계적으로 유의하게 2009년 4월의 고용 여부를 결정짓는 요인이었는가?

ii. 나이가 고용 확률에 주는 효과가 비선형이라는 증거가 있는가?

iii. 20세, 40세, 60세 근로자의 예측 고용 확률을 계산하라.

c. 프로빗 회귀를 사용해 (b)를 반복하라.

d. 로짓 회귀를 사용해 (b)를 반복하라.

e. (b)~(d)의 답변에 중요한 차이가 있는가? 설명하라.

f. 데이터에는 근로자의 교육수준, 성별, 인종, 결혼 상태, 거주 지역, 2008년 4월의 주간 소득에 대한 변수들이 포함되어 있다.

i. 나이가 고용에 미치는 영향에 대해 (b)~(d)에서 얻은 결론이 누락변수편향의 영향을 받는지 표 11.2와 같은 표를 만들어 조사하라.

ii. 대공황으로 가장 큰 타격을 받은 근로자들의 특성에 대해 위 문제에서 얻은 표를 사용해 논의하라.

g. (a)~(f)의 결과는 고용 확률에 기반했다. 취업하지 않은 근로자는 (i) 실업 상태거나 (ii) 노동시장에서 이탈한 상태일 수 있다. (a)~(f)에서 도출한 결론이 실업 상태인 근로자에게도 적용되는가? (힌트: *Employed* 대신 *Unemployed* 이진변수를 종속변수로 사용하라.)

h. 이 결과들은 대공황 동안의 고용 전환을 다루었지만, 일반적인 시기 때의 전환은 어떠

하겠는가? 웹사이트에서 **Employment_06_07** 데이터 파일을 찾을 수 있다. 이 파일은 2006-2007년에 측정한 동일한 변수들을 포함한다. 이 데이터를 분석해 불황일 때와 그렇지 않을 때의 고용 전환의 차이를 논평하라.

E11.2 믿기 어렵겠지만, 근로자들은 과거에 사무실 건물 내에서 흡연할 수 있었다. 1990년대 들어 여러 지역에서 흡연 금지가 도입되었다. 이러한 금지를 지지하는 사람들은 간접흡연의 외부성을 제거하는 것 외에도 흡연자들의 흡연 기회를 줄임으로써 금연을 장려할 수 있다고 주장했다. 이 과제에서는 1991년부터 1993년까지의 미국 실내 근로자 10,000명의 표본 데이터를 사용해 직장 내 흡연 금지가 흡연에 미치는 영향을 추정할 것이다. 데이터는 웹사이트 **http://www.pearsonglobaleditions.com**의 **Smoking** 파일에서 찾을 수 있다. 데이터에는 개인의 직장이 실내 흡연 금지 대상이었는지 여부, 개인이 흡연자였는지 여부, 기타 개인 특성에 대한 정보가 포함되어 있다.[7] 자세한 설명은 웹사이트에 있는 **Smoking_Description** 파일에 있다.

a. (i) 모든 근로자, (ii) 직장 내 흡연 금지의 영향을 받는 근로자, (iii) 직장 내 흡연 금지의 영향을 받지 않는 근로자에 대해 각각 흡연 확률을 추정하라.

b. 직장 내 흡연 금지의 영향을 받는 근로자와 영향을 받지 않는 근로자 사이의 흡연 확률 차이는 얼마인가? 선형 확률모형을 사용해 이 차이가 통계적으로 유의한지 확인하라.

c. *smoker*를 종속변수로, *smkban*, *female*, *age*, age^2, *hsdrop*, *hsgrad*, *colsome*, *colgrad*, *black*, *hispanic*을 독립변수로 사용해 선형 확률모형을 추정하라. 이 회귀분석에서 추정된 흡연 금지 효과를 (b)의 답변과 비교하라. 이 회귀분석의 내용을 바탕으로 (b)와 (c) 사이에서 추정된 흡연 금지 효과의 차이에 대한 설명을 제시하라.

d. (c)의 회귀분석 모집단 버전에서 *smkban*의 계수가 0이라는 가설을 0이 아니라는 대립가설에 비추어 5% 유의수준하에서 검정하라.

e. (c)의 회귀분석에서 흡연 확률이 교육수준에 따라 달라지지 않는다는 가설을 검정하라. 흡연 확률은 교육수준에 따라 증가하는가, 아니면 감소하는가?

f. 프로빗 모형을 사용해 (c)~(e)를 반복하라.

g. 로짓 모형을 사용해 (c)~(e)를 반복하라.

i. A씨는 백인, 비히스패닉계, 20세, 고등학교 중퇴자이다. A씨가 다니는 직장이 실내 흡연 금지 대상이 아니라고 가정했을 때, 프로빗 회귀를 사용해 A씨가 흡연할 확률을 계산하라. 그의 직장이 실내 흡연 금지 대상이라고 가정하고 다시 계산해보라. 흡연 금지가 흡연 확률에 미치는 영향은 무엇인가?

ii. B씨는 여성, 흑인, 40세, 대학 졸업자이다. B씨에 대해 (i)을 반복하라.

iii. 선형 확률모형을 사용해 (i)~(ii)를 반복하라.

iv. 로짓 모형을 사용해 (i)~(ii)를 반복하라.

v. (i)~(iv)의 답변을 바탕으로 로짓, 프로빗, 선형 확률모형 간에 차이가 있는가? 만약 차이가 있다면, 어떤 결과가 가장 타당해 보이는가? 현실 세계에서 보았을 때 추정된 효과가 큰가?

---

7 이 데이터는 메릴랜드대학교 William Evans 교수가 제공한 것으로, Matthew Farrelly와 Edward Montgomery와 함께 작성한 논문 "Do Workplace Smoking Bans Reduce Smoking?" *American Economic Review*, 1999, 89(4): 728-747에서 사용되었다.

부록 11.1 보스턴 HMDA 데이터

보스턴 HMDA 데이터는 보스턴 연방준비은행의 연구자들이 수집했다. 이 데이터는 모기지 신청서의 정보와 이러한 모기지 신청을 받은 은행 및 기타 대출 기관에 대한 후속 설문조사 정보를 결합한 것이다. 데이터는 1990년 보스턴 대도시 지역에서 이루어진 모기지 신청에 관한 것이다. 전체 데이터는 2,925개의 관측치로 구성되어 있으며, 흑인과 히스패닉의 모든 모기지 신청과 백인의 모기지 신청에 대한 무작위 표본을 포함하고 있다.

이 장에서의 분석 범위를 좁히기 위해, 우리는 하위집합인 단독 주택에 대한 데이터만 사용한다(따라서 다세대 주택에 대한 데이터는 제외한다). 또한 흑인과 백인 신청자에 대한 데이터만을 사용한다(따라서 다른 소수 집단 신청자에 대한 데이터는 제외한다). 이로 인해 2,380개의 관측치만 남게 된다. 이 장에서 사용한 변수들의 정의는 표 11.1에 제시했다.

이 데이터는 보스턴 연방준비은행 연구부의 Geoffrey Tootell이 제공해주었다. 이 데이터에 대한 더 자세한 정보와 보스턴 연방준비은행 연구자들이 도출한 결론은 Munnell 등(1996)에서 확인할 수 있다.

부록 11.2 최우추정

이 부록은 이 장에서 논의한 이진변수모형의 맥락에서 최우추정을 간단히 소개한다. 먼저 독립적이고 동일한 분포(i.i.d.)를 따르는 n개의 베르누이 확률변수 관측치의 성공 확률 p에 대한 MLE(최우추정량)를 도출하는 것으로 시작한다. 그런 다음 프로빗 모형과 로짓 모형으로 넘어가 유사-R^2을 논의한다. 마지막으로 예측 확률의 표준 오차에 대한 논의로 마무리한다. 이 부록은 두 부분에서 미적분학을 사용한다.

n개의 i.i.d 베르누이 확률변수에 대한 MLE

MLE를 계산하기 위한 첫 번째 단계는 결합확률분포를 도출하는 것이다. n개의 i.i.d. 베르누이 확률변수 관측치에 대해, 이 결합확률분포는 11.3절에서 다루었던 $n = 2$ 경우를 일반적인 n으로 확장한 것이다.

$$\begin{aligned}\Pr(Y_1 = y_1, Y_2 = y_2, \ldots, Y_n = y_n) \\ &= [p^{y_1}(1-p)^{(1-y_1)}] \times [p^{y_2}(1-p)^{(1-y_2)}] \times \cdots \times [p^{y_n}(1-p)^{(1-y_n)}] \\ &= p^{(y_1+\cdots+y_n)}(1-p)^{n-(y_1+\cdots+y_n)}\end{aligned} \tag{11.13}$$

우도함수는 미지의 계수들의 함수로 여겨지는 결합확률분포이다. $S = \Sigma_{i=1}^{n} Y_i$라고 하면 우도함수는 다음과 같다.

$$f_{Bernoulli}(p; Y_1, \ldots, Y_n) = p^S(1-p)^{n-S} \tag{11.14}$$

p의 MLE는 식 (11.14)의 우도를 극대화하는 p값이다. 우도함수는 미적분을 사용해 극대화

할 수 있다. 우도 자체보다 우도에 로그를 취한 식을 극대화하는 것이 편리하다(로그는 절대적으로 증가하는 함수이므로, 우도를 극대화하는 것이나 그 로그를 극대화하는 것 모두 동일한 추정량을 얻는다). 로그 우도는 $S\ln(p) + (n - S)\ln(1 - p)$이며, p에 대한 로그 우도의 도함수(derivative)는 다음과 같다.

$$\frac{d}{dp}\ln\left[f_{Bernoulli}(p; Y_1, \ldots, Y_n)\right] = \frac{S}{p} - \frac{n - S}{1 - p} \tag{11.15}$$

식 (11.15)의 도함수를 0으로 설정하고 이를 p에 대해 풀면 MLE $\hat{p} = S/n = \overline{Y}$를 얻는다.

프로빗 모형을 위한 MLE

프로빗 모형에서, $X_{1i}, \ldots, X_{ki}$가 주어졌을 때 $Y_i = 1$일 확률은 $p_i = \Phi(\beta_0 + \beta_1 X_{1i} + \ldots + \beta_k X_{ki})$이다. i번째 관측치의 조건부 확률분포는 다음과 같다: $\Pr[Y_i = y_i | X_{1i}, \ldots, X_{ki}] = p_i^{y_i}(1-p_i)^{1-y_i}$. $(X_{1i}, \ldots, X_{ki}, Y_i)$가 $i = 1, \ldots, n$에 대해 i.i.d.라고 가정하면, X들이 주어졌을 때 $Y_1, \ldots, Y_n$의 결합확률분포는 다음과 같다.

$$\begin{aligned}
&\Pr(Y_1 = y_1, \ldots, Y_n = y_n | X_{1i}, \ldots, X_{ki}, i = 1, \ldots, n) \\
&\quad = Pr(Y_1 = y_1 | X_{11}, \ldots, X_{k1}) \times \cdots \times Pr(Y_n = y_n | X_{1n}, \ldots, X_{kn}) \\
&\quad = p_1^{y_1}(1 - p_1)^{1-y_1} \times \cdots \times p_n^{y_n}(1 - p_n)^{1-y_n}
\end{aligned} \tag{11.16}$$

우도함수는 미지의 계수들의 함수로 여겨지는 결합확률분포이다. 그리고 관례적으로 우도의 로그를 고려한다. 따라서 로그 우도함수는 다음과 같다.

$$\begin{aligned}
&\ln[f_{probit}(\beta_0, \ldots, \beta_k; Y_1, \ldots, Y_n X_{1i}, \ldots, X_{ki}, i = 1, \ldots, n)] \\
&\quad = \sum_{i=1}^{n} Y_i \ln[\Phi(\beta_0 + \beta_1 X_{1i} + \cdots + \beta_k X_{ki})] \\
&\quad\quad + \sum_{i=1}^{n} (1 - Y_i)\ln[1 - \Phi(\beta_0 + \beta_1 X_{1i} + \cdots + \beta_k X_{ki})]
\end{aligned} \tag{11.17}$$

여기서 이 표현식은 조건부 확률에 대한 프로빗 공식 $p_i = \Phi(\beta_0 + \beta_1 X_{1i} + \ldots + \beta_k X_{ki})$ 또한 포함한다.

프로빗 모형의 MLE는 우도함수 또는 이와 동등하게 식 (11.17)에 주어진 우도함수의 로그를 극대화한다. MLE에 대한 간단한 공식이 없기 때문에 프로빗 우도함수는 컴퓨터에서 수치 알고리즘을 사용해 극대화해야 한다.

일반적인 조건하에서, 최우추정량은 일치 추정량이며 표본이 큰 경우 정규표본분포를 갖는다.

로짓 모형을 위한 MLE

로짓 모형의 우도는 프로빗 모형의 우도와 같은 방식으로 도출된다. 유일한 차이점은 로짓 모형의 조건부 성공 확률 p_i가 식 (11.9)로 주어진다는 것이다. 따라서 로짓 모형의 로그 우도는 식 (11.17)과 같지만, $\Phi(\beta_0 + \beta_1 X_{1i} + \ldots + \beta_k X_{ki})$ 대신 $[1+e^{-(\beta_0+\beta_1 X_{1i}+\beta_2 X_{2i}+\cdots+\beta_k X_{ki})}]^{-1}$

로 대체된다. 프로빗 모형과 마찬가지로 로짓 계수에 대한 간단한 MLE 공식은 없으므로 로그 우도를 수치적으로 극대화해야 한다.

유사 R^2

유사 R^2은 추정된 모형의 우도 값을 X변수들이 설명변수로 포함되지 않았을 때의 우도 값과 비교한다. 구체적으로 프로빗 모형의 유사 R^2은 다음과 같다.

$$\text{유사 } R^2 = 1 - \frac{\ln(f^{\max}_{probit})}{\ln(f^{\max}_{Bernoulli})} \tag{11.18}$$

여기서 $f^{\max}_{probit}$은 극대화된 프로빗 우도(X변수들을 포함)의 값이고, $f^{\max}_{Bernoulli}$는 극대화된 베르누이 우도(모든 X변수를 제외한 프로빗 모형)의 값이다.

예측 확률의 표준 오차

간단히 하기 위해 단일 설명변수를 사용하는 프로빗 모형을 고려해보자. 그러면 해당 설명변수의 고정된 값 x에서의 예측 확률은 $\hat{p}(x) = \Phi(\hat{\beta}_0^{MLE} + \hat{\beta}_1^{MLE}x)$이다. 여기서 $\hat{\beta}_0^{MLE}$와 $\hat{\beta}_1^{MLE}$는 두 프로빗 계수의 최우추정량(MLE)이다. 이 예측 확률은 추정량 $\hat{\beta}_0^{MLE}$와 $\hat{\beta}_1^{MLE}$에 의존하며, 이 추정량들은 표본 분포를 가지므로 예측 확률 역시 표본 분포를 가진다.

$\hat{p}(x)$의 표본 분포 분산은 $\hat{\beta}_0^{MLE}$와 $\hat{\beta}_1^{MLE}$의 비선형 함수인 $\Phi(\hat{\beta}_0^{MLE} + \hat{\beta}_1^{MLE}x)$를 $\hat{\beta}_0^{MLE}$와 $\hat{\beta}_1^{MLE}$의 선형 함수로 근사해 계산한다. 구체적으로 다음과 같이 근사한다.

$$\hat{p}(x) = \Phi(\hat{\beta}_0^{MLE} + \hat{\beta}_1^{MLE}x) \cong c + a_0(\hat{\beta}_0^{MLE} - \beta_0) + a_1(\hat{\beta}_1^{MLE} - \beta_1) \tag{11.19}$$

여기서 상수 c와 인자 a_0과 a_1은 x에 의존하며 미적분을 통해 얻는다. [식 (11.19)는 1차 테일러 급수 전개이다. $c = \Phi(\beta_0 + \beta_1 x)$, a_0과 a_1은 편미분 값 $\partial\Phi(\beta_0 + \beta_1 x)/\partial\beta_0|_{\hat{\beta}_0^{MLE}, \hat{\beta}_1^{MLE}}$와 $\partial\Phi(\beta_0 + \beta_1 x)/\partial\beta|_{\hat{\beta}_0^{MLE}, \hat{\beta}_1^{MLE}}$이다.] $\hat{p}(x)$의 분산은 이제 식 (11.19)의 근사와 식 (2.32)에서 보았던 두 확률변수 합의 분산을 표현하는 방식을 사용해 다음과 같이 계산할 수 있다.

$$\begin{aligned}\text{var}[\hat{p}(x)] &\cong \text{var}[c + a_0(\hat{\beta}_0^{MLE} - \beta_0) + a_1(\hat{\beta}_1^{MLE} - \beta_1)] \\ &= a_0^2\text{var}(\hat{\beta}_0^{MLE}) + a_1^2\text{var}(\hat{\beta}_1^{MLE}) + 2a_0a_1\text{cov}(\hat{\beta}_0^{MLE}, \hat{\beta}_1^{MLE})\end{aligned} \tag{11.20}$$

$\hat{p}(x)$의 표준 오차는 식 (11.20)을 사용하고 MLE의 분산과 공분산 추정치를 이용해 계산할 수 있다.

부록 11.3 다른 제한종속변수 모형

이 부록은 계량경제학 응용에서 발견되는 이진변수 이외의 제한된 종속변수에 대한 몇 가지 모형을 알아본다. 대부분의 경우, 제한종속변수 모형의 모수에 대한 OLS 추정량은 일치 추정량이 아니며, 추정은 일반적으로 최우추정법을 사용한다. 더 자세한 내용에 관심 있는 독자를 위해 여러 고급 참고문헌이 있다. 예를 들면 Greene(2018), Ruud(2000), Wooldridge(2010)를 참조하라.

검열 및 절단 회귀 모형

특정 해 개인들의 자동차 구매에 대한 횡단면데이터가 있다고 가정해보자. 자동차 구매자들은 연속확률변수로 취급될 수 있는 양의 금액을 구매비로 지출하지만, 비구매자들은 0달러를 지출한다. 따라서 자동차 구매 금액의 분포는 이산분포(0에서)와 연속분포의 조합으로 나타난다.

노벨상 수상자 James Tobin은 부분적으로 연속적이고 부분적으로 이산적인 분포를 가진 종속변수에 대한 유용한 모형을 개발했다(Tobin, 1958). Tobin은 표본의 i번째 개인이 가지고 있는 원하는 수준의 지출금액 Y_i^*를 모형화할 것을 제안했다. 이때 Y_i^*는 선형회귀모형에 따라 설명변수들(예를 들면 가족 규모)과 관련 있을 것이다. 하나의 설명변수만 있을 때, 원하는 지출 수준은 다음과 같이 쓸 수 있다.

$$Y_i^* = \beta_0 + \beta_1 X_i + u_i, i = 1, \ldots, n \tag{11.21}$$

만약 Y_i^*(소비자가 지출하고자 하는 금액)가 자동차의 최소 가격 같은 어떤 기준점을 넘는다면, 소비자는 자동차를 구매하기로 결정하고 실제 금액 $Y_i = Y_i^*$를 지불하며, 이 실제 지출 금액이 관측된다. 그러나 Y_i^*가 기준점보다 작으면 자동차를 구매하지 않기로 결정하고, 구매를 위한 어떠한 금액도 지불하지 않았으므로 Y_i^* 대신 $Y_i = 0$이 지출 금액으로 관측된다.

식 (11.21)에서 Y_i^* 대신 관측된 지출 Y_i를 사용해 추정하게 되면, OLS 추정량은 일치 추정량이 아니다. Tobin은 u_i가 정규분포를 따른다는 가정을 추가해 우도함수를 도출함으로써 이 문제를 해결했고, 그 결과로 나온 MLE는 응용 계량경제학자들에 의해 경제학의 여러 문제를 분석하는 데 사용되어 왔다. Tobin의 업적을 기리기 위해, 정규분포 오차 가정을 접목한 식 (11.21)을 토빗회귀모형(tobit regression)이라고 한다. 토빗 모형은 **검열회귀모형**(censored regression)의 한 예로, 종속변수가 특정 기준점 위나 아래에서 '검열(censored)'되었기 때문에 그렇게 불린다.

표본선택모형

검열회귀모형에서는 사용한 데이터는 마치 성인 모집단으로부터 단순 무작위 표본 추출을 통해 얻은 데이터처럼 데이터 내에 구매자와 비구매자에 대한 정보가 있다. 그러나 데이터가 판매세 기록에서 수집된 경우 데이터는 구매자에 대한 정보만 포함하고 있을 것이다: 비구매자에 대한 데이터는 전혀 없을 것이다. 특정 임곗값의 위나 아래에서 관측치를 사용할 수 없을 때(구매자만 있는 데이터) 이러한 데이터를 절단 데이터라고 한다. 종속변수가 단순히 특정 기준점보다 크거나 작을 때 해당 관측치 자체를 사용할 수 없는 데이터에 적용되는 회귀모형을 절단회귀모형(truncated regressiom model)이라고 한다.

절단회귀모형은 표본선택모형의 한 예로, 선택 메커니즘(자동차 구매를 결정함으로써 개인이 표본에 포함됨)이 종속변수의 값(자동차 구매 지출 금액)과 관련이 있다. 11.5절의 '노벨 수상자 James Heckman과 Daniel McFadden'에서 논의한 바와 같이, 표본선택모형의 추정에 대한 한 가지 접근 방식은 Y_i^*에 대한 식과 Y_i^*가 관찰되는지 여부에 대한 식, 두 개의 식을 동시에 고려하는 것이다. 그런 다음 모형의 계수는 최우법으로 추정하거나 단계별 과정을 통해 선택식을 먼저 추정한 다음 Y_i^*에 대한 식을 추정할 수 있다. 추가 논의는 Ruud(2000, 28장), Greene(2018, 19장), Wooldridge(2010, 17장)를 참조하라.

카운트 데이터

카운트 데이터는 종속변수가 0을 포함한 정수일 때를 말한다. 예를 들면 소비자의 일주일간 외식 횟수이다. 이 숫자가 큰 경우 변수는 대략 연속적인 것으로 취급될 수 있지만, 작은 경우 연속 근사는 좋지 않다. 횟수가 작더라도 OLS로 추정하는 선형회귀모형도 카운트 데이터에 사용될 수 있다. 회귀에서 예측된 값은 설명변수를 조건으로 한 종속변수의 기대값으로 해석된다. 따라서 종속변수가 외식 횟수일 때, 1.7의 예측값은 평균적으로 주당 1.7회의 외식을 의미한다. 그러나 이진회귀모형에서와 마찬가지로 OLS는 카운트 데이터의 특별한 구조를 활용하지 않으며 무의미한 예측값을 산출할 수 있다: 예를 들어 주당 −0.2회의 외식과 같은 예측값을 줄 수 있다. 프로빗과 로짓이 종속변수가 이진변수일 때 무의미한 예측을 제거하는 것처럼, 특별한 모형들이 카운트 데이터에 대해 동일한 작업을 하게 된다. 가장 널리 사용되는 두 가지 모형은 푸아송(Poisson) 회귀모형과 음이항(negative binomial) 회귀모형이다.

순서형 반응변수

순서형 반응변수 데이터(ordered response data)는 상호 배타적인 질적 범주변수가 자연스러운 순서를 가질 때 발생한다. 예를 들어 고등학교 졸업장 취득, 일부 대학 교육 이수(졸업하지 않음), 또는 대학 졸업 등이 있다. 카운트 데이터와 마찬가지로 순서형 반응변수 데이터는 자연스러운 순서가 있지만, 카운트 데이터와 달리 일반적인 수치값을 가지지 않는다.

순서형 반응변수 데이터에는 자연스러운 수치값이 없기 때문에 OLS는 부적절하다. 대신, 순서형 데이터는 종종 일반화된 프로빗 모형인 **순서형 프로빗모형**(ordered probit model)을 사용해 분석된다. 이 모형에서는 각 결과(예: 대학 교육)의 설명변수(예: 부모의 소득) 조건부 확률을 정규분포 누적분포함수를 사용해 모형화한다.

이산 선택 데이터

이산 선택(discrete choice) 또는 **다중 선택**(multiple choice) 변수는 순서가 없는 여러 질적 관측값을 취할 수 있다. 경제학에서의 한 예는 통근자가 선택한 교통수단이다: 통근자는 지하철을 탈 수도 있고, 버스를 탈 수도 있고, 운전을 할 수도 있고, 또는 자신의 힘으로 이동할 수도 있다(걷기, 자전거). 이러한 선택을 분석한다면, 종속변수는 네 가지 가능한 결과(지하철, 버스, 자동차, 인력)를 가질 것이다. 이러한 결과들 사이에는 일반적인 순서(order)가 없다. 대신, 결과들은 각각 구별되는 질적 대안 중 하나이다.

계량경제학적 과제는 개인의 특성(통근자의 집이 지하철역에서 얼마나 멀리 있는지)과 각 옵션의 특성(지하철 가격) 등 다양한 설명변수를 고려해 다양한 옵션을 선택할 확률을 모형화하는 것이다. 11.5절의 글상자에서 논의한 바와 같이, 이산 선택 데이터 분석을 위한 모형은 효용 극대화 원칙으로부터 개발될 수 있다. 개인의 선택 확률은 프로빗 또는 로짓 형태로 표현될 수 있으며, 이러한 모형들은 다항 프로빗(multinomial probit) 및 다항 로짓(multinomial logit) 회귀모형이라고 한다.

CHAPTER 12

도구변수회귀

9장에서는 누락변수(omitted variables), 변수 오차(errors in variables), 동시 인과성(simultaneous causality) 등 오차항과 설명변수의 상관관계를 발생시키는 여러 문제를 다루었다. 다중회귀의 경우 누락된 변수를 모형에 직접 포함해 누락변수편향을 해결할 수 있지만, 이는 누락된 변수가 데이터에 관측될 때만 가능하다. 그리고 때로는 단순히 다중회귀만으로 편향을 제거할 수 없는 경우도 있다. X에서 Y로, Y에서 X로 양방향으로 인과관계가 작용하는 동시 인과성으로 인해 편향이 발생하는 경우에는 다중회귀만으로 편향을 제거할 수 없다. 문제들의 해결책을 이용할 수 없거나 직접적인 해결책이 없는 경우, 우리는 새로운 방법이 필요하다.

도구변수회귀[instrumental variables(IV) regression]는 설명변수 X가 오차항 u와 상관관계가 있을 때 알려지지 않은 인과 계수의 일치 추정량을 얻는 일반적인 방법이다. IV 회귀가 어떻게 작동하는지 이해하기 위해 우선 X의 변동을 두 부분으로 나누어 생각해보자: 하나는 어떤 이유에서든 u와 상관관계가 있는 부분(이는 편향 문제를 일으키는 부분)이고, 다른 하나는 u와 상관관계가 없는 부분이다. 만약 두 번째 부분을 분리할 수 있는 추가적인 정보가 있다면, u와 상관관계가 없는 X의 변동 부분을 분리해 이에 집중하고 나머지 OLS 추정치의 편향을 일으키는 X의 변동 부분은 무시할 수 있을 것이다. 실제로 IV 회귀는 이러한 방식으로 작동한다. u와 상관관계가 없는 X의 움직임에 대한 정보는 *도구변수*(instrumental variables) 또는 간단히 *도구*(instruments)라고 하는 하나 이상의 추가적인 변수를 통해 얻는다. 도구변수회귀는 이러한 추가 변수를 '도구'로 사용해 u와 상관관계가 없는 X의 움직임을 분리하고, 이를 통해 회귀 계수의 일치추정을 가능하게 한다.

이 장의 첫 두 절에서는 IV 회귀의 메커니즘과 가정을 설명한다: IV 회귀가 작동하는 이유, 이를 위한 유효한 도구란 무엇인지, 그리고 가장 일반적인 IV 회귀 방법인 2단계 최소제곱법을 어떻게 구현하고 해석하는지 다룬다. 도구변수를 사용한 성공적인 실증분석의 핵심은 유효한 도구를 찾는 것이며, 12.3절에서는 일련의 도구가 유효한지 평가하는 방법을 다룬다. 예시로, 12.4절에서는 IV 회귀를 사용해 담배 수요의 탄력성을 추정한다. 마지막으로 12.5절에서는 유효한 도구가 애초에 어디서 유래하는 것인지에 대한 어려운 질문을 다룬다.

12.1 단일 설명변수와 단일 도구변수를 사용한 도구변수추정량

우리는 오차항 u와 상관관계가 있을 수 있는 단일 설명변수 X를 사용하는 단순회귀에서부터 시작한다. X와 u가 상관관계가 있다면, OLS 추정량은 일치 추정량이 아니다. 즉 표본이 매우 크더라도 추정량은 실제 인과 계수에 가깝지 않을 것이다[식 (6.1) 참조]. 9.2절에서 논의한 바와 같이, X와 u 사이의 상관관계는 누락변수, 변수 오차(설명변수의 측정 오류), 동시 인과성(인과관계가 X에서 Y로 '순방향'으로 작용할 뿐만 아니라 Y에서 X로 '역방향'으로도 작용하는 경우) 등 다양한 원인에 의해 발생할 수 있다. X와 u 사이 상관관계의 원인이 무엇이든, 만약 유효한 도구변수 Z가 있다면, X 한 단위 변화가 Y에 미치는 영향을 도구변수추정량을 사용해 추정할 수 있다.

IV 모형과 가정

β_1을 X가 Y에 미치는 인과효과라고 하자. 다른 통제변수 없이 종속변수 Y_i와 설명변수 X_i 사이의 관계를 나타내는 모형은 다음과 같다.

$$Y_i = \beta_0 + \beta_1 X_i + u_i, i = 1, \ldots, n \tag{12.1}$$

여기서 u_i는 Y_i를 결정하는 누락된 요인들을 나타내는 오차항이다. X_i와 u_i가 상관관계가 있다면 OLS 추정량은 일치 추정량이 아니다. 도구변수추정은 추가적인 '도구'변수 Z를 사용해 X 중 u와 상관관계가 없는 부분을 분리한다.

내생성과 외생성 도구변수회귀에는 모집단 오차항 u와 상관관계가 있는 변수와 없는 변수를 구분하는 특별한 용어가 있다. 오차항과 상관관계가 있는 변수를 **내생변수**(endogenous variables)라 하고, 오차항과 상관관계가 없는 변수를 **외생변수**(exogenous variables)라 한다. 이 용어들의 역사적 기원은 다항식 모형에서 비롯되었는데, '내생'변수는 모형 내에서 결정되는 반면, '외생'변수는 모형 외부에서 결정된다. 예를 들어 9.2절에서는 만약 정치적 개입과 자금 증가로 인해 낮은 시험점수가 학생-교사 비율을 감소시킬 수 있다면, 인과관계가 학생-교사 비율에서 시험점수로, 그리고 시험점수에서 학생-교사 비율로 양방향으로 작용할 가능성을 고려했다. 이는 수학적으로 2개의 연립방정식(simultaneous equations)[식 (9.3)과 (9.4)]으로 표현되었으며, 각 식은 각각의 인과관계를 나타낸다. 9.2절에서 논의한 바와 같이, 시험점수와 학생-교사 비율 모두 모형 내에서 결정되기 때문에 둘 다 모집단 오차항 u와 상관관계가 있다. 즉 이 예에서는 두 변수 모두 내생변수이다. 반면에 모형 외부에서 결정되는 외생변수는 u와 상관관계가 없다.

유효한 도구의 두 가지 조건 유효한 도구변수('도구') Z는 **도구 관련성 조건**(instrument relevance condition)과 **도구 외생성 조건**(instrument exogeneity condition)으로 알려진 다음의 두 가지 조건을 만족해야 한다.

1. 도구 관련성: $\text{corr}(Z_i, X_i) \neq 0$

2. 도구 외생성: $\text{corr}(Z_i, u_i) = 0$

도구변수가 관련성이 있다면, 도구변수의 변동은 X_i의 변동과 관련이 있을 것이다. 그리고 도구변수가 외생적이라면, 도구변수에 의해 포착된 일부 X_i 변동은 외생적일 것이다. 따라서 관련성이 있고 외생적인 도구는 X_i의 외생적인 움직임을 포착할 수 있다. 이 외생적 변동은 모집단 계수 β_1을 추정하는 데 사용할 수 있다.

도구변수의 유효성을 위한 두 가지 조건은 도구변수회귀에서 매우 중요하며, 이들(그리고 다중설명변수와 다중도구로의 확장)에 대해 이 장 전체에서 반복적으로 다룰 것이다.

2단계 최소제곱추정량

도구변수 Z가 관련성과 외생성 조건을 만족한다면, 계수 β_1은 **2단계 최소제곱법**(two stage least squares, TSLS)이라 하는 IV 추정량을 사용해 추정할 수 있다. 이름에서 알 수 있듯이, 2단계 최소제곱추정량은 두 단계에 걸쳐 계산한다. 첫 번째 단계는 X를 회귀 오차항와 상관관계가 있을 수 있는 문제가 있는 부분과 오차항과 상관관계가 없는 문제가 없는 부분으로 나눈다. 두 번째 단계는 문제가 없는 부분만을 사용해 β_1을 추정한다.

첫 번째 단계는 X와 Z를 연결하는 모집단 회귀로 시작한다.

$$X_i = \pi_0 + \pi_1 Z_i + v_i \tag{12.2}$$

여기서 π_0은 절편, π_1은 기울기, v_i는 오차항이다. 이 회귀는 X_i를 두 부분으로 분해해 우리에게 필요한 부분을 제공한다. 한 부분은 $\pi_0 + \pi_1 Z_i$로, Z_i에 의해 예측될 수 있는 X_i의 일부분이다. Z_i가 외생적이기 때문에 Z_i로 예측되는 X_i의 부분은 식 (12.1)의 오차항 u_i와 상관관계가 없다. X_i의 다른 부분은 v_i로, u_i와 상관관계가 있는 X_i의 일부분이며 따라서 문제가 있는 부분이기도 하다.

TSLS의 숨겨진 아이디어는 X_i의 문제 없는 부분인 $\pi_0 + \pi_1 Z_i$를 사용하고 v_i를 무시하는 것이다. 유일하게 복잡하다고 여길 수 있는 부분은 π_0과 π_1의 값을 모르기 때문에 $\pi_0 + \pi_1 Z_i$를 바로 계산할 수 없다는 것이다. 따라서 TSLS의 첫 번째 단계는 식 (12.2)에 OLS를 적용하고 OLS 회귀의 예측값 $\hat{X}_i = \hat{\pi}_0 + \hat{\pi}_1 Z_i$를 사용한다. 여기서 $\hat{\pi}_0$과 $\hat{\pi}_1$은 OLS 추정치이다.

TSLS의 두 번째 단계는 간단하다: Y_i를 $\hat{X}_i$에 대해 OLS로 회귀한다. 두 번째 단계 회귀에서 얻은 추정량이 TSLS 추정량인 $\hat{\beta}_0^{TSLS}$와 $\hat{\beta}_1^{TSLS}$이다.

IV 회귀가 작동하는 이유

다음 두 예시를 통해 IV 회귀가 X_i와 u_i 사이의 상관관계 문제를 어떻게 해결하는지 통찰을 얻을 수 있다.

예시 1: Philip Wright의 문제 도구변수추정법은 1928년 Philip G. Wright(1928)가 쓴 책의 부록에서 처음 발표되었지만, IV 회귀의 핵심 아이디어는 그의 아들 Sewall Wright와 협력해 개발되었다(글상자 '도구변수회귀는 언제 발명되었는가?' 참조). Philip Wright는 버

도구변수회귀는 언제 발명되었는가?

도구변수회귀는 계량경제학에서 동시 인과성 문제의 해결책으로 처음 소개되었는데, 이는 Philip G. Wright의 1928년 저서 『동물성 및 식물성 기름에 대한 관세(The Tariff on Animal and Vegetable Oils)』의 부록에서였다. 20세기 초 동물성 및 식물성 기름이 어떻게 생산, 운송, 판매되었는지 알고 싶다면 이 책의 처음 285페이지가 도움이 될 것이다. 하지만 계량경제학자들은 부록 B에 더 관심이 있을 것이다. 이 부록은 '외부 요인 도입 방법'(현재 우리가 도구변수추정량이라고 부르는 것)의 두 가지 도출 방법을 제시하고, IV 회귀를 사용해 버터와 아마씨 기름의 공급과 수요 탄력성을 추정한다. Philip은 이 부록 외에는 지적 유산이 거의 없는 무명의 경제학자였지만, 그의 아들 Sewall은 이후 저명한 집단 유전학자이자 통계학자가 되었다. IV 회귀의 발명은 아버지와 아들의 공동 지적 협력의 결과물로 밝혀졌다. 자세한 내용은 Stock and Trebbi(2003)를 참조하라.

IV 회귀에 사용한 원리와 유사한 원리의 사용은 19세기 중반 런던에서 발생한 콜레라 발병의 원인을 규명한 John Snow의 연구로 거슬러 올라갈 수 있다. Snow는 콜레라가 수인성인지 아닌지를 조사하고자 했지만, 오염된 물에 대한 노출과 콜레라 유병률 사이의 연관성만으로는 인과관계의 결정적 증거를 제공할 수 없다는 것을 알고 있었다. 오염된 물에 노출된 가구들이 종종 질병 발생의 원인이 될 수 있는 다양한 여러 환경적 요인에도 노출되어 있었기 때문이다(누락변수). Snow는 런던의 가정에 물을 공급하는 두 주요 수도 회사가 템스강의 서로 다른 부분에서 물을 끌어오고 있다는 점을 파악하고, 이 정보를 문제 해결에 활용했다. Lambeth Water Company는 하수 배출구 위쪽에서 물을 끌어왔고, Southwark and Vauxhall Company는 배출구 아래쪽(따라서 더 오염된 물)에서 물을 끌어왔다. Snow는 이 두 회사로부터 물을 공급받는 가구들이 제공받는 물의 순도를 제외하고는 유사하다고 주장했다. 그는 이 정보를 사용해 오염된 물에 대한 노출 정도를 내생변수로, 물 공급 회사를 도구변수로 하는 IV 회귀와 유사한 접근법을 사용했다. 수도 공급 회사는 하수 배출구와 가까운 강물을 끌어오는 위치 때문에 오염된 물에 대한 노출과 관련이 있다고 볼 수 있었다. 이 도구는 콜레라 발병에 직접적인 영향을 미칠 가능성이 없고 콜레라를 일으킬 수 있는 가구의 다른 요인들과는 상관관계가 없었기 때문에 외생적이라고 간주되었다. 오염된 물에 대한 노출이 콜레라 발병의 원인 중 하나라는 원인 규명 작업으로 인해 John Snow는 역학의 아버지 중 한 명으로 여겨지게 되었다. 이 예시는 Deaton(1997), Grootendorst(2007), Greene(2003), 그리고 물론 Snow(1855)에서 더 자세히 설명되어 있다.

Courtesy of Rosalind W. Harris

Philip G. Wright

Courtesy of Rosalind W. Harris

Sewall Wright

터, 대두유 같은 동물성 및 식물성 기름과 지방에 대한 수입관세(수입품에 대한 세금)를 어떻게 설정할 것인가 하는 당시 매우 중요한 경제 문제에 관심이 있었다. 1920년대에 수입관세는 미국의 주요 세수원이었다. 관세의 경제적 효과를 이해하는 핵심은 상품의 수요와 공급 곡선에 대한 정량적 추정치를 찾는 것이었다. 공급 탄력성은 가격이 1% 상승할 때 공급량의 백분율 변화이고, 수요 탄력성은 가격이 1% 상승할 때 수요량의 백분율 변화라는 점을 상기하라. Philip Wright는 이러한 공급과 수요의 탄력성 추정치가 필요했다.

구체적으로 버터의 수요 탄력성을 추정하는 문제를 고려해보자. 핵심 개념 8.2에서 $\ln(Y_i)$와 $\ln(X_i)$를 관련짓는 선형식의 계수를 X에 대한 Y의 탄력성으로 해석했던 것을 상기하라. Wright의 문제에서 이와 유사하게 수요에 대한 식을 제안한다.

$$\ln(Q_i^{butter}) = \beta_0 + \beta_1 \ln(P_i^{butter}) + u_i \tag{12.3}$$

여기서 Q_i^{butter}는 i번째 관측치의 버터 소비량, P_i^{butter}는 그 가격, u_i는 소득이나 소비자 취향 같은 수요에 영향을 미치는 기타 요인을 나타낸다. 식 (12.3)에서 버터 가격의 1% 증가는 수요의 β_1퍼센트 변화를 가져오므로 β_1은 수요 탄력성이라고 할 수 있다.

Philip Wright는 1912년부터 1922년까지 미국의 연간 총 버터 소비량과 연평균 가격에 대한 데이터를 가지고 있었다. 이 데이터를 사용해 식 (12.3)에 OLS를 적용해 수요 탄력성을 추정하는 것은 쉬웠을 것이다. 하지만 그는 이에 대한 핵심적인 통찰이 있었다. 그것은 바로 공급과 수요 사이의 상호작용 때문에 설명변수 $\ln(P_i^{butter})$가 오차항과 상관관계가 있을 가능성이 높다는 것이다.

이를 이해하기 위해 그림 12.1a를 보라. 이 그림은 3년간의 버터 시장 수요 및 공급 곡선을 보여준다. 첫 번째 기간의 수요와 공급 곡선은 D_1과 S_1로 표시되며, 첫 번째 기간의 균형 가격과 수량은 이들의 교차점에 의해 결정된다. 2년차에는 수요가 D_1에서 D_2로 증가하고(예를 들어 소득 증가로 인해), 공급은 S_1에서 S_2로 감소한다(버터 생산 비용 증가로 인해). 새로운 균형 가격과 균형 수량은 새로운 공급과 수요 곡선의 교차점에 의해 결정된다. 3년차에는 수요와 공급에 영향을 미치는 요인들이 다시 변화한다. 수요는 다시 D_3으로 증가하고, 공급은 S_3으로 증가하며, 새로운 균형 수량과 가격이 결정된다.

그림 12.1b는 이 세 기간과 이후 8년 동안의 균형 수량과 가격을 보여준다. 공급과 수요 곡선은 각 연도마다 가격 외의 시장 공급과 수요에 영향을 미치는 여러 요인에 의해 이동을 겪는다. 이 산점도는 Wright가 자신의 데이터를 사용해 그렸을 그래프와 유사할 것이다. 앞서 그가 추론했듯이, OLS를 이용해 구한 선으로 데이터를 맞추는 것으로는 수요 곡선도 공급 곡선도 추정하지 못하다. 왜냐하면 이 점들은 수요 변화와 공급 변화 모두에 의해 결정되었기 때문이다.

Wright는 이 문제를 해결하는 방법이 공급은 이동시키지만 수요는 이동시키지 않는 제3의 변수를 찾는 것임을 깨달았다. 그림 12.1c는 수요가 일정하게 유지된 상태에서 이러한 변수가 공급 곡선을 이동시킬 때 무슨 일이 일어나는지 보여준다. 이제 모든 균형 가격-수량 쌍은 안정적인 수요 곡선 위에 놓이게 되고, 수요 곡선의 기울기는 쉽게 추정할 수 있다. Wright의 문제를 해결하기 위한 도구변수방법 도입에 있어 이 제3의 변수 — 도구변수 — 는 가격과 상관관계가 있지만(공급 곡선을 이동시켜 가격을 변화시킴) u와는 상관관계가 없어야 한다(수요 곡선은 그대로 유지됨). Wright는 여러 잠재적 도구변수를 고려했다. 그중 하나는 날씨였다. 예를 들어 낙농 지역의 평균 이하 강우량은 목초지에 피해를 주고 주어진 가격에서 버터 생산량을 감소시킬 수 있다(공급 곡선을 왼쪽으로 이동시키고 균형 가격을 상승시킴). 따라서 낙농 지역의 강우량은 도구 관련성 조건을 만족한다. 그러나 낙농 지역의 강우량은 버터 수요에 직접적인 영향을 미치지 않을 것이므로, 낙농 지역의 강우량과 u_i 사이의 상관관계는 0이 될 것이다. 즉 낙농 지역의 강우량은 도구 외생성 조건을 만족한다.

예제 2: 학급 규모가 시험점수에 미치는 영향 추정 2부에서 보고된 학급 규모가 시험점수에 미

그림 12.1 균형 가격과 수량 데이터

(a) 가격과 수량은 공급 곡선과 수요 곡선의 교차점에 의해 결정된다. 첫 번째 기간의 균형은 수요 곡선 D_1과 공급 곡선 S_1의 교차점에서 결정된다. 두 번째 기간의 균형은 D_2와 S_2의 교차점이며, 세 번째 기간의 균형은 D_3과 S_3의 교차점이다.

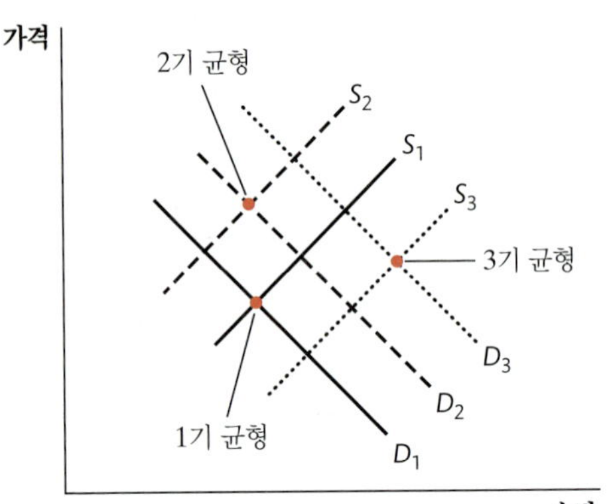

(a) 세 기간 동안의 수요와 공급

(b) 이 산점도는 11개의 서로 다른 기간에서의 균형 가격과 균형 수량을 보여준다. 수요 곡선과 공급 곡선은 숨겨져 있다. 이 산점도 상의 점들을 이용해 수요 곡선과 공급 곡선을 결정할 수 있는가?

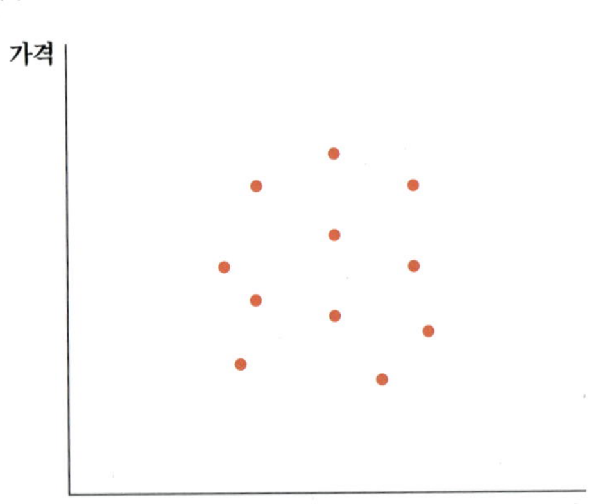

(b) 11개의 서로 다른 기간 동안 균형 가격과 수량

(c) 수요 곡선이 D_1에 머물러 있는 동안 공급 곡선이 S_1에서 S_2를 거쳐 S_3으로 이동하면, 균형 가격과 균형 수량은 수요 곡선을 따라 움직이며 그 곡선을 추적한다.

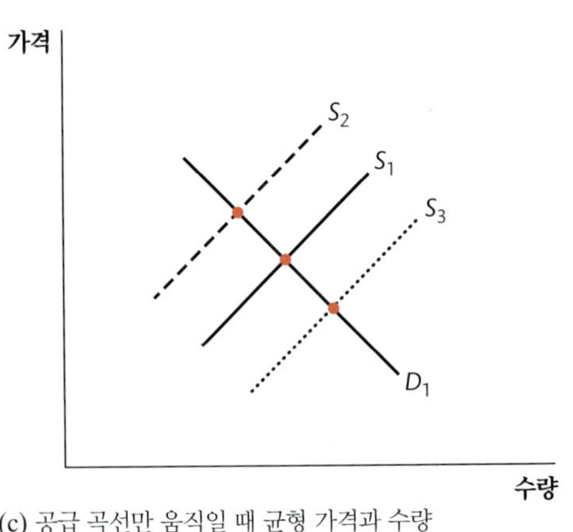

(c) 공급 곡선만 움직일 때 균형 가격과 수량

치는 영향에 대한 추정치는 학생과 지역 특성을 통제했음에도 불구하고 여전히 학교 밖 학습 기회나 교사의 질과 같은 측정되지 않은 변수로 인한 누락변수편향을 가질 수 있다. 이러한 변수들 또는 다른 적절한 통제변수에 대한 데이터를 사용할 수 없는 경우 다중회귀분석의 누락변수편향을 해결할 수 없다.

도구변수회귀분석은 이 문제에 대한 대안적 접근 방식을 제공한다. 다음과 같은 가상의 예를 고려해보자. 일부 캘리포니아주 학교들이 여름 지진으로 인한 피해복구를 위해 폐쇄되어야 한다. 진앙지에 가장 가까운 지역들이 가장 심각한 영향을 받는다. 일부 폐쇄된 학교가 있는 지역에서는 학급의 학생 수를 '2배로' 늘려야 하며, 이는 일시적으로 학급 규모를 증가시킨다. 이러한 경우 진앙지로부터의 거리와 학급 규모 사이에 상관관계가 발생하기 때문에 도구 관련성 조건을 만족한다고 볼 수 있다. 그러나 진앙지로부터의 거리가 학생 성과에 영향을 미치는 다른 요인들(예: 학생들이 여전히 영어를 배우고 있는지 여부 또는 지진이 학생 성과에 미치는 파괴적 영향)과 무관하다면, 오차항과 상관관계가 없기 때문에 외생적일 것이다. 따라서 진앙지로부터의 거리를 도구변수로 사용해 누락변수편향 없이 학급 규모가 시험점수에 미치는 영향을 추정할 수 있다.

TSLS 추정량의 표본 분포

표본크기가 작을 때 TSLS 추정량의 정확한 분포는 복잡하다. 그러나 OLS 추정량과 마찬가지로 표본크기가 큰 경우 그 분포는 간단하다: TSLS 추정량은 일치 추정량이고 정규분포를 따른다.

TSLS 추정량의 공식 TSLS의 2단계에 걸친 추정이 추정량을 복잡하게 만드는 것처럼 보이지만, 이 절에서 가정하는 것처럼 하나의 X와 하나의 도구변수 Z만 있는 경우에는 TSLS 추정량에 대한 간단한 공식이 있다. s_{ZY}를 Z와 Y 사이의 표본 공분산이라 하고, s_{ZX}를 Z와 X 사이의 표본 공분산이라 하자. 부록 12.2에서 보여주듯이 하나의 도구변수를 사용한 TSLS 추정량은 다음과 같다.

$$\hat{\beta}_1^{TSLS} = \frac{s_{ZY}}{s_{ZX}} \tag{12.4}$$

즉 β_1의 TSLS 추정량은 Z와 Y 사이의 표본 공분산을 Z와 X 사이의 표본 공분산으로 나눈 비율이다.

표본크기가 클 때 $\hat{\beta}_1^{TSLS}$의 표본 분포 식 (12.4)의 공식을 사용해 $\hat{\beta}_1^{TSLS}$는 일치 추정량이고 큰 표본에서 정규분포를 따른다는 것을 보일 수 있다. 이에 대한 논증은 여기서 요약적으로 설명하며, 수학적인 세부 사항은 부록 12.3에 제시했다.

$\hat{\beta}_1^{TSLS}$가 일치 추정량이라는 논증은 Z_i가 관련성 조건과 외생성 조건을 만족한다는 가정과 표본 공분산이 모집단 공분산에 대해 일치 추정량이라는 것을 결합해 설명할 수 있다. 먼저, 식 (12.1)에서 $Y_i = \beta_0 + \beta_1 X_i + u_i$이므로 다음과 같은 식을 얻을 수 있다.

$$\text{cov}(Z_i, Y_i) = \text{cov}(Z_i, \beta_0 + \beta X_i + u_i) = \beta_1 \text{cov}(Z_i, X_i) + \text{cov}(Z_i, u_i) \tag{12.5}$$

여기서 두 번째 등식은 공분산의 특성[식 (2.34)]에 기인한다. 도구변수의 외생성 가정에 의해 $\text{cov}(Z_i, u_i) = 0$이고, 도구변수의 관련성 가정에 의해 $\text{cov}(Z_i, X_i) \neq 0$이다. 따라서 도구변수가 유효하다면 식 (12.5)는 다음을 의미한다.

$$\beta_1 = \frac{\text{cov}(Z_i, Y_i)}{\text{cov}(Z_i, X_i)} \tag{12.6}$$

즉 모집단 계수 β_1은 Z와 Y 사이의 모집단 공분산을 Z와 X 사이의 모집단 공분산으로 나눈 비율과 같다.

3.7절에서 논의한 바와 같이, 표본 공분산은 모집단 공분산의 일치 추정량이다. 즉 $s_{ZY} \xrightarrow{p} \text{cov}(Z_i, Y_i)$이고 $s_{ZX} \xrightarrow{p} \text{cov}(Z_i, X_i)$이다. TSLS 추정량이 일치 추정량이라는 것은 식 (12.4)와 (12.6)으로부터 다음과 같이 도출된다.

$$\hat{\beta}_1^{TSLS} = \frac{s_{ZY}}{s_{ZX}} \xrightarrow{p} \frac{\text{cov}(Z_i, Y_i)}{\text{cov}(Z_i, X_i)} = \beta_1 \tag{12.7}$$

또한 식 (12.4)의 공식을 사용해 큰 표본에서 $\hat{\beta}_1^{TSLS}$의 표본 분포가 정규분포임을 보일 수 있다. 이에 대한 증명은 우리가 그동안 다루어왔던 다른 모든 최소제곱추정량의 경우와 동일하다: TSLS 추정량은 확률변수들의 평균이며, 중심극한정리는 표본크기가 클 때 확률변수들의 평균이 정규분포를 따른다고 말한다. 구체적으로, 식 (12.4)에서 $\hat{\beta}_1^{TSLS}$의 분자는 $s_{ZY} = \frac{1}{n-1}\sum_{i=1}^{n}(Z_i - \overline{Z})(Y_i - \overline{Y})$로, $(Z_i - \overline{Z})(Y_i - \overline{Y})$의 평균이다. 이러한 평균화 때문에 중심극한정리는 큰 표본에서 $\hat{\beta}_1^{TSLS}$가 근사적으로 $N(\beta_1, \sigma^2_{\hat{\beta}_1^{TSLS}})$의 표본 분포를 가진다는 것을 의미하기도 한다. 부록 12.3에 나와 있는 대략적인 대수적 계산을 통해 위 내용을 확인할 수 있는데, 이때 $\sigma^2_{\hat{\beta}_1^{TSLS}}$는 아래와 같다.

$$\sigma^2_{\hat{\beta}_1^{TSLS}} = \frac{1}{n}\frac{\text{var}[(Z_i - \mu_Z)u_i]}{[\text{cov}(Z_i, X_i)]^2} \tag{12.8}$$

대표본 분포를 이용한 통계적 추론 분산 $\sigma^2_{\hat{\beta}_1^{TSLS}}$는 식 (12.8)에 나타난 분산 및 공분산 항들을 추정함으로써 추정할 수 있다. 그리고 $\sigma^2_{\hat{\beta}_1^{TSLS}}$ 추정량의 제곱근은 IV 추정량의 표준 오차이다. 이 통계량들은 계량경제학 소프트웨어 패키지의 TSLS 회귀 명령어에서 자동으로 계산된다. 대표본에서 $\hat{\beta}_1^{TSLS}$가 정규분포를 따르므로, β_1에 대한 가설검정은 t-통계량을 사용해 수행할 수 있으며, 95% 대표본 신뢰구간은 $\hat{\beta}_1^{TSLS} \pm 1.96\, SE(\hat{\beta}_1^{TSLS})$로 주어진다.

담배 수요에 대한 실증분석

Philip Wright는 버터의 수요 탄력성에 관심이 있었지만, Wright의 아이디어는 다른 중요한 양적 정보를 추정하는 데도 응용할 수 있다. 한 예로 사망률에 대한 의료비 지출 탄력성, 즉 1%의 추가적인 의료비 지출에 따른 예방 가능한 사망률의 백분율 변화를 들 수 있다. 보건 정책 논의에 정보를 제공하기 위해 연구자들은 동시 인과성 편향을 극복하는 방법으로 IV 추정량을 사용했다. 버터 외에 다른 예로는 오늘날 공공 정책 논의에서 더 두드러지게 등장하는 담배와 같은 상품들이 있다.

이 질문에 대한 답은 담배 수요의 탄력성에 따라 다르다. 탄력성이 −1이라면 소비량 20% 감소라는 목표는 가격을 20% 인상하면 달성할 수 있다. 탄력성이 −0.5라면 소비량을 20% 줄이기 위해 가격을 40% 인상해야 한다. 물론 우리는 담배의 수요 탄력성을 모른다: 가격과 판매량 데이터로부터 이를 추정해야 한다. 그러나 버터의 경우와 마찬가지로 공급과 수요 간 상호작용 때문에 로그 수량을 로그 가격에 대해 OLS 회귀하는 것만으로는 담배 수요의 탄력성을 일치성 있게 추정할 수 없다.

따라서 우리는 1985년부터 1995년까지 미국 본토 48개 주의 연간 데이터를 사용해 TSLS로 담배 수요의 탄력성을 추정하려 한다(데이터는 부록 12.1에 설명했다). 지금부터 사용할 모든 결과는 1995년 주(州)별 횡단면 데이터에 대한 것이다. 이전 연도 데이터(패널데이터)를 사용한 결과는 12.4절에 제시했다.

도구변수인 $SalesTax_i$는 일반 판매세로 발생하는 담배에 대한 세금의 일부로, 담배 한 갑당 달러(소비자물가지수로 조정된 실질 달러)로 측정된다. 담배 소비량 $Q_i^{cigarettes}$는 주(州)별 1인당 판매된 담뱃갑 수이며, 가격 $P_i^{cigarettes}$는 모든 세금을 포함한 담배 한 갑당 평균 실질 가격이다.

TSLS를 사용하기 전에 도구변수 타당성의 두 조건이 충족되는지 살펴보는 것이 필수적이다. 12.3절에서 우리는 이 평가에 도움이 되는 몇 가지 통계적 도구를 알아보면서 이 주제를 자세히 살펴보려 한다. 이러한 통계적 도구를 가지고 있더라도 결국 연구자의 평가가 중요한 역할을 하므로, 담배 판매세가 두 조건을 만족하는지 그 타당성을 먼저 생각해보는 것이 유용할 것이다.

첫 번째로 도구변수의 관련성을 고려해보자. 높은 판매세는 세후 판매 가격 $P_i^{cigarettes}$를 증가시키기 때문에 갑당 판매세가 도구변수 관련성 조건을 만족한다는 것은 타당해 보인다.

두 번째로 도구변수의 외생성을 고려해보자. 판매세가 외생적이려면 수요 방정식의 오차항과 상관관계가 없어야 한다. 즉 판매세는 가격을 통해 간접적으로만 담배 수요에 영향을 미쳐야 한다. 이는 그럴듯해 보인다. 일반 판매세율은 주마다 다르지만, 주로 각 주가 공공사업을 위해 판매세, 소득세, 재산세 및 기타 여러 세금의 조합을 선택하기 때문이다. 이러한 공공 재정에 대한 선택은 담배 수요와 관련된 요인이 아닌 다른 정치적 고려로 결정된다. 12.4절에서 이 가정의 신뢰성에 대해 더 논의하겠지만, 지금은 이를 작업 가설로 유지한다.

현대의 통계 소프트웨어에서는 TSLS의 첫 번째 단계가 자동으로 추정되므로 TSLS 추정량을 계산하기 위해 이 회귀를 직접 실행할 필요가 없다. 그래도 첫 단계 회귀를 살펴보는 것이 좋다. 1995년 48개 주의 데이터를 사용하면 다음과 같은 결과를 얻는다.

$$\widehat{\ln(P_i^{cigarettes})} = \underset{(0.03)}{4.62} + \underset{(0.005)}{0.031}SalesTax_i \tag{12.9}$$

예상대로 높은 판매세는 더 높은 세후 가격을 의미한다. 이 회귀의 R^2은 47%로, 담배 판매세의 변동이 주(州) 간 담배 가격 분산의 47%를 설명한다.

TSLS의 두 번째 단계에서, OLS를 사용해 $\ln(Q_i^{cigarettes})$를 $\widehat{\ln(P_i^{cigarettes})}$에 대해 회귀한다. 그 결과로 얻은 추정 회귀함수는 다음과 같다.

$$\widehat{\ln(Q_i^{cigarettes})} = 9.72 - 1.08\widehat{\ln(P_i^{cigarettes})} \tag{12.10}$$

이 추정 회귀함수는 두 번째 단계의 설명변수인 예측값 $\widehat{\ln(P_i^{cigarettes})}$를 사용한다. 그러나 관례적으로, 그리고 더 간단하게 결과를 보고하기 위해 $\widehat{\ln(P_i^{cigarettes})}$ 대신 $\ln P_i^{cigarettes}$를 사용해 회귀함수를 표기한다. 이 표기법으로 보고된 TSLS 추정치와 이분산성 강건 표준 오차는 다음과 같다.

$$\widehat{\ln(Q_i^{cigarettes})} = \underset{(1.53)}{9.72} - \underset{(0.32)}{1.08}\ln(P_i^{cigarettes}) \tag{12.11}$$

TSLS 추정치는 담배의 중독성을 고려할 때 수요가 놀라울 정도로 탄력적임을 시사한다. 가격이 1% 증가하면 소비가 1.08% 감소하는 것으로 나타난다. 그러나 도구변수의 외생성에 대한 우리의 논의를 상기하면, 이 추정치를 아직 너무 심각하게 받아들이지 말아야 할 수도 있다. 도구변수를 사용해 탄력성이 추정되었지만, 여전히 갑당 판매세와 상관관계가 있는 누락된 변수들이 있을 수 있다. 주요 후보는 소득이다: 소득이 높은 주일수록 주정부 재정을 위해 소득세에 더 의존하고 판매세에는 상대적으로 덜 의존할 수 있다. 또한 담배 수요는 아마도 소득에도 영향을 받을 것이다. 따라서 우리는 소득을 통제변수로 포함해 수요식을 재추정하고자 한다. 그러나 이를 위해서는 먼저 설명변수를 추가할 수 있도록 IV 회귀모형을 확장해야 한다.

12.2 일반적인 IV 회귀모형

일반적인 IV 회귀모형에는 네 가지 유형의 변수, 즉 (1) 종속변수인 Y, (2) 오차항과 상관관계가 있어 문제가 되는 내생변수(예: 담배 가격)인 X, (3) 추가적으로 모형에서 고려되는 통제변수 또는 **외생변수인 설명변수**(included exogenous variables)인 W, (4) 도구변수인 Z가 있다. 일반적으로 여러 개의 내생변수(X), 여러 개의 추가 설명변수(W), 여러 개의 도구변수(Z)가 있을 수 있다.

IV 회귀가 가능하려면 적어도 내생변수(X)의 수만큼 도구변수(Z)가 있어야 한다. 12.1절에서는 하나의 내생변수와 하나의 도구변수가 있었다. 이 단일 내생변수에 대해 (적어도) 하나의 도구변수를 갖는 것이 필수적이다. 도구변수 없이는 TSLS에서 1단계 회귀도 없었을 것이므로 도구변수 추정량을 계산할 수 없었을 것이다.

도구변수의 수와 내생변수의 수 사이 관계에 대해 고유한 용어가 있다. 도구변수의 수(m)가 내생변수의 수(k)와 같을 때, 즉 $m = k$일 때 회귀 계수는 **정확식별**(exactly identified)된다고 한다. 도구변수의 수가 내생변수의 수를 초과할 때, 즉 $m > k$일 때 계수는 **과대식별**(overidentified)된다. 도구변수의 수가 내생변수의 수보다 적을 때, 즉 $m < k$일 때 계수는 **과소식별**(underidentified)된다. IV 회귀로 추정되려면 계수가 정확식별되거나 과대식별되어야 한다.

일반적인 IV 회귀모형과 그 용어는 핵심 개념 12.1에 요약했다.

IV 회귀에서의 모형에 포함된 외생변수와 통제변수 식 (12.12)의 W 변수는 $E(u_i | W_i) = 0$인

핵심 개념 **12.1**

일반적인 도구변수회귀모형과 용어

일반적인 IV 회귀모형은 다음과 같다.

$$Y_i = \beta_0 + \beta_1 X_{1i} + \cdots + \beta_k X_{ki} + \beta_{k+1} W_{1i} + \cdots + \beta_{k+r} W_{ri} + u_i \qquad (12.12)$$

$i = 1, \ldots, n$이고, 여기서

- Y_i는 종속변수이다.
- $\beta_0, \beta_1, \ldots, \beta_{k+r}$은 알려지지 않은 계수들이다.
- $X_{1i}, \ldots, X_{ki}$는 k개의 내생변수로, u_i와 잠재적으로 상관관계가 있을 수 있다.
- $W_{1i}, \ldots, W_{ri}$는 r개의 모형에 포함된 외생변수로, u_i와 상관관계가 없거나 통제변수이다.
- u_i는 오차항으로, 측정 오류 및/또는 누락된 요인을 나타낸다.
- $Z_{1i}, \ldots, Z_{mi}$는 m개의 도구변수이다.

도구변수의 수가 내생변수의 수보다 많을 때($m > k$) 계수들은 과대식별되고, $m < k$일 때 과소식별되며, $m = k$일 때 정확식별된다. IV 회귀모형의 추정을 위해서는 정확식별 또는 과대식별인 경우여야 한다.

외생변수일 수도 있고, 인과적 해석이 필요하지 않지만 도구변수와 오차항의 상관관계를 방지하기 위해 모형에 포함되어야 하는 통제변수일 수도 있다. 예를 들어 12.1절에서는 판매세가 소득과 상관관계가 있을 수 있다는 가능성을 제기했는데, 경제 이론에 따르면 소득은 담배 수요의 결정 요인이다. 만약 그렇다면, 판매세는 담배 수요식 $\ln(Q_i^{cigarettes}) = \beta_0 + \beta_1 \ln(P_i^{cigarettes}) + u_i$의 오차항과 상관관계가 있을 것이고, 따라서 판매세는 외생적 도구변수가 아닐 것이다. IV 회귀모형에 소득을 포함하거나 소득을 통제하는 변수를 포함하면 도구변수와 오차항 사이의 이러한 잠재적 상관관계 원천을 제거할 수 있다. 일반적으로 W가 IV 회귀에서 효과적인 통제변수라면, W를 포함하므로 도구변수와 u와 상관관계를 제거하게 되어 X 계수에 대한 TSLS 추정량은 일치 추정량이 된다. 그러나 W가 u와 상관관계가 있다면, W에 대한 TSLS 계수는 누락변수편향의 영향을 받고 인과적 해석을 할 수 없다. 따라서 IV 회귀에서의 통제변수 논리는 7.5절에서 논의한 OLS의 통제변수 논리와 유사하다.

IV 회귀에서 W가 효과적인 통제변수이기 위한 수학적 조건은 7.5절에서 논의한 OLS의 통제변수 조건과 유사하다. 구체적으로, W를 포함시킴으로써 u의 조건부 기댓값이 Z에 의존하지 않도록, 그렇게 해서 조건부 기댓값 독립성이 성립하도록 만들어야 한다. 즉 $E(u_i | Z_i, W_i) = E(u_i | W_i)$이어야 한다. 그러나 조금 더 명확히 하기 위해 이 장의 본문에서는 W 변수가 외생적이어서 $E(u_i | W_i) = 0$인 경우에 초점을 맞춘다. 부록 12.6에서는 W가 통제변수인 경우 이 장의 결과가 어떻게 확장되는지 설명하며, 이 경우 제로-조건부 기댓값 조건인 $E(u_i | W_i) = 0$이 조건부 기댓값 독립성 조건인 $E(u_i | Z_i, W_i) = E(u_i | W_i)$로 대체된다.

일반적인 IV 회귀모형에서의 TSLS

내생변수가 하나일 때 TSLS 단일 내생변수 X와 여러 개의 추가적인 외생변수가 모형에 포함되어 있을 때 우리가 고려하는 식은 다음과 같다.

$$Y_i = \beta_0 + \beta_1 X_i + \beta_2 W_{1i} + \cdots + \beta_{1+r} W_{ri} + u_i \quad (12.13)$$

여기서, 이전과 마찬가지로 X_i는 오차항과 상관관계가 있을 수 있지만, $W_{1i}, \ldots, W_{ri}$는 그렇지 않다.

TSLS의 모집단 1단계 회귀에서는 X를 외생변수, 즉 W와 도구변수 Z에 연관 짓는다.

$$X_i = \pi_0 + \pi_1 Z_{1i} + \cdots + \pi_m Z_{mi} + \pi_{m+1} W_{1i} + \cdots + \pi_{m+r} W_{ri} + v_i \quad (12.14)$$

여기서 $\pi_0, \pi_1, \ldots, \pi_{m+r}$은 알려지지 않은 회귀 계수이고 v_i는 오차항이다.

식 (12.14)는 때때로 X에 대한 **축약식**(reduced form)이라고 한다. 이는 내생변수 X를 사용 가능한 모든 외생변수, 즉 우리가 고려하는 회귀모형에 포함된 변수(W)와 도구변수(Z) 모두와 연관 짓는다.

TSLS의 첫 번째 단계에서는 식 (12.14)의 알려지지 않은 계수들을 OLS로 추정하고, 이 회귀로부터 예측값 $\hat{X}_1, \ldots, \hat{X}_n$을 얻는다.

TSLS의 두 번째 단계에서는 식 (12.13)을 동일한 OLS로 추정하되, 여기서 등장하는 X_i를 첫 번째 단계에서 구한 예측값으로 대체해 추정한다. 즉 Y_i를 $\hat{X}_i, W_{1i}, \ldots, W_{ri}$에 대해 OLS를 사용해 회귀한다. 그 결과로 나온 $\beta_0, \beta_1, \ldots, \beta_{1+r}$의 추정량이 TSLS 추정량이다.

내생변수가 여러 개인 경우로의 확장 다수의 내생변수 $X_{1i}, \ldots, X_{ki}$가 있을 때, TSLS 알고리즘은 각 내생변수에 대해 1단계 회귀를 반복해서 시행해야 한다는 점을 제외하고는 유사하다. 이러한 각 1단계 회귀는 식 (12.14)와 동일한 형태를 갖는다. 즉 종속변수는 X 중 하나이고, 설명변수는 모든 도구변수(Z)와 모형에 포함된 외생변수(W)이다. 이러한 1단계 회귀들에서 내생변수의 예측값을 각각 생성한다.

TSLS의 두 번째 단계에서는 식 (12.12)의 내생변수(X)들을 각각의 대응되는 예측값($\hat{X}$)들로 대체한 후 OLS로 추정한다. 그 결과로 나온 $\beta_0, \beta_1, \ldots, \beta_{k+r}$의 추정량이 TSLS 추정량이다.

실제로 TSLS의 2단계 추정법은 계량경제 소프트웨어의 TSLS 추정 명령어를 사용해 자동으로 수행된다. 일반적인 TSLS 추정량은 핵심 개념 12.2에 요약했다.

일반적인 IV 모형에서의 도구 관련성과 외생성

도구 관련성과 외생성의 조건은 일반적인 IV 회귀모형에 맞게 수정되어야 한다.

하나의 내생변수와 다수의 도구변수가 있을 때, 도구 관련성 조건은 W가 주어진 상태에서 적어도 하나의 Z가 X를 예측하는 데 유용해야 한다는 것이다. 다수의 내생변수가 있을 때 이 조건은 더 복잡해진다. 왜냐하면 2단계 모집단 회귀에서 완벽한 다중공선성을 배제해야 하기 때문이다. 직관적으로, 다수의 내생변수가 있을 때 도구변수들이 이 변수들의 외생적 변동에

핵심 개념 12.2

2단계 최소제곱법

다수의 도구변수를 사용하는 식 (12.12)의 일반적인 IV 회귀모형에서 TSLS 추정량은 두 단계로 계산된다.

1. **1단계 회귀**: X_{1i}를 도구변수들($Z_{1i}, \ldots, Z_{mi}$)과 모형에 포함된 외생변수 및/또는 통제변수들($W_{1i}, \ldots, W_{ri}$)에 대해 OLS를 사용해 회귀한다. 이때 절편을 포함한다. 이 회귀로부터 예측값을 계산하고, 이를 $\hat{X}_{1i}$라고 한다. 이 과정을 모든 내생변수 $X_{2i}, \ldots, X_{ki}$에 대해 반복해 예측값 $\hat{X}_{1i}, \ldots, \hat{X}_{ki}$를 구한다.
2. **2단계 회귀**: Y_i를 내생변수들의 예측값($\hat{X}_{1i}, \ldots, \hat{X}_{ki}$)과 모형에 포함된 외생변수 및/또는 통제변수들($W_{1i}, \ldots, W_{ri}$)에 대해 OLS를 사용해 회귀한다. 이때 절편을 포함한다. TSLS 추정량 $\hat{\beta}_0^{TSLS}, \ldots, \hat{\beta}_{k+r}^{TSLS}$는 2단계 회귀에서 나온 추정량이다.

실제로 이 2단계 추정법은 계량경제 소프트웨어의 TSLS 추정 명령어를 사용해 자동으로 수행된다.

대해 충분한 정보를 제공함으로써 이 외생적 변동이 Y에 주는 각각의 효과를 구분할 수 있어야 한다.

도구 외생성 조건의 일반적인 내용은 각 도구변수가 오차항 u_i와 상관관계가 없어야 한다는 것이다. 유효한 도구변수에 대한 일반적인 조건은 핵심 개념 12.3에 제시했다.

IV 회귀 가정과 TSLS 추정량의 표본 분포

IV 회귀 가정하에서, TSLS 추정량은 일치 추정량이며 표본의 크기가 큰 경우 점근적으로 정규분포를 따르는 표본 분포를 갖는다.

IV 회귀 가정 IV 회귀 가정은 핵심 개념 6.4의 다중회귀모형에서 인과추론을 위한 최소제곱

핵심 개념 12.3

유효한 도구변수의 두 가지 조건

m개의 도구변수 $Z_{1i}, \ldots, Z_{mi}$ 집합이 유효하려면 다음 두 가지 조건을 만족해야 한다.

1. 도구 관련성

- 일반적으로, X_{1i}를 도구변수(Z)들과 외생변수(W)들에 모집단 회귀해 얻은 X_{1i}의 예측값을 $\hat{X}^*_{1i}$라고 하고, '1'을 모든 관측치에 대해 1의 값을 갖는 상수 설명변수라고 하자. 그러면 $(\hat{X}^*_{1i}, \ldots, \hat{X}^*_{ki}, W_{1i}, \ldots, W_{ri}, 1)$은 완벽한 다중공선성을 갖지 않는다.
- X가 하나만 있는 경우, 이전 조건이 성립하려면 Z들과 W들에 대한 X의 모집단 회귀에서 적어도 하나의 Z가 0이 아닌 계수를 가져야 한다.

2. 도구 외생성

도구변수는 오차항과 상관관계가 없다. 즉 $\text{corr}(Z_{1i}, u_i) = 0, \ldots, \text{corr}(Z_{mi}, u_i) = 0$이다.

핵심 개념
12.4

IV 회귀 가정

핵심 개념 12.1의 IV 회귀모형에 등장하는 변수들과 오차는 다음을 만족한다.

1. $E(u_i | W_{1i}, \ldots, W_{ri}) = 0$
2. $(X_{1i}, \ldots, X_{ki}, W_{1i}, \ldots, W_{ri}, Z_{1i}, \ldots, Z_{mi}, Y_i)$는 그들의 동일한 결합 분포로부터 독립적으로(i.i.d.) 추출되었다.
3. 큰 이상치가 발생할 가능성은 낮다: X, W, Z, Y는 0이 아닌 유한한 4차 적률을 갖는다.
4. 핵심 개념 12.3에 등장하는 유효한 도구변수에 대한 두 가지 조건이 성립한다.

가정을 수정한 것이다.

첫 번째 IV 회귀 가정은 핵심 개념 6.4의 조건부 평균 가정을 모형에 포함된 외생변수에만 적용되도록 수정한 것이다. 다중회귀모형에 대한 두 번째 최소제곱 가정과 마찬가지로, 두 번째 IV 회귀 가정은 추출이 독립적이고 동일하게 분포해 있다(i.i.d.)는 것이다. 이는 데이터가 단순 무작위 표본 추출로 수집된 경우에 해당한다. 세 번째 IV 가정은 큰 이상치가 발생할 가능성이 낮다는 것이다.

네 번째 IV 회귀 가정은 핵심 개념 12.3의 도구 유효성에 대한 두 가지 조건이 성립한다는 것이다. 핵심 개념 12.3의 도구 관련성 조건은 2단계 회귀의 설명변수들이 완벽한 다중공선성을 가지지 않는다고 가정함으로써 핵심 개념 6.4와 6.6의 네 번째 최소제곱 가정(완벽한 다중공선성 없음)을 포함한다. IV 회귀 가정은 핵심 개념 12.4에 요약했다.

TSLS 추정량의 표본 분포 IV 회귀 가정하에서, TSLS 추정량은 일치 추정량이고 대표본에서 정규분포를 따른다. 12.1절(그리고 부록 12.3)에서 단일 내생변수, 단일 도구변수, 모형에 포함된 다른 외생변수가 없는 특수한 경우를 상정해 위의 내용이 성립함을 보여주고 있다. 개념적으로, 12.1절의 논리는 다수의 도구변수와 다수의 내생변수가 있는 일반적인 경우로 확장할 수 있다. 그러나 일반적인 경우의 표현은 복잡하므로 19장으로 미룬다.

TSLS 추정량을 사용한 추론

TSLS 추정량의 표본 분포가 대표본에서 정규분포를 따르기 때문에 회귀모형의 통계적 추론(가설검정과 신뢰구간)에 대한 일반적인 과정이 TSLS 회귀로 확장된다. 예를 들어 95% 신뢰구간은 TSLS 추정량 ± 1.96 표준 오차로 구성된다. 마찬가지로, 모집단 계수값에 대한 결합 가설은 7.2절에서 설명한 대로 F-통계량을 사용해 검정할 수 있다.

TSLS 표준 오차 계산 TSLS 표준 오차에 대해 유념해야 할 두 가지 사항이 있다. 첫째, 2단계 회귀의 OLS 추정에서 계산된 표준 오차는 이것이 첫 번째 과정을 거쳐 두 번째 단계에서 계산된 것이라 인식하지 못하기 때문에 부정확하다. 구체적으로, 2단계 OLS 표준 오차는 2단계 회귀에서 내생변수의 예측값을 사용하는 것에 대한 조정을 하지 않는다. 필요한 조정을 거친 표준 오차 공식은 계량경제 소프트웨어의 TSLS 회귀 명령어에 통합되어 있다(그리고 자동으로 사용된다). 따라서 특화된 TSLS 회귀 명령을 사용한다면 실제로 이 문제는 걱정할 필요가 없다.

둘째, 항상 그렇듯이 오차 u는 이분산성을 가질 수 있다. 따라서 다중회귀모형의 OLS 추정량에 대해 이분산성 강건 표준 오차를 사용하는 것이 중요한 것과 정확히 같은 이유로, TSLS 추정량에 대해서도 이분산성 강건 버전의 표준 오차를 사용하는 것이 중요하다.

담배 수요에 대한 적용

12.1절에서는 1995년 미국 48개 주의 연간 소비 데이터를 사용해 단일 설명변수(갑당 실질 가격의 로그)와 단일 도구변수(갑당 실질 판매세)로 TSLS를 통해 담배 수요의 탄력성을 추정했다. 그러나 소득도 수요에 영향을 주므로 모집단 회귀 오차항의 일부라 볼 수 있다. 12.1절에서 논의한 바와 같이, 각 주의 판매세가 각 주의 소득과 관련이 있다면 담배 수요 방정식의 오차항에 있는 변수와 상관관계가 있는 것이므로 도구변수의 외생성 조건을 위반한다. 따라서 12.1절의 IV 추정량은 일치 추정량이 되지 않는다. 즉 IV 회귀는 또 다른 형태의 누락변수 편향 문제를 겪게 된다. 이는 회귀에 소득을 포함해 해결할 수 있다.

따라서 우리는 로그 변환한 소득변수가 수요 방정식에 포함된 대안적 모형을 고려한다. 핵심 개념 12.1의 용어로, 종속변수 Y는 소비의 로그 $\ln(Q_i^{cigarettes})$이다. 내생변수 X는 실질 세후 가격의 로그 $\ln(P_i^{cigarettes})$이다. 모형에 포함된 외생변수 W는 실질 주별 1인당 소득의 로그 $\ln(Inc_i)$이다. 그리고 도구변수 Z는 갑당 실질 판매세 $SalesTax_i$이다. TSLS 추정치와 (이분산성 강건) 표준 오차는 다음과 같다.

$$\widehat{\ln(Q_i^{cigarettes})} = \underset{(1.26)}{9.43} - \underset{(0.37)}{1.14}\ln(P_i^{cigarettes}) + \underset{(0.31)}{0.21}\ln(Inc_i) \qquad (12.15)$$

이 회귀는 $SalesTax_i$라는 단일 도구변수를 사용하지만, 실제로는 다른 도구변수 후보도 있다. 개별 주들은 일반 판매세 외에도 담배와 유사 담배 제품에만 적용되는 특별세를 부과한다. 이 담배 특별세($CigTax_i$) 역시 사용 가능한 두 번째 도구변수이다. 담배 특별세는 소비자가 지불하는 담배 가격을 높이므로 도구변수 관련성 조건을 충족한다고 볼 수 있다. 만약 이것이 주 담배 수요식의 오차항과 상관관계가 없다면 외생적 도구변수일 것이다.

이 추가 도구변수를 가지고 이제 우리는 2개의 도구변수, 즉 갑당 실질 판매세와 갑당 실질 주 담배 특별세를 사용할 수 있게 되었다. 2개의 도구변수와 1개의 내생변수가 있으므로 수요 탄력성은 과대식별된다. 즉 도구변수의 수($SalesTax_i$와 $CigTax_i$, 따라서 $m = 2$)가 모형에 포함된 내생변수의 수($P_i^{cigarettes}$, 따라서 $k = 1$)를 초과한다. 우리는 TSLS를 사용해 수요 탄력성을 추정할 수 있으며, 여기서 1단계 회귀의 총 설명변수는 모형에 포함된 외생변수 $\ln(Inc_i)$와 두 도구변수이다.

2개의 도구변수 $SalesTax_i$와 $CigTax_i$를 사용한 TSLS 회귀함수 추정 결과는 다음과 같다.

$$\widehat{\ln(Q_i^{cigarettes})} = \underset{(0.96)}{9.89} - \underset{(0.25)}{1.28}\ln(P_i^{cigarettes}) + \underset{(0.25)}{0.28}\ln(Inc_i) \qquad (12.16)$$

식 (12.15)와 (12.16)을 비교해보자. 식 (12.16)에서 추정된 가격 탄력성의 표준 오차가 식 (12.15)보다 1/3 더 작다[식 (12.16)의 0.25 대 식 (12.15)의 0.37]. 식 (12.16)에서 표준 오차가 더 작은 이유는 이 추정치가 식 (12.15)보다 더 많은 정보를 사용했기 때문이다: 식 (12.15)에서는 하나의 도구변수(판매세)만 사용했지만, 식 (12.16)에서는 2개의 도구변수(판매세와 담배 특별세)를 사용했다. 2개의 도구변수를 사용하면 하나만 사용할 때보다 담배 가격의 변동을 더 잘 설명할 수 있으며, 이는 추정된 수요 탄력성의 표준 오차가 더 작아지는 것으로 나타난다.

이러한 추정치들은 신뢰할 만한가? 궁극적으로 신뢰성은 도구변수 집합—여기서는 두 가지 세금—이 타당한 도구변수의 두 가지 조건을 만족하는지 여부에 달려 있다. 따라서 이러한 도구변수들이 유효한지 평가하는 것은 매우 중요하며, 이제 이 주제로 넘어가겠다.

12.3 도구변수의 유효성 검증

특정 실증분석에서 도구변수 회귀가 유용한지 여부는 도구변수가 유효한지에 달려 있다. 유효하지 않은 도구변수는 무의미한 결과를 준다. 따라서 특정 실증분석에서 주어진 도구변수 집합이 유효한지 평가하는 것은 필수적이다.

가정 1: 도구변수 관련성

IV 회귀에서 도구변수 관련성 조건의 역할은 미묘하다. 도구변수 관련성을 생각하는 한 가지 방법은 표본크기와 유사한 역할을 한다고 볼 수 있다: 도구변수의 관련성이 더 높을수록—즉 X의 변동이 도구변수에 의해 더 많이 설명될수록—IV 회귀에서 사용할 수 있는 정보는 더 많아진다. 관련성이 높은 도구변수일수록 더 정확한 추정량을 생성하는데, 이는 표본크기가 클수록 더욱 정확한 추정량을 생성하는 것과 마찬가지다. 또한 TSLS를 사용한 통계적 추론은 TSLS 추정량이 정규 표본 분포를 가진다는 전제하에 이루어지지만, 중심극한정리에 따르면 정규분포는 큰 표본에서는 좋은 근사치지만 표본크기가 작은 경우에는 그렇지 않다. 관련성이 높은 도구변수를 사용하는 것이 큰 표본을 사용하는 것과 같다면, 이는 도구변수의 관련성이 높을수록 TSLS 추정량과 그 t-통계량의 표본 분포에 대한 정규 근사가 더 좋아진다는 것을 정확히 시사한다.

X의 변동을 잘 설명하지 못하는 도구변수를 **약도구변수**(weak instruments)라고 한다. 담배 예시에서, 주와 담배 제조 공장 간의 거리는 약도구변수일 수 있다. 거리가 멀수록 운송비용은 증가하겠지만(따라서 공급 곡선을 안쪽으로 이동시켜 균형 가격을 높임), 담배는 가볍기 때문에 운송비용은 담배 가격의 작은 부분만을 차지할 것이다. 따라서 운송 비용, 즉 제조 공장까지의 거리로 설명되는 가격 변동분은 아마도 매우 작을 것이다.

이 절에서는 약도구변수가 왜 문제가 되는지, 약도구변수를 어떻게 확인하는지, 약도구변수가 있을 때 어떻게 해야 하는지를 논의한다. 여기서부터 도구변수는 외생적이라고 가정하고 시작하자.

약도구변수가 문제가 되는 이유 도구변수가 약하면 표본크기가 크더라도 정규분포가 TSLS 추정량의 표본 분포를 잘 근사하지 못한다. 따라서 대표본에서도 통계적 추론을 수행하는 일반적인 방법에 대한 이론적 정당성이 없다. 실제로 도구변수가 약하면, TSLS 추정량은 OLS 추정량 방향으로 심하게 편향될 수 있다. 또한 TSLS 추정량 ±1.96 표준 오차로 구성되는 95% 신뢰구간이 실제 계수값을 95%보다 훨씬 적게 포함할 수 있다. 요약하면, 도구변수가 약하면 TSLS는 더 이상 신뢰할 수 없다.

TSLS 추정량의 표본 분포에 대한 대표본 정규 근사에 문제가 있다는 것을 보기 위해, 12.1절에서 소개한 특별한 경우, 즉 단일 내생변수, 단일 도구변수, 그리고 모형에 포함된 다른 외생변수가 없는 경우를 고려해보자. 도구변수가 유효하다면, 표본 공분산 s_{ZY}와 s_{ZX}가 일치 추정량이기 때문에 $\hat{\beta}_1^{TSLS}$ 역시 일치 추정량이다. 즉 $\hat{\beta}_1^{TSLS} = s_{ZY}/s_{ZX} \xrightarrow{p} \text{cov}(Z_i, Y_i)/\text{cov}(Z_i, X_i) = \beta_1$ [식 (12.7)]이다. 그러나 도구변수가 단지 약한 것이 아니라 실제로 관련성이 없다고 가정해보자. 즉 $\text{cov}(Z_i, X_i) = 0$이다. 그러면 $s_{ZX} \xrightarrow{p} \text{cov}(Z_i, X_i) = 0$이므로, 오른쪽 항의 극한인 $\text{cov}(Z_i, Y_i)/\text{cov}(Z_i, X_i)$의 분모가 문자 그대로 0이 된다! 도구변수 관련성 조건을 만족하지 않을 때 $\hat{\beta}_1^{TSLS}$가 일치 추정량이라는 주장은 명백히 무너지게 된다. 부록 12.4에서 보여주듯이, 이 붕괴된 결과로 인해 TSLS 추정량은 표본 크기가 매우 크더라도 비정규 표본 분포를 갖게 된다. 실제로 도구변수가 관련성이 없을 때, $\hat{\beta}_1^{TSLS}$의 대표본 분포는 정규 확률변수의 분포가 아니라 두 정규 확률변수 비율의 분포이다! 부록 12.4에서 논의한 바와 같이, 이 정규 비율의 분포는 OLS 추정량의 대표본 값을 중심으로 분포해 있다.

도구변수의 관련성이 전혀 없는 경우가 실제로 발생하지 않을 수 있지만, 이는 또 다른 질문을 제기한다: 실제로 정규분포가 좋은 근사를 제공하려면 도구변수가 얼마나 관련성이 있어야 하는가? 일반적인 IV 모형에서 이 질문에 대한 답변은 복잡하다. 그러나 다행히도 실제로 가장 일반적인 단일 내생변수의 경우에 대해 간단한 경험 법칙이 있다.

단일 내생변수의 경우 약도구변수 확인하기 단일 내생변수일 때 약도구변수를 확인하는 한 가지 방법은 TSLS의 1단계 회귀에서 도구변수들의 계수가 모두 0이라는 가설을 검정하는 F-통계량을 계산하는 것이다. 이 **1단계 F-통계량**(first-stage F-statistic)은 도구변수에 포함된 정보의 척도를 제공한다: 정보가 많을수록 F-통계량의 기댓값이 더 크다. 간단한 경험 법칙 중 하나는 1단계 F-통계량이 10을 초과하면 약도구변수에 대해 걱정할 필요가 없다는 것이다. (왜 10일까? 부록 12.5를 참조하라.) 이는 핵심 개념 12.5에 요약했다.

약도구변수가 있다면 어떻게 해야 하는가? 여러 개의 도구변수가 있다면, 그중 일부는 다른 것들보다 약할 가능성이 높다. 소수의 강한 도구변수와 여러 개의 약한 도구변수가 있다면, 가장 약한 도구변수를 버리고 가장 관련성 높은 일부 도구변수만을 사용하는 것이 TSLS 분석에 더 좋다. 약도구변수를 제거할 때 TSLS 표준 오차가 증가할 수 있지만, 기존의 표준 오차가 어차피 의미가 없었다는 점을 기억하라.

그러나 계수가 정확히 식별된 경우에는 약도구변수를 버릴 수 없다. 계수가 과대식별되었

핵심 개념 **12.5**

약도구변수 확인을 위한 경험 법칙

1단계 F-통계량은 2단계 최소제곱법의 첫 번째 단계에서 도구변수 $Z_{1i}, \ldots, Z_{mi}$의 계수가 0이라는 가설을 검정하는 F-통계량이다. 단일 내생변수일 때, 1단계 F-통계량이 10 미만이면 도구변수가 약하다는 것을 의미하며, 이 경우 TSLS 추정량은 편향되고(큰 표본에서도) 추정량의 t-통계량과 신뢰구간은 신뢰할 수 없다.

더라도 식별을 달성하기에 충분히 강한 도구변수가 없을 수 있으므로, 일부 약한 도구변수라도 버리는 것이 도움이 되지 않을 수 있다. 이 경우 두 가지 선택지가 있다. 첫 번째 선택지는 더 강한 도구변수를 추가로 찾는 것이다. 이는 말하기는 쉽지만 실행하기는 어렵다: 해당 문제에 대한 깊은 이해가 필요하며 데이터와 실증연구의 전반적인 성격을 다시 설계해야 할 수 있다. 두 번째 선택지는 약도구변수를 사용해 실증분석을 진행하되, TSLS 이외의 방법을 사용하는 것이다. 이 장에서는 TSLS에 초점을 맞추었지만, 일부 다른 도구변수 분석방법은 TSLS보다 약도구변수에 덜 민감하며, 이러한 방법 중 일부는 부록 12.5에서 논의한다.

가정 2: 도구변수 외생성

도구변수가 외생적이지 않다면, TSLS는 일치 추정량이 아니다: TSLS 추정량은 인과 계수가 아닌 다른 것으로 확률 수렴한다. 결국, 도구변수 회귀의 아이디어는 도구변수가 오차항 u_i와 무관한 X_i의 변동에 대한 정보를 포함한다는 것이다. 만약 도구변수가 실제로 외생적이지 않다면, X_i의 이러한 외생적 변동을 정확히 파악할 수 없으므로, IV 회귀가 일치 추정량을 제공하지 못한다는 것은 이치에 맞는다. 이 주장의 수학적 설명은 부록 12.4에 요약되어 있다.

도구변수가 외생적이라는 가정을 통계적으로 검정할 수 있는가? 대답은 '예' 그리고 '아니요'이다. 계수가 정확히 식별되는 경우 도구변수가 외생적이라는 가설을 검정하는 것은 불가능하다. 그러나 계수가 과대식별된 경우에는 과대식별 제약을 검정할 수 있다—즉 관심 계수를 식별하기에 충분히 유효한 도구변수가 있다는 가정하에 '추가적인' 도구변수가 외생적이라는 가설을 검정할 수 있다.

먼저 계수가 정확히 식별되는 경우, 즉 내생변수 개수만큼의 도구변수가 있는 경우를 고려해보자. 이 경우 도구변수가 실제로 외생적이라는 가설에 대한 통계적 검정을 개발하는 것은 불가능하다. 즉 이러한 도구변수가 외생성 제약을 만족하는지 여부에 대한 질문에 경험적 증거를 제시할 수 없다. 이 경우, 도구변수가 외생적인지 평가하는 유일한 방법은 전문가 의견과 해당 경험적 문제에 대한 개인적 지식을 활용하는 것이다. 예를 들어 Philip Wright는 농업 공급과 수요에 대한 지식을 활용해 평균 이하의 강우량이 지방과 기름의 공급 곡선을 이동시킬 수 있지만 수요 곡선을 직접적으로 이동시키지는 않을 것이라고 제안했다.

도구변수의 외생성을 평가하는 것은 필연적으로 해당 실증분석에 대한 개인적 지식을 바탕으로 한 전문가의 판단이 필요하다. 그러나 내생변수보다 도구변수가 더 많은 경우에 이 과정

최초의 IV 회귀분석

Philip Wright와 그의 아들 Sewall이 IV 추정량을 도출한 후(글상자 '도구변수회귀는 언제 발명되었는가?' 참조), Philip은 이것이 실제로 어떻게 작동하는지 확인하고자 했다. 1926년 3월 15일 Sewall에게 보낸 편지에서 Philip은 1903년부터 1925년까지 미국의 아마씨 생산과 관련된 변수들의 연간 데이터 표(여기에 일부 재현됨)를 작성했다. 아마씨는 기름(아마인유라고도 함)을 얻기 위해 재배되었고, 이는 건물용 유성 페인트에 사용되었다. Philip은 공급 탄력성을 추정하고자 했다. 퍼센트-퍼센트 관계를 얻기 위해 그는 먼저 데이터를 장기 추세로부터의 백분율 편차로 변환했다.

그다음 Philip은 중요한 결정을 내려야 했다: 어떤 도구변수를 사용해야 하는가? 그는 동부 해안의 건축 허가를 선택했다. 그는 새 건물이 더 많아지면 유성 페인트에 대한 수요가 더 많아지고 따라서 아마씨에 대한 수요도 늘어날 것이므로, 도구변수가 관련성이 있을 것이라고 추론했다. 그는 또한 동부 해안의 건축 허가 변동이 주로 특정 해의 아마씨 공급 교란과는 무관한 폭넓은 경제 상황에 의해 결정되므로, 건축 허가가 외생적일 것이라고 추론했다. 다르게 말하면, 동부 해안의 건축 허가 변동은 수요의 결정 요인이지만 공급의 결정 요인은 아니었다.

손으로 계산한 노고 끝에, Philip은 공급 탄력성의 IV 추정치로 −0.88을 얻었다. 이 탄력성은 잘못된 부호를 가지고 있다: 이는 공급 곡선이 아래로 기울어진다는 것을 시사한다. 3월 15일 편지에서 Philip은 이 결과를 '명백히 터무니없다'고 불렀다.

그러면 무엇이 잘못되었던 걸까? Philip은 알지 못했지만, 그의 IV 회귀에서 1단계 F-통계량이 1.75로 나타났는데, 이는 경험적 기준인 10보다 훨씬 낮다. 본문과 부록 12.4에서 설명한 바와 같이, 도구변수가 관련성이 적을 때 그 분포는 OLS 추정치를 중심으로 하는데, Wright의 데이터에서는 0.66이다. 이 첫 번째 IV 회귀는 매우 약한 도구변수를 가졌고, 그 결과는 OLS 쪽으로 편향되었다.

하지만 Philip은 계속 노력했다. 수요 탄력성을 추정하기 위해 그는 아마씨가 재배되는 중서부 상부 지역의 강우량을 도구변수로 사용했다. 비가 많이 올수록 수확량은 늘어나게 되므로 강우량의 관련성은 타당하다고 볼 수 있다. 중서부의 강우량은 유성 페인트에 대한 수요에 영향을 미치지 않으므로 외생성 또한 타당하다. 결과적으로 강우량의 1단계 F값은 12.8이며 이때 계산된 수요 탄력성의 IV 추정치는 −0.48로 나타났다. 이 추정치는 수요 곡선이 (마땅히 그래야 하듯이) 아래로 기울어지고 수요가 비탄력적임을 보여주는데, 이 결과는 이 시기에 아마인유 페인트의 좋은 대체재가 없었다는 것과 일치한다.

1926년 3월 15일 Philip Wright가 Sewall Wright에게 보낸 편지 중 첫 번째 IV 회귀분석에 사용된 데이터의 첫 5개 관측치

Supply	Real prices [illegible]	Output (millions bu.)	B Acreage (millions)	Yield	B Rainfall (inches)	B Ratio value [illegible]	A Building permits [illegible]
1903	.26	27.3	3.23	8.4	3.40	93	128
4	.53	23.4	2.26	10.3	2.19	75	140
5	.23	28.5	2.53	11.2	4.27	95	.86
6	.26	25.6	2.51	10.2	3.30	93	.8
7	.33	25.9	2.86	9.0	2.66	119	.87

데이터의 첫 두 열은 아마씨의 실질 가격과 수량('산출량')이다. 'B' 변수들—재배 면적, 수확량, 중서부 상부 지역의 강우량, 해당 연도의 아마씨 수확량과 전년도 봄밀 수확량의 비율—은 공급 곡선을 이동시키지만 수요 곡선은 이동시키지 않으므로, 이들은 수요 탄력성에 대한 잠재적 도구변수이다. 'A' 변수—동부 해안의 건축 허가—는 수요 곡선을 이동시키지만 공급 곡선은 이동시키지 않으므로 이는 공급 탄력성에 대한 잠재적 도구변수이다.

에서 도움이 될 수 있는 통계적 도구가 있는데, 소위 과대식별 제약 검정이라고 하는 것이다.

과대식별 제약 검정 1개의 내생변수와 2개의 도구변수가 있다고 가정해보자. 그러면 두 가지 다른 TSLS 추정량을 계산할 수 있다. 하나는 첫 번째 도구를 사용하고 다른 하나는 두 번째 도구를 사용한다. 이 두 추정량은 표본 변동 때문에 같은 값을 주지는 않겠지만, 두 도구변수 모두 외생적이라면 서로 비슷한 값을 갖는 경향이 있을 것이다. 하지만 만약 이 두 도구가 매우 다른 추정치를 산출한다면 어떻게 할까? 한 도구변수나 다른 도구변수, 또는 두 변수 모두에 문제가 있다고 합리적으로 결론을 내릴 수 있을 것이다. 즉 하나 또는 다른 하나, 혹은 두 변수 모두 외생적이지 않다고 결론짓는 것이 합리적일 것이다.

과대식별 제약 검정(test of overidentifying restrictions)은 암묵적으로 이러한 비교를 수행한다. 암묵적이라고 말하는 이유는 실제로 가능한 모든 IV 추정치를 계산하지 않고도 테스트가 수행되기 때문이다. 아이디어는 다음과 같다. 도구변수의 외생성은 u_i와 상관관계가 없다는 것을 의미한다. 이는 도구변수들이 $\hat{u}_i^{TSLS}$와 대략적으로 상관관계가 없어야 함을 시사한다. 여기서 $\hat{u}_i^{TSLS} = Y_i - (\hat{\beta}_0^{TSLS} + \hat{\beta}_1^{TSLS}X_{1i} + \cdots + \hat{\beta}_{k+r}^{TSLS}W_{ri})$는 모든 도구를 사용해 추정된 TSLS 회귀의 잔차이다(표본 변동 때문에 '정확히'가 아니라 '대략적으로'라고 표현한다). (이 잔차들은 1단계에서 예측된 값이 아닌 실제 X를 사용해 계산된다.) 따라서 도구변수들이 실제로 외생적이라면, $\hat{u}_i^{TSLS}$를 도구변수들과 모형에 포함된 외생변수들에 대해 회귀했을 때 도구변수들의 계수는 모두 0이어야 하므로 이 가설을 테스트할 수 있다.

과대식별 제약 검정을 계산하는 이 방법은 핵심 개념 12.6에 요약되어 있다. 이 통계량은 등분산성을 가정한 F-통계량을 사용해 계산된다. 이 검정통계량은 일반적으로 J-통계량이라고 하며 $J = mF$로 계산된다.

표본크기가 큰 경우, 도구변수가 약하지 않고 오차항이 등분산을 가진다면, 도구가 외생적이라는 귀무가설하에서 J-통계량은 자유도가 $m - k$인 카이제곱분포(χ^2_{m-k})를 따른다. 검증의 대상이 되는 제약의 수가 m이지만 J-통계량의 점근적 분포의 자유도가 $m - k$라는 점을 기억하는 것이 중요하다. 그 이유는 과대식별되는 제약만 검증할 수 있기 때문이며, 이는 $m - k$개이다. 이분산성이 있는 오차항에 대한 수정된 J-통계량은 19.7절에서 다룬다.

핵심 개념 **12.6**

과대식별 제약 검정 (J-통계량)

$\hat{u}_i^{TSLS}$를 식 (12.12)의 TSLS 추정에서 얻은 잔차라고 하자. OLS를 사용해 다음 회귀식의 계수를 추정한다.

$$\hat{u}_i^{TSLS} = \delta_0 + \delta_1 Z_{1i} + \cdots + \delta_m Z_{mi} + \delta_{m+1} W_{1i} + \cdots + \delta_{m+r} W_{ri} + e_i \quad (12.17)$$

여기서 e_i는 회귀 오차항이다. F를 $\delta_1 = \ldots = \delta_m = 0$이라는 가설을 검정하는 등분산성을 가정한 F-통계량이라고 하자. 과대식별 제약 검정통계량은 $J = mF$이다. 모든 도구변수가 외생적이라는 귀무가설하에서 e_i가 등분산성을 갖는다면, 대표본에서 J는 χ^2_{m-k} 분포를 따른다. 여기서 $m - k$는 과대식별의 정도, 즉 도구변수의 수에서 내생변수의 수를 뺀 값이다.

계수가 정확히 식별될 때($m = k$) 설명변수의 외생성을 테스트할 수 없다는 것을 가장 쉽게 이해하는 방법은 내생변수가 하나인 경우($k = 1$)를 고려하는 것이다. 2개의 도구가 있다면 각 도구에 대해 2개의 TSLS 추정량을 계산할 수 있고, 이들이 가까운지 비교할 수 있다. 하지만 도구가 하나뿐이라면 하나의 TSLS 추정량만 계산할 수 있고, 비교할 대상이 없다. 실제로 계수가 정확히 식별되는 $m = k$인 경우, 과대식별 검정통계량 J는 정확히 0이다.

12.4 담배 수요에 대한 적용[1]

담배 수요의 탄력성을 추정하려는 우리의 시도는 식 (12.16)에 요약된 TSLS 추정치로 끝났다. 여기서 소득은 모형에 포함된 외생변수였고, 일반 판매세와 담배 특별세 두 변수를 도구변수로 사용했다. 이제 우리는 이 도구변수들을 더 철저히 평가할 수 있다.

12.1절에서와 같이 세금은 담배의 세후 가격에서 큰 부분을 차지하기 때문에 두 도구변수는 관련성 조건을 만족한다고 보는 것이 합리적일 것이다. 그리고 곧 이를 데이터로 살펴볼 것이다. 그러나 그에 앞서 우리는 두 세금변수가 충분히 외생적인가라는 질문에 초점을 맞출 것이다.

도구가 외생적인지 평가하는 첫 번째 단계는 그것이 외생적일 수 있는 이유와 그렇지 않을 수 있는 이유를 논리적으로 생각해보는 것이다. 담배 수요식의 오차항을 설명하는 요인들이 무엇인지, 그리고 이 요인들이 도구변수와 관련이 있을 수 있는지를 생각해봐야 한다.

왜 어떤 주는 다른 주보다 1인당 담배 소비가 더 높을까? 한 가지 이유는 주들 간 소득 차이일 수 있지만, 주 소득은 식 (12.16)에 포함되어 있으므로 이는 오차항의 일부가 아니다. 다른 이유는 수요에 영향을 미치는 역사적 요인들이 있다는 것이다. 예를 들어 담배를 재배하는 주들은 대부분의 다른 주들보다 흡연율이 높다. 이 요인이 세금과 관련이 있을 수 있을까? 충분히 가능하다: 만약 담배 농사와 담배 생산이 한 주의 중요한 산업이라면, 이 산업들이 담배 특별세를 낮게 유지하도록 영향력을 행사할 수 있다. 이는 담배 수요의 누락된 요인 — 주가 담배를 재배하고 생산하는지 여부 — 이 담배 특별세와 상관관계가 있을 수 있음을 시사한다.

이와 같이 오차항과 도구변수 사이의 가능한 상관관계에 대한 한 가지 해결책은 주의 담배 및 담배 산업 규모에 대한 정보를 모형에 포함하는 것이다. 이는 우리가 수요식에 소득을 설명변수로 포함했을 때 사용한 접근법이다. 그러나 우리는 담배 소비에 대한 패널데이터를 가지고 있기 때문에 이 정보를 사용하지 않는 다른 접근법을 사용할 수도 있다. 10장에서 논의한 바와 같이, 패널데이터는 주의 담배 및 거대 담배 산업으로 이어지는 역사적 상황과 같이 객체(주)에 따라 다르지만 시간이 지나도 변하지 않는 변수들의 영향을 제거하는 것을 가능하게 한다. 이를 위한 두 가지 방법이 10장에서 제시되었다: 두 기간 사이 변수의 **변화**에 대한 데이터를 구성하는 것과 고정효과회귀를 사용하는 것이다. 분석을 최대한 간단하게 유지하기 위해 우리는 전자의 접근법을 채택하고 10.2절에서 설명한 유형의 회귀분석을 수행한다. 이는

1 이 절은 $T = 2$인 패널데이터에 관한 10.1절과 10.2절의 내용에 대한 이해를 전제로 한다.

흡연의 외부효과

흡연은 의료비나 청소비용과 같은 부정적인 외부효과 또는 비용을 발생시키며, 흔히 흡연 행위로 인해 제3자에게 이 비용이 부과된다고 이야기한다. 최근 몇 년간 서유럽에서는 직장이나 공공장소 등 다양한 장소에서의 흡연을 전면 금지하는 방안이 제안되거나 시행되었다. 예를 들어 2007년 프랑스와 영국, 2008년 네덜란드에서 이러한 조치가 있었다. 그러나 경제학자들은 이에 반대하며 대신 이러한 문제를 해결하기 위해 세금을 부과할 것을 제안한다.

일반적으로 이러한 세금은 흡연자에게 전가되어 외부비용이 0으로 줄어들 수 있는 수준으로 부과되어야 한다고 제안된다. 우리는 계량경제학적 기법을 사용해 이 외부비용을 추정하고, 그에 따라 필요한 세금을 산정할 수 있다.

하지만 이러한 추정은 간단한 문제가 아니다. 영국 정부는 2015년 흡연 관련 국민건강서비스(NHS) 비용을 26억 파운드로 추정했지만, 이는 이미 발생했을 비용을 조정하지 않은 수치이다.* 만약 이들이 흡연을 하지 않았다면 다른 질병 치료에 얼마나 비용이 들었을까? 이 추정에서 놓치고 있는 다른 잠재적 이익과 비용은 없는가? 흡연자들이 일찍 사망한다면, 그들의 잃어버린 수명의 가치를 어떻게 평가해야 하는가? 흡연이 창출하는 고용의 가치는 어떻게 고려해야 하는가?

최근의 한 학술 리뷰는 이러한 잠재적 비용과 이익에 대한 다양한 증거를 제시하지만, 결국 흡연의 외부 비용이 '모든 이익을 훨씬 능가한다'고 결론 내린다.**이는 만약 우리가 흡연 행동을 변화시키기 위해 세금을 사용하고자 한다면, 담뱃세를 인상해야 한다는 것을 시사하다. 그러나 이러한 이익과 비용의 정확한 가치는 우리가 실제로 이익과 비용이라고 간주하는 것에 따라 달라지며, 단지 추정될 수 있을 뿐이라는 점을 인식해야 하다. 계량경제학자들이 이러한 정책 문제에 대해 조언할 수 있지만, 이는 여전히 정치적 논쟁의 대상이 될 것이다.

* 2015년 영국 NHS에 대한 흡연 비용 데이터는 2017년 7월의 임시 통계 발표이다. 이 분석은 영국의 새로운 담배 규제 계획 개발을 지원하기 위해 영국공중보건국(PHE)이 수행했다. 자세한 정보는 https://www.gov.uk/에서 "Cost of smoking to the NHS in England: 2015"를 참조하라.

**미국국립의학도서관 국립보건원의 https://www.ncbi.nlm.nih.gov에서 2015년 7월 14일 Victor U. Ekpu와 Abraham K. Brown이 발표한 "The Economic Impact of Smoking and of Reducing Smoking Prevalence: Review of Evidence" 논문을 읽어보라.

2개의 다른 연도 사이 변수의 변화를 기반으로 한다.

두 기간 사이의 시간 간격은 추정된 탄력성을 해석하는 방법에 영향을 미친다. 담배는 중독성이 있기 때문에 가격 변화가 행동을 바꾸는 데 시간이 걸릴 것이다. 처음에는 담배 가격의 인상이 수요에 거의 영향을 미치지 않을 수 있다. 그러나 시간이 지나면서 가격 인상이 일부 흡연자의 금연 욕구에 기여할 수 있고, 중요하게는 비흡연자가 흡연 습관을 들이는 것을 막을 수 있다. 따라서 가격 인상에 대한 수요의 반응은 단기적으로는 작을 수 있지만 장기적으로는 클 수 있다. 다르게 말하면, 담배와 같은 중독성 제품의 경우, 수요는 단기적으로는 비탄력적일 수 있다—즉 0에 가까운 단기 탄력성을 가질 수 있다—하지만 장기적으로는 더 탄력적일 수 있다.

이 분석에서 우리는 장기 가격 탄력성을 추정하는 데 초점을 맞춘다. 우리는 10년 동안의 수량과 가격 변화를 사용해 분석을 진행한다. 구체적으로, 여기서 고려되는 회귀분석에서는 10년간의 로그 수량 변화 $\ln(Q_{i,1995}^{cigarettes}) - \ln(Q_{i,1985}^{cigarettes})$를 10년간의 로그 가격 변화 $\ln(P_{i,1995}^{cigarettes}) - \ln(P_{i,1985}^{cigarettes})$와 10년간의 로그 소득 변화 $\ln(Inc_{i,1995}) - \ln(Inc_{i,1985})$에 회귀한다. 여기서 두 가지 도구변수가 사용된다: 10년간의 판매세 변화 $SalesTax_{i,1995} - SalesTax_{i,1985}$와 10년간의 담배 특별세 변화 $CigTax_{i,1995} - CigTax_{i,1985}$이다.

결과는 표 12.1에 나타나 있다. 통상적으로, 표의 각 열은 서로 다른 회귀모형의 결과를 보

표 12.1 미국 48개 주의 패널데이터를 이용한 담배 수요에 대한 2단계 최소제곱 추정치

종속변수: $\ln(Q_{i,1995}^{cigarettes}) - \ln(Q_{i,1985}^{cigarettes})$

설명변수	(1)	(2)	(3)
$\ln(P_{i,1995}^{cigarettes}) - \ln(P_{i,1985}^{cigarettes})$	−0.94 (0.21) [−1.36, −0.52]	−1.34 (0.23) [−1.80, −0.88]	−1.20 (0.20) [−1.60, −0.81]
$\ln(Inc_{i,1995}) - \ln(Inc_{i,1985})$	0.53 (0.34) [−0.16, 1.21]	0.43 (0.30) [−0.16, 1.02]	0.46 (0.31) [−0.16, 1.09]
절편	−0.12 (0.07)	−0.02 (0.07)	−0.05 (0.06)
도구변수	판매세	담배 특별세	판매세와 담배 특별세 모두
1단계 F-통계량	33.7	107.2	88.6
과대식별 제약 J-검정과 p값	—	—	4.93 (0.026)

이 회귀분석들은 미국 48개 주의 데이터를 사용해 추정되었다(10년간 48개 관측치). 데이터에 대한 설명은 부록 12.1에 있다. 과대식별 제약에 대한 J-검정은 핵심 개념 12.6에 설명했으며(그 p값은 괄호 안에 제시되어 있다), 1단계 F-통계량은 핵심 개념 12.5에 설명했다. 이분산성 강건 표준 오차는 계수 아래 괄호 안에 표시되어 있으며, 95% 신뢰구간은 대괄호 안에 나타나 있다.

여준다. 모든 회귀분석은 동일한 설명변수를 포함하고 있으며, 모든 계수는 TSLS를 사용해 추정된다. 세 가지 회귀분석의 유일한 차이점은 사용된 도구변수들이다. (1)열에서는 판매세만이 도구변수로 사용되었고, (2)열에서는 담배 특별세만이 도구변수로 사용되었으며, (3)열에서는 두 세금변수 모두가 도구변수로 사용되었다.

IV 회귀에서 추정된 계수의 신뢰성은 도구변수의 유효성에 달려 있으므로, 표 12.1에서 가장 먼저 살펴봐야 할 것은 도구변수의 유효성을 평가하는 진단 통계량이다.

첫째, 도구변수들이 관련성 조건을 만족하는가? 우리는 1단계 F-통계량을 살펴보아야 한다. (1)열의 1단계 회귀는 다음과 같다.

$$\widehat{\ln(P_{i,1995}^{cigarettes}) - \ln(P_{i,1985}^{cigarettes})} = \underset{(0.03)}{0.53} - \underset{(0.22)}{0.22}[\ln(Inc_{i,1995}) - \ln(Inc_{i,1985})] + \underset{(0.0044)}{0.0255}(SalesTax_{i,1995} - SalesTax_{i,1985}) \quad (12.18)$$

이 회귀에는 도구변수가 하나뿐이므로, 1단계 F-통계량은 도구변수 $SalesTax_{i,1995} - SalesTax_{i,1985}$의 계수가 0인지 검정하는 t-통계량의 제곱이다. 이는 $F = t^2 = (0.0255/0.0044)^2 = 33.7$이다. (2)열과 (3)열의 회귀에서 1단계 F-통계량은 각각 107.2와 88.6이므로, 세 경우 모두 1단계 F-통계량이 10을 초과한다. 따라서 도구변수들이 약하지 않다고 결론 내릴 수 있고, TSLS 계수와 표준 오차를 사용한 일반적인 통계적 추론방법(가설검정 및 신뢰구간)을 신뢰할 수 있다.

둘째, 도구변수가 외생적인가? (1)열과 (2)열의 회귀는 각각 하나의 도구변수와 하나의 내생변수를 가지고 있으므로, 이 회귀의 계수들은 정확히 식별된다. 따라서 이 두 회귀에서는 J-검정을 사용할 수 없다. 그러나 (3)열의 회귀는 2개의 도구변수와 1개의 내생변수가 있으므로 과대식별된다. 따라서 하나($m - k = 2 - 1 = 1$)의 과대식별 제약이 있다. 이때 J-통계량은 4.93이다. 이는 χ_1^2 분포를 따르므로, 5% 임곗값은 3.84이다(부록 표 3). 따라서 두 도구변수가 모두 외생적이라는 귀무가설은 5% 유의수준에서 기각된다(이 결론은 표에 보고된 p값 0.026을 통해서도 직접 도출할 수 있다).

J-통계량이 두 도구변수 모두 외생적이라는 귀무가설을 기각하는 이유는 두 도구변수가 상당히 다른 추정 계수를 보여주기 때문이다. 판매세만을 도구변수로 사용할 때[(1)열], 추정된 가격 탄력성은 −0.94지만, 담배 특별세만을 도구 변수로 사용할 때는 추정된 가격 탄력성이 −1.34이다. J-통계량의 기본 아이디어를 상기해보면: 만약 두 도구변수가 모두 외생적이라면, 개별 도구변수를 사용한 두 TSLS 추정량은 모두 일치추정량이며, 단지 무작위 표본 추출에 따른 표본 변동에 의해서만 서로 다른 값을 갖는다. 그러나 하나의 도구변수는 외생적이고 다른 하나는 그렇지 않다면, 내생 도구변수에 기반한 추정량은 일치 추정량이 되지 않으며, 이는 J-통계량에 의해 감지된다. 이 실증분석에서, 추정된 두 가격 탄력성의 차이는 순수한 표본 변동의 결과라고 보기 어려울 만큼 충분히 크므로, J-통계량은 두 도구변수가 모두 외생적이라는 귀무가설을 기각한다.

J-통계량이 귀무가설을 기각했다는 것은 (3)열의 회귀가 유효하지 않은 도구변수에 기반하고 있음을 의미한다(도구변수의 외생성 조건 실패). 이는 (1)열과 (2)열의 추정치에 대해 무엇을 시사하는가? J-통계량 기각은 적어도 하나의 도구변수가 내생적임을 말하므로, 세 가지 논리적 가능성이 있다: 판매세는 외생적이지만 담배 특별세는 그렇지 않아 (1)열의 회귀 결과가 신뢰할 만하거나, 담배 특별세는 외생적이지만 판매세는 그렇지 않아 (2)열의 회귀 결과가 신뢰할 만하거나, 또는 두 세금 모두 외생적이지 않아 두 회귀 결과 모두 신뢰할 수 없다. 주어진 통계적 증거만으로는 어떤 가능성이 맞는 것인지 알 수 없으므로, 우리는 판단을 해야 한다.

우리는 일반 판매세의 외생성에 대한 논리가 담배 특별세보다 더 강하다고 생각한다. 왜냐하면 정치적 논의 과정에서 담배 특별세의 변화와 담배 시장이나 흡연 정책의 변화를 연결할 수 있기 때문이다. 예를 들어 한 주에서 흡연이 유행에서 벗어나 점차 감소하고 있다면, 흡연자가 줄어들고 담배 특별세 인상에 반대하는 로비가 약화할 것이고, 이는 결과적으로 더 높은 담배 특별세로 이어질 수 있다. 따라서 취향의 변화(u의 일부)가 담배 특별세의 변화(도구변수)와 상관관계가 있을 수 있다. 이는 담배 특별세만을 도구변수로 사용하는 IV 추정치에 대한 신뢰도를 줄이고, 일반 판매세를 도구변수로 사용해 추정된 가격 탄력성인 −0.94를 채택하는 것을 시사한다.

−0.94의 추정치는 담배 소비가 다소 탄력적이라는 것을 보여준다: 가격이 1% 증가하면 소비가 0.94% 감소한다. 이는 담배와 같은 중독성 제품에 대해 놀라워 보일 수 있다. 그러나 이 탄력성이 10년 동안의 변화를 사용해 계산되었다는 것을 기억하라. 따라서 이는 장기 탄력성이다. 이 추정치는 세금 인상이 적어도 장기적으로는 담배 소비를 상당히 줄일 수 있음을 시사

한다.

표 12.1에 보고된 10년간의 변화 대신 1985년부터 1990년까지의 5년간 변화를 사용해 탄력성을 추정할 때(일반 판매세를 도구변수로 사용), 탄력성은 −0.79이다. 1990년부터 1995년까지의 변화에 대해서는 탄력성이 −0.68이다. 이 추정치들은 5년에 걸친 수요가 10년에 걸친 수요보다 덜 탄력적임을 시사한다. 더 긴 기간에서 더 큰 가격 탄력성을 보인다는 결과는 담배 수요에 대한 전반적인 기존 연구 결과와 일치한다. 기존 문헌의 수요 탄력성 추정치는 일반적으로 −0.3에서 −0.5 사이에 있지만, 이는 주로 단기 탄력성이다. 일부 연구는 장기 탄력성이 단기 탄력성의 약 2배일 수 있다고 제안한다.[2]

12.5 유효한 도구변수는 어디서 오는가?

실제로 IV 추정의 가장 어려운 점은 적절한 외생 도구변수를 찾는 것이다. 이에 대한 두 가지 주요 접근법이 있으며, 이는 계량경제학과 통계학에서의 모형화에 대한 서로 다른 두 가지 관점을 반영한다.

첫 번째 접근법은 경제 이론을 사용해 도구변수를 찾는 것이다. 예를 들어 Philip Wright의 농업 시장 경제에 대한 이해는 수요 곡선이 아닌 공급 곡선을 이동시키는 도구를 찾는 데 기여했고, 이는 결과적으로 그가 농업 지역의 기상 조건을 고려하게 했다. 이러한 접근법이 특히 성공적이었던 분야는 금융경제학이다. 일부 투자자 행동에 대한 경제모형은 투자자들이 어떻게 예측하는지에 대한 설명을 포함하며, 이는 오차항과 상관관계가 없는 일부 변수를 제안한다. 이러한 모형들은 때때로 데이터와 매개변수에 대해 비선형적이어서, 이 장에서 논의한 IV 추정량을 사용할 수 없다. 대신 일반화된 적률법(generalized methods of moments) 추정이라고 하는 IV 추정의 확장된 형태의 추정법이 사용된다. 그러나 경제 이론은 특정 데이터를 분석하는 데 필요한 미묘한 차이나 세부사항을 고려하지 않는 추상적인 형태이기 때문에 이 접근법이 항상 작동하는 것은 아니다.

도구변수를 찾는 두 번째 접근법은 X의 외생적인 변동의 원천을 찾는 것인데, 사실상의 내생변수 자체의 변화를 가져오는 무작위 현상을 찾는 것이다. 예를 들어 12.1절의 가상 예시에서 지진 피해로 인해 일부 학군의 평균 학급 학생 수가 증가했고, 이러한 학급 규모의 변동은 학생 성취도에 영향을 미치는 잠재적인 누락변수와 무관했다. 이 접근법은 일반적으로 연구 중인 문제에 대한 지식과 데이터의 세부사항에 대한 주의 깊은 고찰이 필요하며, 여러 예를 통해 가장 잘 설명된다.

세 가지 예시

이제 IV 회귀의 세 가지 실증분석 사례를 살펴보겠다. 이 사례들은 다양한 연구자들이 실증적

---

2 Adda와 Cornaglia(2006)는 흡연자들이 높은 세금에 대한 보상으로 더 강도 높게 흡연함으로써 담배 한 개비당 더 많은 니코틴을 흡입한다는 충격적인 경제 연구 결과를 발표했다. 흡연의 경제학에 대해 더 자세히 알고 싶다면 Chaloupka와 Warner(2000), Gruber(2001), Carpenter와 Cook(2008)의 연구를 참조하라.

문제에 대한 전문 지식을 활용해 도구변수를 찾은 방법을 보여준다.

경제 제도가 경제 발전에 영향을 미치는가? Adam Smith 이후 경제학자들을 가장 많이 고민하게 만든 질문은 왜 일부 국가는 부유한 반면 다른 국가는 가난한 상태로 남아있는가 하는 것이다. 경제성장으로 이어지는 다양한 메커니즘을 풀어내고 각 메커니즘의 기여도를 평가하기 위해서는 이론과 실증분석의 조합이 필요하다. 그러나 이러한 실증분석은 생각만큼 간단하지 않다. 예를 들어 재산에 대한 소유권을 인정하는 법률과 같은 제도의 역할을 살펴보겠다. 재산권을 보호하는 강력한 제도가 희소 자원의 효율적인 사용을 장려함으로써 더 높은 경제 성장으로 이어질 수 있다는 것은 매우 그럴듯한 주장이다.

이 특정 이슈를 풀어내는 것은 경제제도와 경제성장이 매우 밀접하게 연결되어 있기 때문에 어렵다. 경제 발전의 척도(1인당 GDP)를 강제적 약탈로부터의 보호(국가의 재산권 보호 정도)와 같은 제도의 척도에 대해 단순회귀분석하면, 국가가 내륙국인지 여부와 같은 경제 발전에 영향을 미치는 다른 여러 요인을 연구자가 통제하더라도 제도가 경제 발전에 미치는 인과적 효과에 대해 편향된 추정치를 산출할 것이다. 이는 분석이 가지는 심각한 동시 인과성 편향의 가능성 때문이다: 강력한 제도를 가질수록 더 큰 경제 발전으로 이어질 수 있다. 반대로, 경제성장으로 인해 이러한 종류의 제도와 제도적 장치의 출현이 수월해질 수 있다. 결과적으로 어느 것이 먼저인지 명확하지 않은 '닭이 먼저냐 달걀이 먼저냐'의 상황이 발생한다. 그림 12.1의 버터 예시와 마찬가지로, 이러한 동시 인과성 때문에 측정된 제도에 대한 경제 발전의 OLS 회귀는 이 두 가지 효과의 복잡한 조합을 추정하게 될 것이다. 이러한 경우, 더 나은 통제변수를 찾는 것으로는 문제를 해결할 수 없다.

그러나 이러한 동시 인과성 편향은 적절한 도구변수를 찾아 2단계 최소제곱법(TSLS)을 사용함으로써 제거할 수 있다. 도구변수는 제도와 상관관계가 있어야 하며(관련성이 있어야 함), 동시에 연구 대상이 되는 경제 발전식의 오차항과 상관관계가 없어야 한다(외생적이어야 함). 즉 제도에 영향을 미치지만 경제 발전의 결정 요인이면서도 관찰되지 않은 요인들과는 상관이 없어야 한다.

강력한 경제 제도를 만들어갈 수 있는 능력에 영향을 미칠 수 있는 요소들은 매우 높은 확률로 국가의 경제 성과와 관련이 있다. 그렇다면 제도에는 영향을 미치지만 경제 발전에는 직접적인 영향을 미치지 않는 요소를 어디서 찾을 수 있을까? 제도가 확립되는 데는 오랜 시간이 걸리기 때문에, 경제 제도가 처음 발전한 방식의 역사를 고려해보는 것이 한 가지 아이디어이다. 수백 년 전의 요인 중에는 제도의 초기 설립과 관련이 있었지만, 제도를 통한 영향을 제외하고는 오늘날의 경제 발전 수준과 관련이 없는 요소들이 있을 수 있다. 구체적으로, Acemoglu 등(2001)은 경제 제도의 식민지적 기원을 고려한다. 그들은 정착민들의 잠재적 사망률이 유럽 국가들이 사유재산권을 보호하는 유럽식 제도를 갖춘 '신유럽'을 설립할지, 아니면 '착취 국가'를 설립할지를 결정하는 데 영향을 미쳤다고 주장한다. 그들은 또한 이러한 제도의 차이가 현재까지 지속된다고 주장한다.

정착민의 잠재적 사망률 측정치가 유효한 도구변수일까? Acemoglu 등이 1단계 F-통계량을 보고하지는 않았지만, 정착민 사망률만으로도 현재 제도 수준의 27%를 설명할 수 있었다고 한다.[3] 이는 이 도구변수가 관련성이 있음을 시사한다. 도구변수가 외생적이라는 주장은 정착민 사망률이 제도에 대한 영향을 통해서 간접적으로만 경제 발전에 영향을 줄 것을 요구한다. 강건성 확인을 위해, Acemoglu 등은 정착민 사망률이 현재도 존재하며 오늘날의 경제 성과를 저해할 수 있는 여타 질병들에 의해 초래되었을 가능성을 조사하기 위해 회귀분석에 말라리아 유병률을 포함했다. 그들은 이 설명변수의 포함이 회귀 계수의 추정 결과에 거의 영향을 미치지 않는다는 것을 발견했다. 또한 Acemoglu 등이 정착민 사망률이 현재의 제도에 영향을 미치는 인과 경로를 세 부분으로 나누었기 때문에 세 가지 도구변수가 사용 가능하고, 따라서 과대식별 제약을 검정할 수 있다. 이러한 검정의 귀무가설을 기각하지 못한 것은 도구변수가 유효하다는 주장을 뒷받침한다.

Acemoglu 등은 이 도구변수와 TSLS를 사용해 제도가 경제 발전에 미치는 영향이 상당하다고 추정했다. 이 추정된 효과는 OLS를 사용해 추정된 효과의 2배였으며, 이는 OLS가 상당한 동시 인과성 편향이 있음을 시사한다. 또한 그들은 TSLS 모형에서 아프리카 더미변수나 적도로부터 국가까지의 거리변수 계수가 통계적으로 유의하지 않다는 것을 발견했다. 이는 '아프리카가 세계의 나머지 지역보다 가난한 이유가 순수한 지리적 또는 문화적 요인 때문이 아니라 안 좋은 제도 때문'이라는 것을 시사한다.[4]

학급 규모를 줄이면 시험점수가 오르는가? 제2부의 실증분석에서 보았듯이, 소규모 학급으로 구성된 학교들은 일반적으로 더 부유하며, 그 학생들은 교실 안팎에서 향상된 학습 기회에 접근할 수 있다. 제2부에서 우리는 다중회귀를 사용해 학생의 부유함, 영어 구사 능력 등 다양한 측정치를 통제함으로써 누락변수편향의 위협을 다루었다. 그러나 여전히 회의론자들은 우리가 한 일들이 충분한지 의문을 제기할 수 있다: 만약 우리가 중요한 것을 누락했다면, 학급 규모 효과에 대한 우리의 추정치는 여전히 편향될 것이다.

이러한 잠재적 누락변수편향은 올바른 통제변수를 모형에 포함함으로써 해결할 수 있지만, 이러한 데이터를 이용할 수 없다면(교실 밖 학습 기회와 같은 일부 성향은 측정하기 어려움), 대안적 접근방법은 IV 회귀를 사용하는 것이다. IV 회귀는 학급 규모와 상관관계가 있지만(관련성), 부모의 학습에 대한 관심, 교실 밖 학습 기회, 교사와 학교 시설의 질 등 시험성적의 오차항을 구성하는 누락된 결정 요인과는 상관관계가 없는(외생성) 도구변수를 필요로 한다.

학급 규모에 무작위적이고 외생적인 변동을 유발하지만 시험성적에 영향을 주는 다른 결정 요인과는 무관한 도구변수를 어디서 찾을 수 있을까? Hoxby(2000)는 생물학적 정보를 제안했다. 출생 시기의 무작위 변동으로 인해 새로 입학하는 유치원 학급의 크기가 해마다 달라진다. 실제로 유치원에 입학하는 아동의 수는 내생적일 수 있지만(학교에 대한 최근 소식이 부모가 자녀를 사립학교 보낼지 여부에 영향을 미칠 수 있음), 저자는 유치원에 입학할 잠재적

3 추가적으로 읽을 만한 자료로 다음 논문을 참조하라. Daron Acemoglu, Simon Johnson, James A. Robinson, *The Colonial Origins of Comparative Development: An Empirical Investigation*, The American Economic Review, Vol. 91, No. 5, December, 2001.

4 이 실증분석과 다른 경제학자들의 반응에 대해 더 자세히 알고 싶다면, 원 논문인 Acemoglu 등(2001)과 이에 대한 Albouy(2012)의 논평, 그리고 그 논평에 대한 Acemoglu 등(2012)의 답변을 참조하라.

아동 수—즉 해당 지역의 4세 아동 수—는 주로 아동 출생일의 무작위 변동에 영향을 받는다고 주장했다.

잠재적 등록률은 유효한 도구변수인가? 그것이 외생적인지 여부는 시험성적에 영향을 주는 관찰되지 않은 요인과 상관관계가 있는지에 달려 있다. 분명히 잠재적 등록률의 생물학적 변동은 외생적이지만, 잠재적 등록률은 또한 어린 자녀를 둔 부모들이 문제가 있는 학군에서 떠나 개선되고 있는 학군으로 이사하기 때문에 변동하기도 한다. 만약 그렇다면, 잠재적 등록률의 증가는 학교 관리의 질과 같은 관찰되지 않은 요인과 상관관계가 있을 수 있어 이 도구변수를 무효화할 수 있다. Hoxby는 이 문제를 해결하기 위해 부모의 선택에 의한 잠재적 학생 수의 증가나 감소는 몇 년에 걸쳐 부드럽게 발생할 것이지만, 출생일의 무작위 변동은 잠재적 등록률에 단기적인 '급증'을 일으킬 것이라고 추론했다. 따라서 Hoxby는 도구변수로 잠재적 등록률 자체가 아니라 잠재적 등록률의 장기 추세로부터의 편차를 사용했다. 이러한 편차는 도구변수 관련성 기준을 만족한다(모든 1단계 F-통계량이 100을 초과). Hoxby는 도구변수가 외생적인 좋은 예시를 제시했지만, 모든 IV 분석에서와 마찬가지로 이 가정의 신뢰성은 궁극적으로 판단의 문제이다.

Hoxby는 1980년대와 1990년대 코네티컷주의 초등학교에 대한 상세한 패널데이터를 사용해 이 전략을 따라 분석했다. 패널데이터를 통해 저자는 학교 고정효과를 포함할 수 있었고, 이는 도구변수 전략과 함께 학교 수준의 누락변수편향 문제를 해결했다. 저자의 TSLS 추정치는 학급 규모가 시험점수에 미치는 영향이 작다는 것을 보여주었다. Hoxby의 추정치는 대부분 통계적으로 0과 유의하게 다르지 않았다.

심장마비의 적극적 치료가 생명을 연장시키는가? 심장마비(엄밀히 말하면, 급성심근경색)에 대한 적극적 치료는 생명을 구할 잠재력이 있다. 새로운 치료 기술(이번 예에서는 심장도관삽입술[5])은 일반 사용승인 전에 치료 시술의 효과나 부작용을 측정하기 위해 여러 번에 걸쳐 통제된 무작위 임상 시험을 거친다. 하지만 임상 시험에서의 좋은 성과가 실제 세계에서도 동일한 결과를 보장하지는 않다.

심장도관삽입술의 실제 효과를 추정하기 위해, 치료를 받은 환자와 받지 않은 환자를 비교하는 것이 자연스러운 시작점이다. 이는 환자의 생존기간을 이진 치료변수(심장도관삽입술을 받았는지 여부)와 다른 통제변수(나이, 몸무게, 다른 건강상태 정도 등)들에 대해 회귀하는 것으로 이어진다. 이 지표변수에 대한 모집단 계수는 치료에 의해 발생하게 되는 환자의 기대수명 증가분이다. 그러나 이 OLS 추정량은 편향될 수 있다: 환자들이 심장도관삽입술을 우연히 받는 것은 아니다. 오히려 의사와 환자가 이 치료술이 효과가 있을 것이라 생각했기 때문에 시술을 결정한다. 만약 이 결정이 건강 결과와 관련이 있지만 데이터에서 관측되지 않는 다른 요인들에 기인한다면, 치료 결정은 회귀 오차항과 상관관계를 가질 것이다. 만약 가장 건강한 환자들이 이 치료를 받은 것이라면, 이 OLS 추정량은 편향을 갖게 되고(치료 여부가 누락변수와 상관관계가 있음) 치료는 실제보다 더 효과적인 것으로 나타날 것이다.

5 심장도관삽입술은 카테터 또는 튜브를 혈관에 삽입해 심장까지 유도하는 시술이다. 이 시술은 심장과 관상동맥에 대한 정보를 얻기 위해 수행된다.

이 잠재적 편향은 유효한 도구변수를 사용한 IV 회귀로 제거할 수 있다. 도구변수는 치료 결정과 상관관계가 있어야 하며(관련성이 있어야 함), 생존에 영향을 미치는 누락된 건강 요인들과는 상관관계가 없어야 한다(외생적이어야 함).

치료에는 영향을 미치지만 치료를 통한 효과를 제외하고는 건강 결과에 영향을 미치지 않는 요소를 어디서 찾을 수 있을까? McClellan, McNeil, Newhouse(1994)는 지리적 정보를 도구변수로 제안했다. 그들의 데이터에 있는 대다수 병원은 심장도관삽입술을 제공하지 않았기 때문에, 많은 환자가 이 치료를 제공하는 병원보다 이를 제공하지 않는 '일반' 병원에 더 가까이 있었다. 따라서 McClellan, McNeil, Newhouse는 급성심근경색 환자의 집에서 가장 가까운 심장도관삽입술 병원까지의 거리와 가장 가까운 일반 병원까지의 거리의 차이를 도구변수로 사용했다. 가장 가까운 병원이 심장도관삽입술 병원일 경우 이 거리는 0이며, 그렇지 않으면 양수이다. 만약 이 상대적 거리가 이 치료를 받을 확률에 영향을 미친다면, 그것은 관련성이 있는 것이다. 만약 이 거리가 급성심근경색 환자들 사이에 무작위로 분포되어 있다면, 이 거리는 외생적이라고 볼 수 있다.

가장 가까운 심장도관삽입술 병원까지의 상대적 거리가 유효한 도구변수인가? McClellan, McNeil, Newhouse는 1단계 F-통계량을 보고하지 않았지만, 이 도구변수가 약하지 않다는 다른 실증적 증거를 제공한다. 이 측정된 거리는 외생적인가? 그들은 두 가지 주장을 한다. 첫째, 그들은 의학적 전문지식과 의료 시스템에 대한 지식을 바탕으로, 병원까지의 거리가 급성심근경색 결과에 영향을 주는 관측되지 않은 요인들과 상관관계가 없다고 주장한다. 둘째, 그들은 환자의 체중과 같이 급성심근경색 결과에 영향을 미치는 일부 추가 변수에 대한 데이터를 가지고 있었는데, 병원까지의 거리는 이러한 관찰 가능한 생존 결정 요인들과 상관관계가 없는 것으로 그들의 표본에서는 나타났다. 이는 거리가 오차항의 관측되지 않는 결정 요인들과 상관관계가 없다는 주장을 더욱 신뢰할 수 있게 해준다.

McClellan, McNeil, Newhouse는 1987년에 급성심근경색을 겪은 64세 이상 미국인 205,021명의 데이터를 사용해 놀라운 결론에 도달했다: 그들의 TSLS 추정치는 심장도관삽입술이 건강 결과에 작거나 아마도 0에 가까운 영향을 미친다고 제시했다. 즉 심장도관삽입술이 실질적으로 생명을 연장하지 않는다는 것이다. 반면에, OLS 추정치는 큰 긍정적 효과를 제시한다. 그들은 이 차이를 OLS 추정치의 편향에 대한 증거로 해석했다.

McClellan, McNeil, Newhouse의 IV 방법은 흥미로운 해석을 한다. OLS 분석은 실제 치료를 설명변수로 사용했지만, 실제 치료는 환자와 의사의 결정에 의한 결과이기 때문에 그들은 실제 치료가 오차항과 상관관계가 있다고 주장한다. 대신 TSLS는 예측된 치료를 사용하는데, 여기서 예측된 치료의 변동은 심장도관삽입술 병원에 더 가까이 있는 환자들이 이 치료를 받을 가능성이 더 높다는 도구변수의 변동으로 인해 발생한다.

이 해석은 두 가지 함의가 있다. 첫째, IV 회귀는 무작위로 선택된 '전형적인' 환자들에 대한 효과가 아닌, 치료 결정에 있어 거리가 중요한 고려사항이었던 환자들에 대한 치료 효과를 추정한다. 이러한 환자들에 대한 효과는 전형적인 환자에 대한 효과와 다를 수 있으며, 이는 McClellan, McNeil, Newhouse의 IV 연구보다 임상 시험에서 치료의 추정 효과가 더 크게 나타나는 이유에 대한 한 가지 설명이 된다. 둘째, 이러한 유형의 경우에서 도구변수를 찾기 위한 일반적인 전략을 제시한다: 치료 확률에 영향을 미치지만, 치료 가능성에 대한 영향을 제외하고는 결과와 무관한 도구변수를 찾는 것이다. 이 두 가지 함의는 실험 및 '준실험' 연구에 적용 가능하며, 이는 13장의 주제이다.

12.6 결론

버터 가격이 오르면 사람들이 얼마나 적게 살 것인지를 추정하는 소박한 질문에서 시작해, 하나 이상의 변수가 오차항과 상관관계가 있을 때 회귀를 추정하는 일반적인 접근법까지 IV 방법은 발전해왔다. 도구변수회귀는 살펴보고자 하는 회귀식의 오차항과 상관관계가 없는 내생변수의 변동분을 분리하기 위해 도구변수를 사용한다. 이는 2단계 최소제곱법의 첫 번째 단계이다. 이를 통해 2단계 최소제곱법의 두 번째 단계에서 차례로 관심 있는 효과의 추정이 가능하게 된다.

성공적인 IV 회귀는 유효한 도구, 즉 관련성이 있고(약하지 않고) 외생적인 도구변수를 필요로 한다. 도구가 약하면 TSLS 추정량은 대규모 표본에서도 편향될 수 있으며, TSLS t-통계량과 신뢰구간에 기반한 통계적 추론에 오해를 일으킬 수 있다. 다행히 단일 내생변수가 있을 때는 1단계 F-통계량을 확인하는 것만으로도 약한 도구를 확인할 수 있다.

도구가 외생적이지 않다면, 즉 하나 이상의 도구변수가 오차항과 상관관계가 있다면, TSLS 추정량은 일치 추정량이 아니다. 도구변수의 수가 내생변수의 수보다 많다면, J-통계량을 사용해 과대식별 제약을 검정함으로써 도구변수의 외생성을 검토할 수 있다. 그러나 핵심 가정, 즉 외생적 도구변수의 수가 적어도 내생변수의 수만큼 있다는 가정은 검정할 수 없다. 따라서 이 가정이 합리적인지 평가하기 위해서는 실증분석가와 비판적 독자 모두가 실증분석에 대한 자신들의 지식을 활용해야 한다.

내생변수의 알려진 외생적 변동을 이용하는 방법으로서 IV 회귀에 대한 해석은 특정 응용에서 잠재적 도구변수를 찾는 데 지침이 될 수 있다. 이 해석은 프로그램 평가라는 광범위한 영역 아래에 있는 많은 실증분석의 기초가 된다. 여기서는 프로그램, 정책 또는 기타 개입이 어떤 결과에 주는 효과를 추정하기 위해 실험 또는 준실험이 사용된다. 이러한 적용에서는 다양한 추가 문제가 발생한다. 예를 들어 심장도관삽입술 예시에서와 같이 다른 '환자들'이 동일한 '치료'에 다르게 반응할 수 있을 때 IV 결과에 대한 해석의 문제가 있다. 이러한 문제와 실증적 프로그램 평가의 여러 측면은 13장에서 다룬다.

요약

1. 도구변수회귀는 하나 이상의 설명변수가 오차항과 상관관계가 있을 때 인과 계수를 추정하는 방법이다.
2. 내생변수는 추정하고자 하는 회귀식의 오차항과 상관관계가 있고, 외생변수는 이 오차항과 상

관관계가 없다.

3. 도구변수가 유효하려면 (1) 모형에 포함된 내생변수와 상관관계가 있어야 하고 (2) 외생적이어야 한다.

4. IV 회귀는 최소한 모형에 포함된 내생변수의 수만큼 도구변수를 필요로 한다.

5. TSLS 추정량은 두 단계를 거쳐 계산된다. 첫 번째 단계에서는 모형에 포함된 내생변수들을 모형에 포함된 외생변수들과 도구변수들에 대해 회귀한다. 두 번째 단계에서는 종속변수를 모형에 포함된 외생변수들과 첫 번째 단계 회귀에서 얻은 내생변수들의 예측값에 대해 회귀한다.

6. 약도구변수(내생변수와 상관관계가 거의 없는 도구변수)는 TSLS 추정량을 편향되게 만들고 TSLS 신뢰구간과 가설검정을 신뢰할 수 없게 만든다.

7. 도구변수가 외생적이지 않다면 TSLS 추정량은 일치 추정량이 아니다.

핵심 용어

과대식별 overidentified
과대식별 제약 검정 test of overidentifying restrictions
과소식별 underidentified
내생변수 endogenous variable
도구변수(도구) instrumental variable (instrument)
도구 관련성 조건 instrument relevance condition
도구 외생성 조건 instrument exogeneity condition
도구변수(IV)회귀 instrumental variables(IV) regression
약도구변수 weak instruments
외생변수 exogenous variable
외생변수인 설명변수 included exogenous variables
정확식별 exactly identified
축약식 reduced form
1단계 회귀 first-stage regression
1단계 F-통계량 first-stage F-statistic
2단계 최소제곱법 two stage least squares
2단계 회귀 second-stage regression

복습문제

12.1 식 (12.3)의 수요 곡선 모형에서, $\ln(P_i^{butter})$는 오차항 u_i와 양의 상관관계인가, 아니면 음의 상관관계인가? β_1이 OLS로 추정된다면, 추정된 값이 β_1의 실제 값보다 더 크거나 작을 것으로 예상되는가? 설명하라.

12.2 유효한 도구의 주요 특성을 설명하라. 만약 당신이 연구자라면, 내생변수에 대해 선택한 변수가 유효한 도구인지 아닌지 어떻게 판단하겠는가?

12.3 Acemoglu 외에 다른 저자들이 경제 발전에 대한 제도의 효과를 연구할 때, 말라리아 유병률을 도구로 사용했다고 가정해보자. 이 도구가 관련성이 있는가? 외생적인가? 유효한 도구인가?

12.4 McClellan, McNeil, Newhouse(1994)는 심장도관삽입술의 효과를 연구할 때 심장도관삽

입술 병원과 일반 병원까지의 거리 차이를 도구로 사용했다. 이 도구변수가 관련성이 있는지 어떻게 판단할 수 있는가? 이 도구가 외생적인지 어떻게 판단할 수 있는가?

연습문제

12.1 이 문제는 표 12.1에 요약된 패널데이터 IV 회귀분석을 참조하라.

a. 연방정부가 담배에 대한 소매가격을 갑당 0.25달러 증가시킬 새로운 세금 인상을 고려하고 있다고 가정해보자. 현재 갑당 가격이 6.75달러라면, (1)열의 IV 회귀분석을 사용해 수요 변화를 예측하라. 그리고 수요 변화에 대한 95% 신뢰구간을 구하라.

b. 미국이 경기 침체에 접어들어 소득이 5% 감소했다고 가정해보자. (1)열의 회귀분석을 사용해 수요 변화를 예측하라.

c. 1993년, 1994년, 1996년, 1997년의 담배 가격과 수량에 대한 추가 데이터가 있다고 가정하자. 8년 기간으로 확장했을 때 추정 계수가 어떻게 변하는가? 12년 기간으로 확장하면 어떻게 변하는가?

d. (1)열의 F-통계량이 33.7 대신 63.7이라고 가정해보자. 이 회귀분석이 (a)에서 제기한 질문에 대해 신뢰할 만한 답변을 제공할 수 있는가? 그 이유는 무엇인가?

12.2 단일 설명변수를 포함하는 회귀모형을 고려해보자: $Y_i = \beta_0 + \beta_1 X_i + u_i$. 핵심 개념 4.3의 최소제곱법 가정이 충족된다고 가정한다.

a. X_i가 유효한 도구변수임을 밝혀라. 즉 $Z_i = X_i$일 때 핵심 개념 12.3이 충족됨을 밝혀라.

b. 위와 같이 Z_i를 선택했을 때 핵심 개념 12.4의 IV 회귀분석 가정이 충족됨을 밝혀라.

c. $Z_i = X_i$를 사용해 구성된 IV 추정량이 OLS 추정량과 동일함을 밝혀라.

12.3 한 동급생이 식 (12.1)의 오차항 분산을 추정하는 데 관심이 있다.

a. 동급생이 TSLS의 2단계 회귀분석에서 다음 추정량을 사용한다고 가정해보자: $\hat{\sigma}_a^2 = \frac{1}{n-2}\sum_{i=1}^{n}(Y_i - \hat{\beta}_0^{TSLS} - \hat{\beta}_1^{TSLS}\hat{X}_i)^2$. 여기서 $\hat{X}_i$는 1단계 회귀분석의 맞춤 값(fitted value)이다. 이 추정량은 일치 추정량인가? (이 문제의 목적상 표본이 매우 크고 TSLS 추정량이 본질적으로 β_0, β_1과 동일하다고 가정하라.)

b. $\hat{\sigma}_a^2 = \frac{1}{n-2}\sum_{i=1}^{n}(Y_i - \hat{\beta}_0^{TSLS} - \hat{\beta}_1^{TSLS}X_i)^2$은 일치 추정량인가?

12.4 단일 내생변수 X_i가 Y_i에 미치는 영향을 0 또는 1의 값을 가지는 이항 도구변수 Z_i를 사용해 TSLS로 추정하는 것을 고려해보자. $\sum_{i=1}^{n}(Y_i - \overline{Y})(Z_i - \overline{Z}) = \sum_{i=1}^{n}Z_i(Y_i - \overline{Y})$임을 주목하라. X_i가 Y_i에 미치는 영향을 추정할 때, TSLS 추정량으로부터 Wald 추정량을 도출할 수 있음을 밝혀라: $\hat{\beta}_{Wald} = (\overline{Y_{|Z=1}} - \overline{Y_{|Z=0}})/(\overline{X_{|Z=1}} - \overline{X_{|Z=0}})$. 여기서 $\overline{Y_{|Z=1}}$은 $Z_i = 1$일 때 Y_i값들의 평균이다.

12.5 다음 IV 회귀모형을 고려해보자.

$$Y_i = \beta_0 + \beta_1 X_i + \beta_2 W_i + u_i$$

여기서 X_i는 u_i와 상관관계가 있고 Z_i는 도구변수이다. 핵심 개념 12.4의 처음 세 가지 가정을 만족한다고 가정하자. 다음 각 경우에 어떤 IV 가정을 만족하지 않는지 설명하라.

a. Z_i가 (Y_i, X_i, W_i)와 독립일 때?

b. $Z_i = W_i$일 때?

c. 모든 i에 대해 $W_i = 1$일 때?

d. $Z_i = X_i$일 때?

12.6 한 연구자가 하나의 설명변수 X_i와 하나의 도구변수 Z_i를 가진 IV 회귀모형을 개발하려고 한다. 표본크기가 $n = 113$일 때, Z_i가 강한 도구변수로 간주되려면 X_i와 Z_i 사이의 상관계수가 어떤 범위에 있어야 하는가? [힌트: 식 (7.14)를 참조하라.]

12.7 한 동급생이 1개의 설명변수 X_i와 2개의 도구변수 Z_{1i}와 Z_{2i}를 가진 IV 회귀모형을 개발했다. 동급생은 $\text{corr}(Z_{1i}, u_i) = 0$이라는 강력한 이론적 근거가 있다. 즉 Z_{1i}가 무작위 추첨의 결과라는 것이다. 그러나 예비 작업에서 이 정확히 식별된 모형의 1단계 F-통계량이 Z_{1i}만으로는 관련성이 있는 도구변수로 간주되기에 충분히 크지 않았다. 그 결과 동급생은 강한 관련성이 있지만 도구변수의 외생성 조건을 만족할 가능성이 낮은 추가 도구변수 Z_{2i}를 포함했다. 1개의 설명변수 X_i와 2개의 도구변수 Z_{1i}와 Z_{2i}를 가진 도구변수 회귀모형에서 J-통계량의 값은 $J = 7.5$이다.

a. 이것이 $E[u_i | Z_{1i}, Z_{2i}] \neq 0$임을 시사하는가? 설명하라.

b. 이것이 $E[u_i | Z_{2i}] \neq 0$임을 시사하는가? 설명하라.

12.8 공급함수가 $Q_i^s = \beta_0 + \beta_1 P_i + u_i^s$, 수요함수가 $Q_i^d = \gamma_0 + u_i^d$, 시장균형 조건이 $Q_i^s = Q_i^d$인 제품 시장을 고려해보자. 여기서 u_i^s와 u_i^d는 서로 독립적인 i.i.d. 확률변수이며, 둘 다 평균이 0이다.

a. P_i와 u_i^s가 상관관계가 있음을 밝혀라.

b. β_1의 OLS 추정량이 일치 추정량이 아님을 밝혀라.

c. β_0, β_1, γ_0을 어떻게 추정하겠는가?

12.9 한 연구자가 국가 간 안전한 재산권 보장 강화가 소득에 미치는 영향에 관심이 있다. 그는 60개국의 최근 데이터를 수집해 OLS 회귀분석 $Y_i = \beta_0 + \beta_1 X_i + u_i$를 실행한다. 여기서 Y_i는 국가의 1인당 GDP이고 X_i는 0~10 사이의 값을 가지는 지수로, 재산 도용으로부터의 보호를 나타내며 높은 값일수록 도용에 대한 더 강력한 보호, 즉 더 안전한 재산권을 의미한다.

a. OLS 추정치가 신뢰할 수 없을 가능성이 높은 이유를 설명하고 편향의 방향을 설명하라. (힌트: 이 예시에서 인과관계의 방향은 어느 쪽인가?)

b. 연구자의 표본에 있는 모든 국가는 과거 식민지였다. 재산권을 보장하는 제도는 유럽인들의 식민지 정착과 함께 설립된 초기 제도에서 비롯될 수 있다. 유럽인들이 정착하거나 그렇지 않기로 한 결정은 정착민들 사이의 사망률에 대한 우려를 반영할 수 있다. 국가 간 더 안전한 재산권 보호가 소득에 미치는 영향을 추정하기 위해 정착민 사망률을 어떻게 도구변수로 사용할 수 있는지 설명하라.

12.10 두 명의 동급생이 과제에 대한 답변을 비교하고 있다. 한 학생은 Z_i를 도구변수로 사용해 도구변수 회귀모형 $Y_i = \beta_0 + \beta_1 X_i + \beta_2 W_i + u_i$를 사용했다. 다른 학생은 같은 모형을 사용했지만 W_i를 생략했다.

a. 첫 번째 학생은 Z_i와 W_i가 상관관계가 있다면 두 번째 학생의 IV 추정량은 일치 추정량

이 아닐 것이라고 말한다. 첫 번째 학생의 말이 맞는가?

b. 두 번째 학생은 진짜 모형에서 $\beta_2 = 0$이라면 자신의 IV 추정량이 일치 추정량일 것이라고 주장한다. 두 번째 학생의 이 말이 맞는가?

실증문제

E12.1 출산이 노동 공급에 어떤 영향을 미치는가? 즉 여성이 추가로 자녀를 가질 때 노동 공급이 얼마나 감소하는가? 이 연습문제에서는 1980년 미국인구조사 중 기혼 여성 데이터를 사용해 이 효과를 추정할 것이다.[6] 데이터는 교재 웹사이트 **http://www.pearsonglobaleditions.com**에서 **Fertility** 파일로 제공되며 자세한 설명은 **Fertility_Description** 파일에 있다. 이 데이터에는 자녀가 2명 이상인 21~35세 기혼 여성의 정보가 포함되어 있다.

a. OLS를 사용해 *weeksworked*를 지표변수 *morekids*에 대해 회귀하라. 평균적으로 자녀가 2명 이상인 여성이 자녀가 2명인 여성보다 적게 일하는가? 얼마나 적게 일하는가?

b. (a)에서 추정한 OLS 회귀분석이 출산(*morekids*)이 노동 공급(*weeksworked*)에 미치는 인과효과를 추정하는 데 부적절한 이유를 설명하라.

c. 데이터에는 *samesex*라는 변수가 포함되어 있으며, 이는 첫 두 자녀의 성별이 같은 경우(남-남 또는 여-여) 1이고 그렇지 않으면 0이다. 첫 두 자녀의 성별이 같은 부부가 세 번째 자녀를 가질 가능성이 더 높은가? 그 효과가 큰가? 통계적으로 유의한가?

d. *weeksworked*를 *morekids*에 대해 IV 회귀하는 데 *samesex*가 유효한 도구변수인 이유를 설명하라.

e. *samesex*는 약도구변수인가?

f. *samesex*를 *morekids*에 대한 도구변수로 사용해 *weeksworked*의 *morekids*에 대한 IV 회귀식을 추정하라. 출산이 노동 공급에 미치는 영향은 얼마나 큰가?

g. 노동 공급 회귀모형에 *agem1*, *black*, *hispan*, *othrace* 변수를 포함할 때 (이 변수들을 외생변수로 취급) 결과가 변하는가, 아니면 변하지 않는가? 그 이유를 설명하라.

E12.2 폭력적인 영화를 보는 것이 폭력적인 행동으로 이어지는가? 만약 그렇다면, 많은 관객을 끌어들이는 폭력적인 영화 개봉 이후에 폭행과 같은 폭력 범죄의 발생률이 증가해야 한다. 반대로, 영화 관람이 폭력적인 행동으로 이어질 수 있는 다른 활동(예: 음주)을 대체해 줄 수 있어서, 많은 관객이 영화관으로 유인될수록 폭행이 감소할 수 있다. 교재 웹사이트 **http://www.pearsonglobaleditions.com**에서 1995년부터 2004년까지 516주 동안의 폭행 건수와 영화 관람객 수에 대한 데이터 파일 **Movies**를 찾을 수 있다.[7] 자세한 설명은 웹사이트에서 제공하는 **Movies_Description** 파일에 있다. 이 데이터에는 높은 수위의 폭력성 영화(예: 한니발), 수위가 낮은 폭력성 영화(예: 스파이더맨), 비폭력 영화(예: 니모를 찾아서)에 대한 미국 주말 관람객 수가 포함되어 있다. 또한 같은 주말 동안 미국 일부 카운티에

---

6 이 데이터는 메릴랜드대학교의 William Evans 교수가 제공한 것으로, Joshua Angrist와 함께 작성한 논문 "Children and Their Parents' Labor Supply: Evidence from Exogenous Variation in Family Size", *American Economic Review*, 1998, 88(3): 450-477에서 사용되었다.

7 이 데이터는 캘리포니아대학교 샌디에이고 캠퍼스의 Gordon Dahl과 캘리포니아대학교 버클리 캠퍼스의 Stefano DellaVigna가 제공한 데이터의 합산된 버전이다. 이 데이터는 그들의 논문 "Does Movie Violence Increase Violent Crime?" *Quarterly Journal of Economics*, 2009, 124(2): 677-734에서 사용되었다.

서의 폭행 건수도 포함되어 있다. 마지막으로 연도, 월, 해당 주말이 휴일인지 여부, 그리고 다양한 날씨 측정치에 대한 지표도 포함되어 있다.

a. i. 폭행 건수의 로그[$ln\_assaults = \ln(assaults)$]를 연도와 월 지표에 대해 회귀하라. 폭행에 계절성이 있다는 증거가 있는가? 즉 다른 달보다 특정 달에 폭행이 더 많이 발생하는 경향이 있는가? 설명하라.

ii. 총 영화 관람객 수($attend = attend\_v + attend\_m + attend\_n$)를 연도와 월 지표에 대해 회귀하라. 영화 관람에 계절성이 있다는 증거가 있는가? 설명하라.

b. *ln_assaults*를 *attend_v*, *attend_m*, *attend_n*, 연도와 월 지표, 그리고 데이터에서 사용 가능한 날씨와 휴일 통제변수에 대해 회귀하라.

i. 회귀분석 결과를 바탕으로, 높은 수위의 폭력성 영화를 보는 것이 폭행을 증가시키는가, 아니면 감소시키는가? 얼마나 많이 증가시키는가? 추정된 효과가 통계적으로 유의미한가?

ii. 높은 수위의 폭력성 영화 관람이 폭행에 미치는 영향은 낮은 폭력성 영화 관람이 폭행에 미치는 영향과 다른가? 비폭력 영화 관람의 영향과 다른가?

iii. 높은 수위의 폭력성을 띤 블록버스터 영화가 개봉해 주말에 이 영화 관람객이 600만 명 증가하고, 동시에 낮은 수위의 폭력성 영화 관람객은 200만 명 감소하고 비폭력 영화 관람객은 100만 명 감소한다. 폭행에 대한 예측된 효과는 무엇인가? 폭행 변화에 대한 95% 신뢰구간을 구하라. [힌트: 7.3절과 식 (8.7)과 (8.8) 주변의 내용을 검토하라.]

c. 폭행에 영향을 주면서 영화 관람과 상관관계가 있을 수 있는 모든 변수를 통제하기는 어렵다. 예를 들어 폭행과 영화 관람에 대한 날씨의 영향은 데이터의 날씨 변수로 대략적으로만 근사된다. 하지만 관람객 수와 상관관계가 있지만 (논리적으로) 폭행과 영화 관람 모두에 영향을 미치는 주말 특정 요인(날씨 등)과는 상관관계가 없는 일련의 도구변수—*pr_attend_v*, *pr_attend_m*, *pr_attend_n*이 데이터에 포함되어 있다. 이 도구변수들은 특정 주말의 정보가 아닌 과거의 관람 패턴을 사용해 특정 주말의 영화 관람객을 예측한다. 예를 들어 영화 개봉 2주 차의 관람객이 많다면, 이를 통해 개봉 1주 차의 관람객도 많았을 것이라 예측할 수 있다. (이 도구변수들의 구성에 대한 자세한 내용은 각주 7에 언급한 Dahl과 DellaVigna의 논문에서 확인할 수 있다.) (b)의 회귀분석을 실행하되(연도, 월, 휴일, 날씨 통제 포함), 이제 *pr_attend_v*, *pr_attend_m*, *pr_attend_n*을 *attend_v*, *attend_m*, *attend_n*의 도구변수로 사용하라. 이 IV 회귀분석 결과를 사용해 (b)(i)-(b)(iii)에 답하라.

d. (c)의 도구변수 뒤에 있는 직관은 특정 주의 관람객 수가 주변 주들의 관람객 수와 상관관계가 있다는 것이다. 각 영화 카테고리에 대해, 데이터에는 주변 주들의 관람객 수가 포함되어 있다. (c)에서 사용된 도구변수 대신 *attend_v_f*, *attend_m_f*, *attend_n_f*, *attend_v_b*, *attend_m_b*, *attend_n_b*를 도구변수로 사용해 회귀분석을 실행하라. 이 IV 회귀분석 결과를 사용해 (b)(i)~(b)(iii)에 답하라.

e. (c)와 (d)에 나열된 9개의 도구변수가 있지만, 식별을 위해서는 3개만 필요하다. 핵심개념 12.6에 요약된 과대식별 검정을 수행하라. 도구변수들의 타당성에 대해 어떤 결론을 내릴 수 있는가?

f. 당신의 분석을 바탕으로, 폭력적인 영화가 (단기) 폭력적 행동에 미치는 영향에 대해 어떤 결론을 내릴 수 있는가?

E12.3 (이 연습에는 부록 12.5가 필요하다.) 교재 웹사이트 **http://www.pearsonglobaleditions.com**에서 **WeakInstrument**라는 데이터를 찾을 수 있다. 이 데이터에는 도구변수 회귀분석 $Y_i = \beta_0 + \beta_1 X_i + u_i$에 사용될 (Y_i, X_i, Z_i)의 200개 관측치가 포함되어 있다.

a. $\hat{\beta}_1^{TSLS}$와 이의 표준 오차, 그리고 β_1에 대한 일반적인 95% 신뢰구간을 구하라.

b. X_i를 Z_i에 대해 회귀분석한 F-통계량을 계산하라. '약도구변수' 문제의 증거가 있는가?

c. Anderson-Rubin 절차를 사용해 β_1에 대한 95% 신뢰구간을 계산하라. (이 과정을 실행하기 위해 $-5 \le \beta_1 \le 5$라고 가정하라.)

d. (a)와 (c)의 신뢰구간 차이를 설명하라. 어느 것이 더 신뢰할 만한가?

부록 12.1 담배 소비 패널데이터

이 데이터는 1985년부터 1995년까지 미국 본토 48개 주의 연간 데이터로 구성되어 있다. 소비량은 주 세금 수집 데이터에서 도출된 회계연도 기준 1인당 연간 담배 판매량(갑)으로 측정된다. 가격은 세금을 포함한 회계연도 동안의 실질(즉 인플레이션 조정된) 평균 소매가격(갑당)이다. 소득은 1인당 실질소득이다. 일반 판매세는 모든 소비재에 적용되는 광범위한 주 판매세로 인해 발생하는 평균 세금으로, 한 갑당 센트(cents)로 표시된다. 담배 특별세는 담배에만 적용되는 세금이다. 이 장의 회귀분석에 사용된 모든 가격, 소득, 세금은 소비자물가지수(CPI)로 조정되어 불변(실질) 달러로 표시된다. 이 데이터를 제공해준 MIT의 Jonathan Gruber 교수님께 감사드린다.

부록 12.2 식 (12.4)의 TSLS 추정량 공식 도출

TSLS의 첫 번째 단계는 X_i를 도구변수 Z_i에 대해 OLS로 회귀한 후 OLS 예측값 $\hat{X}_i$를 계산하는 것이다. 두 번째 단계는 Y_i를 $\hat{X}_i$에 대해 OLS로 회귀하는 것이다. 따라서 예측값 $\hat{X}_i$로 표현된 TSLS 추정량의 공식은 핵심 개념 4.2의 OLS 추정량 공식에서 X_i를 $\hat{X}_i$로 대체한 것이다. 즉 $\hat{\beta}_1^{TSLS} = s_{\hat{X}Y}/s_{\hat{X}}^2$이다. 여기서 $s_{\hat{X}}^2$은 $\hat{X}_i$의 표본 분산이고 $s_{\hat{X}Y}$는 Y_i와 $\hat{X}_i$의 표본 공분산이다.

$\hat{X}_i$는 첫 번째 단계 회귀분석에서 얻은 X_i의 예측값이므로, $\hat{X}_i = \hat{\pi}_0 + \hat{\pi}_1 Z_i$이다. 표본 분산과 공분산의 정의에 따라 $s_{\hat{X}Y} = \hat{\pi}_1 s_{ZY}$이고 $s_{\hat{X}}^2 = \hat{\pi}_1^2 s_Z^2$이다(연습문제 12.4). 따라서 TSLS 추정량은 $\hat{\beta}_1^{TSLS} = s_{\hat{X}Y}/s_{\hat{X}}^2 = s_{ZY}/(\hat{\pi}_1 s_Z^2)$로 쓸 수 있다. 마지막으로, $\hat{\pi}_1$은 TSLS의 첫 번째 단계에서의 OLS 기울기 계수이므로 $\hat{\pi}_1 = s_{ZX}/s_Z^2$이다. 이 $\hat{\pi}_1$ 공식을 $\hat{\beta}_1^{TSLS} = s_{ZY}/(\hat{\pi}_1 s_Z^2)$ 공식에 대입하면 식 (12.4)의 TSLS 추정량 공식을 얻을 수 있다.

부록 12.3 TSLS 추정량의 대표본 분포

이 부록은 12.1절에서 살펴보았던 경우에서의 TSLS 추정량의 대표본 분포를 연구한다—즉 단일 도구변수, 단일 내생변수, 모형에 포함된 다른 외생변수가 없는 경우이다.

우선 오차항을 이용해 TSLS 추정량에 대한 공식을 도출한다. 이 공식은 부록 4.3의 식 (4.28)에 있는 OLS 추정량 표현과 유사한데, 이후 남은 논의의 기초를 형성한다.

식 (12.1)로부터 $Y_i-\overline{Y}=\beta_1(X_i-\overline{X})+(u_i-\overline{u})$이다. 따라서 Z와 Y 사이의 표본 공분산은 다음과 같이 표현할 수 있다.

$$\begin{aligned} s_{ZY} &= \frac{1}{n-1}\sum_{i=1}^{n}(Z_i-\overline{Z})(Y_i-\overline{Y}) \\ &= \frac{1}{n-1}\sum_{i=1}^{n}(Z_i-\overline{Z})[\beta_1(X_i-\overline{X})+(u_i-\overline{u})] \\ &= \beta_1 s_{ZX}+\frac{1}{n-1}\sum_{i=1}^{n}(Z_i-\overline{Z})(u_i-\overline{u}) \\ &= \beta_1 s_{ZX}+\frac{1}{n-1}\sum_{i=1}^{n}(Z_i-\overline{Z})u_i \end{aligned} \tag{12.19}$$

여기서 $s_{ZX}=[1/(n-1)]\sum_{i=1}^{n}(Z_i-\overline{Z})(X_i-\overline{X})$이며, 마지막 등식은 $\sum_{i=1}^{n}(Z_i-\overline{Z})=0$이기 때문에 성립한다. s_{ZX}의 정의와 식 (12.19)의 최종 표현을 $\hat{\beta}_1^{TSLS}$의 정의에 대입한 후 분자와 분모에 $(n-1)/n$을 각각 곱하면 다음과 같다.

$$\hat{\beta}_1^{TSLS}=\beta_1+\frac{\frac{1}{n}\sum_{i=1}^{n}(Z_i-\overline{Z})u_i}{\frac{1}{n}\sum_{i=1}^{n}(Z_i-\overline{Z})(X_i-\overline{X})} \tag{12.20}$$

핵심 개념 12.4의 IV 회귀 가정이 성립할 때 $\hat{\beta}_1^{TSLS}$의 대표본 분포

TSLS 추정량에 대한 식 (12.20)은 부록 4.3의 식 (4.28)에 있는 OLS 추정량과 유사하다. 다만 분자에 X 대신 Z가 나타나고, 분모가 X의 분산 대신 Z와 X의 공분산이라는 점이 다르다. 이러한 유사성과 Z가 외생적이라는 점 때문에 부록 4.3에서 OLS 추정량이 대표본에서 정규분포를 따른다는 논증이 $\hat{\beta}_1^{TSLS}$로 확장된다.

구체적으로, 표본이 큰 경우 $\overline{Z}\cong\mu_Z$이므로, 분자는 대략적으로 $\overline{q}=(\frac{1}{n})\sum_{i=1}^{n}q_i$이다. 여기서 $q_i=(Z_i-\mu_Z)u_i$이다. 도구변수가 외생적이므로 $E(q_i)=0$이다. 핵심 개념 12.4의 IV 회귀 가정에 따라, q_i는 분산 $\sigma_q^2=\text{var}[(Z_i-\mu_Z)u_i]$를 가진 i.i.d이다. 따라서 $\text{var}(\overline{q})=\sigma_{\overline{q}}^2=\sigma_q^2/n$이 되고, 중심극한정리에 의해 $\overline{q}/\sigma_{\overline{q}}$는 대표본에서 $N(0, 1)$ 분포를 따른다.

표본 공분산이 모집단 공분산에 대해 일치 추정량이기 때문에, $s_{ZX}\xrightarrow{p}\text{cov}(Z_i, X_i)$이다. 도구변수가 관련성이 있으므로 이 값은 0이 아니다. 따라서 식 (12.20)에 의해 $\hat{\beta}_1^{TSLS}\cong\beta_1+\overline{q}$

$/\text{cov}(Z_i, X_i)$가 된다. 그러므로 대표본에서 $\hat{\beta}_1^{TSLS}$는 근사적으로 $N(\beta_1, \sigma^2_{\hat{\beta}_1^{TSLS}})$ 분포를 따른다. 여기서 $\sigma^2_{\hat{\beta}_1^{TSLS}} = \sigma^2_{\bar{q}}/[\text{cov}(Z_i, X_i)]^2 = (1/n)\text{var}[(Z_i - \mu_Z)u_i]/[\text{cov}(Z_i, X_i)]^2$이다. 이는 식 (12.8)의 표현과 같다.

부록 12.4 도구변수가 유효하지 않을 때 TSLS 추정량의 대표본 분포

이 부록은 도구변수의 유효성 조건 중 하나가 실패할 때, 12.1절의 설정(하나의 X, 하나의 Z)에서 TSLS 추정량의 대표본 분포를 고려한다. 도구변수의 관련성 조건이 실패하면, TSLS 추정량의 대표본 분포는 정규분포가 아니다. 실제로 그 분포는 정규분포를 따르는 두 확률변수 비율의 분포이다. 도구변수의 외생성 조건이 실패하면 TSLS 추정량은 일치 추정량이 아니다.

도구변수가 약한 경우 $\hat{\beta}_1^{TSLS}$의 대표본 분포

먼저 도구변수가 관련성이 없는 경우, 즉 $\text{cov}(Z_i, X_i) = 0$인 경우를 고려해보자. 이 경우 부록 12.3의 논증은 0으로 나누는 것을 포함한다. 이 문제를 피하기 위해, 모집단 공분산이 0일 때 식 (12.20)의 분모가 어떻게 동작하는지 더 자세히 살펴볼 필요가 있다.

우리는 식 (12.20)을 다시 쓰는 것으로 시작한다. 표본평균은 일치 추정량이기 때문에 대표본에서 $\overline{Z}$는 μ_Z에 가깝고, $\overline{X}$는 μ_X에 가깝다. 따라서 식 (12.20)의 분모는 대략 $(\frac{1}{n})\sum_{i=1}^{n}(Z_i - \mu_Z)(X_i - \mu_X) = (\frac{1}{n})\sum_{i=1}^{n} r_i = \bar{r}$이다. 여기서 $r_i = (Z_i - \mu_Z)(X_i - \mu_X)$이다. $\sigma_r^2 = \text{var}[(Z_i - \mu_Z)(X_i - \mu_X)]$라 하고, $\sigma^2_{\bar{r}} = \sigma_r^2/n$이라 하자. 그리고 $\bar{q}, \sigma_q^2, \sigma^2_{\bar{q}}$는 부록 12.3에서 정의한 대로이다. 그러면 식 (12.20)은 대표본에서 다음을 의미한다.

$$\hat{\beta}_1^{TSLS} \cong \beta_1 + \frac{\bar{q}}{\bar{r}} = \beta_1 + \left(\frac{\sigma_{\bar{q}}}{\sigma_{\bar{r}}}\right)\left(\frac{\bar{q}/\sigma_{\bar{q}}}{\bar{r}/\sigma_{\bar{r}}}\right) = \beta_1 + \left(\frac{\sigma_q}{\sigma_r}\right)\left(\frac{\bar{q}/\sigma_{\bar{q}}}{\bar{r}/\sigma_{\bar{r}}}\right) \quad (12.21)$$

도구변수가 관련이 없다면, $E(r_i) = \text{cov}(Z_i, X_i) = 0$이다. 이때 확률변수 r_i, $i = 1, \ldots, n$은 i.i.d.이고(최소제곱법의 두 번째 가정에 의해), 분산 $\sigma_r^2 = \text{var}[(Z_i - \mu_Z)(X_i - \mu_X)]$를 가지며(IV 회귀 가정의 세 번째 가정에 따라 유한함), 평균은 0이다(도구변수가 관련이 없기 때문에). 따라서 확률변수 r_i의 표본평균인 $\bar{r}$에 중심극한정리가 적용될 수 있다. 구체적으로, $\bar{r}/\sigma_{\bar{r}}$는 근사적으로 $N(0, 1)$ 분포를 따른다. 그러므로 식 (12.21)의 최종 표현은 대표본에서 $\hat{\beta}_1^{TSLS} - \beta_1$의 분포가 aS의 분포임을 의미한다. 여기서 $a = \sigma_q/\sigma_r$이고 S는 각각 표준정규분포를 따르는 두 확률변수의 비율이다(이 두 표준정규 확률변수는 서로 상관관계가 있다).

다시 말해 도구변수가 관련이 없을 때, 중심극한정리가 TSLS 추정량의 분모와 분자 모두에 적용된다. 따라서 대표본에서 TSLS 추정량의 분포는 정규분포를 따르는 두 확률변수 비율의 분포가 된다. X_i와 u_i가 상관관계가 있기 때문에 이 두 정규 확률변수들은 상관관계가 있으며, 따라서 도구변수가 관련이 없을 때 TSLS 추정량의 대표본 분포는 복잡해진다. 실제로, 관련 없는 도구변수를 가진 TSLS 추정량의 대표본 분포는 OLS 추정량의 확률적 극한을 중심으로 분포해 있다. 따라서 도구변수가 관련이 없을 때 TSLS는 OLS의 편향을 제거하지 못하며, 더욱이 대표본에서도 비정규 분포를 갖는다.

약도구변수는 관련성이 없는 도구변수와 부록 12.3에서 도출된 정규분포 사이의 중간 경우를 나타낸다. 도구변수가 약하지만 관련이 없지는 않을 때, TSLS 추정량의 분포는 계속해서 비정규분포를 따른다. 따라서 여기서 관련성이 없는 도구변수의 극단적인 경우에 대한 일반적인 교훈은 약도구변수에도 적용된다.

도구변수가 내생적일 때 $\hat{\beta}_1^{TSLS}$의 대표본 분포

식 (12.20)의 최종 표현에서 분자는 확률적으로 $\text{cov}(Z_i, u_i)$로 수렴한다. 도구변수가 외생적이면 이는 0이 되고, TSLS 추정량은 일치 추정량이 된다(도구변수가 약하지 않다고 가정할 때). 그러나 도구변수가 외생적이지 않다면, 도구변수가 약하지 않을 경우 $\hat{\beta}_1^{TSLS} \xrightarrow{p} \beta_1 + \text{cov}(Z_i, u_i)/\text{cov}(Z_i, X_i) \neq \beta_1$이 된다. 즉 도구변수가 외생적이지 않다면 TSLS 추정량은 일치 추정량이 아니다.

부록 12.5 약도구변수를 사용한 도구변수 분석

이 부록은 잠재적으로 약도구변수가 있는 경우의 도구변수 분석방법을 논의한다. 이 부록은 단일 내생변수의 경우[식 (12.13)과 (12.14)]에 초점을 맞춘다.

약도구변수 검정

핵심 개념 12.5의 경험 법칙은 1단계 F-통계량이 10 미만이면 도구변수가 약하다는 것을 나타낸다. 이 경험 법칙의 한 가지 동기는 TSLS 추정량의 편향에 대한 근사적 표현에서 나온다. β_1^{OLS}를 β_1에 대한 OLS 추정량의 확률적 극한이라 하고, $\beta_1^{OLS} - \beta_1$을 OLS 추정량의 점근적 편향이라고 하자(설명변수가 내생적이면, $\hat{\beta}_1 \xrightarrow{p} \beta_1^{OLS} \neq \beta_1$). 도구변수가 많을 때, TSLS 추정량의 편향이 근사적으로 $E(\hat{\beta}_1^{TSLS}) - \beta_1 \approx (\beta_1^{OLS} - \beta_1)/[E(F) - 1]$임을 보일 수 있다. 여기서 $E(F)$는 1단계 F-통계량의 기댓값이다. $E(F) = 10$이면, OLS의 편향에 대한 TSLS의 상대적 편향은 약 1/9, 즉 10% 조금 넘는 정도로, 많은 응용에서 허용될 만큼 작다. $E(F) > 10$을 $F > 10$으로 대체하면 핵심 개념 12.5의 경험 법칙이 된다.

앞 단락의 동기는 도구변수가 많을 때 TSLS 추정량의 편향에 대한 근사 공식을 포함했다. 그러나 대부분의 응용에서 도구변수의 수 m은 작다. Stock과 Yogo(2005)는 m이 크다는 근사를 피할 수 있는 약도구변수에 대한 공식적인 검정을 제공한다. Stock-Yogo 검정에서 귀무가설은 도구변수가 약하다는 것이고, 대립가설은 도구변수가 강하다는 것이다. 여기서 강한 도구변수는 TSLS 추정량의 편향이 OLS 추정량 편향의 최대 10%인 도구변수로 정의된다. 이 검정은 1단계 F-통계량(기술적인 이유로 등분산성 전용을 가정한 버전)을 도구변수의 수에 따라 달라지는 F-통계량의 임곗값과 비교하는 것을 포함한다. 5% 유의수준 검정의 경우, 이 임곗값은 9.08에서 11.52 사이이므로, F를 10과 비교하는 경험 법칙은 Stock-Yogo 검정에 대한 좋은 근사라고 볼 수 있다.

β에 대한 가설검정과 신뢰구간

도구변수가 약하면 TSLS 추정량은 편향되고 비정규분포를 따른다. 따라서 $\beta_1 = \beta_{1,0}$에 대한 TSLS t-검정은 신뢰할 수 없으며, β_1에 대한 TSLS 신뢰구간도 마찬가지다. 그러나 도구변수가 강하든, 약하든, 심지어 관련성이 없는 경우에도 $\beta_1 = \beta_{1,0}$에 대해 유효한 다른 검정들과 그 검정들에 기반한 신뢰구간들이 있다. 단일 내생변수가 있을 때 선호되는 검정은 Moreira(2003)의 조건부 우도비(conditional likelihood ratio, CLR) 검정이다. 더 오래된 검정으로 내생변수의 수에 관계없이 작동하는 Anderson-Rubin(1949) 통계량에 기반한 것이 있다. Anderson-Rubin 통계량이 개념적으로 덜 복잡하므로 먼저 이를 설명하겠다.

$\beta_1 = \beta_{1,0}$에 대한 Anderson-Rubin 검정은 두 단계로 나누어 진행된다. 첫 번째 단계에서는 새로운 변수 $Y_i^* = Y_i - \beta_{1,0}X_i$를 만든다. 두 번째 단계에서는 Y_i^*를 모형에 포함된 외생변수들(W's)과 도구변수들(Z's)에 대해 회귀한다. Anderson-Rubin 통계량은 Z's의 계수들이 모두 0이라는 가설을 검정하는 F-통계량이다. $\beta_1 = \beta_{1,0}$이라는 귀무가설하에서, 도구변수들이 외생성 조건(핵심 개념 12.3의 조건 2)을 만족한다면, 이들은 이 회귀분석의 오차항과 상관관계가 없을 것이고, 모든 표본의 5%에서 귀무가설이 기각될 것이다.

3.3절과 7.4절에서 논의한 바와 같이, 가설검정에 의해 기각되지 않는 매개변수 값들의 집합으로 신뢰구간을 구성할 수 있다. 따라서 5% Anderson-Rubin 검정에 의해 기각되지 않는 β_1 값들의 집합이 β_1에 대한 95% 신뢰구간을 구성한다. Anderson-Rubin F-통계량이 등분산성을 가정한 공식을 사용해 계산될 때, Anderson-Rubin 신뢰구간은 이차방정식을 푸는 방식으로 구할 수 있다(실증문제 12.3 참조). Anderson-Rubin 통계량의 숨겨진 논리는 도구변수의 관련성을 절대 가정하지 않으며, Anderson-Rubin 신뢰구간은 도구변수가 강하든, 약하든, 심지어 관련성이 없는 경우에도 대표본에서 95%의 포함확률을 가질 것이다.

CLR 통계량도 $\beta_1 = \beta_{1,0}$ 가설을 검정한다. 우도비 통계량은 귀무가설하의 우도 값(부록 11.2 참조)을 대립가설하의 값과 비교하고, 대립가설하의 우도가 귀무가설하의 우도보다 충분히 크면 이를 기각한다. 다중회귀에서의 등분산을 가정한 F-통계량과 같이 이 교재에서 친숙한 검정 통계량들은 등분산 정규분포를 따르는 오차항 가정하에서 우도비 통계량으로 도출될 수 있다. 그러나 이 책에서 논의한 다른 모든 검정과 달리, CLR 검정의 임곗값은 데이터에 따라 달라진다—특히 도구변수의 강도를 측정하는 통계량에 따라 달라진다. 올바른 임곗값을 사용하면, CLR 검정은 도구변수가 강하든, 약하든, 관련성이 없든 유효하다. CLR 신뢰구간은 CLR 검정에 의해 기각되지 않는 β_1값들의 집합으로 계산될 수 있다.

도구변수가 강할 때 CLR 검정은 TSLS t-검정과 동등하며 도구변수가 약할 때도 매우 좋은 검정력을 가진다. 적절한 소프트웨어를 사용하면 CLR 검정은 사용하기 쉽다. CLR 검정의 단점은 하나 이상의 내생변수로 쉽게 일반화되지 않는다는 것이다. 그런 경우에는 Anderson-Rubin 검정(및 신뢰구간)이 권장된다. 그러나 도구변수가 강하고(따라서 TSLS

가 유효하고) 계수들이 과대식별된 경우, Anderson–Rubin 검정은 TSLS t-검정보다 검정력이 낮다는 의미에서 비효율적이라고 할 수 있다.

β의 추정

도구변수가 관련성이 없다면, 추가적인 제약 없이는 큰 표본에서도 β_1에 대해 불편 추정량을 얻는 것이 불가능하다. 약도구변수의 경우, 계수에 대한 CLR 또는 Anderson–Rubin 신뢰구간이 점 추정보다 선호된다.

약도구변수를 가진 IV 회귀에서의 추정, 검정, 신뢰구간 문제에 대해서는 현재까지 많은 연구가 진행 중이다. 이 주제에 대해 더 자세히 알아보려면 이 책의 웹사이트를 방문하라.

부록 12.6 통제변수를 사용한 TSLS

핵심 개념 12.4에서 W 변수들은 외생적이라고 가정된다. 이 부록은 W가 외생적이지 않고 대신 Z를 외생적으로 만들기 위해 모형에 포함된 통제변수인 경우를 고려한다. TSLS에서 통제변수의 논리는 OLS의 논리와 유사하다: 통제변수가 누락된 요인을 효과적으로 통제한다면, 도구변수는 오차항과 상관관계가 없다. 그 통제변수가 오차항과 상관관계가 있기 때문에, 통제변수의 계수는 인과적 해석을 갖지 않는다. TSLS에서 통제변수의 수학적 처리도 OLS의 통제변수 처리와 유사하며, Z와 W가 주어졌을 때 오차항의 조건부 평균이 0이라는 가정을 완화해 오차항의 조건부 평균이 Z에 의존하지 않는다는 것으로 바꾼다. 이 부록은 부록 6.5(통제변수가 있는 OLS)를 기반으로 하며, 그 부분을 먼저 검토해야 한다.

단일 X와 단일 W가 있는 식 (12.22)의 IV 회귀모형을 고려해보자.

$$Y_i = \beta_0 + \beta_1 X_i + \beta_2 W_i + u_i \tag{12.22}$$

우리는 핵심 개념 12.4의 IV 회귀 가정 1[$E(u_i|W_i) = 0$을 나타냄]을 W_i가 주어졌을 때 u_i의 평균이 Z_i에 의존하지 않는다는 가정으로 대체한다.

$$E(u_i|W_i, Z_i) = E(u_i|W_i) \tag{12.23}$$

다음 단계의 논증은 부록 6.5의 식 (6.23)~(6.25)에서의 통제변수가 있는 회귀분석과 유사하다. $E(u_i|W_i)$가 W_i에 대해 선형이라고 가정해, $E(u_i|W_i) = \gamma_0 + \gamma_1 W_i$로 표현한다. 여기서 γ_0과 γ_1은 계수이다. 그러면

$$\begin{aligned} Y_i &= \beta_0 + \beta_1 X_i + \beta_2 W_i + u_i - E(u_i|W_i, Z_i) + E(u_i|W_i, Z_i) \\ &= \beta_0 + \beta_1 X_i + \beta_2 W_i + \varepsilon_i + \gamma_0 + \gamma_1 W_i \end{aligned} \tag{12.24}$$

여기서 첫 번째 줄은 식 (12.22)의 오른쪽에 $E(u_i|W_i, Z_i)$를 더하고 빼는 것이고, 두 번째 줄은 $\varepsilon_i = u_i - E(u_i|W_i, Z_i)$로 정의하고 조건부 기댓값 독립성 가정과 선형성을 사용해 $E(u_i|W_i, Z_i) = E(u_i|W_i) = \gamma_0 + \gamma_1 W_i$로 쓴다. 따라서 우리는 다음을 얻는다.

$$Y_i = \delta_0 + \beta_1 X_i + \delta_1 W_i + \varepsilon_i \tag{12.25}$$

여기서 $\delta_0 = \beta_0 + \gamma_0$이고 $\delta_1 = \beta_2 + \gamma_1$이다. 이제 $E(\varepsilon_i | W_i, Z_i) = E[u_i - E(u_i | W_i, Z_i) | W_i, Z_i] = E(u_i | W_i, Z_i) - E(u_i | W_i, Z_i) = 0$이며, 이는 $\text{corr}(Z_i, \varepsilon_i) = 0$을 의미한다. 따라서 IV 회귀 가정 1과 도구변수 외생성 요구 사항(핵심 개념 12.3의 조건 2)이 오차항 ε_i를 가진 식 (12.24)에 대해 모두 성립한다. 그러므로 IV 회귀 가정 1이 식 (12.23)의 조건부 기댓값 독립성으로 대체되면, 핵심 개념 12.4의 원래 IV 회귀 가정들이 식 (12.25)의 수정된 회귀식에 적용된다.

핵심 개념 12.4의 IV 회귀 가정들이 식 (12.25)에 대해 성립하므로, 이 장에서 논의한 모든 추론 방법이(약한 도구변수와 강한 도구변수 모두에 대해) 식 (12.25)에 적용된다. 특히 도구변수가 강하다면, 식 (12.25)의 계수들은 TSLS에 의해 일치성 있게 추정될 것이고 TSLS 검정과 신뢰구간이 유효할 것이다.

통제변수가 있는 OLS에서와 마찬가지로, 일반적으로 통제변수 W에 대한 TSLS 계수는 인과적 해석을 갖지 않는다. TSLS는 식 (12.25)의 δ_1을 일치성 있게 추정하지만, δ_1은 W의 직접적 인과효과인 β_2와 W가 통제하는 u_i의 누락된 요인들과 W 사이의 상관관계를 반영하는 γ_1의 합이다.

표 12.1의 담배 소비 회귀분석에서, 로그 소득의 10년 변화에 대한 계수를 수요의 소득 탄력성으로 해석하고 싶은 유혹이 있다. 그러나 소득 증가가 교육 증가와 상관관계가 있고 더 많은 교육이 흡연을 줄인다면, 소득 증가는 자체적인 인과효과(β_2, 소득 탄력성)와 교육과의 상관관계로 인한 효과(γ_1)를 갖게 된다. 후자의 효과가 음수라면($\gamma_1 < 0$), 표 12.1의 소득 계수($\gamma_1 = \beta_2 + \gamma_1$을 추정)는 소득 탄력성을 과소평가할 것이다. 그러나 식 (12.23)의 조건부 기댓값 독립성 가정이 성립하는 한, 소득 탄력성 추정치가 정확하지 않더라도 TSLS 추정량은 가격 탄력성의 일치 추정량이다.

CHAPTER 13

실험과 준실험

인과효과는 심리학이나 의학 같은 많은 분야에서 주로 실험을 통해 추정된다. 예를 들어 새로운 약물이 광범위한 의료용으로 승인되기 전에 실험 과정을 거쳐야 하는데, 이 실험에서 환자들은 약물을 투여받는 집단과 무해한 위약을 받는 집단으로 각각 무작위로 배정을 받는다. 이러한 무작위 통제 실험을 통해 약물의 안전성과 효과성에 대한 설득력 있는 통계적 증거가 발견되었을 때 약물이 승인된다.

계량경제학 과목에서 무작위 통제 실험을 공부해야 하는 세 가지 이유가 있다. 첫째, 이상적인 무작위 통제 실험은 관측 데이터로 얻은 인과효과 추정치를 판단하는 개념적 기준을 제공한다. 둘째, 무작위 통제 실험의 결과는 실제로 수행될 때 영향력이 매우 클 수 있으므로, 실제 실험의 강점뿐만 아니라 그의 한계와 타당성에 대한 위협까지 전반적인 이해가 중요하다. 셋째, 외부 환경이 때로는 무작위 배정인 것처럼 보이는 상황을 만들어낼 수 있다. 즉 외부 사건으로 인해 일부 개인에 대한 처치가 '마치 무작위 배정인 것처럼' 일어날 수 있다. 단, 이는 일부 통제변수의 조건에 따른 것일 수 있다. 이러한 '무작위 배정인 듯한' 상황은 *준실험*(quasi-experiments) 또는 *자연실험*(natural experiment)을 만들어내며, 무작위 실험을 분석하기 위해 개발된 수많은 방법을 (약간의 수정을 거쳐) 준실험에 적용할 수 있다.

이 장에서는 경제학에서의 실험과 준실험을 검토한다. 이 장에서 사용하는 통계적 도구는 다중회귀분석, 패널데이터 회귀분석, 도구변수(IV) 회귀이다. 이 장의 논의를 구별하는 것은 분석에 사용되는 도구가 아니라 분석의 대상이 되는 데이터 유형과 실험 및 준실험을 분석할 때 마주하게 되는 특별한 기회와 과제들이다.

이 장에서 개발한 방법들은 종종 사회적 또는 경제적 프로그램을 평가하는 데 사용한다. **프로그램 평가**(program evaluation)는 프로그램, 정책, 또는 기타 개입이나 '처치(treatment)'의 효과를 추정하는 연구 분야이다. 직업훈련을 거치는 것이 소득에 미치는 영향은 무엇인가? 최저임금 인상이 저숙련 노동자의 고용에 미치는 영향은 무엇인가? 중산층 학생들에게 제공하는 저비용 학자금 대출이 학생들의 대학진학에 미치는 영향은 무엇인가? 이 장에서는 실험이나 준실험을 사용해 이러한 프로그램이나 정책을 어떻게 평가할 수 있는지 논의한다.

13.1절에서는 1장, 3장, 4장에서 다룬 무작위 통제 실험을 사용한 인과효과 추정에 대한 논의를 확장한다. 실제로 사람을 대상으로 하는 실험은 내적 및 외적 타당성에 위협이 되는 실질적인 문제에

직면한다. 이러한 위협들과 이를 해결하기 위한 일부 계량경제학적 도구들은 13.2절에서 논의한다. 13.3절에서는 1980년대 후반 미국 테네시주에서 초등학생들을 서로 다른 크기의 두 학급에 무작위로 배정해 실시한 무작위 통제 실험을 분석한다.

13.4절에서는 준실험을 사용한 인과효과 추정으로 넘어간다. 준실험의 타당성에 대한 위협은 13.5절에서 논의한다. 실험과 준실험 모두에서 제기되는 한 가지 문제는 처치효과가 모집단의 구성원마다 다를 수 있다는 것이다. 13.6절에서는 모집단이 이질적일 때 인과효과 추정 결과를 해석하는 문제를 다루게 된다.

13.1 잠재적 결과, 인과효과, 이상적 실험

이 절에서는 무작위 통제 실험을 사용해 개별 사람들에 대한 인과효과의 모집단 평균을 어떻게 추정할 수 있는지, 그리고 이러한 실험에서 얻은 데이터를 다중회귀를 사용해 어떻게 분석할 수 있는지 설명한다.

잠재적 결과와 평균 인과효과

건강 상태 개선을 위한 약물 복용, 직업훈련 프로그램 등록, 선택적 계량경제학 과제 풀기를 고려하고 있다고 가정해보자. "이 처치를 받았을 때 나에게 오는 이점은 무엇인가?"라고 묻는 것은 합리적이다. 당신은 처치를 받는 상황과 받지 않는 상황, 두 가지 가상의 상황을 상상할 수 있다. 각 가상 상황에서 측정 가능한 결과(개선된 건강 상태, 취업 여부, 계량경제학 성적)가 있을 것이다. 각 상황에 따른 잠재적 결과의 차이가 당신에게 있어 처치의 인과효과가 될 것이다.

좀 더 일반적으로, **잠재적 결과**(potential outcome)는 잠재적 처치하에서 각 개인이 얻게 될 성과이다. 각 개인에 대한 인과효과는 처치를 받았을 때의 잠재적 결과와 받지 않았을 때의 잠재적 결과의 차이로 나타난다. 대개 인과효과는 개인마다 다를 수 있다. 예를 들어 약물의 효과는 나이, 흡연 여부, 기타 건강 상태에 따라 달라질 수 있다. 문제는 개별 사람들에 대한 인과효과를 측정할 방법이 없다는 것이다: 각 개인은 처치를 받거나 받지 않기 때문에, 두 잠재적 결과 중 하나만 관찰할 수 있고 둘 모두를 관찰할 수는 없다.

개별 사람들에 대한 인과효과를 측정할 수는 없지만, 많은 실증분석에서는 모집단의 평균적인 인과효과를 아는 것만으로 충분하다. 예를 들어 직업훈련에 대한 평가로 훈련생당 평균 지출과 평균 취업 성공률을 비교할 수 있다. 연구 대상 모집단에서 개별 인과효과의 평균을 **평균인과효과**(average causal effect) 또는 **평균처치효과**(average treatment effect)라 한다.

주어진 모집단에 대한 평균인과효과는 적어도 이론상으로는 이상적인 무작위 통제 실험을 사용해 추정할 수 있다. 이를 이해하기 위해 먼저 대상자들이 관심 모집단에서 무작위로 선택된다고 가정해보자. 대상자들이 단순 무작위 표본 추출로 선택되기 때문에, 그들의 잠재적 결과와 인과효과 역시 동일한 분포에서 추출되었을 것이고, 따라서 표본의 인과효과 기댓값은

모집단의 평균인과효과와 같다. 다음으로 대상자들이 처치집단과 통제집단에 무작위로 배정된다고 가정해보자. 개인이 처치를 받는지는 무작위로 배정되기 때문에, 이는 잠재적 결과와 독립적으로 분포한다. 따라서 처치를 받은 사람들의 결과의 기댓값과 처치를 받지 않은 사람들의 결과의 기댓값 차이는 인과효과의 기댓값과 같다. 따라서 잠재적 결과의 개념이 (1) 모집단으로부터 무작위로 선택된 개인들과 (2) 그 개인들에 대한 처치 무작위 배정 실험과 결합할 때, 처치집단과 통제집단 간 결과 차이의 기댓값은 모집단의 평균인과효과와 같다. 즉 3.5절에서 언급했듯이, 처치를 받은 집단($X_i = 1$)과 처치를 받지 않은 집단($X_i = 0$) 간 Y_i에 대한 평균인과효과는 조건부 기댓값의 차이인 $E(Y_i | X_i = 1) - E(Y_i | X_i = 0)$이다. 여기서 $E(Y_i | X_i = 1)$과 $E(Y_i | X_i = 0)$은 각각 이상적인 무작위 통제 실험에서의 처치집단과 통제집단의 Y의 기댓값과 같다. 부록 13.3은 위 추론에 대한 수학적 근거를 제공한다.

일반적으로 개인의 인과효과는 관측 가능한 변수와 관측 불가능한 변수 모두에 의존한다고 생각할 수 있다. 우리는 이미 인과효과가 관측 가능한 변수에 의존할 수 있다는 아이디어를 접했다. 예를 들어 8장에서는 학급 규모 축소의 효과가 영어를 배우는 학생인지 아닌지에 따라 달라질 수 있는 가능성을 검토했다. 13.5절까지는 인과효과의 변동이 오직 관측 가능한 변수에만 의존하는 경우를 고려한다. 13.6절에서는 인과효과가 관측되지 않은 변수에 의존하는 경우를 다룬다.

실험 데이터 분석을 위한 계량경제학적 방법

무작위 통제 실험에서 얻은 데이터는 평균의 차이를 비교하거나 처치지표변수와 추가 통제변수를 포함하는 회귀를 통해 분석할 수 있다. 후자의 방법으로, 추가 설명변수를 포함한 차분 추정량은 무작위 배정(randomization) 확률이 관측 가능한 공변량에 의존하는 좀 더 복잡한 무작위 배정 방식에서도 사용할 수 있다.

차분 추정량 **차분 추정량**(differences estimator)은 처치집단과 통제집단 간 표본평균의 차이로(3.5절 참조), 결과변수 Y를 이진처치지표변수 X에 대해 회귀해 계산할 수 있다.

$$Y_i = \beta_0 + \beta_1 X_i + u_i,\ i = 1, \ldots, n \tag{13.1}$$

4.4절에서 논의한 바와 같이 X가 무작위로 배정된 경우 $E(u_i | X_i) = 0$이며, 식 (13.1)의 인과효과 β_1에 대한 OLS 추정량은 인과효과에 대해 불편 추정량이면서 일치 추정량이다.

추가 설명변수를 포함한 차분 추정량 차분 추정량의 효율성은 종종 회귀모형에 일부 통제변수 W를 포함함으로써 개선할 수 있다. 이는 **추가 설명변수를 포함한 차분 추정량**(differences estimator with additional regressors)으로 이어진다.

$$Y_i = \beta_0 + \beta_1 X_i + \beta_2 W_{1i} + \cdots + \beta_{1+r} W_{ri} + u_i,\ i = 1, \ldots, n \tag{13.2}$$

W가 Y의 변동을 설명하는 데 도움이 된다면, W를 포함하면 회귀의 표준 오차, 일반적으로 $\hat{\beta}_1$의 표준 오차가 줄어든다. 7.5절과 부록 6.5에서 논의한 바와 같이, 식 (13.2)의 인과효과 β_1에 대한 추정량 $\hat{\beta}_1$이 편향되지 않으려면 통제변수 W는 u_i가 조건부 기댓값 독립성을 만족

하도록 해야 한다. 즉 $E(u_i|X_i, W_i) = E(u_i|W_i)$를 만족시켜야 한다. 이 조건은 W_i가 성별 같은 처치 전 개인 특성일 경우 만족한다: W_i가 처치 전 특성이고 X_i가 무작위로 배정된다면, X_i는 u_i와 W_i에 독립이므로 $E(u_i|X_i, W_i) = E(u_i|W_i)$이다. 식 (13.2)의 W 설명변수는 일종의 실험 결과를 포함해서는 안 된다(X_i는 실험 결과가 주어진 상태에서 무작위로 배정되지 않는다). 조건부 기댓값 독립성하에서의 통제변수와 마찬가지로, 통제변수의 계수는 인과적 해석을 갖지 않는다.

관측 가능한 변수에 의존하는 인과효과 추정 8장에서 논의한 바와 같이, 관측 가능한 변수에 의존하는 인과효과의 변동은 X_i의 적절한 비선형 함수나 교차항을 모형에 포함해 추정할 수 있다. 예를 들어 W_{1i}가 성별을 나타내는 이진지표변수라면, 남성과 여성 사이 인과효과의 차이는 식 (13.2)의 회귀모형에 교차항 $W_{1i} \times X_i$를 포함해 추정할 수 있다.

공변량에 기반한 무작위 배정 처치집단에 배정될 확률이 하나 이상의 관측 가능한 변수 W에 의존하는 무작위 배정을 **공변량에 기반한 무작위 배정**(randomization based on covariates)이라고 한다. 무작위 배정이 공변량에 기반한다면, 일반적으로 식 (13.1)에 기반한 차분 추정량은 누락변수편향을 갖는다. 예를 들어 계량경제학 수업에서 필수 과제와 선택 과제의 인과효과를 추정하는 가상의 실험을 고려해보자. 무작위 배정이 있지만, 경제학 전공자($W_i = 1$)가 비전공자($W_i = 0$)보다 처치집단(필수 과제, $X_i = 1$)에 배정될 확률이 더 높다고 가정하자. 전공자가 비전공자보다 수업에서 더 잘하는 경향이 있다면, 처치집단에 있는 것이 누락된 변수인 전공자 여부와 상관관계가 있기 때문에 누락변수편향이 발생한다.

X_i는 W_i가 주어진 상태에서 무작위로 배정되기 때문에, 이 누락변수편향은 추가 통제변수 W_i를 모형에 포함한 차분 추정량을 사용함으로써 제거할 수 있다. W_i가 주어진 상태에서의 X_i 무작위 배정은 W_i가 주어진 상태에서 u_i의 평균이 X_i에 의존하지 않음을 의미한다. 즉 $E(u_i|X_i, W_i) = E(u_i|W_i)$이다. 따라서 처치효과가 전공자와 비전공자에게 동일하다면, 통제변수를 포함한 인과추론을 위해 요구되었던 최소제곱법의 첫 번째 가정(핵심 개념 6.6)이 만족되며, 식 (13.2)의 OLS 추정량 $\hat{\beta}_1$은 X_i가 W_i에 기반해 무작위로 배정되었을 때 인과효과에 대한 불편 추정량이 된다. 처치효과가 전공자와 비전공자 사이에 다르다면, 교차항 $X_i \times W_i$를 식 (13.2)에 추가해야 하며, 이를 통해 통제변수를 포함한 인과추론에 필요한 최소제곱법의 첫 번째 가정이 만족된다.

13.2 실험의 타당성에 대한 위협

핵심 개념 9.1에서 상기하듯이, 통계 연구는 연구 대상 모집단에 대한 인과효과의 통계적 추론이 유효할 경우 내적 타당성을 갖는다. 그리고 그 추론과 결론이 연구된 모집단 및 해당 환경에서 다른 모집단 및 다른 환경으로 일반화될 수 있다면 외적 타당성을 갖는다. 다양한 현실 세계의 문제는 사람을 대상으로 한 실제 실험의 통계분석에 대한 내적 및 외적 타당성에 위협을 제기한다.

내적 타당성에 대한 위협

무작위 통제 실험의 내적 타당성에 대한 위협에는 무작위 배정 실패, 처치 규정 미준수, 이탈, 실험 효과, 작은 표본크기가 포함된다.

무작위 배정 실패 처치가 무작위로 배정되지 않고 대신 피실험자의 특성이나 선호도에 부분적으로 영향을 받는다면, 실험 결과는 처치의 효과와 비무작위 배정의 효과를 모두 반영하게 된다. 예를 들어 직업훈련 프로그램 실험에서 참가자들 성(姓)의 알파벳 순서가 전반부 또는 후반부에 속하는지에 따라 처치집단에 배정된다고 가정해보자. 성의 민족적 차이로 인해 처치집단과 통제집단 간의 민족성이 체계적으로 다를 수 있다. 직장 경험, 교육, 기타 노동 시장 특성이 민족성에 따라 다르다면, 결과에 영향을 미치는 이러한 누락된 요인들에 있어 처치집단과 통제집단 간 체계적인 차이가 있을 수 있다. 일반적으로 비무작위 배정은 식 (13.1)과 (13.2)에서 X_i와 u_i 사이의 상관관계로 이어질 수 있으며, 이는 결과적으로 처치효과 추정량의 편향을 초래한다.

무작위 배정을 검정하는 것은 가능하다. 처치가 무작위로 이루어졌다면, X_i는 관측 가능한 처치 전 개인 특성 W와 상관관계가 없을 것이다. 따라서 **무작위 처치 수용에 대한 검정**(test for random receipt of treatment)은 X_i를 $W_{1i}, \ldots, W_{ri}$에 대해 회귀했을 때 $W_{1i}, \ldots, W_{ri}$의 계수가 0이라는 가설을 검정하는 것을 포함한다. 직업훈련 프로그램 예시에서, 직업훈련 참여(X_i)를 성별, 인종, 이전 교육수준(W들)에 대해 회귀한 후 W들의 계수가 0인지 검정하는 F-통계량을 계산하면, 처치가 무작위로 이루어졌다는 귀무가설을 처치 참여가 성별, 인종, 또는 이전 교육수준에 의존한다는 대립가설에 대해 검정할 수 있다. 실험 설계가 공변량을 조건으로 무작위로 배정되도록 되어 있다면, 해당 공변량들을 회귀모형에 포함하고, 남은 W들의 계수에 대해 F-검정을 시행한다.[1]

처치 규정 미준수 실제 실험에서는 사람들이 항상 지시받은 대로 행동하지는 않는다. 예를 들어 직업훈련 프로그램 실험에서 처치집단에 배정된 일부 피실험자가 훈련 수업에 참석하지 않아 처치를 받지 못할 수 있다. 마찬가지로, 통제집단에 배정된 피실험자가 강사나 관리자에게 특별 요청을 하는 등의 방법으로 어떻게든 훈련을 받을 수도 있다.

개인이 무작위 처치 규정을 완전히 따르지 않는 것을 처치 규정의 **부분 준수**(partial compliance)라고 한다. 실험자가 처치가 실제로 이루어졌는지(예: 훈련생이 수업에 참석했는지) 알고 있고, 실제로 받은 처치가 X_i로 기록된다고 가정해보자. 부분 준수의 경우, 피험자가 실제로 처치를 받을지 여부에 선택할 수 있는 요소가 있으므로, 처음에 무작위 배정이 이루어졌더라도 X_i가 u_i와 상관관계가 있을 수 있다. 따라서 처치 규정 미준수는 OLS 추정량의 편향으로 이어진다.

실제로 받은 처치(X_i)와 초기 무작위 배정에 대한 데이터가 모두 있다면 처치효과를 도

---

1 이 예에서 X_i는 이진변수이므로, 11장에서 논의한 바와 같이 X_i를 $W_{1i}, \ldots, W_{ri}$에 대해 회귀하는 것은 선형확률모형이며, 이분산성 강건 표준 오차가 필수적이다. X_i가 이진변수일 때 $E(X_i|W_{1i}, \ldots, W_{ri})$가 $W_{1i}, \ldots, W_{ri}$에 의존하지 않는다는 가설을 검정하는 또 다른 방법은 프로빗 또는 로짓 모형을 사용하는 것이다(11.2절 참조).

구변수회귀를 통해 추정할 수 있다. **처치효과의 도구변수 추정**(instrumental variables estimation of the treatment effect)은 식 (13.1) — 또는 통제변수가 있는 경우 식 (13.2) — 을 추정하는 것을 포함하며, 이때 초기 무작위 배정(Z_i)을 실제로 받은 처치(X_i)의 도구변수로 사용한다. 변수가 유효한 도구변수가 되기 위해서는 도구 관련성과 도구 외생성이라는 두 가지 조건을 만족해야 한다는 점을 상기하자(핵심 개념 12.3). 규정이 부분적으로라도 준수된다면, 실제 처치 수준은 부분적으로 배정된 처치 수준에 의해 결정되므로 도구변수 Z_i는 관련성이 있다. 초기 배정이 무작위로 이루어졌다면 Z_i는 u_i와 독립적으로 분포하므로(공변량에 조건부로 무작위 배정된 경우 W_i에 조건부로), 도구변수는 외생적이다. 따라서 처치가 무작위로 배정되고, 부분 준수가 있으며, 실제 처치에 대한 데이터가 있는 실험에서는 원래의 무작위 배정이 유효한 도구변수이다.

이탈 **이탈**(attrition)은 피실험자들이 처치집단이나 통제집단에 무작위로 배정된 후 연구에서 중도 이탈하는 것을 말한다. 때로는 처치 프로그램과 무관한 이유로 이탈이 발생한다. 예를 들어 직업훈련에서 참가자가 아픈 친척을 돌보기 위해 도시를 떠나야 할 수도 있다. 하지만 이탈의 이유가 처치 자체와 관련이 있다면, 이는 처치의 인과효과에 대한 OLS 추정량의 편향을 초래할 수 있다. 예를 들어 가장 능력 있는 훈련생들이 직업훈련 기술을 사용해 타지에서 직업을 얻게 되어 직업훈련 실험에서 중도 이탈하게 되고, 실험 종료 시 처치집단에는 가장 능력이 떨어지는 구성원들만 남는다고 가정해보자. 그렇다면 측정되지 않은 특성(능력)의 분포가 통제집단과 처치집단 사이에 차이가 날 것이다(처치로 인해 가장 능력 있는 훈련생들이 이탈할 수 있었기 때문이다). 다시 말해 실험 종료 시 표본에 남아있는 사람들의 경우 처치 X_i가 u_i(여기에는 능력이 포함됨)와 상관관계를 가지게 되어, 차분 추정량에 편향이 생기게 된다. 이탈은 결국 무작위 배정이 아닌 선택된 표본을 초래하기 때문에, 처치와 관련된 이탈은 선택 편향으로 이어진다(핵심 개념 9.4).

실험 효과 사람을 대상으로 하는 실험에서는 단순히 피실험자들이 실험에 참여한다는 사실만으로도 그들의 행동이 변할 수 있다. 이는 **호손 효과**(Hawthorne effect)라고 하는 현상이다(글상자 '호손 효과' 참조).

일부 실험에서는 '이중맹검(double-blind)' 규정이 실험에 참여한다는 사실만으로 발생하는 효과를 완화할 수 있다: 피실험자와 실험자 모두 자신이 실험에 참여하고 있다는 것을 알지만, 누구도 특정 피실험자가 처치집단에 속하는지 통제집단에 속하는지 알지 못한다. 예를 들어 의약품 실험에서는 때때로 약물과 위약을 외관상 동일하게 만들어서 약물을 투여하는 의료 전문가와 환자 모두 투여된 약물이 실제 약물인지 위약인지 알 수 없도록 만들 수 있다. 실험이 이중맹검으로 진행된다면, 처치집단과 통제집단 모두 동일한 실험 효과를 경험해야 하므로 두 집단 간의 발생한 결과 차이는 약물로 인한 것으로 볼 수 있다.

경제학에서 시도하는 실제 실험에서는 이중맹검 실험이 종종 불가능하다: 피실험자와 실험자 모두 피실험자가 직업훈련에 참여하고 있는지 알고 있다. 잘못 설계된 실험에서는 이러한 실험 효과가 상당할 수 있다. 예를 들어 실험 담당자들이 자신들의 미래 고용이 실험 결과에

호손 효과

1920년대와 1930년대에 제너럴일렉트릭은 호손 공장에서 일련의 노동자 생산성 연구를 수행했다. 한 실험에서 연구자들은 조명이 전기 부품을 조립하는 여성 노동자들의 생산성에 미치는 영향을 보기 위해 전구의 와트 수를 변경했다. 다른 실험에서는 휴식 시간을 늘리거나 줄이고, 작업실 배치를 바꾸고, 근무일을 단축했다. 이 연구들에 대한 초기의 영향력 있는 보고서들은 조명이 밝아지든 어두워지든, 근무일이 길어지든 짧아지든, 조건이 개선되든 악화하든 상관없이 생산성이 계속 증가했다고 결론지었다. 연구자들은 생산성 향상이 작업장 변화의 결과가 아니라, 실험에서 주어진 특별한 역할로 인해 노동자들이 주목받고 가치 있다고 느껴 점점 더 열심히 일했기 때문이라고 결론 내렸다. 세월이 흐르면서, 실험에 참여하는 것이 피실험자의 행동에 영향을 미친다는 아이디어는 호손 효과(Hawthorne effect)로 알려지게 되었다.

하지만 이 이야기에는 문제가 있다: 실제 호손 데이터를 주의 깊게 살펴보면 호손 효과가 없다는 것이 밝혀졌다(Gillespie, 1991; Jones, 1992). 그럼에도 불구하고 일부 실험, 특히 피실험자들이 결과에 대한 이해관계를 가진 실험에서는 단순히 실험에 참여하는 것만으로도 행동에 영향을 미칠 수 있다. 호손 효과와 실험 효과는 더 일반적으로 내적 타당성에 위협이 될 수 있다—비록 원래의 호손 데이터에서는 호손 효과가 명확하지 않았지만 말이다.

달려 있다고 생각한다면, 프로그램을 성공시키기 위해 특별히 열심히 노력할 수 있다. 실험 효과로 인해 실험 결과가 편향되었는지는 실험이 어떻게 수행되었는지에 대한 세부 사항을 바탕으로 판단해야 한다.

작은 표본크기 사람을 대상으로 하는 실험은 비용이 많이 들 수 있기 때문에 표본크기가 작은 경우도 있다. 작은 표본크기는 인과효과 추정량에 편향을 주지는 않지만, 인과효과가 부정확하게 추정될 수 있다. 작은 표본은 또한 신뢰구간과 가설검정의 타당성을 위협한다. 정규분포의 임계치와 이분산성 강건 표준 오차를 기반으로 한 추론이 대표본 근사에 의해 정당화되기 때문에, 표본크기가 작은 실험 데이터는 때때로 오차가 정규분포를 따른다는 가정하에 분석된다(3.6절과 5.6절). 그러나 정규성 가정은 일반적으로 관측 데이터와 마찬가지로 실험 데이터에서도 타당성에 의구심을 일으킬 수 있다.

외적 타당성에 대한 위협

외적 타당성에 대한 위협은 연구 결과를 다른 모집단과 다른 환경으로 일반화할 수 있는 여지를 제한한다.

비대표성 표본 연구된 모집단과 관심 대상인 모집단은 실험 결과를 일반화할 수 있을 만큼 충분히 유사해야 한다. 만약 직업훈련 프로그램이 전과자를 대상으로 한 실험에서 평가된다면, 그 연구 결과를 다른 전과자에게 일반화할 수 있을 것이다. 그러나 범죄 기록은 잠재적 고용주들의 결정에 큰 영향을 미치기 때문에, 이 결과를 범죄 기록이 없는 다른 노동자들에게 일반화하기는 어려울 수 있다.

비대표성 프로그램 또는 정책 관심 대상인 정책이나 프로그램은 결과를 일반화할 수 있을 만큼 연구된 프로그램과 충분히 유사해야 한다. 소규모로 엄격하게 모니터링된 실험에서 연구된 프로그램은 실제 구현된 프로그램과 상당히 다를 수 있다. 실제 구현된 프로그램이 광범위하게 이용 가능하다면, 확대된 프로그램은 실험 버전과 같은 수준의 품질 관리를 제공하지 못하거나 더 낮은 수준으로 자금이 지원될 수 있다. 이 두 가지 가능성 모두 전체 규모의 프로그램이 더 작은 실험 프로그램보다 덜 효과적일 수 있다. 실험 프로그램과 실제 프로그램 사이의 또 다른 차이점은 그 기간일 수 있다: 실험 프로그램은 실험 기간 동안만 지속되지만, 고려 중인 실제 프로그램은 더 오랫동안 이용 가능할 수 있다.

일반균형효과 규모, 기간과 관련된 문제는 경제학자들이 일반균형효과라고 하는 것과 관련이 있다. 작고 일시적인 실험 프로그램을 광범위하고 영구적인 프로그램으로 전환하면 경제 환경이 그사이 충분히 변화해 실험 결과를 일반화할 수 없을 수 있다. 예를 들어 소규모 실험적 직업훈련 프로그램은 고용주가 제공하는 훈련을 보완할 수 있지만, 이 프로그램이 광범위하게 이용 가능해지면 고용주가 제공하는 훈련을 대체하게 되어 프로그램의 순 혜택을 감소시킬 수 있다. 내적으로 타당한 소규모 실험은 시장이나 정책 환경을 일정하게 유지한 채 인과효과를 정확히 측정할 수 있지만, 일반균형효과는 프로그램이 광범위하게 구현될 때 이러한 다른 요인들이 실제로는 일정하게 유지되지 않을 수 있음을 의미한다.

13.3 학급 규모 축소 효과에 대한 실험 추정

이 절에서는 2부에서 다룬 질문으로 돌아간다: 초등학교 저학년에서 학급 규모를 줄이게 되면 시험점수에 어떤 영향을 미칠까? 1980년대 후반, 미국 테네시주는 학급 규모 축소가 초등교육을 개선하는 효과적인 방법인지 확인하기 위해 수백만 달러 규모의 무작위 통제 실험을 실시했다. 이 실험의 결과는 학급 규모 축소 효과에 대한 우리의 이해에 큰 영향을 미쳤다.

실험 설계

테네시 학급 규모 축소 실험, 일명 Project STAR(Student-Teacher Achievement Ratio, 학생-교사 성취도 비율)는 작은 학급 규모가 학습에 미치는 영향을 평가하기 위해 설계된 4년간의 실험이었다. 테네시주 의회의 자금 지원을 받아 약 1,200만 달러의 비용이 들었다. 이 연구는 유치원부터 3학년까지 세 가지 다른 학급 구성을 비교했다: 학급당 22~25명의 학생과 보조교사 없이 1명의 교사만 있는 일반규모 학급, 학급당 13~17명의 학생과 보조교사 없는 소규모 학급, 보조교사가 있는 일반규모 학급.

실험에 참여한 각 학교는 각 유형의 학급을 최소 하나씩 가지고 있었으며, 1985-1986학년도 초에 참여 학교에 입학하는 유치원생들은 이 세 그룹 중 하나에 무작위로 배정되었다. 교사들도 세 유형의 학급 중 하나에 무작위로 배정되었다.

원래의 실험 규정에 따르면, 학생들은 실험 4년 동안(유치원부터 3학년까지) 처음 배정된 학급 유형에 머물러야 했다. 그러나 학부모들의 불만으로 인해 처음에 일반 학급(보조교사 유무와 관계없이)에 배정된 학생들은 1학년 초에 보조교사가 있는 일반 학급 또는 보조교사가 없는 일반 학급으로 무작위 재배정되었다. 처음에 소규모 학급에 배정된 학생들은 소규모 학급에 남았다. 실험 2년 차에 1학년으로 입학한 학생들(유치원은 선택사항이었음)은 세 그룹 중 하나에 무작위로 배정되었다. 실험에 참여한 학생들은 매년 읽기와 수학에서 표준화된 시험(스탠퍼드 성취도 검사)을 치렀다.

이 프로젝트는 목표 학급 규모를 달성하는 데 필요한 추가 교사와 보조교사의 비용을 지불했다. 연구 첫해에는 약 6,400명의 학생이 108개의 소규모 학급, 101개의 일반규모 학급, 99개의 보조교사가 있는 일반규모 학급에 참여했다. 4년간의 연구 전체에 걸쳐 총 80개 학교에서 약 11,600명의 학생이 연구에 참여했다.

실험 설계에서의 이탈 실험 규정은 1학년 초의 무작위 재배정을 제외하고는 학생들이 학급 집단 간에 이동하지 않아야 한다고 명시했다. 그러나 약 10%의 학생이 이듬해에 불화나 행동 문제 등의 이유로 이동했다. 이러한 이동은 무작위 배정 규정에서 벗어난 것이며, 이동의 실제 성격에 따라 결과에 편향을 초래할 가능성이 있다. 순수하게 성격 충돌을 피하기 위해 이루어진 이동은 실험과 충분히 무관해 편향을 초래하지 않을 수 있다. 그러나 만약 자녀 교육에 관심이 많은 부모가 학교에 압력을 가해 자녀를 소규모 학급으로 이동시키도록 했다면, 이러한 실험 규정 미준수는 소규모 학급의 효과성을 과대평가하는 방향으로 결과를 편향시킬 수 있다. 실험 규정에서의 또 다른 이탈은 학생들이 학급 간 이동을 하고 학군을 들어오고 나가면서 시간이 지남에 따라 학급 규모가 변했다는 점이다.

STAR 데이터 분석

2개의 처치집단 — 소규모 학급과 보조교사가 있는 일반규모 학급 — 이 있기 때문에 차분 추정량의 회귀 버전은 두 처치집단과 하나의 통제집단을 다루기 위해 수정되어야 한다. 이 수정은 2개의 이진변수를 도입해 이루어진다. 하나는 학생이 소규모 학급에 있는지를 나타내고, 다른 하나는 학생이 보조교사가 있는 일반규모 학급에 있는지를 나타낸다. 이는 다음과 같은 모집단 회귀모형으로 이어진다.

멕시코 농촌지역에서 학교 등록률을 높이기 위한 조건부 현금 지원

1997년, 멕시코 농촌지역의 가난한 어머니들에게 자녀가 학교에 등록한다는 조건으로 돈을 지급하는 프로그램이 고안되었다. 중요하게도, 이러한 조건부 현금 지원의 할당은 프로그램이 등록률에 미치는 단기적 영향을 효과적으로 분석할 수 있는 방식으로 진행되었다. 할당량을 결정하는 것은 495개의 가난한 농촌 지역사회를 식별하는 것으로 시작되었다. 그다음, 이 지역사회 내의 모든 가구를 대상으로 인구조사를 실시했다. 이를 바탕으로 가구들은 조건부 현금 지원 자격이 있는 가구와 자격이 없는 가구로 나뉘었다. 마지막으로, 무작위 선택 과정을 거쳐 원래의 495개 지역사회 중 314개 지역사회 내의 자격을 갖춘 가구에만 지원금이 할당되었다. 이는 처치, 즉 조건부 현금 지원이 지역사회 전체를 대상으로 무작위로 할당되었음을 의미하며, 조건부 현금 지원에 선택되지 않은 181개 지역사회는 무작위로 선택된 314개 지역사회에 대한 통제집단으로 사용될 수 있었다. 계량경제학적 분석을 통해 무작위 선택 과정이 균형 잡힌 처치집단과 통제집단을 만드는 데 성공했으며, 이 개입이 학령기 아동들의 학교 등록률을 높이는 데 성공적이었음을 보여줄 수 있었다.

$$Y_i = \beta_0 + \beta_1 SmallClass_i + \beta_2 RegAide_i + u_i \qquad (13.3)$$

여기서 Y_i는 시험점수이고, $SmallClass_i$는 i번째 학생이 소규모 학급에 있으면 1, 그렇지 않으면 0이며, $RegAide_i$는 i번째 학생이 보조교사가 있는 일반 학급에 있으면 1, 그렇지 않으면 0이다. 일반 학급 대비 소규모 학급이 시험점수에 미치는 영향은 β_1이고, 일반 학급 대비 보조교사가 있는 일반 학급의 영향은 β_2이다. 실험에 대한 차분 추정량은 식 (13.3)에서 β_1과 β_2를 OLS로 추정함으로써 찾을 수 있다.

실험 설계로 인해 관측치들이 i.i.d.분포를 따른다고 보기 어렵다. 특히 한 번 학교가 선택되면 그 학교의 모든 학생이 참여하게 된다. 한 학교의 학생들은 보통 같은 지역 출신이기 때문에 부모의 교육수준과 같이 관측되지 않은 유사한 특성을 공유할 수 있다. 따라서 식 (13.3)의 오차항 u_i는 같은 학교 학생들 간에 상관관계가 있을 수 있다. 이러한 상관관계는 편향을 초래하지는 않지만, 표준 오차는 이러한 상관관계를 고려해 계산되어야 한다. 군집표준 오차는 개체(학교) 내 상관관계는 허용하지만 개체 간 상관관계는 허용하지 않으므로(10.5절 및 부록 10.2 참조), 학교 수준에서 군집된 표준 오차를 계산한다.

표 13.1은 소규모 학급 또는 보조교사가 있는 일반규모 학급에 속함으로써 시험점수에 미치는 영향에 대한 차분 추정치를 제시한다. 표 13.1의 회귀에서 종속변수 Y_i는 스탠퍼드 성취도 검사의 수학 및 읽기 영역 총점이다. 표 13.1의 추정치에 따르면, 유치원생의 경우 소규모 학급에 속하는 것이 일반 학급에 비해 시험점수를 13.9점 높이는 효과가 있는 반면, 보조교사가 있는 일반 학급에 속하는 것은 시험점수를 단지 0.31점 높이는 효과만 있는 것으로 추정된다. 각 학년에서 소규모 학급이 시험성적 향상을 가져오지 않는다는 귀무가설은 0.5% (양측) 유의수준에서 기각된다. 그러나 1학년을 제외하고는 10% 유의수준에서조차 보조교사가 없는 경우에 비해 보조교사가 있는 일반학급이 성적 향상을 가져오지 않는다는 귀무가설을 기각할 수 없다. 소규모 학급의 성적 향상 추정치 크기는 K, 2, 3학년에서 대체로 유사하지만, 1학년의 추정치는 더 크다.

표 13.1 Project STAR: 학급 규모 처치집단의 표준화된 시험점수에 대한 차분 추정치

	학년			
설명변수	K	1	2	3
작은 학급	13.90 (4.23) [5.48, 22.32]	29.78 (4.79) [20.24, 39.32]	19.39 (5.12) [9.18, 29.61]	15.59 (4.21) [7.21, 23.97]
보조교사가 있는 일반규모 학급	0.31 (3.77) [−7.19, 7.82]	11.96 (4.87) [2.27, 21.65]	3.48 (4.91) [−6.31, 13.27]	−0.29 (4.04) [−8.35, 7.77]
절편	918.04 (4.82)	1039.39 (5.82)	1157.81 (5.29)	1228.51 (4.66)
관측치 수	5786	6379	6049	5967

이 회귀 결과는 부록 13.1에서 설명한 Project STAR 공개 접근 데이터를 사용해 추정되었다. 종속변수는 학생의 스탠퍼드 성취도 검사의 수학과 읽기 부분의 합산 점수이다. 학교 수준에서 군집표준 오차는 괄호 안에 표시되어 있으며, 95% 신뢰구간은 대괄호 안에 표시되어 있다.

표 13.1의 차분 추정치는 학급 규모를 줄이는 것은 시험성적에 영향을 미치지만, 일반규모 학급에 보조교사를 추가하는 것은 훨씬 작은 효과를 가질 수 있으며, 아마도 0일 수 있음을 시사한다. 13.1절에서 논의한 바와 같이 표 13.1의 회귀에 추가 설명변수[식 (13.2)의 W 설명변수]를 추가하면 인과효과를 보다 효율적으로 추정할 수 있다. 또한 처치 규정을 따르지 않아 받은 처치가 무작위가 아닌 경우, 추가 설명변수를 포함한 회귀모형에 기초한 실험 효과 추정치는 표 13.1에 보고된 차분 추정치와 다를 수 있다. 이 두 가지 이유로 식 (13.3)에 추가 설명변수를 포함했을 때, 유치원에 대한 실험 효과 추정치가 표 13.2에 보고되었다. 표 13.2의 첫 번째 열은 표 13.1의 첫 번째 열 결과를 반복하고, 나머지 세 열은 교사, 학교, 학생 특성을 측정하는 추가 설명변수를 포함한 모형이다.

표 13.2의 주요 결론은 표 13.2의 마지막 세 열에서 두 처치(소규모 학급 및 보조 교사가 있는 일반규모 학급)의 인과효과에 대한 다중회귀 추정치가 첫 번째 열에 보고된 차분 추정치와 유사하다는 것이다. 이렇듯 관측 가능한 설명변수를 추가해도 추정된 처치효과가 변하지 않는다는 점은 소규모 학급에 대한 무작위 배정이 관측되지 않은 변수에도 의존하지 않을 가능성이 높다는 것을 보여준다. 예상대로 이러한 추가 설명변수는 회귀모형의 $\bar{R}^2$을 증가시키고, 추정된 학급 규모 효과의 표준 오차는 (1)열의 4.23에서 (4)열의 3.95로 감소한다.

표 13.2 Project STAR: 유치원에 대해 추가 설명변수를 포함했을 때 차분 추정치

설명변수	(1)	(2)	(3)	(4)
작은 학급	13.90 (4.23) [5.48, 22.32]	14.00 (4.25) [5.55, 22.46]	15.93 (4.08) [7.81, 24.06]	15.89 (3.95) [8.03, 23.74]
보조교사가 있는 일반규모 학급	0.31 (3.77) [−7.19, 7.82]	−0.60 (3.84) [−8.25, 7.05]	1.22 (3.64) [−6.04, 8.47]	1.79 (3.60) [−5.38, 8.95]
교사 경력		1.47 (0.44) [0.60, 2.34]	0.74 (0.35) [0.04, 1.45]	0.66 (0.36) [−0.05, 1.37]
남학생				−12.09 (1.54)
무료급식 자격				−34.70 (2.47)
흑인				−25.43 (4.52)
흑인이나 백인이 아닌 인종				−8.50 (12.64)
학교 지표변수 포함?	아니요	아니요	예	예
$\bar{R}^2$	0.01	0.02	0.22	0.28
관측치 수	5786	5766	5766	5748

이 회귀 결과는 부록 13.1에서 설명한 Project STAR 공개 접근 데이터를 사용해 추정되었다. 종속변수는 스탠퍼드 성취도 검사의 수학 및 읽기 영역에 대한 학생의 종합시험점수이다. 모든 회귀모형에는 절편(보고되지 않음)이 포함된다. 일부 데이터가 누락되어 서로 다른 회귀분석에서 관측치 수가 다르다. 학교 수준에서 군집표준 오차는 괄호 안에 표시되어 있으며, 95% 신뢰구간은 대괄호 안에 표시되어 있다.

교사들은 학교 내에서 각 학급 유형에 무작위로 배정되었기 때문에, 이 실험은 또한 교사의 경력이 시험점수에 미치는 영향을 추정할 기회를 제공한다. 13.1절의 용어로, 무작위 배정(randomization)은 각 학교를 나타내는 이진변수의 전체 집합인 공변량 W에 의존하는 조건부이다. 즉 W는 학교 고정효과의 전체 집합을 나타낸다. 따라서 W가 주어졌을 때, 경력 연수는 무작위로 배정되며, 이는 식 (13.2)의 u_i가 조건부 기댓값 독립성을 만족한다는 의미이다. 여기서 X 변수는 학급 규모 처치와 교사의 경력 연수이고 W는 학교 고정효과의 전체 집합이다. 교사들은 학교 간에 무작위로 재배치되지 않았기 때문에, 회귀모형에서 학교 효과를 제외한다면[표 13.2 (2)열] 경력 연수는 일반적으로 오차항과 상관관계가 있을 것이다. 예를 들어 부유한 지역은 경력이 더 많은 교사를 보유하고 있을 수 있다. 학교 효과를 모형에 포함했을 때 경력에 대한 추정 계수는 표 13.2 (2)열의 1.47에서 (3)열의 0.74로 절반으로 줄어든다. 교사들은 학교 내에서 무작위 배정되었기 때문에 (3)열은 경력이 1년 추가될 때 시험점수에 미치는 영향에 대한 불편 추정량을 보여준다. 0.74라는 추정치는 부정확하게 추정되었지만 상당히 큰 효과이다. 10년의 경력으로 시험점수가 7.4점 증가할 것으로 예측되며, 95% 신뢰구간은 (0.4, 14.5)이다.

표 13.2의 다른 계수 중 일부를 해석하고 싶은 유혹이 있지만, 일반적으로 통제변수에 대한 계수와 마찬가지로 해당 계수는 인과해석을 갖지 않는다.

추정된 학급 규모의 효과 해석하기 표 13.1과 13.2에 나타난 추정된 학급 규모의 효과는 실제적인 의미에서 큰가, 아니면 작은가? 이에 답하는 두 가지 방법이 있다. 첫째, 추정된 시험점수의 변화량을 시험점수의 표준편차 단위로 변환해 표 13.1의 추정치를 학년 간에 비교할 수 있도록 하는 것이다. 둘째, 추정된 학급 규모 효과를 표 13.2의 다른 계수들과 비교하는 것이다.

시험점수의 분포가 각 학년마다 동일하지 않기 때문에 표 13.1의 추정 효과는 학년 간에 직접 비교할 수 없다. 9.4절에서 캘리포니아 데이터를 사용해 추정한 학생-교사 비율 감소가 시험점수에 미치는 영향을 매사추세츠 데이터를 사용해 추정한 효과와 비교하려고 할 때 이 문제에 직면했다. 두 시험이 달랐기 때문에 계수를 직접 비교할 수 없었다. 9.4절의 해결책은 추정 효과를 시험점수의 표준편차 단위로 변환해 학생-교사 비율이 한 단위 감소하면 시험점수 표준편차 대비 얼마큼 변화하는지 비율로 나타내도록 하는 것이었다. 우리는 표 13.1의 추정 효과를 학년 간에 비교할 수 있도록 여기서 이 접근 방식을 채택한다. 예를 들어 유치원생 시험점수의 표준편차는 73.75이므로 표 13.1의 추정치에 기초한 유치원에서 소규모 학급에 속하는 효과는 $13.9/73.75 = 0.19$이고 표준 오차는 $4.23/73.75 = 0.06$이다.

표 13.1의 추정된 학급 규모 효과를 학생 간 시험점수 표준편차 단위로 변환한 결과가 표 13.3에 요약되어 있다. 표준편차 단위로 표현했을 때, 소규모 학급에 속하는 효과는 K, 2, 3학년에서 유사하며 시험점수 표준편차의 약 1/5이다. 마찬가지로 보조교사가 있는 일반규모 학급에 속한 결과는 K, 2, 3학년에서 약 0이다. 1학년의 추정된 처치효과는 더 크지만, 1학년의 경우 소규모 학급과 보조교사가 있는 일반규모 학급 간의 추정 차이는 0.20으로 다른 학년과 동일하다. 따라서 1학년 결과에 대한 한 가지 해석은 통제집단(보조교사가 없는 일반규모

표 13.3 학생들 간 시험성적의 표준편차를 단위로 한 학급 규모의 추정된 효과

	학년			
처치집단	K	1	2	3
작은 학급	0.19 (0.06)	0.33 (0.05)	0.23 (0.06)	0.21 (0.06)
보조교사가 있는 일반규모 학급	0.00 (0.05)	0.13 (0.05)	0.04 (0.06)	0.00 (0.06)
시험성적의 표본 표준편차(s_Y)	73.75	91.25	84.08	73.27

첫 번째 두 행의 추정치와 표준 오차는 표 13.1의 추정 효과를 실험에 참여한 학생 데이터를 사용해 계산한 해당 학년의 스탠퍼드 성취도 검사 표본 표준편차(이 표의 마지막 행)로 나눈 값이다. 학교 수준의 군집표준 오차는 괄호 안에 표시되어 있다.

학급)의 학생들이 그 해에 어떤 특별한 이유로, 아마도 단순히 무작위 표본 추출 변동으로 인해 시험에서 좋지 않은 성적을 받았을 수 있다는 것이다.

소규모 학급에 속하는 것의 효과 크기를 평가하는 또 다른 방법은 표 13.2의 다른 계수와 추정된 처치효과를 비교하는 것이다. 유치원에서 소규모 학급의 시험성적에 대한 추정 효과는 13.9점이다(표 13.2의 첫 번째 행). 인종, 교사의 경력 연수, 무료급식 자격, 처치집단 변수를 일정하게 유지했을 때, 표 13.2의 (4)열 추정치에 따르면 남학생은 여학생보다 표준화 시험에서 약 12점 낮은 점수를 받는다. 따라서 소규모 학급에 속하는 것의 추정 효과는 여학생과 남학생 간의 성적 격차보다 다소 크다. 또 다른 비교로, (4)열에서 교사의 경력 연수에 대한 추정 계수는 0.66이므로, 20년 경력의 교사를 두는 것은 시험성적을 13점 향상하는 것으로 추정된다. 따라서 소규모 학급에 속하는 것의 추정 효과는 신임교사 대비 20년 경력의 교사를 두는 효과와 거의 동일하다. 이러한 비교는 소규모 학급에 속하는 것의 추정 효과가 의미 있게 크다는 것을 시사한다.

추가 결과 계량경제학자, 통계학자, 초등교육 전문가들은 이 실험을 광범위하게 연구했으며, 여기서 그들의 연구 결과 중 일부를 간략히 요약한다. 하나는 표 13.3에서 볼 수 있듯이 소규모 학급의 효과가 가장 초기 학년에 집중되어 있다는 것이다. 이상치인 1학년 결과를 제외하고, 표 13.3에 보고된 일반규모 학급과 소규모 학급 간의 시험점수 격차는 전 학년에 걸쳐 거의 일정하다(유치원에서 0.19 표준편차 단위, 2학년에서 0.23, 3학년에서 0.21). 처음에 소규모 학급에 배정된 아이들은 그 소규모 학급에 머물렀기 때문에, 소규모 학급에 계속 있는 것은 추가적인 향상을 가져오지 않았다. 오히려 초기 배정 시 이루어진 향상이 고학년까지 유지되었지만, 처치집단과 통제집단 간의 격차는 증가하지 않았다. 또 다른 발견은 표 13.3의 두 번째 행에 나타난 바와 같이, 이 실험은 일반규모 학급에서 보조교사를 두는 것의 이점이 거의 없다는 것을 보여준다. 실험 결과 해석에 대한 한 가지 잠재적 우려는 일부 학생(일부 학생은 소규모 학급에서 다른 학급으로 전환)이 처치 규정을 따르지 못한 것이다. 유치원 교실에서의 초기 배정이 무작위 배정이고 시험점수에 직접적인 영향을 미치지 않는다면, 초기 배정이 완전히는 아니지만 부분적으로 배정에 영향을 미쳤으므로 이를 도구변수로 사용할 수 있다.

표 13.4 STAR 데이터와 캘리포니아, 매사추세츠 관측 데이터에 기반한 7.5만큼 감소한 학생-교사 비율의 추정된 효과

연구	$\hat{\beta}_1$	학생-교사 비율 변화	학생 간 성적의 표준편차	추정된 효과	95% 신뢰구간
STAR (유치원)	−13.90 (4.23)	소규모 대 일반규모	73.8	0.19 (0.06)	[0.08, 0.30]
캘리포니아	−0.73 (0.26)	−7.5	38.0	0.14 (0.05)	[0.04, 0.24]
매사추세츠	−0.64 (0.27)	−7.5	39.0	0.12 (0.05)	[0.02, 0.22]

STAR 연구의 추정 계수 $\hat{\beta}_1$은 표 13.2의 (1)열에서 가져왔다. 캘리포니아와 매사추세츠 연구의 추정 계수는 표 9.3의 (1)열에서 가져왔다. 추정 효과는 소규모 학급 대 일반규모 학급에 속하는 것의 효과(STAR의 경우) 또는 학생-교사 비율을 7.5 줄이는 것의 효과(캘리포니아와 매사추세츠 연구의 경우)이다. 학생-교사 비율 감소에 대한 95% 신뢰구간은 이 추정 효과 ±1.96 표준 오차이다. 표준 오차는 추정 효과 아래 괄호 안에 표시되어 있다.

Krueger(1999)는 이 전략을 사용해 초기 교실 배정을 도구변수로 사용해 2단계 최소제곱법(TSLS)으로 학급 규모가 시험점수에 미치는 영향을 추정했다. 그는 TSLS와 OLS 추정치가 유사하다는 것을 발견해 실험 규정 준수 여부의 편차가 OLS 추정치에 의미 있는 편향을 도입하지 않는다고 결론 내렸다. 이러한 모든 결과에 대한 한 가지 외적 타당성 우려는 살펴본 종속변수가 어린 나이의 시험점수라 일반화하기에 제한된 척도라는 점이다. Chetty 등(2011)은 STAR 실험에 참여한 학생들의 장기적 결과를 조사하기 위해 세금 데이터를 사용했다. 놀랍게도 그들은 유치원에서 소규모 학급에 무작위로 배정된 학생들이 일반규모 학급에 무작위로 배정된 또래 아이들보다 대학 진학률이 더 높다는 것을 발견했다.[2]

관측 데이터와 실험 데이터를 사용한 학급 규모 효과 추정치 비교

Project STAR 실험은 경제학에서 드물게 인과효과의 실험 추정치를 관측 데이터 추정치와 비교할 수 있도록 한다. 2부에서는 캘리포니아와 매사추세츠 학군의 관측 데이터를 기반으로 학급 규모 효과에 대한 다중회귀 추정치를 제시했다. 이 데이터에서 학급 규모는 무작위로 할당되지 않고 지역 교육청 관계자들이 교육 목표와 예산 현실 사이에서 균형을 맞추려고 노력한 결과로 결정되었다. 이러한 관측 추정치를 Project STAR의 실험 추정치와 어떻게 비교할까?

캘리포니아와 매사추세츠 추정치를 표 13.3의 추정치와 비교하려면 동일한 학급 규모 감소를 고려하고 예측 효과를 시험점수의 표준편차와 같은 비교 가능한 단위로 표현해야 한다. 4년간의 STAR 실험 동안 소규모 학급은 일반규모 학급보다 평균적으로 약 7.5명 적었으므로, 우리는 관측 추정치를 사용해 학급당 7.5명 감소가 시험점수에 미치는 영향을 예측한다. 표 9.3의 첫 번째 열에 요약된 선형모형에 대한 OLS 추정치에 따르면, 캘리포니

2 Project STAR에 대한 추가 읽을거리는 Mosteller(1995), Mosteller, Light, Sachs(1996), Krueger(1999)를 참조하라. Ehrenberg 등(2001a, 2001b)은 Project STAR에 대해 논의하고 이를 학급 규모에 관한 정책 논쟁 및 관련 연구의 맥락에 위치시킨다. Project STAR에 대한 일부 비판은 Hanushek(1999a)을 참조하고, 학급 규모와 성과 간의 관계에 대한 비판적 견해는 Hanushek(1999b)를 참조하라.

아 추정치는 학생-교사 비율이 7.5명 감소할 때 시험점수가 5.5점 증가할 것으로 예측한다($0.73 \times 7.5 \approxeq 5.5$점). 캘리포니아 학생 간 시험점수의 표준편차는 약 38점이므로, 학생 간 표준편차 단위로 표현된 7.5명 감소의 추정 효과는 $5.5/38 \approxeq 0.14$ 표준편차이다.[3] 캘리포니아의 추정 기울기 계수의 표준 오차는 0.26(표 9.3)이므로, 표준편차 단위로 표현된 7.5명 감소 추정 효과의 표준 오차는 $0.26 \times 7.5/38 \approxeq 0.05$이다. 따라서 캘리포니아 데이터를 기반으로 학급 규모를 7.5명 줄이는 것의 추정 효과는 학생 간 시험점수의 표준편차 단위로 0.14 표준편차이며, 표준 오차는 0.05이다. 이러한 계산과 매사추세츠 데이터를 사용한 유사한 계산은 표 13.2의 (1)열에서 가져온 유치원 STAR 추정치와 함께 표 13.4에 요약되어 있다.

캘리포니아와 매사추세츠 관측 연구의 추정 효과는 STAR 추정치보다 다소 작다. 그러나 서로 다른 연구의 추정치가 다른 한 가지 이유는 무작위 표본 추출 변동성이므로 세 연구의 추정 효과에 대한 신뢰구간을 비교하는 것이 합리적이다. 유치원 STAR 데이터를 기반으로 소규모 학급에 속하는 것의 효과에 대한 95% 신뢰구간(표 13.4의 마지막 열에 보고됨)은 0.08~0.30이다. 캘리포니아 관찰 데이터를 기반으로 한 비교 가능한 95% 신뢰구간은 0.04~0.24이고, 매사추세츠의 경우 0.02~0.22이다. 따라서 캘리포니아와 매사추세츠 연구의 95% 신뢰구간은 STAR 유치원 데이터의 95% 신뢰구간 대부분을 포함한다. 이런 식으로 보면 세 연구는 매우 유사한 추정치 범위를 제공한다.

실험 추정치와 관측 추정치가 다를 수 있는 이유는 많다. 한 가지 이유는 9.4절에서 논의한 바와 같이 관찰 연구의 내적 타당성에 대한 위협이 남아있기 때문이다. 예를 들어 아이들이 지역 간에 이동하기 때문에 지역의 학생-교사 비율이 학생들이 실제로 경험한 학생-교사 비율을 반영하지 못할 수 있으므로 매사추세츠와 캘리포니아 연구에서 학생-교사 비율에 대한 계수가 변수오류편향으로 인해 0쪽으로 편향될 수 있다. 또한 관찰 연구에 사용된 지역 평균 학생-교사 비율은 STAR 실험 변수인 학급에 있는 실제 아동 수와 동일하지 않다. 또 다른 이유는 외적 타당성과 관련이 있다. Project STAR는 1980년대 남부 주에서 실시되었는데, 이는 1990년대 후반 캘리포니아 및 매사추세츠와 잠재적으로 다르며, 비교되는 학년도 다르다(STAR에서는 유치원에서부터 3학년까지, 매사추세츠에서는 4학년, 캘리포니아에서는 5학년). 이러한 모든 이유로 서로 다른 추정치를 예상할 수 있음에도 불구하고, 세 연구의 결과는 매우 유사하다. 관찰 연구의 추정치가 Project STAR 추정치와 유사하다는 것은 관측 추정치의 내적 타당성에 대한 나머지 위협이 사소한 것임을 시사한다.

13.4 준실험

무작위 통제 실험의 통계적 통찰과 방법은 비실험적 환경으로 이어질 수 있다. **준실험**(quasi-experiment)이라고도 하는 **자연 실험**(natural experiment)에서는 처치가 무작위로 배정된

3 표 9.3에서 추정 효과는 학군 간 시험점수의 표준편차 관점에서 제시된다. 표 13.3에서 추정 효과는 학생 간 시험점수의 표준편차 관점에서 제시된다. 학생 간 표준편차가 학군 간 표준편차보다 더 크다. 캘리포니아의 경우 학생 간 표준편차는 38이지만 학군 간 표준편차는 19.1이다.

것처럼 보이게 만드는 개인적 상황의 변화에 의해 임의성이 도입된다. 이러한 개인적 상황의 변화는 법적 제도, 위치, 정책 또는 프로그램 시행 시기, 생년월일, 강수량 또는 연구 중인 인과효과와 무관한 기타 요인과 같은 자연적 임의성으로 인해 발생할 수 있다.

우리는 두 가지 유형의 준실험을 고려한다. 첫 번째 유형에서는 개인(더 일반적으로는 개체)이 처치를 받는 것이 무작위로 결정되는 것처럼 간주된다. 이 경우 처치 X_i를 설명변수로 사용해 OLS로 인과효과를 추정할 수 있다. 두 번째 유형의 준실험에서는 무작위 배정처럼 보이는 변동이 처치를 부분적으로만 결정한다. 이 경우 무작위 배정처럼 보이는 변동의 원천을 도구변수로 사용해 도구변수회귀에 의해 인과효과가 추정된다.

몇 가지 예를 제시한 후, 이 절에서는 13.1절과 13.2절의 계량경제학적 방법의 일부를 준실험 데이터 분석에 활용할 수 있는 형태로 확장해 제시한다.

예

우리는 예를 통해 이 두 가지 유형의 준실험을 설명한다. 첫 번째 예는 처치가 마치 무작위로 결정된 것 같은 준실험이다. 두 번째와 세 번째 예시는 마치 무작위 배정처럼 보이는 변동이 완전히는 아니지만 부분적으로 처치를 받는지 여부에 영향을 주는 준실험을 보여준다.

예 1: 이민이 노동시장에 미치는 영향 이민이 임금을 감소시킬까? 경제 이론에 따르면 이민자 유입으로 인해 노동공급이 증가하면 노동의 '가격'인 임금이 하락해야 한다. 하지만 다른 조건이 동일하다면 이민자들은 노동수요가 높은 도시로 유입되는 경향이 있으므로, 이민이 임금에 미치는 영향에 대한 OLS 추정량은 편향될 것이다. 이민이 임금에 미치는 영향을 추정하기 위한 이상적인 무작위 통제 실험은 서로 다른 노동시장('대상')에 다양한 수의 이민자(다양한 '처치')를 무작위로 배정하고 임금에 미치는 영향('결과')을 측정하는 것이다. 그러나 이러한 실험은 심각한 실용적, 재정적, 윤리적 문제에 직면한다.

노동경제학자 David Card(1990)는 1980년 쿠바 이민 제한이 일시적으로 해제되어 발생한 마리엘 보트리프트(Mariel boatlift)로 인해 많은 수의 쿠바 이민자들이 플로리다주 마이애미의 노동시장에 유입된 준실험을 사용했다. 이민자의 절반이 마이애미에 정착했는데, 이는 부분적으로 그곳에 이미 큰 규모의 쿠바 커뮤니티가 존재했기 때문이다. Card는 마이애미의 저숙련 노동자들의 임금 변화를 같은 기간 동안 비슷한 미국 다른 도시들의 유사 노동자들의 임금 변화와 비교함으로써 이민 증가가 임금에 미치는 인과효과를 추정했다. 그는 이민자들의 유입이 저숙련 노동자들의 임금에 미미한 영향을 미쳤다고 결론지었다.

예 2: 학급 규모가 교육 성취도에 미치는 영향 13.3절에서 논의한 Project STAR와 같은 실험은 드물다. 특히 이런 실험의 결과는 연구 자체를 넘어 일반화하기 어려울 수 있다. 우리는 이미 1980년대 테네시의 결과를 1990년대 후반 캘리포니아와 매사추세츠에 일반화할 수 있는지 논의했지만, 다른 시기의 다른 국가들에까지 이 결과를 일반화할 수 있는가?

이 특정 연구 질문은 보편적으로 정책과 관련이 있어, 전 세계 국가들이 증거 기반 교육정책을 만들기 위해 자국의 맥락에서 이 질문에 답하고자 할 것이다. 마찬가지로, 이 연구 질문은 대부분의 국가에서 계량경제학적 분석의 어려움을 제기한다. 이스라엘에서 Angrist와 Lavy(1999)가 사용한 것과 유사한 회귀단절 설계를 사용해 Urquiola(2006)는 볼리비아 농촌의 사례로 이 질문을 분석한다. 학교 등록이 학급 규모와 사회경제적 지위 모두와 양의 관계를 가질 수 있어, 학급 규모와 교육 성취도 간 양의 연관성을 찾는 데 편향을 초래할 수 있고 이로 인해 준실험적 설계를 사용한다. 볼리비아 데이터에서 불연속성이 존재하는 이유는 한 학년에 30명 이상의 학생이 있으면 학교가 추가 교사를 배정받을 수 있다는 규정 때문이다. 그러나 이 불연속성은 엄격하게 적용되지 않는데, 실제로 학년당 30명 이상의 학생이 있는 일부 학교가 추가 교사를 배정받지 못했기 때문이다. 따라서 이는 '모호한(fuzzy)' 불연속성을 나타낸다. 이 계량경제학적 접근법의 결과는 학급 규모 확대의 상당한 부정적 효과를 보여주며, 그 크기는 다른 사례에서 추정된 효과보다 다소 크다: "학급 규모를 1 표준편차(약 8명의 학생) 줄이면 점수가 최대 0.3 표준편차까지 상승한다."[4]

예 3: 심장도관삽입술의 효과 12.5절에서는 McClellan, McNeil, Newhouse(1994)의 연구를 설명했는데, 그들은 심장마비 환자의 집에서 심장도관삽입 시설이 있는 병원까지의 거리와 그러한 시설이 없는 병원까지의 거리 간의 상대적 차이를 실제 심장도관삽입 치료에 대한 도구변수로 사용했다. 이 연구는 치료를 부분적으로 결정하는 변수가 있는 준실험이다. 치료 자체인 심장도관삽입술은 환자의 개인적 특성과 환자 및 의사의 결정에 의해 결정되지만, 근처 병원이 이 시술을 수행할 수 있는지 여부에 의해서도 영향을 받는다. 만약 환자의 위치가 마치 무작위 배정된 것처럼 보이고 심장도관삽입 확률에 미치는 영향 외에는 건강 결과에 직접적인 영향을 미치지 않는다면, 심장도관삽입 병원까지의 상대적 거리는 유효한 도구변수이다.

이중차분법

준실험에서 처치가 일부 관측변수 W에 조건부로 마치 무작위 배정된 것처럼 보인다면, 처치 효과는 식 (13.2)의 차분 회귀를 사용해 추정할 수 있다. 그러나 연구자가 무작위 배정을 통제할 수 없기 때문에, W를 통제한 후에도 처치집단과 통제집단 사이에 일부 차이가 남아있을 수 있다. 두 집단 간 남은 차이를 조정하는 한 가지 방법은 결과 Y를 비교하는 것이 아니라 처치 전후의 결과 변화를 비교해 두 집단의 처치 전 Y값의 차이를 조정하는 것이다. 이 추정량은 시간에 따른 차이 또는 집단 간 차이의 변화이므로 이중차분법이라고 한다. 예를 들어 Card(1990)는 이민이 저숙련 노동자의 임금에 미치는 영향에 대한 연구에서 이중차분법을 사용해 마이애미의 임금 변화와 다른 미국 도시들의 임금 변화를 비교했다.

이중차분법 $\overline{Y}^{treatment,\,before}$를 실험 전 처치집단의 Y 표본평균이라 하고, $\overline{Y}^{treatment,\,after}$를 실험 후 처치집단의 표본평균이라고 하자. $\overline{Y}^{control,\,before}$와 $\overline{Y}^{control,\,after}$를 통제집단의 해당하는 처치 전후 표본평균이라고 하자. 처치집단의 실험기간 동안 Y의 평

4 The MIT Press Journals, Miguel Urquiola, *Identifying Class Size Effects in Developing Countries: Evidence from Rural Bolivia*, March 29, 2006.

그림 13.1 이중차분법

처치집단과 통제집단 간의 처치 후 차이는 80 − 30 = 50이지만, 이는 처치효과를 과대평가한다. 왜냐하면 처치 전에 이미 처치집단의 Y가 통제집단보다 40 − 20 = 20만큼 높았기 때문이다. 이중차분법은 최종 격차와 초기 격차의 차이이므로, $\hat{\beta}_1^{diffs\text{-}in\text{-}diffs}$ = (80 − 30) − (40 − 20) = 50 − 20 = 30이다. 동일하게, 이중차분법은 처치집단의 평균 변화에서 통제집단의 평균 변화를 뺀 것이다. 즉 $\hat{\beta}_1^{diffs\text{-}in\text{-}diffs} = \Delta\overline{Y}^{treatment} - \Delta\overline{Y}^{control}$ = (80 − 40) − (30 − 20) = 30이다.

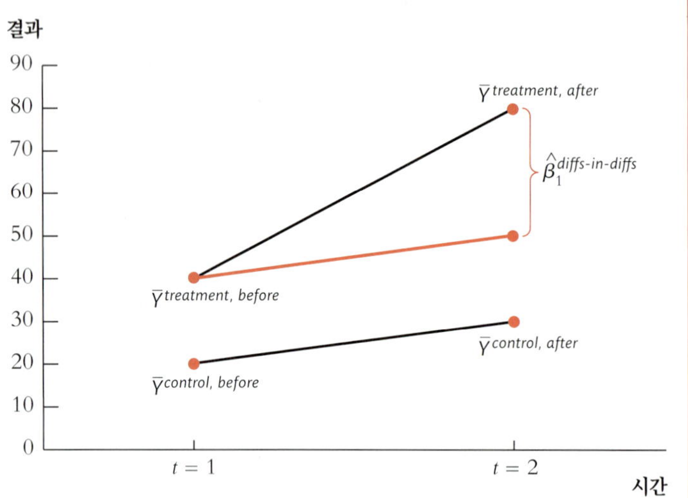

균 변화는 $\overline{Y}^{treatment,\,after} - \overline{Y}^{treatment,\,before}$이고, 통제집단의 이 기간 Y의 평균 변화는 $\overline{Y}^{control,\,after} - \overline{Y}^{control,\,before}$이다. **이중차분법**(differences-in-differences estimator)은 처치집단의 Y 평균 변화에서 통제집단의 Y 평균 변화를 뺀 것이다.

$$\begin{aligned}\hat{\beta}_1^{diffs\text{-}in\text{-}diffs} &= (\overline{Y}^{treatment,\,after} - \overline{Y}^{treatment,\,before}) - (\overline{Y}^{control,\,after} - \overline{Y}^{control,\,before})\\ &= \Delta\overline{Y}^{treatment} - \Delta\overline{Y}^{control}\end{aligned} \tag{13.4}$$

여기서 $\Delta\overline{Y}^{treatment}$는 처치집단의 Y 평균 변화량이고 $\Delta\overline{Y}^{control}$은 통제집단의 Y 평균 변화량이다. 만약 처치가 무작위로 배정되었다면, $\hat{\beta}_1^{diffs\text{-}in\text{-}diffs}$는 인과효과의 불편 추정량이자 일치 추정량이다.

이중차분법을 회귀모형의 표기법으로 쓸 수 있다. ΔY_i를 i번째 개인의 처치 후 Y값에서 처치 전 값을 뺀 것이라고 하자. 이중차분법은 다음 회귀에서 β_1의 OLS 추정량이다.

$$\Delta Y_i = \beta_0 + \beta_1 X_i + u_i \tag{13.5}$$

이중차분법은 그림 13.1에 설명되어 있다. 이 그림에서 처치집단의 Y 표본평균은 처치 전에 40인 반면, 통제집단의 처치 전 Y 표본평균은 20이다. 실험 과정에서 통제집단의 Y 표본평균은 30으로 증가하는 반면, 처치집단은 80으로 증가한다. 따라서 처치 후 표본평균의 평균 차이는 80 − 30 = 50이다. 그러나 이 차이의 일부는 처치집단과 통제집단이 처치 전 서로 다른 평균을 가졌기 때문에 발생한다: 처치집단이 통제집단보다 처음부터 앞서 있었다. 이중차분법은 통제집단에 대한 처치집단의 상대적 이득을 측정하며, 이는 예에서 (80 − 40) − (30 − 20) = 30으로 나타난다. 실험 과정에서 Y의 변화에 초점을 맞춤으로써, 이중차분법은 처치집단과 통제집단 사이 서로 다른 Y의 초깃값 영향을 제거한다.

추가 설명변수를 포함한 이중차분법 이중차분법은 모형에 추가적인 설명변수 $W_{1i}, \ldots, W_{ri}$를 포함하도록 확장할 수 있다. 이 변수들은 실험 이전의 개인 특성이거나 통제변수일 수 있다.

이러한 추가 설명변수들은 다중회귀모형을 사용해 다음과 같이 적용할 수 있다.

$$\Delta Y_i = \beta_0 + \beta_1 X_i + \beta_2 W_{1i} + \cdots + \beta_{1+r} W_{ri} + u_i,\ i = 1, \ldots, n \quad (13.6)$$

식 (13.6)에서 β_1의 OLS 추정량은 **추가 설명변수를 포함한 이중차분법 추정량**(differences-in-differences estimator with additional regressors)이다. X_i가 W_{1i}, ..., W_{ri}에 조건부로 마치 무작위 배정인 것처럼 간주된다면, u_i는 조건부 기댓값 독립성을 만족하며, 식 (13.6)에서 $\hat{\beta}_1$의 OLS 추정량은 불편 추정량이다.

여기서 설명한 이중차분법은 실험 전후의 두 시점을 고려한다. 어떤 상황에서는 여러 시점의 패널데이터가 있을 수 있다. 이중차분법은 10장의 패널데이터회귀 방법들을 사용해 여러 시점으로 확장할 수 있다.

반복 횡단면데이터를 이용한 이중차분법 **반복 횡단면데이터**(repeated cross-sectional data)는 각 다른 시점에 관측된 여러 횡단면데이터를 모아 놓은 횡단면데이터의 모음이다. 예를 들어 데이터에 2004년 400명의 개인에 대한 관측치와 2005년 500명의 다른 개인에 대한 관측치가 포함될 수 있으며, 이는 총 900명의 서로 다른 개인들의 데이터가 된다. 반복 횡단면데이터의 한 예는 정치 여론조사 데이터로, 무작위로 선택된 잠재적 유권자들을 대상으로 일련의 설문조사를 통해 정치적 선호도를 측정하며, 이 설문조사는 서로 다른 날짜에 실시하고 각 설문조사마다 응답자가 다르다.

반복 횡단면데이터를 사용 가능하게 하는 전제는 개인(더 일반적으로는 개체)들이 같은 모집단에서 무작위로 추출된다면, 이전 횡단면데이터에서 관측된 개인들을 이후 횡단면데이터의 처치집단과 통제집단의 개인들에 대한 대용으로 사용할 수 있다는 것이다.

2개의 시점이 있을 때 반복 횡단면데이터에 대한 회귀모형은 다음과 같다.

$$Y_{it} = \beta_0 + \beta_1 X_{it} + \beta_2 G_i + \beta_3 D_t + \beta_4 W_{1it} + \cdots + \beta_{3+r} W_{rit} + u_{it} \quad (13.7)$$

여기서 X_{it}는 t기($t = 1, 2$)의 횡단면에서 i번째 개인(개체)의 실제 처치이고, G_i는 개인이 처치집단에 속하는지(또는 관측된 시점이 처치 전인 경우 처치집단의 대용에 속하는지)를 나타내는 이진변수이며, D_t는 첫 번째 기간에는 0이고 두 번째 기간에는 1인 이진지표변수이다. i번째 개인은 두 번째 기간에 처치집단에 있을 때 처치를 받으므로 식 (13.7)에서 $X_{it} = G_i \times D_t$이다. 즉 X_{it}는 G_i와 D_t의 교차항이다.

준실험이 X_{it}를 W에 조건부로 마치 무작위 배정인 것처럼 만든다면, 인과효과는 식 (13.7)에서 β_1의 OLS 추정량으로 추정될 수 있다. 2개 이상의 시점에서 관측되는 경우, 식 (13.7)은 각각의 다른 시점을 나타내는 $T - 1$개의 이진변수를 포함하도록 수정된다(10.4절 참조).

도구변수 추정량

만약 준실험이 처치를 받는지 여부에 영향을 미치는 변수 Z_i를 생성하고, Z_i와 실제 받은 처치(X_i)에 대한 데이터가 모두 이용 가능하며, Z_i가 마치 무작위로 배정된 것처럼 간주된다면(아마도 일부 추가변수 W_i를 통제한 후에), Z_i는 X_i에 대해 유효한 도구변수가 된다. 이 경우 식 (13.2)의 계수들은 2단계 최소제곱법을 사용해 추정할 수 있다. 식 (13.2)에 등장하는 모든 통제변수는 β_1의 2단계 최소제곱추정량의 1단계에서도 통제변수로 등장한다.

회귀단절 추정량

준실험이 발생하는 한 가지 상황은 처치 여부가 전체적으로 또는 부분적으로 관측 가능한 변수 W가 임곗값을 넘는지에 따라 결정되는 경우이다. 예를 들어 학생들의 학년 말 평균학점(GPA)이 특정 임곗값 아래로 떨어지면 여름학교에 참석해야 한다고 가정해보자.[5] 이 경우 의무적인 여름학교의 효과를 추정하는 한 가지 방법은 GPA가 임곗값 바로 아래인 학생들(따라서 여름학교 참석이 필요한)의 결과와 GPA가 임곗값 바로 위인 학생들(따라서 여름학교를 참석하지 않아도 되는)의 결과를 비교하는 것이다. 결과 Y는 다음 해의 GPA, 학생의 중퇴 여부, 또는 미래의 소득일 수 있다. 임곗값의 역할이 여름학교 의무화를 정하는 기준으로 사용되는 것 외에 따로 없다면, 그 임곗값에서 발생하는 결과의 점프를 여름학교의 효과로 보는 것은 합리적이다. 그림 13.2는 GPA(W)가 임곗값($w_0 = 2.0$)보다 작을 때 처치(여름학교, X)를 받게 되는 가상의 데이터를 사용한 산점도를 보여준다. 이 산점도는 이번 해 GPA의 함수로서 가상의 학생 표본에 대한 다음 해의 GPA(Y)를 보여주며, 모집단 회귀함수도 함께 표시된다. 만약 임곗값 w_0의 유일한 역할이 여름학교 의무화를 결정하는 기준이라면, w_0에서 발생하는 다음 해 GPA의 점프는 여름학교가 다음 해 GPA에 미치는 영향의 추정치가 된다.

임곗값에서 발생하는 처치의 점프 또는 불연속성 때문에 임곗값에서 처치를 받을 확률의 불연속성을 이용하는 연구를 **회귀단절**(regression discontinuity) 설계라고 한다. 회귀단절 설계에는 명확한(sharp) 단절과 모호한(fuzzy) 단절 두 가지 유형이 있다.

그림 13.2 가상의 회귀단절 산점도

이진처치인 X는 W가 임곗값 $w_0 = 2$보다 작을 때 요구된다고 가정해보자. 임곗값 w_0의 유일한 역할이 처치를 의무화하는 결정을 하는 것뿐인 한, 처치효과는 $W = 2$에서 회귀함수의 점프 또는 불연속성의 크기로 주어진다.

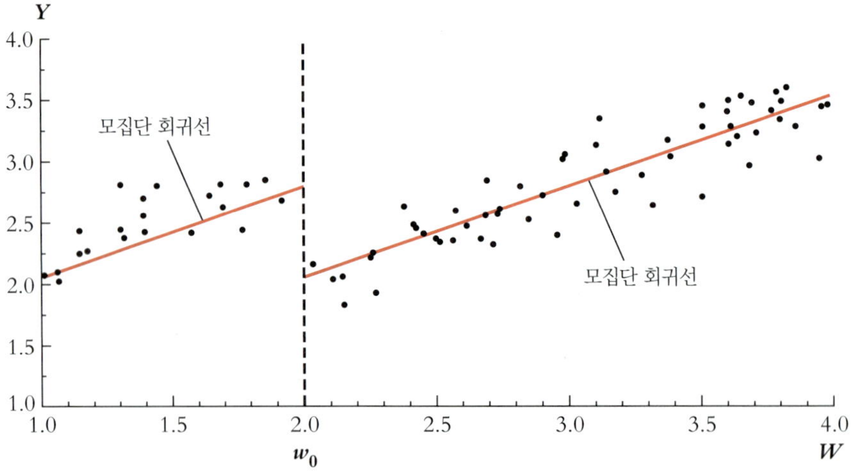

---

5 이 예는 Jordan Matsudaira(2008)가 수행한 초등학교와 중학교 학생들을 대상으로 한 여름학교 효과에 대한 회귀단절 연구의 단순화된 버전이다. 이 연구에서 여름학교 출석은 부분적으로 학년 말 시험 결과를 기반으로 결정되었다.

명확한 회귀단절 명확한 회귀단절에서는 처치를 받는지 여부가 W가 임곗값을 초과하는지 여부에 의해 전적으로 결정된다: $W < w_0$인 모든 학생은 여름학교에 참석하고, $W \geq w_0$인 학생은 참석하지 않는다. 즉 $W < w_0$이면 $X_i = 1$이고, $W \geq w_0$이면 $X_i = 0$이다. 이 경우, 임곗값에서 Y의 점프는 $W = w_0$인 하위 모집단에 대한 평균처치효과와 같으며, 이는 우리의 연구 대상이 되는 더 큰 모집단의 평균처치효과에 대한 유용한 근사치가 될 수 있다. 만약 회귀함수가 처치로 인한 불연속성을 제외하고 W에 대해 선형이라면, 처치효과는 다음 회귀식의 β_1로 추정될 수 있다.

$$Y_i = \beta_0 + \beta_1 X_i + \beta_2 W_i + u_i \tag{13.8}$$

회귀함수가 비선형인 경우, W의 적절한 비선형 함수를 사용할 수 있다(8.2절 참조).

모호한 회귀단절 모호한 회귀단절에서는 임곗값을 넘는지가 처치 여부에 영향을 미치지만 유일한 결정 요인은 아니다. 예를 들어 GPA가 임곗값 아래로 떨어진 일부 학생이 여름학교를 면제받는 반면, GPA가 임곗값을 초과했음에도 불구하고 여름학교에 참석하는 학생이 있다고 가정해보자. 이러한 상황은 임곗값 규칙이 처치를 결정하는 복잡한 과정의 일부일 때 발생할 수 있다. 모호한 설계에서 X_i는 일반적으로 식 (13.8)의 u_i와 상관관계가 있을 것이다. 하지만 임곗값을 넘는 특별한 효과가 오직 처치확률을 증가시키는 방식으로만 작용한다면—즉 임곗값을 넘는 직접적인 효과가 W의 선형항으로 포착된다면—도구변수 접근법을 사용할 수 있다. 구체적으로, 이진변수 Z_i가 임곗값을 넘는 여부를 나타낸다고 하자($W_i < w_0$이면 $Z_i = 1$이고, $W_i \geq w_0$이면 $Z_i = 0$). 그러면 Z_i는 처치를 받는 여부에 영향을 미치지만 u_i와는 상관관계가 없으므로 X_i에 대한 유효한 도구변수가 된다. 따라서 모호한 회귀단절에서 β_1은 $W_i < w_0$임을 나타내는 이진변수를 도구변수로 사용해 식 (13.8)의 도구변수 추정을 통해 추정될 수 있다.

13.5 준실험의 잠재적 문제점

모든 실증연구와 마찬가지로 준실험도 내적 타당성과 외적 타당성에 대한 위협에 직면한다. 내적 타당성에 대한 특히 중요한 잠재적 위협은 마치 무작위 배정인 것처럼 보이는 것을 실제 무작위 배정과 같이 신뢰할 수 있는지다.

내적 타당성에 대한 위협

13.2절에서 나열했던 실제 무작위 통제 실험의 내적 타당성에 대한 위협들은 준실험에도 적용되지만, 일부 수정이 필요하다.

무작위 배정의 실패 준실험은 개인의 상황 차이—법적 변화, 관련 없는 갑작스러운 사건 등—에 의존해 처치 수준에서 무작위 배정인 것처럼 보이는 상황을 제공한다. 마치 무작위 배정된 것 같은 이러한 상황이 무작위 배정된 처치 수준 X(또는 도구변수 Z)를 생성하지 못한다면, 일반적으로 OLS 추정량은 편향된다(또는 도구변수 추정량이 일치성을 갖지 못한다).

실제 실험에서와 마찬가지로, 무작위 배정의 실패를 검정하는 한 가지 방법은 처치집단과 통제집단 간의 체계적인 차이를 확인하는 것이다. 예를 들어 X(또는 Z)를 개인 특성(W들)에 대해 회귀하고 W들의 계수가 0이라는 가설을 검정하는 것이다. 준실험의 특성으로 쉽게 설명되지 않는 차이가 존재한다면, 이는 준실험이 실제 무작위 배정과 같은 상황을 만들어내지 못했다는 증거가 된다. X(또는 Z)와 W들 사이에 관계가 없더라도, X(또는 Z)가 오차항 u에 있는 일부 관찰되지 않은 요인들과 관련이 있을 가능성이 여전히 남아있다. 이러한 요인들은 관찰되지 않기 때문에 이 가능성을 검정할 수 없으며, 마치 무작위 배정된 것처럼 보이는 가정의 타당성은 해당 실증분석에 적용된 전문 지식과 판단을 통해 평가해야 한다.

처치 규정을 따르지 않는 경우 실제 실험에서 처치 규정을 따르지 않는 것은 처치집단의 구성원이 처치를 받지 못하거나, 통제집단의 구성원이 실제로 처치를 받거나, 또는 둘 다의 경우에 발생한다. 결과적으로 인과효과의 OLS 추정량에 선택편향이 존재할 수 있다. 준실험에서 처치 규정을 따르지 않는 것에 해당하는 것은 마치 무작위 배정된 것처럼 보이는 상황이 처치 수준에 영향을 미치지만 처치 여부를 완전히 결정하지는 않는 경우이다. 이때, OLS 추정량이 일치성을 갖지 않더라도 준실험적 영향 Z에 기반한 도구변수 추정량은 일치성을 가질 수 있다.

이탈 준실험에서의 이탈은 실제 실험에서의 이탈과 유사하다. 이탈이 개인의 선택이나 특성 때문에 발생한다면, 처치 여부와 오차항 사이에 상관관계를 유발할 수 있다. 결과적으로 표본 선택편향이 발생해 인과효과의 OLS 추정량이 편향되고 일치성을 잃게 된다.

실험 효과 준실험의 한 가지 장점은 실제 실험이 아니기 때문에 개인들이 자신을 실험 대상자로 생각할 이유가 없다는 것이다. 따라서 호손 효과와 같은 실험 효과는 일반적으로 준실험에 해당하지 않는다.

준실험에서의 도구변수 타당성 도구변수회귀를 사용하는 연구를 평가하는 중요한 단계는 도구변수가 실제로 유효한지 신중하게 고려하는 것이다. 이 일반적인 설명은 도구변수가 마치 무작위로 결정된 것처럼 보이는 준실험 연구에서도 여전히 유효하다. 12장에서 논의한 바와 같이, 도구변수의 타당성은 도구변수의 관련성과 외생성 모두를 요구한다. 도구변수의 관련성은 핵심 개념 12.5에 요약된 통계적 방법을 사용해 확인할 수 있으므로, 여기서는 판단이 더욱 필요한 두 번째 요구사항인 도구변수의 외생성에 초점을 맞춘다.

무작위로 배정된 도구변수가 필연적으로 외생적인 것처럼 보일 수 있지만, 그렇지 않다. 13.4절의 예를 고려해보겠다. Angrist(1990)의 연구에서 군 복무가 민간 소득에 미치는 영향을 연구하기 위해 징병 추첨 번호를 도구변수로 사용한 경우, 추첨 번호는 실제로 무작위로 배정되었다. 하지만 Angrist(1990)가 지적하고 논의한 바와 같이, 낮은 징병 번호가 징병을 피하기 위한 행동을 일으키고 그 회피 행동이 이후 민간 소득에 영향을 미친다면, 낮은 추첨 번호(Z_i)는 민간 소득을 결정하는 관찰되지 않은 요인들(u_i)과 관련될 수 있다. 즉 Z_i가 무작위로 배정되었음에도 불구하고 Z_i와 u_i는 상관관계가 있을 수 있다. 두 번째 예로, McClellan, McNeil, Newhouse(1994)의 심장도관삽입술이 심장마비 환자에게 미치는 영향에 대한 연구에서는 심장도관삽입이 가능한 병원까지의 상대적 거리를 마치 무작위로 배정된 것처럼 취급했다. 하지만 저자들이 강조하고 검토한 바와 같이, 심장도관삽입술이 가능한 병원 가까이에 사는 환자들이 멀리 사는 환자들보다 더 건강하다면(아마도 일반적으로 의료 서비스에 더 쉽게 접근할 수 있기 때문에), 심장도관삽입술이 가능한 병원까지의 상대적 거리는 건강 결과식의 오차항에 있는 누락된 변수들과 상관관계가 있을 것이다. 요약하면, 도구변수가 무작위로 결정되었거나 마치 무작위로 결정된 것처럼 보인다고 해서 $\text{corr}(Z_i, u_i) = 0$이라는 면에서 반드시 외생적이라는 것은 아니다. 따라서 도구변수가 준실험에서 발생한 경우에도 외생성을 면밀히 검토해야 한다.

외적 타당성에 대한 위협

준실험 연구는 관측데이터를 사용하며, 준실험에 기반한 연구의 외적 타당성에 대한 위협은 일반적으로 9.1절에서 논의한 관측데이터를 사용한 일반적인 회귀분석에서 발생하는 위협과 유사하다.

한 가지 중요한 고려사항은 준실험 연구의 핵심인 마치 무작위 배정과 같은 상황을 만들어내는 특별한 사건들이 외적 타당성을 위협할 수 있는 다른 요인들을 초래할 수 있다는 점이다. 예를 들어 13.4절에서 논의한 Card(1990)의 이민이 노동시장에 미치는 영향에 대한 연구는 마리엘 보트리프트에 의한 쿠바 이민자들의 유입을 마치 무작위로 배정된 유입처럼 사용했다. 그러나 여기에는 쿠바 이민자들, 마이애미, 그리고 마이애미의 쿠바 커뮤니티의 특별한 특징들이 존재하고 이로 인해 이 연구 결과를 다른 국가 출신의 이민자나 다른 지역에 일반화하기 어려울 수 있다. 마찬가지로, Angrist(1990)의 베트남 전쟁 중 미국 군대에서 복무한 것이 노동시장에 미치는 영향에 대한 연구는 아마도 평화 시기에 군복무한 경우로 일반화할 수 없을 것이다. 늘 그렇듯이, 한 연구를 특정 모집단과 환경에 일반화할 수 있는지는 연구의 세부 사항에 따라 다르며 사례별로 평가해야 한다.

13.6 이질적 모집단에서의 실험 및 준실험 추정

13.1절에서 논의한 바와 같이, 인과효과는 모집단의 구성원에 따라 변할 수 있다. 13.1절에서는 성별과 같이 관측 가능한 변수에 따라 다른 인과효과를 추정하는 것에 대해 논의한다. 이 절에서는 인과효과에 **관측되지 않는** 변동이 존재할 때 발생하게 되는 결과를 고려한다. 우리는 인과효과의 관측되지 않는 변동을 이질적 모집단에서 비롯한 것으로 지칭한다. 논의를 단순화하고 관측되지 않는 이질성의 역할에 초점을 맞추기 위해, 이 절에서는 통제변수 W를 생략한다. 이 절의 결론은 통제변수를 포함하는 회귀분석에도 적용된다.

만약 모집단이 이질적이라면, 이제 i번째 개인은 자신만의 인과효과 β_{1i}를 갖게 된다. 이는 (13.1절의 용어로) i번째 개인이 처치를 받았을 때와 받지 않을 때의 두 잠재적 결과의 차이다. 예를 들어 i번째 개인이 이미 이력서 작성 방법을 알고 있다면 이력서 작성 훈련 프로그램에 대한 β_{1i}는 0일 수 있다. 이 표기법을 사용한 모집단 회귀식은 다음과 같이 쓸 수 있다.

$$Y_i = \beta_0 + \beta_{1i}X_i + u_i \tag{13.9}$$

부록 13.3은 잠재적 결과를 사용하는 설계에서 이질적 모집단에 대한 식 (13.9)를 도출한다. β_{1i}는 모집단의 개인에 따라 변하고 개인들이 모집단에서 무작위로 선택되기 때문에, β_{1i}는 u_i와 마찬가지로 개인 간의 관측되지 않는 변동(예: 기존 이력서 작성 능력의 차이)을 반영하는 확률변수이다. 평균인과효과는 인과효과의 모집단 기댓값 $E(\beta_{1i})$이다. 즉 연구 중인 모집단에서 무작위로 선택된 구성원의 기대 인과효과이다.

식 (13.9)와 같은 형태의 모집단 이질성이 있다면 13.1, 13.2, 13.4절의 추정량은 무엇을 추정하는 것인가? 우리는 먼저 X_i가 마치 무작위로 배정된 것처럼 보일 때의 OLS 추정량을 고려한다. 이 경우 OLS 추정량은 평균인과효과의 일치 추정량이다. 그러나 이는 일반적으로 IV 추정량에 대해서는 그렇지 않다. 대신, X_i가 부분적으로 Z_i의 영향을 받는다면, 도구변수 Z를 사용하는 IV 추정량은 인과효과의 가중평균을 추정하며, 이때 도구변수의 영향을 많이 받는 사람들에게 높은 가중치가 부여된다.

이질적 인과효과가 존재할 때의 OLS

인과효과에 이질성이 있고 X_i가 무작위로 배정된 경우, 차분 추정량은 평균인과효과의 일치 추정량이다. 이 결과는 잠재적 결과를 기반으로 하는 설계하에서 설명한 13.1절과 부록 13.3의 논의에서 도출된다. 여기서는 잠재적 결과를 언급하지 않고, 3장과 4장의 개념을 식 (13.9)의 임의 계수 회귀모형에 직접 적용해 보이도록 하겠다.

식 (13.1)에서 β_1의 OLS 추정량은 $\hat{\beta}_1 = s_{XY}/s_X^2$[식 (4.5)]이다. 관측치들이 독립적이고 동일하게 분포된(i.i.d.) 경우, 표본 공분산과 분산은 모집단 공분산과 분산의 일치 추정량이므로 $\hat{\beta}_1 \xrightarrow{p} \sigma_{XY}/\sigma_X^2$이다. X_i가 무작위 배정된 경우, X_i는 관측된 것과 관측되지 않는 것을 포함한 여러 개인 특성과 독립적으로 분포되며, 특히 β_{1i}와 독립적으로 분포된다. 따라서 OLS 추정량 $\hat{\beta}_1$의 극한은 다음과 같다.

$$\begin{aligned}\hat{\beta}_1 = \frac{s_{XY}}{s_X^2} \xrightarrow{p} \frac{\sigma_{XY}}{\sigma_X^2} &= \frac{\text{cov}(\beta_0 + \beta_{1i}X_i + u_i,\ X_i)}{\sigma_X^2} \\ &= \frac{\text{cov}(\beta_{1i}X_i,\ X_i)}{\sigma_X^2} = E(\beta_{1i})\end{aligned} \tag{13.10}$$

여기서 세 번째 등식은 핵심 개념 2.3의 공분산에 대한 사실들과 $\text{cov}(u_i, X_i) = 0$을 사용한다. 이는 $E(u_i|X_i) = 0$[식 (2.28)]에 의해 함축적으로 표현된다. 마지막 등식은 X_i가 무작위 배정된 경우 β_{1i}가 X_i와 독립적으로 분포된다는 사실에서 비롯된다(연습문제 13.9). 따라서 X_i가 무작위 배정된 경우, $\hat{\beta}_1$은 평균인과효과 $E(\beta_{1i})$의 일치 추정량이다.

이질적 인과효과가 존재할 때 IV 회귀분석

Y_i를 X_i(실제로 처치를 받았는지 여부)에 대해 회귀하고, Z_i(초기에 무작위로 또는 마치 무작위처럼 배정된 처치)를 도구변수로 사용해 인과효과를 추정한다고 가정해보자. Z_i가 유효한 도구변수(관련성 있고 외생적)이며 Z_i가 X_i에 미치는 효과에 이질성이 있다고 가정한다. 구체적으로, X_i가 Z_i와 다음과 같은 선형관계에 있다고 가정하자.

$$X_i = \pi_0 + \pi_{1i} Z_i + v_i \tag{13.11}$$

여기서 계수 π_{1i}는 개인마다 다르다. 식 (13.11)은 TSLS의 1단계 회귀식으로, Z_i의 변화가 X_i에 미치는 효과가 개인마다 다를 수 있도록 수정된 것이다.

TSLS 추정량은 $\hat{\beta}_1^{TSLS} = s_{ZY}/s_{ZX}$[식 (12.4)]로, Z와 Y 사이 표본 공분산과 Z와 X 사이 표본 공분산의 비율이다. 관측치들이 i.i.d.인 경우, 이 표본 공분산들은 모집단 공분산의 일치 추정량이므로 $\hat{\beta}_1^{TSLS} \xrightarrow{p} \sigma_{ZY}/\sigma_{ZX}$이다. 도구변수 Z_i가 무작위로 또는 마치 무작위처럼 배정되어 Z_i가 $(u_i, v_i, \pi_{1i}, \beta_{1i})$와 독립적으로 분포되고, $E(\pi_{1i}) \neq 0$(도구변수의 관련성)이라고 가정한다. 부록 13.2에서는 이러한 가정하에 다음을 보여준다.

$$\hat{\beta}_1^{TSLS} = \frac{s_{ZY}}{s_{ZX}} \xrightarrow{p} \frac{\sigma_{ZY}}{\sigma_{ZX}} = \frac{E(\beta_{1i}\pi_{1i})}{E(\pi_{1i})} \tag{13.12}$$

즉 TSLS 추정량은 β_{1i}와 π_{1i}의 곱의 기댓값과 π_{1i}의 기댓값의 비율로 확률 수렴한다.

식 (13.12)의 마지막 비율은 개별 인과효과 β_{1i}의 가중평균이다. 가중치는 $\pi_{1i}/E(\pi_{1i})$로, 도구변수가 i번째 개인의 처치 여부에 주는 영향의 상대적 정도를 측정한다. 따라서 TSLS 추정량은 개별 인과효과 가중평균의 일치 추정량이며, 도구변수로부터 많은 영향을 받는 개인들에게 높은 가중치가 부여된다. TSLS로 추정되는 이 가중평균인과효과를 **국지적 평균처치효과**(local average treatment effect, LATE)라고 한다. '국지'라는 용어는 도구변수에 의해 처치를 받을 확률이 크게 변하는 개인들(더 일반적으로는 개체들)에게 높은 가중치를 부여하는 가중평균임을 강조한다.

LATE가 평균처치효과와 동일한 세 가지 특수한 경우가 있다.

1. 처치효과가 모든 개인에게 동일한 경우. 이 경우는 모든 i에 대해 $\beta_{1i} = \beta_1$이다. 그러면 식 (13.12)의 마지막 표현은 $E(\beta_{1i}\pi_{1i})/E(\pi_{1i}) = \beta_1 E(\pi_{1i})/E(\pi_{1i}) = \beta_1$로 단순화된다.
2. 도구변수가 모든 개인에게 동일하게 영향을 미치는 경우. 이 경우는 모든 i에 대해 $\pi_{1i} = \pi_1$이다. 이 경우, 식 (13.12)의 마지막 표현은 $E(\beta_{1i}\pi_{1i})/E(\pi_{1i}) = E(\beta_{1i})\pi_1/\pi_1 = E(\beta_{1i})$로 단순화된다.
3. 처치효과의 이질성과 도구변수 효과의 이질성이 서로 상관관계가 없는 경우. 이 경우는 β_{1i}와 π_{1i}가 모두 확률변수지만 $\text{cov}(\beta_{1i}, \pi_{1i}) = 0$인 경우에 해당한다.

$E(\beta_{1i}\pi_{1i}) = \text{cov}(\beta_{1i}, \pi_{1i}) + E(\beta_{1i})E(\pi_{1i})$[식 (2.35)]이므로, $\text{cov}(\beta_{1i}, \pi_{1i}) = 0$이면 $E(\beta_{1i}\pi_{1i}) = E(\beta_{1i})E(\pi_{1i})$이고, 식 (13.12)의 마지막 표현은 $E(\beta_{1i}\pi_{1i})/E(\pi_{1i}) = E(\beta_{1i})E(\pi_{1i})/E(\pi_{1i}) = E(\beta_{1i})$로 단순화된다.

이 세 가지 경우 모두에서 도구변수의 효과, 처치의 효과, 또는 둘 다에 대한 모집단 이질성이 있지만, LATE는 평균처치효과와 동일하다. 즉 세 가지 경우 모두에서 TSLS는 평균처치효과의 일치 추정량이다.

이 세 가지 특수한 경우를 제외하고는 일반적으로 LATE는 평균처치효과와 다르다. 예를 들어 모집단의 절반에서는 Z_i가 처치 결정에 주는 영향이 없고(이들에 대해 $\pi_{1i} = 0$), 나머지 절반에 대해서는 처치 결정에 공통적으로 0이 아닌 영향을 미친다고 가정해보자(이들에 대해 π_{1i}는 0이 아닌 동일한 값을 가짐). 그러면 TSLS는 도구변수가 처치 결정에 영향을 미치는 모집단의 절반에 대해서만 평균처치효과의 일치 추정량이 된다. 구체적인 예로, 근로자들이 직업훈련 프로그램에 참여할 자격이 있고 무작위로 배정된 우선순위 번호 Z를 받았다고 가정해보자. 이 번호는 프로그램 참여 가능성에 영향을 준다. 근로자의 절반은 프로그램이 자신들에게 도움이 될 것을 알고 있어 프로그램에 참여하기로 결정할 것이다. 이들에 대해 $\beta_{1i} = \beta_1^+ > 0$이고 $\pi_{1i} = \pi_1^+ > 0$이다. 나머지 절반은 프로그램이 자신들에게 효과가 없다는 것을 알고 있어 입학이 허가되더라도 등록하지 않을 것이다. 즉 이들에 대해 $\beta_{1i} = \beta_1^-$이고 $\pi_{1i} = 0$이다. 이때, 평균처치효과는 $E(\beta_{1i}) = \frac{1}{2}(\beta_1^+ + \beta_1^-)$이다. 국지적 평균처치효과는 $E(\beta_{1i}\pi_{1i})/E(\pi_{1i})$이다. $E(\pi_{1i}) = \frac{1}{2}\pi_1^+$이고 $E(\beta_{1i}\pi_{1i}) = \frac{1}{2}(\beta_1^- \times 0 + \beta_1^+\pi_1^+) = \frac{1}{2}\beta_1^+\pi_1^+$이므로, $E(\beta_{1i}\pi_{1i})/E(\pi_{1i}) = \beta_1^+$이다. 따라서 이 예에서 LATE는 프로그램에 등록하는 근로자들에 대한 인과효과이며, 어떤 상황에서도 등록하지 않을 사람들에게는 가중치를 부여하지 않는다. 반면, 평균처치효과는 등록 여부와 관계없이 모든 개인에게 동일한 가중치를 부여한다. 개인들은 부분적으로 프로그램이 자신들에게 얼마나 효과적일지에 대한 지식을 바탕으로 등록을 결정하기 때문에, 이 예에서 LATE는 평균처치효과보다 크게 나타난다.

함의 처치를 받을 것인지에 대한 개인의 결정이 그 개인의 처치효과에 따라 달라진다면, 일반적으로 TSLS 추정량은 평균인과효과의 일치 추정량이 아니다. 대신, TSLS는 도구변수에 의해 가장 영향을 많이 받는 개인들에게 가장 높은 가중치를 부여하는 LATE를 추정한다.

이 결론은 어느 두 연구자가 각각 다른 도구변수(둘 다 관련성 있고 외생적이라는 의미에서 유효하지만)를 사용했을 때 동일한 처치의 인과효과에 대해 서로 다른 추정치를 얻게 되는 불편한 상황으로 이어진다. 이러한 차이는 각 연구자가 암묵적으로 모집단의 개별 인과효과에 대한 서로 다른 가중평균을 추정하기 때문에 발생한다. 실제로, 과대식별 제약에 대한 J-검정은 두 도구변수가 모두 유효하더라도 서로 다른 LATE를 추정하는 경우 기각될 수 있다. 두 추정량 모두 식 (13.12) 형태의 각각의 가중평균을 통해 인과효과 분포에 대한 일부 유의미한 통찰을 제공하지만, 일반적으로 어느 추정량도 평균인과효과의 일치 추정량은 아니다.[6]

6 모집단 이질성이 프로그램 평가 추정량에 미치는 영향에 대한 높은 수준의 여러 논의가 있다. 이들은 Heckman, LaLonde, Smith(1999, 7절)의 조사 연구와 James Heckman이 노벨 경제학상을 수상했을 때 발표한 강연(Heckman, 2001, 7절)을 포함한다. 후자의 참고문헌과 Angrist, Graddy, Imbens(2000)는 임의 효과 모형(β_{1i}를 개인 간 변화하는 것으로 취급)에 대한 상세한 논의를 제공하며, 식 (13.12)의 결과에 대한 더 일반적인 버전을 제시한다. LATE 개념은 Imbens와 Angrist(1994)에 의해 도입되었으며, 그들은 일반적으로 이것이 평균처치효과와 같지 않다는 것을 보여주었다. Imbens와 Wooldridge(2009)는 이 장에서 논의한 방법들을 포함해, 처치효과의 이질성이 있는 프로그램 평가 방법들에 대한 많은 연구를 대상으로 한 수준 높은 조사연구를 제공한다.

예: 심장도관삽입술 연구 12.5절과 13.4절에서는 McClellan, McNeil, Newhouse(1991)의 심장마비 환자에 대한 심장도관삽입술이 사망률에 미치는 영향에 대한 연구를 논의한다. 저자들은 심장도관삽입술 병원까지의 상대적 거리를 도구변수로 사용해 도구변수 회귀분석을 실시했다. TSLS 추정 결과에 따르면, 심장도관삽입술이 건강 결과에 아주 작게 또는 전혀 영향을 미치지 않는 것으로 나타났다. 이는 놀라운 결과이다: 심장도관삽입술과 같은 의료 시술은 사용 승인 전에 광범위하고 엄격한 임상 시험을 거친다. 더욱이, 심장도관삽입술은 외과의사들이 10년 전에는 큰 수술을 필요로 했을 의료 개입을 수행할 수 있게 해주어, 이러한 개입을 더 안전하고 환자의 장기적 건강에 유익하게 만들었다. 그렇다면 계량경제 연구가 왜 심장도관삽입술의 유익한 효과를 찾지 못했을까?

한 가지 가능한 답변은 심장도관삽입술의 처치효과에 이질성이 있다는 것이다. 일부 환자에게 이 시술은 효과적인 개입일 수 있지만, 다른 환자들, 아마도 좀 더 건강한 환자들에게는 덜 효과적이거나 모든 수술에 수반되는 위험을 고려했을 때 전체적으로 비효과적일 수 있다. 따라서 심장마비 환자 모집단에서의 평균인과효과는 양수일 수 있고, 아마도 그럴 것이다. 그러나 IV 추정량은 평균효과가 아닌 한계효과를 측정한다. 여기서 한계효과란 심장도관삽입술 병원까지의 상대적 거리가 처치 여부에 중요한 요인인 환자들에 대한 시술의 효과를 말한다. 하지만 이러한 환자들은 바로 상대적으로 건강한 환자들일 수 있으며, 이들에게는 심장도관삽입술이 상대적으로 비효과적인 시술일 수 있다. 만약 그렇다면, McClellan, McNeil, Newhouse의 TSLS 추정량은 평균적인 환자(시술이 효과적일 수 있는)가 아닌 한계 환자(시술이 상대적으로 비효과적인)에 대한 시술의 효과를 측정하는 것이다.

13.7 결론

1장에서 우리는 인과효과를 이상적인 무작위 통제 실험의 기대 결과로 정의했다. 무작위 통제 실험조차도 내적 및 외적 타당성에 대해 잠재적으로 중요한 위협에 노출될 수 있으나, 무작위 통제 실험이 가능하거나 수행할 수 있다면, 연구 중인 인과효과에 대한 설득력 있는 증거를 제공할 수 있다.

장점에도 불구하고, 경제학에서의 무작위 통제 실험은 윤리적 우려와 비용을 포함한 여러 가지 장애물에 직면한다. 그러나 실험적 방법의 통찰력은 무작위 배정인 것처럼 보이게 만드는 특별한 상황에서 발생하는 준실험에 적용할 수 있다. 준실험에서 인과효과는 이중차분법을 사용해 추정할 수 있으며, 추가 설명변수를 모형에 포함함으로써 보완될 수 있다. 만약 무작위 배정인 듯한 상황이 처치에 부분적으로만 영향을 미친다면, 대신 도구변수회귀를 사용할 수 있다. 준실험의 중요한 장점은 무작위 배정인 듯한 상황의 기원이 데이터에 분명하게 나타나 있어 구체적인 방식으로 평가될 수 있다는 것이다. 준실험에서 마주하게 되는 중요한 위협은 때때로 마치 무작위 배정인 듯한 상황이 실제로 무작위 배정이 아니어서, 처치(또는 도구변수)가 누락변수와 상관관계가 있고 결과적으로 인과효과의 추정량이 편향될 수 있다는 것이다.

준실험은 관측데이터와 실제 무작위 통제 실험 사이의 가교를 제공한다. 이 장에서 준실험을 분석하는 데 사용한 계량경제학적 방법들은 이전 장들에서 다른 맥락에서 개발한 친숙한 방법들(OLS, 패널데이터 추정 방법, 도구변수회귀)이다. 2부와 3부의 초기 장들에서 검토한 응용들과 준실험을 구별하는 것은 이러한 방법들을 해석하는 방식과 이들이 적용되는 데이터이다. 준실험은 계량경제학자들에게 새로운 데이터를 획득하는 방법, 도구변수를 생각하는 방법, OLS와 도구변수 추정의 기초가 되는 외생성 가정의 타당성을 평가하는 방법에 대해 새로운 접근법을 제공한다.[7]

요약

1. 연구 대상 모집단의 평균인과효과는 이상적인 무작위 통제 실험에서 처치집단과 통제집단의 평균적인 결과의 예상되는 차이다. 사람을 대상으로 하는 실제 실험은 사람들이 실험 규정을 따르지 않는 것을 포함한 여러 실질적인 이유로 인해 이상적인 실험과 차이가 있을 수 있다.

2. 실제 처치 수준 X_i가 무작위 배정이라면, 처치효과는 결과를 처치에 대해 회귀해 추정할 수 있다. 배정된 처치 Z_i는 무작위 배정이지만 실제 처치 X_i가 부분적으로 개인의 선택에 의해 결정된다면, 인과효과는 Z_i를 도구변수로 사용하는 도구변수회귀로 추정할 수 있다. 처치(또는 배정된 처치)가 일부 변수 W에 조건부로 무작위 배정이라면, 이러한 통제변수들은 회귀모형에 포함되어야 한다.

3. 준실험에서는 법률이나 상황의 변화, 또는 자연의 우연한 사건들이 마치 처치집단과 통제집단의 무작위 배정을 유도하는 것처럼 취급된다. 실제 처치가 마치 무작위 배정인 듯하다면, 인과효과는 회귀분석(가능하다면 추가적인 처치 전 특성들을 설명변수로 포함)으로 추정할 수 있다. 배정된 처치가 마치 무작위 배정인 듯하다면, 인과효과는 도구변수회귀로 추정할 수 있다.

4. 회귀단절 추정량은 관측 가능한 변수가 임곗값을 넘는지 여부에 따라 처치가 결정되는 준실험에 기반한다.

5. 준실험 연구의 내적 타당성에 대한 주요 위협은 마치 무작위 배정인 듯한 상황이 실제로 외생성을 초래하는지 여부이다. 행동 반응으로 인해 회귀오차가 준실험에 의해 유도된 처치에 반응해 변할 수 있어, 처치가 외생적이지 않을 수 있다.

6. 처치효과가 개인마다 다를 때, OLS 추정량은 실제 처치가 무작위 배정되거나 마치 무작위 배정인 듯한 경우 평균인과효과의 일치 추정량이다. 그러나 도구변수 추정량은 개별 처치효과의 가중평균이며, 처치의 수준이 도구변수의 영향을 가장 많이 받는 개인들에게 가장 높은 가중치가 부여된다.

---

7 Shadish, Cook, Campbell(2002)은 사회과학과 심리학에서의 실험과 준실험에 대한 포괄적인 논의를 제공한다. 개발 경제학의 중요한 연구 방향 중 하나는 개발도상국에서의 보건 및 교육 프로그램에 대한 실험적 평가에 초점을 맞추고 있다. 예를 들어 Kremer, Miguel, Thornton(2009)의 연구와 MIT의 Poverty Action Laboratory 웹사이트(http://www.povertyactionlab.org)를 참조하라. Deaton(2010)은 이 연구에 대해 심사숙고한 비평을 제공한다.

핵심 용어

공변량에 기반한 무작위 배정 randomization based on covariates

국지적 평균처치효과 local average treatment effec

무작위 처치 수용에 대한 검정 test for random receipt of treatment

반복 횡단면데이터 repeated cross-sectional data

부분 준수 partial compliance

이중차분법 differences-in-differences estimator

이탈 attrition

자연실험 natural experiment

잠재적 결과 potential outcome

준실험 quasi-experiment

차분 추정량 differences estimator

처치효과의 도구변수 추정 instrumental variables estimation of the treatment effect

추가 설명변수를 포함한 이중차분법 추정량 differences-in-differences estimator with additional regressors

추가 설명변수를 포함한 차분 추정량 differences estimator with additional regressors

평균인과효과 average causal effect

평균처치효과 average treatment effect

프로그램 평가 program evaluation

호손 효과 Hawthorne effect

회귀단절 regression discontinuity

복습문제

13.1 새로운 비료가 농작물 수확량에 미치는 영향을 연구하는 연구자가 100개의 서로 다른 1에이커 크기의 땅에 다양한 양의 비료를 적용하는 실험을 계획하고 있다. 네 가지 처치 수준이 있을 것이다. 처치 수준 1은 비료 없음, 처리 수준 2는 제조업체가 권장하는 비료 양의 50%, 처치 수준 3은 100%, 처치 수준 4는 150%이다. 연구자는 처음 25개 구획에 처치 수준 1을, 다음 25개 구획에 처치 수준 2를 적용하는 식으로 계획하고 있다. 처치 수준을 할당하는 더 나은 방법을 제안할 수 있는가? 왜 당신의 제안이 연구자의 방법보다 더 나은지 설명하라.

13.2 새로운 콜레스테롤 저하제에 대한 임상 시험이 수행된다. 무작위 할당을 통해 500명의 환자에게 약물을 투여하고, 다른 500명의 환자에게는 위약을 투여한다. 약물의 치료 효과를 어떻게 추정하겠는가? 각 환자의 체중, 나이, 성별에 대한 데이터가 있다고 가정하자. 이 데이터를 사용해 추정치를 개선할 수 있는가? 설명하라. 실험에 들어가기 전 각 환자의 콜레스테롤 수치에 대한 데이터가 있다고 가정하자. 이 데이터를 사용해 추정치를 개선할 수 있는가? 설명하라.

13.3 STAR 데이터를 연구하는 연구자들은 일부 학부모가 자녀를 소규모 학급에 배정하도록 학교장들에게 압력을 가했다는 입증되지 않은 증거를 보고한다. 일부 학교장이 이러한 압력에 굴복해 일부 아이들을 소규모 학급으로 옮겼다고 가정해보라. 이러한 전학이 연구의 내적 타당성을 어떻게 손상할 수 있는가? 학교장의 개입 이전 각 학생의 원래 무작위 배정에 대한 데이터가 있다고 가정해보라. 이 정보를 어떻게 사용해 연구의 내적 타당성을 복원할 수 있는가?

13.4 실험 효과란 무엇인가? 이러한 효과가 어떻게 처치 효과에 편향을 만들 수 있는가? 연구자

가 이 편향을 줄이기 위해 할 수 있는 일은 무엇인가?

13.5 13.4절에서 다루었던 징병 추첨, 군 복무, 민간인 수입과 관련된 준실험을 고려해보라. 왜 군 복무가 민간인 수입에 미치는 영향이 이질적일 수 있는지 설명하라. 즉 식 (13.9)에서 β_{1i}가 i에 따라 달라지는 이유를 설명하라. 왜 추첨 결과가 군 복무 확률에 미치는 영향이 이질적일 수 있는지 설명하라. 즉 식 (13.11)에서 π_{1i}가 i에 따라 달라지는 이유를 설명하라. 당신이 설명한 것과 같은 이질적인 반응이 있다면, TSLS 추정량으로 추정되는 행동 매개변수는 무엇인가?

연습문제

13.1 표 13.1의 결과로부터 소규모 학급 처치효과를 어떻게 계산하겠는가? 이 처치효과를 보조교사 처치효과와 구분할 수 있는가? 두 효과를 정확히 추정하려면 프로그램을 어떻게 변경해야 하는가?

13.2 다음 계산을 위해 표 13.2의 (3)열 결과를 사용하라. 표 13.2의 (3)열에 등장하는 설명변수들의 값이 동일한 두 학급 A와 B를 가정해보자. 이 두 학급은 다음과 같은 차이가 있다.

a. 교실 A는 소규모 학급이고, 교실 B는 일반 크기 학급이다. 평균 시험점수 차이의 예측치에 대한 90% 신뢰구간을 구성하라.

b. 교실 A의 교사는 경력이 6년이고, 교실 B의 교사는 경력이 12년이다. 평균 시험점수 차이의 예측치에 대한 95% 신뢰구간을 구성하라.

c. 교실 A는 6년 경력 교사가 있는 소규모 학급이고, 교실 B는 12년 경력 교사가 있는 일반 크기 학급이다. 평균 시험점수 차이의 예측치에 대한 95% 신뢰구간을 구성하라. (힌트: STAR 데이터에서 교사들은 다양한 유형의 교실에 무작위로 배정되었다.)

d. (4)열에서 왜 절편이 누락되었는가?

13.3 SAT 준비 과정이 SAT 점수에 미치는 영향에 대한 무작위 대조 실험에서 다음과 같은 결과가 보고되었다고 가정해보자.

	처치집단	통제집단
평균 SAT 점수($\overline{X}$)	1348	1395
SAT 점수의 표준편차 (s_X)	87.3	82.1
남학생 수	60	40
여학생 수	40	60

a. 시험점수에 대한 평균처치효과를 추정하라.

b. 비무작위 배정의 증거가 있는가? 설명해보라.

13.4 내년부터 A도시에서는 새로운 법률로 인해 최저임금이 인상되지만 A도시와 매우 유사한 B도시에서는 인상되지 않을 것이다. 올해 A와 B 도시의 무작위로 선택된 표본 레스토랑에서 고용데이터를 수집하고, 내년에 다시 돌아와 레스토랑에서 데이터를 수집할 계획이다. Y_{it}를 t년도 i 레스토랑의 고용 수준이라고 하자.

a. 올해와 내년에 동일한 레스토랑을 표본으로 선정하도록 분석을 설계했다고 가정해보라. 최저임금 인상이 레스토랑 고용에 미치는 평균인과효과를 추정하기 위해 데이터를 어떻게 사용할 것인지 설명하라.

b. 올해와 내년에 서로 다른, 독립적으로 선정된 레스토랑을 표본으로 선정하도록 분석을 설계했다고 가정해보라. 최저임금 인상이 레스토랑 고용에 미치는 평균인과효과를 추정하기 위해 데이터를 어떻게 사용할 것인지 설명하라.

c. (a)에서 같은 레스토랑을 사용하는 것과 (b)에서 다른 레스토랑을 사용하는 것 중 어느 표본 설계가 평균인과효과의 더 정확한 추정치를 제공할 가능성이 높은가? (힌트: 연습문제 13.6을 먼저 풀어보면 도움이 될 수 있다.)

13.5 기숙사 방의 인터넷 연결이 대학생 성적에 미치는 영향을 평가하는 연구를 고려해보자. 큰 기숙사에서 절반의 방에 무작위로 고속 인터넷 연결(처치집단)을 설치하고, 모든 거주자의 최종 과목 성적을 수집한다. 다음 중 어떤 것이 내적 타당성에 위협이 되며, 그 이유는 무엇인가?

a. 학기 중간에 모든 남자 운동선수가 남학생 사교동아리 숙소로 이사하게 되어 연구에서 탈락한다. (그들의 최종 성적은 관찰되지 않는다.)

b. 통제집단에 배정된 공학 전공 학생들이 함께 비용을 지불해 사설 무선 인터넷 연결을 공유할 수 있는 로컬 영역 네트워크를 구축한다.

c. 처치집단의 예술 전공 학생들이 자신의 인터넷 계정에 접속하는 방법을 전혀 배우지 못한다.

d. 처치집단의 경제학 전공 학생들이 통제집단에 있는 학생들에게 요금을 받고 자신들의 인터넷 연결에 대한 접근권한을 제공한다.

13.6 무작위 통제 실험에 대해 $T = 2$ 기간의 패널데이터가 있다고 가정해보자. 첫 번째 관측시기($t = 1$)는 실험 전에 이루어지고, 두 번째 관측시기($t = 2$)는 처치 후다. 처치가 이진적이라고 가정한다. 즉 i번째 개인이 처치집단에 있고 $t = 2$일 때 $X_{it} = 1$이고, 그렇지 않으면 $X_{it} = 0$이다. 또한 처치효과가 다음 모형을 사용해 표현될 수 있다고 가정한다.

$$Y_{it} = \alpha_i + \beta_1 X_{it} + u_{it}$$

여기서 α_i는 평균이 0이고 분산이 σ_α^2인 개인 특정 효과이며, u_{it}는 오차항으로 등분산을 가지고, $\text{cov}(u_{i1}, u_{i2}) = 0$, 그리고 모든 i에 대해 $\text{cov}(u_{it}, \alpha_i) = 0$이다. $\hat{\beta}_1^{differences}$를 차분 추정량(즉 Y_{i2}를 절편과 X_{i2}에 대해 회귀한 OLS 추정량)이라 하고, $\hat{\beta}_1^{diffs\text{-}in\text{-}diffs}$를 이중차분 추정량(즉 $\Delta Y_i = Y_{i2} - Y_{i1}$을 절편과 $\Delta X_i = X_{i2} - X_{i1}$에 대해 회귀한 β_1의 OLS 추정량)이라고 하자.

a. $n\,\text{var}(\hat{\beta}_1^{differences}) \longrightarrow (\sigma_u^2 + \sigma_\alpha^2)/\text{var}(X_{i2})$임을 밝혀라. (힌트: 부록 5.1의 등분산 전용 공식을 사용해 OLS 추정량의 분산을 계산하라.)

b. $n\,\text{var}(\hat{\beta}_1^{diffs-in-diffs}) \longrightarrow 2\sigma_u^2/\text{var}(X_{i2})$임을 밝혀라. (힌트: $X_{i2} - X_{i1} = X_{i2}$임에 주목하라. 왜 그런가?)

c. (a)와 (b)의 답변을 바탕으로, 순수하게 효율성에 근거했을 때 어떠한 상황에서 이중차분 추정량을 차분 추정량보다 선호하겠는가?

13.7 $T = 2$ 기간(즉 $t = 1, 2$)의 실험에서 패널데이터가 있다고 가정해보자. 개인 및 시간 고정 효과와 시간에 따라 변하지 않는 개인 특성 W_i를 가진 패널데이터회귀모형을 고려해보자. 처치가 이진적이어서 처치집단의 개인들에 대해 $t = 2$일 때 $X_{it} = 1$이고 그렇지 않으면 $X_{it} = 0$이다. 다음 모집단 회귀모형을 고려해보자.

$$Y_{it} = \alpha_i + \beta_1 X_{it} + \beta_2(D_t \times W_i) + \beta_0 D_t + v_{it}$$

여기서 α_i는 개인 고정효과, D_t는 $t = 2$이면 1이고 $t = 1$이면 0인 이진변수, $D_t \times W_i$는 D_t와 W_i의 곱이며, α와 β는 알려지지 않은 계수이다. $\Delta Y_i = Y_{i2} - Y_{i1}$이라고 하자. 이 모집단 회귀모형으로부터 식 (13.6)(단일 W 설명변수의 경우, 즉 $r = 1$)을 도출하라.

13.8 연습문제 13.7과 동일한 데이터(두 기간의 패널데이터, n개 관측치)가 있지만 W 설명변수를 무시한다고 가정해보자. 다음 대안적인 회귀모형을 고려해보자.

$$Y_{it} = \beta_0 + \beta_1 X_{it} + \beta_2 G_i + \beta_3 D_t + u_{it}$$

여기서 $G_i = 1$은 개인이 처치집단에 있다는 의미이고 $G_i = 0$은 개인이 통제집단에 있다는 의미이다. β_1의 OLS 추정량이 식 (13.4)의 이중차분 추정량임을 밝혀라. (힌트: 8.3절을 참조하라.)

13.9 식 (13.10)의 마지막 등식을 도출하라. (힌트: 공분산의 정의를 사용하고, 실제 처치 X_i가 무작위 배정이므로 β_{1i}와 X_i가 독립적으로 분포한다는 것을 기억하라.)

13.10 이질적 회귀 계수를 가진 회귀모형을 고려해보자.

$$Y_i = \beta_0 + \beta_{1i} X_i + v_i$$

여기서 (v_i, X_i, β_{1i})는 i.i.d. 확률변수이고 $\beta_1 = E(\beta_{1i})$이다.

a. 이 모형이 $Y_i = \beta_0 + \beta_1 X_i + u_i$로 쓰일 수 있음을 밝혀라. 여기서 $u_i = (\beta_{1i} - \beta_1)X_i + v_i$이다.

b. X_i가 무작위로 배정되어 $E[\beta_{1i} | X_i] = \beta_1$이고 $E[v_i | X_i] = 0$이라고 가정해보자. $E[u_i | X_i] = 0$임을 밝혀라.

c. 핵심 개념 4.3의 가정 1과 가정 2를 만족함을 밝혀라.

d. 이상치가 드물어서 (u_i, X_i)가 유한한 4차 적률을 가진다고 가정해보자. β_{0i}와 β_{1i}의 평균값을 추정하고 추론하는 데 OLS와 4장 및 5장의 방법을 사용하는 것이 적절한가?

e. 이제 X_i가 무작위 배정되지 않고, $E[v_i | X_i] = 0$이지만, β_{1i}와 X_i가 양의 상관관계를 가져서 평균보다 큰 X_i값을 가진 관측치들이 평균보다 큰 β_{1i}값을 가지는 경향이 있다고 가정해보자. 핵심 개념 4.3의 가정들을 만족하는가? 만족하지 않는다면, 어떤 가정(들)이 위반되는가? β_1의 OLS 추정량이 $E(\beta_{1i})$에 대해 불편 추정량이 되는기?

13.11 McClellan, McNeill, Newhouse의 연구 결과가 12장에 보고되어 있다. 그들은 심장도관삽입술이 환자 생존 기간에 미치는 영향을 추정한다. 그들은 환자의 집과 해당 치료를 제공하는 병원 사이의 거리를 심장도관삽입술 사용의 도구변수로 사용한다. 국지적 평균처치효과가 평균처치효과와 다르다고 생각하는가?

13.12 부록 13.3의 잠재적 결과를 기반으로 한 설계를 고려해보자. X_i가 잠재적 결과 $Y_i(1)$과

$Y_i(0)$과 독립적인 이진처치변수라고 가정해보자. $TE_i = Y_i(1) - Y_i(0)$을 개인 i에 대한 처치효과라고 하자.

a. $E[Y_i(1)]$과 $E[Y_i(0)]$을 일관성 있게 추정할 수 있는가? 가능하다면 어떻게 하는지, 불가능하다면 왜 그런지 설명하라.

b. $E(TE_i)$를 일관성 있게 추정할 수 있는가? 가능하다면 어떻게 하는지, 불가능하다면 왜 그런지 설명하라.

c. $\text{var}[Y_i(1)]$과 $\text{var}[Y_i(0)]$을 일관성 있게 추정할 수 있는가? 가능하다면 어떻게 하는지, 불가능하다면 왜 그런지 설명하라.

d. $\text{var}(TE_i)$를 일관성 있게 추정할 수 있는가? 가능하다면 어떻게 하는지, 불가능하다면 왜 그런지 설명하라.

e. 모집단의 중위 처치효과를 일관성 있게 추정할 수 있다고 생각하는가? 설명해보라.

실증문제

E13.1 잠재적 고용주가 2개의 이력서를 받는다: 백인 구직자의 이력서와 아프리카계 미국인 구직자의 이력서인데, 두 이력서는 유사하다. 고용주가 면접 일정을 잡기 위해 백인 지원자에게 연락할 가능성이 더 높을까? Marianne Bertrand와 Sendhil Mullainathan은 이 질문에 답하기 위해 무작위 통제 실험을 수행했다. 일반적으로 이력서에 인종이 포함되지 않기 때문에, 그들은 '백인 같은 이름'(Emily Walsh나 Gregory Baker 같은)과 '아프리카계 미국인 같은 이름'(Lakisha Washington이나 Jamal Jones 같은)을 기준으로 이력서를 구분했다. 많은 가상의 이력서가 만들어졌고, 가상의 '인종'(이름을 기반으로)이 각 이력서에 무작위로 배정되었다. 이 이력서들은 잠재적 고용주들에게 보내져 어떤 이력서가 잠재적 고용주로부터 회신(call back)을 받는지 확인했다. 실험데이터와 상세한 데이터 설명은 교재 웹사이트 **http://www.pearsonglobaleditions.com**의 **Names**와 **Names_Description** 파일에서 확인할 수 있다.[8]

a. *callback rate*을 잠재적 고용주로부터 전화를 받은 이력서의 비율로 정의한다. 백인의 회신율은 얼마였는가? 아프리카계 미국인의 경우는 얼마인가? 회신율의 차이에 대한 95% 신뢰구간을 구성하라. 이 차이는 통계적으로 유의미한가? 현실 세계에서 이 차이가 큰 편인가?

b. 아프리카계 미국인/백인 회신율 차이가 남성과 여성 사이에 다른가?

c. 고품질 이력서와 저품질 이력서 사이의 회신율 차이는 얼마인가? 백인 지원자의 경우 고이력/저이력의 차이는 얼마인가? 아프리카계 미국인 지원자의 경우는? 백인과 아프리카계 미국인 사이에 이 고이력/저이력 차이에 유의미한 차이가 있는가?

d. 연구 저자들은 인종이 이력서에 무작위로 할당되었다고 주장한다. 비무작위 배정의 증거가 있는가?

8 이 데이터는 시카고대학교의 Marianne Bertrand 교수가 제공한 것으로, Sendhil Mullainathan과 함께 작성한 다음 논문에서 사용되었다. "Are Emily and Greg More Employable than Lakisha and Jamal? A Field Experiment on Labor Market Discrimination," *American Economic Review*, 2004, 94(4): 991-1013.

부록 13.1 Project STAR 데이터

Project STAR 공공데이터는 1985-1986학년도부터 1988-1989학년도까지 4년의 실험기간 동안 시험점수, 처치집단, 학생 및 교사 특성에 대한 데이터를 포함하고 있다. 이 장에서 분석된 시험점수는 스탠퍼드 성취도 검사의 수학과 읽기 부분 점수의 합이다. 표 13.2의 이진변수 '남학생'은 학생이 남자(1)인지 여자(0)인지를 나타낸다. 이진변수 '흑인'과 '흑인이나 백인이 아닌 인종'은 학생의 인종을 나타낸다. 이진변수 '무료급식 자격'은 해당 학생이 당해연도에 무료급식 대상자인지를 나타낸다. '교사 경력'은 시험데이터가 적용되는 학년에서 학생을 가르치는 교사의 총 경력 연수이다. 이 데이터는 또한 학생이 특정 연도에 어느 학교를 다녔는지를 나타내는 학교별 이진 지표변수를 구성할 수 있게 한다.

부록 13.2 인과효과가 개인에 따라 다를 때 IV 추정량

이 부록은 처치효과와 처치에 대한 도구변수의 영향에 모집단 이질성이 있을 때 식 (13.12)의 TSLS 추정량의 확률 극한을 도출한다. 구체적으로, 우리는 핵심 개념 12.4의 IV 회귀 가정이 식 (13.9)와 (13.11)에서처럼 처치효과가 이질적인 경우를 제외하고 성립한다고 가정한다. 또한 Z_i가 무작위로 배정되거나 무작위 배정인 것처럼 가정해, $(u_i, v_i, \pi_{1i}, \beta_{1i})$가 Z_i와 독립적으로 분포된다고 가정한다. 그리고 $E(\pi_{1i}) \neq 0$이라고 가정한다(즉 도구가 평균적으로 관련성이 있음).

(X_i, Y_i, Z_i), $i = 1, \ldots, n$이 4차 적률을 가진 i.i.d.이므로, 핵심 개념 2.6의 대수의 법칙이 적용되어

$$\hat{\beta}_1^{TSLS} = \frac{s_{ZY}}{s_{ZX}} \xrightarrow{p} \frac{\sigma_{ZY}}{\sigma_{ZX}} \tag{13.13}$$

가 된다(부록 3.3과 연습문제 18.2 참조). 따라서 과제는 π_{1i}와 β_{1i}의 적률을 사용해 σ_{ZY}와 σ_{ZX}에 대한 표현식을 얻는 것이다. $\sigma_{ZX} = E[(Z_i - \mu_Z)(X_i - \mu_X)] = E[(Z_i - \mu_Z)X_i]$이다. 이 σ_{ZX} 표현식에 식 (13.11)을 대입하면

$$\begin{aligned}\sigma_{ZX} &= E[(Z_i - \mu_Z)(\pi_0 + \pi_{1i}Z_i + v_i)] \\ &= \pi_0 E(Z_i - \mu_Z) + E[\pi_{1i}Z_i(Z_i - \mu_Z)] + \text{cov}(Z_i, v_i) \\ &= \sigma_Z^2 E(\pi_{1i})\end{aligned} \tag{13.14}$$

가 된다. 여기서 세 번째 등식은 $E(Z_i - \mu_Z) = 0$이고, Z_i와 v_i가 독립이므로 $\text{cov}(Z_i, v_i) = 0$이며, π_{1i}와 Z_i가 독립이므로 $E[\pi_{1i}Z_i(Z_i - \mu_Z)] = E(\pi_{1i})E[Z_i(Z_i - \mu_Z)] = \sigma_Z^2 E(\pi_{1i})$이기 때문이다.

다음으로 σ_{ZY}를 고려한다. 식 (13.11)을 식 (13.9)에 대입하면 $Y_i = \beta_0 + \beta_{1i}(\pi_0 + \pi_{1i}Z_i + v_i) + u_i$가 되므로

$$\begin{aligned}\sigma_{ZY} &= E[(Z_i - \mu_Z)Y_i] \\ &= E[(Z_i - \mu_Z)(\beta_0 + \beta_{1i}\pi_0 + \beta_{1i}\pi_{1i}Z_i + \beta_{1i}v_i + u_i)] \\ &= \beta_0 E(Z_i - \mu_Z) + \pi_0 E[\beta_{1i}(Z_i - \mu_Z)] + E[\beta_{1i}\pi_{1i}Z_i(Z_i - \mu_Z)] \\ &\quad + E[\beta_{1i}v_i(Z_i - \mu_Z)] + \text{cov}(Z_i, u_i) \end{aligned} \tag{13.15}$$

$(u_i, v_i, \beta_{1i}, \pi_{1i})$가 Z_i와 독립이라는 가정과 $E(Z_i - \mu_Z) = 0$이라는 사실로 인해, 식 (13.15)의 마지막 등식 이후의 다섯 항에 대해 다음과 같은 단순화가 이루어진다: $\beta_0 E(Z_i - \mu_Z) = 0$, $\pi_0 E[\beta_{1i}(Z_i - \mu_Z)] = \pi_0 E(\beta_{1i})E(Z_i - \mu_Z) = 0$, $E[\beta_{1i}\pi_{1i}Z_i(Z_i - \mu_Z)] = E(\beta_{1i}\pi_{1i})E[Z_i(Z_i - \mu_Z)] = E(\beta_{1i}\pi_{1i})\sigma_Z^2$, $E[\beta_{1i}v_i(Z_i - \mu_Z)] = E(\beta_{1i}v_i)E(Z_i - \mu_Z) = 0$, 그리고 $\text{cov}(Z_i, u_i) = 0$. 따라서 식 (13.15)의 최종 표현은 다음과 같이 단순화된다.

$$\sigma_{ZY} = \sigma_Z^2 E(\beta_{1i}\pi_{1i}) \tag{13.16}$$

식 (13.14)와 (13.16)을 식 (13.13)에 대입하면 다음과 같은 결과를 얻는다: $\hat{\beta}_1^{TSLS} \xrightarrow{P} \sigma_Z^2 E(\beta_{1i}\pi_{1i})/\sigma_Z^2 E(\pi_{1i})] = E(\beta_{1i}\pi_{1i})/E(\pi_{1i})$. 이것은 식 (13.12)에 명시된 결과이다.

부록 13.3 실험데이터 분석을 위한 잠재적 결과 설계

이 부록은 13.1절에서 논의한 잠재적 결과를 기반으로 하는 설계의 수학적 논의를 제공한다. 잠재적 결과 설계는 일정한 처치효과와 결합해 식 (13.1)의 회귀모형을 의미한다. 만약 배정이 공변량에 조건부로 무작위로 이루어진다면, 잠재적 결과 설계는 식 (13.2)와 조건부 기댓값 독립성으로 이어진다. 우리는 $X_i = 1$이 처치 수용을 나타내는 이진처치변수를 고려한다.

$Y_i(1)$을 개인 i가 처치를 받았을 때의 잠재적 결과라 하고, $Y_i(0)$을 처치를 받지 않았을 때의 잠재적 결과라 하자. 그러면 개인 i의 처치효과는 $Y_i(1) - Y_i(0)$이다. 모집단의 평균처치효과는 $E[Y_i(1) - Y_i(0)]$이다. 개인은 처치를 받거나 받지 않기 때문에 두 잠재적 결과 중 하나만 관찰된다. 관측된 결과 Y_i는 잠재적 결과와 다음과 같은 관계가 있다.

$$Y_i = Y_i(1)X_i + Y_i(0)(1 - X_i) \tag{13.17}$$

일부 개인이 처치를 받고 일부는 받지 않는다면, 두 집단 간 관측된 결과의 기대 차이는 $E(Y_i|X_i = 1) - E(Y_i|X_i = 0) = E[Y_i(1)|X_i = 1] - E[Y_i(0)|X_i = 0]$이다. 이는 처치가 어떻게 결정되든 상관없이 사실이며, 단순히 처치를 받은 집단의 평균처치 결과에서 처치를 받지 않은 집단의 평균비처치 결과에서 뺀 것이다.

만약 개인들이 처치집단과 통제집단에 무작위로 배정된다면, X_i는 모든 개인적 특성과 독립적으로 분포되며, 특히 $[Y_i(1), Y_i(0)]$과 독립이다. 무작위 배정에서 처치집단과 통제집단 간의 평균 차이는 다음과 같다.

$$\begin{aligned} E(Y_i|X_i = 1) - E(Y_i|X_i = 0) &= E[Y_i(1)|X_i = 1] - E[Y_i(0)|X_i = 0] \\ &= E[Y_i(1)] - E[Y_i(0)] = E[Y_i(1) - Y_i(0)] \end{aligned} \tag{13.18}$$

여기서 두 번째 등식은 무작위 배정에 의해 $[Y_i(1), Y_i(0)]$이 X_i와 독립이라는 사실을 사용하고, 세 번째 등식은 기댓값의 선형성[식 (2.29)]을 사용한다. 따라서 X_i가 무작위로 배정되었다면, 두 집단 간 실험 결과의 평균 차이는 추출된 모집단의 평균처치효과이다.

잠재적 결과 설계는 이 책 전체에서 사용된 회귀 표기법으로 직접 변환된다. $u_i = Y_i(0) - E[Y_i(0)]$이라 하고, $E[Y_i(0)] = \beta_0$이라고 표기하자. 또한 $Y_i(1) - Y_i(0) = \beta_{1i}$라고 표기해, β_{1i}가 개인 i의 처치효과가 되도록 한다. 식 (13.17)에서 시작해, 우리는 다음과 같은 식을 얻는다.

$$\begin{aligned} Y_i &= Y_i(1)X_i + Y_i(0)(1 - X_i) \\ &= Y_i(0) + [Y_i(1) - Y_i(0)]X_i \\ &= E[Y_i(0)] + [Y_i(1) - Y_i(0)]X_i + \{Y_i(0) - E[Y_i(0)]\} \\ &= \beta_0 + \beta_{1i}X_i + u_i \end{aligned} \tag{13.19}$$

따라서 식 (13.17)의 관측된 결과와 잠재적 결과 사이의 관계에서 시작해 단순히 표기법을 변경함으로써, 우리는 식 (13.9)의 임의 계수 회귀모형을 얻는다. X_i가 무작위로 배정된다면, X_i는 $[Y_i(1), Y_i(0)]$과 독립이며, 따라서 β_{1i}와 u_i와도 독립이다. 처치효과가 일정하다면 $\beta_{1i} = \beta_1$이 되고 식 (13.9)는 식 (13.1)이 된다. Y_i가 측정 오차와 함께 측정된다면, 식 (13.19)의 첫 번째 줄에는 측정 오차항이 포함될 것이며, 이는 마지막 줄의 u_i에 포함될 것이다.

13.1절에서 논의한 바와 같이, 일부 설계에서는 X_i가 제3의 변수 W_i의 값을 기반으로 무작위로 배정된다. W_i와 잠재적 결과가 독립이 아니라면, 일반적으로 집단 간 평균의 차이는 평균처치효과와 같지 않다. 즉 식 (13.18)이 성립하지 않는다. 그러나 W_i가 주어졌을 때 X_i의 무작위 배정은 W_i에 조건부로 X_i와 $[Y_i(1), Y_i(0)]$이 독립임을 의미한다. 이 조건—W_i에 조건부로 $[Y_i(1), Y_i(0)]$이 X_i와 독립이라는 것—은 때때로 **비혼동성(unconfoundedness)**이라고 한다.

처치효과가 개인 간에 변하지 않고 $E(Y \mid X_i, W_i)$가 선형이라면, 비혼동성은 식 (13.2)의 회귀오차의 조건부 기댓값 독립성을 의미한다. 부록 6.5에 따르면, 이러한 조건하에서 식 (13.2)의 β_1에 대한 OLS 추정량은 불편 추정량이지만, 일반적으로 $E(u_i \mid W_i) \neq 0$이므로 γ에 대한 OLS 추정량은 불편 추정량이 아니다. 이러한 조건하에서 조건부 기댓값 독립성을 보이기 위해, $Y_i(0) = \beta_0 + \gamma W_i + u_i$라 하고, 여기서 γ는 W_i의 $Y_i(0)$에 대한 인과효과(있다면)이며, $Y_i(1) - Y_i(0) = \beta_1$(상수 처치효과)이라고 하자. 그러면 식 (13.19)로 이어지는 논리는 $Y_i = \beta_0 + \beta_1 X_i + \gamma W_i + u_i$를 산출하며, 이는 식 (13.2)이다. 따라서 $E(u_i \mid X_i, W_i) = E[Y_i(0) - \beta_0 - \gamma W_i \mid X_i, W_i] = E[Y_i(0) - \beta_0 - \gamma W_i \mid W_i] = E(u_i \mid W_i)$가 된다. 여기서 두 번째 등식은 비혼동성에서 나오며, 이는 $E[Y_i(0) \mid X_i, W_i] = E[Y_i(0) \mid W_i]$를 의미한다.

CHAPTER 14

다수의 설명변수를 이용한 예측과 빅데이터

4장은 초등학교에서 학생들의 성과에 관한 두 가지 질문과 함께 시작했다. 한 학교의 교장이 자기 학교의 교사당 학생 비율을 낮춘다면 시험 성적을 올릴 수 있을지, 올릴 수 있다면 얼마큼 올릴 수 있을지 알고 싶어 할 수 있다. 이사 갈 곳을 정하는 부모라면 어떤 학교에 성적이 좋은 학생들이 있을지 알고 싶어 할 것이다. 교장의 질문에 답을 하기 위해서는 교사-학생 비율이 시험 성적에 미치는 인과효과를 추정해야 한다. 4~13장은 이와 같은 인과효과 추정에 초점을 맞추었다. 반대로 부모의 질문에 답을 하기 위해서는 하나 이상의 관련 변수를 기반으로 학교의 시험 성적을 예측할 필요가 있다. 4장에서는 교사-학생 비율을 이용해 이를 시도했고, 6장에서는 학교에 대한 추가적인 정보와 지역 특성들을 포함해 이를 시도했다.

통계적인 예측은 데이터를 사용해 예측모형을 추정하고 이를 이용해 새로운, 표본 외 관측에 적용하는 것을 수반한다. 예측의 목표는 정확한 표본 외 예측을 하는 것이다. 이런 예측 문제에서는 명시적인 관심 설명변수나 통제변수가 없고 오직 예측변수와 예측해야 할 변수만이 있다.

유용한 예측변수가 충분하다면, 부록 6.4의 예측을 위한 최소제곱법 가정만 만족한다면 OLS는 좋은 결과를 보여줄 수 있다. 하지만 현대 데이터는 대부분 많은 수의 예측변수를 포함한다. 예를 들어 이 장의 실증분석은 학교와 지역 특성들에 대한 데이터를 이용해 학교 수준의 시험 성적을 예측하는 것이다. 데이터는 캘리포니아주의 3,932개 초등학교에 관한 것으로, 이 중 절반은 예측모형을 추정하는 데 사용하고 나머지는 예측모형의 성과를 검증하기 위해 보관해둔다.[1] 이 장에서 대부분의 경우에는 817개의 예측변수 데이터를 사용할 것인데, 14.6절에서는 이를 2,065개로 확장할 것이다. 학교 수준의 시험 성적을 예측하는 데 있어 문제점은 기업의 매출 예측, 의료 시술의 환자 수준 결과 예측, 주 및 지방 정부의 서비스 수요 예측과 같은 횡단면 데이터를 사용하는 많은 예측 문제에서 일반적으로 발생하는 것과 같다. 이런 응용사례에서는 예측변수가 종종 관측치만큼 많거나 혹은 훨씬 더 많을 수 있다.

예측변수가 많은 경우, OLS는 과적합하게 되어 표본 외 예측에서 결과가 매우 나쁠 수 있다. 다행히 축소 추정량(shrinkage estimator)이라고 널리 알려진 추정량들을 이용해 OLS 결과를 개선하는 것이 가능하다. 이 추정량들은 편의가 있고(이들은 추정량을 '축소'시키기 때문이다), 회귀 계수

1 캘리포니아주는 학군이 보통 여러 개의 개별 학교들을 포함하고 있다. 4~9장에서 사용한 시험 성적 데이터는 학군 수준의 데이터이고, 이 장에서 사용한 데이터는 개별 학교들의 시험 성적에 관한 것이다.

들은 일반적으로 인과관계에 대한 해석을 할 수가 없다. 그러나 놀랍게도 많은 수의 예측변수가 있으면 편의를 통해 추정량의 분산을 충분히 줄여서 전체적인 표본 외 예측 성과를 향상할 수 있다.

이 장에서는 대규모 모집단(쇼핑 데이터, 환자 데이터, 학교 데이터)으로부터 추출한 횡단면 데이터를 바탕으로 모집단에는 속하지만 표본에는 속하지 않는 관측치들의 결과를 예측하도록 할 것이다. 다음달에 얼마큼의 일자리가 추가될지 예측하는 것 같은 미래의 사건들을 예측하는 것도 이와 비슷한 문제이다. 미래를 예상하는 것은 forecast[2]하는 것으로 용어를 구별해 사용하기로 한다. 예측은 시계열 데이터를 사용하는 것으로 이에 대한 설명은 추가적인 표기와 방법에 대한 것이 필요해 4부에 소개했다.

많은 예측변수가 활용 가능한 것은 거대한 데이터 집합이 입수 가능해지면서 얻은 기회이다. 빅데이터 분석 관련 학문은 기계 학습, 데이터 사이언스 등 여러 이름으로 불리기도 하지만, 이 책에서는 간단히 *빅데이터*(big data)라는 용어를 사용하겠다.

14.1 '빅데이터'란 무엇인가?

관측치가 많다는 점에서 혹은 관측치에 비해 예측변수가 많다는 점에서 혹은 두 경우 모두 해당하는 경우, 데이터는 커질 수(big) 있다. 빅데이터란 말은 기준이 없다는 것도 될 수 있다. 예를 들면 텍스트나 그림 등을 포함하는 경우 말이다.

빅데이터는 새로운 응용사례들을 가능하게 해주었다. 그중 하나가 이 장에서 주목하는 것으로, 관측치의 크기 n보다 예측변수의 크기 k가 더 큰 경우에 예측을 하는 것이다. 이 장에서는 예측하는 방법으로 선형회귀모형부터 시작할 것인데, 많은 예측변수란 결국 많은 설명변수(설명변수)를 의미하는 것이다. 이런 상황은 많은 각각의 원시 예측변수가 많거나 이런 원시 예측변수의 비선형 함수를 이용해 예측을 하는 경우에 발생한다. 연구자가 2차항, 3차항 교차항 등을 포함하는 수십개 정도의 원시 예측변수로 시작을 했다 하더라도 설명변수가 수백, 수천 개로 빠르게 늘어날 수 있다.

두 번째 빅데이터 응용사례는 범주화이다. 독자들은 이산 종속변수를 이용한 회귀분석에서 이와 같은 문제를 접해 본 경험이 있을 것이다. 11장의 로짓과 프로빗 모형은 종속변수가 1이 될 때의 확률을 예측하는 것이다. 예를 들면 대출 심사를 통과할 확률 같은 것이다. 이 문제를 다른 방식으로 설명하면 데이터를 두 그룹 혹은 두 범주로 나누는 것과 같다. 종전 예제에 적용하면 대출 심사가 거부되는 사람과 승인되는 두 가지 경우로 나누는 것이다. 예측이라는 관점에서, 예측모형이 대출 심사관이 결정을 내리는 것과 유사하도록 만드는 게 목표이다. 다른 말로 하면, 모형을 적합화해 기계(컴퓨터)가 대출 심사관이 내리는 의사결정과정을 학습(추정)하도록 하는 것이다. 이런 기계학습 모형을 이용해 컴퓨터는 향후 대출 심사에서 승인/거

2 역주: 이 장에서 사용하는 예측이란 용어는 영어로는 prediction을 지칭하는 것으로, 단면 데이터를 이용한 표본 외 예측은 prediction이라고 정의한다. 한편, 미래에 일어날 일을 추정하는 것은 forecast를 지칭하는 것으로, 주로 시계열 데이터를 이용해 이루어진다. 영어로는 두 단어가 구별되지만, 많은 한글 예제에서 두 경우는 구별 없이 예측이라고 일컫는다.

부 결정을 내릴 수 있게 된다. 정말로 주택대출관련 금융산업들은 이와 같은 기계학습에 많이 의존하고 있어 대출 지원서로부터 수없이 많은 데이터를 학습하고 주택담보대출이 실행 가능한지 평가하는 시스템을 구축하는 것이다.

세 번째 응용사례는 여러 개의 가설을 검증하는 것에 대한 것이다. 예를 들어 회귀분석 관점에서 보면 서로 다른 처치 효과를 나타내는 수많은 회귀 계수가 있고, 계량경제학자는 이들 중 어느 것이 효과가 있는지에 관심이 있다. F-통계량은 여러 개의 회귀 계수에 대한 결합 가설을 검정하기 때문에 여러 개의 처치법이 효과적인지를 검정하는 데는 적합하지만, 이들 중 어떤 처치법이 효과적인지를 알아내는 데는 한계가 있다. 어느 처치법의 효과가 0이 아닌지를 밝혀내는 게 목적인 개별 가설검정은 빅데이터 응용사례에서 개발된 특별한 방법들이 필요하다.

네 번째 응용사례는 비정규적인 데이터, 예를 들어 텍스트나 이미지를 다루는 것이다. 중요한 것은 이런 비정규적인 데이터를 숫자화하는 것으로 고차원의 데이터를 다루는 기술이 필요하다. 14.7절에서는 텍스트 데이터를 다루는 방법을 논의할 것이다.

다섯 번째 응용사례는 패턴 인식에 관한 것으로 얼굴 인식이나 텍스트를 번역하는 것과 같은 것이다. 이쪽 영역은 '딥 러닝(deep learning)'이라고 하는 방법을 통해서 최근 큰 발전이 이루어졌다. 이 방법은 매우 많은 관측값을 이용해 고도의 비선형모형을 추정('연습')시키는 것이 그 핵심이다.

이들 사례의 공통점은 많은 양의 데이터를 다루므로 이에 따른 대량의 계산이 필요하다는 것이다. 이 과정에서는 대량의 데이터를 저장하고 이에 접속해야 하고 모형을 추정하기 위해서는 매우 빠른 알고리즘을 개발하는 것도 필요하다. 이런 계산적인 문제는 매우 중요하지만 이 장에서 다루지는 않고 대신 컴퓨터 공학의 영역에서 다루게 될 것이다.

대용량 데이터를 응용하는 기계학습의 결과는 이제 우리 세계에서 매우 손쉽게 접할 수 있다. 의사들이 진단을 내리기 위해 필요한 소프트웨어 기술서부터 개인을 위한 타깃 광고나 사법 기관이 이용하는 안면 인식 기능까지 그 응용사례는 무궁무진하다. 경제학에서도, 위성 데이터를 이용한 지역 소득 추정, 디테일한 고객 데이터를 통한 기업의 매출 예측, 소셜미디어 데이터를 통한 네트워크 데이터 해석, 자동화 트레이딩 알고리즘 개발을 위한 고빈도 자산 가격 패턴 예측모형, 최첨단 데이터를 통한 실시간 경제 성장률 예측 등 다양한 응용방법이 있다. 점차 늘어나고 있는 텍스트 데이터와 같은 비정규 데이터를 다루는 컴퓨터 분석은 계량경제학 분야에서 많은 역할을 할 것이다.

이 장에서는 이런 빅데이터의 사용 예를 모두 다루지는 못한다. 그렇기 때문에 경제학에서 자주 사용하는 다수의 설명변수를 통한 예측모형을 중심으로 다루기로 한다. 기계학습, 데이터 사이언스 등 빠르게 발전하는 이 분야에 대한 명명법이 다양하긴 하지만 이 장에서는 이들 내용 중에서도 핵심적인 것으로 선형모형을 대용량 데이터의 기회와 도전에 맞게 확장하는 방법을 논의할 것이다.

14.2 다수의 설명변수 문제와 OLS

이 장에서는 학교와 학생, 지역사회를 나타내는 변수들을 이용해 학교의 시험 성적을 예측하는 문제를 다룰 것이다. 해당 데이터는 2013년 미국 캘리포니아주의 3,932개 초등학교에 대한 것이다. 이 데이터를 이용해 우수한 표본 외(out-of-sample) 예측(표본 내 학교들에 대한 예측이 아님)을 만들 예측모형을 개발하는 것이 목적이다. 표본 외 예측 문제를 시뮬레이션하기 위해 이 장에서는 예측모형을 추정할 때 관측값 중 절반($n = 1,966$)만 사용할 것이다. 나머지 절반의 관측값은 추정된 모형의 성과가 어떤지를 테스트하기 위해서 사용할 것으로 14.6절까지는 사용하지 않는다.

예측할 대상 변수는 학교별 5학년 학생들의 평균 성적이다. 학교 및 지역사회와 관련된 817개의 변수가 데이터에 포함되어 있는데 이에 관련된 정보는 표 14.1에 요약되어 있다. 비교를 위해 14.6절에서는 적은 변수만을 포함한 작은 자료와 많은 변수를 포함하는 큰 자료가 사용되었다. 보다 자세한 데이터에 관련한 정보는 부록 14.1에 정리했다.

표 14.1에 있는 주요 변수들만을 사용하면 총 38개의 설명변수가 있는 것이 된다. 그러나 8.4절의 학군별 시험 성적 데이터 분석에서 보면 몇 가지 흥미로운 비선형성이나 상호작용이 드러나 있다. 예를 들면 표 8.3의 회귀분석 결과는 시험 성적과 학생-교사 비율에 비선형적인 관계가 있다는 것을 보여주고, 이 관계는 영어 학습자의 숫자가 학군 내에 얼마나 있는지에 따라 다르다는 것이다. 8.4절에서, 이 비선형성은 학생-교사 비율에 세제곱항을 도입하고 교차항을 도입해 다루어졌다. 표 14.1에 나타난 바와 같이 교차항, 제곱합, 세제곱항을 도입하면 설명변수의 숫자가 817개에 이르게 된다. 14.6절에서는 2,065개라는 훨씬 더 많은 회귀 계수를 다루게 될 것인데, 이는 표본 개수인 1,966보다 크게 된다. 2,065개의 변수는 말할 것도 없고, 817개의 설명변수를 다루는 모형만 해도 이 책에서 다루는 변수의 숫자보다 훨씬 더 큰 크기이다.

표 14.1 학교 시험 성적 데이터의 817개 설명변수 목록

주요 변수(38)	
무상 혹은 급식비 보조를 받는 학생들의 비율 무상 급식을 받는 학생들의 비율 영어 학습이 필요한 학생들의 비율 교사들의 평균 근무 연수 학생당 교육비 지출 교사당 학생 비율 등록된 학생들의 수 숙련된 영어를 하는 학생들의 비율 인종 다양성 지표	인종변수(8): 아메리카 원주민, 아시안, 흑인, 필리핀계, 히스패닉계, 하와이안, 2개 이상 인종의 혼혈, 미보고 교사 수 근무 첫해인 교사의 비율 근무 두 번째 해인 교사의 비율 기간제 교사 비율(기간제 교사 수/정규직 교사 수) 지출 유형별 학생당 지출, 교육구 수준(7) 지출 형태별 학생당 지출, 교육구 수준(5) 수입 형태별 학생당 수입, 교육구 수준(4)
+ 주요 변수의 제곱항(38)	
+ 주요 변수의 세제곱항(38)	
+ 주요 변수의 모든 교차항($38 \times 37/2 = 703$)	
총 예측변수의 개수 = $k = 38 + 38 + 38 + 703 = 817$	

자연스러운 시작 포인트는 OLS이다. 안타깝게도 OLS는 표본크기에 비교해 설명변수의 숫자가 많게 되면 성능이 매우 떨어진다. 다행히 표본크기에 비해 상대적으로 설명변수의 숫자가 많을 때 신뢰할 만한 예측 결과를 내어 주는 OLS가 아닌 추정치들이 존재한다. 이런 사실은 가우스-마르코프 조건이 성립하는 한(부록 5.2) OLS는 모든 불편추정량 중 분산이 가장 작다는 가우스-마르코프 정리를 생각하면 놀라운 결과이다. 이와 같이 놀라운 결과의 이유, 그리고 이런 추정량이 가우스-마르코프 정리를 위반하지 않은 이유는 이 대체 추정량이 사실 편의성이 있기 때문이다. 비록 추정량은 편의가 있지만, 이 추정량의 분산은 OLS 추정량의 분산보다 충분히 작은 값을 나타내고 더 나은 예측 결과를 보여준다.

평균제곱 예측 오차

예측모형을 비교하기 위해서 예측 정확도를 측정할 값이 필요하다. 이 책에서는 이를 위해 쭉 오차의 제곱값을 사용해왔다. 이번 경우의 오차는 표본 외 예측에서 나온 오차값이다. 제곱 예측 오차를 사용한다는 것은 작은 오차는 가중치가 작지만 큰 오차는 반대의 의미이다. 이는 대부분의 예측 문제에서 받아들여지는 것으로, 작은 오차는 무시할 만한 충격이라면, 매우 큰 오차는 예측모형의 신뢰성과 유용성을 갉아먹는 결과를 보여주기 때문이다.

평균제곱 예측 오차(mean squared prediction error, MSPE)는 모형이 추정에 사용한 데이터가 아닌 값들을 대상으로 하는 예측에서 발생한 예측 오차의 제곱의 기댓값으로 정의할 수 있다.

수학적으로 MSPE는 다음과 같다.

$$MSPE = E[Y^{oos} - \hat{Y}(X^{oos})]^2 \tag{14.1}$$

여기서 X^{oos}와 Y^{oos}는 각각 X와 Y의 표본 외(out-of-sample) 관측값을 나타내고, $\hat{Y}(x)$는 설명변수 x에 대한 Y의 예측값을 나타낸다. 다른 경우와 마찬가지로, X는 k개의 설명변수를 축약적으로 나타낸 것이다. 식 (14.1)의 표기법은 부록 6.4(예측을 위한 최소제곱법의 가정)을 바탕으로 한 것이다. 이 표기법은 예측값 $\hat{Y}(x)$를 산출하기 위해 만든 예측모형에서 사용한 n개의 관측값 (X_i, Y_i), $i = 1, \ldots, n$과 그 예측값을 도출한 표본 외 관측값을 구별하기 위한 것이다.

MSPE를 최소화해야 한다는 관점에서, 가장 우수한 예측은 조건부 평균, 즉 $E(Y^{oos} | X^{oos})$이다(부록 2.2와 연습문제 14.8). 이 가장 우수하다고 할 수 있는 예측인 $E(Y^{oos} | X^{oos})$는 **오라클 예측**(oracle prediction)이라고도 한다. 조건부 평균은 알려져 있지 않기 때문에 오라클 예측은 실전에서는 사용할 수 없다[즉 실현 불가능(infeasible)하다]. 그러나 이는 가능한 모든 예측값의 성과를 판단할 수 있는 벤치마크로서는 사용할 수 있다. 오라클 예측은 회귀모형에서 (알려져 있지 않은) 모집단 회귀 계수를 사용한 모형에서 얻은 예측값에 대응하는 것이라고 볼 수 있다.

MSPE는 2개의 예측 오차로 이루어져 있다. 첫째로, 조건부 평균이 알려져 있다 하더라도 예측은 완벽하지 않다. 즉 오라클 예측도 예측 오차 $Y^{oos} - E(Y^{oos} | X^{oos})$를 만들 수 있다.

둘째로, $E(Y^{oos}|X^{oos})$는 알려져 있지 않고 이들의 모수를 추정하는 것, 즉 예측모형 $\hat{Y}(x)$의 회귀 계수를 추정하는 것이 추가적인 오차의 원천이 된다.

예측을 위한 최소제곱법의 첫 번째 가정

시험 성적 예제에서는 예측모형을 추정하기 위해 일부 캘리포니아주 학교의 데이터를 사용했다. 이런 예측모형이 다른 캘리포니아주 학교에 일반화할 수 있다고 생각할 수 있지만, 이를 유럽의 학교나 인도의 학교에 적용할 수 있다는 확신은 거의 없다고 봐야 한다.

예측을 위한 최소제곱법의 첫 번째 가정은 이러한 직관을 정확하게 하는 것이다. 부록 6.4에서도 소개한 이 가정은 표본 외 관측치가 모형을 추정하기 위해 사용된 표본 내 관측치와 동일한 분포에서 추출되었다는 것이다.

예측을 위한 최소제곱법의 첫 번째 가정: (X^{oos}, Y^{oos})는 추정을 위한 표본 (X_i, Y_i), $i = 1, \ldots, n$과 같은 모집단 분포에서 무작위로 추출되었다.

표본 내와 표본 외 관측치들은 동일한 분포에서 추출되었기 때문에, 조건부 평균 $E(Y|X)$는 표본 내와 표본 외 모두에서 오라클 예측이 된다.

예측을 위한 첫 번째 가정은 외부적 유효성에 관한 설명이다: 표본 내 모형이 관심 대상인 표본 외 관측치로 일반화할 수 있다.

비록 이 가정을 예측을 위한 최소제곱법의 첫 번째 가정이라고 했지만, 최소제곱법이 아닌 추정법에도 동일하게 적용된다. 이 조건은 이 장의 나머지 내용에서 계속 유지되는 것으로 가정한다.

정규화된 설명변수의 예측 회귀모형

이 장에서는 모든 설명변수가 정규화되어 있는 선형회귀모형의 개정판을 사용하는 것이다. 즉 모든 변수는 평균이 0이고 분산이 1인 것으로 치환되었다. 덧붙여서, 종속변수는 평균이 0이 되도록 치환되었다. 정규화된 변수를 사용함으로써 모든 회귀 계수는 같은 단위를 가지게 되고, 14.3-14.5절에서 사용한 특성들이 그대로 적용된다.

$(X^*_{1i}, \ldots, X^*_{ki}, Y^*_i)$, $i = 1, \ldots, n$은 원 데이터를 가리키는 것으로 X^*_{ji}는 j번째 원 설명변수의 i번째 관측치를 의미한다. 정규화된 회귀 계수들은 $X_{ji} = (X^*_{ji} - \mu_{X^*_j})/\sigma_{X^*_j}$이며, 여기서 $\mu_{X^*_j}$와 $\sigma_{X^*_j}$는 각각 모평균과 $X^*_{j1}, \ldots, X^*_{jn}$의 표준편차를 의미한다. 전환된 (평균이 제거된) 종속변수는 $Y_i = Y^*_i - \mu_{Y^*}$이고, 여기서 μ_{Y^*}는 $Y^*_1, \ldots, Y^*_n$의 모평균이다.

이 표기법을 따라서, **정규화된 예측 회귀모형**(standardized predictive regression model)이란 평균이 0인 Y가 k개의 정규화된 X들을 회귀하는 것이다.

$$Y_i = \beta_1 X_{1i} + \beta_2 X_{2i} + \ldots + \beta_k X_{ki} + u_i \tag{14.2}$$

절편은 식 (14.2)에서 제외되었는데 이는 모든 변수의 평균이 0이기 때문이다.

모든 설명변수가 정규화되어 있기 때문에, 회귀 계수들은 모두 동일한 단위를 가지고 있다.

β_j는 다른 모든 X가 동일할 때 X_j^*의 표준편차 한 단위 변화에 따른 Y의 예측값 차이로 해석할 수 있다.

이 장은 예측에 초점을 맞추고 있기 때문에, 부록 6.4의 회귀모형 예측에 대한 해석을 그대로 가져올 것이다. 즉 $E(Y|X) = \sum_{j=1}^{k} \beta_j X_j$이고 $E(u|X) = 0$이다.

평상시와 같이, 식 (14.2)의 선형 구조는 예측이 회귀 계수에 대해서 선형적이라는 말이다. 그러나 회귀함수는 X가 제곱항이나 교차항과 같은 비선형 항을 포함할 수 있기 때문에 회귀 계수에 대해서 회귀함수는 비선형일 수도 있다.

정규화 예측 회귀모형에서의 MSPE 식 (14.2)의 정규 회귀모형에서는 표본 외 예측의 예측값이 $\hat{Y}(X^{oos}) = \hat{\beta}_1 X_1^{oos} + \ldots + \hat{\beta}_k X_k^{oos}$이다. 예측 오차는 $Y^{oos} - (\hat{\beta}_1 X_1^{oos} + \ldots + \hat{\beta}_k X_k^{oos}) = u^{oos} - [(\hat{\beta}_1 - \beta_1) X_1^{oos} + \ldots + (\hat{\beta}_k - \beta_k) X_k^{oos}]$이고, 마지막 항은 식 (14.2)로부터 도출되었다. 그리고 u^{oos}는 표본 외 관측값에 대한 오차 u의 값이다. u^{oos}는 회귀 계수를 추정하기 위해 사용된 데이터와는 독립적이고, X^{oos}와는 비상관이기 때문에, 정규화 예측모형을 위한 식 (14.1)의 MSPE는 다음과 같은 두 가지 요소의 합으로 표현할 수 있다.

$$\text{MSPE} = \sigma_u^2 + E[(\hat{\beta}_1 - \beta_1) X_1^{oos} + \ldots + (\hat{\beta}_k - \beta_k) X_k^{oos}]^2 \tag{14.3}$$

식 (14.3)의 첫 번째 항 σ_u^2는 오라클 예측 오차의 오차이다. 즉 미지의 참 평균인 $E(Y|X)$를 사용해 얻은 예측 오차인 것이다.

식 (14.3)의 두 번째 항은 추정된 회귀 계수로부터 발생한 예측 오차에 기여한 부분을 나타낸다. 이 두 번째 항은 늘어난 평균제곱 예측 오차의 단위로 오라클 예측을 사용하는 대신 회귀 계수를 추정하는 데 필요한 비용을 나타낸다.

평균제곱 오차는 분산과 편의[식 (2.35)]의 제곱의 합으로 이루어져 있기 때문에, 식 (14.3)의 두 번째 항은 β를 추정하는 데서 발행하는 예측의 분산과 예측에서 편의의 제곱값의 합인 것이다. 어느 추정량을 사용할지 결정을 해야 할 때, 식 (14.3)의 두 번째 항을 최대한 작게 만드는 것이 목표가 된다. 앞서 보았듯이 수많은 예측변수가 있다고 하면, 이는 분산에 대해 추정된 회귀 계수들의 편의와 맞바꾸는 것이다.

표본평균과 분산을 이용한 표준화 실증분석에서는 원래 변수의 모평균과 표준편차는 알 수가 없다. 이에 따라 표본 내 평균과 분산이 설명변수를 표준화하는 데 사용되고, 종속변수에 표본 내 평균을 차감한다.

설명변수들이 표준화되어 있고, 종속변수는 평균이 제거되어 있기 때문에, 표본 외 관측치에 관한 예측을 하기 위해서는 추가적인 단계가 필요하다. 구체적으로, 표본 외 관측치들은 반드시 표본 내 평균과 표준편차를 이용해서 표준화되어야 하고, 종속변수에 표본 내 평균을 반드시 더해서 예측값을 내야 한다. 이에 대한 공식은 부록 14.5에 있다.

OLS의 MSPE와 축소의 원리

식 (14.2)에서 회귀 오차 u가 등분산성을 가지는 특별한 경우에서는 OLS의 MSPE가 다음과 같이 주어진다.

$$\text{MSPE}_{\text{OLS}} \cong \left(1 + \frac{k}{n}\right)\sigma_u^2 \quad (14.4)$$

식 (14.4)의 근삿값은 일부 특별한 상황에서만 성립한다(연습문제 14.12). 그리고 n이 크고 k/n이 작을 때 근삿값으로서 일반적인 경우에 성립한다. 단일설명변수의 경우, 식 (14.4)는 부록 14.2에서 도출할 수 있다. 일반적인 k의 경우의 식 (14.4)를 도출하기 위해서는 대수행렬이 필요하고 이는 부록 19.7에 나와 있다.

이 표현은 간단하게 해석할 수 있다. 식 (14.3) 다음에 논의한 바와 같이 오라클 예측(즉 β의 참값을 이용한 예측)의 MSPE는 σ_u^2이다. k개의 회귀 계수를 OLS로 추정할 때, MSPE는 가장 가능성 높은 MSPE에 상대적으로 $(1 + k/n)$만큼 증가한다. 이에 따라 OLS를 통해 MSPE로 측정되는 비용은 표본크기 대비 회귀 계수의 숫자 비율에 달려 있다.

예를 들어 학교 성적 예제에서 표 14.1에 38개의 주요 설명변수가 시험 성적을 예측하는 데 사용되었다고 하자. 38개의 설명변수는 매우 많은 것 같지만, $k/n = 38/1966 \approx 0.02$이고 OLS를 이용하는 것은 오라클 예측에 비해 MSPE가 2% 줄어든다는 것을 의미한다. 많은 예제에서 2%는 크게 중요하지 않은 수치이다. 그러나 817개의 설명변수를 가진 데이터에서, $k/n = 817/1966 \cong 0.40$, 즉 40% 줄어드는 것은 OLS보다 낮은 MSPE를 갖는 추정값을 찾아내는 데 투자할 가치가 충분한 크기이다.

식 (14.2)의 예측을 해석하는 데 있어 OLS는 불편의하기 때문에, 증가 요인 $(1 + k/n)$은 OLS 추정량의 분산에만 의한 것이다. 가우스-마르코프 조건에 의하면, OLS 추정량은 모든 선형 불편 추정량 중 가장 작은 분산을 가지고 있다. 그 결과, k/n가 클 때 많은 수고를 하는 게 의미없게 느껴질 수도 있다. 그러나 대다수의 예측 문제에서 1960년대까지 가장 큰 돌파구는 추정량에 편의를 허용하면 추정량의 분산을 충분히 낮춰 그 MSPE가 OLS의 경우보다 작게 된다는 발견이었다.

축소의 원칙 **축소 추정량**(shrinkage estimator)은 OLS 추정량을 특정한 값으로 '축소'해서 편의를 유도하는 것이다. 그 결과 추정량의 분산은 줄어들게 된다. 평균제곱오차는 분산과 편의의 제곱값의 합이기 때문에[식 (2.33)], 추정량의 분산이 충분히 줄어든다면 편의의 제곱값이 늘어나는 것에 대한 보상으로 분산은 더 많이 줄어들 수 있다. 그 결과 OLS보다 더 낮은 평균제곱오차 추정량을 얻을 수 있다.

James와 Stein(1961)은 편의를 허용해 추정량의 평균제곱오차를 줄이는 목적을 달성한 추정량을 처음으로 개발했다. 설명변수들이 비상관일 때, James-Stein 추정량은 $\tilde{\beta}^{JS} = c\hat{\beta}$으로 표현할 수 있고, 여기서 $\hat{\beta}$은 OLS의 추정량이며, c는 1보다 작은 요인으로 데이터에 의존하는 값이다. c가 1보다 작기 때문에, James-Stein 추정량은 OLS 추정량을 0의 방향으로 축소하는 것으로 0의 방향으로 편의가 발생한다. β의 참값이 작다면 James-Stein 추정량이 OLS보다 낮은 평균제곱오차를 가지게 되는 것은 놀라울 일은 아니다. 그러나 James와 Stein이 보이려던 것은 오차가 정규분포하면, 그들의 추정량이 OLS보다 $k \geq 3$인 이상 β의 참값과 상관없이 평균제곱오차가 낮다는 것이다.

James와 Stein의 업적은 빅데이터 환경에서 예측변수들이 아주 많은 경우를 다룰 수 있는 기초를 마련했다는 것이다. 이들의 결과는 축소 추정량이라는 범주를 만들어냈으며, ridge 회귀모형과 Lasso 추정량 등이 그 예다. 이에 대한 설명은 각각 14.3절과 14.4절에 있다.

MSPE의 추정

MSPE는 모집단의 기댓값이므로 값이 알려져 있지 않다. 그러나 표본 데이터로부터 추정은 할 수 있다. 여기서 MSPE를 추정할 두 가지 방법을 소개한다. 첫 번째 방법은 표본 분할 추정법으로 MSPE의 정의를 그대로 가져와서 원 표본을 2개로 분할하고, 하나는 추정에 다른 하나의 표본은 예측에 사용하는 것이다. 두 번째 방법은 m-폴드 교차 검증법으로, 앞선 방법의 아이디어를 그대로 가져오나 원래의 표본을 m개의 표본으로 나누어 데이터를 대칭적으로 그리고 보다 효율적으로 이용한다.

분할 표본(split-sample)을 이용한 MSPE의 추정 MSPE는 무작위로 추출한 X에 대한 예측 오차의 분산이라는 점을 상기해보자. 여기서 관측값들은 β를 추정하는 데 사용되는 것은 아니다. 이 정의에 따르면 데이터를 두 부분로 나누어 MSPE를 추정할 수 있다는 말이 된다. 표본의 한 부분은 추정에 사용되고 다른 한 부분은 표본 외 예측을 시뮬레이션하기 위해 사용된다. 추정 표본은 β를 추정하는 데 사용되어 $\widetilde{\beta}$를 만들어낸다. 이는 OLS나 다른 추정방법들을 이용해 얻을 수 있다. 이 추정량은 다른 분할 표본에서의 n_{test}개의 관측치에 대한 $\hat{Y}$ 예측값을 만드는 데 사용된다. MSPE는 n_{test}개의 예측 오차를 이용해 추정된다.

$$\widehat{\text{MSPE}}_{split\text{-}sample} = \frac{1}{n_{test}} \sum_{\substack{\text{observations in} \\ \text{test subsample}}} (Y_i - \hat{Y}_i)^2 \tag{14.5}$$

m-폴드 교차 검증에 의한 추정 분할 표본 방법은 무작위로 그리고 비대칭적으로 데이터를 2개의 소표본으로 하고 각각을 다른 용도로 사용하는 것이다. 이 추정량은 데이터를 대칭적으로 다루는 것만으로 개선의 여지가 있다. 구체적으로 보면, 2개의 소표본에서 각각 β를 추정하고 다른 소표본에서 MSPE를 추정하도록 하면 2개의 다른 MSPE 추정량을 만들어낼 수 있다.

이와 같은 아이디어를 m개의 다른 무작위로 선택된 소표본에 적용해보자. 그 결과가 **m-폴드 교차 검증**(m-fold cross validation)이다. 이 방법에서는 m개 버전의 MSPE 추정량이 있다. 각각은 m개의 소표본을 순차적으로 하나씩 제외하고 나머지 소표본들로 β를 추정해 얻은 것이다. MSPE의 m-폴드 교차 검증 추정량은 m개의 소표본 MSPE의 평균이 된다. m-폴드 교차 검증에 대한 자세한 설명은 핵심 개념 14.1에 정리했다.

m-폴드 교차 검증의 어려운 점은 어떻게 m을 선택할 것인가이다. 왜냐하면 어떤 m을 선택할지에 따라 장단점이 있기 때문이다. m이 클수록 더 효율적인 β의 추정량을 얻을 수 있는데, 이는 보다 많은 관측치들이 β를 추정하는 데 각각 사용되기 때문이다. 이 관점에서 보면, 이상적인 m의 값은 소위 말하는 하나씩 제거하는 교차 검증 추정량으로 $m = n - 1$이 된다.

핵심 개념 **14.1**

m-폴드 교차 검증

MPSE의 m-폴드 교차 검증 추정량은 다음 여섯 단계를 통해 얻는다.

1. 표본을 거의 같은 크기로 m개의 소표본으로 무작위로 나눈다.
2. 소표본 2, 3, …, m에서 β의 추정량인 $\tilde{\beta}$를 추정한다.
3. $\tilde{\beta}$와 식 (14.12)를 이용해 예측값 $\hat{Y}$을 계산하고 예측 오차 $Y - \hat{Y}$을 소표본 1의 관측값부터 구한다.
4. 소표본 1을 검증용 표본이라고 하고, 이 표본에서의 MSPE를 식 (14.5)에 따라 추정한다. 이 추정량을 $\widehat{\text{MSPE}}_1$이라고 하자.
5. 2~4단계를 소표본 2를 남겨두는 검증용 표본이라고 하고, 또 소표본 3을 같은 방식으로 계속해서 MSPE 추정량을 계산하면, $\widehat{\text{MSPE}}_i$, $i = 1, \ldots, m$을 계산할 수 있다.
6. MSPE의 m-폴드 교차 검증 추정량은 m개의 MSPE 소표본 추정량을 평균해 계산한다.

$$\widehat{\text{MSPE}}_{m\text{-}fold\ cross\ validation} = \frac{1}{m}\sum_{i=1}^{m}\left(\frac{n_i}{n/m}\right)\widehat{\text{MSPE}}_i \tag{14.6}$$

여기서 n_i는 소표본 i의 관측치 개수이고 괄호 안의 요인은 각각의 소표본에서 관측치의 개수가 달라도 괜찮다는 것을 의미한다.

그러나 m값이 크다는 것은 β가 m번 추정되어야 한다는 것을 의미한다. k가 수백 이상의 큰 값인 경우에 이는 상당한 시간의 연산이 필요하게 된다는 것이기에, 결과적으로 하나씩 제거하는 교차 검증은 연산이 너무 길어지는 단점이 있다. 그 결과, m은 연구자가 가진 제약들과 컴퓨팅 역량에 달려 있다. 학교 시험 성적 예제에서 보면, $m = 10$으로 둔 것은 저자들이 가진 컴퓨터 성능에 따라 정한 것이다. 그러므로 β의 소표본 추정량은 총 표본의 90%를 사용했다.

m-폴드 교차 검증 추정량은 β가 어떤 방식으로 추정되었는지와 상관없이 일반적인 경우에 MSPE를 추정량으로 사용할 수 있다. 모수들이 아닌 알고리즘으로 표현되는 모형에서 이 방법은 잘 작동한다. 이와 같은 범용성 덕분에 빅데이터를 사용하는 실증분석에서 광범위하게 사용되고 있다.

14.3 ridge 회귀(능형 회귀)

14.3절과 14.4절에서는 다량의 예측변수가 있는 경우에 맞게 고안된 두 종류의 축소 추정량을 설명한다. 이 절에서 소개하는 방법은 ridge 회귀로, 이는 잔차의 제곱합에 추정하는 모수의 제곱으로 늘어나는 벌칙을 추가하는 방식으로 추정하는 모수를 0의 방향으로 축소하는 방식이다. 잔차의 제곱합과 페널티 두 개의 항, 일명 벌칙 잔차의 제곱합을 최소화해 ridge 회귀는 추정량에 편의를 가져오지만 분산은 줄어들게 된다. 일부 응용 문제에서 ridge 회귀는 OLS에 비해 MSPE가 월등하게 개선된 결과를 보여주었다.

벌칙을 통한 축소와 ridge 회귀

추정하고자 하는 계수를 0의 방향으로 축소하는 방법은 추정값에 큰 벌칙을 부과하는 것이다. ridge 회귀의 추정량은 바로 이 아이디어에 따른 것이다. 구체적으로 보면, **ridge 회귀**(ridge regression) 추정량은 벌칙 총제곱합, 즉 잔차의 제곱합과 추정할 계수의 제곱합만큼 늘어나는 벌칙 요인의 합을 최소화해 구한다.

$$S^{Ridge}(b;\lambda_{Ridge}) = \sum_{i=1}^{n}(Y_i - b_1X_{1i} - \ldots - b_kX_{ki})^2 + \lambda_{Ridge}\sum_{j=1}^{k} b_j^2 \quad (14.7)$$

여기서 $\lambda_{Ridge} \geq 0$이고, 모수 λ_{Ridge}는 ridge 축소 모수라고 한다. ridge 회귀 추정량은 S^{Ridge} $(b: \lambda_{Ridge})$를 최소화하는 b의 값이다.

식 (14.7)의 우변 첫 번째 항은 계수 b에 대한 통상적인 잔차의 제곱합이다. 이 항밖에 없다면 ridge와 OLS 추정량이 동일하게 된다. 그러나 두 번째 항은 새로운 것으로, 이는 계수의 제곱합만큼 늘어나게 되어 있다. 식 (14.7)의 두 번째 항을 **벌칙항**(penalty term)이라고 하는데, 이는 계수의 추정량을 크게 선택하게 되면 여기에 벌칙을 주도록 설계되어 있기 때문이다. 이 벌칙항은 축소 모수를 통해 크기가 조정되고 잔차의 제곱합에 더해졌을 때, 식 (14.7)에 나타난 바와 같이 그 결과를 **벌칙 잔차의 제곱합**(penalized sum of squared residuals)이라고 한다.

벌칙항은 ridge 회귀 추정량을 0으로 축소시킨다. 그림 14.1은 하나의 설명변수만 있을 때 어떻게 ridge의 벌칙항이 작동하는지를 보여준다. 벌칙항 없이 잔차의 제곱합을 최소화하면

그림 14.1 ridge 회귀의 벌칙 함수의 구성요소

ridge 회귀식 추정값은 잔차의 제곱합인 $SSR(b)$와 추정하는 모수의 제곱에 따라 증가하는 벌칙항을 합한 $S^{Ridge}(b)$를 최소화한다. SSR은 OLS 추정량 $\hat{\beta}$에서 가장 작은 값을 얻고 거기에 벌칙항을 추가해 ridge 회귀 추정량인 $\hat{\beta}^{ridge}$를 0으로 축소시킨다.

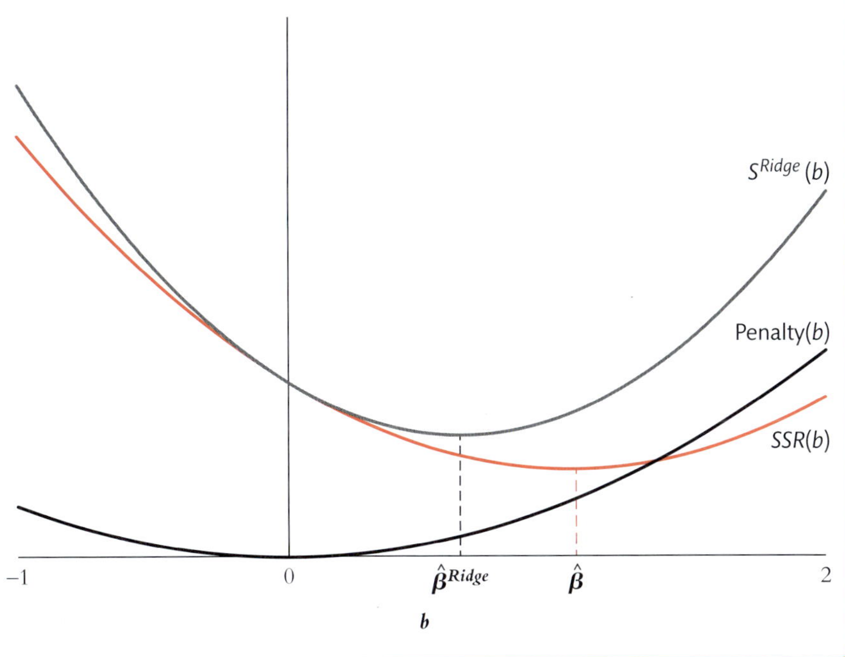

OLS의 결과를 얻을 수 있다. 벌칙항을 추가함으로써 벌칙함수의 최솟값이 0으로 향하게 된다. 이와 같이 추정된 ridge 회귀 계수의 값은 OLS보다 훨씬 0에 가깝게 된다. 즉 ridge 회귀 계수는 0으로 축소된다는 것이다.

축소의 정도는 축소 모수 λ_{Ridge}에 달려 있다. 만약 $\lambda_{Ridge} = 0$이면 축소하는 게 전혀 없는 것이고, ridge 회귀 추정량은 OLS와 동일하게 된다. λ_{Ridge}가 커질수록, 주어진 b값에 주어지는 벌칙은 커지게 되고, 추정량의 축소값도 0에 더 가까워지게 된다. 표준화된 예측 회귀모형을 사용하고 있기 때문에 모든 회귀 계수는 같은 단위의 값을 가지게 되고, 이에 따라 단일 축소 모수 λ_{Ridge}는 모든 회귀 계수에 대해서 사용할 수 있다.

식 (14.7)의 벌칙 잔차 제곱합은 미적분학을 이용해 최소화해 간단한 ridge 회귀 추정량으로 표현할 수 있다. 단일설명변수인 경우의 이 공식은 부록 14.3에서 얻을 수 있다. $k > 2$인 경우의 공식은 행렬 형식으로 나타낼 수 있고, 이는 부록 19.7에 소개되어 있다.

설명변수들이 비상관인 특수한 경우에 ridge 회귀 추정량은 다음과 같다.

$$\hat{\beta}_j^{Ridge} = \left(\frac{1}{1 + \lambda_{Ridge}/\sum_{i=1}^{n} X_{ji}^2}\right)\hat{\beta}_j \tag{14.8}$$

여기서 $\hat{\beta}_j$는 β_j의 OLS 추정량이다. 이 경우에 ridge 회귀 추정량은 James-Stein 추정량과 같이 OLS 추정량을 0으로 축소시킨다. 설명변수들이 상관되어 있다면, 대부분의 ridge 회귀 추정치는 0으로 축소되긴 하지만 ridge 회귀 추정량은 종종 OLS보다 클 수 있다.

완전 다중공선성의 경우, 즉 $k > n$과 같은 경우에 OLS 추정량은 계산할 수가 없지만 ridge 추정량은 가능하다.

교차 검증을 통한 ridge 축소 모수의 추정

ridge 회귀 추정량은 축소 모수인 λ_{Ridge}에 의존한다. λ_{Ridge}의 값이 무작위로 선택되면, 가장 좋은 전략은 선택된 ridge 회귀 추정량이 데이터에 가장 잘 맞도록 λ_{Ridge}를 선택하는 것이다.

가장 먼저 생각할 수 있는 방법은 식 (14.7)에서 $S^{Ridge}(b;\, \lambda_{Ridge})$를 최소화하는 λ_{Ridge}를 추정하는 것이다. 그러나 어떠한 b값을 시도하더라도 λ_{Ridge}를 위해 $S^{Ridge}(\mathrm{b};\lambda_{Ridge})$를 최소화하게 되면 이는 λ_{Ridge}를 0으로 이끌게 된다. 그러나 $\lambda_{Ridge} = 0$이면, ridge 회귀 추정량은 그저 OLS 추정량에 불과하다. 그 이유는 이와 같은 방법이 OLS와 같이 가장 좋은 **표본 내 적합**(in-sample fit)을 찾는 OLS 방법과 동일해지기 때문이다. 반대로, 예측의 목적은 가장 좋은 **표본 외 적합**(out-of-sample fit)을 찾는 것이고, 이는 낮은 MSPE가 목적이라는 말이다.

이는 MSPE를 최소화하는 λ_{Ridge}를 찾아야 함을 의미한다. 이와 같은 전략은 MSPE의 m-폴드 교차 검증(핵심 개념 14.1)을 이용해 수행할 수 있다. 보다 구체적으로, λ_{Ridge}의 후보값으로 0.1과 0.2를, m으로 어떤 값을 고려하고 있다고 하자. 핵심 개념 14.1의 $\tilde{\beta}$를 $\lambda_{Ridge} = 0.1$을 이용한 ridge 회귀 추정량이라고 하자. 주어진 $\tilde{\beta}$값에서 테스트 표본에서의 예측을 실시하고, 이 예측에 대한 해당 추정량의 $\widehat{MSPE}$을 계산한다. 그리고 이와 같은 작업을 $\lambda_{Ridge} = 0.2$의 경우에 반복해 실시한다. 이제 $\lambda_{Ridge} = 0.1$과 $\lambda_{Ridge} = 0.2$의 두 가지 MSPE

추정량이 있고, 여기서 낮은 MSPE를 가지는 추정량을 선택하면 된다. 이와 같은 단계를 여러 개의 λ_{Ridge}에 반복하게 되면 m-폴드 교차 검증의 MSPE를 최소화하는 λ_{Ridge} 추정량을 얻을 수 있다. 비록 이런 추정량은 궁극적으로 0이 됨에도 불구하고(왜냐하면 이런 방식에서 최선의 λ_{Ridge} 추정량은 OLS추정량이기 때문이다) 가장 좋은 축소 모수는 0이 되지 않을 것이고 그렇다면 ridge 회귀 추정량은 OLS 추정량과 다를 것이다.

학교 시험 성적에의 적용

Ridge 회귀 추정량을 학교 시험 성적 예제에 응용해보자. 이 예제에서는 표 14.1에서와 같이 817개의 예측변수와 1,966개의 관측치를 포함하고 있다.

그림 14.2는 MSPE의 10-폴드 교차 검증 추정량의 제곱근을 ridge 축소 모수 λ_{Ridge}의 함수로 표현한 것이다. 그래프로 나타낸 MSPE의 제곱근은 표본 외 예측의 오차 정도를 나타낸 것이라고 할 수 있다. 주어진 λ_{Ridge}의 값에 대해, MSPE가 핵심 개념 14.1에 나타난 바와 같이 계산되었다. m을 10으로 선택한 것은 되도록 많은 관측치를 이용해 모수를 추정하려는 욕구와 각각의 λ_{Ridge} 값에 대해 m번만큼 추정을 반복해야 하는 연산의 부담 사이의 균형을 고려한 선택의 결과이다.

그림 14.2에 나타난 바와 같이, MSPE는 U자 모양을 하고 있다. 이는 $\lambda_{Ridge} = 2{,}233$에서 최소화된다. 그러므로 ridge 축소 모수의 10-폴드 교차 검증 추정량은 $\hat{\lambda}_{Ridge} = 2{,}233$이다.

$\hat{\lambda}_{Ridge}$에서 MSPE의 제곱근은 39.5이다. 반면에 똑같은 817개의 예측변수와 1,966개의 관측치를 이용해 추정한 OLS의 MSPE 제곱근은 78.2이다. OLS 추정량은 $\lambda_{Ridge} = 0$일 때의 ridge 추정량과 동일하기 때문에 원칙적으로 OLS의 MSPE 제곱근은 그림 14.2에 점 ($\lambda_{Ridge} = 0$, MSPE 제곱근 $= 78.2$)으로 표시할 수 있다. 그러나 OLS의 MSPE 제곱근은 그

그림 14.2 축소 모수의 함수로 나타낸 ridge 회귀 예측에 대한 MSPE의 제곱근(λ_{Ridge}의 로그 단위)

$k = 817$개의 예측변수와 $n = 1{,}966$개의 관측치를 가진 학교 시험 성적 데이터에 대한 MSPE는 10-폴드 교차 검증을 통해 추정되었다.

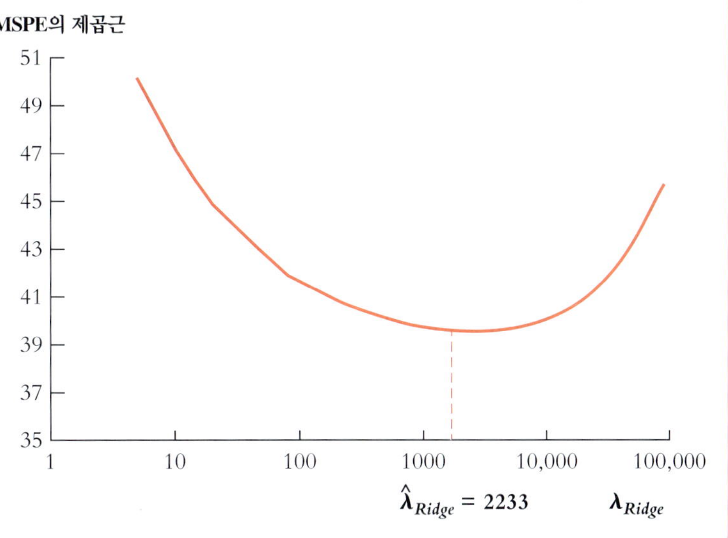

림에서는 너무 큰 값이기 때문에 나타낼 수는 없다.

OLS의 MSPE가 ridge의 MSPE보다 크다는 사실은 14.2절에서 논의한 주요 이론적인 점들에 대한 실증적 본보기이다. 많은 수의 예측변수가 있을 때, 축소 방법을 통해 모수 추정량에 편의를 도입하는 것은 편의가 발생한 것을 보상할 만큼 예측의 분산을 줄여주는 효과가 있고 이에 따라 더 정확한 예측을 만들어낸다는 것이다.

$\hat{\lambda}_{Ridge}$는 교차 검증된 MSPE를 최소화하는 것으로 선택되었기 때문에, $\hat{\lambda}_{Ridge}$에서 얻은 교차 검증된 MSPE는 더 이상 MSPE의 불편 추정량이 아니다. 14.6절에서는 남아 있는(아직 사용되지 않은) 1,966개의 관측치를 이용해 $\hat{\lambda}_{Ridge}$를 사용한 ridge 회귀의 MSPE 불편 추정량을 구한다.

Ridge 회귀 계수와 OLS 회귀 계수를 비교하는 것 또한 흥미롭다. 이 비교는 14.6절에서 이루어지고, 거기서 이 회귀 계수들은 14.4절과 14.5절에서 논의한 방법들, Lasso와 주성분 분석의 결과들과도 비교될 것이다.

14.4 Lasso

OLS와 ridge 회귀에서, 어떠한 추정 계수도 정확히 0은 아니어서 모든 설명변수가 예측에 사용되었다. 그러나 일부 예제에서는 설명변수 중 일부만이 유용하고, 나머지는 관계없는 것일 수 있다. 예를 들어 표 14.1에 있는 설명변수들 가운데 기존 변수 38개를 제외한 변수들은 모두 제곱, 세제곱 혹은 38개 변수의 교차항으로 이루어져 있다. 만약 올바른 조건부 기댓값이 38개 주요 변수의 선형결합의 사실이라면, $817 - 39 = 779$개 변수의 계수값은 0이 되어야 한다.

일부 설명변수의 계수가 0이 아닌 회귀모형을 **희소모형**(sparse model)이라고 한다. 모형이 희소하다고 하면, 예측은 다수의 회귀 계수를 정확히 0으로 추정함으로써 개선될 수 있다.

이 절에서 다루어지는 추정량은 희소모형을 위해 고안된 Lasso(least absolute shrinkage and selection operator)라고 한다. ridge 회귀와 같이, Lasso는 추정 계수들을 0으로 축소시킨다. ridge 회귀와 달리, Lasso는 많은 수의 추정 계수를 정확히 0으로 만들어, 이 설명변수들을 모형에서 제외한다. 그리고 남겨지는 설명변수들은 ridge의 경우보다 덜 축소된다. 이와 같이 Lasso는 설명변수 가운데 일부를 선택하게 하고 이 회귀계수들을 수정된 축소량(축소 모수)으로 추정하게 된다.

ridge 회귀식과 같이, Lasso는 $k > n$인 경우에도 사용할 수 있다. 또한 ridge와 마찬가지로, Lasso는 교차 검증 MSPE를 최소화하는 방법으로 추정하는 축소 모수를 포함하고 있다.

Lasso를 통한 축소

Lasso 추정량은 벌칙화된 제곱항을 최소화한다. 여기서 벌칙항은 계수들의 절댓값 합에 따라 늘어나는 형태이다.

$$S^{Lasso}(b;\lambda_{Lasso}) = \sum_{i=1}^{n}(Y_i - b_1X_{1i} - \ldots - b_kX_{ki})^2 + \lambda_{Lasso}\sum_{j=1}^{k}|b_j| \quad (14.9)$$

여기서 λ_{Lasso}는 Lasso 축소 모수라고 한다. Lasso 추정량은 $S^{Lasso}(b;\ \lambda_{Lasso})$를 최소화하는 b값이다. ridge 회귀에서와 같이, 축소 모수 $\lambda_{Lasso} = 0$이면, Lasso 추정량은 잔차의 제곱합을 최소화하게 되고, 그 결과 Lasso와 OLS는 동일하게 된다. 식 (14.9)의 두 번째 항은 큰 b의 값에 벌칙을 부과해 Lasso 추정량이 0으로 축소되게 만든다.[3]

Lasso 이름의 첫 번째 부분인 최소 절대 축소(least absolute shrinkage)는 식 (14.9)의 벌칙항을 묘사하는 것이다. 반면 ridge 회귀식의 벌칙항은 b의 제곱만큼 늘어나는 구조이고, Lasso는 절댓값으로 늘어나는 것이 다른 점이다.

Lasso 이름의 두 번째 부분인 선택항(selection operator)은 Lasso가 많은 회귀 계수를 정확히 0으로 추정하고 이에 따라 일부 설명변수는 제거되기 때문에 붙여진 이름이다. 그래서 사실 Lasso는 모형에서 사용될 설명변수들의 부분집합을 선택하는 것과 같다.

Lasso가 $k = 1$의 경우에 일부 회귀계수를 정확히 0으로 추정하는 이유는 그림 14.3에 묘사되어 있다. 이 그림은 잔차의 제곱항, Lasso 벌칙항, 식 (14.9)에서의 Lasso 최소함수를 합친 것이다. 그림 14.3의 파트 a와 b는 식 (14.9)의 첫 번째 항을 최소화하는 OLS 추정량의 값만이 다를 뿐이다. 그림 14.3a에서 OLS의 추정량($\hat{\beta} = 1.0$)이 0과 거리가 있고, Lasso는 이를 더 작은 값($\hat{\beta}^{Lasso} = 0.5$)으로 축소시킨다. 그림 14.3b에서는 잔차의 제곱항을 나타내는 곡선이 좌측으로 이동했고, 그 결과 OLS 추정량은 더 작아졌다($\hat{\beta} = 0.4$). 그리고 Lasso 추정량은 정확히 0($\hat{\beta}^{Lasso} = 0$)이 된다. 이와 같이 정확하게 계수값이 0이 되는 것은 그림 14.3b의 잔차 제곱항에 대한 함수가 너무 평평해 거의 0에 가까운데 벌칙항은 이 잔차항을 받아 0으로 만들어 버리는 것이다.

부록 14.4에 $k = 1$인 경우 Lasso 추정량에 대한 공식이 나와 있다. 이 공식은 OLS 추정량 중 적당히 작은 값에 대해서 Lasso 추정량이 정확히 0이 되는 것을 수학적으로 보여준다.

Ridge와 Lasso 추정량은 OLS 추정량이 큰 경우에 다르게 작동한다. 주어진 b값에서, ridge 벌칙항은 Lasso 벌칙항보다 커진다. 그래서 OLS 추정량이 큰 경우에 Lasso는 이를 ridge보다 덜 축소하게 되나, OLS 추정량이 작은 경우에는 ridge보다 더 축소하게 되어, 일부는 모두 경우를 0으로 만든다.

그림 14.3은 단일 설명변수에 대한 것으로, 이 경우 Lasso는 항상 OLS 추정량을 0으로 만든다. 다수인 예측변수가 있다면, Lasso는 일반적으로 OLS 추정량을 0으로 축소시키지만, 일부 계수들의 Lasso 추정량은 OLS 추정량보다 클 수 있다.

Lasso 추정량의 계산 OLS 및 ridge 회귀와 달리, $k > 1$인 경우에 Lasso 추정량 공식을 간단히 표현할 방법은 없다. 그래서 Lasso 최소화 문제는 컴퓨터를 이용해 수치적으로 해결해야 한다. 기계학습에서의 연산 능력 발전으로 Lasso 추정량을 연산할 수 있는 특수한 알고리

3 Rigde와 Lasso 벌칙항은 모두 $\lambda\sum_{j=1}^{k}|b_j|^p$로 표현할 수 있다. 여기서 $p = 2$일 때 ridge이고 $p = 1$이면 Lasso이다. $(\sum_{j=1}^{k}|b_j|^p)^{1/p} > p$라는 식은 길이 b의 L_p라고 하며, $p = 2$인 것은 E 유클리안 거리를 의미한다. 그 결과 ridge는 L_2 벌칙화라고도 하며, Lasso는 L_1 벌칙화라고도 한다.

그림 14.3 Lasso 추정량이 잔차의 제곱항과 b의 절댓값에 선형인 벌칙항을 최소화한다.

단일설명변수의 경우, (a) OLS 추정량이 0과 거리가 멀 때 Lasso 추정량은 이를 0으로 축소시킨다. (b) OLS 추정량이 0에 가까울 때 Lasso 추정량은 정확히 0이 된다.

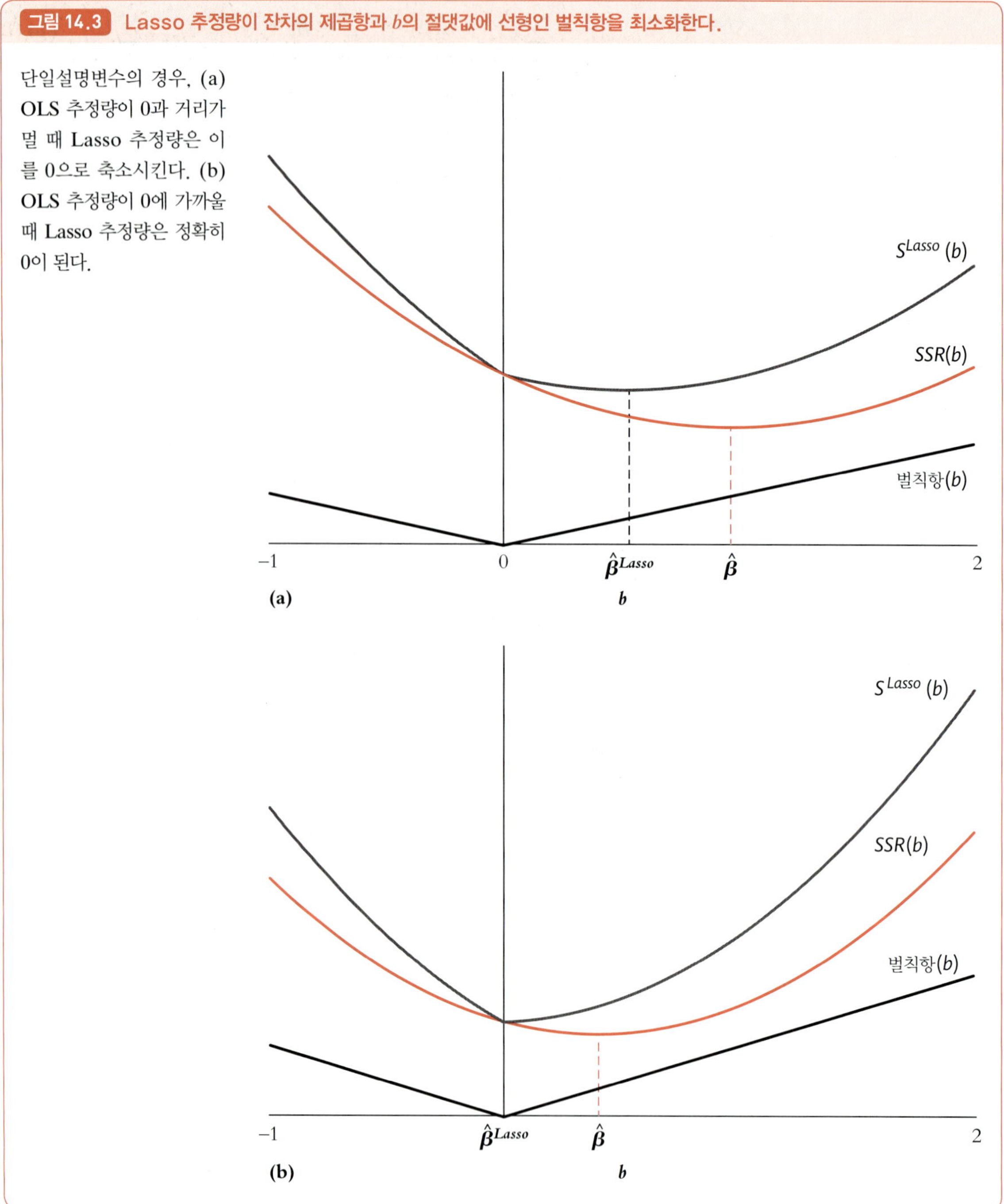

즘도 많이 발전했다. 일부 계량경제학 소프트웨어 패키지는 이런 알고리즘을 이미 포함하고 있고 Lasso 추정량을 손쉽게 구하도록 하고 있다.

교차 검증을 통한 축소 모수의 추정 ridge 회귀와 마찬가지로, Lasso의 조정(tuning) 모수는 MSPE의 추정량을 최소화하는 방법으로 추정할 수 있다. λ_{Lasso}를 추정하는 알고리즘은 14.3

절에서 설명한 λ_{Ridge}를 추정하는 방법과 동일하다.

Rideg와 Lasso 추정량에 대한 경고장 ridge와 Lasso 추정량은 이 책에서 설명하는 추정량들과는 중요한 점에서 다르다. OLS에서는 회귀모형의 적합도가 k개의 설명변수를 사용하든 k개의 설명변수의 선형결합을 사용하든 다중공선성 문제만 없으면 동일하다. 예를 들면 누군가는 남성에 대해서 절편과 더미변수를 사용하거나, 여성에 대해서 절편과 더미변수를 사용하거나, 혹은 절편 없이 여성 더미, 남성 더미를 사용할 수도 있다. 이 모든 경우에서 OLS 회귀식의 적합도는 동일하고 예측 또한 동일하다. 더군다나 이 세 가지 방법 어디에서도 모형의 다른 추정 계수들에는 전혀 변화가 없다.

이와 반대로, ridge와 Lasso는 회귀 적합도, 추정 계수, 예측이 일반적으로 어떠한 회귀 계수의 선형결합이 사용되는지에 따라 달라진다. 선형결합 방법을 바꿀 때마다 계수들의 모집단 값 역시 변화하기 때문에 Lasso의 경우에 이런 모습이 더욱 쉽게 관측된다. 예를 들어 남성과 절편으로 이루어진 모형에서 남성에 대한 계수값은 남성과 여성으로 이루어진 모형에서 남성의 절편값과 다를 것이다. 이와 같이 Lasso는 남성-절편 모형에서는 남성을 제거하는데, 남성-여성-절편 없음의 경우에서는 그렇지 않을 수도 있는 것이다. 이와 같은 경우에 2개의 모형 형태에서는 다른 예측변수들을 선택하게 되고 결과적으로 예측도 달라질 수 있다.

선형결합의 선택이 ridge 회귀의 결과에 영향을 미치는 이유는 조금 더 미묘한데, 이는 다른 선형결합은 나머지 다른 변수들과 다른 상관성을 가지고 있기 때문에 발생한다. ridge 회귀에 대한 이 결과를 부록 19.7에 자세히 설명했다.

Ridge와 Lasso 추정량이 설명변수의 선형결합에 의존하는 것은 이 추정량을 사용할 때 어떤 설명변수들을 선택할지 생각할 필요가 있다는 것을 의미한다. 이런 결정은 OLS나 14.5절에 설명할 주성분 분석에서 고려할 필요가 없는 것들이다[로짓, 프로빗, 도구변수(IV) 회귀의 경우에서도 마찬가지다].

학교 시험 성적에의 적용

14.3절에서와 같이 1,966개의 관측치와 817개의 예측변수를 사용해 Lasso 예측모형을 추정해보자.

그림 14.4는 Lasso 축소 모수인 λ_{Lasso}의 함수로 나타낸 MSPE의 10-폴드 교차 검증 추정값의 제곱근을 나타낸 것이다. MSPE는 축소 모수가 4,527일 때, 즉 $\hat{\lambda}_{Lasso} = 4527$인 경우 최소화된다. 이 값에서 MSPE는 39.7이다. 이 MSPE는 OLS의 경우, 즉 $\lambda_{Lasso} = 0$인 Lasso 추정량에서인 78.2보다 훨씬 작은 수이다. 이 Lasso MSPE는 ridge MSPE인 39.5(14.3절에서 구한 값)에 거의 근접하거나 조금 크다.

Lasso는 817개 예측변수 중 56개만을 0이 아닌 것으로 추정했다. 이와 같이 Lasso 추정량은 표 14.1에 있는 예측변수 후보군들 중에 93%인 761개를 제외했다. 생존한 예측변수 가운데 표 14.1의 주요 예측변수 중 4개를 제외한 나머지는 모두 교차항이었다.

그림 14.4 Lasso 축소 모수인 λ_{Lasso}의 함수로 나타낸 MSPE의 10-폴드 교차 검증 추정값의 제곱근(λ_{Lasso}의 로그)

MSPE는 $k = 817$개의 예측변수와 $n = 1,966$개 관측치를 가진 학교 시험 성적 데이터에 대해 10-폴드 교차 검증을 통해 추정되었다.

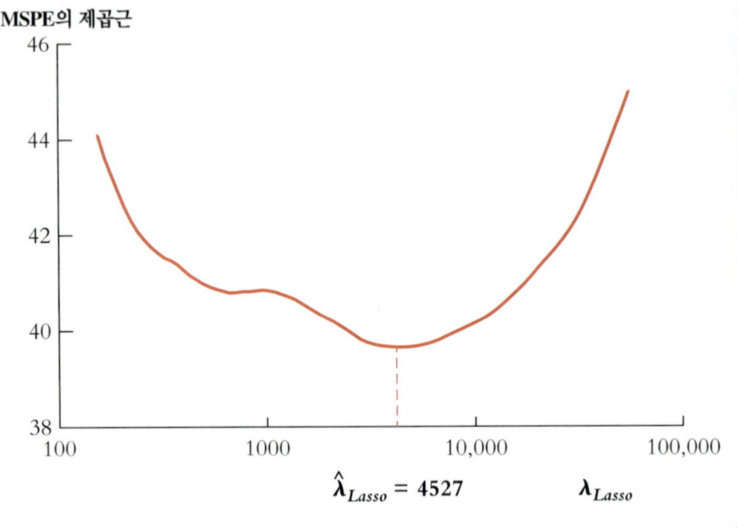

14.5 주성분

예측변수들이 완전공선성을 가지고 있으면, 이들 중 적어도 하나는 어떠한 정보의 손해 없이 데이터집합에서 제거된다. 왜냐하면 제외된 변수들은 남아 있는 변수들을 이용해 완벽하게 재조합할 수 있기 때문이다. 이는 다른 변수와 완벽하게 상관되어 있지는 않지만 높은 수준으로 상관되어 있는 변수는 제외하더라도 정보의 손실은 별로 없을 것으로 해석할 수 있다. 이와 같은 인사이트는 다수의 예측변수를 다루는 새로운 접근법을 제시한다. 즉 설명변수들 간의 상관관계를 이용해 회귀 계수들의 개수를 줄이는 동시에 원래 회귀 계수들이 가지고 있는 정보들은 최대한 많이 이용하는 것이다. 주성분 분석은 이와 같은 전략을 그대로 수행할 수 있고 회귀 계수들의 숫자도 획기적으로 줄일 수 있어 추정과 예측은 OLS를 사용한 방법보다 훨씬 더 나은 성과를 보인다.

이 절에서는 주성분 분석이 2개의 설명변수가 있을 때 어떻게 작동하는지 알아본 다음에 설명변수들이 다수 있을 때 관련 있는 사례들을 살펴본다.

2개 변수에서의 주성분들

표준화된 변수의 집합 X의 **주성분**(principal component)은 해당 변수들의 선형결합이다. 이 선형결합은 주성분들이 서로 비상관이고 순차적으로 원래 변수들이 가진 정보들을 최대한 많이 포함할 수 있도록 선택된다. 보다 구체적으로, 첫 번째 주성분의 선형결합에 대한 가중치는 이 주성분의 분산을 최대로 하도록 선택되고, 이런 점에서 X가 가지고 있는 변이에 대해 최대한 많은 부분을 포함할 수 있도록 한다. 두 번째 주성분의 가중치들은 첫 번째 주성분과는 비상관하고 X의 변이를 가장 많이 포함할 수 있도록 선택된다. 세 번째 주성분은 첫 번째와

그림 14.5 모집단 상관관계가 0.7인 표준정규 확률변수 X_1과 X_2의 200개 관측치 산포도

첫 번째 주성분(PC_1)은 X_1과 X_2가 추가됨으로써 이 변수의 선형결합 분산을 최대화하도록 선택된다. 두 번째 주성분은 첫 번째 주성분과 비상관이고 두 변수를 차감해 얻는다. 주성분의 가중치들은 가중치들의 제곱합이 1이 되도록 표준화된다.

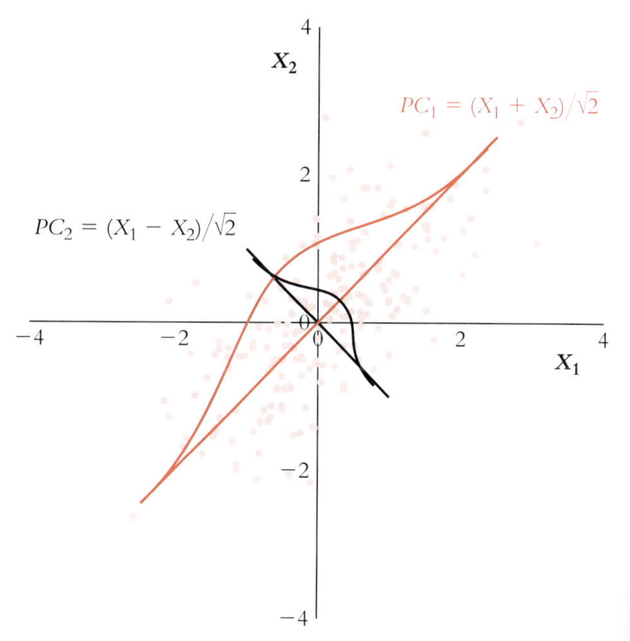

두 번째 주성분과는 비상관이고 첫 번째와 두 번째 주성분을 고려해 X의 변이를 최대한 많이 포함하도록 선택되는 것이다. $k \le n$이고 완전 다중공선성이 없으면, 총 주성분의 수는 k이다. 만약 $k > n$이면 총 주성분의 수는 n이 된다.

이와 같은 과정은 X가 2개 있는 경우 간단하게 설명된다. 그림 14.5는 X_1과 X_2가 상관관계가 0.7이면서 표준정규분포를 따르는 변수일 때 이 과정을 보여준다. 첫 번째 주성분, $PC_1 = w_1X_1 + w_2X_2$는 가중평균으로 분산이 극대화되도록 선택된다. 여기서 w_1과 w_2는 주성분 가중치이다. 가중치를 선택하는 것은 변수들이 어떻게 혹은 어떤 방향으로 추가될지를 선택하는 것과 같은데, 다른 의미로 변수들이 산포되는 방향이 극대화되도록 선택한다는 것과 같은 의미이다. 그림 14.5에 묘사되어 있듯이, 변수들의 퍼짐 정도가 45도 선의 방향으로 최대인 것을 알 수 있다. 이 방향으로는 변수들이 동일한 가중치를 가지면서 추가된다.

다른 제한이 없다면, 선형결합의 분산은 w_1과 w_2를 둘 다 증가시켜서 간단히 증가시킬 수 있다. 그렇기에 주성분 문제가 해답을 찾으려면 가중치를 제한할 필요가 있다. 이는 가중치의 제곱합이 항상 1이 되도록 한다. 즉 $w_1^2 + w_2^2 = 1$이다. 45도 선으로 이 가중치는 동일하다. 그렇기 때문에 $w_1 = w_2 = 1/\sqrt{2}$ 그리고 $PC_1 = (X_1 + X_2)/\sqrt{2}$가 된다. 수학적으로 도출하는 방법은 연습문제 14.11에 나와 있다.

두 번째 주성분은 첫 번째 주성분과 비상관되도록 선택된다. 그리고 역시 가중치의 제곱합은 1이 되어야 한다. 2개의 변수가 있다면, 두 번째 주성분은 $PC_2 = (X_1 - X_2)/\sqrt{2}$가 된다. 그림 14.5에서 하향하는 45도 선을 따라 변수를 추가하는 것과 같은 이치이다. 그림에 묘사된 바와 같이, 변수들 간의 차이는 이 방향으로 가장 최소화된다. 그래서 두 변수밖에 없다고 하면, 첫 번째 주성분은 선형결합의 분산을 최대화하고 두 번째 주성분은 선형결합의 분산을 최소화하게 된다.

두 주성분의 분산은 $\text{var}(PC_1) = 1 + |\rho|$와 $\text{var}(PC_2) = 1 - |\rho|$이고 여기서 $\rho = \text{corr}(X_1, X_2)$이다(연습문제 14.11). 이와 같은 표현은 만약 변수들이 상관되어 있다면, PC_1은 PC_2보다 더 큰 분산을 갖게 된다는 것을 의미한다.

PC_1과 PC_2의 분산에 대한 표현은 또 다른 의미가 있다: $\text{var}(PC_1) + \text{var}(PC_2) = \text{var}(X_1) + \text{var}(X_2)$.[4] 이는 주성분에 대해서 다음과 같이 R^2과 같은 해석을 할 수 있게 한다. 첫 번째 주성분으로 설명할 수 있는 총분산의 비율은 $\text{var}(PC_1)/[\text{var}(X_1) + \text{var}(X_2)]$이고, 두 번째 주성분이 설명할 수 있는 분산의 비율은 $\text{var}(PC_2)/[\text{var}(X_1) + \text{var}(X_2)]$가 된다. 두 주성분을 합치면 X의 분산 모두를 설명할 수 있다. 그림 14.5의 두 변수의 경우, 상관관계가 0.7이었으므로 첫 번째 주성분은 X의 분산을 $(1 + \rho)/2 = 85\%$만큼 설명할 수 있고, 두 번째 주성분은 X의 분산을 15%만큼 설명할 수 있다.

2개의 변수밖에 없다고 하면, 주성분으로 변수의 숫자를 줄이는 것은 의미가 거의 없는 것이다. 주성분의 유용성은 많은 수의 서로 상관된 변수들이 있는 경우에 발휘된다. 그런 경우, 변수들 간 대부분의 차이는 적은 수의 주성분으로 파악할 수 있게 된다.

k개 변수에서의 주성분

k개 변수 $X_1, \ldots, X_k$의 주성분은 이들 변수들의 선형결합으로 서로 비상관이고, 가중치의 제곱합은 1이 되어야 하며, 앞선 주성분을 고려해 각 주성분은 선형결합의 분산을 최대화해야 한다. 변수들 간의 완전 다중공선성이 없다고 하면, X의 주성분 개수는 n과 k 중 더 작은 수가 된다.

$k > 2$인 경우 주성분의 가중치에 대한 표현은 $k = 2$인 경우보다 복잡하다. 다행히 주성분들과 이들의 가중치를 계산할 빠른 방법이 있다. 이 방법은 행렬을 이용한 연산이 포함되어 있어서 부록 19.7에 정리했다. 이 방법은 통계 패키지에서 광범위하게 주성분 분석을 할 때 사용하는 방법이다.

k개 변수를 위한 주성분은 핵심 개념 14.2에 정리했다.

스크리 도표 식 (14.10)의 등식을 이용해 매우 유용한, 일명 스크리 도표를 작성할 수 있다. 이는 j번째의 주성분이 설명하는 X의 분산의 양을 보여주는 것이다.

스크리 도표(scree plot)는 X들의 총 표본 분산[즉 $\text{var}(PC_j)/\sum_{j=1}^{k} \text{var}(X_j)$의 표본 값] 대비 j번째 주성분의 표본 분산을 주성분의 수 j에 따라 도표로 나타낸 것이다. 이 비율은 j번째 주성분의 R^2 해석과 동일하기 때문에, 스크리 도표는 어떠한 주성분에 의해 설명되는 X의 표본 분산 비율을 나타내는 것이라고 해석할 수 있다. 주성분은 서로 비상관이기 때문에, 이 비율의 p번째 주성분까지의 누적합은 첫 p개의 주성분이 설명하는 X의 총 표본 분산 비율을 나

4 $k = 2$의 경우, 주성분의 분산을 합해 확인할 수 있다. $\text{Var}(PC_1) + \text{var}(PC_2) = (1 + |\rho|) + (1 - |\rho|) = 2 = \text{var}(X_1) + \text{var}(X_2)$로, 마지막 등식은 X_1과 X_2가 표준화되어 있고 그렇기에 1의 분산을 가지고 있기 때문에 성립할 수 있다.

핵심 개념 14.2

X의 주성분

k개의 변수 $X_1, \ldots, X_k$의 주성분들은 X의 선형결합으로 다음과 같은 특성이 있다.

(i) 선형결합에서의 가중치 제곱은 그 합이 1이다.
(ii) 첫 번째 주성분은 선형결합의 분산을 최대화한다.
(iii) 두 번째 주성분은 첫 번째 주성분과 비상관되는 선형결합의 분산을 최대화한다.
(iv) 일반적으로 j번째 주성분은 이전 $j-1$번째까지의 주성분과 비상관되는 선형결합의 분산을 최대화한다.

- X에서는 완전 다중공선성은 없다고 가정하고, 주성분의 개수는 n과 k 중 작은 수이다.
- 주성분의 표본 분산의 합은 x들의 표본 분산의 합과 동일하다.

$$\sum_{j=1}^{\min(n,k)} \text{var}(PC_j) = \sum_{j=1}^{k} \text{var}(X_j) \tag{14.10}$$

- $(PC_j)/\sum_{j=1}^{k} \text{var}(X_j)$는 j번째 주성분이 설명하는 X의 총분산에 대한 비율이다. 이와 같은 측정법은 X의 총분산에 대한 R^2의 해석과 같다.

타낸다고 할 수 있다.

그림 14.6은 표 14.1의 817개 변수의 첫 50개 주성분 스크리 도표를 나타낸다. 첫 번째 주성분은 817개 X의 표본 분산 중 18%를 설명하고 있고, 두 번째 주성분은 11%를 설명한다. 29%, 즉 817개 변수의 4분의 1 이상이 단 2개의 주성분만으로 설명이 가능하다는 말이다. 이렇게 하면 10개의 주성분은 817개 X의 총 분산 중 63%를 설명할 수 있다는 것이고, 첫 40개의 주성분은 총 분산의 92%를 설명한다는 것이다.

그림 14.6에서 첫 몇 개의 주성분 이후로 도표가 점차 평평해지는 것은 817개의 학교 성적 데이터에서와 같이 변수들이 서로 크게 상관되어 있다면 일반적으로 나타나는 현상이다. 이와 같은 현상이 스크리 도표라는 이름이 붙게 된 배경이다. 마치 계속해서 산사태가 나서 떨어진 커다란 돌덩이리가 절벽처럼 있는 모습 때문이다.

주성분을 이용한 예측 817개 변수의 분산이 첫 10개 혹은 50개의 주성분으로 측정된다는 것은 817개 변수를 몇 개의 주성분으로 대체하고 이들을 설명변수로 사용할 수 있다는 것을 의미한다. 몇 개의 설명변수로 OLS를 통해 손쉽게 추정할 수 있다.

여기서 중요한 점은 회귀모형에 과연 p로 표현되는 몇 개의 주성분을 포함할 것인지다. ridge나 Lasso 축소 모수와 마찬가지로, 주성분의 개수 p는 MSPE를 최소화하는 방식으로 추정할 수 있다. 여기서 MSPE는 m-폴드 교차 검증을 통해 추정된다.

식 (14.3)에 관해서 논의한 바와 같이, 표본 외 관측치에 대한 예측값을 계산하는 것은 각 예측변수들의 표본 평균과 분산을 이용해서 관측치들을 표준화해야 한다. 주성분 분석을 이용한 회귀모형에서는, 주성분의 표본 외 값들은 추가적으로 반드시 표본 내 값을 이용해 가중치(w)들을 적용해 표준화된 X에 대해서 계산해야 한다. (역주: 즉 예측에 사용할 표본 외 값

그림 14.6 817개 학교 성적 데이터의 스크리 도표(첫 50개의 주성분)

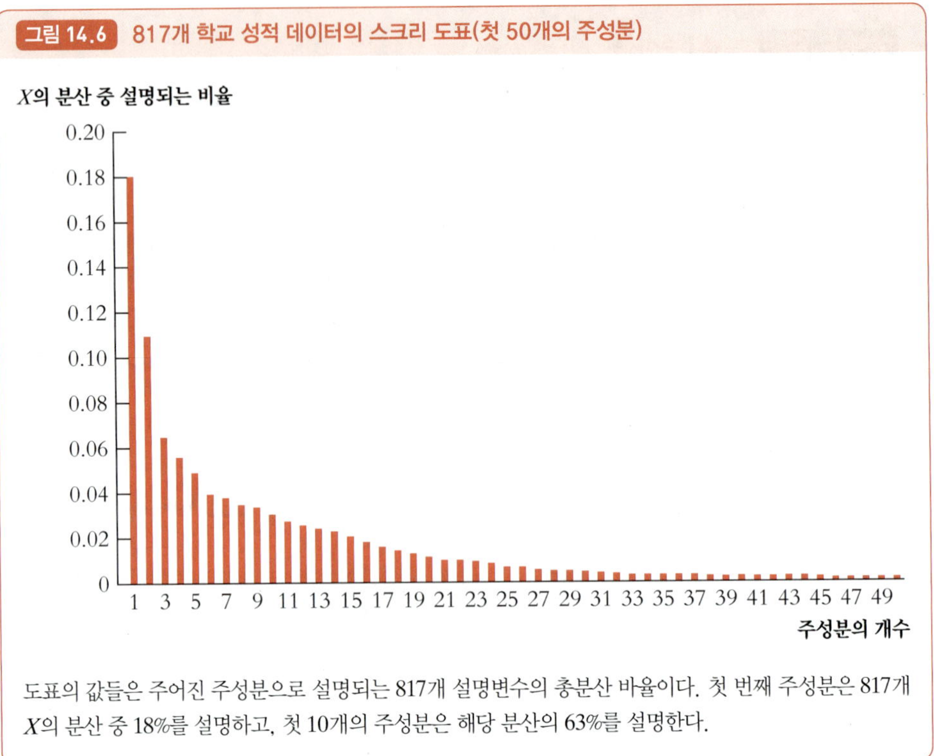

도표의 값들은 주어진 주성분으로 설명되는 817개 설명변수의 총분산 바율이다. 첫 번째 주성분은 817개 X의 분산 중 18%를 설명하고, 첫 10개의 주성분은 해당 분산의 63%를 설명한다.

은 표본 내 평균 혹은 분산을 이용한 표준화된 값들을 이용한 주성분을 사용해야 한다는 것이다). 이에 대한 자세한 설명은 부록 14.5에 있다.

학교 시험 성적에의 적용

그림 14.7은 주성분 예측변수들의 10-폴드 교차 검증 MSPE 추정값의 제곱근을 회귀모형에 사용된 p개의 주성분 개수에 대한 함수로 표현한 것이다. 14.3절, 14.4절에서와 같이 1,966개의 관측치와 817개의 동일한 예측변수를 사용해 주성분들을 계산했다. 처음에는 회귀모형에 포함된 주성분의 개수를 늘려가면 MSPE가 급격하게 하락하는 것을 볼 수 있다. $p = 5$개의 주성분 이후로는 개선되는 정도가 덜해지고, $p = 23$개의 주성분 이후로는 MSPE는 포함되는 주성분이 늘어나더라도 선은 거의 평평하게 된다. 46개 예측변수의 경우에 MSPE는 최소화되고, 이 값이 바로 교차 검증에 추정된 p값이 되어 $\hat{p} = 46$이다. 46개의 주성분을 이용한 MSPE는 39.7로 Lasso의 경우와 같고, ridge보다 약간 크다.

14.6 다수의 예측변수를 이용한 학교 시험 성적의 예측

학교 시험 성적 예제에서 적은 수의 데이터를 이용하는 OLS의 경우보다 다수의 예측변수를 사용한 방법이 더 나은 결과를 가져온다고 할 수 있는가? 만약 그렇다면, 어떻게 다수의 예측

그림 14.7 회귀모형에 사용된 p개의 주성분 개수에 대한 함수로 표현한 주성분 예측변수들의 10-폴드 교차 검증 MSPE 추정값의 제곱근

MSPE는 $k = 817$개의 예측변수와 $n = 1{,}966$개의 관측치를 가진 학교 성적 데이터에 대해서 10-폴드 교차 검증을 이용해 추정되었다.

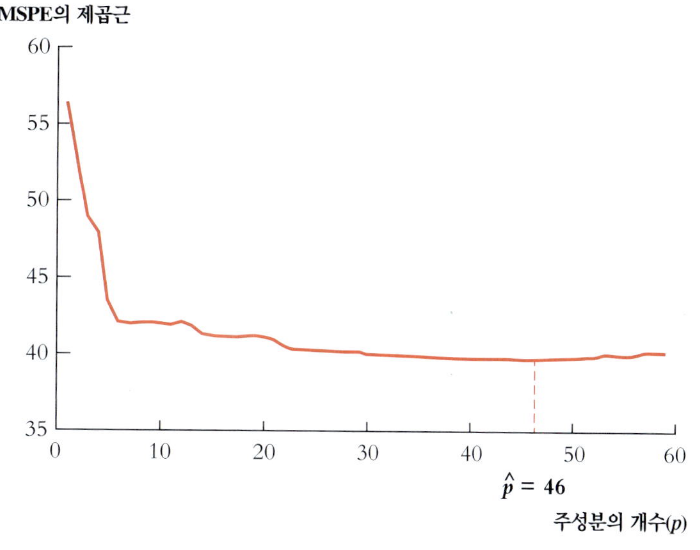

변수를 사용한 모형들을 비교할 수 있는가? 이를 알아내기 위해 학교 시험 성적을 데이터가 작은($k = 4$), 큰($k = 817$), 매우 큰($k = 2{,}065$) 것으로 나누어서 예측해보자. 작은 데이터의 경우 OLS를 이용해 예측을 한다. 다른 크기의 데이터는 OLS와 ridge 회귀, Lasso, 주성분 분석을 이용해 실시한다.

14.2절에서도 강조한 바와 같이, 예측의 성과는 표본 외 예측의 성과에 달려 있다. m-폴드 교차 검증 MSPE가 ridge와 Lasso 축소 모수와 몇 개의 주성분 p가 포함될지를 추정하기 때문에, MSPE는 예측 방법들 간에 진정한 표본 외 예측 성과 비교를 해주긴 어렵다. 그렇기 때문에 관측치들의 절반은 각 방법들의 성과 비교를 위해서 남겨두는데, 이를 검증 표본(test sample)이라고 한다.

보다 구체적으로, 예측 성과를 비교하기 위해서 여기서는 ridge 회귀에서의 경우로 다음과 같은 절차를 거칠 것이다. 추정용 표본에서 1,966개의 관측치를 대상으로 10-폴드 교차 검증을 통해 축소 모수 λ_{Ridge}를 추정한다. 817개 예측변수의 경우에서는 14.3절에서 보고된 λ_{Ridge}의 값이 계산될 것이다. 이 추정된 축소 모수를 이용해, ridge 회귀 계수들은 추정용 표본에서 1,966개의 관측치들 대상으로 다시 한번 추정될 것이다. 이렇게 추정된 계수들은 검증 표본으로 남겨둔 관측치들에 대해서 표본 외 예측값 Y^{*OOS}를 예측하는 데 사용된다. 동일한 방법이 Lasso와 주성분 분석에도 적용된다.

표 14.2에는 예측변수가 세 가지 분류별로 정리되어 있다. 작은 데이터에서 사용된 4개의 예측변수는 5~9장에서 학군별 시험 성적 회귀모형에서 사용한 설명변수들과 유사한 것들이다. 817개의 예측변수는 표 14.1에 나타나 있는 것들과 같다. 매우 큰 데이터는 표 14.1에 있는 38개의 주요 변수에 학교와 지역에 관련된 몇몇 이산형 변수들과 함께 학교의 이웃 주민에

표 14.2 학교 시험 성적 데이터 세트의 세 가지 예측변수 분류

작은 데이터(k = 4)	
학생-교사 비율의 학교 수준 데이터	
지역 인구의 소득 중간값	
교사들의 평균 연차	
학생당 비용 지출	
큰 데이터(k = 817)	
표 14.1의 데이터와 동일	
매우 큰 데이터(k = 2065)	
주요 변수들은 표 14.1과 동일하고, 이에 아래 27개 변수가 추가되어 총 65개의 변수가 있고, 이 중 5개는 이항형 변수이다.	
인구 지역 인구의 나이 분포(8) 지역 인구 중 남성의 비율 지역 인구의 결혼 유무(3) 지역 인구의 교육 정도(4) 주택의 자가 비율	이민자 상태 (4) 차터 학교 여부(이항형) 1년 학업계획을 가지고 있는지 여부(이항형) 단일화된 학군에 학교가 있는지 여부(대도시)(이항형) 학교가 로스앤젤레스에 있는지 여부(이항형) 학교가 샌디에이고에 있는지 여부(이항형)
+ 60개의 비이항형 변수의 제곱항과 세제곱항 (60 + 60)	
+ 비이항형 변수의 모든 교차항(60 × 59/2 = 1770)	
+ 이항형 변수와 비이항형 인구통계학적 변수들의 교차항(5 × 22 = 110)	
총 변수의 개수 = 65 + 60 + 60 + 1770 + 110 = 2065	

관련된 인구통계학적 데이터(나이 분포, 성별, 결혼 여부, 교육, 이민자 여부)들이 합쳐진 것으로 총 65개의 변수가 고려되었다. 즉 가장 큰 데이터 세트는 이 65개의 주요 변수에다가 이들의 교차항, 제곱항, 세제곱항을 모두 포함해 총 2,065개의 예측변수를 포함한 데이터가 된다. 이와 같은 수치는 추정용 표본의 관측치(1,966)보다 큰 숫자이다.

이 비교 결과는 표 14.3에 요약되어 있고 다음과 같이 네 가지 특징으로 정리할 수 있다. 첫 번째로, OLS의 MSPE는 큰 데이터를 사용한 것보다 작은 데이터를 사용한 경우가 훨씬 작다. (참고로 OLS는 $k > n$인 아주 큰 데이터의 경우에는 사용할 수가 없다.) 다수의 예측변수가 있다고 하면, OLS는 표본 외 예측을 개선할 만한 추가적인 정보를 사용할 수가 없다는 것이다.

두 번째로, 다수의 예측변수를 사용한 모형들의 경우에는 4개의 변수보다 817개로 변수의 개수를 늘리는 게 MSPE의 제곱근이 거의 1/4로 떨어지는 것과 같이 확실한 이득이 있다. 그러나 매우 큰 변수로 확장하는 데에서는 더 이상의 이득은 없는 것으로 보인다.

세 번째로, MPSE의 표본 내 추정량(10-폴드 교차 검증 추정량)은 표본 외 추정량과 유사하다. 사실 표본 외 MSPE는 표본 내 MSPE보다 조금 적다. 이와 같이 놀라운 결과가 나오는 데는 두 가지 이유가 있다. 첫째로, 10-폴드 MSPE는 계수를 추정하는 데 언제든지 데이터의 90%만을 사용하는 반면, MSPE의 표본 외 추정량을 사용한 계수는 추정용 표본의 관측치 1,966개 모두를 사용해 추정되었다. 그 결과 후자의 추정된 계수는 더 정확할 수밖에 없다.

표 14.3 학교 시험 성적에 대한 표본 외 예측모형의 성과

예측변수 집합	OLS	ridge 회귀	Lasso	주성분 분석
작은 데이터($k = 4$)				
추정된 λ 혹은 p	—	—	—	—
표본 내 MSPE 제곱근	53.6	—	—	—
표본 외 MSPE 제곱근	52.9	—	—	—
큰 데이터($k = 817$)				
추정된 λ 혹은 p	—	2233	4527	46
표본 내 MSPE 제곱근	78.2	39.5	39.7	39.7
표본 외 MSPE 제곱근	64.4	38.9	39.1	39.5
매우 큰 데이터($k = 2065$)				
추정된 λ 혹은 p	—	3362	4221	69
표본 내 MSPE 제곱근	—	39.2	39.2	39.6
표본 외 MSPE 제곱근	—	39.0	39.1	39.6

주: 표본 내 MSPE는 추정용 표본에서의 1966개 관측에 대해 10-폴드 교차 검증을 통해서 추정되었다. 다수의 예측변수 방법에서는 축소 모수 혹은 p값은 표본 내 MSPE를 최소화하는 값으로 추정되었다. 표본 외 MSPE는 분리된 표본을 사용한 것으로 검증 표본으로 남겨둔 1,966개의 관측을 대상으로 했고 예측모형은 추정용 표본을 사용해 추정된 것이 사용되었다.

둘째로, 두 추정량 모두에서 무작위 표본 변이가 있기 때문이다. 일반적으로 표본 내 10-폴드 교차 검증 MSPE가 표본 외 MSPE에 좋은 가이드를 제공한다고 할 수 있다.

네 번째 특징은 검증용 표본의 MSPE는 모든 다수의 예측변수 방법에서 일반적으로 유사하게 나온다는 것이다. 이는 항상 그런 것은 아니어서, 이 예제에서만 우연히 그런 것이다. 이 데이터의 경우에는 ridge회귀가 조금 더 나은 성과를 보이는, 큰 데이터의 경우 ridge를 이용한 예측 결과가 가장 낮은 표본 외 MSPE를 보여준다.

표 14.4는 817개 예측변수를 사용한 경우에서 7개의 변수에 대한 계수값을 나타냈다. 7개 중 4개는 작은 데이터의 경우에도 포함된 것들이다. 비록 이 계수들 중 어떤 것도 인과관계에 대한 설명은 할 수 없지만, 다른 방법론과 다른 데이터를 사용하는 경우를 비교하는 것은 어떻게 다양한 방법이 작동하는지에 대한 인사이트를 제공한다. 설명변수들은 모두 표준화되어 있기 때문에, 모든 계수는 동일한 단위를 가지고 있어, 원래 예측변수들의 표준편차당 시험점수로 해석할 수 있다.[5]

표 14.4는 몇 가지 놀라운 특징이 있다. 작은 데이터 모형의 경우, 계수의 크기가 학군 수준

5 주성분 분석 열의 x 계수들은 주성분을 이용한 예측의 두 가지 단계를 합쳐 얻었다. 구체적으로, 주성분은 X들의 선형결합이고, 주성분 회귀모형은 주성분의 선형결합이다. 그렇기에 예측은 X의 선형결합으로 표현할 수 있는데, 이 모형에서의 가중치들은 주성분의 가중치와 회귀모형의 가중치가 모두 관련된 것이다. 이와 관련된 공식은 부록 19.7에 나와 있다.

표 14.4 작은(4개) 데이터와 큰(817개) 데이터의 경우에서 표준화된 설명변수의 계수값

예측변수	$k=4$	$k=817$			
	OLS	OLS	ridge 회귀	Lasso	주성분 분석
학생-교사 비율	4.51	118.03	0.31	0	0.25
지역 인구의 소득 중간값	34.46	−21.73	0.38	0	0.30
교사들의 평균 연차	1.00	−79.59	−0.11	0	−0.17
학생당 지출 비용	0.54	−1020.77	0.11	0	0.19
학생-교사 비율 × 학생당 지출 비용		−89.79	0.72	2.31	0.84
학생-교사 비율 × 영어 학습자 비율		−81.66	−0.87	−5.09	−0.55
무상 혹은 급식비 보조 여부 × 기간제 교사 지수		29.42	−0.92	−8.17	−0.95

주: 기간제 교수 지수는 기간제로 일하는 교사들의 비율로 측정되었다. OLS, ridge와 Lasso의 경우, 표 14.4의 계수들은 추정 알고리즘에서 직접 도출되었다. 주성분 분석의 경우, 표 14.4의 계수들은 주성분 회귀모형의 계수[식 (14.13)의 γ]들을 주성분의 가중치들을 조합해 계산한 것들이다. 주성분들의 β계수들에 대한 공식은 부록 19.7에 선형대수학을 이용해 설명되어 있다.

의 데이터를 이용한 9장에서의 결과와 동조한다. 예를 들어 소득의 중위값이 1표준편차만큼 늘어나면 시험 성적이 평균 34점 높아지는 것으로 나타났다. (학교 간 시험 성적의 표준편차는 64점이었다.) 그러나 큰 데이터의 경우에, 많은 OLS 계수들이 매우 크고, 그 패턴도 매우 불규칙적이다. 다수의 설명변수가 있는 경우에 OLS는 개별 변수들에 대한 계수값을 크게 추정해 각각의 관측치들을 적합할 수 있는데, 이로 인해서 이런 결과가 나온 것으로 보인다. 이와 같은 과적합은 왜 OLS의 예측 성과가 데이터의 크기를 작은 수준에서 크게 늘려가면 더 악화하는지를 설명한다. 이와 반대로, 다수의 예측변수를 이용한 방법에서 추정된 계수들은 현저하게 작고 과도한 값을 보이지 않는다. 표의 7개 예측변수의 경우에는, ridge와 주성분의 계수가 수치상 비슷하게 보인다. 그러나 Lasso 계수들은 ridge나 주성분의 계수에 비해 현저하게 다르다. 특히 Lasso 계수들의 대부분(92%)은 0이다. 이는 작은 데이터의 경우에 4개의 변수에 대한 계수도 마찬가지다. 표 상에 0이 아닌 3개 계수의 경우에는 ridge나 주성분의 계수와 동일한 부호를 가지고 있으나 그 값은 훨씬 크다. Lasso는 계수값이 작은 경우 ridge보다 더 많이 축소하고, 계수가 큰 경우에는 ridge보다 덜 축소하는 경향이 있다.

예측모형들을 비교하는 다른 방법은 이들의 예측값을 보는 것이다. 그림 14.8은 817개 변수 모형에서 4개의 다른 예측값을 나타낸 산포도이다. 예측값은 검증용 표본 1,966개의 관측에 대한 것이다. 보다 구체적으로, 그림 14.8a는 OLS 예측에 대비한 실제 시험 성적을 나타낸 산포도이고, 그림 14.8b는 ridge 예측에 대비한 실제 시험 성적을 나타낸 산포도이다. 그림 14.8c와 그림 14.8d는 ridge 예측 대비 Lasso 예측을, 그리고 ridge 예측 대비 주성분 예측을 나타낸 산포도이다.

그림 14.8a와 그림 14.8b에서, 45도 선을 따라 예측값들이 산포되어 있으면 예측이 더 잘 되었다는 뜻이다. ridge는 OLS보다 이 45도 선을 더 따라서 예측값들이 산포되어 있고, 이는 표본 외 예측을 더 잘했다는 것이다. (이 산포도들은 OLS보다 ridge가 더 성과가 좋다는

그림 14.8 817개 변수 모형에서 4개의 다른 예측값을 나타낸 산포도

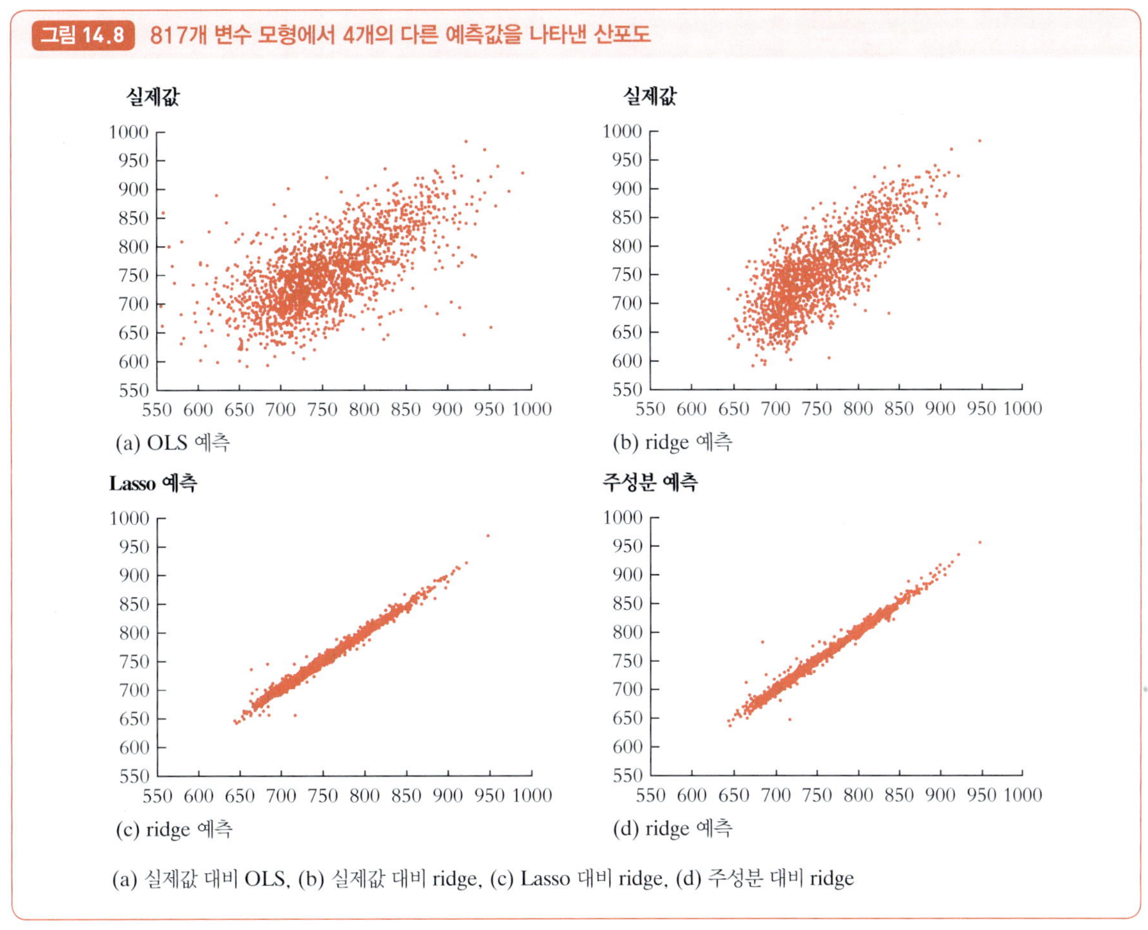

(a) 실제값 대비 OLS, (b) 실제값 대비 ridge, (c) Lasso 대비 ridge, (d) 주성분 대비 ridge

것을 사실 과소평가하고 있는데, OLS 예측들은 이 표의 수직축을 벗어난 경우가 있기 때문이다.)

그림 14.8c와 그림 14.8d에서 점들이 45도 선을 따라 모여 있는 것은 ridge, Lasso, 주성분 예측이 일반적으로 비슷하다는 것이다. 그래도 아직 일부 학교의 경우 예측값들이 적어도 15점이나 차이나는 것을 볼 수 있는데, 이는 꽤 큰 차이라고 볼 수 있다. 이와 같이 세 모형은 MSPE로 측정된 예측 성과는 비슷하다고 할 수 있으나, 특정한 학교의 경우에서는 그 예측값들이 서로 상당히 다르다고 할 수 있다.

이 예제에서 가장 중요한 결론은 OLS가 잘 작동하지 않는 경우인 많은 수의 데이터에서 다수의 예측변수모형이 잘 작동한다는 것이다. 성공의 이유는 다수의 예측변수모형이 추정 계수값들이 늘어나는 편의를 보상할 만큼 분산을 감소시키는 방향으로 편의가 있도록 하기 때문이다. 또 다른 중요한 결론은 m-폴드 MSPE는 검증용 표본을 이용한 MSPE에 매우 가깝다는 것이다. 그러나 세 가지 다른 방법이 이 데이터에 모두 좋은 성과를 보인 것은 일반화하기 어렵다.

14.7 결론

예측 회귀모형에서 계수들은 인과관계에 대한 해석을 할 수는 없다. 그러나 예측이 목적이라면 이는 큰 상관이 없다. 즉 목표는 단순히 표본 외 예측을 보다 최대한 정확히 하는 것이고, 이 정확성은 MSPE로 측정할 수 있다.

이 장은 다수의 예측변수를 이용한 세 가지 예측방법을 소개했다. 이 방법들은 표본크기에 비해 예측변수의 숫자가 상대적으로 많을 때 OLS 예측의 저조한 성과를 각기 다른 방법으로 만회하도록 설계되었다. 이 장에서 설명한 방법들, ridge 회귀, Lasso, 주성분 회귀는 모두 β의 추정량에 편의를 허용했다. 그러나 이 편의는 MSPE를 줄일 수 있도록 예측의 분산을 낮추는 방법으로 허용된 것이다.

비록 ridge 회귀, Lasso, 주성분 회귀가 모두 편의를 통해 분산을 낮추지만, 각기 다른 방법을 통해 이를 구현한다. Lasso는 다수의 계수들을 정확히 0으로 만들어 이들 예측변수들을 제외하는 효과가 있다. 이런 접근법은 오라클 예측모형이 희소하거나 거의 그런 경우에 아주 잘 작동할 수 있다. 주성분 회귀는 예측변수들 혹은 그 예측변수 그룹들의 상관관계가 매우 높을 때 적절하다. 이 경우 설명변수들의 변동 대부분을 적은 수의 변수들의 선형결합, 즉 적은 수의 주성분으로 나타낼 수 있다. 이 주성분은 상대적으로 숫자가 적기 때문에 OLS로 추정되는

데이터로서 텍스트

텍스트는 많은 정보를 포함하고 있다! 이는 당신이 신문을 읽고 SNS의 글들을 읽는 이유이다. 이런 정보들은 당신이 정치적인 발전에 항상 앞서 있게 하고 오늘 밤 무엇을 할지 결정하는 데 도움을 줄 수 있다. 이런 텍스트들을 읽음으로써 당신은 텍스트 정보 혹은 텍스트 데이터를 이용해 당신과 관련된 일들에 대해 예측을 할 수도 있다.

통계학과 기계학습에서의 큰 성과는 컴퓨터가 텍스트를 읽고 이 텍스트 데이터를 이용해 예측하는 방법을 찾아낸 것이다. 개념적으로도 숫자들을 분석하는 것에서 문자를 분석하는 것은 커다른 도약이다. 여기서 가장 중요한 단계는 텍스트 데이터를 어떻게 수치 데이터로 전환하는지다.

텍스트 데이터를 숫자화하는 한 가지 방법은 단어나 문구의 리스트를 만들어 주어진 텍스트(예를 들어 신문 기사나 블로그 포스트)에서 이들 단어나 문구가 몇 번이나 사용되었는지를 세어보는 것이다. 이들 단어나 문구의 개수가 텍스트를 요약하는 숫자라고 할 수 있다. 관측 단위는 추출된 텍스트가 되고, 관측 개수는 분석된 추출 단위의 개수이다. 특정한 단어나 문구가 나타나는 숫자를 세어 텍스트 집합을 증류하는 것은 Frederick Mosteller와 David Wallace가 1963년에 개발한 방법이고 이는 스틸로매트릭스(stylometrics) 분야의 기초가 되었다(글상자 '누가 도구변수 회귀를 고안했는가'를 참조하라).

텍스트를 단어나 문구의 개수로 전환하는 방법은 이를 지칭하는 특수한 용어가 있다. 텍스트에서 단어들의 리스트는 *단어 가방*(bag of words)이라고 한다. 관심 대상인 단어와 문구의 리스트는 *사전*(dictionary)이라고 한다. 이 사전은 현재 관심있어 하는 예측 문제와 관련된 단어나 문구만을 포함할 수도 있고, 단어 가방에 있는 모든 단어(대명사나 접속사 등은 제외)를 포함할 수도 있다.

단어의 개수는 관심있어 하는 변수 Y를 예측하는 예측변수(X)로 사용할 수도 있다. 이와 같이 단어 가방 방법은 텍스트와 수치 데이터가 결합하는 다루기 힘든 문제에서 회귀분석 문제에 적용하도록 전환되었다.

사전은 많은 단어를 포함하고 있기 때문에 텍스트의 숫자(n)에 비해 예측변수가 많은 경우가 될 것이다. 그렇다면, OLS를 이용한 예측은 좋지 못할 것이지만, 이 장에서 학습한 방법들은 이용해볼 수 있다. 예를 들어 주성분 분석은 이와 같은 환경에서 매우 유용한데, 단어들이 그룹을 지어 자주 나타나기 때문이다. (야구 경기에 관한 기사에서 사용된 단어들과 거시경제에 대한 기사에서 사용된 단어들을 생각해보라). 이와 같은 아이디어를 모두 결합하면 텍스트를 입력값으로 하고 Y를 예측하는 예측모형을 구현할 수 있다.

다변량 회귀모형에서의 설명변수로 사용할 수 있다. ridge 회귀는 OLS 추정량을 0으로 축소하지만 추정량이 희소하거나 설명변수들이 서로 상관이어야 할 필요는 없다. 그러므로 이 방법은 회귀계수들의 상관관계가 높지 않고 희소성을 가정할 만한 합당한 이유가 없는 경우에 사용할 수 있다. 학교 성적 데이터의 예제에서 이 세 가지 모형 모두 비슷한 성과를 보였으나, 일반적으로 세 가지 모두 이런 성과를 보이지는 않는다.

14.1절에서 논의한 바와 같이, 다수의 예측변수를 이용한 수치 예측은 기계학습이 제공하는 여러 기회 중 하나에 불과하다. 예를 들어 글상자 '데이터로서 텍스트'는 어떻게 이 장에서 소개한 방법들이 텍스트 데이터를 분석하는 데 사용되는지를 보여준다. 이와 같이, 주성분 분석과 이를 응용한 방법들은 이미지를 수치화된 데이터로 전환할 수 있고, 이 데이터는 이 장에서 소개한 다양한 예측변수 방법을 이용해 분석할 수 있다. 대부분의 기계학습 방법들은 새롭고 연산 알고리즘이 복잡하긴 하지만, 이 책 1~3부의 중요 내용인 회귀분석, 추정, 검정의 주요 내용들이 이들 분석법의 핵심이다.

경제학에서 기계학습을 이용하는 것은 아직 미완이고 다양한 응용사례가 아직 분석을 기다리고 있다. 더 많은 예제와 학습을 위해서, Jean et al.(2016)(위성 이미지를 이용한 가난의 정도 예측), Davis and Heller(2017)(여름 직업 프로그램 처치 효과의 이분산성 검증), Kleinberg et al.(2018)(범죄 선고에서 기계학습의 응용)을 추천한다.[6]

요약

1. 예측의 목적은 표본 외 관측치들에 대해 정확하게 예측하는 것이다. 즉 예측모형을 추정할 때 사용되지 않은 관측치들에 대한 것이다.

2. 예측모형에서 계수들은 인과관계에 대한 해석은 불가능하다.

3. 빅데이터 환경이 제공하는 기회 중 하나는 다수의 예측변수를 이용해 예측을 할 수 있다는 것이다. 그러나 OLS는 표본크기에 비해 상대적으로 설명변수들의 숫자가 많으면 예측 결과가 좋지 못하다.

4. OLS의 단점은 추정량에 편의를 허용하는 것으로 분산을 낮출 수 있는 예측 방법들을 통해 극복할 수 있다. 이와 같은 다수의 예측변수를 이용한 방법들은 OLS보다 더 나은 MSPE로 측정된 예측 성과를 보여준다.

5. Ridge 회귀와 Lasso는 벌칙화된 잔차의 제곱항을 최소화하는 축소 추정량이다. 벌칙항은 회귀계수가 큰 경우에 벌칙을 부과하도록 되어 있다. 벌칙항에 대한 가중치(축소 모수)는 MSPE의 m-폴드 교차 검증 추정량을 최소화하는 방법으로 추정된다.

6. 상관성이 높은 변수들의 주성분은 이들 변수들 간 변이들의 대부분을 적은 수의 선형결합으로 설명할 수 있다. 이 주성분들은 예측모형에서 사용될 수 있고, 몇 개의 주성분이 포함될지는 m-폴드 교차 검정 MSPE를 최소화하는 방법으로 추정할 수 있다.

---

6 기계학습의 범위는 빠르게 늘고 있다. 1~3부까지 학습한 학생들이 접근할 수 있는 이 분야의 개론 교과서로는 Gareth James 등(2013)의 *An Introduction to Statistical Learning*이 있다.

핵심 용어

벌칙항penalty term

벌칙 잔차의 제곱합penalized sum of squared residuals

스크리 도표scree plot

예측을 위한 최소제곱법의 첫 번째 가정first least squares assumption for prediction

오라클 예측oracle prediction

정규화된 예측 회귀모형standardized predictive regression model

주성분principal components

축소 추정량shrinkage estimator

평균제곱 예측 오차mean squared prediction error

희소모형sparse model

Lasso Lasso

m-폴드 교차 검증m-fold cross validation

ridge 회귀ridge regression

복습문제

14.1 무작위 초등학교 데이터를 이용해 한 연구자가 급식비 보조받는 학생들의 비율을 설명변수로 해 평균 시험 성적에 대한 회귀모형을 실행했다. 이 회귀모형은 통계적으로 매우 유의미한 음의 회귀 계수와 높은 R^2값을 가졌다. 이 회귀모형이 급식에 관한 변수가 학생들의 시험 성적과 인과관계가 있다고 할 수 있는가? 왜 혹은 왜 그렇지 않은가? 이 회귀모형은 시험 성적을 예측하는 데 유용한가? 왜 혹은 왜 그렇지 않은가?

14.2 교차 검증은 표본 내 관측치를 이용한다. 계량경제학자들이 이 관측치들을 가지고 있지 않다 하더라도, 어떻게 교차 검증이 표본 외 관측치에 대한 MSPE를 추정할 수 있는가?

14.3 축소 추정량을 사용해 추정한 회귀 계수들의 편의를 가지고 있다. 어떻게 이 편의가 있는 추정량이 불편 추정량보다 정확한 예측값을 보여줄 수 있는가?

14.4 ridge 회귀와 Lasso는 벌칙화에 기반한 회귀 추정량이다. 이들의 공통점과 다른점을 설명하라.

14.5 10개의 변수 데이터를 기반으로 한 스크리 도표가 평평하다고 하자. 이를 통해서 어떻게 변수들의 상관관계를 설명할 수 있는가? 예측모형에서 이 변수들의 첫 몇 개의 주성분을 사용하는 것의 유용성에 대해서 어떻게 설명할 수 있는가?

연습문제

14.1 애리조나주의 초등학교 시험 성적을 예측하는 것에 관심이 있는 연구자가 있다고 하자. 그녀는 200개의 무작위로 추출된 애리조나주 초등학교에 대한 세 가지 변수를 가지고 있다. 이들은 표준 시험에 대한 시험성적(*TestScore*), 급식 보조를 받는 학생들의 비율(*RPM*), 학교 교사들의 평균 연차(*TExp*)이다. 다음 표는 이들 변수의 표본평균과 표준편차를 나타낸다.

변수	표본평균	표본 표준편차
TestScore	750.1	65.9
RPM	0.60	0.28
TExp	13.2	3.8

*RPM*과 *TExp*를 표준화하고 *TestScore*에서 평균을 제거한 후 다음과 같은 회귀분석 결과를 얻었다.

$$\widehat{TestScore} = -48.7 \times RPM + 8.7 \times TExp, SER = 44.0$$

a. 당신이 $RPM = 0.52$와 $TExp = 11.1$의 표본 외 학교에 대한 평균 시험 성적을 추정된 모형을 통해 예측하는 데 관심이 있다고 하자.

i. 해당 학교의 *RPM*과 *TExp*의 전환된(표준화된) 값을 계산하라. 즉 식 (14.2) 이후에 논의한 바와 같이 X^{*oos}값으로부터 X^{oos}를 계산하라.

ii. 이 학교의 평균 시험 성적 예측치를 계산하라.

b. 이 학교의 실제 평균 시험 성적은 775.3이다. 당신의 예측치에 대한 오차를 계산하라.

c. 위 예측 결과는 표준화된 설명변수와 평균이 제거된 *TestScore*를 기반으로 추정되었다. *TestScore*, *RMP*, *TExp*의 원본 값을 이용해 회귀모형이 추정되었다고 하자. 이 모형의 절편과 기울기 계수의 값을 계산하라.

d. (c)에서 계산한 회귀 계수들을 이용해 $RPM = 0.52$와 $TExp = 11.1$을 가진 표본 외 학교의 평균 시험 성적을 예측하고, (a.ii)에서 계산한 예측과 이 예측치가 동일함을 검증하라.

14.2 학교 교장은 기부금을 받아서 학교의 모든 학생이 급식비를 보조받도록 하고 싶다. 현재는 40%의 학생만이 급식 보조를 받을 수 있다. 연습문제 14.1에서 얻은 회귀 결과를 새로운 정책이 시험 성적에 미칠 영향을 추정하는 데 사용할 수 있는가? 왜 혹은 왜 그렇지 않은지를 설명하라.

14.3 회귀모형의 표준 오차와 회귀모형의 표본 외 예측의 MSPE 제곱근과의 관계가 만약 있다면 이에 대해 설명하라.

14.4 한 대형 소매업자가 수천 개의 물품을 판매하고 있다. 이 소매업자는 각각의 소비자들이 구매한 상품에 대한 자세한 데이터를 가지고 있다. 무작위로 선택된 소비자가 다음 번에 구매할 제품을 예측하는 데 이 데이터를 어떻게 사용할 수 있을지 설명하라.

14.5 Y는 평균 $\mu = 2$이고 분산 $\sigma^2 = 25$인 확률변수이다.

a. μ의 값을 알고 있다고 가정하자.

i. Y값에 대한 가장 우수한(낮은 MSPE)의 예측은 무엇인가? 즉 Y의 오라클 예측은 무엇인가?

ii. 이 예측의 MSPE는 얼마인가?

b. μ값을 모르지만 동일한 모집단에서 $n = 10$인 표본을 얻을 수 있다고 하자. $\overline{Y}$를 이 무작위 표본의 표본평균이라고 하고 이 $\overline{Y}$를 이용해 Y를 예측할 수 있다고 하자.

i. 예측 오차가 $Y - \overline{Y} = (Y - \mu) - (\overline{Y} - \mu)$로 분리할 수 있음을 밝혀라. 여기서 $(Y - \mu)$는 오라클 예측의 예측 오차이고, $(\mu - \overline{Y})$는 μ를 예측하기 위해 $\overline{Y}$를 사용할 때 발생하는 오차이다.

ii. $(Y - \mu)$가 평균이 0임을, $(\overline{Y} - \mu)$도 평균이 0임을, 그리고 $Y - \overline{Y}$도 평균이 0임을 밝혀라.

iii. $(Y - \mu)$와 $(\overline{Y} - \mu)$가 서로 비상관임을 밝혀라.

iv. $\overline{Y}$의 MSPE가 $\text{MSPE} = E(Y - \mu)^2 + E(\overline{Y} - \mu)^2 = \text{var}(Y) + \text{var}(\overline{Y})$임을 밝혀라.

v. MSPE $= 25(1 + 1/10) = 27.5$임을 밝혀라.

14.6 연습문제 14.5(b)에서 $\overline{Y}$ 대신에 $\overline{Y}/2$를 이용해 Y를 예측한다고 하자.

a. 이 예측의 편의를 계산하라.
b. 예측 오차의 평균을 계산하라.
c. 예측 오차의 분산을 계산하라.
d. 예측의 MSPE를 계산하라.
e. $\overline{Y}/2$는 $\overline{Y}$ 예측보다 낮은 MSPE를 가진 예측을 하는가?
f. $\mu = 10(\mu = 2$ 대신에)이라 하자. $\overline{Y}/2$는 $\overline{Y}$ 예측보다 낮은 MSPE를 가진 예측을 하는가?
g. 현실적인 가정으로 μ가 알려져 있지 않다고 하자. $\overline{Y}$와 $\overline{Y}/2$ 둘 중에 하나를 골라야 하는 이에게 어떠한 조언을 해줄 수 있는가?

14.7 연습문제 14.5(b)에서 $\overline{Y}$ 대신에 $\overline{Y} - 1$을 Y를 예측하는 데 사용한다고 하자.

a. 이 예측의 편의를 계산하라.
b. 예측 오차의 평균을 계산하라.
c. 예측 오차의 분산을 계산하라.
d. 예측의 MSPE를 계산하라.
e. $\overline{Y} - 1$은 $\overline{Y}$ 예측보다 낮은 MSPE를 가진 예측을 하는가?
f. $\overline{Y} - 1$은 연습문제 14.6의 $\overline{Y}/2$ 예측보다 낮은 MSPE를 가진 예측을 하는가?

14.8 X와 Y는 확률변수라고 하자. 주어진 $X = x$에 대한 Y의 평균은 $\mu(x)$이고 Y의 분산은 $\sigma^2(x)$라고 하자.

a. 주어진 $X = x$에 대한 Y의 가장 우수한 예측(낮은 MSPE)은 $\mu(x)$이고 그 결과로 얻은 MSPE는 $\sigma^2(x)$임을 밝혀라. (힌트: 부록 2.2를 복습하라.)
b. X가 무작위로 선택되었다고 하자. (a)의 결과를 이용해 Y의 가장 우수한 예측이 $\mu(x)$이고 그 결과로 얻은 MSPE는 $E[Y - \mu(x)]^2 = E[\sigma^2(x)]$임을 밝혀라.

14.9 $y_1 = 2$이고 $x_1 = 1$인 표본크기가 $n = 1$인 표본이 있다고 하자. $Y = X\beta + u$ 회귀모형에서 β값을 찾는 데 관심이 있다고 하자. (단, 절편은 없다.)

a. b에 대한 함수로 $(y_1 - bx_1)^2$의 잔차의 제곱합을 도표로 작성하라.
b. β의 최소제곱추정량이 $\hat{\beta}^{OLS} = 2$임을 밝혀라.
c. $\lambda_{Ridge} = 1$임을 이용해 b에 대한 함수로 ridge 벌칙항 $\lambda_{Ridge}b^2$을 도표로 작성하라.
d. $\lambda_{Ridge} = 1$임을 이용해 ridge 벌칙화된 잔차 제곱합 $(y_1 - bx_1)^2 + \lambda_{Ridge}b^2$을 도표로 작성하라.
e. $\hat{\beta}^{Ridge}$를 찾아라.
f. $\lambda_{Ridge} = 0.5$임을 이용해 (c)와 (d)를 반복하고, $\hat{\beta}^{Ridge}$를 찾아라.
g. $\lambda_{Ridge} = 3$임을 이용해 (c)와 (d)를 반복하고, $\hat{\beta}^{Ridge}$를 찾아라.
h. λ_{Ridge}의 다양한 값들에 대해 (a)~(d)에서 작성한 도표를 이용해 왜 λ_{Ridge}의 높은 값들이 OLS 추정량을 더 많이 축소했는지 설명하라.

14.10 $y_1 = 2$이고 $x_1 = 1$인 표본크기가 $n = 1$인 표본이 있다고 하자. $Y = X\beta + u$ 회귀모형에서

β값을 찾는 데 관심이 있다고 하자. (단, 절편은 없다.)

a. b에 대한 함수로 $(y_1 - bx_1)^2$의 잔차의 제곱합을 도표로 작성하라.

b. β의 최소제곱추정량이 $\hat{\beta}^{OLS} = 2$임을 밝혀라.

c. $\lambda_{Lasso} = 1$임을 이용해 b에 대한 함수로 Lasso 벌칙항 $\lambda_{Lasso}|b|$를 도표로 작성하라.

d. $\lambda_{Lasso} = 1$임을 이용해, Lasso 벌칙화된 잔차 제곱합 $(y_1 - bx_1)^2 + \lambda_{Lasso}|b|$를 도표로 작성하라.

e. $\hat{\beta}^{Lasso}$를 찾아라.

f. $\lambda_{Lasso} = 0.5$임을 이용해 (c)와 (d)를 반복하고, $\hat{\beta}^{Lasso}$를 찾아라.

g. $\lambda_{Lasso} = 5$임을 이용해 (c)와 (d)를 반복하고, $\hat{\beta}^{Lasso}$를 찾아라.

h. λ_{Lasso}의 다양한 값에 대해 (a)~(d)에서 작성한 도표를 이용해 왜 λ_{Lasso}의 높은 값들이 OLS 추정량을 더 많이 축소했는지 설명하라.

14.11 X_1과 X_2는 서로 양의 상관관계가 있는 확률변수이고 두 변수의 분산은 모두 1이다.

a. (미적분 필요) 첫 번째 주성분 PC_1이 X_1과 X_2의 선형결합으로 $\text{var}(w_1X_1 + w_2X_2)$를 최소화한다. 여기서 $w_1^2 + w_2^2 = 1$이다. $PC_1 = (X_1 + X_2)/\sqrt{2}$임을 밝혀라. [힌트: 먼저 $\text{var}(w_1X_1 + w_2X_2)$를 w_1과 w_2의 함수로 도출하라.]

b. 두 번째 주성분은 $PC_2 = (X_1 - X_2)/\sqrt{2}$이다. $\text{cov}(PC_1, PC_2) = 0$임을 밝혀라.

c. $\text{var}(PC_1) = 1 + \rho$이고 $\text{var}(PC_2) = 1 - \rho$임을 밝혀라. 여기서 $\rho = \text{cor}(x_1, x_2)$이다.

14.12 $j = 1, \ldots, k$, 그리고 $t = 1, \ldots, T$에 대해 고정효과모형 $Y_{jt} = \alpha_j + u_{jt}$를 고려하자. u_{jt}는 개체 j에 대해서 i.i.d.이고, 시간 t에 대해서는 $E(u_{jt}) = 0$, 그리고 $\text{var}(u_{jt}) = \sigma_u^2$이다.

a. α_j의 OLS 추정량이 잔차의 제곱합 $\sum_{j=1}^{k}\sum_{t=1}^{T}(Y_{jt} - a_j)^2$을 가장 작게 하는 a_j의 값이다. OLS 추정량이 $\hat{\alpha}_j = \overline{Y}_j = \frac{1}{T}\sum_{t=1}^{T} Y_{jt}$임을 밝혀라.

b. 다음 내용들이 성립함을 밝혀라.

i. $\hat{\alpha}_j$가 α_j의 불편 추정량임을 밝혀라.

ii. $\text{var}(\hat{\alpha}_j) = \sigma_u^2/T$

iii. $\text{cov}(\hat{\alpha}_i, \hat{\alpha}_j) = 0$ (단, $i \neq j$인 경우)

c. 개체 j에 대한 표본 외 값을 예측하는 데 관심이 있다고 하자. 즉 $Y_{j,T+1}$을 알고 싶어 하고, $\hat{\alpha}_j$를 예측변수로 이용하고자 한다. MSPE가 $\sigma_u^2 + \sigma_u^2/T$임을 밝혀라.

d. 무작위로 선택된 개체에 대해서 표본 외 값을 예측하는 데 관심이 있다고 하자. 즉 $Y_{j,T+1}$을 알고 싶어하는데, J는 무작위로 선택된 값이다. 당신은 또 $\hat{\alpha}_j$를 예측변수로 이용하고자 한다. 이때 MSPE가 $\sigma_u^2 + \sigma_u^2/T$임을 밝혀라.

e. 표본 내 관측치들의 총 개수 $n = kT$이다. (c)와 (d)의 경우에서 $\text{MSPE} = \sigma_u^2(1 + k/n)$임을 밝혀라.

실증문제

E14.1 교과서 웹사이트 **http://www.pearsonglobaleditions.com**에서 찾을 수 있는 **CASchools_EE14_InSample** 데이터에는 이 장에서 사용한 데이터 중 $n = 500$개의 표본을 포함하고

있다. 이 데이터에는 시험 성적과 20개의 선택된 예측변수가 포함되어 있다. 해당 변수들에 관한 설명은 **CASchools_EE141_Description** 파일을 참조하라. 이 문제에서는 책에서 사용된 모형과 유사한 예측모형을 작성하고 500개의 표본 외 학교들에 대한 예측을 해볼 것이다. (이 문제를 풀기 전에 교재 웹사이트에 있는 **EE141_SoftwareNotes** 파일을 읽어보기 바란다.)

a. 20개의 선택된 변수로부터 모두 변수의 제곱을 만들고 이에 따른 교차항도 만들라(즉 모든 j와 k에 대한 교차항 $X_{ji}X_{ki}$를 만들라). 20개의 변수, 이들의 제곱항, 모든 교차항을 포함해 k개의 예측변수 집합을 만들라. 당신이 $20 + 20 + (20 \times 19)/2 = 230$개의 변수를 만들었는지 확인하라. 선택된 변수 중 하나는 이진변수인 *charter_s*이다. 230개의 변수 가운데 $(charter_s)^2$은 제거하고 229개의 변수만 분석에 사용한다. 왜 $(charter_s)^2$은 예측변수의 집합에서 제외되었는가?

b. 모든 예측변수의 표본평균과 표준편차를 계산하라. 그리고 이를 이용해 표준화된 회귀계수들을 만들라. *TestScore*의 표본평균을 계산하고 *TestScore*에서 이 표본평균을 차감해 평균이 제거된 값을 계산하라.

c. OLS를 이용해 평균 제거 *TestScore*를 종속변수로, 나머지 표준화된 설명변수를 설명변수로 하는 회귀모형을 추정하라.

  i. 이 모형에서 절편을 포함했는가? 왜 혹은 왜 그렇지 않았는지 설명하라.

  ii. 회귀모형의 표준 오차를 계산하라.

d. $\lambda_{Ridge} = 300$인 ridge 회귀를 이용해, 평균 제거 *TestScore*를 종속변수로, 나머지 표준화된 설명변수를 설명변수로 하는 회귀모형을 추정하라. OLS와 ridge의 표준화된 회귀계수 추정치들을 비교하라.

e. $\lambda_{Lasso} = 1000$인 Lasso를 이용해 평균 제거 *TestScore*를 종속변수로, 나머지 표준화된 설명변수를 설명변수로 하는 회귀모형을 추정하라. 0이 아닌 Lasso 계수는 몇 개인가? 즉 어떤 예측변수들의 계수값이 0이 아닌가?

f. 229개 예측변수의 스크리 도표를 작성하라. 첫 번째 주성분은 표준화된 설명변수들의 변이를 얼마큼 설명하는가? 첫 두 번째 주성분의 경우는? 첫 15개 주성분의 경우는?

g. 229개 예측변수로부터 15개의 주성분을 계산하라. 평균 제거 *TestScore*를 종속변수로, 15개의 주성분을 설명변수로 하는 회귀모형을 추정하라.

h. 교재 웹사이트에서 다른 500개 학교에 대한 데이터가 있는 **CASchools_EE14_OutOfSample** 파일을 얻을 수 있다.

  i. (c), (d), (e), (g)에서 추정한 OLS, ridge, Lasso, 주성분 예측모형을 이용해 이 500개 학교에 대한 평균 시험 성적을 예측하라. 각 모형의 평균제곱오차의 제곱근을 계산하라.

  ii. 그림 14.8과 같은 4개 산포도를 작성하라. 이 도표로 얻을 수 있는 결론은 무엇인가?

i. 표본 내 데이터를 바탕으로 10-폴드 교차 검증을 이용해 λ_{Ridge}와 λ_{Lasso}, 주성분의 개수를 추정하라.

j. (i)에서 추정된 λ_{Ridge}와 λ_{Lasso}, 주성분의 개수를 이용해 표본 외 학교들의 시험 성적에 대한 예측을 하라. 이들 예측은 (h)에서 계산한 예측들보다 더 정확한가? (i)에서 교차 검증 과정을 통해 기대한 값과 차이가 충분히 있는가?

부록 14.1 캘리포니아 학교 시험 성적 데이터

이 장에서 사용한 시험 성적은 캘리포니아주 표준 시험(캘리포니아주 표준 시험과 보고 프로그램의 일환)으로부터 얻은 것으로 2013년 봄에 5학년 학생들을 대상으로 실시한 결과이다. 각 캘리포니아주 학교들의 평균 성적은 캘리포니아주 교육부로부터 얻을 수 있다. 교육부로부터 이 장에서 사용한 다른 학교들에 관한 정보나 지역 관련 데이터도 얻을 수 있다. 나머지 학교와 지역에 대한 데이터는 ED-Data(www.ed-data.org)에서 얻을 수 있다. 모든 학교와 지역 데이터는 2012-2013학년도를 기준으로 한다. 학교와 지역 데이터에 더불어, 2013년도 인구통계학 데이터는 각 학교의 우편번호를 기준으로 센서스 데이터를 바탕으로 작성되었다. 이들 데이터는 미국지역사회서베이(American Community Survey)에서 얻을 수 있다(factfinder.census.gov 참조). 더 자세한 내용은 **http://www.pearsonglobaleditions.com** 에 있는 복습파일에서 얻을 수 있다.

부록 14.2 $k = 1$일 때 식 (14.4)의 도출

하나의 설명변수만 있을 때, 표준화된 예측 회귀모형[식 (14.2)]에서 주어진 $X = x$에 대한 OLS 예측은 $\hat{Y}(x) = \hat{\beta}x$이다. 식 (14.3)의 두 번째 항은 $E[(\hat{\beta} - \beta)X^{OOS}]^2 = E(\hat{\beta} - \beta)^2 E(X^{OOS})^2 = E(\hat{\beta} - \beta)^2$으로, 여기서 첫 번째 등식은 $\hat{\beta}$과 X^{OOS}가 서로 독립적인 것을 이용한 것이다($\hat{\beta}$은 표본 내 데이터를 이용해 추정되었다).그리고 두 번째 등식은 설명변수들이 표준화된다는 것을 이용한 것이다. 즉 $E(X^{OOS})^2 = \text{var}(X^{OOS}) = 1$이다. OLS 추정량은 예측모형에서 불편의하기 때문에 $E(\hat{\beta} - \beta)^2 = \text{var}(\hat{\beta}) = \sigma_u^2/(n\sigma_X^2) = \sigma_u^2/n$이다. 여기서 두 번째 등식은 식 (5.27)에서 등분산성하에 OLS 추정량의 분산에 대한 large-n 공식을 사용한 것이다. 그리고 마지막 등식은 식 (14.2)에서 설명변수들이 모집단 평균과 분산을 이용해 표준화되어 있기 때문에 $\sigma_X^2 = 1$이라는 사실을 이용해 얻은 것이다. 식 (14.3)으로부터 등분산성하에 $k = 1$의 경우에서 큰 n에 대해 OLS의 MSPE는 $(1 + 1/n)\sigma_u^2$이 도출되고, 이는 $k = 1$인 경우에 식 (14.4)와 같다.

부록 14.3 $k = 1$일 때 ridge 회귀 추정량

$k = 1$일 때 ridge 추정량은 벌칙화된 제곱합 $S^{Ridge}(b;\ \lambda_{Ridge}) = \Sigma_{i=1}^{n}(Y_i - bX_i)^2 + \lambda_{Ridge}b_2$을 최소화한다. b에 대해서 $S^{Ridge}(b;\ \lambda_{Ridge})$를 미분하고 그 값을 0으로 하면 $-\Sigma_{i=1}^{n} X_i(Y_i - \hat{\beta}^{Ridge}X_i) + \lambda_{Ridge}\hat{\beta}^{Ridge} = 0$이 된다. 이를 $\hat{\beta}^{Ridge}$에 대해서 풀이하면 $\hat{\beta}^{Ridge} = \Sigma_{i=1}^{n} X_iY_i/(\Sigma_{i=1}^{n}X_i^2 + \lambda_{Ridge}) = (1 + \lambda_{Ridge}/\Sigma_{i=1}^{n}X_i^2)^{-1}\hat{\beta}$이고, 여기서 $\hat{\beta} = \Sigma_{i=1}^{n}X_iY_i/\Sigma_{i=1}^{n} X_i^2$는 OLS 추정량이다.

부록 14.4 $k = 1$일 때 Lasso 추정량

$k = 1$일 때 Lasso 추정량은 벌칙화된 잔차 제곱합 $S^{Lasso}(b; \lambda_{Lasso}) = \sum_{i=1}^{n}(Y_i - bX_i)^2 + \lambda_{Lasso}|b|$를 최소화한다. 그림 14.3에 따르면 $k = 1$일 때 $\hat{\beta}$과 $\hat{\beta}^{Lasso}$는 동일한 기호를 갖게 된다. $\hat{\beta}$이 양이라고 하자. 그러면 $b \geq 0$인 영역에서 Lasso는 $\sum_{i=1}^{n}(Y_i - bX_i)^2 + \lambda_{Lasso}b$를 최소화한다. 그리고 이를 b에 대해서 미분하면 $-2\sum_{i=1}^{n}X_i(Y_i - bX_i) + \lambda_{Lasso}$가 된다. $\hat{\beta}^{Lasso} > 0$에 대해서, 미분값을 0으로 놓으면, $-2\sum_{i=1}^{n}X_i(Y_i - \hat{\beta}^{Lasso}X_i) + \lambda_{Lasso} = 0$이고 그렇지 않으면 $\hat{\beta}^{Lasso} = 0$이다. $\hat{\beta}^{Lasso}$에 대해서 이를 풀이하면 다음과 같다.

$$\hat{\beta}^{Lasso} = \max\left(\hat{\beta} - \tfrac{1}{2}\lambda_{Lasso}/\sum_{i=1}^{n}X_i^2, 0\right), \text{ 단 } \hat{\beta} \geq 0\text{인 경우} \tag{14.11}$$

$\hat{\beta} < 0$인 경우 동일한 논리로 $\hat{\beta}^{Lasso} = \min(\hat{\beta} + \tfrac{1}{2}\lambda_{Lasso}/\sum_{i=1}^{n}X_i^2, 0)$이 된다.

부록 14.5 표준화된 회귀모형에서 표본 외 예측의 계산

이 장에서의 추정량은 모두 식 (14.2)의 표준화된 예측 회귀모형을 이용해 계산되었다. 표본 외 관측치들의 예측을 계산하는 것은 먼저 표본 외 예측변수들을 표준화하는 것부터 시작한다. 그러고 나서 표본 외 예측의 평균을 제거하고, Y의 표본평균을 다시 더하게 된다. 이런 변환은 모두 표본 내 데이터에서와 같이 표본 외 데이터에 대해서 동일한 평균, 분산, 가중치들을 사용해야 한다. ridge 회귀, Lasso, 주성분 회귀의 경우에 대해서 다음과 같이 설명할 수 있다.

식 (14.2)의 표준화된 회귀모형을 이용한 표본 외 예측(ridge와 Lasso)

14.2절을 따라, $X_1^{*oos}, \ldots, X_k^{*oos}$를 k개의 아직 변환하지 않은 표본 외 관측치라고 하고, Y^{*oos}를 예측할 표본 외 관측치라고 한다. j번째 예측변수의 변환된 표본 외 값은 $X_j^{oos} = (X_j^{*oos} - \overline{X}_j^*)/s_{X_j^*}$이고, 여기서 $\overline{X}_j^*$와 $s_{X_j^*}$는 j번째 예측변수의 표본 내 평균과 표준편차이다. $\widetilde{\beta}_j$를 β_j의 어떤 추정량이라고 하자. 예를 들어 ridge 회귀나 Lasso의 추정량이 될 수 있다. 원래 예측변수로 원래 종속변수를 예측하는 값은 다음과 같다.

$$\hat{Y}^{*oos} = \overline{Y}^* + \sum_{j=1}^{k}\widetilde{\beta}_j\left(\frac{X_j^{*oos} - \overline{X}_j^*}{s_{X_j^*}}\right) \tag{14.12}$$

여기서 $\overline{Y}^*, \overline{X}_j^*, s_{X_j^*}, \widetilde{\beta}_j$ $(j = 1, \ldots, k)$는 모두 추정용 표본에서 계산된 것이다.

주성분 회귀를 이용한 표본 외 예측

주성분 회귀를 이용해 표본 외 관측치에 대한 예측값을 계산하기 위해서는 추가적으로 표본 내 가중치를 이용해 주성분의 표본 외 값을 계산해야 한다. γ를 첫 p개의 주성분에 대한 Y에 대한 회귀식의 계수라고 하자.

$$Y_i = \gamma_1 PC_{1i} + \gamma_2 PC_{2i} + \ldots + \gamma_p PC_{pi} + v_i \tag{14.13}$$

여기서 v_i는 오차항이다. Y^{*oos}는 다음과 같은 과정을 통해 계산할 수 있다.

1. 추정 표본에서 주성분을 계산한다.
   a. 식 (14.2)에서 했던 것과 같이 Y^*와 X^*에 대한 표본 내 관측치에 대해서 평균이 제거된 Y와 표준화된 X를 계산한다.
   b. X의 표본 내 주성분을 계산한다. 그리고 이를 PC_1, ..., $PC_{min(n,k)}$라고 한다.
2. 주어진 p에 대해, 식 (14.13)에서 회귀 계수들을 추정한다. 이 회귀 계수 추정량을 $\hat{\gamma}_1^{PC}$, ..., $\hat{\gamma}_p^{PC}$라고 한다.
3. 주성분의 표본 외 값을 계산한다.
   a. 과정 1(a)로부터 얻은 표본 내 평균과 표준편차를 이용해 표본 외 예측변수 X^{*oos}를 표준화한다. 이 변환된 관측치를 X^{oos}라 한다.
   b. 과정 1(b)로부터 얻은 표본 내 가중치를 이용해 표본 외 관측치의 주성분을 계산한다. 이를 PC_1^{oos}, ..., PC_p^{oos}라고 한다.
4. 표본 외 관측치에 대한 예측값 $\hat{Y}^{*oos} = \overline{Y}^* + \sum_{j=1}^{p} \hat{\gamma}_j^{PC} PC_j^{oos}$를 계산한다.

PART

4

경제 시계열 데이터의 회귀분석

CHAPTER 15

시계열 회귀분석과 예측

시계열 데이터 — 단일 개체에 대해 여러 시점에서 수집한 데이터 — 는 횡단면 데이터로는 불충분한 정량적 질문에 답하는 데 사용할 수 있다. 이러한 질문 중 하나는 '시간에 따라 변수 X의 변화가 관심 변수 Y에 미치는 인과적 효과는 무엇인가'라는 것이다. 즉 X의 변화가 Y에 미치는 *동적*(dynamic) 인과효과는 무엇인가? 예를 들어 승객이 안전벨트를 착용하도록 요구하는 법이 도입되었을 때, 그 법이 교통사고 사망자 수에 미치는 초기 효과와 이후 운전자들이 법에 적응하면서 발생하는 효과는 무엇인가? 또 다른 질문은 '미래의 특정 시점에 어떤 변수의 값을 가장 잘 예측할 수 있는 방법은 무엇인가'라는 것이다. 예를 들어 다음 달의 실업률, 이자율, 주가에 대한 최선의 예측은 무엇인가? 이러한 두 가지 질문 — 하나는 동적 인과효과에 대한 것이고, 다른 하나는 경제 예측에 대한 것 — 은 모두 시계열 데이터를 사용해 답을 찾을 수 있다.

이 장과 16장, 17장에서는 시계열 데이터의 계량경제 분석 기법을 소개하고, 이러한 기법을 예측과 동적 인과효과 추정 문제에 적용한다. 이 장에서는 시계열 데이터를 사용한 회귀분석의 기본 개념과 도구를 소개하고, 이를 경제 예측에 적용한다. 16장에서는 이러한 도구를 동적 인과효과 추정에 적용한다. 17장에서는 다중 시계열 예측, 다수의 예측변수를 사용하는 예측, 시간에 따른 변동성 변화의 모형화 등 시계열 계량경제학의 몇 가지 고급 주제를 다룬다.

경제 예측(economic forecasting)은 경제변수의 미래 값을 예측하는 것이다. 기업은 생산 수준을 계획할 때 경제 예측을 사용하며, 정부는 다가오는 해의 예산을 수립할 때 수익 예측을 사용한다. 미국 연방준비제도(Federal Reserve System)와 같은 중앙은행의 경제학자들은 통화 정책을 설정할 때 인플레이션과 국내총생산(GDP) 성장률을 포함한 경제변수를 예측한다. 월스트리트의 투자자들은 회사에 투자할지 여부를 결정할 때 수익 예측에 의존한다.

예측(forecasting)은 통계학의 더 일반적인 예측(prediction) 문제의 한 응용으로, 주어진 데이터 세트를 사용해 데이터 세트에 포함되지 않은 관측치를 예측하는 것이다. 예측(forecasting)은 시계열 데이터의 *미래* 값을 예측하는 것을 의미한다. 일반적인 예측과 마찬가지로, 예측 모형(forecasting models)은 인과적 해석을 가질 필요가 없으며, 일반적으로 인과적 해석을 가지지 않는다.

15.1절에서는 경제 시계열 데이터의 몇 가지 예를 제시하고, 시계열 분석의 기본 개념을 소개한다. 15.2절에서는 예측 문제를 다루며, 예측 정확성을 측정하는 지표인 평균제곱 예측 오차(mean squared forecast error)를 소개한다. 또한 과거 데이터가 신뢰할 수 있는 예측에 사용될 수 있도록, 변수들 간의 역사적 관계가 미래에도 유지된다는 의미의 정상성(stationarity) 개념을 소개한다. 15.3절에서는 자기회귀를 소개하는데, 이는 종속변수의 과거값을 설명변수로 사용하는 시계열 회귀모형이다. 15.4절에서는 추가적인 설명변수를 포함하는 방법을 설명한다. 예를 들어 GDP 성장률의 시차 값만 사용하는 것보다 기간 가산금리(텀 스프레드, 장기 금리와 단기 금리의 차이)를 포함하는 것이 미국 GDP 성장률 예측을 개선한다. 15.5절에서는 평균제곱 예측 오차를 추정하는 방법과 예측 구간(예측된 변수의 실제 값이 포함될 가능성이 높은 범위)을 계산하는 방법을 논의한다. 15.6절에서는 예측 모형에서 시차의 개수를 선택하는 방법을 설명한다. 15.7절과 15.8절에서는 정상성 가정에서 벗어나는 두 가지 일반적인 경우인 추세(trend)와 변화(break)를 다루며, 이러한 경우에 예측 회귀식을 수정하는 방법을 보여준다.

15.1 시계열 데이터와 계열상관성

경험적 분석을 시작할 때 좋은 출발점은 데이터를 도표로 나타내는 것(plotting)이며, 따라서 우리는 그것부터 시작한다.

미국의 실질 GDP

국내총생산(GDP)은 특정 기간 동안 한 경제에서 생산된 재화와 서비스의 가치를 측정한다. 그림 15.1a는 1960년부터 2017년까지 미국의 연도별 '실질(real)' GDP를 나타내며, 여기서 '실질'은 값이 인플레이션에 대해 조정되었음을 의미한다. GDP는 2009년 달러로 표시되어 있는데, 이는 물가 수준이 2009년의 가치로 고정되어 있음을 의미한다. 미국 GDP는 거의 기하급수적인 속도로 성장하기 때문에 그림 15.1a는 GDP를 로그 척도로 표시한다. GDP는 1960년 약 3조 달러에서 2017년에는 17조 달러 이상으로 급격하게 증가했다. 로그 척도로 측정하면 이러한 5배 이상의 증가는 1.7로그 포인트의 증가에 해당한다. 그러나 성장률은 일정하지 않았으며, 그림 15.1에서 음영으로 표시된 1960~1961, 1970, 1974~1975, 1980, 1981~1982, 1990~1991, 2001, 2007~2009년의 경기 침체기에는 GDP가 감소한 것으로 나타났다.

시차, 일차 차분, 로그 및 성장률

시계열 변수 Y에 대한 t시점의 관측치는 Y_t로 표시되며, 전체 관측치의 수는 T로 표시된다. 관측치 사이의 간격, 즉 관측치 t와 관측치 $t+1$ 사이의 기간은 주, 월, 분기(세 달 단위), 연도와 같은 시간 단위이다. 시계열 변수 Y에 대한 T개의 관측치 집합은 $Y_1, \ldots, Y_T$, 또는 $\{Y_t\}$, $t = 1, \ldots, T$로 표시된다. 이 표기법은 관측치가 $i = 1, \ldots, n$으로 표시되는 횡단면 데이터의 표기법과 유사하다. 주어진 데이터 세트에서 시점 $t = 1$은 데이터 세트의 첫 번째 날짜에 해당하고 $t = T$는 데이터 세트의 마지막 날짜에 해당한다. 예를 들어 이 장에서 다루는 GDP 데

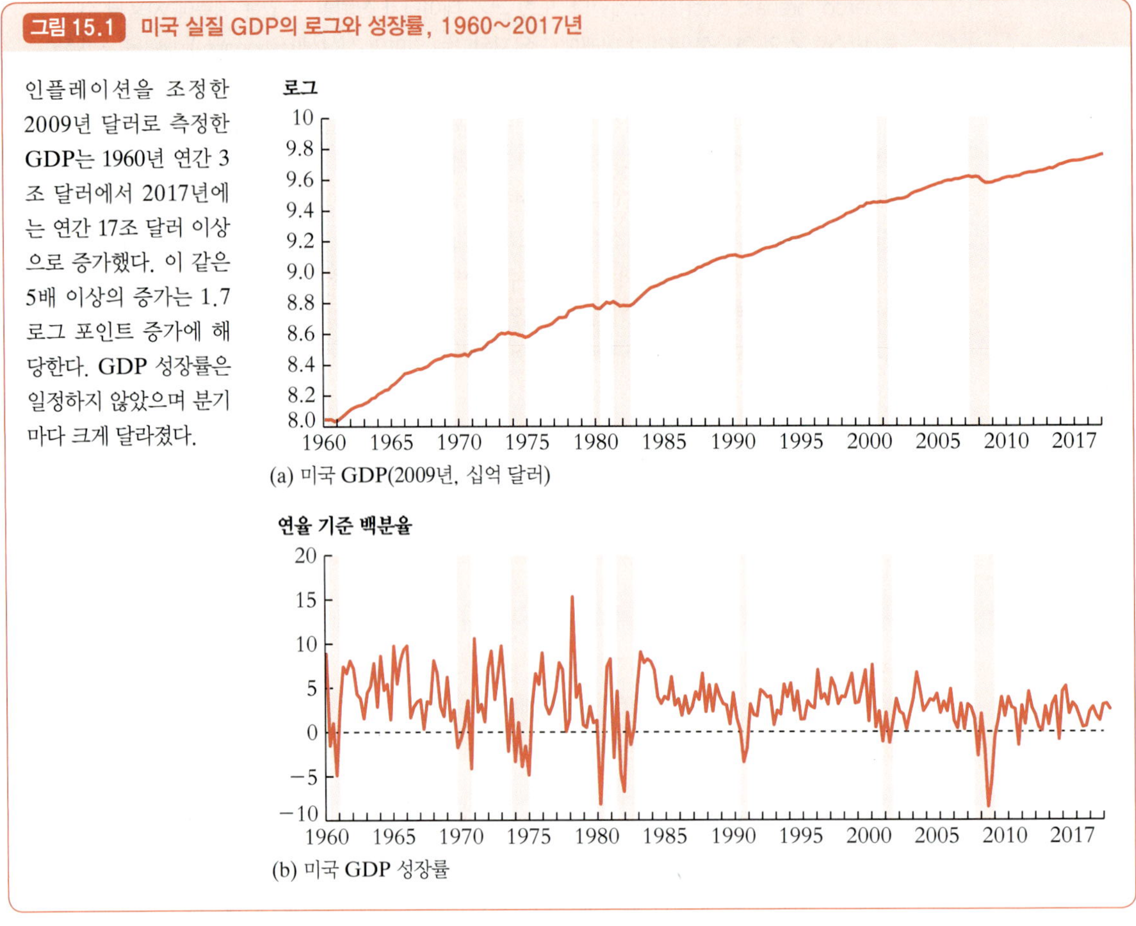

그림 15.1 미국 실질 GDP의 로그와 성장률, 1960~2017년

인플레이션을 조정한 2009년 달러로 측정한 GDP는 1960년 연간 3조 달러에서 2017년에는 연간 17조 달러 이상으로 증가했다. 이 같은 5배 이상의 증가는 1.7 로그 포인트 증가에 해당한다. GDP 성장률은 일정하지 않았으며 분기마다 크게 달라졌다.

이터는 분기별이므로, 시간 단위(기간)는 1년의 4분의 1이다. 그림 15.1b에 표시된 데이터는 1960년 1분기(1960:Q1)부터 2017년 4분기(2017:Q4)까지의 분기별 GDP 성장률로, 총 관측 수는 $T = 232$이다.

기간 $t-1$과 기간 t 사이의 Y값 변화는 $Y_t - Y_{t-1}$이며, 이 변화를 변수 Y_t의 **일차 차분**(first difference)이라고 한다. 시계열 데이터에서 'Δ'는 일차 차분을 나타내는 데 사용되므로 $\Delta Y_t = Y_t - Y_{t-1}$이다.

Y의 미래 및 과거 값을 나타내기 위해 특별한 용어와 표기법이 사용된다. 이전 기간의 Y값(현재 기간 t에 상대적인)은 첫 번째 시차 값(first lagged value)[또는 더 간단히 **첫 번째 시차**(first lag)]이라고 하며, Y_{t-1}로 표시된다. j번째 시차 값[또는 더 간단히 ***j*번째 시차**(j^{th} lag)]은 j기간 전의 값으로, Y_{t-j}로 표시된다. 마찬가지로 Y_{t+1}은 미래의 한 기간 후의 Y값을 나타낸다.

경제 시계열은 종종 로그를 계산하거나 로그의 변화를 계산한 후 분석된다. 그 이유 중 하나는 많은 경제 시계열이 대략적으로 기하급수적으로 성장하는 경향이 있기 때문이다. 즉 장기적으로 시계열은 평균적으로 매년 일정한 비율로 성장하는 경향이 있다. 이는 시계열의 로그가 대략 선형적으로 성장함을 의미하며, 이것이 그림 15.1a에서 미국 GDP의 로그를 나타내

핵심 개념 15.1

시차, 일차 차분, 로그 및 성장률

- 시계열 Y_t의 첫 번째 시차는 Y_{t-1}이며, j번째 시차는 Y_{t-j}이다.
- 시계열의 일차 차분인 ΔY_t는 기간 $t-1$과 t 사이의 변화로, $\Delta Y_t = Y_t - Y_{t-1}$이다.
- 로그 Y_t의 일차 차분은 $\Delta\ln(Y_t) = \ln(Y_t) - \ln(Y_{t-1})$이다.
- 시계열 Y_t의 $t-1$과 t 사이의 백분율 변화는 대략적으로 $100\Delta\ln(Y_t)$이며, 이 근사는 백분율 변화가 작을 때 가장 정확하다.

는 이유이다. 또 다른 이유는 많은 경제 시계열의 표준편차가 대략적으로 그 수준(level)에 비례한다는 것이다. 즉 표준편차는 시계열 수준의 백분율로 잘 표현된다. 이는 로그 변환된 시계열의 표준편차가 대략적으로 일정하다는 것을 의미한다. 어느 경우든, 변환된 시계열의 변화가 원래 시계열의 비례(또는 백분율) 변화가 되도록 시계열을 변환하는 것이 유용하며, 이를 위해 시계열의 로그를 취한다.[1]

핵심 개념 15.1에 시차, 일차 차분, 성장률을 요약했다.

시차, 변화 및 백분율 변화는 표 15.1의 미국 GDP 데이터를 사용해 설명된다. 첫 번째 열은 날짜 또는 기간을 나타내며, 2016년 4분기는 2016:Q4로 표시되고, 2017년 1분기는 2017:Q1로 표시된다. 두 번째 열은 해당 분기의 GDP 값을 나타내며, 세 번째 열은 GDP의 로그값을, 네 번째 열은 GDP의 성장률(연율 기준 백분율)을 보여준다. 예를 들어 2016년 4분기에서 2017년 1분기까지 GDP는 16조 8,510억 달러에서 16조 9,030억 달러로 증가했으며, 이는 백분율로 $100 \times (16{,}903 - 16{,}851)/16{,}851 = 0.31\%$의 증가를 의미한다. 이는 한 분기에서 다음 분기까지의 백분율 증가이다. 분기별 거시경제 시계열의 성장률은 연율 기준으로 보고하는 것이 일반적이며, 이는 같은 속도로 계속 증가할 경우 1년 동안 발생할 GDP의 백분율 증가를 나타낸다. 1년에는 네 분기가 있으므로, 2017년 1분기의 연율화된 GDP 성장률은 $0.31 \times 4 = 1.24$, 즉 1.24%가 된다.

표 15.1에서 이 백분율 변화는 핵심 개념 15.1에서의 로그 차분 근사를 사용해 계산한다. 2016년 4분기에서 2017년 1분기까지의 GDP 로그 차분은 $\ln(16{,}903) - \ln(16{,}851) = 0.00308$이므로 대략적인 분기별 백분율 차이는 $100 \times 0.00308 = 0.308\%$이다. 연율 기준으로는 $0.308 \times 4 = 1.23$ 또는 1.23%로, 백분율 성장률을 직접 계산해 얻은 변화와 본질적으로 동일하다. 이러한 계산은 다음과 같이 요약할 수 있다.

$$\text{연율화된 GDP 성장률} = GDPGR_t \cong 400\,[\ln(GDP_t) - \ln(GDP_{t-1})] = 400\Delta\ln(GDP_t) \quad (15.1)$$

---

1 로그 변환한 변수의 변화는 해당 변수의 비례 변화와 대략적으로 같다. 즉 $\ln(X+a) - \ln(X) \cong a/X$이며, 이 근사치는 a/X가 작을 때 가장 잘 작동한다[식 (8.16) 및 관련 논의 참조]. 이제 X를 Y_{t-1}로, a를 ΔY_t로 대체하면 $Y_t = Y_{t-1} + \Delta Y_t$가 된다. 즉 기간 $t-1$과 t 사이의 시계열 Y_t의 비례 변화는 대략 $\ln(Y_t) - \ln(Y_{t-1}) = \ln(Y_{t-1} + \Delta Y_t) - \ln(Y_{t-1}) \cong \Delta Y_t / Y_{t-1}$이다[식 (18.16) 참조]. 식 $\ln(Y_t) - \ln(Y_{t-1})$은 $\ln(Y_t)$의 일차 차분, 즉 $\Delta\ln(Y_t)$이다. 따라서 $\Delta\ln(Y_t) \cong \Delta Y_t / Y_{t-1}$이다. 백분율 변화는 분수 변화의 100배이므로 시계열 Y_t의 백분율 변화는 약 $100\Delta\ln(Y_t)$이다.

표 15.1 2016년 마지막 분기 및 2017년의 미국 GDP

분기	미국 GDP(2009년 기준 십억 달러), GDP_t	GDP의 로그, $\ln(GDP_t)$	연간 GDP 성장률, $GDPGR_t = 400X\ \Delta\ln(GDP_t)$	첫 번째 시차, $GDPGR_{t-1}$
2016:Q4	16,851	9.732	1.74	2.74
2017:Q1	16,903	9.735	1.23	1.74
2017:Q2	17,031	9.743	3.01	1.23
2017:Q3	17,164	9.751	3.11	3.01
2017:Q4	17,272	9.757	2.50	3.11

참고: 분기별 GDP 성장률은 로그의 일차 차분이다. 여기에 400을 곱해서 연율화된 백분율로 변환한다. 첫 번째 시차는 이전 분기의 값이다. 모든 항목은 가장 가까운 소수로 반올림한다.

여기서 GDP_t는 시점 t의 GDP 값이다. 400이라는 계수는 소수 변화를 백분율로 변환하기 위해 100을 곱한 후 분기별 백분율 변화를 연율로 환산하기 위해 4를 곱한 것에서 비롯된다.

표 15.1의 마지막 열은 시차를 나타낸다. 2017년 1분기의 첫 번째 시차는 1.74%이며, 2016년 4분기의 $GDPGR$ 값이다.

그림 15.1b는 1960년 1분기부터 2017년 4분기까지 $GDPGR_t$를 그래프로 나타낸다. 이 그래프는 GDP 성장률의 상당한 변동성을 보여준다. 예를 들어 1978년 2분기에 GDP는 연율 기준으로 15% 이상 성장했으며, 2008년 4분기에는 연율 기준으로 8% 이상 하락했다. 전체 기간 동안 성장률은 평균 3.0%였으며(이는 1960년 GDP가 3조 1,000억 달러에서 2017년 17조 3,000억 달러로 증가한 원인이다) 표본 표준편차는 3.3%였다.

자기상관

시계열 데이터에서 한 기간의 Y값은 일반적으로 다음 기간의 값과 상관관계가 있다. 시계열이 자기 자신의 시차 값들과 가지는 상관관계를 **자기상관**(autocorrelation) 또는 **계열상관**(serial correlation)이라고 한다. 1차 자기상관[또는 **자기상관 계수**(autocorrelation coefficient)은 Y_t와 Y_{t-1} 사이의 상관관계, 즉 인접한 두 시점의 Y값 사이의 상관관계이다. 2차 자기상관은 Y_t와 Y_{t-2} 사이의 상관관계이며, j차 자기상관은 Y_t와 Y_{t-j} 사이의 상관관계이다. 마찬가지로, ***j*차 자기공분산**(j^{th} autocovariance)은 Y_t와 Y_{t-j} 사이의 공분산이다. 자기상관과 자기공분산은 핵심 개념 15.2에 요약했다.

핵심 개념 15.2의 j차 모집단 자기공분산 및 자기상관은 j차 표본 자기공분산 및 표본 자기상관관계인 $\widehat{\text{cov}(Y_t, Y_{t-j})}$ 및 $\hat{\rho}_j$를 통해 추정할 수 있다.

$$\widehat{\text{cov}(Y_t, Y_{t-j})} = \frac{1}{T}\sum_{t=j+1}^{T}(Y_t - \overline{Y}_{j+1:T})(Y_{t-j} - \overline{Y}_{1:T-j}) \tag{15.2}$$

$$\hat{\rho}_j = \frac{\widehat{\text{cov}(Y_t, Y_{t-j})}}{\widehat{\text{var}(Y_t)}} \tag{15.3}$$

핵심 개념 **15.2**

자기상관(계열상관)과 자기공분산

시계열 Y_t의 j차 자기공분산은 Y_t와 j번째 시차 Y_{t-j} 간의 공분산이고, j차 자기상관 계수는 Y_t와 Y_{t-j} 간의 상관이다.

$$j\text{차 자기공분산} = \text{cov}(Y_t, Y_{t-j}) \tag{15.4}$$

$$j\text{차 자기상관} = \rho_j = \text{corr}(Y_t, Y_{t-j}) = \frac{\text{cov}(Y_t, Y_{t-j})}{\sqrt{\text{var}(Y_t)\text{var}(Y_{t-j})}} \tag{15.5}$$

j차 자기상관 계수는 종종 j차 계열상관 계수라고도 한다.

여기서 $\overline{Y}_{j+1:T}$는 $t = j+1, \ldots, T$에서의 관측치를 사용해 계산된 Y_t의 표본평균을 나타내며, $\widehat{\text{var}(Y_t)}$는 Y의 표본 분산이다.[2]

GDP 성장률($GDPGR$)의 처음 4개의 표본 자기상관 계수는 $\hat{\rho}_1 = 0.33$, $\hat{\rho}_2 = 0.26$, $\hat{\rho}_3 = 0.10$, $\hat{\rho}_4 = 0.11$이다. 이 값들은 GDP 성장률이 약한 양의 자기상관을 가진다는 것을 시사한다: 한 기간 동안 GDP가 평균보다 빠르게 성장하면 다음 기간에도 평균보다 빠르게 성장하는 경향이 있다.

경제 시계열의 다른 예

경제 시계열은 매우 다양하다. 그림 15.2에는 미국 실업률, 미국 달러와 영국 파운드 간 환율, 일본 산업생산지수의 로그, 주가 지수인 윌셔 5000 종합시장지수의 일일 가치 백분율 변화 등 네 가지 경제 시계열이 그려져 있다.

미국의 실업률(그림 15.2a)은 인구통계조사(부록 3.1 참조)에서 측정된 바와 같이 노동력 중 실직 상태인 비율을 나타낸다. 그림 15.2a는 실업률이 경기 침체기(그림 15.1의 음영 처리된 영역) 동안 큰 폭으로 증가하고 경기 호황기 동안 감소함을 보여준다.

달러/파운드 환율(그림 15.2b)은 영국 파운드(£)를 미국 달러로 환산한 가격이다. 1972년 이전에 선진국 경제는 브레튼우즈 체제(Bretton Woods system)라는 고정 환율 시스템을 운영했으며, 이 체제하에서 각국 정부는 환율 변동을 막았다. 1972년 인플레이션 압력으로 인해 이 시스템은 붕괴되었고, 그 후 주요 통화는 '변동', 즉 외환시장의 통화 수요와 공급에 따라 가치가 결정되는 것이 허용되었다. 1972년 이전에는 달러 대비 파운드의 공식 가치가 2.40달러로 하락한 1968년 한 차례의 평가 절하를 제외하고는 환율이 거의 일정했다. 1972년 이후 환율은 매우 큰 폭으로 변동했다.

일본 산업생산지수(그림 15.2c)는 일본의 산업 상품 생산량을 측정한다. 이 시계열의 로그

---

2 식 (15.2)에서 합은 T로 나뉘지만, 표본 공분산에 대한 일반적인 공식[식 (3.24) 참조]에서 합은 자유도 조정 값을 뺀 관측치의 개수로 나뉜다. 식 (15.2)의 공식은 자기공분산을 계산하기 위한 통상적인 방식이다. 식 (15.3)은 $\text{var}(Y_t)$와 $\text{var}(Y_{t-j})$가 동일하다는 가정을 사용한다. 이는 15.3절에서 소개하는 개념인 Y가 정상적(stationary)이라는 가정의 함의이다.

그림 15.2 네 가지 경제 시계열

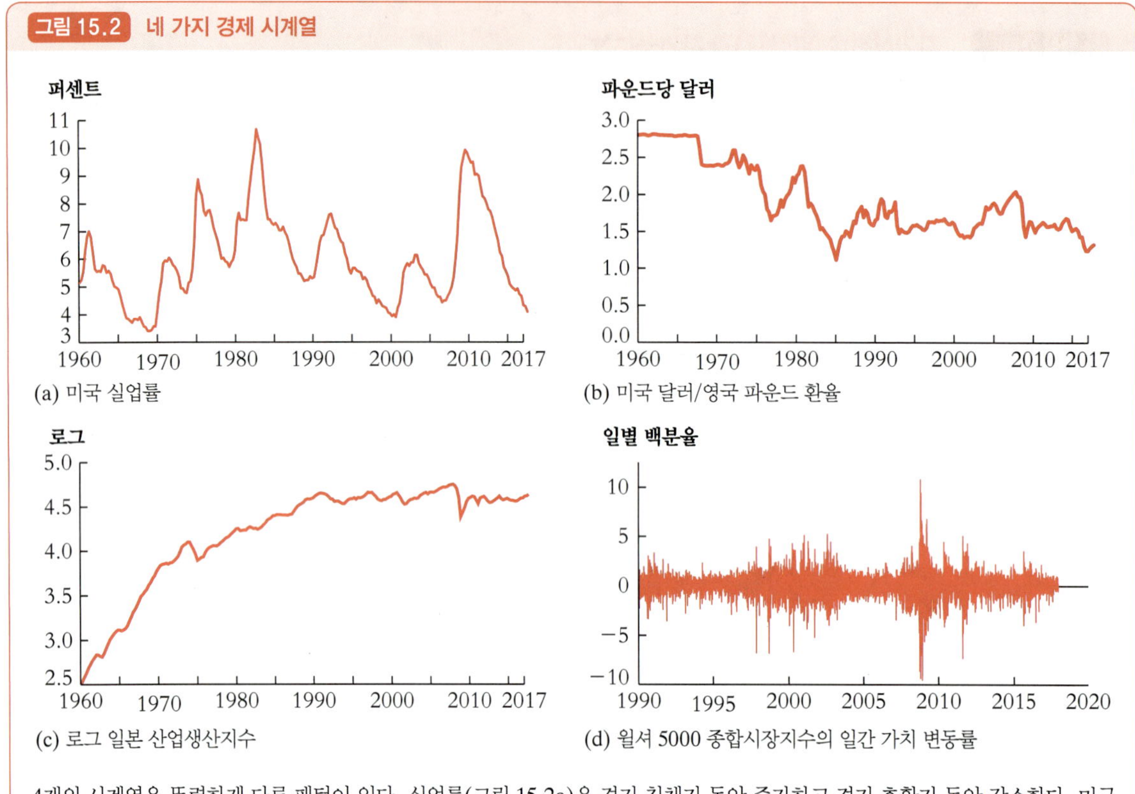

(a) 미국 실업률

(b) 미국 달러/영국 파운드 환율

(c) 로그 일본 산업생산지수

(d) 윌셔 5000 종합시장지수의 일간 가치 변동률

4개의 시계열은 뚜렷하게 다른 패턴이 있다. 실업률(그림 15.2a)은 경기 침체기 동안 증가하고 경기 호황기 동안 감소한다. 미국 달러와 영국 파운드 사이의 환율(그림 15.2b)은 1972년 브레튼우즈 체제의 고정 환율 붕괴 이후에 급격한 변화를 보인다. 일본 산업생산지수의 로그(그림 15.2c)는 성장률 감소를 나타낸다. 주가 지수인 윌셔 5000 종합시장지수의 일별 백분율 변화(그림 15.2d)는 본질적으로 예측할 수 없지만, 분산이 변동한다. 이 시계열은 **변동성 군집화**를 보여준다.

가 그림 15.2c에 표시되어 있으며, 이 시계열의 변화는 (분수로 표현된) 성장률로 해석될 수 있다. 1960년대와 1970년대 초반에는 일본의 산업생산이 빠르게 증가했으나 1970년대 후반과 1980년대에는 이 성장세가 둔화되었고, 1990년대 초반 이후로는 산업생산이 거의 증가하지 않았다.

윌셔 5000 종합시장지수는 미국 거래소에서 거래되는 모든 기업의 주가 지수이다. 그림 15.2d는 1990년 1월 2일부터 2017년 12월 29일까지의 거래일에 대한 이 지수의 일간 변동률을 나타내며, 총 7,305개의 관측치를 포함한다. 그림 15.2의 다른 시계열과 달리, 이러한 일간 변동률에는 거의 계열상관이 없다. 만약 계열상관이 있었다면 과거의 일간 변동을 이용해 미래를 예측하고, 시장이 상승할 것으로 예상될 때 매수하고 하락할 것으로 예상될 때 매도해 이익을 얻을 수 있었을 것이다. 비록 이러한 변동은 본질적으로 예측 불가능하지만, 그림 15.2d를 살펴보면 변동성의 패턴이 드러난다. 예를 들어 일간 변동률의 표준편차는 1998~2003년과 2007~2012년에 상대적으로 컸고 1994년, 2004년, 2017년에는 상대적으로 작았다. 이러한 **변동성 군집화**(volatility clustering)는 많은 금융 시계열에서 발견되며, 이러한 특수한 형태의 이분산성을 모형화하기 위한 계량경제학 모형은 17.5절에서 다루고 있다.

15.2 정상성과 평균제곱 예측 오차

정상성

시계열 예측은 과거 데이터를 사용해 미래를 예측한다. 이렇게 하는 것은 미래가 과거와 유사할 것이라는 가정에 기반을 두고 있으며, 이는 미래의 데이터 상관관계, 보다 일반적으로 확률 분포가 과거와 비슷할 것이라는 의미이다. 만약 미래가 과거와 근본적으로 다르다면, 과거의 관계는 미래를 예측하는 데 신뢰할 만한 지침이 되지 못할 것이다.

시계열 데이터를 사용한 회귀분석에서 과거의 관계가 미래에도 일반화될 수 있다는 생각은 **정상성**(stationarity) 개념으로 공식화된다. 핵심 개념 15.3에 정리되어 있는 정상성의 정확한 정의는 시계열 변수의 확률 분포가 시간에 따라 변하지 않는다는 것이다. 정상성 가정하에서는 과거 데이터를 사용해 추정된 회귀모형을 통해 미래 값을 예측할 수 있다.

정상성이 성립하지 않는 경우는 여러 가지 이유로 발생할 수 있으며, 이러한 경우 시계열은 **비정상적**(nonstationary)이라고 한다. 그중 하나의 이유는 무조건부 평균(unconditional mean)이 추세를 가질 수 있다는 것이다. 예를 들어 그림 15.1a에 그려진 미국 GDP의 로그는 장기적인 경제 성장을 반영하며 지속적인 상승 추세를 보인다. 또 다른 유형의 비정상성은 모집단 회귀 계수가 특정 시점에서 변할 때 발생한다. 이러한 두 가지 유형의 비정상성을 탐지하고 해결하는 방법은 15.6절과 15.7절에서 다룬다. 그때까지는 시계열이 정상적이라고 가정한다.

예측과 예측 오차

이 장에서는 사용 가능한 데이터가 끝나는 시점 바로 다음 기간에 시계열 변수 Y의 값을 예측하는 문제를 다룬다. 즉 시점 T까지의 데이터를 사용해 Y_{T+1}을 예측하는 것이다. 이러한 예측은 '현재 분기까지의 데이터를 기준으로 다음 분기의 GDP 성장률을 어떻게 예측할 수 있을까?'와 같은 질문에 대한 답을 제공한다. 이 예측이 다음 기간을 대상으로 하기 때문에 이를 **1단계 예측**(one-step ahead forecast)이라고 한다. 더 야심 찬 질문은 '현재 분기까지의 데이터를 기준으로 다음 8분기 동안의 GDP 성장률을 어떻게 예측할 수 있을까?'라는 것이다. 이 질문에 답하는 것은 더 긴 예측 범위를 대상으로 하는 것으로, 이를 **다단계 예측**(multi-

핵심 개념 15.3

정상성

시계열 Y_t의 확률 분포가 시간에 따라 변하지 않는다면, 즉 $(Y_{s+1}, Y_{s+2}, \ldots, Y_{s+T})$의 결합확률분포가 T값에 관계없이 s에 의존하지 않는다면, Y_t는 정상적(stationary)이다. 그렇지 않은 경우에 Y_t는 비정상적(nonstationary)이라고 한다. $(X_{s+1}, Y_{s+1}, X_{s+2}, Y_{s+2}, \ldots, X_{s+T}, Y_{s+T})$의 결합확률분포가 T값에 관계없이 s에 의존하지 않는 경우, 한 쌍의 시계열인 X_t와 Y_t는 결합 정상적(jointly stationary)이다. 정상성은 적어도 확률적인 관점에서 미래가 과거와 유사할 것을 요구한다.

step ahead forecast)이라고 한다. 다단계 예측은 17장에서 다룬다.

$\hat{Y}_{T+1|T}$를 Y_{T+1}의 후보(candidate) 1단계 예측값으로 나타낸다. 이 표기법에서 아래첨자 $T+1|T$는 예측이 시간 T까지의 데이터를 사용해 만든 시간 $T+1$의 Y값임을 나타내고, 삽입기호(^)는 예측이 추정된 모형에 기반한 것임을 나타낸다. 예를 들어 1960년 1분기부터 2017년 3분기까지 GDP 성장률(Y)에 대한 분기별 관측치가 있다고 가정해보자. 1단계 예측 문제는 이 데이터를 사용해 2017년 4분기 GDP 성장률을 예측하는 것이며, 예측치는 $\hat{Y}_{2017:Q4|2017:Q3}$으로 표시된다.

미래는 알 수 없기 때문에 예측에서 오류가 발생하는 것은 불가피하다. **예측 오차**(forecast error)는 Y_{T+1}의 실제 값과 그 예측값의 차이를 의미한다.

$$\text{예측 오차} = Y_{T+1} - \hat{Y}_{T+1|T} \tag{15.6}$$

예측(forecast)이란 예측을 수행하는 데 사용된 데이터에 포함되지 않은 미래 시점에 대한 예측(prediction)을 의미한다. 즉 예측은 표본 외의 미래 관측 값에 대한 것이다. 예측 오차는 예측에서 발생한 실수(mistake)를 의미하며, 이는 시간이 지나 Y_{T+1}의 실제 값을 관측한 후에 드러난다.

평균제곱 예측 오차

예측 오차는 불가피하기 때문에 예측자의 목표는 오류를 제거하는 것이 아니라 가능한 한 작게 만드는 것, 즉 예측을 최대한 정확하게 만드는 것이다. 이 목표를 명확히 하기 위해 예측 오차가 작다는 것이 무엇을 의미하는지에 대한 정량적 척도가 필요하다. 이 책에서 채택한 가장 일반적으로 사용되는 척도는 **평균제곱 예측 오차**(mean squared forecast error, MSFE)이며, 이는 예측 오차의 제곱에 대한 기댓값이다.

$$\text{MSFE} = E[(Y_{T+1} - \hat{Y}_{T+1|T})^2] \tag{15.7}$$

횡단면 데이터를 사용한 표본 외 예측을 위해 14.2절에서 도입한 평균제곱 예측 오차(mean squared prediction error, MSPE)의 시계열 대응 개념이 MSFE이다.

실제로 큰 예측 오차는 작은 예측 오차보다 훨씬 더 큰 비용을 초래할 수 있다. 작은 예측 오차가 연속으로 발생하면 사용자에게는 작은 문제를 일으킬 수 있지만, 단 한 번의 매우 큰 예측 오차는 전체 예측 활동의 신뢰성을 의심하게 만들 수 있다. MSFE는 예측 오차의 제곱을 사용함으로써 이 아이디어를 반영한다. 즉 큰 오차는 작은 오차보다 훨씬 큰 페널티를 받게 된다.

평균제곱근 예측 오차(root mean squared forecast error, RMSFE)는 MSFE의 제곱근이다. RMSFE는 Y와 동일한 단위를 가지므로 해석이 용이하다. 만약 예측이 편향되지 않았다면 예측 오차는 평균이 0이며 RMSFE는 주어진 모형을 사용해 수행한 표본 외 예측의 표준편차가 된다.

MSFE는 두 가지 무작위성(randomness) 요소를 포함한다. 첫 번째는 미래 값 Y_{T+1}의 무작위성이다. 두 번째는 예측 모형을 추정할 때 발생하는 무작위성이다. 예를 들어 예측자가

Y_{T+1}의 값을 과거 평균값인 μ_Y로 예측하는 매우 간단한 모형을 사용한다고 가정해보자.(이 단순한 모형은 주식 수익률을 예측하는 데 있어 타당한 시작점이 될 수 있으며, 이는 이 절의 후반부에 있는 글상자 '시장을 이길 수 있는가?'에서 논의한다.) 평균값은 알 수 없으므로 추정해야만 하고, 이 추정값을 $\hat{\mu}_Y$로 나타내자. 이 예에서 예측치는 $\hat{Y}_{T+1|T} = \hat{\mu}_Y$, 예측 오차는 $Y_{T+1} - \hat{Y}_{T+1|T} = Y_{T+1} - \hat{\mu}_Y$이고, $\text{MSFE} = E[(Y_{T+1} - \hat{\mu}_Y)^2]$이다. Y_{T+1}이 $\hat{\mu}_Y$와 상관관계가 없다면 μ_Y를 더하고 빼서 $\text{MSFE} = E[(Y_{T+1} - \mu_Y)^2] + E[(\hat{\mu}_Y - \mu_Y)^2]$으로 쓸 수 있다. 이 표현에서 첫 번째 항은 모평균을 알 수 있을 때 예측자가 만들어낼 수 있는 오차를 나타낸다. 이 항은 모평균 주변에서 Y_{T+1}의 미래(표본 외) 무작위 변동을 반영한다. 두 번째 항은 모평균을 알 수 없을 때 예측자가 이를 추정해야만 하기 때문에 발생하는 추가 오차를 나타낸다.

MSFE의 관점에서 가능한 최고의 예측(best-possible prediction)은 Y에 대한 표본 내 관측치를 기준으로 한 조건부 평균, 즉 $E(Y_{T+1} | Y_1, \ldots, Y_T)$이다(부록 2.2). 최고의 예측치 $E(Y_{T+1} | Y_1, \ldots, Y_T)$를 **오라클 예측치**(oracle forecast)라고 한다. 오라클 예측은 조건부 평균이 실제로는 알 수 없기 때문에 실행 불가능하다. 그러나 오라클 예측은 MSFE(평균제곱 예측 오차)를 최소화하기 때문에 실제 예측을 평가할 때 개념적인 기준점으로 사용된다.

MSFE는 알 수 없는 모집단의 기댓값이므로, 실제로 사용하기 위해서는 데이터를 사용해 이를 추정해야 한다. RMSFE의 추정 방법은 15.5절에서 논의한다.

15.3 자기회귀모형

미래를 예측하고자 한다면, 좋은 출발점은 바로 직전의 과거이다. 예를 들어 다음 분기의 GDP 성장률을 예측하고자 한다면 현재 분기 또는 지난 몇 분기 동안 GDP가 얼마나 빠르게 성장했는지에 대한 데이터를 사용할 수 있다. 이를 위해 예측가는 자기회귀모형을 적합시킬 것이다.

1차 자기회귀모형

자기회귀모형(autoregression)은 시계열 변수 Y_t의 조건부 평균을 자신의 시차 값들의 선형 함수로 표현한다. **1차 자기회귀모형**(first-order autoregression)은 이 조건부 기댓값에 Y의 1차 시차 값만을 사용한다. 즉 1차 자기회귀모형에서는 $E(Y_t | Y_{t-1}, Y_{t-2}, \ldots) = \beta_0 + \beta_1 Y_{t-1}$이다. 1차 자기회귀[AR(1)] 모형은 익숙한 회귀모형 형식으로 다음과 같이 작성할 수 있다.

$$Y_t = \beta_0 + \beta_1 Y_{t-1} + u_t \tag{15.8}$$

여기서 u_t는 오차항이다. 식 (15.8)의 1차 자기회귀모형은 β_0과 β_1이라는 2개의 미지의 계수를 가진 모집단 자기회귀모형이다.

식 (15.8)의 미지의 모집단 계수 β_0과 β_1은 보통최소제곱법(ordinary least square, OLS)

시장을 이길 수 있는가?

주식시장을 이겨서 빨리 부자가 되고 싶다는 꿈을 꾼 적이 있는가? 시장이 상승할 것이라고 생각한다면 오늘 주식을 매수하고 나중에 시장이 하락하기 전에 매도해야 한다. 주식 가격의 변동을 잘 예측할 수 있다면 이 능동적인 거래 전략은 주식을 매수하고 단순히 보유하는 '바이 앤드 홀드(buy and hold)' 전략보다 더 나은 수익을 낼 것이다. 물론 중요한 점은 미래 주식 수익에 대한 신뢰할 수 있는 예측(forecast)을 가지는 것이다.

과거 주식 수익률을 기반으로 한 예측을 종종 모멘텀 예측(momentum forecast)이라고 한다. 즉 이달에 주식 가치가 상승했다면, 모멘텀이 있어서 다음 달에도 상승할 가능성이 있다는 것이다. 만약 그렇다면, 수익률은 자기상관이 있을 것이며, 자기회귀모형은 유용한 예측을 제공할 것이다. 특정 주식에 대한 모멘텀 기반 전략을 구현하거나 시장의 전체 가치를 측정하는 주가 지수에 대한 전략을 구현할 수 있다.

표 15.2는 1960년 1월부터 2002년 12월까지의 월별 데이터를 사용해 CRSP 가치 가중 지수라고 하는 광범위한 주가 지수의 초과 수익률에 대한 자기회귀모형을 제시하고 있다. 여기서 M1은 연도의 첫 번째 달(1월), M2는 두 번째 달을 나타낸다. 월별 초과 수익률은 이전 달 말에 주식을 구매하고 이번 달 말에 매도했을 때 얻는 수익률에서 안전 자산(미국 국채)을 구매했을 때 얻을 수 있었던 수익률을 뺀 것을 백분율로 나타낸 것이다. 주식 수익률에는 가격 변동으로 인한 자본 이득(또는 손실)과 해당 월 동안 받은 배당금이 포함된다. 데이터에 대한 추가 설명은 부록 15.1에 있다.

안타깝게도 표 15.2의 결과는 부정적이다. AR(1) 모형에서 시차 수익률의 계수는 통계적으로 유의하지 않으며, AR(2) 또는 AR(4) 모형에서도 시차 수익률의 계수들이 모두 0이라는 귀무가설을 기각할 수 없다. 실제로 한 모형의 수정된 $\bar{R}^2$값은 음수이며, 다른 두 모형의 $\bar{R}^2$값도 겨우 양수로 나타나고 있어서, 이러한 모형 중 어느 것도 예측에 유용하지 않음을 시사한다.

이러한 부정적인 결과는 효율적 자본시장 이론과 일치한

표 15.2 월별 초과 주식 수익률의 자기회귀모형, 1960년 1월~2002년 12월

종속변수: CRSP 가치 가중 지수의 초과 수익률

	(1)	(2)	(3)
특정화	AR(1)	AR(2)	AR(4)
회귀계수			
초과 수익률$_{t-1}$	0.050 (0.051)	0.053 (0.051)	0.054 (0.051)
초과 수익률$_{t-2}$		−0.053 (0.048)	−0.054 (0.048)
초과 수익률$_{t-3}$			0.009 (0.050)
초과 수익률$_{t-4}$			−0.016 (0.047)
절편항	0.312 (0.197)	0.328 (0.199)	0.331 (0.202)
초과 수익률의 시차 계수에 대한 F-통계량(p값)	0.968 (0.325)	1.342 (0.261)	0.707 (0.587)
$\bar{R}^2$	0.0006	0.0014	−0.0022

참고: 초과 수익률은 월별 퍼센트포인트로 측정된다. 데이터는 부록 15.1에 설명되어 있다. 모든 회귀모형은 1960년 1월부터 2002년 12월까지의 기간 동안 추정되었으며(T = 516개 관측치), 초기 관측치는 시차변수의 초깃값으로 사용되었다. 설명변수 행의 항목은 계수를 나타내며, 괄호 안의 숫자는 표준 오차를 나타낸다. 마지막 두 행은 회귀분석에서 초과 수익률의 시차변수가 0이라는 가설을 검정하는 F-통계량과 그 p값(괄호 안에 표시)을 보고하며, 조정된 R^2, 또는 $\bar{R}^2$값도 함께 제공한다.

다. 이 이론은 주가가 이미 현재 이용 가능한 모든 정보를 반영하고 있기 때문에 초과 수익률이 예측 불가능해야 한다고 주장한다. 그 논리는 간단하다: 시장 참여자들이 다음 달에 주식이 긍정적인 초과 수익률을 가질 것이라고 생각한다면, 그들은 지금 그 주식을 매수할 것이다. 그러나 그렇게 하면 주가가 상승해 결국 기대되는 초과 수익률이 0이 되는 지점에 도달하게 된다. 결과적으로 과거의 공개된 정보를 사용해 미래의 초과 수익률을 예측할 수 없어야 하며, 표 15.2의 회귀분석을 사용해서도 적어도 그것을 할 수 없다는 것을 보여준다.

으로 추정할 수 있다. β_0과 β_1을 어떻게 추정할 수 있을지 처음에는 혼란스러울 수 있다. X가 우변에 있는 횡단면 회귀와 달리, 식 (15.8)에서는 Y가 좌변과 우변 모두에 등장하기 때문이다. 이 문제의 해결책은 우변의 변수 Y_{t-1}이 종속변수 Y_t와 다르다는 점을 이해하는 것이다. 왜냐하면 설명변수는 Y의 1차 시차이기 때문이다. 즉 식 (15.8)은 Y의 1차 시차를 X로 하는 표준회귀모형의 형태를 가진다. 따라서 β_0과 β_1을 추정하기 위해서는 Y의 첫 번째 시차라는 새로운 변수를 만들어 이를 설명변수로 사용해야 한다. 이렇게 하면 OLS 추정량을 얻을 수 있다.

구체적으로 설명하기 위해 GDP 성장률의 1차 자기회귀모형을 추정하는 경우를 고려해보자. 종속변수인 $Y_t = GDPGR_t$의 관측치인 2016년 4분기부터 2017년 4분기까지의 데이터가 표 15.1의 네 번째 열에 있다. 이 기간에 대한 설명변수인 $Y_{t-1} = GDPGR_{t-1}$ 데이터는 표 15.1의 마지막 열에 있다. 따라서 OLS 추정량은 표 15.1의 네 번째 열에 있는 데이터를 표본 시작 시점까지 확장해 마지막 열의 데이터와 절편을 포함해 회귀분석해 얻는다. 이 AR(1) 모형을 추정하기 위해 1962년 1분기부터 데이터를 사용하며, 예측과 예측 오차 계산을 설명하기 위해 마지막 관측치인 2017년 4분기를 남겨둔다. 1962년 1분기부터 2017년 3분기까지의 데이터를 사용해 추정한 1차 자기회귀모형은 다음과 같다.

$$\widehat{GDPGR}_t = \underset{(0.322)}{1.950} + \underset{(0.073)}{0.341}\, GDPGR_{t-1} \tag{15.9}$$

평소와 같이 표준 오차는 추정 계수 아래의 괄호 안에 표시되고, $\widehat{GDPGR}$은 추정 회귀선을 기반으로 한 $GDPGR$의 예측치다.

예측과 예측 오차 식 (15.8)의 모집단 계수가 알려져 있다면, T시점까지의 데이터를 사용하는 1단계 예측 Y_{T+1}은 $\beta_0 + \beta_1 Y_T$가 될 것이다. 비록 β_0과 β_1이 미지수일지라도, 예측자는 OLS 추정치를 대신 사용할 수 있다. 따라서 식 (15.8)의 AR(1) 모형을 기반으로 한 예측은 다음과 같다.

$$\hat{Y}_{T+1|T} = \hat{\beta}_0 + \hat{\beta}_1 Y_T \tag{15.10}$$

여기서 $\hat{\beta}_0$과 $\hat{\beta}_1$은 시점 T까지의 역사적 데이터를 사용해 추정된다. 예측 오차는 $Y_{T+1} - \hat{Y}_{T+1|T}$이다.

GDP 성장률에 적용 추정된 AR(1) 모형을 기반으로 2017년 3분기까지의 데이터를 사용

해 예측자가 2017년 3분기에 예상했을 2017년 4분기의 GDP 성장률 예측치는 얼마인가? 표 15.1에 따르면 2017년 3분기 GDP 성장률은 3.11%였다(즉 $GDPGR_{2017:Q3} = 3.11$). 이 값을 식 (15.8)에 대입해 2017년 4분기 GDP 성장률의 예측치를 계산하면 $\widehat{GDPGR}_{2017:Q4|2017:Q3} = 1.950 + 0.341 \times GDPGR_{2017:Q3} = 1.950 + 0.341 \times 3.11 = 3.0$(소수점 첫째 자리까지 반올림)이다. 따라서 AR(1) 모형은 2017년 4분기의 GDP 성장률이 3.0%가 될 것으로 예측한다. 2017년 4분기 데이터가 사용 가능하기 때문에 이 예측치의 예측 오차를 평가할 수 있다. 표 15.1은 2017년 4분기의 실제 GDP 성장률이 2.5%였음을 보여준다. 따라서 AR(1) 모형의 예측치는 0.5퍼센트포인트 높았고, 예측 오차는 −0.5이다.[3]

식 (15.9)에 나타난 AR(1) 모형의 $\overline{R}^2$이 0.11에 불과하기 때문에 GDP 성장률의 시차 값은 자기회귀모형을 적합시키기 위해 사용된 표본에서 GDP 성장률 변동성의 일부만을 설명한다. 따라서 예측 모형의 적합성을 향상시키기 위해 1차 시차 외에 추가적인 변수를 모형에 포함할 것인지를 검토하는 것은 흥미로운 과제이다.

p차 자기회귀모형

AR(1) 모형은 Y_t를 예측하기 위해 Y_{t-1}을 사용하지만, 이렇게 하면 더 오래된 과거의 잠재적으로 유용한 정보를 무시하게 된다. 이 정보를 수용할 수 있는 한 가지 방법은 AR(1) 모형에 추가적인 시차를 포함하는 것이다. 이 과정에서 p차 자기회귀 모형이 도출된다.

p차 자기회귀[AR(p)]모형[p^{th}-order autoregressive [AR(p)] model]은 Y_t를 p개 시차 변수의 선형함수로 나타낸다. 즉 AR(p) 모형의 설명변수는 Y_{t-1}, Y_{t-2}, ..., Y_{t-p}와 절편항이다. AR(p) 모형에 포함된 시차의 개수 p는 자기회귀모형의 차수(order) 또는 시차 길이(lag length)라고 한다.

예를 들어 GDP 성장률의 AR(2) 모형은 GDP 성장률의 2개 시차를 설명변수로 사용한다. 1962년 1분기부터 2017년 3분기까지의 시간 동안 OLS로 추정된 AR(2) 모형은 다음과 같다.

$$\underset{}{\widehat{GDPGR_t}} = \underset{(0.37)}{1.60} + \underset{(0.08)}{0.28}\,GDPGR_{t-1} + \underset{(0.08)}{0.18}\,GDPGR_{t-2} \tag{15.11}$$

식 (15.11)의 추가적인 시차 계수는 5% 유의수준에서 통계적으로 유의미하게 0과 다르다: t-통계량은 2.30(p값 = 0.02)이다. 이는 식 (15.8) AR(1) 모형의 $\overline{R}^2$이 0.11에서 AR(2) 모형에서는 0.14로 개선된 것으로도 나타난다.

AR(p) 모형은 핵심 개념 15.4에 요약되어 있다.

AR(p) 모형의 예측치와 오차항의 특성 Y_t의 과거값들이 주어졌을 때 오차항 u_t의 조건부 기댓값이 0이라는 가정, 즉 $E(u_t \mid Y_{t-1}, Y_{t-2}, \ldots) = 0$은 두 가지 중요한 함의를 갖는다.

첫 번째 함의는 전체 과거 기록을 바탕으로 한 Y_{T+1}의 최고 예측치(best forecast)는 최

3 두 퍼센트 사이의 산술적 차이의 단위는 퍼센트포인트이다. 예를 들어 이자율이 연 3.5%에서 3.8%로 상승했다면, 0.3퍼센트포인트 상승한 것이다.

핵심 개념 15.4

자기회귀모형

p차 자기회귀[AR(p)]모형은 Y_t의 p개 시차변수의 선형 함수인 조건부 기댓값으로 나타낸다.

$$Y_t = \beta_0 + \beta_1 Y_{t-1} + \beta_2 Y_{t-2} + \cdots + \beta_p Y_{t-p} + u_t \tag{15.12}$$

여기서 $E(u_t | Y_{t-1}, Y_{t-2}, \ldots) = 0$이다. 시차변수의 개수 p는 자기회귀모형의 차수 또는 시차 길이라고 한다.

근 p개의 과거값에만 의존한다는 것이다. 구체적으로 $Y_{T+1|T} = E(Y_{T+1} | Y_T, Y_{T-1}, \ldots)$은 전체 과거가 주어졌을 때 Y_{T+1}의 조건부 평균이다. $Y_{T+1|T}$는 오라클 예측이고, Y의 과거 기록을 바탕으로 한 모든 예측 중에서 가장 작은 MSFE를 갖는다(연습문제 15.5). 즉 Y_t가 AR(p) 모형을 따르면 Y_T, Y_{T-1}, ...에 기반한 Y_{T+1}의 오라클 예측치는 다음과 같다.

$$Y_{T+1|T} = \beta_0 + \beta_1 Y_T + \beta_2 Y_{T-1} + \cdots + \beta_p Y_{T-p+1} \tag{15.13}$$

실제로 계수 β_0, β_1, ..., β_p는 미지수이기 때문에 AR(p) 모형을 이용한 실제 예측은 식 (15.13)에 추정된 계수를 대입해 사용한다.

두 번째 함의는 오차항 u_t가 계열상관성을 갖지 않는다는 점이다. 이는 식 (2.28)에서 도출된 결과이다(연습문제 15.5).

GDP 성장률에 적용 식 (15.11)에 나타낸 GDP 성장률의 AR(2) 모형을 기반으로 2017년 3분기까지의 데이터를 사용해 예측한 2017년 4분기 GDP 성장률은 얼마인가? 이 예측치를 계산하기 위해 식 (15.11)에 2017년 2분기와 2017년 3분기 GDP 성장률 값을 대입한다: $GDPGR_{2017:Q4|2017:Q3} = 1.60 + 0.28\ GDPGR_{2017:Q3} + 0.18\ GDPGR_{2017:Q2} = 1.60 + 0.28 \times 3.11 + 0.18 \times 3.01 \approx 3.0$. 여기서 $GDPGR$의 2017:Q3과 2017:Q2 값은 표 15.1의 네 번째 열에서 찾을 수 있다. 예측 오차는 실제 값 2.5%에서 예측치 3.0%를 뺀다.

15.4 추가적인 예측변수를 포함한 시계열 회귀모형과 자기회귀시차분포모형

경제 이론은 종종 관심 변수의 예측을 돕기 위해 다른 변수를 제안한다. 이러한 다른 변수 또는 예측변수는 자기회귀분석에 추가되어 여러 예측변수가 있는 시계열 회귀모형을 생성할 수 있다. 자기회귀분석에 다른 변수와 그들의 시차 값을 추가하면 결과적으로 자기회귀시차분포모형(autoregressive distributed lag model)이 된다.

기간 가산금리를 이용한 GDP 예측

장기 채권과 단기 채권의 금리는 함께 움직이지만 그 움직임이 항상 일치하지는 않는다. 그림

그림 15.3 이자율과 기간 가산금리, 1960~2017년

장기 채권과 단기 채권의 금리는 함께 움직이지만 일대일로 움직이지는 않는다. 장기 금리와 단기 금리의 차이를 기간 가산금리라고 한다. 기간 가산금리는 미국의 경기 침체 이전에 급격히 하락했으며, 이는 그림에서 음영 처리된 영역으로 나타난다.

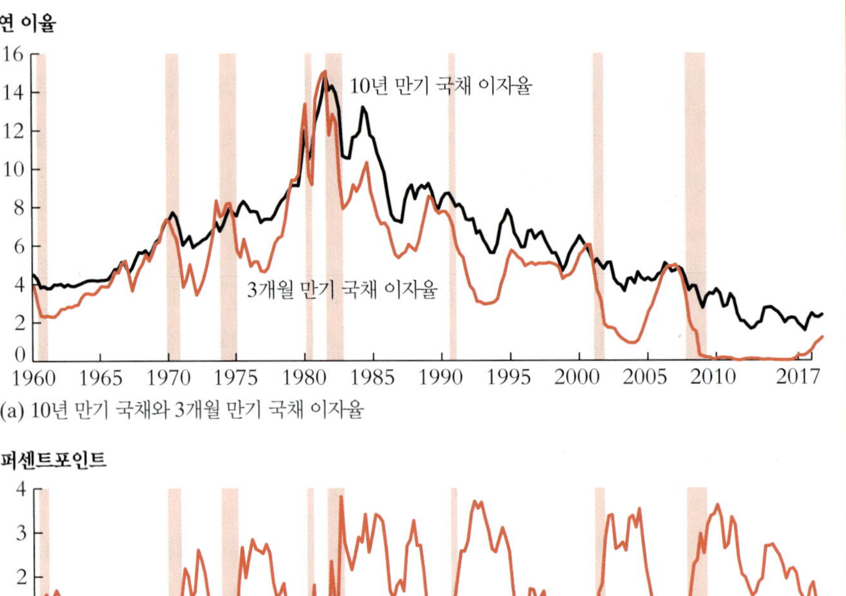

15.3a는 1960년부터 2017년까지 10년 만기 미국 국채와 3개월 만기 국채의 금리를 나타낸다. 이 금리들은 동일한 장기적 경향을 보인다: 두 금리 모두 1960년대에는 낮았고, 1970년대를 거치면서 상승하다가 1980년대 초에 정점을 찍었으며, 이후 하락했다. 그러나 두 금리 사이의 차이, 즉 격차는 일정하지 않았다. 일반적으로 단기 금리는 장기 금리보다 낮지만, 경기 침체가 시작되기 직전에 그 격차가 줄어들거나 사라지기도 한다. 경기 침체는 그림에서 음영 처리된 막대로 표시되어 있다. 장기 금리와 단기 금리의 이 차이를 **기간 가산금리**[텀 스프레드(term spread)]라고 하며, 이는 그림 15.3b에 나타나 있다. 기간 가산금리는 일반적으로 양수지만, 경기 침체 전에 0에 가깝거나 그 아래로 떨어지기도 한다.

그림 15.3은 기간 가산금리가 과거 GDP 성장률에 포함되지 않은 미래 GDP 성장에 대한 정보를 포함하고 있을 수 있음을 시사한다. 이 추측은 식 (15.11)의 AR(2) 모형에 기간 가산금리의 첫 번째 시차를 추가해 쉽게 확인할 수 있다.

$$\widehat{GDPGR_t} = \underset{(0.47)}{0.94} + \underset{(0.08)}{0.27}\, GDPGR_{t-1} + \underset{(0.08)}{0.19}\, GDPGR_{t-2} + \underset{(0.18)}{0.42}\, TSpread_{t-1} \quad (15.14)$$

$TSpread_{t-1}$의 t-통계량이 -2.34이기 때문에 이 계수값은 1% 유의수준에서 통계적으로

유의하다. 이 회귀모형의 $\overline{R}^2$은 0.16이고 이는 AR(2) 모형의 $\overline{R}^2$값 0.14보다 개선되었다.

2017년 4분기의 GDP 성장률 예측치는 식 (15.14)에 2017년 2분기와 2017년 3분기의 GDP 성장률 값을, 그리고 2017년 3분기의 기간 가산금리 값인 1.21을 대입해 얻는다. 도출된 예측치는 $\widehat{GDPGR}_{2017:Q4|2017:Q3} = 2.9\%$이고 예측 오차는 -0.4%이다.

기간 가산금리의 한 시차가 GDP 성장률 예측에 도움이 된다면 더 많은 시차를 추가하는 것이 더 유용할 수 있다. 기간 가산금리의 추가적인 시차를 추가하면 다음과 같은 결과가 나온다.

$$\begin{aligned}\widehat{GDPGR}_t = \underset{(0.46)}{0.94} &+ \underset{(0.08)}{0.25}\,GDPGR_{t-1} + \underset{(0.08)}{0.18}\,GDPGR_{t-2} \\ &- \underset{(0.42)}{0.13}\,TSpread_{t-1} + \underset{(0.43)}{0.62}\,TSpread_{t-2}\end{aligned} \tag{15.15}$$

기간 가산금리의 두 번째 시차의 통계적 유의성을 검정하는 t-통계량은 1.46이며, p값은 0.14이다. 따라서 이는 10% 유의수준에서 통계적으로 유의하지 않은 결과로 간주된다. 식 (15.15)의 회귀분석에서 $\overline{R}^2$은 0.16으로, 이는 본질적으로 식 (15.14)에서의 $\overline{R}^2$값과 동일하다.

2017년 4분기의 GDP 성장률 예측치는 변숫값을 식 (15.15)에 대입해 계산된다. 2017년 2분기의 기간 가산금리는 1.37이었고, 2017년 3분기의 기간 가산금리는 1.21이었다. 식 (15.15)를 기반으로 한 2017년 4분기 GDP 성장률의 예측치는 다음과 같다.

$$\begin{aligned}\widehat{GDPGR}_{2017:Q4|2017:Q3} &= 0.94 + 0.25 \times 3.11 + 0.18 \times 3.01 \\ &\quad - 0.13 \times 1.21 + 0.62 \times 1.37 \approx 2.9\end{aligned} \tag{15.16}$$

예측 오차는 -0.4퍼센트포인트이다.

자기회귀시차분포모형

식 (15.14)와 (15.15)에 나타낸 각각의 모형은 **자기회귀시차분포모형**[autoregressive distributed lag(ADL) model]이다. 자기회귀모형은 종속변수의 시차 값이 설명변수로 포함되기 때문에 자기회귀적이며, 회귀식에 추가적인 예측변수의 여러 시차('시차분포')가 포함되기 때문에 시차분포적이다. 일반적으로 종속변수 Y_t의 p개 시차와 추가적인 예측변수 X_t의 q개 시차를 포함하는 ADL 모형은 **ADL(p, q)** 모형이라고 한다. 이러한 표기법에서 식 (15.14)의 모형은 ADL(2, 1) 모형이고, 식 (15.15)의 모형은 ADL(2, 2) 모형이다.

ADL 모형은 핵심 개념 15.5에 요약했다. 식 (15.17)의 표기법은 다소 복잡하며, 소위 시차 연산자(lag operator)를 기반으로 하는 대안적인 선택적 표기법은 부록 15.3에 있다.

ADL 모형에서 Y와 X의 모든 과거값이 주어졌을 때 오차항의 조건부 기댓값이 0이라는 가정, 즉 $E(u_t | Y_{t-1}, Y_{t-2}, \ldots, X_{t-1}, X_{t-1}, \ldots) = 0$은 Y나 X의 추가적인 시차가 ADL 모형에 포함되지 않는다는 것을 의미한다. 다시 말해 시차 길이 p와 q가 실제 시차 길이이며, 추가적인 시차에 대한 계수는 0이라는 것을 의미한다.

핵심 개념
15.5

자기회귀시차분포모형

Y_t의 p개 시차와 X_t의 q개 시차를 포함하는 자기회귀시차분포(ADL) 모형 ADL(p, q)는 다음과 같다.

$$\begin{aligned} Y_t = \beta_0 + \beta_1 Y_{t-1} + \beta_2 Y_{t-2} + \cdots + \beta_p Y_{t-p} \\ + \delta_1 X_{t-1} + \delta_2 X_{t-2} + \cdots + \delta_q X_{t-q} + u_t \end{aligned} \tag{15.17}$$

여기서 β_0, β_1, ..., β_p, δ_1, ..., δ_q는 알려지지 않은 계수이며, u_t는 오차항이고 $E(u_t | Y_{t-1}, Y_{t-2}, \ldots, X_{t-1}, X_{t-2}, \ldots) = 0$이다.

여러 예측변수를 이용한 예측을 위한 최소제곱 가정

다수의 예측변수를 사용하는 일반적인 시계열 회귀모형은 ADL 모형을 확장해 여러 예측변수와 그들의 시차를 포함한다. 이 모형은 핵심 개념 15.6에 요약했다. 여러 예측변수와 그들의 시차가 포함됨에 따라 회귀 계수와 설명변수에 이중 첨자가 사용된다.

핵심 개념 15.6에서의 가정은 횡단면 데이터를 사용한 다중 회귀 예측에 대한 네 가지 최소제곱 가정에 대한 시계열 분석의 대응이다(부록 6.4).

첫 번째 가정은 모든 설명변수의 과거값에 대한 u_t의 조건부 평균이 0이라는 것이다. 이 가정은 AR 및 ADL 모형에서 사용된 가정을 확장한 것으로, Y와 X의 모든 과거값을 사용한 Y_t의 오라클 예측이 식 (15.18)의 회귀식으로 주어진다는 것을 의미한다.

횡단면 데이터에 대한 두 번째 최소제곱 가정은 $(X_{1i}, \ldots, X_{ki}, Y_i)$, $i = 1, \ldots, n$이 독립적이고 동일하게 분포해(i.i.d.) 있다는 것이다. 시계열 회귀에 대한 두 번째 가정은 이 i.i.d. 가정을 두 부분으로 구성된 더 적절한 가정으로 대체한다. 첫 번째 부분 (a)는 데이터가 정상 분포(stationary distribution)에서 추출된다는 것이고, 그 결과 오늘 시계열의 분포가 과거의 분포와 동일하다는 것을 의미한다. 이 가정은 i.i.d. 가정 중에서 동일하게 분포해 있다는 부분의 시계열 버전이다. 즉 각 표본이 동일하게 분포한다는 횡단면적 요건은 시차를 포함한 변수들의 결합 분포가 시간이 지나도 변하지 않는다는 시계열적 요건으로 대체된다. 시계열 변수가 비정상적(nonstationary)이라면, 편향된 예측을 포함한 여러 문제가 시계열 회귀에서 발생할 수 있다.

정상성 가정은 모형을 추정하는 데 사용된 데이터의 조건부 평균이 관심 있는 표본 외 관측치의 조건부 평균과 동일하다는 것을 의미한다. 따라서 정상성 가정은 외적 타당성에 관한 가정이기도 하며, 부록 6.4에서의 예측을 위한 첫 번째 최소제곱 가정의 역할을 한다.

두 번째 가정의 부분 (b)는 확률변수가 시간이 충분히 길게 분리될 때 독립적으로 분포되어야 한다는 것을 요구한다. 이는 변수들이 각 관측치마다 독립적으로 분포해야 한다는 횡단면적 요건을, 시간이 길게 분리될 때 독립적으로 분포해야 한다는 시계열적 요건으로 대체한다. 이 가정은 **약한 종속성**(weak dependence)이라고도 하며, 대표본에서 대수의 법칙과 중심극한정리가 성립할 수 있도록 데이터에 충분한 무작위성이 있음을 보장한다. 약한 종속성 조건

핵심 개념 15.6

시계열 데이터를 사용하는 예측을 위한 최소제곱 가정

일반적인 시계열 회귀모형은 k개의 추가적인 예측변수를 허용하며, 첫 번째 예측변수의 q_1 시차, 두 번째 예측변수의 q_2 시차 등이 포함된다.

$$\begin{aligned} Y_t = {} & \beta_0 + \beta_1 Y_{t-1} + \beta_2 Y_{t-2} + \cdots + \beta_p Y_{t-p} \\ & + \delta_{11} X_{1t-1} + \delta_{12} X_{1t-2} + \cdots + \delta_{1q_1} X_{1t-q_1} \\ & + \cdots + \delta_{k1} X_{kt-1} + \delta_{k2} X_{kt-2} + \cdots + \delta_{kq_k} X_{kt-q_k} + u_t \end{aligned} \tag{15.18}$$

여기서

1. $E(u_t | Y_{t-1}, Y_{t-2}, \ldots, X_{1t-1}, X_{1t-2}, \ldots, X_{kt-1}, X_{kt-2}, \ldots) = 0$
2. (a) 확률변수 $(Y_t, X_{1t}, \ldots, X_{kt})$는 정상적 분포를 가지며, (b) $(Y_t, X_{1t}, \ldots, X_{kt})$와 $(Y_{t-j}, X_{1t-j}, \ldots, X_{kt-j})$는 j가 증가함에 따라 독립적이 된다.
3. 큰 이탈자는 거의 발생하지 않는다. $X_{1t}, \ldots, X_{kt}, Y_t$는 0이 아니고 유한한 4차 적률을 갖는다.
4. 완전 다중공선성은 존재하지 않는다.

의 정확한 수학적 설명은 Hayashi(2000, Chapter 2)를 참조하라.

세 번째 가정[이상치(outlier) 없음]과 네 번째 가정[완전 다중공선성(perfect multicollinearity) 없음]은 횡단면 데이터에 대한 가정과 동일하다.

핵심 개념 15.6의 가정하에서, 최소제곱법(OLS)을 사용한 회귀계수에 대한 추론은 일반적으로 횡단면 데이터를 사용할 때와 동일한 방식으로 진행된다.

15.5 MSFE와 예측구간의 추정

MSFE(평균제곱 예측 오차)의 추정치는 예측의 불확실성을 요약하고 예측 구간을 구성하는 데 사용할 수 있다.

MSFE의 추정

식 (15.7)에서 정의된 MSFE는 Y의 분포와 예측 모형에 의존하는 기댓값이다. MSFE가 기댓값이기 때문에 그 값은 알려져 있지 않으며 데이터로부터 추정되어야만 한다.

식 (15.7)의 기댓값을 표본 외 관측치의 평균으로 대체해 MSFE를 추정하는 것이 자연스럽다. 그러나 표본 외 데이터는 관찰되지 않으므로 이 접근 방식은 실현 불가능하다. 대신, MSFE 추정을 위해 복잡성이 증가하는 세 가지 일반적으로 사용되는 방법이 있다. 이 세 가지 방법은 모두 표본 내 데이터를 기반으로 한다. 가장 간단한 추정량은 미래의 불확실성에만 초점을 맞추고 회귀계수 추정과 관련된 불확실성을 무시한다. 두 번째 추정량은 모형에 의해 추정된 조건부 기댓값이 표본 외 예측에 적용되도록 정상성 가정하에서 미래 불확실성과 추정

오차를 포함한다. 세 번째 추정량은 불확실성과 추정 오차를 포함할 뿐만 아니라 조건부 기댓값이 표본의 기간 동안 변할 가능성도 허용한다.

첫 번째와 두 번째 방법은 식 (15.7)과 정상성 가정에서 도출된 MSFE 표현을 기반으로 한다. 여기서는 AR(p) 모형에 대한 표현식을 제공하며, 이는 핵심 개념 15.6에서 추가적인 예측변수를 포함하는 모형으로 직접 확장된다. 정상성 가정하에서

$$\text{MSFE} = \sigma_u^2 + \text{var}(\hat{\beta}_0 + \hat{\beta}_1 Y_T + \cdots + \hat{\beta}_p Y_{T-p+1}) \tag{15.19}$$

이 결과는 연습문제 15.12에서 AR(1) 모형을 통해 보여진다.

식 (15.19)의 첫 번째 항은 Y_{T+1}의 조건부 평균 주변의 분산이다. 이는 오라클 예측의 분산을 나타낸다. 식 (15.19)의 두 번째 항은 미지수인 자기회귀의 계수를 추정해야 하기 때문에 발생한다.

방법 1: 회귀모형의 표준오차를 이용한 MSFE의 추정 OLS 추정량의 분산은 $1/T$에 비례하기 때문에 식 (15.19)의 두 번째 항도 $1/T$에 비례한다. 따라서 관측치의 수 T가 자기회귀 시차의 수 p에 비해 크다면, 두 번째 항의 기여는 첫 번째 항에 비해 작다. 즉 T가 p에 비해 크다면 식 (15.19)는 MSFE $\approx \sigma_u^2$으로 단순화할 수 있다. 이러한 단순화는 다음과 같은 MSFE를 추정하는 방법을 제안한다.

$$\widehat{\text{MSFE}}_{SER} = s_{\hat{u}}^2, \quad \text{여기서} \quad s_{\hat{u}}^2 = \frac{SSR}{T-p-1} \tag{15.20}$$

여기서 SSR은 회귀모형의 잔차제곱합이다. 통계량 $s_{\hat{u}}^2$은 회귀의 표준 오차(SER)의 제곱을 나타내며, 이는 원래 식 (6.13)에서 정의되었고, 자기회귀모형의 표기법을 사용해 식 (15.20)에서 다시 언급된다.

방법 2: 최종 예측 오차를 이용한 MSFE의 추정 만약 T가 p에 비해 크지 않다면, 추정된 자기회귀계수의 표집 오차(sampling error)가 충분히 클 수 있기 때문에 식 (15.19)의 두 번째 항을 무시해서는 안 된다. 오차항이 등분산성을 가진다는 추가적인 가정하에서 **최종 예측 오차**(final prediction error, FPE)는 식 (15.19)의 두 항을 모두 포함하는 MSFE의 추정치이다. 오차항이 등분산성을 가지면 $\text{var}(\hat{\beta}_0 + \hat{\beta}_1 Y_T + \ldots + \hat{\beta}_p Y_{t-p+1}) \approx \sigma_u^2[(p+1)/T]$이고(부록 19.7에서 증명), 이 표현을 식 (15.19)에 대입하면 $\text{MSFE} = \sigma_u^2 + \sigma_u^2 \frac{p+1}{T} = \sigma_u^2(1 + \frac{p+1}{T})$을 얻는다. 최종 예측 오차(FPE)는 이 최종 표현식과 추정량 s_u^2을 사용해 MSFE를 추정한다.

$$\widehat{MSFE}_{FPE} = \left(\frac{T+p+1}{T}\right)s_{\hat{u}}^2 = \left(\frac{T+p+1}{T-p-1}\right)\frac{SSR}{T} \tag{15.21}$$

FPE 추정량은 자기회귀계수를 추정할 때 발생하는 표본 불확실성을 조정해 식 (15.20)에서의 제곱된 SER(표준 오차)을 개선한다.

방법 3: 유사 표본 외 예측을 이용한 MSFE의 추정 MSFE의 세 번째 추정치는 데이터를 사용해 유사 표본 외 예측(pseudo out-of sample)을 시뮬레이션한다. 이 방법은 먼저 데이터

핵심 개념 **15.7**

유사 표본 외 예측

유사 표본 외 예측은 다음 단계를 사용해 계산한다.

1. 유사 표본 외 예측을 생성할 관측치의 수 P를 선택한다. 예를 들어 P는 표본 크기의 10% 또는 20%일 수 있다. $s = T - P$라 하자.
2. 추정 표본, 즉 $t = 1, \ldots, s$일 때의 관측치를 사용해 예측 회귀모형을 추정하자.
3. 축소된 표본의 마지막 기간을 s라고 할 때, 그다음 기간인 $s + 1$의 예측치를 계산하고 이를 $\widetilde{Y}_{s+1|s}$라고 하자.
4. 예측 오차 $\widetilde{u}_{s+1} = Y_{s+1} - \widetilde{Y}_{s+1|s}$를 계산한다.
5. 2단계부터 4단계를 잔여 기간($s = T - P + 1$부터 $T - 1$까지)에 대해 반복한다(각 시점에 대해 회귀모형을 재추정한다). 유사 표본 외 예측값은 $\widetilde{Y}_{s+1|s}$, $s = T - P, \ldots, T - 1$이고 유사 표본 외 예측 오차는 $\widetilde{u}_{s+1}$, $s = T - P, \ldots, T - 1$이다.

세트를 두 부분으로 나누는 것으로 시작한다: 초기 추정 표본(처음 T-P 관측치)과 검증 표본(reserved sample, 마지막 P 관측치)이다. 초기 추정 표본은 예측모형을 추정하는 데 사용되며, 이 모형은 검증 표본에서 첫 번째 관측치를 예측하는 데 사용된다. 다음으로 추정 표본에 검증 표본의 첫 번째 관측치를 추가해 모형을 다시 추정하고, 이를 사용해 검증 표본의 두 번째 관측치를 예측한다. 이 절차는 검증 표본의 마지막 관측치를 예측할 때까지 반복되며, 총 P개의 예측치와 P개의 예측 오차를 생성한다. 그런 다음 이 P개의 예측 오차를 사용해 MSFE를 추정할 수 있다.[4]

데이터의 부표본(subsample)에 대해 모형을 추정한 다음, 해당 모형을 사용해 검증 표본을 예측하는 이 방법을 **유사 표본 외 예측**(pseudo out-of-sample forecasting)이라고 한다. 예측되는 관측치가 모형 추정에 사용되지 않았기 때문에 표본 외지만 검증 데이터가 실제 표본 외 관측치가 아니기 때문에 유사 표본 외 예측이라고 한다. 유사 표본 외 예측의 구성은 핵심 개념 15.7에 요약했다.

생성된 유사 표본 외 예측 오차 $\widetilde{u}_s$, $s = T - P + 1, \ldots, T$를 이용해 MSFE의 유사 표본 외 추정값을 다음과 같이 구한다.

$$\widehat{MSFE}_{POOS} = \frac{1}{P}\sum_{s=T-P+1}^{T} \widetilde{u}_s^2 \tag{15.22}$$

식 (15.20)의 제곱된 SER 추정치, 식 (15.21)의 최종 예측 오차 추정치와 비교할 때, 식 (15.22)의 유사 표본 외 추정치에는 장점과 단점이 모두 있다. 주요 장점은 정상성 가정에 의존하지 않기 때문에 추정 표본과 검증 표본의 조건부 평균이 다를 수 있다는 점이다. 예를 들어 두 표본에서 자기회귀 계수가 동일할 필요가 없으며, 유사 표본 외 예측 오차의 평균이 0일 필요도 없다. 따라서 회귀계수의 변화로 인해 발생하는 예측의 편향은 $\widehat{MSFE}_{POOS}$에 의해 포

4 14장을 읽은 독자들은 MSFE를 추정하는 이 방법이 교차타당성(cross validation)을 통해 평균제곱 예측 오차(mean squared prediction error)를 추정하는 것과 관련이 있다는 점을 인식할 것이다.

착되지만, 다른 두 추정량[정상성 가정하에서 도출된 식 (15.19)를 기반으로 한]에서는 포착되지 않을 것이다. 유사 표본 외 추정치의 세 가지 단점은 계산이 더 어렵다는 점, Y가 실제로 정상적일 경우 MSFE 추정치가 다른 두 추정치보다 더 큰 표본 변동성을 가질 수 있다는 점($\widehat{MSFE}_{POOS}$가 P개의 예측 오차만을 사용하기 때문), P를 선택해야 한다는 점이다.

P의 선택은 계수 추정치의 정밀도와 MSFE를 추정하기 위해 사용할 수 있는 관측치 수 사이의 균형을 의미한다. 실제로 P를 전체 관측치 수의 10% 또는 20%로 선택하면 이 두 가지 고려 사항 사이에서 합리적인 균형을 제공할 수 있다.

GDP 성장률에 적용 식 (15.9)의 AR(1) 모형에 대해, $\widehat{\text{RMSFE}}_{SER} = 3.05$, $\widehat{\text{RMSFE}}_{FPE} = 3.07$, $\widehat{\text{RMSFE}}_{POOS} = 2.60$이다(표본의 마지막 44분기 또는 20%에 대해 계산된 결과). 식 (15.11)의 AR(2) 모형에 대해서는 $\widehat{\text{RMSFE}}_{SER} = 3.01$, $\widehat{\text{RMSFE}}_{FPE} = 3.03$, $\widehat{\text{RMSFE}}_{POOS} = 2.52$이다. FPE 추정치는 회귀계수를 추정할 때 분산을 추정해야 하는 추가 요인 때문에 SER 추정치보다 크다. 유사 표본 외 RMSFE 추정치는 표본 내 추정치보다 작다. 이는 부분적으로 1980년대 초에 발생한 GDP 성장률 변동성의 감소를 반영한 것으로, 그림 15.1b에서 볼 수 있는 현상이며, 이 현상은 대완화(Great Moderation)라고 알려져 있다.

예측 불확실성과 예측구간

모든 추정 문제에서 해당 추정치의 불확실성을 측정하는 지표를 보고하는 것은 좋은 관행이며, 예측도 예외는 아니다. 예측의 불확실성을 측정하는 방법 중 하나는 제곱근평균제곱오차(RMSFE)이다. 추가적으로 오차 u_t가 정규분포를 따른다는 가정을 하면, 15.2절에서 소개된 RMSFE의 추정치를 사용해 예측구간을 구성할 수 있다. 즉 이 구간은 일정 확률로 변수의 미래값을 포함하는 구간이다.

예측구간 **예측구간**(forecast intervals)은 예측과 관련된 점만 제외하면 신뢰구간(confidence interval)과 같다. 예를 들어 95% 예측구간은 반복적으로 예측을 적용했을 때 예측된 변수의 미래 값을 95%의 확률로 포함하는 구간이다.

예측구간과 신뢰구간의 중요한 차이점 중 하나는 95% 신뢰구간을 위한 일반적인 공식(추정량 ±1.96 표준 오차)이 중심극한정리에 의해 정당화되어 있어, 오차항의 다양한 분포에 대해 성립한다는 것이다. 반면에 식 (15.6)의 예측 오차에는 미래 오차 u_{T+1}의 값이 포함되기 때문에, 예측구간을 계산하려면 오차항의 분포를 추정하거나 그 분포에 대한 가정을 해야 한다.

실제에서는 u_{T+1}이 정규분포를 따른다고 가정하는 것이 편리하다. 정상성 가정하에서는 예측 오차가 u_{T+1}과 회귀 계수의 추정 오차를 반영하는 항의 합이다. 대표본에서 두 번째 항은 중심극한정리에 의해 대략 정규분포를 따르며, u_{T+1}과 상관관계가 없다. 따라서 u_{T+1}이 정규분포를 따른다면 예측 오차도 대략 정규분포를 따르며, 그 분산은 MSFE와 같다(연습문제 15.12 참조).

MSFE의 두 번째와 세 번째 추정량인 $\widehat{MSE}_{FPE}$와 $\widehat{MSE}_{POOS}$는 추정 오차를 포함하고 있으며, 둘 다 예측구간을 설정하기 위해 사용할 수 있다. 다시 말해 u_{T+1}이 정규분포를 따를 때

95% 예측구간은 $\hat{Y}_{T+1|T} \pm 1.96\,\widehat{RMSE}$이고, 여기서 $\widehat{RMSE}$은 식 (15.21)의 $\widehat{RMSE}_{FPE}$ 또는 식 (15.22)의 $\widehat{RMSE}_{POOS}$이다.

이 논의는 u_t가 등분산성을 가진 경우에 초점을 맞추었다. 만약 u_t가 이분산성을 가진다면, Y와 X의 최신 값을 바탕으로 식 (15.19)의 σ_u^2항을 추정할 수 있도록 이분산성 모형을 개발해야 한다. 이러한 조건부 이분산성을 모형화하는 방법은 17장에서 다룬다.

팬 차트 변수의 미래값에 대한 불확실성의 전체 범위를 전달하기 위해, 전문 예측가들은 때때로 여러 예측구간을 보고한다. 여러 예측구간을 종합하면 해당 변수의 미래값 전체 분포를 요약할 수 있다. 변수의 미래값 분포에 대한 예측은 단순히 평균에 대한 예측보다 예측의 소비자들에게 훨씬 더 많은 정보를 제공한다.

예측 분포는 종종 **팬 차트**(fan chart)라고 알려진 도표 방식으로 전달된다. 팬 차트는 확장되는 예측 기간에 따라 연결된, 겹쳐진 음영 처리된 예측구간을 통해 미래 날짜의 분포를 표현한다. 영란은행은 예측 경로와 불확실성을 대중과 통화정책 결정자에게 전달하는 방법으로 팬 차트를 초기부터 사용한 기관 중 하나이다(글상자 '피의 강' 참조).

15.6 정보 기준을 이용한 시차 길이 추정

15.3절과 15.4절에서 추정된 GDP 회귀분석은 1개 혹은 2개의 예측변수를 가지고 있다. 왜 더 많은 시차를 포함하지 않았는가? 시계열 회귀분석에 몇 개의 시차를 포함해야 하는가? 이 절에서는 먼저 자기회귀에서, 그러고 나서 여러 예측변수가 있는 시계열 회귀모형에서 시차의 개수를 선택하는 통계적 방법을 논의한다.

자기회귀모형의 차수 결정

실제로 자기회귀의 차수 p를 선택하는 것은 더 많은 시차를 포함하는 것의 한계 이득과 추가적인 추정 오차의 한계 비용을 균형 있게 조절하는 것을 요구한다. 한편으로, 추정된 자기회귀의 차수가 너무 낮으면 더 먼 시차 값에 포함된 잠재적으로 유용한 정보를 누락하게 된다. 반면에 차수가 너무 높으면 불필요하게 많은 계수를 추정하게 되어, 이는 결과적으로 예측에 추가적인 추정 오차를 도입하게 된다.

F-통계량 접근법 p를 선택하는 한 가지 방법은 많은 시차를 가진 모형부터 시작해 마지막 시차에 대해 가설검정을 수행하는 것이다. 예를 들어 AR(6)을 추정한 다음 여섯 번째 시차의 계수가 5% 수준에서 유의한지 검정한다. 통계적으로 유의하지 않으면 그것을 제거하고 AR(5)를 추정한 다음 다섯 번째 시차의 계수를 검정하는 방식이다. 이 방법의 단점은 큰 모형을 생성하는 경향이 있다는 점이다. 실제 AR 차수가 5이고 여섯 번째 계수가 0일 때, t-통계량을 사용한 5% 검정은 단순히 우연에 의해 이 귀무가설을 5%의 확률로 잘못 기각하게 된다. 따라서 실제 p값이 5인 경우에도 이 방법은 5%의 확률로 p를 6으로 추정하게 된다.

피의 강

영란은행(Bank of England)은 대중에게 통화 정책 결정에 대한 정보를 제공하기 위한 노력의 일환으로 정기적으로 인플레이션 예측치를 발표한다. 이 예측은 은행의 전문 계량경제학자들이 운영하는 계량경제학 모형으로부터 산출된 결과와 은행 고위 직원 및 통화정책위원회의 전문가 판단을 결합한 것이다. 예측은 물가 상승률이 취할 가능성이 있는 경로의 범위를 반영하기 위해 설계된 예측구간의 집합으로 제시된다. *물가 상승률 보고서*(Inflation Report)에서 은행은 이 범위를 빨간색으로 표시하고, 가장 진한 빨간색은 중앙 구간에 할당된다. 은행은 이를 '팬 차트'라고 부르지만, 언론은 이 퍼지는 빨간색을 '피의 강(river of blood)'이라고 불렀다.

2017년 2월의 피의 강은 그림 15.4에 나와 있다(이 그림에서 피는 빨간색이 아닌 파란색으로 표시되어 있으므로 상상력을 발휘할 필요가 있다). 이 차트는 2017년 2월 현재, 은행의 경제학자들이 2017년 초에 2.0% 목표보다 낮은 수준에서 시작해 2018년 1분기에는 2.7%까지 인플레이션율이 상승할 것으로 예상하고 있음을 보여준다. 경제학자들은 수요 강세와 영국 파운드화의 가치 하락이 인플레이션율 상승의 이유라고 언급했다. 실제로 인플레이션은 예측보다 더 많이 상승해 2018년 초에는 3.0%에 이르렀다.

영란은행은 중앙은행의 투명성 향상을 위한 운동에서 선구자 역할을 해왔으며, 이제 다른 중앙은행도 인플레이션 전망을 발표하고 있다. 통화 정책 결정자들이 내리는 결정은 매우 어려운 것들이며 많은 시민의 삶과 지갑에 영향을 미친다. 영란은행의 경제학자들은 정보화 시대의 민주주의에서는 시민들이 영란은행의 경제 전망과 어려운 결정의 근거를 이해하는 것이 특히 중요하다고 생각했다.

원래의 붉은 색조로 피의 강을 보려면 영란은행 웹사이트(http://www.bankofengland.co.uk)를 방문하라. 영란은행의 인플레이션 예측 성과에 대해 더 알고 싶다면 Clements(2004)를 참조하라.

그림 15.4 피의 강

2017년 2월의 영란은행 팬 차트는 물가 상승률에 대한 예측 범위를 보여준다.

출처: Bank of England.

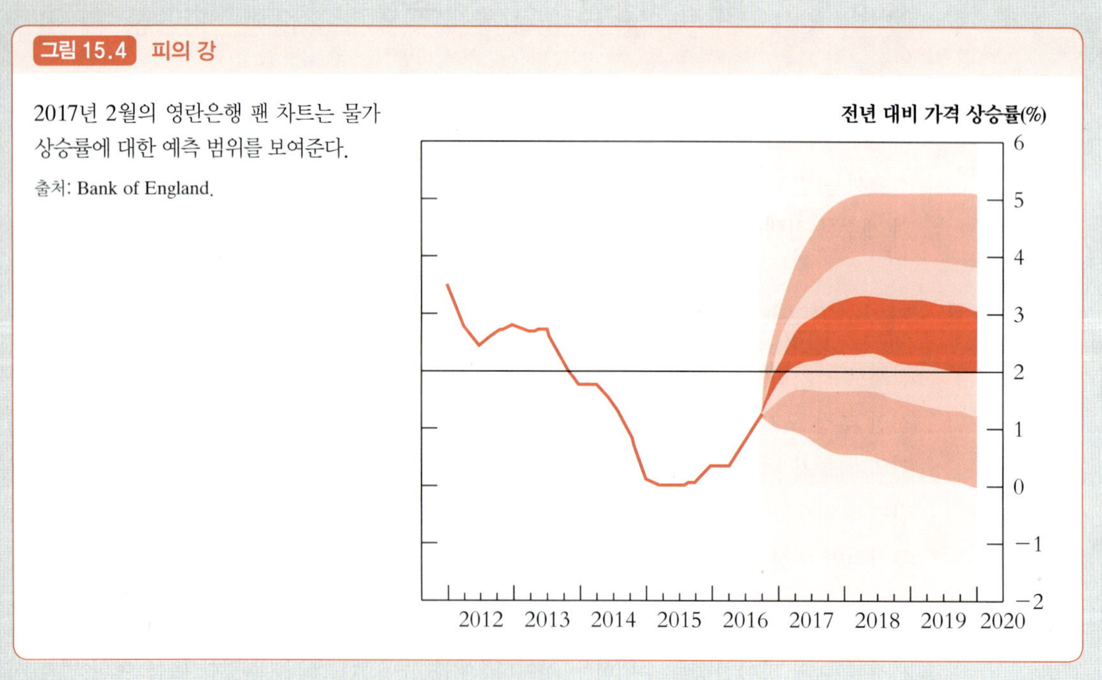

BIC 이 문제를 해결하는 한 가지 방법은 정보 기준을 최소화해 p를 추정하는 것이다. 이러한 정보 기준 중 하나는 **베이즈 정보 기준**(Bayes information criterion, BIC)이며, 슈바르츠 정보 기준(Schwarz information criterion, SIC)이라고도 한다. BIC는 다음과 같이 정의된다.

표 15.3 미국 GDP 성장률에 대한 자기회귀모형의 베이즈 정보 기준(BIC)과 R^2, 1962년 1분기~2017년 3분기

p(시차의 개수)	$SSR(p)/T$	$\ln[SSR(p)/T]$	$(p+1)\ln(T)/T$	BIC(p)	R^2
0	10.477	2.349	0.024	2.373	0.000
1	9.247	2.224	0.048	2.273	0.117
2	8.954	2.192	0.073	2.265	0.145
3	8.954	2.192	0.097	2.289	0.145
4	8.920	2.188	0.121	2.310	0.149
5	8.788	2.173	0.145	2.319	0.161
6	8.779	2.172	0.170	2.342	0.162

$$\text{BIC}(p) = \ln\left[\frac{SSR(p)}{T}\right] + (p+1)\frac{\ln(T)}{T} \tag{15.23}$$

여기서 $SSR(p)$는 추정된 AR(p) 모형의 잔차제곱합이다. p의 BIC 추정량 $\hat{p}$은 가능한 p값, $p = 0, 1, \ldots, p_{max}$ 중에서 BIC(p)를 가장 작게 만드는 p값이다. 여기서 p_{max}는 고려하는 p값 중에서 최댓값이며, $p = 0$은 모형이 오직 절편항만을 포함하는 경우에 해당한다.

BIC의 공식은 처음에는 다소 이해하기 어려울 수 있지만 직관적인 해석이 있다. 먼저, 식 (15.23)에서 첫 번째 항을 고려해보자. 회귀 계수들이 OLS에 의해 추정되기 때문에, 시차를 추가할 때 잔차제곱합은 반드시 감소한다(최소한 증가하지 않는다). 반면에 두 번째 항은 추정된 회귀 계수의 수(시차의 수 p 더하기 절편항 1)에 $\ln(T)/T$를 곱한 것이다. 이 두 번째 항은 시차를 추가할 때 증가해 추가적인 시차를 포함하는 것에 대해 페널티를 부과한다. BIC는 이 두 가지 힘을 균형 있게 조정해 BIC를 최소화하는 시차의 수가 실제 시차 길이의 일치추정량(consistent estimator)이 되도록 한다. 이 주장의 수학적 근거는 부록 15.5에서 제공한다.

예로 GDP 성장률 자기회귀모형의 AR 차수를 추정해보자. AR 모형의 최대 차수를 6으로 정했을 때($p_{max} = 6$) BIC 계산을 위한 여러 단계를 표 15.3에 제시했다. 예를 들어 식 (15.8)의 AR(1) 모형에 대해 $[SSR(1)/T] = 9.247$이고 $\ln[SSR(1)/T] = 2.224$이다. $T = 223$(1962:Q1 − 2017:Q3)이기 때문에, $\ln(T)/T = 0.024$이고 $(p+1)\ln(T)/T = 2 \times 0.024 = 0.048$이다. 따라서 $\text{BIC}(1) = 2.224 + 0.048 = 2.273$이다.

표 15.3에서 BIC는 $p = 2$일 때 가장 작다. 따라서 시차의 BIC 추정치는 2이다. 표 15.3에서 볼 수 있듯이 시차의 수가 증가할수록 R^2값은 커지고 SSR은 감소한다. R^2의 증가는 시차가 0에서 1로 변할 때 크고, 1에서 2로 변할 때는 더 작아지며, 다른 시차에 대해서는 더 작아진다. BIC는 추가적인 시차를 포함시키기 위해 R^2의 증가가 얼마나 커야 하는지를 정확히 결정하는 데 도움을 준다.

AIC 또 다른 정보 기준은 **아카이케 정보 기준**(Akaike information criterion, AIC)이다.

$$\text{AIC}(p) = \ln\left[\frac{SSR(p)}{T}\right] + (p+1)\frac{2}{T} \tag{15.24}$$

AIC와 BIC의 차이는 BIC의 $\ln(T)$항이 AIC에서 2로 대체된 점이다. 따라서 AIC의 두 번째 항이 더 작다. 예를 들어 GDP 자기회귀모형을 추정하기 위해 사용된 223개의 관측치에 대해 $\ln(T) = \ln(223) = 5.41$이기 때문에 BIC의 두 번째 항이 AIC의 두 번째 항보다 두 배 이상 크다. 따라서 추가적인 시차를 포함시키기 위해 AIC는 잔차제곱합(SSR)의 더 작은 감소를 필요로 한다.

AIC는 매력적인 동기를 가지고 있다: 대표본에서 AIC는 최종 예측 오차에 의해 추정된 MSFE를 최소화하도록 p를 선택하는 것과 일치한다. 즉 식 (15.21)의 $\widehat{MSFE}_{FPE}$를 최소화한다.[5] 그러나 이론적으로 AIC의 두 번째 항은 대표본에서도 올바른 시차 길이를 선택할 만큼 충분히 크지 않으므로 p에 대한 AIC 추정량은 일치성(consistency)을 가지지 않는다. 부록 15.5에서 논의한 바와 같이, 대표본에서 AIC는 0이 아닌 확률로 p를 과대추정할 수 있다.

AIC와 BIC 모두 실제로 널리 사용되고 있다. BIC가 너무 적은 시차를 포함하는 모형을 제시할 수 있다는 점이 걱정된다면 AIC가 합리적인 대안이 될 수 있다.[6]

정보 기준 계산에 대한 참고사항 AIC와 BIC를 이용해 다른 개수의 시차를 포함하는 여러 회귀모형 중 하나를 선택하기 위해서는 이 회귀모형들을 추정하기 위해 동일한 개수의 관측치를 사용해야만 한다. 예를 들어 표 15.3에서 모든 회귀모형은 1962년 1분기부터 2017년 3분까지의 데이터, 즉 223개의 관측치를 사용해 추정되었다. 자기회귀모형은 GDP 성장률의 시차를 포함하기 때문에 초기 관측치를 위해서 GDP 성장률의 더 이전 값들(1962년 1분기 이전)을 사용한다. 다르게 말하면 표 15.3에서 살펴본 회귀모형들은 $GDPGR_t$, $GDPGR_{t-1}$, ..., $GDPGR_{t-p}$, $t = 1962{:}Q1,\ldots 2017{:}Q3$에 대한 223개의 종속변수와 설명변수에 대한 관측치를 포함한다. 따라서 식 (15.23)과 (15.24)에서 $T = 223$이다.

여러 예측변수를 포함한 시계열 회귀모형의 시차 길이 선택

여러 예측변수를 포함한 일반적인 시계열 회귀모형[식 (15.18)]에서 시차 길이 선택과 관련한 상충관계(trade-off)는 자기회귀모형의 경우와 유사하다. 너무 적은 시차를 사용하면 유용한 정보가 손실되어 예측 정확도가 감소할 수 있지만, 시차를 추가하면 추정 오류가 증가한다. 시차 선택은 추가적인 정보를 사용하는 이점과 추가 계수를 추정하는 비용 간의 균형을 맞추어야 한다.

---

5 식 (15.21)을 이용해 다음과 같이 쓸 수 있다: $\widehat{MSFE}_{FPE} = \left[\frac{T+p+1}{T-(p+1)}\right]\frac{SSR}{T} = \left[\frac{1+(p+1)/T}{1-(p+1)/T}\right]\frac{SSR}{T}$. 마지막 표현식에 로그를 취하면 $\ln(\widehat{MSFE}_{FPE}) = \ln\left(1+\frac{p+1}{T}\right) - \ln\left(1-\frac{p+1}{T}\right) + \ln\left(\frac{SSR}{T}\right) \cong 2\left(\frac{p+1}{T}\right) + \ln\left(\frac{SSR}{T}\right)$이다. 여기서 마지막 표현은 x가 충분히 작을 때 $\ln(1+x) \cong x$[식 (8.16)]라는 근사치를 사용했다. 마지막 표현은 식 (15.24)의 AIC이다. $(p+1)/T$가 작을 때, 근사치 $\widehat{MSFE}_{FPE} \approx$ AIC가 성립한다.

6 BIC와 AIC는 14.3절과 14.4절에서 논의한 페널티가 적용된 최소제곱법인 ridge 회귀나 LASSO처럼 추정해야 할 모수(parameter)의 수를 제한하는 동일한 문제를 다룬다. 14장에서 논의한 변수 선택 문제와 여기서 논의한 시차 선택 문제의 차이점 중 하나는, 횡단면 데이터의 일반적인 예측 문제에서는 잠재적 설명변수에 자연스러운 순서가 없다는 것이다. 반면에, 시차 선택 문제에서는 첫 번째 시차가 가장 유용한 예측변수일 가능성이 높고, 그다음이 두 번째 시차일 것이라는 식으로 자연스러운 순서가 있다고 생각하는 것이 일반적이다. AIC와 BIC는 이러한 자연스러운 순서를 활용한다.

F-통계량 접근법 일변량(univariate) 자기회귀모형에서처럼, 시차의 수를 결정하는 한 가지 방법은 F-통계량을 사용해 계수 집합이 0과 같은지에 대한 결합 가설을 검정하는 것이다. 예를 들어 식 (15.15)에 대한 논의에서, 우리는 기간 가산금리(텀 스프레드)의 두 번째 시차 계수가 0이라는 귀무가설을 계수가 0이 아니라는 대립가설과 비교해 검정했다. 이 가설은 10% 유의수준에서 기각되지 않아 기간 가산금리의 두 번째 시차를 회귀분석에서 제외할 수 있음을 시사한다. 비교되는 모형의 수가 적을 경우 이 F-통계량 방법은 사용하기 쉽다. 그러나 일반적으로 F-통계 방법은 큰 모형을 생성할 수 있으며, 이는 상당한 추정 오류를 초래할 수 있다.

정보 기준 자기회귀모형에서처럼, BIC와 AIC는 다중(multiple) 예측변수를 포함한 시계열 회귀모형에서 시차와 변수를 추정하는 데 사용할 수 있다. 회귀모형이 K개의 계수(절편 포함)를 가지고 있다면 BIC는 다음과 같다.

$$\text{BIC}(K) = \ln\left[\frac{SSR(K)}{T}\right] + K\frac{\ln(T)}{T} \tag{15.25}$$

AIC는 동일한 방식으로 정의되지만, 식 (15.25)에서 $\ln(T)$ 대신 2가 사용된다. 각 후보 모형에 대해 BIC(또는 AIC)를 평가할 수 있으며, BIC(또는 AIC) 값이 가장 작은 모형이 정보 기준에 따라 선호되는 모형이 된다.

정보 기준을 사용해 시차 길이를 추정할 때 두 가지 중요한 실제적인 고려 사항이 있다. 첫째, 자기회귀모형의 경우와 마찬가지로 모든 후보 모형이 동일한 표본에 대해 추정되어야 한다. 식 (15.25)의 표기법에서 모형을 추정하는 데 사용된 관측치의 수인 T는 모든 모형에서 동일해야 한다. 둘째, 여러 예측변수가 있는 경우 이 방법은 계산 측면에서 부담이 많다. 이는 시차 모수(lag parameters)의 다양한 조합에 따라 여러 모형을 계산해야 하기 때문이다. 실제로는 모든 설명변수가 동일한 시차 수를 가지도록 요구하는 편리한 지름길이 있다. 즉 $p = q_1 = q_2 = \ldots = q_k$로 설정해 $p_{max} + 1$개의 모형만 비교하면 된다($p = 0, 1, \ldots, p_{max}$에 해당하는 모형). 이 시차 길이 선택 방법을 GDP 성장률과 기간 가산금리에 대한 ADL 모형에 적용하면 식 (15.15)의 ADL(2, 2) 모형이 도출된다.

15.7 비정상성 I: 추세

핵심 개념 15.6에서는 종속변수와 설명변수가 정상성(stationary)을 가진다고 가정했다. 만약 그렇지 않다면, 즉 종속변수와/또는 설명변수가 비정상성(nonstationary)을 가진다면 일반적인 가설검정, 신뢰구간, 예측을 신뢰할 수 없게 될 수 있다. 비정상성으로 인해 발생하는 구체적인 문제와 그 문제의 해결책은 비정상성의 특성에 따라 달라진다.

이 절과 다음 절에서는 경제 시계열에서 자주 접하게 되는 두 가지 비정상성 유형인 추세(trend)와 변화(break)를 살펴본다. 각 절에서는 먼저 비정상성의 특성을 설명하고, 이러한 비정상성이 존재하지만 무시된 경우 시계열 회귀분석에 미치는 영향을 논의한다. 다음으로 비정상성에 대한 검정을 소개하고, 해당 유형의 비정상성으로 인해 발생하는 문제에 대한 해결책이나 보완 방법을 논의한다. 먼저 추세를 논의한다.

추세의 정의

추세(trend)는 시간에 따른 변수의 지속적인 장기 변동이다. 시계열 변수는 추세를 중심으로 변동하게 된다.

그림 15.1a를 살펴보면 미국 GDP의 로그값이 명확하게 상승하는 추세를 보이고 있음을 알 수 있다. 그림 15.2a, 15.2b, 15.2c의 시계열도 각각 추세를 가지고 있지만, 이들의 추세는 상당히 다르다. 실업률의 경우, 1960년대 후반부터 1980년대 초반까지는 증가하는 추세를 보이다가, 2000년대 초반까지는 감소한 후 다시 증가하는 추세를 보였다. $/£ 환율은 1972년 고정 환율 제도가 붕괴한 후 장기간 하락하는 추세를 명확히 보였다. 일본 산업생산지수의 로그값은 복잡한 추세를 가지고 있는데, 처음에는 빠른 성장, 그다음에는 완만한 성장, 마지막으로는 성장이 없는 상태를 보였다.

결정적 추세와 확률적 추세 시계열 데이터에는 결정적 추세와 확률적 추세가 있다. **결정적 추세**(deterministic trend)는 시간에 대한 비무작위(nonrandom) 함수이다. 예를 들어 결정적 추세는 시간에 대해 선형일 수 있다. 만약 미국 GDP의 로그값이 결정적 선형 추세를 가지고 있고, 분기마다 0.75퍼센트포인트씩 증가한다고 한다면, 이 추세는 $0.75t$로 표현될 수 있다. 여기서 t는 분기로 측정된다. 반면에 **확률적 추세**(stochastic trend)는 무작위적(random)이며 시간이 지남에 따라 변동한다. 예를 들어 확률적 추세는 그림 15.2a의 실업률 추세처럼 오랜 기간 동안 증가하다가 다시 오랜 기간 동안 감소하는 양상을 보일 수 있다. 그러나 확률적 추세는 이보다 더 미묘할 수 있다. 예를 들어 그림 15.1a를 자세히 살펴보면 GDP의 추세 성장률이 일정하지 않음을 알 수 있다. 예를 들어 1960년대에는 1970년대보다 GDP가 더 빠르게 성장했고(1960년대의 그래프 기울기가 1970년대보다 더 가파르다), 1990년대에는 2000년대보다 더 빠르게 성장했다.

많은 계량경제학자들처럼 우리는 경제 시계열을 결정적 추세보다는 확률적 추세를 가지는 것으로 모형화하는 것이 더 적절하다고 생각한다. 결정적 추세가 암시하는 예측 가능성을 노동자, 기업, 정부가 매년 직면하는 복잡한 문제나 예기치 않은 상황과 조화시키기는 어렵다. 예를 들어 1970년대 동안 미국 실업률이 상승했지만, 이는 영원히 상승할 운명도 아니었고 다시 하락할 운명도 아니었다. 오히려 실업률의 완만한 상승은 인구통계학적 변화(젊은 노동자의 유입 포함), 불운(유가 충격 및 생산성 둔화 등), 통화 정책 실수의 복합적 요인으로 인해 발생한 것으로 이해되고 있다. 마찬가지로, $/£ 환율은 1972년부터 1985년까지 하락세를 보였고 이후에는 다시 상승했지만, 이러한 움직임 역시 복잡한 경제적 요인의 결과였다. 이러한 요인들이 예측할 수 없이 변화하기 때문에, 이러한 추세는 큰 예측 불가능한, 즉 무작위 요소를 포함하는 것으로 생각하는 것이 유용하다.

이러한 이유로 경제 시계열에서의 추세에 대한 우리의 접근은 결정적 추세보다는 확률적 추세에 초점을 맞추고 있으며, 시계열 데이터에서 '추세'를 언급할 때는 명시적으로 달리 언급하지 않는 한 확률적 추세를 의미한다.

추세의 랜덤워크모형 확률적 추세를 가진 변수의 가장 단순한 모형은 **랜덤워크**(random walk, 임의보행, 확률보행이라고도 함)이다. 시계열 Y_t가 랜덤워크를 따른다고 할 때, Y_t의 변화가 독립적으로 동일하게 분포(i.i.d.)된 경우를 의미한다. 즉 다음과 같다.

$$Y_t = Y_{t-1} + u_t \tag{15.26}$$

여기서 u_t는 i.i.d.이다. 그러나 우리는 일반적으로 조건부 평균이 0인 u_t, 즉 $E(u_t | Y_{t-1}, Y_{t-2}, \dots) = 0$인 식 (15.26)을 따르는 시계열을 지칭할 때 **랜덤워크**라는 용어를 사용할 것이다. $E(\Delta Y_t | Y_{t-1}, Y_{t-2}, \dots) = 0$인 시계열을 마팅게일(martingale)이라고 한다.

랜덤워크의 기본 아이디어는 내일의 시계열 값이 오늘의 값에 예측할 수 없는 변화를 더한 것이라는 것이다. Y_t가 무작위한 '단계' u_t로 이루어진 경로를 따르기 때문에, 그 경로를 '랜덤워크'라고 부른다. $t-1$시점까지의 데이터를 기반으로 한 Y_t의 조건부 평균은 Y_{t-1}이다. 즉 $E(u_t | Y_{t-1}, Y_{t-2}, \dots) = 0$이므로, $E(Y_t | Y_{t-1}, Y_{t-2}, \dots) = Y_{t-1}$이다. 다시 말해 Y_t가 랜덤워크를 따른다면, 내일 값에 대한 최선의 예측은 오늘의 값이 된다.

만약 Y_t가 랜덤워크를 따른다면, 그 분산은 시간이 지남에 따라 증가한다. 일정한 분산을 가지지 않기 때문에 랜덤워크는 비정상적(nonstationary)이다(연습문제 15.13 참조).

일부 시계열, 예를 들어 그림 15.1a의 미국 GDP 로그값과 같은 경우에는 명백한 상승 경향이 있다. 이러한 경우 시계열에 대한 최선의 예측은 시계열이 증가하는 경향에 대한 조정을 포함해야 한다. 이러한 조정은 랜덤워크모형을 확장해 한 방향 또는 다른 방향으로 이동하거나 또는 드리프트(drift)하는 경향을 포함하도록 한다. 이 확장된 모형을 **드리프트를 포함한 랜덤워크**(random walk with drift)라고 한다.

$$Y_t = \beta_0 + Y_{t-1} + u_t \tag{15.27}$$

여기서 $E(u_t | Y_{t-1}, Y_{t-2}, \dots) = 0$이고, β_0은 랜덤워크에서의 드리프트를 나타낸다. 만약 β_0이 양수라면 Y_t는 평균적으로 증가한다. 드리프트를 포함한 랜덤워크모형에서는 내일의 시계열에 대한 최선의 예측이 오늘의 값에 드리프트 β_0을 더한 값이 된다.

랜덤워크모형(적절한 경우 드리프트 포함)은 단순하면서도 다용도로 활용할 수 있으며, 이 책에서 주로 사용하는 추세 모형이다.

확률적 추세, 자기회귀모형, 단위근 랜덤워크모형은 $\beta_1 = 1$인 AR(1) 모형[식 (15.8)]의 특수한 경우이다. 즉 Y_t가 $\beta_1 = 1$인 AR(1) 모형을 따른다면, Y_t는 확률적 추세를 가지며 비정상적(nonstationary)이다. 그러나 $|\beta_1| < 1$이고 u_t가 정상성(stationary)을 가진다면, Y_t와 그 시차의 결합 분포가 t에 의존하지 않게 되므로(부록 15.2에서 보여준 결과) Y_t는 정상적(stationary)이다.

AR(p) 모형이 정상성을 가지기 위한 조건은 AR(1) 모형에서의 $|\beta_1| < 1$ 조건보다 더 복잡하다. 공식적으로는 다항식 $1 - \beta_1 z - \beta_2 z^2 - \beta_3 z^3 - \dots - \beta_p z^p$의 근과 관련이 있다. (이 다항식의 근은 $1 - \beta_1 z - \beta_2 z^2 - \beta_3 z^3 - \dots - \beta_p z^p = 0$을 만족하는 z값들이다.) AR(p) 모형이 정상성을 가지려면, 이 다항식의 모든 근의 절댓값이 1보다 커야 한다. AR(1)이라는 특수한 경우에, 근은 $1 - \beta_1 z = 0$이 성립하는 z값이므로 $z = 1/\beta_1$이 된다. 따라서 근의 절댓값

이 1보다 커야 한다는 조건은 $|\beta_1| < 1$과 동등한 조건이다.

AR(p) 모형의 근이 1인 경우, 그 시계열은 **자기회귀 단위근**(unit autoregressive root), 또는 간단히 말해 **단위근**(unit root)을 가진다고 한다. 만약 Y_t가 단위근을 가진다면 이는 확률적 추세를 포함하고 있다는 것을 의미한다. 반면에 Y_t가 정상성을 가지면(따라서 단위근이 없는 경우) 확률적 추세를 포함하지 않는다. 이러한 이유로 우리는 **확률적 추세**와 **단위근**이라는 용어를 혼용할 것이다.

확률적 추세로 인해 발생하는 문제들

만약 설명변수가 확률적 추세(즉 단위근)를 가진다면, 자기회귀 계수의 OLS 추정량을 사용해 추론을 하는 것이 잘못된 결과를 초래할 수 있다. 더 나아가, 서로 독립적이지만 확률적 추세를 가진 두 시계열은 높은 확률로 관계가 있는 것처럼 보이는 오해를 불러일으킬 수 있으며, 이러한 상황을 '가짜 회귀(spurious regression)'라고 한다.

OLS 추정량과 t-통계량의 하향 편향 및 비정규 분포 만약 설명변수가 확률적 추세를 가진다면, 귀무가설하에서 해당 변수의 일반적인 OLS t-통계량은 대표본에서도 비정규분포(nonnormal distribution)를 가질 수 있으며, 자기회귀 계수의 추정값은 0으로 편향될 가능성이 있다. 이러한 비정규분포는 기존의 신뢰구간이 유효하지 않음을 의미하며, 가설검정도 일반적인 방식으로 수행할 수 없게 된다.

OLS 추정량의 하향 편향(downward bias)은 예측에 문제를 일으킨다. 오라클 예측이 조건부 평균이라는 점을 상기해보자. 만약 조건부 평균의 AR(1) 모형에서 계수가 1(즉 단위근)이라면, OLS 추정량은 1보다 작은 값을 가지는 경향이 있으며, 그 표본 분포의 평균도 1보다 작게 된다. 예측 응용에서 이는 예측에 체계적인 편향을 초래할 수 있다. 더군다나 해당 계수를 검정하는 t-통계량의 분포가 대표본에서도 정규분포를 따르지 않기 때문에, 이 t-통계량에 기반한 표준 추론은 하향 편향된 예측의 오류를 감지하지 못할 수 있다. 다행히 이 절에서 다루는 바와 같이 시계열이 단위근을 가지고 있는지 여부를 감지하고 이러한 문제를 피할 수 있는 방법들이 존재한다.

가짜 회귀 확률적 추세는 실제로는 관련이 없는 두 시계열이 관련 있는 것처럼 보이게 만들 수 있으며, 이를 **가짜 회귀**(spurious regression) 문제라고 한다.

예를 들어 미국의 실업률은 1960년대 중반부터 1980년대 초반까지 꾸준히 상승했고, 동시에 일본의 산업 생산(그림 15.2c에서 로그값으로 나타남)은 지속적으로 증가했다. 이러한 두 가지 추세는 통상적인 측정 기준을 사용할 때 '유의한(significant)' 것으로 보이는 회귀 결과를 만들어낼 수 있다. 1962년부터 1985년까지의 데이터를 사용해 OLS로 추정된 이 회귀분석은 다음과 같다.

$$\widehat{U.\ S.\ Unemployment\ Rate_t} = \underset{(1.19)}{-2.37} + \underset{(0.32)}{2.22} \times \ln(Japanese\ IP_t),\ \bar{R}^2 = 0.34 \qquad (15.28)$$

기울기 계수에 대한 t-통계량이 7로 나타나며, 이는 일반적인 기준에 따르면 두 시계열 간에 강한 양의 관계가 있음을 나타낸다. 또한 $\overline{R}^2$값도 비교적 높게 나타난다. 그러나 1986년부터 2017년까지의 데이터를 사용해 동일한 회귀분석을 실행하면 다음과 같다.

$$\widehat{U.S.\ Unemployment\ Rate_t} = \underset{(7.74)}{42.37} - \underset{(1.69)}{7.92} \times \ln(Japanese\ IP_t),\ \overline{R}^2 = 0.14 \tag{15.29}$$

식 (15.28)과 (15.29)의 회귀 결과는 매우 다른 결과를 보여준다. 문자 그대로 해석하면, 식 (15.28)은 강한 양의 관계를 나타내는 반면, 식 (15.29)는 음의 관계를 나타낸다.

이러한 상반된 결과의 원인은 두 시계열 모두 확률적 추세를 가지고 있기 때문이다. 이 추세들은 1962년부터 1985년까지는 우연히 일치했지만, 1986년부터 2017년까지는 반대 방향으로 움직였다. 실제로, 이 두 시계열의 추세가 서로 관련이 있다고 생각할 만한 설득력 있는 경제적 또는 정치적 이유는 없다. 요약하자면, 이러한 회귀분석 결과는 가짜 회귀이다.

식 (15.28)과 (15.29)의 회귀분석은 시계열이 확률적 추세를 포함할 때 OLS가 오도될 수 있다는 이론적 요점을 경험적으로 보여준다(이 결과를 입증하는 컴퓨터 실습은 연습문제 15.6에서 다룬다). 그러나 특정 회귀 기반 방법이 신뢰할 수 있는 특수한 경우가 있는데, 이는 두 시계열의 추세 성분이 동일할 때, 즉 시계열이 **공통의**(common) 확률적 추세를 가질 때이다. 이러한 경우 시계열은 공적분(cointegration)되었다고 한다. 공적분된 경제 시계열을 감지하고 분석하는 계량경제학적 방법은 17장에서 논의한다.

확률적 추세의 탐지: AR 단위근 검정

시계열에서 추세를 감지하는 출발점은 시계열 그래프를 확인하는 것이다. 시계열이 추세를 가질 가능성이 있어 보인다면, 해당 시계열이 확률적 추세를 가진다는 가설을 Dickey-Fuller 검정을 통해 테스트할 수 있다.

AR(1) 모형의 Dickey-Fuller 식 (15.27)의 랜덤워크는 $\beta_1 = 1$인 AR(1) 모형의 특수한 경우다. 따라서 Y_t가 AR(1) 모형을 따를 때, Y_t가 확률적 추세를 가진다는 가설은 다음과 같다.

$$H_0: \beta_1 = 1 \text{ vs. } H_1: \beta_1 < 1, \quad \text{여기서} \quad Y_t = \beta_0 + \beta_1 Y_{t-1} + u_t \tag{15.30}$$

식 (15.30)에서 귀무가설은 AR(1) 모형이 단위근을 가진다는 것이며, 단측 대립가설은 AR(1) 모형이 정상성을 가진다는 것이다.

이 검정은 식 (15.30)의 양쪽에서 Y_{t-1}을 뺀 수정된 버전을 추정함으로써 가장 쉽게 구현할 수 있다. $\delta = \beta_1 - 1$이라고 두면, 식 (15.30)은 다음과 같다.

$$H_0: \delta = 0 \text{ vs. } H_1: \delta < 0, \quad \text{여기서} \quad \Delta Y_t = \beta_0 + \delta Y_{t-1} + u_t \tag{15.31}$$

식 (15.31)에서 $\delta = 0$을 검정하는 OLS t-통계량을 **Dickey-Fuller 통계량**(Dickey-Fuller ststistics)이라고 한다[Dickey and Fuller(1979)]. Dickey-Fuller 통계량은 비로버스트(nonrobust) 표준 오차, 즉 등분산성 전용 표준 오차(homoskedasticity-only standard error)로, 부록 5.1에서 설명했다.[7]

ADF 통계량의 임곗값 단위근에 대한 귀무가설하에서, Dickey-Fuller 통계량은 대표본에서도 정규분포를 따르지 않는다. 그 분포가 비정규적(nonnormal)이기 때문에, 다른 임곗값 집합이 필요하다.

식 (15.31)의 귀무가설과 대립가설에 대한 ADF 검정의 임곗값은 표 15.4의 첫 번째 행에 나와 있다. 정상성 대립가설은 식 (15.31)에서 $\delta < 0$를 의미하기 때문에 ADF 검정은 단측 검정이다. 예를 들어 회귀분석에 시간 추세가 포함되지 않는 경우, ADF 통계량이 -2.86보다 작으면 단위근 귀무가설은 5% 유의수준에서 기각된다.

표 15.4의 임곗값은 표준정규분포에서의 단측 임곗값인 -1.28(10% 수준)과 -1.64(5% 수준)보다 상당히 크다(더 음수 쪽이다). ADF 통계량의 비표준 분포는 확률적 추세를 가진 설명변수에 대한 OLS t-통계량이 어떻게 비정규 분포를 가질 수 있는지를 보여주는 한 예다.

AR(p) 모형의 Dickey-Fuller 검정 식 (15.31)에서의 Dickey-Fuller 통계량은 1차 자기회귀에 적용된다. Dickey-Fuller 검정을 AR(p) 모형으로 확장하려면 추가적인 설명변수로 ΔY_t의 $p-1$개 시차를 포함해야 하며, 이에 따라 식 (15.31)은 다음과 같이 변환된다.

$$\Delta Y_t = \beta_0 + \delta Y_{t-1} + \gamma_1 \Delta Y_{t-1} + \gamma_2 \Delta Y_{t-2} + \cdots + \gamma_{p-1} \Delta Y_{t-p+1} + u_t \quad (15.32)$$

귀무가설 $\delta = 0$하에서는 Y_t가 확률적 추세를 가지며, 대립가설 $\delta < 0$하에서는 Y_t가 정상성을 가진다. 식 (15.32)에서 $\delta = 0$이라는 가설을 검정하는 t-통계량을 **확대 Dickey-Fuller(ADF) 통계량**[augmented Dickey-Fuller(ADF) statistic]이라고 한다. 일반적으로 시차 길이 p는 알려져 있지 않지만, 다양한 p값에 대해 식 (15.32) 형태의 회귀분석에 적용되는 정보 기준을 사용해 추정할 수 있다. ADF 통계량에 대한 연구들은 너무 적은 시차를 포함하는 것보다는 너무 많은 시차를 포함하는 것이 낫다는 것을 시사하므로, ADF 통계량을 추정할 때 p를 추정하기 위해 BIC 대신 AIC를 사용하는 것이 권장된다.[8]

선형 결정적 시간 추세 주위의 정상성이라는 대립가설에 대한 검정 지금까지의 논의는 시계열에 단위근이 있다는 귀무가설과 시계열이 정상성을 가진다는 대립가설을 고려해왔다. 정상성에 대한 이 대립가설은 장기적으로 성장하지 않는 실업률과 같은 시계열에 적합하다. 그러나 미국 GDP와 같은 시계열에 대해서는 일정한 평균 주위의 정상성 대립가설이 적절하지 않으

표 15.4 확대 Dickey-Fuller 통계량의 대표본 임곗값

결정적 설명변수	10%	5%	1%
절편항만	−2.57	−2.86	−3.43
절편항과 시간 추세	−3.12	−3.41	−3.96

7 단위근 귀무가설하에서, 일반적인 비로버스트 표준 오차는 사실상 이분산성(heteroskedasticity)에 대해 로버스트(강건)한 t-통계량을 산출하는데, 이는 놀랍고도 특이한 결과이다.

8 Dickey-Fuller 및 기타 단위근 검정 통계량의 유한 표본(finite-sample) 특성에 대한 시뮬레이션 연구 리뷰는 Stock(1994)과 Haldrup and Jansson(2006)을 참조하라.

며 결정적 추세 주위의 정상성을 검정하는 것이 더 타당하다. 이 대립가설의 특정한 형태는 추세가 t의 선형 함수라는 것이다. 따라서 귀무가설은 시계열에 단위근이 있다는 것이며, 대립가설은 단위근이 없지만 결정적 시간 추세가 있다는 것이다.

대립가설이 Y_t가 결정적 선형 시계열 추세를 중심으로 정상성을 가진다는 것이라면, 이 추세 t(관측 번호)를 추가적인 설명변수로 포함시켜야 하며, 이 경우 Dickey-Fuller 회귀식은 다음과 같다.

$$\Delta Y_t = \beta_0 + \alpha t + \delta Y_{t-1} + \gamma_1 \Delta Y_{t-1} + \gamma_2 \Delta Y_{t-2} + \cdots + \gamma_{p-1} \Delta Y_{t-p+1} + u_t \quad (15.33)$$

여기서 α는 미지의 계수이다. 이제 ADF 통계량은 식 (15.33)에서 $\delta = 0$이라는 가설을 검정하는 OLS t-통계량이며, 단측 임곗값은 표 15.4의 두 번째 행에 제공된다.[9]

미국 GDP는 확률적 추세를 갖는가? 미국 GDP의 로그가 확률적 추세를 가진다는 귀무가설은 정상성을 가진다는 대립가설에 대해 자기회귀 단위근에 대한 ADF 테스트를 수행해 검정할 수 있다. $\Delta\ln(GDP_t)$의 2개 시차를 포함한 ADF 회귀식은 다음과 같다.

$$\begin{aligned}\widehat{\Delta\ln(GDP_t)} = \underset{(0.080)}{0.162} + \underset{(0.0001)}{0.0001t} - \underset{(0.010)}{0.019}\ln(GDP_{t-1}) \\ + \underset{(0.066)}{0.261}\Delta\ln(GDP_{t-1}) + \underset{(0.066)}{0.165}\Delta\ln(GDP_{t-2})\end{aligned} \quad (15.34)$$

ADF t-통계량은 $\ln(\mathrm{GDP}_{t-1})$의 계수가 0이라는 가설을 검정하기 위한 t-통계량이다.

표 15.4에서 10% 임곗값은 −3.12이다. ADF 통계량 −1.95가 −3.12보다 크기 때문에, ADF 검정은 10% 유의수준에서 귀무가설을 기각하지 않는다. 식 (15.34) 회귀식을 기반으로, 로그 GDP가 자기회귀 단위근을 갖는다. 즉 ln(GDP)가 확률적 추세를 갖는다는 귀무가설을 선형 추세 주위에서 정상적이라는 대립가설에 대해 (10% 유의수준에서) 기각할 수 없다.

확률적 추세로 인해 발생하는 문제 해결

시계열에서 추세를 처리하는 가장 신뢰할 수 있는 방법은 시계열을 변환해 추세가 없도록 하는 것이다. 시계열이 확률적 추세를 가지고 있다면, 그 차분(difference)은 추세를 갖지 않는다. 예를 들어 Y_t가 랜덤워크를 따르는 경우, 즉 $Y_t = \beta_0 + Y_{t-1} + u_t$라면, $\Delta Y_t = \beta_0 + u_t$는 정상성을 가진다. 따라서 1차 차분을 사용하면 시계열에서 랜덤워크 추세를 제거할 수 있다.

실제로, 시계열이 확률적 추세를 가지고 있는지 확신하기는 거의 불가능하다. 일반적으로 귀무가설을 기각하지 못했다고 해서 귀무가설이 참임을 의미하지는 않는다는 점을 상기하자. 단지 귀무가설이 거짓이라고 결론 내릴 만한 충분한 증거가 없음을 의미할 뿐이다. 따라서 ADF 통계량을 사용해 단위근에 대한 귀무가설을 기각하지 못했다고 해서 시계열이 실제로 단위근을 갖는다고 단정할 수는 없다. 단위근 귀무가설의 기각 실패가 시계열이 단위근을 갖

9 Dickey-Fuller 검정의 비선형 시간 추세에 대한 확장은 Maddala와 Kim(1998)을 참조하라.

는다는 점을 의미하지는 않더라도, 여전히 실제 자기회귀근이 1과 같다고 근사해 시계열의 수준이 아닌 차분을 사용하는 것이 합리적일 수 있다.[10]

15.8 비정상성 II: 단절

두 번째 유형의 비정상성은 모집단 회귀함수가 표본 기간 동안 변화할 때 발생한다. 경제학에서 이는 경제 정책의 변화, 경제 구조의 변화, 발명으로 인한 특정 산업의 변화 등 다양한 이유로 발생할 수 있다. 이러한 변화나 **단절**(break)이 발생하면, 이를 무시한 회귀모형은 잘못된 추론과 예측의 근거를 제공할 수 있다. 따라서 예측모형을 점검해 단절이 있는지 확인하고, 발견될 경우 모형을 조정하는 것이 중요하다.

단절의 정의

단절은 특정 시점에서 모집단 회귀 계수의 이산적 변화로 발생할 수 있으며, 또는 더 긴 기간에 걸쳐 계수들이 점진적으로 변화함으로써 발생할 수 있다.

거시경제 데이터에서 이산적 단절의 한 원천은 거시경제 정책의 중대한 변화이다. 예를 들어 1972년 고정 환율 제도인 브레튼우즈 체제가 붕괴되면서 $/£ 환율의 시계열 움직임에 단절이 발생했으며, 이는 그림 15.2b에서 확인할 수 있다. 1972년 이전에는 1968년의 한 차례 평가절하를 제외하고는 환율이 본질적으로 일정했다. 반면, 1972년 이후로는 환율이 매우 넓은 범위에서 변동해왔다.

단절은 모집단 회귀가 시간에 따라 점진적으로 변화하면서 더 천천히 발생할 수도 있다. 예를 들어 이러한 변화는 경제 정책의 점진적 진화와 경제 구조의 지속적인 변화로 인해 발생할 수 있다. 이 절에서 설명하는 단절 감지 방법은 뚜렷한(distinct) 변화와 점진적(slow) 진화라는 두 가지 유형의 단절을 모두 감지할 수 있다.

단절로 인한 문제점 표본 기간 동안 모집단 회귀함수에 단절이 발생하면, 전체 표본에 걸친 OLS 회귀 추정치는 두 가지 다른 기간을 결합한 추정치라는 측면에서 평균적으로 성립하는 관계를 추정할 것이다. 단절의 위치와 크기에 따라 '평균' 회귀함수는 표본 기간 말에 있는 실제 회귀함수와 상당히 다를 수 있으며, 이는 부정확한 예측을 초래할 수 있다.

단절에 대한 검정

단절을 감지하는 한 가지 방법은 회귀 계수에 이산적 변화 또는 단절이 있는지를 검정하는 것이다. 이를 수행하는 방법은 **단절 시점**(break date, 단절이 의심되는 시점)이 알려져 있는지 여부에 따라 달라진다.

---

10 경제 시계열 변수에서의 확률적 추세와 그것이 회귀분석에 초래하는 문제에 대한 추가 논의는 Stock과 Watson (1988)을 참조하라.

알려진 시점의 단절에 대한 검정 일부 사례에서는 특정한 날짜에 단절이 있다고 의심할 수 있다. 예를 들어 1970년대의 데이터를 사용해 국제 무역 관계를 연구하는 경우, 1972년에 브레튼우즈 체제가 폐기되고 변동 환율 제도로 전환되었을 때 관심 있는 모집단 회귀함수에 단절이 발생했을 것이라고 가설을 세울 수 있다.

계수의 가정된 단절 날짜가 알려져 있다면, 단절이 없다는 귀무가설을 이항변수 상호작용 회귀모형(binary variable interaction regression)을 사용해 검정할 수 있다(핵심 개념 8.4). 간단하게 설명하기 위해 ADL(1, 1) 모형을 고려해보자. 이 모형에는 절편 Y_t의 단일 시차, 그리고 X_t의 단일 시차가 포함된다. τ는 가정된 단절 시점이다. $D_t(\tau)$는 단절 시점 이전에는 0이고, 이후에는 1인 이항변수로, $t \le \tau$이면 $D_t(\tau) = 0$, $t > \tau$이면 $D_t(\tau) = 1$이다. 그러면 이항 단절 표시자(indicator)와 모든 상호작용 항을 포함한 회귀식은 다음과 같다.

$$\begin{aligned} Y_t = \beta_0 + \beta_1 Y_{t-1} + \delta_1 X_{t-1} + \gamma_0 D_t(\tau) + \gamma_1[D_t(\tau) \times Y_{t-1}] \\ + \gamma_2[D_t(\tau) \times X_{t-1}] + u_t \end{aligned} \tag{15.35}$$

단절이 없는 경우, 모집단 회귀 함수는 표본의 두 부분에 걸쳐 동일하므로, 단절 이항변수 $D_t(\tau)$와 관련된 항들은 식 (15.35)에 포함되지 않는다. 즉 단절이 없다는 귀무가설하에서는 $\gamma_0 = \gamma_1 = \gamma_2 = 0$이다. 반면, 단절이 있다는 대립가설하에서는 단절 날짜 τ 전후로 모집단 회귀함수가 달라지며, 이 경우 적어도 하나의 γ값이 0이 아니다. 따라서 단절 가설은 $\gamma_0 = \gamma_1 = \gamma_2 = 0$이라는 가설을 적어도 하나의 γ값이 0이 아니라는 가설과 비교하는 F-통계량을 사용해 검정할 수 있다. 이는 Gregory Chow(1960)의 이름을 따서 Chow 테스트라고 하며, 알려진 단절 시점에 대한 단절을 검정하는 데 사용된다.

여러 예측변수가 있거나 더 많은 시차를 포함하는 경우, 이 테스트는 모든 설명변수에 대해 이항변수 상호작용변수를 구성하고, $D_t(\tau)$와 관련된 항들의 모든 계수가 0이라는 가설을 검정함으로써 확장할 수 있다.

이 접근법은 관심 있는 설명변수의 부분 집합에 대해서만 이항변수 상호작용을 포함해, 해당 계수들의 부분 집합에서 단절이 있는지를 확인하도록 수정할 수 있다.

알려지지 않은 시점의 단절에 대한 검정 종종 단절이 발생한 시점이 알려지지 않았거나 특정 범위 내에서만 알려진 경우가 있다. 예를 들어 두 시점 τ_0과 τ_1 사이의 어느 시점에 단절이 발생했다고 의심할 수 있다. 이 경우 Chow 테스트는 τ_0과 τ_1 사이의 모든 가능한 날짜 τ에 대해 단절을 검정하고, 결과로 얻어진 F-통계량 중 가장 큰 값을 사용해 알려지지 않은 시점에 단절이 있는지를 검정하는 방식으로 확장할 수 있다. 이 수정된 Chow 테스트는 다양한 용어로 불리는데, **Quandt 우도 비율**(Quandt likelihood ratio, QLR) 통계량(Quandt, 1960)(이 책에서는 이 용어를 사용함) 또는, 보다 이해하기 어려운 용어로는 sup-Wald 통계량이라고도 한다.

QLR 통계량은 여러 F-통계량 중에서 가장 큰 값이기 때문에, 그 분포는 개별 F-통계량의 분포와 동일하지 않다. 대신, QLR 통계량의 임곗값은 특별한 분포에서 구해야 한다. F-통계량과 마찬가지로, 이 분포는 검정되는 제약의 수, 즉 대립가설하에서 단절 또는 변화가 허용되는 계수(절편을 포함한)의 개수인 q에 따라 달라진다. QLR 통계량의 분포는 또한 τ_0/T 및 τ_1/T에 의존하는데, 이는 F-통계량을 계산하는 부표본(subsample)의 양쪽 끝점 τ_0과 τ_1을 전체 표본의 크기인 T에 대한 비율로 나타낸 것이다.

QLR 통계량의 분포에 대한 대표본 근사가 정확하려면, 부표본의 시작점과 끝점인 τ_0과 τ_1이 표본의 시작이나 끝에 너무 가까워서는 안 된다. 이러한 이유로, 실제로 QLR 통계량은 표본의 '절사된(trimmed)' 범위 또는 부분 집합에 대해 계산된다. 일반적인 선택은 15% 절사(trimming)를 사용하는 것으로, 이는 $\tau_0 = 0.15T$와 $\tau_1 = 0.85T$로 설정하는 것(가장 가까운 정수로 반올림)이다. 15% 절사를 적용하면, F-통계량은 표본의 중앙 70%에서 발생하는 단절 날짜에 대해 계산된다.

15% 절사를 사용해 계산된 QLR 통계량의 임곗값은 표 15.5에 있다. 이 임곗값을 $F_{q,\infty}$ 분포(부록 표 4)의 임곗값과 비교해보면 QLR 통계량의 임곗값이 더 크다는 것을 알 수 있다. 이는 QLR 통계량이 여러 개의 개별 F-통계량 중에서 가장 큰 값을 살펴본다는 사실을 반영한다. 많은 가능한 변화 시점에서 F-통계량을 검토함으로써, QLR 통계량은 귀무가설을 기각할 기회를 많이 가지게 되며, 이로 인해 QLR 임곗값이 개별 F-통계량의 임곗값보다 더 크게 된다.

QLR 검정은 날짜 이진 지표(binary indicator)와 관심 있는 변수들만의 상호작용을 사용해 일부 회귀 계수의 변화만을 검정할 수 있으며, 그런 다음 결과로 나오는 F-통계량 중 가장 큰 값을 계산한다. 이러한 형태의 QLR 검정에 대한 임곗값도 표 15.5에서 가져오며, 여기서 제약의 수(q)는 검정된 제약의 수를 의미한다.

검정된 범위 내의 특정 날짜에 이산적 변화가 있을 경우, 구성하는 F-통계량이 최댓값을 갖는 날짜 $\hat{\tau}$이 단절 시점(변화 시점) τ의 추정치가 된다.

QLR 통계량은 여러 개의 이산적 변화가 있거나 회귀함수가 천천히 변화하는 경우에도 대표본에서 높은 확률로 귀무가설을 기각한다. 이는 QLR 통계량이 단일 이산적 변화 이외의 불안정성(instability) 형태도 감지할 수 있음을 의미한다. 따라서 QLR 통계량이 귀무가설을 기각한다면, 단일 이산적 변화가 있거나, 다중 이산적 변화가 있거나, 회귀함수의 느린 진화가 있음을 의미할 수 있다.

QLR 통계량은 핵심 개념 15.8에 요약되어 있다.

경고: 당신이 단절 시점을 알고 있다고 생각하더라도, 실제로는 모를 가능성이 높다. 때때로 전문가는 특정 단절 시점을 알고 있다고 믿고 Chow 검정을 QLR 검정 대신 사용할 수 있다고 생각할 수 있다. 그러나 이러한 지식이 분석 중인 시계열에 대한 전문가적 지식에 근거한 것이라면, 실제로 이 시점은 비록 비공식적인 방식이지만 데이터를 사용해 추정된 것이다. 단절 시점의 사전적 추정(preliminary estimation)은 그 시점에서의 변화에 대한 Chow 검정에 일반적인 F 임곗값을 사용할 수 없게 만든다. 따라서 이러한 상황에서는 QLR 통계량을 사용하는 것이 여전히 적절하다.

적용 사례: 기간 가산금리의 예측력이 안정적이었는가? QLR 검정은 1962년부터 2017년까지

표 15.5 15% 절사를 적용한 QLR 통계량의 임곗값

제약의 수(q)	10%	5%	1%
1	7.12	8.68	12.16
2	5.00	5.86	7.78
3	4.09	4.71	6.02
4	3.59	4.09	5.12
5	3.26	3.66	4.53
6	3.02	3.37	4.12
7	2.84	3.15	3.82
8	2.69	2.98	3.57
9	2.58	2.84	3.38
10	2.48	2.71	3.23
11	2.40	2.62	3.09
12	2.33	2.54	2.97
13	2.27	2.46	2.87
14	2.21	2.40	2.78
15	2.16	2.34	2.71
16	2.12	2.29	2.64
17	2.08	2.25	2.58
18	2.05	2.20	2.53
19	2.01	2.17	2.48
20	1.99	2.13	2.43

참고: 제시된 임곗값은 $\tau_0 = 0.15T$ 및 $\tau_1 = 0.85T$(가장 가까운 정수로 반올림)일 때 적용되며, 따라서 F-통계량은 표본의 중앙 70%에 해당하는 모든 잠재적 단절 시점에 대해 계산된다. 제약의 수 q는 각 개별 F-통계량에 의해 검정되는 제약의 수를 의미한다. 다른 절사 비율에 대한 임곗값은 Andrews(2003)에 제시되어 있다.

GDP와 기간 가산금리 간의 관계가 안정적이었는지를 확인하는 방법을 제공한다. 구체적으로, $GDPGR_t$와 $TSpread_t$ 각각 2개의 시차를 포함하는 식 (15.15)의 ADL(2, 2) 모형에서 기간 가산금리 시차의 계수와 절편항에 변화가 있었는지를 중점적으로 살펴본다.

식 (15.15)에서 절편항과 $TSpread_{t-1}$, $TSpread_{t-2}$의 계수가 일정하다는 귀무가설을 특정 시점에 변화를 겪었다는 대립가설에 대해 검정하는 데 사용되는 Chow F-통계량은 표본의 중앙 70%에서의 단절(breaks)을 검정하기 위해 그림 15.5에 표시되었다. 예를 들어 1975년 1분기에 변화가 발생했는지를 검정하는 F-통계량은 2.07로, 그림에서 해당 날짜에 표시된 값이다. 각 F-통계량은 세 가지 제약(절편항과 기간 가산금리의 두 시차 항 계수 모두 변화 없음)을 검정하므로 $q = 3$이다. 이러한 F-통계량 중 가장 큰 값은 1980년 4분기에 발생한 6.47로, 이것이 QLR 통계량이다. 이 6.47 값을 표 15.5에서 $q = 3$에 해당하는 임곗값과 비교하

핵심 개념 **15.8**

계수 안정성에 대한 QLR 검정

$F(\tau)$는 시점 τ에서 회귀 계수의 변화(단절, break)를 검정하는 F-통계량을 나타낸다. 예를 들어 식 (15.35)에서 이는 $\gamma_0 = \gamma_1 = \gamma_2 = 0$이라는 귀무가설을 검정하는 F-통계량이다. QLR (또는 sup-Wald) 검정 통계량은 $\tau_0 \leq \tau_1$의 범위에서 가장 큰 F-통계량이다.

$$\text{QLR} = \max[F(\tau_0), F(\tau_0 + 1), \ldots, F(\tau_1)] \tag{15.36}$$

1. F-통계량과 마찬가지로 QLR 통계량도 모든 회귀 계수 또는 일부 회귀 계수에서의 변화를 검정하는 데 사용할 수 있다.
2. 대표본에서, 귀무가설하의 QLR 통계량의 분포는 검정되는 제약의 수 q, T에 대한 비율로 표시된 양 끝점 τ_0 및 τ_1에 따라 달라진다. 임곗값은 15% 절사($\tau_0 = 0.15T$ 및 $\tau_1 = 0.85T$, 가장 가까운 정수로 반올림) 기준으로 표 15.5에 있다.
3. QLR 검정은 회귀함수의 단일 이산적 변화, 다중 이산적 변화, 그리고/또는 점진적 변화를 감지할 수 있다.
4. 회귀함수에 명확한 단절이 있을 경우, 가장 큰 Chow 통계량이 발생하는 시점이 단절 시점(break date)의 추정량이 된다.

그림 15.5 식 (15.15)에서 각 시점의 단절을 검정하기 위한 F-통계량

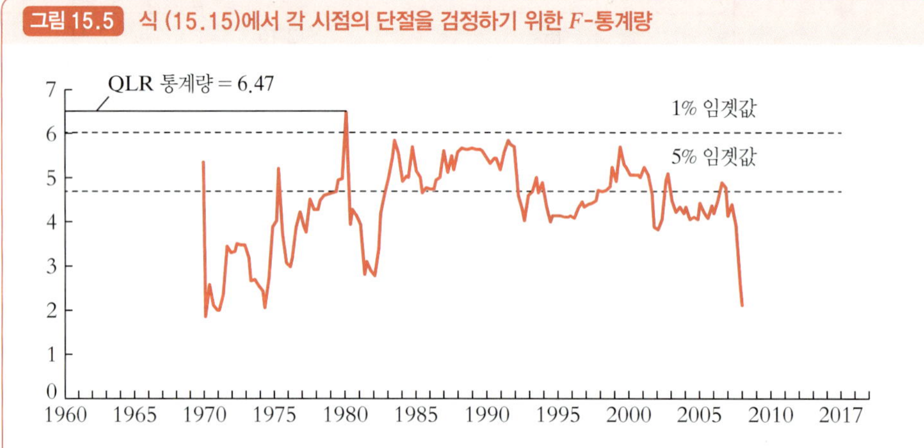

여기에 표시된 특정 변화 시점의 F-통계량은 식 (15.15)에서 TSpread_{t-1}, TSpread_{t-2}의 계수 중 적어도 하나 또는 절편항이 변했다는 귀무가설을 검정한다. 예를 들어 1975년 1분기에 변화를 검정하는 F-통계량은 2.07이다. QLR 통계량인 6.47은 이들 F-통계량 중 가장 큰 값이며, 1% 임곗값인 6.02를 초과한다.

면, 이 계수들이 안정적이라는 가설이 1% 유의수준에서 기각된다는 것을 알 수 있다. (1% 임곗값은 6.02이다.) 따라서 표본 기간 동안 적어도 하나의 계수가 변화했다는 통계적으로 유의미한 증거가 있다.

유사 표본 외 예측을 이용한 변화 탐지

예측 모형에 대한 최종 검정은 표본 외 성능, 즉 모형이 추정된 후 '실시간'의 예측 성능이다. MSFE를 추정하기 위해 핵심 개념 15.7에서 소개한 유사 표본 외 예측(pseudo out-of-sample forecasting)은 예측모형의 실시간 성능을 시뮬레이션하며, 표본의 끝부분 근처에서 발생하는 변화를 감지하는 데 사용할 수 있다.

이를 가장 직접적이고 유용하게 수행하는 방법은 표본 내 예측치, 유사 표본 외 예측치, 시계열 실제값의 시계열 그래프를 이용하는 것이다. 유사 표본 외 기간 동안 예측이 눈에 띄게 악화하면 예측모형의 붕괴 가능성을 경고하는 적신호일 수 있다. 또 다른 방법은 $\widehat{MSFE}_{POOS}$와 $\widehat{MSFE}_{FPE}$를 비교하는 것이다. 여기서 $\widehat{MSFE}_{FPE}$는 $\widehat{MSFE}_{POOS}$를 계산할 때 사용된 동일한 추정 표본(맨 처음의 $T-P$ 관측치)에서 계산된다. 시계열이 정상성을 가지면, 이 두 MSFE 추정치는 수치적으로 비슷해야 한다. $\widehat{MSFE}_{POOS}$값이 $\widehat{MSFE}_{FPE}$보다 훨씬 큰 경우, 이는 정상성 위반 가능성, 즉 예측식의 붕괴 가능성을 시사한다.

적용 사례: 2000년대 동안 기간 가산금리의 예측력이 변화했는가? QLR 통계량을 사용해 기간 가산금리의 예측력이 안정적이라는 귀무가설을 1980년대 초에 변화가 발생했다는 대립가설에 대해 1% 유의수준에서 기각했다. 그렇다면 ADL(2, 2) 모형이 1980년 4분기 이후에도 안정적인 예측모형을 제공하는가?

만약 ADL(2, 2) 모형의 계수가 1981년 1분기부터 2017년 3분기까지의 기간 말에 변화했다면, 1981년 1분기부터 시작하는 추정 표본을 사용해 계산된 유사 표본 외 예측이 악화할 것이다. 2003년 1분기부터 2017년 3분기까지의 GDP 성장률에 대한 유사 표본 외 예측은 1981년 1분기부터 2002년 4분기까지의 추정 표본과 핵심 개념 5.7의 방법을 사용해 계산되었으며, 실제 GDP 성장률과 함께 그림 15.6에 표시되었다. 유사 표본 외 예측 오차는 실제 GDP 성장률과 유사 표본 외 예측치의 차이, 즉 그림 15.6에서 두 선의 차이다. 예를 들어 2006년 4분기에 GDP 성장률은 연율로 3.1퍼센트포인트였지만, 2006년 4분기에 대한 유사 표본 외 예측치는 1.6퍼센트포인트였으므로, 유사 표본 외 예측 오차는

그림 15.6 미국 GDP 성장률과 유사 표본 외 예측

식 (15.15) 형태의 ADL(2, 2) 모형을 사용해 만든 유사 표본 외 예측은 2003년부터 2017년까지의 실제 GDP 성장률을 대체로 잘 추적하지만, 2008년 금융 위기 이후의 급격한 GDP 감소를 예측하는 데는 실패했다.

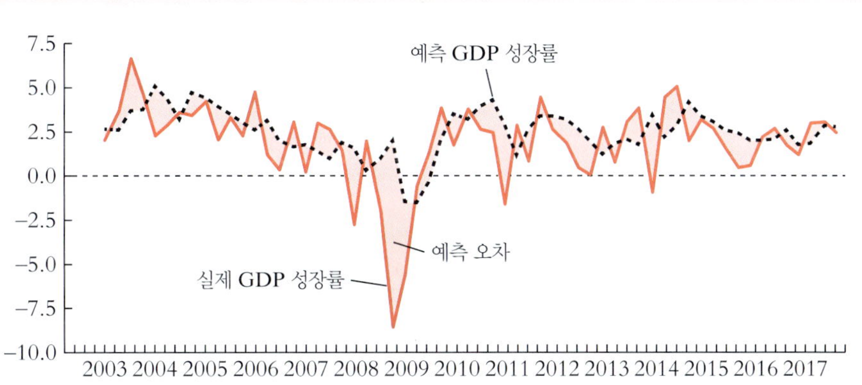

$GDPGR_{2006:Q4} - \widehat{GDPGR}_{2006:Q4|2006:Q3} = 1.5$퍼센트포인트이다. 즉 2006년 3분기까지의 자료를 사용해 ADL(2, 2) 모형을 추정한 예측자는 2006년 4분기에 1.6퍼센트포인트의 GDP 성장을 예측했지만, 실제로는 GDP가 3.1퍼센트포인트 성장한 것이다.

유사 표본 외 예측 오차의 평균과 표준편차는 모형의 표본 내 적합성과 어떻게 비교되는가? 예측모형이 안정적이라면, 유사 표본 외 예측 오차의 평균은 0이어야 한다. 그러나 2003년 1분기부터 2017년 4분기까지의 유사 표본 외 예측 기간 동안 평균 예측 오차는 −0.57이었으며, 평균 예측 오차가 0이라는 가설을 검정하는 t-통계량은 −2.00이다. 따라서 예측 오차의 평균이 0이라는 가설은 5% 유의수준에서 기각된다. 그럼에도 불구하고 $\widehat{RMSFE}_{FPE} =$ 2.45(1981년 1분기~2002년 4분기)이고, $\widehat{RMSFE}_{POOS} = 2.29$(2003년 1분기~2017년 4분기)로, 표본 외 기간 동안 예측이 약간 개선되었음을 나타낸다. 그림 15.6은 금융 위기와 그 직후 GDP가 가장 급격히 감소한 기간인 2008년 말과 2009년 초를 제외하면 유사 표본 외 예측이 실제 GDP 성장을 비교적 잘 추적하고 있음을 보여준다. 2008년 4분기를 제외하면 $\widehat{RMSFE}_{POOS}$는 2.29에서 1.85로 감소한다.

유사 표본 외 예측 실험에 따르면 2003년 1분기부터 2017년 4분기까지의 유사 표본 외 기간 동안 ADL(2, 2) 예측 모형의 성능은 2008년 말 GDP의 급격한 감소를 제외하고는 1981년 1분기부터 2002년 4분기까지의 표본 내 기간 동안 성능보다 더 나았다.[11]

단절로 인한 문제를 피하는 방법

모집단 회귀함수에서 발생한 단절을 조정하는 최선의 방법은 그 단절의 원인에 따라 달라진다. 특정 시점에 명확한 단절이 발생한 경우, QLR 통계량이 높은 확률로 그 단절을 감지하고 단절 시점을 추정할 수 있다. 그런 다음 이 단절과 관련된 2개의 하위 표본을 나타내는 이진변수를 사용하고, 필요에 따라 다른 설명변수와의 상호작용을 포함해 회귀함수를 재추정한다. 모든 계수가 변화한다면, 이는 단절 이후(post-break)의 데이터를 사용해 회귀모형을 재추정하는 것으로 단순화된다. 실제로 명확한 단절이 있다면, 이후 회귀계수에 대한 추론은 통상적인 방식으로 진행될 수 있다. 예를 들어 t-통계량에 기반한 가설검정에서 정규분포의 임곗값을 사용할 수 있다. 또한 단절 이후 모형을 사용해 추정된 회귀함수를 이용한 예측을 수행할 수 있다.

만약 변화(단절)가 뚜렷하지 않고 오히려 회귀모수의 느리고 지속적인 변화에서 비롯된 것이라면, 이를 해결하는 방법은 더 복잡하며 이 책의 범위를 벗어난다.[12]

11 ADL(2, 2) 모형만이 2008년 4분기의 GDP 성장률을 예측하지 못한 것은 아니었다. 필라델피아 연방준비은행의 연구원들은 2008년 3분기에 47명의 전문 예측가를 대상으로 설문조사를 실시했으며, 이들에게 4분기 GDP 성장률에 대한 예측을 요청했다. 47개 예측치의 중앙값은 0.7%로, ADL(2, 2) 모형의 예측치인 2.0%보다 낮았다. 실제로 2008년 4분기의 GDP 성장률은 -8.5%였다.

12 이산적 단절이 있는 경우의 추정과 검정에 대한 추가 논의는 Hansen(2001)을 참조하라. 느리게 변화하는 계수가 있을 때의 추정 및 예측에 대한 심화 논의는 Hamilton(1994, Chapter 13)을 참조하라.

15.9 결론

시계열 데이터에서는 변수들이 일반적으로 연속된 관측치, 즉 시점 간에 상관관계를 가진다. 이 상관관계의 결과로, 현재와 과거의 값을 기반으로 한 선형회귀모형을 사용해 시계열의 미래 값을 예측할 수 있다. 시계열 회귀모형의 출발점은 자기회귀모형으로, 여기서 설명변수는 종속변수의 시차 값들을 사용한다. 추가적인 예측변수가 있다면 그 시차도 회귀에 추가할 수 있다. 이 장에서는 예측 회귀모형을 설정하고 추정하는 방법, 경쟁하는 예측 회귀모형 중에서 선택하는 방법, 데이터의 추세를 처리하는 방법, 예측모형의 안정성을 평가하는 방법을 설명했다.

이 장에서 다룬 시계열 회귀모형은 예측을 위해 개발되었으며, 일반적으로 회귀 계수들은 인과적 해석을 가지지 않는다. 그러나 일부 사례에서의 목표는 예측모형을 개발하는 것이 아니라 시계열 변수들 간의 인과 관계를 추정하는 것이다. 즉 X의 변화가 시간에 따라(over time) Y에 미치는 **동적**(dynamic) 인과효과를 추정하는 것이다. 적절한 조건하에서, 이 장에서 다룬 방법이나 이와 밀접하게 관련된 방법을 사용해 동적 인과효과를 추정할 수 있으며, 이것이 다음 장에서 다룰 주제이다.

요약

1. 예측에 사용되는 회귀모형은 인과적 해석을 가질 필요가 없다.

2. 시계열 변수는 일반적으로 하나 이상의 시차 값과 상관관계를 가지며, 이는 자기상관성을 가진다는 의미이다.

3. 예측의 정확성은 평균제곱 예측 오차(MSFE)로 측정된다.

4. p차 자기회귀모형은 설명변수가 종속변수의 첫 번째부터 p번째 시차까지인 선형 다중회귀모형이다. AR(p)의 계수는 OLS로 추정할 수 있으며, 추정된 회귀함수는 예측에 사용할 수 있다. 시차 차수 p는 BIC나 AIC와 같은 정보 기준을 사용해 추정할 수 있다.

5. 자기회귀모형에 다른 변수들과 그 시차를 추가하면 예측 성능을 향상시킬 수 있다. 시계열 회귀모형을 사용한 예측에서 최소제곱 가정을 만족할 경우(핵심 개념 15.6), OLS 추정량은 대표본에서 정규분포를 가지며, 통계적 추론은 횡단면 데이터와 동일한 방식으로 진행된다.

6. 예측구간은 예측의 불확실성을 정량화한다. 오차가 정규분포를 따른다면, 예측치에 평균제곱근 예측 오차(RMSFE)의 추정치를 더하거나 빼는 방식으로 대략 68% 예측구간을 구성할 수 있다.

7. 확률적 추세를 포함하는 시계열은 비정상성을 가진다. 랜덤워크 확률적 추세는 ADF 통계량을 사용해 감지할 수 있으며, 시계열의 1차 차분을 사용해 제거할 수 있다.

8. 모집단 회귀함수가 시간에 따라 변한다면, 이러한 불안정을 무시한 OLS 추정치는 신뢰할 수 없는 예측을 제공하게 된다. QLR 통계량을 사용해 단절을 검정할 수 있으며, 이산적 단절이 발견되면 이를 고려해 회귀함수를 재추정할 수 있다.

9. 유사 표본 외 예측은 제곱근 평균제곱 예측 오차를 추정하고, 다양한 예측모형을 비교하며, 표본의 끝부분에서 모형의 안정성을 평가하는 데 사용할 수 있다.

핵심 용어

가짜 회귀spurious regression
결정적 추세deterministic trend
계열상관serial correlation
국내총생산gross domestic product, GDP
기간 가산금리(텀스프레드) term spread
다단계 예측multi-step ahead forecast
단위근unit root
단절break
단절 시점break date
드리프트를 포함한 랜덤워크random walk with drift
랜덤워크random walk
베이즈 정보 기준Bayes information criterion, BIC
비정상성nonstationarity
시차 다항식lag polynomial
시차 연산자lag operator
아카이케 정보 기준Akaike information criterion, AIC
약한 종속성weak dependence
예측구간forecast interval
예측 오차forecast error
오라클 예측치oracle forecast
유사 표본 외 예측pseudo out-of-sample forecasting
일차 차분first difference
자기상관autocorrelation
자기상관계수autocorrelation coefficient
자기회귀모형autoregression
자기회귀시차분포모형autoregressive distributed lag(ADL) model
자기회귀-이동평균(ARMA) 모형 autoregressive-moving average(ARMA) model
정상성stationarity
첫 번째 시차first lag
최종 예측 오차final prediction error, FPE
추세trend
팬 차트fan chart
평균제곱근 예측 오차root mean squared forecast error, RMSFE
평균제곱 예측 오차mean squared forecast error, MSFE
확대 Dickey-Fuller(ADF) 통계량 augmented Dickey-Fuller(ADF) statistic
확률적 추세stochastic trend
ADL(p, q)
Dickey-Fuller 통계량Dickey-Fuller statistic
j번째 시차jth lag
j차 자기공분산jth autocovariance
p차 자기회귀[AR(p)]모형pth-order autoregressive [AR(p)] model
Quandt 우도 비율 통계량Quandt likelihood ratio(QLR) statistic
1단계 예측one-step ahead forecast
1차 자기회귀모형first-order autoregression

복습문제

15.1 그림 15.2의 네 가지 그래프를 보라—미국 실업률, 미국 달러/영국 파운드 환율, 일본 산업생산지수의 로그값, 윌셔 5000 종합시장지수 일일 값의 백분율 변화. 이들 중 어떤 시계열이 비정상적(nonstationary)으로 보이는가? 어떤 시계열이 랜덤워크와 유사한가?

15.2 많은 금융 경제학자가 랜덤워크 모형이 주가의 로그값을 잘 설명한다고 믿는다. 이는 주가의 백분율 변동을 예측할 수 없음을 의미한다. 한 금융 분석가가 자신의 새로운 모형이 랜덤워크 모형보다 더 나은 예측을 한다고 주장한다. 자신의 모형이 더 우수하다는 이 분석가의 주장을 어떻게 검토할 것인지 설명하라.

15.3 한 연구자가 절편을 포함한 AR(1) 모형을 추정한 결과, β_1의 OLS 추정치가 0.88이고, 표준 오차가 0.03이라는 결과를 얻었다. 95% 신뢰구간은 $\beta_1 = 1$을 포함하는가? 설명하라.

15.4 식 (15.15)에서 절편항이 1992년 1분기에 변화한 것으로 의심된다고 가정하자. 이 변화를 반영하기 위해 식을 어떻게 수정하겠는가? 절편항의 변화를 어떻게 검정하겠는가? 변화 시점을 알지 못할 경우 절편항의 변화를 어떻게 검정하겠는가?

연습문제

15.1 $Y_t = \beta_0 + \beta_1 Y_{t-1} + u_t$인 AR(1) 모형을 고려하자. 이 시계열은 정상적(stationary)이라고 가정하자.

a. $E(Y_t) = E(Y_t - 1)$임을 보여라. (힌트: 핵심 개념 15.3을 읽어보라.)

b. $E(Y_t) = \beta_0/(1 - \beta_1)$임을 보여라.

15.2 산업생산지수(IP_t)는 특정 월에 생산된 산업 제품의 양을 측정하는 월간 시계열이다. 이 문제에서는 미국의 산업생산지수 데이터를 사용한다. 모든 회귀분석은 1986년 1월부터 2017년 12월까지의 표본 기간 동안 추정된다. 여기서 $Y_t = 1200 \times \ln(IP_t/IP_{t-1})$이라고 하자.

a. 한 예측가가 Y_t는 연간 퍼센트포인트로 측정된 산업생산지수(IP)의 월간 퍼센트 변화를 나타낸다고 말한다. 이것이 맞는가? 왜 그런가?

b. 예측가는 Y_t에 대해 다음과 같은 AR(4) 모형을 추정했다고 가정하자.

$$\hat{Y}_t = \underset{(0.488)}{0.749} + \underset{(0.088)}{0.071} Y_{t-1} + \underset{(0.053)}{0.170} Y_{t-2} + \underset{(0.078)}{0.216} Y_{t-3} + \underset{(0.064)}{0.167} Y_{t-4}$$

2017년 7월부터 2017년 12월까지의 IP값을 사용해, 이 AR(4) 모형을 이용해 2018년 1월의 Y_t값을 예측하라.

날짜	2017년 7월	2017년 8월	2017년 9월	2017년 10월	2017년 11월	2017년 12월
IP	105.01	104.56	104.82	106.58	106.86	107.30

c. 생산의 잠재적인 계절적 변동을 우려해, 예측가는 자기회귀모형에 Y_{t-12}를 추가했다. Y_{t-12}의 추정 계수는 −0.061이고, 표준 오차는 0.043이다. 이 계수는 통계적으로 유의한가?

d. 예측가는 잠재적인 단절(break)을 우려해 AR(4) 모형에서 상수항과 AR 계수에 대해 15% 절사를 적용한 QLR 검정을 수행했다. 결과로 나온 QLR 통계량은 1.80이다. 단절의 증거가 있는가? 설명하라.

e. 모형에 너무 적거나 많은 시차를 포함했을까 걱정한 예측가는 동일한 표본 기간 동안

$p = 0, 1, \ldots, 6$에 대한 AR(p) 모형을 추정했다. 각 추정된 모형의 잔차제곱합이 표에 표시되어 있다. BIC를 사용해 자기회귀모형에 포함해야 할 시차의 수를 추정하라. AIC를 사용했을 때 결과가 달라지는가?

AR 차수	0	1	2	3	4	5	6
SSR	21,045	20,043	18,870	17,838	17,344	17,337	17,306

15.3 연습문제 15.2와 동일한 데이터로 연구자가 다음 회귀식을 사용해 $\ln(IP_t)$의 확률적 추세를 검정한다.

$$\widehat{\Delta \ln(IP_t)} = \underset{(0.013)}{0.026} + \underset{(0.000067)}{0.000097t} - \underset{(0.0037)}{0.0070 \ln(IP_{t-1})} + \underset{(0.050)}{0.068 \Delta \ln(IP_{t-1})}$$
$$+ \underset{(0.049)}{0.169 \Delta \ln(IP_{t-2})} + \underset{(0.050)}{0.219 \Delta \ln(IP_{t-3})} + \underset{(0.051)}{0.173 \Delta \ln(IP_{t-4})}$$

여기서 괄호 안에 표시된 표준 오차는 등분산성 전용 공식으로 계산되었으며, 설명변수 t는 선형 시계열 추세이다.

a. $\ln(IP)$의 확률적 추세(단위근)를 검정하기 위해 ADF 통계량을 사용하라.

b. 이 결과는 연습문제 15.2에 사용된 모형의 설정(specification)을 지지하는가? 설명하라.

15.4 연습문제 15.2의 예측가는 *IP* 성장률에 대한 AR(4) 모형에 3개월 만기 미국 국채의 이자율 R_t의 1차 차분인 ΔR_t의 4개 시차 값을 포함하도록 모형을 확장했다(연율이며 퍼센트포인트로 측정됨).

a. ΔR_t의 4개 시차에 대한 F-통계량은 3.91이다. 이자율은 *IP* 성장률을 예측하는 데 도움이 되는가? 설명하라.

b. 연구자는 또한 ΔR_t가 종속변수이고 상수항, ΔR_t의 4개 시차, 그리고 *IP* 성장률의 4개 시차가 설명변수인 회귀모형을 추정했다. *IP* 성장률의 4개 시차에 대한 F-통계량은 1.48이다. *IP* 성장률이 이자율을 예측하는 데 도움이 되는가? 설명하라.

15.5 조건부 평균, 예측, 예측 오차에 대한 다음 결과를 증명하라.

a. W는 평균이 μ_W이고 분산이 σ_w^2인 확률변수이고 c는 상수이다. $E[(W-c)^2] = \sigma_w^2 + (\mu_W - c)^2$임을 보여라.

b. Y_{t-1}, Y_{t-2}, … 데이터를 이용해 Y_t를 예측하는 문제를 생각해보자. f_{t-1}은 Y_t의 임의의 예측치이다. 여기서 f_{t-1}의 아래첨자 $t-1$은 예측치가 $t-1$시점까지의 데이터 함수임을 나타낸다. $E[(Y_t - f_{t-1})^2 | Y_{t-1}, Y_{t-2}, \ldots]$은 $t-1$시점까지 관측된 Y의 값들을 조건부로 하는 예측치 f_{t-1}의 조건부 평균제곱 예측 오차이다. $f_{t-1} = Y_{t|t-1}$일 때 이 평균제곱 예측 오차가 최소화되는 것을 증명하라. 여기서 $Y_{t|t-1} = E(Y_t | Y_{t-1}, Y_{t-2}, \ldots)$이다. (힌트: 부록 2.2를 검토하라.)

c. 식 (15.12)에서 u_t는 오차항이다. $\text{cov}(u_t, u_{t-j}) = 0$, $j \neq 0$임을 증명하라. [힌트: 식 (2.28)을 이용하라.]

15.6 이 연습문제에서는 15.7절에서 논의한 가짜 회귀 현상을 연구하기 위해 몬테카를로(Monte

Carlo) 실험을 수행할 것이다. 몬테카를로 연구에서는 컴퓨터를 사용해 인공 데이터(artifitial data)를 생성한 후, 그 인공 데이터를 사용해 연구 중인 통계량을 계산한다. 이렇게 하면 수학적으로 그 분포의 표현이 복잡하거나(이 경우처럼) 심지어 알려지지 않은 경우에도, 알려진 모형에 대한 통계량의 분포를 계산할 수 있게 된다. 이 연습문제에서는 두 시계열 Y_t와 X_t가 독립적으로 분포된 랜덤워크가 되도록 데이터를 생성할 것이다. 구체적인 단계는 다음과 같다.

i. 컴퓨터를 사용해 $T = 100$개의 독립적이고 동일하게 분포된(i.i.d.) 표준정규분포 확률변수(random variables)를 생성하라. 이 변수들을 e_1, e_2, …, e_{100}이라고 하자. $Y_1 = e_1$이고 $Y_t = Y_{t-1} + e_t$, $t = 2, 3, \ldots, 100$이다.

ii. 컴퓨터를 사용해 $T = 100$개의 독립적이고 동일하게 분포된(i.i.d.) 표준정규분포 확률변수들의 새로운 수열 a_1, a_2, …, a_{100}을 생성하라. $X_1 = a_1$이고 $X_t = X_{t-1} + a_t$, $t = 2, 3, \ldots, 100$이다.

iii. Y_t를 상수항과 X_t에 대해 회귀분석하라. OLS 추정량, 회귀 R^2, β_1(X_t의 계수)이 0이라는 귀무가설을 검정하는(등분산성 전용) t-통계량을 계산하라.

다음 질문에 답하기 위해 이 알고리즘을 사용하라.

a. 알고리즘 (i)에서 (iii)까지 한 번 실행하라. (iii)에서 나온 t-통계량을 사용해 $\beta_1 = 0$이라는 귀무가설을 5% 임곗값 1.96을 사용해 검정하라. 회귀분석의 R^2값은 얼마인가?

b. (a)를 1,000번 반복해 각 R^2값과 t-통계량을 저장하라. R^2값과 t-통계량의 히스토그램을 작성하라. R^2값과 t-통계량의 분포에서 5%, 50%, 95% 백분위수는 얼마인가? 시뮬레이션된 1,000개의 데이터 세트 중에서 t-통계량의 절댓값이 1.96을 초과하는 비율은 얼마인가?

c. (b)를 다른 관측치 수(예: $T = 50$ 및 $T = 200$)로 반복하라. 표본크기가 증가함에 따라, Y와 X가 독립적으로 분포하도록 생성했기 때문에 귀무가설을 기각하는 비율이 5%에 가까워지는가? T가 커질수록 이 비율이 다른 어떤 극한(limit)에 가까워지는가? 그렇다면 그 극한은 무엇인가?

15.7 Y_t가 정상적 AR(1) 모형인 $Y_t = 2.5 + 0.7\ Y_{t-1} + u_t$를 따른다. 여기서 u_t는 i.i.d.이고 $E(u_t) = 0$, $\text{var}(u_t) = 9$이다.

a. Y_t의 평균과 분산을 계산하라. (힌트: 연습문제 15.1을 확인하라.)

b. Y_t의 최초 2개의 자기공분산을 계산하라. (힌트: 부록 15.2를 읽어보라.)

c. Y_t의 최초 2개의 자기상관계수를 계산하라.

d. $Y_T = 102.3$이라 가정하자. $Y_{T+1|T} = E(Y_{T+1} \mid Y_T, Y_{T-1}, \ldots)$을 계산하라.

15.8 Y_t가 미국에서 시작된 주택 건설 프로젝트의 월별 수치를 나타낸다고 가정하자. 날씨 때문에 Y_t는 뚜렷한 계절적 패턴을 갖는다. 예를 들어 주택 착공은 1월에 적고 6월에 많다. μ_{Jan}이 1월의 평균 주택 착공 수치를 나타내고 μ_{Feb}, μ_{Mar}, …, μ_{Dec}이 다른 달들의 평균 수치를 나타낸다고 하자. μ_{Feb}, μ_{Mar}, …, μ_{Dec}의 값을 OLS 회귀식 $Y_t = \beta_0 + \beta_1 Feb_t + \beta_2 Mar_t + \ldots + \beta_{11} Dec_t + u_t$에서 추정할 수 있음을 밝혀라. 여기서 Feb_t는 t가 2월인 경우 1인 이진변수이고, Mar_t는 t가 3월인 경우 1인 이진변수와 같은 방식으로 정의된다. (힌트:

$\beta_0 + \beta_2 = \mu_{Mar}$ 등임을 보여라.)

15.9 q차 이동평균모형(moving average model)은 다음과 같은 형태이다.

$$Y_t = \beta_0 + e_t + b_1 e_{t-1} + b_2 e_{t-2} + \cdots + b_q e_{t-q}$$

여기서 e_t는 평균이 0이고 분산이 σ_e^2이며 계열상관이 없는 확률변수이다.

a. $E(Y_t) = \beta_0$임을 증명하라.
b. Y_t의 분산이 $\text{var}(Y_t) = \sigma_e^2(1 + b_1^2 + b_2^2 + \cdots + b_q^2)$임을 증명하라.
c. $j > q$에 대해 $\rho_j = 0$임을 증명하라.
d. $q = 1$이라고 가정하고 Y의 자기공분산을 도출하라.

15.10 연구자가 30% 절사를 적용해 QLR 검정을 수행했고, $q = 5$의 제약이 있다. 표 15.5('15% 절사를 적용한 QLR 통계량의 임곗값')와 부록 표 4('$F_{m,\infty}$ 분포의 임곗값')의 값을 사용해 다음 질문에 답하라.

a. QLR F-통계량은 3.9이다. 연구자는 귀무가설을 5% 유의수준에서 기각해야 하는가?
b. QLR F-통계량은 1.1이다. 연구자는 귀무가설을 5% 유의수준에서 기각해야 하는가?
c. QLR F-통계량은 3.6이다. 연구자는 귀무가설을 5% 유의수준에서 기각해야 하는가?

15.11 ΔY_t가 AR(1) 모형인 $\Delta Y_t = \beta_0 + \beta_1 \Delta Y_{t-1} + u_t$를 따른다고 가정하자.

a. Y_t가 AR(2) 모형을 따른다는 것을 증명하라.
b. Y_t의 AR(2)의 계수들을 β_0과 β_1의 함수로 도출하라.

15.12 정상적 AR(1) 모형 $Y_t = \beta_0 + \beta_1 Y_{t-1} + u_t$를 고려하자. 여기서 u_t는 i.i.d이고 평균 0, 분산 σ_u^2이다. 이 모형은 시점 $t = 1$부터 $t = T$까지의 데이터를 이용해 추정되며, OLS 추정량 $\hat{\beta}_0$과 $\hat{\beta}_1$을 제공한다. 당신은 시점 $T + 1$의 Y값, 즉 Y_{T+1}을 예측하는 데 관심이 있다. 이 예측치를 $\hat{Y}_{T+1|T} = \hat{\beta}_0 + \hat{\beta}_1 Y_T$라고 하자.

a. 예측 오차가 $Y_{T+1} - \hat{Y}_{T+1|T} = u_{T+1} - [(\hat{\beta}_0 - \beta_0) + (\hat{\beta}_1 - \beta_1)Y_T]$임을 증명하라.
b. u_{T+1}이 Y_T와 독립적임을 보여라.
c. u_{T+1}이 $\hat{\beta}_0$, $\hat{\beta}_1$과 독립적임을 보여라.
d. $\text{var}(Y_{T+1|T} - \hat{Y}_{T+1|T}) = \sigma_u^2 + \text{var}[(\hat{\beta}_0 - \beta_0) + (\hat{\beta}_1 - \beta_1)Y_T]$임을 보여라.

15.13 Y_t가 랜덤워크, 즉 $Y_t = Y_{t-1} + u_t$, $t = 1, \ldots, T$라고 가정하자. 여기서 $Y_0 = 0$이고 u_t는 i.i.d.이며 평균은 0, 분산은 σ_u^2이다.

a. Y_t의 평균과 분산을 계산하라.
b. Y_t와 Y_{t-k} 간의 자기공분산을 계산하라.
c. (a)와 (b)의 결과를 이용해 Y_t가 비정상적(nonstationary)임을 증명하라.

실증문제

E15.1 교재의 웹사이트(**http://www.pearsonglobaleditions.com**)에서 미국의 여러 거시경제 시계열에 대한 분기별 데이터를 포함하고 있는 데이터 파일 **USMacro_Quarterly**를 찾을 수

있다. 데이터는 **USMacro_Description** 파일에 설명되어 있다. 변수 *PCEP*는 미국 국민소득 및 생산 계정에서 개인 소비 지출에 대한 가격 지수이다. 이 연습문제에서는 *PCEP*를 기반으로 인플레이션율을 예측하는 모형을 구성할 것이다. 이 분석을 위해 1963년 1분기부터 2017년 4분기까지의 표본 기간을 사용한다. (필요한 경우 회귀분석에서 시차의 초깃값으로 1963년 이전의 데이터를 사용할 수 있다.)

a. i. 인플레이션 $Infl = 400 \times [\ln(PCEP_t) - \ln(PCEP_{t-1})]$을 계산하라. *Infl*은 무엇인가? (*Infl*은 달러, 퍼센트포인트, 분기당 퍼센트, 연간 퍼센트, 혹은 다른 단위로 측정되는가? 설명하라.)

ii. 1963년 1분기부터 2017년 4분기까지의 *Infl*값을 그래프로 나타내라. 이 그래프를 기반으로, *Infl*이 확률적 추세를 가지고 있다고 생각하는가? 설명하라.

b. i. $\Delta Infl$의 최초 4개의 자기상관관계를 계산하라.

ii. 1963년 1분기부터 2017년 4분기까지의 $\Delta Infl$ 값을 그래프로 나타내라. 그래프는 거칠거나 톱니 모양으로 보일 것이다. 이 움직임이 (i)에서 계산한 첫 번째 자기상관관계와 일치하는 이유를 설명하라.

c. i. $\Delta Infl_t$를 $\Delta Infl_{t-1}$에 대해 OLS 회귀분석하라. 현재 분기의 인플레이션 변화가 다음 분기의 인플레이션 변화를 예측하는 데 도움이 되는지 설명하라.

ii. $\Delta Infl_t$에 대한 AR(2) 모형을 추정하라. AR(2) 모형이 AR(1) 모형보다 더 나은가? 설명하라.

iii. $p = 0, \ldots, 8$에 대해 AR(p) 모형을 추정하라. BIC에 의해 선택되는 시차의 길이는 무엇인가? AIC에 의해 선택되는 시차의 길이는 무엇인가?

iv. AR(2) 모형을 사용해 2017년 4분기부터 2018년 1분기까지의 인플레이션 변화, 즉 $\Delta Infl_{2018:Q1}$을 예측하라.

v. AR(2) 모형을 사용해 2018년 1분기의 인플레이션 수준, 즉 $Infl_{2018:Q1}$을 예측하라.

d. i. $\Delta Infl$의 2개 시차를 포함한 식 (15.32)의 회귀모형에[따라서 식 (15.32)에서 $p = 3$] ADF 검정을 수행해 *Infl*에 확률적 추세가 있는지 검정하라.

ii. *Infl*의 확률적 추세를 검정하기 위해서 식 (15.32)에 기반한 ADF 검정이 식 (15.33)에 기반한 검정보다 선호되는가? 설명하라.

iii. (i)에서 $\Delta Infl$의 2개 시차를 사용했다. 더 많은 시차를 사용해야 하는가? 더 적은 시차가 사용되어야 하는가? 설명하라.

iv. (i)에서 수행한 검정에 의하면 *Infl*에 대한 AR 모형이 단위근을 갖는가? 신중하게 설명하라. (힌트: 귀무가설의 기각 실패가 귀무가설이 참임을 의미하는가?)

e. $\Delta Infl$에 대한 AR(2) 모형의 회귀 계수 안정성을 검정하기 위해 15% 절사를 적용한 QLR 검정을 시행하라. AR(2) 모형이 안정적인가? 설명하라.

f. i. 1963년 1분기에 시작하는 표본 기간을 사용해 $\Delta Infl$의 AR(2) 모형을 기반으로, 2003년 1분기부터 2017년 4분기까지의 인플레이션 변화에 대한 유사 표본 외 예측을 계산하라. (즉 $\widehat{\Delta Infl}_{2003:Q1|2002:Q4}$, $\widehat{\Delta Infl}_{2003:Q2|2003:Q1}$, . . . , $\widehat{\Delta Infl}_{2017:Q4|2017:Q3}$을 계산하라.)

ii. 유사 표본 외 예측은 편향되었는가? 다시 말해 예측 오차의 평균이 0이 아닌가?

iii. 유사 표본 외 예측의 RMSFE는 얼마나 큰가? 이것이 1963년 1분기부터 2002년

4분기까지의 표본 기간 동안 추정된 $\Delta Infl$에 대한 AR(2) 모형과 일치하는가?

iv. 2008년 4분기에 큰 이상치가 있다. 2008년 4분기에 인플레이션이 왜 그렇게 많이 하락했는가? (힌트: 유가에 대한 데이터를 수집하라. 2008년에 유가에 어떤 일이 발생했는가?)

E15.2 글상자 '시장을 이길 수 있는가?'를 읽어라. 그런 뒤 강의 웹사이트로 가서, 글상자에 설명된 데이터 세트의 확장된 버전을 찾아보라. 데이터는 파일 **Stock_Returns_1931_2002**에 있으며, 파일 **Stock_Returns_1931_2002_Description**에 설명되어 있다.

a. 1932년 1월부터 2002년 12월까지의 표본 기간 동안 추정된 회귀모형을 사용해 표 15.2에서 보고된 계산을 반복하라.

b. 1932년 1월에 시작하는 회귀분석을 사용해 1983년 1월부터 2002년 12월까지의 초과 수익률에 대한 유사 표본 외 예측치를 구성하라.

c. (a)~(b)에서의 결과가 글상자에서 도출된 결론에 중요한 변화를 시사하는가? 설명하라.

부록 15.1 15장에서 사용된 시계열 데이터

미국의 거시경제 시계열 데이터는 다양한 정부 기관에 의해 수집 및 발표된다. 상무부의 경제분석국(Bureau of Economic Analysis)은 이 장에서 사용한 GDP 데이터를 포함하는 국민소득 및 생산계정(National Income and Product Accounts)을 발표한다. 실업률은 노동통계국(Bureau of Labor Statistics)의 인구통계조사를 통해 계산되며, 이는 부록 3.1에서 다루어진다. 여기서 사용된 분기별 데이터는 월별 값을 평균 내어 계산되었다. 10년 만기 국채 금리, 3개월 만기 국채 증권 금리, $/£ 환율 데이터는 연방준비제도(Federal Reserve System)에서 보고한 일일 금리의 분기별 평균이다. 일본 산업생산지수는 경제협력개발기구(OECD)에서 발표한다. 주식 가격 지수인 윌셔 5000 종합시장지수의 일일 백분율 변화는 $100\Delta\ln(W5000_t)$로 계산되었으며, 여기서 $W5000_t$는 지수의 일일 값을 나타낸다. 주식 거래소는 주말과 공휴일에 열리지 않기 때문에 분석 기간은 영업일이다. 우리는 이 모든 데이터 시계열을 세인트루이스 연방준비은행의 연방준비경제데이터(FRED) 웹사이트에서 얻었다. 그곳에서 수천 개의 거시경제변수에 대한 시계열 데이터를 찾을 수 있다.

표 15.2의 회귀분석은 미국의 월별 금융 데이터를 사용한다. 주가(P_t)는 증권가격연구센터(Center for Research in Security Prices, CRSP)에서 작성한 광범위한(뉴욕증권거래소와 AMEX) 가치가중(value-weighted) 주가 지수로 측정된다. 월별 초과 수익률(퍼센트)은 다음과 같이 계산된다: $100 \times \{\ln[(P_t + Div_t)/P_{t-1}] - \ln(TBill_t)\}$. 여기서 Div_t는 CRSP 지수에 포함된 주식의 배당금이며, $TBill_t$는 해당 월 동안 30일 만기 국채의 총 수익률(이자율에 1을 더한 값)이다. Motohiro Yogo에게 그의 도움과 이 데이터를 제공해 준 것에 감사드린다.

부록 15.2 AR(1)의 정상성

이 부록은 $|\beta_1| < 1$이고 u_t가 정상성을 가질 때 Y_t가 정상성을 가진다는 것을 보여준다. 핵심개념 15.3에서 언급된 바와 같이, 시계열 변수 Y_t가 정상성을 가지려면 $(Y_{s+1}, \ldots, Y_{s+T})$의 결합 분포가 T값에 상관없이 s에 따라 변하지 않아야 한다. 논의를 간소화하기 위해, $\beta_0 = 0$이고 $\{u_t\}$가 i.i.d. $N(0, \sigma_u^2)$라는 단순화 가정하에서 $T = 2$인 경우를 통해 이를 보여준다.

첫 번째 단계는 Y_t를 u_t들로 나타내는 표현식을 유도하는 것이다. $\beta_0 = 0$이기 때문에 식 (15.8)은 $Y_t = \beta_1 Y_{t-1} + u_t$를 의미한다. $Y_{t-1} = \beta_1 Y_{t-2} + u_{t-1}$을 대입하면 $Y_t = \beta_1(\beta_1 Y_{t-2} + u_{t-1}) + u_t = \beta_1^2 Y_{t-2} + \beta_1 u_{t-1} + u_t$를 얻는다. 이 대입을 계속하면 다음 단계에서 $Y_t = \beta_1^3 Y_{t-3} + \beta_1^2 u_{t-2} + \beta_1 u_{t-1} + u_t$를 도출할 수 있고, 무한히 계속하면 다음 식을 구할 수 있다.

$$Y_t = u_t + \beta_1 u_{t-1} + \beta_1^2 u_{t-2} + \beta_1^3 u_{t-3} + \cdots = \sum_{i=0}^{\infty} \beta_1^i u_{t-i} \qquad (15.37)$$

따라서 Y_t는 현재와 과거 u_t들의 가중평균으로 표현된다. u_t들이 정규분포를 따르며, 정규확률변수들의 가중평균이 정규분포를 따른다는 점(2.4절 참조)에서, Y_{s+1}과 Y_{s+2}는 2변량 정규분포(bivariate normal distribution)를 가진다. 2.4절에서 언급한 바와 같이 2변량 정규분포는 두 변수의 평균, 분산, 공분산에 의해 완전히 결정된다. 따라서 Y_t가 정상성을 가지는지 확인하기 위해서는 Y_{s+1}과 Y_{s+2}의 평균, 분산, 그리고 공분산이 s에 의존하지 않는다는 것을 보여주어야 한다. 아래에서 사용한 논리의 확장은 $(Y_{s+1}, Y_{s+2}, \ldots, Y_{s+T})$의 분포가 s에 의존하지 않는다는 것을 증명하는 데 사용할 수 있다.

Y_{s+1}과 Y_{s+2}의 평균과 분산은 식 (15.37)을 사용해 계산할 수 있으며, 이때 t 대신 아래첨자 $s+1$ 또는 $s+2$를 사용한다. 첫째, 모든 t에 대해 $E(u_t) = 0$이기 때문에 $E(Y_t) = E(\sum_{i=0}^{\infty} \beta_1^i u_{t-i}) = \sum_{i=0}^{\infty} \beta_1^i E(u_{t-i}) = 0$, 그 결과 Y_{s+1}과 Y_{s+2}의 평균은 모두 0이고 특히 s에 의존하지 않는다. 둘째, $\text{var}(Y_t) = \text{var}(\sum_{i=0}^{\infty} \beta_1^i u_{t-i}) = \sum_{i=0}^{\infty} (\beta_1^i)^2 \text{var}(u_{t-i}) = \sigma_u^2 \sum_{i=0}^{\infty} (\beta_1^2)^i = \sigma_u^2/(1-\beta_1^2)$, 여기서 마지막 등식은 $|a| < 1$, $\sum_{i=0}^{\infty} a^i = 1/(1-a)$ 때문에 성립한다. 따라서 $\text{var}(Y_{s+1}) = \text{var}(Y_{s+2}) = \sigma_u^2/(1-\beta_1^2)$이다. 마지막으로 $Y_{s+2} = \beta_1 Y_{s+1} + u_{s+2}$이기 때문에, $\text{cov}(Y_{s+1}, Y_{s+2}) = E(Y_{s+1} Y_{s+2}) = E[Y_{s+1}(\beta_1 Y_{s+1} + u_{s+2})] = \beta_1 \text{var}(Y_{s+1}) + \text{cov}(Y_{s+1}, u_{s+2}) = \beta_1 \text{var}(Y_{s+1}) = \beta_1 \sigma_u^2/(1-\beta_1^2)$이다.

공분산이 s에 의존하지 않기 때문에 Y_{s+1}과 Y_{s+2}는 s에 의존하지 않는 결합 확률분포를 가지며, 이는 결합 분포가 정상성을 가진다는 것을 의미한다. 만약 $|\beta_1| \geq 1$이면, 식 (15.37)의 무한 합이 수렴하지 않기 때문에 이 계산은 성립하지 않게 되고 Y_t의 분산은 무한대가 된다. 따라서 $|\beta_1| < 1$일 때 Y_t는 정상성을 가지지만, $|\beta_1| \geq 1$일 때는 그렇지 않다.

앞서의 논의는 $\beta_0 = 0$이고 u_t가 정규분포를 따른다는 가정하에 이루어졌다. 만약 $\beta_0 \neq 0$이라면, 논의는 유사하지만 Y_{s+1}과 Y_{s+2}의 평균이 $\beta_0/(1-\beta_1)$이 되며, 식 (15.37)은 이 영이 아닌 평균을 반영하도록 수정되어야 한다. u_t가 i.i.d. 정규분포를 따른다는 가정은, u_t가 유한한 분산을 가진 정상 시계열이라는 가정으로 대체될 수 있다. 왜냐하면, 식 (15.37)에 따라 Y_t

는 여전히 현재와 과거의 u_t들의 함수로 표현될 수 있기 때문에, u_t의 분포가 정상성을 가지는 한 Y_t의 분포도 정상성을 가지게 된다. 그리고 식 (15.37)의 무한 합 표현이 수렴한다는 측면에서 의미를 가지려면 $|\beta_1| < 1$이어야 한다.

부록 15.3 시차 연산자 표기법

이 장과 다음 두 장에서 시차 연산자 표기법을 사용하면 표기가 상당히 간소화된다. L을 **시차 연산자**(lag operator)라고 하며, 이 연산자는 변수를 그 시차로 변환하는 성질을 가진다. 즉 시차 연산자 L은 $LY_t = Y_{t-1}$인 특성을 갖는다. 시차 연산자를 두 번 적용하면 이차 시차를 얻을 수 있다: $L^2Y_t = L(LY_t) = LY_{t-1} = Y_{t-2}$. 보다 일반적으로, 시차 연산자를 j번 적용함으로써 j번째 시차를 얻을 수 있다. 정리하면 시차 연산자는 다음과 같은 성질을 갖는다.

$$LY_t = Y_{t-1},\ L^2Y_t = Y_{t-2},\ L^jY_t = Y_{t-j} \tag{15.38}$$

시차 연산자 표기법은 **시차 다항식**(lag polynomial)을 정의할 수 있도록 하는데, 이는 시차 연산자로 이루어진 다항식이다.

$$a(L) = a_0 + a_1L + a_2L^2 + \cdots + a_pL^p = \sum_{j=0}^{p} a_jL^j \tag{15.39}$$

여기서 $a_0, \ldots, a_p$는 시차 다항식의 계수이고 $L^0 = 1$이다. 식 (15.39)에 나타난 시차 다항식 $a(L)$의 차수는 p이다. Y_t에 $a(L)$을 곱하면 다음 식을 얻을 수 있다.

$$a(L)Y_t = \left(\sum_{j=0}^{p} a_jL^j\right)Y_t = \sum_{j=0}^{p} a_j(L^jY_t) = \sum_{j=0}^{p} a_jY_{t-j} = a_0Y_t + a_1Y_{t-1} + \cdots + a_pY_{t-p} \tag{15.40}$$

식 (15.40)의 표현법은 식 (15.12)의 AR(p) 모형이 다음과 같이 간단하게 쓰일 수 있음을 의미한다.

$$a(L)Y_t = \beta_0 + u_t \tag{15.41}$$

여기서 $a_0 = 1$이고 $j = 1, \ldots, p$에 대해 $a_j = -\beta_j$이다. 비슷한 방식으로 ADL(p, q) 모형을 다음과 같이 나타낼 수 있다.

$$a(L)Y_t = \beta_0 + c(L)X_{t-1} + u_t \tag{15.42}$$

여기서 $a(L)$은 $a_0 = 1$인 차수 p의 시차 다항식이며, $c(L)$은 차수가 $q - 1$인 시차 다항식이다.

부록 15.4 ARMA 모형

자기회귀-이동평균(ARMA) **모형**은 u_t를 자기상관이 있는 것으로 모형화해 자기회귀모형을 확장한다. 구체적으로는, u_t를 또 다른 관측되지 않은 오차항의 분포된 시차(또는 이동평균)

로 모형화한다. 부록 15.3의 시차 연산자 표기법에 따라 $u_t = b(\mathrm{L})e_t$라고 하자. 여기서 $b(\mathrm{L})$은 차수 q의 시차 다항식이며, $b_0 = 1$이고, e_t는 자기상관이 없고 관측되지 않는 확률변수이다. 그러면 ARMA(p, q) 모형은 다음과 같다.

$$a(\mathrm{L})Y_t = \beta_0 + b(\mathrm{L})e_t \tag{15.43}$$

여기서 $a(\mathrm{L})$은 $a_0 = 1$인 차수 p의 시차 다항식이다.

AR 모형과 ARMA 모형 모두 Y_t의 자기공분산을 근사하는 방법으로 생각할 수 있다. 그 이유는 유한한 분산을 가진 어떤 정상 시계열 Y_t도 자기상관성이 없는 오차항을 갖는 AR 또는 MA로 표현될 수 있기 때문이다. 다만, AR 또는 MA 모형이 무한 차수를 가져야 할 수도 있다. 이러한 결과 중 두 번째, 즉 정상 과정이 이동평균 형태로 표현될 수 있다는 것은 Wold 분해 정리(decomposition theorem)로 알려져 있으며, 이는 정상 시계열 분석 이론의 기초가 되는 중요한 결과 중 하나이다.

AR, MA, ARMA 모형의 모임은 시차 다항식이 충분히 높은 차수를 가지는 한 동일한 수준의 풍부함을 가진다. 일부 경우에서는 몇 개의 시차만 가진 순수 AR 모형보다, 작은 p와 q를 가진 ARMA(p, q) 모형이 자기공분산을 더 잘 근사할 수 있다. 그렇지만, ARMA 모형은 AR 모형보다 추가적인 설명변수를 포함하는 데 더 어려움이 있다.

부록 15.5 BIC 시차 길이 추정량의 일치성

이 부록에서는 자기회귀모형에서 시차 길이의 BIC 추정량인 $\hat{p}$이 대표본에서 정확하다는 논의를 정리한다. 즉, $\Pr(\hat{p} = p) \to 1$이다. 이는 AIC 추정량에는 해당되지 않으며, AIC 추정량은 대표본에서 p를 과대추정할 수 있다.

BIC

먼저 실제 시차 길이가 1일 때 0, 1, 또는 2개의 시차를 포함하는 자기회귀모형 중에서 시차의 길이를 결정하기 위해 BIC를 사용하는 특별한 경우를 생각해보자. 아래에서는 (i) $\Pr(\hat{p} = 0) \to 0$이고 (ii) $\Pr(\hat{p} = 2) \to 0$이기 때문에 $\Pr(\hat{p} = 1) \to 1$임을 증명한다. 이 내용을 $0 \le p \le p_{max}$에서 찾는 일반적인 경우로 확장하는 것은 $\Pr(\hat{p} < p) \to 0$과 $\Pr(\hat{p} > p) \to 0$에 대한 증명을 필요로 한다. 이를 증명하는 방법은 아래 (i), (ii)와 동일하다.

(i)과 (ii)의 증명

(i)의 증명 $\hat{p} = 0$을 선택하기 위해서는 $\mathrm{BIC}(0) < \mathrm{BIC}(1)$이 성립해야만 한다. 즉 $\mathrm{BIC}(0) - \mathrm{BIC}(1) < 0$이다. 이제 $\mathrm{BIC}(0) - \mathrm{BIC}(1) = [\ln(SSR(0)/T) + (\ln T)/T] - [\ln(SSR(1)/T) + 2(\ln T)/T] = \ln(SSR(0)/T) - \ln(SSR(1)/T) - (\ln T)/T$. 이제 $SSR(0)/T = [(T-1)/T]s_Y^2 \xrightarrow{p} \sigma_Y^2$, $SSR(1)/T \xrightarrow{p} \sigma_u^2$, $(\ln T)/T \longrightarrow 0$이다. 이들을 합치

면 $\sigma_Y^2 > \sigma_u^2$이기 때문에 $\text{BIC}(0) - \text{BIC}(1) \xrightarrow{p} \ln\sigma_Y^2 - \ln\sigma_u^2 > 0$이다. 따라서 $\Pr[\text{BIC}(0) < \text{BIC}(1)] \longrightarrow 0$, 즉 $\Pr(\hat{p}=0) \longrightarrow 0$이다.

(ii)의 증명 $\hat{p} = 2$를 선택하기 위해서는 $\text{BIC}(2) < \text{BIC}(1)$ 또는 $\text{BIC}(2) - \text{BIC}(1) < 0$이어야만 한다. 이제 $T[\text{BIC}(2) - \text{BIC}(1)] = T\{[\ln(SSR(2)/T) + 3(\ln T)/T] - [\ln(SSR(1)/T) + 2(\ln T)/T]\} = T\ln[SSR(2)/SSR(1)] + \ln T = -T\ln[1 + F/(T-2)] + \ln T$이고, 여기서 $F = [SSR(1) - SSR(2)]/[SSR(2)/(T-2)]$는 AR(2) 모형에서 $\beta_2 = 0$이라는 귀무가설을 검정하기 위한 등분산성 전용 F-통계량이다. u_t가 등분산성을 갖는다면 F는 χ_1^2 점근 분포(asymptotic distribution)를 갖는다. 그렇지 않다면 다른 어떤 점근 분포를 갖게 된다. 따라서 $\Pr[\text{BIC}(2) - \text{BIC}(1) < 0] = \Pr\{T[\text{BIC}(2) - \text{BIC}(1)] < 0\} = \Pr\{-T\ln[1 + \text{F}/(T-2)] + (\ln T) < 0\} = \Pr\{T\ln[1 + F/(T-2)] > \ln T\}$이다. T가 증가함에 따라 $T\ln[1 + F/(T-2)] - F \xrightarrow{p} 0$ [로그 근사 $\ln(1+a) \cong a$ 결과는 $a \to 0$일수록 정확해진다.]이다. 따라서 $\Pr[\text{BIC}(2) - \text{BIC}(1) < 0] \longrightarrow \Pr(F > \ln T) \longrightarrow 0$이고, $\Pr(\hat{p} = 2) \longrightarrow 0$이다.

AIC

0, 1, 2개의 시차가 고려되는 AR(1) 모형의 경우, BIC에 대한 (i)의 증명은 $\ln T$항을 2로 대체한 AIC에 적용할 수 있고, $\Pr(\hat{p} = 0) \longrightarrow 0$이다. BIC에 대한 (ii)의 증명에 포함된 모든 과정은 $\ln T$를 2로 수정해 적용할 수 있다. 따라서 $\Pr[\text{AIC}(2) - \text{AIC}(1) < 0] \longrightarrow \Pr(F > 2) > 0$이다. u_t가 등분산성을 가지면 $\Pr(F > 2) \longrightarrow Pr(\chi_1^2 > 2) = 0.16$이고 $\Pr(\hat{p} = 2) \longrightarrow 0.16$이다. 일반적으로 $\hat{p}$이 AIC에 의해 결정되면 $\Pr(\hat{p} < p) \longrightarrow 0$이지만 $\Pr(\hat{p} > p)$가 양수인 경향이 있으며, 그 결과 $\Pr(\hat{p} = p)$가 1이 아닌 경향을 갖는다.

CHAPTER 16

동적 인과효과의 추정

1983년 영화 『트레이딩 플레이스(Trading Places)』에서, 댄 애크로이드와 에디 머피가 연기한 등장인물들은 겨울 동안 플로리다 오렌지가 얼마나 잘 자랐는지에 대한 내부 정보를 이용해 오렌지 주스 농축액 선물 시장(future market)에서 수백만 달러를 벌어들였다. 선물 시장은 미래의 특정 날짜에 정해진 가격으로 대량의 오렌지 주스 농축액을 매매하는 계약이 거래되는 시장이다. 실제로 오렌지 주스 선물 거래자들은 플로리다의 날씨에 주의를 기울인다. 플로리다의 한파는 거의 모든 미국산 냉동 오렌지 주스 농축액의 원천인 플로리다 오렌지를 죽게 하므로 공급이 감소하고 가격이 상승하게 된다. 그러나 플로리다의 날씨가 악화할 때 정확히 얼마나 가격이 상승할까? 가격이 한 번에 상승할까, 아니면 지연이 있을까? 만약 지연이 있다면, 얼마나 오래 지속될까? 이는 실제 오렌지 주스 선물 거래자들이 성공하기 위해 답해야 할 필요가 있는 질문이다.

이 장에서는 X의 변화가 현재와 미래에 Y에 미치는 효과, 즉 Y에 대한 X의 **동적 인과효과**(dynamic causal effect)를 추정하는 문제를 다룬다. 예를 들어 플로리다에서 발생한 한파가 시간이 지남에 따라 오렌지 주스 가격의 경로에 어떤 영향을 미치는가? 동적 인과효과를 모형화하고 추정하는 출발점은 이른바 분산시차 회귀모형(distributed lag regression model)으로, 여기서 Y_t는 X_t의 현재 값과 과거 값들의 함수로 표현된다. 16.1절에서는 플로리다의 추운 날씨가 오렌지 주스 농축액 가격에 미치는 영향을 시간에 따라 추정한다는 맥락에서 분산시차모형을 소개한다. 16.2절에서는 동적 인과효과가 정확히 무엇을 의미하는지 더 깊이 살펴본다.

동적 인과효과를 추정하는 첫 번째 방법은 분산시차 회귀모형의 계수를 최소제곱법(OLS)으로 추정하는 것이다. 16.3절에서 논의한 바와 같이, 이 추정량은 회귀 오차가 X의 현재 및 과거 값에 대해 조건부 평균이 0일 경우 일치성(consistency)을 갖는다. 이 조건은 외생성(exogeneity)이라고 하며, 12장에서 다루었다. Y_t의 생략된 결정 요인들이 시간에 따라 상관관계를 갖기 때문에, 즉 이들이 자기상관성을 갖기 때문에, 분산시차모형의 오차항은 자기상관성을 가질 수 있다. 이러한 가능성 때문에 HAC(heteroskedasticity-and autocorrelation-consistent) 표준 오차가 필요하며, 이는 16.4절의 주제이다.

동적 인과효과를 추정하는 두 번째 방법은 16.5절에서 논의한 바와 같이 오차항의 자기상관을 자기회귀로 모형화한 후 이 자기회귀모형을 사용해 자기회귀 분산시차(ADL)모형을 도출하는 것이다. 또는, 원래의 분산시차모형의 계수를 일반화 최소제곱법(GLS)으로 추정할 수 있다. 그러나

ADL과 GLS 방법 모두 지금까지 사용한 것보다 강력한 외생성의 형태를 요구하는데, 이는 회귀 오차가 X의 과거, 현재, 미래 값에 대해 조건부 평균이 0이라는 엄격한(strict) 외생성이다.

16.6절에서는 오렌지 주스 가격과 날씨의 관계에 대한 보다 철저한 분석을 제공한다. 이 응용사례에서 날씨는 외생변수이다(그러나 16.6절에서 논의한 바와 같이, 경제 이론은 날씨가 반드시 엄격한 외생성을 가지는 것은 아니라고 제시한다). 동적 인과효과를 추정하기 위해서는 외생성이 필요하기 때문에, 16.7절에서는 거시경제학과 재무학에서 가져온 여러 응용사례에서 이 가정을 검토한다.

이 장은 15.1절부터 15.4절까지의 내용을 바탕으로 하고 있으며, 16.6절의 실증 분석에 있는 한 부분(건너뛸 수 있음)을 제외하고는 15.5절부터 15.7절까지의 내용을 필요로 하지 않는다.

16.1 오렌지 주스 데이터에 대한 첫 맛보기

플로리다 오렌지 재배 지역의 역사적 중심지인 올랜도(Orlando)는 보통 햇살이 가득하고 따뜻하다. 하지만 가끔 한파가 발생하기도 하는데, 기온이 너무 오랫동안 영하로 내려가면 나무에서 많은 오렌지가 떨어지게 된다. 한파가 심할 경우 나무 자체가 얼어붙기도 한다. 한파가 지나간 후에는 오렌지 주스 농축액의 공급이 줄어들고 가격이 상승한다. 그러나 가격 상승의 시점은 상당히 복잡하다. 오렌지 주스 농축액은 '내구성 있는(durable)' 또는 저장 가능한 상품이다. 즉 일정 비용(냉동고를 사용하기 위한)이 들긴 하지만 냉동 상태로 저장할 수 있다. 따라서 오렌지 주스 농축액의 가격은 현재의 공급뿐만 아니라 미래의 공급에 대한 기대에도 영향을 받는다. 오늘 한파가 발생하면 미래 농축액 공급이 줄어들겠지만, 현재 저장된 농축액은 현재 또는 미래의 수요를 충족하는 데 사용할 수 있기 때문에 기존 농축액의 가격이 오늘 상승하게 된다. 그렇다면 한파가 발생할 때 농축액의 가격은 정확히 얼마나 상승하는가? 이 질문에 대한 답은 오렌지 주스 거래자뿐만 아니라 상품 시장의 작동 방식을 연구하는 경제학자도 관심이 있는 주제이다. 오렌지 주스의 가격이 날씨 조건에 따라 어떻게 변하는지를 이해하려면 오렌지 주스 가격과 날씨에 대한 데이터를 분석해야 한다.

냉동 오렌지 주스 농축액의 가격, 월별 백분율 변화, 플로리다 오렌지 재배 지역의 기온에 대한 1950년 1월부터 2000년 12월까지의 월별 데이터가 그림 16.1에 나타나 있다. 그림 16.1a에 나타낸 가격은 도매업자들이 지불한 냉동 오렌지 주스 농축액의 평균 실질 가격지표(price index)이다. 이 가격은 전체 완제품에 대한 생산자물가지수(PPI)로 조정되어 전체 물가 상승의 영향을 제거했다. 그림 16.1b에 나타난 백분율 가격 변동은 해당 월의 가격 변동을 백분율로 나타낸 것이다. 그림 16.1c에 나타낸 기온 데이터는 플로리다 올랜도 공항에서 기록된 **동결 일수**(freezing degrees days)를 나타내며, 이는 월 중 기온이 영하로 떨어진 날들의 최저기온과 영하 기준점(32°F) 간의 차이를 모두 합산해 계산된다. 예를 들어 1950년 11월에 공항 기온은 25일(31°F)과 29일(29°F)에 두 번 영하로 떨어졌으며, 동결 일수는 총 4일간 [(32 − 31) + (32 − 29) = 4]이다. (데이터에 대한 자세한 설명은 부록 16.1에 있다.) 그림

그림 16.1 오렌지 주스 가격과 플로리다 날씨, 1995~2000년

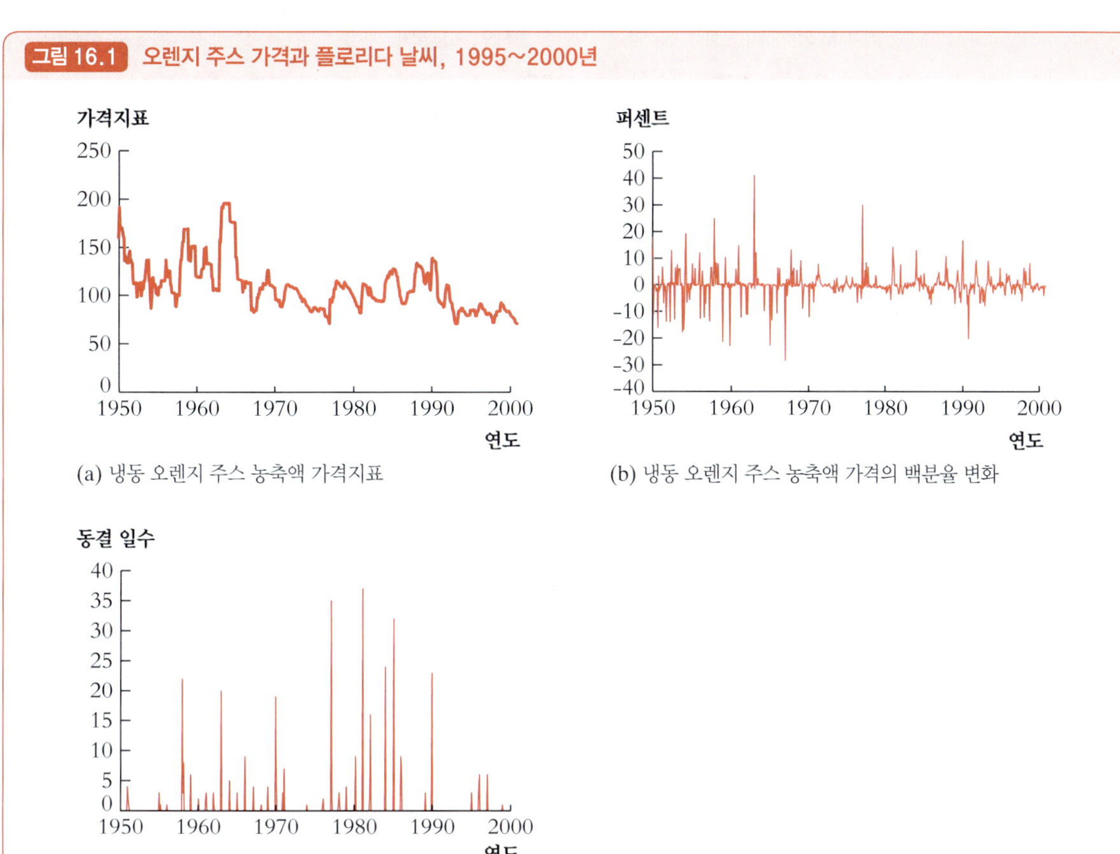

냉동 오렌지 주스 농축액의 가격은 월별로 큰 변동이 있었다. 큰 가격 변동의 상당수는 많은 오렌지 과수원이 있는 올랜도에서의 한파 시기와 일치한다.

16.1의 패널들을 비교해보면 오렌지 주스 농축액의 가격은 큰 변동을 보이며, 일부는 플로리다의 추운 날씨와 관련이 있는 것으로 보인다.

회귀분석을 사용해 날씨가 추워질 때 오렌지 주스 가격이 얼마나 상승하는지를 추정하면서 오렌지 주스 가격과 날씨의 관계에 대한 정량적 분석을 시작한다. 종속변수는 해당 월 동안의 가격 백분율 변화이다[$\%ChgP_t$, 여기서 $\%ChgP_t = 100 \times \Delta\ln(P_t^{OJ})$이고 P_t^{OJ}는 오렌지 주스의 실질 가격이다]. 설명변수는 해당 월 동안의 동결 일수(FDD_t)이다. 이 회귀분석은 1950년 1월부터 2000년 12월까지의 월별 데이터를 사용해 추정되었으며(이 장의 모든 회귀분석과 마찬가지로), 총 $T = 612$개의 관측치를 포함한다.

$$\widehat{\%ChgP_t} = \underset{(0.22)}{-0.40} + \underset{(0.13)}{0.47}\,FDD_t \qquad (16.1)$$

이 절에서 제시하는 표준 오차는 일반적인 OLS 표준 오차가 아니라, 오차항과 설명변수가 자기상관성을 가질 때 적합한 HAC 표준 오차이다. HAC 표준 오차는 16.4절에서 논의하며, 지금은 추가 설명 없이 사용한다.

이 회귀분석에 따르면, 한 달 동안 추가적인 하루의 동결 일수는 오렌지 주스 농축액의 가격을 해당 월에 0.47% 상승시킨다. 1950년 11월처럼 동결 일수가 4일인 달에서는 오렌지 주스 농축액의 가격이 영하로 떨어진 날이 없는 달에 비해 1.88% 상승한 것으로 추정된다 ($4 \times 0.47\% = 1.88\%$).

식 (16.1)의 회귀식에는 날씨의 동시적인(contemporaneous) 측정치만 포함되어 있기 때문에 한파가 향후 몇 달 동안 오렌지 주스 가격에 미치는 지속적인 영향을 포착하지 못한다. 이러한 영향을 포착하기 위해서는 *FDD*의 동시적인 값과 시차 값이 가격에 미치는 영향을 모두 고려해야 하며, 이를 위해 예를 들면 식 (16.1)의 회귀식에 지난 6개월 동안의 *FDD* 시차 값을 추가할 수 있다.

$$\begin{aligned}\widehat{\%ChgP_t} = &\underset{(0.23)}{-0.65} + \underset{(0.14)}{0.47}FDD_t + \underset{(0.08)}{0.14}FDD_{t-1} + \underset{(0.06)}{0.06}FDD_{t-2} \\ &+ \underset{(0.05)}{0.07}FDD_{t-3} + \underset{(0.03)}{0.03}FDD_{t-4} + \underset{(0.03)}{0.05}FDD_{t-5} + \underset{(0.04)}{0.05}FDD_{t-6} \qquad (16.2)\end{aligned}$$

식 (16.2)는 분산시차 회귀식이다. 식 (16.2)에서 FDD_t의 계수는 한파가 발생한 월 동안의 가격 상승률을 추정하며, 동결 일수가 하루 추가될 때 그 달 가격이 0.47% 상승하는 것으로 추정된다. FDD_t의 첫 번째 시차인 FDD_{t-1}의 계수는 이전 달의 동결 일수에 따른 가격 상승률을 추정하고, 두 번째 시차의 계수는 두 달 전의 동결 일수에 따른 효과를 추정하는 등으로 이어진다. 마찬가지로, *FDD*의 첫 번째 시차에 대한 계수는 한파가 발생하고 한 달 후 *FDD*가 1단위 증가했을 때의 영향을 추정한다. 따라서 식 (16.2)에서 추정된 계수들은 FDD_t의 1단위 증가가 현재 및 미래의 *%ChgP*에 미치는 영향을 추정한 것이다. 즉 이들은 FDD_t가 $\%ChgP_t$에 미치는 동적 효과를 추정한 것이다. 예를 들어 1950년 11월에 4일간의 동결 일수가 발생했을 때, 1950년 11월 동안 오렌지 주스 가격은 1.88% 상승했으며, 1950년 12월에는 추가로 0.56% 상승했고($= 4 \times 0.14$), 1951년 1월에는 추가로 0.24% 상승한 것으로 추정된다($= 4 \times 0.06$).

16.2 동적 인과효과

동적 인과효과를 추정하는 방법을 더 배우기 전에, 동적 인과효과가 정확히 무엇을 의미하는지 잠시 생각해보는 것이 중요하다. 동적 인과효과가 무엇인지 명확하게 이해하면, 그것이 어떤 조건에서 추정될 수 있는지 더 명확하게 이해할 수 있다.

인과효과와 시계열 데이터

1.2절에서는 인과효과를 이상적인 무작위 통제 실험의 결과로 정의했다. 예를 들어 원예사가 일부 토마토 밭에만 비료를 무작위로 적용하고 다른 밭에는 적용하지 않은 후 수확량을 측정할 때, 비료를 준 밭과 주지 않은 밭 사이의 기대 수확량 차이가 비료의 토마토 수확량에 대한

인과효과가 된다. 그러나 이러한 실험 개념은 다수의 대상(여러 토마토 밭 또는 여러 사람)이 있는 경우를 의미하므로, 데이터는 횡단면 데이터(수확이 끝난 후의 토마토 수확량)나 패널데이터(실험적 직업 훈련 프로그램 전후의 개인 소득)로 구성된다. 여러 대상이 있으면 처치집단과 통제집단을 모두 가질 수 있어, 처치(treatment)의 인과효과를 추정할 수 있다.

시계열 응용에서는 이상적인 무작위 통제 실험을 통한 인과효과 정의를 수정할 필요가 있다. 구체적으로, 거시경제학의 중요한 문제 중 하나인 중앙은행이 예상치 못한 단기 금리 변화를 시행했을 때 국내총생산(GDP)으로 측정되는 해당 국가의 현재 및 미래 경제 활동에 미치는 효과를 추정하는 문제를 생각해보자. 1.2절에서 제시한 무작위 통제 실험을 문자 그대로 적용하면, 서로 다른 경제를 처치집단과 통제집단으로 무작위로 할당하는 것이 필요할 것이다. 처치집단에 속한 중앙은행은 무작위 금리 변화를 시행하고, 통제집단은 그러한 변화를 시행하지 않으며, 두 그룹 모두에서 향후 몇 년 동안 경제 활동(예를 들어 GDP)을 측정하는 것이다. 하지만 특정 국가, 예를 들어 미국에 대해 이러한 효과를 추정하려고 한다면 어떻게 될까? 이 경우, 미국의 여러 '클론(clone)'을 실험 대상으로 해 일부 클론 경제를 처치집단에, 일부를 통제집단에 할당하는 실험을 해야 한다. 당연히 이러한 '평행 우주(parallel universe)' 실험은 실행 불가능하다.

대신, 시계열 데이터에서는 무작위 통제 실험을 동일한 대상(예: 미국 경제)에 대해 다른 시점(1970년대, 1980년대 등)에서 서로 다른 처치를(무작위로 선택된 금리 변화를) 제공하는 것으로 생각하는 것이 유용하다. 이 틀에서 동일한 대상은 다른 시점에서 처치집단과 통제집단의 역할을 모두 수행한다: 어떤 시점에서는 연준이 금리를 변경하고, 다른 시점에서는 그렇지 않다. 시간이 지나면서 데이터를 수집하므로 동적 인과효과, 즉 처치가 관심 있는 결과에 미치는 영향의 시간 경로를 추정할 수 있다. 예를 들어 2퍼센트포인트의 깜짝 단기 금리 인상이 1분기 동안 지속되면, 초기에는 산출량에 거의 영향을 미치지 않을 수 있다. 2분기 후에는 GDP 성장률이 둔화할 수 있으며, 6분기 후에 가장 큰 둔화가 나타날 수 있다. 이후 2년 동안 GDP 성장률은 정상으로 돌아올 수 있다. 이 인과효과의 시간 경로가 금리의 깜짝 변화가 GDP 성장률에 미치는 동적 인과효과이다.

두 번째 예로, 동결 일수가 오렌지 주스 가격 변화에 미치는 인과효과를 생각해보자. 각기 다른 인과효과를 도출할 수 있는 다양한 가상 실험을 상상해볼 수 있다. 첫 번째 실험은 플로리다 오렌지 농장의 날씨를 변화시키되, 다른 지역의 날씨는 일정하게 유지하는 것이다. 예를 들어 텍사스 자몽 농장이나 다른 감귤류 지역의 날씨는 일정하게 유지하는 것이다. 이 실험은 다른 지역의 날씨를 일정하게 유지한 상태에서 부분적인 효과를 측정할 것이다. 두 번째 실험은 모든 지역의 날씨를 변화시킬 수 있으며 여기서의 '처치'는 전반적인 기상 패턴의 적용을 의미한다. 만약 경쟁 작물들에 대해 지역 간의 날씨가 상관관계가 있다면, 이 두 가지 동적 인과효과는 다르다. 이 장에서는 후자의 실험, 즉 일반적인 날씨 패턴을 적용했을 때의 인과효과를 고려한다. 이는 다른 농업 지역의 날씨를 일정하게 유지하지 않고, 플로리다 날씨 변화가 가격에 미치는 동적 효과를 측정하는 것에 해당한다.

동적 효과와 분산시차모형 동적 효과는 필연적으로 시간이 지남에 따라 발생하기 때문에, 동적 인과효과를 추정하는 데 사용되는 계량경제학 모형은 시차를 포함해야 한다. 이를 위해 Y_t를 현재와 r개의 과거 X_t값의 분산시차로 표현할 수 있다.

$$Y_t = \beta_0 + \beta_1 X_t + \beta_2 X_{t-1} + \beta_3 X_{t-2} + \cdots + \beta_{r+1} X_{t-r} + u_t \qquad (16.3)$$

여기서 u_t는 Y_t의 측정 오차와 Y_t의 생략된 결정 요인의 효과를 포함하는 오차항이다. 식 (16.3)의 모형은 X_t와 r개의 시차를 Y_t와 연결하는 **분산시차모형**(distributed lag model)이라고 한다.

식 (16.3)을 설명하기 위해 토마토/비료 실험의 수정된 버전을 고려해보자. 오늘 뿌린 비료는 향후 몇 년 동안 토양에 남아 있을 수 있기 때문에, 원예사는 비료가 토마토 수확량에 미치는 영향을 시간에 따라 확인하고자 한다. 이에 따라 원예사는 3년간의 실험을 설계하고, 자신의 밭을 네 그룹으로 무작위로 나눈다: 첫 번째 그룹은 첫해에만 비료를 주고, 두 번째 그룹은 두 번째 해에만 비료를 주며, 세 번째 그룹은 세 번째 해에만 비료를 준다. 네 번째 그룹은 통제집단이라 비료를 전혀 주지 않는다. 각 밭에서 매년 토마토를 재배하고, 세 번째 해의 수확량을 측정한다. 3개의 처치 그룹은 이진변수 X_{t-2}, X_{t-1}, X_t로 표시되며, 여기서 t는 세 번째 해(수확량을 측정한 해)를 나타낸다. $X_{t-2} = 1$은 밭이 첫 번째 그룹에 속하는 경우(2년 전에 비료를 준 경우), $X_{t-1} = 1$은 1년 전에 비료를 준 경우, $X_t = 1$은 마지막 해에 비료를 준 경우를 나타낸다. 식 (16.3)의 문맥에서(이는 단일 밭에 적용됨), 마지막 해에 비료를 준 효과는 β_1, 1년 전에 비료를 준 효과는 β_2, 2년 전에 비료를 준 효과는 β_3으로 표현된다. 만약 비료의 효과가 가장 크게 나타나는 해가 비료를 준 해라면, β_1이 β_2와 β_3보다 클 것이다.

더 일반적으로, X_t의 동시적 값에 대한 계수 β_1은 X_t의 1단위 변화가 Y_t에 미치는 동시적 또는 즉각적인 효과이다. X_{t-1}에 대한 계수 β_2는 X_{t-1}의 1단위 변화가 Y_t에 미치는 효과거나, 동등하게, X_t의 1단위 변화가 Y_{t+1}에 미치는 효과이다. 즉 β_2는 X의 1단위 변화가 한 시기 뒤에 Y에 미치는 효과이다. 일반적으로, X_{t-h}에 대한 계수는 X의 1단위 변화가 h시기 후에 Y에 미치는 효과이다. 동적 인과효과는 X_t의 변화가 Y_t, Y_{t+1}, Y_{t+2} 등에 미치는 효과이다. 즉 이는 현재와 미래의 Y값에 대한 인과효과의 연속이다. 따라서 식 (16.3)의 분산시차모형 문맥에서, 동적 인과효과는 연속적인 계수인 β_1, β_2, ..., β_{r+1}이다.

실증적 시계열 분석의 함의 동일한 대상에게 반복적으로 서로 다른 처치 수준이 적용되는 실험의 예상 결과로서 시계열 데이터의 동적 인과효과를 설명하는 이 공식화는, 관찰된 시계열 데이터를 사용해 동적 인과효과를 측정하려는 실증적 시도에 두 가지 함의를 제공한다. 첫 번째 함의는 동적 인과효과가 우리가 가진 데이터의 표본에서 시간에 따라 변하지 않아야 한다는 것이다. 이는 결합적으로 정상적인(jointly stationary) 데이터에 의해 암시된다(핵심 개념 15.3). 15.7절에서 논의한 바와 같이, 모집단 회귀 함수가 시간이 지나도 안정적이라는 가설은 단절(break)을 검정하기 위한 Quandt 우도 비율(QLR) 검정을 통해 테스트할 수 있으며, 서로 다른 부표본(subsample)에서 동적 인과효과를 추정하는 것도 가능하다. 두 번째 함의는 X가 오차항과 상관관계가 없어야 한다는 것이며, 이제 우리는 이 함의에 대해 논의하려고 한다.

두 종류의 외생성

12.1절에서는 외생(exogenous)변수를 회귀 오차항과 상관관계가 없는 변수로 정의하고, 내생(endogenous)변수를 오차항과 상관관계가 있는 변수로 정의했다. 이 용어는 여러 개의 식이 포함된 모형에서 유래하며, 여기서 내생변수는 모형 내에서 결정되고 외생변수는 모형 외부에서 결정된다. 대략적으로 말하면, 분산시차모형인 식 (16.3)을 사용해 동적 인과효과를 추정하려면 설명변수(즉 X)들이 오차항과 상관관계가 없어야 한다. 따라서 X는 외생변수여야 한다. 그러나 시계열 데이터를 다루고 있기 때문에 외생성의 정의를 더 구체화할 필요가 있다. 실제로 여기서 사용되는 외생성의 개념은 두 가지가 있다.

외생성의 첫 번째 개념은 현재와 모든 과거의 X_t값이 주어졌을 때 오차항의 조건부 평균이 0이라는 것이다. 즉 $E(u_t|X_t, X_{t-1}, X_{t-2}, \ldots) = 0$이다. 이는 횡단면 데이터의 다중회귀에 대한 표준적인 조건부 평균 가정(핵심 개념 6.4의 가정 1)을 수정한 것으로, 모형에 포함된 설명변수가 주어졌을 때 u_t의 조건부 평균이 0일 것을 요구한다. 즉 $E(u_t|X_t, X_{t-1}, \ldots, X_{t-r}) = 0$이다. 조건부 기댓값에 X_t의 모든 시차 값을 포함하는 것은 더 먼 모든 인과효과—시차 r을 넘어선 모든 인과효과—가 0이라는 것을 의미한다. 따라서 이 가정하에서는 식 (16.3)의 r개 분산시차 계수가 모든 0이 아닌 동적 인과효과를 구성한다. 우리는 이 가정을 과거와 현재의 외생성(past and present exogeneity)이라고 부를 수 있지만, 이 정의와 12장에서의 외생성 정의의 유사성 때문에 **외생성**(exogeneity)이라는 용어를 사용한다.

두 번째 외생성 개념은 모든 과거, 현재, 미래(future)의 X_t값들이 주어졌을 때 오차항의 조건부 평균이 0이라는 것이다. 즉 $E(u_t|\ldots, X_{t+2}, X_{t+1}, X_t, X_{t-1}, X_{t-2}, \ldots) = 0$이다. 이를 **엄격한 외생성**(strict exogeneity)이라고 하며, 명확성을 위해 과거, 현재, 미래의 외생성(past, present, and future exogeneity)이라고도 한다. 엄격한 외생성 개념을 도입하는 이유는, X가 엄격히 외생적인 경우, 식 (16.3)에서 분산시차 회귀식의 계수들에 대한 OLS 추정량보다 더 효율적인(efficient) 동적 인과효과의 추정량이 존재하기 때문이다.

외생성(과거와 현재)과 엄격한 외생성(과거, 현재, 미래)의 차이점은 엄격한 외생성이 조건부 기댓값에 X의 미래 값을 포함한다는 점이다. 따라서 엄격한 외생성은 외생성을 내포하지만, 그 반대는 성립하지 않는다. 두 개념의 차이를 이해하는 한 가지 방법은 각 정의가 갖는 X와 u 사이의 상관관계에 대한 함의를 고려하는 것이다. X가 (과거와 현재) 외생적이라면, u_t는 X_t의 현재 값과 과거 값들과 상관관계가 없다. X가 엄격히 외생적이라면, 추가적으로 u_t는 X_t의 미래 값들과도 상관관계가 없다. 예를 들어 Y_t의 변화가 X_t의 미래 값들을 변화시키는 경우, 비록 X_t가 (과거와 현재) 외생적일 수는 있더라도 엄격한 외생성은 충족되지 않는다.

예를 들어 식 (16.3) 이후에 설명한 다년간의 토마토/비료 가상 실험을 생각해보자. 가상 실험에서 비료는 무작위로 적용되기 때문에 외생적이다. 또한 오늘의 토마토 수확량은 미래에 적용할 비료의 양에 의존하지 않기 때문에 비료 시계열은 엄격히 외생적이다.

두 번째 예로 오렌지 주스 가격 예제를 고려해보자. 여기서 Y_t는 오렌지 주스 가격의 월별 백분율 변화이고, X_t는 해당 월의 동결 일수이다. 오렌지 주스 시장의 관점에서 보면 날씨(즉 동결 일수)는 인간의 통제 밖에 있는 요소이므로 무작위로 할당된 것처럼 생각할 수 있다. 만

핵심 개념 16.1

분산시차모형과 외생성

다음과 같은 분산시차모형을 고려하자.

$$Y_t = \beta_0 + \beta_1 X_t + \beta_2 X_{t-1} + \beta_3 X_{t-2} + \cdots + \beta_{r+1} X_{t-r} + u_t \quad (16.4)$$

이 모형에는 두 종류의 외생성이 존재한다. 즉 2개의 서로 다른 외생성 조건이 존재한다.

- 과거와 현재 외생성(외생성)

$$E(u_t \mid X_t, X_{t-1}, X_{t-2}, \ldots) = 0 \quad (16.5)$$

- 과거, 현재, 미래 외생성(엄격한 외생성)

$$E(u_t \mid \ldots, X_{t+2}, X_{t+1}, X_t, X_{t-1}, X_{t-2}, \ldots) = 0 \quad (16.6)$$

X가 엄격히 외생적이면, 이는 외생적이다. 그러나 외생성이 엄격한 외생성을 의미하지는 않는다.

약 *FDD*의 효과가 선형적이고, r개월 이후에는 가격에 영향을 미치지 않는다면 날씨는 외생적이라고 할 수 있다. 하지만 날씨가 엄격히(strictly) 외생적인가? 만약 미래의 *FDD*가 주어졌을 때 u_t의 조건부 평균이 0이 아니라면 *FDD*는 엄격히 외생적이지 않다. 이 질문에 답하려면 u_t에 정확히 무엇이 포함되어 있는지 신중하게 생각해볼 필요가 있다. 특히 오렌지 주스 시장 참여자들이 특정 가격에 얼마만큼 구매하거나 판매할지를 결정할 때 *FDD*의 예측치를 사용한다면, 오렌지 주스 가격과 더불어 오차항 u_t에는 미래 *FDD*에 대한 정보가 포함될 수 있으며, 이는 u_t가 *FDD*의 유용한 예측변수가 될 수 있음을 의미한다. 이는 u_t가 *FDD*의 미래값과 상관관계를 가질 것임을 뜻한다. 이 논리에 따르면, u_t에 미래 플로리다 날씨에 대한 예측이 포함되어 있으므로 *FDD*는 (과거와 현재) 외생적이지만 엄격히 외생적이지 않을 수 있다. 이 예제와 토마토/비료 예제의 차이점은 토마토 나무는 미래의 비료 사용에 영향을 받지 않는 반면, 오렌지 주스 시장 참여자들은 미래 플로리다 날씨에 대한 예측에 영향을 받는다는 점이다. 16.6절에서 오렌지 주스 가격 데이터를 더 자세히 분석할 때 *FDD*가 엄격히 외생적인지에 대한 질문으로 되돌아갈 것이다.

외생성에 대한 두 가지 정의는 핵심 개념 16.1에 요약했다.

16.3 외생적 설명변수가 있을 때 동적 인과효과의 추정

만약 X가 외생적이라면, Y에 대한 동적 인과효과는 식 (16.4)에서 분산시차 회귀식의 OLS 추정을 통해 추정될 수 있다. 이 절에서는 이러한 OLS 추정량이 유효한 통계적 추론을 이끌어내는 조건을 요약하고, 동적 승수(dynamic multipliers)와 누적 동적 승수(cumulative dynamic multipliers)를 소개한다.

분산시차모형의 가정

분산시차 회귀모형의 네 가지 가정은 횡단면 다중회귀모형의 네 가지 가정(핵심 개념 6.4)과 유사하지만, 시계열 데이터를 위해 수정되었다.

첫 번째 가정은 X가 외생적이라는 것으로, 횡단면 데이터에 대해 조건부 평균이 0이라는 가정을 X의 모든 시차 값을 포함하도록 확장한다. 16.2절에서 논의한 바와 같이, 이 가정은 식 (16.3)에서의 r개 분산시차 계수가 모든 0이 아닌 동적 인과효과를 구성함을 의미한다. 이러한 의미에서 모집단 회귀 함수는 X의 변화가 Y에 미치는 전체 동적 효과를 요약한다.

두 번째 가정은 두 부분으로 구성된다: (a)부분은 변수들이 정상 분포(stationary distribution)를 가져야 한다는 것이고, (b)부분은 변수 간의 시간차가 커질수록 변수들이 서로 독립적으로 분포하게 된다는 것이다. 이 가정은 ADL 모형에 대한 해당 가정(핵심 개념 15.6의 두 번째 가정)과 동일하며, 이 가정에 대한 15.4절의 논의가 여기에도 적용된다.

세 번째 가정은 큰 이상치가 발생할 가능성이 낮다는 것이며, 이를 수학적으로 정확하게 표현하면 변수들이 8개 이상의 0이 아닌 유한한 적률(finite moment)을 가진다고 가정하는 것이다. 이는 이 책의 다른 부분에서 사용한 4개의 유한 적률 가정보다 더 강한 가정이다. 16.4절에서 논의한 바와 같이, 이 강한 가정은 HAC 분산 추정량의 수학적 배경으로 사용된다.

네 번째 가정은 횡단면 다중회귀모형과 동일하며 완전 다중공선성(perfect multicollinearity)은 존재하지 않는다는 것이다.

분산시차모형의 가정은 핵심 개념 16.2에 요약했다.

추가적인 설명변수 X로의 확장 분산시차모형은 여러 개의 설명변수 X를 포함하도록 직접으로 확장될 수 있다. 추가된 설명변수 X와 그 시차변수들은 분산시차회귀의 설명변수로 쉽게 포함되며, 핵심 개념 16.2에서 제시된 가정은 이러한 추가 설명변수를 포함하도록 수정된다. 여러 개의 설명변수 X로 확장하는 것은 개념적으로는 간단하지만, 표기법이 복잡해져 분산시차모형에서의 추정과 추론의 주요 아이디어를 흐리게 한다. 이러한 이유로 이 장에서는 여러 개의 설명변수 X를 포함하는 경우를 명시적으로 다루지 않고, 단일한 설명변수 X를 사용하는 분산시차모형의 직관적인 확장으로 남겨둔다.

핵심 개념
16.2

분산시차모형의 가정

분산시차모형은 핵심 개념 16.1[식 (16.4)]에 주어져 있다. 여기서 $\beta_1, \beta_2, \ldots, \beta_{r+1}$은 동적 인과효과이고

1. X는 외생적이다. 즉 $E(u_t | X_t, X_{t-1}, X_{t-2}, \ldots) = 0$이다.
2. (a) 확률변수 Y_t와 X_t는 정상 분포(stationary distribution)를 갖는다. 그리고
   (b) (Y_t, X_t)와 (Y_{t-j}, X_{t-j})는 j가 커질수록 독립적으로 되어간다.
3. 큰 이상치는 발생할 가능성이 낮다. Y_t와 X_t는 8개 이상의 0이 아닌 유한한 적률을 갖는다.
4. 완전 다중공선성은 존재하지 않는다.

자기상관성을 갖는 u_t, 표준 오차, 추론

분산시차 회귀모형에서 오차항 u_t는 자기상관되어 있을 수 있다. 즉 u_t는 자신의 시차 값들과 상관관계를 가질 수 있다. 이러한 자기상관은 시계열 데이터의 u_t에 포함되어 있는 생략된 요인들이 자체적으로 계열상관성을 가질 수 있기 때문에 발생한다. 예를 들어 오렌지 주스에 대한 수요가 소득에 따라 달라진다고 가정해보자. 이 경우 오렌지 주스 가격에 영향을 미치는 요인 중 하나는 소득, 특히 잠재적인 오렌지 주스 소비자들의 총소득이다. 그렇다면 오렌지 주스 가격 변화를 동결 일수에 대해 회귀분석할 때, 총소득은 생략된 변수로 간주된다. 하지만 총소득은 계열상관성을 가진다: 소득은 경기 침체기에는 감소하고, 경기 확장기에는 증가하는 경향이 있다. 따라서 소득이 계열상관성을 가지며, 이는 오차항의 일부이기 때문에 u_t도 계열상관성을 가지게 된다. 이는 전형적인 예제이다: Y의 생략된 결정 요인들이 자체적으로 계열상관성을 가지기 때문에, 일반적으로 분산시차모형의 u_t도 계열상관성을 가질 것이다.

오차항 u_t의 자기상관성은 OLS의 일치성에 영향을 미치지 않으며, 편향(bias)을 발생시키지도 않는다. 그러나 오차들이 자기상관성을 가진다면, 일반적으로 OLS 표준 오차는 일치성을 갖지 않으며, 다른 공식을 사용해야 한다. 따라서 오차의 계열상관성은 이분산성(heteroskedasticity) 문제와 유사하다: 오차가 이분산성을 가질 때 등분산성 전용 표준 오차(homoskedasticity-only standard error)를 사용하는 것은 잘못된 통계적 추론을 초래할 수 있다는 측면에서 오차가 이분산성을 가질 때 등분산성 가정하의 표준 오차는 '틀린(wrong)' 것이다. 마찬가지로, 오차들이 계열상관성을 가질 때, 독립적이고 동일하게 분포된(i.i.d.) 오차를 전제로 한 표준 오차도 잘못된 통계적 추론을 초래할 수 있기 때문에 역시 틀린 것이다. 이 문제의 해결책은 HAC 표준 오차를 사용하는 것이며, 이는 16.4절에서 다루는 주제이다.

동적 승수와 누적 동적 승수

동적 인과효과의 또 다른 이름은 동적 승수이다. 누적 동적 승수는 주어진 시차까지의 누적 인과효과를 의미하며, 따라서 누적 동적 승수는 X의 변화가 Y에 미치는 누적 효과를 측정한다.

동적 승수 X의 1단위 변화가 h기간 후에 Y에 미치는 효과, 즉 식 (16.4)에서의 β_{h+1}은 h기간 **동적 승수**(dynamic multiplier)라고 한다. 따라서 X를 Y와 연결하는 동적 승수는 식 (16.4)에서 X_t와 그 시차에 대한 계수들이다. 예를 들어 β_2는 1기간 동적 승수이고, β_3은 2기간 동적 승수이다. 이 용어에서 0기간(또는 동시적) 동적 승수, 즉 **충격효과**(impact effect)는 β_1이며, 이는 같은 기간에 X의 변화가 Y에 미치는 효과이다.

동적 승수는 OLS 회귀 계수로 추정되기 때문에, 그 표준 오차는 OLS 회귀 계수의 HAC 표준 오차이다.

누적 동적 승수 h기간 **누적 동적 승수**(cumulative dynamic multiplier)는 X의 1단위 변화가 다음 h기간 동안 Y에 미치는 누적 효과이다. 따라서 누적 동적 승수는 동적 승수의 누적합이다. 식 (16.4)의 분산시차 회귀식의 계수로 표현하면, 0기간 누적 승수는 β_1, 1기간 누적 승수는 $\beta_1 + \beta_2$, h기간 누적 동적 승수는 $\beta_1 + \beta_2 + \ldots + \beta_{h+1}$이다. 모든 개별 동적 승수의 합 $\beta_1 + \beta_2 + \ldots + \beta_{r+1}$은 X의 변화가 Y에 미치는 누적적인 장기 효과이며, 이를 **장기 누적 동적 승수**(long-run cumulative dynamic multiplier)라고 한다.

예를 들어 식 (16.2)의 회귀분석을 고려해보자. 추가적인 동결 일수의 즉각적인 효과는 오렌지 주스 농축액의 가격이 0.47% 상승하는 것이다. 다음 달까지 가격 변화의 누적 효과는 즉각적인 효과와 한 달 뒤에 발생하는 동적 효과의 합이다. 따라서 가격에 대한 누적 효과는 최초 0.47% 상승에 이어 0.14%의 작은 상승이 추가되어 총 0.61%가 된다. 마찬가지로, 두 달 동안의 누적 동적 승수는 0.47% + 0.14% + 0.06% = 0.67%가 된다.

누적 동적 승수는 식 (16.4)에 있는 분산시차 회귀모형을 수정해 직접 추정할 수 있다. 이 수정된 회귀식은 다음과 같다.

$$Y_t = \delta_0 + \delta_1 \Delta X_t + \delta_2 \Delta X_{t-1} + \delta_3 \Delta X_{t-2} + \cdots + \delta_r \Delta X_{t-r+1} + \delta_{r+1} X_{t-r} + u_t \tag{16.7}$$

식 (16.7)의 계수인 δ_1, δ_2, ..., δ_{r+1}은 사실상 누적 동적 승수이다. 약간의 대수학을 통해 이를 증명할 수 있으며(연습문제 16.5), 이는 식 (16.7)과 식 (16.4)에 있는 모집단 회귀식이 동일함을 보여준다. 여기서 $\delta_0 = \beta_0$, $\delta_1 = \beta_1$, $\delta_2 = \beta_1 + \beta_2$, $\delta_3 = \beta_1 + \beta_2 + \beta_3$, 이런 식으로 계속 이어진다. X_{t-r}에 대한 계수 δ_{r+1}은 장기 누적 동적 승수, 즉 $\delta_{r+1} = \beta_1 + \beta_2 + \beta_3 + \ldots + \beta_{r+1}$이다. 더욱이, 식 (16.7)의 계수에 대한 OLS 추정량은 식 (16.4) OLS 추정량의 누적 합과 동일하다. 예를 들어 $\hat{\delta}_2 = \hat{\beta}_1 + \hat{\beta}_2$이다. 식 (16.7)의 설정(specification)을 사용해 누적 동적 승수를 추정하는 방식의 주요 이점은, 회귀 계수의 OLS 추정량이 누적 동적 승수의 추정량이기 때문에 식 (16.7)에서 계수의 HAC 표준 오차가 누적 동적 승수의 HAC 표준 오차가 된다는 점이다.

16.4 이분산성과 자기상관에 대해 일치성을 갖는 표준 오차

오차항 u_t가 자기상관성을 가지는 경우 OLS 계수 추정량은 일치성을 가지지만, 일반적으로 횡단면 데이터에 대한 OLS 표준 오차는 그렇지 않다. 이는 보통의 OLS 표준 오차를 기반으로 한 통상적인 통계적 추론—가설검정과 신뢰구간—이 일반적으로 잘못된 결과를 초래할 수 있음을 의미한다. 예를 들어 OLS 추정량 ± 1.96 통상적인 표준 오차로 구성된 신뢰구간이, 표본크기가 크더라도 반복된 표본에서 참값을 95% 포함하지 않을 수 있다. 이 절에서는 자기상관된 오차가 있는 경우 OLS 추정량의 분산에 대한 올바른 공식을 도출한 후 HAC 표준 오차로 논의를 이어간다.

이 절에서는 시계열 데이터를 이용한 회귀분석에서 사용되는 HAC(Heteroskedasticity-and Autocorrelation-Consistent) 표준 오차를 다룬다. 10장에서 패널데이터에 적합한 HAC 표준 오차의 한 종류인 군집 표준 오차(clustered standard error)를 소개했다. 패널데이터에 대한 군집 표준 오차와 시계열 데이터에 대한 HAC 표준 오차는 동일한 목표를 가지고 있지만, 데이터 구조가 다르기 때문에 사용하는 공식도 다르다. 이 절은 독립적인 내용을 다루며, 10장의 내용을 전제로 하지 않는다.

자기상관성을 갖는 오차가 있는 OLS 추정량의 분포

논의를 단순화하기 위해 시차가 없는 분포시차 회귀모형의 OLS 추정량 $\hat{\beta}_1$을 고려하자. 즉 유일한 설명변수 X_t를 포함하는 선형회귀모형이다.

$$Y_t = \beta_0 + \beta_1 X_t + u_t \tag{16.8}$$

여기서 핵심 개념 16.2의 가정들은 모두 만족한다. 이 절에서는 $\hat{\beta}_1$의 분산을 2개 항의 곱으로 나타낼 수 있음을 보여준다. 첫 번째 항은 u_t가 자기상관을 가지지 않는 경우에 적용되는 $\text{var}(\hat{\beta}_1)$에 대한 표현이고, 두 번째 항은 u_t의 자기상관성, 보다 정확히는 $(X_t - \mu_X)u_t$의 자기상관성으로 인해 생기는 수정 요인이다.

부록 4.3에서 증명한 바와 같이, 핵심 개념 4.2의 OLS 추정량 $\hat{\beta}_1$에 대한 공식은 다음과 같이 다시 쓸 수 있다.

$$\hat{\beta}_1 = \beta_1 + \frac{\frac{1}{T}\sum_{t=1}^{T}(X_t - \overline{X})u_t}{\frac{1}{T}\sum_{t=1}^{T}(X_t - \overline{X})^2} \tag{16.9}$$

여기서 식 (16.9)는 식 (4.28)의 표기법을 변경한 것으로, i와 n이 t와 T로 대체되었다. 이는 시계열 데이터와 관련된 표기법을 더 적절하게 적용한 것이라고 볼 수 있다. $\overline{X} \xrightarrow{P} \mu_X$이고 $\frac{1}{T}\sum_{t=1}^{T}(X_t - \overline{X})^2 \xrightarrow{P} \sigma_X^2$이기 때문에, 대표본에서 $\hat{\beta}_1 - \beta_1$은 대략적으로 다음과 같이 주어진다.

$$\hat{\beta}_1 - \beta_1 \cong \frac{\frac{1}{T}\sum_{t=1}^{T}(X_t - \mu_X)u_t}{\sigma_X^2} = \frac{\frac{1}{T}\sum_{t=1}^{T}v_t}{\sigma_X^2} = \frac{\overline{v}}{\sigma_X^2} \tag{16.10}$$

여기서 $v_t = (X_t - \mu_X)u_t$와 $\overline{v} = \frac{1}{T}\sum_{t=1}^{T}v_t$이다. 따라서

$$\text{var}(\hat{\beta}_1) = \text{var}\left(\frac{\overline{v}}{\sigma_X^2}\right) = \frac{\text{var}(\overline{v})}{(\sigma_X^2)^2} \tag{16.11}$$

핵심 개념 4.3에서 다루어진 횡단면 데이터에 대해 가정한 것처럼 v_t가 독립적이고 동일한 분포(i.i.d.)를 따른다면, $\text{var}(\overline{v}) = \text{var}(v_t)/T$이고, 핵심 개념 4.4에서 제시한 $\hat{\beta}_1$의 분산 공식이 적용될 수 있다. 그러나 만약 u_t와 X_t가 시간에 따라 독립적으로 분포하지 않는다면, v_t는 일반적으로 계열상관을 가지게 되어 $\text{var}(\overline{v}) \neq \text{var}(v_t)/T$이고, 핵심 개념 4.4는 적용되지 않는다. 대신 v_t가 계열상관성을 가지면 $\overline{v}$의 분산은 다음과 같다.

$$\begin{aligned}\text{var}(\bar{v}) &= \text{var}[(v_1 + v_2 + \cdots + v_T)/T] \\ &= [\text{var}(v_1) + \text{cov}(v_1, v_2) + \cdots + \text{cov}(v_1, v_T) \\ &\quad + \text{cov}(v_2, v_1) + \text{var}(v_2) + \cdots + \text{var}(v_T)]/T^2 \\ &= [T\text{var}(v_t) + 2(T-1)\text{cov}(v_t, v_{t-1}) \\ &\quad + 2(T-2)\text{cov}(v_t, v_{t-2}) + \cdots + 2\text{cov}(v_t, v_{t-T+1})]/T^2 \\ &= \frac{\sigma_v^2}{T} f_T\end{aligned} \tag{16.12}$$

여기서

$$f_T = 1 + 2\sum_{j=1}^{T-1}\left(\frac{T-j}{T}\right)\rho_j \tag{16.13}$$

여기서 $\rho_j = \text{corr}(v_t,\ v_{t-j})$이다. 대표본에서 f_T는 극한으로 수렴하는데, $f_T \longrightarrow f_\infty = 1 + 2\sum_{j=1}^{\infty}\rho_j$이다.

식 (16.10)의 $\hat{\beta}_1$에 대한 표현과 식 (16.12)의 $\text{var}(\bar{v})$에 대한 표현을 결합하면 v_t가 자기상관성을 가질 때 $\hat{\beta}_1$의 분산에 대한 공식이 도출된다.

$$\text{var}(\hat{\beta}_1) = \left[\frac{1}{T}\frac{\sigma_v^2}{(\sigma_X^2)^2}\right] f_T \tag{16.14}$$

여기서 f_T는 식 (16.13)에 제시되어 있다.

식 (16.14)는 $\hat{\beta}_1$의 분산을 2개 항의 곱으로 표현하고 있다. 대괄호 안에 있는 첫 번째 부분은 핵심 개념 4.4에서 제시한 $\hat{\beta}_1$의 분산 공식이며 자기상관이 없는 경우에 적용된다. 두 번째 부분 f_T는 자기상관을 고려해 이 분산 공식을 조정한다. 만약 오차항이 계열상관성을 가진다면, 식 (16.14)의 추가 요인 f_T로 인해 식 (5.4)를 사용해 계산된 일반적인 OLS 표준 오차는 부정확하다: $v_t = (X_t - \mu_X)u_t$가 계열상관성을 가진다면, 분산의 추정량은 f_T만큼 차이 난다.

HAC 표준 오차

만약 식 (16.13)에서 정의된 요인 f_T가 알려져 있다면, $\hat{\beta}_1$의 분산은 일반적인 횡단면 분산 추정량에 f_T를 곱해 추정할 수 있다. 그러나 이 요인은 v_t의 알려지지 않은 자기상관성에 의존하기 때문에 이를 추정해야만 한다. 이러한 조정을 수용한 $\hat{\beta}_1$의 분산 추정량은 이분산성이 존재하든 아니든, 또는 v_t가 자기상관성을 가지든 아니든 상관없이 일치성을 가진다. 따라서 이 추정량을 **이분산성과 자기상관성에 대해 일치성을 갖는**(heteroskedasticity- and autocorrelation-consistent, HAC) $\hat{\beta}_1$의 분산 추정량이라고 하며, HAC 분산 추정량의 제곱근이 $\hat{\beta}_1$의 **HAC 표준 오차**(HAC standard error)이다.

HAC 분산 공식 $\hat{\beta}_1$의 분산 추정량은 다음과 같다.

$$\tilde{\sigma}_{\hat{\beta}_1}^2 = \hat{\sigma}_{\hat{\beta}_1}^2 \hat{f}_T \tag{16.15}$$

여기서 $\hat{\sigma}_{\hat{\beta}_1}^2$은 식 (5.4)에서 정의되었고 계열상관성이 존재하지 않을 때 $\hat{\beta}_1$의 분산 추정량이다. $\hat{f}_T$는 식 (16.13)에서 정의된 f_T의 추정량이다.

일치성을 갖는 추정량 $\hat{f}_T$를 구성하는 작업은 쉽지 않다. 그 이유를 이해하기 위해 두 가지 극단적인 경우를 고려해보자. 첫 번째 극단적인 경우, 식 (16.13)에 주어진 공식을 바탕으로 모집단 자기상관 ρ_j를 표본 자기상관 $\hat{\rho}_j$ [식 (15.3)에서 정의된]로 대체하는 것이 자연스러워 보일 수 있으며, 추정량 $1 + 2\sum_{j=1}^{T-1}\left(\frac{T-j}{T}\right)\hat{\rho}_j$가 도출된다. 그러나 이 추정량은 너무 많은 추정된 자기상관을 포함하고 있기 때문에 일치성을 갖지 못한다. 직관적으로 설명하면, 각각의 추정된 자기상관이 추정 오차를 포함하기 때문에, 너무 많은 자기상관을 추정하면 f_T 추정량의 추정 오차가 대표본에서도 여전히 크게 남아있게 된다. 두 번째 극단적인 경우로는 몇몇 표본 자기상관만 사용하는 방법을 생각할 수 있다. 예를 들어 첫 번째 표본 자기상관만을 사용하고 나머지 고차 자기상관은 무시하는 것이다. 이 방법은 너무 많은 자기상관을 추정하는 문제는 해결하지만 또 다른 문제를 야기한다: 이 방법은 식 (16.13)에 나타나는 추가적인 자기상관을 무시하기 때문에 일치성을 갖지 못한다. 요약하면, 너무 많은 표본 자기상관을 사용하면 추정량의 분산이 커지고, 반대로 너무 적은 자기상관을 사용하면 고차 시차와의 자기상관을 무시하게 된다. 그 결과 어느 극단적인 경우에도 추정량은 일치성을 갖지 못한다.

실제 사용되는 f_T의 추정량은 표본크기 T에 따라 포함할 자기상관의 수를 선택하는 방식으로 이러한 두 극단적인 경우 사이에서 균형을 맞춘다. 표본크기가 작을 경우 소수의 자기상관만을 사용하며, 표본크기가 큰 경우 더 많은 자기상관을 포함한다(그러나 여전히 T 보다는 훨씬 적은 자기상관만 사용한다). 구체적으로 $\hat{f}_T$는 다음과 같이 정의된다.

$$\hat{f}_T = 1 + 2\sum_{j=1}^{m-1}\left(\frac{m-j}{m}\right)\tilde{\rho}_j \tag{16.16}$$

여기서 $\tilde{\rho}_j = \sum_{t=j+1}^{T} \hat{v}_t\hat{v}_{t-j} / \sum_{t=1}^{T}\hat{v}_t^2$, $\hat{v}_t = (X_t - \overline{X})\hat{u}_t$($\hat{\sigma}_{\hat{\beta}_1}^2$의 정의에서와 같이)이다. 식 (16.16)의 모수 m은 HAC 추정량의 **절단 모수**(truncation parameter)라고 한다. 이는 식 (16.13)의 모집단 공식에서 나타나는 $T-1$개의 자기상관 대신 $m-1$개의 자기상관만 포함하기 위해 자기상관의 합이 줄여지거나 절단되기 때문이다.

$\hat{f}_T$가 일치성을 갖기 위해서는 m이 대표본에서 T보다는 훨씬 작을지라도 충분히 크게 선택되어야만 한다. 실제로 m을 선택하기 위한 하나의 지침은 다음 공식을 사용하는 것이다.

$$m = 0.75T^{1/3} \tag{16.17}$$

그리고 정수로 반올림한다. 이 공식은 v_t에 적당한 정도의 자기상관이 존재한다고 가정하고, 회귀분석에서 관측치 수의 함수로서 m을 결정하는 기준 규칙을 제공한다.[1]

식 (16.17)에서 도출된 절단 모수 m의 값은 분석하려는 시계열에 대한 지식을 사용해 수정할 수 있다. 만약 v_t에 상당한 자기상관이 존재한다면 m의 값을 식 (16.17)의 값보다 더 크게 설정해야 한다. 반면에, v_t의 자기상관이 적다면 m을 줄일 수 있다. m의 선택과 관련된 모호함 때문에, 적어도 하나의 모형에 대해 하나 또는 두 개의 대안적인 m값을 시도해, 분석 결과

1 식 (16.17)은 u_t와 X_t가 1차 자기회귀 과정이고 1차 자기상관 계수가 0.5인 경우, $E(\tilde{\sigma}_{\hat{\beta}_1}^2 - \sigma_{\hat{\beta}_1}^2)^2$을 최소화하는 m의 값을 제공한다. 식 (16.17)은 Andrews[1991, 식 (5.3)]가 도출한 보다 일반적인 공식을 기반으로 하고 있다.

가 m에 민감하지 않은지를 확인하는 것이 좋은 실행 방안이다.

식 (16.16)에서 주어진 $\hat{f}_T$를 사용하는 식 (16.15)의 HAC 추정량은 이를 제안한 경제학자 Whitney Newey와 Kenneth West의 이름을 따서 **Newey-West 분산 추정량**(Newey-West variance estimator)이라고 한다. 그들은 식 (16.17)과 같은 규칙과 함께 사용될 때, 이 추정량이 일반적인 가정하에서 $\hat{\beta}_1$의 분산에 대한 일치 추정량(consistent estimator)이라는 것을 증명했다(Newey and West, 1987). 이들의 증명[그리고 Andrews(1991)의 증명]은 v_t가 4개 이상의 적률을 가진다는 가정을 하고 있으며, 이는 X_t와 u_t가 8개 이상의 적률을 가진다는 것으로부터 암시된다. 이 때문에 핵심 개념 16.2의 세 번째 가정이 X_t와 u_t가 8개 이상의 적률을 가진다는 것이었다.

다른 HAC 추정량 Newey-West 분산 추정량만이 유일한 HAC 추정량은 아니다. 예를 들어 식 (16.16)에서의 가중치 $(m - j)/m$을 다른 가중치로 대체할 수 있다. 만약 다른 가중치를 사용할 경우, 절단 모수를 선택하는 식 (16.17)의 규칙은 더 이상 적용되지 않으며, 해당 가중치에 맞게 개발된 다른 규칙을 대신 사용해야 한다. 다른 가중치를 사용하는 HAC 추정량에 대한 논의는 이 책의 범위를 넘어선다. 이 주제에 대한 추가 정보는 Hayashi(2000, Section 6.6)를 참조하라.

다중회귀모형으로의 확장 이 절에서 논의한 모든 문제는 여러 시차를 포함하는 핵심 개념 16.1의 분산시차 회귀모형으로 일반화할 수 있으며, 더 보편적으로는 계열상관성이 있는 오차항을 포함한 다중회귀모형으로 일반화할 수 있다. 특히 오차항이 계열상관성을 가질 경우, 일반적인 OLS 표준 오차는 신뢰할 수 없는 추론 기반이 되며, 대신에 HAC 표준 오차를 사용해야만 한다. 사용된 HAC 분산 추정량이 Newey-West 추정량[가중치 $(m - j)/m$을 기반으로 한 HAC 분산 추정량]인 경우, 단일설명변수 또는 다중설명변수의 존재 여부에 상관없이 식 (16.17)의 규칙에 따라 절단 모수 m을 선택할 수 있다. 다중회귀모형의 HAC 표준 오차에 대한 공식은 시계열 데이터 분석을 위한 현대적 회귀분석 소프트웨어에 포함되어 있다. 이 공식은 행렬 대수를 포함하므로 여기에서는 생략하고, 대신에 수학적 세부 사항은 Hayashi(2000, Section 6.6)를 참조하라.

HAC 표준 오차는 핵심 개념 16.3에 요약했다.

16.5 엄격하게 외생적인 설명변수가 있을 때 동적 인과효과의 추정

엄격한 외생성을 가진 X_t의 경우, 동적 인과효과를 추정할 수 있는 두 가지 대안적인 추정 방법이 있다. 첫 번째 추정 방법은 분산시차모형 대신 ADL 모형을 추정하고, 추정된 ADL 계수로부터 동적 승수를 계산하는 것이다. 이 방법은 분산시차모형을 OLS로 추정하는 것보다 적은 수의 계수를 추정할 수 있어 잠재적으로 추정 오차를 줄일 수 있다. 두 번째 방법은 일반화 최소제곱법(generalized least squares, GLS)을 사용해 분산시차모형의 계수를 추정하는 것이다. 비록 GLS가 분산시차모형에서 OLS와 동일한 수의 계수를 추정하지만, GLS 추

핵심 개념 16.3

HAC 표준 오차

문제점: 핵심 개념 16.1에서 정의한 분산시차 회귀모형의 오차항 u_t가 계열상관성을 가질 수 있다. 그럴 경우에 OLS 계수 추정량은 일치성을 갖지만, 통상적인 OLS 표준 오차는 일반적으로 일치성을 갖지 않지 않는다. 이 때문에 사실과 다른 가설검정과 신뢰구간의 결과를 초래할 수 있다.

해결책: 표준 오차는 반드시 HAC 분산 추정량을 사용해 계산해야 한다. HAC 추정량은 $m-1$개의 자기상관과 분산의 추정치를 포함한다. 단일설명변수가 있는 경우, 관련 공식은 식 (16.15)와 식 (16.16)에 주어진다.

실제로 HAC 표준 오차를 사용할 때는 절단 모수 m을 선택해야 한다. 이를 위해 식 (16.17)의 공식을 기준으로 사용하고, 설명변수와 오차항이 높은 혹은 낮은 계열상관성을 가지는지에 따라 m을 증가시키거나 감소시킨다.

정량은 더 작은 분산을 가진다. 설명을 간단하게 유지하기 위해, 이 두 가지 추정 방법을 단일 시차와 AR(1) 오차항을 가지는 분산시차모형의 맥락에서 설명하고 논의한다. 부록 16.2에서는 이러한 추정 방법을 더 높은 차수의 자기회귀 오차를 포함하는 일반적인 분산시차모형으로 확장한다.

AR(1) 오차항이 있는 분산시차모형

만약 X의 변화가 Y에 영향을 주는 인과효과가 단지 두 기간 동안만 지속된다고 가정해보자. 즉 초기 충격 효과 β_1과 다음 기간의 효과 β_2만 있고, 그 이후로는 아무런 효과가 없다. 그렇다면 적절한 분산시차 회귀모형은 X_t의 현재 값과 과거 값 X_{t-1}만을 포함하는 분산시차모형이다.

$$Y_t = \beta_0 + \beta_1 X_t + \beta_2 X_{t-1} + u_t \tag{16.18}$$

16.2절에서 논의한 바와 같이, 일반적으로 식 (16.18)에서의 오차항 u_t는 계열상관성을 가진다. 이러한 계열상관의 결과는, 분산시차 계수를 OLS로 추정할 경우에 일반적인 OLS 표준 오차를 기반으로 한 추론이 잘못될 수 있다는 것이다. 이러한 이유로 16.3절과 16.4절에서는 OLS로 식 (16.18)의 β_1과 β_2를 추정할 때 HAC 표준 오차를 사용할 것을 강조했다.

이 절에서는 u_t의 계열상관에 대해 다른 접근 방식을 취한다. 만약 X_t가 엄격한 외생성을 가진다면 가능한 이 접근 방식은 u_t의 계열상관을 설명하기 위해 자기회귀모형(AR 모형)을 채택하고, OLS보다 더 효율적인(efficient) 추정량을 도출하기 위해 이 AR 모형을 사용한다.

구체적으로 u_t가 AR(1) 모형을 따른다고 가정하자.

$$u_t = \phi_1 u_{t-1} + \tilde{u}_t \tag{16.19}$$

여기서 ϕ_1은 자기회귀 계수이고 $\tilde{u}_t$는 계열상관성이 없다. $E(u_t) = 0$이기 때문에 절편항은 존재하지 않는다. 식 (16.18)과 식 (16.19)는 계열상관된 오차를 가진 분산시차모형을 계열상관이 없는 오차를 가진 자기회귀 분산시차모형으로 다시 쓸 수 있음을 암시한다. 이를 수행하기 위해 식 (16.18)의 양쪽에 시차를 적용한 후, 이 시차에 ϕ_1을 곱한 값을 양변에서 빼는 방법을 사용한다.

$$\begin{aligned} Y_t - \phi_1 Y_{t-1} &= (\beta_0 + \beta_1 X_t + \beta_2 X_{t-1} + u_t) - \phi_1(\beta_0 + \beta_1 X_{t-1} + \beta_2 X_{t-2} + u_{t-1}) \\ &= \beta_0 + \beta_1 X_t + \beta_2 X_{t-1} - \phi_1\beta_0 - \phi_1\beta_1 X_{t-1} - \phi_1\beta_2 X_{t-2} + \tilde{u}_t \end{aligned} \quad (16.20)$$

여기서 두 번째 등호는 $\tilde{u}_t = u_t - \phi_1 u_{t-1}$을 사용한다. 식 (16.20)의 항들을 모아서 정리하면 다음 식을 얻을 수 있다.

$$Y_t = \alpha_0 + \phi_1 Y_{t-1} + \delta_0 X_t + \delta_1 X_{t-1} + \delta_2 X_{t-2} + \tilde{u}_t \quad (16.21)$$

여기서

$$\alpha_0 = \beta_0(1 - \phi_1), \delta_0 = \beta_1, \delta_1 = \beta_2 - \phi_1\beta_1, \delta_2 = -\phi_1\beta_2 \quad (16.22)$$

여기서 β_0, β_1, β_2는 식 (16.18)의 계수이고 ϕ_1은 식 (16.19)의 자기상관 계수이다.

식 (16.21)은 X의 동시적인 값과 2개의 시차를 포함하는 ADL 모형이다. 우리는 식 (16.21)을 식 (16.18)과 (16.19)에 주어진 자기회귀 오차를 가진 분산시차모형의 ADL 표현이라고 할 것이다.

식 (16.20)의 항들을 다르게 재배열하면 식 (16.21)이나 (16.22)와 동등한 표현을 얻을 수 있다. $\tilde{Y}_t = Y_t - \phi_1 Y_{t-1}$을 Y_t의 **준차분**(quasi-difference)으로 정의하는데, 이는 1차 차분, 즉 Y_t와 Y_{t-1}의 차이가 아니라, Y_t와 $\phi_1 Y_{t-1}$의 차분이기 때문에 준(quasi)이라는 용어를 사용한다. 마찬가지로, $\tilde{X}_t = X_t - \phi_1 X_{t-1}$을 X_t의 준차분으로 정의할 수 있다. 그러면 식 (16.20)은 다음과 같이 쓸 수 있다.

$$\tilde{Y}_t = \alpha_0 + \beta_1\tilde{X}_t + \beta_2\tilde{X}_{t-1} + \tilde{u}_t \quad (16.23)$$

우리는 식 (16.23)을 식 (16.18)과 (16.19)에 주어진 자기회귀 오차를 가진 분산시차모형의 준차분 표현이라고 할 것이다.

식 (16.21)의 ADL 모형[식 (16.22)의 모수 제약 조건을 포함한]과 식 (16.23)의 준차분 모형은 동등하다. 두 모형 모두에서 오차항 $\tilde{u}_t$는 계열상관성을 가지지 않는다. 그러나 이 두 표현은 서로 다른 추정 전략을 제안한다. 이러한 전략들을 논의하기에 앞서, 동적 승수 β_1과 β_2에 대한 일치 추정량을 제공하기 위한 가정들을 살펴보겠다.

ADL과 준차분 모형에서 조건부 평균이 0이라는 가정 식 (16.21)[식 (16.22)의 제약 조건을 포함한]과 식 (16.23)이 동등하므로, 이들을 추정하기 위한 조건도 동일하다. 따라서 편의를 위해 식 (16.23)을 고려한다.

식 (16.23)의 준차분 모형은 계열상관이 없는 오차를 포함하는 준차분된 변수를 다루는 분산시차모형이다. 따라서 식 (16.23)의 계수에 대한 OLS 추정의 조건은 핵심 개념 16.2에서 다룬 분산시차모형에 대한 최소제곱 가정이며, 이는 $\tilde{u}_t$와 $\tilde{X}_t$에 관해 표현된다. 여기서 중요한 가정은 첫 번째 가정으로, 이를 식 (16.23)에 적용하면 $\tilde{X}_t$는 외생적이다. 즉

$$E(\tilde{u}_t | \tilde{X}_t, \tilde{X}_{t-1}, \ldots) = 0 \tag{16.24}$$

조건부 기댓값을 $\tilde{X}_t$의 먼 시차들에 의존하도록 설정하는 것은 식 (16.23)에 나타난 $\tilde{X}_t$의 시차 외에 추가적인 시차들이 모집단 회귀 함수에 들어가지 않도록 보장하는 역할을 한다.

$\tilde{X}_t = X_t - \phi_1 X_{t-1}$이므로, $X_t = \tilde{X}_t + \phi_1 X_{t-1}$이 된다. 따라서 $\tilde{X}_t$와 그 시차들에 조건을 부여하는 것은 X_t와 그 시차들에 조건을 부여하는 것과 동일하다. 그러므로 식 (16.24)에서의 조건부 기댓값 조건은 $E(\tilde{u}_t | X_t, X_{t-1}, \ldots) = 0$이라는 조건과 동등하다. 더욱이, $\tilde{u}_t = u_t - \phi_1 u_{t-1}$이므로, 이 조건은 다음을 암시한다.

$$\begin{aligned} 0 &= E(\tilde{u}_t | X_t, X_{t-1}, \ldots) \\ &= E(u_t - \phi_1 u_{t-1} | X_t, X_{t-1}, \ldots) \\ &= E(u_t | X_t, X_{t-1}, \ldots) - \phi_1 E(u_{t-1} | X_t, X_{t-1}, \ldots) \end{aligned} \tag{16.25}$$

일반적인 ϕ_1값에 대해 식 (16.25)에서의 등식이 성립하려면 $E(u_t | X_t, X_{t-1}, \ldots) = 0$과 $E(u_{t-1} | X_t, X_{t-1}, \ldots) = 0$ 두 조건이 모두 충족되어야 한다. 시간 첨자를 한 기간 앞으로 이동시키면, $E(u_{t-1} | X_t, X_{t-1}, \ldots) = 0$이라는 조건은 다음과 같이 다시 쓸 수 있다.

$$E(u_t | X_{t+1}, X_t, X_{t-1}, \ldots) = 0 \tag{16.26}$$

이는 (반복 기댓값 법칙에 의해) $E(u_t | X_t, X_{t-1}, \ldots) = 0$을 의미한다. 요약하면, 식 (16.24)에서의 조건부 평균 0 가정이 일반적인 ϕ_1값에 대해 성립하는 것은, 식 (16.26)의 조건이 성립하는 것과 동등하다.

식 (16.26)의 조건은 X_t가 엄격한 외생성을 가질 경우 성립하지만, X_t가 (과거와 현재) 외생적인 경우에는 성립하지 않는다. 따라서 식 (16.23)에서의 분산시차모형을 추정할 때의 최소제곱 가정은 X_t가 엄격한 외생성을 가질 때 충족되며, 단순히 X_t가 (과거와 현재) 외생성만을 가질 경우에는 충분하지 않다.

ADL 표현[식 (16.21)과 (16.22)]이 준차분 표현[식 (16.23)]과 동등하기 때문에, 준차분 표현의 계수를 추정하는 데 필요한 조건부 평균 가정[즉 $E(u_t | X_{t+1}, X_t, X_{t-1}, \ldots) = 0$]은 ADL 표현의 계수가 일치성을 갖도록 추정하기 위한 조건부 평균 가정이기도 하다.

이제 이 두 가지 표현이 제시하는 두 가지 추정 전략인 ADL 계수의 추정과 준차분 모형의 계수 추정으로 넘어간다.

ADL 모형의 OLS 추정

첫 번째 전략은 OLS를 사용해 식 (16.21)에 있는 ADL 모형의 계수를 추정하는 것이다. 식 (16.21)로 이어지는 유도 과정에서 보이듯이, Y의 시차와 X의 추가적인 시차를 설명변수로 포함하면 오차항이 자기상관을 가지지 않게 된다(오차항이 1차 자기회귀 과정을 따른다는 가정하에서). 따라서 일반적인 OLS 표준 오차를 사용할 수 있으며, 식 (16.21)의 ADL 모형 계수를 OLS로 추정할 때는 HAC 표준 오차가 필요하지 않다.

추정된 ADL 계수 자체는 동적 승수의 추정치가 아니지만, ADL 계수로부터 동적 승수를 계산할 수 있다. 동적 승수를 계산하는 일반적인 방법은 추정된 회귀함수를 X_t의 현재 값과 과거 값의 함수로 표현하는 것이다—즉 추정된 회귀함수에서 Y_t를 제거하는 것이다. 이를 위해 Y_t의 시차 값에 대한 표현을 반복적으로 추정된 회귀식에 대입한다. 구체적으로 다음과 같은 추정된 회귀함수를 고려하자.

$$\hat{Y}_t = \hat{\phi}_1 Y_{t-1} + \hat{\delta}_0 X_t + \hat{\delta}_1 X_{t-1} + \hat{\delta}_2 X_{t-2} \tag{16.27}$$

여기서 추정된 절편은 동적 승수에 대한 어떤 표현에도 포함되지 않기 때문에 생략했다. 식 (16.27)의 양변에 시차를 적용하면 $\hat{Y}_{t-1} = \hat{\phi}_1 Y_{t-2} + \hat{\delta}_0 X_{t-1} + \hat{\delta}_1 X_{t-2} + \hat{\delta}_2 X_{t-3}$이 된다. $\hat{Y}_{t-1}$에 대한 이 표현을 식 (16.27)의 $\hat{Y}_{t-1}$에 대입하고 항을 정리하면 다음과 같은 결과를 얻는다.

$$\begin{aligned}\hat{Y}_t &= \hat{\phi}_1(\hat{\phi}_1 Y_{t-2} + \hat{\delta}_0 X_{t-1} + \hat{\delta}_1 X_{t-2} + \hat{\delta}_2 X_{t-3}) + \hat{\delta}_0 X_t + \hat{\delta}_1 X_{t-1} + \hat{\delta}_2 X_{t-2} \\ &= \hat{\delta}_0 X_t + (\hat{\delta}_1 + \hat{\phi}_1 \hat{\delta}_0) X_{t-1} + (\hat{\delta}_2 + \hat{\phi}_1 \hat{\delta}_1) X_{t-2} + \hat{\phi}_1 \hat{\delta}_2 X_{t-3} + \hat{\phi}_1^2 Y_{t-2}\end{aligned} \tag{16.28}$$

Y_{t-2}, Y_{t-3} 등의 표현을 계속 대입하면서 이 과정을 반복하면 다음과 같은 결과가 도출된다.

$$\begin{aligned}\hat{Y}_t = {} & \hat{\delta}_0 X_t + (\hat{\delta}_1 + \hat{\phi}_1 \hat{\delta}_0) X_{t-1} + (\hat{\delta}_2 + \hat{\phi}_1 \hat{\delta}_1 + \hat{\phi}_1^2 \hat{\delta}_0) X_{t-2} \\ & + \hat{\phi}_1(\hat{\delta}_2 + \hat{\phi}_1 \hat{\delta}_1 + \hat{\phi}_1^2 \hat{\delta}_0) X_{t-3} + \hat{\phi}_1^2(\hat{\delta}_2 + \hat{\phi}_1 \hat{\delta}_1 + \hat{\phi}_1^2 \hat{\delta}_0) X_{t-4} + \cdots\end{aligned} \tag{16.29}$$

식 (16.29)의 계수는 식 (16.21)의 ADL 모형 계수에 대한 OLS 추정량으로부터 계산된 동적 승수의 추정량이다. 만약 식 (16.22)의 계수에 대한 제약이 추정된(estimated) 계수에 대해서도 똑같이 적용된다면, 두 번째 이후의 동적 승수(즉 X_{t-2}, X_{t-3} 등에 대한 계수)는 모두 0이 될 것이다.[2] 그러나 이 추정 전략에서 이러한 제약이 똑같이 성립하지는 않기 때문에, 일반적으로 식 (16.29)의 두 번째 이상의 추정 승수는 0이 아닌 값을 갖게 될 것이다.

GLS 추정

X_t가 엄격한 외생성을 가질 때, 동적 승수를 추정하기 위한 두 번째 전략은 **일반화 최소제곱법**(generalized least squares, GLS)을 사용하는 것이며, 이는 식 (16.23)의 추정을 수반한다. GLS 추정량을 설명하기 위해, 먼저 ϕ_1이 알려져 있다고 가정한다. 그러나 실제로는 ϕ_1이 알려지지 않으므로 이 추정량은 비현실적이며, 이를 실현 불가능한(infeasible) GLS 추정량이라고 한다. 하지만 실현 불가능한 GLS 추정량은 ϕ_1의 추정량을 사용해 수정할 수 있으며, 이를 통해 실현 가능한 GLS 추정량을 얻을 수 있다.

실현 불가능한 GLS 만약 ϕ_1이 알려져 있다면 준차분된 변수 $\widetilde{X}_t$와 $\widetilde{Y}_t$를 직접 계산할 수 있다. 식 (16.24)와 (16.26)의 맥락에서 논의한 바와 같이, X_t가 엄격한 외생성을 가질 경우 $E(\widetilde{u}_t \mid \widetilde{X}_t, \widetilde{X}_{t-1}, \ldots) = 0$이 성립한다. 따라서 X_t가 엄격한 외생성을 가지며 ϕ_1이 알려져 있을 경우, 식 (16.23)에서의 계수 α_0, β_1, β_2는 $\widetilde{X}_t$와 $\widetilde{X}_{t-1}$(절편 포함)에 대한 $\widetilde{Y}_t$의 OLS 회귀를 통해 추정할 수 있다. 이렇게 도출된 β_1과 β_2의 추정량, 즉 ϕ_1이 알려져 있을 때 식 (16.23)

---

2 만약 식 (16.22)에서의 등식이 성립한다면 $\delta_2 + \phi_1\delta_1 + \phi_1^2\delta_0 = 0$임을 밝히기 위해서 이 등식을 대입하라.

에서의 기울기 계수에 대한 OLS 추정량은 **실현 불가능한 GLS 추정량**(infeasible GLS estimator)이다. 현실에서 ϕ_1이 알려져 있지 않기 때문에 $\widetilde{X}_t$와 $\widetilde{Y}_t$를 계산할 수 없고, 따라서 이러한 OLS 추정량을 실제로는 계산할 수 없다는 점에서 이 추정량을 실현 불가능한 추정량이라고 한다.

실현 가능한 GLS **실현 가능한 GLS 추정량**(feasible GLS estimator)은 추정된 준차분 값을 계산하기 위해 ϕ_1의 예비 추정량 $\hat{\phi}_1$을 사용해 실현 불가능한 GLS 추정량을 수정한다. 구체적으로, β_1과 β_2의 실현 가능한 GLS 추정량은 식 (16.23)에서의 β_1과 β_2에 대한 OLS 추정량이며, $\hat{\widetilde{Y}}_t$를 $\hat{\widetilde{X}}_t$와 $\hat{\widetilde{X}}_{t-1}$(절편 포함)에 대해 회귀시킴으로써 계산된다. 여기서 $\hat{\widetilde{X}}_t = X_t - \hat{\phi}_1 X_{t-1}$이고 $\hat{\widetilde{Y}}_t = Y_t - \hat{\phi}_1 Y_{t-1}$로 정의된다.

예비 추정량 $\hat{\phi}_1$은 먼저 식 (16.18)의 분산시차 회귀모형을 OLS로 추정한 다음, 식 (16.19)에서 관찰되지 않는 회귀 오차 u_t를 OLS 잔차 $\hat{u}_t$로 대체하고 OLS로 ϕ_1을 추정해 계산할 수 있다. 이 형태의 GLS 추정량을 Cochrane-Orcutt(1949) 추정량이라고 한다.

Cochrane-Orcutt 방법의 확장은 이 과정을 반복적으로 수행하는 것이다. 먼저 β_1과 β_2의 GLS 추정치를 사용해 u_t의 수정된 추정치를 계산하고, 이 새로운 잔차를 사용해 ϕ_1을 다시 추정한다. 그런 다음 이 수정된 ϕ_1 추정치를 사용해 수정된 추정된 준차분을 계산하고, 이 준차분을 사용해 β_1과 β_2를 다시 추정한다. 이 과정을 β_1과 β_2의 추정치가 수렴할 때까지 계속한다. 이 방법은 반복된 Cochrane-Orcutt 추정량이라고 한다.

GLS의 효율성 GLS 추정량의 장점은 X가 엄격한 외생성을 가지고 변환된 오차 $\widetilde{u}_t$가 등분산성을 가질 때, 선형 추정량 중에서 적어도 대표본에서는 효율적이라는 것이다. 이를 이해하기 위해 먼저 실현 불가능한 GLS 추정량을 고려해보자. 만약 $\widetilde{u}_t$가 등분산성을 가지고 ϕ_1이 알려져 있어 $\widetilde{X}_t$와 $\widetilde{Y}_t$가 관측될 수 있는 것처럼 다루어지고, X_t가 엄격한 외생성을 가진다면, 가우스-마르코프 정리(Gauss-Markov theorem)에 따라 식 (16.23)의 α_0, β_1, β_2에 대한 OLS 추정량은 $\widetilde{X}_t$와 $\widetilde{Y}_t(t=2, \ldots, T)$에 기반한 모든 선형 조건부 비편향 추정량 중에서 효율적이다. 여기서 첫 번째 관측치($t=1$)는 준차분 때문에 손실되었다. 즉 식 (16.23)에서 계수의 OLS 추정량은 최량선형비편향추정량(best linear unbiased estimator, BLUE; 또는 최선선형불편추정량, 최우수선형불편추정량)이다(5.5절 참조). 식 (16.23)의 OLS 추정량이 실현 불가능한 GLS 추정량이므로, 이는 실현 불가능한 GLS 추정량이 BLUE라는 것을 의미한다. 실현 가능한 GLS 추정량은 ϕ_1을 추정해야 한다는 점을 제외하면 실현 불가능한 GLS 추정량과 유사하다. ϕ_1의 추정량이 일치성을 가지고 그 분산이 T에 반비례하기 때문에, 대표본에서는 실현 가능한 GLS 추정량과 실현 불가능한 GLS 추정량의 분산은 동일하며, T가 클 경우 첫 번째 관측치($t=1$)로부터의 정보 손실은 무시할 수 있다. 이런 의미에서 X가 엄격한 외생성을 가질 경우, 실현 가능한 GLS 추정량은 대표본에서 BLUE이다. 특히 X가 엄격한 외생성을 가질 경우, GLS는 16.3절에서 논의한 분산시차 계수에 대한 OLS 추정량보다 더 효율적이다.

여기에서 제시된 Cochrane-Orcutt 추정량과 반복된 Cochrane-Orcutt 추정량은 GLS

추정의 특별한 사례이다. 일반적으로, GLS 추정은 오차항이 등분산성을 갖고 계열상관성이 없도록 회귀모형을 변환하는 과정이 수반되며, OLS를 사용해 변환된 회귀모형의 계수를 추정한다. 일반적으로 X가 엄격한 외생성을 가질 경우, GLS 추정량은 대표본에서 일치성을 가지며 BLUE이다. 하지만 X가 단순히 (과거와 현재) 외생성을 가질 경우에는 일치성을 갖지 않는다. GLS의 수학은 행렬 대수를 포함하므로 19.6절로 미뤄둔다.

16.6 오렌지 주스 가격과 추운 날씨

이 절에서는 플로리다의 기온과 오렌지 주스 가격에 대한 데이터를 통해 추가적인 통찰을 도출하고자 시계열 회귀라는 도구를 사용한다. 첫째, 한파가 가격에 미치는 효과는 얼마나 오래 지속되는가? 둘째, 이러한 동적 효과는 51년간의 데이터 기간 동안 안정적이었는가, 아니면 변동이 있었는가? 그리고 변동이 있었다면 어떻게 변화했는가?

이 분석을 시작하기 위해 16.3절의 방법을 사용해 동적 인과효과를 추정한다. 즉 해당 달의 동결 일수(FDD_t)와 그 시차 값에 대한 가격 변화율($\%ChgP_t$)의 분산시차 회귀모형의 계수를 OLS로 추정한다. 분산시차 추정량이 일치성을 가지기 위해서는 FDD가 (과거와 현재) 외생적이어야 한다. 16.2절에서 논의한 바와 같이 여기서 이 가정은 타당하다. 인간은 날씨에 영향을 미칠 수 없으므로, 날씨를 실험적으로 무작위 할당되었다고 간주하는 것은 작업 가설로 적절하다(이 부분에 대해서는 아래에서 다시 논의한다). FDD가 외생적이라면, 핵심 개념 16.1의 식 (16.4)에 나타낸 분산시차모형의 계수를 OLS로 추정함으로써 동적 인과효과를 추정할 수 있다.

16.3절과 16.4절에서 논의한 바와 같이, 분산시차 회귀모형에서는 오차항이 계열상관을 가질 수 있으므로, 이러한 계열상관을 보정하기 위해 HAC 표준 오차를 사용하는 것이 중요하다. 초기 결과를 위해 Newey-West 표준 오차의 절단 모수(16.4절의 표기법에서 m)를 식 (16.17)의 규칙에 따라 선택했다. 612개의 월별 관측치가 있으므로, 해당 규칙에 따르면 $m = 0.75\ T^{1/3} = 0.75 \times 612^{1/3} = 6.37$이지만, m은 정수여야 하므로 이를 올림해 $m = 7$로 설정했다. 이 절단 모수 선택에 따른 표준 오차의 민감도는 아래에서 검토한다.

FDD_t, FDD_{t-1}, … FDD_{t-18}에 대한 $\%ChgP_t$의 분산시차 회귀모형의 OLS 추정 결과는 표 16.1의 (1)열에 요약되어 있다. 이 회귀모형의 계수들(그중 일부만 표에 보고됨)은 한 달 동안 동결 일수가 한 단위 증가한 후 첫 18개월 동안 오렌지 주스 가격 변화(백분율)에 미치는 동적 인과효과의 추정치다. 예를 들어 단 하나의 동결 일수가 가격을 해당 달 동안 0.50% 증가시키는 것으로 추정되었다. 이후 몇 달 동안 동결 일수가 가격에 미치는 영향은 더 작다. 한 달 후에는 가격이 추가적으로 0.17% 상승하고, 두 달 후에는 추가로 0.07% 상승하는 것으로 추정된다. 이 회귀분석의 R^2값은 0.12로, 오렌지 주스 가격 월별 변동성의 많은 부분이 FDD의 현재 값과 과거 값으로는 설명되지 않는다는 것을 나타낸다.

동적 승수의 도표(plot)는 표 16.1보다 더 효과적으로 정보를 전달할 수 있다. 표 16.1의 (1)열에 있는 동적 승수는 그림 16.2a에서 추정된 계수 ± 1.96 HAC 표준 오차로 계산된

표 16.1 오렌지 주스 가격에 대한 동결 일수(FDD)의 동적 효과: 선택된 추정된 동적 승수와 누적 동적 승수

	(1)	(2)	(3)	(4)
시차 수	동적 승수	누적 승수	누적 승수	누적 승수
0	0.50 (0.14)	0.50 (0.14)	0.50 (0.14)	0.51 (0.15)
1	0.17 (0.09)	0.67 (0.14)	0.67 (0.13)	0.70 (0.15)
2	0.07 (0.06)	0.74 (0.17)	0.74 (0.16)	0.76 (0.18)
3	0.07 (0.04)	0.81 (0.18)	0.81 (0.18)	0.84 (0.19)
4	0.02 (0.03)	0.84 (0.19)	0.84 (0.19)	0.87 (0.20)
5	0.03 (0.03)	0.87 (0.19)	0.87 (0.19)	0.89 (0.20)
6 . . .	0.03 (0.05)	0.90 (0.20)	0.90 (0.21)	0.91 (0.21)
12 . . .	−0.14 (0.08)	0.54 (0.27)	0.54 (0.28)	0.54 (0.28)
18	0.00 (0.02)	0.37 (0.30)	0.37 (0.31)	0.37 (0.30)
월별 표시자?	No	No	No	Yes $F = 1.01$ $(p = 0.43)$
HAC 표준 오차 절단 모수(m)	7	7	14	7

모든 회귀분석은 1950년 1월부터 2000년 12월까지의 월별 데이터를 사용해 OLS로 추정되었으며, 총 $T = 612$개의 월별 관측치를 포함하고 있다(부록 16.1 참조). 종속변수는 오렌지 주스 가격의 월별 변화율($\%ChgP_t$)이다. 회귀분석 (1)은 월별 동결 일수와 18개의 시차(FDD_t, FDD_{t-1}, ..., FDD_{t-18})를 포함하는 분산시차 회귀이며, 보고된 계수는 동적 승수에 대한 OLS 추정치이다. 누적 승수는 추정된 동적 승수의 누적 합계이다. 모든 회귀분석에는 절편이 포함되었으나 보고하지 않았다. 마지막 행에 주어진 절단 모수 값(m)을 사용해 계산된 Newey-West HAC 표준 오차가 괄호 안에 보고되었다.

95% 신뢰구간과 함께 도시되어 있다. 초기의 급격한 가격 상승 이후, 그다음 가격 상승은 덜하지만, 한파(freeze) 이후 첫 6개월 동안 가격이 약간씩 상승하는 것으로 추정된다. 그림 16.2a에서 확인할 수 있는 것처럼 비록 7개월째까지는 동적 승수가 양수로 추정될지라도 첫 달을 제외한 다른 달의 동적 승수는 5% 유의수준에서 통계적으로 0과 유의하게 다르지 않다.

표 16.1의 (2)열에는 이 설정에 대한 누적 동적 승수가 포함되어 있다. 즉 (1)열에서 보고된 동적 승수의 누적 합계이다. 이러한 누적 동적 승수는 95% 신뢰구간과 함께 그림 16.2b에 도시되었다. 1개월 후, 동결 일수의 누적 효과는 가격을 0.67% 상승시키고, 2개월 후에는 가격이 0.74% 상승한 것으로 추정된다. 6개월 후에는 가격이 0.90% 상승한 것으로 추정된다. 그림 16.2b에서 볼 수 있듯이, 개별 동적 승수가 처음 7개월 동안 양수이기 때문에 이러한 누적 승수는 7개월 내내 증가한다. 8개월째에는 동적 승수가 음수로 전환되면서 오렌지 주스의 가

그림 16.2 오렌지 주스 가격에 대한 동결 일수(*FDD*)의 동적 효과

추정된 동적 승수는 한파가 가격의 즉각적인 상승을 초래한다는 것을 보여준다. 이후의 가격 상승은 초기 충격보다 훨씬 작다. 누적 승수는 한파가 오렌지 주스 가격 수준에 지속적인 영향을 미친다는 것을 보여주며, 가격은 한파 발생 후 7개월째에 최고점을 찍는다.

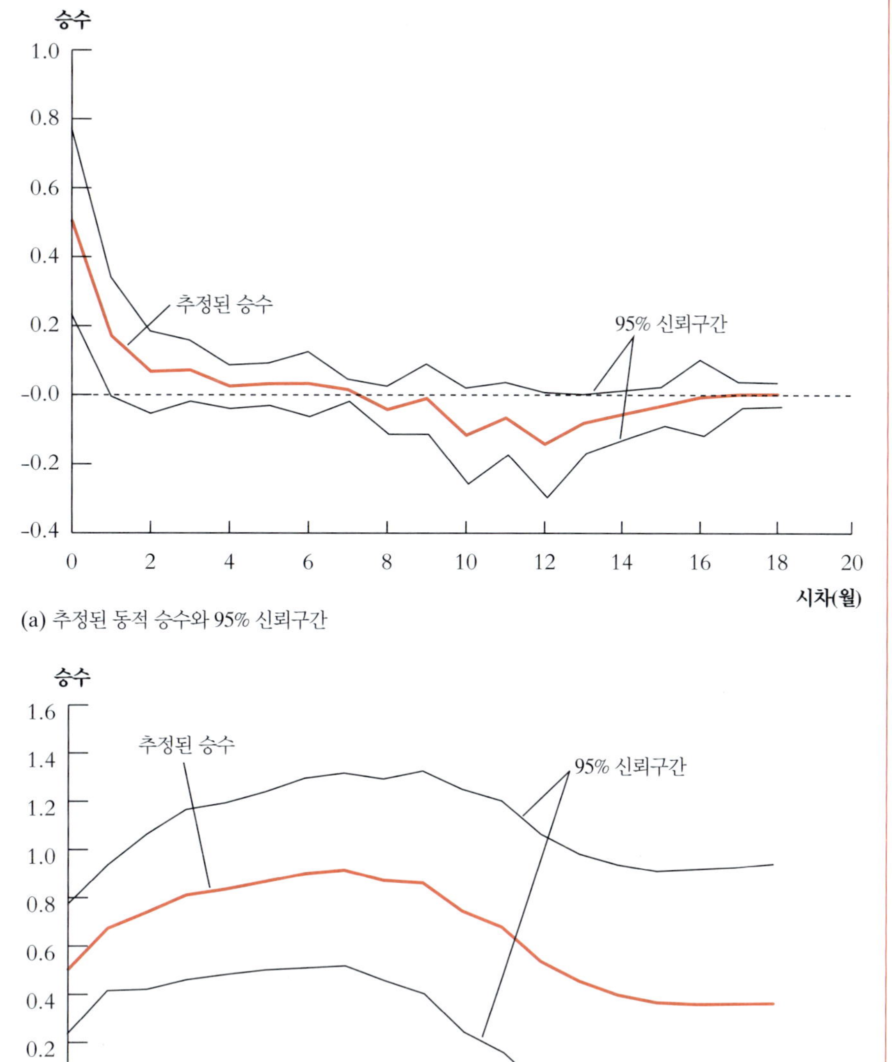

(a) 추정된 동적 승수와 95% 신뢰구간

(b) 추정된 누적 동적 승수와 95% 신뢰구간

격이 최고점에서 서서히 하락하기 시작한다. 18개월 후, 가격의 누적 상승은 단지 0.37%에 불과하다. 즉 장기적인 누적 동적 승수는 0.37%이다. 이 장기적인 누적 동적 승수는 10% 유의 수준에서 0과 통계적으로 유의하게 다르지 않다($t = 0.37/0.30 = 1.23$).

민감도 분석 어떠한 실증 분석에서든 도출된 결과가 실증 분석의 세부 사항 변화에 대해 민감한지 확인하는 것이 중요하다. 따라서 우리는 이 분석을 세 가지 측면에서 검토한다: HAC 표준 오차 계산에 대한 민감성, 잠재적인 생략된 변수 편향(omitted variable bias)을 조사하는 대안적인 설정, 추정된 승수의 시간에 따른 안정성 분석.

첫째로, 표 16.1의 (2)열에 보고된 표준 오차가 HAC 절단 모수 m의 다른 선택에 민감한지 여부를 조사한다. (3)열에서는 $m = 14$, 즉 (2)열에서 사용된 값의 2배에 해당하는 결과를 보고한다. 회귀모형의 설정은 (2)열과 동일하므로 추정된 계수와 동적 승수는 동일하며, 표준 오차만 다르다. 하지만 실제로 표준 오차는 크게 다르지 않다. HAC 절단 모수의 변화에 결과가 민감하지 않다고 결론을 내릴 수 있다.

둘째로, 생략된 변수 편향의 가능성을 조사한다. 플로리다의 한파는 연중 무작위로 발생하는 것이 아니라 겨울에 발생한다(당연히). 만약 오렌지 주스에 대한 수요가 계절적이라면(겨울에 오렌지 주스 수요가 여름보다 더 많은가?), 오렌지 주스 수요의 계절적 패턴이 *FDD*와 상관관계를 가질 수 있으며, 이는 생략된 변수 편향을 초래할 수 있다. 주스를 위한 오렌지 판매량은 내생적이다. 가격과 판매량은 공급과 수요의 힘에 의해 동시에 결정된다. 따라서 9.2절에서 논의한 바와 같이 판매량을 포함하면 동시성 편향(simultaneity bias)이 발생할 수 있다. 그럼에도 불구하고, 계절적 수요 구성요소는 계절변수를 설명변수로 포함해 포착할 수 있다. 따라서 표 16.1의 (4)열에서의 설정은 11개의 월별 이진변수를 포함하고 있으며, 이는 각각 그 달이 1월인지, 2월인지 등을 나타낸다(완전 다중공선성을 방지하기 위해 하나의 이진변수는 생략되어야 한다). 이러한 월별 지시변수들은 10% 유의수준에서 통계적으로 유의하지 않고($p = 0.43$), 추정된 누적 동적 승수는 월별 지시변수를 제외한 설정과 본질적으로 동일하다. 요약하면, 수요의 계절적 변동은 생략된 변수 편향의 중요한 원인이 아니다.

동적 승수는 시간에 따라 안정적이었는가?[3] 동적 승수의 안정성을 평가하기 위해 분산시차 회귀 계수들이 시간에 걸쳐 안정적이었는지 확인해야 한다. 특정한 분기점을 염두에 두지 않았기 때문에, 회귀 계수의 불안정성을 QLR 통계량(핵심 개념 15.8)을 사용해 검정한다. (1)열에서 회귀모형의 모든 계수의 안정성을 검정하는 QLR 통계량(15% 절사 및 HAC 분산 추정량 사용)의 값은 21.19이며, 자유도 $q = 20$이다(FDD_t와 18개의 시차, 절편에 대한 계수). 표 15.5에서 1% 유의수준의 임곗값은 2.43이므로, QLR 통계량은 1% 유의수준에서 귀무가설을 기각한다. 이러한 QLR 회귀분석은 40개의 설명변수를 포함하고 있는데, 이는 매우 많은 수다. 시차를 6개로 줄여서(설명변수가 16개이고 자유도 $q = 8$) 다시 계산해도 1% 유의수준에서 기각이라는 결론이 도출된다. 따라서 동적 승수가 안정적이라는 가설은 1% 유의수준에서 기각된다.

동적 승수가 시간에 따라 어떻게 변했는지 확인하는 한 가지 방법은 표본을 여러 부분으로 나누어 각각에 대해 동적 승수를 계산하는 것이다. 그림 16.3은 표본의 첫 번째 3분의 1(1950~1966년), 중간 3분의 1(1967~1983년), 마지막 3분의 1(1984~2000년)에 대해 각각 별도의 회귀분석을 통해 추정된 누적 동적 승수를 도시한 것이다. 이러한 추정 결과는 흥

3 여기서의 안정성에 대한 논의는 15.7절의 내용을 기반으로 하며, 해당 내용을 다루지 않았다면 생략할 수 있다.

그림 16.3 다른 표본 기간으로부터 추정된 누적 동적 승수

20세기 후반 동안 한파가 오렌지 주스 가격에 미친 동적 효과는 크게 변화했다. 1950~1966년 동안 한파는 가격에 더 큰 영향을 미쳤으며, 1984~2000년 동안 한파의 영향은 이전보다 지속성이 덜했다.

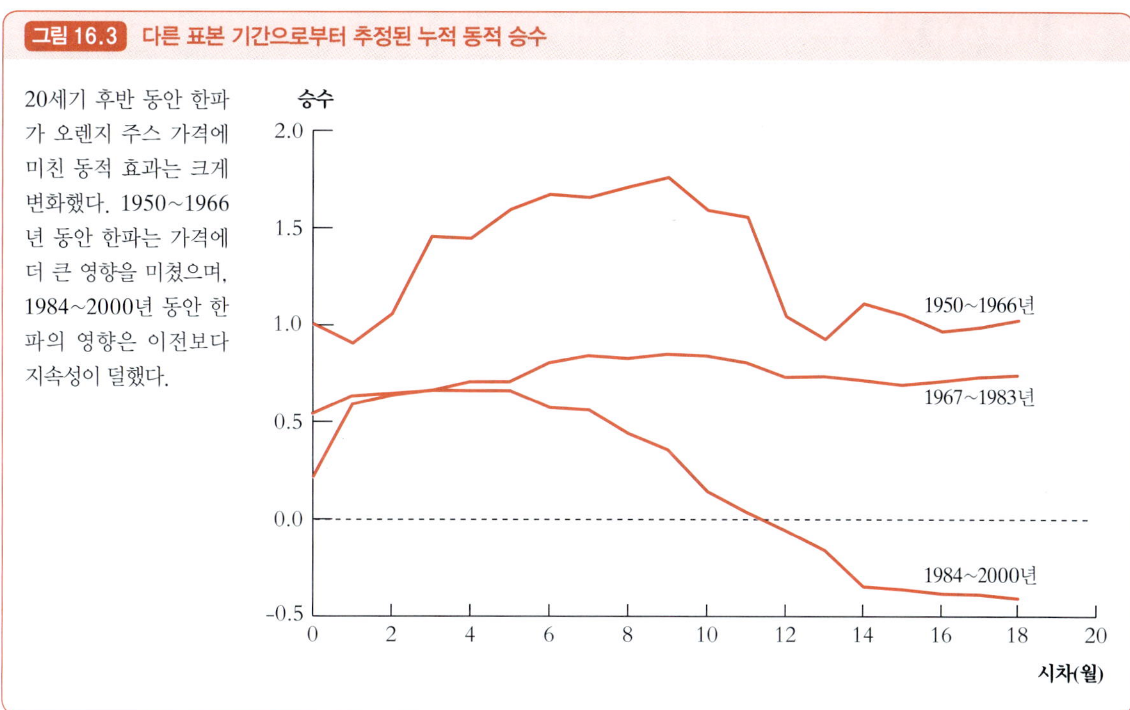

미롭고 눈에 띄는 패턴을 보여준다. 1950년대와 1960년대 초에는 동결 일수(*FDD*)가 가격에 크고 지속적인 효과를 미쳤다. 1970년대에는 동결 일수가 가격에 미치는 효과의 크기는 감소했지만, 그 지속성은 여전히 높았다. 1980년대 후반과 1990년대에는 동결 일수가 단기적으로 미치는 영향은 1970년대와 동일했으나, 그 지속성은 훨씬 줄어들어 1년 후에는 거의 사라졌다. 이러한 추정 결과는 플로리다 한파가 오렌지 주스 가격에 미치는 동적 인과효과가 20세기 후반 동안 더 작아지고 지속성이 약해졌음을 시사한다. 글상자 '오렌지 나무의 이동'은 이러한 동적 인과효과의 불안정성에 대해 한 가지 가능한 설명을 다룬다.

ADL과 GLS 추정 16.5절에서 논의한 바와 같이, 분산시차 회귀모형에서 오차항이 계열상관을 가지고 있고 *FDD*가 엄격한 외생성을 가진다면, 분산시차 계수를 OLS로 추정하는 것보다 더 효율적으로 동적 승수를 추정할 수 있다. 그러나 GLS 추정량이나 ADL 모형을 기반으로 한 추정량을 사용하기 전에, *FDD*가 실제로 엄격한 외생성을 가지는지 살펴볼 필요가 있다. 사실 인간이 매일의 날씨에 영향을 미칠 수는 없다. 하지만 그것이 날씨가 **엄격하게**(strictly) 외생적임을 의미하는가? 분산시차 회귀모형에서 *FDD*의 과거, 현재, 미래 값이 주어졌을 때 오차항 u_t의 조건부 평균은 0인가?

표 16.1의 (1)열에 있는 분산시차 회귀분석의 모집단 대응에 존재하는 오차항은 가격과 지난 18개월의 동안의 날씨를 기반으로 한 모집단 예측 사이의 차이다. 이 차이는 여러 가지 이유로 발생할 수 있는데, 그중 하나는 거래자들이 올랜도의 날씨 예측을 사용하기 때문이다. 예를 들어 특히 추운 겨울이 예보되면 거래자들은 이를 가격에 반영해 가격이 모집단 회귀를 기반으로 한 예측치보다 높아질 것이다. 즉 오차항은 양수일 것이다. 이 예측이 정확하다면,

오렌지 나무의 이동

그림 16.3에서 동적 승수가 시간에 따라 변하는 이유는 무엇인가? 한 가지 가능한 설명은 시장의 변화일 수 있지만, 또 다른 이유는 나무들이 남쪽으로 이동했기 때문이다.

플로리다감귤청(Florida Department of Citrus)에 따르면, 그림 16.1c에서 보이는 1980년대의 심각한 한파는 감귤 재배자들이 더 따뜻한 기후를 찾아 나서게 했다. 그림 16.4에서 볼 수 있듯이, 서리 피해가 더 많은 북부와 서부 카운티의 오렌지 나무 재배 면적은 1981년 232,000에이커에서 1985년 53,000에이커로 감소했고, 남부와 중부 카운티의 오렌지 재배 면적은 1985년 413,000에이커에서 1993년 588,000에이커로 증가했다. 농장이 남쪽으로 더 이동하면서 북부 지역의 서리가 수확량에 미치는 피해는 감소했고, 그림 16.3에서 나타난 동적 승수에 따르면 가격은 북부 도시인 올랜도의 기온에 덜 민감해졌다.

그렇다, 오렌지 나무들 스스로 행진한 것은 아닐지도 모른다 — 그건 맥베스에게 맡기자. (역주: 이것은 셰익스피어의 『맥베스』에 나오는 유명한 장면을 언급한 것이다. 그 장면에서 버남 숲(Birnam Wood)의 나무들이 맥베스의 성을 향해 움직이는 것으로 묘사되는데, 사실 이는 병사들이 나뭇가지를 들고 움직인 착시 현상이었다. 여기서는 나무들이 행진하는 듯한 환상적인 상황은 맥베스 같은 이야기 속에나 있을 일이라는 의미이다.) 하지만 오렌지 농장이 남쪽으로 이동한 것은 *비정상성*(nonstationarity)이라는 용어에 새로운 의미를 부여한다.*

* 플로리다 오렌지 주스 산업은 2000년 이 데이터 세트가 끝난 이후 많은 변화를 겪었다. 오렌지 주스 수요는 감소했고, 브라질에서의 수입은 증가했다. 아마도 가장 중요한 변화는 오렌지가 성숙하지 못하게 하고 감귤 나무를 죽이는 세균성 질병인 감귤 녹화병(citrus greening)의 확산일 것이다. 2000~2015년 사이에 플로리다 오렌지 총생산량은 약 60% 감소했다. 오렌지 농장의 남쪽 이동에 대해 알려주신 플로리다주립대학교의 James Cobbe 교수님께 감사드린다.

그림 16.4 플로리다 지역별 오렌지 농장 면적

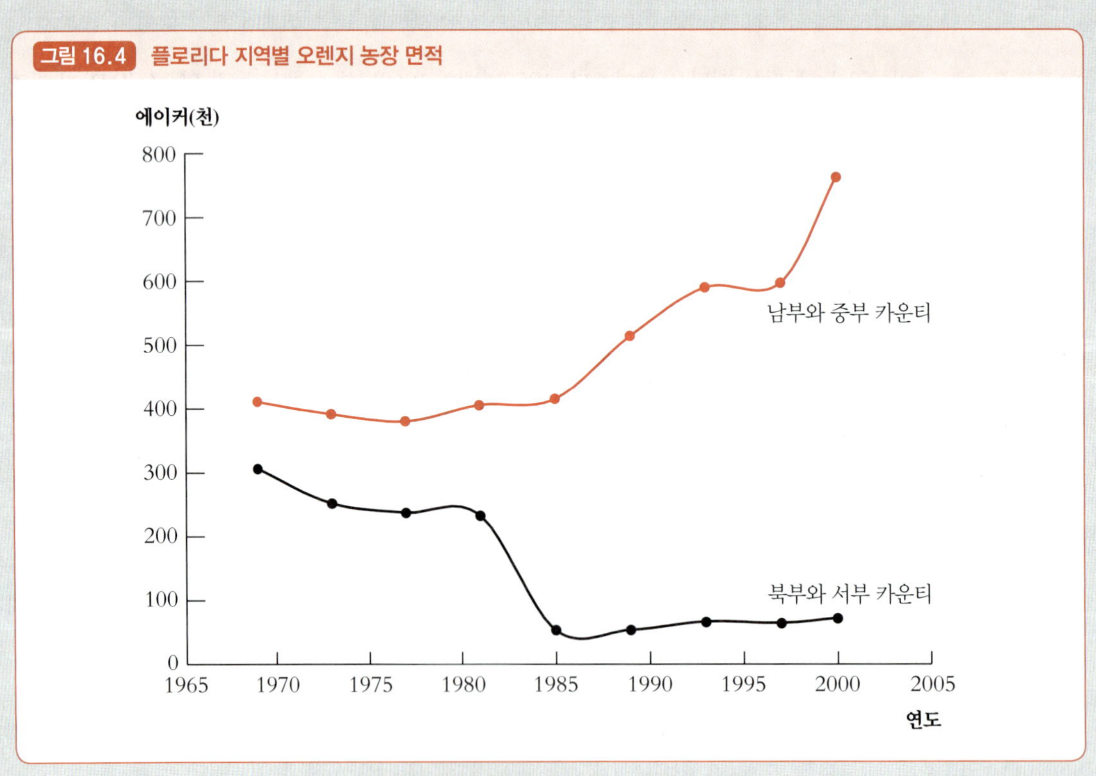

속보: 상품 거래자들이 디즈니 월드를 떨게 하다

플로리다주 올랜도에 있는 디즈니 월드는 보통 날씨가 쾌적하지만, 때때로 한파가 찾아올 수 있다. 어느 겨울 저녁에 디즈니 월드를 방문한다면 따뜻한 코트를 가져가야 할까? 일부 사람들은 TV에서 날씨 예보를 확인하겠지만, 진짜 정보를 아는 사람들은 더 나은 방법을 알고 있다: 바로 그날 뉴욕 오렌지 주스 선물 시장의 마감 가격을 확인하는 것이다!

재무경제학자 리처드 롤(Richard Roll, 1984)은 오렌지 주스 가격과 날씨의 관계에 대한 상세한 연구를 수행했다. 그는 올랜도의 추운 날씨가 가격에 미치는 영향을 조사했을 뿐만 아니라, 오렌지 주스 선물 계약(미래에 지정된 날짜에 냉동 오렌지 주스 농축액을 구매하기 위한 계약) 가격 변동이 날씨에 미치는 '영향(effect)'도 연구했다. 롤은 1975년부터 1981년까지 뉴욕 면화 거래소에서 거래된 오렌지 주스 선물 계약 가격과 올랜도의 일간 및 야간 기온 데이터를 사용했다. 그는 뉴욕에서 거래일 동안 선물 계약 가격이 상승하면 그다음 날 밤 올랜도에서 추운 날씨, 특히 한파가 발생할 것이라고 예측했다. 실제로 시장은 플로리다의 추운 날씨를 예측하는 데 매우 효과적이었기 때문에, 거래일 동안의 가격 상승은 그날 밤 미국 정부의 공식 날씨 예보에서 발생한 예측 오류까지도 예측할 수 있었다.

롤의 연구는 그가 발견하지 *못한* 점에서도 흥미롭다. 비록 그의 상세한 날씨 데이터가 일간 오렌지 주스 선물 가격 변동의 일부를 설명했지만, 대부분의 일간 가격 변동은 여전히 설명되지 않았다. 그는 따라서 오렌지 주스 선물 시장이 '과도한 변동성(excess volatility)'을 보인다고 제안했다. 이는 기본적인 경제 요인(fundamentals)에 의해 설명할 수 있는 움직임보다 더 큰 변동성을 의미한다. 금융 시장에서 과도한 변동성이 왜(그리고 만약) 존재하는지를 이해하는 것은 현재 금융경제학에서 중요한 연구 분야로 자리 잡고 있다.

롤의 발견은 동적 인과효과의 예측과 추정 사이의 차이를 잘 보여준다. 오렌지 주스 선물 시장에서의 가격 변동은 추운 날씨를 예측하는 데 유용하지만, 그렇다고 해서 상품 거래자들이 온도를 낮아지게 *할 만큼* 강력하다는 의미는 아니다. 디즈니 월드를 방문한 사람들이 오렌지 주스 선물 계약 가격이 오르고 나서 추위를 느낄 수는 있지만, 그들이 추위를 느끼는 이유는 가격 상승 때문이 아니다 — 물론 그들이 오렌지 주스 선물 시장에서 공매도를 하지 않았다면 말이다.

실제로 미래의 날씨는 추울 것이다. 따라서 현재 가격이 비정상적으로 높을 때($u_t > 0$) 미래의 동결 일수는 양수가 될 것이므로($X_{t+1} > 0$), $\text{corr}(X_{t+1}, u_t)$는 양수이다. 간단히 말해 오렌지 주스 거래자들이 날씨에 영향을 미칠 수는 없을지라도, 날씨를 예측할 수는 있으며 실제로 그렇게 한다(글상자 '속보: 상품 거래자들이 디즈니 월드를 떨게 하다' 참조). 결과적으로, 가격/날씨 회귀에서 오차항은 미래의 날씨와 상관관계를 가진다. 다시 말해 *FDD*는 외생적이지만, 이 논리가 맞다면 엄격한 외생성은 아니며, GLS와 ADL 추정량은 동적 승수에 대한 일치 추정량이 될 수 없다. 따라서 이 사례에서는 이러한 추정량을 사용하지 않는다.

16.7 외생성은 타당한가? 몇 가지 예

횡단면 데이터를 이용한 회귀분석과 마찬가지로, 분산시차 회귀모형의 계수를 동적 인과효과로 해석하는 것은 X가 외생적이라는 가정에 달려 있다. 만약 X_t 또는 그 시차가 u_t와 상관관계를 가지면, u_t의 조건부 평균은 X_t 또는 그 시차에 의존하게 되어 X는 (과거 및 현재) 외생적이지 않게 된다. 설명변수가 여러 가지 이유로 오차항과 상관관계를 가질 수 있지만, 경제 시계열 데이터에서는 동시 인과성(simultaneous causality)이 발생할 수 있다는 것이 특히 중요한 문제이고, 그 결과 (9.2절과 12.1절에서 논의한 것처럼) 내생적 설명변수가 된다. 16.6절에서는 동결 일수의 외생성 및 엄격한 외생성에 대한 가정을 자세히 논의했다. 이 절에서는 네 가지 다른 경제적 응용사례에서 외생성 가정을 살펴본다.

미국의 소득과 호주의 수출

미국은 호주 수출의 중요한 수요처이다. 호주 수출이 미국의 총소득 변동에 얼마나 민감한지 정확히 조사하기 위해, 호주의 대미 수출을 미국 소득의 지표에 대해 회귀분석할 수 있다. 엄밀히 말하면, 세계 경제가 통합되어 있기 때문에 이 관계에는 동시적 인과관계가 존재한다: 호주 수출의 감소는 호주 소득을 감소시키고, 이는 미국으로부터의 수입에 대한 수요를 감소시키며, 결국 미국 소득을 감소시킨다. 그러나 실제로 이 효과는 매우 작다. 왜냐하면 호주 경제는 미국 경제보다 훨씬 작기 때문이다. 따라서 이 회귀분석에서 미국 소득은 외생적으로 다룰 수 있다.

반면, 유럽연합(EU)의 대미 수출을 미국 소득에 대해 회귀분석할 때 미국 소득을 외생적이라고 간주하는 주장은 설득력이 덜하다. 왜냐하면 유럽연합 거주자들의 미국 수출품에 대한 수요가 미국 수출품에 대한 총수요의 상당 부분을 차지하기 때문이다. 따라서 미국의 EU 수출에 대한 수요 감소는 EU 소득을 감소시키고, 이는 다시 미국 수출품에 대한 수요를 감소시켜 결국 미국 소득을 감소시킨다. 이러한 국제 무역을 통한 연계 때문에, EU의 대미 수출과 미국 소득은 동시에 결정되므로 이 회귀분석에서 미국 소득은 외생적이지 않다고 볼 수 있다. 이 예는 변수가 외생적인지 여부는 상황에 따라 달라진다는 보다 일반적인 사항을 설명한다: 미국 소득은 호주 수출을 설명하는 회귀분석에서는 외생적일 수 있지만, EU 수출을 설명하는 회귀분석에서는 그렇지 않다.

원유 가격과 인플레이션

1970년대의 유가 상승 이후로, 거시경제학자들은 국제 원유 가격 상승이 미국의 인플레이션율에 미치는 동적 효과를 추정하는 데 관심을 가졌다. 원유 가격은 주로 외국의 석유 생산국들에 의해 세계 시장에서 결정되기 때문에, 처음에는 원유 가격이 외생적일 것이라고 생각할 수 있다. 하지만 원유 가격은 날씨와는 다르다. 석유수출국기구(OPEC) 회원국들은 세계 경제 상황을 비롯한 다양한 요인을 고려해 전략적으로 석유 생산량을 결정한다. 원유 가격(또는 생산량)이 미국의 인플레이션을 포함한 현재 및 미래의 세계 경제 상황에 대한 평가를 바탕으로 설정되는 한, 원유 가격은 내생적이다.

통화 정책과 인플레이션

통화 정책을 담당하는 중앙은행가들은 통화 정책이 인플레이션에 미치는 영향을 알아야 한다. 통화 정책의 중요한 도구는 단기 이자율(단기 금리)이기 때문에, 그들은 단기 금리 변화가 인플레이션에 미치는 동적 인과효과를 파악할 필요가 있다. 비록 단기 금리는 중앙은행이 결정하지만, 이상적인 무작위 실험에서처럼 중앙은행가들이 무작위로 정하는 것이 아니라 내생적으로 설정된다. 중앙은행은 현재 및 미래 경제 상황, 특히 현재와 미래의 인플레이션율을 고려해 단기 금리를 결정한다. 인플레이션율은 다시 금리에 의존하며(더 높은 금리는 총수요를 줄인다), 금리는 인플레이션율, 그 과거 값, 그리고 (예상되는) 미래 값에 의존한다. 따라서 단기 금리는 내생적이며, 단기 금리 변화가 향후 인플레이션에 미치는 동적 인과효과는 현재 및 과거 금리에 대한 인플레이션율의 OLS 회귀 분석을 통해 일치성을 갖도록 추정할 수는 없다.

GDP 성장률과 기간 가산금리

15장에서 기간 가산금리의 시차 값이 GDP 성장률의 미래 값을 예측하는 데 사용되었다. 기간 가산금리의 시차가 과거에 발생했기 때문에, 처음에는 현재의 GDP 성장률이 과거의 기간 가산금리 값에 영향을 미칠 수 없다고 생각할 수 있으며, 따라서 과거의 기간 가산금리 값은 외생적이라고 간주될 수 있다. 그러나 과거의 기간 가산금리 값은 실험에서 무작위로 할당된 것이 아니라, 과거의 GDP 성장률 값과 동시에 결정되었다. GDP와 기간 가산금리를 구성하는 금리가 동시에 결정되므로, GDP 성장률을 결정하는 다른 요인들(u_t에 포함된 요인들)은 기간 가산금리의 과거 값과 상관관계를 가진다. 즉 기간 가산금리는 외생적이지 않다. 따라서 기간 가산금리는 엄격한 외생성을 가지지 않으며, ADL 모형[예: 식 (15.20)의 ADL 모형]을 사용해 계산된 동적 승수는 기간 가산금리 변화가 GDP 성장률에 미치는 동적 인과효과에 대한 일관성을 갖는 추정치가 아니다.

16.8 결론

시계열 데이터는 X의 변화가 Y에 미치는 효과의 시간 경로, 즉 X의 변화가 Y에 미치는 동적 인과효과를 추정할 수 있는 기회를 제공한다. 그러나 분산시차 회귀모형을 사용해 동적 인과효과를 추정하려면 이상적인 무작위 실험에서 X를 무작위로 설정할 때와 마찬가지로 X가 반드시 외생적이어야 한다. 만약 X가 단순히 외생적인 것이 아니라 엄격히(strictly) 외생적이라면, 동적 인과효과는 자기회귀 분산시차모형(ADL)이나 GLS를 사용해 추정할 수 있다.

플로리다의 한파가 오렌지 주스 가격에 미치는 동적 인과효과를 추정하는 것과 같은 특정 사례에서, 설명변수(동결 일수)가 외생적이라는 설득력 있는 사례를 만들 수 있고 동적 인과효과는 분산시차 계수의 OLS 추정으로 추정할 수 있다. 그러나 이 사례에서 경제 이론은 날씨가 엄격히 외생적이지는 않다고 제안하므로 ADL 및 GLS 방법은 적절하지 않다. 더욱이 계량경제학자들이 관심을 가지는 많은 관계에서 동시적 인과 관계가 존재하기 때문에, 이러한 설정에서 설명변수는 엄격하든 아니든 외생적이지 않다. 설명변수가 외생적인지(또는 엄격히 외생적인지)를 확인하려면 최종적으로 경제 이론, 제도적 지식, 신중한 판단의 결합이 요구된다.

요약

1. 시계열에서의 동적 인과효과는 동일한 대상(개체)이 서로 다른 시점에 서로 다른 무작위로 할당된 처치를 받는 무작위 실험의 맥락에서 정의된다. X의 시간 경로가 Y에 영향을 미치는 다른 요인들로부터 독립적이고 무작위로 결정될 때, Y의 X와 그 시차에 대한 분산시차 회귀모형의 계수는 동적 인과효과로 해석될 수 있다.

2. Y에 대한 X의 현재 및 과거 값의 분산시차 회귀에서 오차항 u_t의 조건부 기댓값이 X의 현재 및 과거 값에 의존하지 않을 때, 변수 X는 (과거와 현재) 외생적이다. 만약 추가로 u_t의 조건부 기댓값이 X의 미래 값에도 의존하지 않는다면, X는 엄격히 외생적이다.

3. X가 외생적이라면, Y에 대한 X의 현재 및 과거 값의 분산시차 회귀모형에서 계수에 대한 OLS 추정량은 동적 인과효과의 일치 추정량이다. 일반적으로 이 회귀에서의 오차항 u_t는 계열상관을 가지므로, 통상적인 표준 오차는 통계적 추론을 호도할 수 있으며, 대신 HAC 표준 오차를 사용해야만 한다.

4. X가 엄격히 외생적이라면 동적 승수는 ADL 모형을 OLS 추정하거나 GLS를 사용해서 추정할 수 있다.

5. 외생성은 동시 인과성 때문에 경제 시계열 데이터에서 종종 성립하지 않는 강한 가정이며, 엄격한 외생성은 그보다 더 강한 가정이다.

핵심 용어

누적 동적 승수cumulative dynamic multiplier
동적 승수dynamic multiplier
동적 인과효과dynamic causal effect
분산시차모형distributed lag model
실현 가능한 GLS 추정량feasible GLS estimator
실현 불가능한 GLS 추정량infeasible GLS estimator
엄격한 외생성strict exogeneity
외생성exogeneity
이분산성과 자기상관성에 대해 일치성을 갖는 표준 오차heteroskedasticity- and autocorrelation consistent (HAC) standard error
일반화 최소제곱법generalized least squares, GLS
장기 누적 동적 승수long-run cumulative dynamic multiplier
절단 모수truncation parameter
준차분quasi-difference
충격효과impact effect
Newey-West 분산 추정량Newey-West variance estimator

복습문제

16.1 1970년대에는 명목 GDP(Y)의 변화와 현재 및 과거의 통화 공급(X)의 변화를 연관시키는 분산시차모형을 추정하는 것이 일반적인 관행이었다. 이 회귀분석이 통화가 명목 GDP에 미치는 인과효과를 추정하려면 어떤 가정들이 필요한가? 이러한 가정들이 미국과 같은 현대 경제에서 충족될 가능성은 있는가?

16.2 X가 엄격히 외생적이라고 가정하자. 연구자가 ADL(1, 1) 모형을 추정하고 회귀 잔차를 계산한 결과, 잔차가 강한 계열상관성을 갖는다는 사실을 알게 되었다. 이 경우 연구자는 추가적인 시차를 포함한 새로운 ADL 모형을 추정해야 하는가, 아니면 ADL(1, 1)에서 추정된 계수에 대해 HAC 표준 오차만 사용하면 되는가?

16.3 종속변수가 Y_t 대신 ΔY_t인 분산시차 회귀모형이 추정되었다고 가정하자. X_t가 Y_t에 미치는 동적 승수를 어떻게 계산할지 설명하라.

16.4 만약 FDD_{t+1}을 식 (16.2)에 추가적인 설명변수로 포함했다고 가정하자. FDD가 엄격하게 외생적이라면 FDD_{t+1}의 계수가 0일 것이거나 또는 0이 아닐 것이라고 기대하는가? FDD가 외생적이지만 엄격하게 외생적이지는 않다면 대답이 달라질 것인가?

연습문제

16.1 석유 가격 상승은 선진국에서 여러 차례 경기 침체의 원인으로 지목되어 왔다. 석유 가격이 실질 경제 활동에 미치는 영향을 정량화하기 위해 연구자들은 이 장에서 논의한 회귀분석과 같은 방법을 사용했다. 미국의 분기별 실질 GDP 값을 GDP_t로 나타내고, $Y_t = 100\ln(GDP_t/GDP_{t-1})$을 분기별 GDP 변화율(백분율)로 정의하자. 계량경제학자이자 거시경제학자인 제임스 해밀턴(James Hamilton)은 석유 가격이 최근 과거의 값보다 크게 뛰어올랐을 때만 경제에 부정적인 영향을 미친다고 제안했다. 구체적으로, O_t는 t시점의 석유 가격과 지난 3년 동안의 최고치 간 퍼센트포인트 차이 또는 0 중에 더 큰 값을 나타낸다고 하자. 1960년 1분기부터 2017년 4분기까지 Y_t와 O_t 간의 분산시차 회귀분석 결과는 다음과 같다.

$$\begin{aligned}\hat{Y}_t = \underset{(0.1)}{1.0} &- \underset{(0.013)}{0.006O_t} - \underset{(0.011)}{0.014O_{t-1}} - \underset{(0.010)}{0.020O_{t-2}} - \underset{(0.009)}{0.024O_{t-3}} - \underset{(0.012)}{0.036O_{t-4}} \\ &- \underset{(0.007)}{0.013O_{t-5}} + \underset{(0.010)}{0.005O_{t-6}} - \underset{(0.008)}{0.007O_{t-7}} + \underset{(0.008)}{0.005O_{t-8}}\end{aligned}$$

a. 원유 가격이 이전 최고치보다 25% 상승하고 이 새로운 높은 수준에 머물러 있다고 가정하자(그 결과 $O_t = 25$이고 $O_{t+1} = O_{t+2} = \ldots = 0$이다). 향후 2년 동안 매 분기 경제 성장에 대해 예측되는 효과는 얼마인가?

b. (a)의 답변에 대해 95% 신뢰구간을 구하라.

c. 8분기 동안 GDP 성장률에 대해 예측되는 누적 변화는 얼마인가?

d. O_t와 그 시차에 대한 계수들이 0인지를 검정하기 위한 HAC F-통계량은 5.45이다. 계수들은 통계적으로 유의하게 0이 아닌가?

16.2 거시경제학자들은 석유 가격이 급등한 후 금리가 변동하는 현상에도 주목해 왔다. R_t를 3개월 만기 미국 재무부 채권 금리(연율 기준 백분율)로 나타내자. 1960년 1분기부터 2017년 4분기까지 R_t의 변화(ΔR_t)와 O_t 간의 분산시차 회귀모형 추정 결과는 다음과 같다.

$$\begin{aligned}\widehat{\Delta R_t} = \underset{(0.05)}{0.03} &+ \underset{(0.010)}{0.013O_t} + \underset{(0.010)}{0.013O_{t-1}} - \underset{(0.008)}{0.004O_{t-2}} - \underset{(0.015)}{0.024O_{t-3}} - \underset{(0.010)}{0.000O_{t-4}} \\ &+ \underset{(0.015)}{0.006O_{t-5}} - \underset{(0.015)}{0.005O_{t-6}} - \underset{(0.010)}{0.018O_{t-7}} - \underset{(0.006)}{0.004O_{t-8}}\end{aligned}$$

a. 만약 유가가 이전 최고치보다 25% 상승하고, 그 후에도 이 새로운 높은 수준을 유지한다면(즉 $O_t = 25$이고, $O_{t+1} = O_{t+2} = \ldots = 0$이다), 향후 2년간 각 분기마다 예상되는 금리 변화는 어떻게 되는가?

b. (a)의 답변에 대해 95% 신뢰구간을 구하라.

c. 이 유가의 변화가 $t + 8$시점의 금리 수준에 미치는 영향은 무엇인가? 이 답변이 누적 승수와는 어떻게 관련되는가?

d. O_t 및 그 시차 값에 대한 계수가 0인지를 검정하는 HAC F-통계량이 1.92이다. 이 계수들이 0과 유의하게 다른가?

16.3 두 가지 다른 무작위 실험을 고려하자. A실험에서는 유가가 무작위로 설정되고, 중앙은행은 유가 변동을 포함한 경제 상황에 대해 기존의 정책 규칙에 따라 대응한다. B실험에서는 유가가 무작위로 설정되고, 중앙은행은 금리를 고정하며 특히 유가 변동에 대응하지 않는다. 두 실험 모두에서 GDP 성장이 관찰된다. 이제 연습문제 16.1의 회귀분석에서 유가가 외생적이라고 가정하자. 연습문제 16.1에서 추정된 동적 인과효과는 A실험과 B실험 중 어느 것에 해당하는가?

16.4 유가가 엄격히 외생적이라고 가정하자. 연습문제 16.1에서 동적 승수의 추정치를 어떻게 개선할 수 있는지 논의하라.

16.5 식 (16.4)에서 식 (16.7)을 도출하고 $\delta_0 = \beta_0$, $\delta_1 = \beta_1$, $\delta_2 = \beta_1 + \beta_2$, $\delta_3 = \beta_1 + \beta_2 + \beta_3$ (등등)임을 밝혀라. (힌트: $X_t = \Delta X_t + \Delta X_{t-1} + \ldots + \Delta X_{t-p+1} + X_{t-p}$이다.)

16.6 회귀모형 $Y_t = \beta_0 + \beta_1 X_t + u_t$를 고려하자. 여기서 u_t는 정상 AR(1) 모형을 따른다. 즉 $u_t = \phi_1 u_{t-1} + \widetilde{u}_t$이고 $\widetilde{u}_t$는 평균이 0, 분산이 $\sigma^2_{\widetilde{u}}$, $|\phi_1| < 1$인 i.i.d.이다. 설명변수 X_t도 정상 AR(1) 모형을 따른다. $X_t = \gamma_1 X_{t-1} + e_t$이고 e_t는 평균이 0, 분산이 σ^2_e, $|\gamma| < 1$인 i.i.d.이다. e_t는 모든 t와 i에 대해 $\widetilde{u}_t$와 독립적이다.

a. $\text{var}(u_t) = \dfrac{\sigma^2_{\widetilde{u}}}{1 - \phi_1^2}$이고 $\text{var}(X_t) = \dfrac{\sigma^2_e}{1 - \gamma_1^2}$임을 밝혀라.

b. $\text{cov}(u_t, u_{t-j}) = \phi_1^j \text{var}(u_t)$이고 $\text{cov}(X_t, X_{t-j}) = \gamma_1^j \text{var}(X_t)$임을 밝혀라.

c. $\text{corr}(u_t, u_{t-j}) = \phi_1^j$이고 $\text{corr}(X_t, X_{t-j}) = \gamma_1^j$임을 밝혀라.

d. 식 (16.14)에서 σ^2_v과 f_T를 고려하자.

i. $\sigma^2_v = \sigma^2_X \sigma^2_u$임을 밝혀라. 여기서 σ^2_X은 X의 분산이고 σ^2_u은 u의 분산이다.

ii. f_∞에 대한 식을 유도하라.

16.7 회귀모형 $Y_t = \beta_0 + \beta_1 X_t + u_t$를 고려하자. 여기서 u_t는 정상 AR(1) 모형을 따른다. 즉 $u_t = \phi_1 u_{t-1} + \widetilde{u}_t$이고 $\widetilde{u}_t$는 평균이 0, 분산이 $\sigma^2_{\widetilde{u}}$인 i.i.d.이고 $|\phi_1| < 1$이다.

a. X_t는 모든 t와 j에 대해 $\widetilde{u}_j$와 독립적이라고 가정하자. X_t는 외생적인가(과거와 현재)? X_t는 엄격히 외생적인가(과거, 현재, 미래)?

b. $X_t = \widetilde{u}_{t+1}$이라고 가정하자. X_t는 외생적인가? X_t는 엄격히 외생적인가?

16.8 연습문제 16.7의 모형을 고려하자. $X_t = \widetilde{u}_{t+1}$이다.

a. β_1의 OLS 추정량은 일치성을 갖는가? 설명하라.

b. β_1의 GLS 추정량이 일치성을 갖지 않는 이유를 설명하라.

c. 실현 불가능한 GLS 추정량이 $\hat{\beta}_1^{GLS} \xrightarrow{p} \beta_1 - \frac{\phi_1}{1+\phi_1^2}$임을 밝혀라. [힌트: 식 (6.1)의 생략된 변수 공식을 식 (16.23)의 준차분 회귀모형에 적용하라.]

16.9 상수항만을 포함하는 회귀모형 $Y_t = \beta_0 + u_t$를 고려하자. 여기서 u_t는 정상 AR(1) 모형을 따른다. 즉 $u_t = \phi_1 u_{t-1} + \tilde{u}_t$이고 $\tilde{u}_t$는 평균이 0, 분산이 $\sigma^2_{\tilde{u}}$인 i.i.d이며, $|\phi_1| < 1$이다.

a. OLS 추정량이 $\hat{\beta}_0 = T^{-1}\sum_{t=1}^{T} Y_t$임을 밝혀라.

b. GLS 추정량이 $\hat{\beta}_0^{GLS} = (1-\phi_1)^{-1}(T-1)^{-1}\sum_{t=2}^{T}(Y_t - \phi_1 Y_{t-1})$임을 밝혀라. [힌트: β_0의 GLS 추정량은 $(1-\phi_1)^{-1}$에 식 (16.23)에 있는 α_0의 OLS 추정량을 곱한 것이다. 왜 그러한가?]

c. $\hat{\beta}_0^{GLS}$을 $\hat{\beta}_0^{GLS} = (T-1)^{-1}\sum_{t=2}^{T-1} Y_t + (1-\phi_1)^{-1}(T-1)^{-1}(Y_T - \phi_1 Y_1)$과 같이 나타낼 수 있음을 밝혀라. [힌트: (b)의 공식을 재배치하라.]

d. $\hat{\beta}_0 - \hat{\beta}_0^{GLS}$을 도출하고, T가 클 때 이 차이가 왜 작아질 수 있는지 논의하라.

16.10 ADL 모형 $Y_t = 5.3 + 0.2Y_{t-1} + 1.5X_t - 0.1X_{t-1} + \tilde{u}_t$이고 X_t는 엄격히 외생적이다.

a. X의 Y에 대한 충격 효과를 도출하라.

b. 초기 다섯 개의 동적 승수를 도출하라.

c. 초기 다섯 개의 누적 승수를 도출하라.

d. 장기 누적 동적 승수를 도출하라.

16.11 $a(\mathrm{L}) = (1 - \phi\mathrm{L})$, $|\phi_1| < 1$이고 $b(\mathrm{L}) = 1 + \phi\mathrm{L} + \phi^2\mathrm{L}^2 + \phi^3\mathrm{L}^3 \ldots$ 이라고 가정하자.

a. $b(\mathrm{L})a(\mathrm{L}) = 1$이고, 그 결과 $b(\mathrm{L}) = a(\mathrm{L})^{-1}$임을 밝혀라.

b. $|\phi_1| < 1$이라는 제약조건이 왜 중요한가?

16.12 $Y_t = \beta_0 + u_t$이고 u_t는 정상 AR(1) 모형을 따른다고 가정하자. 즉 $u_t = \phi_1 u_{t-1} + \tilde{u}_t$이고 $\tilde{u}_t$는 평균이 0, 분산이 $\sigma^2_{\tilde{u}}$인 i.i.d.이며, $|\phi_1| < 1$이다.

a. $\beta_0 = \mu_Y = E(Y_t)$임을 밝혀라.

b. $\overline{Y}_{1:T} = \frac{1}{T}\sum_{t=1}^{T} Y_t$는 $t = 1$부터 $t = T$까지의 관측치를 사용한 Y_t의 표본평균이다. β_0의 OLS 추정량이 $\hat{\beta}_0 = \overline{Y}_{1:T}$임을 밝혀라.

c. $\mathrm{var}[\sqrt{T}(\overline{Y}_{1:T} - \mu_Y)] \to \sigma^2_{\tilde{u}}/(1-\phi_1)^2$임을 밝혀라.

d. $\overline{Y}_{1:T}$이 근사적으로 평균이 μ_Y이고 분산이 $\sigma^2_{\tilde{u}}/[T(1-\phi_1)^2]$인 정규분포를 따른다고 가정하자. $T = 200$, $\sigma^2_{\tilde{u}} = 7.9$, $\phi_1 = 0.3$, Y_t의 표본평균 $\overline{Y}_{1:T} = 2.8$이다. μ_Y에 대한 95% 신뢰구간을 구하라.

e. $t = T + 1$부터 $T + h$까지의 기간 동안 Y_t의 평균값에 관심이 있다고 가정하자. 즉 $\overline{Y}_{T+1:T+h} = \frac{1}{h}\sum_{t=T+1}^{T+h} Y_t$이고 여기서 h는 임의의 큰 수이다. $\overline{Y}_{T+1:T+h}$의 평균이 μ_Y이고 분산이 $\sigma^2_{\tilde{u}}/[h(1-\phi_1)^2]$임을 밝혀라.

f. $\overline{Y}_{T+1:T+h}$가 근사적으로 정규분포되어 있다고 가정하자. $H = 100$, $\sigma^2_{\tilde{u}} = 7.9$, $\phi_1 = 0.3$, $\mu_Y = 2.9$이다. $\overline{Y}_{T+1:T+h}$에 대한 95% 예측구간을 구하라.

g. $r = h/T$이다. $\mathrm{var}[\sqrt{T}(\overline{Y}_{T+1:T+h} - \overline{Y}_{1:T})] \to (1 + r^{-1})\frac{\sigma^2_{\tilde{u}}}{(1-\phi_1)^2}$임을 밝혀라. 여기서 $T \to \infty$일 때 r은 고정되어 있다.

h. $\overline{Y}_{T+1:T+h} - \overline{Y}_{1:T}$의 평균이 0이고 분산이 $\left(\frac{1}{T} + \frac{1}{h}\right)\frac{\sigma^2_{\tilde{u}}}{(1-\phi_1)^2}$임을 밝혀라.

i. T와 h가 클 때, 예측구간 $\overline{Y}_{1:T} \pm 1.96\sqrt{\left(\frac{1}{T}+\frac{1}{h}\right)\frac{\sigma_u^2}{(1-\phi_1)^2}}$이 $\overline{Y}_{T+1:T+h}$의 값을 95%의 확률로 포함할 것임을 보이기 위해 (h)의 결과를 이용하라. ($\overline{Y}_{T+1:T+h} - \overline{Y}_{1:T}$가 근사적으로 정규분포를 따른다고 가정하자.)

j. $T = 200$, $h = 100$, $\sigma_u^2 = 7.9$, $\phi_1 = 0.3$, $\overline{Y}_{1:T} = 2.8$이라고 가정하자. $\overline{Y}_{T+1:T+h}$에 대한 95% 예측구간을 구하라.

실증문제

E16.1 이 문제에서는 산업생산지수(IP)에 대한 월간 데이터를 사용해 유가가 거시경제 활동에 미치는 영향을 추정할 것이다. O_t의 월간 측정치는 연습문제 16.1에서 설명한 바와 같다. 데이터는 교재 웹사이트 **http://www.pearsonglobaleditions.com**의 **USMacro_Monthly** 파일에서 찾을 수 있다.

a. 산업생산지수(IP)의 월별 성장률을 퍼센트포인트로 나타낸 $ip_growth_t = 100 \times \ln(IP_t/IP_{t-1})$을 계산하라. 1960년 1월부터 2017년 12월까지의 표본 기간 동안 *ip_growth*의 평균과 표준편차는 얼마인가? *ip_growth*의 단위는 무엇인가(퍼센트, 연간 퍼센트, 월간 퍼센트 또는 다른 것)?

b. O_t의 값을 그래프로 나타내라. 왜 많은 O_t값이 0인가? 왜 일부 O_t값은 음수가 아닌가?

c. *ip_growth*를 O_t의 현재 값과 18개의 시차 값에 대해 회귀하고, 절편을 포함한 분산시차 모형을 추정하라. HAC 표준 오차 절단 모수 m값으로 무엇을 선택했는가? 그 이유는 무엇인가?

d. O_t의 계수들을 집합적으로 봤을 때, 0과 통계적으로 유의미하게 다른가?

e. 그림 16.2와 같이 추정된 동적 승수, 누적 승수, 95% 신뢰구간을 나타내는 그래프를 그려라. 승수의 실제 크기에 대해 논평하라.

f. 미국 내 높은 수요(큰 *ip_growth* 값으로 증명됨)가 석유 가격 상승으로 이어진다고 가정할 때, O_t는 외생적인가? (e)에서 표시된 승수 추정치는 신뢰할 수 있는가? 설명하라.

E16.2 데이터 파일 **USMacro_Quarterly**에서 미국의 두 가지 총 가격(aggregate price) 시계열에 대한 데이터를 찾을 수 있다: 실증문제 15.1에서 사용한 개인소비지출지수(PCEP)와 소비자물가지수(CPI)이다. 이 지수들은 미국의 소비자 가격에 대한 대안적 척도이다. CPI는 5~10년마다 업데이트되는 상품 바구니(basket of goods)의 가격을 측정한다. PCEP는 매달 구성이 바뀌는 상품 바구니의 가격을 측정하기 위해 연쇄 가중(chain weighting)을 사용한다. 경제학자들은 CPI가 상대 가격이 변화할 때 발생하는 대체 효과를 고려하지 않기 때문에 인플레이션을 과대평가할 것이라고 주장해왔다. 이 대체 편향이 중요하다면 CPI 인플레이션은 구조적으로 PCEP 인플레이션보다 높아야 한다. 여기서 $\pi_t^{CPI} = 400 \times [\ln(CPI_t) - \ln(CPI_{t-1})]$, $\pi_t^{PCEP} = 400 \times [\ln(PCEP_t) - \ln(PCEP_{t-1})]$이며, $Y_t = \pi_t^{CPI} - \pi_t^{PCEP}$이다. 따라서 π_t^{CPI}는 CPI를 기준으로 한 분기별 물가 상승률(연간 비율로 백분율로 측정), π_t^{PCEP}는 PCEP에 따른 분기별 물가 상승률, Y_t는 두 인플레이션률 간의 차이를 나타낸다. 1963년 1분기부터 2017년 4분기까지의 데이터를 사용해 다음의 연습문제를 수행하라.

a. π_t^{CPI}와 π_t^{PCEP}의 표본평균을 계산하라. 이 점 추정치들이 CPI에서 경제적으로 중요한 대체 편향의 존재와 일치하는가?

b. Y_t의 표본평균을 구하라. 이 값이 (a)에서 계산한 평균들 간의 차이와 같은 이유를 설명하라.

c. Y의 모평균이 두 인플레이션율의 모평균 차이와 같음을 밝혀라.

d. 상수항만을 포함한 회귀모형 $Y_t = \beta_0 + u_t$를 고려하자. $\beta_0 = E(Y)$임을 보여라. u_t가 계열상관성을 갖는다고 생각하는가? 설명하라.

e. β_0에 대한 95% 신뢰구간을 구하라. HAC 표준 오차의 절단 모수 m의 값을 얼마로 정했는가? 그 이유는 무엇인가?

f. CPI의 평균 인플레이션율이 PCEP의 평균 인플레이션율보다 더 크다는 통계적으로 유의미한 증거가 존재하는가?

g. β_0의 불안정성(instability)에 대한 증거가 존재하는가? QLR 검정을 시행하라. (힌트: QLR 과정의 회귀분석에서 HAC 표준 오차를 사용하는 것을 반드시 확인하라.)

E16.3 **USMacro_Quarterly** 데이터 파일에서, 15장에서 분석한 미국의 실질 GDP(GDPC1) 데이터를 찾을 수 있다. 이 문제에서 미국 실질 GDP 평균 성장률에 대한 95% 신뢰구간을 구성할 것이다. 또한 2018년 1분기부터 2067년 4분기까지의 실질 GDP 평균 성장률에 대한 95% 예측 구간을 구성할 것이다. 이 실증문제를 시도하기 전에, 연습문제 16.12를 반드시 풀어야 한다.

a. 실질 GDP의 성장률을 계산하라: $Y_t = 400 \times [\ln(\text{GDPC1}_t) - \ln(\text{GDPC1}_{t-1})]$. 이 시계열을 1960년부터 2017년까지 도식화하고, 해당 데이터가 그림 15.1b에서 도식화된 것과 동일한지 확인하라.

b. 1960년 1분기부터 2017년 4분기까지의 데이터를 이용해

  i. Y_t에 대한 AR(1) 모형을 추정하라. 연습문제 16.12의 표기법에 따라 추정된 AR(1) 계수는 $\hat{\phi}_1$, 표준 오차는 $\hat{\sigma}_{\tilde{u}}$로 나타내자.

  ii. Y_t의 표본평균을 구하라.

c. Y_t가 AR(1) 모형을 따른다고 가정하고 연습문제 16.12에서 도출한 결과, (b.i)에서 추정된 ϕ_1과 $\sigma_{\tilde{u}}^2$, 그리고 (b.ii)에서 구한 표본평균을 이용해 다음 질문에 답하라.

  i. 실질 GDP의 평균 성장률인 μ_Y에 대한 95% 신뢰구간을 구하라.

  ii. 2018년 1분기부터 2067년 4분기까지의 기간 동안 실질 GDP의 평균 성장률에 대한 95% 신뢰구간을 구하라. 즉 $\overline{Y}_{2018Q1:2067Q4}$에 대한 95% 신뢰구간을 구하라.

d. 1960년 1분기부터 2017년 4분기까지의 데이터를 이용해

  i. Y_t를 상수항에 대해(다른 설명변수 없이) 회귀분석하라. 4개의 시차를 사용하는 Newey-West 추정량을 사용해 추정된 상수항에 대한 표준 오차를 구하라.

  ii. 이 회귀분석 결과를 이용해 실질 GDP의 평균 성장률인 μ_Y에 대한 95% 신뢰구간을 구하라.

  iii. 이 회귀분석 결과를 이용해 2018년 1분기부터 2067년 4분기까지의 기간 동안 실질 GDP의 평균성장률, 즉 $\overline{Y}_{2018Q1:2067Q4}$에 대한 95% 예측구간을 구하라.

e. (d.ii)와 (d.iii)에서 구한 구간들은 (c.i)과 (c.ii)에서 구한 구간들과 유사한가? 유사해야만 하는가? 설명하라.

부록 16.1 오렌지 주스 데이터 세트

오렌지 주스 가격 데이터는 미국 노동통계국(BLS)의 생산자물가지수(PPI) 중 가공식품 및 사료 그룹의 냉동 오렌지 주스 부문(wpu02420301)이다. 오렌지 주스 가격은 일반 물가 상승률을 조정하기 위해 전체 PPI로 나누었다. 동결 일수(*FDD*)는 미국 상무부 산하 국립해양대기청(NOAA)에서 기록한 올랜도 지역 공항의 일일 최저 기온을 바탕으로 작성되었다. *FDD*는 오렌지 주스 가격 데이터와 시기를 대략 맞추기 위해 구성되었다. 구체적으로, 냉동 오렌지 주스 가격 데이터는 정확한 날짜는 월마다 다를지라도 매달 중순에 생산업체 표본을 조사해 수집된다. 따라서 *FDD*는 매달 11일부터 다음 달 10일까지의 동결 일수를 나타내도록 구성되었다. 즉 *FDD*는 0 또는 32에서 일일 최저 기온을 뺀 값 중 큰 값이며, 이는 매달 11일부터 다음 달 10일까지의 모든 일에 대해 합산된다. 따라서 2월의 $\%ChgP_t$는 1월 중순에서 2월 중순까지의 실제 오렌지 주스 가격 변화율이며, 2월의 FDD_t는 1월 11일부터 2월 10일까지의 동결 일수이다.

부록 16.2 ADL 모형과 일반화 최소제곱법의 시차 연산자 표기법

16.5절에서는 분산시차모형의 오차항이 AR(1)일 때의 자기회귀 분산시차모형을 소개한다. 이 부록에서는 부록 15.3에서 도입된 시차 연산자(lag operator) 표기법을 사용해 오차항이 AR(p)일 경우로 ADL 모형을 확장한다.

분산시차, ADL, 준차분 모형의 시차 연산자 표기법

부록 15.3에서 정의한 바와 같이 시차 연산자 L은 $\mathrm{L}^j X_t = X_{t-j}$이며 분산시차 $\beta_1 X_t + \beta_2 X_{t-1} + \ldots + \beta_{r+1} X_{t-r}$은 $\beta(\mathrm{L})X_t$로 쓸 수 있다. 이때, $\beta(\mathrm{L}) = \sum_{j=0}^{r} \beta_{j+1} \mathrm{L}^j$이고 $\mathrm{L}^0 = 1$이다. 따라서 핵심 개념 16.1의 분산시차모형[식 (16.4)]은 시차 연산자 표기법을 사용해 다음과 같이 쓸 수 있다.

$$Y_t = \beta_0 + \beta(\mathrm{L})X_t + u_t \tag{16.30}$$

더욱이 오차항 u_t가 AR(p)를 따르면 다음과 같이 쓸 수 있다.

$$\phi(\mathrm{L})u_t = \tilde{u}_t \tag{16.31}$$

여기서 $\phi(\mathrm{L}) = \sum_{j=0}^{p} \phi_j \mathrm{L}^j$, $\phi_0 = 1$, $\tilde{u}_t$는 계열상관성이 없다[$p = 1$인 경우 여기서 정의된 ϕ_1은 식 (16.19)의 표기법에서 ϕ_1의 음수임에 유의하자.]

ADL 모형을 도출하기 위해, 식 (16.30)의 양변에 $\phi(\mathrm{L})$을 전위곱(premultiply)하면 다음 식을 구할 수 있다.

$$\phi(\mathrm{L})Y_t = \phi(\mathrm{L})[\beta_0 + \beta(\mathrm{L})X_t + u_t] = \alpha_0 + \delta(\mathrm{L})X_t + \tilde{u}_t \tag{16.32}$$

여기서

$$\alpha_0 = \phi(1)\beta_0,\ \delta(\mathrm{L}) = \phi(\mathrm{L})\beta(\mathrm{L}),\quad \text{그리고}\quad \phi(1) = \sum_{j=0}^{p}\phi_j \tag{16.33}$$

식 (16.32)는 같은 시점의 X값을 포함하는 ADL(p, q) 모형이며, p는 Y의 시차 수이고 q는 X의 시차 수이다.

준차분 모형을 도출하기 위해, $\phi(\mathrm{L})\beta(\mathrm{L})X_t = \beta(\mathrm{L})\phi(\mathrm{L})X_t = \beta(\mathrm{L})\widetilde{X}_t$이고 $\widetilde{X}_t = \phi(\mathrm{L})X_t$임에 주목하자. 식 (16.32)를 재배치하면 다음 식을 얻는다.

$$\widetilde{Y}_t = \alpha_0 + \beta(\mathrm{L})\widetilde{X}_t + \widetilde{u}_t \tag{16.34}$$

여기서 $\widetilde{Y}_t$는 Y_t의 준차분이다. 즉 $\widetilde{Y}_t = \phi(\mathrm{L})Y_t$이다.

시차 다항식의 역수

$a(x) = \sum_{j=0}^{p} a_j x^j$는 차수 p인 다항식이다. $a(x)$의 역수인 $b(x)$는 $b(x)a(x) = 1$을 만족하는 함수이다. 다항식 $a(x)$의 근이 절댓값 1보다 크면 $b(x)$를 x의 비음수 거듭제곱으로 이루어진 다항식으로 쓸 수 있다: $b(x) = \sum_{j=0}^{\infty} b_j x^j$. $b(x)$가 $a(x)$의 역수이기 때문에 $a(x)^{-1}$ 또는 $1/a(x)$로 나타낸다.

시차 다항식 $a(x)$의 역수도 유사하게 정의된다: $a(\mathrm{L})^{-1} = 1/a(\mathrm{L}) = b(\mathrm{L}) = \sum_{j=0}^{\infty} b_j \mathrm{L}^j$이고 $b(\mathrm{L})a(\mathrm{L}) = 1$이다. 예를 들어 $a(\mathrm{L}) = (1 - \phi\mathrm{L})$이고 $|\phi| < 1$이면 $a(\mathrm{L})^{-1} = 1 + \phi\mathrm{L} + \phi^2\mathrm{L}^2 + \phi^3\mathrm{L}^3 + \ldots = \sum_{j=0}^{\infty}\phi^j\mathrm{L}^j$임을 입증할 수 있다. (연습문제 16.11 참조.)

OLS와 GLS 추정량

ADL 계수의 OLS 추정량은 식 (16.32)의 OLS 추정을 통해 얻는다. 원래의 분산시차 계수는 $\beta(\mathrm{L})$이며, 추정된 계수들로 표현하면 $\beta(\mathrm{L}) = \phi(\mathrm{L})^{-1}\delta(\mathrm{L})$이다. 즉 $\beta(\mathrm{L})$의 계수는 $\phi(\mathrm{L})\beta(\mathrm{L}) = \delta(\mathrm{L})$이 의미하는 제약을 만족한다. 따라서 ADL 모형의 OLS 계수 추정량인 $\hat{\delta}(\mathrm{L})$과 $\hat{\phi}(\mathrm{L})$을 기반으로 한 동적 승수 추정량은 다음과 같다.

$$\hat{\beta}^{ADL}(\mathrm{L}) = \hat{\phi}(\mathrm{L})^{-1}\hat{\delta}(\mathrm{L}) \tag{16.35}$$

식 (16.29)의 계수에 대한 표현은 식 (16.35)에서 $p = 1$, $q = 2$일 때 도출되는 특별한 경우다.

실현 가능한 GLS 추정량은 $\phi(\mathrm{L})$의 예비 추정량을 구하고, 추정된 준차분을 계산하고, 이 추정된 준차분을 사용해 식 (16.34)에서 $\beta(\mathrm{L})$을 추정한 후 (필요하면) 수렴할 때까지 반복해 계산된다. 반복된 실현 가능한 GLS 추정량은 식 (16.33)에 포함된 모수들의 비선형 제약을 따르는, 식 (16.32)의 ADL 모형에 대한 비선형 최소제곱 추정량이다.

ADL 계수의 추정을 위한 조건 16.5절에서 논의한 AR(1) 경우의 ADL 계수에 대한 일치추정(consistent estimation)을 위한 조건은 AR(p) 오차를 갖는 일반적인 모형으로 확장된다. 식 (16.34)에 대한 조건부 평균 0 가정은 다음과 같다.

$$E(\widetilde{u}_t \mid \widetilde{X}_t, \widetilde{X}_{t-1}, \ldots) = 0 \tag{16.36}$$

$\widetilde{u}_t = \phi(\mathrm{L})u_t$이고 $\widetilde{X}_t = \phi(\mathrm{L})\,X_t$이기 때문에 이 조건은 다음 식과 동등하다.

$$\begin{aligned} E(u_t \mid X_t, X_{t-1}, \ldots) &+ \phi_1 E(u_{t-1} \mid X_t, X_{t-1}, \ldots) \\ &+ \cdots + \phi_p E(u_{t-p} \mid X_t, X_{t-1}, \ldots) = 0 \end{aligned} \tag{16.37}$$

식 (16.37)이 일반적인 $\phi_1, \ldots, \phi_p$에 대해 성립하기 위해서는 식 (16.37)에서 각 조건부 기댓값이 0이어야만 하며, 동등하게 다음과 같은 조건을 충족해야만 한다.

$$E(u_t \mid X_{t+p}, X_{t+p-1}, X_{t+p-2}, \ldots) = 0 \tag{16.38}$$

이 조건은 X_t가 (과거 및 현재) 외생적이라고 해서 도출되지는 않으며, X_t가 엄격하게 외생적인 경우에 도출된다. 실제로 p가 무한대일 때(즉 분산시차모형의 오차항이 무한 차수의 자기회귀를 따를 때), 식 (16.38)의 조건은 핵심 개념 16.1에서의 엄격한 외생성에 대한 조건이 된다.

CHAPTER 17

시계열 회귀의 추가 주제

이 장에서는 예측부터 시작해 시계열 회귀의 추가적인 주제들을 다룬다. 15장에서 단일 변수의 예측에 대해 다루었으나, 실무에서는 국내총생산(GDP) 성장률과 물가 상승률 같은 2개 이상의 변수를 예측하고자 할 수 있다. 17.1절에서는 2개 이상 변수의 시차 값을 사용해 그 변수들의 미래 값을 예측하는 벡터 자기회귀(VAR) 모형을 소개한다. 15장이 한 기간(예: 한 분기) 후의 예측에 중점을 두었으나 두 기간, 세 기간, 또는 그 이상의 기간에 대한 예측도 중요하다. 다기간 예측 방법은 17.2절에서 논의한다.

17.3절과 17.4절은 15.6절에서 다룬 확률적 추세 주제로 돌아간다. 17.3절은 확률적 추세에 대한 추가 모형들을 소개하고, 17.4절은 공적분 개념을 소개한다. 공적분은 두 변수가 공통의 확률적 추세를 공유할 때 발생한다. 즉 이는 각각의 변수가 확률적 추세를 포함하지만 두 변수의 가중치 차이는 그렇지 않을 때를 의미한다.

일부 시계열 데이터, 특히 금융 데이터에서는 분산이 시간이 지남에 따라 변할 수 있다. 어떤 때는 데이터가 높은 변동성을 보이는 반면, 다른 때는 낮은 변동성을 보여 변동성 군집(cluster)이 나타난다. 17.5절에서는 변동성 군집화를 논의하며, 예측 오차의 분산이 시간에 따라 변하는 모형, 즉 예측 오차가 조건부로 이분산성을 갖는 모형을 소개한다. 조건부 이분산성 모형은 여러 응용 분야에서 사용된다. 한 가지 응용 분야는 예측 구간을 계산하는 것으로, 이 구간의 폭은 변동성이 높은 시기나 낮은 시기를 반영해 시간이 지남에 따라 변할 수 있다. 또 다른 응용 분야는 자산, 예를 들어 주식의 수익률 불확실성을 예측하는 것으로, 이는 해당 자산을 소유할 때의 리스크를 평가하거나 그 리스크에 따라 가격이 결정되는 파생 자산의 가격을 예측하는 데 유용할 수 있다.

17.6절에서는 선진국 경제의 거시경제 데이터에서처럼 예측변수가 많을 때 예측하는 문제를 다룬다. 이 절은 14장에서 도입된 자료를 바탕으로 해, 대규모 데이터 세트에서 예측할 때 자주 사용되는 방법인 주성분 분석을 사용해 대규모 시계열 데이터 세트의 정보를 소수의 시계열로 축소하는 방법에 중점을 둔다.

17.1 벡터 자기회귀

15장은 GDP 성장률 예측에 중점을 두었지만, 실제로 경제 예측가들은 인플레이션율, 실업률, 금리와 같은 다른 주요 거시경제변수도 예측한다. 한 가지 접근 방법은 15.4절의 방법을 사용해 각 변수에 대한 별도의 예측모형을 개발하는 것이다. 다른 방법은 모든 변수를 예측할 수 있는 단일모형을 개발해 서로 일관된 예측을 할 수 있도록 돕는 것이다. 여러 변수를 단일모형으로 예측하는 한 가지 방법은 벡터 자기회귀(VAR)를 사용하는 것이다. VAR은 단일변수의 자기회귀 모형을 여러 시계열 변수로 확장한 것이다. 즉 단일 변수 자기회귀모형을 시계열 변수의 '벡터'로 확장하는 방식이다.

VAR 모형

2개의 시계열 변수 Y_t와 X_t가 포함된 **벡터 자기회귀**(vector autoregression, VAR)는 2개의 식으로 구성된다. 하나는 종속변수가 Y_t이고, 다른 하나는 종속변수가 X_t이다. 두 식의 설명변수는 두 변수의 시차 값이다. 더 일반적으로, k개의 시계열 변수를 가진 VAR은 각 변수에 대한 하나의 식을 포함하며, 모든 식의 설명변수는 모든 변수의 시차 값이다. VAR의 계수는 각각의 식을 보통최소제곱법(OLS)으로 추정해 구한다.

VAR은 핵심 개념 17.1에 요약했다.

VAR의 추론 VAR 가정하에서 OLS 추정량은 일치성을 가지며, 대표본에서 결합정규분포를 가진다. 따라서 통계적 추론은 일반적인 방식으로 진행된다. 예를 들어 계수에 대한 95% 신뢰구간은 추정된 계수 ±1.96 표준 오차로 구성할 수 있다.

k개의 변수를 포함하는 VAR은 k개의 식으로 구성된 체계이기 때문에 가설검정의 새로운 양상이 발생하는데, 여러 식 간의 제약을 수반하는 결합 가설을 검정할 수 있다는 점이다.

핵심 개념 **17.1**

벡터 자기회귀

벡터 자기회귀(VAR)는 k개의 시계열 회귀로 구성되며, 각 회귀의 설명변수는 k개의 모든 시계열 변수의 시차 값이다. VAR은 단일 변수 자기회귀를 여러 시계열 변수로 확장한 것이다. 각 식에서 시차의 개수가 동일하게 p로 설정된 경우, 여러 식으로 구성된 이 체계를 VAR(p)라고 한다.

2개의 시계열 변수 Y_t와 X_t의 경우에 VAR(p)는 다음 두 식으로 구성된다.

$$Y_t = \beta_{10} + \beta_{11}Y_{t-1} + \cdots + \beta_{1p}Y_{t-p} + \gamma_{11}X_{t-1} + \cdots + \gamma_{1p}X_{t-p} + u_{1t} \quad (17.1)$$

$$X_t = \beta_{20} + \beta_{21}Y_{t-1} + \cdots + \beta_{2p}Y_{t-p} + \gamma_{21}X_{t-1} + \cdots + \gamma_{2p}X_{t-p} + u_{2t} \quad (17.2)$$

여기서 β와 γ는 미지의 계수이며 u_{1t}와 u_{2t}는 오차항이다.

VAR 가정은 각 식에 핵심 개념 15.6의 시계열 회귀 가정을 적용한 것이다. VAR의 계수는 각 식을 OLS로 추정해 계산된다.

예를 들어 식 (17.1)과 (17.2)의 2변수 VAR(p)에서 올바른 시차 길이가 p인지 또는 $p-1$인지 질문할 수 있다. 다시 말해 이 두 식에서 Y_{t-p}와 X_{t-p}의 계수가 모두 0인지 질문할 수 있다. 이들 계수가 0이라는 귀무가설은 다음과 같다.

$$H_0: \beta_{1p} = 0, \beta_{2p} = 0, \gamma_{1p} = 0, \gamma_{2p} = 0 \tag{17.3}$$

대립가설은 이 4개의 계수 중 적어도 하나는 0이 아니라는 것이다. 따라서 귀무가설은 두 식 모두(both)에서 각각 2개씩의 계수를 포함한다.

추정된 계수들이 대표본에서 결합정규분포를 가지기 때문에, F-통계량을 계산해서 이 계수들에 대한 제약을 검정할 수 있다. 표기법에서 여러 개의 식을 다루어야 하기 때문에, 이 통계량에 대한 정확한 공식은 복잡해 생략했다. 실제로는 대부분의 현대 소프트웨어 패키지들이 여러 식으로 구성된 체계에서 계수에 대한 가설을 자동으로 검정하는 절차를 포함하고 있다.

VAR에는 몇 개의 변수가 포함되어야 하는가? VAR의 각 식에서 추정해야 하는 계수의 수는 VAR에 포함된 변수의 수에 비례한다. 예를 들어 5개의 변수와 4개의 시차(lag)를 포함하는 VAR의 경우, 각 변수에 대해 4개의 시차를 고려하므로 각 식에는 21개의 계수(5개의 변수 각각에 대해 4개의 시차 및 절편)가 필요하다. 이러한 식이 5개 있으므로, 총 105개의 계수를 추정해야 한다. 14.2절에서 논의한 것처럼, 이러한 모든 계수를 OLS로 추정하면 추정 오류가 증가해 예측의 평균제곱 예측 오차(MSFE)로 측정되는 예측 정확도가 악화할 수 있다. OLS로 VAR의 계수를 추정한다면, 표본 크기에 비해 계수의 수가 적어야만 하고, 따라서 VAR에 포함된 변수의 수는 많지 않아야 한다.

이 절에서는 OLS로 계수를 추정하는 작은 VAR을 고려한다. 작은 VAR에는 적은 수의 변수를 포함하기 때문에 그 변수들을 신중하게 선택해야 한다. 하나의 지침은 변수들이 서로 관련성이 있어 서로의 예측에 유용할 수 있도록 하는 것이다. 예를 들어 GDP 성장률, 기간 가산금리, 인플레이션율이 서로 관련되어 있다는 경험적 증거(15장에서 논의한 것처럼)와 경제 이론에 근거해, 이 변수들이 VAR 내에서 서로의 예측에 도움을 줄 수 있다고 본다. 그러나 관련 없는 변수를 VAR에 포함시키면 예측력 없이 추정 오류를 유발해 예측 정확도를 낮추게 된다.

대안적인 접근 방식은 많은 변수를 사용하되 OLS 대신 다른 방법을 사용하는 것이다. 여러 예측변수를 사용하는 방법은 17.6절에서 다룬다.

VAR의 시차 길이 정하기 VAR의 시차 길이는 F-검정이나 정보 기준을 사용해 결정할 수 있다.

식 체계에 대한 정보 기준은 15.5절에서 설명한 단일 식에 대한 정보 기준을 확장한 것이다. 이 정보 기준을 정의하기 위해서는 행렬 표기법을 도입해야 한다(부록 19.1 참조). Σ_u는 VAR 오차의 $k \times k$ 공분산 행렬이고, $\hat{\Sigma}_u$는 공분산 행렬의 추정치로, $\hat{\Sigma}_u$의 i, j 성분은 $\frac{1}{T}\sum_{t=1}^{T} \hat{u}_{it}\hat{u}_{jt}$이며, 여기서 $\hat{u}_{it}$는 i번째 식의 OLS 잔차이고 $\hat{u}_{jt}$는 j번째 식의 OLS 잔차이다. VAR에 대한 베이즈 정보 기준(BIC)은 다음과 같다.

$$\text{BIC}(p) = \ln[\det(\hat{\Sigma}_u)] + k(kp + 1)\frac{\ln(T)}{T} \tag{17.4}$$

$\det(\hat{\Sigma}_u)$는 행렬 $\hat{\Sigma}_u$의 행렬식(determinant)이다. 아카이케 정보 기준(AIC)은 식 (17.4)의 $\ln(T)$를 2로 대체해 계산된다.

식 (17.4)에 있는 VAR의 k개 식에 대한 BIC 표현은 15.5절에 나오는 단일 식에 대한 표현을 확장한 것이다. 단일 식의 경우 첫 번째 항은 $\ln[SSR(p)/T]$로 단순화된다. 식 (17.4)의 두 번째 항은 추가 설명변수를 포함시키는 것에 대한 페널티를 나타내며, $k(kp+1)$은 VAR에서 회귀 계수의 총 개수이다. (k개의 식이 있고, 각 식에는 절편과 k개의 시계열 변수에 대한 p개의 시차가 있다.)

VAR에서 BIC를 사용한 시차 길이 추정은 단일 식의 경우와 유사하게 진행된다. 즉 후보로 제시된 여러 값 중에서 BIC(p)를 최소화하는 시차 길이 $\hat{p}$이 추정된 시차 길이가 된다.

인과 분석을 위한 VAR의 사용 지금까지의 논의는 VAR을 예측에 사용하는 것에 중점을 두고 있었다. 그러나 VAR 모형의 또 다른 용도는 경제 시계열 변수 간의 인과 관계를 분석하는 것이다. 실제로 VAR은 계량경제학자이자 거시경제학자인 크리스토퍼 심스(Christopher Sims, 1980)에 의해 이러한 목적으로 처음으로 도입되었다. (글상자 '시계열 계량경제학의 노벨상 수상자들'을 참조하라.) VAR을 인과추론에 사용하는 것은 **구조적 VAR 모형화**(structural VAR modeling)로 알려져 있는데, VAR이 경제의 근본적인 구조를 모형화하는 데 사용되기 때문에 **구조적**(structural)이다. 구조적 VAR 분석은 예측의 맥락에서는 이 절에서 도입된 기술들과 추가적인 도구들을 활용한다. 그러나 VAR을 예측에 사용하는 것과 구조적 모형화에 사용하는 것 사이의 가장 큰 개념적 차이점은, 구조적 모형화는 무엇이 외생적이고 무엇이 내생적인지에 대한 경제 이론과 제도적 지식에서 도출된 매우 구체적인 가정을 필요로 한다는 점이다. 구조적 VAR에 대한 논의는 연립방정식 체계(systems of simultaneous equations) 추정의 맥락에서 다루는 것이 적합하지만, 이는 이 책의 범위를 넘어선다. 예측 및 정책 분석에 VAR을 사용하는 방법에 대한 소개는 Stock and Watson(2001)을 참조하라. 구조적 VAR 모형화에 대한 대학원 수준의 교과서는 Kilian and Lütkepohl(2017)을 참조하라.

GDP 성장률과 기간 가산금리에 대한 VAR 모형

예로 GDP 성장률($GDPGR_t$)과 기간 가산금리($TSpread_t$)에 대한 2변수 VAR을 고려하자. $GDPGR_t$와 $TSpread_t$에 대한 VAR은 2개의 식으로 구성된다. 하나는 $GDPGR_t$가 종속변수이고, 다른 하나는 $TSpread_t$가 종속변수이다. 두 식의 설명변수는 $GDPGR_t$와 $TSpread_t$의 시차 값들이다. 15.7절에서 Quandt 우도 비율(QRL) 테스트를 사용해 발견된 1980년대 초반의 명백한 단절(break) 때문에, 이 VAR은 1981년 1분기부터 2017년 3분기까지의 데이터를 사용해 추정된다.

VAR의 첫 번째 식은 GDP 성장률 식이며 다음과 같다.

$$\widehat{GDPGR}_t = \underset{(0.50)}{0.54} + \underset{(0.11)}{0.29}\,GDPGR_{t-1} + \underset{(0.08)}{0.20}\,GDPGR_{t-2} \quad \underset{(0.35)}{-0.86}\,TSpread_{t-1} + \underset{(0.39)}{1.18}\,TSpread_{t-2} \tag{17.5}$$

조정된 R^2은 $\overline{R}^2 = 0.27$이다.

VAR의 두 번째 식은 기간 가산금리 방정식으로, 설명변수는 $GDPGR$ 식과 동일하지만 종속변수는 기간 가산금리이다:

$$\widehat{TSpread}_t = \underset{(0.12)}{0.44} + \underset{(0.02)}{0.01}\,GDPGR_{t-1} - \underset{(0.03)}{0.05}\,GDPGR_{t-2} \quad + \underset{(0.10)}{1.06}\,TSpread_{t-1} - \underset{(0.11)}{0.22}\,TSpread_{t-2} \tag{17.6}$$

조정된 R^2은 $\overline{R}^2 = 0.82$이다.

식 (17.5)와 식 (17.6)이 함께 GDP 성장률 $GDPGR_t$와 기간 가산금리 $TSpread_t$의 VAR(2) 모형을 구성한다.

이 VAR 식들은 예측 가능성 검정을 수행하는 데 사용할 수 있다. GDP 성장률 식[식 (17.5)]에서 $TSpread_{t-1}$과 $TSpread_{t-2}$의 계수가 0이라는 귀무가설을 검정하는 F-통계량은 5.60이며, p값은 0.001 미만이다. 따라서 귀무가설은 기각되며, 기간 가산금리가 GDP 성장률의 시차 값을 고려했을 때 GDP 성장률의 유용한 예측변수라고 결론 내릴 수 있다. 기간 가산금리 식[식 (17.6)]에서 $GDPGR_t$의 두 시차 값 계수가 0이라는 가설을 검정하는 F-통계량은 3.22이며, p값은 0.04이다. 따라서 GDP 성장률은 5% 유의수준에서 기간 가산금리를 예측하는 데 도움이 된다.

GDP 성장률과 기간 가산금리의 다음 기간 예측치는 15.4절에서 논의한 그대로 구할 수 있다. 식 (17.5)를 기반으로 한 2017년 4분기 GDP 성장률 예측치는 2017년 3분기를 기준으로 $\widehat{GDP}_{2017:Q4|2017:Q3} = 2.8\%$이다. 식 (17.6)을 사용해 유사한 계산을 해보면 2017년 3분기까지의 데이터를 기반으로 한 2017년 4분기의 기간 가산금리 예측치는 $\widehat{TSpread}_{2017:Q4|2017:Q3} = 1.3$퍼센트포인트이다. 2017년 4분기의 실제 값은 $GDPGR_{2017:Q4} = 2.5\%$이며, $TSpread_{2017:Q4} = 1.2$퍼센트포인트이다.

17.2 다기간 예측

지금까지 예측에 대한 논의는 한 시점 앞을 예측하는 데 중점을 두었다. 그러나 예측가는 종종 더 먼 미래를 예측해야 하는 경우가 있다. 이 절에서는 다기간 예측, 즉 다단계 예측이라고도 하는 예측을 수행하는 두 가지 방법을 설명한다. 첫 번째 방법은 반복된 예측치를 구성하는 방법인데, 한 시점 후를 예측하기 위한 모형을 한 번에 한 시점씩 나아가면서 반복해 사용한다. 이 절에서는 이 방법을 명확하게 설명한다. 두 번째 방법은 예측하고자 하는 다기간 변수를 종속변수로 사용하는 회귀분석을 통해 직접 예측을 수행하는 방법이다. 대부분의 응용사례에서 반복 방법이 직접 방법보다 권장되기 때문에 이 절의 마지막에서 논의한다.

반복 다기간 예측

반복 예측의 핵심 아이디어는 T시점까지의 데이터를 이용해 1시점 후의 예측치, 즉 $T+1$시점에 대한 예측치를 만들기 위해 예측모형을 사용하는 것이다. 그 후 이 모형은 T시점까지의 데이터를 기반으로 $T+2$시점에 대한 예측을 수행하는데, 이때 $T+1$시점에 대한 예측치는 $T+2$시점에 대한 예측을 위한 데이터로 간주된다. 따라서 1시점 후의 예측(또는 1단계 앞의 예측)이 2시점 후의 예측을 위한 중간 단계로 사용된다. 이 과정은 원하는 예측 기간인 h시점까지의 예측이 완료될 때까지 반복된다.

반복된 AR 예측법: AR(1) 반복된 AR(1) 예측은 1시점 후의 예측모형으로 AR(1)을 사용한다. 예를 들어 $GDPGR$에 대한 1차 자기회귀모형을 고려해보자[식 (15.9)].

$$\widehat{GDPGR}_t = \underset{(0.32)}{1.95} + \underset{(0.07)}{0.34}\, GDPGR_{t-1} \tag{17.7}$$

식 (17.7)을 기반으로 2분기 후의 예측치인 $GDPGR_{2018:Q1}$을 계산하고 2017년 3분기까지의 데이터를 이용하는 첫 번째 단계는 2017년 3분기까지의 데이터를 통해 1분기 후의 예측치인 $GDPGR_{2017:Q4}$를 계산하는 것이다: $\widehat{GDPGR}_{2017:Q4|2017:Q3} = 1.95 + 0.34\ GDPGR_{2017:Q3} = 1.95 + 0.34 \times 3.11 = 3.0$. 두 번째 단계는 이 예측치를 식 (17.7)에 대입하는 것이고, 그 결과는 $\widehat{GDPGR}_{2018Q1:2017:Q3} = 1.95 + 0.34\ GDPGR_{2017:Q4|2017:Q3} = 1.95 + 0.34 \times 3.0 = 3.0$이다. 따라서 2017년 3분기까지의 정보를 기반으로 한 이 예측치는 GDP 성장률이 2018년 1분기에 3.0%가 될 것이라고 예상한다.

반복 AR 예측법: AR(*p*) 반복 AR(1) 전략은 Y_{T+1}을 그 예측치 $\hat{Y}_{T+1|T}$로 대체하고, 그 예측치를 Y_{T+2}의 AR(p) 예측을 위한 데이터로 처리함으로써 AR(p)로 확장된다. 예를 들어 15.3절의 [식 (15.11)] AR(2) 모형을 기반으로 한 GDP 성장률의 두 시점 후 반복 예측을 고려해보자.

$$\widehat{GDPGR}_t = \underset{(0.37)}{1.60} + \underset{(0.08)}{0.28}\, GDPGR_{t-1} + \underset{(0.08)}{0.18}\, GDPGR_{t-2} \tag{17.8}$$

2017년 3분기까지의 데이터를 기반으로 15.3절에서 추정된 이 AR(2) 모형을 이용한 $GDPGR_{2017:Q4}$ 예측치는 $\widehat{GDPGR}_{2017:Q4|2017:Q3} = 3.0$이다. 따라서 AR(2) 모형으로부터 2분기 후의 반복 예측치는 $\widehat{GDPGR}_{2018:Q1|2017:Q3} = 1.60 + 0.28\ \widehat{GDPGR}_{2017:Q4|2017:Q3} + 0.18\ GDPGR_{2017:Q3} = 1.60 + 0.28 \times 3.0 + 0.18 \times 3.1 = 3.0$이다. 이 반복 AR(2) 예측에 따르면 2017년 3분기까지의 데이터를 기반으로 한 2018년 1분기의 GDP 성장률은 3.0%로 예측된다.

반복 VAR을 이용한 반복 다변량 예측 반복 다변량 예측은 자기회귀모형을 사용해 반복 일변량 예측치를 계산하는 방식과 매우 유사하게 VAR을 사용해 계산할 수 있다. 반복 다변량 예측의 주요한 새로운 특징은 두 시점 후($T+2$)의 한 변수에 대한 예측이 VAR 내 모든 변수의 $T+1$시점의 예측에 의존한다는 점이다. 예를 들어 $GDPGR_t$와 $TSpread_t$ 변수를 포함하는 VAR을 사용해 $T+2$시점의 GDP 성장률($GDPGR$)에 대한 예측을 계산하려면, 중간 단계로 T시점까지의 데이터를 사용해 먼저 $T+1$시점의 $GDPGR_{T+1}$과 $TSpread_{T+1}$을 예측해야 한다. 보다 일반적으로, h시점 후의 반복 VAR 예측을 계산하려면, 모든 변수에 대해 T시점과 $T+h$시점 사이의 모든 중간 기간의 예측을 계산해야 한다.

예로 17.1절의 $GDPGR_t$와 $TSpread_t$에 대한 VAR(2)[식 (17.5)와 (17.6)]를 이용해 2017년 3분기까지의 데이터를 기반으로 반복 VAR 예측인 $GDPGR_{2018:Q1}$을 구해볼 것이다. 첫 단계는 VAR로부터 1분기 후의 예측 $\widehat{GDPGR}_{2017:Q4|2017:Q3}$과 $\widehat{TSpread}_{2017:Q4|2017:Q3}$을 계산한다. 이들 1분기 후 예측은 17.1절의 식 (17.5)와 식 (17.6)을 기반으로 계산된다. 구한 예측은 각각 $\widehat{GDPGR}_{2017:Q4|2017:Q3}=2.8$이고 $\widehat{TSpread}_{2017:Q4|2017:Q3}=1.3$이다. 두 번째 단계에서는 2분기 후의 예측을 구하기 위해 1분기 후 예측을 식 (17.5)와 식 (17.6)에 대입한다.

$$\begin{aligned}\widehat{GDPGR}_{2018:Q1|2017:Q3} &= 0.54 + 0.29\,\widehat{GDPGR}_{2017:Q4|2017:Q3} + 0.20 GDPGR_{2017:Q3} \\ &\quad -0.86\,\widehat{TSpread}_{2017:Q4|2017:Q3} + 1.28 TSpread_{2017:Q3} \\ &= 0.54 + 0.29 \times 2.8 + 0.20 \times 3.1 \\ &\quad -0.86 \times 1.3 + 1.28 \times 1.2 = 2.4 \end{aligned} \tag{17.9}$$

따라서 2017년 3분기까지의 데이터를 바탕으로 한 반복 VAR(2) 예측에 따르면 2018년 1분기 GDP 성장률은 2.4%가 될 것이다.

반복 다기간 예측은 핵심 개념 17.2에 요약했다.

직접 다기간 예측

직접 다기간 예측은 반복 없이 단일회귀식을 사용해 계산된다. 이때 종속변수는 예측할 다기간 변수이고, 설명변수는 예측변수들이다. 이러한 방식으로 계산된 예측을 직접 예측이라고 하며, 회귀 계수를 사용해 다기간 예측을 직접적으로 할 수 있다.

직접 다기간 예측 방법 T시점까지의 데이터를 사용해 Y_{T+2}의 예측을 한다고 가정하자. 직접적인 다변량 방법은 ADL 모형을 시작점으로 하되, 추가적인 기간만큼 예측변수를 지연시킨다. 예를 들어 예측변수의 2개의 시차가 사용된다면, 종속변수는 Y_t이고 설명변수는 Y_{t-2}, Y_{t-3}, X_{t-2}, X_{t-3}이 된다. 이 회귀식에서 구한 계수는 Y_T, Y_{T-1}, X_T, X_{T-1} 데이터를 이용해 Y_{T+2}에 대한 예측을 직접적으로 계산하기 위해 사용되며, 반복이 필요 없다. 보다 일반적으로, 직접 h기간 후 예측 회귀식에서는 모든 예측변수가 h기간 후 예측을 생성하기 위해 h기간 지연된다.

예를 들어 2개의 시차 $GDPGR_{t-2}$와 $TSpread_{t-2}$를 이용한 $GDPGR_t$의 2분기 후 예측은 다음 회귀식을 추정해 계산한다.

핵심 개념 **17.2**

반복 다기간 예측

반복 다기간 AR 예측(iterated multi-period AR forecast)은 단계별로 계산된다: 먼저 1기간 후 예측을 계산한 후, 이를 사용해 2기간 후 예측을 계산하고, 이 과정을 반복한다. AR(p)를 기반으로 한 2기간, 3기간 후 반복 예측은 다음과 같다.

$$\hat{Y}_{T+2|T} = \hat{\beta}_0 + \hat{\beta}_1\hat{Y}_{T+1|T} + \hat{\beta}_2 Y_T + \hat{\beta}_3 Y_{T+1} + \cdots + \hat{\beta}_p Y_{T-p+2} \tag{17.10}$$

$$\hat{Y}_{T+3|T} = \hat{\beta}_0 + \hat{\beta}_1\hat{Y}_{T+2|T} + \hat{\beta}_2\hat{Y}_{T+1|T} + \hat{\beta}_3 Y_T + \cdots + \hat{\beta}_p Y_{T-p+3} \tag{17.11}$$

여기서 $\hat{\beta}$들은 AR(p) 계수의 OLS 추정치다. 이 과정을 계속(반복)해가면 더 먼 미래의 예측도 만들어낼 수 있다.

반복 다기간 VAR 예측(iterated multi-period VAR forecast) 또한 단계별로 계산된다: 먼저 VAR 내 모든 변수의 1기간 후 예측을 계산한 후, 이를 사용해 2기간 후 예측을 계산하고, 원하는 예측 기간까지 이 과정을 반복적으로 계속 진행한다. 핵심 개념 17.1의 2변수 VAR(p)를 바탕으로 한 2기간 후 반복 예측인 Y_{T+2}는 다음과 같다.

$$\begin{aligned}\hat{Y}_{T+2|T} = {} & \hat{\beta}_{10} + \hat{\beta}_{11}\hat{Y}_{T+1|T} + \hat{\beta}_{12}Y_T + \hat{\beta}_{13}Y_{T-1} + \cdots + \hat{\beta}_{1p}Y_{T-p+2} \\ & + \hat{\gamma}_{11}\hat{X}_{T+1|T} + \hat{\gamma}_{12}X_T + \hat{\gamma}_{13}X_{T-1} + \cdots + \hat{\gamma}_{1p}X_{T-p+2}\end{aligned} \tag{17.12}$$

식 (17.12)의 계수들은 VAR 계수의 OLS 추정치이다. 반복을 통해 더 먼 미래의 예측을 생성한다.

$$\begin{aligned}\widehat{GDPGR}_{t|t-2} = {} & \underset{(0.63)}{0.56} + \underset{(0.07)}{0.31}GDPGR_{t-2} + \underset{(0.09)}{0.04}GDPGR_{t-3} \\ & + \underset{(0.46)}{0.56}TSpread_{t-2} + \underset{(0.45)}{0.04}TSpread_{t-3}\end{aligned} \tag{17.13}$$

2017년 3분기까지의 데이터를 기반으로 한 2018년 1분기 GDP 성장률의 2분기 후 예측은 $GDPGR_{2017:Q3}$, $GDPGR_{2017:Q2}$, $TSpread_{2017:Q3}$, $TSpread_{2017:Q2}$를 식 (17.13)에 대입해 구하며, 그 결과는 다음과 같다.

$$\begin{aligned}\widehat{GDPGR}_{2018:Q1|2017:Q3} = {} & 0.56 + 0.31GDPGR_{2017:Q3} + 0.04GDPGR_{2017:Q2} \\ & + 0.56TSpread_{2017:Q3} + 0.04TSpread_{2017:Q2} = 2.4\end{aligned} \tag{17.14}$$

3분기 후 직접 예측인 $GDPGR_{T+3}$은 식 (17.13)에서 모든 설명변수를 한 분기씩 지연시키고, 회귀식을 추정하고, 예측을 계산한다. h분기 후 직접 예측인 $GDPGR_{T+h}$는 종속변수 $GDPGR_t$, 설명변수 $GDPGR_{t-h}$, $TSpread_{t-h}$와 추가로 원하는 만큼의 $GDPGR_{t-h}$, $TSpread_{t-h}$의 시차를 이용해 계산한다.

직접 다기간 회귀의 표준 오차 다기간 회귀의 종속변수는 2기간 또는 그 이상 미래의 값을 나타내기 때문에 다기간 회귀에서의 오차항은 계열상관성을 갖는다. 이를 이해하기 위해 GDP 성장률의 2기간 후 예측을 고려하고, 다음 분기에 유가가 갑작스럽게 급등했다고 가정하자.

핵심 개념 17.3

직접 다기간 예측

Y_t와 추가 예측변수 X_t 각각의 p시차를 기반으로 하는 h기간 후 **직접 다기간 예측**(direct multi-period forecast)은 먼저 다음 회귀식을 추정해 계산된다.

$$Y_t = \delta_0 + \delta_1 Y_{t-h} + \cdots + \delta_p Y_{t-p-h+1} + \delta_{p+1} X_{t-h} + \cdots + \delta_{2p} X_{t-p-h+1} + u_t \tag{17.15}$$

그다음으로 T시점까지의 데이터를 사용해 Y_{t+h} 예측값을 구하기 위해 추정된 계수값을 직접적으로 이용한다.

2기간 후 GDP 성장률에 대한 오늘의 예측은 이 예상치 못한 부정적인 사건을 반영하지 못하기 때문에 너무 높게 나올 것이다. 유가 상승은 이전 분기에서도 예상하지 못한 일이었으므로 지난 분기의 2기간 후 예측도 너무 높게 나왔을 것이다. 따라서 다음 분기의 유가 급등으로 인해 지난 분기와 이번 분기의 2기간 후 예측 모두 너무 높다. 이처럼 중간에 발생한 사건들로 인해 다기간 회귀의 오차항은 계열상관성을 갖는다.

16.4절에서 논의한 바와 같이, 오차항이 계열상관을 가지는 경우, 일반적인 OLS 표준 오차는 정확하지 않거나, 더 정확히 말하면 신뢰할 수 있는 추론의 기초가 되지 않는다. 따라서 다기간 직접 회귀에서는 이분산성과 자기상관에 대해 일치성을 갖는(HAC) 표준 오차가 사용되어야 한다. 직접 다기간 회귀에 대한 식 (17.13)에서 보고된 표준 오차는 Newey-West HAC 표준 오차이며, 절단 모수 m은 식 (16.17)에 따라 설정된다. 이 데이터의 경우에 식 (16.17)은 $m = 4$를 산출한다($T = 147$). 더 긴 예측 기간의 경우 중첩의 양이 증가하고 따라서 오차의 계열상관 정도도 증가한다: 일반적으로 h기간 후 회귀에서 오차의 첫 $h - 1$개 자기상관 계수는 0이 아니다. 따라서 예측 기간이 긴 다기간 회귀에는 식 (16.17)에서 제시된 값보다 큰 m값이 적절하다.

직접 다기간 예측은 핵심 개념 17.3에 요약했다.

어떤 방법을 사용해야만 하는가?

대부분의 경우 다기간 예측을 위해 반복 방법(iterated method)이 권장되는데, 여기에는 두 가지 이유가 있다. 첫째, 이론적인 관점에서 보면 기본적인 1기간 후 모형(반복 예측에 사용되는 AR 또는 VAR)이 올바르게 지정되었다면, 1기간 후 회귀로 추정된 계수가 다기간 후 회귀로 추정된 것보다 더 효율적으로 추정된다. 둘째, 실용적인 관점에서 보면 예측자는 보통 단일 시점의 예측뿐만 아니라 여러 시점의 예측에도 관심이 있다. 반복 예측은 동일한 모형을 사용해 생성되므로, 여러 시점에 걸쳐 예측 경로가 직접 예측보다 덜 불규칙하게 나타나는 경향이 있다. 반면에 직접 예측은 각 시점마다 다른 모형을 사용하기 때문에 추정된 계수의 표본 오차가 다기간 예측치들의 시간 경로에 무작위 변동을 추가할 수 있다.

그러나 특정 상황에서는 직접 예측이 반복 예측보다 더 선호될 수 있다. 이러한 상황 중 하나는 1단계 후 모형(AR 또는 VAR)이 정확하게 설정되지 않았다고 믿을 만한 이유가 있는 경우이다. 예를 들어 VAR에서 예측하려는 변수에 대한 식은 정확하게 설정되었지만, VAR 내의 다른 하나 이상의 식은 무시된 비선형 항 때문에 부정확하게 설정되었다고 믿을 수 있다. 만약 1단계 후 모형이 부정확하게 지정되었다면, 일반적으로 반복 다기간 예측은 편향되며, 비록 직접 예측의 분산이 더 클지라도 반복 예측의 MSFE가 직접 예측의 MSFE보다 더 클 수 있다.

17.3 적분 차수와 단위근 검정 통계량의 비정규성

이 절에서는 15.6절에서 다룬 확률적 추세의 논의를 확장해 두 가지 추가 주제를 다룬다. 첫째, 일부 시계열의 추세는 랜덤워크모형으로 잘 설명되지 않으므로 해당 모형의 확장을 도입하고 이러한 시계열의 회귀모형화에 대한 함의를 논의한다. 둘째, 단위근에 대한 ADF(확장된 Dickey-Fuller) 검정의 비정규분포에 대한 이유를 논의한다.

추세의 다른 모형과 적분 차수

15.6절에서 도입한 추세에 대한 랜덤워크모형을 상기하면, t시점의 추세는 $t-1$시점의 추세에 랜덤 오차항을 더한 것과 같다. 만약 Y_t가 표류항(drift) β_0을 포함한 랜덤워크를 따른다면, 이는 다음과 같이 나타낼 수 있다.

$$Y_t = \beta_0 + Y_{t-1} + u_t \tag{17.16}$$

여기서 u_t는 계열상관성이 없다. 또한 15.6절에서 어떤 시계열이 랜덤워크 추세를 가지면 자기회귀근이 1이라는 점을 기억하자.

추세의 랜덤워크모형이 많은 경제 시계열의 장기적인 움직임을 설명할 수 있을지라도, 일부 경제 시계열은 식 (17.16)에서 나타난 것보다 더 완만한 추세, 즉 한 기간에서 다음 기간까지 덜 변동하는 추세를 보인다. 이러한 시계열의 추세를 설명하기 위해서는 다른 모형이 필요하다.

완만한 추세의 한 모형은 추세의 일계차분이 랜덤워크를 따르도록 만든다. 즉 다음과 같다.

$$\Delta Y_t = \beta_0 + \Delta Y_{t-1} + u_t \tag{17.17}$$

여기서 u_t는 계열상관성이 없다. 따라서 Y_t는 식 (17.17)을 따르고 ΔY_t는 랜덤워크를 따른다. 그 결과 $\Delta Y_t - \Delta Y_{t-1}$은 정상적이다. 일계차분의 차분, $\Delta Y_t - \Delta Y_{t-1}$은 Y_t의 **이계차분**(second difference)이라고 하며 $\Delta^2 Y_t = \Delta Y_t - \Delta Y_{t-1}$로 나타낸다. 이 용어를 사용하면, Y_t가 식 (17.17)을 따르면 그 이계차분은 정상성을 가진다. 시계열이 식 (17.17)의 형태로 된 추세를 가질 경우, 그 시계열의 일계차분은 자기회귀근이 1인 특성을 가진다.

적분 차수 용어 몇 가지 추가적인 용어는 이러한 두 가지 추세 모형을 구분하는 데 유용하다. 랜덤워크 추세를 가진 시계열은 **1차 적분된 시계열**(integrated of order one), 즉 $I(1)$이라

핵심 개념 **17.4**

적분 차수, 차분, 정상성

- Y_t가 1차 적분되었다면, 즉 Y_t가 $I(1)$이라면 Y_t는 자기회귀 단위근을 갖고 일계차분인 ΔY_t는 정상적이다.
- Y_t가 2차 적분되었다면, 즉 Y_t가 $I(2)$라면 ΔY_t는 자기회귀 단위근을 갖고 이계차분인 $\Delta^2 Y_t$는 정상적이다.
- Y_t가 **d차 적분되었다**(integrated of order d)면, 즉 Y_t가 $I(d)$라면 확률적 추세를 제거하기 위해 Y_t는 반드시 d번 차분되어야 한다. 즉 $\Delta^d Y_t$가 정상적이다.

고 한다. 식 (17.17)과 같은 형태의 추세를 가진 시계열은 **2차 적분된 시계열**(integrated of order two), 즉 ***I*(2)**라고 한다. 확률적 추세가 없고 정상성을 가진 시계열은 **0차 적분된 시계열**(integrated of order zero), 즉 ***I*(0)**이라고 한다.

$I(1)$과 $I(2)$라는 용어에서 **적분 차수**(order of integration)는 시계열이 정상성을 갖기 위해 필요한 차분 횟수이다: 만약 Y_t가 $I(1)$이라면 Y_t의 일계차분인 ΔY_t는 정상적이다. Y_t가 $I(2)$라면 Y_t의 이계차분인 $\Delta^2 Y_t$는 정상적이다. Y_t가 $I(0)$이면 Y_t는 정상적이다.

적분 차수는 핵심 개념 17.4에 요약했다.

시계열이 *I*(2)인지 또는 *I*(1)인지 검정하는 방법 Y_t가 $I(2)$이라면 ΔY_t는 $I(1)$이고, ΔY_t는 자기회귀 단위근을 갖는다. 그러나 Y_t가 $I(1)$이면 ΔY_t는 정상적이다. 따라서 ΔY_t가 자기회귀 단위근을 갖는지를 검정함으로써 Y_t가 $I(2)$라는 귀무가설을 Y_t가 $I(1)$이라는 대립가설에 대해 검정할 수 있다. 만약 ΔY_t가 자기회귀 단위근을 갖는다는 가설이 기각된다면, Y_t가 $I(2)$라는 귀무가설은 Y_t가 $I(1)$이라는 대립가설을 위해 기각된다.

***I*(2)와 *I*(1) 시계열의 예시: 물가 수준과 인플레이션율** 인플레이션율은 물가 수준의 성장률이다. 15.2절에서 어떤 시계열 X_t의 성장률은 로그 X_t의 일계차분으로 계산할 수 있었음을 상기하자. 즉 $\Delta\ln(X_t)$가 X_t의 성장률(분수로 표현된)이다. P_t가 분기별로 측정된 물가 수준의 시계열이라면 ΔP_t는 P_t의 성장률이고 $Infl_t = 400 \times \Delta\ln(P_t)$는 퍼센트포인트로 측정된 분기별 인플레이션율의 연율이다. 식 (15.1)에서 GDP 성장률인 $GDPGR$을 나타내는 표현에서처럼, 400이라는 계수는 변화를 백분율로 변환하기 위해 100을 곱하고, 분기별 백분율을 연율로 변환하기 위해 4를 곱한 결과이다.

실증문제 15.1에서 미국의 개인소비지출에 대한 물가 지수를 P_t로 사용해 계산한 인플레이션율 $Infl_t$를 분석했다. 그 문제에서 미국의 인플레이션율이 랜덤워크 확률적 추세를 갖는다. 즉 인플레이션율이 $I(1)$이라는 결론에 도달했다. 만약 인플레이션율이 $I(1)$이라면, 일계차분을 통해 확률적 추세가 제거되므로 $\Delta Infl_t$는 정상성을 갖는다. 그러나 인플레이션율을 $I(1)$로 취급하는 것은 $\Delta\ln(P_t)$를 $I(1)$로 취급하는 것과 같으며, 이는 다시 말해 물가 수준의 로그인 $\ln(P_t)$를 $I(2)$로 취급하는 것과 동일하다.

물가 수준의 로그값과 인플레이션율이 그림 17.1에 표시되어 있다. 물가 수준 로그값의 장

그림 17.1 미국 물가 수준의 로그값과 인플레이션율, 1960~2017년

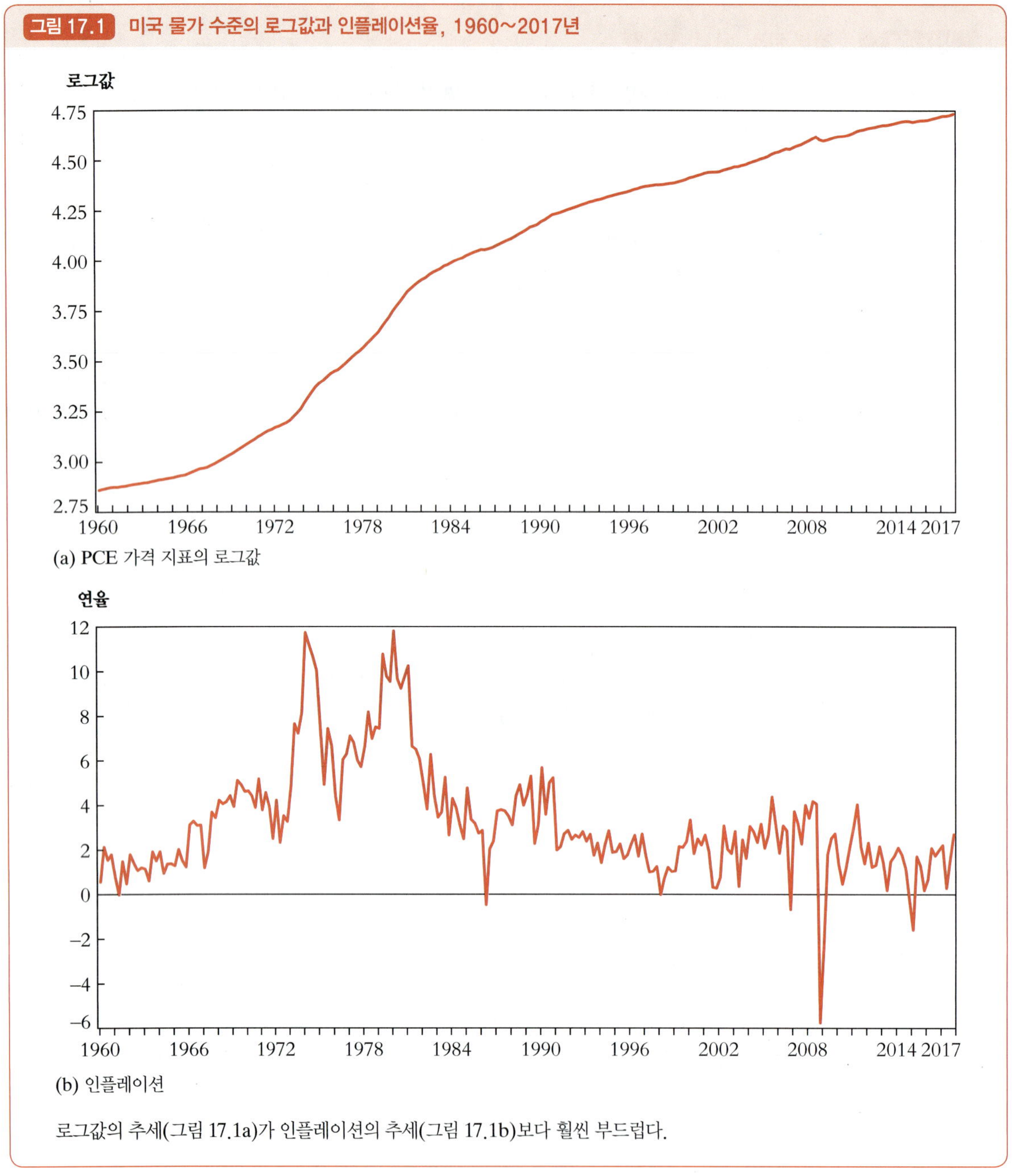

로그값의 추세(그림 17.1a)가 인플레이션의 추세(그림 17.1b)보다 훨씬 부드럽다.

기 추세(그림 17.1a)는 인플레이션율의 장기 추세(그림 17.1b)보다 더 부드럽게 변화한다. 물가 수준 로그값의 부드러운 추세는 $I(2)$ 시계열의 전형적인 특징이다.

단위근 검정은 왜 비정규분포를 갖는가?

15.7절에서는 회귀분석이 크게 의존하는 대표본 정규분포가 설명변수가 비정상적일 때에는 적용되지 않는다는 점이 강조되었다. 회귀식에 단위근이 포함된다는 귀무가설하에서는

Dickey-Fuller 회귀분석의 설명변수인 Y_{t-1}이 비정상적이다. 단위근 검정통계량이 비정규분포를 따르는 것은 이러한 비정상성의 결과이다.

비정상성에 대한 수학적 직관을 얻기 위해서 ΔY_t를 절편항 없이 유일한 설명변수 Y_{t-1}에 대해 회귀시키는 가장 간단한 Dickey-Fuller 회귀식을 생각해보자. 식 (15.32)의 표기법에 따르면 이 회귀식의 OLS 추정량은 $\hat{\delta} = \sum_{t=1}^{T} Y_{t-1}\Delta Y_t / \sum_{t=1}^{T} Y_{t-1}^2$이고, 따라서 다음과 같다.

$$T\hat{\delta} = \frac{\frac{1}{T}\sum_{t=1}^{T} Y_{t-1}\Delta Y_t}{\frac{1}{T^2}\sum_{t=1}^{T} Y_{t-1}^2} \tag{17.19}$$

식 (17.19)의 분자를 살펴보자. $Y_0 = 0$이라는 추가적인 가정하에서 약간의 연산(연습문제 17.5)을 사용하면 다음을 보일 수 있다.

$$\frac{1}{T}\sum_{t=1}^{T} Y_{t-1}\Delta Y_t = \frac{1}{2}\left[\left(\frac{Y_T}{\sqrt{T}}\right)^2 - \frac{1}{T}\sum_{t=1}^{T}(\Delta Y_t)^2\right] \tag{17.20}$$

귀무가설하에서 $\Delta Y_t = u_t$이고 계열상관성이 없으며 유한한 분산을 갖는다. 그 결과 식 (17.20)의 두 번째 항은 다음과 같은 확률적 극한을 갖는다: $\frac{1}{T}\sum_{t=1}^{T}(\Delta Y_t)^2 \xrightarrow{p} \sigma_u^2$. $Y_0 = 0$이라는 가정하에서 식 (17.20)의 첫 번째 항은 $Y_T/\sqrt{T} = \sqrt{\frac{1}{T}}\sum_{t=1}^{T}\Delta Y_t = \sqrt{\frac{1}{T}}\sum_{t=1}^{T}u_t$로 쓸 수 있고, 이는 결국 중심극한정리를 따른다. 따라서 $(Y_T/\sqrt{T})^2 - \frac{1}{T}\sum_{t=1}^{T}(\Delta Y_t)^2 \xrightarrow{d} \sigma_u^2(Z^2 - 1)$이고 여기서 Z는 표준정규분포를 따르는 확률변수이다. 그러나 표준정규분포의 제곱은 자유도 1을 갖는 카이제곱분포임을 상기하자. 귀무가설하에서 식 (17.19)의 분자가 다음 식과 같은 극한분포(limiting distribution)를 갖는다는 사실은 식 (17.20)으로부터 도출된다.

$$\frac{1}{T}\sum_{t=1}^{T} Y_{t-1}\Delta Y_t \xrightarrow{d} \frac{\sigma_u^2}{2}\left(\chi_1^2 - 1\right) \tag{17.21}$$

식 (17.21)의 대표본 분포는 설명변수가 정상성을 가질 때의 통상적인 대표본 정규분포와는 다르다. Dickey-Fuller 회귀에서 Y_t의 계수에 대한 OLS 추정량의 분자는 자유도가 1인 카이제곱분포에서 1을 뺀 값에 비례하는 분포를 갖는다.

이 논의는 $T\hat{\delta}$의 분자만을 다루었다. 분모 또한 귀무가설하에서 특이하게 행동한다. Y_t가 귀무가설하에서 랜덤워크를 따르기 때문에 $\frac{1}{T}\sum_{t=1}^{T} Y_{t-1}^2$이 어떤 상수값으로 확률 수렴(convergence in probability)을 하지 않는다. 그 대신 식 (17.19)의 분모는 확률변수이며, 대표본에서도 마찬가지다. 귀무가설하에서 $\frac{1}{T^2}\sum_{t=1}^{T} Y_{t-1}^2$은 분자와 함께 결합적으로 분포수렴(convergence in distribution)을 한다. 식 (17.19)의 분자와 분모의 독특한(unusual) 결합분포는 Dickey-Fuller 검정 통계량이 비정규분포를 따르는 원인이 되며, ADF 통계량이 고유의 특별한 임계치에 대한 표를 갖는 이유이다.

17.4 공적분

때때로 2개 이상의 시계열이 동일한 확률적 추세를 공유할 수 있다. 이 특별한 경우를 공적분(cointegration)이라고 하며, 이때 회귀분석을 통해 시계열 변수들 간의 장기적인 관계를 드러낼 수 있지만, 이를 위해 새로운 방법들이 필요하다.

공적분과 오차 수정

2개 이상의 확률적 추세를 가진 시계열들이 장기적으로 매우 밀접하게 함께 움직여서 동일한 추세 성분을 가진 것처럼 보일 수 있다. 즉 이 시계열들이 **공통 추세**(common trend)를 가지고 있는 것처럼 보인다. 예를 들어 그림 15.3에 나타난 미국 3개월 및 10년 만기 국채 금리는 동일한 장기적 경향 또는 추세를 보여준다. 두 금리는 1960년대에 낮았고, 1970년대를 거쳐 1980년대 초에 최고점에 도달했으며, 이후 1990년대 동안 다시 하락했다. 그러나 장기 금리와 단기 금리의 차이를 나타내는 기간 가산금리(그림 15.3b)는 추세를 보이지 않는다. 이는 장기 금리에서 단기 금리를 빼면 각각의 금리에서 나타나는 추세를 제거하는 것으로 보인다. 달리 말하면, 두 금리는 서로 다르지만 공통 확률적 추세(common stochastic trend)를 공유하는 것처럼 보인다: 한 금리에서 다른 금리를 빼면 각 시계열의 추세가 제거되기 때문에, 두 시계열은 동일한 추세를 가지고 있어야만 한다. 즉 두 시계열은 공통 확률적 추세를 갖는다.

공통 확률적 추세를 가진 2개 이상의 시계열은 공적분되었다고 말한다. **공적분**(cointegration)의 공식적인 정의는 핵심 개념 17.5에 설명되어 있다. (계량경제학자 Clive Granger가 제시했다. 글상자 '시계열 계량경제학에서의 노벨상 수상자'를 참조하라.) 이 절에서는 공적분 여부를 테스트하는 방법을 소개하고, 공적분된 변수들과 관련된 회귀 계수의 추정을 논의하며, 공적분 관계를 예측에 활용하는 방법을 설명한다. 처음부터 이 논의는 두 변수 X_t와 Y_t만 있는 경우에 초점을 맞춘다.

벡터오차수정모형 만약 X_t와 Y_t가 공적분되어 있다면, X_t와 Y_t의 일계 차분은 추가적인 설명변수로 $Y_{t-1} - \theta X_{t-1}$을 포함하는 VAR을 이용해 모형화할 수 있다.

$$\begin{aligned}\Delta Y_t = {} & \beta_{10} + \beta_{11}\Delta Y_{t-1} + \cdots + \beta_{1p}\Delta Y_{t-p} + \gamma_{11}\Delta X_{t-1} \\ & + \cdots + \gamma_{1p}\Delta X_{t-p} + \alpha_1(Y_{t-1} - \theta X_{t-1}) + u_{1t}\end{aligned} \tag{17.22}$$

$$\begin{aligned}\Delta X_t = {} & \beta_{20} + \beta_{21}\Delta Y_{t-1} + \cdots + \beta_{2p}\Delta Y_{t-p} + \gamma_{21}\Delta X_{t-1} \\ & + \cdots + \gamma_{2p}\Delta X_{t-p} + \alpha_2(Y_{t-1} - \theta X_{t-1}) + u_{2t}\end{aligned} \tag{17.23}$$

$Y_t - \theta X_t$항은 **오차수정항**(error correction term)이라고 한다: 만약 두 변수가 큰 차이를 보이는 경우, 두 변수가 추세를 공유하고 있기 때문에 시간이 지남에 따라 서로 가까워질 것으로 예상되며, 이는 $Y_t - \theta X_t$라는 '오차(error)'가 '수정될(corrected)' 것임을 의미한다.

식 (17.22)와 (17.23)의 통합 모형을 **벡터오차수정모형**(vector error correction model, VECM)이라고 한다. VECM에서 $Y_t - \theta X_t$의 과거 값들은 ΔY_t와/또는 ΔX_t의 미래 값을 예측하는 데 도움을 준다.

핵심 개념
17.5

공적분

X_t와 Y_t가 1차 적분되었다고 가정하자. 임의의 계수 θ에 대해 $Y_t - \theta X_t$가 0차 적분되었다면 X_t와 Y_t는 공적분되었다고 한다. 이때 계수 θ를 **공적분 계수**(cointegrating coefficient)라고 한다.

X_t와 Y_t가 공적분되었다면 그들은 동일한 또는 공통의 확률적 추세를 갖는다. $Y_t - \theta X_t$를 계산함으로써 공통 확률적 추세를 제거한다.

두 변수가 공적분되었는지 어떻게 판단할 수 있는가?

두 변수가 공적분 관계로 모형화될 수 있는지 판단하는 세 가지 방법이 있다: 전문가의 지식과 경제 이론을 사용할 수 있고, 시계열을 그래프로 나타내 두 변수가 공통의 확률적 추세를 가지고 있는지 확인할 수 있으며, 공적분에 대한 통계적 검정을 수행할 수 있다. 실제로는 이 세 가지 방법을 모두 사용해야 한다.

예를 들어 그림 15.3에 있는 두 금리는 이자율의 기간 구조(term structure)에 대한 소위 기대 이론(expectations theory)에 의해 연결된다. 이 이론에 따르면, 10년 만기 미국 국채 금리는 향후 10년 동안 예상되는 3개월 만기 국채 금리의 평균이라고 한다. 따라서 만약 3개월 금리가 랜덤워크 확률적 추세를 가지고 있다면, 이 이론은 10년 금리가 이 확률적 추세를 상속받는다고 암시한다(연습문제 17.2). 게다가 그림 15.3에서 두 금리의 그래프는 각 시계열이 $I(1)$인 것처럼 보이지만, 기간 가산금리는 $I(0)$인 것처럼 보인다. 따라서 두 시계열이 공적분되어 있을 가능성이 있다.

지금까지 도입된 단위근 검정 절차는 공적분에 대한 검정으로 확장될 수 있다. 이러한 검정이 기반하는 통찰은, 만약 Y_t와 X_t가 공적분되었고 공적분 계수가 θ라면, $Y_t - \theta X_t$는 정상적(stationary)이라는 것이다. 반대로, 공적분되지 않았다면 $Y_t - \theta X_t$는 비정상적(nonstationary)인, 즉 $I(1)$이 된다. 따라서 Y_t와 X_t가 공적분되지 않았다는 가설, 즉 $Y_t - \theta X_t$가 $I(1)$이라는 귀무가설은 $Y_t - \theta X_t$가 단위근을 가지고 있는지를 테스트함으로써 검정할 수 있다. 만약 이 가설이 기각되면, $Y_t - \theta X_t$는 공적분될 수 있다고 모형화할 수 있다. 이 검정의 세부 사항은 공적분 계수 θ가 알려져 있는지 여부에 따라 달라진다.

θ가 알려져 있을 때 공적분의 검정 많은 경우에 전문 지식 또는 경제 이론이 θ값을 제안한다. θ가 알려져 있을 때, 시계열 $z_t = Y_t - \theta X_t$를 구축하고 z_t가 자기회귀 단위근을 갖는다는 귀무가설을 검정함으로써 ADF 단위근 검정을 공적분에 대한 테스트를 위해 사용할 수 있다.

예시로, 1962년부터 2017년까지의 기간 동안 10년 만기와 3개월 만기 미국 국채 금리의 차이(기간 가산금리)에 ADF 검정을 적용하면, 절편을 포함하고 (AIC에 의해 결정된) 6개의 시차를 사용하는 경우 ADF 통계량은 −4.13이 된다. 이 값은 표 15.4에 있는 −3.43보다 작기 때문에, 공적분이 없다는 귀무가설(기간 가산금리에 단위근이 있다는 가설)은 1% 유의수준에서 기각된다.

θ가 알려져 있지 않을 때 공적분의 검정 공적분 계수 θ가 알려지지 않았다면, 오차수정항의 단

표 17.1 Engle-Granger ADF 통계량에 대한 임계치

식 (17.24)의 설명변수 X의 개수	10%	5%	1%
1	−3.12	−3.41	−3.96
2	−3.52	−3.80	−4.36
3	−3.84	−4.16	−4.73
4	−4.20	−4.49	−5.07

위근을 검정하기에 앞서 이를 추정해야 한다. 이러한 예비적 절차는 이후의 단위근 검정에서 다른 임계치를 사용할 필요가 있게 만든다.

특히 첫 단계에서 공적분 계수 θ는 다음 회귀식에 OLS 추정법을 사용해 추정한다.

$$Y_t = \alpha + \theta X_t + z_t \tag{17.24}$$

두 번째 단계에서는 Dickey-Fuller t-검정(절편 포함, 시간 추세 불포함)이 회귀식의 잔차, 즉 $\hat{z}_t$에 단위근이 존재하는지를 검정하기 위해 사용된다. 이러한 2단계 과정은 공적분에 대한 Engle-Granger 확대 Dickey-Fuller 검정(Engle-Granger Augmented Dickey-Fuller test) 또는 **EG-ADF 검정**(EG-ADF test)이라고 한다(Engle and Granger, 1987).

EG-ADF 검정의 임계치는 표 17.1에 주어져 있다.[1] 첫 행의 임계치는 식 (17.24)에 단일한 설명변수가 존재할 때 적용할 수 있으며, 그 결과 2개의 공적분된 변수(X_t와 Y_t)가 존재한다. 이후의 행들은 다중 공적분된 변수들의 경우에 적용할 수 있으며, 이 절의 마지막에 논의한다.

공적분 계수의 추정

만약 X_t와 Y_t가 공적분되어 있다면, 식 (17.24)에서 공적분 회귀의 계수에 대한 OLS 추정량은 일치성을 갖는다. 그러나 일반적으로 OLS 추정량은 (ADF 검정 통계량과 유사하게, 여러 가지 이유로) 비정규분포를 가지며, 해당 t-통계량이 HAC 표준 오차를 사용해 계산되었는지 여부와 관계없이 그 기반이 되는 추론은 오도될 수 있다. θ에 대한 OLS 추정량의 이러한 단점 때문에, 계량경제학자들은 공적분 계수를 추정하기 위한 여러 가지 다른 추정량을 개발해왔다.

실제로 쉽게 사용할 수 있는 그러한 추정량 중 하나가 **동적 OLS 추정량**[dynamic OLS(DOLS) estimator]이다(Stock and Watson 1993). DOLS 추정량은 X_t 변화의 과거, 현재, 미래를 포함하는 식 (17.24)의 수정된 형태에 기반한다.

$$Y_t = \beta_0 + \theta X_t + \sum_{j=-p}^{p} \delta_j \Delta X_{t-j} + u_t \tag{17.25}$$

---

1 표 17.1의 임계치는 Fuller(1976), Phillips와 Ouliaris(1990)에서 가져왔다. Hansen(1992)의 제안에 따라 표 17.1의 임계치는 X_t와 Y_t가 표류 성분(drift components)을 갖는지 여부와 상관없이 적용될 수 있도록 선택되었다.

따라서 식 (17.25)에서 설명변수는 X_t, ΔX_{t+p}, …, ΔX_{t-p}이다. θ의 DOLS 추정량은 식 (17.25)의 회귀에서 θ의 OLS 추정량이다.

X_t와 Y_t가 공적분되어 있다면 대표본에서 DOLS 추정량은 효율적이다. 더욱이 HAC 표준 오차를 기반으로 한 θ와 식 (17.25)의 δ에 대한 통계적 추론은 타당하다. 예를 들어 HAC 표준 오차와 DOLS 추정량을 이용한 t-통계량은 대표본에서 정규분포를 가진다.

예시로, 3개월 만기 국채 금리를 10년 만기 국채 금리에 대한 DOLS 회귀로 분석한 결과, 그림 15.3의 데이터와 $p = 4$의 선행 및 시차를 사용한 경우 공적분 계수에 대한 DOLS 추정치는 1.02이다. 절단 모수 $m = 5$를 사용해 계산한 HAC 표준 오차는 0.05이다. 따라서 $\theta = 1$이라는 귀무가설은 10% 유의수준에서도 기각될 수 없다. 이 결과는 이자율의 기간 구조 이론과 일치하며, 또한 기간 가산금리가 정상성을 가진다는 결과와도 일관된다.

다중 공적분 변수로의 확장

여기서 논의된 개념, 검정 및 추정량은 2개 이상의 변수로 확장할 수 있다. 예를 들어 Y_t, X_{1t}, X_{2t}라는 3개의 변수가 각각 $I(1)$일 경우, 만약 $Y_t - \theta_1 X_{1t} - \theta_2 X_{2t}$가 정상성을 가지면 이들은 공적분 관계가 있다고 할 수 있다. 3개 이상의 변수가 있을 때는 여러 공적분 관계가 존재할 수 있다. 예를 들어 세 가지 금리, 즉 3개월 금리($R3m$), 1년 금리($R1y$), 10년 금리($R10y$) 간의 관계를 모형화한다고 가정해보자. 만약 이들이 $I(1)$이라면, 금리 기간 구조의 기대 이론은 이들이 모두 공적분 관계를 가질 것이라고 제안한다. 이 이론에서 제안하는 하나의 공적분 관계는 $R10y_t - R3m_t$이며, 두 번째 관계는 $R1y_t - R3m_t$이다. ($R10y_t - R1y_t$라는 관계도 공적분 관계지만, 다른 두 관계와 완벽하게 다중공선성을 갖기 때문에 추가적인 정보를 제공하지 않는다.)

여러 변수 간의 단일 공적분 관계를 검정하기 위한 EG-ADF 과정은 두 변수의 경우와 동일하지만, 식 (17.24)의 회귀식을 수정해 X_{1t}와 X_{2t}가 설명변수가 되도록 한다. EG-ADF 검정에 대한 임곗값은 표 17.1에 나와 있으며, 적절한 행은 1단계 OLS 공적분 회귀에서의 설명변수 수에 따라 결정된다. 여러 X 간의 단일 공적분 관계에 대한 DOLS 추정량은 각 X의 수준과 함께 각 X의 1차 차분에 대한 선행 및 후행 차수를 포함한다. 여러 변수에 대한 공적분 방법에 대한 추가 논의는 Hamilton(1994)을 참조하라.

경제 이론이 공적분 계수의 특정 값을 제시하지 않더라도, 추정된 공적분 관계가 실제로 의미가 있는지 확인하는 것이 중요하다. 공적분 검정이 오도될 수 있기 때문에(공적분이 없다는 귀무가설을 너무 자주 부적절하게 기각하거나, 귀무가설의 기각을 자주 부적절하게 실패할 수 있다), 공적분 관계를 추정하고 사용할 때는 경제 이론, 제도적 지식, 상식에 의존하는 것이 특히 중요하다.

17.5 변동성 군집과 자기회귀 조건부 이분산성

일부 시점은 평온하고, 다른 시점은 그렇지 않은 현상, 즉 변동성이 군집을 이루는 현상은 많은 경제 시계열에서 나타난다. 이 절에서는 변동성 군집, 또는 조건부 이분산성을 정량화하기 위한 두 가지 모형을 제시한다.

변동성 군집

많은 금융 및 거시경제 변수들의 변동성은 시간에 따라 변한다. 예를 들어 그림 17.2에 나타난 윌셔 5000 종합시장지수의 일간 변동률은 2001년, 2008년과 같은 높은 변동성의 시기와 2004년, 2017년과 같은 낮은 변동성의 시기를 보여준다. 이렇게 변동성이 낮은 시기와 높은 시기가 번갈아 나타나는 시계열에 대해 **변동성 군집**(volatility clustering)이 나타난다고 한다. 변동성이 군집을 이루기 때문에 윌셔 5000 지수의 일간 가격 변동률을 예측하는 것은 매우 어렵지만, 그 변동성의 분산은 예측할 수 있다.

시계열의 분산을 예측하는 것은 여러 가지 이유로 중요하다. 첫째, 자산의 가격 변동성은 그 자산을 보유하는 데 따른 위험 척도이다. 일일 주가 변동률의 분산이 클수록 주식시장 참여자는 하루 동안 더 큰 이익을 얻거나 더 큰 손실을 입을 수 있다. 위험을 우려하는 투자자는 낮은 변동성보다 높은 변동성이 나타나는 시기에 주식시장 참여를 꺼리게 될 것이다.

둘째, 옵션과 같은 일부 금융 파생상품의 가치는 기초 자산의 분산에 따라 달라진다. 옵션 거래자는 옵션을 매수하거나 매도할 가격을 판단하기 위해 향후 변동성에 대한 최선의 예측을

그림 17.2 윌셔 5000 종합시장지수의 일간 변동률, 1990~2017년

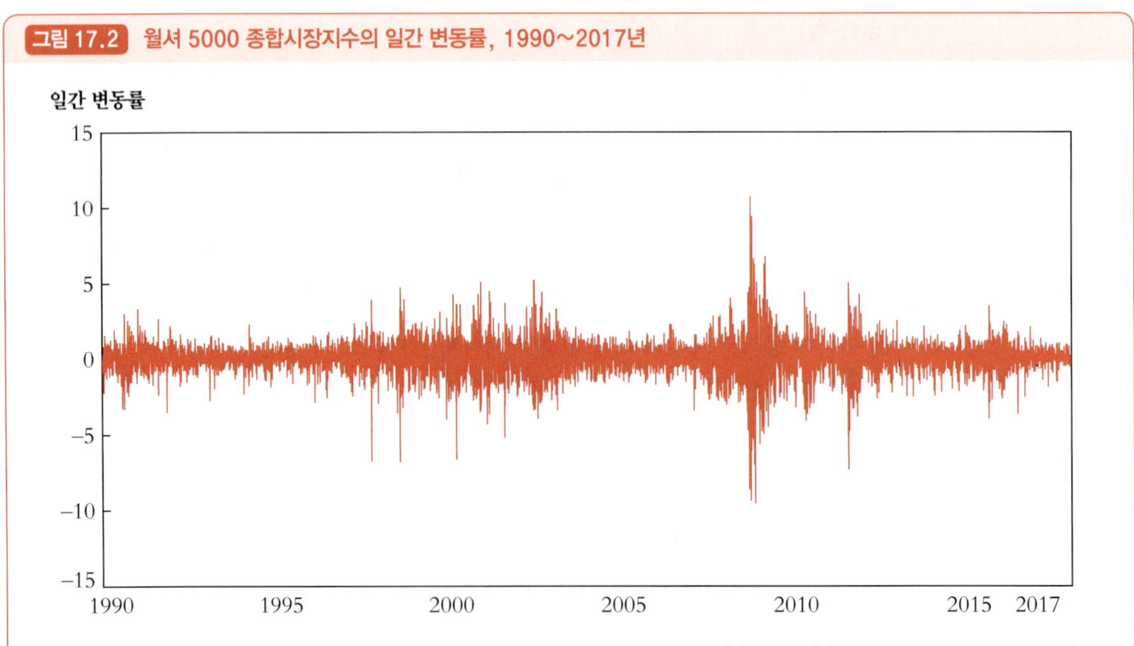

윌셔 5000 종합시장지수의 일간 가격 변동률은 2008년과 같은 높은 변동성의 시기와 2004년과 같은 상대적으로 평온한 시기를 포함해 변동성 군집을 보여준다.

원한다.

셋째, 분산을 예측하면 예측 구간의 정확성을 높일 수 있다. 예를 들어 인플레이션율을 예측하고 있다고 가정해보자. 만약 예측 오차의 분산이 일정하다면, 15.5절에서 논의한 것처럼 회귀의 표준 오차나 최종 예측 오차를 사용해 대략적인 예측 신뢰구간을 구축할 수 있다. 그러나 예측 오차의 분산이 시간이 지남에 따라 변한다면, 예측 구간의 폭도 시간이 지남에 따라 달라져야 한다. 인플레이션이 특히 큰 교란이나 충격에 노출되는 시기에는 구간이 넓어져야 하며, 상대적으로 평온한 시기에는 구간이 더 좁아져야 한다. 예측 오차가 느리게 변화한다면, 유사 표본 외 예측 오차(pseudo out-of-sample forecast error) 추정치인 식 (15.22)의 MSFE를 사용할 수 있지만, 그림 17.2에서 관찰되는 것처럼 변동성이 급격하게 변화하는 경우에는 다른 방법을 사용해야 한다.

변동성 군집은 시간에 따른 오차항 분산의 군집으로 생각할 수 있다. 즉 한 기간에 회귀 오차의 분산이 작다면, 그다음 기간에도 분산이 작을 가능성이 크다. 다시 말해 변동성 군집은 오차가 시간에 따라 변하는 이분산성을 나타낸다.

데이터가 고빈도로 관찰될 때, 실현 변동성이라는 측정치를 사용해 변동성을 직접 측정할 수 있다. 데이터가 덜 빈번하게 관찰될 때는 변동성 모형을 추정해 현재 변동성을 추정할 수 있다. 우리는 이 두 가지 접근 방식을 차례로 다룬다.

실현 변동성

예를 들어 그림 17.2에서와 같이 자산 수익률에 대한 일일 데이터를 가지고 있다고 가정하자. 특정 월의 변동성을 추정하는 한 가지 방법은 해당 월 자산 수익률의 표본 분산을 계산하는 것이다. 고빈도로 측정된 자산 수익률의 경우, 평균 수익률은 수익률의 변동에 비해 매우 작으며, 이는 그림 17.2에서 명백히 드러난다. 이러한 이유로 자산 수익률과 일반적으로 고빈도로 측정할 수 있는 시계열의 경우, 수익률의 변동성은 표본 분산이 아니라 단순히 평균제곱(mean square)을 통해 측정된다. 따라서 변수 X_t의 h기간 **실현 변동성**(realized volatility)은 h개의 연속된 기간 동안 X의 표본 평균제곱근(root mean square)으로 계산된다.

$$RV_t^h = \sqrt{\frac{1}{h}\sum_{s=t-h+1}^{t} X_s^2} \tag{17.26}$$

2015년에서 2017년까지의 데이터에 대한 20일 실현 변동성 밴드가 그림 17.3에 있다. 그림에서 알 수 있듯이, 실현 변동성 밴드는 해당 그림에서 나타난 변동성 군집을 부드럽게 측정해 준다.

실제로 실현 변동성은 일반적으로 일일 데이터보다 더 고빈도 데이터를 사용해 계산된다. 예를 들어 대기업의 주식은 충분히 자주 거래되기 때문에 5분 간격으로 가격을 측정할 수 있다. 이러한 경우, 이 5분 간격 데이터를 사용해 하루 동안 또는 하루 중 몇 시간 동안의 실현 변동성을 계산할 수 있다. 고빈도 실현 변동성은 고빈도 거래에서 사용되는 도구 중 하나다.

그림 17.3 윌셔 5000 종합시장지수의 일간 변동률, 20일 실현 변동성 밴드, GARCH(1,1) 밴드, 2015~2017년

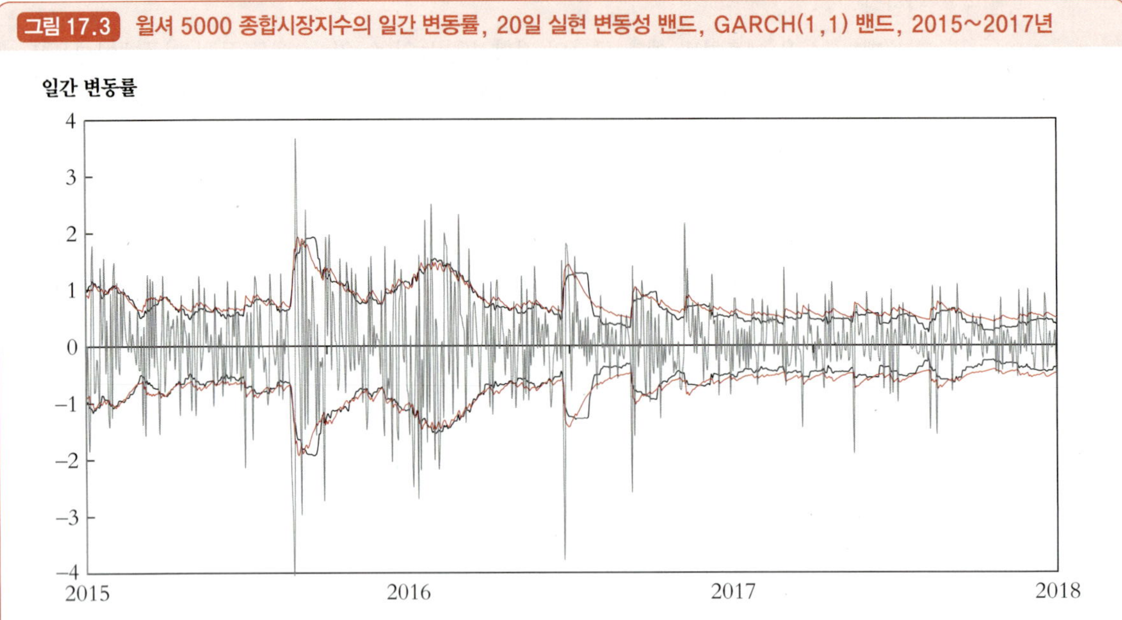

2015~2017년 사이 주가 변동성은 상당히 다양하게 나타난다. 변동성이 낮을 때는 변동성 밴드가 좁고, 변동성이 높을 때는 밴드가 넓어진다. 20일 실현 변동성 밴드(검은색)와 GARCH(1, 1) 밴드(짙은 파란색)는 서로 유사하게 나타난다.

자기회귀 조건부 이분산성

데이터가 덜 자주 관찰될 때는 분산의 변화를 시간에 따라 추정하는 모형을 사용하는 것이 대안이 될 수 있다. 변동성 군집을 설명하는 두 가지 모형은 **자기회귀 조건부 이분산성**(autoregressive conditional heteroskedasticity, ARCH) 모형과 그 확장인 **일반화된 자기회귀 조건부 이분산성**(generalized ARCH, GARCH) 모형이다.

ARCH 다음과 같은 ADL(1,1) 모형을 고려하자.

$$Y_t = \beta_0 + \beta_1 Y_{t-1} + \gamma_1 X_{t-1} + u_t \tag{17.27}$$

계량경제학자인 Robert Engle(1982, 글상자 '시계열 계량경제학의 노벨상 수상자' 참조)이 개발한 ARCH 모형에서 오차항 u_t는 평균이 0이고 분산이 σ_t^2인 정규분포를 따르는 것으로 모형화된다. 여기서 σ_t^2은 u_t의 과거 제곱값에 의존한다. 특히 ARCH(p)로 나타내는 p차 ARCH 모형은 다음과 같다.

$$\sigma_t^2 = \alpha_0 + \alpha_1 u_{t-1}^2 + \alpha_2 u_{t-2}^2 + \cdots + \alpha_p u_{t-p}^2 \tag{17.28}$$

여기서 $\alpha_0, \alpha_1, \ldots, \alpha_p$는 미지의 계수이다. 만약 이 계수들이 양수라면, 최근의 제곱 오차가 크면 ARCH 모형은 현재의 제곱 오차가 규모 면에서 클 것으로 예측한다. 이는 현재 제곱 오차의 분산인 σ_t^2이 크기 때문이다.

비록 여기서 식 (17.27)의 ADL(1, 1) 모형을 설명하고 있지만, ARCH 모형은 조건부 평균이 0인 오차항을 갖는 모든 시계열 회귀 모형의 오차 분산에 적용할 수 있으며, 여기에는 고

차 ADL 모형, 자기회귀 모형 및 다중 예측변수를 갖는 시계열 회귀 모형도 포함된다.

GARCH 계량경제학자 Tim Bollerslev(1986)가 개발한 GARCH 모형은 ARCH 모형을 확장해 σ_t^2이 제곱 오차의 시차뿐만 아니라 자기 자신의 시차에도 의존하도록 했다.

$$\sigma_t^2 = \alpha_0 + \alpha_1 u_{t-1}^2 + \cdots + \alpha_p u_{t-p}^2 + \phi_1 \sigma_{t-1}^2 + \cdots + \phi_q \sigma_{t-q}^2 \quad (17.29)$$

여기서 $\alpha_0, \alpha_1, \ldots, \alpha_p, \phi_1, \ldots, \phi_q$는 미지의 계수이다.

ARCH 모형은 분산시차모형에 비유될 수 있고, GARCH 모형은 ADL 모형에 비유될 수 있다. 16장에서 논의한 바와 같이, ADL 모형은 분산시차모형보다 동적 승수에 대해 더 간결한 모형을 제공할 수 있다. 마찬가지로, GARCH 모형은 σ_t^2의 시차를 포함함으로써 ARCH 모형보다 적은 매개변수로 느리게 변하는 분산을 포착할 수 있다.

ARCH와 GARCH 모형의 중요한 응용 중 하나는 시간에 따라 변동하는 금융 자산 수익률의 변동성을 측정 및 예측하는 것이다. 특히 그림 17.2의 일일 주식 수익률과 같이 높은 표본 빈도로 관찰되는 자산에 대해 이러한 응용이 이루어진다. 이러한 응용에서는 수익률 자체가 예측 불가능하다고 모형화되는 경우가 많으며, 이 경우 회귀식 (17.27)에는 상수항만 포함된다.

추정과 추론 ARCH 및 GARCH 모형은 최우법(부록 11.2)에 의해 추정된다. ARCH 및 GARCH 계수의 추정치들은 대표본에서 정규분포를 따르므로, 대표본에서는 t-통계량이 표준정규분포를 가지며, 신뢰구간은 최우추정치에 ±1.96 표준 오차로 구성할 수 있다.

주가 변동성에 적용

1990년 1월 2일부터 2017년 12월 29일까지 모든 거래일에 대한 데이터를 사용해 추정된 윌셔 5000 일간 주가 변동률 R_t의 GARCH(1, 1) 모형은 다음과 같다.

$$\underset{}{\hat{R}_t} = \underset{(0.010)}{0.063} \quad (17.30)$$

$$\hat{\sigma}_t^2 = \underset{(0.002)}{0.013} + \underset{(0.008)}{0.088}\, u_{t-1}^2 + \underset{(0.009)}{0.908}\sigma_{t-1}^2 \quad (17.31)$$

일간 윌셔 5000 주가 변동률은 본질적으로 예측 불가능하기 때문에 식 (17.30)에는 시차 예측변수가 포함되지 않는다.

GARCH 모형의 두 계수(u_{t-1}^2과 σ_{t-1}^2의 계수) 모두 각각 5% 유의수준에서 통계적으로 유의하다. 분산 변화의 지속성에 대한 한 가지 척도는 GARCH 모형에서 u_{t-1}^2과 σ_{t-1}^2의 계수의 합이다(연습문제 17.9). 이 합(0.99)이 클 때, 조건부 분산의 변화가 지속적임을 의미한다. 다르게 말하면 추정된 GARCH 모형은 주가가 큰 변동성을 갖는 기간이 상당 기간 지속될 것임을 의미한다. 이 함의는 그림 17.2에서 본 적이 있는 장기간의 변동성 군집과 일치한다.

t시점의 추정된 조건부 분산 $\hat{\sigma}_t^2$는 식 (17.30)에서의 잔차와 식 (17.31)의 계수를 사용해 계산할 수 있다. 윌셔 5000의 수익률에 대해, GARCH(1, 1) 모형과 20일 실현 변동성은 시

간에 따라 변화하는 수익률의 표준편차에 대해 정량적으로 유사한 추정치를 제공한다. 이는 2015~2017년의 표본 기간을 중점적으로 다룬 그림 17.3에서 확인할 수 있다. 2015년 상반기 동안 조건부 표준 편차 밴드는 상대적으로 좁아서 윌셔 5000을 구성하는 주식 포트폴리오를 보유한 투자자들에게 더 낮은 수준의 위험을 나타냈다. 하지만 2015년 하반기에는 이 조건부 표준편차가 넓어져 일간 주식 가격 변동성이 더 커졌음을 나타냈다.

이 데이터에서 실현 변동성과 GARCH 밴드는 정량적으로 서로 유사하다. 실현 변동성의 장점은 어떠한 모형 가정을 하지 않고 변화하는 분산을 측정할 수 있다는 점이다. GARCH 모형의 장점은 변동성을 예측하는 데 사용할 수 있다는 것이며, 또 다른 장점은 데이터가 드물게 관측되는 경우에도 사용할 수 있다는 것이다. 예를 들어 월별 또는 분기별 데이터에서도 적용 가능하다. 일반적으로 실현 변동성과 GARCH 모형은 변동성 군집을 정량화하는 데 상호 보완적인 두 가지 방법을 제공한다.

17.6 다수의 예측변수를 포함한 동적요인모형과 주성분 분석을 활용한 예측[2]

선진 경제 국가의 통계 기관들은 거시경제를 설명하는 수백 또는 수천 개의 시계열 데이터를 정기적으로 보고한다. 이러한 데이터에는 국가 소득 및 생산 계정에서 제공하는 세부 정보(소비, 투자, 수입, 수출, 정부 지출), 가격 및 인플레이션에 관한 여러 시계열, 산업 또는 부문별 생산 및 산출에 관한 데이터, 주택 시장과 같은 특정 시장에 대한 데이터, 그리고 이자율과 자산 가격을 포함한 자산 시장에 대한 데이터가 포함된다. 이들 각각의 시계열 데이터는 거시경제 예측을 향상할 수 있는 정보를 잠재적으로 포함하고 있을 수 있다. 하지만 14장에서 설명한 것처럼 예측변수가 많을 경우—사용 가능한 시계열 관측치보다 많을 수도 있는—OLS로 추정된 회귀모형은 표본 외 성과가 좋지 않다. 이러한 방대한 데이터를 활용하기 위해서는 다른 방법이 사용되어야 한다.

이 절에서는 추정해야 할 계수의 수를 줄이기 위해 데이터 세트의 주성분을 사용하는 접근법에 초점을 맞춘다. 예측을 위한 주성분의 사용은 14.5절에서 논의했으며, 여기서는 이러한 조치를 시계열 데이터로 확장한다. 이를 위한 체계는 동적요인모형(dynamic factor model, DFM)으로, 다수의 시계열 데이터의 공변동을 소수의 관측되지 않은 변수, 즉 이른바 동적요인에서 발생하는 것으로 모형화한다. DFM을 추정하는 단계 중 하나는 주성분을 사용해 이 관측되지 않은 요인들을 추정하는 것이다. 이 절의 마지막에서 논의한 바와 같이, DFM은 예측 외에 다른 목적으로도 사용할 수 있다.

DFM은 다수의 시계열 예측변수를 이용하는 예측에 널리 사용되는 방법이지만, 유일한 방법인 것은 아니다. 또 다른 방법은 여러 예측변수를 이용하는 VAR을 추정하는 것이며, 이때 계수를 추정하기 위해 베이지안 방법을 포함해 축소(shrinkage) 방법을 사용한다. VAR의

2 이 절은 14.5절의 내용을 기반으로 하며, 먼저 그 내용을 읽어야 한다.

베이지안 추정에 대한 대학원 교재 수준의 논의는 Kilian and Lütkepohl(2017)을 참조하면 된다.

동적요인모형

선진 경제의 중심적인 실증적 규칙성(empirical regularity) 중 하나는 거시경제변수들 사이에 광범위한 공통된 움직임이 있다는 것이다. 경제의 한 부분에서 강세가 나타나면 다른 부분에서도 강세가 나타나는 경우가 많다. 몇 년의 기간 동안 많은 경제변수에서 공통된 변동은 흔히 경기 순환(business cycles)이라고 한다. 거시경제변수들은 또한 더 짧은 기간(몇 달 또는 분기)과 더 긴 기간(장기 성장률의 10년 단위 변동)에서도 함께 움직인다. 거시경제 변동 이론은 이러한 광범위하게 관찰되는 공변동(comovement)의 실증적 규칙성에 기반을 두고 있으며, 이러한 공이동성을 생산성 향상, 통화 정책, 재정 정책, 수요 또는 소비자 선호의 변화와 같은 비교적 소수의 동력에 기인한다고 설명한다.

동적요인모형(dynamic factor model, DFM)은 소수(r)의 공통 요인이 다수(N)의 시계열 변수 간의 공변동을 이끌어 간다는 개념에 착안한다. DFM은 이러한 주도 요인(driving factor)을 관측되지 않은 것으로 취급한다. 요인을 관측되지 않은 것으로 처리하는 것은 거시경제학자들이 거시경제 변동의 모든 원인을 알지 못하며, 설령 알더라도 그 원인을 직접 측정하는 것이 어려울 것임을 인정하는 것이다(예를 들어 기술 진보는 매우 측정하기 어려운 요소이다). DFM에서 GDP 성장률, 실업률과 같은 관측된 거시경제변수들은 관측되지 않은 공통 요인들과 다른 누락된 요인 또는 측정 오류에 의존하는 것으로 모형화된다.

수학적으로 서술하면 DFM은 두 부분으로 구성된다. 첫 번째 부분은 N개의 관측 가능한 변수 각각을 r개의 요인 $F_{1t}, \ldots, F_{rt}$와 오차항 u_{it}로 연결한다.

$$X_{it} = \Lambda_{i0} + \Lambda_{i1}F_{1t} + \cdots + \Lambda_{ir}F_{rt} + u_{it}, i = 1, \ldots, N \tag{17.32}$$

여기서 $\Lambda_{i1}, \ldots, \Lambda_{ir}$은 r개의 요인을 i번째 관측 가능 변수와 연결해주는 미지의 계수이고 u_{it}는 평균이 0인 오차항이며 X_{it} 특유(즉 변수 전체에 공통적이지는 않은)의 생략된 효과와 측정 오차를 나타낸다.

DFM의 두 번째 부분은 r개의 요인이 VAR을 따른다는 점을 설정한다. 표기법의 편의상 여기서는 VAR이 1개의 시차를 갖는 경우를 설명한다[즉 VAR(1)처럼]. 그러나 더 많은 시차가 포함될 수 있다.

$$\begin{aligned} F_{1t} &= A_{11}F_{1t-1} + A_{12}F_{2t-1} + \cdots + A_{1r}F_{rt-1} + \eta_{1t} \\ &\vdots \\ F_{rt} &= A_{r1}F_{1t-1} + A_{r2}F_{2t-1} + \cdots + A_{rr}F_{rt-1} + \eta_{rt} \end{aligned} \tag{17.33}$$

여기서 A는 미지의 VAR 계수들이며 η는 평균이 0인 오차항이다. 식 (17.33)의 요인 VAR(factor VAR, FVAR)은 핵심 개념 17.1에서 소개한 2변수 VAR을 다변수(r개의 요인)로 확장한 것이다.

오차항 u_{it}는 시계열 간에 상관관계가 없고 요인 VAR 오차항과도 상관관계를 갖지 않는 것으로 가정한다. 즉 모든 k에 대해 $E(u_{it}u_{jt+k}) = 0$, $i \neq j$이고 $E(u_{it}\eta_{jt+k}) = 0$이고 그 결과 모든 공변동은 공통 요인과 연관되어 있다. 식 (17.33)에 상수항이 없기 때문에 요인의 평균은 0이다.

X_t의 **공통 성분**(common component)은 요인(factor)에 의해 설명되는 X_{it}의 부분이다. 즉 요인이 주어졌을 때 모집단 계수에 기반한 X_{it}의 예측치이다. 식 (17.32)에서 공통 성분은 $\Lambda_{i1}F_{1t} + \ldots + \Lambda_{ir}F_{rt}$이다. 식 (17.32)의 오차항 u_{it}는 공통 요인에 의해 설명되지 않는 X_{it}의 부분이기 때문에 X_{it}의 **고유 성분**(idiosyncratic component)이라고 한다. 일반적으로 고유 성분은 계열상관성이 있으며, 이는 DFM을 사용해 예측을 수행하는 방식에 영향을 미친다.[3]

DFM: 추정과 예측

많은 예측변수를 사용하는 예측 관점에서, DFM은 여러 가용 시계열을 소수의 요인으로 대체함으로써 많은 예측변수를 가지는 문제를 해결한다. 만약 요인이 관찰되었다면, 식 (17.32)에서의 Λ 계수와 식 (17.33)에서의 VAR 계수는 OLS로 추정될 수 있었을 것이다. 그러나 요인은 관찰되지 않기 때문에, 이 요인은 N개의 관측된 X의 주성분을 통해 추정될 수 있다. 이렇게 추정된 요인은 미지의 DFM 계수를 추정하기 위한 데이터로 간주될 수 있다.

DFM의 추정과 주성분을 이용한 요인 14.5절에서 설명한 주성분 분석 방법은 시계열 환경에도 직접적으로 확장된다. 14.5절에서 논의한 것처럼, X변수들은 먼저 표본 내 평균과 표준편차를 이용해 표준화되어야 하며, 그 후 표준화된 X를 사용해 주성분이 계산된다. 14.5절에서는 첫 번째부터 r번째까지의 주성분을 PC_1, ..., PC_r로 나타냈다. DFM의 맥락에서는 이러한 주성분이 공통 요인의 추정치가 되며, t시점에서의 주성분 값은 $\hat{F}_{1t}$, ..., $\hat{F}_{rt}$로 표시되고, 캐럿(^) 표시는 요인이 추정되었음을 나타낸다. 만약 요인모형 가정이 실제로 성립한다면, 주성분은 요인의 일치 추정치(consistent estimate)가 된다. 즉 요인을 사용해 만든 예측과 주성분을 사용해 만든 예측이 N과 T가 모두 클 때 동일하다는 의미에서 일치 추정치가 된다.

추정된 요인 $\hat{F}_{1t}$, ..., $\hat{F}_{rt}$가 주어졌을 때, 식 (17.32)와 식 (17.33)에 나타난 DFM의 Λ와 A 계수는 OLS를 이용해 추정할 수 있고, 여기서 추정된 요인들은 데이터로 취급된다.

주성분 자체를 해석하고 싶은 유혹이 생길 수 있다. 예를 들어 첫 번째 주성분(첫 번째 추정 요인)을 전체 경제 활동을 측정하는 지표로, 두 번째 주성분을 물가 상승률을 측정하는 지표로 해석하고 싶을 수 있다. 그러나 불행히도 그러한 해석은 일반적으로 정당화되지 않는다. 그 이유는 요인들이 선형 결합까지만 식별된다는 점이다. 추가적인 가정이 없으면 요인 자체는 식별되지 않는다. 다시 말해 동적요인모형에서 시계열의 공통 성분은 식별되지만 요인 자체는 식별되지 않는다. 예측과 관련해서는 이 식별 문제는 중요하지 않다. 왜냐하면 요인이나 그 선형 결합 중 어느 것을 사용하든 동일한 예측이 이루어지기 때문이다(회귀분석에서 가령, 절편과 이진변수 '남성'을 사용하는 것과 절편과 이진변수 '여성'을 사용하는 것의 예측치가 동

---

3 식 (17.32)와 (17.33)은 이른바 DFM의 정적 형태(static form)로, 이는 주성분 분석 추정을 가장 직접적으로 수용한 DFM 형태이다. DFM의 다른 형태 및 요인을 추정하기 위한 다른 방법들은 Stock and Watson(2016)에서 논의된다.

일한 것과 유사하다).

요인의 수 결정 14장에서 주성분의 수는 leave-m-out 교차 검증에 의해 결정되었다. 이 방법은 데이터를 m개의 부표본(subsample)으로 무작위 할당한 후, 해당 관측치를 제외한 m개의 부표본에서 계수를 추정하는 것이다. 그러나 시계열 데이터에 대한 leave-m-out 교차 검증은 두 가지 문제가 있다. 첫째, 시계열 관측치는 서로 독립적이지 않기 때문에, 제외된 부표본에 포함된 생략된 데이터는 추정 표본과 독립적이지 않다. 둘째, 부표본, 특히 인접한 부표본이 생략되면, 모형의 시차 구조 때문에 추가적인 관측치도 손실된다.

이런 이유 때문에 DFM의 요인 수를 결정할 때는 스크리 도표(scree plot)와 정보 기준(information criteria)에 의존하는 경향이 있다.

시계열 데이터에 대한 스크리 도표는 횡단면자료의 스크리 도표와 동일하며 14.5절에서 설명했다.

DFM의 요인 수를 결정하기 위한 정보 기준은 자기회귀[식 (15.23)]이나 VAR[식 (17.4)]의 시차 길이를 결정하기 위해 사용했던 정보 기준과 유사한 구조를 갖는다. 특히 정보 기준은 또 다른 요인 추가로 인한 잔차제곱합에 벌점을 부과한다. Bai와 Ng(2002)은 r을 결정하기 위한 정보 기준을 소개했다. 시뮬레이션을 통해 좋은 결과를 보여준 특정한 정보 기준은 다음과 같다.

$$IC(r) = \ln\left\{\frac{1}{NT}\sum_{i=1}^{N}\sum_{t=1}^{T}[X_{it} - (\hat{\Lambda}_{i0} + \hat{\Lambda}_{i1}\hat{F}_{1t} + \cdots + \hat{\Lambda}_{ir}\hat{F}_{rt})]^2\right\} + r\left(\frac{N+T}{NT}\right)\ln[\min(N, T)] \tag{17.34}$$

여기서 $\hat{\Lambda}$은 처음 r개의 주성분을 사용해 추정된 Λ의 추정치이고, 마지막 항은 r개의 주성분을 사용하는 것에 대한 벌점이다.

식 (17.34)의 Bai-Ng 벌점은 요인의 수 r에 비례해 증가하며, 이 비례 상수는 변수의 수와 시계열 관측치 수에 따라 달라진다. $N = T$일 때, 이 벌점은 2 곱하기 BIC 벌점인 $[\ln(T)]/T$로 단순화된다.

식 (17.34)에 있는 정보 기준을 사용한 요인의 수 추정은 자기회귀 및 VAR의 경우와 동일하게 진행된다. r의 후보 값들 중에서 추정된 지연길이는 IC(r)을 최소화하는 r값이다.

추정된 요인을 사용한 예측 추정된 요인을 사용한 예측에는 두 가지 접근 방식이 있으며, 이는 17.2절에서 설명한 다기간 예측에 대한 반복 및 직접 접근 방식과 유사하다.

두 가지 접근 방식의 출발점은 식 (17.32)를 자기회귀 분산시차모형으로 확장하는 것이다. u_{it}는 일반적으로 자기상관성을 가지므로, u_{it}의 과거 값은 u_{it}뿐만 아니라 X_{it}를 예측하는 데 유용하다. 그래서 식 (16.21)로 귀결된 논거가 여기에 적용되며, u_{it}의 자기상관성은 X_{it}의 시차 값도 유용한 예측변수가 될 수 있음을 의미한다. 이러한 시차항을 추가하면, 식 (17.32)는 다음과 같이 된다.

$$X_{it} = \Lambda_{i0} + \Lambda_{i1}F_{1t} + \cdots + \Lambda_{ir}F_{rt} + \beta_1 X_{it-1} + \cdots + \beta_p X_{it-p} + u_{it} \tag{17.35}$$

식 (17.35)의 우변은 $F_{1t}, \ldots, F_{rt}$에 의존하는데, 이들은 $t-1$시점에서 알려져 있지 않다. 따라서 요인들의 현재 값(또는 그 주성분 분석 추정치)을 예측변수로 사용할 수 없다. 이 문제를 해결하기 위해 반복 예측 방식과 직접 예측 방식은 서로 다른 접근 방식을 취한다.

반복 예측 방식에서는 식 (17.35)에 있는 요인들의 동시적(contemporaneous) 값을 추정된 요인 VAR로부터의 예측치로 대체한다. 따라서 T시점까지의 데이터를 사용한 $T+1$시점의 1단계 예측은 다음과 같다.

$$\hat{X}_{iT+1|T} = \hat{\Lambda}_{i0} + \hat{\Lambda}_{i1}\hat{F}_{1T+1|T} + \cdots + \hat{\Lambda}_{ir}\hat{F}_{rT+1|T} + \hat{\beta}_1 X_{iT} + \cdots + \hat{\beta}_p X_{iT-p+1} \quad (17.36)$$

여기서 $\hat{\Lambda}$과 $\hat{\beta}$은 식 (17.32)에서 $\hat{F}_{1t}, \ldots, \hat{F}_{rt}$ 및 X의 시차들을 설명변수로 사용해 추정한 Λ와 β의 추정값이다. 또한 $\hat{F}_{1T+1|T}, \ldots, \hat{F}_{rT+1|T}$는 요인 VAR을 사용해 계산한 요인들의 1단계 예측치이다. 예측기간 $h > 1$에 대한 예측은 요인들과 X_i에 대한 반복 VAR 예측치를 사용해 계산된다.

직접적인 접근법은 핵심 개념 17.3을 기반으로 구축된다. 구체적으로, 추정된 요인들을 사용하는 h단계 이후의 직접 예측 회귀식은 다음과 같다.

$$X_{it} = \delta_0 + \delta_1\hat{F}_{1t-h} + \cdots + \delta_r\hat{F}_{rt-h} + \delta_{r+1}X_{it-h} + \cdots + \delta_{r+p}X_{it-h-p} + u_{it} \quad (17.37)$$

여기서 각 예측기간 h마다 다른 회귀식이 존재하고 따라서 다른 δ 계수가 존재한다. 주어진 예측기간에 대해 식 (17.37)의 계수는 OLS로 추정할 수 있으며, 직접 예측은 추정된 계수를 사용해 만들어진다.

통상적으로 계수들은 특정 시점까지의 데이터를 이용해 추정되며, 이후 계수들은 고정되어 실시간 예측에 사용된다. 이는 DFMs로 예측할 때 미묘한 차이를 유발하는데, 실시간 예측에 사용되는 요인의 최종 관측치는 추정 데이터 세트에 포함되지 않았을 수 있다. 부록 14.5에서 논의한 바와 같이, 계수들은 표본 내 주성분을 사용해 추정되기 때문에, 추정 표본에서 사용된 동일한 가중치와 표준화된 평균 및 분산이 표본 외 기간에서도 주성분을 구성하는 데 사용되어야 한다.

DFM의 다른 사용법 DFM은 예측 이외의 목적으로도 사용될 수 있다.

이러한 사용 예 중 하나는 경제 지수를 구성하는 것이다. 유사한 여러 시계열을 가지고 있을 때, 공통적인 동향을 요약하는 단일 요약 지수를 만드는 것이 유용할 수 있다. 이 경우 단일 요인 모형이 적합할 수 있다. 단일 요인의 추정치(첫 번째 주성분)는 모든 변수의 공통적인 동향을 요약하게 된다. 이 접근법은 여러 경제 활동 지표로부터 동행 경제 지수를 계산하는 데 자주 사용된다.

DFM의 또 다른 사용 예는 특정 변수의 현재 값을 추정하는 것이다. 이 문제는 경제 데이터가 일반적으로 시차를 두고 발표되기 때문에 발생한다. 예를 들어 이번 달의 고용 변화에 관심이 있을 수 있지만, 해당 데이터는 다음 달까지 발표되지 않는다. 현재 경제 데이터의 값을 '예측'하는 작업은 **나우캐스팅**(nowcasting)이라고 한다. 나우캐스팅의 주요 기술적 과제는 데이터가 한 달 동안 발표되므로, 나우캐스팅 모형이 데이터를 수신할 때마다 이를 통합할 수 있어

표 17.2 분기별 거시경제 데이터 세트

범주	요인 추정을 위해 사용된 시계열의 수
국내 소득 및 생산계정	13
산업 생산	8
고용 및 실업	30
주문, 재고 및 판매	6
주택 착공 및 허가	6
물가	22
생산성 및 노동소득	5
이자율	10
통화 및 신용	6
국제	8
자산 가격, 부, 가계 대차대조표	10
기타	2
정유시장변수	5
계	**131**

야 한다는 점이다. DFM은 이를 수행하는 데 적합하지만, 누락된 관측치를 처리할 수 있도록 조정되어야 하며, 그러한 방법은 이 책의 범위를 벗어난다. 뉴욕연방준비은행은 DFM을 사용해 GDP에 대한 나우캐스트를 생성하며, 매주 그 주의 데이터를 기반으로 이를 업데이트하고 있다.[4]

미국 거시 데이터 적용

1960년 1분기부터 2017년 4분기까지 미국의 131개 분기별 거시경제 시계열 데이터를 사용해 동적요인모형의 추정 및 활용을 설명한다. 이 시계열 데이터는 표 17.2에 요약되어 있으며, 추가 정보는 부록 17.1에 제공된다. 데이터 세트에는 임금 및 물가 인플레이션, 금리와 같은 표준적인 경제 활동 측정치와 주택 및 석유 시장과 같은 거시경제적으로 중요한 대규모 시장의 데이터가 포함되어 있다. 이 데이터는 확률적 추세를 제거하기 위해 통상적으로 성장률(GDP의 경우)이나 1차 차분(금리의 경우)으로 변환했다. 이 변환된 데이터는 추정 전에 표본 평균을 빼고 표본 표준편차로 나누어 표준화되었다.

일부 범주에서는 다양한 총계(aggregation) 수준에서 시계열 데이터가 제공된다. 예를 들어 GDP는 소비, 투자, 정부 지출 및 수입의 합이며, 따라서 GDP는 그 구성요소와 완벽한 공선성을 보인다. 마찬가지로, 총 고용은 경제 부문의 고용을 모두 더한 값이다. 요인 추정을 목적으로 할 때, 종합 시계열 데이터(GDP, 총 고용)는 그 구성요소 외에 추가적인 정보를 제

4 뉴욕연방준비은행의 나우캐스트는 https://www.newyorkfed.org/research/policy/nowcast에 게시된다.

그림 17.4 거시 데이터 세트의 첫 30개 요인에 대한 스크리 도표, 1960~2017년

첫 요인이 시계열 총분산의 20%를 설명하고, 첫 4개의 요인이 총괄적으로 시계열 총분산의 39%를 설명한다.

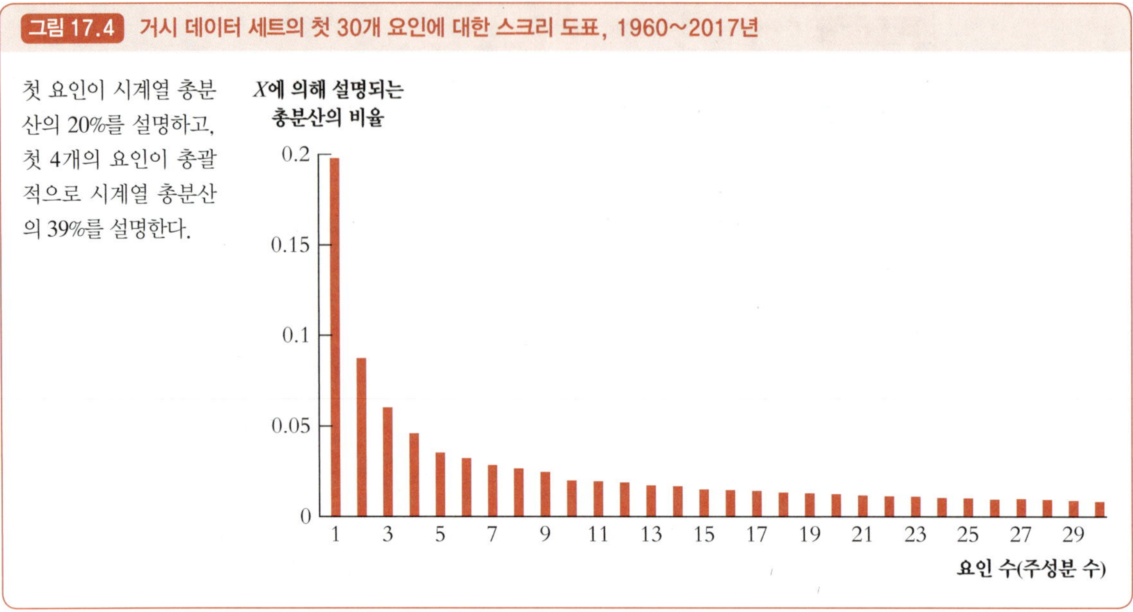

공하지 않기 때문에 데이터 세트에서 제외되었다. 표 17.2의 마지막 열은 주성분 요인 추정을 계산하는 데 사용된 시계열의 수를 나열하고 있다.

그림 17.4는 1960년부터 2017년까지의 데이터 세트에 포함된 131개의 시계열 중 첫 30개의 주성분을 나타낸 스크리 도표(scree plot)이다. 명백히, 이 시계열 분산의 상당 부분이 첫 몇 개의 주성분에 의해 설명된다. 첫 번째 주성분은 시계열의 총 분산 중 20%를 설명하고, 두 번째 주성분은 9%를 설명하며, 첫 4개의 주성분은 총 39%를 설명한다.

스크리 도표는 포함할 요인의 수에 대해 어느 정도 지침을 제공한다. 첫 번째와 두 번째 요인은 명백하게 중요하며, 세 번째와 네 번째 요인 이후에는 한계 R^2의 감소가 상당히 크다. 그러나 이러한 감소는 열 번째 요인까지 안정화되지 않는 것으로 보이므로, 이 시각적 분석은 결정적이지는 않다. Bai-Ng 정보 기준[식 (17.34)]은 $r = 4$개의 요인을 사용할 때 최소화된다. 이 추정치는 스크리 도표의 검토에서 나온 타당한 범위 내에 있으므로, 이 예제에서 $r = 4$를 채택한다.

그림 17.5는 GDP, 고용, 유가, S&P 500 주가 지수 수익률의 4분기 성장률을 보여준다(4분기 성장은 t분기에서 $t + 4$분기까지의 시계열 백분율 성장을 나타내며, 로그 근사법을 사용해 백분율 변화를 계산한다). 또한 이 그림은 4개의 요인을 사용해 추정된 각 시계열의 공통 성분도 보여준다. 이 시계열 중 GDP와 고용은 다른 포함된 시계열의 총계(aggregation)로서 요인을 추정하는 데 사용된 데이터 세트에 포함되지 않지만, 유가와 주식 수익률은 요인을 추정하는 데 사용된 131개의 시계열 중 하나이다.

그림 17.5에서 도출되는 눈에 띄는 결론은 131개 거시경제변수들의 첫 4개의 주성분만을 사용해 계산된 공통 성분이 이 시계열 변동성의 상당 부분을 포착한다는 점이다. S&P 500의 4분기 수익률의 큰 부분조차도 이 4개의 요인에 의해 설명된다. 그러나 이것이 주식 수익률이 예측 가능하다는 것을 의미하지는 않으며, 총 경제활동의 동시발생적 전개에 크게 의존한다

그림 17.5 4분기 성장률, 실제와 공통 요소, 1960~2017년

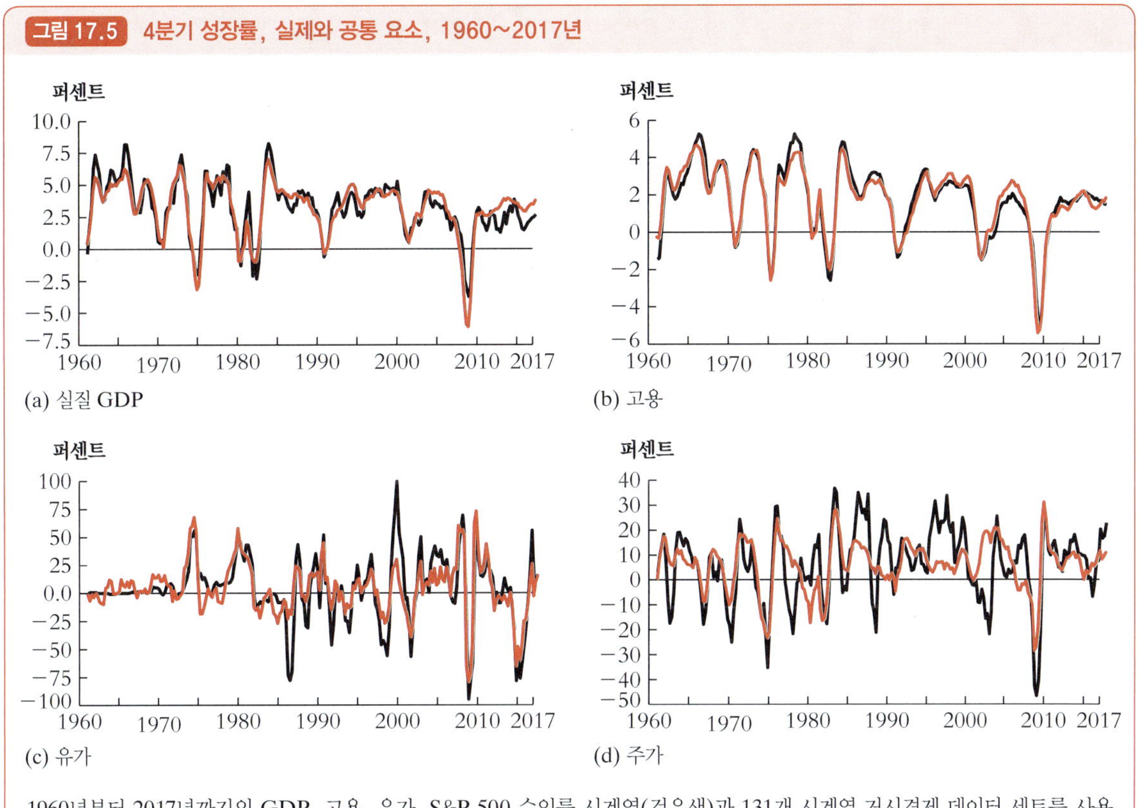

1960년부터 2017년까지의 GDP, 고용, 유가, S&P 500 수익률 시계열(검은색)과 131개 시계열 거시경제 데이터 세트를 사용해 추정된 4요인 DFM에 기반한 추정된 공통 구성요소(파란색).

는 것을 의미한다.

네 가지 추정 요인을 사용해 도출된 GDP 성장률 예측을 검토하고 이를 15장에서 다룬 AR 및 ADL 예측과 비교하며 결론을 내린다. 누적 GDP 성장률의 직접 예측을 기간 $h = 1$, 4, 8에서 고려하며, 이때 성장률은 연율로 측정된다. 예를 들어 4분기 예측에서는 종속변수가 $400\ln(GDP_t/GDP_{t-4})$이며, 이는 기간 t, $t-1$, $t-2$, $t-3$의 분기별 성장 평균을 연율로 계산한 값이다. 여기서 검토된 세 가지 예측모형은 AR(2), 기간 가산금리 차이를 포함한 ADL(2, 2), GDP 성장률의 2개 시차를 포함한 4요인 예측이다.

표 17.3은 유사 표본 외 제곱근 평균제곱 예측 오차(root mean square forecast error) $\widehat{RMSFE}_{POOS}$ [식 (15.22)]로 측정된 예측치들의 성능을 보여준다. 첫 번째 열에는 직접 예측 회귀의 설명변수들이 열거되어 있다. 15.8절에서와 같이, 표본 내 시점은 1981년 1분기에 시작하고 2002년 4분기의 h기간 전에 종료한다. 유사 표본 외 기간은 2002년 4분기부터 2017년 4분기이다.

이 결과의 세 가지 측면에 주목할 필요가 있다. 첫째, $\widehat{RMSFE}_{POOS}$는 예측기간이 길어질수록 감소한다. 긴 예측기간에 대해 이러한 개선이 이루어지는 이유는 분기별 GDP가 일시적인 측정 오류를 상당히 포함하고 있기 때문인데, 1년 또는 2년 동안의 성장률을 고려함으로써 이러한 오류가 평균화되어 완화된다. 이 분기별 '잡음(noise)'은 그림 15.1b의 분기별 GDP

표 17.3 연간 누적 GDP 성장률의 직접 예측 비교(연율): GDP 시차, 기간 가산금리, 주성분 2002년 4분기~2017년 4분기

	$\widehat{RMSFE}_{POOS}$		
예측변수	$h = 1$	$h = 4$	$h = 8$
$GDPGR_{t-h}, GDPGR_{t-h-1}$	2.25	1.91	1.74
$GDPGR_{t-h}, GDPGR_{t-h-1}, TSpread_{t-h}, TSpread_{t-h-1}$	2.29	1.94	1.77
$GDPGR_{t-h}, GDPGR_{t-h-1}, \hat{F}_{1t-h}, \hat{F}_{2t-h}, \hat{F}_{3t-h}, \hat{F}_{4t-h}$	2.14	1.40	1.48

각 항목은 2002년 4분기~2017년 4분기 동안의 예측 기간에 대한 유사 표본 외 예측을 통해 추정된 제곱근 평균제곱 예측 오차이다[식 (15.22)]. 예측모형은 1981년 1분기부터 2002년 4분기 h기간 전까지의 데이터를 사용해 추정되었으며, 여기서 h는 예측 기간을 나타낸다. 종속변수는 h분기 누적 GDP 성장률로, 로그 포인트를 사용해 연율로 계산되었다. 즉 $(400/h)\ln(GDP_t/GDP_{t-h})$이다. 설명변수는 첫 번째 열에 나와 있으며, 여기서 $\hat{F}_{1t}$는 추정 표본에서 첫 번째 주성분으로 추정된 첫 번째 요인을 나타낸다. 모든 회귀식은 절편을 포함한다.

성장률 시계열 그래프에서 분명하게 나타난다.

둘째, 모든 예측 기간에서 기간 가산금리를 사용하는 예측이 직접 AR(2) 예측보다 표본 외 기간에서 더 나쁜 성과를 보인다. 이는 기간 가산금리가 제공하는 표본 내 적합성 개선과 상충되는 것으로 보인다. $h = 1$의 추정 표본(1981년 1분기~2002년 3분기)에서 $TSpread_{t-1}$과 $TSpread_{t-2}$의 계수가 0인지 테스트하는 F-통계량은 1% 수준에서 통계적으로 유의하다. 분명히 표본 내 기간에서 추정된 지연된 기간 가산금리 계수는 유사 표본 외 기간에서 기간 가산금리와 GDP 간의 관계를 포착하지 못하며, 이는 이러한 관계가 비정상적(nonstationary)이라는 표시이다. 실제로, 표본 내 및 표본 외 기간 간의 중요한 차이점 중 하나는 2008년 이후 연방준비이사회가 장단기 금리를 관리하기 위해 새로운 통화정책 도구를 도입해 기간 가산금리와 경제 활동 간의 관계가 변화했다는 점이다.

셋째, 요인 예측은 모든 기간에서 AR 및 ADL 예측보다 성과가 개선된다. 예측을 자세히 살펴보면 이러한 개선은 2009년 가을 금융위기 이후의 경기 침체와 초기 회복 기간 동안 요인 예측의 성과가 훨씬 더 뛰어났기 때문임을 알 수 있다. 이 경기 침체 기간 동안 많은 거시변수들 간의 강한 음의 공변동(comovement)이 깊은 경기 침체를 예측했으며, 이는 AR 예측에서는 놓친 특징이었다. 반면, 2005년과 2013년 이후의 비교적 안정된 기간 동안에는 AR(2) 직접 예측이 요인 예측보다 약간 더 좋은 성과를 보였다.

시계열 계량경제학의 노벨상 수상자들

2003년 Robert Engle과 Clive Granger는 시계열 계량경제학에서의 근본적인 이론적 연구로 노벨 경제학상을 수상했다. Engle의 연구는 그림 17.2와 같은 그래프에서 명확하게 보이는 변동성 군집에 의해 동기부여되었다. Engle은 이러한 시계열이 정상성을 가질 수 있는지, 그리고 시간에 따라 변하는 변동성을 설명하고 예측할 수 있는 계량경제모형이 개발될 수 있는지 궁금해했다. 이에 대한 Engle의 답변은 17.5절에서 설명한 자기회귀 조건부 이분산(ARCH) 모형을 개발하는 것이었다. ARCH 모형과 그 확장은 자산 수익률 변동성을 모형화하는 데 특히 유용하다는 것이 증명되었으며, 그로부터 얻은 변동성 예측은 금융 파생상품 가격 책정 및 금융 자산 보유 위험의 시간에 따른 변화를 평가하는 데 사용된다. 오늘날 변동성의 측정과 예측은 금융 계량경제학의 핵심 요소이며, ARCH 모형과

John McCombe/AP Images
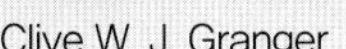
Clive W. J. Granger

New York University/AFP/Newscom
Robert F. Engle

Julio Cortez/AP Images
Christopher A. Sims

Karl Schoendorfer/Shutterstock
Lars Peter Hansen

그 후속 모형은 변동성 모형화를 위한 주된 도구로 자리 잡았다.

Granger의 연구는 경제 시계열 데이터에서 확률적 추세를 다루는 방법에 중점을 두었다. 초기 연구에서 그는 확률적 추세를 가진 2개의 관련 없는 시계열이 t-통계량과 회귀분석 R^2 같은 통계적 측정치에 의해 의미 있게 관련된 것처럼 보일 수 있다는 사실을 알고 있었다. 이것이 바로 식 (15.28)과 (15.29)의 회귀분석에서 예시되는 '가짜 회귀' 문제이다. 하지만 확률적 추세를 포함하는 변수들 간의 모든 회귀가 가짜 관계일까? Granger는 변수가 공통의 추세를 공유할 때 — 즉 그의 용어로 '공적분'될 때 — 벡터 오차 수정 모형을 사용한 회귀분석을 통해 의미 있는 관계를 발견할 수 있음을 밝혀냈다. 공적분 분석 방법은 이제 현대 거시계량경제학에서 필수적인 도구로 자리 잡았다.

2011년에 Thomas Sargent와 Christopher Sims는 거시경제에서 인과 관계에 대한 실증적 연구로 노벨상을 수상했다. Sargent는 미래에 대한 기대가 원인과 효과를 구분하는 데 기여한다는 중요한 역할을 특징으로 삼는 모형을 개발한 공로를 인정받았다. Sims는 구조적 VAR(Structural VAR, SVAR) 모형을 개발한 공로를 인정받았다. Sims의 주요 통찰은 VAR 모형의 예측 오차, 즉 식 (17.1)과 (17.2)의 오차항 u_t에 있었다. 그는 이러한 오차가 거시경제를 강타하는 예기치 않은 '충격'으로 인해 발생한다는 점을 깨달았고, 많은 경우 이 충격이 석유수출국기구(석유 가격 충격), 연준(이자율 충격), 의회(세금 충격)와 같은 명확한 원인을 가지고 있음을 알게 되었다. VAR 오차를 구성하는 다양한 충격의 원인을 분리함으로써 Sims는 이 충격들이 VAR에 나타나는 변수들에 미치는 동태적 인과효과를 추정할 수 있었다. 충격을 분리하는 과정은 항상 논란이 없을 수는 없으나, SVAR은 이제 거시경제에서 동태적 인과효과를 추정하는 표준 도구로 자리 잡고 있다.

2013년에 Eugene Fama, Lars Peter Hansen, Robert Shiller는 자산 가격에 대한 실증분석으로 노벨상을 수상했다. 15장의 '시장을 이길 수 있는가?'와 16장의 '속보: 상품 거래자들이 디즈니 월드를 떨게 하다' 글상자에 소개된 연구는 부분적으로 Fama의 '효율적 시장'(예측 불가능성) 이론과 Shiller의 '비합리적 과열'(설명되지 않는 변동성) 연구에서 영감을 받았다. Hansen은 자산 수익률이 기대 효용 이론과 일치하는지 조사하기 위해 일반화된 적률법(generalized method of moment, GMM)을 개발한 공로로 상을 받았다. 미시경제학에서는 투자자들이 투자의 한계비용(소비 대신 투자 선택으로 인해 오늘 포기해야 하는 효용)을 한계편익(marginal benefit, 투자 수익으로 충당된 소비에서 오는 내일의 효용 증가)과 같게 만들어야 한다고 본다. 그러나 이 명제에 대한 단순한 검정은 한계 효용을 측정하기 어렵고, 자산 수익률이 불확실하며, 이 명제가 모든 자산 수익률에 걸쳐 성립해야 한다는 점 때문에 복잡하다. Hansen은 이러한 자산 가격 모형을 검증하기 위한 GMM 방법을 개발했다. 결과적으로, Hansen의 GMM 방법은 금융 분야를 넘어 다양한 응용 가능성을 갖게 되었으며, 현재 계량경제학에서 널리 사용되고 있다. GMM에 대한 자세한 내용은 19.7절에서 소개한다.

경제학 분야의 이들 및 다른 노벨상 수상자에 관한 더 많은 정보는 노벨 재단 웹사이트(http://www.nobel.se/economics)를 참조하라.

17.7 결론

이 장은 시계열 회귀에서 가장 널리 사용되는 분석 방법과 개념을 다루었다. 경제 시계열 분석을 위한 다른 많은 방법이 특정한 적용 사례를 위해 개발되고 있다. 경제 예측에 대해 더 학습하고 싶다면 Diebold(2017)와 Enders(2009)의 입문용 교과서를 보기 바란다. 시계열 데이터를 이용한 계량경제학에 대한 고급 수준의 논의는 Hamilton(1994)과 Hayashi(2000)를 참조하라. 벡터 자기회귀의 고급 논의는 Kilian과 Lütkepohl(2017)을, 동적요인모형에 대한 자세한 내용은 Stock and Watson(2016)을 참조하라.

요약

1. 벡터 자기회귀(VAR)는 k개의 시계열 변수를 모형화하며, 각 변수는 자기 자신의 시차와 나머지 $k-1$개 시계열 변수의 시차에 의존한다. VAR에 의해 생성된 각 시계열의 예측치는 동일한 정보에 기반하고 있다는 측면에서 상호간에 일관성이 있다.

2. 2기 또는 그 이상의 기간 후에 대한 예측은 1단계 후 모형(AR 또는 VAR)을 반복해서 진행하거나 다기간 선행(multi-period ahead) 회귀를 추정해 계산할 수 있다.

3. 공통 확률적 추세를 공유하는 2개의 시계열은 공적분되어 있다. 즉 Y_t와 X_t가 각각 $I(1)$이지만 $Y_t - \theta X_t$가 $I(0)$이면 Y_t와 X_t는 공적분되어 있다. 만약 Y_t와 X_t가 공적분되어 있다면, 오차수정항인 $Y_t - \theta X_t$는 ΔY_t와/또는 ΔX_t를 예측하는 데 도움을 줄 수 있다. 벡터 오차수정모형은 ΔY_t와 ΔX_t의 VAR 모형에 시차 오차수정항을 추가한 것이다.

4. 일부 기간에는 분산이 높고 다른 기간에는 낮은 변동성 군집은 경제 시계열, 특히 금융 시계열에서 일반적으로 나타난다. 실현 변동성은 롤링 제곱근 평균제곱 추정량을 이용한 시변하는 변동성의 추정치이다.

5. 변동성 군집의 ARCH 모형은 회귀 오차의 조건부 분산을 최근 제곱 회귀 오차의 함수로 표현한다. GARCH 모형은 ARCH 모형에 시차 조건부 분산을 포함하도록 확장한다. 실현 변동성과 ARCH/GARCH 모형은 가장 최근의 회귀 잔차 변동성에 따라 폭이 달라지는 예측 구간을 제공한다.

6. 많은 시계열의 공변동은 때때로 몇 개의 주요 성분으로 요약될 수 있으며, 이는 예측에 활용될 수 있다. 이를 위한 체계는 동적요인모형으로, 소수의 관찰되지 않은 요인이 다수의 거시경제변수의 공변동을 주도한다고 가정한다.

핵심 용어

고유 성분idiosyncratic component
공적분cointegration
공적분 계수cointegrating coefficient
공통 성분common component
공통 추세common trend
나우캐스팅nowcasting
동적 OLS 추정량dynamic OLS(DOLS) estimator

동적요인모형dynamic factor model, DFM

반복 다기간 AR 예측iterated multi-period AR forecast

반복 다기간 VAR 예측iterated multi-period VAR forecast

벡터오차수정모형vector error correction model, VECM

벡터 자기회귀vector autoregression, VAR

변동성 군집volatility clustering

실현 변동성realized volatility

오차수정항error correction term

이계차분second difference

일반화된 자기회귀 조건부 이분산성 generalized ARCH, GARCH

자기회귀 조건부 이분산성autoregressive conditional heteroskedasticity, ARCH

직접 다기간 예측direct multi-period forecast

0차 적분된 시계열integrated of order zero, $I(0)$

1차 적분된 시계열integrated of order one, $I(1)$

2차 적분된 시계열integrated of order two, $I(2)$

EG-ADF 검정EG-ADF test

복습문제

17.1 한 거시경제학자가 다음과 같은 거시경제변수에 대한 예측을 구성하려고 한다: GDP, 소비, 투자, 정부 지출, 수출, 수입, 단기 금리, 장기 금리, 물가 상승률. 그는 1970년부터 2017년까지의 각 변수에 대한 분기별 시계열 데이터를 가지고 있다. 그는 이 변수들에 대한 VAR을 추정해 이를 예측에 사용해야 하는가? 왜 그렇게 해야/하지 말아야 하는가? 대안적인 접근 방식을 제안할 수 있는가?

17.2 Y_t가 정상적인 AR(1) 모형을 따르고 $\beta_0 = 0$, $\beta_1 = 0.5$라고 가정하자. $Y_t = 10$이라면 Y_{t+2}의 예측치는 무엇인가(즉 $Y_{t+2|t}$는 무엇인가)? $h = 20$일 때 $Y_{t+h|t}$는 무엇인가? $h = 20$일 때의 이 예측치가 합당해 보이는가?

17.3 소비의 항상소득이론(permanent income theory)의 한 형태는 실질 GDP의 로그(Y)와 실질 소비의 로그(C)가 공적분 계수 1을 가지며 공적분된다는 것을 의미한다. (a) 데이터를 도식화하고, (b) 통계적 검정을 사용해 이를 어떻게 조사할지 설명하라.

17.4 변동성 군집이란 무엇인가? 변동성 군집을 설명하기 위해 사용되는 두 가지 모형을 설명하라.

17.5 단위근이란 무엇인가? 데이터에 단위근이 존재하는지 여부를 검정하기 위한 방법을 설명하라.

연습문제

17.1 Y_t가 정상 AR(1) 모형을 따르고 $Y_t = \beta_0 + \beta_1 Y_{t-1} + u_t$라고 가정하자.

a. Y_t의 h기간 후 예측이 $Y_{t+h|t} = \mu_Y + \beta_1^h(Y_t - \mu_Y)$이고 $\mu_Y = \beta_0 / (1 - \beta_1)$임을 밝혀라.

b. X_t와 Y_t는 다음과 같은 관계가 있다: $X_t = \sum_{i=0}^{\infty} \delta^i Y_{t+i|t}$이고 $|\delta| < 1$이다. $X_t = [\mu_Y/(1 - \delta)] + [(Y_t - \mu_Y)/(1 - \beta_1\delta)]$임을 밝혀라.

17.2 이자율의 기간 구조에 대한 기대 이론 중에는 장기 금리가 미래의 단기 금리 예상치의 평균

에 $I(0)$인 기간 프리미엄을 더한 값과 같다고 보는 견해가 있다. 구체적으로 k기간 금리를 Rk_t, 1기간 금리를 $R1_t$, $I(0)$인 기간 프리미엄을 e_t라고 하자. 그러면 $Rk_t = \frac{1}{k}\sum_{i=0}^{k-1} R1_{t+i|t} + e_t$이고 여기서 $R1_{t+i|t}$는 $t+i$시점의 $R1$값을 t시점에 예측한 값이다. $R1_t$가 랜덤워크를 따르기 때문에 $R1_t = R1_{t-1} + u_t$라고 가정하자.

a. $Rk_t = R1_t + e_t$임을 밝혀라.
b. Rk_t와 $R1_t$가 공적분되어 있음을 밝혀라. 공적분 계수는 얼마인가?
c. 이제 $\Delta R1_t = 0.5\Delta R1_{t-1} + u_t$라고 가정하자. (b)에 대한 답변은 어떻게 바뀌는가?
d. 이제 $R1_t = 0.5R1_{t-1} + u_t$라고 가정하자. (b)에 대한 답변은 어떻게 바뀌는가?

17.3 $E(u_t | u_{t-1}, u_{t-2}, \ldots) = 0$이고 u_t가 ARCH 과정인 $\sigma_t^2 = 1.0 + 0.5\sigma_{t-1}^2$을 따른다고 가정하자.

a. $E(u_t^2) = \text{var}(u_t)$를 u_t의 무조건부 분산이라 하자. $\text{var}(u_t) = 2$임을 밝혀라. [힌트: 반복 기댓값 법칙(law of iterated expectations) $E(u_t^2) = E[E(u_t^2 | u_{t-1})]$을 이용하라.]
b. u_t의 과거 값들에 대한 u_t의 조건부 분포가 $N(0, \sigma_t^2)$이라고 가정하자. $u_{t-1} = 0.2$라면 $\Pr(-3 \le u_t \le 3)$은 얼마인가? $u_{t-1} = 2.0$이라면 $\Pr(-3 \le u_t \le 3)$은 얼마인가?

17.4 Y_t가 AR(p) 모형 $Y_t = \beta_0 + \beta_1 Y_{t-1} + \ldots + \beta_p Y_{t-p} + u_t$를 따르고 $E(u_t | Y_{t-1}, Y_{t-2}, \ldots) = 0$이라고 가정하자. 그리고 $Y_{t+h|t} = E(Y_{t+h} | Y_t, Y_{t-1}, \ldots)$이라고 하자. $h > p$에 대해 $Y_{t+h|t} = \beta_0 + \beta_1 Y_{t-1+h|t} + \ldots + \beta_p Y_{t-p+h|t}$임을 밝혀라.

17.5 식 (17.20)을 입증하라. [힌트: $\sum_{t=1}^T Y_t^2 = \sum_{t=1}^T Y_{t-1}^2 + 2\sum_{t=1}^T Y_{t-1}\Delta Y_t + \sum_{t=1}^T \Delta Y_t^2$임을 이용해 $\sum_{t=1}^T Y_t^2 = \sum_{t=1}^T (Y_{t-1} + \Delta Y_t)^2$임을 보이고, $\sum_{t=1}^T Y_{t-1}\Delta Y_t$에 대해 푼다.]

17.6 X_t의 현재, 과거, 미래 값에 대한 Y_t의 회귀식은 다음과 같다.

$$Y_t = 2.0 + 1.5X_{t+1} + 0.9X_t - 0.3X_{t-1} + u_t$$

a. 이 회귀식을 식 (17.25)와 같은 형식으로 재배열하라. θ, δ_{-1}, δ_0, δ_1의 값은 무엇인가?
b. **i.** X_t가 $I(0)$이고 u_t가 $I(0)$이라고 가정하자. Y와 X는 공적분되어 있는가?
ii. X_t가 $I(1)$이고 Y_t가 $I(1)$이라고 가정하자. Y와 X는 공적분되어 있는가?
iii. X_t가 $I(1)$이고 u_t가 $I(0)$이라고 가정하자. Y와 X는 공적분되어 있는가?

17.7 $\Delta Y_t = u_t$이고 u_t는 i.i.d. $N(0, 1)$이라고 가정하자. 이제 회귀식 $Y_t = \beta X_t + error$를 고려하자. 여기서 $X_t = \Delta Y_{t+1}$이고 $error$는 회귀 오차이다. $\hat{\beta} \xrightarrow{d} \frac{1}{2}(\chi_1^2 - 1)$임을 밝혀라. [힌트: 식 (17.21)에서와 같은 분석을 통해 $\hat{\beta}$의 분자를 분석하라. 대수의 법칙(law of large numbers)을 이용해 분모를 분석하라.]

17.8 다음과 같은 시차 1개를 포함하고 절편항이 없는 2변수 VAR 모형을 고려하자.

$$Y_t = \beta_{11}Y_{t-1} + \gamma_{11}X_{t-1} + u_{1t}$$
$$X_t = \beta_{21}Y_{t-1} + \gamma_{21}X_{t-1} + u_{2t}$$

a. Y에 대한 반복 2기간 후 예측은 $Y_{t|t-2} = \delta_1 Y_{t-2} + \delta_2 X_{t-2}$로 나타낼 수 있음을 보이고, δ_1과 δ_2의 값을 VAR 모형의 계수 관점에서 도출하라.
b. (a)에 대한 답변을 고려하면, 반복 다기간 예측은 직접 다기간 예측과 다른가? 설명하라.

17.9 **a.** $E(u_t | u_{t-1}, u_{t-2}, \ldots) = 0$이고, $\text{var}(u_t | u_{t-1}, u_{t-2}, \ldots)$은 ARCH 모형 $\sigma_t^2 = \alpha_0 + \alpha_1 u_{t-1}^2$을 따르고, u_t에 대한 확률 과정은 정상성을 갖는다고 가정하자. $\text{var}(u_t) = \alpha_0/(1 - \alpha_0)$임을 밝혀라. [힌트: 반복 기댓값 법칙 $E(u_t^2) = E[E(u_t^2 | u_{t-1}]$을 이용하라.]

b. (a)의 결과를 ARCH(p) 모형으로 확장하라.

c. 정상 ARCH(p) 모형에 대해 $\sum_{i=1}^{p} \alpha_i < 1$임을 밝혀라.

d. (a)의 결과를 GARCH(1,1) 모형으로 확장하라.

e. 정상 GARCH(1, 1) 모형에 대해 $\alpha_1 + \phi_1 < 1$임을 밝혀라.

17.10 공적분 모형 $Y_t = \theta X_t + v_{1t}$, $X_t = X_{t-1} + v_{2t}$를 고려하자. 여기서 v_{1t}와 v_{2t}는 평균이 0이고 계열상관성을 갖지 않는 확률변수이며, 모든 t와 j에 대해 $E(v_{1t} v_{2j}) = 0$이다. X와 Y에 대한 벡터 오차 수정 모형[식 (17.22)와 식 (17.23)]을 도출하라.

실증문제

E17.1 이 문제는 실증문제 14.1의 확장이다. 교재 웹사이트 **http://www.pearsonglobaleditions.com**에서 미국의 여러 거시경제 시계열에 대한 분기별 데이터를 포함하고 있는 데이터 파일 **USMacro_Quarterly**를 찾을 수 있다. 데이터는 **USMacro_Description** 파일에 설명되어 있다. 개인 소비 지출 가격 지수를 사용해 인플레이션(*Infl*)을 계산하라. 모든 회귀분석에서는 1963년 1분기부터 2017년 4분기까지의 표본 기간을 사용한다(1963년 이전 데이터는 회귀분석의 시차에 대한 초깃값으로 사용할 수 있다).

a. 2017년 4분기까지 인플레이션 데이터와 추정된 AR(2) 모형을 사용해

i. $\Delta Infl_{2018:Q1}$, 2017년 4분기에서 2018년 1분기까지 인플레이션 변화를 예측하라.

ii. $\Delta Infl_{2018:Q2}$, 2018년 1분기에서 2018년 2분기까지 인플레이션 변화를 예측하라. (반복 예측을 사용하라.)

iii. $\Delta Infl_{2018:Q2} - Infl_{2017:Q4}$, 2017년 4분기에서 2018년 2분기까지 인플레이션 변화를 예측하라.

iv. $Infl_{2018:Q2}$, 2018년 2분기의 인플레이션율을 예측하라.

b. 직접 예측 방법을 사용해 문제 (a)를 반복하라.

E17.2 교재 웹사이트 **http://www.pearsonglobaleditions.com**에서 실질 GDP에 대한 분기별 데이터를 포함하고 있는 데이터 파일 **USMacro_Quarterly**를 찾을 수 있다. 실질 GDP는 2009년 달러로 측정되어 있다. GDP 성장률을 계산하기 위해 $GDPGR_t = 400 \times [\ln(GDP_t) - \ln(GDP_{t-1})]$ 공식을 사용하라.

a. 1960년 1분기부터 2017년 4분기까지의 $GDPGR_t$ 데이터를 사용해 GARCH(1, 1) 오차를 갖는 AR(2) 모형을 추정하라.

b. 그림 17.3과 같이 AR(2) 모형의 잔차(residuals)를 $\pm\hat{\sigma}_t$ 밴드와 함께 그림으로 나타내라.

c. 일부 거시경제학자는 1983년경에 GDP 성장률의 변동성이 급격히 하락했다고 주장하고 있으며, 이를 대안정기(Great Moderation)라고 한다. (b)의 그림에서 대안정기가 명확한가? 설명하라.

부록 17.1 분기별 미국 거시 데이터

미국 분기별 데이터 세트의 변수는 세인트루이스 연방준비은행에서 관리하는 거시경제 시계열 온라인 데이터베이스인 FRED에서 얻은 것이다. 변수 범주는 표 17.2에 나열되어 있다. 요인 추정을 위해 데이터 세트에 포함된 국민소득 및 생산 계정 변수는 세 가지 개인 소비 지출(내구재, 비내구재, 서비스), 네 가지 민간 투자(비주거용 건물, 비주거용 지적 재산, 비주거용 고정 장비, 주거용 건물), 연방정부 지출, 연방정부 수입, 주 및 지방 정부 소비, 수출 및 수입(모두 실질 가치 기준)이다. 대부분의 경우 분기별 성장률이나 1차 차분을 계산해 확률적 추세를 제거했다. 자세한 내용과 전체 시리즈 목록은 이 교재를 위한 온라인 문서를 참조하라.

PART

5

회귀분석의 계량경제 이론

CHAPTER 18

단순선형회귀모형의 이론

응용계량경제학자들은 왜 계량경제학 이론을 배우기 위해 고생을 해야 할까? 여기에는 여러 이유가 있다. 계량경제학 이론을 배우는 것은 당신의 통계 소프트웨어를 '블랙박스'에서 어느 작업을 할 때나 이에 맞는 도구를 당신이 딱 맞게 고를 수 있는 만능 키트로 바꿔주는 것과 같다. 계량경제학 이론을 이해한다는 것은 이 도구들이 어떻게 작동을 하고 어떤 가정들이 각 도구가 제대로 작동하는 데 필요한지를 알 수 있는 것이다. 아마도 가장 중요한 점은 계량경제학 이론을 알게 된다면 어떠한 사례에서 그 도구들이 작동을 하지 않는지 알고 이에 맞춰 다른 계량경제학적 접근법을 사용할지 알 수 있다는 것이다.

이 장은 설명변수가 하나인 단일 설명변수 선형회귀모형에 대한 계량경제학적 이론을 소개한다. 이 장은 4장과 5장에서 다룬 내용에 대해 대체하는 것이 아니라 보충하는 데 의미가 있다.

이 장은 4장과 5장을 다음 두 가지 방식으로 확장한다.

첫째로, 이 장에서 일반최소제곱(OLS) 추정량의 표본 분포와 t-통계량에 대한 수학적 접근법을 설명하고, 핵심 개념 4.3에서 다룬 인과추론을 위한 세 가지 최소제곱법의 가정하에 대표본에서의 경우와 등분산성과 정규오차의 두 가지 추가적 가정에서 유한표본의 경우, 모두를 수학적인 관점에서 다루고자 한다. 최소제곱법에서의 위 다섯 가지 가정은 18.1절에서 소개한다. 18.2절과 18.3절, 부록 18.2는 수학적으로 첫 세 가지 가정(핵심 개념 4.3의 인과추론을 위한 최소제곱법의 세 가지 가정)하에서 OLS 추정량과 t-통계량 대표본 정규분포의 특성을 수학적으로 유도한다. 18.4절은 등분산성과 정규분포하는 오차항의 두 가지 추가 가정하에서 OLS 추정량과 t-통계량의 분포가 정확히 어떻게 도출되는지 살펴본다.

둘째로, 이분산성의 가정에서 4장과 5장을 확장한다. 4장과 5장의 접근법은 통계적 추론 오차항이 이분산성을 가져도 유효할 수 있도록 이분산성 강건(heteroskedasticity-robust) 표준오차를 사용했다. 그러나 이 방법에는 대가가 따른다. 만약 오차가 이분산성을 가지면, 이론적으로 OLS보다 더 효율적인 추정량이 존재한다. 이 추정량을 가중최소제곱이라고 하며 이는 18.5절에 소개되어 있다. 가중최소제곱법은 이분산성의 형태에 대해 사전 지식이 꽤나 있어야 한다. 즉 주어진 X에 대한 u의 조건부 분산에 대해서 파악하고 있어야 한다. 이에 대해서 알 수 있다면, 가중최소제곱법은 OLS에 비해 나은 결과를 가져다준다. 하지만 대부분의 경우에서는 이에 대한 것이 알려져 있지 않다. 그렇기에 이분산성 강건 표준오차와 함께 OLS를 사용하는 것이 보통 더 선호된다.

18.1 최소제곱법에 대한 추가적인 가정과 OLS 추정량

이 절에서는 4장의 인과추론에서 다룬 3개의 최소제곱법에 대한 가정을 확장하고 강화해 일련의 가정들을 소개할 것이다. 이와 같이 강화된 가정들은 다음 절에서 OLS 추정량에 대해 4장의 약한(조금 더 실제에 가까운) 가정들하에서 가능한 것보다 더 강력한 이론적 결과를 도출하기 위해 사용할 것이다.

최소제곱법의 확장된 가정

최소제곱법의 확장된 가정 1, 2, 3 최소제곱법의 첫 3개 가정은 핵심 개념 4.3에서 소개했다: 첫째로, 주어진 X_i에서 u_i의 조건부 평균은 0이다. 둘째로, (X_i, Y_i), $i = 1, \ldots, n$은 두 변수의 결합분포에서 독립적이며 동일한 분포(i.i.d.)에서 추출되었다. 셋째로, X_i와 u_i는 0이 아닌 유한한 4차 적률을 가지고 있다.

이 세 가지 가정하에서 OLS 추정량은 불편의하고, 일치성을 가지며, 대표본에서 정규분포를 따르게 된다. 이 세 가지 가정이 유지되는 한, 4장에서 소개한 가설 t-통계량을 이용한 가설검정과 95% 신뢰구간이 ±1.96표준오차에서 설정된다는 추론 방법들이 표본크기가 충분히 크다는 가정하에서 모두 정당화된다. 하지만 OLS를 이용해 효율적인 추정법에 대한 이론을 도출하거나 OLS 추정량의 정확한 표본 분포를 특정화하려면 조금 더 강력한 가정이 필요하다.

최소제곱법의 확장된 가정 4 네 번째로 추가된 가정은 u_i가 등분산성을 가진다는 것이다. 즉 $\text{var}(u_i|X_i) = \sigma_u^2$이다. 여기서 σ_u^2는 상수이다. 5.5절에서 살펴보았듯이, 이 추가적인 가정이 성립하면 OLS는 $X_1, \ldots, X_n$에 대해 불편의한 선형 추정량 중 가장 효율적인 추정량이 된다.

최소제곱법의 확장된 가정 5 다섯 번째로 추가된 가정은 X_i에 대해 u_i의 조건부 분포가 정규분포라는 것이다.

확장된 가정 1, 2, 4, 5에 따르면, u_i는 i.i.d $N(0, \sigma_u^2)$을 따르고, u_i와 X_i는 독립적으로 분포해 있다. 이를 알아보기 위해 다섯 번째 확정된 가정이 $u_i|X_i$의 조건부 분포가 $N(0, \text{var}(u_i|X_i))$임을 상기하자. 이 분포의 평균이 0인 것은 첫 번째 확장 가정에 의한다. 그러나 네 번째 확장 가정에 의해 $\text{var}(u_i|X_i) = \sigma_u^2$이고, $u_i|X_i$의 조건부 분포는 $N(0, \sigma_u^2)$을 따른다. 이 조건부 분포는 X_i에 의존하지 않기 때문에 u_i와 X_i는 독립적으로 분포한다. 두 번째 확장 가정에 의해 모든 $j \neq i$의 경우 u_i는 u_j에 대해 독립적으로 분포한다. 이는 확장된 가정 1, 2, 4, 5에 의해 u_i와 X_i는 독립적으로 분포하고 u_i는 i.i.d $N(0, \sigma_u^2)$을 따른다.

18.4절에 보였듯이 5개의 확장된 가정 모두가 성립한다면, OLS 추정량은 정확하게 정규분포를 따르게 되고, 등분산성 전용 t-통계량은 정확히 스튜던트-t 분포를 가지게 된다.

확장된 가정 중 네 번째와 다섯 번째는 첫 세 가지보다 제약이 많다. 응용문제에서는 첫 세 가지 가정만이 성립한다고 하는 게 더 현실적이라고 볼 수 있어, 마지막 두 가정은 현실성은 조금 떨어진다. 하지만 마지막 두 가정이 현실적으로 성립이 잘 안 된다고 해도, 1개 혹은 2개

핵심 개념
18.1

단일 설명변수 회귀모형을 위한 5개의 확장된 가정

단일 설명변수 선형회귀모형은 다음과 같다.

$$Y_i = \beta_0 + \beta_1 X_i + u_i, i = 1, \ldots, n \tag{18.1}$$

여기서 β_1은 X가 Y에 미치는 인과효과를 나타낸다.

확장된 5개의 가정은 다음과 같다.

1. $E(u_i|X_i) = 0$ (조건부 평균이 0)
2. (X_i, Y_i), $i = 1, \ldots, n$은 독립적이고 동일하게 분포된(i.i.d.) 결합 확률분포로부터 추출되었다.
3. X_i와 u_i는 0이 아닌 4차 적률을 가지고 있다.
4. $\text{var}(u_i|X_i) = \sigma_u^2$ (등분산성)
5. 주어진 X_i에 대한 u_i의 조건부 분포는 정규분포이다.

성립이 된다고 하면, OLS 추정량은 4장과 5장에서 논의한 것보다 더 추가적인 특성들을 갖게 되기에 이론적으로는 매우 흥미로운 것이다. 이와 같이 보다 강력한 가정하에 추정 방법들을 살펴봄으로써 OLS 추정량과 선형회귀모형의 추정 방법 등에 대해서 보다 많은 이해를 할 수 있다.

단일 설명변수 회귀모형에서의 최소제곱추정법과 관련된 5개의 확장된 가정은 핵심 개념 18.1에 정리했다.

OLS 추정량

편의를 위해 β_0과 β_1의 OLS 추정량을 다시 한 번 정리한다.

$$\hat{\beta}_1 = \frac{\sum_{i=1}^{n}(X_i - \overline{X})(Y_i - \overline{Y})}{\sum_{i=1}^{n}(X_i - \overline{X})^2} \tag{18.2}$$

$$\hat{\beta}_0 = \overline{Y} - \hat{\beta}_1 \overline{X} \tag{18.3}$$

식 (18.2)와 (18.3)은 부록 4.2에서 도출되었다.

18.2 점근분포 이론의 기초

점근분포 이론은 표본의 수가 많을 때 추정량, 검정통계량, 신뢰구간 등을 다루는 통계학의 분포 이론이다. 보다 엄밀한 의미에서, 이 이론은 표본이 커짐에 따라 표본 분포가 어떻게 변화하는지를 살펴보는 것이다. $n \to \infty$가 됨에 따라 통계량들의 특징을 살펴본다는 의미에서 이 이론을 점근 이론이라고 하게 되었다.

물론 표본의 숫자는 절대 무한대가 될 수 없다고 하더라도, 점근분포 이론은 계량경제학과 통계학에서 두 가지 이유로 매우 중요한 역할을 한다. 첫째로, 실증분석에서 사용된 관측치가 크다면, 점근적 극한이 유한표본 분포에 어떻게 점근하는지를 잘 보여준다. 둘째로, 점근표본 분포는 보통 간단해서 현실적으로 사용하기 쉽고 그렇기에 정확한 유한표본 분포를 가지고 있다. 이 둘을 합치면, 믿을 만한 통계적 추론이 t-통계량이나 95% 신뢰구간이 ±1.96 표준편차에 달려있다는 것은 모두 점근 이론에서 도출한 근사표본 분포에 기초해 있는 것이다.

점근분포 이론의 두 가지 주춧돌은 대수의 법칙과 중심극한정리이다. 이 둘은 모두 2.6절에서 소개했다. 이 절에서는 대수의 법칙 증명을 시작으로 대수의 법칙과 중심극한정리에 대한 논의를 계속한다. 그리고 두 가지 도구를 더 설명한 것인데, 이 둘은 대수의 법칙과 중심극한정리를 확장해주는 슬러츠키 정리(Slutsky's theorem)와 연속사상정리(continuous mapping theorem)이다. 실제 사용의 예로서, 이 두 가지 도구는 $E(Y) = \mu_0$이라는 가설하에서 $\overline{Y}$에 대한 t-통계량의 분포를 증명하는 데 사용할 것이다.

확률 수렴과 대수의 법칙

확률 수렴과 대수의 법칙에 대한 개념은 2.6절에서 소개했다. 여기서는 확률 수렴의 정의에 대한 보다 정확한 수학적 정의를 살펴보고 대수의 법칙의 증명을 살펴볼 것이다.

일치성과 확률 수렴 $S_1, S_2, \ldots, S_n, \ldots$을 확률변수 과정이라고 가정하자. 예를 들어 S_n은 확률변수 Y의 n개 표본에서의 표본평균 $\overline{Y}$라고 할 수 있다. S_n이 μ에서 $\pm\delta$ 안에 있을 확률이 n이 무한대로 갈수록 1로 근접한다면 상수 δ가 양수인 한, 확률변수 $\{S_n\}$의 과정은 극한 μ로 **확률 수렴**(converge in probability)한다고 한다(즉 $S_n \xrightarrow{p} \mu$).

$$S_n \xrightarrow{p} \mu \Leftrightarrow \Pr(|S_n - \mu| \geq \delta) \longrightarrow 0 \qquad (18.4)$$

여기서 모든 $\delta > 0$에 대해서 n이 무한대로 증가하는 과정에서 정의된다. 만약 $S_n \xrightarrow{p} \mu$라면, S_n은 μ의 **일치 추정량**(consistent estimator)이라고 한다.

대수의 법칙 대수의 법칙은 $Y_1, \ldots, Y_n$에 대한 일정한 가정하에서 표본평균 $\overline{Y}$가 모평균에 확률적으로 수렴한다는 것을 나타낸다. 확률 이론은 $Y_1, \ldots, Y_n$의 조건에 따라 여러 종류의 대수의 법칙으로 발전시켜 나갔다. 이 책에서 사용하는 대수의 법칙 버전은 $Y_1, \ldots, Y_n$이 유한한 분산을 가진 분포로부터 i.i.d.하게 도출된 것을 가정하는 것이다. (핵심 개념 2.6에서도 소개한) 이 대수의 법칙은 다음과 같다.

$$Y_1, \ldots, Y_n\text{이 i.i.d.라면 } E(Y_i) = \mu_Y\text{이고, } \mathrm{var}(Y_i) < \infty\text{이면 } \overline{Y} \xrightarrow{p} \mu_Y\text{이다.} \qquad (18.5)$$

대수의 법칙 아이디어는 그림 2.8에 나타나 있다: 표본의 크기가 증가할수록 $\overline{Y}$의 표본 분포는 모평균 μ_Y 주변으로 집중되게 되어 있다. 표본 분포의 특징은 $\overline{Y}$의 분산이 표본크기가 증가할수록 감소한다는 것이다. 다른 특징은 n이 증가할수록 $\overline{Y}$가 μ_Y에서 $\pm\delta$ 바깥에 있을 확률이 거의 사라진다는 것이다. 이 두 가지 표본 분포의 특징은 사실 연결되어 있고, 대수의 법칙의 증명은 이 연결점을 이용하는 것이다.

대수의 법칙 증명 $\overline{Y}$의 분산과 $\overline{Y}$가 μ_Y의 $\pm\delta$ 범위 안에 있을 확률 사이의 연결점은 부록 18.2에 소개했고 증명된 체비쇼프(Chebyshev)의 부등식[식 (18.42) 참조]이 제공한다. $\overline{Y}$에 관해 정리하면, 체비쇼프 부등식은 양수인 아무값의 δ에 대해서

$$\Pr(|\overline{Y} - \mu_Y| \geq \delta) \leq \frac{\mathrm{var}(\overline{Y})}{\delta^2} \tag{18.6}$$

$Y_1, \ldots, Y_n$이 분산 σ_Y^2를 가진 i.i.d.라면, $\mathrm{var}(\overline{Y}) = \sigma_Y^2/n$이다. 이에 따라 양인 δ에 대해, $\mathrm{var}(\overline{Y})/\delta^2 = \sigma_Y^2/(\delta^2 n) \longrightarrow 0$이다. 이는 양인 δ에 대해 $\Pr(|\overline{Y} - \mu_Y| \geq \delta) \longrightarrow 0$임을 나타내는 식 (18.6)으로부터 도출된 것이다.

예제 일치성은 점근 이론에서 근본적인 개념이다. 그렇기에 모평균 μ_Y의 일치성이 있는 추정량과 그렇지 않은 추정량의 예제를 여기서 보이겠다. $i = 1, \ldots, n$에 대해서, Y_i가 $N(0, \sigma_Y^2)$인 분포(여기서 $0 < \sigma_Y^2 < \infty$)에서 i.i.d.로 도출되었다고 하자. 다음 세 가지 μ_Y의 추정량 예제를 고려해보자. (1) $m_a = Y_1$, (2) $0 < a < 1$에 대해, $m_b = (\frac{1-a^n}{1-a})^{-1}\sum_{i=1}^{n} a^{i-1} Y_i$, (3) $m_c = \overline{Y} + 1/n$. 이 추정량들은 일치 추정량인가?

첫 번째 추정량 m_a는 단순히 첫 번째 관측치이다. 그래서 $E(m_a) = E(Y_1) = \mu_Y$이고 m_a는 불편의하다. 그러나 m_a는 일치성이 없다. $\Pr(|m_a - \mu_Y| \geq \delta) = \Pr(|Y_1 - \mu_Y| \geq \delta)$이고 $\sigma_Y^2 > 0$이기 때문에 이 확률은 충분히 작은 δ에 대해서 항상 양이다. 그렇기 때문에 n이 무한대로 갈수록 $\Pr(|m_a - \mu_Y| \geq \delta)$는 0으로 가지 않고 그렇기에 m_a는 일치 추정량이 아니다. 이런 불일치성은 놀라울 게 아니다. m_a는 단지 1개의 관측치 정보만을 이용했기 때문에, 표본의 수가 늘어나더라도 이 분포는 μ_Y 근처로 모이지 않는다.

두 번째 추정량 m_b는 불편의하지만 일치 추정량은 아니다. 먼저 불편의성은 다음을 통해 증명할 수 있다.

$$\sum_{i=1}^{n} a^{i-1} = (1 - a^n)\sum_{i=0}^{\infty} a^i = \frac{1 - a^n}{1 - a}\text{이기 때문에}$$

$$E(m_b) = E\left[\left(\frac{1 - a^n}{1 - a}\right)^{-1} \sum_{i=1}^{n} a^{i-1} Y_i\right] = \left(\frac{1 - a^n}{1 - a}\right)^{-1} \sum_{i=1}^{n} a^{i-1}\mu_Y = \mu_Y$$

m_b의 분산은 다음과 같다.

$$\mathrm{var}(m_b) = \left(\frac{1 - a^n}{1 - a}\right)^2 \sum_{i=1}^{n} a^{2(i-1)}\sigma_Y^2 = \sigma_Y^2 \frac{(1 - a^{2n})(1 - a)^2}{(1 - a^2)(1 - a^n)^2} = \sigma_Y^2 \frac{(1 + a^n)(1 - a)}{(1 - a^n)(1 + a)}$$

위 식은 $n \to \infty$일수록 $\mathrm{var}(m_b) \to \sigma_Y^2(1 - a)/(1 + a)$의 극한을 가진다. Y가 정규분포되었으므로, m_b는 평균 μ_Y와 위 식과 같은 분산을 가진 정규분포되어 있다. 이와 같이 m_b는 μ_Y 근처의 어떤 구간 밖으로 존재할 가능성이 양이기 때문에, $\Pr(|m_b - \mu_Y| \geq \delta)$는 0으로 근접하지 않고 그렇기에 m_b는 불일치성을 가진다. 이 추정량은 모든 정보를 사용했기 때문에 이와 같은 결과는 놀라울 수 있다. 그러나 대부분의 관측치는 매우 적은 가중치(i번째 관측치의 가중치는 a^{i-1}에 비례적이고, 이는 i가 크다면 매우 작은 값이다)를 가졌고, 이런 이유로 추정량이 일치성을 가지기에는 표본 오차를 제거할 충분한 정보를 가지고 있지 않다.

세 번째 추정량 m_c는 편의가 있지만 일치성을 가진다. 이 추정량의 편의는 $1/n$이다. 즉 $E(m_c) = E(\overline{Y} + 1/n) = \mu_Y + 1/n$이다. 표본크기가 늘어날수록 편의는 0으로 근사할 것이다. 부록 18.2의 식 (18.43)으로부터 체비쇼프 부등식을 일반화하면 어떠한 확률변수 W에 대해서, 양인 δ에 $\Pr(|W| \geq \delta) \leq E(W^2)/\delta^2$이라고 할 수 있다. 따라서 $\Pr(\overline{Y} + 1 > n - \mu_Y \geq \delta) \leq E[(\overline{Y} + 1 > n - \mu_Y)^2]/\delta^2$이다. 그러나 n이 증가할수록 $E[(\overline{Y} + 1/n - \mu_Y)^2] = \text{var}(\overline{Y}) + 1/n^2 = \sigma^2/n + 1/n^2 \longrightarrow 0$이다. 이는 $\Pr(|\overline{Y} + 1/n - \mu_Y| \geq \delta) \longrightarrow 0$이고 m_c는 일치 추정량이다. 이 예제는 추정량이 유한표본에서 편의성을 가져도 표본크기가 커질수록 편의는 사라질 수 있어, 이 추정량이 일치성을 가질 수 있다는 것을 보여준다(연습문제 18.10).

중심극한정리와 분포에 수렴

$n \to \infty$일수록 확률변수의 분포는 극한에 수렴하게 된다. 그렇게 되면 일련의 확률변수는 분포에 수렴한다고 한다. 중심극한정리는 일반적인 조건에서 표준화된 표본평균은 정규확률변수로 분포 수렴한다는 것을 의미한다.

분포 수렴 $F_1, F_2, \ldots, F_n, \ldots$을 일련의 확률변수 $S_1, S_2, \ldots, S_n, \ldots$에 대응하는 누적분포함수의 열이라고 하자. 예를 들어 S_n은 표준 표본평균 $(\overline{Y} - \mu_Y)/\sigma_{\overline{Y}}$일 수 있다. 만약 분포함수 $\{F_n\}$이 S의 분포인 F로 수렴한다고 하면, 일련의 확률변수 S_n은 S로 **분포 수렴**(converge in distribution)한다고 한다(이를 $S_n \xrightarrow{d} S$로 표현). 즉 다음과 같다.

$$S_n \xrightarrow{d} S \Leftrightarrow \lim_{n \to \infty} F_n = F(t) \tag{18.7}$$

여기서 극한분포 F가 연속형이라면 모든 t에 대해서 극한은 존재한다. 분포 F를 S_n의 **점근분포**(asymptotic distribution)라고 한다.

확률 수렴의 개념 ($\xrightarrow{p}$)와 분포 수렴 ($\xrightarrow{d}$)를 비교해볼 필요가 있다. 만약 $S_n \xrightarrow{p} \mu$라면, S_n은 n이 커질수록 높은 확률로 μ에 근접하다는 의미이다. 이와 달리 $S_n \xrightarrow{d} S$라면, n이 커질수록 S_n의 **분포**가 S의 **분포**에 근접하다는 의미이다.

중심극한정리 분포 수렴의 개념을 이용해 중심극한정리를 다시 한번 살펴보자. 핵심 개념 2.7의 중심극한정리는 $Y_1, \ldots, Y_n$이 i.i.d.이고 $0 < \sigma_Y^2 < \infty$이면, $(\overline{Y} - \mu_Y)/\sigma_{\overline{Y}}$의 점근분포는 $N(0, 1)$임을 의미한다. $\sigma_{\overline{Y}} = \sigma_Y/\sqrt{n}$이기 때문에, $(\overline{Y} - \mu_Y)/\sigma_{\overline{Y}} = \sqrt{n}(\overline{Y} - \mu_Y)/\sigma_Y$이다. 이와 같이 중심극한정리는 $\sqrt{n}(\overline{Y} - \mu_Y) \xrightarrow{d} \sigma_Y Z$라고 다시 설명할 수 있다. 여기서 Z는 표준정규 확률변수이다. 이는 $\sqrt{n}(\overline{Y} - \mu_Y)$의 분포가 $n \longrightarrow \infty$일수록 $N(0, \sigma_Y^2)$으로 수렴한다는 것을 의미한다. 이를 간단히 표기하면 다음과 같다.

$$\sqrt{n}(\overline{Y} - \mu_Y) \xrightarrow{d} N\left(0, \sigma_Y^2\right) \tag{18.8}$$

즉 $Y_1, \ldots, Y_n$이 i.i.d.이고 $0 < \sigma_Y^2 < \infty$이면, $\sqrt{n}(Y - \mu_Y)$의 분포는 평균이 0이고 분산이 σ_Y^2인 정규분포에 수렴한다는 것이다.

시계열 데이터로의 확장 2.6절에서 설명한 대수의 법칙과 중심극한정리는 i.i.d. 상황에 적용할 수 있다. 14장에서 논의한 대로 i.i.d. 가정은 시계열 데이터에는 부적절하다. 그렇기에 이러한 정리들은 시계열 데이터에 적용하기 전에 확장할 필요가 있다. 시계열 데이터에 적용할 대수의 법칙과 중심극한정리는 결론적으로 보면 동일하기 때문에 사실 확장의 문제는 기술적인 것에 불과하다. 그러나 각 정리에서 적용할 조건들은 다르다. 이는 16.4절에 간단히 논의되어 있지만 시계열 데이터에 대한 점근분포의 수학적 논의는 이 책의 수준을 훌쩍 뛰어넘는다. 이에 관심있는 독자들은 Hayashi(2000, 2장)을 참조하라.

슬러츠키 정리와 연속사상정리

슬러츠키 정리(Slutsky's theorem)는 분포 수렴과 일치성을 합친 것으로 볼 수 있다. $a_n \xrightarrow{p} a$(a는 상수)라고 하면, $S_n \xrightarrow{d} S$이다. 그렇다면

$$a_n + S_n \xrightarrow{d} a + S,\ a_nS_n \xrightarrow{d} aS \text{ 그리고,}$$
$$\text{만약 } a \neq 0\text{하면 } S_n / a_n \xrightarrow{d} S / a \tag{18.9}$$

위 세 가지 결과는 슬러츠키 정리로 합칠 수 있다.

연속사상정리(continuous mapping theorem)는 확률변수 S_n의 나열인 연속형 함수 g의 점근특성들에 관한 것이다. 해당 정리는 두 가지로 나눌 수 있다. 첫 번째 파트는 S_n이 상수 a로 확률 수렴한다고 하면, $g(S_n)$은 $g(a)$로 확률 수렴한다는 것이다. 두 번째 파트는 S_n이 S로 분포 수렴한다고 하면, $g(S_n)$이 $g(S)$로 분포 수렴한다는 것이다. 즉 g가 연속형 함수라면

$$\begin{aligned} &\text{(i) 만약 } S_n \xrightarrow{p} a \text{ 이면 } g(S_n) \xrightarrow{p} g(a) \\ &\text{(ii) 만약 } S_n \xrightarrow{d} S \text{ 이면 } g(S_n) \xrightarrow{d} g(S) \end{aligned} \tag{18.10}$$

(i)의 예제로 만약 $s_Y^2 \xrightarrow{p} \sigma_Y^2$이면 $\sqrt{s_Y^2} = s_Y \xrightarrow{p} \sigma_Y$이다. (ii)의 예제로 $S_n \xrightarrow{d} Z$이고 Z는 표준정규 확률변수라고 하면 $g(S_n) = S_n^2$이 된다. g는 연속형이기 때문에, 연속사상정리가 적용되고 $g(S_n) \xrightarrow{d} g(Z)$이다. 즉 $S_n^2 \xrightarrow{d} Z^2$이다. 달리 말하면, S_n^2의 분포가 표준정규 확률변수의 제곱 분포, 즉 χ_1^2 분포로 수렴한다는 것이다. 다시 말해 $S_n^2 \xrightarrow{d} \chi_1^2$이다.

표본평균에 기반한 t-통계량에의 적용

중심극한정리, 대수의 법칙, 슬러츠키 정리를 이용해 귀무가설하에서 $Y_1, \ldots, Y_n$이 i.i.d.이고 $0 < E(Y_i^4) < \infty$라면, $\overline{Y}$에 대한 t-통계량이 표준정규분포를 따른다는 것을 증명할 수 있다.

$E(Y_i) = \mu_0$의 귀무가설을 검증할 t-통계량은 식 (3.9)와 (3.11)에 정리되어 있다. 이를 다시 작성하면 다음과 같다.

$$t = \frac{\overline{Y} - \mu_0}{s_Y / \sqrt{n}} = \frac{\sqrt{n}(\overline{Y} - \mu_0)}{\sigma_Y} \div \frac{s_Y}{\sigma_Y} \tag{18.11}$$

여기서 두 번째 등호는 분모와 분자를 동시에 σ_Y로 나누는 트릭을 사용했다.

$Y_1, \ldots, Y_n$은 (4개의 적률을 가진다고 되어 있지만; 연습문제 18.5 참조) 2개의 적률을 가지고 있고 i.i.d.이기 때문에, 식 (18.11)에서 마지막 등호 이후 첫 번째 항은 중심극한정리를 따라야 한다: 귀무가설하에서 $\sqrt{n}(\overline{Y}-\mu_0)/\sigma_Y \xrightarrow{d} N(0,1)$이다. 아울러 $s_Y^2 \xrightarrow{p} \sigma_Y^2$ (부록 3.3에서 증명)이어서, $s_Y^2/\sigma_Y^2 \xrightarrow{p} 1$이 성립하고 식 (18.11)의 두 번째 항에서 비율은 1로 가는 경향이 있다(연습문제 18.4). 이와 같이 식 (18.11) 마지막 등호 이후의 공식은 식 (18.9)의 마지막 표현 방식과 같은 형태를 가진다. 여기서 [식 (18.9)에서 사용한 표현대로라면] $S_n = \sqrt{n}(\overline{Y}-\mu_0)/\sigma_Y \xrightarrow{d} N(0,1)$이고 $a_n = s_Y/\sigma_Y \xrightarrow{d} 1$이다. 이는 슬러츠키 정리를 이용해 $t \xrightarrow{d} N(0,1)$이 된다.

18.3 OLS와 t-통계량의 점근분포

4장에서는 핵심 개념 4.3의 가정(핵심 개념 18.1에서의 첫 세 가지 가정과 동일)하에서 $\hat{\beta}_1$의 OLS 추정량은 일치 추정량이고, $\sqrt{n}(\hat{\beta}_1-\beta_1)$은 점근적으로 정규분포 형태를 가진다. 더군다나 $\beta_1=\beta_{1,0}$의 귀무가설을 검정할 t-통계량은 귀무가설하에서 점근적으로 표준정규분포 형태를 가진다. 이 절에서는 이 결과들을 정리하고 이를 증명하기 위한 추가 사항을 다룬다.

OLS 추정량의 일치성과 점근 정규성

$\hat{\beta}_1$의 대표본 분포는 다음과 같이 핵심 개념 4.4에 이미 정리되어 있다.

$$\sqrt{n}(\hat{\beta}_1-\beta_1) \xrightarrow{d} N\left(0, \frac{\text{var}(v_i)}{[\text{var}(X_i)]^2}\right) \tag{18.12}$$

여기서 $v_i=(X_i-\mu_X)u_i$이다. 이 결과에 대한 증명은 부록 4.3에 스케치되어 있다. 그러나 그 증명은 몇 가지 세부사항을 누락하고 일반적인 형태가 아닌 점근 형태를 보인다. 증명에서 누락된 단계들은 연습문제 18.3으로 남겨두었다.

식 (18.12)가 나타내는 바는 $\hat{\beta}_1$이 일치추정량이라는 것이다(연습문제 18.4).

이분산성 강건 표준오차의 일치성

최소제곱법의 첫 3개의 가정에 따르면, $\hat{\beta}_1$의 이분산성 강건 표준오차는 유효한 통계적 추론의 기초이다. 구체적으로 보면 다음과 같다.

$$\frac{\hat{\sigma}^2_{\hat{\beta}_1}}{\sigma^2_{\hat{\beta}_1}} \xrightarrow{p} 1 \tag{18.13}$$

여기서 $\sigma^2_{\hat{\beta}_1}=\text{var}(v_i)/\{n[\text{var}(X_i)]^2\}$이고 $\hat{\sigma}^2_{\hat{\beta}_1}$은 식 (5.4)에서 정의한 이분산성 강건 표준오차의 제곱이다. 이는 다음과 다시 표현할 수 있다.

$$\hat{\sigma}^2_{\hat{\beta}_1} = \frac{1}{n}\frac{\frac{1}{n-2}\sum_{i=1}^{n}(X_i - \overline{X})^2\hat{u}_i^2}{\left[\frac{1}{n}\sum_{i=1}^{n}(X_i - \overline{X})^2\right]^2} \tag{18.14}$$

식 (18.13)에서의 결과를 보이기 위해, 먼저 $\sigma^2_{\hat{\beta}_1}$과 $\hat{\sigma}^2_{\hat{\beta}_1}$의 정의를 이용해 식 (18.13)의 비율을 다음과 같이 다시 표현할 수 있다.

$$\frac{\hat{\sigma}^2_{\hat{\beta}_1}}{\sigma^2_{\hat{\beta}_1}} = \left[\frac{n}{n-2}\right]\left[\frac{\frac{1}{n}\sum_{i=1}^{n}(X_i - \overline{X})^2\hat{u}_i^2}{\mathrm{var}(v_i)}\right] \div \left[\frac{\frac{1}{n}\sum_{i=1}^{n}(X_i - \overline{X})^2}{\mathrm{var}(X_i)}\right]^2 \tag{18.15}$$

식 (18.15) 우측 3개의 대가로 항들은 각각 확률적으로 1에 수렴하는 것을 보여야 한다. 확실히 첫 번째 항은 1에 수렴하고, 표본 분산(부록 3.3)의 일치성에 의해 마지막 항 역시 1에 수렴한다. 따라서 모두가 수렴한다는 것은 두 번째 항이 1에 수렴한다는 사실, 즉 $\frac{1}{n}\sum_{i=1}^{n}(X_i - \overline{X})^2\hat{u}_i^2 \xrightarrow{p} \mathrm{var}(v_i)$임을 보이면 된다.

$\frac{1}{n}\sum_{i=1}^{n}(X_i - \overline{X})^2\hat{u}_i^2 \xrightarrow{p} \mathrm{var}(v_i)$임을 보이는 증명은 두 단계로 나뉜다. 첫째로 $\frac{1}{n}\sum_{i=1}^{n}v_i^2 \xrightarrow{p} \mathrm{var}(v_i)$임을 보이고, 둘째로 $\frac{1}{n}\sum_{i=1}^{n}(X_i - \overline{X})^2\hat{u}_i^2 - \frac{1}{n}\sum_{i=1}^{n}v_i^2 \xrightarrow{p} 0$임을 보여야 한다.

일단 X_i와 u_i가 8차 적률[즉 $E(X_i^8) < \infty$와 $E(u_i^8) < \infty$]을 가진다고 하자. 이는 세 번째 최소제곱법 가정에서의 4차 적률 가정보다 훨씬 강력한 가정이다. 첫 번째 과정을 보이기 위해, $\frac{1}{n}\sum_{i=1}^{n}v_i^2$이 식 (18.5)에서 대수의 법칙을 따른다는 것을 보여야 한다. 이를 위해 v_i^2는 (두 번째 최소제곱법의 가정에 의해) i.i.d.여야 하고, $\mathrm{var}(v_i^2)$는 유한해야 한다. $\mathrm{var}(v_i^2) < \infty$를 보이기 위해, 코시-슈바르츠(Cauchy-Schwarz) 부등식을 다음과 같이 적용한다(부록 18.2): $\mathrm{var}(v_i^2) \le E(v_i^4) = E[(X_i - \mu_X)^4u_i^4] \le \{E[(X_i - \mu_X)^8]E(u_i^8)\}^{1/2}$. 이와 같이 X_i와 u_i가 8차 적률을 가지고, v_i^2가 유한한 분산을 가지면 식 (18.5)에서 대수의 법칙을 만족하게 된다.

두 번째 단계는 $\frac{1}{n}\sum_{i=1}^{n}(X_i - \overline{X})^2\hat{u}_i^2 - \frac{1}{n}\sum_{i=1}^{n}v_i^2 \xrightarrow{p} 0$을 증명하는 것이다. $v_i = (X_i - \mu_X)u_i$이기 때문에, 두 번째 단계는 다음을 증명하는 것과 같다.

$$\frac{1}{n}\sum_{i=1}^{n}[(X_i - \overline{X})^2\hat{u}_i^2 - (X_i - \mu_X)^2u_i^2] \xrightarrow{p} 0 \tag{18.16}$$

위 결과를 보여주는 것은 $\hat{u}_i = u_i - (\hat{\beta}_0 - \beta_0) - (\hat{\beta}_1 - \beta_1)X_i$라고 두고, 식 (18.16)의 대괄호에 있는 항들을 확장하고, 지속적으로 코시-슈바르츠 부등식을 적용하고, $\hat{\beta}_0$과 $\hat{\beta}_1$의 일치성을 이용하는 것을 수반한다. 계산에 대한 자세한 사항은 연습문제 18.9로 남겨두었다.

앞선 논의에서는 X_i와 u_i가 8차 적률을 가진다고 했다. 그러나 이럴 필요까지는 없어서, $\frac{1}{n}\sum_{i=1}^{n}(X_i - \overline{X})^2\hat{u}_i^2 \xrightarrow{p} \mathrm{var}(v_i)$의 결과를 세 번째 최소제곱 가정에서 했던 바와 같이 X_i와 u_i가 4차 적률을 가진다는 다소 완화된 가정하에서도 증명할 수 있다. 그러나 이 증명은 이 책의 학습 목표 범위를 넘어서기 때문에 관심있는 독자는 Hayashi(2000, 2.5절)을 참조하라.

이분산성 강건 t-통계량의 점근 정규성

가설 $\beta_1 = \beta_{1,0}$을 검정하는 이분산성 강건 OLS의 t-통계량은 최소제곱법의 가정 1~3을 모두 충족한다면 점근적으로 표준정규분포를 가진다.

이분산성 강건 표준오차 $SE(\hat{\beta}_1) = \hat{\sigma}_{\hat{\beta}_1}$을 이용해 구축한 t-통계량은 다음과 같다.

$$t = \frac{\hat{\beta}_1 - \beta_{1,0}}{\hat{\sigma}_{\hat{\beta}_1}} = \frac{\sqrt{n}(\hat{\beta}_1 - \beta_{1,0})}{\sqrt{n\sigma^2_{\hat{\beta}_1}}} \div \sqrt{\frac{\hat{\sigma}^2_{\hat{\beta}_1}}{\sigma^2_{\hat{\beta}_1}}} \tag{18.17}$$

이는 식 (18.12)와 식 (18.17)의 두 번째 등호 다음의 첫 번째 항목이 표준정규분포로 수렴한다는 $\sigma^2_{\hat{\beta}_1}$의 정의에 따른 것이다. 추가적으로, 이분산성 강건 표준오차는 식 (18.13)의 관점에서 일치 추정량이기 때문에 $\sqrt{\hat{\sigma}^2_{\hat{\beta}_1}/\sigma^2_{\hat{\beta}_1}} \xrightarrow{p} 1$이다(연습문제 18.4). 이는 다시 $t \xrightarrow{d} N(0, 1)$의 슬러츠키 방정식을 따른다.

18.4 오차항이 정규분포를 따를 때 정확표본분포

표본의 숫자가 적은 경우, OLS 추정량과 t-통계량의 분포는 설명변수와 회귀오차의 분포에 달려있어 보통 복잡한 경우가 많다. 그러나 5.6절에서 논의한 대로, 회귀오차항이 등분산성을 가지고 정규분포한다고 하면 위 분포는 매우 쉽게 설명이 가능하다. 구체적으로 핵심 개념 18.1의 최소제곱 추정법의 다섯 가지 가정이 모두 참이라면, OLS 추정량은 $X_1, \ldots, X_n$에 대해 정규분포를 가지게 된다. 그리고 t-통계량은 스튜던트-t 분포를 따르게 된다. 이 결과를 이제 $\hat{\beta}_1$에 적용해 살펴보자.

정규 오차항을 가진 $\hat{\beta}_1$의 분포

오차항이 i.i.d. 정규분포하고 설명변수와는 독립적이라고 하면, $X_1, \ldots, X_n$에 따른 $\hat{\beta}_1$의 분포는 $N(\beta_1, \sigma^2_{\hat{\beta}_{1|X}})$이다. 여기서

$$\sigma^2_{\hat{\beta}_{1|X}} = \frac{\sigma^2_u}{\sum_{i=1}^{n}(X_i - \overline{X})^2} \tag{18.18}$$

이다. $X_1, \ldots, X_n$에 따른 정규분포 $N(\beta_1, \sigma^2_{\hat{\beta}_{1|X}})$를 유도하는 것은 (i) 분포가 정규분포라는 것을 보이고, (ii) $E(\hat{\beta}_1 | X_1, \ldots, X_n) = \beta_1$임을 보이고, (iii) 식 (18.18)이 성립함을 보이는 것이다.

먼저 (i)를 증명하기 위해 $X_1, \ldots, X_n$에 따른 $\hat{\beta}_1 - \beta_1$은 $u_1, \ldots, u_n$의 가중평균임을 상기하자.

$$\hat{\beta}_1 = \beta_1 + \frac{\frac{1}{n}\sum_{i=1}^{n}(X_i - \overline{X})u_i}{\frac{1}{n}\sum_{i=1}^{n}(X_i - \overline{X})^2} \tag{18.19}$$

위 방정식은 부록 4.3[식 (4.28)]에서 도출되었고 편의를 위해 여기서 다시 한번 설명했다. 확장된 최소제곱 추정법의 가정 1, 2, 4, 5에 의해 u_i는 i.i.d.이고 $N(0, \sigma_u^2)$을 따르며, u_i와 X_i는 독립적으로 분포해 있다. 정규분포한 확률변수의 가중평균 역시 정규분포하므로 $X_1, \ldots, X_n$에 따른 $\hat{\beta}_1$은 정규분포한다는 것이다.

(ii)의 증명을 위해서는 식 (18.19)의 양변에서 조건부 기댓값을 취한다: $E[(\hat{\beta}_1 - \beta_1) | X_1, \ldots, X_n)] = E[\sum_{i=1}^n (X_i - \overline{X})u_i / \sum_{i=1}^n (X_i - \overline{X})^2 | X_1, \ldots, X_n] = [\sum_{i=1}^n (X_i - \overline{X}) E(u_i | X_1, \ldots, X_n)] / [\sum_{i=1}^n (X_i - \overline{X})^2] = 0$. 여기서 마지막 등호는 $E(u_i|X_1, X_2, \ldots, X_n) = E(u_i | X_i) = 0$이고 가정에 따라 $\sum_{i=1}^n (X_i - \overline{X})^2 \neq 0$이기 때문에 성립한다. 이와 같이 $\hat{\beta}_1$은 조건부로 불편의한 추정량이다. 즉 다음과 같다.

$$E(\hat{\beta}_1 | X_1, \ldots, X_n) = \beta_1 \tag{18.20}$$

(iii)을 증명하기 위해서는 $X_1, \ldots, X_n$에 따른 오차항이 독립적으로 분포해 있다는 사실을 이용해 $\hat{\beta}_1$의 조건부 분산을 식 (18.19)를 이용해 계산해야 한다.

$$\begin{aligned}
\text{var}(\hat{\beta}_1 | X_1, \ldots, X_n) &= \text{var}\left[\frac{\sum_{i=1}^n (X_i - \overline{X})u_i}{\sum_{i=1}^n (X_i - \overline{X})^2} \Bigg| X_1, \ldots, X_n \right] \\
&= \frac{\sum_{i=1}^n (X_i - \overline{X})^2 \text{var}(u_i | X_1, \ldots, X_n)}{\left[\sum_{i=1}^n (X_i - \overline{X})^2 \right]^2} \\
&= \frac{\sigma_u^2 \sum_{i=1}^n (X_i - \overline{X})^2}{\left[\sum_{i=1}^n (X_i - \overline{X})^2 \right]^2}
\end{aligned} \tag{18.21}$$

식 (18.21)의 마지막 줄 분자에서 항을 제거하면 식 (18.18)의 조건부 분산 공식이 도출된다.

등분산성 전용 t-통계량의 분포

$\beta_1 = \beta_{1,0}$의 귀무가설을 검정하기 위한 등분산성 전용 t-통계량은 다음과 같다.

$$t = \frac{\hat{\beta}_1 - \beta_{1,0}}{SE(\hat{\beta}_1)} \tag{18.22}$$

여기서 $SE(\hat{\beta}_1)$은 $\hat{\beta}_1$의 등분산성 전용 표준오차를 이용해 계산된다. $SE(\hat{\beta}_1)$의 공식[부록 5.1의 식 (5.29)]을 식 (18.22)에 대입하면 다음과 같이 정리된다.

$$t = \frac{\hat{\beta}_1 - \beta_{1,0}}{\sqrt{s_{\hat{u}}^2 / \sum_{i=1}^{n}(X_i - \overline{X})^2}} = \frac{\hat{\beta}_1 - \beta_{1,0}}{\sqrt{\sigma_u^2 / \sum_{i=1}^{n}(X_i - \overline{X})^2}} \div \sqrt{\frac{s_{\hat{u}}^2}{\sigma_u^2}}$$
$$= \frac{(\hat{\beta}_1 - \beta_{1,0}) / \sigma_{\hat{\beta}_1|X}}{\sqrt{W/(n-2)}} \tag{18.23}$$

여기서 $s_{\hat{u}}^2 = \frac{1}{n-2}\sum_{i=1}^{n}\hat{u}_i^2$이고 $W = \sum_{i=1}^{n}\hat{u}_i^2 / \sigma_u^2$이다. 귀무가설하에서 $\hat{\beta}_1$은 $X_1, \ldots, X_n$에 대해 $N(\beta_{1,0}, \sigma_{\hat{\beta}_1|X}^2)$의 분포를 가진다. 그러므로 식 (18.23)에서 마지막 줄 분자항의 분포는 $N(0,1)$이 된다. W가 $n-2$ 자유도를 가진 카이제곱 분포를 따르고 W가 식 (18.23)의 분자항에서 표준화된 OLS 추정량과 독립적으로 분포해 있다는 것을 19.4절에서 소개한다. 스튜던트 t 분포의 정의(부록 18.1)에 따르면 5개의 확장된 최소제곱법 가정에서 등분산성 전용 t-통계량은 $n-2$자유도를 갖는 스튜던트 t 분포를 갖는다.

자유도 조정은 무엇을 위한 것인가? $s_{\hat{u}}^2$에서의 자유도 조정은 $s_{\hat{u}}^2$이 σ_u^2의 불편 추정량이 되는 것과 오차가 정규분포할 때 t-통계량이 스튜던트 t 분포를 따른다는 것을 보장해준다.

$W = \sum_{i=1}^{n}\hat{u}_i^2 / \sigma_u^2$가 자유도 $n-2$를 가진 카이제곱 확률변수이기 때문에, 그 평균은 $E(W) = n-2$이다. 이에 따라 $E[W/(n-2)] = (n-2)/(n-2) = 1$이다. W를 다시 정리하면 $E(\frac{1}{n-2}\sum_{i=1}^{n}\hat{u}_i^2) = \sigma_u^2$이다. 이와 같이 자유도 조정은 $s_{\hat{u}}^2$을 σ_u^2의 불편 추정량이 되도록 한다. 또한 n이 아니라 $n-2$로 나눔으로써 식 (18.23)의 마지막 분모에 있는 항들이 부록 18.1의 스튜던트 t 분포에 따른 확률변수의 정의와 매치가 된다. 즉 표준오차를 계산하기 위해 자유도를 조정함으로써, 오차가 표준분포할 때 t-통계량은 스튜던트 t 분포를 따르게 된다.

18.5 가중최소제곱법

확장된 최소제곱법 가정 중 첫 네 개에 의해, OLS 추정량은 $X_1, \ldots, X_n$에 대해 $Y_1, \ldots, Y_n$의 선형 불편 추정량 중에서 가장 효율적이다. 다시 말해 OLS 추정량은 최소분산선형불편추정량(BLUE)이다. 이 결과는 5.5절에서 논의했고, 부록 5.2에서 증명한 가우스-마르코프 정리에 의한 것이다. 가우스-마르코프 정리는 OLS 추정량을 사용하는 데 있어 이론적인 정당성을 부여한다. 가우스-마르코프 정리의 주요 한계점은 이 정리가 등분산성 오차가 필요하다는 것이다. 실증 문제에서 자주 마주하듯이 오차들은 이분산성인 경우가 많고 이 경우 가우스-마르코프 정리가 성립하지 않으며, OLS는 더 이상 BLUE가 아니게 된다.

이 절에서는 OLS 추정량을 일부 수정해 **가중최소제곱법**(weighted least squares, WLS)을 소개한다. 이 추정량은 오차가 이분산성일 때 OLS보다 더 효율적이다.

WLS는 조건부 분산함수 $\text{var}(u_i|X_i)$에 대한 지식이 약간 필요하다. 다음 두 가지 경우를 고려해보자. 첫 번째는 $\text{var}(u_i|X_i)$의 비례 계수까지만 알려진 경우로 이때 WLS는 BLUE이다. 두 번째는 $\text{var}(u_i|X_i)$의 함수 형태가 알려진 경우이다. 그러나 이 함수 형태는 추정할 수 없는 미지의 모수를 일부 가지고 있다. 몇 가지 추가적인 조건이 있다면, 이 경우에 WLS의

점근 분포는 조건부 분산함수의 모수들이 실제로 알려진 것과 같게 된다. 이런 점에서 WLS 추정량은 점근적으로 BLUE가 된다. 이 절은 WLS를 이용해 이분산성을 다루는 점, 다른 말로 이분산성 강건 표준오차의 장점과 단점을 실증적으로 논의한다.

이분산성이 알려진 경우의 WLS

조건부 분산 $\text{var}(u_i|X_i)$가 비례 계수만큼 알려져 있다고 하자. 즉 다음과 같다.

$$\text{var}(u_i \mid X_i) = \lambda h(X_i) \tag{18.24}$$

여기서 λ는 상수이고 h는 알려진 함수이다. 이 경우, WLS 추정량은 종속변수와 회귀항들을 h의 제곱근으로 나누고 OLS를 이용해 이 수정된 회귀항에 대해서 종속변수를 대상으로 회귀식을 추정한 것이다. 조금 더 자세하게 말하면, 다음과 같이 단일변수 회귀모형의 양쪽 항을 $\sqrt{h(X_i)}$로 나눈 것이다.

$$\widetilde{Y}_i = \beta_0\widetilde{X}_{0i} + \beta_1\widetilde{X}_{1i} + \widetilde{u}_i \tag{18.25}$$

여기서 $\widetilde{Y}_i = Y_i/\sqrt{h(X_i)}$, $\widetilde{X}_{0i} = 1/\sqrt{h(X_i)}$, $\widetilde{X}_{1i} = X_i/\sqrt{h(X_i)}$, $\widetilde{u}_i = u_i/\sqrt{h(X_i)}$이다.

WLS 추정량(WLS estimator)은 식 (18.25)에서 β_1의 OLS 추정량이다. 즉 이 추정량은 $\widetilde{X}_{0i}$와 $\widetilde{X}_{1i}$에 대해서 $\widetilde{Y}_i$의 OLS회귀식 결과로 얻은 추정량이다. 여기서 $\widetilde{X}_{0i}$의 회귀 계수는 가중치가 없는 회귀모형에서 절편으로 여겨지는 것이다.

핵심 개념 18.1 최소제곱법의 첫 세 개 가정에 식 (18.24)에서 알려진 이분산성 가정을 모두 다 합친 상황하에서, WLS는 BLUE이다. 그 이유는 변수에 가중치를 부여하게 되면 가중 회귀식에서 오차항 $\widetilde{u}_i$가 등분산성을 갖기 때문이다. 즉 다음과 같다.

$$\text{var}(\widetilde{u}_i \mid X_i) = \text{var}\left[\frac{u_i}{\sqrt{h(X_i)}} \,\middle|\, X_i\right] = \frac{\text{var}(u_i \mid X_i)}{h(X_i)} = \frac{\lambda h(X_i)}{h(X_i)} = \lambda \tag{18.26}$$

따라서 $\widetilde{u}_i$의 조건부 분산 $\text{var}(\widetilde{u}_i|X_i)$는 일정하다. 그러므로 최소제곱법의 첫 네 개 가정을 식 (18.25)에 적용할 수 있다. 엄밀히 말해서, 상수항 계수인 β_0을 포함하는 식 (18.1)을 위한 가우스-마르코프 정리는 부록 5.2에 증명했는데, 이는 상수항 계수가 $\beta_0\widetilde{X}_{0i}$로 대체된 식 (18.25)에 적용할 수는 없다. 그러나 가우스-마르코프 정리를 다중회귀모형을 위해 확장 (19.5절)하면 식 (18.25) 같은 가중 모집합 회귀모형에서 β_1추정에 사용할 수 있다. 같은 이유로, 식 (18.25)에서 β_1의 OLS 추정량, 즉 β_1의 WLS 추정량은 BLUE이다.

실증 분석에서 함수 h는 주로 알려져 있지 않다. 그렇기 때문에 식 (18.25)에서의 가중변수나 WLS 추정량이나 모두 계산할 수 없다. 그런 이유로 여기서 설명한 WLS 추정량은 종종 **실행 불가능한** WLS(infeasible WLS) 추정량이라고도 한다. WLS를 실증 분석에서 사용하려면 함수 h는 반드시 추정되어야 하고, 이 외에 대한 논의는 추후에 다시 하겠다.

알려진 함수 형태의 이분산성을 따르는 WLS

만약 등분산성이 알려진 함수 형태를 가지고 있다면, 이분산성 함수 h를 추정할 수 있다. 그리고 WLS 추정량은 이 함수를 이용해 계산할 수 있다.

예제 1: u의 분산이 X의 2차 함수 형태인 경우 조건부 분산이 2차 함수라고 알려져 있다고 하자.

$$\mathrm{var}(u_i \mid X_i) = \theta_0 + \theta_1 X_i^2 \tag{18.27}$$

여기서 θ_0과 θ_1은 알려져 있지 않은 모수이고, $\theta_0 > 0$, $\theta_1 \geq 0$이다.

θ_0과 θ_1은 알려져 있지 않기 때문에 가중치 변수 $\widetilde{Y}_i$, $\widetilde{X}_{0i}$, $\widetilde{X}_{1i}$를 구성하는 것은 불가능하다. 그러나 θ_0과 θ_1은 추정이 가능하고 이 추정량을 이용해 $\mathrm{var}(u_i|X_i)$의 추정량을 계산할 수 있다. $\hat{\theta}_0$과 $\hat{\theta}_1$은 θ_0과 θ_1의 추정량이라 하면, $\widehat{\mathrm{var}}(u_i \mid X_i) = \hat{\theta}_0 + \hat{\theta}_1 X_i^2$이다. 가중치 회귀식은 $\hat{\widetilde{Y}}_i = Y_i / \sqrt{\widehat{\mathrm{var}}(u_i \mid X_i)}, \hat{\widetilde{X}}_{0i} = 1/\sqrt{\widehat{\mathrm{var}}(u_i \mid X_i)}$, $\hat{\widetilde{X}}_{0i} = X_{1i}/\sqrt{\widehat{\mathrm{var}}(u_i \mid X_i)}$이다. WLS 추정량은 $\hat{\widetilde{X}}_{0i}$와 $\hat{\widetilde{X}}_{1i}$에 대해서 $\hat{\widetilde{Y}}_i$를 회귀한 ($\beta_0\hat{\widetilde{X}}_{0i}$가 β_0 대신 들어간) 모형의 회귀 계수에 대한 OLS 추정량과 같다.

이 추정량을 시행하기 위해서는 조건부 분산함수를 추정하는 것이 필요하다. 즉 식 (18.27)에서의 θ_0과 θ_1을 추정해야 하는 것이다. θ_0과 θ_1의 일치 추정량을 구하는 한 가지 방법은 OLS를 이용해 $\hat{u}_i^2$를 X_i^2에 대해 회귀모형을 돌려보는 것이다. 여기서 $\hat{u}_i^2$는 i번째 OLS 잔차의 제곱항이다.

조건부 분산이 식 (18.27)에서와 같은 형태를 가지고 있다고 하고, $\hat{\theta}_0$과 $\hat{\theta}_1$은 θ_0과 θ_1의 일치 추정량이라고 하자. 핵심 개념 18.1에서 가정 1부터 3까지와 θ_0과 θ_1이 추정되어 있기 때문에 떠오르는 추가적인 조건부 적률하에, WLS 추정량의 점근 분포는 θ_0과 θ_1이 알려져 있는 것과 동일하게 된다. 이와 같이 추정된 θ_0, θ_1과 함께하는 WLS 추정량은 실행 불가능한 WLS 추정량과 동일한 점근 분포를 가지며, 이런 점에서 점근적으로 BLUE이기도 하다.

WLS의 방법이 조건부 분산함수의 미지의 모수를 추정하는 방식으로 이루어지기 때문에, 이 방법은 **실행 가능한** WLS(feasible WLS) 혹은 **추정된** WLS(estimated WLS)라고 한다.

예제 2: 분산이 제3의 변수에 의존하는 경우 조건부 분산이 제3의 변수 W_i에 의존할 때도 WLS를 사용할 수 있다. 여기서 W_i는 회귀식에서는 나타나지 않는 변수이다. 구체적으로, 세 가지 변수 Y_i, X_i, W_i, $i = 1, \ldots, n$에 대한 데이터가 있다고 하자. 모집단 회귀함수는 X_i에는 의존하지만 W_i에는 아니라고 하고, 조건부 분산은 W_i에 의존하지만 X_i에는 그렇지 않다고 하자. 즉 모집단 회귀함수는 $E(Y_i|X_i, W_i) = \beta_0 + \beta_1 X_i$이고 조건부 분산 $\mathrm{var}(u_i|X_i, W_i) = \lambda h(W_i)$이다. 여기서 λ는 상수항이고 h는 추정된 함수이다.

예를 들어 어떤 연구자가 주별 실업률과 주의 경제 정책 변수(X_i)의 관계를 모형화하고 싶어 한다고 하자. 그러나 측정된 실업률(Y_i)은 참인 실업률(Y_i^*)에 대한 조사를 바탕으로 한 추정된 값에 불과하다. 그렇기에 Y_i는 Y_i^*를 오차를 포함해서 추정한 것이다. 여기서 오차의 원인은 무작위로 조사된 오차로서, $Y_i = Y_i^* + v_i$가 되고, 여기서 v_i는 조사에서 발생한 측정 오차인 것이다. 이 예제에서, 조사한 표본크기 W_i는 실업률의 진짜 상태의 결정요소들은 아니다. 이와 같이 모회귀함수는 W_i에 의존하지 않는다. 즉 $E(Y_i^*|X_i, W_i) = \beta_0 + \beta_1 X_i$이다. 그렇기 때문에 다음과 같은 두 식을 가질 수 있다.

$$Y_i^* = \beta_0 + \beta_1 X_i + u_i^* \tag{18.28}$$

$$Y_i = Y_i^* + v_i \tag{18.29}$$

여기서 식 (18.28)은 개별 주의 경제 정책 변수와 진짜 주별 실업률의 관계를 나타내고, 식 (18.29)는 측정된 실업률 Y_i와 진짜 주별 실업률 Y_i^*의 관계를 나타내는 것이다.

식 (18.28)과 (18.29)에서의 모형으로부터 오차항의 조건부 분산이 W_i에 의존하지 X_i에는 아닌 모회귀식을 도출할 수 있다. 식 (18.28)에서 오차항 u_i^*는 이 회귀식에서 누락된 요인들을 나타내는 반면, 식 (18.29)에서의 오차항 v_i는 실업률 조사에서 나타날 수 있는 측정 오차를 나타낸다. 만약 u_i^*가 등분산성이면, $\text{var}(u_i^* | X_i, W_i) = \sigma_{u^*}^2$은 상수이다. 그러나 조사 오차 분산은 조사 표본크기 W_i에 역으로 의존하고 있다. 즉 $\text{var}(v_i | X_i, W_i) = a/W_i$이고 여기서 a는 상수이다. v_i가 임의적인 조사 오차이기 때문에, u_i^*와 연관이 없다는 것을 손쉽게 가정할 수 있다. 그러므로 $\text{var}(u_i^* + v_i | X_i, W_i) = \sigma_{u^*}^2 + a/W_i$이다. 이와 같이 식 (18.28)을 식 (18.29)에 대입하면 이분산성을 가진 다음과 같은 회귀모형을 도출할 수 있다.

$$Y_i = \beta_0 + \beta_1 X_i + u_i \tag{18.30}$$

$$\text{var}(u_i | X_i, W_i) = \theta_0 + \theta_1\left(\frac{1}{W_i}\right) \tag{18.31}$$

여기서 $u_i = u_i^* + v_i$, $\theta_0 = \sigma_{u^*}^2$, $\theta_1 = a$, $E(u_i | X_i, W_i) = 0$이다.

θ_0과 θ_1이 알려져 있다면, 식 (18.31)의 조건부 분산함수는 WLS로 β_0과 β_1을 추정하는 데 사용될 것이다. 이 예제에서 θ_0과 θ_1은 알려져 있지 않지만 [식 (18.30)의 OLS 추정으로부터 얻은] OLS 잔차의 제곱항을 $1/W_i$에 대해서 회귀함으로써 이들을 추정할 수 있다. 추정된 조건부 분산함수는 실행 가능한 WLS의 가중치를 작성하는 데 사용할 수 있다.

$E(u_i | X_i, W_i) = 0$이 매우 중요함을 강조할 필요가 있다. 만약 그렇지 않다면, 가중된 오차는 0이 아닌 조건부 평균을 가지게 되고, WLS는 일치 추정량이 될 수 없다. 달리 말하면, 만약 W_i가 사실 Y_i의 결정요소이면, 식 (18.30)은 X_i와 W_i를 둘 다 포함하는 다중회귀식을 고려해야 한다.

실행 가능한 WLS의 일반적인 방법 일반적으로 실행 가능한 WLS는 다음 다섯 가지 과정을 거친다.

1. OLS를 이용해 X_i에서 Y_i를 회귀하고, OLS 잔차 $\hat{u}_i$, $i = 1, \ldots, n$을 얻는다.
2. 조건부 분산함수 $\text{var}(u_i | X_i)$의 모형을 추정한다. 예를 들어 만약 조건부 분산함수가 식 (18.27)에서와 같은 형태를 가지면, 이는 X_i^2에서 $\hat{u}_i^2$를 회귀하는 것이다. 일반적으로 이 단계에서는 조건부 분산 $\text{var}(u_i | X_i)$의 함수를 추정하게 된다.
3. 추정된 함수를 이용해 조건부 분산함수 $\widehat{\text{var}}(u_i | X_i)$의 예측치를 계산한다.
4. 종속변수와 설명변수(절편 포함)에 추정된 조건부 분산함수 제곱근의 역수로 가중치를 부여한다.
5. OLS를 이용해 가중치 회귀식의 계수들을 추정하고, 이렇게 추정된 값은 WLS 추정량이 된다.

u의 분산이 X 이외의 변수에 의존한다면(예제 2의 W처럼), 두 번째와 세 번째 단계는 이에 맞게 조정되어야 한다.

회귀식을 다루는 통계 패키지는 보통 여기서 네 번째와 다섯 번째 단계를 자동화해주는 WLS 옵션이 포함되어 있다.

이분산성 강건 표준오차 혹은 WLS?

이분산성을 다루는 방법에는 두 가지가 있다. β_0과 β_1을 WLS로 추정하거나 β_0과 β_1을 OLS로 추정한 다음에 이분산성 강건 표준오차를 사용하는 것이다. 실제 데이터를 다룰 때 어떤 방법을 사용하느냐는 장단점을 각각 따져봐야 한다.

WLS의 장점은 OLS 추정량을 사용하는 것보다 적어도 점근적으로는 더 효율적이라는 것이다. WLS의 단점은 조건부 분산함수를 알아야 하고 이들의 모수들을 추정해야 한다는 것이다. 조건부 분산함수가 식 (18.27)에서처럼 2차 함수 형식을 가지고 있으면 이런 과정은 어렵지 않다. 그러나 실증 분석에서 조건부 분산함수의 형태는 거의 알 수가 없다. 더군다나, 함수 형태가 부정확하다면, WLS 회귀 결과를 통해 계산한 표준오차는 잘못된 통계적 추론(검정의 크기가 잘못될 수 있다)을 유도할 수 있다는 점에서 유효하지 못하다.

이분산성 강건 표준오차의 장점은 조건부 분산함수의 형태를 모른다고 하더라도 점근적으로 올바른 추론을 이끌어낼 수 있다는 것이다. 추가적인 장점으로 이분산성 강건 표준오차는 대부분의 통계 패키지에서 손쉽게 계산할 수 있도록 되어 있어, 이분산성에 대한 위협을 제거하기 위해 추가적인 노력이 별로 들지 않는다. 이분산성 강건 표준오차의 단점은 OLS 추정량이 (참인 조건부 분산함수 아래) WLS 추정량보다 큰 분산을 가질 수 있다는 것이다.

실증 분석에서 $\text{var}(u_i|X_i)$의 함수 형태는 거의 알려져 있지 않기에 WLS를 사용하는 데 있어 큰 문제가 된다. 이는 단일변수 문제에서도 충분히 어려운 문제인데, 다중변수 문제에서 조건부 분산함수의 형태를 아는 것은 더더욱 힘들어지게 된다. 그런 이유로 WLS를 실제로 사용하는 것은 큰 도전과제가 된다. 이와 반대로 보통 통계 패키지에서는 이분산성 강건 표준오차를 사용하는 것이 매우 간단하고, 그 결과를 이용한 추론들도 일반적인 조건하에서는 충분히 믿을 만하다. 특히 이분산성 강건 표준오차는 조건부 분산의 함수 형태를 특정화할 필요 없이 사용할 수 있다는 것이다. 이런 이유로, WLS의 이론적인 면이 매력적이라고 할지라도 이분산성 강건 표준오차가 대부분의 응용문제에서 잠재적인 이분산성 문제를 다루는 데 더 나은 방법으로 보인다.[1]

요약

1. 핵심 개념 18.1의 최소제곱법의 첫 세 가지 가정이 성립한다면, 이분산성 강건 표준오차의 일치성과 함께 OLS 추정량의 점근적인 정규성은 귀무가설하에서 이분산성 강건 t-통계량이 점근

1 이 장은 단일 처치 효과인 β_1의 경우만 살펴보았다. 이질적인 처치 효과를 고려하면 WLS는 더욱 복잡하게 된다. 처치 효과 X가 무작위로 시행되었고 관측치(실험 대상)는 모집단으로부터 무작위로 선택되었다고 하자(핵심 개념 18.1의 가정 2). 그렇다면 OLS는 평균 인과효과의 일치 추정량이 되지만, WLS는 그렇지 못하다(연습문제 18.13).

적으로 표준정규분포를 따른다는 것을 의미한다.

2. 회귀 오차가 i.i.d.이고 정규분포를 따르면, $\hat{\beta}_1$은 정확히 표본정규분포를 따른다. 아울러 귀무가설하에서 등분산성 전용 t-통계량은 정확히 t_{n-2} 스튜던트 t 분포를 따른다.

3. WLS 추정량은 가중치를 적용한 회귀모형에 OLS를 적용한 것이다. 여기서 모든 변수는 조건부 분산 $\text{var}(u_i|X_i)$ 혹은 그 추정량 역수의 제곱근으로 가중된 값들이다. 비록 WLS 추정량은 OLS 추정량보다 점근적으로 효율적이지만, WLS를 사용하기 위해서는 조건부 분산함수의 정확한 형태를 알고 있어야 하고, 이는 훨씬 어려운 사항들을 요구하는 것이다.

핵심 용어

가중최소제곱법 weighted least squares, WLS
분포 수렴 convergence in distribution
슬러츠키 정리 Slutsky's theorem
실행 가능한 WLS feasible WLS
실행 불가능한 WLS infeasible WLS
연속사상정리 continuous mapping theorem
이변량 정규확률밀도함수 bivariate normal p.d.f.
일치 추정량 consistent estimator
점근분포 asymptotic distribution
정규확률밀도함수 normal probability density function, p.d.f.
확률 수렴 convergence in probability
WLS 추정량 WLS estimator

복습문제

18.1 핵심 개념 18.1의 네 번째 가정은 참이지만 대표본에서 이분산성 강건 표준오차를 사용해 β_1에 대한 95% 신뢰구간을 작성한다고 하자. 충분히 큰 n에 대해서 반복해 추출한 표본들에서 95%가 β_1의 참값을 포함할 것이라는 의미에서 이 신뢰구간은 점근적으로 유효하다고 할 수 있는가? 반대로 핵심 개념 18.1의 네 번째 가정이 거짓이라고 하고 대표본에서 이분산성 강건 표준오차를 사용해 β_1에 대한 95% 신뢰구간을 작성한다고 하자. 이 신뢰구간은 점근적으로 유효할 것인가?

18.2 A_n은 확률적으로 3으로 수렴하는 확률변수의 수열이라고 하자. B_n은 표준정규분포로 분포수렴하는 확률변수의 수열이라고 하자. A_nB_n의 점근분포는 무엇인가? 점근분포를 이용해 $\Pr(A_nB_n < 2)$의 근삿값을 계산하라.

18.3 Y와 X가 회귀식 $Y = 1.0 + 2.0X + u$로 연관되어 있다고 하자. 연구자가 $0 \leq X \leq 20$이고 $0 \leq x \leq 10$에 대해서 조건부 분산 $\text{var}(u_i | X_i = x) = 1$이고 $10 < x \leq 20$에 대해서 $\text{var}(u_i|X_i = x) = 16$인 Y와 X를 관찰했다. $i = 1, \ldots, n$에 대해서 (X_i, Y_i) 관측치에 대한 가설적인 산포도를 작성하라. WLS는 관측치 $x \leq 10$ 혹은 $x > 10$ 중 어느 쪽에 더 높은 가중치를 부여하는가? 이유는 무엇인가?

18.4 WLS를 사용하는 대신, 위 문제에 대해서 연구자들은 $x \leq 10$인 관측치에 대해서 OLS 추정량을 계산하고, $x > 10$ 관측치에 대해서 OLS 추정량을 계산한 다음에 두 OLS 추정량의 평균을 사용했다. 이 추정량은 WLS보다 더 효율적인가?

연습문제

18.1 절편이 없는 다음과 같은 회귀모형을 고려하자: $Y_i = \beta_1 X_i + u_i$(즉 절편 β_0의 참값은 0이다).

a. 축약 회귀모형 $Y_i = \beta_1 X_i + u_i$의 β_1의 최소제곱 추정량을 도출하라. 이는 β_1의 축약 최소제곱추정량($\hat{\beta}_1^{RLS}$)이 된다. 왜냐하면 $\beta_0 = 0$이라는 제한사항하에서 추정되었기 때문이다.

b. 핵심 개념 18.1의 가정 1~3이 성립할 때 $\hat{\beta}_1^{RLS}$의 점근분포를 도출하라.

c. 핵심 개념 18.1의 가정 1과 2가 성립할 때, $\hat{\beta}_1^{RLS}$가 선형임을 밝히고[식 (5.24)], 조건부로 불편의함을 밝혀라[식 (5.25)]

d. 가우스-마르코프 조건(핵심 개념 18.1의 가정 1~4)하에서 $\hat{\beta}_1^{RLS}$의 조건부 분산을 도출하라.

e. 가우스-마르코프 조건하에서 (절편을 포함한 회귀식에서) β_1의 OLS 추정량의 조건부 분산과 (d)에서의 $\hat{\beta}_1^{RLS}$의 조건부 분산을 비교하라.

f. 핵심 개념 18.1의 가정 1~5하에서 $\hat{\beta}_1^{RLS}$의 정확한 표본 분포를 도출하라.

g. 추정량 $\widetilde{\beta}_1 = \sum_{i=1}^{n} Y_i / \sum_{i=1}^{n} X_i$를 고려하자. 가우스-마르코프 조건하에서 $\text{var}(\widetilde{\beta}_1 | X_1, \ldots, X_n) - \text{var}(\hat{\beta}_1^{RLS} | X_1, \ldots, X_n)$을 다시 표현하고, 그 표현된 식을 이용해 $\text{var}(\widetilde{\beta}_1 | X_1, \ldots, X_n) \geq \text{var}(\hat{\beta}_1^{RLS} | X_1, \ldots, X_n)$임을 밝혀라.

18.2 (X_i, Y_i)가 i.i.d.이고 유한한 4차 적률을 가지고 있다고 하자. 표본 공분산이 모집단 공분산의 일치 추정량임을, 즉 $s_{XY} \xrightarrow{p} \sigma_{XY}$임을 밝혀라. 여기서 s_{XY}는 식 (3.24)에 정의되어 있다. [힌트: 부록 3.3과 코시-슈바르츠(Cauchy-Schwarz) 부등식에서 설명한 전략을 이용하라.]

18.3 이번 문제는 부록 4.3에서 나타난 바와 같이 $\hat{\beta}_1$의 점근분포를 도출하기 위한 것이다.

a. 식 (18.19)를 이용해 다음을 도출하라.

$$\sqrt{n}(\hat{\beta}_1 - \beta_1) = \frac{\sqrt{\frac{1}{n}}\sum_{i=1}^{n} v_i}{\frac{1}{n}\sum_{i=1}^{n}(X_i - \overline{X})^2} - \frac{(\overline{X} - \mu_X)\sqrt{\frac{1}{n}}\sum_{i=1}^{n} u_i}{\frac{1}{n}\sum_{i=1}^{n}(X_i - \overline{X})^2}$$

여기서 $v_i = (X_i - \mu_X)u_i$이다.

b. 중심극한정리와 대수의 법칙, 슬러츠키 정리를 이용해 (a)의 마지막 항이 확률적으로 0에 수렴함을 밝혀라.

c. 코시-슈바르츠 부등식과 핵심 개념 18.1의 세 번째 최소제곱법 가정을 이용해 $\text{var}(v_i) < \infty$를 증명하라. $\sqrt{\frac{1}{n}}\sum_{i=1}^{n} v_i / \sigma_v$는 중심극한정리를 만족하는가?

d. 중심극한정리와 슬러츠키 정리를 응용해 식 (18.12)의 결과를 도출하라.

18.4 다음 결과를 밝혀라.

a. $\sqrt{n}(\hat{\beta}_1 - \beta_1) \xrightarrow{d} N(0, a^2)$이 $\hat{\beta}_1$이 일치 추정량임을 의미함을 밝혀라. 여기서 a^2은 상수이다. (힌트: 슬러츠키 정리를 이용하라.)

b. $s_u^2/\sigma_u^2 \xrightarrow{p} 1$이 $s_u/\sigma_u \xrightarrow{p} 1$임을 밝혀라.

18.5 W가 $E(W^4) < \infty$인 확률변수라고 하자. $E(W^2) < \infty$임을 밝혀라.

18.6 $\hat{\beta}_1$이 조건부로 불편 추정량임을 보이고, 무조건부로 불편 추정량임을 보여라. 즉 만약 $E(\hat{\beta}_1 | X_1, \ldots, X_n) = \beta_1$이면, $E(\hat{\beta}_1) = \beta_1$임을 보여라.

18.7 X와 u가 연속형 확률변수이고 (X_i, u_i), $i = 1, \ldots, n$이 i.i.d.라고 가정하자.

a. (u_i, u_j, X_i, X_j)의 결합 확률밀도함수가 $i \neq j$인 $f(u_i, X_i)\, f(u_j, X_j)$로 표현할 수 있음을 밝혀라. 여기서 $f(u_i, X_i)$는 u_i와 X_i의 결합 확률밀도함수이다.

b. $i \neq j$에 대해서 $E(u_i u_j | X_i, X_j) = E(u_i | X_i) E(u_j | X_j)$를 밝혀라.

c. $E(u_i | X_1, \ldots, X_n) = E(u_i | X_i)$를 밝혀라.

d. $i \neq j$에 대해서 $E(u_i u_j | X_1, X_2, \ldots, X_n) = E(u_i | X_i) E(u_j | X_j)$를 밝혀라.

18.8 핵심 개념 18.1의 회귀모형을 고려하고, 가정 1, 2, 3, 5가 성립한다고 하자. 네 번째 가정이 $\text{var}(u_i | X_i) = \theta_0 + \theta_1 |X_i|$로 대체되었다고 하자. 여기서 $|X_i|$는 X_i의 절댓값이고, $\theta_0 > 0$, $\theta_1 \geq 0$이다.

a. β_1의 OLS 추정량은 BLUE인가?

b. θ_0과 θ_1이 알려져 있다고 하자. β_1의 BLUE 추정량은 무엇인가?

c. $X_1, \ldots, X_n$에 조건부로 OLS 추정량 $\hat{\beta}_1$의 정확한 표본 분포를 도출하라.

d. $X_1, \ldots, X_n$에 조건부로 β_1의 (θ_0과 θ_1이 알려져 있다고 하고) WLS 추정량의 정확한 표본 분포를 도출하라.

18.9 핵심 개념 18.1의 가정 1과 2, X_i와 u_i가 8개의 적률을 갖는다는 가정하에 식 (18.16)을 증명하라.

18.10 $\hat{\theta}$을 모수 θ의 추정량이라고 하자. $\hat{\theta}$은 아마 편의가 있을 수 있다. 만약 $n \longrightarrow \infty$일수록 $E[(\hat{\theta} - \theta)^2] \longrightarrow 0$(즉 $\hat{\theta}$의 평균제곱오차가 0으로 근접한다)라면, $\hat{\theta} \xrightarrow{p} \theta$임을 밝혀라. [힌트: $W = \hat{\theta} - \theta$로 하고 식 (18.43)을 이용하라.]

18.11 X와 Y가 식 (18.38)에서와 같이 이변량 정규분포를 따르고 있다고 하자.

a. 주어진 $X = x$에 대한 Y의 분포가 다음과 같음을 밝혀라.

$$f_{Y|X=x}(y) = \frac{1}{\sigma_{Y|X}\sqrt{2\pi}} \exp\left[-\frac{1}{2}\left(\frac{y - \mu_{Y|X}}{\sigma_{Y|X}}\right)^2\right]$$

여기서 $\sigma_{Y|X} = \sqrt{\sigma_Y^2(1 - \rho_{XY}^2)}$이고 $\mu_{Y|X} = \mu_Y + (\sigma_{XY} | \sigma_X^2)(x - \mu_X)$이다. [힌트: 조건부 확률밀도, 함수 $f_{Y|X=x}(y) = g_{X,Y}(x, y)/f_X(x)$의 정의를 이용하라. 여기서 $g_{X,Y}$는 X와 Y의 결합밀도함수이고 f_X는 X의 한계밀도함수이다.]

b. (a)의 결과를 이용해 $Y | X = x \sim N(\mu_{Y|X}, \sigma_{Y|X}^2)$를 밝혀라.

c. (b)의 결과를 이용해 적절하게 선택된 상수 a와 b에 대해서 $E(Y | X = x) = a + bx$임을 밝혀라.

18.12 a. $u \sim N(0, \sigma_u^2)$이라고 하자. $E(e^u) = e^{\frac{1}{2}\sigma_u^2}$을 밝혀라.

b. 주어진 $X = x$에 대해서 u의 조건부 분포가 $N(0, a + bx^2)$이라고 하자. 여기서 a와 b는 모두 양의 상수이다. $E(e^u | X = x) = e^{\frac{1}{2}(a + bx^2)}$임을 밝혀라.

18.13 이종회귀모형 $Y_i = \beta_{0i} + \beta_{1i}X_i + u_i$를 고려하자. 여기서 β_{0i}와 β_{1i}는 변수에 따라 달라지는 확률변수이다. $E(u_i | X_i) = 0$이고 (β_{0i}, β_{1i})가 X_i와는 독립적으로 분포하고 관측치는 모집단으로부터 임의 추출된다고 하자.

a. $\hat{\beta}_1^{OLS}$은 식 (18.2)에서 주어진 바와 같이 β_1의 OLS 추정량이다. $\hat{\beta}_1^{OLS} \xrightarrow{p} E(\beta_1)$임을 밝혀라. 여기서 $E(\beta_1)$은 모집단에서 β_{1i}의 평균값이다. [힌트: 식 (13.10)을 참조하라.]

b. $\text{var}(u_i | X_i) = \theta_0 + \theta_1 X_i^2$라고 하자. θ_0과 θ_1은 알려진 양의 상수이다. $\hat{\beta}_1^{WLS}$을 가중 최소제곱추정량이라고 하자. $\hat{\beta}_1^{WLS} \xrightarrow{p} E(\beta_1)$인가? 설명하라.

18.14 Y_i, $i = 1, 2, \ldots, n$이 i.i.d.이고 $E(Y_i) = \mu$, $\text{var}(Y_i) = \sigma^2$이고 4차 적률은 유한하다고 하자. 다음을 밝혀라.

a. $E\left(Y_i^2\right) = \mu^2 + \sigma^2$

b. $\overline{Y} \xrightarrow{p} \mu$

c. $\frac{1}{n}\sum_{i=1}^{n} Y_i^2 \xrightarrow{p} \mu^2 + \sigma^2$

d. $\frac{1}{n}\sum_{i=1}^{n} (Y_i - \overline{Y})^2 = \frac{1}{n}\sum_{i=1}^{n} Y_i^2 - \overline{Y}^2$

e. $\frac{1}{n}\sum_{i=1}^{n} (Y_i - \overline{Y})^2 \xrightarrow{p} \sigma^2$

f. $s^2 = \frac{1}{n-1}\sum_{i=1}^{n} (Y_i - \overline{Y})^2 \xrightarrow{p} \sigma^2$

18.15 Z는 $N(0,1)$을 따라, W는 χ_n^2을, V는 χ_m^2을 따라 분포해 있다. $n \to \infty$일수록 그리고 m은 고정되어 있을 때 다음을 밝혀라.

a. $W/n \xrightarrow{p} 1$

b. $\frac{Z}{\sqrt{W/n}} \xrightarrow{d} N(0, 1)$. 결과를 이용해 왜 t_∞ 분포가 표준정규분포와 동일한지 설명하라.

c. $\frac{V/m}{W/n} \xrightarrow{d} \chi_m^2 / m$. 결과를 이용해 왜 $F_{m,\infty}$ 분포가 χ_m^2/m과 동일한지 설명하라.

부록 18.1 정규분포와 관련 분포들 그리고 연속형 확률변수의 적률

이 부록에서는 정규분포와 관련된 다른 분포들을 정의하고 논의한다. 카이제곱, F, 스튜던트 t 분포의 정의는 2.4절에 나와 있으니 참조하길 바란다. 바로 연속형 확률변수와 관련된 적률과 확률의 정의부터 시작한다.

연속형 확률변수의 확률과 적률

2.1절에 논의한 것과 같이, 만약 Y가 연속형 확률변수이면 그 확률은 확률밀도함수(p.d.f.)로 요약할 수 있다. Y가 두 값 사이에 있을 확률은 확률밀도함수에서 두 변수 사이에 있는 영역

과 일치한다. 그러나 Y가 연속형이기 때문에 확률에 대한 수학적 표현은 이산형 확률변수에 적합한 총합 방식이 아닌 적분을 사용해야 한다.

f_Y를 Y의 확률밀도함수라고 하자. 확률은 음수가 될 수 없기 때문에 모든 y에 대해 $f_Y(y) \geq 0$이다. Y가 a와 $b(a < b)$ 사이에 있을 확률은 다음과 같다.

$$\Pr(a \leq Y \leq b) = \int_a^b f_Y(y)dy \tag{18.32}$$

Y는 실제 선에서 어떤 값을 가져야 하므로 $\Pr(-\infty \leq Y \leq \infty) = 1$이고 이는 $\int_{-\infty}^{\infty} f_Y(y)dy = 1$을 의미한다.

연속형 확률변수의 기댓값과 적률은 이산형 확률변수와 마찬가지로 총합[예를 들어 식 (2.3)의 총합]이 적분으로 대치된다는 점만 제외하면 모든 값을 확률가중평균이라고 볼 수 있다. 이에 따라 Y의 기댓값은 다음과 같다.

$$E(Y) = \mu_Y = \int y f_Y(y)dy \tag{18.33}$$

여기서 적분의 범위는 f_Y가 0이 아닌 값들의 집합이다. 분산은 $(Y - \mu_Y)^2$의 기댓값이고, 확률변수의 r번째 적률은 Y^r의 기댓값이고, r번째 중앙 적률은 $(Y - \mu_Y)^r$의 기댓값이다.

$$\text{var}(Y) = E(Y - \mu_Y)^2 = \int (y - \mu_Y)^2 f_Y(y)dy \tag{18.34}$$

$$E(Y^r) = \int y^r f_Y(y)dy \tag{18.35}$$

그리고 유사하게 r번째 중앙적률은 $E(Y - \mu_Y)^r$이다.

정규분포

단일 설명변수 정규분포 정규분포하는 확률변수의 확률밀도함수[**정규확률밀도함수**(normal probability density function(p.d.f.)]는 다음과 같다.

$$f_Y(y) = \frac{1}{\sigma\sqrt{2\pi}} \exp\left[-\frac{1}{2}\left(\frac{y-\mu}{\sigma}\right)^2\right] \tag{18.36}$$

여기서 $\exp(x)$는 x의 지수함수이다. 식 (18.36)에서 $1/(\sigma\sqrt{2\pi})$는 $\Pr(-\infty \leq Y \leq \infty) = \int_{-\infty}^{\infty} f_Y(y)dy = 1$이 성립할 수 있도록 필요한 요인이다.

정규분포의 평균은 μ이고 분산은 σ^2이다. 정규분포는 대칭적이어서, 모든 세 번째 이상의 홀수 번째 중앙 적률은 모두 0이다. 네 번째 중앙 적률은 $3\sigma^4$이다. 일반적으로, Y가 $N(\mu, \sigma^2)$을 따라 분포할 때, 짝수 번째 적률은 다음과 같이 주어진다.

$$E(Y - \mu)^k = \frac{k!}{2^{k/2}(k/2)!}\sigma^k \text{ (단, } k\text{는 짝수)} \tag{18.37}$$

$\mu = 0$이고 $\sigma^2 = 1$이면, 정규분포는 표준정규분포라고 한다. 표준정규분포의 확률밀도함수는 ϕ라고 하고, 표준정규 누적분포함수(c.d.f.)는 Φ라고 한다. 이와 같이 표준정규밀도는 $\phi(y) = \frac{1}{\sqrt{2\pi}}\exp\left(-\frac{y^2}{2}\right)$이고 $\Phi(y) = \int_{-\infty}^{y} \phi(s)ds$이다.

이변량 정규분포 두 변수 X, Y에 대한 **이변량 정규확률밀도함수**(bivariate normal p.d.f.)는 다음과 같다.

$$g_{X,Y}(x, y) = \frac{1}{2\pi\sigma_X\sigma_Y\sqrt{1 - \rho_{XY}^2}} \times \exp\left\{\frac{1}{-2(1 - \rho_{XY}^2)}\left[\left(\frac{x - \mu_X}{\sigma_X}\right)^2 - 2\rho_{XY}\left(\frac{x - \mu_X}{\sigma_X}\right)\left(\frac{y - \mu_Y}{\sigma_Y}\right) + \left(\frac{y - \mu_Y}{\sigma_Y}\right)^2\right]\right\} \tag{18.38}$$

여기서 ρ_{XY}는 X와 Y의 상관관계이다.

X와 Y가 비상관($\rho_{XY} = 0$)이면, $g_{X,Y} = f_X(x)f_Y(y)$이고 f는 식 (18.36)에서의 정규분포 확률밀도함수이다. 이는 만약 X와 Y가 결합 정규분포되어 있고 비상관이면 이들은 독립적으로 분포되었다는 것을 의미한다. 이는 다른 분포에서는 없는 정규분포만의 특별한 성질이다.

다변량정규분포는 이변량 정규분포를 2개 이상의 변수를 다루도록 확장한 버전이다. 이 분포는 행렬을 통해 매우 간단히 나타낼 수 있으며, 부록 19.1에 소개했다.

조건부 정규분포 X와 Y가 결합 정규분포하고 있다고 하자. 주어진 X에 대한 Y의 조건부 분포가 $N(\mu_{Y|X}, \sigma_{Y|X}^2)$이고 그 평균은 $\mu_{Y|X} = \mu_Y + (\sigma_{XY}/\sigma_X^2)(X - \mu_X)$, 분산은 $\sigma_{Y|X}^2 = (1 - \rho_{XY}^2)\sigma_Y^2$이다. $X = x$의 조건에 대한 조건부 분포의 평균은 x의 선형함수이고, 분산은 x에 영향을 받지 않는다(연습문제 18.11).

관련 분포들

카이제곱 분포 $Z_1, Z_2, \ldots, Z_n$은 i.i.d. 표준정규확률변수라고 하자. 확률변수

$$W = \sum_{i=1}^{n} Z_i^2 \tag{18.39}$$

는 자유도 n을 가진 카이제곱분포를 따른다. 이 분포는 χ_n^2으로 나타낸다. $E(Z_i^2) = 1$이고 $E(Z_i^4) = 3$이기 때문에, $E(W) = n$이고 $\text{var}(W) = 2n$이다.

스튜던트 t 분포 Z는 표준정규분포를 따르고, W는 χ_m^2을 따르며, Z와 W는 서로 독립적이라고 하자. 다음 확률변수

$$t = \frac{Z}{\sqrt{W/m}} \tag{18.40}$$

는 자유도 m을 가진 스튜던트 t 분포를 따른다. t_∞ 분포는 표준정규분포를 따른다(연습문제 18.15 참조).

F 분포 W_1과 W_2를 자유도 n_1과 n_2를 가지는 카이제곱분포를 따르는 서로 독립적인 확률변수라고 하자. 다음 확률변수

$$F = \frac{W_1/n_1}{W_2/n_2} \tag{18.41}$$

는 자유도 (n_1, n_2)를 가진 F분포를 따른다고 한다. 이 분포는 F_{n_1,n_2}로 나타낸다.

F분포는 분자 자유도 n_1과 분모 자유도 n_2에 의존한다. 분모의 자유도가 커질수록 F_{n_1,n_2} 분포는 n_1로 나눈 $\chi^2_{n_1}$에 근사하게 된다. 극한에서 $F_{n_1,\infty}$는 n_1로 나눈 $\chi^2_{n_1}$과 같아진다. 즉 $\chi^2_{n_1}/n_1$과 동일하다는 것이다(연습문제 18.15 참조).

부록 18.2 두 가지 부등식

이 부록에서는 체비쇼프 부등식과 코시-슈바르츠 부등식을 소개하고 증명하고자 한다.

체비쇼프 부등식

체비쇼프 부등식은 확률변수 V의 분산이 V가 그 평균으로부터 $\pm\delta$보다 멀게 있을 확률에 제한이 있다는 것을 이용한다. 여기서 δ는 양의 상수이다.

$$\Pr(|V - \mu_V| \geq \delta) \leq \frac{\text{var}(V)}{\delta^2} \text{(체비쇼프 부등식)} \tag{18.42}$$

(18.42)를 증명하기 위해 $W = V - \mu_V$라고 하고, f를 W의 확률밀도함수, δ를 아무 양의 값으로 둔다.

$$\begin{aligned} E(W^2) &= \int_{-\infty}^{\infty} w^2 f(w)dw \\ &= \int_{-\infty}^{-\delta} w^2 f(w)dw + \int_{-\delta}^{\delta} w^2 f(w)dw + \int_{\delta}^{\infty} w^2 f(w)dw \\ &\geq \int_{-\infty}^{-\delta} w^2 f(w)dw + \int_{\delta}^{\infty} w^2 f(w)dw \\ &\geq \delta^2\left[\int_{-\infty}^{-\delta} f(w)\,dw + \int_{\delta}^{\infty} f(w)\,dw\right] \\ &= \delta^2 \Pr(|W| \geq \delta) \end{aligned} \tag{18.43}$$

여기서 첫 번째 항등식은 $E(W^2)$의 정의이고, 두 번째 항등식은 적분의 범위가 실제 존재하는 점까지만으로 나눈 것이다. 첫 번째 부등식은 탈락한 항들이 음이 아니기 때문이고, 두 번째 부등식은 $w^2 \geq \delta^2$이기 때문에 성립한다. 마지막 항등식은 $\Pr(|W| \geq \delta)$의 정의에 의해 성립한다. $W = V - \mu_V$를 마지막 항에 대입하면, $E(W^2) = E[(V - \mu_V)^2] = \text{var}(V)$가 되고 이를 재정리하면 식 (18.42)에 나온 부등식이 도출된다. V가 이산형이라면, 이 증명은 적분 대신 총합을 써서 다시 할 수 있다.

코시-슈바르츠 부등식

코시-슈바르츠 부등식은 상관관계 부등식 $|\rho_{XY}| \leq 1$을 확장해 0이 아닌 평균까지 통합하는 것이다. 코시-슈바르츠 부등식은 다음과 같다.

$$|E(XY)| \le \sqrt{E(X^2)E(Y^2)} \text{ (코시-슈바르츠 부등식)} \tag{18.44}$$

식 (18.44)의 증명은 부록 2.1의 상관관계 부등식의 증명과 유사하다. $W = Y + bX$ 그리고 b는 상수라고 하자. $E(W^2) = E(Y^2) + 2bE(XY) + b^2E(X^2)$이다. $b = -E(XY)/E(X^2)$이라고 하고 식을 간단히 하면, $E(W^2) = E(Y^2) - [E(XY)]^2/E(X^2)$이 된다. $E(W^2) \ge 0$이기 때문에(왜냐하면 $W^2 \ge 0$), $[E(XY)]^2 \le E(X^2)\ E(Y^2)$이 되어야 한다. 코시-슈바르츠 부등식은 여기서 제곱근을 취하며 얻는다.

CHAPTER

19 다중회귀 이론

이 장은 다중회귀분석 이론을 소개한다. 이 장은 네 가지 목표에 중점을 둔다. 첫 번째는 다중회귀모형을 행렬 형태로 제시하는 것으로, 이는 보통최소제곱법(OLS) 추정량과 검정 통계량에 대한 간결한 공식으로 이어진다. 두 번째 목표는 OLS 추정량의 표본 분포를 도출하는 것으로, 큰 표본(점근 이론 사용)과 작은 표본(오차가 등분산성이고 정규분포를 따를 경우) 모두에서 이를 보인다. 세 번째 목표는 다중회귀모형 계수의 효율적 추정 이론을 공부하고, 오차가 이분산성을 가지거나 관측치 간에 상관관계가 있을 때 회귀 계수를 효율적으로 추정하는 방법인 일반최소제곱법(GLS)을 설명하는 것이다. 네 번째 목표는 선형모형에서의 도구변수(IV)회귀의 점근적 분포 이론을 간결하게 설명하는 것으로, 이분산성 오차를 가진 선형 IV 회귀모형을 일반 적률법(GMM)으로 추정하는 방법도 소개한다.

이 장은 19.1절에서 다중회귀모형과 OLS 추정량을 행렬 형태로 제시하며 시작한다. 이 절에서는 또한 다중회귀모형에 대한 확장된 최소제곱 가정을 제시한다. 이 가정들 중 처음 네 가지는 핵심 개념 6.4의 최소제곱 가정과 동일하며, 6장과 7장에서 설명한 절차를 정당화하는 데 사용되는 점근분포의 기초가 된다. 나머지 두 가지 확장된 최소제곱 가정은 더 강한 가정이며, 다중회귀모형에서 OLS 추정량의 이론적 특성을 더 자세히 탐구할 수 있게 해준다.

다음 세 절에서는 OLS 추정량과 검정 통계량의 표본 분포를 살펴본다. 19.2절에서는 핵심 개념 6.4의 최소제곱 가정하에서 OLS 추정량과 t-통계량의 점근분포를 제시한다. 19.3절에서는 7.2절과 7.3절에서 제시한 다중 계수와 관련된 가설검정을 통합하고 일반화하며, 그 결과로 나온 F-통계량의 점근분포를 제공한다. 19.4절에서는 오차가 등분산성이고 정규분포를 따르는 특수한 경우에 OLS 추정량과 검정 통계량의 정확한 표본 분포를 도출한다. 등분산성 정규 오차의 가정은 대부분의 계량경제학 응용문제에서 현실성이 떨어지지만, 정확한 표본 분포는 이론적으로 연구 관심사이기 때문에, 이러한 분포를 사용해 계산된 p값은 종종 회귀 소프트웨어의 결과 보고에 나타난다.

다음 두 절에서는 다중회귀모형 계수의 효율적 추정 이론을 다룬다. 19.5절에서는 가우스-마르코프 정리를 다중회귀로 일반화한다. 19.6절에서는 일반최소제곱법(GLS)을 설명한다.

마지막 절에서는 도구변수가 유효하고 강할 때 일반적인 IV 회귀모형에서의 IV 추정을 다룬다. 이 절에서는 오차가 이분산성을 가질 때 2단계 최소제곱법(TSLS) 추정량의 점근분포를 도출하고 TSLS 추정량의 표준 오차에 대한 공식을 구한다. TSLS 추정량은 가능한 여러 GMM 추정량 중 하나이며, 이 절에서는 선형 IV 회귀모형에서의 GMM 추정을 소개한다. 오차가 등분산성을 가질 경우 TSLS 추정량이 효율적인 GMM 추정량임을 보인다.

수학적 선수 지식 이 장에서 선형모형을 다룰 때는 행렬 표기법과 선형 대수학의 기본 도구를 사용하며, 독자가 선형 대수학 입문 과목을 수강했다고 가정한다. 부록 19.1은 이 장에서 사용하는 벡터, 행렬 및 행렬 연산을 검토한다. 또한 19.1절에서는 OLS 추정량을 도출하기 위해 다변수 미적분학을 사용한다.

19.1 행렬 형태의 선형다중회귀모형과 OLS 추정량

선형다중회귀모형과 OLS 추정량은 각각 행렬 표기법을 사용해 간결하게 표현할 수 있다.

행렬로 나타낸 다중회귀모형

모집단 다중회귀모형(핵심 개념 6.2)은 다음과 같다.

$$Y_i = \beta_0 + \beta_1 X_{1i} + \beta_2 X_{2i} + \cdots + \beta_k X_{ki} + u_i, i = 1, \ldots, n \tag{19.1}$$

다중회귀모형을 행렬로 표현하기 위해 다음과 같은 벡터와 행렬을 정의한다.

$$\boldsymbol{Y} = \begin{pmatrix} Y_1 \\ Y_2 \\ \vdots \\ Y_n \end{pmatrix}, \boldsymbol{U} = \begin{pmatrix} u_1 \\ u_2 \\ \vdots \\ u_n \end{pmatrix}, \boldsymbol{X} = \begin{pmatrix} 1 & X_{11} & \cdots & X_{k1} \\ 1 & X_{12} & \cdots & X_{k2} \\ \vdots & \vdots & \ddots & \vdots \\ 1 & X_{1n} & \cdots & X_{kn} \end{pmatrix} = \begin{pmatrix} \boldsymbol{X}_1' \\ \boldsymbol{X}_2' \\ \vdots \\ \boldsymbol{X}_n' \end{pmatrix}, \boldsymbol{\beta} = \begin{pmatrix} \beta_0 \\ \beta_1 \\ \vdots \\ \beta_k \end{pmatrix} \tag{19.2}$$

여기서 $\boldsymbol{Y}$는 $n \times 1$, $\boldsymbol{X}$는 $n \times (k+1)$, $\boldsymbol{U}$는 $n \times 1$, $\boldsymbol{\beta}$는 $(k+1) \times 1$이다. 행렬과 벡터는 굵은 글씨로 표시한다. 이 표기법에서

- $\boldsymbol{Y}$는 종속변수의 n개 관측치로 이루어진 $n \times 1$차원의 벡터이다.
- $\boldsymbol{X}$는 $k+1$개 설명변수(절편을 위한 '상수' 설명변수 포함)의 n개 관측치로 이루어진 $n \times (k+1)$차원의 행렬이다.
- $(k+1) \times 1$차원의 열벡터 $\boldsymbol{X}_i$는 $k+1$개 설명변수에 대한 i번째 관측치이다. 즉 $\boldsymbol{X}_i' = (1\ X_{1i}, \ldots, X_{ki})$이며, 여기서 $\boldsymbol{X}_i'$는 $\boldsymbol{X}_i$의 전치를 나타낸다.
- $\boldsymbol{U}$는 n개의 오차항으로 이루어진 $n \times 1$차원의 벡터이다.
- $\boldsymbol{\beta}$는 $k+1$개의 알려지지 않은 회귀 계수로 이루어진 $(k+1) \times 1$차원의 벡터이다.

식 (19.1)의 다중회귀모형을 i번째 관측치에 대해 벡터 $\boldsymbol{\beta}$와 X_i를 사용해 쓰면 다음과 같다.

$$Y_i = \boldsymbol{X}_i'\boldsymbol{\beta} + u_i, i = 1, \ldots, n \tag{19.3}$$

식 (19.3)에서 첫 번째 설명변수는 항상 1과 같은 '상수' 설명변수이며, 그 계수는 절편이다. 따라서 절편은 식 (19.3)에 별도로 나타나지 않고, 대신 계수 벡터 $\boldsymbol{\beta}$의 첫 번째 요소이다.

핵심 개념 19.1

다중회귀모형에서의 확장된 최소제곱 가정

$$Y_i = X_i'\boldsymbol{\beta} + u_i, i = 1, \ldots, n. \tag{19.4}$$

여기서 $\boldsymbol{\beta}$는 인과효과 벡터이며 이 모형에서는 다음과 같은 가정을 한다.

1. $E(u_i | \boldsymbol{X}_i) = 0$ (u_i는 조건부 평균이 0이다)
2. $(\boldsymbol{X}_i, Y_i)$, $i = 1, \ldots, n$은 결합분포로부터 독립적이고 동일하게 분포된(i.i.d.) 표본이다.
3. $\boldsymbol{X}_i$와 u_i는 0이 아닌 유한한 4차 적률을 가진다.
4. $\boldsymbol{X}$는 완전 열 계수(full column rank)를 가진다(완전 다중공선성이 없다).
5. $\text{var}(u_i | \boldsymbol{X}_i) = \sigma_u^2$ (등분산성)
6. $\boldsymbol{X}_i$가 주어졌을 때 u_i의 조건부 분포는 정규분포를 따른다(정규 오차항).

식 (19.3)의 모든 n개 관측치를 쌓으면 행렬로 나타낸 다중회귀모형이 된다.

$$\boldsymbol{Y} = \boldsymbol{X\beta} + \boldsymbol{U} \tag{19.5}$$

확장된 최소제곱 가정

다중회귀모형에서의 확장된 최소제곱 가정은 핵심 개념 6.4의 다중회귀모형에서 인과추론을 위한 네 가지 최소제곱 가정에 등분산성과 정규분포 오차라는 두 가지 추가 가정을 더한 것이다. 등분산성 가정은 OLS 추정량의 효율성을 구할 때 사용되며, 정규성 가정은 OLS 추정량과 검정 통계량의 정확한 표본 분포를 구할 때 사용된다.

확장된 최소제곱 가정은 핵심 개념 19.1에 요약했다.

표기법의 차이를 제외하면 핵심 개념 19.1의 처음 세 가지 가정은 핵심 개념 6.4의 처음 세 가지 가정과 동일하다.

핵심 개념 6.4와 19.1의 네 번째 가정은 다르게 보일 수 있지만 사실은 동일하다. 이들은 완전 다중공선성이 없다는 것을 다르게 표현한 것이다. 완전 다중공선성은 하나의 설명변수가 다른 설명변수들의 완전한 선형 조합으로 표현될 수 있을 때 발생한다는 점을 떠올려보자. 식 (19.2)의 행렬 표기법에서, 완전 다중공선성은 $\boldsymbol{X}$의 한 열이 $\boldsymbol{X}$의 다른 열들의 완전한 선형 조합이라는 것을 의미하지만, 이것이 사실이라면 $\boldsymbol{X}$는 완전 열 계수를 가지지 않는다. 따라서 $\boldsymbol{X}$가 $k + 1$의 계수를 가진다고 말하는 것—즉 X의 열 수와 동일한 계수를 가진다고 말하는 것—은 설명변수들이 완전 다중공선성을 갖지 않는다고 말하는 또 다른 방법이다.

핵심 개념 19.1의 다섯 번째 최소제곱 가정은 오차항이 조건부 등분산성을 가진다는 것이고, 여섯 번째 가정은 $\boldsymbol{X}_i$가 주어졌을 때 u_i의 조건부 분포가 정규분포라는 것이다. 이 두 가정은 다중설명변수에 대한 것임을 제외하면 핵심 개념 18.1의 마지막 두 가정과 동일하다.

$\boldsymbol{U}$의 평균 벡터와 공분산 행렬에 대한 함의 핵심 개념 19.1의 최소제곱 가정을 통해 설명변수 행렬 $\boldsymbol{X}$가 주어졌을 때 $\boldsymbol{U}$의 조건부 분포의 평균 벡터와 공분산을 간단하게 나타낼 수 있다. (벡터로 주어진 확률변수의 평균 벡터와 공분산 행렬은 부록 19.2에 정의했다.) 구체적으로,

핵심 개념 19.1의 첫 번째와 두 번째 가정은 $E(u_i|X) = E(u_i|X_i) = 0$이고 $i \neq j$일 때 $\text{cov}(u_i, u_j|X) = \boldsymbol{E(u_i u_j|X)} = E(u_i u_j|\boldsymbol{X}_i, \boldsymbol{X}_j) = E(u_i|\boldsymbol{X}_i)E(u_j|\boldsymbol{X}_j) = 0$임을 의미한다(연습문제 18.7). 첫 번째, 두 번째, 다섯 번째 가정은 $E(u_i^2|\boldsymbol{X}) = E(u_i^2|\boldsymbol{X}_i) = \sigma_u^2$임을 의미한다. 이 결과들을 합치면 다음을 얻는다.

$$\text{가정 1과 2하에서, } E(\boldsymbol{U}|\boldsymbol{X}) = \boldsymbol{0}_n \tag{19.6}$$

$$\text{가정 1, 2, 5하에서, } E(\boldsymbol{UU}'|\boldsymbol{X}) = \sigma_u^2 \boldsymbol{I}_n \tag{19.7}$$

여기서 $\boldsymbol{0}_n$은 n차원 0 벡터이고 $\boldsymbol{I}_n$은 $n \times n$ 항등행렬이다.

마찬가지로, 핵심 개념 19.1의 첫 번째, 두 번째, 다섯 번째, 여섯 번째 가정은 $\boldsymbol{X}$가 주어졌을 때 n차원 확률 벡터 $\boldsymbol{U}$의 조건부 분포가 다변량 정규분포(부록 19.2에 정의됨)임을 의미한다. 즉 다음과 같다.

$$\text{가정 1, 2, 5, 6하에서 } \boldsymbol{X}\text{가 주어졌을 때 } \boldsymbol{U}\text{의 조건부 분포는 } N(\boldsymbol{0}_n, \sigma_u^2 \boldsymbol{I}_n)\text{이다.} \tag{19.8}$$

OLS 추정량

OLS 추정량은 예측 오차의 제곱합을 최소화한다: $\sum_{i=1}^{n}(Y_i - b_0 - b_1X_{1i} - \ldots - b_kX_{ki})^2$ [식 (6.8)]. OLS 추정량의 공식은 계수 벡터의 각 요소에 대해 예측 오차 제곱합의 도함수를 구하고, 이 도함수들을 0으로 설정한 후 추정량 $\hat{\boldsymbol{\beta}}$에 대해 풀어서 얻는다.

j번째 회귀 계수 b_j에 대한 예측 오차의 제곱합 도함수는 다음과 같다.

$$\begin{aligned} &\frac{\partial}{\partial b_j}\sum_{i=1}^{n}(Y_i - b_0 - b_1X_{1i} - \cdots - b_kX_{ki})^2 \\ &= -2\sum_{i=1}^{n}X_{ji}(Y_i - b_0 - b_1X_{1i} - \cdots - b_kX_{ki}) \end{aligned} \tag{19.9}$$

여기서 $j = 0, \ldots, k$이며, $j = 0$일 때 모든 i에 대해 $X_{0i} = 1$이다. 식 (19.9)의 오른쪽 도함수는 $k + 1$차원 벡터 $-\boldsymbol{2X}'(\boldsymbol{Y} - \boldsymbol{Xb})$의 j번째 요소이다, 여기서 $\boldsymbol{b}$는 $b_0, \ldots, b_k$로 구성된 $k + 1$차원 벡터이다. 이러한 도함수는 $k + 1$개가 있으며, 각각 $\boldsymbol{b}$의 요소에 해당한다. 이들을 결합하면 $k + 1$개의 연립방정식이 되며, 이를 0으로 설정하면 OLS 추정량 $\hat{\boldsymbol{\beta}}$에 대한 1계 조건이 된다. 즉 $\hat{\boldsymbol{\beta}}$은 다음 $k + 1$개의 연립방정식을 푼다.

$$\boldsymbol{X}'(\boldsymbol{Y} - \boldsymbol{X}\hat{\boldsymbol{\beta}}) = \boldsymbol{0}_{k+1} \tag{19.10}$$

또는 동등하게, $\boldsymbol{X}'\boldsymbol{Y} = \boldsymbol{X}'\boldsymbol{X}\hat{\boldsymbol{\beta}}$이다.

연립방정식 (19.10)을 풀면 행렬 형태의 OLS 추정량 $\hat{\boldsymbol{\beta}}$을 얻는다.

$$\hat{\boldsymbol{\beta}} = (\boldsymbol{X}'\boldsymbol{X})^{-1}\boldsymbol{X}'\boldsymbol{Y} \tag{19.11}$$

여기서 $(\boldsymbol{X}'\boldsymbol{X})^{-1}$은 행렬 $\boldsymbol{X}'\boldsymbol{X}$의 역행렬이다.

'완전 다중공선성 없음'의 역할 핵심 개념 19.1의 네 번째 최소제곱 가정은 $\boldsymbol{X}$가 완전 열 계수를 가진다고 명시한다. 이는 곧 행렬 $\boldsymbol{X}'\boldsymbol{X}$가 완전 계수를 가진다는 것을 의미한다—즉 $\boldsymbol{X}'\boldsymbol{X}$

가 비특이(nonsingular)하다는 것이다. $\boldsymbol{X}'\boldsymbol{X}$가 비특이 행렬이므로 역행렬을 구할 수 있다. 따라서 완전 다중공선성이 없다는 가정은 $(\boldsymbol{X}'\boldsymbol{X})^{-1}$이 존재함을 보장하고, 따라서 식 (19.10)이 유일한 해를 가지며 식 (19.11)의 OLS 추정량 공식을 실제로 계산할 수 있다. 달리 말하면, $\boldsymbol{X}$가 완전 열 계수를 가지지 않으면 식 (19.10)의 유일한 해가 없고, $\boldsymbol{X}'\boldsymbol{X}$는 특이(singular)하다. 따라서 $(\boldsymbol{X}'\boldsymbol{X})^{-1}$을 계산할 수 없고, 그래서 식 (19.11)로부터 $\hat{\boldsymbol{\beta}}$을 계산할 수 없다.

19.2 OLS 추정량과 t-통계량의 점근분포

표본크기가 크고 핵심 개념 19.1의 처음 네 가지 가정을 만족하면, OLS 추정량은 점근적 결합 정규분포를 가지며, 공분산 행렬의 이분산성 강건 추정량은 일치성을 가지고, 이분산성 강건 OLS t-통계량은 점근적 표준 정규분포를 가진다. 이러한 결과들은 다변량 정규분포(부록 19.2)와 중심극한정리의 다변량 확장에 따라 도출된다.

다변량 중심극한정리

핵심 개념 2.7의 중심극한정리는 1차원 확률변수에 적용된다. $\hat{\boldsymbol{\beta}}$ 요소들의 결합 점근분포를 도출하기 위해, 우리는 벡터값 확률변수에 적용되는 다변량 중심극한정리가 필요하다.

다변량 중심극한정리는 일변량 중심극한정리를 m차원 벡터값 확률변수 $\boldsymbol{W}$의 관측치 평균으로 확장한다. 스칼라값 확률변수와 벡터값 확률변수에 대한 중심극한정리의 차이는 분산에 대한 조건이다. 핵심 개념 2.7의 스칼라의 경우에는 분산이 0이 아니고 유한해야 한다는 조건이 있다. 벡터의 경우, 공분산 행렬이 양의 정부호(positive definite)를 갖고 유한해야 한다는 조건이 있다. 벡터값 확률변수 $\boldsymbol{W}$가 유한하고 양의 정부호 공분산 행렬을 가지면, 모든 0이 아닌 m차원 벡터 $\boldsymbol{c}$에 대해 $0 \leq \text{var}(\boldsymbol{c}'\boldsymbol{W}) \leq \infty$이다(연습문제 19.3).

우리가 사용할 다변량 중심극한정리는 핵심 개념 19.2에 정리했다.

$\hat{\beta}$의 점근 정규성

대표본에서 OLS 추정량은 다변량 정규 점근분포를 가진다.

$$\sqrt{n}(\hat{\boldsymbol{\beta}} - \boldsymbol{\beta}) \xrightarrow{d} N(\boldsymbol{0}_{k+1}, \boldsymbol{\Sigma}_{\sqrt{n}(\hat{\boldsymbol{\beta}}-\boldsymbol{\beta})}), \quad \text{여기서} \quad \boldsymbol{\Sigma}_{\sqrt{n}(\hat{\boldsymbol{\beta}}-\boldsymbol{\beta})} = \boldsymbol{Q}_{\boldsymbol{X}}^{-1}\boldsymbol{\Sigma}_{\boldsymbol{V}}\boldsymbol{Q}_{\boldsymbol{X}}^{-1} \quad (19.12)$$

여기서 $\boldsymbol{Q}_{\boldsymbol{X}}$는 설명변수의 2차 적률의 $(k+1) \times (k+1)$차원 행렬, 즉 $\boldsymbol{Q}_{\boldsymbol{X}} = E(\boldsymbol{X}_i\boldsymbol{X}_i')$이고 $\boldsymbol{\Sigma}_{\boldsymbol{V}}$

핵심 개념 19.2

다변량 중심극한정리

$\boldsymbol{W}_1, \ldots, \boldsymbol{W}_n$이 평균 벡터 $E(\boldsymbol{W}_i) = \boldsymbol{\mu}_{\boldsymbol{W}}$와 공분산 행렬 $E[(\boldsymbol{W}_i - \boldsymbol{\mu}_{\boldsymbol{W}})(\boldsymbol{W}_i - \boldsymbol{\mu}_{\boldsymbol{W}})'] = \boldsymbol{\Sigma}_{\boldsymbol{W}}$를 가진 i.i.d. m차원 확률변수라고 가정하자. 여기서 $\boldsymbol{\Sigma}_{\boldsymbol{W}}$는 양의 정부호이고 유한하다. $\overline{\boldsymbol{W}} = \frac{1}{n}\sum_{i=1}^{n}\boldsymbol{W}_i$라고 하자. 그러면 $\sqrt{n}(\overline{\boldsymbol{W}} - \boldsymbol{\mu}_{\boldsymbol{W}}) \xrightarrow{d} N(\boldsymbol{0}_m, \boldsymbol{\Sigma}_{\boldsymbol{W}})$이다.

는 $\boldsymbol{V}_i = \boldsymbol{X}_i u_i$의 $(k+1) \times (k+1)$차원 공분산 행렬, 즉 $\boldsymbol{\Sigma}_{\boldsymbol{V}} = E(\boldsymbol{V}_i \boldsymbol{V}_i')$이다. 핵심 개념 19.1의 두 번째 최소제곱 가정은 $\boldsymbol{V}_i$, $i = 1, \ldots, n$이 i.i.d.임을 의미한다는 점에 주목하자.

$\sqrt{n}(\hat{\boldsymbol{\beta}} - \boldsymbol{\beta})$ 대신 $\hat{\boldsymbol{\beta}}$에 대해 식 (19.12)의 정규 근사를 다시 써보면 다음과 같다.

$$\hat{\boldsymbol{\beta}}\text{은 큰 표본에서 근사적으로 } N(\boldsymbol{\beta}, \boldsymbol{\Sigma}_{\hat{\boldsymbol{\beta}}}) \text{ 분포를 따르며,}$$
$$\text{여기서 } \boldsymbol{\Sigma}_{\hat{\boldsymbol{\beta}}} = \boldsymbol{\Sigma}_{\sqrt{n}(\hat{\boldsymbol{\beta}} - \boldsymbol{\beta})}/n = \boldsymbol{Q}_{\boldsymbol{X}}^{-1} \boldsymbol{\Sigma}_{\boldsymbol{V}} \boldsymbol{Q}_{\boldsymbol{X}}^{-1}/n\text{이다.} \tag{19.13}$$

식 (19.13)의 공분산 행렬 $\boldsymbol{\Sigma}_{\hat{\boldsymbol{\beta}}}$은 $\hat{\boldsymbol{\beta}}$의 근사 정규분포의 공분산 행렬인 반면, 식 (19.12)의 $\boldsymbol{\Sigma}_{\sqrt{n}(\hat{\boldsymbol{\beta}} - \boldsymbol{\beta})}$는 $\sqrt{n}(\hat{\boldsymbol{\beta}} - \boldsymbol{\beta})$의 점근 정규분포의 공분산 행렬이다. 이 두 공분산 행렬은 OLS 추정량이 $\sqrt{n}$으로 스케일링되는지 여부에 따라 n의 인수만큼 차이가 난다.

식 (19.12)의 도출 식 (19.12)를 도출하기 위해, 먼저 식 (19.3)과 (19.11)을 사용해 $\hat{\boldsymbol{\beta}} = (\boldsymbol{X}'\boldsymbol{X})^{-1}\boldsymbol{X}'\boldsymbol{Y} = (\boldsymbol{X}'\boldsymbol{X})^{-1}\boldsymbol{X}'(\boldsymbol{X}\boldsymbol{\beta} + \boldsymbol{U})$라고 쓰면

$$\hat{\boldsymbol{\beta}} = \boldsymbol{\beta} + (\boldsymbol{X}'\boldsymbol{X})^{-1}\boldsymbol{X}'\boldsymbol{U} \tag{19.14}$$

따라서 $\hat{\boldsymbol{\beta}} - \boldsymbol{\beta} = (\boldsymbol{X}'\boldsymbol{X})^{-1}\boldsymbol{X}'\boldsymbol{U}$이므로

$$\sqrt{n}(\hat{\boldsymbol{\beta}} - \boldsymbol{\beta}) = \left(\frac{\boldsymbol{X}'\boldsymbol{X}}{n}\right)^{-1}\left(\frac{\boldsymbol{X}'\boldsymbol{U}}{\sqrt{n}}\right) \tag{19.15}$$

식 (19.12)를 도출할 때 먼저 식 (19.15)의 '분모' 행렬 $\boldsymbol{X}'\boldsymbol{X}/n$이 $\boldsymbol{Q}_X$에 대해 일치성이 있고, 둘째로 '분자' 행렬 $\boldsymbol{X}'\boldsymbol{U}/\sqrt{n}$이 핵심 개념 19.2의 다변량 중심극한정리를 따른다는 것을 보인다. 자세한 내용은 부록 19.3에 나와 있다.

이분산성 강건 표준 오차

$\boldsymbol{\Sigma}_{\sqrt{n}(\hat{\boldsymbol{\beta}} - \boldsymbol{\beta})}$의 이분산성 강건 추정량은 그 정의[식 (19.12)]의 모집단 적률을 표본 적률로 대체해 얻는다. 따라서 $\sqrt{n}(\hat{\boldsymbol{\beta}} - \boldsymbol{\beta})$의 공분산 행렬의 이분산성 강건 추정량은 다음과 같다.

$$\hat{\boldsymbol{\Sigma}}_{\sqrt{n}(\hat{\boldsymbol{\beta}} - \boldsymbol{\beta})} = \left(\frac{\boldsymbol{X}'\boldsymbol{X}}{n}\right)^{-1} \hat{\boldsymbol{\Sigma}}_{\hat{V}} \left(\frac{\boldsymbol{X}'\boldsymbol{X}}{n}\right)^{-1}, \quad \text{여기서} \quad \hat{\boldsymbol{\Sigma}}_{\hat{V}} = \frac{1}{n-k-1}\sum_{i=1}^{n} \boldsymbol{X}_i \boldsymbol{X}_i' \hat{u}_i^2 \tag{19.16}$$

$\hat{\boldsymbol{\Sigma}}_{\hat{V}}$ 추정량은 $k+1$개의 회귀 계수 추정으로 발생할 수 있는 하향 편향을 조정하기 위해 다중회귀모형의 회귀 표준 오차(SER)에 있는 것과 동일한 자유도 조정을 포함한다.

$\hat{\boldsymbol{\Sigma}}_{\sqrt{n}(\hat{\boldsymbol{\beta}} - \boldsymbol{\beta})} \xrightarrow{p} \boldsymbol{\Sigma}_{\sqrt{n}(\hat{\boldsymbol{\beta}} - \boldsymbol{\beta})}$의 증명은 개념적으로 18.3절에서 제시한 단일설명변수모형에 대한 이분산성 강건 표준 오차의 일치성 증명과 유사하다.

이분산성 강건 표준 오차 $\hat{\boldsymbol{\beta}}$의 공분산 행렬 $\boldsymbol{\Sigma}_{\hat{\boldsymbol{\beta}}}$의 이분산성 강건 추정량은 다음과 같다.

$$\hat{\boldsymbol{\Sigma}}_{\hat{\boldsymbol{\beta}}} = n^{-1}\hat{\boldsymbol{\Sigma}}_{\sqrt{n}(\hat{\boldsymbol{\beta}} - \boldsymbol{\beta})} \tag{19.17}$$

j번째 회귀 계수에 대한 이분산성 강건 표준 오차는 $\hat{\boldsymbol{\Sigma}}_{\hat{\boldsymbol{\beta}}}$의 j번째 대각 요소의 제곱근이다. 즉 j번째 계수의 이분산성 강건 표준 오차는 다음과 같다.

$$SE(\hat{\beta}_j) = \sqrt{(\hat{\boldsymbol{\Sigma}}_{\hat{\boldsymbol{\beta}}})_{jj}} \tag{19.18}$$

여기서 $(\hat{\mathbf{\Sigma}}_{\hat{\beta}})_{jj}$는 $\hat{\mathbf{\Sigma}}_{\hat{\beta}}$의 (j, j)번째 요소이다.

다른 이분산성 강건 분산 추정량 식 (19.16)의 분산 추정량은 HC1 분산 추정량이라고 한다. HC1 추정량은 실제로 가장 흔히 사용되지만 유일한 이분산성 강건 분산 추정량은 아니다. 작은 표본에서 HC1 추정량이 하향 편향될 수 있고 따라서 표준 오차가 너무 작게 계산될 수 있음을 시뮬레이션 연구를 통해 발견했다. Long과 Ervin(2000)은 각 관측치의 잔차 제곱에 X의 함수로 가중치를 주고 계산하면 작은 표본에서 HC1이 개선될 수 있다는 시뮬레이션 증거를 제공했다. Imbens와 Kolesar(2016)는 이러한 편향 외에도 작은 표본에서 분산 추정량의 표본 변동성이 정규 근사를 부적절하게 만든다고 지적하며, HC1이나 Long과 Ervin(2000)이 제안한 것과는 다른 분산 추정량과 함께 t-통계량에 대한 t 근사를 사용할 것을 제안했다. 그러나 Angrist와 Pischke(2009)는 표본크기가 50을 초과할 때 HC1 추정량에 나타나는 크기의 왜곡은 무시할 만하다고 주장했다. 현대 계량경제학의 관행을 따라, 이 교과서는 HC1 추정량이 잘 작동하는 큰 표본에 초점을 맞춘다.

예측된 효과에 대한 신뢰구간

8.1절은 2개 이상의 설명변수 변화에 의한 효과 추정치에 대한 표준 오차를 계산하는 두 가지 방법을 설명한다. 이러한 표준 오차와 함께 예측된 효과에 대한 신뢰구간을 행렬로 간결하게 나타낼 수 있다.

i번째 관측치에 대한 설명변수 값의 변화를 어떤 초깃값($\boldsymbol{X}_{i,0}$)에서 새로운 값($\boldsymbol{X}_{i,0} + \boldsymbol{d}$)으로 고려해보자. $\boldsymbol{X}_i$의 변화는 $\Delta\boldsymbol{X}_i = \boldsymbol{d}$이고 여기서 $\boldsymbol{d}$는 $k+1$차원 벡터이다. $\boldsymbol{X}$의 변화는 여러 설명변수(즉 $\boldsymbol{X}_i$의 여러 요소)가 함께 영향을 줄 수 있다. 예를 들어 한 독립변수와 그 제곱 값이 두 설명변수라면, $\boldsymbol{d}$는 이 두 변수의 초깃값과 그다음 값의 차이이다.

$\boldsymbol{X}_i$ 변화의 예상 효과는 $\boldsymbol{d}'\boldsymbol{\beta}$이고, 이 효과의 추정량은 $\boldsymbol{d}'\hat{\boldsymbol{\beta}}$이다. 정규분포를 따르는 확률변수의 선형조합 자체도 정규분포를 따르므로, $\sqrt{n}(\boldsymbol{d}'\hat{\boldsymbol{\beta}} - \boldsymbol{d}'\boldsymbol{\beta}) = \boldsymbol{d}'\sqrt{n}(\hat{\boldsymbol{\beta}} - \boldsymbol{\beta}) \xrightarrow{d} N(0, \boldsymbol{d}'\Sigma_{\sqrt{n}(\hat{\boldsymbol{\beta}}-\boldsymbol{\beta})}\boldsymbol{d})$이다. 따라서 이 예측된 효과의 표준 오차는 $(\boldsymbol{d}'\hat{\mathbf{\Sigma}}_{\hat{\beta}}\boldsymbol{d})^{1/2}$이다. 이렇게 예측된 효과에 대한 95% 신뢰구간은 다음과 같다.

$$\boldsymbol{d}'\hat{\boldsymbol{\beta}} \pm 1.96\sqrt{\boldsymbol{d}'\hat{\mathbf{\Sigma}}_{\hat{\beta}}\boldsymbol{d}} \tag{19.19}$$

t-통계량의 점근분포

식 (19.18)의 이분산성 강건 표준 오차를 사용해 구성된, $\beta_j = \beta_{j,0}$이라는 귀무가설을 검정하는 t-통계량은 핵심 개념 7.1에 주어져 있다. 이 t-통계량이 점근적 표준정규분포를 가진다는 주장은 단일설명변수모형에 대해 18.3절에서 제시한 주장과 유사하다.

19.3 결합 가설검정

7.2절은 단일 계수에 대한 여러 제약으로 이루어진 결합 가설검정을 다루고, 7.3절은 2개 이상의 계수에 대한 단일 제약에 대한 검정을 다룬다. 19.1절의 행렬 설정은 이 두 가지 유형의 가설을 계수 벡터에 대한 선형 제약으로 통합해 표현할 수 있게 해주며, 각 제약은 여러 계수를 포함할 수 있다. 핵심 개념 19.1의 처음 네 가지 최소제곱 가정하에서, 이러한 가설을 검정하는 이분산성 강건 OLS F-통계량은 귀무가설하에서 $\boldsymbol{F}_{q,\infty}$ 점근분포를 따른다.

행렬로 나타낸 결합 가설

계수에 대해 선형이고 q개의 제약을 부과하는 결합 가설을 고려해보자, 여기서 $q \leq k+1$이다. 이 q개의 제약 각각은 하나 이상의 회귀 계수를 포함할 수 있다. 이 결합 귀무가설은 행렬 표기법으로 다음과 같이 쓸 수 있다.

$$\boldsymbol{R\beta} = \boldsymbol{r} \tag{19.20}$$

여기서 $\boldsymbol{R}$은 완전 행 계수를 가진 $q \times (k+1)$ 비확률 행렬이고 $\boldsymbol{r}$은 $q \times 1$ 비확률 벡터이다. $\boldsymbol{R}$의 행 수는 q로, 이는 귀무가설하에서 부과되는 제약의 수다.

식 (19.20)의 귀무가설은 7.2절과 7.3절에서 다룬 모든 귀무가설을 포함한다. 예를 들어 7.2절에서 다룬 유형의 결합 가설은 $\beta_0 = 0,\ \beta_1 = 0,\ \ldots,\ \beta_{q-1} = 0$이다. 이 결합 가설을 식 (19.20) 형태로 쓰려면, $\boldsymbol{R} = [\boldsymbol{I}_q\ \boldsymbol{0}_{q\times(k+1-q)}]$와 $\boldsymbol{r} = \boldsymbol{0}_q$로 설정하면 된다.

식 (19.20)의 공식은 7.3절의 여러 회귀 계수와 관련된 제약에도 사용 가능하다. 예를 들어 $k=2$라면, $\beta_1 + \beta_2 = 1$이라는 가설은 $\boldsymbol{R} = [0\ 1\ 1]$, $r = 1$, $q = 1$로 설정해 식 (19.20) 형태로 쓸 수 있다.

F-통계량의 점근분포

식 (19.20)의 결합 가설을 검정하는 이분산성 강건 F-통계량은 다음과 같다.

$$F = (\boldsymbol{R}\hat{\boldsymbol{\beta}} - \boldsymbol{r})'[\boldsymbol{R}\hat{\boldsymbol{\Sigma}}_{\hat{\boldsymbol{\beta}}}\boldsymbol{R}']^{-1}(\boldsymbol{R}\hat{\boldsymbol{\beta}} - \boldsymbol{r})/q \tag{19.21}$$

핵심 개념 19.1의 처음 네 가지 가정이 성립한다면, 귀무가설하에서

$$F \xrightarrow{d} F_{q,\infty} \tag{19.22}$$

이 결과는 $\hat{\boldsymbol{\beta}}$의 점근 정규성과 공분산 행렬의 이분산성 강건 추정량 $\hat{\boldsymbol{\Sigma}}_{\sqrt{n}(\hat{\boldsymbol{\beta}}-\boldsymbol{\beta})}$의 일치성을 결합해 도출된다. 구체적으로, 먼저 식 (19.12)와 부록 19.2의 식 (19.74)는 귀무가설하에서 $\sqrt{n}(\boldsymbol{R}\hat{\boldsymbol{\beta}} - \boldsymbol{r}) = \sqrt{n}\boldsymbol{R}(\hat{\boldsymbol{\beta}} - \boldsymbol{\beta}) \xrightarrow{d} N(\boldsymbol{0}, \boldsymbol{R}\boldsymbol{\Sigma}_{\sqrt{n}(\hat{\boldsymbol{\beta}}-\boldsymbol{\beta})}\boldsymbol{R}')$임을 의미한다. 식 (19.77)에 따라, 귀무가설하에서 $(\boldsymbol{R}\hat{\boldsymbol{\beta}} - \boldsymbol{r})'[\boldsymbol{R}\boldsymbol{\Sigma}_{\hat{\boldsymbol{\beta}}}\boldsymbol{R}']^{-1}(\boldsymbol{R}\hat{\boldsymbol{\beta}} - \boldsymbol{r}) = [\sqrt{n}\boldsymbol{R}(\hat{\boldsymbol{\beta}} - \boldsymbol{\beta})]'[\boldsymbol{R}\boldsymbol{\Sigma}_{\sqrt{n}(\hat{\boldsymbol{\beta}}-\boldsymbol{\beta})}\boldsymbol{R}']^{-1}$ $[\sqrt{n}\boldsymbol{R}(\hat{\boldsymbol{\beta}} - \boldsymbol{\beta})] \xrightarrow{d} \chi^2_q$이다. 그러나 $\hat{\boldsymbol{\Sigma}}_{\sqrt{n}(\hat{\boldsymbol{\beta}}-\boldsymbol{\beta})} \xrightarrow{p} \boldsymbol{\Sigma}_{\sqrt{n}(\hat{\boldsymbol{\beta}}-\boldsymbol{\beta})}$이므로, 슬러츠키 정리에 의해 $[\sqrt{n}\boldsymbol{R}(\hat{\boldsymbol{\beta}} - \boldsymbol{\beta})]'[\boldsymbol{R}\hat{\boldsymbol{\Sigma}}_{\sqrt{n}(\hat{\boldsymbol{\beta}}-\boldsymbol{\beta})}\boldsymbol{R}']^{-1}[\sqrt{n}\boldsymbol{R}(\hat{\boldsymbol{\beta}} - \boldsymbol{\beta})] \xrightarrow{d} \chi^2_q$이다. 또는 동등하게 $\hat{\boldsymbol{\Sigma}}_{\boldsymbol{\beta}} = \hat{\boldsymbol{\Sigma}}_{\sqrt{n}(\hat{\boldsymbol{\beta}}-\boldsymbol{\beta})}/n$)이므로), $F \xrightarrow{d} \chi^2_q/q$이며, 이는 다시 $\boldsymbol{F}_{q,\infty}$ 분포를 따른다.

여러 계수에 대한 신뢰 집합

7.4절에서 논의한 바와 같이, $\boldsymbol{\beta}$의 2개 이상의 요소에 대한 점근적으로 유효한 신뢰 집합은 해당 요소의 값들을 귀무가설로 설정했을 때 F-통계량에 의해 기각되지 않는 값들의 집합으로 구성될 수 있다. 원칙적으로 이 집합은 $\boldsymbol{\beta}$의 많은 값에 대해 F-통계량을 반복적으로 평가해 계산할 수 있지만, 단일 계수에 대한 신뢰구간의 경우와 마찬가지로 검정 통계량의 공식을 변형해 신뢰 집합에 대한 공식을 얻는 것이 더 간단하다.

다음은 $\boldsymbol{\beta}$의 2개 이상의 요소에 대한 신뢰 집합을 구성하는 절차이다. $\boldsymbol{\delta}$를 우리가 신뢰 집합을 구성하고자 하는 계수들로 구성된 q차원 벡터라고 하자. 예를 들어 회귀 계수 β_1과 β_2에 대한 신뢰 집합을 구성한다면, $q = 2$이고 $\boldsymbol{\delta} = (\beta_1\, \beta_2)'$이다. 일반적으로 $\boldsymbol{\delta} = \boldsymbol{R\beta}$라고 쓸 수 있는데, 여기서 행렬 $\boldsymbol{R}$은[식 (19.20) 다음에 논의한 바와 같이] 0과 1로 구성된다. $\boldsymbol{\delta} = \boldsymbol{\delta}_0$이라는 가설을 검정하는 F-통계량은 $F = (\hat{\boldsymbol{\delta}} - \boldsymbol{\delta}_0)'[\boldsymbol{R}\hat{\boldsymbol{\Sigma}}_{\hat{\boldsymbol{\beta}}}\boldsymbol{R}']^{-1}(\hat{\boldsymbol{\delta}} - \boldsymbol{\delta}_0)/q$이다. 여기서 $\hat{\boldsymbol{\delta}} = \boldsymbol{R}\hat{\boldsymbol{\beta}}$이다. $\boldsymbol{\delta}$에 대한 95% 신뢰 집합은 F-통계량에 의해 기각되지 않는 $\boldsymbol{\delta}_0$ 값들의 집합이다. 즉 $\boldsymbol{\delta} = \boldsymbol{R\beta}$일 때 $\boldsymbol{\delta}$에 대한 95% 신뢰 집합은 다음과 같다.

$$\{\boldsymbol{\delta}: (\hat{\boldsymbol{\delta}} - \boldsymbol{\delta})'[\boldsymbol{R}\hat{\boldsymbol{\Sigma}}_{\hat{\boldsymbol{\beta}}}\boldsymbol{R}']^{-1}(\hat{\boldsymbol{\delta}} - \boldsymbol{\delta})/q \le c\} \tag{19.23}$$

여기서 c는 $F_{q,\infty}$ 분포의 95번째 백분위수(5% 임곗값)이다.

식 (19.23)의 집합은 식 (19.23)의 부등식이 등식일 때 결정되는 타원 내부에 포함된 모든 점으로 구성된다($q > 2$일 때 이는 타원체이다). 따라서 δ에 대한 신뢰 집합은 식 (19.23)을 타원의 경계에 대해 풀어서 계산할 수 있다.

19.4 정규 오차를 가진 회귀 통계량의 분포

19.2절과 19.3절에서 제시한 분포는 큰 수의 법칙과 중심극한정리에 의해 정당화되며, 표본 크기가 클 때 적용된다. 그러나 오차의 $\boldsymbol{X}$에 대한 조건부 분포가 등분산성을 가지고 정규분포를 따른다면, OLS 추정량은 유한 표본에서 $\boldsymbol{X}$에 조건부로 다변량 정규분포를 가진다. 또한 회귀 표준 오차 제곱의 유한 표본 분포는 $n - k - 1$ 자유도를 가진 카이제곱 분포에 비례하고, 등분산성 전용 OLS t-통계량은 $n - k - 1$ 자유도를 가진 스튜던트 t 분포를 따르며, 등분산성 전용 F-통계량은 $F_{q,n-k-1}$ 분포를 따른다. 이 절의 논증은 OLS 회귀 통계량에 대한 특수한 행렬 공식을 사용한다.

OLS 회귀 통계량의 행렬 표현

OLS 예측값, 잔차, 잔차 제곱합은 행렬로 간결하게 나타낼 수 있다. 이러한 표현은 $\boldsymbol{P_X}$와 $\boldsymbol{M_X}$라는 두 행렬을 사용한다.

P_X와 M_X 행렬 다변량 모형에서의 OLS 대수는 2개의 대칭 $n \times n$행렬 $\boldsymbol{P_X}$와 M_X를 사용한다.

$$\boldsymbol{P_X} = \boldsymbol{X}(\boldsymbol{X}'\boldsymbol{X})^{-1}\boldsymbol{X}' \tag{19.24}$$

$$\boldsymbol{M_X} = \boldsymbol{I_n} - \boldsymbol{P_X} \tag{19.25}$$

행렬 $\boldsymbol{C}$가 정방행렬이고 $\boldsymbol{CC} = \boldsymbol{C}$이면 $\boldsymbol{C}$는 멱등(idempotent)이다(부록 19.1 참조). $\boldsymbol{P_X} = \boldsymbol{P_X P_X}$이고 $\boldsymbol{M_X} = \boldsymbol{M_X M_X}$이며(연습문제 19.5) $\boldsymbol{P_X}$와 $\boldsymbol{M_X}$가 대칭이므로, $\boldsymbol{P_X}$와 $\boldsymbol{M_X}$는 대칭 멱등 행렬이다.

$\boldsymbol{P_X}$와 $\boldsymbol{M_X}$ 행렬은 또 다른 유용한 속성을 가지며(연습문제 19.5), 이는 식 (19.24)와 (19.25)의 정의에서 직접 도출된다.

$$\boldsymbol{P_X X} = \boldsymbol{X}, \quad \boldsymbol{M_X X} = \boldsymbol{0}_{n\times(k+1)}$$
$$\text{rank}(\boldsymbol{P_X}) = k + 1 \quad \text{그리고} \quad \text{rank}(\boldsymbol{M_X}) = n - k - 1 \tag{19.26}$$

여기서 rank($\boldsymbol{P_X}$)는 $\boldsymbol{P_X}$의 계수이다.

$\boldsymbol{P_X}$와 $\boldsymbol{M_X}$ 행렬은 n차원 벡터 $\boldsymbol{Z}$를 두 부분, 즉 $\boldsymbol{X}$의 열들이 생성하는 공간에 속하는 부분과 $\boldsymbol{X}$의 열들에 직교하는 부분으로 분해하는 데 사용할 수 있다. 다시 말해 $\boldsymbol{P_X Z}$는 $\boldsymbol{Z}$를 $\boldsymbol{X}$의 열들이 생성하는 공간으로 투영한 것이고, $\boldsymbol{M_X Z}$는 $\boldsymbol{Z}$의 $\boldsymbol{X}$의 열들에 직교하는 부분이며, $\boldsymbol{Z} = \boldsymbol{P_X Z} + \boldsymbol{M_X Z}$이다.

OLS 예측값과 잔차 $\boldsymbol{P_X}$와 $\boldsymbol{M_X}$ 행렬을 사용해 OLS 예측값을 간단하게 나타낼 수 있다. OLS 예측값 $\hat{\boldsymbol{Y}} = \boldsymbol{X}\hat{\boldsymbol{\beta}}$과 OLS 잔차 $\hat{\boldsymbol{U}} = \boldsymbol{Y} - \hat{\boldsymbol{Y}}$은 다음과 같이 표현될 수 있다(연습문제 19.5).

$$\hat{\boldsymbol{Y}} = \boldsymbol{P_X Y} \tag{19.27}$$

$$\hat{\boldsymbol{U}} = \boldsymbol{M_X Y} = \boldsymbol{M_X U} \tag{19.28}$$

식 (19.27)과 (19.28)을 사용하면 OLS 잔차와 예측값이 직교함을 간단하게 증명할 수 있다. 즉 식 (4.35)가 성립한다: $\hat{\boldsymbol{Y}}'\hat{\boldsymbol{U}} = \boldsymbol{Y}'\boldsymbol{P}_X'\boldsymbol{M_X Y} = 0$. 여기서 두 번째 등식은 $\boldsymbol{P}_X'\boldsymbol{M_X} = \boldsymbol{0}_{n\times n}$에서 나오며, 이는 다시 식 (19.26)의 $\boldsymbol{M_X X} = \boldsymbol{0}_{n\times(k+1)}$에서 나온다.

회귀 표준 오차 4.3절에서 정의한 SER은 $s_{\hat{u}}$이며, 여기서

$$s_{\hat{u}}^2 = \frac{1}{n-k-1}\sum_{i=1}^{n}\hat{u}_i^2 = \frac{1}{n-k-1}\hat{\boldsymbol{U}}'\hat{\boldsymbol{U}} = \frac{1}{n-k-1}\boldsymbol{U}'\boldsymbol{M_X U} \tag{19.29}$$

마지막 등식은 $\hat{\boldsymbol{U}}'\hat{\boldsymbol{U}} = (\boldsymbol{M_X U})'(\boldsymbol{M_X U}) = \boldsymbol{U}'\boldsymbol{M_X M_X U} = \boldsymbol{U}'\boldsymbol{M_X U}$($\boldsymbol{M_X}$가 대칭이고 멱등이기 때문)에서 나온다.

오차항이 독립이며 정규분포를 따를 때 $\hat{\beta}$의 분포

$\hat{\boldsymbol{\beta}} = \boldsymbol{\beta} + (\boldsymbol{X}'\boldsymbol{X})^{-1}\boldsymbol{X}'\boldsymbol{U}$ [식 (19.14)]이고 $\boldsymbol{U}$의 $\boldsymbol{X}$에 조건부 분포가 $N(\boldsymbol{0}_n, \sigma_u^2\boldsymbol{I}_n)$이라고 가정[식 (19.8)]하므로, X에 조건부로 $\hat{\boldsymbol{\beta}}$의 분포는 평균이 $\boldsymbol{\beta}$인 다변량 정규분포이다. $\boldsymbol{X}$에 조건부인 $\hat{\boldsymbol{\beta}}$의 공분산 행렬은 $\boldsymbol{\Sigma}_{\hat{\boldsymbol{\beta}}|\boldsymbol{X}} = E[(\hat{\boldsymbol{\beta}} - \boldsymbol{\beta})(\hat{\boldsymbol{\beta}} - \boldsymbol{\beta})'|\boldsymbol{X}] = E[(\boldsymbol{X}'\boldsymbol{X})^{-1}\boldsymbol{X}'\boldsymbol{U}\boldsymbol{U}'\boldsymbol{X}(\boldsymbol{X}'\boldsymbol{X})^{-1}|\boldsymbol{X}] = (\boldsymbol{X}'\boldsymbol{X})^{-1}\boldsymbol{X}'(\sigma_u^2\boldsymbol{I}_n)\boldsymbol{X}(\boldsymbol{X}'\boldsymbol{X})^{-1} = \sigma_u^2(\boldsymbol{X}'\boldsymbol{X})^{-1}$이다. 핵심 개념 19.1의 여섯 가지 가정하에서, $\boldsymbol{X}$에 조건부인 $\hat{\boldsymbol{\beta}}$의 유한 표본 조건부 분포는 다음과 같다.

$$\hat{\boldsymbol{\beta}} \sim N(\boldsymbol{\beta}, \boldsymbol{\Sigma}_{\hat{\boldsymbol{\beta}}|\boldsymbol{X}}), \quad \text{여기서} \quad \boldsymbol{\Sigma}_{\hat{\boldsymbol{\beta}}|\boldsymbol{X}} = \sigma_u^2(\boldsymbol{X}'\boldsymbol{X})^{-1} \tag{19.30}$$

$s_{\hat{u}}^2$의 분포

핵심 개념 19.1의 여섯 가지 가정이 모두 성립한다면, $s_{\hat{u}}^2$의 정확한 표본 분포는 $n-k-1$ 자유도를 가진 카이제곱 분포에 비례한다.

$$s_{\hat{u}}^2 \sim \frac{\sigma_u^2}{n-k-1} \times \chi_{n-k-1}^2 \tag{19.31}$$

식 (19.31)의 증명은 식 (19.29)에서 시작한다. $\boldsymbol{U}$가 $\boldsymbol{X}$에 조건부로 정규분포를 따르고 $\boldsymbol{M_X}$가 대칭 멱등 행렬이므로, $\boldsymbol{U'M_XU}/\sigma_u^2$는 $\boldsymbol{M_X}$의 계수와 같은 자유도를 가진 카이제곱 분포를 정확히 따른다[부록 19.2의 식 (19.78)]. 식 (19.26)에서 $\boldsymbol{M_X}$의 계수는 $n-k-1$이다. 따라서 $\boldsymbol{U'M_XU}/\sigma_u^2$는 정확히 χ_{n-k-1}^2 분포를 따르며, 이로부터 식 (19.31)이 도출된다.

자유도 조정을 통해 $s_{\hat{u}}^2$의 불편성을 얻는다. χ_{n-k-1}^2 분포를 따르는 확률변수의 기댓값은 $n-k-1$이므로 $E(\boldsymbol{U'M_XU}) = (n-k-1)\sigma_u^2$이고, 따라서 $E(s_{\hat{u}}^2) = \sigma_u^2$이다.

등분산성 전용 표준 오차

X에 조건부인 $\hat{\boldsymbol{\beta}}$의 공분산 행렬의 등분산성 전용 추정량 $\widetilde{\boldsymbol{\Sigma}}_{\hat{\boldsymbol{\beta}}}$은 식 (19.30)의 $\boldsymbol{\Sigma}_{\hat{\boldsymbol{\beta}}|\boldsymbol{X}}$ 표현에서 모집단 분산 σ_u^2를 표본 분산 $s_{\hat{u}}^2$으로 대체해 얻는다. 따라서 다음 식과 같다.

$$\widetilde{\boldsymbol{\Sigma}}_{\hat{\boldsymbol{\beta}}} = s_{\hat{u}}^2(\boldsymbol{X}'\boldsymbol{X})^{-1} \quad \text{(등분산성 전용)} \tag{19.32}$$

$\hat{\beta}_j$의 $\boldsymbol{X}$에 조건부 정규분포의 분산 추정량은 $\widetilde{\boldsymbol{\Sigma}}_{\hat{\boldsymbol{\beta}}}$의 (j, j) 요소이다. 따라서 $\hat{\beta}_j$의 등분산성 전용 표준 오차는 $\widetilde{\boldsymbol{\Sigma}}_{\hat{\boldsymbol{\beta}}}$의 j번째 대각 요소의 제곱근이다. 즉 $\hat{\beta}_j$의 등분산성 전용 표준 오차는 다음과 같다.

$$\widetilde{SE}(\hat{\beta}_j) = \sqrt{(\widetilde{\boldsymbol{\Sigma}}_{\hat{\beta}})_{jj}} \quad \text{(등분산성 전용)} \tag{19.33}$$

t-통계량의 분포

$\tilde{t}$를 등분산성 전용 표준 오차를 사용해 만들어진, $\beta_j = \beta_{j,0}$ 가설을 검정하는 t-통계량이라고 하자. 즉 다음과 같다.

$$\tilde{t} = \frac{\hat{\beta}_j - \beta_{j,0}}{\sqrt{(\widetilde{\boldsymbol{\Sigma}}_{\hat{\beta}})_{jj}}} \tag{19.34}$$

핵심 개념 19.1의 여섯 가지 확장된 최소제곱 가정하에서, $\tilde{t}$의 정확한 표본 분포는 $n-k-1$ 자유도를 가진 스튜던트 t 분포이다.

$$\tilde{t} \sim t_{n-k-1} \tag{19.35}$$

식 (19.35)의 증명은 부록 19.4에 제시했다.

F-통계량의 분포

핵심 개념 19.1의 여섯 가지 최소제곱 가정 모두가 성립한다면, 공분산 행렬의 등분산성 전용 추정량을 사용해 구성된, 식 (19.20)의 가설을 검정하는 F-통계량은 귀무가설하에서 정확히 $F_{q,n-k-1}$ 분포를 따른다.

등분산성 전용 F-통계량 등분산성 전용 F-통계량은 식 (19.21)의 이분산성 강건 F-통계량과 유사하지만, 이분산성 강건 추정량 $\widehat{\mathbf{\Sigma}}_{\hat{\boldsymbol{\beta}}}$ 대신 등분산성 전용 추정량 $\widetilde{\mathbf{\Sigma}}_{\hat{\boldsymbol{\beta}}}$을 사용한다는 점이 다르다. $\widetilde{\mathbf{\Sigma}}_{\hat{\boldsymbol{\beta}}} = s_{\hat{u}}^2(\boldsymbol{X}'\boldsymbol{X})^{-1}$ 표현을 식 (19.21)의 F-통계량 표현에 대입하면 식 (19.20)의 귀무가설을 검정하는 등분산성 전용 F-통계량을 얻는다.

$$\widetilde{F} = \frac{(\boldsymbol{R}\hat{\boldsymbol{\beta}} - \boldsymbol{r})'[\boldsymbol{R}(\boldsymbol{X}'\boldsymbol{X})^{-1}\boldsymbol{R}']^{-1}(\boldsymbol{R}\hat{\boldsymbol{\beta}} - \boldsymbol{r})/q}{s_{\hat{u}}^2} \tag{19.36}$$

핵심 개념 19.1의 여섯 가지 가정 모두가 성립한다면, 귀무가설하에서

$$\widetilde{F} \sim F_{q,n-k-1} \tag{19.37}$$

식 (19.37)의 증명은 부록 19.4에 제시했다.

식 (19.36)의 F-통계량은 (통계학자 Abraham Wald의 이름을 따서 명명된) Wald 버전의 F-통계량이라고 한다. 식 (7.13)에 주어진 등분산성 전용 F-통계량의 공식이 식 (19.36)의 Wald 통계량 공식과 상당히 다르게 보이지만, 등분산성 전용 F-통계량과 Wald F-통계량은 같은 통계량의 두 가지 버전이다. 즉 두 표현은 동등하며, 이 결과는 연습문제 19.13에서 보여진다.

19.5 등분산 오차를 가진 OLS 추정량의 효율성

다중회귀의 가우스-마르코프 조건하에서, $\boldsymbol{\beta}$의 OLS 추정량은 모든 선형 조건부 불편 추정량 중에서 가장 효율적이다. 즉 OLS 추정량은 최선선형불편추정량(Best Linear Unbiased Estimator, BLUE)이다.

다중회귀의 가우스-마르코프 조건

다중회귀의 가우스-마르코프 조건(Gauss-Markov conditions for multiple regression)은 다음과 같다.

(i) $E(\boldsymbol{U}|\boldsymbol{X}) = \mathbf{0}_n$
(ii) $E(\boldsymbol{U}\boldsymbol{U}'|\boldsymbol{X}) = \sigma_u^2\boldsymbol{I}_n$
(iii) $\boldsymbol{X}$는 완전 열 계수를 가진다. (19.38)

다중회귀의 가우스-마르코프 조건은 핵심 개념 19.1의 처음 다섯 가지 가정에 의해 성립한다 [식 (19.6)과 (19.7) 참조]. 식 (19.38)의 조건들은 단일 설명변수 모형의 가우스-마르코프 조

건을 보다 일반적인 다중회귀로 확장한 것이다. [행렬 표기법을 사용함으로써, 식 (5.31)의 두 번째와 세 번째 가우스-마르코프 조건이 식 (19.38)의 조건 (ii)로 합쳐진다.]

선형 조건부 불편 추정량

우선 선형 불편 추정량의 집합을 설명하고 OLS가 그 집합에 속함을 보이자.

선형 조건부 불편 추정량의 집합 $\boldsymbol{\beta}$의 추정량이 $Y_1, \ldots, Y_n$의 선형 함수라면 선형이라고 한다. 따라서 추정량 $\widetilde{\boldsymbol{\beta}}$가 $\boldsymbol{Y}$에 대해 선형이라면 다음 형태로 쓸 수 있다.

$$\widetilde{\boldsymbol{\beta}} = \boldsymbol{A}'\boldsymbol{Y} \tag{19.39}$$

여기서 $\boldsymbol{A}$는 $\boldsymbol{X}$와 상수에 따라 그 값이 결정되지만 $\boldsymbol{Y}$에는 영향을 받지 않는 $n \times (k+1)$차원의 가중치 행렬이다.

추정량은 $\boldsymbol{X}$가 주어졌을 때 그 조건부 표본 분포의 평균이 $\boldsymbol{\beta}$라면 조건부 불편이다. 즉 $\widetilde{\boldsymbol{\beta}}$가 조건부 불편이라면 $E(\widetilde{\boldsymbol{\beta}}|\boldsymbol{X}) = \boldsymbol{\beta}$이다.

OLS 추정량은 선형이고 조건부 불편이다 식 (19.11)과 (19.39)를 비교하면 OLS 추정량이 $\boldsymbol{Y}$에 대해 선형임을 알 수 있다. 구체적으로, $\hat{\boldsymbol{\beta}} = \hat{\boldsymbol{A}}'\boldsymbol{Y}$이며, 여기서 $\hat{\boldsymbol{A}} = \boldsymbol{X}(\boldsymbol{X}'\boldsymbol{X})^{-1}$이다. $\hat{\boldsymbol{\beta}}$이 조건부 불편임을 보이기 위해, 식 (19.14)에서 $\hat{\boldsymbol{\beta}} = \boldsymbol{\beta} + (\boldsymbol{X}'\boldsymbol{X})^{-1}\boldsymbol{X}'\boldsymbol{U}$임을 떠올려보자. 이 표현의 양변에 조건부 기댓값을 취하면 $E(\hat{\boldsymbol{\beta}}|\mathrm{X}) = \boldsymbol{\beta} + E[(\boldsymbol{X}'\boldsymbol{X})^{-1}\boldsymbol{X}'\boldsymbol{U}|\boldsymbol{X}] = \boldsymbol{\beta} + (\boldsymbol{X}'\boldsymbol{X})^{-1}\boldsymbol{X}'E(\boldsymbol{U}|\boldsymbol{X}) = \boldsymbol{\beta}$가 되며, 마지막 등식은 첫 번째 가우스-마르코프 조건에 의해 $E(\boldsymbol{U}|\boldsymbol{X}) = 0$이기 때문에 성립한다.

다중회귀의 가우스-마르코프 정리

다중회귀의 가우스-마르코프 정리(Gauss-Markov theorem for multiple regression)는 OLS 추정량이 선형 조건부 불편 추정량의 집합 중에서 가장 효율적이기 위한 조건을 알려준다. 그러나 $\hat{\boldsymbol{\beta}}$이 벡터이고 그 '분산'이 공분산 행렬이기 때문에 생각해볼 만한 점이 있다. 추정량의 분산이 행렬일 때, 어떤 추정량의 분산이 다른 추정량보다 작다는 것은 정확히 무엇을 의미하는가?

가우스-마르코프 정리는 $\boldsymbol{\beta}$의 요소들을 선형결합한 다른 추정량의 분산을 $\hat{\boldsymbol{\beta}}$의 요소를 같은 방법으로 선형결합했을 경우의 분산과 비교하는 방식으로 이 문제를 다룬다. 구체적으로 $\boldsymbol{c}$를 $k+1$차원 벡터라 하고, 다른 추정량 $\boldsymbol{c}'\widetilde{\boldsymbol{\beta}}$(여기서 $\widetilde{\boldsymbol{\beta}}$는 선형 조건부 불편 추정량)와 $\boldsymbol{c}'\hat{\boldsymbol{\beta}}$을 사용해 선형결합 $\boldsymbol{c}'\boldsymbol{\beta}$를 추정하는 문제를 고려해보자. $\boldsymbol{c}'\widetilde{\boldsymbol{\beta}}$와 $\boldsymbol{c}'\hat{\boldsymbol{\beta}}$이 모두 스칼라이고 $\boldsymbol{c}'\boldsymbol{\beta}$의 선형 조건부 불편 추정량이므로, 두 추정량의 분산을 비교할 수 있다.

다중회귀의 가우스-마르코프 정리는 $\boldsymbol{c}'\boldsymbol{\beta}$의 OLS 추정량이 가장 효율적이라고 말한다. 즉 OLS 추정량 $\boldsymbol{c}'\hat{\boldsymbol{\beta}}$은 모든 선형 조건부 불편 추정량 중에서 가장 작은 조건부 분산을 가진다. 놀라운 것은 이는 어떤 선형결합에 대해서도 성립한다는 것이다. 이런 의미에서 OLS 추정량은 다중회귀에서 BLUE이다.

핵심 개념
19.3

다중회귀의 가우스-마르코프 정리

식 (19.38)의 다중회귀에 대한 가우스-마르코프 조건이 성립한다고 가정하자. 그러면 OLS 추정량 $\hat{\boldsymbol{\beta}}$은 BLUE이다. 즉 $\tilde{\boldsymbol{\beta}}$를 $\boldsymbol{\beta}$의 선형 조건부 불편 추정량이라 하고, $\boldsymbol{c}$를 $k+1$차원 비확률 벡터라 하자. 그러면 모든 0이 아닌 벡터 $\boldsymbol{c}$에 대해 $\text{var}(\boldsymbol{c}'\hat{\boldsymbol{\beta}}\,|\,\boldsymbol{X}) \leq \text{var}(\boldsymbol{c}'\tilde{\boldsymbol{\beta}}\,|\,\boldsymbol{X})$이며, $\tilde{\boldsymbol{\beta}} = \hat{\boldsymbol{\beta}}$인 경우에 모든 $\boldsymbol{c}$에 대해 등호가 성립한다.

가우스-마르코프 정리는 핵심 개념 19.3에 명시되어 있으며 부록 19.5에서 증명한다.

19.6 일반최소제곱법[1]

i.i.d. 표본 추출 가정은 많은 응용연구에 적합하다. 예를 들어 Y_i와 $\boldsymbol{X}_i$가 개인의 소득, 교육, 개인적 특성과 같은 정보에 해당하고, 이 개인들이 단순 무작위 표본 추출로 모집단에서 선택된다고 가정해보자. 이 경우, 단순 무작위 표본 추출 방식 때문에 $(\boldsymbol{X}_i, Y_i)$는 i.i.d.를 따른다. $(\boldsymbol{X}_i, Y_i)$와 $(\boldsymbol{X}_j, Y_j)$가 $i \neq j$일 때 독립적으로 분포되므로, u_i와 u_j도 $i \neq j$일 때 독립적으로 분포된다. 이는 다시 u_i와 u_j가 $i \neq j$일 때 상관관계가 없음을 의미한다. 가우스-마르코프 가정의 맥락에서, 관측치들이 독립적으로 분포되도록 하는 방식으로 데이터가 수집된 경우 $E(\boldsymbol{UU}'\,|\,\boldsymbol{X})$가 대각행렬이라는 가정은 적절하다.

그러나 계량경제학에서 다루는 일부 표본 추출 상황은 독립적인 관측치 대신 여러 관측치의 오차항이 서로 상관관계를 가질 수 있다. 대표적인 예는 동일한 개체에 대해 시간에 걸쳐 데이터가 표본 추출될 때, 즉 데이터가 시계열 데이터일 때이다. 16.3절에서 논의한 바와 같이, 시계열 데이터를 포함하는 회귀분석에서 많은 누락된 요인이 여러 시점에 걸쳐 상관관계를 가질 수 있으며, 이는 (이러한 누락 요인들을 포함하는) 회귀 오차항 역시 여러 시점에 걸쳐 상관관계를 갖는다는 것을 뜻한다. 다시 말해 한 시점의 오차항은 일반적으로 다음 시점의 오차항과 독립적으로 분포되지 않을 것이다. 대신, 한 시점의 오차항은 다음 시점의 오차항과 상관관계를 가질 것이다.

상관관계가 있는 오차항의 존재는 OLS에 기반한 추론에 두 가지 문제를 만든다. 첫째, OLS가 생성하는 이분산성 강건 표준 오차나 등분산성 전용 표준 오차 **모두** 유효한 추론의 기초를 제공하지 않는다. 이 문제의 해결책은 이분산성과 관측치 간 오차항의 상관관계 모두에 강건한 표준 오차를 사용하는 것이다. 이 주제—이분산성 및 자기상관 일치(HAC) 공분산 행렬 추정—는 16.4절의 주제이며 여기서는 더 이상 다루지 않는다.

둘째, 관측치의 오차항 사이에 상관관계가 있다면, $E(\boldsymbol{UU}'\,|\,\boldsymbol{X})$는 대각행렬이 아니고, 식 (19.38)의 두 번째 가우스-마르코프 조건이 성립하지 않으며, OLS는 BLUE가 아니다. 이

1 GLS 추정량은 16.5절에서 분산시차 시계열 회귀를 다룰 때 소개되었다. 여기의 설명은 16.5절의 내용과 독립적으로 읽을 수 있는 GLS에 대한 수학적 내용이다. 그러나 16.5절을 먼저 읽으면 이러한 개념들을 더 구체적으로 이해하는 데 도움이 될 것이다.

핵심 개념 19.4

GLS 가정

선형회귀모형 $\boldsymbol{Y} = \boldsymbol{X\beta} + \boldsymbol{U}$에서 GLS 가정은 다음과 같다.

1. $E(\boldsymbol{U}|\boldsymbol{X}) = \boldsymbol{0}_n$
2. $E(\boldsymbol{UU}'|\boldsymbol{X}) = \boldsymbol{\Omega}(\boldsymbol{X})$, 여기서 $\boldsymbol{\Omega}(\boldsymbol{X})$는 $\boldsymbol{X}$에 따라 달라지는 $n \times n$ 양의 정부호 행렬이다.
3. $\boldsymbol{X}_i$와 u_i는 적절한 적률 조건을 만족한다.
4. $\boldsymbol{X}$는 완전 열 계수를 가진다(완전 다중공선성이 없다).

절에서는 오차의 조건부 공분산 행렬이 더 이상 항등행렬에 비례하지 않을 때 (적어도 점근적으로) BLUE인 추정량인 일반화 최소제곱법(GLS)을 다룬다. GLS의 특수한 경우로 18.5절에서 논의한 가중 최소제곱법이 있는데, 이는 조건부 공분산 행렬이 대각행렬이고 i번째 대각 요소가 $\boldsymbol{X}_i$의 함수인 경우이다. WLS와 마찬가지로, GLS는 변환된 모형의 오차가 가우스-마르코프 조건을 만족하도록 회귀모형을 변환한다. GLS 추정량은 변환된 모형의 계수에 대한 OLS 추정량이다.

GLS 가정

GLS가 유효하기 위한 네 가지 가정이 있다. 첫 번째 GLS 가정은 u_i가 $\boldsymbol{X}_1, \ldots, \boldsymbol{X}_n$에 조건부로 0의 평균을 가진다는 것이다. 즉 다음과 같다.

$$E(\boldsymbol{U}|\boldsymbol{X}) = \boldsymbol{0}_n \tag{19.40}$$

이 가정은 핵심 개념 19.1의 첫 두 최소제곱 가정에 의해 성립한다. 즉 $E(u_i|\boldsymbol{X}_i) = 0$이고 $(\boldsymbol{X}_i, Y_i)$, $i = 1, \ldots, n$이 i.i.d.라면 $E(\boldsymbol{U}|\boldsymbol{X}) = \boldsymbol{0}_n$이다. 그러나 GLS의 목적 중 하나는 관측치 간 상관관계가 있는 오차항을 다루는 것이므로, GLS에서는 i.i.d. 가정을 하지 않을 것이다. GLS 추정량을 소개한 후 식 (19.40) 가정의 중요성에 대해 논의할 것이다.

두 번째 GLS 가정은 $\boldsymbol{X}$가 주어졌을 때 $\boldsymbol{U}$의 조건부 공분산 행렬이 $\boldsymbol{X}$의 함수라는 것이다.

$$E(\boldsymbol{UU}'|\boldsymbol{X}) = \boldsymbol{\Omega}(\boldsymbol{X}) \tag{19.41}$$

여기서 $\boldsymbol{\Omega}(\boldsymbol{X})$는 $\boldsymbol{X}$의 $n \times n$ 양의 정부호 행렬 값 함수이다.

이 가정에 해당하는 GLS의 두 가지 주요 상황이 있다. 첫 번째는 이분산 오차를 가진 독립 표본 추출로, 이 경우 $\boldsymbol{\Omega}(\boldsymbol{X})$는 대각 요소가 $\lambda h(\boldsymbol{X}_i)$인 대각행렬이며, 여기서 λ는 상수이고 h는 함수이다. 18.5절에서 논의한 이 경우, GLS는 WLS이다.

두 번째 상황은 자기상관이 있는 등분산 오차가 있을 때이다. 이 경우 자기상관성을 반영한 모형을 사용한다. 예를 들어 한 모형은 오차항이 오직 이웃한 오차항과만 상관관계가 있어서 $\text{corr}(u_i, u_{i-1}) = \rho \neq 0$이지만 $|i-j| \geq 2$이면 $\text{corr}(u_i, u_j) = 0$이다. 이 경우, $\boldsymbol{\Omega}(\boldsymbol{X})$는 대각 요소로 σ_u^2를, 첫 번째 비대각 요소로 $\rho\sigma_u^2$를 가지며, 그 외에는 0이다. 따라서 $\boldsymbol{\Omega}(\boldsymbol{X})$는 $\boldsymbol{X}$에 의존하지 않고, $\boldsymbol{\Omega}_{ii} = \sigma_u^2$, $|i-j| = 1$일 때 $\boldsymbol{\Omega}_{ij} = \rho\sigma_u^2$, $|i-j| > 1$일 때 $\boldsymbol{\Omega}_{ij} = 0$이다. 1차 자기

회귀모형을 포함한 자기상관에 대한 다른 모형들은 16.5절에서 GLS를 다룰 때 더 자세히 논의한다(연습문제 19.8 참조).

횡단면 데이터에 대한 이전의 모든 최소제곱 가정 목록에 나타난 가정은 $\boldsymbol{X}_i$와 u_i가 0이 아닌 유한한 4차 적률을 가진다는 것이다. GLS의 경우, 점근 결과를 증명하는 데 필요한 구체적인 적률 가정은 $\boldsymbol{\Omega}(\boldsymbol{X})$ 함수의 성질, $\boldsymbol{\Omega}(\boldsymbol{X})$가 알려져 있는지 또는 추정되는지, 그리고 고려 중인 통계량(GLS 추정량, t-통계량 등)에 따라 달라진다. 상황과 모형에 따라 필요한 가정이 달라지기 때문에, 여기서는 구체적인 적률 가정을 제시하지 않으며 큰 표본에서 GLS의 특성에 대해 논의할 때는 필요한 적률 조건이 성립한다고 가정한다. 완전성을 위해, 세 번째 GLS 가정으로 $\boldsymbol{X}_i$와 u_i는 적절한 적률 조건을 만족한다고 가정하자.

네 번째 GLS 가정은 $\boldsymbol{X}$가 완전 열 계수를 가진다는 것이다. 즉 설명변수들이 완전 다중공선성을 갖지 않는다.

GLS 가정들은 핵심 개념 19.4에 요약했다.

두 가지 경우에 대한 GLS 추정을 고려하자. 첫 번째는 $\boldsymbol{\Omega}(\boldsymbol{X})$를 알고 있는 경우이다. 두 번째는 $\boldsymbol{\Omega}(\boldsymbol{X})$의 함수에 포함되어 있는 추정할 수 있는 모수를 제외하고, 그 형태를 알고 있는 경우이다. 표기를 간단히 하기 위해 $\boldsymbol{\Omega}(\boldsymbol{X})$ 함수를 행렬 $\boldsymbol{\Omega}$로 쓰고, $\boldsymbol{\Omega}$가 $\boldsymbol{X}$에 따라 달라진다는 것을 암묵적으로 가정하자.

GLS — Ω를 알고 있는 경우

$\boldsymbol{\Omega}$를 알고 있을 때, GLS 추정량은 $\boldsymbol{\Omega}$를 사용해 회귀모형을 가우스-마르코프 조건을 만족하는 오차항을 가진 모형으로 변환한다. 구체적으로, $\boldsymbol{F}$를 $\boldsymbol{\Omega}^{-1}$의 행렬 제곱근이라 하자. 즉 $\boldsymbol{F}'\boldsymbol{F} = \boldsymbol{\Omega}^{-1}$을 만족하는 행렬이다(부록 19.1 참조). 이때 $\boldsymbol{F}$는 $\boldsymbol{F\Omega F}' = \boldsymbol{I}_n$을 만족한다. 이제 식 (19.4)의 양변에 $\boldsymbol{F}$를 곱하면 다음을 얻는다.

$$\widetilde{\boldsymbol{Y}} = \widetilde{\boldsymbol{X}}\boldsymbol{\beta} + \widetilde{\boldsymbol{U}} \tag{19.42}$$

여기서 $\widetilde{\boldsymbol{Y}} = \boldsymbol{FY}$, $\widetilde{\boldsymbol{X}} = \boldsymbol{FX}$, $\widetilde{\boldsymbol{U}} = \boldsymbol{FU}$이다.

GLS의 핵심 아이디어는 네 가지 GLS 가정하에서 식 (19.42)의 변환된 회귀에 대해 가우스-마르코프 가정이 성립한다는 것이다. 즉 모든 변수를 $\boldsymbol{\Omega}$의 역행렬의 행렬 제곱근을 사용해 변환함으로써 변환된 회귀의 회귀 오차는 조건부 평균이 0이고 공분산 행렬이 항등행렬이 된다. 이를 수학적으로 밝히기 위해, 먼저 첫 번째 GLS 가정[식 (19.40)]에 의해 $E(\widetilde{\boldsymbol{U}}|\widetilde{\boldsymbol{X}}) = E(\boldsymbol{FU}|\boldsymbol{FX}) = \boldsymbol{F}E(\boldsymbol{U}|\boldsymbol{FX}) = \boldsymbol{0}_n$이 됨을 알 수 있다. 또한 $E(\widetilde{\boldsymbol{U}}\widetilde{\boldsymbol{U}}'|\widetilde{\boldsymbol{X}}) = E[(\boldsymbol{FU})(\boldsymbol{FU})'|\boldsymbol{FX}] = \boldsymbol{F}E(\boldsymbol{UU}'|\boldsymbol{FX})\boldsymbol{F}' = \boldsymbol{F\Omega F}' = \boldsymbol{I}_n$이며, 여기서 두 번째 등식은 $(\boldsymbol{FU})' = \boldsymbol{U}'\boldsymbol{F}'$이기 때문이고 마지막 등식은 $\boldsymbol{F}$의 정의에 의해 성립한다. 따라서 식 (19.42)의 변환된 회귀모형은 핵심 개념 19.3의 가우스-마르코프 조건을 만족한다.

GLS 추정량 $\widetilde{\boldsymbol{\beta}}^{GLS}$는 식 (19.42)에서 $\boldsymbol{\beta}$의 OLS 추정량이다. 즉 $\widetilde{\boldsymbol{\beta}}^{GLS} = (\widetilde{\boldsymbol{X}}'\widetilde{\boldsymbol{X}})^{-1}(\widetilde{\boldsymbol{X}}'\widetilde{\boldsymbol{Y}})$이다. 변환된 회귀모형이 가우스-마르코프 조건을 만족하기 때문에, GLS 추정량은 $\widetilde{\boldsymbol{Y}}$에 대해 선형인 최선의 조건부 불편 추정량이다. 그러나 $\widetilde{\boldsymbol{Y}} = \boldsymbol{FY}$이고 $\boldsymbol{F}$는 (여기서) 알고 있다고 가정

하며 $\boldsymbol{F}$는 가역($\boldsymbol{\Omega}$가 양의 정부호이므로)이기 때문에, $\tilde{\boldsymbol{Y}}$에 대해 선형인 추정량의 집합은 $\boldsymbol{Y}$에 대해 선형인 추정량의 집합과 같다. 따라서 식 (19.42)에서 $\boldsymbol{\beta}$의 OLS 추정량은 $\boldsymbol{Y}$에 대해 선형인 추정량들 중에서 최선의 조건부 불편 추정량이다. 다시 말해 GLS 가정하에서 GLS 추정량은 BLUE이다.

GLS 추정량은 $\boldsymbol{\Omega}$를 사용해서 직접 나타낼 수 있으므로, 원칙적으로 제곱근 행렬 $\boldsymbol{F}$를 계산할 필요가 없다. $\tilde{\boldsymbol{X}} = \boldsymbol{FX}$와 $\tilde{\boldsymbol{Y}} = \boldsymbol{FY}$이므로, $\tilde{\boldsymbol{\beta}}^{GLS} = (\boldsymbol{X}'\boldsymbol{F}'\boldsymbol{FX})^{-1}(\boldsymbol{X}'\boldsymbol{F}'\boldsymbol{FY})$이다. 그러나 $\boldsymbol{F}'\boldsymbol{F} = \boldsymbol{\Omega}^{-1}$이므로 $\tilde{\boldsymbol{\beta}}^{GLS}$는 다음과 같다.

$$\tilde{\boldsymbol{\beta}}^{GLS} = (\boldsymbol{X}'\boldsymbol{\Omega}^{-1}\boldsymbol{X})^{-1}(\boldsymbol{X}'\boldsymbol{\Omega}^{-1}\boldsymbol{Y}) \tag{19.43}$$

실제 사용 시에는 $\boldsymbol{\Omega}$를 알고 있지 않으므로, 식 (19.43)의 GLS 추정량은 일반적으로 계산할 수 없고 따라서 이를 **계산 불가능한** GLS(infeasible GLS) 추정량이라고 한다. 그러나 $\boldsymbol{\Omega}$의 함수 형태를 알고 있고 그 함수의 모수들을 추정할 수 있다면, $\boldsymbol{\Omega}$를 추정할 수 있고 계산 가능한 GLS 추정량을 얻을 수 있다.

GLS — Ω가 알려지지 않은 모수를 포함할 때

$\boldsymbol{\Omega}$의 함수 형태를 알고 있고 그 함수의 모수를 추정할 수 있다면, 추정된 모수들을 사용해 공분산 행렬 $\boldsymbol{\Omega}$의 추정량을 계산할 수 있다. 예를 들어 식 (19.41) 다음에 논의된 시계열 응용을 고려해보자. 여기서 $\boldsymbol{\Omega}(\boldsymbol{X})$는 $\boldsymbol{X}$에 의존하지 않고 $\boldsymbol{\Omega}_{ii} = \sigma_u^2$, $|i - j| = 1$일 때 $\boldsymbol{\Omega}_{ij} = \rho\sigma_u^2$, $|i - j| > 1$일 때 $\boldsymbol{\Omega}_{ij} = 0$이다. 그러면 $\boldsymbol{\Omega}$는 2개의 알려지지 않은 모수 σ_u^2와 ρ를 가진다. 이 모수들은 예비 OLS 회귀의 잔차를 사용해 추정할 수 있다. 구체적으로, σ_u^2는 $s_{\hat{u}}^2$으로, ρ는 모든 이웃하는 OLS 잔차 쌍 사이의 표본 상관관계로 추정할 수 있다. 이 추정된 모수들은 다시 $\boldsymbol{\Omega}$의 추정량 $\hat{\boldsymbol{\Omega}}$을 계산하는 데 사용된다.

일반적으로 $\boldsymbol{\Omega}$의 추정량 $\hat{\boldsymbol{\Omega}}$이 있다고 가정하자. 그러면 $\hat{\boldsymbol{\Omega}}$에 따른 GLS 추정량은 다음과 같다.

$$\hat{\boldsymbol{\beta}}^{GLS} = (\boldsymbol{X}'\hat{\boldsymbol{\Omega}}^{-1}\boldsymbol{X})^{-1}(\boldsymbol{X}'\hat{\boldsymbol{\Omega}}^{-1}\boldsymbol{Y}) \tag{19.44}$$

식 (19.44)의 GLS 추정량은 **계산 가능한** GLS(feasible GLS) 추정량이라고 하는데, 공분산 행렬에 추정 가능한 모수가 포함되어 있을 때 계산할 수 있기 때문이다.

조건부 평균이 0이라는 가정과 GLS

OLS 추정량이 일치성을 가지려면 첫 번째 최소제곱 가정이 성립해야 한다.즉 $E(u_i|\boldsymbol{X}_i)$가 0이어야 한다. 반면에 첫 번째 GLS 가정은 $E(u_i|\boldsymbol{X}_1, \ldots, \boldsymbol{X}_n) = 0$이다. 다시 말해 첫 번째 OLS 가정은 i번째 관측치의 오차가 그 관측치의 설명변수 값이 주어졌을 때 조건부 평균이 0이라는 것인 반면, 첫 번째 GLS 가정은 u_i가 모든 관측치의 설명변수 값이 주어졌을 때 조건부 평균이 0이라는 것이다.

19.1절에서 논의한 바와 같이, $E(u_i|\boldsymbol{X}_i) = 0$이고 표본 추출이 i.i.d.이면 $E(u_i|\boldsymbol{X}_1, \ldots,$

$\boldsymbol{X}_n) = 0$이 성립한다. 따라서 표본 추출이 i.i.d.일 때, 즉 GLS가 WLS일 때 첫 번째 GLS 가정은 핵심 개념 19.1의 첫 번째 최소제곱 가정에 의해 성립한다.

그러나 표본 추출이 i.i.d.가 아닐 때, 첫 번째 GLS 가정은 $E(u_i|\boldsymbol{X}_i) = 0$이라는 가정에 의해 성립하지 않는다. 즉 첫 번째 GLS 가정이 더 강한 가정이다. 이 두 조건 사이의 구분이 미미해 보일 수 있지만, 시계열 데이터 분석에서는 매우 중요할 수 있다. 이를 구분하는 것은 16.5절에서 설명변수가 '과거와 현재'에 대해 외생적인지 아니면 '엄격히' 외생적인지 논의하는 것과 유사하다. $E(u_i|\boldsymbol{X}_1, \ldots, \boldsymbol{X}_n) = 0$이라는 가정은 엄격한 외생성에 해당한다. 여기서는 행렬 표기법을 사용해 더 일반적인 상황에서 이를 구분한다. 이를 위해 $\boldsymbol{U}$가 등분산성을 가지고, $\boldsymbol{\Omega}$가 알려져 있으며, $\boldsymbol{\Omega}$의 비대각 요소가 0이 아닌 경우에 초점을 맞춘다.

첫 번째 GLS 가정의 역할 이 가정들 간의 차이가 나타나는 이유를 알기 위해, GLS와 OLS의 일치성 증명을 비교해서 살펴보자.

먼저 식 (19.43)의 GLS 추정량 일치성에 대한 증명을 간략히 설명하겠다. 식 (19.3)을 식 (19.43)에 대입하면 $\widetilde{\boldsymbol{\beta}}^{GLS} = \boldsymbol{\beta} + (\boldsymbol{X}'\boldsymbol{\Omega}^{-1}\boldsymbol{X}/n)^{-1}(\boldsymbol{X}'\boldsymbol{\Omega}^{-1}\boldsymbol{U}/n)$을 얻는다. 첫 번째 GLS 가정하에서, $E(\boldsymbol{X}'\boldsymbol{\Omega}^{-1}\boldsymbol{U}) = E[\boldsymbol{X}'\boldsymbol{\Omega}^{-1}E(\boldsymbol{U}|\boldsymbol{X})] = \boldsymbol{0}_n$이다. 추가로 $\boldsymbol{X}'\boldsymbol{\Omega}^{-1}\boldsymbol{U}/n$의 분산이 0으로 수렴하고 $\boldsymbol{X}'\boldsymbol{\Omega}^{-1}\boldsymbol{X}/n \xrightarrow{p} \widetilde{\boldsymbol{Q}}$(여기서 $\widetilde{\boldsymbol{Q}}$는 가역행렬)이면, $\widetilde{\boldsymbol{\beta}}^{GLS} \xrightarrow{p} \boldsymbol{\beta}$이다. 중요한 점은 $\boldsymbol{\Omega}$가 비대각 요소를 가질 때, $\boldsymbol{X}'\boldsymbol{\Omega}^{-1}\boldsymbol{U} = \sum_{i=1}^{n}\sum_{j=1}^{n}\boldsymbol{X}_i(\boldsymbol{\Omega}^{-1})_{ij}u_j$ 항이 서로 다른 i, j 쌍에 대한 $\boldsymbol{X}_i$와 u_j의 곱을 포함한다는 것이다[여기서 $(\boldsymbol{\Omega}^{-1})_{ij}$는 $\boldsymbol{\Omega}^{-1}$의 (i, j) 요소를 나타낸다]. 따라서 $\boldsymbol{X}'\boldsymbol{\Omega}^{-1}\boldsymbol{U}$의 평균이 0이 되려면 $E(u_i|\boldsymbol{X}_i) = 0$만으로는 충분하지 않고, 0이 아닌 $(\boldsymbol{\Omega}^{-1})_{ij}$ 값에 해당하는 모든 i, j쌍에 대해 $E(u_i|\boldsymbol{X}_j)$가 0이어야 한다. 오차항의 공분산 구조에 따라 $(\boldsymbol{\Omega}^{-1})_{ij}$의 일부 또는 모든 요소가 0이 아닐 수 있다. 예를 들어 (16.5절에서 논의한 바와 같이) u_i가 1차 자기회귀를 따른다면, 0이 아닌 $(\boldsymbol{\Omega}^{-1})_{ij}$ 요소는 $|i-j| \le 1$인 경우뿐이다. 그러나 일반적으로 $\boldsymbol{\Omega}^{-1}$의 모든 요소가 0이 아닐 수 있으므로, 일반적으로 $\boldsymbol{X}'\boldsymbol{\Omega}^{-1}\boldsymbol{U}/n \xrightarrow{p} \boldsymbol{0}_{(k+1)\times 1}$이기 위해서는(따라서 $\widetilde{\boldsymbol{\beta}}^{GLS}$가 일치성을 가지려면), $E(\boldsymbol{U}|\boldsymbol{X}) = \boldsymbol{0}_n$이 필요하다. 즉 첫 번째 GLS 가정이 성립해야 한다.

반면, OLS 추정량의 일치성 증명을 떠올려보자. 식 (19.14)를 $\hat{\boldsymbol{\beta}} = \boldsymbol{\beta} + (\boldsymbol{X}'\boldsymbol{X}/n)^{-1}\frac{1}{n}\sum_{i=1}^{n}\boldsymbol{X}_i u_i$로 다시 쓰자. $E(u_i|\boldsymbol{X}_i) = 0$이면 $\frac{1}{n}\sum_{i=1}^{n}\boldsymbol{X}_i u_i$항의 평균은 0이고, 분산이 0으로 수렴하면 이 항은 0으로 확률 수렴한다. 또한 $\boldsymbol{X}'\boldsymbol{X}/n \xrightarrow{p} \boldsymbol{Q}_X$이므로, $\hat{\boldsymbol{\beta}} \xrightarrow{p} \boldsymbol{\beta}$이다.

첫 번째 GLS 가정이 제한적인가? 첫 번째 GLS 가정은 i번째 관측치의 오차가 다른 모든 관측치의 설명변수와 상관관계가 없어야 한다고 요구한다. 이 가정은 일부 시계열 데이터 분석에서는 그 성립 여부가 불확실하다. 이 문제를 16.6절에서 제시한 실증분석 예시인 냉동 오렌지 주스 농축액의 선물 계약 가격 변화와 플로리다 날씨 사이의 관계를 사용해 논의해보자. 16.6절에서 설명한 바와 같이, 날씨에 대한 가격 변화의 회귀에서 오차항은 현재와 과거 날씨 값과 상관관계가 없을 것으로 여겨지므로 첫 번째 OLS 가정이 성립한다. 그러나 이 오차항은 미래의 날씨 값과 상관관계가 있을 수 있으므로 첫 번째 GLS 가정은 성립하지 않는다.

이 예는 경제 시계열 데이터에서 나타나는 일반적인 현상을 보여주는데, 이는 오늘의 변숫

값이 부분적으로 미래에 대한 기대에 따라 정해질 때 발생한다: 이러한 미래 기대는 일반적으로 오늘의 오차항이 내일의 설명변수 예측값에 따라 달라지며, 이는 오늘의 오차항이 내일의 설명변수 실제 값과 상관관계가 있음을 의미한다. 이러한 이유로, 첫 번째 GLS 가정은 사실 첫 번째 OLS 가정보다 훨씬 강하다. 따라서 일부 경제 시계열 데이터 분석에서는 OLS 추정량이 일치성을 가짐에도 불구하고 GLS 추정량은 일치성을 가지지 않는다.

19.7 도구변수와 일반적률법 추정

이 절은 도구변수(IV) 추정 이론과 IV 추정량의 점근분포를 소개한다. 핵심 개념 12.3과 12.4의 IV 회귀 가정이 성립하고, 추가적으로 도구변수가 강하다고 가정한다. 이러한 가정들은 i.i.d. 관측치를 가진 횡단면 데이터에 적용된다. 특정 조건하에서, 이 절에서 도출된 결과들은 시계열 데이터에도 적용 가능하며, 시계열 데이터로의 확장은 이 절의 끝에서 간단히 논의한다. 이 절의 모든 점근 결과는 강한 도구변수 가정하에서 도출된다.

이 절은 먼저 IV 회귀모형과 2단계 최소제곱법(TSLS) 추정량 및 일반적인 이분산성 경우의 점근분포를 행렬 형태로 제시한다. 다음으로 등분산성의 특수한 경우에, 도구변수가 외생변수의 선형결합으로 이루어질 때 TSLS 추정량은 IV 추정량의 집합 내에서 점근적으로 효율적임을 보인다. 또한 J-통계량은 과대식별 제약의 수와 같은 자유도를 가진 점근적 카이제곱 분포를 따른다. 이 절은 오차항이 이분산성을 가질 때 — 효율적 일반적률법(GMM) 추정량[Hansen (1983)]이 효율적 IV 추정량이 되는 경우 — 의 효율적 IV 추정과 과대식별 제약 검정에 대한 논의로 끝맺는다.

행렬 형태의 IV 추정량

이 절에서 $\boldsymbol{X}$는 분석대상 식의 설명변수로 이루어진 $n \times (k+r+1)$ 행렬을 나타내며, 따라서 $\boldsymbol{X}$는 모형에 포함된 내생 설명변수(핵심 개념 12.1의 X들)와 모형에 포함된 외생 설명변수(핵심 개념 12.1의 W들)를 포함한다. 즉 핵심 개념 12.1의 표기법에서, $\boldsymbol{X}$의 i번째 행은 $\boldsymbol{X}_i' = (1\ X_{1i}\ X_{2i}\ \ldots\ X_{ki}\ W_{1i}\ W_{2i}\ \ldots\ W_{ri})$이다. 또한 $\boldsymbol{Z}$는 모든 외생 설명변수로 이루어진 $n \times (m+r+1)$ 행렬을 나타내며, 분석대상 식에 포함된 것들(W들)과 분석대상 식에서 제외된 것들(도구변수들) 모두를 포함한다. 즉 핵심 개념 12.1의 표기법에서, $\boldsymbol{Z}$의 i번째 행은 $\boldsymbol{Z}_i' = (1\ Z_{1i}\ Z_{2i}\ \ldots\ Z_{mi}\ W_{1i}\ W_{2i}\ \ldots\ W_{ri})$이다.

이 표기법을 사용해 핵심 개념 12.1의 IV 회귀모형을 행렬 형태로 다음과 같이 쓸 수 있다.

$$\boldsymbol{Y} = \boldsymbol{X\beta} + \boldsymbol{U} \tag{19.45}$$

여기서 $\boldsymbol{U}$는 분석대상 식 오차의 $n \times 1$벡터로, i번째 요소가 u_i로 주어진다.

행렬 $\boldsymbol{Z}$는 모든 외생 설명변수로 만들어지므로 핵심 개념 12.4의 IV 회귀 가정하에서 다음 식이 성립한다.

$$E(\boldsymbol{Z}_i u_i) = \boldsymbol{0} \quad \text{(도구변수 외생성)} \tag{19.46}$$

모형에 포함된 k개의 내생 설명변수가 있으므로, 1단계 회귀는 k개의 식으로 구성된다.

TSLS 추정량 TSLS 추정량은 1단계 회귀를 OLS로 추정해 얻은 $\boldsymbol{X}$의 예측값을 도구변수로 사용한다. $\hat{\boldsymbol{X}}$을 이 예측값 행렬이라 하면, $\hat{\boldsymbol{X}}$의 i번째 행은 $(\hat{X}_{1i}\ \hat{X}_{2i}\ \ldots\ \hat{X}_{ki}\ W_{1i}\ W_{2i}\ \ldots\ W_{ri})$이며, 여기서 $\hat{X}_{1i}$는 X_{1i}를 $\boldsymbol{Z}$에 대해 회귀한 회귀식의 예측값이다. W들이 $\boldsymbol{Z}$에 포함되어 있으므로, W_{1i}를 $\boldsymbol{Z}$에 대해 회귀한 회귀식의 예측값은 W_{1i}가 되고, 따라서 $\hat{\boldsymbol{X}} = \boldsymbol{P_Z X}$이다. 여기서 $\boldsymbol{P_Z} = \boldsymbol{Z}(\boldsymbol{Z'Z})^{-1}\boldsymbol{Z'}$으로 주어진다[식 (19.27) 참조]. 따라서 TSLS 추정량은 다음과 같다.

$$\hat{\boldsymbol{\beta}}^{TSLS} = (\hat{\boldsymbol{X}}'\hat{\boldsymbol{X}})^{-1}\hat{\boldsymbol{X}}'\boldsymbol{Y} \tag{19.47}$$

여기서 $\hat{\boldsymbol{X}} = \boldsymbol{P_Z X}$, $\hat{\boldsymbol{X}}'\hat{\boldsymbol{X}} = \boldsymbol{X'P_Z X}$, $\hat{\boldsymbol{X}}'\boldsymbol{Y} = \boldsymbol{X'P_Z Y}$이므로, TSLS 추정량은 다음과 같이 다시 쓸 수 있다.

$$\hat{\boldsymbol{\beta}}^{TSLS} = (\boldsymbol{X'P_Z X})^{-1}\boldsymbol{X'P_Z Y} \tag{19.48}$$

TSLS 추정량의 점근분포

식 (19.45)를 식 (19.48)에 대입하고 정리한 후, $\sqrt{n}$을 곱하면 중심이 0으로 조정된 TSLS 추정량을 다음과 같이 나타낼 수 있다.

$$\begin{aligned}\sqrt{n}(\hat{\boldsymbol{\beta}}^{TSLS} - \boldsymbol{\beta}) &= \left(\frac{\boldsymbol{X'P_Z X}}{n}\right)^{-1}\frac{\boldsymbol{X'P_Z U}}{\sqrt{n}} \\ &= \left[\frac{\boldsymbol{X'Z}}{n}\left(\frac{\boldsymbol{Z'Z}}{n}\right)^{-1}\frac{\boldsymbol{Z'X}}{n}\right]^{-1}\left[\frac{\boldsymbol{X'Z}}{n}\left(\frac{\boldsymbol{Z'Z}}{n}\right)^{-1}\frac{\boldsymbol{Z'U}}{\sqrt{n}}\right]\end{aligned} \tag{19.49}$$

여기서 두 번째 등식은 $\boldsymbol{P_Z}$의 정의를 사용한다. IV 회귀 가정하에서 $\boldsymbol{X'Z}/n \xrightarrow{p} \boldsymbol{Q_{XZ}}$, $\boldsymbol{Z'Z}/n \xrightarrow{p} \boldsymbol{Q_{ZZ}}$이며, 여기서 $\boldsymbol{Q_{XZ}} = E(\boldsymbol{X}_i\boldsymbol{Z}_i')$이고 $\boldsymbol{Q_{ZZ}} = E(\boldsymbol{Z}_i\boldsymbol{Z}_i')$이다. 또한 IV 회귀 가정하에서, $\boldsymbol{Z}_i u_i$는 i.i.d.이며 평균이 0[식 (19.46)], 그리고 양의 정부호 공분산 행렬을 가지므로, 그 합을 $\sqrt{n}$으로 나눈 것은 다변량 중심극한정리(핵심 개념 19.2)의 조건을 만족하고

$$\boldsymbol{Z'U}/\sqrt{n} \xrightarrow{d} \boldsymbol{\Psi}_{ZU}, \quad \text{여기서} \quad \boldsymbol{\Psi_{ZU}} \sim N(\boldsymbol{0}, \boldsymbol{H}), \boldsymbol{H} = E(\boldsymbol{Z}_i\boldsymbol{Z}_i'u_i^2) \tag{19.50}$$

이며 $\boldsymbol{\Psi_{ZU}}$는 $(m+r+1)\times 1$이다.

식 (19.50)과 극한 $\boldsymbol{X'Z}/n \xrightarrow{p} \boldsymbol{Q_{XZ}}$ 및 $\boldsymbol{Z'Z}/n \xrightarrow{p} \boldsymbol{Q_{ZZ}}$를 식 (19.49)에 적용하면, IV 회귀 가정하에서 TSLS 추정량이 점근적으로 정규분포를 따른다는 결과를 얻는다.

$$\sqrt{n}(\hat{\boldsymbol{\beta}}^{TSLS} - \boldsymbol{\beta}) \xrightarrow{d} (\boldsymbol{Q_{XZ}Q_{ZZ}^{-1}Q_{ZX}})^{-1}\boldsymbol{Q_{XZ}Q_{ZZ}^{-1}\Psi_{ZU}} \sim N(\boldsymbol{0}, \boldsymbol{\Sigma}^{TSLS}) \tag{19.51}$$

여기서

$$\boldsymbol{\Sigma}^{TSLS} = (\boldsymbol{Q_{XZ}Q_{ZZ}^{-1}Q_{ZX}})^{-1}\boldsymbol{Q_{XZ}Q_{ZZ}^{-1}HQ_{ZZ}^{-1}Q_{ZX}}(\boldsymbol{Q_{XZ}Q_{ZZ}^{-1}Q_{ZX}})^{-1} \tag{19.52}$$

이고 $\boldsymbol{H}$는 식 (19.50)에서 정의된다.

TSLS의 표준 오차 식 (19.52)의 공식이 무시무시하게 느껴질 수 있다. 그렇지만 이 공식은 모집단 적률을 표본 적률로 대체해 $\boldsymbol{\Sigma}^{TSLS}$를 추정하는 방법을 알려준다. 그 결과로 나온 분산 추정량은 다음과 같다.

$$\hat{\boldsymbol{\Sigma}}^{TSLS} = (\hat{\boldsymbol{Q}}_{XZ}\hat{\boldsymbol{Q}}_{ZZ}^{-1}\hat{\boldsymbol{Q}}_{ZX})^{-1}\hat{\boldsymbol{Q}}_{XZ}\hat{\boldsymbol{Q}}_{ZZ}^{-1}\hat{\boldsymbol{H}}\hat{\boldsymbol{Q}}_{ZZ}^{-1}\hat{\boldsymbol{Q}}_{ZX}(\hat{\boldsymbol{Q}}_{XZ}\hat{\boldsymbol{Q}}_{ZZ}^{-1}\hat{\boldsymbol{Q}}_{ZX})^{-1} \quad (19.53)$$

여기서 $\hat{\boldsymbol{Q}}_{XZ} = \boldsymbol{X}'\boldsymbol{Z}/n, \hat{\boldsymbol{Q}}_{ZZ} = \boldsymbol{Z}'\boldsymbol{Z}/n, \hat{\boldsymbol{Q}}_{ZX} = \boldsymbol{Z}'\boldsymbol{X}/n$이고,

$$\hat{\boldsymbol{H}} = \frac{1}{n}\sum_{i=1}^{n}\boldsymbol{Z}_i\boldsymbol{Z}_i\hat{u}_i^2, \quad \text{여기서} \quad \hat{\boldsymbol{U}} = \boldsymbol{Y} - \boldsymbol{X}\hat{\boldsymbol{\beta}}^{TSLS} \quad (19.54)$$

이므로 $\hat{\boldsymbol{U}}$은 TSLS 잔차 벡터이고, $\hat{u}_i$는 그 벡터의 i번째 요소이다(i번째 관측치에 대한 TSLS 잔차).

TSLS 표준 오차는 $\hat{\boldsymbol{\Sigma}}^{TSLS}/n$의 대각 요소 제곱근이다.

오차가 등분산성을 가질 때의 TSLS 특성

오차가 등분산성을 가진다면, TSLS 추정량은 $\boldsymbol{Z}$의 행들의 선형결합으로 만든 도구변수를 사용한 IV 추정량들의 집합에서 점근적으로 효율적이다. 이 결과는 IV에서 가우스-마르코프 정리에 대응하는 결과이며 TSLS를 사용해야 한다는 중요한 근거가 된다.

등분산성하에서의 TSLS 분포 오차가 등분산성을 가진다면—즉 $E(u_i^2|\boldsymbol{Z}_i) = \sigma_u^2$라면—$\boldsymbol{H} = E(\boldsymbol{Z}_i\boldsymbol{Z}_i'u_i^2) = E[E(\boldsymbol{Z}_i\boldsymbol{Z}_i'u_i^2|\boldsymbol{Z}_i)] = E[\boldsymbol{Z}_i\boldsymbol{Z}_i'E(u_i^2|\boldsymbol{Z}_i)] = \boldsymbol{Q}_{ZZ}\sigma_u^2$이다. 이 경우 식 (19.52) TSLS 추정량의 점근분포 분산은 다음처럼 간단하게 쓸 수 있다.

$$\boldsymbol{\Sigma}^{TSLS} = (\boldsymbol{Q}_{XZ}\boldsymbol{Q}_{ZZ}^{-1}\boldsymbol{Q}_{ZX})^{-1}\sigma_u^2 \quad \text{(등분산성 전용)} \quad (19.55)$$

등분산성 전용 TSLS 분산 행렬의 추정량은

$$\tilde{\boldsymbol{\Sigma}}^{TSLS} = (\hat{\boldsymbol{Q}}_{XZ}\hat{\boldsymbol{Q}}_{ZZ}^{-1}\hat{\boldsymbol{Q}}_{ZX})^{-1}\hat{\sigma}_u^2, \quad \text{여기서} \quad \hat{\sigma}_u^2 = \frac{\hat{\boldsymbol{U}}'\hat{\boldsymbol{U}}}{n-k-r-1} \quad \text{(등분산성 전용)} \quad (19.56)$$

이고 등분산성 전용 TSLS 표준 오차는 $\tilde{\boldsymbol{\Sigma}}^{TSLS}/\boldsymbol{n}$의 대각 요소 제곱근이다.

Z의 선형결합을 사용하는 IV 추정량의 집합 $\boldsymbol{Z}$의 선형결합을 도구변수로 사용하는 IV 추정량의 집합은 두 가지 동등한 방법으로 만들 수 있다. 둘 다 같은 적률 식에서 시작한다: 도구변수 외생성 가정하에서, 오차 $\boldsymbol{U} = \boldsymbol{Y} - \boldsymbol{X\beta}$는 외생 설명변수와 상관관계가 없다. 즉 $\boldsymbol{\beta}$의 참값에서 식 (19.46)은 다음을 뜻한다.

$$E[(\boldsymbol{Y} - \boldsymbol{X\beta})'\boldsymbol{Z}] = 0 \quad (19.57)$$

식 (19.57)은 $\boldsymbol{\beta}$의 $k + r + 1$개의 알려지지 않은 요소를 포함하는 $m + r + 1$개 식의 연립방정식이다. $m > k$일 때, 이 식들은 모두 $\boldsymbol{\beta}$의 참값에서 성립하므로 중복되는 식이 생긴다. 모집단 적률이 표본 적률로 대체될 때, 정확식별($m = k$)인 경우 연립방정식 $(\boldsymbol{Y} - \boldsymbol{Xb})'\boldsymbol{Z} = 0$은 $\boldsymbol{b}$에 대해 풀 수 있다. 이 $\boldsymbol{b}$의 값이 $\boldsymbol{\beta}$의 IV 추정량이다. 그러나 과잉식별($m > k$)의 경우, 표

본 변동 때문에 연립방정식의 식들은 (미지수보다 식이 더 많으므로) 같은 $\boldsymbol{b}$값에 대해 동시에 만족될 수 없다. 일반적으로 이 연립방정식은 해를 가지지 않는다.

과잉식별이 있을 때 $\boldsymbol{\beta}$를 추정하는 첫 번째 방법은 각각의 식을 정확히 만족하는 해를 찾는 대신 모든 식의 제곱 합을 최소화하는 것이다. 구체적으로, $\boldsymbol{A}$를 $(m+r+1)\times(m+r+1)$ 대칭 양의 준정부호 가중치 행렬이라 하고, $\hat{\boldsymbol{\beta}}_{\boldsymbol{A}}^{IV}$를 다음을 최소화하는 추정량이라 하자.

$$\min_b(\boldsymbol{Y}-\boldsymbol{Xb})'\boldsymbol{ZAZ}'(\boldsymbol{Y}-\boldsymbol{Xb}) \tag{19.58}$$

이 최소화 문제의 해는 목적함수를 $\boldsymbol{b}$에 대해 미분한 후 그 미분식을 0으로 설정하고 풀면 얻을 수 있다. 이를 통해 가중치 행렬 $\boldsymbol{A}$에 따른 IV 추정량 $\hat{\boldsymbol{\beta}}_{\boldsymbol{A}}^{IV}$를 얻는다.

$$\hat{\boldsymbol{\beta}}_{\boldsymbol{A}}^{IV}=(\boldsymbol{X}'\boldsymbol{ZAZ}'\boldsymbol{X})^{-1}\boldsymbol{X}'\boldsymbol{ZAZ}'\boldsymbol{Y} \tag{19.59}$$

식 (19.59)와 (19.48)을 비교해보면 TSLS 추정량이 $\boldsymbol{A}=(\boldsymbol{Z}'\boldsymbol{Z})^{-1}$인 IV 추정량임을 알 수 있다. 즉 TSLS는 $\boldsymbol{A}=(\boldsymbol{Z}'\boldsymbol{Z})^{-1}$일 때 식 (19.58)의 최소화 문제의 해다.

식 (19.51)과 (19.52)로 이어지는 계산을 $\hat{\boldsymbol{\beta}}_{\boldsymbol{A}}^{IV}$에 적용하면, 다음을 보일 수 있다.

$$\sqrt{n}(\hat{\boldsymbol{\beta}}_{\boldsymbol{A}}^{IV}-\boldsymbol{\beta})\xrightarrow{d}N(\boldsymbol{0},\boldsymbol{\Sigma}_A^{IV}),\text{ 여기서}$$
$$\boldsymbol{\Sigma}_A^{IV}=(\boldsymbol{Q}_{XZ}\boldsymbol{AQ}_{ZX})^{-1}\boldsymbol{Q}_{XZ}\boldsymbol{AHAQ}_{ZX}(\boldsymbol{Q}_{XZ}\boldsymbol{AQ}_{ZX})^{-1} \tag{19.60}$$

$\boldsymbol{Z}$의 선형결합을 사용하는 IV 추정량의 집합을 만드는 두 번째 방법은 도구변수가 $\boldsymbol{ZB}$인 IV 추정량을 고려하는 것이다. 여기서 $\boldsymbol{B}$는 완전 열 계수를 가진 $(m+r+1)\times(k+r+1)$ 행렬이다. 그러면 $(k+r+1)$개의 식으로 이루어진 연립방정식 $(\boldsymbol{Y}-\boldsymbol{Xb})'\boldsymbol{ZB}=0$을 $\boldsymbol{b}$의 $(k+r+1)$개 요소에 대해 풀어 유일한 해를 얻는다. 이 식들을 $\boldsymbol{b}$에 대해 풀면 $\hat{\boldsymbol{\beta}}^{IV}=(\boldsymbol{B}'\boldsymbol{Z}'\boldsymbol{X})^{-1}(\boldsymbol{B}'\boldsymbol{Z}'\boldsymbol{Y})$를 얻고, $\boldsymbol{B}=\boldsymbol{AZ}'\boldsymbol{X}$를 이 표현에 대입하면 식 (19.59)를 얻는다.

도구변수의 선형결합인 IV 추정량을 정의하는 두 가지 방법을 통해 동일한 IV 추정량 집합을 얻는다. 그중 IV 추정량이 식 (19.58)의 이차 최소화 문제의 해가 되는 첫 번째 방법으로 푸는 것이 일반적이며, 여기서도 이 방법을 사용한다.

등분산성하에서 TSLS의 점근 효율성 오차가 등분산성을 가지면 $\boldsymbol{H}=\boldsymbol{Q}_{ZZ}\sigma_u^2$이고, 식 (19.60)의 $\boldsymbol{\Sigma}_A^{IV}$ 표현은 다음과 같이 쓸 수 있다.

$$\boldsymbol{\Sigma}_A^{IV}=(\boldsymbol{Q}_{XZ}\boldsymbol{AQ}_{ZX})^{-1}\boldsymbol{Q}_{XZ}\boldsymbol{AQ}_{ZZ}\boldsymbol{AQ}_{ZX}(\boldsymbol{Q}_{XZ}\boldsymbol{AQ}_{ZX})^{-1}\sigma_u^2 \tag{19.61}$$

오차가 등분산성을 가질 때 TSLS가 $\boldsymbol{Z}$의 선형결합인 추정량의 집합에서 점근적으로 효율적임을 보이기 위해, 등분산성하에서

$$\boldsymbol{c}'\boldsymbol{\Sigma}_A^{IV}\boldsymbol{c}\geq\boldsymbol{c}'\boldsymbol{\Sigma}^{TSLS}\boldsymbol{c} \tag{19.62}$$

가 모든 양의 준정부호 행렬 $\boldsymbol{A}$와 모든 $(k+r+1)\times 1$ 벡터 $\boldsymbol{c}$에 대해 성립함을 보여야 한다. 여기서 $\boldsymbol{\Sigma}^{TSLS}=(\boldsymbol{Q}_{XZ}\boldsymbol{Q}_{ZZ}^{-1}\boldsymbol{Q}_{ZX})^{-1}\sigma_u^2$ [식 (19.55)]이다. 부록 19.6에서 증명한 부등식 (19.62)는 핵심 개념 19.3의 다변량 가우스-마르코프 정리에서 사용하는 것과 같은 효율성 기준을 따른다. 따라서 TSLS는 등분산성하에서 도구변수가 $\boldsymbol{Z}$의 선형결합인 추정량 중에서 효율적 IV 추정량이다.

등분산성하에서의 J-통계량 J-통계량(핵심 개념 12.6)은 모든 과잉식별 제약이 성립한다는 귀무가설을 일부 또는 모든 제약이 성립하지 않는다는 대립가설에 대해 검정한다.

J-통계량의 아이디어는 과잉식별 제약이 성립한다면 u_i가 도구변수와 상관관계가 없을 것이고, 따라서 $\boldsymbol{U}$를 $\boldsymbol{Z}$에 대해 회귀하면 모집단 회귀 계수가 모두 0과 같을 것이라는 것이다. 실제로 $\boldsymbol{U}$는 관측되지 않지만 TSLS 잔차 $\hat{\boldsymbol{U}}$으로 추정할 수 있으므로, $\hat{\boldsymbol{U}}$을 $\boldsymbol{Z}$에 대해 회귀하면 통계적으로 유의하지 않은 계수값을 얻을 것이다. 따라서 TSLS J-통계량은 $\hat{\boldsymbol{U}}$을 $\boldsymbol{Z}$에 대해 회귀할 때 $\boldsymbol{Z}$의 계수가 모두 0이라는 가설을 검정하는 등분산성 전용 F-통계량에 $(m + r + 1)$을 곱한 것이 되고, 따라서 F-통계량이 점근적 카이제곱 형태가 된다.

J-통계량 공식은 등분산성 전용 F-통계량에 대한 식 (7.13)을 사용해 얻을 수 있다. 비제약 회귀는 $\hat{\boldsymbol{U}}$을 $m + r + 1$개의 설명변수 $\boldsymbol{Z}$에 대해 회귀한 것이고, 제약 회귀는 설명변수가 없다. 따라서 식 (7.13)의 표기법에서, $SSR_{\text{제약 없음}} = \hat{\boldsymbol{U}}'\boldsymbol{MZ}\hat{\boldsymbol{U}}$이고 $SSR_{\text{제약}} = \hat{\boldsymbol{U}}'\hat{\boldsymbol{U}}$이므로, $SSR_{\text{제약}} - SSR_{\text{제약 없음}} = \hat{\boldsymbol{U}}'\hat{\boldsymbol{U}} - \hat{\boldsymbol{U}}'\boldsymbol{M_Z}\hat{\boldsymbol{U}} = \hat{\boldsymbol{U}}'\boldsymbol{P_Z}\hat{\boldsymbol{U}}$이고 J-통계량은 다음과 같다.

$$J = \frac{\hat{\boldsymbol{U}}'\boldsymbol{P_Z}\hat{\boldsymbol{U}}}{\hat{\boldsymbol{U}}'\boldsymbol{M_Z}\hat{\boldsymbol{U}}/(n - m - r - 1)} \tag{19.63}$$

핵심 개념 12.6에서 설명한 J-통계량 계산 방법은 모형에서 제외된 도구변수의 계수가 0이라는 가설만을 검정하는 것을 포함한다. 이 두 방법은 계산 단계가 다르지만 동일한 J-통계량을 얻는다(연습문제 19.14).

부록 19.6에서 $E(u_i\text{Zi}) = 0$이라는 귀무가설하에서 다음을 밝힌다.

$$J \xrightarrow{d} \chi^2_{m-k} \tag{19.64}$$

선형모형에서의 일반적률법 추정

오차가 이분산성을 가지면, TSLS 추정량은 더 이상 $\boldsymbol{Z}$의 선형결합을 도구변수로 사용하는 IV 추정량 집합에서 효율적이지 않다. 이 경우의 효율적 추정량은 효율적 일반적률법(GMM) 추정량이다. 또한 오차가 이분산성을 가지면, 식 (19.63)에 정의된 J-통계량은 더 이상 카이제곱 분포를 따르지 않는다. 그러나 효율적 GMM 추정량을 사용해 구성된 J-통계량은 $m - k$ 자유도를 가진 카이제곱 분포를 따른다.

이러한 결과는 외생 설명변수와 이분산 오차를 가진 일반적인 회귀모형의 추정 결과와 유사하다: 오차가 이분산성을 가지면, (가우스-마르코프 조건이 만족되지 않으므로) OLS 추정량은 $\boldsymbol{Y}$에 대해 선형인 추정량 중에서 효율적이지 않으며, 등분산성 전용 F-통계량은 큰 표본에서도 더 이상 F 분포를 따르지 않는다. 외생 설명변수와 이분산성을 가진 회귀모형에서, 효율적 추정량은 가중 최소제곱법이다. 이분산성을 가진 IV 회귀모형에서, 효율적 추정량은 TSLS와 다른 가중치 행렬을 사용하며, 그 결과로 나온 추정량이 효율적 GMM 추정량이다.

GMM 추정 **일반적률법**(generalized method of moments, GMM) 추정은 선형 또는 비선형모형의 모수를 추정하는 일반적인 방법으로, 모수는 여러 표본 적률식을 0으로 만드는 값이다. 적률 조건이라고 하는 이 식들은 GMM을 계산할 때 일반적으로 모두 동시에 0이 될 수 없다. GMM 추정량은 각각의 적률식을 모두 0으로 만드는 대신 적률식으로 만들어진 이차 목적함수를 최소화하는 값으로 주어진다.

외생변수 $\boldsymbol{Z}$를 가진 선형 IV 회귀모형에서, GMM 추정량의 집합은 식 (19.58)의 이차 최소화 문제의 해인 모든 추정량으로 구성된다. 따라서 도구변수 $\boldsymbol{Z}$ 전체를 사용할 때 서로 다른 가중치 행렬 $\boldsymbol{A}$를 사용해서 얻는 모든 GMM 추정량의 집합은 $\boldsymbol{Z}$의 선형결합을 도구변수로 사용하는 IV 추정량의 집합과 같다. 선형 IV 회귀모형에서, GMM은 우리가 연구해 온 추정량의 집합 — 즉 식 (19.58)을 푸는 추정량 — 의 다른 이름일 뿐이다.

점근적으로 효율적인 GMM 추정량 GMM 추정량의 집합에서, **효율적 GMM**(efficient GMM) 추정량은 가장 작은 점근 분산 행렬을 가진 GMM 추정량이다[여기서 가장 작은 분산 행렬은 식 (19.62)에서처럼 정의된다]. 따라서 식 (19.62)의 결과는 오차가 등분산성을 가질 때 TSLS가 선형모형에서 효율적 GMM 추정량이라고 말하는 것과 같다.

오차가 이분산성을 가질 때 효율적 GMM 추정량의 표현이 어떻게 주어지는지 살펴보기 위해, 오차가 등분산성을 가질 때 $\boldsymbol{H}[\boldsymbol{Z}_i u_i$의 분산 행렬, 식 (19.50) 참조]가 $\boldsymbol{Q}_{ZZ}\sigma_u^2$와 같고, 점근적으로 효율적인 가중치 행렬은 $\boldsymbol{A} = (\boldsymbol{Z}'\boldsymbol{Z})^{-1}$이며 이는 곧 TSLS 추정량을 뜻한다는 점을 떠올리자. 큰 표본에서, 가중치 행렬 $\boldsymbol{A} = (\boldsymbol{Z}'\boldsymbol{Z})^{-1}$을 사용하는 것은 $\boldsymbol{A} = (\boldsymbol{Q}_{ZZ}\sigma_u^2)^{-1} = \boldsymbol{H}^{-1}$을 사용하는 것과 같다. 이로부터 유추할 수 있는 것은 이분산성하에서의 효율적 IV 추정량은 $\boldsymbol{A} = \boldsymbol{H}^{-1}$으로 설정하고 다음을 풀면 얻을 수 있다는 것이다.

$$\min_b (\boldsymbol{Y} - \boldsymbol{X}\boldsymbol{b})'\boldsymbol{Z}\boldsymbol{H}^{-1}\boldsymbol{Z}'(\boldsymbol{Y} - \boldsymbol{X}\boldsymbol{b}) \tag{19.65}$$

이 유추는 정확하다: 식 (19.65)의 최소화 문제 해가 효율적 GMM 추정량이다. $\widetilde{\boldsymbol{\beta}}^{Eff.GMM}$을 식 (19.65)의 최소화 문제 해라고 하자. 식 (19.59)에 의해 이 추정량은 다음과 같다.

$$\widetilde{\boldsymbol{\beta}}^{Eff.GMM} = (\boldsymbol{X}'\boldsymbol{Z}\boldsymbol{H}^{-1}\boldsymbol{Z}'\boldsymbol{X})^{-1}\boldsymbol{X}'\boldsymbol{Z}\boldsymbol{H}^{-1}\boldsymbol{Z}'\boldsymbol{Y} \tag{19.66}$$

$\widetilde{\boldsymbol{\beta}}^{Eff.GMM}$의 점근분포는 식 (19.60)에 $\boldsymbol{A} = \boldsymbol{H}^{-1}$을 대입하고 식을 정리해 얻는다. 따라서 다음과 같다.

$$\sqrt{n}(\widetilde{\boldsymbol{\beta}}^{Eff.GMM} - \boldsymbol{\beta}) \xrightarrow{d} N(\boldsymbol{0}, \boldsymbol{\Sigma}^{Eff.GMM}),$$
$$\text{여기서 } \boldsymbol{\Sigma}^{Eff.GMM} = (\boldsymbol{Q}_{XZ}\boldsymbol{H}^{-1}\boldsymbol{Q}_{ZX})^{-1} \tag{19.67}$$

$\widetilde{\boldsymbol{\beta}}^{Eff.GMM}$이 효율적 GMM 추정량이라는 결과는 모든 벡터 $\boldsymbol{c}$에 대해 $\boldsymbol{c}'\boldsymbol{\Sigma}_A^{IV}\boldsymbol{c} \geq \boldsymbol{c}'\boldsymbol{\Sigma}^{Eff.GMM}\boldsymbol{c}$임을 밝히면 증명되며, 여기서 $\boldsymbol{\Sigma}_A^{IV}$는 식 (19.60)에 주어져 있다. 이 증명은 부록 19.6에 제시했다.

계산 가능한 효율적 GMM 추정 식 (19.66)에 정의된 GMM 추정량은 알려지지 않은 분산 행렬 $\boldsymbol{H}$의 값에 의해 결정되기 때문에 계산 가능한 추정량이 아니다. 그러나 계산 가능한 효율적 GMM 추정량은 식 (19.65)의 최소화 문제에 $\boldsymbol{H}$의 일치 추정량을 대입하거나, 혹은 식 (19.66)의 $\widetilde{\boldsymbol{\beta}}^{Eff.GMM}$ 공식에 $\boldsymbol{H}$의 일치 추정량을 대입해 계산할 수 있다.

효율적 GMM 추정량은 두 단계로 계산할 수 있다. 첫 번째 단계에서는 임의의 일치 추정량을 사용해 $\boldsymbol{\beta}$를 추정한다. 이 $\boldsymbol{\beta}$의 추정량을 사용해 추정하고자 하는 식의 잔차를 계산하고, 이 잔차를 사용해 $\boldsymbol{H}$의 추정량을 계산한다. 두 번째 단계에서는 이 $\boldsymbol{H}$의 추정량을 사용해 최적 가중치 행렬 $\boldsymbol{H}^{-1}$을 추정하고 효율적 GMM 추정량을 계산한다. 선형 IV 회귀모형에서는 보통 첫 단계에서 TSLS 추정량을 사용하고 TSLS 잔차를 사용해 $\boldsymbol{H}$를 추정한다. 첫 단계에서 TSLS를 사용하면, 두 번째 단계에서 얻을 수 있는 계산 가능한 효율적 GMM 추정량은 다음과 같다.

$$\hat{\boldsymbol{\beta}}^{Eff.GMM} = (\boldsymbol{X}'\boldsymbol{Z}\hat{\boldsymbol{H}}^{-1}\boldsymbol{Z}'\boldsymbol{X})^{-1}\boldsymbol{X}'\boldsymbol{Z}\hat{\boldsymbol{H}}^{-1}\boldsymbol{Z}'\boldsymbol{Y} \tag{19.68}$$

여기서 $\hat{\boldsymbol{H}}$은 식 (19.54)에 주어진다.

$\hat{\boldsymbol{H}} \xrightarrow{p} \boldsymbol{H}$이므로 $\sqrt{n}(\hat{\boldsymbol{\beta}}^{Eff.GMM} - \tilde{\boldsymbol{\beta}}^{Eff.GMM}) \xrightarrow{p} 0$(연습문제 19.12)이고

$$\sqrt{n}(\hat{\boldsymbol{\beta}}^{Eff.GMM} - \boldsymbol{\beta}) \xrightarrow{d} N(0, \boldsymbol{\Sigma}^{Eff.GMM})\text{이다.} \tag{19.69}$$

여기서 $\boldsymbol{\Sigma}^{Eff.GMM} = (\boldsymbol{Q}_{XZ}\boldsymbol{H}^{-1}\boldsymbol{Q}_{ZX})^{-1}$[식 (19.67)]이다. 즉 식 (19.68)의 계산 가능한 2단계 추정량 $\hat{\boldsymbol{\beta}}^{Eff.GMM}$은 점근적으로 효율적 GMM 추정량이다.

이분산성 강건 *J*-통계량 GMM ***J*-통계량**(GMM *J*-statistic)으로도 알려진 **이분산성 강건 *J*-통계량**(heteroskedasticity-robust *J*-statistic)은 TSLS 기반 *J*-통계량에 대응되는 값으로서 효율적 GMM 추정량과 가중치 함수를 사용해 계산된다. 즉 GMM *J*-통계량은 다음과 같이 주어진다.

$$J^{GMM} = (\boldsymbol{Z}'\hat{\boldsymbol{U}}^{GMM})'\hat{\boldsymbol{H}}^{-1}(\boldsymbol{Z}'\hat{\boldsymbol{U}}^{GMM})/n \tag{19.70}$$

여기서 $\hat{\boldsymbol{U}}^{GMM} = \boldsymbol{Y} - \boldsymbol{X}\hat{\boldsymbol{\beta}}^{Eff.GMM}$은 (계산 가능한) 효율적 GMM으로 추정된 잔차이고, $\hat{\boldsymbol{H}}^{-1}$은 $\hat{\boldsymbol{\beta}}^{Eff.GMM}$을 계산하는 데 사용된 가중치 행렬이다.

귀무가설 $E(\boldsymbol{Z}_i u_i) = \boldsymbol{0}$하에서 $J^{GMM} \xrightarrow{d} \chi^2_{m-k}$이다(부록 19.6 참조).

시계열 데이터를 사용한 GMM 이 절의 결과는 횡단면 데이터에 대한 IV 회귀 가정하에서 도출되었다. 그러나 다양한 응용분야에서 이러한 결과는 IV 회귀와 GMM을 시계열 데이터에 적용하기 위해 확장된다. 시계열 데이터를 사용한 GMM의 엄밀한 수학적 도출은 이 책의 범위를 벗어나지만[그러한 결과는 Hayashi(2000), 6장 참조], 그럼에도 시계열 데이터를 사용한 GMM 추정의 핵심 아이디어를 요약해보겠다. 이 요약은 독자가 14장과 16장의 내용을 잘 알고 있다고 가정하고 진행된다. 이 논의를 위해 변수들이 정상성을 가진다고 하자.

두 가지 유형의 응용, 즉 오차항 u_t가 자기상관이 있는 경우와 u_t가 자기상관이 없는 경우를 구별해보자. 오차항 u_t가 자기상관이 있다면, GMM 추정량의 점근분포는 여전히 정규분포를 따르지만, 식 (19.50)의 $\boldsymbol{H}$ 공식은 더 이상 맞지 않다. 대신, $\boldsymbol{H}$에 대한 올바른 공식은 $\boldsymbol{Z}_t u_t$의 자기공분산 값에 영향을 받으며, 식 (16.14)에 주어진 오차항이 자기상관이 있을 때 OLS 추정량의 분산 공식과 유사하다. 효율적 GMM 추정량은 여전히 $\boldsymbol{H}$의 일치 추정량을 사용해 만들어진다. 그러나 그 일치 추정량은 16장에서 논의한 HAC 방법을 사용해 계산되어야 한다.

$\boldsymbol{Z}_t u_t$가 직렬 상관이 없다면 $\boldsymbol{H}$의 HAC 추정은 불필요하며, 이 절에서 제시한 모든 공식은 시계열 GMM으로 확장된다. 금융과 거시계량경제학 응용에서는 오차항이 예상치 못한 또는 예측할 수 없는 교란을 나타내는 모형을 흔히 접하게 되며, 이 경우 모형은 일반적으로 $\boldsymbol{Z}_t u_t$가 자기상관이 없음을 뜻한다. 예를 들어 내생변수가 하나 있고 다른 외생변수는 없는 모형을 고려하면 $Y_t = \beta_0 + \beta_1 X_t + u_t$로 주어진다. 경제 이론에 따라 과거 정보가 주어졌을 때 u_t를 예측할 수 없다고 가정하자. 그러면 다음의 적률 조건이 성립한다.

$$E(u_t | Y_{t-1}, X_{t-1}, Z_{t-1}, Y_{t-2}, X_{t-2}, Z_{t-2}, \ldots) = 0 \tag{19.71}$$

여기서 Z_{t-1}은 다른 변수의 시차 값이다. 식 (19.71)의 적률 조건은 모든 시차변수 Y_{t-1}, X_{t-1}, Z_{t-1}, Y_{t-2}, X_{t-2}, Z_{t-2}, ...가 유효한 도구변수가 될 수 있음을 뜻한다(즉 외생성 조건을 만족한다). 더욱이, $u_{t-1} = Y_{t-1} - \beta_0 - \beta_1 X_{t-1}$이므로, 식 (19.71)의 적률 조건은 $E(u_t | u_{t-1}, X_{t-1}, Z_{t-1}, u_{t-2}, X_{t-2}, Z_{t-2}, \ldots) = 0$과 같다. u_t가 직렬 상관이 없으므로, $\boldsymbol{H}$의 HAC 추정은 불필요하다. 따라서 이 절에서 제시한 GMM 이론은 효율적 GMM 추정과 GMM J-통계량을 포함해, 식 (19.71)의 적률 조건이 실제 참이라는 가설하에서 식 (19.71) 형태의 적률 조건을 가진 시계열 응용에 직접 적용된다.

요약

1. 행렬 형태의 선형 다중회귀모형은 $\boldsymbol{Y} = \boldsymbol{X\beta} + \boldsymbol{U}$이며, 여기서 $\boldsymbol{Y}$는 종속변수의 $n \times 1$ 관측치 벡터, $\boldsymbol{X}$는 $k+1$ 설명변수(상수항 포함)의 n개 관측치로 이루어진 $n \times (k+1)$ 행렬, $\boldsymbol{\beta}$는 $k+1$개의 알려지지 않은 모수 벡터, $\boldsymbol{U}$는 $n \times 1$ 오차항 벡터이다.

2. OLS 추정량은 $\hat{\boldsymbol{\beta}} = (\boldsymbol{X}'\boldsymbol{X})^{-1}\boldsymbol{X}'\boldsymbol{Y}$이다. 핵심 개념 19.1의 처음 네 가지 최소제곱 가정하에서, $\hat{\boldsymbol{\beta}}$은 일치성을 가지고 점근적으로 정규분포를 따른다. 추가로 오차가 등분산성을 가지면, $\hat{\boldsymbol{\beta}}$의 조건부 분산은 $\text{var}(\hat{\boldsymbol{\beta}} | \boldsymbol{X}) = \sigma_u^2(\boldsymbol{X}'\boldsymbol{X})^{-1}$이다.

3. $\boldsymbol{\beta}$에 대한 일반 선형 제약은 q개의 식 $\boldsymbol{R\beta} = \boldsymbol{r}$로 쓸 수 있으며, 이 공식은 여러 계수와 관련된 결합 가설을 검정하거나 $\boldsymbol{\beta}$의 요소에 대한 신뢰 집합을 구성하는 데 사용될 수 있다.

4. 회귀 오차가 i.i.d.이고 $\boldsymbol{X}$에 조건부로 정규분포를 따를 때, $\hat{\boldsymbol{\beta}}$은 정확한 정규분포를 가지며, 등분산성 전용 t-통계량과 F-통계량은 각각 정확한 t_{n-k-1}과 $F_{q,n-k-1}$ 분포를 따른다.

5. 가우스-마르코프 정리는 오차가 등분산성을 가지고 관측치 간에 조건부로 상관관계가 없으며 $E(u_i | \boldsymbol{X}) = 0$이면, OLS 추정량이 선형 조건부 불편 추정량 중에서 효율적이라는 것이다(즉 OLS가 BLUE이다).

6. 오차 공분산 행렬 $\boldsymbol{\Omega}$가 항등행렬에 비례하지 않고 $\boldsymbol{\Omega}$가 알려져 있거나 추정될 수 있다면, GLS 추정량은 점근적으로 OLS보다 더 효율적이다. 그러나 GLS는 일반적으로 u_i가 OLS에서 요구되는 것처럼 X_i와만이 아니라 설명변수의 모든 관측치와 상관관계가 없어야 한다는 것을 요구하며, 이 가정은 실제 데이터에 적용할 때 신중히 고려되어야 한다.

7. TSLS 추정량은 선형모형의 GMM 추정량 집합에 속한다. GMM에서는 회귀 오차와 외

생변수 사이의 표본 공분산을 가능한 한 작게 만듦으로써 계수를 추정한다 — 구체적으로, $\min_b[(\boldsymbol{Y} - \boldsymbol{X}\boldsymbol{b})'\boldsymbol{Z}]\boldsymbol{A}[\boldsymbol{Z}'(\boldsymbol{Y} - \boldsymbol{X}\boldsymbol{b})]$를 풀어서 추정하며, 여기서 $\boldsymbol{A}$는 비확률적 양의 정부호 행렬이다. 점근적으로 효율적인 GMM 추정량은 $\boldsymbol{A} = [E(\boldsymbol{Z}_i\boldsymbol{Z}_i'u_i^2)]^{-1}$으로 설정한다. 오차가 등분산성을 가질 때, 선형 IV 회귀모형에서 점근적으로 효율적인 GMM 추정량은 TSLS이다.

핵심 용어

계산 가능한 GLS feasible GLS
계산 불가능한 infeasible GLS
공분산 행렬 covariance matrix
다중회귀의 가우스-마르코프 정리 Gauss-Markov theorem for multiple regression
다중회귀의 가우스-마르코프 조건 Gauss-Markov conditions for multiple regression
이분산성 강건 J-통계량 heteroskedasticity-robust J-statistic
일반적률법 generalized method of moments, GMM
일반화 최소제곱법 generalized least squares, GLS
평균 벡터 mean vector
효율적 GMM efficient GMM
GMM J-통계량 GMM J-statistic

복습문제

19.1 수입과 근로자의 성별 간 관계를 연구하는 연구자가 회귀모형 $Y_i = \beta_0 + X_{1i}\beta_1 + X_{2i}\beta_2 + u_i$를 설정했다. 여기서 X_{1i}는 i번째 사람이 여성이면 1인 이진변수이고 X_{2i}는 i번째 사람이 남성이면 1인 이진변수이다. $n = 5$개의 가상 관측치가 있다고 할 때 이 모형을 식 (19.2)의 행렬 형태로 작성하라. $\boldsymbol{X}$의 열들이 선형 종속임을 보여 $\boldsymbol{X}$가 완전 열 계수를 가지지 않음을 밝혀라. 완전 다중공선성을 제거하기 위해 모형을 어떻게 재설정할 것인지 설명하라.

19.2 500개의 관측치와 하나의 설명변수를 가진 선형회귀모형을 분석하고 있다. β_1에 대한 신뢰구간을 어떻게 구성할 것인지 설명하라.

a. 핵심 개념 19.1의 가정 1~4는 참이지만 가정 5나 6이 참이 아닐 수 있는 경우

b. 가정 1~5는 참이지만 가정 6이 참이 아닐 수 있는 경우(신뢰구간을 구성하기 위한 두 가지 방법을 제시하라.)

c. 가정 1~6이 모두 참인 경우

19.3 핵심 개념 19.1의 가정 1~5는 참이지만 가정 6이 참이 아니라고 하자. 식 (19.31)이 성립하는지 설명하라.

19.4 선형 조건부 불편 추정량의 집합 내에서 GLS 추정량이 OLS 추정량보다 더 효율적인 경우는 언제인가?

19.5 $E(u_i | X_i) = 0$이지만 $E(\boldsymbol{U} | \boldsymbol{X}) \neq \boldsymbol{0}_n$인 회귀모형의 예를 들라.

연습문제

19.1 식 (8.1)의 시험점수와 소득 및 소득의 제곱 간 모집단 회귀를 고려하자.

a. 식 (8.1)의 회귀를 식 (19.5)의 행렬 형태로 작성하라. $\boldsymbol{Y}$, $\boldsymbol{X}$, $\boldsymbol{U}$, $\boldsymbol{\beta}$를 정의하라.

b. 시험점수와 소득 간의 관계가 선형이라는 귀무가설을 2차식이라는 대립가설에 대해 검정하는 방법을 설명하라. 귀무가설을 식 (19.20) 형태로 작성하라. $\boldsymbol{R}$, $\boldsymbol{r}$, q는 무엇인가?

19.2 $n = 20$가구의 표본이 종속변수와 두 설명변수에 대해 다음과 같은 표본평균과 표본 공분산을 가진다고 가정하자.

		표본 공분산		
	표본평균	Y	X_1	X_2
$\boldsymbol{Y}$	6.39	0.26	0.22	0.32
$\boldsymbol{X_1}$	7.24		0.80	0.28
$\boldsymbol{X_2}$	4.00			2.40

a. β_0, β_1, β_2의 OLS 추정치를 계산하라. $s_{\hat{u}}^2$을 계산하라. 회귀 R^2을 계산하라.

b. 핵심 개념 19.1의 여섯 가지 가정이 모두 성립한다고 가정하자. 5% 유의수준에서 $\beta_1 = 0$이라는 가설을 검정하라.

19.3 $m \times 1$ 벡터 $\boldsymbol{W}$의 공분산 행렬이 $\boldsymbol{\Sigma_W}$라 하자. 여기서 $\boldsymbol{\Sigma_W}$는 유한하고 양의 정부호이다. $\boldsymbol{c}$를 비확률적 $m \times 1$ 벡터라 하고, $\boldsymbol{Q} = \boldsymbol{c}'\boldsymbol{W}$라 하자.

a. $\text{var}(\boldsymbol{Q}) = \boldsymbol{c}'\boldsymbol{\Sigma_W}\boldsymbol{c}$임을 밝혀라.

b. $\boldsymbol{c} \neq \boldsymbol{0}_m$이라 가정하자. $0 < \text{var}(Q) < \infty$임을 밝혀라.

19.4 4장의 회귀모형 $Y_i = \beta_0 + \beta_1 X_i + u_i$를 고려하고, 핵심 개념 4.3의 최소제곱 가정이 성립한다고 가정하자.

a. 모형을 식 (19.2)와 (19.4)의 행렬 형태로 작성하라.

b. 핵심 개념 19.1의 가정 1부터 4까지가 만족함을 밝혀라.

c. 식 (19.11)의 $\hat{\boldsymbol{\beta}}$에 대한 일반적 공식을 사용해 핵심 개념 4.2에 주어진 $\hat{\beta}_0$과 $\hat{\beta}_1$의 공식을 도출하라.

d. 식 (19.13)의 $\boldsymbol{\Sigma_{\hat{\beta}}}$의 (1, 1) 요소가 핵심 개념 4.4에 주어진 $\sigma_{\hat{\beta}_0}^2$의 공식과 같음을 밝혀라.

19.5 식 (19.24)와 (19.25)에서 정의한 $\boldsymbol{P_X}$와 $\boldsymbol{M_X}$를 고려하자.

a. $\boldsymbol{P_X}\boldsymbol{M_X} = \boldsymbol{0}_{n \times n}$이고 $\boldsymbol{P_X}$와 $\boldsymbol{M_X}$가 멱등임을 증명하라.

b. 식 (19.27)과 (19.28)을 도출하라.

c. $\text{rank}(\boldsymbol{P_X}) = k + 1$이고 $\text{rank}(\boldsymbol{M_X}) = n - k - 1$임을 밝혀라. [힌트: 먼저 연습문제 19.10을 풀고, 적합한 크기의 행렬 $\boldsymbol{A}$와 $\boldsymbol{B}$에 대해 $\text{trace}(\boldsymbol{AB}) = \text{trace}(\boldsymbol{BA})$라는 사실을 사용하라.]

19.6 행렬 형태의 회귀모형 $\boldsymbol{Y} = \boldsymbol{X\beta} + \text{W}\boldsymbol{\gamma} + \boldsymbol{U}$를 고려하자. 여기서 $\boldsymbol{X}$는 $n \times k_1$ 설명변수 행렬이고 $\boldsymbol{W}$는 $n \times k_2$ 설명변수 행렬이다. 그러면 연습문제 19.17에서 보인 대로, OLS 추정량 $\hat{\boldsymbol{\beta}}$은 $\hat{\boldsymbol{\beta}} = (\boldsymbol{X}'\boldsymbol{M_W}\boldsymbol{X})^{-1}(\boldsymbol{X}'\boldsymbol{M_W}\boldsymbol{Y})$로 표현할 수 있다. 이제 $\hat{\beta}_1^{BV}$을 OLS로 식 (10.11)을 추정해 계산한 '이진변수' 고정 효과 추정량이라 하고, $\hat{\beta}_1^{DM}$을 개체별 표본 평균을 X와 Y에서 뺀 식 (10.14)를 OLS로 추정해 계산한 '평균 제거' 고정 효과 추정량이라 하자. 위에 주어진 $\hat{\boldsymbol{\beta}}$

의 표현을 사용해 $\hat{\beta}_1^{BV} = \hat{\beta}_1^{DM}$임을 증명하라. [힌트: 식 (10.11)을 모든 개체에 대한 고정 효과 $D1_i$, $D2_i$, ..., D_{ni}를 사용하고 상수항 없이 작성하라. 모든 고정 효과를 $\boldsymbol{W}$에 포함하라. $\boldsymbol{M_W X}$ 행렬을 작성하라.]

19.7 회귀모형 $Y_i = \beta_1 X_i + \beta_2 W_i + u_i$를 고려하자. 여기서 단순화를 위해 절편은 생략되었고 모든 변수는 평균이 0이라고 가정한다. X_i가 (W_i, u_i)와 독립적으로 분포되어 있지만 W_i와 u_i는 상관관계가 있을 수 있다고 가정하고, $\hat{\beta}_1$과 $\hat{\beta}_2$를 이 모형의 OLS 추정량이라 하자.

a. W_i와 u_i의 상관관계 여부와 관계없이 $\hat{\beta}_1 \xrightarrow{p} \beta_1$임을 밝혀라.

b. W_i와 u_i가 상관관계가 있다면 $\hat{\beta}_2$가 일치성이 없음을 밝혀라.

c. $\hat{\beta}_1^r$을 Y를 X에 대해 회귀한 OLS 추정량(W를 제외한 제약된 회귀)이라 하자. W_i와 u_i가 상관관계가 있을 수 있다는 가능성을 고려할 때, $\hat{\beta}_1$이 $\hat{\beta}_1^r$보다 더 작은 점근 분산을 가질 것인가? 설명하라.

19.8 회귀모형 $Y_i = \beta_0 + \beta_1 X_i + u_i$를 고려하자. 여기서 $u_1 = \tilde{u}_1$이고 $u_i = 0.5u_{i-1} + \tilde{u}_i$ $(i = 2, 3, ..., n)$이다. $\tilde{u}_i$가 평균이 0, 분산이 1, i.i.d.이며 모든 i와 j에 대해 X_j와 독립적으로 분포한다고 가정하자.

a. $E(\boldsymbol{UU}') = \boldsymbol{\Omega}$를 나타내보라.

b. $\boldsymbol{\Omega}$ 행렬을 명시적으로 역행렬화하지 않고 GLS로 모형을 추정하는 방법을 설명하라. (힌트: 회귀 오차가 $\tilde{u}_1$, $\tilde{u}_2$, ..., $\tilde{u}_n$이 되도록 모형을 변환하라.)

19.9 이 연습문제는 핵심 개념 6.6에 명시된 조건부 평균 독립성 가정하에서 회귀 계수의 부분집합에 대한 OLS 추정량이 일치성을 가짐을 보여준다. 행렬 형태의 다중회귀모형 $\boldsymbol{Y} = \boldsymbol{X\beta} + \boldsymbol{W\gamma} + \boldsymbol{U}$를 고려하자. 여기서 $\boldsymbol{X}$와 $\boldsymbol{W}$는 각각 $n \times k_1$과 $n \times k_2$ 설명변수 행렬이다. $\boldsymbol{X}_i'$와 $\boldsymbol{W}_i'$를 [식 (19.3)에서처럼] $\boldsymbol{X}$와 $\boldsymbol{W}$의 i번째 행이라 하자. 다음을 가정하자: (i) $E(u_i|\boldsymbol{X}_i, \boldsymbol{W}_i) = \boldsymbol{W}_i'\boldsymbol{\delta}$, 여기서 $\boldsymbol{\delta}$는 $k_2 \times 1$ 알려지지 않은 모수 벡터임. (ii) $(\boldsymbol{X}_i, \boldsymbol{W}_i, Y_i)$는 i.i.d., (iii) $(\boldsymbol{X}_i, \boldsymbol{W}_i, u_i)$는 4개의 유한하고 0이 아닌 적률을 가짐. (iv) 완전 다중공선성 없음. 이는 일반적인 조건부 평균 0 가정을 조건부 평균 독립성 가정 (i)로 대체한 핵심 개념 19.1의 가정 1부터 4까지이다.

a. 연습문제 19.6에 주어진 $\hat{\boldsymbol{\beta}}$의 표현을 사용해 $\hat{\boldsymbol{\beta}} - \boldsymbol{\beta} = (n^{-1}\boldsymbol{X}'\boldsymbol{M_W X})^{-1}(n^{-1}\boldsymbol{X}'\boldsymbol{M_W U})$를 도출하라.

b. $n^{-1}\boldsymbol{X}'\boldsymbol{M_W X} \xrightarrow{p} \boldsymbol{\Sigma_{XX}} - \boldsymbol{\Sigma_{XW}\Sigma_{WW}^{-1}\Sigma_{WX}}$임을 밝혀라. 여기서 $\boldsymbol{\Sigma_{XX}} = E(\boldsymbol{X}_i\boldsymbol{X}_i')$, $\boldsymbol{\Sigma_{XW}} = E(\boldsymbol{X}_i\boldsymbol{W}_i')$ 등이다. [행렬 $\boldsymbol{A}_n \xrightarrow{p} \boldsymbol{A}$는 모든 (i, j) 쌍에 대해 $\boldsymbol{A}_{n,ij} \xrightarrow{p} \boldsymbol{A}_{ij}$임을 의미한다. 여기서 $\boldsymbol{A}_{n,ij}$와 $\boldsymbol{A}_{ij}$는 $\boldsymbol{A}_n$과 $\boldsymbol{A}$의 (i, j) 요소이다.]

c. 가정 (i)과 (ii)가 $E(\boldsymbol{U}|\boldsymbol{X}, \boldsymbol{W}) = \boldsymbol{W\delta}$를 뜻함을 밝혀라.

d. (c)와 반복 기댓값의 법칙을 사용해 $n^{-1}\boldsymbol{X}'\boldsymbol{M_W U} \xrightarrow{p} \boldsymbol{0}_{k_1 \times 1}$임을 밝혀라.

e. (a)부터 (d)까지를 사용해 가정 (i)부터 (iv)하에서 $\hat{\boldsymbol{\beta}} \xrightarrow{p} \boldsymbol{\beta}$라는 결론을 내릴 수 있음을 밝혀라.

19.10 $\boldsymbol{C}$를 대칭 멱등 행렬이라 하자.

a. $\boldsymbol{C}$의 고윳값이 0 또는 1임을 밝혀라. (힌트: $\boldsymbol{Cq} = \gamma\boldsymbol{q}$는 $0 = \boldsymbol{Cq} - \gamma\boldsymbol{q} = \boldsymbol{CCq} -$

$\gamma \boldsymbol{q} = \gamma \boldsymbol{C}\boldsymbol{q} - \gamma \boldsymbol{q} = \gamma^2 \boldsymbol{q} - \gamma \boldsymbol{q}$를 뜻함에 주목하고, $\boldsymbol{\gamma}$에 대해 풀어라.)

b. $\text{trace}(\boldsymbol{C}) = \text{rank}(\boldsymbol{C})$임을 밝혀라.

c. $\boldsymbol{d}$를 $n \times 1$ 벡터라 하자. $\boldsymbol{d}'\boldsymbol{C}\boldsymbol{d} \geq 0$임을 밝혀라.

19.11 $\boldsymbol{C}$를 계수가 r인 $n \times n$ 대칭 멱등 행렬이라 하고, $\boldsymbol{V} \sim N(\boldsymbol{0}_n, \boldsymbol{I}_n)$이라 하자.

a. $\boldsymbol{C} = \boldsymbol{A}\boldsymbol{A}'$임을 밝혀라. 여기서 $\boldsymbol{A}$는 $\boldsymbol{A}'\boldsymbol{A} = \boldsymbol{I}_r$인 $n \times r$ 행렬이다. (힌트: $\boldsymbol{C}$는 양의 준정부호이고 부록 19.1에서 설명한 대로 $\boldsymbol{C} = \boldsymbol{Q}\boldsymbol{\Lambda}\boldsymbol{Q}'$으로 쓸 수 있다.)

b. $\boldsymbol{A}'\boldsymbol{V} \sim N(\boldsymbol{0}_r, \boldsymbol{I}_r)$임을 밝혀라.

c. $\boldsymbol{V}'\boldsymbol{C}\boldsymbol{V} \sim \chi_r^2$임을 밝혀라.

19.12 a. $\widetilde{\boldsymbol{\beta}}^{Eff.GMM}$이 효율적 GMM 추정량임을 밝혀라. 즉 식 (19.66)의 $\widetilde{\boldsymbol{\beta}}^{Eff.GMM}$이 식 (19.65)의 해임을 밝혀라.

b. $\sqrt{n}(\hat{\boldsymbol{\beta}}^{Eff.GMM} - \widetilde{\boldsymbol{\beta}}^{Eff.GMM}) \xrightarrow{p} 0$임을 밝혀라.

c. $J^{GMM} \xrightarrow{d} \chi_{m-k}^2$임을 밝혀라.

19.13 잔차제곱합을 최소화하는 문제를 고려하되, $\boldsymbol{R}\boldsymbol{b} = \boldsymbol{r}$이라는 제약조건이 있다. 여기서 $\boldsymbol{R}$은 계수가 q인 $q \times (k + 1)$행렬이다. $\widetilde{\boldsymbol{\beta}}$를 제약된 최소화 문제의 해인 $\boldsymbol{b}$의 값이라 하자.

a. 최소화 문제의 라그랑주가 $L(\boldsymbol{b}, \gamma) = (\boldsymbol{Y} - \boldsymbol{X}\boldsymbol{b})'(\boldsymbol{Y} - \boldsymbol{X}\boldsymbol{b}) + \gamma'(\boldsymbol{R}\boldsymbol{b} - \boldsymbol{r})$임을 밝혀라. 여기서 γ는 $q \times 1$ 라그랑주 승수 벡터이다.

b. $\widetilde{\boldsymbol{\beta}} = \hat{\boldsymbol{\beta}} - (\boldsymbol{X}'\boldsymbol{X})^{-1}\boldsymbol{R}'[\boldsymbol{R}(\boldsymbol{X}'\boldsymbol{X})^{-1}\boldsymbol{R}']^{-1}(\boldsymbol{R}\hat{\boldsymbol{\beta}} - \boldsymbol{r})$임을 밝혀라.

c. $(\boldsymbol{Y} - \boldsymbol{X}\widetilde{\boldsymbol{\beta}})'(\boldsymbol{Y} - \boldsymbol{X}\widetilde{\boldsymbol{\beta}}) - (\boldsymbol{Y} - \boldsymbol{X}\hat{\boldsymbol{\beta}})(\boldsymbol{Y} - \boldsymbol{X}\hat{\boldsymbol{\beta}}) = (\boldsymbol{R}\hat{\boldsymbol{\beta}} - \boldsymbol{r})'[\boldsymbol{R}(\boldsymbol{X}'\boldsymbol{X})^{-1}\boldsymbol{R}']^{-1}(\boldsymbol{R}\hat{\boldsymbol{\beta}} - \boldsymbol{r})$ 임을 밝혀라.

d. 식 (19.36)의 $\widetilde{F}$가 식 (7.13)의 등분산성 전용 F-통계량과 동등함을 밝혀라.

19.14 회귀모형 $\boldsymbol{Y} = \boldsymbol{X}\boldsymbol{\beta} + \boldsymbol{U}$를 고려하자. $\boldsymbol{X}$를 $[\boldsymbol{X}_1 \;\; \boldsymbol{X}_2]$로, $\boldsymbol{\beta}$를 $[\boldsymbol{\beta}_1' \;\; \boldsymbol{\beta}_2']'$으로 분할하자. 여기서 $\boldsymbol{X}_1$은 k_1개의 열을 가지고 $\boldsymbol{X}_2$는 k_2개의 열을 가진다. $\boldsymbol{X}_2'\boldsymbol{Y} = \boldsymbol{0}_{k2 \times 1}$이라 가정하자. $\boldsymbol{R} = [\boldsymbol{I}_{k1} \;\; \boldsymbol{0}_{k1 \times k2}]$라 하자.

a. $\hat{\boldsymbol{\beta}}'(\boldsymbol{X}'\boldsymbol{X})\hat{\boldsymbol{\beta}} = (\boldsymbol{R}\hat{\boldsymbol{\beta}})'[\boldsymbol{R}(\boldsymbol{X}'\boldsymbol{X})^{-1}\boldsymbol{R}]^{-1}(\boldsymbol{R}\hat{\boldsymbol{\beta}})$임을 밝혀라.

b. 식 (12.17)에서 설명한 회귀를 고려하자.

$\boldsymbol{W} = [\boldsymbol{1} \;\; \boldsymbol{W}_1 \;\; \boldsymbol{W}_2 \; \ldots \; \boldsymbol{W}_r]$이라 하자. 여기서 $\boldsymbol{1}$은 $n \times 1$인 1의 벡터, $\boldsymbol{W}_1$은 i번째 요소가 $\boldsymbol{W}_{1i}$인 $n \times 1$벡터 등이다. $\hat{\boldsymbol{U}}^{TSLS}$를 2단계 최소제곱법 잔차의 벡터라 하자.

i. $\boldsymbol{W}'\hat{\boldsymbol{U}}^{TSLS} = 0$임을 밝혀라.

ii. 핵심 개념 12.6에서 설명한 J-통계량 계산 방법(등분산성 전용 F-통계량 사용)과 식 (19.63)의 공식을 사용하는 방법이 동일한 J-통계량 값을 준다는 것을 밝혀라. [힌트: (a), (b.i), 연습문제 19.13의 결과를 사용하라.]

19.15 (군집 표준 오차의 일치성) 패널 데이터 모형 $Y_{it} = \beta X_{it} + \alpha_i + u_{it}$를 고려하자. 여기서 모든 변수는 스칼라이다. 핵심 개념 10.3의 가정 1, 2, 4가 성립하고 가정 3을 강화해 X_{it}와 u_{it}가 0이 아닌 유한한 8차 적률을 가진다고 가정하자. $\boldsymbol{M} = \boldsymbol{I}_T - \mathrm{T}^{-1}\boldsymbol{\iota}\boldsymbol{\iota}'$이라 하자. 여기서 $\boldsymbol{\iota}$는 $T \times 1$인 1의 벡터이다. 또한 $\boldsymbol{Y}_i = (Y_{i1} \;\; Y_{i2} \; \ldots \; Y_{iT})'$, $\boldsymbol{X}_i = (X_{i1} \;\; X_{i2} \; \ldots \; X_{iT})'$, $\boldsymbol{u}_i = (u_{i1} \;\; u_{i2} \; \ldots \; u_{iT})'$, $\widetilde{\boldsymbol{Y}}_i = \boldsymbol{M}\boldsymbol{Y}_i$, $\widetilde{\boldsymbol{X}}_i = \boldsymbol{M}\boldsymbol{X}_i$, $\widetilde{\boldsymbol{u}}_i = \boldsymbol{M}\boldsymbol{u}_i$라 하자. 이 문제의 점근 계산을 위해 T는 고정되어 있고 $n \longrightarrow \infty$라고 가정하자.

a. 10.3절의 $\boldsymbol{\beta}$에 대한 고정 효과 추정량은 $\hat{\beta} = (\sum_{i=1}^{n}\widetilde{\boldsymbol{X}}_i'\widetilde{\boldsymbol{X}}_i)^{-1}\sum_{i=1}^{n}\widetilde{\boldsymbol{X}}_i'\widetilde{\boldsymbol{Y}}_i$로 쓸 수 있음을 밝혀라.

b. $\hat{\beta} - \beta = (\sum_{i=1}^{n}\widetilde{\boldsymbol{X}}_i'\widetilde{\boldsymbol{X}}_i)^{-1}\sum_{i=1}^{n}\widetilde{\boldsymbol{X}}_i'\boldsymbol{u}_i$임을 밝혀라. (힌트: $\boldsymbol{M}$은 멱등이다.)

c. $Q_{\widetilde{X}} = T^{-1}E(\widetilde{\boldsymbol{X}}_i'\widetilde{\boldsymbol{X}}_i)$와 $\hat{Q}_{\widetilde{X}} = \frac{1}{nT}\sum_{i=1}^{n}\sum_{t=1}^{T}\widetilde{X}_{it}^2$라 하자. $\hat{Q}_{\widetilde{X}} \xrightarrow{p} Q_{\widetilde{X}}$임을 밝혀라.

d. $\eta_i = \widetilde{\boldsymbol{X}}_i'\boldsymbol{u}_i/\sqrt{T}$라 하고 $\sigma_\eta^2 = \text{var}(\eta_i)$라 하자. $\sqrt{\frac{1}{n}}\sum_{i=1}^{n}\eta_i \xrightarrow{d} N(0, \sigma_\eta^2)$임을 밝혀라.

e. (b)부터 (d)까지의 답변을 사용해 식 (10.25)를 증명하라. 즉 $\sqrt{nT}(\hat{\beta} - \beta) \xrightarrow{d} N(0, \sigma_\eta^2/Q_{\widetilde{X}}^2)$임을 밝혀라.

f. $\widetilde{\sigma}_{\eta,clustered}^2$를 잔차가 아닌 오차항을 직접 사용해 계산한, 실제로는 계산 불가능한 군집 분산 추정량이라 하자: $\widetilde{\sigma}_{\eta,clustered}^2 = \frac{1}{nT}\sum_{i=1}^{n}(\widetilde{\boldsymbol{X}}_i'\boldsymbol{u}_i)^2$. $\widetilde{\sigma}_{\eta,clustered}^2 \xrightarrow{p} \sigma_\eta^2$임을 밝혀라.

g. $\hat{\boldsymbol{u}}_1 = \widetilde{\boldsymbol{Y}}_i - \hat{\beta}\widetilde{\boldsymbol{X}}_i$라 하고 $\hat{\sigma}_{\eta,\,clustered}^2 = \frac{n}{n-1}\frac{1}{nT}\sum_{i=1}^{n}(\widetilde{\boldsymbol{X}}_i'\hat{\boldsymbol{u}}_i)^2$이라 하자[이는 행렬 형태의 식 (10.27)이다]. $\hat{\sigma}_{\eta,\,clustered}^2 \xrightarrow{p} \sigma_\eta^2$임을 밝혀라. [힌트: 식 (18.16)에서 사용한 것과 같은 논증을 사용해 $\hat{\sigma}_{\eta,\,clustered}^2 - \widetilde{\sigma}_{\eta,\,clustered}^2 \xrightarrow{p} 0$임을 밝히고, 그런 다음 (f)의 답변을 사용하라.]

19.16 이 연습문제는 9.2절에서 논의한 결측 데이터 문제를 다룬다. 회귀모형 $Y_i = X_i\beta + u_i$, $i = 1, \ldots, n$을 고려하자. 여기서 모든 변수는 스칼라이고 상수항/절편은 편의상 생략되었다.

a. 핵심 개념 4.3의 최소제곱 가정이 만족된다고 가정하자. 최소제곱 추정량 β가 불편이고 일치성이 있음을 밝혀라.

b. 이제 일부 관측치가 결측이라고 가정하자. I_i를 비결측 관측치를 나타내는 이진 확률변수라 하자. 즉 관측치 i가 결측이 아니면 $I_i = 1$이고, 결측이면 $I_i = 0$이다. $\{I_i, X_i, u_i\}$가 i.i.d.라고 가정하자.

i. OLS 추정량을 다음과 같이 쓸 수 있음을 밝혀라.

$$\hat{\beta} = \left(\sum_{i=1}^{n} I_iX_iX_i'\right)^{-1}\left(\sum_{i=1}^{n} I_iX_iY_i\right) = \beta + \left(\sum_{i=1}^{n} I_iX_iX_i'\right)^{-1}\left(\sum_{i=1}^{n} I_iX_iu_i\right)$$

ii. 데이터가 '완전히 무작위로' 결측이라고 가정하자. 즉 $\Pr(I_i = 1 \mid X_i, u_i) = p$이며, 여기서 p는 상수이다. $\hat{\beta}$이 불편이고 일치성이 있음을 밝혀라.

iii. i번째 관측치가 결측될 확률이 u_i가 아닌 X_i에만 의존한다고 가정하자. 즉 $\Pr(I_i = 1 \mid X_i, u_i) = p(X_i)$이다. $\hat{\beta}$이 불편이고 일치성이 있음을 밝혀라.

iv. i번째 관측치가 결측될 확률이 X_i와 u_i 모두에 의존한다고 가정하자. 즉 $\Pr(I_i = 1 \mid X_i, u_i) = p(X_i, u_i)$이다. $\hat{\beta}$이 불편인가? $\hat{\beta}$이 일치성이 있는가? 설명하라.

c. $\beta = 1$이고 X_i와 u_i가 서로 독립인 표준정규 확률변수라고 가정하자[따라서 X_i와 u_i 모두 $N(0, 1)$ 분포를 따른다]. $Y_i \geq 0$일 때는 $I_i = 1$이지만 $Y_i < 0$일 때는 $I_i = 0$이라고 가정하자. $\hat{\beta}$이 불편인가? $\hat{\beta}$이 일치성이 있는가? 설명하라.

19.17 행렬 형태의 회귀모형 $\boldsymbol{Y} = \boldsymbol{X\beta} + \boldsymbol{W\gamma} + \boldsymbol{U}$를 고려하자. 여기서 $\boldsymbol{X}$와 $\boldsymbol{W}$는 설명변수 행렬이고 $\boldsymbol{\beta}$와 $\boldsymbol{\gamma}$는 그 값이 알려지지 않은 회귀 계수의 벡터이다. $\widetilde{\boldsymbol{X}} = \boldsymbol{M_W X}$, $\widetilde{\boldsymbol{Y}} = \boldsymbol{M_W Y}$라 하자. 여기서 $\boldsymbol{MW} = \boldsymbol{I} - \boldsymbol{W}(\boldsymbol{W}'\boldsymbol{W})^{-1}\boldsymbol{W}$이다.

a. $\boldsymbol{\beta}$와 $\boldsymbol{\gamma}$의 OLS 추정량을 다음과 같이 쓸 수 있음을 밝혀라.

$$\begin{bmatrix} \hat{\boldsymbol{\beta}} \\ \hat{\boldsymbol{\gamma}} \end{bmatrix} = \begin{bmatrix} \boldsymbol{X}'\boldsymbol{X} & \boldsymbol{X}'\boldsymbol{W} \\ \boldsymbol{W}'\boldsymbol{X} & \boldsymbol{W}'\boldsymbol{W} \end{bmatrix}^{-1} \begin{bmatrix} \boldsymbol{X}'\boldsymbol{Y} \\ \boldsymbol{W}'\boldsymbol{Y} \end{bmatrix}$$

b. 다음을 밝혀라.

$$\begin{bmatrix} \boldsymbol{X}'\boldsymbol{X} & \boldsymbol{X}'\boldsymbol{W} \\ \boldsymbol{W}'\boldsymbol{X} & \boldsymbol{W}'\boldsymbol{W} \end{bmatrix}^{-1}$$

$$= \begin{bmatrix} (\boldsymbol{X}'\boldsymbol{M_W}\boldsymbol{X})^{-1} & -(\boldsymbol{X}'\boldsymbol{M_W}\boldsymbol{X})^{-1}\boldsymbol{X}'\boldsymbol{W}(\boldsymbol{W}'\boldsymbol{W})^{-1} \\ -(\boldsymbol{W}'\boldsymbol{W})^{-1}\boldsymbol{W}'\boldsymbol{X}(\boldsymbol{X}'\boldsymbol{M_W}\boldsymbol{X})^{-1} & (\boldsymbol{W}'\boldsymbol{W})^{-1} + (\boldsymbol{W}'\boldsymbol{W})^{-1}\boldsymbol{W}'\boldsymbol{X}(\boldsymbol{X}'\boldsymbol{M_W}\boldsymbol{X})^{-1}\boldsymbol{X}'\boldsymbol{W}(\boldsymbol{W}'\boldsymbol{W})^{-1} \end{bmatrix}$$

(힌트: 두 행렬의 곱이 항등행렬과 같음을 밝혀라.)

c. $\hat{\boldsymbol{\beta}} = (\boldsymbol{X}'\boldsymbol{M_W}\boldsymbol{X})^{-1}\boldsymbol{X}'\boldsymbol{M_W}\boldsymbol{Y}$임을 밝혀라.

d. 정리(부록 6.2)에 따르면 $\hat{\boldsymbol{\beta}} = (\widetilde{\boldsymbol{X}}'\widetilde{\boldsymbol{X}})^{-1}\widetilde{\boldsymbol{X}}'\widetilde{\boldsymbol{Y}}$이다. (c)의 결과를 사용해 Frisch-Waugh 정리를 증명하라.

19.18 2개의 설명변수를 가진 등분산성 선형회귀모형을 고려하고, $\rho_{X_1,X_2} = \text{corr}(X_1,\ X_2)$라 하자. n이 증가함에 따라 $\text{corr}(\hat{\beta}_1, \hat{\beta}_2) \rightarrow -\rho_{X_1,X_2}$ [식 (6.21)]임을 밝혀라.

부록 19.1 행렬 대수 요약

이 부록은 19장에서 사용한 벡터, 행렬, 행렬 대수의 요소들을 요약한다. 이 부록의 목적은 선형 대수 강의를 대체하는 것이 아니라 일부 개념과 정의를 복습하는 것이다.

벡터와 행렬의 정의

벡터(vector)는 n개의 수나 요소의 모음으로, 열[**열벡터**(column vector)] 또는 행[**행벡터**(row vector)]으로 나타내어진다. n차원 열벡터 $\boldsymbol{b}$와 n차원 행벡터 $\boldsymbol{c}$는 다음과 같다.

$$\boldsymbol{b} = \begin{bmatrix} b_1 \\ b_2 \\ \vdots \\ b_n \end{bmatrix}, \quad \text{그리고} \quad \boldsymbol{c} = [c_1 \quad c_2 \quad \cdots \quad c_n]$$

여기서 b_1은 $\boldsymbol{b}$의 첫 번째 요소이고, 일반적으로 b_i는 $\boldsymbol{b}$의 i번째 요소이다.

이 부록에서 벡터나 행렬은 항상 굵은 글씨로 표시된다.

행렬(matrix)은 열과 행으로 배열된 수나 요소의 모음 또는 배열이다. 행렬의 차원은 $n \times m$이며, 여기서 n은 행의 수이고 m은 열의 수이다. $n \times m$ 행렬 $\boldsymbol{A}$는 다음과 같다.

$$\boldsymbol{A} = \begin{bmatrix} a_{11} & a_{12} & \cdots & a_{1m} \\ a_{21} & a_{22} & \cdots & a_{2m} \\ \vdots & \vdots & \ddots & \vdots \\ a_{n1} & a_{n2} & \cdots & a_{nm} \end{bmatrix}$$

여기서 a_{ij}는 $\boldsymbol{A}$의 (i, j) 요소이다. 즉 a_{ij}는 i번째 행과 j번째 열에 나타나는 요소이다. $n \times m$행

렬은 n개의 행벡터 또는 m개의 열벡터로 구성된다.

벡터와 행렬을 1차원 수와 구별하기 위해, 1차원 수는 **스칼라**(scalar)라고 한다.

행렬의 유형

정방, 대칭, 대각행렬 행의 수가 열의 수와 같으면 그 행렬을 **정방행렬**(square matrix)이라고 한다. 정방행렬의 (i, j) 요소가 (j, i) 요소와 같으면 그 행렬을 **대칭행렬**(symmetric matrix)이라고 한다. **대각행렬**(diagonal matrix)은 모든 비대각 요소가 0인 정방행렬이다. 즉 정방행렬 $\boldsymbol{A}$가 대각행렬이면, $i \neq j$일 때 $a_{ij} = 0$이다.

특수 행렬 중요한 행렬로는 **항등행렬**(indebtity matrix) $\boldsymbol{I}_n$이 있는데, 이는 대각선에 1을 가진 $n \times n$ 대각행렬이다. **영행렬**(null matrix) $\boldsymbol{0}_{n \times m}$은 모든 요소가 0인 $n \times m$ 행렬이다.

전치 행렬의 **전치**(transpose)는 행과 열을 바꾼다. 즉 행렬의 전치는 $n \times m$행렬 $\boldsymbol{A}$를 $m \times n$행렬로 바꾸며, 이는 $\boldsymbol{A}'$으로 표시된다. $\boldsymbol{A}$의 (i, j) 요소가 $\boldsymbol{A}'$의 (j, i) 요소가 된다. 달리 말하면, 행렬 $\boldsymbol{A}$의 전치는 $\boldsymbol{A}$의 행들을 $\boldsymbol{A}'$의 열로 바꾼다. a_{ij}가 $\boldsymbol{A}$의 (i, j) 요소라면, $\boldsymbol{A}'$($\boldsymbol{A}$의 전치)은 다음과 같다.

$$\boldsymbol{A}' = \begin{bmatrix} a_{11} & a_{21} & \cdots & a_{n1} \\ a_{12} & a_{22} & \cdots & a_{n2} \\ \vdots & \vdots & \ddots & \vdots \\ a_{1m} & a_{2m} & \cdots & a_{nm} \end{bmatrix}$$

벡터 전치는 행렬 전치의 특수한 경우이다. 따라서 벡터 전치는 열벡터를 행벡터로 바꾼다. 즉 $\boldsymbol{b}$가 $n \times 1$ 열벡터라면, 그 전치는 $1 \times n$ 행벡터이다.

$$\boldsymbol{b}' = [b_1 \quad b_2 \quad \cdots \quad b_n]$$

행벡터의 전치는 열벡터이다.

행렬 대수의 요소: 덧셈과 곱셈

행렬 덧셈 같은 차원(예: 둘 다 $n \times m$)을 가진 두 행렬 $\boldsymbol{A}$와 $\boldsymbol{B}$는 더할 수 있다. 두 행렬의 합은 그들의 요소의 합이다. 즉 $\boldsymbol{C} = \boldsymbol{A} + \boldsymbol{B}$이면, $c_{ij} = a_{ij} + b_{ij}$이다. 행렬 덧셈의 특수한 경우는 벡터 덧셈이다: $\boldsymbol{a}$와 $\boldsymbol{b}$가 모두 $n \times 1$ 열벡터라면, 그들의 합 $\boldsymbol{c} = \boldsymbol{a} + \boldsymbol{b}$는 요소별 합이다. 즉 $c_i = a_i + b_i$이다.

벡터와 행렬의 곱셈 $\boldsymbol{a}$와 $\boldsymbol{b}$를 2개의 $n \times 1$ 열벡터라 하자. 그러면 $\boldsymbol{a}$의 전치(이는 그 자체로 행벡터임)와 $\boldsymbol{b}$의 곱은 $\boldsymbol{a}'\boldsymbol{b} = \sum_{i=1}^{n} a_i b_i$이다. $\boldsymbol{b} = \boldsymbol{a}$인 경우에 이 정의를 적용하면 $\boldsymbol{a}'\boldsymbol{a} = \sum_{i=1}^{n} a_i^2$이다.

마찬가지로, 행렬 $\boldsymbol{A}$와 $\boldsymbol{B}$는 적합한 크기를 가질 때—즉 $\boldsymbol{A}$의 열 수가 $\boldsymbol{B}$의 행 수와 같을 때—곱할 수 있다. 구체적으로, $\boldsymbol{A}$가 $n \times m$차원이고 $\boldsymbol{B}$가 $m \times r$차원이라고 가정하자. 그러면 $\boldsymbol{A}$와 $\boldsymbol{B}$의 곱은 $n \times r$행렬 $\boldsymbol{C}$이다. 즉 $\boldsymbol{C} = \boldsymbol{AB}$이며, 여기서 $\boldsymbol{C}$의 (i, j) 요소는 $c_{ij} = \sum_{k=1}^{m} a_{ik} b_{kj}$

이다. 달리 말하면, $\mathbf{AB}$의 (i, j) 요소는 $\mathbf{A}$의 i번째 행인 행벡터와 $\mathbf{B}$의 j번째 열인 열벡터의 곱이다.

스칼라 d와 행렬 $\mathbf{A}$의 곱은 (i, j) 요소가 da_{ij}이다. 즉 $\mathbf{A}$의 각 요소가 스칼라 d와 곱해진다.

행렬 덧셈과 곱셈의 유용한 성질들 $\mathbf{A}$와 $\mathbf{B}$를 행렬이라 하자. 그러면

a. $\mathbf{A} + \mathbf{B} = \mathbf{B} + \mathbf{A}$

b. $(\mathbf{A} + \mathbf{B}) + \mathbf{C} = \mathbf{A} + (\mathbf{B} + \mathbf{C})$

c. $(\mathbf{A} + \mathbf{B})' = \mathbf{A}' + \mathbf{B}'$

d. $\mathbf{A}$가 $n \times m$이면, $\mathbf{AI}_m = \mathbf{A}$, $\mathbf{I}_n\mathbf{A} = \mathbf{A}$

e. $\mathbf{A}(\mathbf{BC}) = (\mathbf{AB})\mathbf{C}$

f. $(\mathbf{A} + \mathbf{B})\mathbf{C} = \mathbf{AC} + \mathbf{BC}$

g. $(\mathbf{AB})' = \mathbf{B}'\mathbf{A}'$

일반적으로, 행렬 곱셈은 교환법칙이 성립하지 않는다. 즉 일반적으로 $\mathbf{AB} \neq \mathbf{BA}$이다. 그러나 행렬 곱셈이 교환법칙이 성립하는 특수한 경우가 있다. 예를 들어 $\mathbf{A}$와 $\mathbf{B}$가 모두 $n \times n$ 대각행렬이면, $\mathbf{AB} = \mathbf{BA}$이다.

행렬의 역행렬, 행렬 제곱근 및 관련 주제

행렬의 역행렬 $\mathbf{A}$를 정방행렬이라 하자. 행렬 $\mathbf{A}$의 역행렬은, 존재한다고 가정하면, $\mathbf{A}^{-1}\mathbf{A} = \mathbf{I}_n$을 만족하는 행렬로 정의된다. 실제로 역행렬 $\mathbf{A}^{-1}$이 존재하면, $\mathbf{A}$는 **가역**(invertible) 또는 **비특이**(nonsingular)라고 한다. $\mathbf{A}$와 $\mathbf{B}$가 모두 가역이면, $(\mathbf{AB})^{-1} = \mathbf{B}^{-1}\mathbf{A}^{-1}$이다.

양의 정부호와 양의 준정부호 행렬 $\mathbf{V}$를 $n \times n$ 정방행렬이라 하자. 모든 0이 아닌 $n \times 1$ 벡터 $\mathbf{c}$에 대해 $\mathbf{c}'\mathbf{Vc} > 0$이면 $\mathbf{V}$는 양의 정부호이다. 유사하게, 모든 0이 아닌 $n \times 1$ 벡터 $\mathbf{c}$에 대해 $\mathbf{c}'\mathbf{Vc} \geq 0$이면 $\mathbf{V}$는 양의 준정부호(positive semidefinite)이다. $\mathbf{V}$가 양의 정부호이면, 그것은 가역이다.

선형 독립 $n \times 1$ 벡터 $\mathbf{a}_1$과 $\mathbf{a}_2$가 $c_1\mathbf{a}_1 + c_2\mathbf{a}_2 = \mathbf{0}_{n\times 1}$을 만족하는 0이 아닌 스칼라 c_1과 c_2가 존재하지 않으면 선형 독립이다. 더 일반적으로, k개의 벡터 $\mathbf{a}_1$, $\mathbf{a}_2$, ..., $\mathbf{a}_k$의 집합이 $c_1\mathbf{a}_1 + c_2\mathbf{a}_2 + \ldots + c_k\mathbf{a}_k = \mathbf{0}_{n\times 1}$을 만족하는 0이 아닌 스칼라 c_1, c_2, ..., c_k가 존재하지 않으면 선형 독립이다.

행렬의 계수 $n \times m$행렬 $\mathbf{A}$의 계수는 $\mathbf{A}$의 선형 독립인 열의 수이다. $\mathbf{A}$의 계수는 rank($\mathbf{A}$)로 표시된다. $\mathbf{A}$의 계수가 $\mathbf{A}$의 열 수와 같으면, $\mathbf{A}$는 완전 열 계수를 가진다고 한다. $n \times m$ 행렬 $\mathbf{A}$가 완전 열 계수를 가지면, $\mathbf{Ac} = \mathbf{0}_{n\times 1}$을 만족하는 0이 아닌 $m \times 1$ 벡터 $\mathbf{c}$는 존재하지 않는다. $\mathbf{A}$가 rank($\mathbf{A}$) $= n$인 $n \times n$ 행렬이면, $\mathbf{A}$는 비특이이다. $n \times m$ 행렬 $\mathbf{A}$가 완전 열 계수를

가지면, $\boldsymbol{A}'\boldsymbol{A}$는 비특이이다.

행렬의 대각합 $n \times n$ (정방)행렬 $\boldsymbol{A}$의 대각합은 대각 요소의 합이다. 즉 $\text{trace}(\boldsymbol{A}) = \sum_{i=1}^{n} a_{ii}$이다. $n \times n$행렬 $\boldsymbol{A}$와 $\boldsymbol{B}$ 및 $n \times 1$ 벡터 $\boldsymbol{c}$에 대해, 대각합은 다음 성질을 만족한다: $\text{trace}(\boldsymbol{A}) = \text{trace}(\boldsymbol{A}')$, $\text{trace}(\boldsymbol{A}+\boldsymbol{B}) = \text{trace}(\boldsymbol{A}) + \text{trace}(\boldsymbol{B})$, $\text{trace}(\boldsymbol{AB}) = \text{trace}(\boldsymbol{BA})$, $\text{trace}(\boldsymbol{BAB}^{-1}) = \text{trace}(\boldsymbol{A})$, 그리고 $\boldsymbol{c}'\boldsymbol{Bc} = \text{trace}(\boldsymbol{Bcc}')$.

행렬 제곱근 $\boldsymbol{V}$를 $n \times n$ 정방 대칭 양의 정부호 행렬이라 하자. $\boldsymbol{V}$의 행렬 제곱근은 $\boldsymbol{F}'\boldsymbol{F} = \boldsymbol{V}$를 만족하는 $n \times n$ 행렬 $\boldsymbol{F}$로 정의된다. 양의 정부호 행렬의 행렬 제곱근은 항상 존재하지만, 유일하지는 않다. 행렬 제곱근은 $\boldsymbol{F}\boldsymbol{V}^{-1}\boldsymbol{F}' = \boldsymbol{I}_n$이라는 성질을 가진다. 또한 양의 정부호 행렬의 행렬 제곱근은 가역이므로, $\boldsymbol{F}'^{-1}\boldsymbol{V}\boldsymbol{F}^{-1} = \boldsymbol{I}_n$이다.

고윳값과 고유벡터 $\boldsymbol{A}$를 $n \times n$행렬이라 하자. $n \times 1$벡터 $\boldsymbol{q}$와 스칼라 λ가 $\boldsymbol{Aq} = \lambda\boldsymbol{q}$를 만족하고 $\boldsymbol{q}'\boldsymbol{q} = 1$이면, λ는 $\boldsymbol{A}$의 고윳값이고, $\boldsymbol{q}$는 그 **고윳값**(eigenvalue)과 연관된 $\boldsymbol{A}$의 **고유벡터**(eigenvector)이다. $n \times n$행렬은 n개의 고윳값(서로 다른 값일 필요는 없음)과 n개의 고유벡터를 가진다.

$\boldsymbol{V}$가 $n \times n$ 대칭 양의 정부호 행렬이면, $\boldsymbol{V}$의 고윳값은 양의 실수이고, $\boldsymbol{V}$의 고유벡터는 실수이다. 또한 $\boldsymbol{V}$는 그 고윳값과 고유벡터로 $\boldsymbol{V} = \boldsymbol{Q\Lambda Q}'$로 쓸 수 있다. 여기서 $\boldsymbol{\Lambda}$는 대각 요소가 $\boldsymbol{V}$의 고윳값인 대각 $n \times n$ 행렬이고 $\boldsymbol{Q}$는 $\boldsymbol{V}$의 고유벡터로 구성된 $n \times n$ 행렬로, $\boldsymbol{Q}$의 i번째 열은 고윳값 λ_i($\boldsymbol{\Lambda}$의 i번째 대각 요소)에 대응하는 고유벡터이다. 고유벡터들은 정규직교이므로 $\boldsymbol{Q}'\boldsymbol{Q} = \boldsymbol{I}_n$이다. V의 대각합은 그 고윳값들의 합과 같다: $\text{trace}(\boldsymbol{V}) = \text{trace}(\boldsymbol{Q\Lambda Q}') = \text{trace}(\boldsymbol{\Lambda Q}'\boldsymbol{Q}) = \text{trace}(\boldsymbol{\Lambda}) = \sum_{i=1}^{n}\lambda_i$.

멱등 행렬 행렬 $\boldsymbol{C}$가 정방이고 $\boldsymbol{CC} = \boldsymbol{C}$이면 $\boldsymbol{C}$는 멱등이다. $\boldsymbol{C}$가 대칭인 $n \times n$ 멱등 행렬이면, $\boldsymbol{C}$는 양의 준정부호이고, $\boldsymbol{C}$는 r개의 1인 고윳값과 $n-r$개의 0인 고윳값을 가진다. 여기서 $r = \text{rank}(\boldsymbol{C})$이다(연습문제 19.10).

부록 19.2 다변량 분포

이 부록은 확률변수 벡터의 분포에 대한 다양한 정의와 결과를 정리한다. n차원 확률변수 $\boldsymbol{V}$의 평균과 공분산 행렬을 정의하는 것으로 시작한다. 다음으로 다변량 정규분포(multivariate normal distribution)를 제시한다. 마지막으로 결합 정규분포를 갖는 확률변수의 선형 및 이차 함수의 분포에 대한 결과들을 요약한다.

평균 벡터와 공분산 행렬

$m \times 1$ 확률변수 벡터 $\boldsymbol{V} = (V_1 \; V_2 \; \ldots \; V_m)'$의 1차와 2차 적률은 평균 벡터와 공분산 행렬로 요약할 수 있다.

$\boldsymbol{V}$는 벡터이므로, 그 평균들의 벡터—즉 **평균 벡터**(mean vector)—는 $E(\boldsymbol{V}) = \boldsymbol{\mu}_V$이다. 평균 벡터의 i번째 요소는 $\boldsymbol{V}$의 i번째 요소의 평균이다.

$\boldsymbol{V}$의 **공분산 행렬**(covariance matrix)은 대각선을 따라 $\text{var}(V_i)$, $i = 1, \ldots, m$을 가지고 (i, j) 비대각 요소로 $\text{cov}(V_i, V_j)$를 가진 행렬이다. 공분산 행렬 $\boldsymbol{V}$는 행렬 형태로 다음과 같이 쓸 수 있다.

$$\boldsymbol{\Sigma}_V = E[(\boldsymbol{V} - \boldsymbol{\mu}_V)(\boldsymbol{V} - \boldsymbol{\mu}_V)'] = \begin{bmatrix} \text{var}(V_1) & \cdots & \text{cov}(V_1, V_m) \\ \vdots & \ddots & \vdots \\ \text{cov}(V_m, V_1) & \cdots & \text{var}(V_m) \end{bmatrix} \quad (19.72)$$

다변량 정규분포

$m \times 1$ 벡터 확률변수 $\boldsymbol{V}$는 다음의 결합 확률밀도함수를 가질 때 평균 벡터 $\boldsymbol{\mu}_V$와 공분산 행렬 $\boldsymbol{\Sigma}_V$를 가진 다변량 정규분포를 따른다.

$$f(\boldsymbol{V}) = \frac{1}{\sqrt{(2\pi)^m \det(\boldsymbol{\Sigma}_V)}} \exp\left[-\frac{1}{2}(\boldsymbol{V} - \boldsymbol{\mu}_V)'\boldsymbol{\Sigma}_V^{-1}(\boldsymbol{V} - \boldsymbol{\mu}_V)\right] \quad (19.73)$$

여기서 $\det(\boldsymbol{\Sigma}_V)$는 행렬 $\boldsymbol{\Sigma}_V$의 행렬식이다. 다변량 정규분포는 $N(\boldsymbol{\mu}_V, \boldsymbol{\Sigma}_V)$로 표시한다.

다변량 정규분포에서 중요한 사실은 결합 정규분포를 따르는 두 확률변수가 상관관계가 없으면(또는 동일하게, 블록 대각 공분산 행렬을 가지면), 두 확률변수는 독립적으로 분포한다는 것이다. 즉 $\boldsymbol{V}_1$과 $\boldsymbol{V}_2$를 각각 $m_1 \times 1$과 $m_2 \times 1$차원을 가진 결합 정규분포를 따르는 확률변수라 하자. 그러면 $\text{cov}(\boldsymbol{V}_1, \boldsymbol{V}_2) = E[(\boldsymbol{V}_1 - \boldsymbol{\mu}_{V_1})(\boldsymbol{V}_2 - \boldsymbol{\mu}_{V_2})'] = \boldsymbol{0}_{m1 \times m2}$이면, $\boldsymbol{V}_1$과 $\boldsymbol{V}_2$는 독립이다.

$\{V_i\}$가 i.i.d. $N(0, \sigma_v^2)$이면, $\boldsymbol{\Sigma}_V = \sigma_v^2 \boldsymbol{I}_m$이고, 다변량 정규분포는 m개의 일변량 정규 밀도 함수의 곱으로 간단하게 나타낼 수 있다.

정규 확률변수의 선형결합과 이차형식의 분포

다변량 정규 확률변수의 선형결합은 그 자체로 정규분포를 따르며, 다변량 정규 확률변수의 특정 이차형식(quadratic form)은 카이제곱 분포를 따른다. $\boldsymbol{V}$를 $N(\boldsymbol{\mu}_V, \boldsymbol{\Sigma}_V)$를 따르는 $m \times 1$ 확률변수라 하고, $\boldsymbol{A}$와 $\boldsymbol{B}$를 비확률적 $a \times m$과 $b \times m$행렬이라 하고, $\boldsymbol{d}$를 비확률적 $a \times 1$벡터라 하자. 그러면

$$\boldsymbol{d} + \boldsymbol{AV}\text{는 } N(\boldsymbol{d} + \boldsymbol{A\mu}_V, \boldsymbol{A\Sigma}_V\boldsymbol{A}')\text{을 따르고} \quad (19.74)$$

$$\text{cov}(\boldsymbol{AV}, \boldsymbol{BV}) = \boldsymbol{A\Sigma}_V\boldsymbol{B}' \quad (19.75)$$

$$\boldsymbol{A\Sigma}_V\boldsymbol{B}' = \boldsymbol{0}_{a \times b}\text{이면, } \boldsymbol{AV}\text{와 } \boldsymbol{BV}\text{는 독립적으로 분포하고} \quad (19.76)$$

$$(\boldsymbol{V} - \boldsymbol{\mu}_V)'\boldsymbol{\Sigma}_V^{-1}(\boldsymbol{V} - \boldsymbol{\mu}_V)\text{는 } \chi_m^2\text{을 따른다.} \quad (19.77)$$

$\boldsymbol{U}$를 분포 $N(\boldsymbol{0}, \boldsymbol{I}_m)$을 따르는 m차원 다변량 표준정규 확률변수라 하자. $\boldsymbol{C}$가 대칭이고 멱등이면,

$$\boldsymbol{U}'\boldsymbol{C}\boldsymbol{U}\text{는 } \chi^2_r \text{ 분포를 따른다. 여기서 } r = \text{rank}(\boldsymbol{C})\text{이다.} \tag{19.78}$$

식 (19.78)은 연습문제 19.11에서 증명된다.

부록 19.3 $\hat{\beta}$의 점근분포의 도출

이 부록은 식 (19.12)에 주어진 $\sqrt{n}(\hat{\boldsymbol{\beta}} - \boldsymbol{\beta})$의 점근 정규분포를 도출한다. 이 결과로 이끌어 낼 수 있는 것은 $\hat{\boldsymbol{\beta}} \xrightarrow{p} \boldsymbol{\beta}$이다.

먼저 식 (19.15)의 '분모'행렬 $\boldsymbol{X}'\boldsymbol{X}/n = \frac{1}{n}\sum_{i=1}^n \boldsymbol{X}_i\boldsymbol{X}_i'$을 고려하자. 이 행렬의 (j, l) 요소는 $\frac{1}{n}\sum_{i=1}^n X_{ji}X_{li}$이다. 핵심 개념 19.1의 두 번째 가정에 의해 X_i는 i.i.d.이므로 $X_{ji}X_{li}$는 i.i.d.이다. 핵심 개념 19.1의 세 번째 가정에 의해 X_i의 각 요소는 4차 적률을 가지므로 코시-슈바르츠 부등식(부록 18.2)에 의해 $X_{ji}X_{li}$는 2차 적률을 가진다. $X_{ji}X_{li}$가 2차 적률을 가진 i.i.d.이므로, $\frac{1}{n}\sum_{i=1}^n X_{ji}X_{li}$는 큰 수의 법칙을 따른다. 따라서 $\frac{1}{n}\sum_{i=1}^n X_{ji}X_{li} \xrightarrow{p} E(X_{ji}X_{li})$이다. 이는 $\boldsymbol{X}'\boldsymbol{X}/n$의 모든 요소에 대해 참이므로, $\boldsymbol{X}'\boldsymbol{X}/n \xrightarrow{p} E(\boldsymbol{X}_i\boldsymbol{X}_i') = \boldsymbol{Q}_{\boldsymbol{X}}$이다.

다음으로 식 (19.15)의 '분자' 행렬 $\boldsymbol{X}'\boldsymbol{U}/\sqrt{n} = \sqrt{\frac{1}{n}}\sum_{i=1}^n \boldsymbol{V}_i$를 고려하자. 여기서 $\boldsymbol{V}_i = \boldsymbol{X}_i u_i$이다. 핵심 개념 19.1의 첫 번째 가정과 반복 기댓값의 법칙에 의해 $E(\boldsymbol{V}_i) = E[\boldsymbol{X}_i E(u_i|\boldsymbol{X}_i)] = \boldsymbol{0}_{k+1}$이다. 두 번째 최소제곱 가정에 의해, $\boldsymbol{V}_i$는 i.i.d.이다. $\boldsymbol{c}$를 유한한 $k+1$차원 벡터라 하자. 코시-슈바르츠 부등식에 의해 $E[(\boldsymbol{c}'\boldsymbol{V}_i)^2] = E[(\boldsymbol{c}'\boldsymbol{X}_i u_i)^2] = E[(\boldsymbol{c}'\boldsymbol{X}_i)^2(u_i)^2] \le \sqrt{E[(\boldsymbol{c}'\boldsymbol{X}_i)^4]E(u_i^4)}$이며, 이는 세 번째 최소제곱 가정에 의해 유한하다. 이는 모든 그러한 벡터 $\boldsymbol{c}$에 대해 참이므로, $E(\boldsymbol{V}_i\boldsymbol{V}_i') = \boldsymbol{\Sigma}_{\boldsymbol{V}}$는 유한하고, 양의 정부호라고 가정한다. 따라서 핵심 개념 19.2의 다변량 중심극한정리가 $\sqrt{\frac{1}{n}}\sum_{i=1}^n \boldsymbol{V}_i = \frac{1}{\sqrt{n}}\boldsymbol{X}'\boldsymbol{U}$에 적용된다. 즉 다음과 같다.

$$\frac{1}{\sqrt{n}}\boldsymbol{X}'\boldsymbol{U} \xrightarrow{d} N(\boldsymbol{0}_{k+1}, \boldsymbol{\Sigma}_{\boldsymbol{V}}) \tag{19.79}$$

식 (19.12)의 결과는 식 (19.15)와 (19.79), $\boldsymbol{X}'\boldsymbol{X}/n$의 일치성 $(\boldsymbol{X}'\boldsymbol{X})^{-1}$이 존재한다는 네 번째 최소제곱 가정, 그리고 슬러츠키 정리에 따라 성립한다.

부록 19.4 정규 오차를 가진 OLS 검정 통계량의 정확분포 도출

이 부록은 핵심 개념 19.1의 여섯 가지 가정이 모두 성립한다고 가정할 때, 식 (19.35)의 등분산성 전용 t-통계량과 식 (19.37)의 등분산성 전용 F-통계량의 귀무가설하에서의 분포를 증명한다.

식 (19.35)의 증명

(i) Z가 표준정규분포를 따르고, (ii) W가 χ^2_m 분포를 따르며, (iii) Z와 W가 독립적으로 분

포한다면, 확률변수 $Z/\sqrt{W/m}$는 자유도가 m인 t 분포를 따른다(부록 18.1). $\tilde{t}$를 이 형태로 만들기 위해 $\hat{\boldsymbol{\Sigma}}_{\hat{\beta}} = (s_{\hat{u}}^2/\sigma_u^2)\boldsymbol{\Sigma}_{\hat{\boldsymbol{\beta}}|\boldsymbol{X}}$임에 주목하자. 그러면 식 (19.34)를 다음과 같이 다시 쓸 수 있다.

$$\tilde{t} = \frac{(\hat{\beta}_j - \beta_{j,0})/\sqrt{(\boldsymbol{\Sigma}_{\hat{\boldsymbol{\beta}}|\boldsymbol{X}})_{jj}}}{\sqrt{W/(n-k-1)}} \tag{19.80}$$

여기서 $W = (n-k-1)(s_{\hat{u}}^2/\sigma_u^2)$이고, $Z = (\hat{\beta}_j - \beta_{j,0})/\sqrt{(\boldsymbol{\Sigma}_{\hat{\boldsymbol{\beta}}|\boldsymbol{X}})_{jj}}$와 $m = n-k-1$이라 하자. 이로부터 $\tilde{t} = Z/\sqrt{W/m}$이다. 따라서 식 (19.35)의 결과를 증명하기 위해 이러한 Z, W, m의 정의에 대해 (i)부터 (iii)까지를 보여야 한다.

i. 식 (19.30)이 뜻하는 것은 귀무가설하에서 $Z = (\hat{\beta}_j - \beta_{j,0})/\sqrt{(\boldsymbol{\Sigma}_{\hat{\boldsymbol{\beta}}|\boldsymbol{X}})_{jj}}$가 정확한 표준 정규분포를 가진다는 것이므로 (i)을 보였다.
ii. 식 (19.31)로부터, W는 χ_{n-k-1}^2을 따르므로 (ii)를 보였다.
iii. (iii)을 보이기 위해, $\hat{\beta}_j$와 $s_{\hat{u}}^2$이 독립적으로 분포함을 보여야 한다.

식 (19.14)와 (19.29)로부터 $\hat{\boldsymbol{\beta}} - \boldsymbol{\beta} = (\boldsymbol{X}'\boldsymbol{X})^{-1}\boldsymbol{X}'\boldsymbol{U}$와 $s_{\hat{u}}^2 = (\boldsymbol{M_X U})'(\boldsymbol{M_X U})/(n-k-1)$이다. 따라서 $\hat{\boldsymbol{\beta}} - \boldsymbol{\beta}$와 $s_{\hat{u}}^2$은 $(\boldsymbol{X}'\boldsymbol{X})^{-1}\boldsymbol{X}'\boldsymbol{U}$와 $\boldsymbol{M_X U}$가 독립이면 독립이다. $(\boldsymbol{X}'\boldsymbol{X})^{-1}\boldsymbol{X}'\boldsymbol{U}$와 $\boldsymbol{M_X U}$는 모두 $\boldsymbol{U}$의 선형결합이며, $\boldsymbol{U}$는 $\boldsymbol{X}$에 조건부로 $\boldsymbol{N}(\boldsymbol{0}_{n\times 1}, \sigma_u^2\boldsymbol{I}_n)$ 분포를 따른다. 그러나 $\boldsymbol{M_X X}(\boldsymbol{X}'\boldsymbol{X})^{-1} = \boldsymbol{0}_{n\times(k+1)}$[식 (19.26)]이므로, $(\boldsymbol{X}'\boldsymbol{X})^{-1}\boldsymbol{X}'\boldsymbol{U}$와 $\boldsymbol{M_X U}$는 독립적으로 분포한다[식 (19.76)]. 결과적으로 핵심 개념 19.1의 모든 여섯 가지 가정하에서,

$$\hat{\boldsymbol{\beta}}\text{와 } s_{\hat{u}}^2\text{은 독립적으로 분포한다.} \tag{19.81}$$

즉 (iii)을 보였으며 따라서 식 (19.35)를 증명한다.

식 (19.37)의 증명

F_{n_1,n_2} 분포는 $(W_1/n_1)/(W_2/n_2)$의 분포이다. 여기서 (i) W_1은 $\chi_{n_1}^2$을 따르고, (ii) W_2는 $\chi_{n_2}^2$를 따르며, (iii) W_1과 W_2는 독립적으로 분포한다(부록 18.1). $\tilde{F}$를 이러한 형태로 나타내기 위해 다음과 같이 정의하자: $W_1 = (\boldsymbol{R}\hat{\boldsymbol{\beta}} - \boldsymbol{r})'[\boldsymbol{R}(\boldsymbol{X}'\boldsymbol{X})^{-1}\boldsymbol{R}'\sigma_u^2]^{-1}(\boldsymbol{R}\hat{\boldsymbol{\beta}} - \boldsymbol{r})$, $W_2 = (n-k-1)s_{\hat{u}}^2/\sigma_u^2$. 이를 식 (19.36)에 대입하면 $\tilde{F} = (W_1/q)/[W_2/(n-k-1)]$임을 보일 수 있다. 따라서 F 분포의 정의에 의해, $n_1 = q$와 $n_2 = n-k-1$일 때 (i)-(iii)이 성립하면 $\tilde{F}$는 $F_{q,n-k-1}$ 분포를 따른다.

i. 귀무가설하에서, $\boldsymbol{R}\hat{\boldsymbol{\beta}} - \boldsymbol{r} = \boldsymbol{R}(\hat{\boldsymbol{\beta}} - \boldsymbol{\beta})$이다. $\hat{\boldsymbol{\beta}}$이 식 (19.30)의 조건부 정규분포를 따르고 $\boldsymbol{R}$이 비확률 행렬이므로, $\boldsymbol{R}(\hat{\boldsymbol{\beta}} - \boldsymbol{\beta})$는 $\boldsymbol{X}$에 조건부로 $N(\boldsymbol{0}_{q\times 1}, \boldsymbol{R}(\boldsymbol{X}'\boldsymbol{X})^{-1}\boldsymbol{R}'\sigma_u^2)$를 따른다. 따라서 부록 19.2의 식 (19.77)에 의해, $(\boldsymbol{R}\hat{\boldsymbol{\beta}} - \boldsymbol{r})'[\boldsymbol{R}(\boldsymbol{X}'\boldsymbol{X})\boldsymbol{R}'\sigma_u^2]^{-1}(\boldsymbol{R}\hat{\boldsymbol{\beta}} - \boldsymbol{r})$은 χ_q^2를 따르고, (i)이 증명되었다.
ii. 요구조건 (ii)는 식 (19.31)에서 보였다.
iii. $\hat{\boldsymbol{\beta}} - \boldsymbol{\beta}$와 $s_{\hat{u}}^2$이 독립적으로 분포함은 이미 보였다[식 (19.81)]. 이는 $\boldsymbol{R}\hat{\boldsymbol{\beta}} - \boldsymbol{r}$과 $s_{\hat{u}}^2$이 독립

적으로 분포함을 뜻하며, 이는 다시 W_1과 W_2가 독립적으로 분포함을 뜻한다. (iii)이 증명되었으므로 증명이 완성된다.

부록 19.5 다중회귀에 대한 가우스-마르코프 정리의 증명

이 부록에서는 다중회귀모형에 대한 가우스-마르코프 정리(핵심 개념 19.3)를 증명한다. $\tilde{\boldsymbol{\beta}}$를 $\boldsymbol{\beta}$의 선형 조건부 불편 추정량이라 하면 $\tilde{\boldsymbol{\beta}} = \boldsymbol{A}'\boldsymbol{Y}$이고 $E(\tilde{\boldsymbol{\beta}}|\boldsymbol{X}) = \boldsymbol{\beta}$이다. 여기서 $\boldsymbol{A}$는 $\boldsymbol{X}$와 비확률적 상수에 의해 그 값이 결정되는 $n \times (k+1)$ 행렬이다. 모든 $k+1$ 차원 벡터 $\boldsymbol{c}$에 대해 $\text{var}(\boldsymbol{c}'\hat{\boldsymbol{\beta}}) \le \text{var}(\boldsymbol{c}'\tilde{\boldsymbol{\beta}})$임을 보이며, 등호는 $\tilde{\boldsymbol{\beta}} = \hat{\boldsymbol{\beta}}$인 경우에만 성립함을 보인다.

$\tilde{\boldsymbol{\beta}}$가 선형이므로 $\tilde{\boldsymbol{\beta}} = \boldsymbol{A}'\boldsymbol{Y} = \boldsymbol{A}'(\boldsymbol{X}\boldsymbol{\beta} + \boldsymbol{U}) = (\boldsymbol{A}'\boldsymbol{X})\boldsymbol{\beta} + \boldsymbol{A}'\boldsymbol{U}$로 쓸 수 있다. 첫 번째 가우스-마르코프 조건에 의해 $E(\boldsymbol{U}|\boldsymbol{X}) = \boldsymbol{0}_{n\times 1}$이므로 $E(\tilde{\boldsymbol{\beta}}|\boldsymbol{X}) = (\boldsymbol{A}'\boldsymbol{X})\boldsymbol{\beta}$지만 $\tilde{\boldsymbol{\beta}}$가 조건부 불편이므로 $E(\tilde{\boldsymbol{\beta}}|\boldsymbol{X}) = \boldsymbol{\beta} = (\boldsymbol{A}'\boldsymbol{X})\boldsymbol{\beta}$이며, 이는 $\boldsymbol{A}'\boldsymbol{X} = \boldsymbol{I}_{k+1}$임을 뜻한다. 따라서 $\tilde{\boldsymbol{\beta}} = \boldsymbol{\beta} + \boldsymbol{A}'\boldsymbol{U}$이므로, $\text{var}(\tilde{\boldsymbol{\beta}}|\boldsymbol{X}) = \text{var}(\boldsymbol{A}'\boldsymbol{U}|\boldsymbol{X}) = E(\boldsymbol{A}'\boldsymbol{U}\boldsymbol{U}'\boldsymbol{A}|\boldsymbol{X}) = \boldsymbol{A}'E(\boldsymbol{U}\boldsymbol{U}'|\boldsymbol{X})\boldsymbol{A} = \sigma_u^2\boldsymbol{A}'\boldsymbol{A}$이다. 여기서 세 번째 등식은 $\boldsymbol{A}$가 $\boldsymbol{X}$의 함수지만 $\boldsymbol{U}$는 아니기 때문이며, 마지막 등식은 두 번째 가우스-마르코프 조건에 의해 성립한다. 즉 $\tilde{\boldsymbol{\beta}}$가 선형이고 불편이면 가우스-마르코프 조건하에서

$$\boldsymbol{A}'\boldsymbol{X} = \boldsymbol{I}_{k+1}\text{이고} \quad \text{var}(\tilde{\boldsymbol{\beta}}|\boldsymbol{X}) = \sigma_u^2\boldsymbol{A}'\boldsymbol{A} \tag{19.82}$$

식 (19.82)의 결과는 $\boldsymbol{A} = \hat{\boldsymbol{A}} = \boldsymbol{X}(\boldsymbol{X}'\boldsymbol{X})^{-1}$인 $\hat{\boldsymbol{\beta}}$에도 적용되며, 여기서 $(\boldsymbol{X}'\boldsymbol{X})^{-1}$은 세 번째 가우스-마르코프 조건에 의해 존재한다.

이제 $\boldsymbol{A} = \hat{\boldsymbol{A}} + \boldsymbol{D}$라 하자. 그러면 $\boldsymbol{D}$는 행렬 $\boldsymbol{A}$와 $\hat{\boldsymbol{A}}$의 차이다. [식 (19.82)에 의해] $\hat{\boldsymbol{A}}'\boldsymbol{A} = (\boldsymbol{X}'\boldsymbol{X})^{-1}\boldsymbol{X}'\boldsymbol{A} = (\boldsymbol{X}'\boldsymbol{X})^{-1}$이고 $\hat{\boldsymbol{A}}'\hat{\boldsymbol{A}} = (\boldsymbol{X}'\boldsymbol{X})^{-1}\boldsymbol{X}'\boldsymbol{X}(\boldsymbol{X}'\boldsymbol{X})^{-1} = (\boldsymbol{X}'\boldsymbol{X})^{-1}$이므로 $\hat{\boldsymbol{A}}'\boldsymbol{D} = \hat{\boldsymbol{A}}'(\boldsymbol{A} - \hat{\boldsymbol{A}}) = \hat{\boldsymbol{A}}'\boldsymbol{A} - \hat{\boldsymbol{A}}'\hat{\boldsymbol{A}} = \boldsymbol{0}_{(k+1)\times(k+1)}$이다. $\boldsymbol{A} = \hat{\boldsymbol{A}} + \boldsymbol{D}$를 식 (19.82)의 조건부 분산 공식에 대입하면 다음과 같다.

$$\begin{aligned} \text{var}(\tilde{\boldsymbol{\beta}}|\boldsymbol{X}) &= \sigma_u^2(\hat{\boldsymbol{A}} + \boldsymbol{D})'(\hat{\boldsymbol{A}} + \boldsymbol{D}) \\ &= \sigma_u^2[\hat{\boldsymbol{A}}'\hat{\boldsymbol{A}} + \hat{\boldsymbol{A}}'\boldsymbol{D} + \boldsymbol{D}'\hat{\boldsymbol{A}} + \boldsymbol{D}'\boldsymbol{D}] \\ &= \sigma_u^2(\boldsymbol{X}'\boldsymbol{X})^{-1} + \sigma_u^2\boldsymbol{D}'\boldsymbol{D} \end{aligned} \tag{19.83}$$

여기서 마지막 등식은 $\hat{\boldsymbol{A}}'\hat{\boldsymbol{A}} = (\boldsymbol{X}'\boldsymbol{X})^{-1}$과 $\hat{\boldsymbol{A}}'\boldsymbol{D} = \boldsymbol{0}_{(k+1)\times(k+1)}$을 사용한다.

$\text{var}(\hat{\boldsymbol{\beta}}|\boldsymbol{X}) = \sigma_u^2(\boldsymbol{X}'\boldsymbol{X})^{-1}$이므로, 식 (19.82)와 (19.83)은 $\text{var}(\tilde{\boldsymbol{\beta}}|\boldsymbol{X}) - \text{var}(\hat{\boldsymbol{\beta}}|\boldsymbol{X}) = \sigma_u^2\boldsymbol{D}'\boldsymbol{D}$임을 뜻한다. 선형결합 $\boldsymbol{c}'\boldsymbol{\beta}$로 주어진 두 추정량의 분산 차이는 따라서 다음과 같다.

$$\text{var}(\boldsymbol{c}'\tilde{\boldsymbol{\beta}}|\boldsymbol{X}) - \text{var}(\boldsymbol{c}'\hat{\boldsymbol{\beta}}|\boldsymbol{X}) = \sigma_u^2\boldsymbol{c}'\boldsymbol{D}'\boldsymbol{D}\boldsymbol{c} \ge \boldsymbol{0} \tag{19.84}$$

식 (19.84)의 부등식은 모든 선형결합 $\boldsymbol{c}'\boldsymbol{\beta}$에 대해 성립하며, 등호는 모든 0이 아닌 $\boldsymbol{c}$에 대해 $\boldsymbol{D} = \boldsymbol{0}_{n\times(k+1)}$인 경우에만 성립한다—즉 $\boldsymbol{A} = \hat{\boldsymbol{A}}$이거나 $\tilde{\boldsymbol{\beta}} = \hat{\boldsymbol{\beta}}$인 경우에만 등호가 성립한다. 따라서 $\boldsymbol{c}'\hat{\boldsymbol{\beta}}$은 $\boldsymbol{c}'\boldsymbol{\beta}$로 주어진 모든 선형 조건부 불편 추정량 중에서 가장 작은 분산을 가진다. 즉 OLS 추정량은 BLUE이다.

부록 19.6 IV와 GMM 추정에 대한 일부 결과의 증명

등분산성하에서 TSLS의 효율성 [식 (19.62)의 증명]

오차 u_i가 등분산성을 가질 때, 식 (19.61)의 $\mathbf{\Sigma}_A^{IV}$와 식 (19.55)의 $\mathbf{\Sigma}^{TSLS}$ 차이는 다음과 같다.

$$\begin{aligned}\mathbf{\Sigma}_A^{IV} - \mathbf{\Sigma}^{TSLS} &= (\boldsymbol{Q}_{XZ}\boldsymbol{A}\boldsymbol{Q}_{ZX})^{-1}\boldsymbol{Q}_{XZ}\boldsymbol{A}\boldsymbol{Q}_{ZZ}\boldsymbol{A}\boldsymbol{Q}_{ZX}(\boldsymbol{Q}_{XZ}\boldsymbol{A}\boldsymbol{Q}_{ZX})^{-1}\sigma_u^2 - (\boldsymbol{Q}_{XZ}\boldsymbol{Q}_{ZZ}^{-1}\boldsymbol{Q}_{ZX})^{-1}\sigma_u^2 \\ &= (\boldsymbol{Q}_{XZ}\boldsymbol{A}\boldsymbol{Q}_{ZX})^{-1}\boldsymbol{Q}_{XZ}\boldsymbol{A}[\boldsymbol{Q}_{ZZ} - \boldsymbol{Q}_{ZX}(\boldsymbol{Q}_{XZ}\boldsymbol{Q}_{ZZ}^{-1}\boldsymbol{Q}_{ZX})^{-1}\boldsymbol{Q}_{XZ}]\boldsymbol{A}\boldsymbol{Q}_{ZX}(\boldsymbol{Q}_{XZ}\boldsymbol{A}\boldsymbol{Q}_{ZX})^{-1}\sigma_u^2\end{aligned} \tag{19.85}$$

여기서 두 번째 등식의 괄호 안 두 번째 항은 $(\boldsymbol{Q}_{XZ}\boldsymbol{A}\boldsymbol{Q}_{ZX})^{-1}\boldsymbol{Q}_{XZ}\boldsymbol{A}\boldsymbol{Q}_{ZX} = \boldsymbol{I}_{(k+r+1)}$을 따른다. $\boldsymbol{F}$를 $\boldsymbol{Q}_{ZZ}$의 행렬 제곱근이라 하자. 그러면 $\boldsymbol{Q}_{ZZ} = \boldsymbol{F}'\boldsymbol{F}$이고 $\boldsymbol{Q}_{ZZ}^{-1} = \boldsymbol{F}^{-1}\boldsymbol{F}^{-1\prime}$이다. [후자의 등식은 $(\boldsymbol{F}'\boldsymbol{F})^{-1} = \boldsymbol{F}^{-1}\boldsymbol{F}'^{-1}$이고 $\boldsymbol{F}'^{-1} = \boldsymbol{F}^{-1\prime}$이므로 성립한다.] 그러면 식 (19.85)의 마지막 표현은 다음과 같이 다시 쓸 수 있다.

$$\begin{aligned}\mathbf{\Sigma}_A^{IV} - \mathbf{\Sigma}^{TSLS} &= (\boldsymbol{Q}_{XZ}\boldsymbol{A}\boldsymbol{Q}_{ZX})^{-1}\boldsymbol{Q}_{XZ}\boldsymbol{A}\boldsymbol{F}'[\boldsymbol{I} - \boldsymbol{F}^{-1\prime}\boldsymbol{Q}_{ZX}(\boldsymbol{Q}_{XZ}\boldsymbol{F}^{-1}\boldsymbol{F}^{-1\prime}\boldsymbol{Q}_{ZX})^{-1}\boldsymbol{Q}_{XZ}\boldsymbol{F}^{-1}] \\ &\quad \times \boldsymbol{F}\boldsymbol{A}\boldsymbol{Q}_{ZX}(\boldsymbol{Q}_{XZ}\boldsymbol{A}\boldsymbol{Q}_{ZX})^{-1}\sigma_u^2\end{aligned} \tag{19.86}$$

여기서 괄호 안의 두 번째 표현은 $\boldsymbol{F}'\boldsymbol{F}^{-1\prime} = \boldsymbol{I}$를 사용한다. 따라서 다음과 같다.

$$\boldsymbol{c}'(\mathbf{\Sigma}_A^{IV} - \mathbf{\Sigma}^{TSLS})\boldsymbol{c} = \boldsymbol{d}'[\boldsymbol{I} - \boldsymbol{D}(\boldsymbol{D}'\boldsymbol{D})^{-1}\boldsymbol{D}']\boldsymbol{d}\sigma_u^2 \tag{19.87}$$

여기서 $\boldsymbol{d} = \boldsymbol{F}\boldsymbol{A}\boldsymbol{Q}_{ZX}(\boldsymbol{Q}_{XZ}\boldsymbol{A}\boldsymbol{Q}_{ZX})^{-1}\boldsymbol{c}$이고 $\boldsymbol{D} = \boldsymbol{F}^{-1\prime}\boldsymbol{Q}_{ZX}$이다. $\boldsymbol{I} - \boldsymbol{D}(\boldsymbol{D}'\boldsymbol{D})^{-1}\boldsymbol{D}'$은 대칭 멱등 행렬이다(연습문제 19.5). 결과적으로 $\boldsymbol{I} - \boldsymbol{D}(\boldsymbol{D}'\boldsymbol{D})^{-1}\boldsymbol{D}'$은 고윳값 0 또는 1을 가지며, $\boldsymbol{d}'[\boldsymbol{I} - \boldsymbol{D}(\boldsymbol{D}'\boldsymbol{D})^{-1}\boldsymbol{D}']\boldsymbol{d} \geq 0$이다(연습문제 19.10). 따라서 $\boldsymbol{c}'(\mathbf{\Sigma}_A^{IV} - \mathbf{\Sigma}^{TSLS})\boldsymbol{c} \geq \boldsymbol{0}$이며, TSLS가 등분산성하에서 효율적임을 증명했다.

등분산성하에서 J-통계량의 점근분포

J-통계량은 식 (19.63)에서 정의된다. 먼저 다음을 살펴보자.

$$\begin{aligned}\hat{\boldsymbol{U}} &= \boldsymbol{Y} - \boldsymbol{X}\hat{\boldsymbol{\beta}}^{TSLS} \\ &= \boldsymbol{Y} - \boldsymbol{X}(\boldsymbol{X}'\boldsymbol{P}_Z\boldsymbol{X})^{-1}\boldsymbol{X}'\boldsymbol{P}_Z\boldsymbol{Y} \\ &= (\boldsymbol{X}\boldsymbol{\beta} + \boldsymbol{U}) - \boldsymbol{X}(\boldsymbol{X}'\boldsymbol{P}_Z\boldsymbol{X})^{-1}\boldsymbol{X}'\boldsymbol{P}_Z(\boldsymbol{X}\boldsymbol{\beta} + \boldsymbol{U}) \\ &= \boldsymbol{U} - \boldsymbol{X}(\boldsymbol{X}'\boldsymbol{P}_Z\boldsymbol{X})^{-1}\boldsymbol{X}'\boldsymbol{P}_Z\boldsymbol{U} \\ &= [\boldsymbol{I} - \boldsymbol{X}(\boldsymbol{X}'\boldsymbol{P}_Z\boldsymbol{X})^{-1}\boldsymbol{X}'\boldsymbol{P}_Z]\boldsymbol{U}\end{aligned} \tag{19.88}$$

따라서

$$\begin{aligned}\hat{\boldsymbol{U}}\boldsymbol{P}_Z\hat{\boldsymbol{U}} &= \boldsymbol{U}'[\boldsymbol{I} - \boldsymbol{P}_Z\boldsymbol{X}(\boldsymbol{X}'\boldsymbol{P}_Z\boldsymbol{X})^{-1}\boldsymbol{X}']\boldsymbol{P}_Z[\boldsymbol{I} - \boldsymbol{X}(\boldsymbol{X}'\boldsymbol{P}_Z\boldsymbol{X})^{-1}\boldsymbol{X}'\boldsymbol{P}_Z]\boldsymbol{U} \\ &= \boldsymbol{U}'[\boldsymbol{P}_Z - \boldsymbol{P}_Z\boldsymbol{X}(\boldsymbol{X}'\boldsymbol{P}_Z\boldsymbol{X})^{-1}\boldsymbol{X}'\boldsymbol{P}_Z]\boldsymbol{U}\end{aligned} \tag{19.89}$$

여기서 두 번째 등식은 앞의 표현을 단순화해 얻는다. $\boldsymbol{Z}'\boldsymbol{Z}$가 대칭이고 양의 정부호이므로, 이는 행렬 제곱근으로 $\boldsymbol{Z}'\boldsymbol{Z} = (\boldsymbol{Z}'\boldsymbol{Z})^{1/2\prime}(\boldsymbol{Z}'\boldsymbol{Z})^{1/2}$과 같이 쓸 수 있고, 이 행렬 제곱근은 가역이므

로, $(\boldsymbol{Z}'\boldsymbol{Z})^{-1} = (\boldsymbol{Z}'\boldsymbol{Z})^{-1/2}(\boldsymbol{Z}'\boldsymbol{Z})^{-1/2'}$이며, 여기서 $(\boldsymbol{Z}'\boldsymbol{Z})^{-1/2} = [(\boldsymbol{Z}'\boldsymbol{Z})^{1/2}]^{-1}$이다. 따라서 $\boldsymbol{P_Z}$는 $\boldsymbol{P_Z} = \boldsymbol{Z}(\boldsymbol{Z}'\boldsymbol{Z})^{-1}\boldsymbol{Z}' = \boldsymbol{BB}'$으로 쓸 수 있으며, 여기서 $\boldsymbol{B} = \boldsymbol{Z}(\boldsymbol{Z}'\boldsymbol{Z})^{-1/2}$이다. 이 $\boldsymbol{P_Z}$ 식을 식 (19.89)의 마지막 표현에 대입하면 다음과 같다.

$$\begin{aligned}\hat{\boldsymbol{U}}'\boldsymbol{P_Z}\hat{\boldsymbol{U}} &= \boldsymbol{U}'[\boldsymbol{BB}' - \boldsymbol{BB}'\boldsymbol{X}(\boldsymbol{X}'\boldsymbol{BB}'\boldsymbol{X})^{-1}\boldsymbol{X}'\boldsymbol{BB}']\boldsymbol{U} \\ &= \boldsymbol{U}'\boldsymbol{B}\,[\boldsymbol{I} - \boldsymbol{B}'\boldsymbol{X}(\boldsymbol{X}'\boldsymbol{BB}'\boldsymbol{X})^{-1}\boldsymbol{X}'\boldsymbol{B}]\boldsymbol{B}'\boldsymbol{U} \\ &= \boldsymbol{U}'\boldsymbol{BM}_{\boldsymbol{B}'\boldsymbol{X}}\boldsymbol{B}'\boldsymbol{U}\end{aligned} \tag{19.90}$$

여기서 $\boldsymbol{M}_{\boldsymbol{B}'\boldsymbol{X}} = \boldsymbol{I} - \boldsymbol{B}'\boldsymbol{X}(\boldsymbol{X}'\boldsymbol{BB}'\boldsymbol{X})^{-1}\boldsymbol{X}'\boldsymbol{B}$는 대칭 멱등 행렬이다.

$\hat{\boldsymbol{U}}'\boldsymbol{P_Z}\hat{\boldsymbol{U}}$의 점근적 귀무 분포는 귀무가설하에서 식 (19.90) 마지막 표현의 여러 항의 확률 수렴 및 분포 수렴의 극한을 계산해 찾는다. $E(\boldsymbol{Z}_i u_i) = 0$이라는 귀무가설하에서, $\boldsymbol{Z}'\boldsymbol{U}/\sqrt{n}$은 평균이 0이고 중심극한정리가 적용되므로, $\boldsymbol{Z}'\boldsymbol{U}/\sqrt{n} \xrightarrow{d} N(0, \boldsymbol{Q_{ZZ}}\sigma_u^2)$이다. 또한 $\boldsymbol{Z}'\boldsymbol{Z}/n \xrightarrow{p} \boldsymbol{Q_{ZZ}}$이고 $\boldsymbol{X}'\boldsymbol{Z}/n \xrightarrow{p} \boldsymbol{Q_{XZ}}$이다. 따라서 $\boldsymbol{B}'\boldsymbol{U} = (\boldsymbol{Z}'\boldsymbol{Z})^{-1/2'}\boldsymbol{Z}'\boldsymbol{U} = (\boldsymbol{Z}'\boldsymbol{Z}/n)^{-1/2'}(\boldsymbol{Z}'\boldsymbol{U}/\sqrt{n}) \xrightarrow{d} \sigma_u z$이고, 여기서 z는 $N(\boldsymbol{0}_{m+r+1}, \boldsymbol{I}_{m+r+1})$을 따른다. 아울러 $\boldsymbol{B}'\boldsymbol{X}/\sqrt{n} = (\boldsymbol{Z}'\boldsymbol{Z}/n)^{-1/2'}(\boldsymbol{Z}'\boldsymbol{X}/n) \xrightarrow{p} \boldsymbol{Q}_{\boldsymbol{ZZ}}^{-1/2}\boldsymbol{Q_{ZX}}$이므로, $\boldsymbol{M}_{\boldsymbol{B}'\boldsymbol{X}} \xrightarrow{p} \boldsymbol{I} - Q_{\boldsymbol{ZZ}}^{-1/2}\boldsymbol{Q_{ZX}}(\boldsymbol{Q_{XZ}}\boldsymbol{Q}_{\boldsymbol{ZZ}}^{-1/2'}\boldsymbol{Q}_{\boldsymbol{ZZ}}^{-1/2}\boldsymbol{Q_{ZX}})^{-1}\boldsymbol{Q_{XZ}}\boldsymbol{Q}_{\boldsymbol{ZZ}}^{-1/2'} = \boldsymbol{M}_{\boldsymbol{Q}_{ZZ}^{-1/2}\boldsymbol{Q}_{ZX}}$이다. 따라서 다음과 같다.

$$\hat{\boldsymbol{U}}'\boldsymbol{P_Z}\hat{\boldsymbol{U}} \xrightarrow{d} (z'\boldsymbol{M}_{\boldsymbol{Q}_{XZ}\boldsymbol{Q}_{ZZ}^{-1/2}}z)\sigma_u^2 \tag{19.91}$$

귀무가설하에서, TSLS 추정량은 일치성을 가지며, $\hat{\boldsymbol{U}}$을 $\boldsymbol{Z}$에 대해 회귀한 계수들은 0으로 확률 수렴하고[식 (19.91)로부터 도출], J-통계량의 분모는 σ_u^2의 일치 추정량이다.

$$\hat{\boldsymbol{U}}'\boldsymbol{M_Z}\hat{\boldsymbol{U}}/(n - m - r - 1) \xrightarrow{p} \sigma_u^2 \tag{19.92}$$

J-통계량의 정의와 식 (19.91)과 (19.92)로부터 다음을 얻는다.

$$\boldsymbol{J} = \frac{\hat{\boldsymbol{U}}'\boldsymbol{P_Z}\hat{\boldsymbol{U}}}{\hat{\boldsymbol{U}}'\boldsymbol{M_Z}\hat{\boldsymbol{U}}/(n - m - r - 1)} \xrightarrow{d} z'\boldsymbol{M}_{\boldsymbol{Q}_{ZZ}^{-1/2}\boldsymbol{Q}_{XZ}}z \tag{19.93}$$

z가 표준정규 확률 벡터이고 $\boldsymbol{M}_{\boldsymbol{Q}_{ZZ}^{-1/2}\boldsymbol{Q}_{ZX}}$가 대칭 멱등 행렬이므로, $\boldsymbol{J}$는 $\boldsymbol{M}_{\boldsymbol{Q}_{ZZ}^{-1/2}\boldsymbol{Q}_{ZX}}$의 행렬 계수와 같은 자유도를 가진 카이제곱 확률변수로 분포한다[식 (19.78)]. $\boldsymbol{Q}_{\boldsymbol{ZZ}}^{-1/2}\boldsymbol{Q_{ZX}}$가 $(m + r + 1) \times (k + r + 1)$이고 $m > k$이므로, $\boldsymbol{M}_{\boldsymbol{Q}_{ZZ}^{-1/2}\boldsymbol{Q}_{ZX}}$의 행렬 계수는 $m - k$이다(연습문제 19.5). 따라서 $\boldsymbol{J} \xrightarrow{d} \chi^2_{m-k}$이며, 이는 식 (19.64)에 제시한 결과이다.

효율적 GMM 추정량의 효율성

계산 불가능한 효율적 GMM 추정량 $\tilde{\boldsymbol{\beta}}^{Eff.GMM}$은 식 (19.66)에서 정의된다. $\tilde{\boldsymbol{\beta}}^{Eff.GMM}$이 효율적임을 증명하는 것은 모든 벡터 $\boldsymbol{c}$에 대해 $\boldsymbol{c}'(\boldsymbol{\Sigma}_A^{IV} - \boldsymbol{\Sigma}^{Eff.GMM})\boldsymbol{c} \geq 0$임을 보이는 것이다. 이 증명은 이 부록의 첫 번째 절에서 TSLS 추정량의 효율성 증명과 동일한 논리를 따르며, 유일한 차이점은 식 (19.85)와 그 이후에서 $\boldsymbol{Q_{ZZ}}\sigma_u^2$를 $\boldsymbol{H}^{-1}$로 대체한다는 것이다.

GMM J-통계량의 분포

GMM J-통계량은 식 (19.70)에 주어져 있다. 귀무가설하에서 $J^{GMM} \xrightarrow{d} \chi^2_{m-k}$임을 보이는 증명은 등분산성하에서 TSLS J-통계량에 대한 해당 증명과 거의 비슷하다.

부록 19.7 많은 예측변수를 가진 회귀: MSPE, ridge 회귀, 주성분 분석

이 부록은 14장에서 행렬 계산을 통해 도출된 다양한 결과를 보여준다.

OLS로 추정된 선형회귀의 MSPE

먼저 등분산성하에서 OLS 추정량의 평균제곱 예측 오차(MSPE)인 식 (14.4)를 도출한다.

$k \times 1$ 벡터 $\boldsymbol{X}^{oos}$를 우리가 예측하고자 하는 표본 외('oos') 관측치의 $\boldsymbol{X}$값이라 하자. 이제 식 (14.3)의 MSPE는 행렬 표기법을 사용해 다음과 같이 쓸 수 있다.

$$\text{MSPE} = \sigma_u^2 + E[(\hat{\boldsymbol{\beta}} - \boldsymbol{\beta})'\boldsymbol{X}^{oos}]^2 \tag{19.94}$$

여기서 $\hat{\boldsymbol{\beta}}$은 OLS 추정량뿐만 아니라 $\boldsymbol{\beta}$의 어떤 추정량도 될 수 있다.

예측을 위한 최소제곱 가정하에서, 표본 외 관측치는 추정 표본과 동일한 모집단에서의 i.i.d. 추출이라고 가정된다. 이 가정하에서 식 (19.94)의 MSPE는 다음과 같이 쓸 수 있다.

$$\text{MSPE} = \sigma_u^2 + \text{trace}\{E[(\hat{\boldsymbol{\beta}} - \boldsymbol{\beta})(\hat{\boldsymbol{\beta}} - \boldsymbol{\beta})']\boldsymbol{Q}_X\} \tag{19.95}$$

여기서 $\boldsymbol{QX} = E(\boldsymbol{X}'\boldsymbol{X})$이다. 식 (19.95)는 식 (19.94)에서 다음과 같이 도출된다: $E[(\hat{\boldsymbol{\beta}} - \boldsymbol{\beta})'\boldsymbol{X}^{oos}]^2 = E[\boldsymbol{X}^{oos\prime}(\hat{\boldsymbol{\beta}} - \boldsymbol{\beta})(\hat{\boldsymbol{\beta}} - \boldsymbol{\beta})'\boldsymbol{X}^{oos}] = \text{trace}\,E[(\hat{\boldsymbol{\beta}} - \boldsymbol{\beta})(\hat{\boldsymbol{\beta}} - \boldsymbol{\beta})'\boldsymbol{X}^{oos}\boldsymbol{X}^{oos\prime}] = \text{trace}E[(\hat{\boldsymbol{\beta}} - \boldsymbol{\beta})(\hat{\boldsymbol{\beta}} - \boldsymbol{\beta})']\boldsymbol{Q}_X$. 여기서 두 번째 등식은 $n \times n$행렬 $\boldsymbol{B}$와 $n \times 1$벡터 $\boldsymbol{a}$에 대해 $\boldsymbol{a}'\boldsymbol{B}\boldsymbol{a} = \text{trace}(\boldsymbol{B}\boldsymbol{a}\boldsymbol{a}')$이라는 대각합의 성질을 사용하며, 마지막 등식은 표본 외 관측치가 추정 관측치와 독립이고 동일한 분포에서 추출되었다는 가정을 사용하므로 $\boldsymbol{E}(\boldsymbol{X}^{oos}\boldsymbol{X}^{oos\prime}) = \boldsymbol{Q}_X$이다.

OLS에 대한 MSPE는 식 (19.14)의 OLS 표현을 식 (19.95)에 대입하고 단순화해 얻는다. 먼저 등분산성 가정하에서 OLS 추정량에 대해 다음과 같이 쓸 수 있다.

$$\begin{aligned} E[(\hat{\boldsymbol{\beta}} - \boldsymbol{\beta})(\hat{\boldsymbol{\beta}} - \boldsymbol{\beta})'] &= E[(\boldsymbol{X}'\boldsymbol{X})^{-1}\boldsymbol{X}'\boldsymbol{u}\boldsymbol{u}'\boldsymbol{X}(\boldsymbol{X}'\boldsymbol{X})^{-1}] \\ &= E[(\boldsymbol{X}'\boldsymbol{X})^{-1}\boldsymbol{X}'E(\boldsymbol{u}\boldsymbol{u}'|\boldsymbol{X})\boldsymbol{X}(\boldsymbol{X}'\boldsymbol{X})^{-1}] \\ &= E[(\boldsymbol{X}'\boldsymbol{X})^{-1}\boldsymbol{X}'\boldsymbol{X}(\boldsymbol{X}'\boldsymbol{X})^{-1}]\sigma_u^2 = E[(\boldsymbol{X}'\boldsymbol{X})^{-1}]\sigma_u^2 \end{aligned}$$

여기서 첫 번째 등식은 식 (19.14)를 사용하고, 두 번째 등식은 반복 기댓값의 법칙을 사용하며, 세 번째 등식은 등분산성 가정을 사용하므로 $E(\boldsymbol{u}\boldsymbol{u}'|\boldsymbol{X}) = \sigma_u^2 I_n$이고, 네 번째 등식은 단순화에 의해 성립한다. $E[(\hat{\boldsymbol{\beta}} - \boldsymbol{\beta})(\hat{\boldsymbol{\beta}} - \boldsymbol{\beta})'] = E[(\boldsymbol{X}'\boldsymbol{X})^{-1}]\sigma_u^2$를 식 (19.95)에 대입하고 두 번째 항을 $1/n$로 곱하고 나누면 다음을 얻는다.

$$\text{MSPE}_{\text{OLS}} = \sigma_u^2 + \frac{1}{n}\text{trace}\left\{E\left[\left(\frac{\boldsymbol{X}'\boldsymbol{X}}{n}\right)^{-1}\right]\boldsymbol{Q_X}\right\}\sigma_u^2 \tag{19.96}$$

식 (19.96)은 오차항이 등분산을 갖는 경우 예측을 위한 최소제곱 가정하에서 OLS 추정량을 사용한 예측의 MSPE이다.

식 (14.4)는 n이 k에 비해 클 때 식 (19.96)의 근사이다. 이 경우, $\boldsymbol{X}'\boldsymbol{X}/n \cong \boldsymbol{Q_X}$(구체적으로, 고정된 k에 대해 $\boldsymbol{X}'\boldsymbol{X}/n \xrightarrow{p} \boldsymbol{Q_X}$)이므로 $\text{trace}[E[(\boldsymbol{X}'\boldsymbol{X}/n)^{-1}]\boldsymbol{Q_X}] \cong \text{trace}\{\boldsymbol{Q_X}^{-1}\boldsymbol{QX}\}$ $= \text{trace}\{\boldsymbol{I}_k\} = k$이다. 이 최종 표현을 식 (19.96)에 대입하고 항들을 모으면 식 (14.4)를 얻는다.

$$\text{MSPE}_{\text{OLS}} \cong \left(1 + \frac{k}{n}\right)\sigma_u^2 \tag{19.97}$$

최종 예측 오차(FPE)와의 관계 식 (19.97)은 (n이 T로, k가 $p+1$로 대체되는 표기법 변경과 함께) 식 (15.21)에 주어진 시계열 예측을 위한 최종 예측 오차(FPE)의 도출에 사용된다. 횡단면과 시계열의 주요 차이는 표본 외 관측치와 표본 내 관측치의 관계이다. 이 부록의 도출 과정에서는 표본 내 관측치와 표본 외 관측치가 서로 독립임을 가정한다. 시계열 응용에서 예측변수들의 값이 계수 추정에 사용된 데이터와 독립이라면, 여기서의 도출이 직접 적용된다. 그러나 일반적으로 이러한 경우는 많지 않을 것이다. 왜냐하면 표본의 마지막 관측치들(표본 외 예측에 사용되는)이 표본 내 관측치들과 상관관계가 있기 때문이다. 하지만 표본크기가 크다면, 추정된 회귀 계수와 표본 외 예측변수들 사이의 의존성이 작으므로, 식 (19.97)은 표본크기가 설명변수의 수에 비해 클 때 여전히 근사적으로 성립한다.

ridge 회귀

식 (14.8)은 단일 설명변수를 가진 ridge 회귀 추정량을 제시한다. 이 부록에서는 다중설명변수의 경우에 대한 표현을 도출한다.

ridge 회귀 추정량은 식 (14.7)의 페널티가 있는 잔차 제곱합을 행렬 표기법으로 나타낸 다음 식을 최소화한다.

$$S^{Ridge}(b; \lambda_{Ridge}) = (\boldsymbol{Y} - \boldsymbol{Xb})'(\boldsymbol{Y} - \boldsymbol{Xb}) + \lambda_{Ridge}\boldsymbol{b}'\boldsymbol{b} \tag{19.98}$$

식 (19.98) 우변의 도함수를 구하고 0으로 설정하면 ridge 회귀 추정량 $\hat{\boldsymbol{\beta}}^{Ridge}$를 해로 갖는 연립방정식을 얻는다: $-2\boldsymbol{X}'(\boldsymbol{Y} - \boldsymbol{X}\hat{\boldsymbol{\beta}}^{Ridge}) + 2\lambda_{Ridge}\hat{\boldsymbol{\beta}}^{Ridge} = \boldsymbol{0}$ [OLS에 대한 식 (19.9)와 (19.10) 참조]. 이 연립방정식을 풀면 ridge 회귀 추정량의 공식을 얻는다,

$$\hat{\boldsymbol{\beta}}^{Ridge} = (\boldsymbol{X}'\boldsymbol{X} + \lambda_{Ridge}\boldsymbol{I}_k)^{-1}\boldsymbol{X}'\boldsymbol{Y} \tag{19.99}$$

각각 14.3절과 14.4절에서 논의한 이 공식의 두 가지 함의에 주목해보자.

첫째, 추정 표본에서 설명변수들이 상관관계가 없다면, ridge 회귀 추정량은 데이터에 의해 결정되는 인자에 따라 0방향으로 축소한 OLS 추정량으로 쓸 수 있다, 즉 $\hat{\beta}_j^{Ridge} = (1 + \lambda^{Ridge}/\sum_{i=1}^{n}X_{ji}^2)^{-1}\hat{\beta}_j$이며, 이는 식 (14.8)이다. 더욱이, 설명변수들이 14장의 실증 연

구에서처럼 표본 표준편차를 사용해 표준화된다면, 그 축소 인자는 $[1 + \lambda^{Ridge}/(n-1)]^{-1}$으로 간단하게 쓸 수 있다. 이 결과들을 보이기 위해, 우선 상관관계가 없는 설명변수들을 사용한다면 $\boldsymbol{X}'\boldsymbol{X}$가 대각이므로 $\boldsymbol{X}'\boldsymbol{X} + \lambda_{Ridge}\boldsymbol{I}_k$는 j번째 대각 요소가 $\sum_{i=1}^{n} X_{ji}^2 + \lambda^{Ridge}$인 대각행렬임에 주목하자. 그러면 식 (19.99)는 간단히 쓸 수 있는데, β_j의 ridge 추정량은 다음과 같다: $\hat{\beta}_j^{Ridge} = (\sum_{i=1}^{n} X_{ji}^2 + \lambda^{Ridge})^{-1} \sum_{i=1}^{n} X_{ji} Y_i = (1 + \lambda^{Ridge} / \sum_{i=1}^{n} X_{ji}^2)^{-1} (\sum_{i=1}^{n} X_{ji}^2)^{-1} \sum_{i=1}^{n} X_{ji} Y_i = (1 + \lambda^{Ridge} / \sum_{i=1}^{n} X_{ji}^2)^{-1} \hat{\beta}_j$, 여기서 $\hat{\beta}_j$는 이러한 상관관계 없는 설명변수들에 대한 OLS 추정량이다. 따라서 상관관계 없는 설명변수들의 경우, ridge 회귀 추정량은 OLS 추정량을 $(1 + \lambda^{Ridge}/\sum_{i=1}^{n} X_{ji}^2)^{-1}$ 인자만큼 0을 향해 축소한다. 추가로 설명변수들이 표본 표준편차를 사용해 표준화된다면, $\sum_{i=1}^{n} X_{ji}^2 = n - 1$이므로, 이 경우 $\hat{\boldsymbol{\beta}}^{Ridge} = [1 + \lambda^{Ridge}/(n-1)]^{-1}\hat{\boldsymbol{\beta}}$이다.

둘째, 14.4절에서 논의한 바와 같이, 일반적으로 ridge 회귀 추정량을 사용해서 예측할 경우 설명변수들의 다른 선형결합이 예측변수로 사용되면 그 예측값이 변한다. 구체적으로, $\boldsymbol{X}$가 예측변수의 행렬을 나타낸다면 $\boldsymbol{X}$와 $\boldsymbol{XA}$를 사용한 ridge 예측은 다르며, 여기서 $\boldsymbol{A}$는 비특이 $k \times k$행렬이다. 이는 OLS와 ridge의 중요한 차이점이다. 왜냐하면 OLS는 $\boldsymbol{X}$나 $\boldsymbol{XA}$ 중 어느 것을 사용하든 동일한 예측을 하기 때문이다.

이러한 결과를 증명하기 위해 $\boldsymbol{XA}$를 사용해 계산된 ridge 회귀 추정량을 고려하고, 그 추정량을 $\hat{\boldsymbol{\beta}}_{\boldsymbol{A}}^{Ridge}$라고 표시하자. 이 표기법에서, 선형변환 없이 $\boldsymbol{X}$를 사용해 계산된 ridge 회귀 추정량은 $\hat{\boldsymbol{\beta}}_I^{Ridge}$이다. 동일한 선형변환이 표본 외와 표본 내 예측변수들에 적용되어야 하므로, 변환된 표본 외 관측치는 $\boldsymbol{A}'\boldsymbol{X}^{OOS}$이다. 따라서 $\hat{\boldsymbol{\beta}}_{\boldsymbol{A}}^{Ridge}$를 사용한 표본 외 예측값은 $\hat{Y}_{\boldsymbol{A}}^{OOS} = (\boldsymbol{A}'\boldsymbol{X}^{OOS})'\hat{\boldsymbol{\beta}}_{\boldsymbol{A}}^{Ridge} = \boldsymbol{X}^{OOS'}\boldsymbol{A}\hat{\boldsymbol{\beta}}_{\boldsymbol{A}}^{Ridge}$이다. 이 표기법에서, 원래 설명변수 $\boldsymbol{X}$를 사용한 표본 외 예측값은 $\hat{Y}_I^{OOS} = \boldsymbol{X}^{OOS'}\hat{\boldsymbol{\beta}}_I^{Ridge}$이다. 식 (19.99)로부터 ridge 추정량은 다음과 같다.

$$
\begin{aligned}
\hat{\boldsymbol{\beta}}_{\boldsymbol{A}}^{Ridge} &= [(\boldsymbol{XA})'(\boldsymbol{XA}) + \lambda_{Ridge}\boldsymbol{I}_k]^{-1}(\boldsymbol{XA})'\boldsymbol{Y} = (\boldsymbol{A}'\boldsymbol{X}'\boldsymbol{XA} + \lambda_{Ridge}\boldsymbol{I}_k)^{-1}\boldsymbol{A}'\boldsymbol{XY} \\
&= [\boldsymbol{A}'(\boldsymbol{X}'\boldsymbol{X} + \lambda_{Ridge}\boldsymbol{A}'^{-1}\boldsymbol{A}^{-1})\boldsymbol{A}]^{-1}\boldsymbol{A}'\boldsymbol{XY} = \boldsymbol{A}^{-1}[\boldsymbol{X}'\boldsymbol{X} + \lambda_{Ridge}(\boldsymbol{AA}')^{-1}]^{-1}\boldsymbol{XY}
\end{aligned}
$$

여기서 등식들은 역행렬의 성질을 사용해 항들을 묶음으로써 얻는다. 따라서 표본 외 관측치의 ridge 예측은 $\hat{Y}_{\boldsymbol{A}}^{OOS} = \boldsymbol{X}^{OOS'}\boldsymbol{A}\hat{\boldsymbol{\beta}}_{\boldsymbol{A}}^{Ridge} = \boldsymbol{X}^{OOS'}[\boldsymbol{X}'\boldsymbol{X} + \lambda_{Ridge}(\boldsymbol{AA}')^{-1}]^{-1}\boldsymbol{XY}$이며, 선형회전 없이 X들을 사용하면 예측 $\hat{Y}_I^{OOS} = \boldsymbol{X}^{OOS'}(\boldsymbol{X}'\boldsymbol{X} + \lambda_{Ridge}\boldsymbol{I}_k)^{-1}\boldsymbol{XY}$를 얻는다. 두 예측은 다른데, 왜냐하면 행렬 $(\boldsymbol{AA}')^{-1}$이 $\hat{Y}_A^{OOS}$의 표현에는 나타나지만 $\hat{Y}_I^{OOS}$의 표현에는 나타나지 않기 때문이다. 선형 변환 $\boldsymbol{A}$가 ridge 예측값을 바꾸지 않는 유일한 경우는 선형 변환이 정규직교일 때이다—즉 $\boldsymbol{AA}' = \boldsymbol{I}_k$일 때이므로, $(\boldsymbol{AA}')^{-1} = \boldsymbol{I}_k$이다.

OLS가 ($\boldsymbol{A}$가 비특이인 한) 선형 변환 $\boldsymbol{A}$와 관계없이 동일한 예측값을 얻는다는 것을 보기 위해, OLS 예측값이 $\lambda_{Ridge} = 0$일 때의 ridge 예측값임에 주목하자. 따라서 이전 문단의 ridge 예측 $\hat{Y}_A^{OOS}$와 $\hat{Y}_I^{OOS}$의 표현에 $\lambda^{Ridge} = 0$을 대입함으로써 원하는 결과를 얻는다.

주성분 분석

이 절은 X의 주성분에 대한 공식을 제시하고 주성분들의 분산 합이 X들의 분산 합과 같음을 보인다[식 (14.10)]. 이 절은 14.5절에서처럼 처음 r개의 주성분을 사용해 계산된 표본 외 예측을 예측변수들의 표본 외 값 $\boldsymbol{X}^{OOS}$를 사용해 나타내며 끝맺는다.

핵심 개념 14.2에서, X의 j번째 주성분은 다음과 같은 X의 선형결합으로 정의된다: (a) 선형결합의 가중치 제곱의 합이 1이다. (b) j번째 주성분은 이전 $j-1$개의 주성분들과 상관관계가 없다. (c) j번째 주성분은 (a)와 (b)의 제약하에서 선형결합의 분산을 최대화한다. 이제 이러한 기준들을 수학적으로 서술하고 이를 사용해 주성분에 대한 명시적 공식을 도출한다. 특히 처음 r개의 주성분을 형성하는 데 사용되는 선형결합 가중치가 $\boldsymbol{X}'\boldsymbol{X}$의 r개의 가장 큰 고윳값에 대응하는 고유벡터임을 보인다.

$\boldsymbol{PC}_j$를 j번째 주성분이라 하고, $\boldsymbol{W}_j$를 $\boldsymbol{PC}_j$를 구성하는 데 사용되는 $k \times 1$ 가중치 벡터라 하면 $\boldsymbol{PC}_j = \boldsymbol{XW}_j$이다. $\boldsymbol{PC}_j$의 제곱합은 $\boldsymbol{PC}_j'\boldsymbol{PC}_j = \boldsymbol{W}_j'\boldsymbol{X}'\boldsymbol{XW}_j$이고, 가중치 제곱합은 $\boldsymbol{W}_j'\boldsymbol{W}_j$이다. $\boldsymbol{X}$가 평균 0을 가지므로($\boldsymbol{X}$들은 표준화됨), $\boldsymbol{PC}_j'\boldsymbol{PC}_j/(n-1)$은 j번째 주성분의 표본 분산이다. 가중치 $\boldsymbol{W}_j$는 다음을 푸는 값으로 선택된다.

$$\boldsymbol{W}_j'\boldsymbol{W}_j = 1,\ \text{그리고 } i < j\text{인 경우 } \boldsymbol{PC}_j'\boldsymbol{PC}_i = 0\text{이라는 제약하에서}$$
$$\max_{\boldsymbol{W}_j} \boldsymbol{PC}_j'\boldsymbol{PC}_j = \boldsymbol{W}_j'\boldsymbol{X}'\boldsymbol{XW}_j \tag{19.100}$$

$j=1$의 경우, 제약이 있는 최대화 문제는 $\boldsymbol{W}_1'\boldsymbol{W}_1 = 1$이라는 제약하에서 $\boldsymbol{W}_1'\boldsymbol{X}'\boldsymbol{XW}_1$을 최대화하도록 $\boldsymbol{W}_1$을 선택하는 것이다. 이 제약이 있는 최대화는 라그랑주 $\boldsymbol{W}_1'\boldsymbol{X}'\boldsymbol{XW}_1 - \lambda_1(\boldsymbol{W}_1'\boldsymbol{W}_1 - 1)$을 최대화하는 것이며, 여기서 λ_1은 라그랑주 승수이다. $\boldsymbol{W}_1$에 대한 라그랑주의 도함수를 구하고 0으로 설정하면 다음을 얻는다.

$$\boldsymbol{X}'\boldsymbol{XW}_1 = \lambda_1\boldsymbol{W}_1 \tag{19.101}$$

식 (19.101)은 $\boldsymbol{W}_1$이 $\boldsymbol{X}'\boldsymbol{X}$의 고유벡터이고 λ_1이 그에 대응하는 고윳값임을 보여주며, 여기서 고유벡터는 단위 길이를 가지도록 표준화된다. 또한 식 (19.101)의 양변에 $\boldsymbol{W}_1'$을 곱하면 $\boldsymbol{W}_1'\boldsymbol{X}'\boldsymbol{XW}_1 = \boldsymbol{PC}_1'\boldsymbol{PC}_1 = \lambda_1$이므로, $\boldsymbol{PC}_1'\boldsymbol{PC}_1$을 최대화하기 위해서는 λ_1이 $\boldsymbol{X}'\boldsymbol{X}$의 가장 큰 고윳값이어야 하고 $\boldsymbol{W}_1$이 가장 큰 고윳값에 대응하는 $\boldsymbol{X}'\boldsymbol{X}$의 고유벡터여야 한다.

이제 $\boldsymbol{W}_2$를 고려하자. $\boldsymbol{W}_2'\boldsymbol{W}_2 = 1$과 $\boldsymbol{PC}_2'\boldsymbol{PC}_1 = \boldsymbol{W}_2'\boldsymbol{X}'\boldsymbol{XW}_1 = 0$이라는 두 가지 제약이 있으므로, 라그랑주는 $\boldsymbol{W}_2'\boldsymbol{X}'\boldsymbol{XW}_2 - \lambda_2(\boldsymbol{W}_2'\boldsymbol{W}_2 - 1) - \gamma_{21}\boldsymbol{W}_2'\boldsymbol{X}'\boldsymbol{XW}_1$이며, 여기서 λ_2와 λ_{21}은 라그랑주 승수이다. $\boldsymbol{W}_2$에 대한 라그랑주의 도함수를 구하고 0으로 설정하면 다음을 얻는다.

$$\boldsymbol{X}'\boldsymbol{XW}_2 = \lambda_2\boldsymbol{W}_2 + \frac{1}{2}\gamma_{21}\boldsymbol{X}'\boldsymbol{XW}_1 \tag{19.102}$$

먼저 식 (19.101)의 양변에 $\boldsymbol{W}_2'$을 곱하면 $\boldsymbol{W}_2'\boldsymbol{X}'\boldsymbol{XW}_1 = \lambda_1\boldsymbol{W}_2'\boldsymbol{W}_1$임에 주목하자. $\boldsymbol{W}_2'\boldsymbol{X}'\boldsymbol{XW}_1 = 0$이므로, $\boldsymbol{W}_2'\boldsymbol{W}_1 = 0$이 된다. 이제 식 (19.102)의 양변에 $\boldsymbol{W}_1'$을 곱하면 $\boldsymbol{W}_1'\boldsymbol{X}'\boldsymbol{XW}_2 = \lambda 2\boldsymbol{W}_1'\boldsymbol{W}_2 + \frac{1}{2}\gamma_{21}\boldsymbol{W}_1'\boldsymbol{X}'\boldsymbol{XW}_1 = \frac{1}{2}\gamma_{21}\boldsymbol{W}_1'\boldsymbol{X}'\boldsymbol{XW}_1$이지만, $\boldsymbol{W}_1'\boldsymbol{X}'\boldsymbol{XW}_2 =$

$\boldsymbol{W}_1'\boldsymbol{W}_2 = 0$이므로, $\gamma_{21} = 0$이어야 한다. 따라서 식 (19.102)는 $\boldsymbol{X}'\boldsymbol{X}\boldsymbol{W}_2 = \lambda_2\boldsymbol{W}_2$가 되므로, $\boldsymbol{W}_2$가 $\boldsymbol{X}'\boldsymbol{X}$의 고유벡터이고 λ_2가 그에 대응하는 고윳값임을 알 수 있다. $\boldsymbol{X}'\boldsymbol{X}\boldsymbol{W}_2 = \lambda_2\boldsymbol{W}_2$의 양변에 $\boldsymbol{W}_2'$을 곱하고 단위를 표준화하면 $\boldsymbol{W}_2'\boldsymbol{X}'\boldsymbol{X}\boldsymbol{W}_2 = \lambda_2$를 얻는다. 따라서 라그랑주는 남은 고윳값들 중 가장 큰 것—즉 $\boldsymbol{X}'\boldsymbol{X}$의 두 번째로 큰 고윳값—에 대응하는 고유벡터로 $\boldsymbol{W}_2$를 선택함으로써 최대화된다.

계속하면, 이러한 계산은 $\boldsymbol{W}_j$가 λ_j($\boldsymbol{X}'\boldsymbol{X}$의 j번째로 큰 고윳값)와 관련된 $\boldsymbol{X}'\boldsymbol{X}$의 단위가 1인 고유벡터임을 보여주며, $\boldsymbol{PC}_j'\boldsymbol{PC}_j = \lambda_j$, $i \neq j$일 때 $\boldsymbol{PC}_j'\boldsymbol{PC}_i = 0$임을 보여준다. $k < n$이면, $\boldsymbol{X}'\boldsymbol{X}$의 처음 k개 고윳값만이 0이 아니므로, 주성분의 총 개수는 $\min(n, k)$이다.

행렬의 대각합은 그 고윳값들의 합과 같으므로,

$$\text{trace}(\boldsymbol{X}'\boldsymbol{X}) = \sum_{j=1}^{\min(n,k)} \lambda_j = \sum_{j=1}^{\min(n,k)} \boldsymbol{PC}_j'\boldsymbol{PC}_j \tag{19.103}$$

식 (19.103)의 첫 번째와 마지막 표현을 $n-1$로 나누면 식 (14.10)을 얻는다.

마지막으로, 예측변수들의 표본 외 값 $\boldsymbol{X}^{OOS}$를 사용해 표본 외 예측을 나타내보자. 첫 r개의 주성분 표본 외 값은 $\boldsymbol{PC}_{1:r}^{OOS} = [\boldsymbol{PC}_1^{OOS}\ \ \boldsymbol{PC}_2^{OOS}\ \cdots\ \boldsymbol{PC}_r^{OOS}] = \boldsymbol{W}_{1:r}'\boldsymbol{X}^{OOS}$이며, 여기서 $\boldsymbol{W}_{1:r} = [\boldsymbol{W}_1\ \ \boldsymbol{W}_2 \cdots\ \boldsymbol{W}_r]$은 추정 표본에서 $\boldsymbol{X}'\boldsymbol{X}$의 처음 r개의 고유벡터이다. $\hat{\gamma}$을 추정 표본에서 Y를 처음 r개의 주성분에 대해 회귀한 OLS 계수의 $r \times 1$ 벡터라 하자. 그러면 Y^{OOS}의 주성분 예측은 $\hat{Y}^{OOS} = \hat{\gamma}'\boldsymbol{PC}_{1:r}^{OOS}$이다. 원래 설명변수들의 관점에서 쓰면, 주성분 예측은 다음과 같다.

$$\hat{Y}^{OOS} = \hat{\gamma}'\boldsymbol{W}_{1:r}'\boldsymbol{X}^{OOS} \tag{19.104}$$

이 표현은 주성분 예측에 대한 표 14.4의 항목들을 계산하는 데 사용되었다.

표 A.1 누적 표준정규분포 함수, $\Phi(z) = \Pr(Z \leq z)$

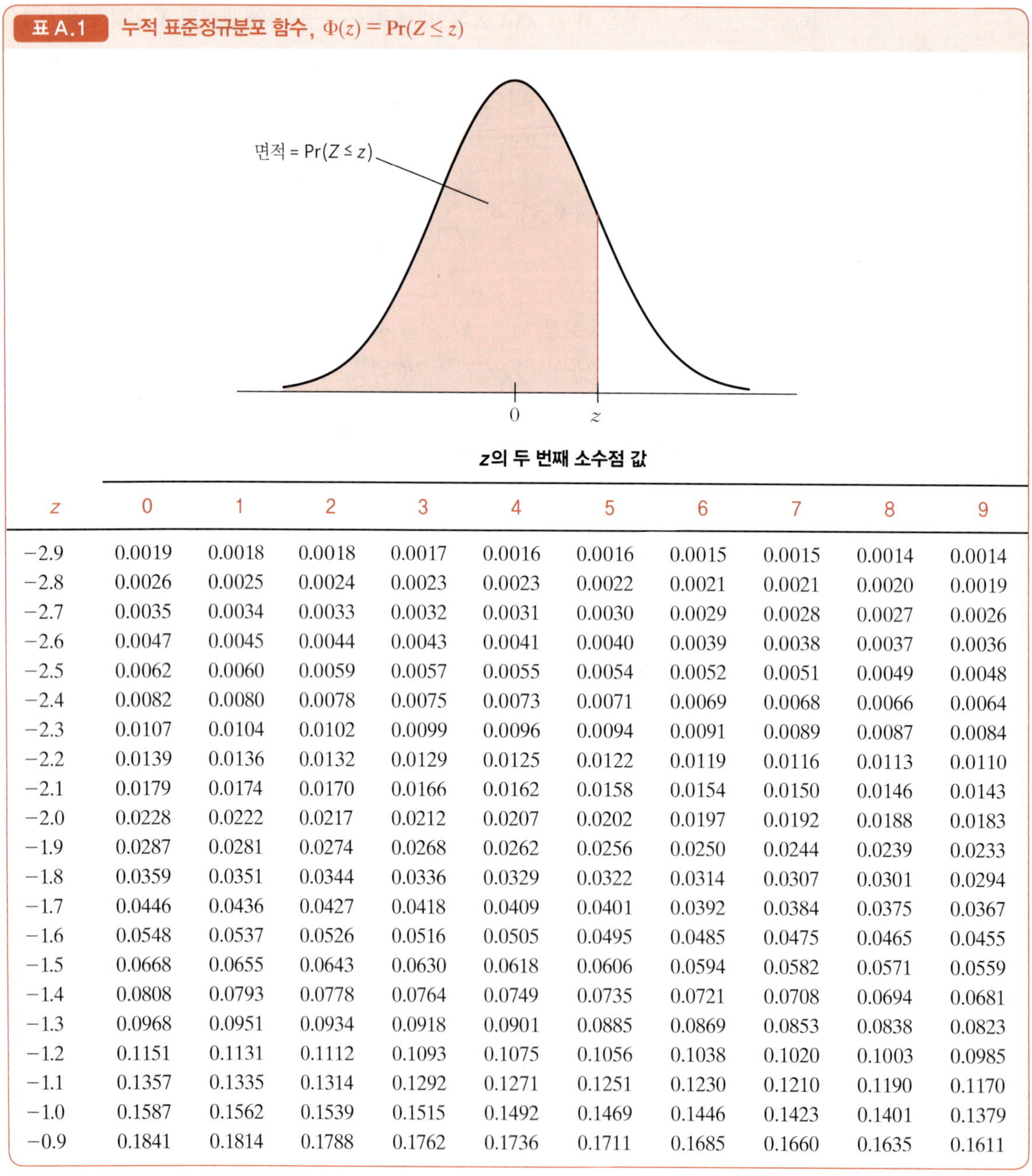

z	z의 두 번째 소수점 값									
	0	1	2	3	4	5	6	7	8	9
−2.9	0.0019	0.0018	0.0018	0.0017	0.0016	0.0016	0.0015	0.0015	0.0014	0.0014
−2.8	0.0026	0.0025	0.0024	0.0023	0.0023	0.0022	0.0021	0.0021	0.0020	0.0019
−2.7	0.0035	0.0034	0.0033	0.0032	0.0031	0.0030	0.0029	0.0028	0.0027	0.0026
−2.6	0.0047	0.0045	0.0044	0.0043	0.0041	0.0040	0.0039	0.0038	0.0037	0.0036
−2.5	0.0062	0.0060	0.0059	0.0057	0.0055	0.0054	0.0052	0.0051	0.0049	0.0048
−2.4	0.0082	0.0080	0.0078	0.0075	0.0073	0.0071	0.0069	0.0068	0.0066	0.0064
−2.3	0.0107	0.0104	0.0102	0.0099	0.0096	0.0094	0.0091	0.0089	0.0087	0.0084
−2.2	0.0139	0.0136	0.0132	0.0129	0.0125	0.0122	0.0119	0.0116	0.0113	0.0110
−2.1	0.0179	0.0174	0.0170	0.0166	0.0162	0.0158	0.0154	0.0150	0.0146	0.0143
−2.0	0.0228	0.0222	0.0217	0.0212	0.0207	0.0202	0.0197	0.0192	0.0188	0.0183
−1.9	0.0287	0.0281	0.0274	0.0268	0.0262	0.0256	0.0250	0.0244	0.0239	0.0233
−1.8	0.0359	0.0351	0.0344	0.0336	0.0329	0.0322	0.0314	0.0307	0.0301	0.0294
−1.7	0.0446	0.0436	0.0427	0.0418	0.0409	0.0401	0.0392	0.0384	0.0375	0.0367
−1.6	0.0548	0.0537	0.0526	0.0516	0.0505	0.0495	0.0485	0.0475	0.0465	0.0455
−1.5	0.0668	0.0655	0.0643	0.0630	0.0618	0.0606	0.0594	0.0582	0.0571	0.0559
−1.4	0.0808	0.0793	0.0778	0.0764	0.0749	0.0735	0.0721	0.0708	0.0694	0.0681
−1.3	0.0968	0.0951	0.0934	0.0918	0.0901	0.0885	0.0869	0.0853	0.0838	0.0823
−1.2	0.1151	0.1131	0.1112	0.1093	0.1075	0.1056	0.1038	0.1020	0.1003	0.0985
−1.1	0.1357	0.1335	0.1314	0.1292	0.1271	0.1251	0.1230	0.1210	0.1190	0.1170
−1.0	0.1587	0.1562	0.1539	0.1515	0.1492	0.1469	0.1446	0.1423	0.1401	0.1379
−0.9	0.1841	0.1814	0.1788	0.1762	0.1736	0.1711	0.1685	0.1660	0.1635	0.1611

계속

z	z의 두 번째 소수점 값									
	0	1	2	3	4	5	6	7	8	9
−0.8	0.2119	0.2090	0.2061	0.2033	0.2005	0.1977	0.1949	0.1922	0.1894	0.1867
−0.7	0.2420	0.2389	0.2358	0.2327	0.2296	0.2266	0.2236	0.2206	0.2177	0.2148
−0.6	0.2743	0.2709	0.2676	0.2643	0.2611	0.2578	0.2546	0.2514	0.2483	0.2451
−0.5	0.3085	0.3050	0.3015	0.2981	0.2946	0.2912	0.2877	0.2843	0.2810	0.2776
−0.4	0.3446	0.3409	0.3372	0.3336	0.3300	0.3264	0.3228	0.3192	0.3156	0.3121
−0.3	0.3821	0.3783	0.3745	0.3707	0.3669	0.3632	0.3594	0.3557	0.3520	0.3483
−0.2	0.4207	0.4168	0.4129	0.4090	0.4052	0.4013	0.3974	0.3936	0.3897	0.3859
−0.1	0.4602	0.4562	0.4522	0.4483	0.4443	0.4404	0.4364	0.4325	0.4286	0.4247
−0.0	0.5000	0.4960	0.4920	0.4880	0.4840	0.4801	0.4761	0.4721	0.4681	0.4641
0.0	0.5000	0.5040	0.5080	0.5120	0.5160	0.5199	0.5239	0.5279	0.5319	0.5359
0.1	0.5398	0.5438	0.5478	0.5517	0.5557	0.5596	0.5636	0.5675	0.5714	0.5753
0.2	0.5793	0.5832	0.5871	0.5910	0.5948	0.5987	0.6026	0.6064	0.6103	0.6141
0.3	0.6179	0.6217	0.6255	0.6293	0.6331	0.6368	0.6406	0.6443	0.6480	0.6517
0.4	0.6554	0.6591	0.6628	0.6664	0.6700	0.6736	0.6772	0.6808	0.6844	0.6879
0.5	0.6915	0.6950	0.6985	0.7019	0.7054	0.7088	0.7123	0.7157	0.7190	0.7224
0.6	0.7257	0.7291	0.7324	0.7357	0.7389	0.7422	0.7454	0.7486	0.7517	0.7549
0.7	0.7580	0.7611	0.7642	0.7673	0.7704	0.7734	0.7764	0.7794	0.7823	0.7852
0.8	0.7881	0.7910	0.7939	0.7967	0.7995	0.8023	0.8051	0.8078	0.8106	0.8133
0.9	0.8159	0.8186	0.8212	0.8238	0.8264	0.8289	0.8315	0.8340	0.8365	0.8389
1.0	0.8413	0.8438	0.8461	0.8485	0.8508	0.8531	0.8554	0.8577	0.8599	0.8621
1.1	0.8643	0.8665	0.8686	0.8708	0.8729	0.8749	0.8770	0.8790	0.8810	0.8830
1.2	0.8849	0.8869	0.8888	0.8907	0.8925	0.8944	0.8962	0.8980	0.8997	0.9015
1.3	0.9032	0.9049	0.9066	0.9082	0.9099	0.9115	0.9131	0.9147	0.9162	0.9177
1.4	0.9192	0.9207	0.9222	0.9236	0.9251	0.9265	0.9279	0.9292	0.9306	0.9319
1.5	0.9332	0.9345	0.9357	0.9370	0.9382	0.9394	0.9406	0.9418	0.9429	0.9441
1.6	0.9452	0.9463	0.9474	0.9484	0.9495	0.9505	0.9515	0.9525	0.9535	0.9545
1.7	0.9554	0.9564	0.9573	0.9582	0.9591	0.9599	0.9608	0.9616	0.9625	0.9633
1.8	0.9641	0.9649	0.9656	0.9664	0.9671	0.9678	0.9686	0.9693	0.9699	0.9706
1.9	0.9713	0.9719	0.9726	0.9732	0.9738	0.9744	0.9750	0.9756	0.9761	0.9767
2.0	0.9772	0.9778	0.9783	0.9788	0.9793	0.9798	0.9803	0.9808	0.9812	0.9817
2.1	0.9821	0.9826	0.9830	0.9834	0.9838	0.9842	0.9846	0.9850	0.9854	0.9857
2.2	0.9861	0.9864	0.9868	0.9871	0.9875	0.9878	0.9881	0.9884	0.9887	0.9890
2.3	0.9893	0.9896	0.9898	0.9901	0.9904	0.9906	0.9909	0.9911	0.9913	0.9916
2.4	0.9918	0.9920	0.9922	0.9925	0.9927	0.9929	0.9931	0.9932	0.9934	0.9936
2.5	0.9938	0.9940	0.9941	0.9943	0.9945	0.9946	0.9948	0.9949	0.9951	0.9952
2.6	0.9953	0.9955	0.9956	0.9957	0.9959	0.9960	0.9961	0.9962	0.9963	0.9964
2.7	0.9965	0.9966	0.9967	0.9968	0.9969	0.9970	0.9971	0.9972	0.9973	0.9974
2.8	0.9974	0.9975	0.9976	0.9977	0.9977	0.9978	0.9979	0.9979	0.9980	0.9981
2.9	0.9981	0.9982	0.9982	0.9983	0.9984	0.9984	0.9985	0.9985	0.9986	0.9986

이 표는 $\Pr(Z \leq z)$를 계산하는 데 사용할 수 있으며, 여기서 Z가 표준정규변수이다. 예를 들어 $z = 1.17$일 때 이 확률은 0.8790이며, 이는 1.1로 표시된 행과 7로 표시된 열에 대한 표 항목이다.

표 A.2 스튜던트 t 분포를 사용한 양측 및 단측 검정의 임계치

자유도	유의수준 20%(양측) 10%(단측)	10%(양측) 5%(단측)	5%(양측) 2.5%(단측)	2%(양측) 1%(단측)	1%(양측) 0.5%(단측)
1	3.08	6.31	12.71	31.82	63.66
2	1.89	2.92	4.30	6.96	9.92
3	1.64	2.35	3.18	4.54	5.84
4	1.53	2.13	2.78	3.75	4.60
5	1.48	2.02	2.57	3.36	4.03
6	1.44	1.94	2.45	3.14	3.71
7	1.41	1.89	2.36	3.00	3.50
8	1.40	1.86	2.31	2.90	3.36
9	1.38	1.83	2.26	2.82	3.25
10	1.37	1.81	2.23	2.76	3.17
11	1.36	1.80	2.20	2.72	3.11
12	1.36	1.78	2.18	2.68	3.05
13	1.35	1.77	2.16	2.65	3.01
14	1.35	1.76	2.14	2.62	2.98
15	1.34	1.75	2.13	2.60	2.95
16	1.34	1.75	2.12	2.58	2.92
17	1.33	1.74	2.11	2.57	2.90
18	1.33	1.73	2.10	2.55	2.88
19	1.33	1.73	2.09	2.54	2.86
20	1.33	1.72	2.09	2.53	2.85
21	1.32	1.72	2.08	2.52	2.83
22	1.32	1.72	2.07	2.51	2.82
23	1.32	1.71	2.07	2.50	2.81
24	1.32	1.71	2.06	2.49	2.80
25	1.32	1.71	2.06	2.49	2.79
26	1.32	1.71	2.06	2.48	2.78
27	1.31	1.70	2.05	2.47	2.77
28	1.31	1.70	2.05	2.47	2.76
29	1.31	1.70	2.05	2.46	2.76
30	1.31	1.70	2.04	2.46	2.75
60	1.30	1.67	2.00	2.39	2.66
90	1.29	1.66	1.99	2.37	2.63
120	1.29	1.66	1.98	2.36	2.62
∞	1.28	1.64	1.96	2.33	2.58

양측(≠) 및 단측(>) 대립가설의 임계치를 보여준다. 단측(<) 검정에 대한 임계치는 표에 표시된 단측(>) 임계치의 음수이다. 예를 들어 자유도가 15인 스튜던트 t 분포를 사용하여 유의수준이 5%인 양측 검정에 대한 임계치는 2.13이다.

표 A.3 χ^2 분포의 임계치

자유도	유의수준 10%	유의수준 5%	유의수준 1%
1	2.71	3.84	6.63
2	4.61	5.99	9.21
3	6.25	7.81	11.34
4	7.78	9.49	13.28
5	9.24	11.07	15.09
6	10.64	12.59	16.81
7	12.02	14.07	18.48
8	13.36	15.51	20.09
9	14.68	16.92	21.67
10	15.99	18.31	23.21
11	17.28	19.68	24.72
12	18.55	21.03	26.22
13	19.81	22.36	27.69
14	21.06	23.68	29.14
15	22.31	25.00	30.58
16	23.54	26.30	32.00
17	24.77	27.59	33.41
18	25.99	28.87	34.81
19	27.20	30.14	36.19
20	28.41	31.41	37.57
21	29.62	32.67	38.93
22	30.81	33.92	40.29
23	32.01	35.17	41.64
24	33.20	36.41	42.98
25	34.38	37.65	44.31
26	35.56	38.89	45.64
27	36.74	40.11	46.96
28	37.92	41.34	48.28
29	39.09	42.56	49.59
30	40.26	43.77	50.89

이 표에는 χ^2 분포의 90번째, 95번째, 99번째 백분위수가 포함되어 있다. 이는 유의수준이 10%, 5%, 1%인 검정의 임계치로 사용된다.

표 A.4 $F_{m,\infty}$ **분포의 임계치**

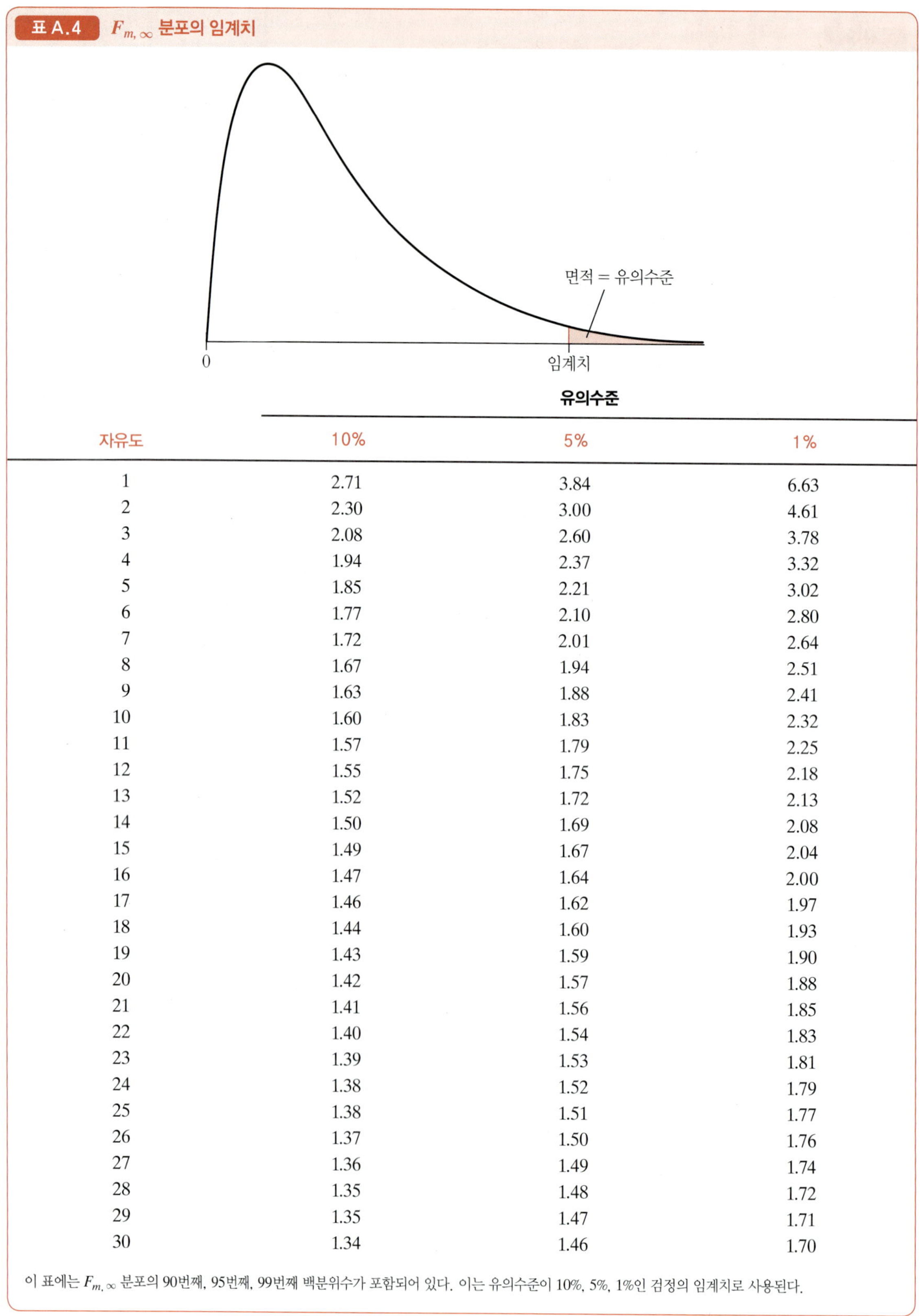

	유의수준		
자유도	10%	5%	1%
1	2.71	3.84	6.63
2	2.30	3.00	4.61
3	2.08	2.60	3.78
4	1.94	2.37	3.32
5	1.85	2.21	3.02
6	1.77	2.10	2.80
7	1.72	2.01	2.64
8	1.67	1.94	2.51
9	1.63	1.88	2.41
10	1.60	1.83	2.32
11	1.57	1.79	2.25
12	1.55	1.75	2.18
13	1.52	1.72	2.13
14	1.50	1.69	2.08
15	1.49	1.67	2.04
16	1.47	1.64	2.00
17	1.46	1.62	1.97
18	1.44	1.60	1.93
19	1.43	1.59	1.90
20	1.42	1.57	1.88
21	1.41	1.56	1.85
22	1.40	1.54	1.83
23	1.39	1.53	1.81
24	1.38	1.52	1.79
25	1.38	1.51	1.77
26	1.37	1.50	1.76
27	1.36	1.49	1.74
28	1.35	1.48	1.72
29	1.35	1.47	1.71
30	1.34	1.46	1.70

이 표에는 $F_{m,\infty}$ 분포의 90번째, 95번째, 99번째 백분위수가 포함되어 있다. 이는 유의수준이 10%, 5%, 1%인 검정의 임계치로 사용된다.

표 A.5-1 F_{n_1, n_2} **분포의 임계치: 10% 유의수준**

분모 자유도 (n_2)	분자 자유도(n_1) 1	2	3	4	5	6	7	8	9	10
1	39.86	49.50	53.59	55.83	57.24	58.20	58.90	59.44	59.86	60.20
2	8.53	9.00	9.16	9.24	9.29	9.33	9.35	9.37	9.38	9.39
3	5.54	5.46	5.39	5.34	5.31	5.28	5.27	5.25	5.24	5.23
4	4.54	4.32	4.19	4.11	4.05	4.01	3.98	3.95	3.94	3.92
5	4.06	3.78	3.62	3.52	3.45	3.40	3.37	3.34	3.32	3.30
6	3.78	3.46	3.29	3.18	3.11	3.05	3.01	2.98	2.96	2.94
7	3.59	3.26	3.07	2.96	2.88	2.83	2.78	2.75	2.72	2.70
8	3.46	3.11	2.92	2.81	2.73	2.67	2.62	2.59	2.56	2.54
9	3.36	3.01	2.81	2.69	2.61	2.55	2.51	2.47	2.44	2.42
10	3.29	2.92	2.73	2.61	2.52	2.46	2.41	2.38	2.35	2.32
11	3.23	2.86	2.66	2.54	2.45	2.39	2.34	2.30	2.27	2.25
12	3.18	2.81	2.61	2.48	2.39	2.33	2.28	2.24	2.21	2.19
13	3.14	2.76	2.56	2.43	2.35	2.28	2.23	2.20	2.16	2.14
14	3.10	2.73	2.52	2.39	2.31	2.24	2.19	2.15	2.12	2.10
15	3.07	2.70	2.49	2.36	2.27	2.21	2.16	2.12	2.09	2.06
16	3.05	2.67	2.46	2.33	2.24	2.18	2.13	2.09	2.06	2.03
17	3.03	2.64	2.44	2.31	2.22	2.15	2.10	2.06	2.03	2.00
18	3.01	2.62	2.42	2.29	2.20	2.13	2.08	2.04	2.00	1.98
19	2.99	2.61	2.40	2.27	2.18	2.11	2.06	2.02	1.98	1.96
20	2.97	2.59	2.38	2.25	2.16	2.09	2.04	2.00	1.96	1.94
21	2.96	2.57	2.36	2.23	2.14	2.08	2.02	1.98	1.95	1.92
22	2.95	2.56	2.35	2.22	2.13	2.06	2.01	1.97	1.93	1.90
23	2.94	2.55	2.34	2.21	2.11	2.05	1.99	1.95	1.92	1.89
24	2.93	2.54	2.33	2.19	2.10	2.04	1.98	1.94	1.91	1.88
25	2.92	2.53	2.32	2.18	2.09	2.02	1.97	1.93	1.89	1.87
26	2.91	2.52	2.31	2.17	2.08	2.01	1.96	1.92	1.88	1.86
27	2.90	2.51	2.30	2.17	2.07	2.00	1.95	1.91	1.87	1.85
28	2.89	2.50	2.29	2.16	2.06	2.00	1.94	1.90	1.87	1.84
29	2.89	2.50	2.28	2.15	2.06	1.99	1.93	1.89	1.86	1.83
30	2.88	2.49	2.28	2.14	2.05	1.98	1.93	1.88	1.85	1.82
60	2.79	2.39	2.18	2.04	1.95	1.87	1.82	1.77	1.74	1.71
90	2.76	2.36	2.15	2.01	1.91	1.84	1.78	1.74	1.70	1.67
120	2.75	2.35	2.13	1.99	1.90	1.82	1.77	1.72	1.68	1.65
∞	**2.71**	**2.30**	**2.08**	**1.94**	**1.85**	**1.77**	**1.72**	**1.67**	**1.63**	**1.60**

이 표에는 10% 유의수준의 검정에 대한 임계치로 사용되는 F_{n_1, n_2} 분포의 90번째 백분위수가 포함되어 있다.

표 A.5-2 F_{n_1, n_2} 분포의 임계치: 5% 유의수준

분모 자유도 (n_2)	분자 자유도(n_1) 1	2	3	4	5	6	7	8	9	10
1	161.40	199.50	215.70	224.60	230.20	234.00	236.80	238.90	240.50	241.90
2	18.51	19.00	19.16	19.25	19.30	19.33	19.35	19.37	19.39	19.40
3	10.13	9.55	9.28	9.12	9.01	8.94	8.89	8.85	8.81	8.79
4	7.71	6.94	6.59	6.39	6.26	6.16	6.09	6.04	6.00	5.96
5	6.61	5.79	5.41	5.19	5.05	4.95	4.88	4.82	4.77	4.74
6	5.99	5.14	4.76	4.53	4.39	4.28	4.21	4.15	4.10	4.06
7	5.59	4.74	4.35	4.12	3.97	3.87	3.79	3.73	3.68	3.64
8	5.32	4.46	4.07	3.84	3.69	3.58	3.50	3.44	3.39	3.35
9	5.12	4.26	3.86	3.63	3.48	3.37	3.29	3.23	3.18	3.14
10	4.96	4.10	3.71	3.48	3.33	3.22	3.14	3.07	3.02	2.98
11	4.84	3.98	3.59	3.36	3.20	3.09	3.01	2.95	2.90	2.85
12	4.75	3.89	3.49	3.26	3.11	3.00	2.91	2.85	2.80	2.75
13	4.67	3.81	3.41	3.18	3.03	2.92	2.83	2.77	2.71	2.67
14	4.60	3.74	3.34	3.11	2.96	2.85	2.76	2.70	2.65	2.60
15	4.54	3.68	3.29	3.06	2.90	2.79	2.71	2.64	2.59	2.54
16	4.49	3.63	3.24	3.01	2.85	2.74	2.66	2.59	2.54	2.49
17	4.45	3.59	3.20	2.96	2.81	2.70	2.61	2.55	2.49	2.45
18	4.41	3.55	3.16	2.93	2.77	2.66	2.58	2.51	2.46	2.41
19	4.38	3.52	3.13	2.90	2.74	2.63	2.54	2.48	2.42	2.38
20	4.35	3.49	3.10	2.87	2.71	2.60	2.51	2.45	2.39	2.35
21	4.32	3.47	3.07	2.84	2.68	2.57	2.49	2.42	2.37	2.32
22	4.30	3.44	3.05	2.82	2.66	2.55	2.46	2.40	2.34	2.30
23	4.28	3.42	3.03	2.80	2.64	2.53	2.44	2.37	2.32	2.27
24	4.26	3.40	3.01	2.78	2.62	2.51	2.42	2.36	2.30	2.25
25	4.24	3.39	2.99	2.76	2.60	2.49	2.40	2.34	2.28	2.24
26	4.23	3.37	2.98	2.74	2.59	2.47	2.39	2.32	2.27	2.22
27	4.21	3.35	2.96	2.73	2.57	2.46	2.37	2.31	2.25	2.20
28	4.20	3.34	2.95	2.71	2.56	2.45	2.36	2.29	2.24	2.19
29	4.18	3.33	2.93	2.70	2.55	2.43	2.35	2.28	2.22	2.18
30	4.17	3.32	2.92	2.69	2.53	2.42	2.33	2.27	2.21	2.16
60	4.00	3.15	2.76	2.53	2.37	2.25	2.17	2.10	2.04	1.99
90	3.95	3.10	2.71	2.47	2.32	2.20	2.11	2.04	1.99	1.94
120	3.92	3.07	2.68	2.45	2.29	2.18	2.09	2.02	1.96	1.91
∞	**3.84**	**3.00**	**2.60**	**2.37**	**2.21**	**2.10**	**2.01**	**1.94**	**1.88**	**1.83**

이 표에는 5% 유의수준의 검정에 대한 임계치로 사용되는 F_{n_1, n_2} 분포의 95번째 백분위수가 포함되어 있다.

표 A.5-3 F_{n_1, n_2} 분포의 임계치: 1% 유의수준

분모 자유도 (n_2)	분자 자유도(n_1) 1	2	3	4	5	6	7	8	9	10
1	4052.00	4999.00	5403.00	5624.00	5763.00	5859.00	5928.00	5981.00	6022.00	6055.00
2	98.50	99.00	99.17	99.25	99.30	99.33	99.36	99.37	99.39	99.40
3	34.12	30.82	29.46	28.71	28.24	27.91	27.67	27.49	27.35	27.23
4	21.20	18.00	16.69	15.98	15.52	15.21	14.98	14.80	14.66	14.55
5	16.26	13.27	12.06	11.39	10.97	10.67	10.46	10.29	10.16	10.05
6	13.75	10.92	9.78	9.15	8.75	8.47	8.26	8.10	7.98	7.87
7	12.25	9.55	8.45	7.85	7.46	7.19	6.99	6.84	6.72	6.62
8	11.26	8.65	7.59	7.01	6.63	6.37	6.18	6.03	5.91	5.81
9	10.56	8.02	6.99	6.42	6.06	5.80	5.61	5.47	5.35	5.26
10	10.04	7.56	6.55	5.99	5.64	5.39	5.20	5.06	4.94	4.85
11	9.65	7.21	6.22	5.67	5.32	5.07	4.89	4.74	4.63	4.54
12	9.33	6.93	5.95	5.41	5.06	4.82	4.64	4.50	4.39	4.30
13	9.07	6.70	5.74	5.21	4.86	4.62	4.44	4.30	4.19	4.10
14	8.86	6.51	5.56	5.04	4.69	4.46	4.28	4.14	4.03	3.94
15	8.68	6.36	5.42	4.89	4.56	4.32	4.14	4.00	3.89	3.80
16	8.53	6.23	5.29	4.77	4.44	4.20	4.03	3.89	3.78	3.69
17	8.40	6.11	5.18	4.67	4.34	4.10	3.93	3.79	3.68	3.59
18	8.29	6.01	5.09	4.58	4.25	4.01	3.84	3.71	3.60	3.51
19	8.18	5.93	5.01	4.50	4.17	3.94	3.77	3.63	3.52	3.43
20	8.10	5.85	4.94	4.43	4.10	3.87	3.70	3.56	3.46	3.37
21	8.02	5.78	4.87	4.37	4.04	3.81	3.64	3.51	3.40	3.31
22	7.95	5.72	4.82	4.31	3.99	3.76	3.59	3.45	3.35	3.26
23	7.88	5.66	4.76	4.26	3.94	3.71	3.54	3.41	3.30	3.21
24	7.82	5.61	4.72	4.22	3.90	3.67	3.50	3.36	3.26	3.17
25	7.77	5.57	4.68	4.18	3.85	3.63	3.46	3.32	3.22	3.13
26	7.72	5.53	4.64	4.14	3.82	3.59	3.42	3.29	3.18	3.09
27	7.68	5.49	4.60	4.11	3.78	3.56	3.39	3.26	3.15	3.06
28	7.64	5.45	4.57	4.07	3.75	3.53	3.36	3.23	3.12	3.03
29	7.60	5.42	4.54	4.04	3.73	3.50	3.33	3.20	3.09	3.00
30	7.56	5.39	4.51	4.02	3.70	3.47	3.30	3.17	3.07	2.98
60	7.08	4.98	4.13	3.65	3.34	3.12	2.95	2.82	2.72	2.63
90	6.93	4.85	4.01	3.53	3.23	3.01	2.84	2.72	2.61	2.52
120	6.85	4.79	3.95	3.48	3.17	2.96	2.79	2.66	2.56	2.47
∞	**6.63**	**4.61**	**3.78**	**3.32**	**3.02**	**2.80**	**2.64**	**2.51**	**2.41**	**2.32**

이 표에는 1% 유의수준의 검정에 대한 임계치로 사용되는 F_{n_1, n_2} 분포의 99번째 백분위수가 포함되어 있다.

참고문헌

Acemoglu, Daron, Simon Johnson, James A. Robinson, and Pierre Yared. 2008. "Income and Democracy." *American Economic Review* 98(3): 808–842.

Adda, Jérôme, and Francesca Cornaglia. 2006. "Taxes, Cigarette Consumption, and Smoking Intensity." *American Economic Review* 96(4): 1013–1028.

Aggarwal, Rajesh K., and Philippe Jorion. 2010. "The Performance of Emerging Hedge Funds and Managers." *Journal of Financial Economics* 96: 238–256.

Almond, Douglas, Kenneth Y. Chay, and David S. Lee. 2005. "The Costs of Low Birth Weight." *Quarterly Journal of Economics* 120(3): 1031–1083.

American Association for Public Opinion Research. 2017. "An Evaluation of 2016 Election Polls in the United States." http://www.aapor.org/getattachment/Education-Resources/Reports/AAPOR-2016-Election-Polling-Report.pdf.aspx.

Anderson, Theodore W., and Herman Rubin. 1949. "Estimators of the Parameters of a Single Equation in a Complete Set of Stochastic Equations." *Annals of Mathematical Statistics* 21: 570–582.

Andrews, Donald W. K. 1991. "Heteroskedasticity and Autocorrelation Consistent Covariance Matrix Estimation." *Econometrica* 59(3): 817–858.

Andrews, Donald W. K. 2003. "Tests for Parameter Instability and Structural Change with Unknown Change Point: A Corrigendum." *Econometrica* 71: 395–397.

Angrist, Joshua. 1990. "Lifetime Earnings and the Vietnam Era Draft Lottery: Evidence from Social Security Administrative Records." *American Economic Review* 80(3): 313–336.

Angrist, Joshua, and William Evans. 1998. "Children and Their Parents' Labor Supply: Evidence from Exogenous Variation in Family Size." *American Economic Review* 88(3): 450–477.

Angrist, Joshua, Kathryn Graddy, and Guido Imbens. 2000. "The Interpretation of Instrumental Variables Estimators in Simultaneous Equations Models with an Application to the Demand for Fish." *Review of Economic Studies* 67(232): 499–527.

Angrist, Joshua and Jörn-Steffen Pischke. 2009. *Mostly Harmless Econometrics: An Empiricist's Companion*. Princeton: Princeton University Press.

Ayres, Ian, and John Donohue. 2003. "Shooting Down the 'More Guns Less Crime' Hypothesis." *Stanford Law Review* 55: 1193–1312.

Bai, Jushan, and Serena Ng. 2002. "Determining the Number of Factors in Approximate Factor Models." *Econometrica* 70: 191–221.

Barendregt, Jan J., L. Bonneux, and P. J. van der Maas. 1997. "The Health Care Costs of Smoking." *New England Journal of Medicine* 337(15): 1052–1057.

Beck, Thorsten, Ross Levine, and Norman Loayza. 2000. "Finance and the Sources of Growth." *Journal of Financial Economics* 58: 261–300.

Benartzi, Shlomo, and Richard H. Thaler. 2007. "Heuristics and Biases in Retirement Savings Behavior." *Journal of Economic Perspectives* 21(3): 81–104.

Benjamin, Daniel J., et al. 2018. "Redefine Statistical Significance." *Nature Human Behaviour* 2: 6–10.

Bergstrom, Theodore A. 2001, Fall. "Free Labor for Costly Journals?" *Journal of Economic Perspectives* 15(4): 183–198.

Bertrand, Marianne, Esther Duflo, and Sendhil Mullainathan. 2004. "How Much Should We Trust Differences-in-Differences Estimates?" *Quarterly Journal of Economics* 119(1): 249–275.

Bertrand, Marianne, and Kevin Hallock. 2001. "The Gender Gap in Top Corporate Jobs." *Industrial and Labor Relations Review* 55(1): 3–21.

Bertrand, Marianne, and Sendhil Mullainathan. 2004. "Are Emily and Greg More Employable than Lakisha and Jamal? A Field Experiment on Labor Market Discrimination." *American Economic Review* 94(4): 991–1013.

Beshears, John, James J. Choi, David Laibson, and Brigitte C. Madrian. 2008. "The Importance of Default Options for Retirement Saving Outcomes: Evidence from the United States." In *Lessons from Pension Reform in the Americas*, edited by Stephen J. Kay and Tapen Sinha, 59–87. Oxford, UK: Oxford University Press.

Bettinger, Eric P., Bridget Terry Long, Philip Oreopoulos, and Lisa Sanbonmatsu. 2012. "The Role of Application Assistance and Information in College Decisions: Results from the H&R Block FAFSA Experiment." *Quarterly Journal of Economics* 127(3): 1205–1242.

Bollerslev, Tim. 1986. "Generalized Autoregressive Conditional Heteroskedasticity." *Journal of Econometrics* 31(3): 307–327.

Cameron, A. Colin and Douglas L. Miller. 2015. "A Practitioner's Guide to Cluster-Robust Inference." *Journal of Human Resources* 50(2): 317–372.

Card, David. 1990. "The Impact of the Mariel Boatlift on the Miami Labor Market." *Industrial and Labor Relations Review* 43(2): 245–257.

Card, David. 1999. "The Causal Effect of Education on Earnings." In *The Handbook of Labor Economics*, edited by Orley C. Ashenfelter and David Card, chap. 30. Amsterdam: Elsevier.

Carhart, Mark M. 1997. "On Persistence in Mutual Fund Performance." *Journal of Finance* 52(1): 57–82.

Carpenter, Christopher, and Philip J. Cook. 2008. "Cigarette Taxes and Youth Smoking: New Evidence from National, State, and Local Youth Risk Behavior Surveys," *Journal of Health* 27(2): 287–299.

Carpenter, Christopher, and Carlos Dobkin. 2011. "The Minimum Legal Drinking Age and Public Health." *Journal of Economic Perspectives* 25(2): 133–156.

Case, Anne, and Christina Paxson. 2008. "Stature and Status: Height, Ability, and Labor Market Outcomes." *Journal of Political Economy* 116(3): 499–532.

Chaloupka, Frank J., Michael Grossman, and Henry Saffer. 2002. "The Effect of Price on Alcohol Consumption and Alcohol-Related Problems." *Alcohol Research & Health* 26: 22–34.

Chaloupka, Frank J., and Kenneth E. Warner. 2000. "The Economics of Smoking." In *The Handbook of Health Economics*, edited by Joseph P. Newhouse and Anthony J. Cuyler, chap. 29. New York: North Holland.

Chetty, Raj, John N. Friedman, Nathaniel Hilger, Emmanuel Saez, Diane Whitmore Schanzenbach, and Danny Yagan. 2011. "How Does Your Kindergarten Classroom Affect Your Earnings? Evidence from Project Star." *Quarterly Journal of Economics* 126(4): 1593–1660.

Chow, Gregory. 1960. "Tests of Equality Between Sets of Coefficients in Two Linear Regressions." *Econometrica* 28(3): 591–605.

Clay, Karen, Werner Troesken, and Michael Haines. 2014. "Lead and Mortality." *Review of Economics and Statistics* 96(3): 458–470.

Clements, Michael P. 2004. "Evaluating the Bank of England Density Forecasts of Inflation." *Economic Journal* 114: 844–866.

Cochrane, D., and Guy Orcutt. 1949. "Application of Least Squares Regression to Relationships Containing Autocorrelated Error Terms." *Journal of the American Statistical Association* 44(245): 32–61.

Cook, Philip J., and Michael J. Moore. 2000. "Alcohol." In *The Handbook of Health Economics*, edited by Joseph P. Newhouse and Anthony J. Cuyler, chap. 30. New York: North Holland.

Cooper, Harris, and Larry V. Hedges. 1994. *The Handbook of Research Synthesis*. New York: Russell Sage Foundation.

Dahl, Gordon, and Stefano DellaVigna. 2009. "Does Movie Violence Increase Violent Crime?" *Quarterly Journal of Economics* 124(2): 677–734.

Dang, Jennifer N. 2008. *Statistical Analysis of Alcohol-Related Driving Trends, 1982–2005*. Technical Report DOT HS 810 942. Washington, DC: U.S. National Highway Traffic Safety Administration.

Davis, Jonathan M. V., and Sara B. Heller. 2017. "Using Causal Forests to Predict Treatment Heterogeneity: An Application to Summer Jobs." *American Economic Review* 107(5): 546–550.

Deaton, Angus. 2010, June. "Instruments, Randomization, and Learning About Development." *Journal of Economic Literature* 48: 424–455.

Dickey, David A., and Wayne A. Fuller. 1979. "Distribution of the Estimators for Autoregressive Time Series with a Unit Root." *Journal of the American Statistical Association* 74(366): 427–431.

Diebold, Francis X. 2017. *Forecasting*, Department of Economics, University of Pennsylvania, http://www.ssc.upenn.edu/~fdiebold/Textbooks.html

Ehrenberg, Ronald G., Dominic J. Brewer, Adam Gamoran, and J. Douglas Willms. 2001a. "Class Size and Student Achievement." *Psychological Science in the Public Interest* 2(1): 1–30.

Ehrenberg, Ronald G., Dominic J. Brewer, Adam Gamoran, and J. Douglas Willms. 2001b. "Does Class Size Matter?" *Scientific American* 285(5): 80–85.

Eicker, F. 1967. "Limit Theorems for Regressions with Unequal and Dependent Errors." In *Proceedings of the Fifth Berkeley Symposium on Mathematical Statistics and Probability*, 1:59–82. Berkeley: University of California Press.

Enders, Walter. 2009. *Applied Econometric Time Series*. 3rd ed. New York: Wiley.

Engle, Robert F. 1982. "Autoregressive Conditional Heteroskedasticity with Estimates of the Variance of United Kingdom Inflation." *Econometrica* 50(4): 987–1007.

Engle, Robert F., and Clive W. J. Granger. 1987. "Cointegration and Error Correction: Representation, Estimation and Testing." *Econometrica* 55(2): 251–276.

Evans, William, Matthew Farrelly, and Edward Montgomery. 1999. "Do Workplace Smoking Bans Reduce Smoking?" *American Economic Review* 89(4): 728–747.

Fuller, Wayne A. 1976. *Introduction to Statistical Time Series.* New York: Wiley.

Gillespie, Richard. 1991. *Manufacturing Knowledge: A History of the Hawthorne Experiments.* New York: Cambridge University Press.

Goering, John, and Ron Wienk, eds. 1996. *Mortgage Lending, Racial Discrimination, and Federal Policy*. Washington, DC: Urban Institute Press.

Granger, Clive W. J. 1969. "Investigating Causal Relations by Econometric Models and Cross-Spectral Methods." *Econometrica* 37(3): 424–438.

Granger, Clive W. J., and A. A. Weiss. 1983. "Time Series Analysis of Error-Correction Models." In *Studies in Econometrics: Time Series and Multivariate Statistics*, edited by S. Karlin, T. Amemiya, and L. A. Goodman, 255–278. New York: Academic Press.

Green, Richard K., and Susan M. Wachter. 2008. "The Housing Finance Revolution." In *Housing, Housing Finance, and Monetary Policy: Symposium Proceedings*, 21–67. Kansas City, MO: Federal Reserve Bank of Kansas City.

Greene, William H. 2018. *Econometric Analysis*. 8th ed. Upper Saddle River, NJ: Prentice Hall.

Gruber, Jonathan. 2001. "Tobacco at the Crossroads: The Past and Future of Smoking Regulation in the

United States." *Journal of Economic Perspectives* 15(2): 193–212.

Haldrup, Niels, and Michael Jansson. 2006. "Improving Size and Power in Unit Root Testing." In *Econometric Theory*. Vol. 1 of *Palgrave Handbook of Econometrics*, edited by Terrence Mills and Kerry Patterson, 255–277. Basingstoke, UK: Palgrave MacMillan.

Hamilton, James D. 1994. *Time Series Analysis*. Princeton, NJ: Princeton University Press.

Hansen, Bruce. 1992. "Efficient Estimation and Testing of Cointegrating Vectors in the Presence of Deterministic Trends." *Journal of Econometrics* 53(1–3): 86–121.

Hansen, Bruce. 2001, Fall. "The New Econometrics of Structural Change: Dating Breaks in U.S. Labor Productivity." *Journal of Economic Perspectives* 15(4): 117–128.

Hansen, Lars Peter. 1982. "Large Sample Properties of Generalized Method of Moments Estimators." *Econometrica* 50(4): 1029–1054.

Hanushek, Eric. 1999a. "Some Findings from an Independent Investigation of the Tennessee STAR Experiment and from Other Investigations of Class Size Effects." *Educational Evaluation and Policy Analysis* 21: 143–164.

Hanushek, Eric. 1999b. "The Evidence on Class Size." In *Earning and Learning: How Schools Matter*, edited by S. Mayer and P. Peterson, chap. 7. Washington, DC: Brookings Institution Press.

Hayashi, Fumio. 2000. *Econometrics*. Princeton, NJ: Princeton University Press.

Heckman, James J. 1974. "Shadow Prices, Market Wages, and Labor Supply." *Econometrica* 42: 679–694.

Heckman, James J. 2001. "Micro Data, Heterogeneity, and the Evaluation of Public Policy: Nobel Lecture." *Journal of Political Economy* 109(4): 673–748.

Heckman, James J., Robert J. LaLonde, and Jeffrey A. Smith. 1999. "The Economics and Econometrics of Active Labor Market Programs." In *Handbook of Labor Economics*, edited by Orley Ashenfelter and David Card, chap. 31. Amsterdam: Elsevier.

Hedges, Larry V., and Ingram Olkin. 1985. *Statistical Methods for Meta-analysis*. San Diego, CA: Academic Press.

Hetland, Lois. 2000. "Listening to Music Enhances Spatial-Temporal Reasoning: Evidence for the 'Mozart Effect.'" *Journal of Aesthetic Education* 34(3–4): 179–238.

Hoxby, Caroline M. 2000. "The Effects of Class Size on Student Achievement: New Evidence from Population Variation." *Quarterly Journal of Economics* 115(4): 1239–1285.

Huber, P. J. 1967. "The Behavior of Maximum Likelihood Estimates Under Nonstandard Conditions." In *Proceedings of the Fifth Berkeley Symposium on Mathematical Statistics and Probability*, 1:221–233. Berkeley: University of California Press.

Imbens, Guido W., and Joshua D. Angrist. 1994. "Identification and Estimation of Local Average Treatment Effects." *Econometrica* 62: 467–476.

Imbens, Guido. W. and Kolesár, Michal. 2016. "Robust standard errors in small samples: Some practical advice," *Review of Economics and Statistics*, 98(5): 701–712.

Imbens, Guido W., and Jeffrey M. Wooldridge. 2009. "Recent Developments in the Econometrics of Program Evaluation." *Journal of Economic Literature* 47(1): 5–86.

James, W., and Charles Stein. 1961. "Estimation with Quadratic Loss." In *Proceedings of the Fourth Berkeley Symposium on Mathematical Statistics and Probability*, 1:361–379. Berkeley: University of California Press.

Jean, Neal, Marshall Burke, Michael Xie, W. Matthew Davis, David B. Lobell, and Stefano Ermon. 2016. "Combining Satellite Imagery and Machine Learning to Predict Poverty." *Science* 353(6301): 790–794.

Jones, Stephen R. G. 1992. "Was There a Hawthorne Effect?" *American Journal of Sociology* 98(3): 451–468.

Kilian, Lutz, and Helmut Lütkepohl. 2017. *Structural Vector Autoregressive Analysis*. Cambridge: Cambridge University Press.

Kleinberg, Jon, Himabindu Lakkaraju, Jure Leskovec, Jens Ludwig, and Sendhil Mullainathan. 2018. "Human Decisions and Machine Predictions." *Quarterly Journal of Economics* 133(1): 237–293.

Kremer, Michael, Edward Miguel, and Rebecca Thornton. 2009. "Incentives to Learn." *Review of Economics and Statistics* 91: 437–456.

Krueger, Alan B. 1999. "Experimental Estimates of Education Production Functions." *Quarterly Journal of Economics* 14(2): 497–562.

Ladd, Helen. 1998, Spring. "Evidence on Discrimination in Mortgage Lending." *Journal of Economic Perspectives* 12(2): 41–62.

Levitt, Steven D. 1996. "The Effect of Prison Population Size on Crime Rates: Evidence from Prison Overcrowding Litigation." *Quarterly Journal of Economics* 111(2): 319–351.

Levitt, Steven D., and Jack Porter. 2001. "How Dangerous Are Drinking Drivers?" *Journal of Political Economy* 109(6): 1198–1237.

List, John. 2003. "Does Market Experience Eliminate Market Anomalies?" *Quarterly Journal of Economics* 118(1): 41–71.

Long, J. Scott and Laurie H. Ervin. 2000. "Using Heteroscedasticity Consistent Standard Errors in the Linear Regression Model," *The American Statistician*, 543(3): 217–224.

Maddala, G. S., and In-Moo Kim. 1998. *Unit Roots, Cointegration, and Structural Change*. Cambridge: Cambridge University Press.

Madrian, Brigette C., and Dennis F. Shea. 2001. "The Power of Suggestion: Inertia in 401(k) Participation and Savings Behavior." *Quarterly Journal of Economics* 116(4): 1149–1187.

Malkiel, Burton G. 2016. *A Random Walk Down Wall Street*. New York: Norton.

Manning, Willard G., Emmett B. Keeler, Joseph P. Newhouse, Elizabeth M. Sloss, and Jeffrey Wasserman. 1989. "The Taxes of Sin: Do Smokers and Drinkers Pay Their Way?" *Journal of the American Medical Association* 261(11): 1604–1609.

Matsudaira, Jordan D. 2008. "Mandatory Summer School and Student Achievement." *Journal of Econometrics* 142: 829–850.

McClellan, Mark, Barbara J. McNeil, and Joseph P. Newhouse. 1994. "Does More Intensive Treatment of Acute Myocardial Infarction in the Elderly Reduce Mortality?" *Journal of the American Medical Association* 272(11): 859–866.

Moreira, M. J. 2003. "A Conditional Likelihood Ratio Test for Structural Models." *Econometrica* 71: 1027–1048.

Mosteller, Frederick. 1995, Summer/Fall. "The Tennessee Study of Class Size in the Early School Grades." *Future of Children: Critical Issues for Children and Youths* 5(2): 113–127.

Mosteller, Frederick, Richard Light, and Jason Sachs. 1996, Winter. "Sustained Inquiry in Education: Lessons from Skill Grouping and Class Size." *Harvard Educational Review* 66(4): 631–676.

Mosteller, Frederick, and David L. Wallace. 1963. "Inference in an Authorship Problem." *Journal of the American Statistical Association* 58: 275–309.

Munnell, Alicia H., Geoffrey M. B. Tootell, Lynne E. Browne, and James McEneaney. 1996. "Mortgage Lending in Boston: Interpreting HMDA Data." *American Economic Review* 86(1): 25–53.

Newey, Whitney, and Kenneth West. 1987. "A Simple Positive Semi-definite, Heteroskedastic and Autocorrelation Consistent Covariance Matrix." *Econometrica* 55(3): 703–708.

Nobel Committee for the Economic Sciences Prize. 2017. "Easy Money or a Golden Pension? Integrating Economics and Psychology." https://www.nobelprize.org/nobel_prizes/economic-sciences/laureates/2017/popular-economicsciences2017.pdf.

Phillips, Peter C. B., and Sam Ouliaris. 1990. "Asymptotic Properties of Residual Based Tests for Cointegration." *Econometrica* 58(1): 165–194.

Quandt, Richard. 1960. "Tests of the Hypothesis That a Linear Regression System Obeys Two Separate Regimes." *Journal of the American Statistical Association* 55(290): 324–330.

Rauscher, Frances, Gordon L. Shaw, and Katherine N. Ky. 1993. "Music and Spatial Task Performance." *Nature* 365(6447): 611.

Roll, Richard. 1984. "Orange Juice and Weather." *American Economic Review* 74(5): 861–880.

Ruhm, Christopher J. 1996. "Alcohol Policies and Highway Vehicle Fatalities." *Journal of Health Economics* 15(4): 435–454.

Ruud, Paul. 2000. *An Introduction to Classical Econometric Theory*. New York: Oxford University Press.

Shadish, William R., Thomas D. Cook, and Donald T. Campbell. 2002. *Experimental and Quasi-Experimental Designs for Generalized Causal Inference.* Boston: Houghton Mifflin.

Simonsohn, Uri, Leif D. Nelson, and Joseph P. Simmons. 2014. "P-curve: A Key to the File-Drawer." *Journal of Experimental Psychology: General* 143(2): 534–547.

Sims, Christopher A. 1980. "Macroeconomics and Reality." *Econometrica* 48(1): 1–48.

Stock, James H. 1994. "Unit Roots, Structural Breaks, and Trends." In *Handbook of Econometrics*, vol. 4, edited by Robert Engle and Daniel McFadden, chap. 46. Amsterdam: Elsevier.

Stock, James H., and Francesco Trebbi. 2003. "Who Invented Instrumental Variable Regression?" *Journal of Economic Perspectives* 17: 177–194.

Stock, James H., and Mark W. Watson. 1988. "Variable Trends in Economic Time Series." *Journal of Economic Perspectives* 2(3): 147–174.

Stock, James H., and Mark W. Watson. 1993. "A Simple Estimator of Cointegrating Vectors in Higher-Order Integrated Systems." *Econometrica* 61(4): 783–820.

Stock, James H., and Mark W. Watson. 2001, Fall. "Vector Autoregressions." *Journal of Economic Perspectives* 15(4): 101–115.

Stock, James H., and Mark W. Watson. 2016. "Dynamic Factor Models, Factor-Augmented Vector Autoregressions, and Structural Vector Autoregressions in Macroeconomics." In *Handbook of Macroeconomics*, vol. 2A, edited by John Taylor and Harald Uhlig, 415–525. Amsterdam: Elsevier.

Stock, James H., and Motohiro Yogo. 2005. "Testing for Weak Instruments in Linear IV Regression." In *Identification and Inference in Econometric Models: Essays in Honor of Thomas J. Rothenberg*, edited by Donald W. K. Andrews and James H. Stock, chap. 5. Cambridge: Cambridge University Press.

Tobin, James. 1958. "Estimation of Relationships for Limited Dependent Variables." *Econometrica* 26(1): 24–36.

Wagenaar, Alexander C., Matthew J. Salois, and Kelli A. Komro. 2009. "Effects of Beverage Alcohol Price and Tax Levels on Drinking: A Meta-Analysis of 1003 Estimates from 112 Studies." *Addiction* 104: 179–190.

White, Halbert. 1980. "A Heteroskedasticity-Consistent Covariance Matrix Estimator and a Direct Test for Heteroskedasticity." *Econometrica* 48: 827–838.

Winner, Ellen, and Monica Cooper. 2000. "Mute Those Claims: No Evidence (Yet) for a Causal Link Between Arts Study and Academic Achievement." *Journal of Aesthetic Education* 34(3–4): 11–76.

Wooldridge, Jeffrey. 2010. *Economic Analysis of Cross Section and Panel Data*. 2nd ed. Cambridge, MA: MIT Press.

Wright, Philip G. 1915. "Moore's Economic Cycles." *Quarterly Journal of Economics* 29: 631–641.

Wright, Philip G. 1928. *The Tariff on Animal and Vegetable Oils*. New York: Macmillan.

Young, Douglas J., and Agnieszka Bielinska-Kwapisz. 2006. "Alcohol Prices, Consumption, and Traffic Fatalities." *Southern Economic Journal* 72: 690–703.

용어설명

가설검정: 표본 증거를 사용해 모집단에 대한 특정 가설이 참인지 거짓인지 확인하는 절차.

가우스-마르코프 정리(Gauss-Markov theorem): 특정 조건에서 일반 최소제곱 추정량은 설명변수 값에 따라 회귀 계수의 가장 선형적이고 편향이 없는 추정량이다.

가중최소제곱법(weighted least squares, WLS): 회귀 오차가 이분산적이고 이분산성의 형태가 알려져 있거나 추정할 수 있는 경우 사용할 수 있는 일반최소제곱법의 대안.

개체고정효과(entity fixed effects): 패널데이터 회귀에서 각 개체가 자체 절편을 갖도록 하는 변수 세트.

개체 및 시간고정효과회귀모형(entity and time fixed effects regression model): 개체고정효과와 시간고정효과를 모두 포함하는 패널데이터 회귀.

검정력(power of a test): 대안이 참일 때 검정이 귀무가설을 올바르게 기각할 확률.

검정의 크기(size of a test): 귀무가설이 참일 때 검정에서 귀무가설을 잘못 기각할 확률.

결정 계수(coefficient of determination): R^2 참조.

결정적 추세(deterministic trend): 시간에 따른 변수의 지속적인 장기적 움직임으로, 시간의 비무작위 함수로 표현할 수 있다.

결합가설(joint hypothesis): 2개 이상의 개별 가설로 구성된 가설, 즉 모형 매개변수에 대한 2개 이상의 제한을 포함한다.

결합확률 분포(joint probability distribution): 2개 이상의 임의 변수가 포함된 결과의 확률을 결정하는 확률 분포.

계열 무상관(serially uncorrelated): 모든 자기상관이 0인 시계열 변수.

계열 상관(serial correlation): 자기상관 참조.

고유 성분(idiosyncratic component): 동적요인모형에서 공통 요인으로 설명되지 않는 시계열 변수의 일부.

고전적 측정오차모형(classical measurement error model): 확률변수의 관측값은 실제 관찰되지 않은 값과 독립 측정 오차를 합한 값과 같다.

고정효과(fixed effects): 패널데이터 회귀에서 개체 또는 기간을 나타내는 이진변수.

고정효과회귀모형(fixed effects regression model): 개체고정효과를 포함하는 패널데이터 회귀.

공분산(covariance): 두 확률변수가 함께 이동하는 정도를 측정하는 척도. X와 Y 사이의 공분산은 기댓값 $E[(X-\mu_X)(Y-\mu_Y)]$이며 cov(X, Y) 또는 σ_{XY}로 표시한다.

공분산 행렬(covariance matrix): 확률변수 벡터의 분산과 공분산으로 구성된 행렬.

공적분(cointegration): 2개 이상의 시계열 변수가 공통 확률적 추세를 공유하는 경우.

공통 성분(common component): 동적요인모형에서 공통적인 관찰되지 않은 요인에 의해 설명되는 시계열 변수의 일부.

공통 추세(common trend): 2개 이상의 시계열이 공유하는 추세.

과대식별(overidentification): 도구변수의 수가 포함된 내생변수의 수를 초과하는 경우.

과소식별(underidentification): 도구변수의 수가 내생변수의 수보다 적은 경우.

관측 번호(observation number): 데이터 세트의 각 개체에 할당된 고유 식별자.

관측 자료(observational data): 실험적 설정 외부에서 실제 행동을 관찰하거나 측정한 데이터.

국지적 평균처치효과(local average treatment effect): 예를 들면 2단계 최소제곱으로 추정된 가중평균 처치효과.

군집 표준 오차(clustered standard errors): 패널데이터에 적합한 표준 오차를 계산하는 방법.

귀무가설(null hypothesis): 가설검정에서 검정되는 가설로, 종종 H_0으로 표시됨.

균형패널(balanced panel): 누락된 관측치가 없는 패널데이터 세트. 즉 변수는 각 개체와 각 기간에 대해 관찰된다.

급첨(leptokurtic): 첨도가 3을 초과하는 것으로 측정한 정규분포보다 꼬리가 더 두꺼운 분포.

기각역(rejection region): 검정에서 귀무가설을 기각하는 검정 통계량 값 집합.

기대(expectation): 기댓값 참조.

기댓값(expected value): 수많은 반복 시행 또는 발생에 따른 확률변수의 장기적 평균값. 확률변수가 취할 수 있는 모든 가능한 값의 확률 가중평균이다. Y의 기댓값은 $E(Y)$로 표시되며 Y의 기댓값이라고도 한다.

기본 설정(base specification): 전문가 판단, 경제 이론, 데이터 수집 방법에 대한 지식을 결합해 선택한 설명변수들을 포함하는 기준 또는 벤치마크 회귀 사양.

내생변수(endogenous variable): 오차항과 상관관계가 있는 변수.

내적 타당성(internal validity): 통계적 연구에서 인과 효과에 대한 추론이 연구 대상 모집단에 유효한 경우.

누락변수편향(omitted variables bias): Y의 결정 요인이며 설명변수와 상관관계가 있는 변수가 회귀에서 생략되어 발생하는 추정량의 편향.

누적 동적 승수(cumulative dynamic multiplier): Y에 대한 시계열 변수 X의 단위 변화의 누적 효과. h기간 누적 동적 승수는 $Y_t + Y_{t+1} + \ldots + Y_{t+h}$에 대한 X_t의 단위 변화의 효과이다.

누적분포함수(cumulative distribution function, c.d.f.): 누적확률 분포 참조.

누적확률 분포(cumulative probability distribution): 확률변수가 특정 값보다 작거나 같을 확률.

다단계 예측(multi-step ahead forecast): 예측을 위해 사용된, 최종 관측치를 넘어선 2개 이상의 기간에 대해 작성된 예측.

다중공선성(multicollinearity): 완벽한 다중공선성 및 불완전한 다중공선성 참조.

다중회귀모형(multiple regression model): Y가 k개의 설명변수에 의존할 수 있도록 하는 단일변수 회귀모형의 확장.

다항식 회귀모형(polynomial regression model): X, X_2, ...를 포함하는 비선형회귀함수. X, X_2, X_r을 설명변수로 사용한다. 여기서 r은 정수이다.

단순 임의표집(simple random sampling): 각 개체가 선택될 가능성이 동일하게 보장되는 방법을 사용해 개체가 모집단에서 독립적으로 선택되는 경우.

단위근(unit root): 가장 큰 근이 1인 자기회귀.

단절 시점(break date): 인구 시계열 회귀 계수의 이산적 변화 날짜.

단측 대립가설(one-sided alternative hypothesis): 관심 있는 매개변수는 귀무가설에서 제공하는 값의 한쪽에 있다는 것.

대립가설(alternative hypothesis): 귀무가설이 거짓일 경우 참으로 가정되는 가설. 대립가설은 종종 H_1로 표시된다.

대수의 법칙(law of large numbers): 확률 이론의 이 결과에 따르면, 일반적인 조건에서 표본 평균은 표본크기가 클 때 매우 높은 확률로 모집단 평균에 가깝다.

더미변수(Dummy variable): 이진변수 참조.

더미변수 함정(Dummy variable trap): 회귀에 이진변수의 전체 집합을 상수 설명변수(절편)와 함께 포함시켜 완전 다중공선성을 유발하는 문제.

도구 관련성 조건(instrument relevance condition): 도구변수가 포함된 내생적 설명변수와 상관관계가 있어야 한다는 요구사항.

도구 외생성 조건(instrument exogeneity condition): 도구변수가 도구변수회귀 방정식의 오차항과 상관관계가 없어야 한다는 요구사항.

도구변수(instrumental variable): 내생적 설명변수(도구 관련성)와 상관관계가 있고 회귀 오차(도구 외생성)와 상관관계가 없는 변수.

도구변수(IV) 회귀[instrumental variable(IV) regression]: 설명변수 X가 오차항 u와 상관관계가 있을 때 Y와 X를 연결하는 함수의 알려지지 않은 계수에 대한 일관된 추정치를 얻는 방법.

독립성(independence): 한 확률변수의 값을 알면 다른 확률변수의 값에 대한 정보를 얻을 수 없는 경우. 두 확률변수는 결합 분포가 주변 분포의 곱인 경우 독립적이다.

독립적이고 동일하게 분포(independently and identically distributed, i.i.d.): 2개 이상의 독립적인 확률변수가 동일한 분포를 갖는 경우.

동시 방정식/연립방정식 편향(simultaneous equations bias): 동시 인과성 참조.

동시 인과성(simultaneous causality): X에서 Y로의 관심 인과 관계 외에도 Y에서 X로의 인과 관계가 있는 경우. 동시 인과성은 X가 Y를 X와 관련시키는 관심 함수의 오차항과 상관관계를 갖게 한다.

동적 승수(dynamic multiplier): h기간 동적 승수는 시계열 변수 X_t의 단위 변화가 Y_{t+h}에 미치는 영향이다.

동적요인모형(dynamic factor model, DFM): N개의 시계열 변수 표현으로, 각 변수는 공통적으로 관찰되지 않는 요인의 감소된 수 r과 요인 및 다른 변수의 특이적 교란과 상관관계가 없는 특이적 교란의 합으로 표현된다.

동적 인과효과(dynamic causal effect): 한 변수가 다른 변수의 현재 및 미래 값에 미치는 인과효과.

드리프트를 포함한 랜덤워크(random walk with drift): 변수의 변화가 0이 아닌 평균을 갖지만 그 외에는 예측할 수 없는 랜덤워크의 일반화.

등분산성(homoskedasticity): 설명변수에 따라 회귀 오차항 u_i의 분산이 일정하다.

등분산성 전용 F-통계량(homoskedasticity-only F-statistic:): 회귀 오차가 등분산성일 때만 유효한 F-통계량 형태.

등분산성 전용 표준 오차(homoskedasticity-only standard error): 오차항이 등분산성일 때만 적합한 일반최소제곱 추정치의 표준 오차.

랜덤워크(random walk): 변수의 값이 이전 기간의 값에 예측할 수 없는 오차항을 더한 것과 같은 시계열 프로세스.

로그(log): 자연로그 참조.

로그-로그 모형(log-log model): 종속변수가 $\ln(Y)$이고 독립변수가 $\ln(X)$인 비선형회귀함수.

로그-선형 모형(log-linear model): 종속변수가 $\ln(Y)$이고 독립변수가 X인 비선형회귀함수.

로짓 회귀(Logit regression): 이진 종속변수에 대한 비선형회귀모형으로, 모집단 회귀함수는 누적 로지스틱 분포 함수를 사용해 모형화된다.

매개변수(parameter): 확률 분포 또는 모집단 회귀함수의 특성을 결정하는 상수.

모집단(population): 연구 대상인 사람, 회사 또는 학군과 같은 개체 그룹.

모집단 계수(population coefficient): 모집단 절편 및 기울기 참조.

모집단 다중회귀모형(population multiple regression model): 핵심 개념 6.2의 다중회귀모형.

모집단 절편 및 기울기(population intercept and slope): 단일변수 회귀에서 β_0(절편) 및 β_1(기울기)의 참값 또는 모집단 값. 다중회귀에서는 여러 기울기 계수(β_1, β_2, ..., β_k)가 있으며 각 설명변수마다 하나씩 있다.

모집단 회귀선(population regression line): 단일변수 회귀에서 모집단 회귀선은 $\beta_0 + \beta_1 X_i$이고 다중회귀에서는 $\beta_0 + \beta_1 X_{1i} + \beta_2 X_{2i} + \ldots + \beta_k X_{ki}$이다.

무상관(uncorrelated): 두 확률변수는 상관관계가 0인 경우 상관관계가 없다.

무작위 통제 실험(randomized controlled experiment): 참가자가 처치를 받지 않는 대조군이나 처치를 받는 처치군에 무작위로 할당되는 실험.

반복기대 법칙(law of iterated expectations): 확률 이론에서 Y의 기댓값이 X가 주어진 조건부 기대치의 기댓값이라는 결과, 즉 $E(Y) = E[E(Y|X)]$.

반복 횡단면데이터(repeated cross-sectional data): 횡단면데이터 집합의 모음으로, 각 횡단면데이터 집합은 다른 기간에 해당한다.

벌칙 잔차의 제곱합(penalized sum of squared residuals): 제곱 잔차의 합계와 회귀 계수의 수 및/또는 값에 따라 증가하는 벌칙항의 합계.

벌칙항(penalty term): 제곱 잔차의 합계에 추가될 때 많은 수의 설명변수 및/또는 큰 값을 가진 계수를 선택한 추정량에 벌칙을 주는 항.

베르누이 분포(Bernoulli distribution): 베르누이 확률변수의 확률 분포.

베르누이 확률변수(Bernoulli random variable): 0과 1 중 하나의 값을 취하는 확률변수로, 이진 확률변수라고도 한다.

베이즈 규칙(Bayes rule): X가 주어졌을 때 Y의 조건부 확률은 Y가 주어졌을 때 X의 조건부 확률에 Y와 X의 상대적 한계 확률을 곱한 것이다.

베이즈 정보 기준(BIC): 정보 기준 참조.

벡터 자기회귀(vector autoregression, VAR): k개의 방정식으로 구성된 k개의 시계열 변수의 모형. 각 변수에 대해 하나씩 있으며, 모든 방정식의 설명변수는 모든 변수의 지연된 값이다.

변동성 군집화(volatility clustering): 시계열 변수가 일부 고분산 군집화 기간과 다른 저분산 군집화 기간을 보이는 경우.

변수오류편향(errors-in-variables bias): 설명변수의 측정 오차로 인해 발생하는 회귀 계수 추정치의 편향.

본페로니 검정(Bonferroni test): 여러 가설을 고려한 조정된 임곗값을 사용해 구성요소 개별 가설을 한 번에 하나씩 검정하여 결합가설을 검정하는 방법.

부분 준수(partial compliance): 무작위 처치에서 일부 참가자가 처치 규정을 따르지 않는 경우.

부분 효과(partial effect): 다른 설명변수를 일정하게 유지하면서 설명변수 중 하나를 변경하는 경우 Y에 미치는 영향.

분산(variance): 확률변수와 평균의 편차 제곱의 기댓값. Y의 분산은 σ_Y^2으로 표시한다.

분산시차모형(distributed lag model): 설명변수가 X의 현재 값과 지연된 값인 회귀모형.

분포 수렴(convergence in distribution): 일련의 분포가 한계로 수렴하는 경우. 정확한 정의는 18.2절 참조.

분포의 적률(moments of a distribution): 확률변수의 기댓값을 여러 번 거듭제곱한 값. 확률변수 Y의 r번째 적률은 $E(Y^r)$이다.

불균형패널(unbalanced panel): 일부 개체의 데이터가 일부 기간 동안 누락된 패널데이터 세트.

불완전 다중공선성(imperfect multicollinearity): 2개 이상의 설명변수가 높은 상관관계를 갖는 조건.

불편추정량(unbiased estimator): 편향이 0인 추정치.

비선형최소제곱법(nonlinear least squares): 회귀함수가 알려지지 않은 매개변수의 비선형 함수일 때 적용되는 일반최소제곱의 유사 값.

비선형최소제곱 추정량(Nonlinear least squares estimator:): 회귀함수가 매개변수에서 비선형일 때 제곱 잔차의 합을 최소화해 얻은 추정량.

비선형회귀함수(nonlinear regression function): 기울기가 일정하지 않은 회귀함수.

비점근적 정규분포(asymptotic normal distribution): 대표본을 사용해 계산된 통계의 표집 분포를 근사하는 정규분포.

비정상적(nonstationary): 하나 이상의 시계열 변수와 지연된 값의 결합 분포가 시간에 따라 변하는 경우.

산점도(scatterplot): X_i와 Y_i에 대한 n개의 관측치 플롯으로, 각 관측치는 점(X_i, Y_i)으로 표현된다.

삼차회귀모형(cubic regression model): 설명변수로 X, X_2, X_3을 포함하는 비선형회귀함수.

상관 계수(correlation coefficient): 상관관계 참조.

상관관계(correlation): 두 확률변수가 함께 이동하거나 변하는 정도를 측정하는 단위 없는 척도. X와 Y 간 상관관계(또는 상관 계수)는 $\sigma_{XY} > \sigma_X\sigma_Y$이고 corr$(X, Y)$로 표시한다.

상수 설명변수(constant regressor): 회귀 절편과 관련된 설명변수. 이 설명변수는 항상 1과 같다.

상수항(constant term): 회귀 절편.

상호작용항:(interaction term) $X_{1i} \times X_{2i}$와 같이 다른 두 설명변수의 곱으로 형성된 회귀 변수.

선형 확률모형(linear probability model): Y가 이진변수인 회귀모형.

선형-로그 모형(linear-log model): 종속변수가 Y이고 독립변수가 $\ln(X)$인 비선형회귀함수.

선형회귀함수(linear regression function): 기울기가 일정한 회귀함수.

설명된 제곱합(explained sum of squares, ESS): Y_i, $\hat{Y}_i$의 예측값 평균에서 제곱 편차의 합. 식 (4.14) 참조.

설명변수(regressor): 회귀의 오른쪽에 나타나는 변수. 회귀의 독립변수.

수요의 가격 탄력성(price elasticity of demand): 가격이 1% 상승했을 때 수요량의 백분율 변화.

스크리 도표(Scree plot): 변수 X의 정렬된 주성분의 정규화된 분산으로, 주성분 수에 따라 도표로 나타낸 것이다. 분산은 X의 분산의 합으로 정규화된다.

스튜던트 t 분포(student t distribution): m 자유도의 스튜던트 t 분포는 표준 정규 확률변수를 m 자유도의 독립적으로 분포된 카이제곱 확률변수의 제곱근으로 나눈 비율의 분포이다. m이 커질수록 스튜던트 t 분포는 표준정규분포로 수렴한다.

시간고정효과(time fixed effect): 시간효과 참조.

시간효과(time effect): 패널데이터 회귀에서 기간을 나타내는 이진 변수.

시계열 데이터(time series data): 여러 기간 동안 동일한 개체에 대해 수집된 데이터.

시차(lag): 이전 기간의 시계열 변숫값. Y_t의 j번째 시차는 Y_{t-j}이다.

신뢰구간(신뢰 집합)[confidence interval(confidence set)]: 반복 표본에서 계산될 때 사전 지정된 확률로 모집단 매개변수의 참값을 포함하는 표본 데이터에서 구성된 구간(또는 집합).

신뢰수준(confidence level): 신뢰 구간(또는 집합)에 매개변수의 참값이 포함될 사전 지정된 확률.

실험 자료(experimental data): 처리 또는 정책을 평가하거나 인과효과를 조사하기 위해 고안된 실험에서 얻은 데이터.

실현 가능한 GLS 추정량(feasible GLS estimator): 회귀오차의 조건부 분산과 다양한 관측치에서 회귀오차 간의 공분산 추정량을 사용하는 일반화 최소제곱(GLS) 추정량의 한 버전.

실현 가능한 WLS(feasible WLS): 회귀오차의 조건부 분산 추정량을 사용하는 가중 최소제곱(WLS) 추정량의 한 버전.

실현 변동성(realized volatility): 연속적인 기간에 계산된 시계열 변수의 표본 평균 제곱근.

아카이케 정보 기준(AIC)(Akaike information criterion, AIC): 정보 기준 참조.

약도구변수(weak instruments): 내생변수와 상관관계가 낮은 도구변수.

양측 대립가설(two-sided alternative hypothesis): 대안 가설에 따라 관심 매개변수가 귀무가설에서 제공하는 값과 같지 않은 경우.

엄격한 외생성(strict exogeneity): 회귀 오차가 분산시차모형에서 설명변수의 현재, 미래 및 과거 값에 따라 평균이 0이어야 한다는 요구사항.

연속사상정리(continuous mapping theorem): 확률변수 S_n이 분포에서 S로 수렴하면 해당 확률변수의 연속 함수 $g(S_n)$이 분포에서 $g(S)$로 수렴한다.

연속확률변수(continuous random variable): 가능한 값의 연속체를 취하는 확률변수.

예측값(predicted value): 이 책에서 $\hat{Y}_i$으로 표시된 일반최소제곱 회귀선에 의해 예측되는 Y_i의 값.

예측구간(forecast interval): 사전 지정된 확률을 갖는 시계열 변수의 미래값이 포함된 구간.

예측 오차(forecast error): 실제로 발생하는 변숫값과 예측값의 차이.

오라클 예측(Oracle prediction): 예측변수를 고려해 예측할 변수의 알려지지 않은 조건부 평균을 사용해 만든 실행 불가능한 최상의 예측.

오차항(error term): Y와 모집단 회귀 함수의 차이로, 이 텍스트에서는 u로 표시.

완벽한 다중공선성(perfect multicollinearity): 설명변수 중 하나가 다른 설명변수의 정확한 선형 함수인 상황.

왜도(skewness): 확률 분포의 비대칭성을 측정한다.

외생변수(exogenous variables): 회귀오차항과 상관관계가 없는 변수.

외생변수인 설명변수(included exogenous variables): 오차항과 상관관계가 없는 설명변수(일반적으로 도구변수 회귀의 맥락에서).

외적 타당성(external validity): 통계 연구의 추론과 결론은 모집단과 연구된 환경에서 다른 모집단과 환경으로 일반화할 수 있는 경우 외적으로 타당하다.

우도함수(likelihood function): 알려지지 않은 계수의 함수로 처리된 데이터의 결합 확률 분포.

유사 표본 외 예측(pseudo out-of-sample forecast): 표본 데이터가 아직 실현되지 않은 것처럼 절차를 사용해 표본의 일부에 대해 계산된 예측.

유의수준(significance level): 귀무가설이 참일 때 통계적 가설 검정의 사전 지정된 기각 확률.

유의확률(significance probability): p값(유의 확률) 참조.

이변량 정규 p.d.f.(bivariate normal p.d.f.): 이변량 정규분포 참조.

이변량 정규분포(bivariate normal distribution): 두 확률변수의 결합 분포를 설명하기 위한 정규분포의 일반화.

이분산성 강건 t-통계량(heteroskedasticity-robust t-statistic): 이분산성 강건 표준 오차를 사용해 구성된 t-통계량.

이분산성 강건 표준 오차(heteroskedasticity-robust standard errors): 오차항이 등분산성이든 이분산성이든 적합한 일반최소제곱 추정치에 대한 표준 오차.

이분산성 및 자기상관 강건 표준 오차[heteroskedasticity-and autocorrelation-robust(HAR) standard error]: HAC 표준 오차에 대한 또 다른 용어.

이분산성 및 자기상관 일치(HAC) 표준 오차[heteroskedasticity- and autocorrelation-consistent(HAC) standard errors]: 회귀 오차가 이분산성 및/또는 자기상관성 여부에 관계없이 일관성이 있는 일반최소제곱 추정치에 대한 표준 오차.

이분산성(heteroskedasticity): 설명변수에 따라 회귀 오차항 u_i의 분산은 일정하지 않다.

이산확률변수(discrete random variable): 이산 값을 취하는 확률변수.

이상치(outlier): 예외적으로 크거나 작은 확률변수 값.

이중차분법(differences-in-differences estimator): 처치집단의 Y 평균 변화에서 통제집단의 Y 평균 변화를 뺀 것.

이진변수(binary variable): 0 또는 1인 변수. 이진변수는 이진 결과를 나타내는 데 사용된다. 예를 들어, X는 사람이 여성인 경우 $X = 1$이고 사람이 남성인 경우 $X = 0$인 경우 사람의 성별에 대한 이진(또는 지표 또는 더미) 변수입니다.

이차회귀모형(quadratic regression model): 설명변수로 X와 X_2를 포함하는 비선형회귀함수.

이탈(attrition): 피실험자들이 처치집단이나 통제집단에 임의로 배정된 후 연구에서 중도 이탈하는 것.

인과추론(causal inference): 검정, 신뢰 간 및/또는 인과효과 추정.

인과효과(causal effect): 이상적인 무작위 통제 실험에서 측정한 결과에 대한 주어진 개입 또는 치료의 예상 효과.

일반적률법(generalized method of moments, GMM): 알려지지 않은 매개변수의 함수인 모집단 적률에 표본 적률을 맞추어 매개변수를 추정하는 방법. 도구변수 추정량은 중요한 특수 사례이다.

일반최소제곱(OLS) 추정량[Ordinary least squares (OLS) estimators]: 제곱 잔차의 합을 최소화하는 회귀 절편 및 기울기의 추정치.

일반화된 자기회귀 조건부 이분산성(generalized ARCH, GARCH): 조건부 이분산성에 대한 시계열 모형. 이진 형태의 이분산성(이 경우 GLS는 가중최소제곱 또는 WLS라고도 함) 또는 알려진 형태의 직렬 상관관계를 가질 때 적합한 일반최소제곱의 일반화이다.

일차 차분(first difference:): 시계열 변수 Y_t의 첫 번째 차이는 $Y_t - Y_{t-1}$이며, ΔY_t로 표시한다.

일치성(consistency): 추정자가 일관성이 있다는 속성. 일관성 있는 추정자를 참조하라.

일치 추정량(consistent estimator): 추정하는 매개변수로 확률적으로 수렴하는 추정량.

임계치(critical value): 검정 통계량 값이며 검정에서 주어진 유의수준에서 귀무가설을 기각한다.

자기공분산(autocovariance): 시계열 변수와 지연된 값 간의 공분산. Y의 j번째 자기공분산은 Y_t와 Y_{t-j} 간의 공분산이다.

자기상관(autocorrelation): 시계열 변수와 지연된 값 간의 상관관계. Y의 j번째 자기상관은 Y_t와 Y_{t-j} 간의 상관관계이다.

자기회귀(autoregression): 시계열 변수와 과거(즉 지연된) 값을 연관시키는 선형회귀모형이다. p 지연된 값을 설명변수로 하는 자기회귀는 AR(p)로 표시된다.

자기회귀시차분포(ADL)모형[autoregressive distributed lag(ADL) model]: 시계열 변수 Y_t가 Y_t의 시차와 다른 변수 X_t의 시차 함수로 표현되는 선형회귀모형. 이 모델은 ADL(p, q)로 표시되며, 여기서 p는 Y_t의 시차 수를 나타내고 q는 X_t의 시차 수를 나타낸다.

자기회귀 조건부 이분산성(autoregressive conditional heteroskedasticity, ARCH): 조건부 이분산성의 시계열 모형.

자연로그(natural logarithm): 양의 인수에 대해 정의된 수학 함수. 기울기는 항상 양수지만 0에 가까워진다. 자연로그는 지수함수의 역함수이다. 즉 $X = \ln(e^X)$이다.

자연실험(natural experiment): 준실험 참조.

잔차(residual): 회귀 계수 추정에 사용된 표본의 관찰값에 대한 종속변수의 관찰값과 추정된 회귀에서 예측한 값의 차이로, 본문에서는 $\hat{u}_i$로 표시한다.

잔차제곱합(sum of squared residuals, SSR): 제곱된 일반최소제곱 잔차의 합.

잠재적 결과(potential outcome): 실험적 처치를 받거나 받지 않은 후 개인(처치 단위)에게 발생할 수 있는 결과 집합.

장기 누적 동적 승수(long-run cumulative dynamic multiplier): X의 변화에 대한 시계열 변수 Y에 대한 누적 장기 효과.

적분 차수(order of integration): 시계열 변수가 정상 상태가 되도록 차분해야 하는 횟수. d차로 적분된 시계열 변수는 d번 차분해야 하며 $I(d)$로 표시한다.

적합값(fitted value): 예측값 참조.

절편(intercept): 선형회귀모형에서 β_0의 값.

점근분포(asymptotic distribution): 대표본을 사용해 계산된 확률변수의 근사 표본 분포. 예를 들어 표본 평균의 점근 분포는 정규분포이다.

정규분포(normal distribution): 연속확률변수의 일반적으로 사용되는 종 모양 분포.

정규화된 예측 회귀모형(standardized predictive regression model): 설명변수가 표준화되고 종속변수가 평균 0이 되도록 감소된 선형다중회귀모형의 특수한 경우.

정보 기준(information criterion): 자기회귀 또는 시차 분포모형에 포함할 시차변수의 수를 추정하는 데 사용되는 통계. 대표적인 예로는 아카이케 정보 기준(AIC)과 베이즈 정보 기준(BIC)이 있다.

정상성(stationarity): 시계열 변수와 지연된 값의 결합 분포가 시간에 따라 변하지 않는 경우.

정확분포(유한표집분포)[exact distribution(finite-sample distribution)]: 임의 변수의 정확확률분포.

정확식별(exact identification): 도구변수의 수가 내생변수의 수와 같은 경우.

제한되지 않은 회귀(unrestricted regression): 계수가 어떤 조건을 만족하도록 제한되지 않는 회귀. 등분산성만 있는 F-통계량을 계산할 때, 계수가 귀무가설을 만족하도록 제한되지 않게 대안 가설에 적용되는 회귀이다.

제한된 종속변수(limited dependent variable): 제한된 값 집합만 취할 수 있는 종속변수. 예를 들어 변수는 0-1 이진변수거나 부록 11.3에서 설명한 모형 중 하나에서 발생할 수 있다.

제한된 회귀(restricted regression): 계수가 어떤 조건을 충족하도록 제한되는 회귀. 예를 들면 등분산성만 있는 F-통계량을 계산할 때, 귀무가설을 만족하도록 계수가 제한된 회귀이다.

조건부 기대(conditional expectation): 다른 확률변수가 특정 값을 갖는다는 가정하에 한 확률변수의 기댓값.

조건부 분산(conditional variance): 조건부 분포의 분산.

조건부 분포(conditional distribution): 다른 확률변수가 특정 값을 갖는다는 가정하에 한 확률변수의 확률분포.

조건부 이분산성(conditional heteroskedasticity): 일반적으로 오차항의 분산은 다른 변수에 따라 달라진다.

조건부 평균(conditional mean): 조건부 분포의 평균. 조건부 기대를 참조하라.

조건부 평균 독립성(conditional mean independence): 관심변수와 통제변수가 주어졌을 때 u_i의 조건부 기댓값이 관심변수에 의존하지 않음(독립)을 요구하지만, 통제변수에는 의존할 수 있다.

조정된 R^2(adjusted R^2): 회귀에 새로운 설명변수가 추가될 때 반드시 증가하지 않는 조정된 버전의 R^2.

종단 데이터(longitudinal data): 패널데이터 참조.

종속변수(dependent variable): 회귀 또는 기타 통계모형에서 설명할 변수. 회귀에서 왼쪽에 나타나는 변수.

주변확률 분포(marginal probability distribution): 확률변수 Y의 확률 분포에 대한 또 다른 이름으로, Y의 단독분포(주변분포)와 Y 및 다른 확률변수의 결합분포를 구분한다.

주성분(principal components): j번째 선형 조합이 분산을 최대화하는 표준화된 변수 집합의 선형 조합으로, 이전 $j-1$ 선형 조합과 상관관계가 없다.

준실험(quasi-experiment): 개별 상황의 변화로 인해 무작위성이 도입되어 처치가 무작위로 할당된 것처럼 보이는 상황.

중심극한정리(central limit theorem): 수학적 통계에서 일반적인 조건에서 표준화된 표본 평균의 표집 분포는 표본크기가 클 때 표준 정규분포로 잘 근사된다.

지시변수(Indicator variable): 이진변수 참조.

차분 추정량(differences estimator): 처치집단과 통제집단 간 표본평균 결과 차이로 구성된 인과효과의 추정치.

채택역(acceptance region): 귀무가설을 기각하지 않는 통계량의 집합.

처치집단(treatment group): 실험에서 처치 또는 개입을 받는 집단.

처치효과(treatment effect): 실험 또는 준실험에서의 인과효과. 인과효과 참조.

첨도(kurtosis): 확률 분포의 꼬리에 포함된 질량의 양을 측정한다.

초우 테스트(Chow test): 알려진 단절 시점에 대한 단절을 검정하는 데 사용된다.

총 제곱합(total sum of squares, TSS): Y_i의 평균에서 제곱 편차의 합.

최소분산선형불편추정량(Best Linear Unbiased Estimator, BLUE): 표본값 Y의 선형 함수이고 편향되지 않은 모든 추정량 중 분산이 가장 작은 추정량. 가우스-마르코프 조건에서 일반 최소제곱 추정량은 설명변수의 값에 따라 회귀 계수의 최적 선형 비편향 추정량이다.

최소제곱 추정량(least squares estimator): 제곱 잔차의 합을 최소화해 형성된 추정치.

최소제곱가정(least squares assumption): 핵심 개념 4.3(단일변수 회귀모형) 및 핵심 개념 6.4(다중회귀모형)에 나열된 선형회귀모형에 대한 가정.

최우추정량(maximum likelihood estimator, MLE): 우도함수를 최대화해 얻은 알 수 없는 매개변수의 추정량. 부록 11.2 참조.

최종 예측 오차(final prediction error, FPE): 회귀 계수가 일반최소제곱법으로 추정될 때 평균제곱 예측 오차 추정량.

추정량(estimator): 모집단으로부터 임의로 추출된 표본 데이터의 함수. 추정량은 표본 데이터를 사용해 모집단 평균과 같은 모집단 매개변수 값에 대한 교육된 추측을 계산한다.

추정량의 표준 오차(standard error of an estimator): 추정치의 표준편차를 추정하는 것.

추정치(estimate): 특정한 표본으로부터 실제 계산된 추정량의 수치.

축소 추정량(shrinkage estimator): OLS 추정량을 특정 지점(일반적으로 0)으로 축소해 편향을 도입하고 추정량의 분산을 줄이는 추정량.

충격효과(impact effect): 시계열 변수 X_t의 단위 변화가 Y_t에 미치는 동시적 또는 즉각적인 효과.

카이제곱분포(chi-squared distribution): m개의 독립 표준정규 확률변수 제곱합의 분포. 매개변수 m은 카이제곱분포의 자유도라고 한다.

통계적으로 유의하지 않음(statistically insignificant): 귀무가설(일반적으로 회귀 계수가 0임)은 주어진 유의수준에서 기각할 수 없다.

통계적으로 유의함(statistically significant): 귀무가설(일반적으로 회귀 계수가 0임)은 주어진 유의수준에서 기각된다.

통제변수(control variable): 종속변수를 결정하는 누락된 요인을 통제하는 설명변수.

통제집단(control group): 실험에서 처치나 개입을 받지 않는 집단.

패널데이터(panel data): 각 개체가 2개 이상의 기간에서 관찰되는 여러 개체에 대해 수집된 데이터.

팬 차트(fan chart): 예측 분포(예측 불확실성)를 예측기간의 함수로 표시하는 시계열 플롯.

편향(bias): 추정량과 추정하는 매개변수의 차이에 대한 기댓값. $\hat{\mu}_Y$가 μ_Y의 추정량인 경우 $\hat{\mu}_Y$의 편향은 $E(\hat{\mu}_Y) - \mu_Y$이다.

평균(mean): 확률변수의 기댓값. Y의 평균은 μ_Y로 표시한다.

평균인과효과(average causal effect): 이질적 모집단에서 개별 인과효과의 모집단 평균. 평균 처리 효과라고도 한다.

평균제곱 예측 오차(mean squared forecast error, MSFE): 예측모형을 추정하는 데 사용된 데이터 세트에 없는 관측치에 대한 시계열 예측 오차 제곱의 기댓값.

평균제곱 예측 오차(mean squared prediction error, MSPE): 예측모형을 추정하는 데 사용된 데이터 세트에 없는 관측치에 대한 예측 오차 제곱의 기댓값.

평균제곱근 예측 오차(root mean squared forecast error, RMSFE): 평균제곱 예측 오차의 제곱근.

평균처치효과(average treatment effect): 평균인과효과 참조.

포함확률(coverage probability): 신뢰구간에 계수의 참값이 포함될 확률.

표본 공분산(sample covariance): 두 확률변수 간의 공분산 추정치.

표본 내 예측(in-sample prediction): 예측모형을 추정하는 데 사용되는 표본의 관찰에 대한 종속변수 예측값.

표본 분산(sample variance): 확률변수의 모집단 분산 추정치.

표본 분포(sampling distribution): 모든 가능한 표본에 대한 통계량의 분포. 동일한 모집단에서 무작위로 추출한 일련의 표본을 사용해 통계량을 반복적으로 평가해 발생하는 분포.

표본 상관계수(표본 상관관계)[sample correlation coefficient(sample correlation)]: 두 확률변수 간의 상관관계 추정치.

표본선택 편향(sample selection bias): 선택 프로세스가 데이터 가용성에 영향을 미치고 해당 프로세스가 종속변수와 관련이 있을 때 발생하는 회귀 계수 추정치의 편향. 이 편향은 하나 이상의 설명변수와 회귀 오차 간의 상관관계를 유도한다.

표본 외 예측(out-of-sample prediction): 예측모형을

추정하는 데 사용된 표본에 없는 관측값에 대한 종속변수의 예측값.

표본 표준편차(sample standard deviation): 확률변수의 모집단 표준편차 추정치.

표준정규분포(standard normal distribution): 평균이 0이고 분산이 1인 정규분포로, $N(0, 1)$로 표시한다.

표준편차(standard deviation): 분산의 제곱근. σ_Y로 표시되는 확률변수 Y의 표준편차는 Y와 동일한 단위를 가지며 Y의 평균을 중심으로 분포가 퍼진 정도를 측정한다.

표준화 확률변수(standardized random variable): 평균을 빼고 표준편차로 나누면 평균이 0이고 표준편차가 1인 표준화 확률변수가 생성된다. Y에서 계산된 표준화 확률변수는 $(Y - \mu_Y)/\sigma_Y$이다.

프로그램 평가(program evaluation): 프로그램, 정책 또는 기타 개입이나 '처치'의 효과를 추정하는 연구 분야.

프로빗 회귀(probit regression): 이진종속변수에 대한 비선형회귀모형으로, 모집단 회귀함수는 누적 표준정규분포함수를 사용해 모델링된다.

피설명변수(regressand): 종속변수 참조.

함수 형태 설정 오류(functional form misspecification): 추정된 회귀함수의 형태가 모집단 회귀함수의 형태와 일치하지 않는 경우. 예를 들어 선형 사양을 사용했지만 실제 모집단 회귀 함수가 2차인 경우이다.

현재 예측(nowcast): 현재 기간(즉 예측이 이루어지는 기간)에 대한 시계열 변수 값의 예측.

호손 효과(Hawthorne effect): 실험 대상자가 실험의 대상자라는 것을 알고 행동을 바꾸는 현상.

확대 Dickey-Fuller(ADF) 통계량[augmented Dickey-Fuller(ADF) statistic]: AR(p) 모델에서 단위근을 검정하는 데 사용되는 회귀 기반 통계.

확률(probability): 무작위 실험의 결과(또는 사건)가 장기적으로 발생하는 시간의 비율.

확률밀도함수(probability density function, p.d.f.): 연속확률변수의 경우 두 지점 사이 확률밀도함수 아래의 면적은 확률변수가 두 지점 사이에 있을 확률이다.

확률 분포(probability distribution): 이산확률변수의 경우 확률변수가 취할 수 있는 모든 값과 각 값과 관련된 확률의 목록.

확률 수렴(converge in probability): 일련의 확률변수가 특정 값으로 수렴하는 경우. 예를 들어 표본평균이 표본크기가 증가함에 따라 모집단 평균에 가까워지는 경우. 핵심 개념 2.6 및 18.2절 참조.

확률적 추세(stochastic trend): 시간에 따른 변수의 지속적이지만 무작위적인 장기 움직임.

회귀단절(regression discontinuity): 관찰 가능한 변수가 임곗값을 넘는지 여부에 따라 처리가 달라지는 준실험을 포함하는 회귀.

회귀 표준 오차(tandard error of the regression, SER): 회귀 오차 u의 표준편차 추정치.

횡단면데이터(cross-sectional data): 단일 기간 동안 여러 개체에 대해 수집된 데이터.

희소모형(sparse model): 계수가 예측변수의 일부에 대해서만 0이 아닌 회귀모형.

ADF: 확대 Dickey-Fuller(ADF) 검정 참조.

ADL(p, q): 자기회귀시차분포(ADL) 모형 참조.

AIC: 정보 기준 참조.

AR(p): 자기회귀 참조.

ARCH: 자기회귀 조건부 이분산성(ARCH) 참조.

BIC: 정보 기준 참조.

BLUE: 최소분산선형불편추정량(BLUE) 참조.

c.d.f.: 누적 분포 함수. 누적 확률 분포 참조.

DFM: 동적요인모형 참조.

Dickey-Fuller 통계량(Dickey-Fuller statistic): 1차 자기회귀에서 단위근을 검정하는 데 사용되는 회귀 기반 통계[AR(1)].

ESS: 설명된 제곱합 참조.

$F_{m,H}$ 분포($F_{m,H}$ distribution): m 자유도의 카이제곱 분포를 갖는 확률변수의 분포이고, m으로 나눈 값.

$F_{m,n}$ 분포($F_{m,n}$ distribution): 분자가 m 자유도의 카이제곱 확률변수이고, m으로 나눈 값이며, 분모가 n 자유도의 독립적으로 분포된 카이제곱 확률변수이고, n으로 나눈 값인 독립 확률변수의 비율 분포.

***F*-통계량**(F-statistic): 2개 이상의 회귀 계수에 대한 공동 가설을 검정하는 데 사용되는 통계량.

HAC 표준 오차(HAC standard errors): 이분산성 및 자기상관 일치(HAC) 표준 오차 참조.

$I(0)$, $I(1)$, $I(2)$: 적분 차수 참조.

***J*-통계량**(J-statistic): 도구변수회귀에서 과대식별 제한을 검정하기 위한 통계.

Lasso: 벌칙항이 회귀 계수의 절댓값 합에 비례하는 제곱 잔차의 벌칙합을 최소화하는 회귀 추정치.

m-폴드 교차 검증(m-fold cross validation): 먼저 표본 내 데이터를 m개의 하위 표본으로 나눈 다음, 해당 하위 표본에 없는 데이터를 사용해 각 하위 표본의 관측치에 대한 예측을 순차적으로 형성해 평균제곱 예측 오차를 추정하는 방법.

OLS 잔차(OLS residual): Y_i와 일반최소제곱 회귀선의 차이로, 여기에서는 $\hat{u}_i$으로 표시한다.

OLS 추정량(OLS estimator): 일반최소제곱(OLS) 추정량 참조.

OLS 회귀선(OLS regression line): 모집단 계수가 일반최소제곱 추정량으로 대체된 회귀선.

p값(유의확률)[p-value(significance probability)]: 귀무가설이 맞다고 가정할 때 귀무가설에 실제로 계산된 것보다 최소한 불리한 통계를 도출할 확률. 한계 유의확률이라고도 하는 p값은 귀무가설을 기각할 수 있는 가장 작은 유의수준이다.

Quandt 우도 비율 통계량(Quandt likelihood ratio statistic): 회귀모형이 알려지지 않은 날짜에 중단되었는지 테스트하기 위해 시계열 데이터와 함께 사용되는 통계량.

$\overline{R}^2$: 조정된 R^2 참조.

R^2: 회귀에서 설명변수에 의해 설명되는 종속변수의 표본 분산 분수.

ridge 회귀: 벌칙항이 제곱 회귀 계수의 합에 비례하는 제곱 잔차의 벌칙합을 최소화하는 회귀 추정량.

t 분포(t distribution): 스튜던트 t 분포 참조.

t-비율(t-ratio): t-통계량 참조.

t-통계량(t-statistic): 가설검정에 사용되는 통계량. 핵심 개념 5.1 참조.

1단계 예측(one-step ahead forecast): 예측을 위해 사용된 최종 관찰 직후 기간에 대한 예측.

1단계 회귀(first-stage regression): 포함된 내생변수의 회귀를 포함된 외생변수(있는 경우)와 도구변수에 대한 회귀로, 2단계 최소 제곱법.

1종 오류(type I error): 가설검정에서 귀무가설이 참이지만 기각될 때 발생하는 오류.

2단계 최소제곱법(two stage least squares, TSLS): 핵심 개념 12.2에 설명된 도구변수 추정치.

2종 오류(type II error): 가설검정에서 귀무가설이 거짓이지만 기각되지 않을 때 발생하는 오류.

95% 신뢰 집합(95% confidence set): 신뢰 수준이 95%인 신뢰 집합. 신뢰구간 참조.

찾아보기